临汾年鉴

2017

临汾年鉴编纂委员会　编

图书在版编目（CIP）数据

临汾年鉴 . 2017/ 山西省临汾市地方志办公室编
. ——北京：方志出版社，2018. 1
ISBN 978-7-5144-2925-1

Ⅰ.①临… Ⅱ.①山… Ⅲ.①临汾-2017-年鉴
Ⅳ.①Z522.53

中国版本图书馆 CIP 数据核字（2018）第 014785 号

临汾年鉴（2017）

编　　者：山西省临汾市地方志办公室
责任编辑：张　颢

出 版 人：冀祥德
出 版 者：方志出版社
　　地址　北京市朝阳区潘家园东里 9 号（国家方志馆 4 层）
　　邮编　100021
　　网址　http://www.fzph.org
发　　行：方志出版社图书经销中心
　　电话（010）67110500
经　　销：各地新华书店
印　　刷：临汾尧信印业有限公司

开　　本：890×1240　　1/16
印　　张：40.5
字　　数：1082 千字
版　　次：2018 年 1 月第 1 版　　2018 年 1 月第 1 次印刷
印　　数：0001 ～ 1000 册

ISBN 978-7-5144-2925-1　　定价：280.00 元

临汾市区滨河西路立交桥

七里峪牛老沟风景

编辑说明

一、《临汾年鉴》以马克思列宁主义、毛泽东思想、邓小平理论、“三个代表”重要思想、科学发展观、习近平新时代中国特色社会主义思想为指导，坚持辩证唯物主义和历史唯物主义的立场、观点和方法，系统记述本行政区域自然、政治、经济、文化、社会等方面情况，系中共临汾市委、市人民政府组织编纂的年度资料性文献，是临汾市唯一的地方综合年鉴。

二、《临汾年鉴（2017）》记事断限自2016年1月1日至12月31日。个别条目追溯了2016年以前的内容，意在增强事件的完整性。

三、本年鉴采用分类编排法，设栏目、类目、条目，少数在类目和条目之间增设分目，不同层次的标题用不同的字号、字体和辅助标志区别。本版年鉴共设立33个栏目，280个分目和1076个条目，总字数108万字。

四、本年鉴稿件均由市直各有关部门、驻临单位和各县（市、区）政府组织专人撰写，并经各单位负责人审核。所有数据由于统计来源、口径、方法、时间不同而有差异的，均以统计部门提供的统计资料为准。

五、本年鉴有详细中文目录、英文目录、索引检索系统。卷末索引、款目按汉语拼音字母顺序排列。

六、本年鉴采用的稿件，作者署名在文尾，有的稿件因作者不详，未作署名。彩页图片不署名，谨致歉意。

七、本年鉴的编纂出版工作，得到全市各有关单位的大力支持和全体撰稿人员的积极配合，在此深表谢忱。

《临汾年鉴》编辑部

2017年11月27日

目　录

专　记

文　献

大事记

概　况

自然环境

自然资源

临汾之最

建置　区划

民族　宗教

国民经济和社会发展

机构设置和领导成员名单

中国共产党临汾市委员会

中共临汾市委工作

讲师团工作

统战工作

政策研究

机构编制管理

市直工委工作

党史研究

党校工作

市委机关事务管理

临汾市人大常委会

常委会工作

临汾市第三届人民代表大会第七次会议

临汾市第四届人民代表大会第一次会议

临汾市第三届人大常委会会议纪要

临汾市第四届人大常委会会议纪要

临汾市人民政府

临汾市人民政府

市政府办公厅工作

重点项目建设

金融保险工作

行政审批管理

人力资源和社会保障

民政工作

方志编纂

经济研究

机关事务管理

档案管理

政协临汾市委员会

委员会工作

市政协三届六次会议

市政协四届一次会议

市政协三届常委会

纪检　监察

军　　事

人民防空

交通战备

法 治

政法委及综治

公安

临汾市公安消防支队

公安交通管理

检察

法院

司法行政

民主党派

中国国民党革命委员会临汾市委

经济管理

发展与改革

统计管理

统计调查

国土资源管理

工商行政管理

审计监督

安全生产监督

煤矿安全监察

质量技术监督

食品药品监督管理

盐政管理

出入境检验检疫

侯马海关

工　业

工业和信息化综述

农业及农村经济

城乡规划与建设

金　融

银行

保险

商贸与服务业

商业

招商引资

供销合作

粮食购销

石油营销

烟草专卖

盐业专营

教　育

综述

测绘

科研机构

·地方病防治·

·地质勘探·

·小麦研究所·

文　化

文化事业

文物旅游

新闻出版

卫　生

社会生活

人　物

县(市、区)简介

尧都区

侯马市

霍州市

曲沃县

翼城县

浮山县

乡宁县

吉　县

永和县

隰　县

开发区和壶口风景区

临汾经济开发区

侯马经济开发区

壶口风景区管委会

附　录

索　引

Contents

Special Notes

Literature

Events

General Introduction

Linfen City Committee of the CPC

The Standing Committee of Linfen City People's Congress

The People's Government of Linfen City

Linfen City Committee of CPPCC

Disciplinary Inspection and Supervision

Military Affairs

Law Treatment

Democratic Party

Mass Organizations

Economic Management

Industry

Agriculture and Rural Economy

Transportation, Post and Telecommunication Industry

Urban & Rural Planning and Construction

Environmental Protection

Financial and Tax Affairs

Finance

Business Trade and Service Industry

Education

Science and Technology

Culture

Culture Relics and Tourism

News and Publishing

Hygiene

Social Life

Characters

Brief Introduction of County(City and District)

Developing Zone and Hukou Scenic Spot

Appendix

Index

专　记

学习讨论落实活动

【概述】 2016年，临汾市学习讨论落实活动在17个县(市、区)，2个开发区，111个市直单位展开。有206个县处级领导班子、1191名县处级以上领导干部，10448个基层党组织，229788名党员参加。各活动单位党委(党组)贯彻省委、市委部署要求，按照任务分工和进度安排，坚持边学习、边讨论、边落实，精心谋划、周密部署，市县两级建立784个领导干部联系点，为学习讨论落实活动开展提供组织保证。各级党组织和广大党员干部积极响应、踊跃参与，广大人民群众衷心拥护、热情支持，整个活动健康、有序、扎实开展，达到预期目的。按照项目化思路，市委确定的6个方面、23项任务和58项具体成果，逐一建立工作台账，完成一项、销号一项。按照项目完成时间要求完成。17个县(市、区)和两个开发区确定1141项具体成果，截至2016年2月，全部完成。市直单位确定1945项具体成果，全部完成。各乡镇(街道)确定4156项具体成果，全部完成；县直单位确定16361项具体成果，全部完成。

——*把深化学习讨论、提高认识贯穿活动始终*。把学习贯彻习近平总书记系列重要讲话精神作为首要政治任务，用系列重要讲话精神武装头脑、汲取力量、坚定方向、提振精神。举办专题培训。聚焦从严管党治党、党风廉政建设和反腐败斗争，分4批对全市420名县级领导干部进行专题培训。组织集中讨论。对省委提出的"六大发展""两篇文章""三个突破""三个一批"等一系列治晋兴晋强晋的重大举措和重要工作安排，市委常委会多次进行专题讨论7次，市委班子反思剖析报告先后修改15次，征求市委委员、候补委员意见，查找出8个方面27条问题，拿出5个方面的整改措施，制定项目化整改方案，明确牵头部门和整改时限。开展警示教育。各活动单位党委(党组)组织党员干部观看反腐倡廉警示教育片，参观学习临汾反腐倡廉警示教育基地，接受廉洁从政教育，用身边事教育身边人。各活动单位党委(党组)组织专题学习1288次，举办专题培训班482期、辅导讲座563期，组织观看警示教育片668场，培训党员领导干部78416人次。通过深入学习讨论，全市各级领导干部普遍接受一次习近平总书记系列重要讲话精神的再学习再教育，在真学真懂、真信真抓、真改真用上迈进一大步。

——*把落实主体责任、做到以上率下贯穿活动始终*。各级领导干部坚持率先垂范，以上率下，各级书记履行第一责任，把自己摆进去，既当标杆、做带头人，真抓善抓、做好组织者。市委先后18次召开常委会议，平均一周研究1次活动推进情况。罗清宇书记贯彻落实中央、省委部署要求，把活动抓在手上，主持召开学习讨论落实活动动员大会、推进会和总结大会，对活动各个节点工作进行部署安排，带头深入学习，带头深刻反思，带头狠抓落实，深入尧都区和市直单位就学习讨论落实活动开展情况进行调研督导，提出具体指导意见。岳普煜市长指导政府党组学习讨论落实活动开展情况，深入联系点洪洞县调研指导，与领导班子成员谈心谈话，指导联系点两手抓、两不误、两促进。市四套班子领导确定活动包联单位，调研指导联系点学习讨论活动61次，发挥示范带头作用。各县(市、区)、市直单位主要负责同志高度重视，高标准、高质量抓好本地本单位的学习讨论落实活动。

——把强化问题导向、推进"项目"贯穿活动始终。着眼于解决山西当前面临的紧迫问题,解决制约临汾市长远发展的根本问题,解决群众反映强烈的突出问题,反思剖析查摆一些问题,督导检查反馈一些问题,"回头看"自查一些问题,坚持重点突破,强力推进,力求学习讨论落实活动取得新成效。保持"三个高压态势",推进"三个一批"。贯彻落实王儒林书记到临汾调研重要指示精神,按照省委部署,积极谋划、认真准备、开展调研、摸排线索,多次召开五人小组会议对"三个一批"进行研究,市委书记分四批与县委书记进行座谈,市委常委深入包联县(市、区)调研指导,发放调查问卷,征求到意见建议34类473条。出台《关于做好市管干部"三个一批"工作的实施意见》,制定"六查""五看""五寻查"的工作方法,把好"三个一批"的"出口关""入口关"和"分寸关",强化选人用人管人的政策导向和制度约束,解决干部"带病在岗"和防止干部"带病提拔"。

——把从严从实督导、确保取得实效贯穿活动始终。借鉴教育实践活动督导工作经验,把从严从实的要求贯穿督导工作始终,市县两级派出265个督导组,坚持标准上严格、态度上严肃,按照进度安排、时限要求,加强督促检查。市委督导组督导县(市、区),督导市直部门,做到督导工作全覆盖。活动关键节点和重要环节,深入活动单位进行督导,定期交换看法、当面反馈意见、及时提醒帮助。对照审查要点,对活动《实施方案》、动员讲话、反思剖析报告进行严格审核把关,提出具体指导意见,对于省委、市委要求不符的、工作不力的,严肃指出、坚决纠正。围绕活动58项项目成果完成情况、重点任务推进情况和开展"回头看"等情况,从严督导检查,确保整改到位、落实到位。深入群众中听意见、摸情况、看变化、听评价,督促活动单位在解决突出问题、推进项目完成中转作风、求实效。市委活动办坚持每月召开1次督导工作汇报会,分析研判活动态势,及时指出问题,层层传导压力,推动活动开展。

——把统筹"六大发展"、促进富民强市贯穿活动始终。市委以这次活动为契机,围绕"四个全面"战略布局,围绕省委"五句话"要求,把开展学习讨论落实活动与应对当前经济下行压力,做好稳增长、保民生、调结构等重点工作紧密结合,共同发力实施,联动推进落实,做到"两手抓、两不误、两促进"。各地各部门围绕"六大发展"狠抓落实,统筹推进稳增长、促改革、调结构、惠民生等各项工作,全市经济社会呈现出稳中有进、稳中向好的发展态势。

"两学一做"学习教育

【概述】 2016年,临汾市坚持把"两学一做"学习教育作为推进从严治党向基层延伸的重大契机,发挥"党员在学习""党员在活动""党员在行动"和"临汾党员先锋号"微信平台"三在一平台"特色载体作用,推动基层党内政治生活抓在日常、严在经常。

——突出组织推动。成立由市委常委、组织部长李新春同志任组长,市委组织部、市纪委、市委宣传部、市委党校相关领导同志任副组长,相关部门负责人为成员的市委学习教育协调小组,下设综合组、宣传组、督导组3个工作组,明确各组职责,加强领导。督促指导县乡村三级均成立专门工作机构,确保学习教育有人抓、有人管、有人落实。召开5次市委常委会会议、6次市委协调小组会议部署推进学习教育。市委书记岳普煜多次深入基层一线调研指导、督促推动扎实开展学习教育,建立市、县四大班子党员领导同志定点包联县(市、区)、乡镇和分管部门学习教育制度,拓展延伸、具体包联指导1个软弱涣散党组织和1个农村党支部,基层党委派员包联指导所有党支部,全程参与指导党支部开展学习教育,形成层层包联、精准指导工作格局。按照市级抓示范培训、县级抓重点培训、基层抓全员培训的思路,市县乡三级分级举办党务骨干培训班,做到党务骨干培训全覆盖,发挥各级党务骨干领学带头作用,将压力精准传导到每一个支部、每一名党员。市县乡三级成立1328个督导组,采取明察暗访、随机抽查等方式深入基层支部进行3轮巡回督导。从近3年退休的市管干部中,聘任5名熟悉党务工作的老同志担任特邀组织员,不定期深入基层党组织督查指导工作,推动各级党组织真正把学习教育抓紧抓实、抓出成效。

——突出以学为基。把打牢学习基础、改造主观世界作为开展学习教育的重要目标,聚焦重点内容、创新学习形式,把学用系列讲话引向深入。市委常委班子带头开展学习研讨,市委书记岳普煜、市长刘予强带头参加所在支部专题学习讨论并讲党课,市委常委、市县乡各级领导班子和党员领导干部坚决看齐、带头跟进,先学一步、学深一层,为全市党员树立标杆、作出示范。实施"党员在学习"每天半小时计划,基层党支部和党员全部按上级精神要求、结合自身实际制定学习计划,通过集中辅导、专题党课、在线学习、手抄党章等方式开展学习讨论。建立"党员在活动"主题党日制度,所有基层党支部每月固定1日或15日为主题党日,在开展组织党员交纳党费、诵读党章、学习交流、议政议事等规定动作的基础上,自行结合工作、组织和群众需求确定主题、开展活动。倡导"党员在行动"立足岗位做贡献,党员围绕脱贫攻坚、转型升级、项目攻坚等中心工作主动实践,在学习中实践,在实践中学习,深化认识、提升能力。创建"临汾党员先锋号"微信平台,组织广大党员普遍订阅关注,坚持每天制作推送3条至5条学习信息,确保党员随时随地随身学习。

——突出学做结合。各级党组织坚持把学做结合贯穿学习教育全过程,以"党员先锋行"主题实践活动为抓手,引导广大党员争做合格党员。广大党员从点滴小事做起,交纳党费,参加支部主题党日活动开展学习研讨,履行党员义务,规范自身行为、提升党性修养。各级党组织结合落实省委"一个指引、两手硬"重大思路和要求,结合推进市委"345"发展战略,创新载体、搭建平台,组织引导广大党员干部围绕精准脱贫攻坚、供给侧结构性改革、项目攻坚、市县乡三级换届等中心工作立足岗位做贡献。推行党员设岗定责、承诺践诺、挂牌上岗、亮明身份、党员示范岗和党员责任区等制度,使党员发挥作用岗位化、常态化、长效化,形成学思践悟、创优争先的浓厚氛围。

——突出整改落实。坚持把解决问题作为重点任务,引导广大党员干部瞄准靶心、真查实改。针对不像党员、不在组织、不起作用等问题,组织基层党组织和广大党员对照"五个着力解决"和"四讲四有"标准,查摆整改存在问题。坚持抓重点、补短板,推进基层党建"7+3"重点任务落地见效,党员组织关系集中排查、基层党组织按期换届专项检查、党费收缴工作专项检查、党员管理失之于宽松软等问题得到有效解决。5109名失联党员重新纳入组织有效管理;依法依纪处理1581名违纪违法党代表和党员;411个未按期换届的基层党组织全部完成换届;对党费收缴工作开展专项检查,补交党费489万元。

【领导机构】

组　长　李新春

副组长　贾二元　刘小才　王全民

　　　　刘生明　张青山　郑巨东

成　员　张三林　杨宏俊　宋平镭

　　　　朱三六

【重要文件】

中共临汾市委

关于开展"学党章党规、学系列讲话,做合格党员"学习教育的实施方案

(2016年4月20日)

在全体党员中开展"学党章党规、学系列讲话,做合格党员"学习教育(以下简称"两学一做"学习教育),是今年党建工作的龙头任务。根据中央和省委的部署安排,结合我市实际,现制定实施方案如下。

一、明确总体要求

(一)指导思想

全面贯彻党的十八大和十八届三中、四中、五中全会精神,深入学习习近平总书记系列重要讲话精神,认真落实省委"五句话"总体要求和市委三届七次全会精神,切实加强党的思想政治建设,巩固拓展党的群众路线教育实践活动、"三严三实"专题教育和学习讨论落实活动成果,扎实推动全面从严治党向基层延伸,着力解决党员队伍在思想、组织、作风、纪律等方面存在的问题,保持发展党的先进性和纯洁性,为协调推进“四个全面”战略布局、贯彻落实五大发展理念、推动我市“十三五”良好开局提供坚强组织保证。

(二)目标任务

开展“两学一做”学习教育,基础在学,关键在做,根本在严,核心在实,切实把全面从严治党落实到每个支部和每名党员。

1.统一思想行动。用系列讲话武装头脑,用党章党规规范言行,进一步增强政治意识、大局意识、核心意识、看齐意识,坚定理想信念、保持对党忠诚、树立清风正气、勇于担当作为,切实把思想和行动统一到中央、省委和市委的部署要求上来。

2.严肃党内生活。认真执行党的民主集中制,严格落实“三会一课”、组织生活会、民主评议党员等制度,用好批评和自我批评这一武器,以改革精神补齐制度短板,推动党的组织生活严起来、实起来。

3.充分发挥作用。教育引导党员“马上就办、真抓实干”,立起合格的标尺,划出做人做事的底线,树起党员的先锋形象,在生产、工作、学习和社会生活中充分发挥先锋模范作用,在“十三五”开局起步、精准脱贫攻坚、重点项目工程建设等工作中担当作为、创先争优、建功立业。

4.解决突出问题。着力解决一些党员理想信念模糊动摇、党的意识弱化、宗旨观念淡薄、精神不振、道德行为不端的问题;着力解决一些党组织党内政治生活不严肃、不认真、不经常的问题;着力解决一些基层党组织软弱涣散、形同虚设的问题;着力解决党员教育管理失之于宽、失之于松、失之于软的问题;着力解决胡乱作为、与民争利、吃拿卡要、假公济私等群众身边不正之风和腐败的问题;着力解决一些党组织主体责任和书记第一责任履责不严不实的问题。

5.推动“六大发展”。紧紧围绕服务中心大局,积极应对经济下行压力,主动适应经济发展新常态,把“两学一做”学习教育的成效转化为推动“六大发展”的动力,确保我市“十三五”经济社会持续健康发展。

(三)基本原则

1.坚持把党的思想政治建设贯穿学习教育始终,突出经常性教育的特点,夯实“学”这个基础,以正面教育为主,用科学理论武装头脑、指导实践。

2.坚持把“学作风”贯穿学习教育始终,抓住“做”这个关键,深入学习中央领导集体和新的省委领导班子的优良作风,做到学用结合,知行合一。

3.坚持把“问题导向”贯穿学习教育始终,以解决问题为牵引来开展学习教育,带着问题学,针对问题改,做到边学边改、即知即改。

4.坚持把“以上率下”贯穿学习教育始终,各级党委(党组)要层层示范、层层带动,党员领导干部要以身作则、率先垂范,给党支部和党员作出榜样,做到一级学一级、一级抓一级、一级带一级。

5.坚持把“分类指导”贯穿学习教育始终,注重区分层次、区分对象,把握不同领域、不同类型党组织和不同群体党员的实际情况,针对性、精准化开展学习教育,防止“一刀切”,避免“两张皮”。

6.坚持把加强支部建设贯穿学习教育始终,增强堡垒阵地意识,要以党支部为基本单位,以落实“三会一课”等党的组织生活为基本形式,以落实党员教育管理制度为基本依托,不断强化党支部自我净化、自我提高的主动性。

二、学习教育安排

“两学一做”学习教育不是一次活动,要按照区分层次、有针对性解决问题的要求,对全体党员和县处级以上党员领导干部分别作出安排,确保学习教育取得实效,真正把党的思想政治建设抓在日常、严在经常。

(一)关于全体党员的学习安排

1.把握学习要求:要把党章党规与习近平总书记系列重要讲话贯通起来学习、统一起来领会,在学系列讲话中加深对党章党规的理解,在学党章党规中深刻领悟系列讲话的基本精神和实践要求;要突出问题导向,坚持以学促做,做到边学边改;要注意区分对象,针对在职党员、流动党员、离退休干部职工党员、年老体弱党员等不同情况,各地各单位要合理作出安排。

2.明确学习内容。

——学习党章党规：

(1)学习《中国共产党章程》，深入领会党的性质、宗旨、指导思想、奋斗目标、组织原则、优良作风，深入领会党员条件和义务、权利，牢记入党誓词，明确做合格党员的标准和条件。

(2)学习《中国共产党廉洁自律准则》《中国共产党纪律处分条例》《中国共产党党员权利保障条例》等，掌握廉洁自律准则规定的“四个必须”“四个坚持”，掌握各类违纪行为的情形和处分规定。

——学习系列讲话：

学习领会习近平总书记系列重要讲话的基本精神，学习领会党中央治国理政新理念新思想新战略的基本内容，掌握与增强党性修养、践行宗旨观念、涵养道德品格等相关的基本要求。学习《习近平总书记系列重要讲话读本(2016年版)》。

学习系列讲话，重点领会掌握七个方面内容：

(1)理想信念是共产党人精神上的“钙”，树立正确的世界观、人生观、价值观。

(2)中国梦是国家的梦、民族的梦、人民的梦，是中华民族近代以来最伟大的梦想，核心要义就是国家富强、民族振兴、人民幸福。

(3)中国特色社会主义是实现中华民族伟大复兴的必由之路，增强道路自信、理论自信、制度自信。

(4)“四个全面”战略布局是新的历史条件下党治国理政总方略，自觉用“四个全面”引领各项工作。

(5)坚持创新、协调、绿色、开放、共享发展是关系我国发展全局的一场深刻变革，按照新发展理念做好本职工作。

(6)践行社会主义核心价值观，弘扬社会主义思想道德和中华传统美德。

(7)全面从严治党是全体党员共同责任，必须落实到每个支部和每名党员。

3.解决重点问题。

(1)坚定共产党人理想信念。重点解决一些党员理想信念模糊动摇，精神空虚迷茫，有的甚至参加封建迷信活动、信仰宗教等问题。坚守党的信仰信念，牢记党的历史使命，把正确的理想追求转化为行动的力量，在生产工作学习和社会生活中起先锋模范作用。要坚持正确政治方向，增强政治敏锐性和政治鉴别力，敢于同各种错误思想、错误言行作斗争。

(2)牢固树立党的意识、党员意识。重点解决一些党员组织观念淡薄、组织纪律散漫，长期不参加组织生活、不按规定交纳党费，不起先锋模范作用，有的甚至不愿提党员身份，不辨是非，不守政治纪律和政治规矩等问题。始终牢记共产党员身份，加强党性锻炼，听党话、跟党走，在党言党、在党爱党、在党护党、在党为党。

(3)强化党的宗旨意识。重点解决一些党员群众观念淡漠、服务意识欠缺，为群众办事不上心不主动，有的甚至损害群众利益，假公济私、优亲厚友、吃拿卡要等问题。牢记全心全意为人民服务的根本宗旨，把人民放在心中最高位置，密切联系群众，真心对群众负责，热心为群众服务，在扶贫济困中发挥作用，用实际行动赢得群众信任和拥护。

(4)积极践行社会主义核心价值观。重点解决一些党员律己不严、知行脱节，讲奉献、讲公德、讲诚信不够，有的甚至价值取向扭曲、道德行为失范，情趣低俗、贪图享乐等问题。切实加强道德修养，崇德向善、注重自律，把社会主义核心价值观内化为精神追求、外化为自觉行动，用模范行为影响和带动群众。

(5)在推动改革发展稳定实践中建功立业。重点解决一些党员安于现状、进取心不强，精神不振、作风懈怠，只求过得去不求过得硬，有的甚至敷衍应付、逃避责任等问题。积极适应经济发展新常态，认真践行新发展理念，奋发有为干事创业，立足本职岗位做好工作。

(二)关于县处级以上党员领导干部的学习安排

1.把握学习要求：要在学习教育中作出表率，紧密联系领导工作实际，学得更多一些、更深一些，要求更严一些、更高一些，努力提高思想政治素养和理论水平；要注重整体把握、掌握内在联系，防止碎片化学习；要解决问题、学以致用，在学思践悟的基础上，提出贯彻落实到工作中的举措和建议。

2.明确学习内容。

——学习党章党规：

(1)系统学习领悟《中国共产党章程》，在全面把握基本内容的基础上,重点掌握党章总纲和党员、党的组织制度、党的中央组织、党的地方组织、党的基层组织、党的干部、党的纪律等章内容,深刻把握“两个先锋队”的本质和使命,进一步明确“四个服从”的要求,掌握党的领导干部必须具备的六项基本条件。

(2)深入学习《中国共产党廉洁自律准则》《中国共产党纪律处分条例》《中国共产党地方委员会工作条例》《中国共产党党组工作条例(试行)》《党政领导干部选拔任用工作条例》等党内重要法规制度,重点掌握廉洁自律准则规定的“四个廉洁”“四个自觉”,掌握党纪处分工作原则以及各类违纪行为的情形和处分规定,掌握党的地方委员会和党组的职责、组织原则、运行机制,掌握党政领导干部选拔任用原则、条件、要求。各级党委(党组)还要按照习近平总书记重要批示精神,把毛泽东同志《党委会的工作方法》纳入学习内容,全面加强领导班子思想政治建设、作风建设、能力建设。

——学习系列讲话:

以《习近平谈治国理政》和《习近平总书记重要讲话文章选编(领导干部读本)》为基本教材,学习《习近平总书记系列重要讲话读本(2016年版)》。深入学习领会习近平总书记系列重要讲话精神,领会关于改革发展稳定、内政外交国防、治党治国治军的重要论述,领会贯穿其中的马克思主义立场观点方法,领会贯穿其中的坚定信仰追求、历史担当意识、真挚为民情怀、务实思想作风。学习系列讲话,要注意围绕坚持和发展中国特色社会主义这个主题,着重领会以习近平同志为总书记的党中央治国理政新理念新思想新战略。

(1)深入领会我们正在进行具有许多新的历史特点的伟大斗争,我国发展重要战略机遇期变与不变的深刻内涵。

(2)深入领会坚定中国特色社会主义道路自信、理论自信、制度自信,决胜全面建成小康社会,实现“两个一百年”奋斗目标和中华民族伟大复兴的中国梦。

(3)深入领会统筹国内国际两个大局,协调推进“五位一体”总体布局和“四个全面”战略布局。

(4)深入领会创新、协调、绿色、开放、共享的发展理念,主动适应、把握、引领经济发展新常态,更加注重推进供给侧结构性改革,以新发展理念引领发展实践。着力实施创新驱动发展战略,着力增强发展整体性协调性,着力推进人与自然和谐共生,着力形成对外开放新体制,着力践行以人民为中心的发展思想。

(5)深入领会全面深化改革,推进国家治理体系和治理能力现代化;使市场在资源配置中起决定性作用和更好发挥政府作用;毫不动摇坚持我国基本经济制度,推动各种所有制经济健康发展;推进“一带一路”建设、京津冀协同发展、长江经济带发展;全面依法治国,建设中国特色社会主义法治体系;发展社会主义民主政治,坚持中国特色社会主义政治发展道路;培育和践行社会主义核心价值观,增强文化自信、价值观自信,建设社会主义文化强国;树立总体国家安全观,尊重网络主权,构建全球互联网治理体系;把握党在新形势下的强军目标,全面实施改革强军战略等;不断推进“一国两制”事业、依法保障“一国两制”实践;构建新型大国关系、建设互利共赢的新型国际关系;坚持正确义利观、建设人类命运共同体。

(6)深入领会全面从严治党要求,严守党的政治纪律和政治规矩,忠诚、干净、担当,强化正风反腐,坚持“老虎”“苍蝇”一起打等。

(7)深入领会科学的思想方法和工作方法,观大势、定大局、谋大事;强化战略思维、辩证思维、系统思维、创新思维、底线思维;树立问题导向,注重防风险、补短板;牢记空谈误国、实干兴邦,一分部署、九分落实等。

3.解决重点问题。

认真贯彻习近平总书记关于培养造就具有铁一般信仰、铁一般信念、铁一般纪律、铁一般担当的干部队伍要求,对照习近平总书记关于“七个有之”“五个必须”等重要论述,增强政治意识、大局意识、核心意识、看齐意识,在思想上政治上行动上同以习近平同志为总书记的党中央保持高度一致,认真践行“三严三实”要求和好干部标准,做心中有党、心中有民、心中有责、心中有戒的表率。

(1)带头坚定理想信念。针对在"举什么旗、走什么路"上的模糊认识,针对信仰缺乏、信念缺失、精神缺"钙"等问题,正本清源、固本培元,着力提升马克思主义理论素养,提升运用党的理论创新成果观察和分析问题的能力,保持对马克思主义和共产主义的坚定信仰、对中国特色社会主义的坚定信念,强化宗旨意识、践行群众路线,把理想信念体现到修身律己、为政用权、干事创业的方方面面,做远大理想和共同理想模范践行者。旗帜鲜明反对和抵制西方宪政民主、"普世价值"、新自由主义、历史虚无主义以及质疑改革开放和中国特色社会主义等错误思潮。

(2)带头严守政治纪律和政治规矩。针对政治上的自由主义,不认真贯彻落实党中央决策部署,不认真结合实际贯彻落实党的路线方针政策,重大问题重要事项不请示不报告,针对当面一套背后一套、当"两面人",针对顶风违纪搞"四风",针对拉帮结派、搞团团伙伙等问题,认真汲取周永康、薄熙来、徐才厚、郭伯雄、令计划等违纪违法案件的深刻教训,知敬畏、明底线、守规矩,保持对党绝对忠诚的政治品格,做政治上的明白人,坚决维护党中央权威,维护党的团结统一。

(3)带头树立和落实新发展理念。针对那些不适应、不适合甚至违背新发展理念的认识、行为、做法,针对那些一味拼资源拼投入、先污染后治理、重城市轻农村、重效率轻公平等片面发展、畸形发展的问题,坚持解放思想、与时俱进,树立对新发展理念的自觉自信,做到崇尚创新、注重协调、倡导绿色、厚植开放、推进共享。针对在经济发展新常态上的认识误区,深刻认识经济发展新常态的客观必然性,防止片面性、简单化,不能以是否对自己有利来判断新常态好坏;不能把新常态当作一个筐,什么都往里装;不能把新常态当作避风港,把工作不好做、没干好的原因都归结于新常态,为不干事、不发展找借口。积极推进供给侧结构性改革,落实好党中央确定的"五大政策支柱"和"五项重点任务"。

(4)带头攻坚克难、敢于担当。针对大是大非面前不敢亮剑、矛盾问题面前不敢迎难而上、危机面前不敢挺身而出、失误面前不敢承担责任、歪风邪气面前不敢坚决斗争等问题,强化责任意识,敢于担当负责。针对新形势下不想为、不会为、不善为等问题,提升精气神、增长新本领、展现新作为,做到想干愿干积极干、能干会干善于干,以踏石留印、抓铁有痕的劲头抓落实,做改革发展的促进派和实干家。要坚持求真务实、按规律办事,树立正确政绩观,努力创造经得起实践、人民、历史检验的实绩。

(5)带头落实全面从严治党责任。针对管党治党不力、党建意识淡漠、党建工作缺失,针对主体责任、"一岗双责"落实不到位,把业务工作和党建工作割裂开来的问题,针对那些认为正风反腐影响经济发展等错误观点,树立全面从严治党永远在路上的思想,树立抓好党建是最大政绩、抓不好党建是不称职、不抓党建是失职的意识,坚持思想建党和制度治党紧密结合,强化依规治党意识,切实担负起管党治党责任。要自觉接受党内政治生活锻炼,坚持民主集中制原则,认真开展批评和自我批评,严格党员、干部日常管理监督,保持反腐败高压态势。要持续深入改进作风,培育良好家风,管好子女家属和身边工作人员,按"亲、清"原则正确处理政商关系,营造风清气正的政治生态和从政环境。

三、推进落实措施

开展"两学一做"学习教育,必须用心用力,抓细抓实,重点落实10项措施。

1.领导机关领导干部作表率。各级领导机关、领导班子、领导干部要以身作则、率先垂范,层层示范、层层带动,形成上行下效、整体联动的总体效应。领导机关要召开党委(党组)会,专题学习党章党规和习近平总书记系列重要讲话;以党委(党组)中心组等形式组织集中研讨;以"两学一做"为主题,开好年度民主生活会。领导干部要学在前、做在前,要求别人做到的自己首先做到,要求别人不做的自己坚决不做。要严格执行双重组织生活等党内生活的各项制度,带头参加学习讨论,带头在所在党支部讲党课,到农村、社区、企业、学校等基层单位党支部讲党课,带头参加组织生活会、民主评议,带头履职尽责、立足岗位作贡献。按照市委安排,市四大班子领导同志要带头示范,指导好包联县(市、区)、分管领域或兼职部门单位的学习教育。

2.实行“党员在学习”半小时计划。进一步改进学风和学习制度,引导党员把学习作为一种工作责任、精神追求和生活习惯。党员学习要联系自己的思想、工作和作风实际,做到边学边做、边学边改。党支部要指导党员制定学习计划,每天坚持学习半小时,原则上每周自学时间不少于2小时,每年不少于50个学时。在职党员要手抄《党章》原文,学习笔记每年不少于3万字。党支部每月检查通报1次党员学习情况,并以适当形式组织学习测试。支部书记要定期对在职党员学习笔记审阅签字。对生产工作一线党员、在外流动党员、离退休干部职工党员及年老体弱党员的学习,要形式灵活、注重实效。

3.建立“党员在活动”集中活动日制度。每月1日或15日,以党支部为单位组织党员开展活动。各地各单位要结合不同地域、不同领域、不同行业实际,对活动主题、内容和方式等作出安排。每次开展活动,党员要持党费证按规定标准交纳党费。党支部要向党员群众通报单位有关工作情况,并听取党员群众的意见建议,推动党务办事公开。在外流动党员,可以通过手机QQ、微信等方式,向所在党支部报告在流入地党组织参加活动情况。上级党组织每季度要对党支部开展活动情况进行一次检查指导,对支部活动开展不正常、活动流于形式、活动娱乐化等问题,要及时纠正,教育整改。党员人数较多的党支部,可划分党小组开展活动。

4.开展“党员在行动”岗位做贡献。以“党员先锋行”主题实践活动为抓手,开展“党员在行动”岗位做贡献。各地各单位要按照不同领域、不同行业实际,针对不同群体党员实际情况,对党员发挥作用提出具体要求,教育引导党员在任何岗位、任何地方、任何时候、任何情况下都铭记党员身份,积极为党工作。在农村、社区,围绕贯彻落实市委《关于进一步加强农村基层党建工作的实施意见》,聚焦脱贫攻坚、集体经济“破零”、实施“一带三创”等重要任务,重点落实党员设岗定责和承诺践诺制度;在国有企业围绕加快供给侧结构性改革、加快科技创新、推动转型升级等重大决策部署,在非公有制企业和社会组织围绕突出发挥党组织的政治核心作用和政治引领作用,抓好党的组织覆盖和党建工作覆盖,重点落实党员示范岗和党员责任区制度;在窗口单位和服务行业,围绕增强服务意识,提高办事效率,规范权力运行,树立良好形象,重点落实党员挂牌上岗、亮明身份制度;在机关事业单位,围绕模范履行岗位职责、服务人民群众、促进党员模范履行岗位职责,重点落实在职党员到社区报到、定点扶贫和结对帮扶、直接联系服务群众等制度,通过“网格化管理、组团式服务”“包村包户精准扶贫”等多种形式,在为群众办实事做好事解难事上发挥先锋模范作用;在学校、医院,围绕加强师德师风、医德医风建设,改进服务态度,提升服务质量,要求党员增强党的意识,自觉爱党护党为党,敬业修德,奉献社会。

要突出围绕脱贫攻坚开展学习教育,以党建工作的新成效引领助推精准扶贫。以加强农村党支部建设为核心,选好配强贫困乡村两级领导班子,统筹协调农村党支部第一书记、包村领导和驻村帮扶工作队、社会组织参与扶贫。充分发挥广大党员在扶贫工作中的先锋模范作用,机关党员要按照对口帮扶要求,开展与贫困户“结对子”活动,帮助制定帮扶措施,协调解决联系贫困村存在的困难问题。要把推进脱贫攻坚实绩作为选拔任用干部的重要依据,在脱贫攻坚第一线考察识别干部,激励各级党员干部到脱贫攻坚战场大显身手。

5.组织“四讲四有”专题讨论。党委(党组)要以党委(党组)会、党委(党组)中心组等形式,党支部要召开全体党员会议,结合不同层次党员“两学”的具体内容和要求,围绕讲政治、有信念,讲规矩、有纪律,讲道德、有品行,讲奉献、有作为的“四讲四有”合格党员标准,每季度确定1个专题进行交流研讨。

专题一:讲政治、有信念。重点围绕如何确保政治合格,做到对党忠诚,挺起理想信念的“主心骨”,做到在党言党、在党忧党、在党为党、在党爱党等开展研讨。

专题二:讲规矩、有纪律。重点围绕如何确保执行纪律合格,强化“四个意识”,严守党的政治纪律和政治规矩，增强组织观念、服从组织决定，知敬畏、明底线、守规矩等开展研讨。

专题三：讲道德、有品行。重点围绕如何确保品德合格，做到明大德、守公德、严私德，传承党的优良作风，弘扬中华传统美德，践行社会主义核心价值观，坚守共产党人的精神高地等开展研讨。

专题四：讲奉献、有作为。重点围绕如何确保发挥作用合格，践行党的宗旨，保持为民本色，敢于担当、勇于负责，在推进改革发展稳定中当标兵、作模范等开展研讨。

6.开展"四个讲一次"党课。讲党课一般在党支部范围内进行，原则上每季度安排1次，分别是：各级党委（党组）书记给本地本系统本单位的全体党员讲一次遵守"党章党规"；"七一"前后，结合开展纪念建党95周年活动，党员领导干部或党支部书记讲一次"党的光辉历史"；组织党校教师、讲师团成员讲一次学习"系列讲话"辅导；邀请身边典型和模范讲一次"先进事迹报告"。讲党课要注重理论联系实际，运用身边事例、现身说法，强化互动交流、答疑释惑，增强党课的吸引力和感染力。

7.选树和评比表彰一批先进典型。学习我省段爱平、李培斌等先进典型模范事迹，组织观看省委推荐剧目《最美村官段爱平》，大力宣传优秀乡镇党委书记等各行各业涌现出的模范人物先进事迹，激励基层党组织和广大党员干事创业、开拓进取、奋发作为。在纪念建党95周年活动中，选树和评选表彰一批优秀共产党员、优秀党务工作者和先进基层党组织。在农村要表彰一批功勋书记、红旗书记和优秀书记，实行递进激励机制。

8.召开专题组织生活会。年底前，党支部和党小组要分别召开专题组织生活会。党员领导干部要以普通党员身份参加所在党支部专题组织生活会，上级党组织要派人参会指导。会前，党支部要面向党员和群众广泛征求意见，开展谈心谈话，撰写发言提纲。会上，支部班子及其成员对照职能职责，党员对照"四讲四有"标准，进行党性分析，查摆在思想、组织、作风、纪律等方面存在的问题，严肃认真开展批评和自我批评。会后，要针对查摆的突出问题和薄弱环节，制定整改方案，明确整改责任，落实整改措施。

9.民主评议党支部班子、党支部书记和党员。专题组织生活会后，以党支部为单位召开全体党员会议，组织全体党员和群众代表开展民主评议，党员领导干部要以普通党员身份参加评议，上级党组织要派人参会指导。要对照党支部和支部书记职责、党员标准，按照个人自评、党员互评、民主测评、领导点评、组织评定的程序，对支部班子工作、支部书记履责和党员作用发挥等情况进行评议。党员人数较多的党支部，个人自评和党员互评可分党小组进行。要综合民主评议情况和日常工作表现，确定评议等次，按好、一般、差确定等次。上级党委对评议出的好支部、优秀支部书记、优秀党员予以表扬；对工作较差的支部班子、履责不力的支部书记，进行组织约谈。党支部要结合民主评议情况，与每名党员谈心谈话。对确定为基本合格的党员，要进行教育转化；对确定为不合格的党员，按照党章和党内有关规定，区别不同情况，稳妥慎重给予组织处置。

10.创建"党员先锋号"微信平台。服务党支部和党员多样化学习教育需求，市委组织部牵头有关部门和单位，建立"党员先锋号"微信平台，开设"党员在学习""党员在活动""党员在行动"栏目，开发制作并及时推送形象直观、丰富多样的学习资源，充分展现党支部开展党日活动、党员在岗位做贡献的视频资料，给党支部和党员搭建自主学习和互动交流的有效平台。各地各系统各单位要依托"党员先锋号"微信平台，以党支部为单位，建立党员微信群，发挥手机微信普及便捷的优势，积极探索利用微信平台，教育管理服务流动党员、离退休干部职工党员及年老体弱党员的有效途径。

四、加强组织领导

"两学一做"学习教育在市委常委会领导下进行，由市委组织部牵头组织实施，市纪委机关、市委宣传部、市委党校配合做好相关工作。

1.落实主体责任。各级党委（党组）和书记要认真履行抓好"两学一做"学习教育的主体责任，将其纳入"书记项目"，层层传导压力，年底"联述联评联考"，切实尽好责、抓到位、见实效。各县（市、区）

委和市直各党工委、部门党组(党委)要发挥关键作用,研究制定方案,作出部署安排,保障工作力量,加强指导把关。市委派出督导组,采取明察暗访、随机抽查、专项检查等方式,对各地各系统各单位开展学习教育情况,进行督促指导,定期通报情况,对组织不力、效果不好的要严肃批评、限期整改,对搞形式、走过场的要严肃问责,追究责任。各基层党委要对所辖党支部进行全覆盖、全过程的现场指导,帮助党支部制定学习教育计划,派员参加党支部的各项活动。

2.强化组织保障。各县(市、区)委和市直各党工委、部门党组(党委)要着力加强党支部建设,特别是加大整顿软弱涣散党组织工作力度,配齐配强支部班子和支部书记。要抓好党员组织关系集中排查工作,开展"组织找党员、党员找组织"活动,摸清"口袋"党员、长期与党组织失去联系党员情况,理顺党员组织关系,力争使每名党员都纳入党组织有效管理,参加学习教育。要开展党费收缴工作专项检查,重点核查党员是否按时足额交纳党费,交纳党费的基数核定是否准确,特别是国有企业、金融类企业实行年薪制人员中的党员。今年市县乡党委换届,要向党代表大会报告五年来党费收缴、使用和管理情况,并作为党务公开的重要内容,每年以适当方式向党员公布一次情况。要对基层党组织书记、组织委员、组织员等党务骨干进行专题业务培训,帮助他们掌握工作方法,明确工作要求。乡镇党委换届要配强专职副书记和组织委员,确保"两学一做"学习教育有人抓、有人管。要按照"两个不低于"标准,抓紧落实农村党建工作经费,积极推进农村、社区活动场所达标升级,确保有人管事、有场所议事、有钱办事。要推动"六权治本"向乡村延伸,继续以农村"三资"清理、解决群众身边腐败问题为抓手,开展专项整治,提升治理水平。

3.坚持挺纪在前。扎实开展以"守纪律、讲规矩、作表率"为主题的"纪律教育年"活动,进一步强化各级党组织和广大党员干部的政治意识、核心意识、大局意识、看齐意识,真正让纪律严起来、把规矩立起来,有力推动全面从严治党压力向基层延伸。要坚持从严治吏,持续深入实施"三个一批""六查""六个全程""五必审""一倒查六整治"等行之有效的办法措施,不断巩固和发展风清气正的选人用人环境。要严明换届纪律,坚决落实"九个严禁",严厉查处不听招呼、顶风违纪的行为,特别是跑官要官、买官卖官、拉票贿选、干扰换届等行为,发现一起,查处一起,通报一起。要抓住"关键少数",进一步加大执纪问责力度,加大对违纪行为的查处力度。要坚持惩前毖后、治病救人,妥善把握运用好监督执纪"四种形态",真正体现对党员干部的严格要求和关心爱护。

4.注重分类指导。各县(市、区)委和市直各党工委、部门党组(党委)要坚持区分层次,根据不同领域、不同行业、不同单位特点,制定具体《指导意见》,提出具体要求。市国资委和部分省属驻临企业要重点抓好破产企业党员的学习教育,市非公工委要重点指导非公有制企业党员的学习教育,市民政局要牵头指导社会组织党员的学习教育,可因企制宜、因岗制宜,对党员人数少、党员流动性强的党组织,可依托区域化党员服务中心,利用开放式组织生活等方式,组织党员参加学习教育。市人社、政法、教育、卫计、住建等窗口单位和服务行业,要对本系统党员开展学习教育,提出行业指导意见。要突出农民工和大中专毕业生两个重点流动党员群体,探索流出地和流入地有效衔接、共同管理的工作模式,按照流入地为主的原则,把流动党员编入一个支部,就近就便参加学习教育。对离退休干部职工党员及年老体弱党员,既体现从严要求,又从实际出发,以适当方式组织他们参加学习教育。

5.发挥媒体作用。要注重运用传统媒体和新兴媒体,宣传中央、省委和市委关于"两学一做"学习教育的部署要求,总结宣传各地各单位的好经验好做法,及时推介优秀共产党员、优秀党务工作者和先进基层党组织的先进事迹,营造比学赶超、争做贡献的良好风尚。要把握好舆论引导的时机、力度和效果,积极营造良好舆论氛围。

6.搞好统筹协调。把开展学习教育与推动脱贫攻坚、"三个突破""六大发展"等中央、省委和市委重大决策部署统筹起来,与巩固拓展党的群众路线教育实践活动、学习讨论落实活动和"三严三实"

专题教育成果衔接起来，与全面抓好市县乡三级领导班子换届工作结合起来，做到主动融入、无缝对接、相互促进，认真做好全年各项工作，确保两手抓、两促进。

各县(市、区)委和市直各单位党组(党委)要根据中央、省委和市委的部署要求，结合实际制定具体实施方案。开展“两学一做”学习教育的情况，要定期报告市委。

鼓楼南北大街拓宽改造工程

【概述】 临汾市鼓楼南北街拓宽改造工程是市委、市政府2016年实施的重大旧城改造工程，南起尧庙三岔口，北至屯里高河桥，全长7329米，横跨九大十字路口，宽度为50米～60米，总投资约18亿元，其中工程建设投资约6亿元，房屋征收补偿投资约12亿元。

工程于2016年2月28日开工，9月28日竣工，历时7个月。改造工程主要由三部分构成：一是地下管网改造，铺设供热、供气、供水、供电等管线26万米，挖填土砂68万立方米，电力、通信等各类管线全部入地，结束鼓楼南北大街几十年没有主供管网的历史，提升城市保障能力。二是道路拓宽改造，道路由30米拓宽到50米至60米，由原双向四车道增加为双向八车道，道路基础、路面及人行道全面更新，增加道路面积16万平方米，道路质量全面提高，改善通行能力。三是道路街景改造，拆除房屋建筑约17万多平方米，改造装饰沿街建筑236处，面积5.2万平方米；修建各类花墙、文化墙51处，总长9000多米；修建游园、广场、雕塑、景观及花池251处，新增休闲和绿化面积7.6万平方米；完善提升路灯、交通、公交、监控、环卫等配套设施1000多套；新建标准化公厕11座，成为全国公厕达标配套第一街。

鼓楼南北大街始建于唐代，是临汾古城以鼓楼为中心“南通秦蜀，北达幽并”的中枢干道，是临汾最古老的城市干道，是市区唯一南北贯通的交通枢纽。鼓楼南北街拓宽改造工程全长7300米，工期7个月，历史上规模最大、速度最快的旧城改造工程。工程动用各类机械设备5万台(次)，人力28万人(次)，挖填土砂68万立方米。铺设各类管道总长26万米，地下设施更新，城市保障能力提升。铺设排水、排污管道1.63万米，首次实现雨污分流。铺设供水、供气、供热管道3.1万米，首次贯通各类主供管网。铺设电力、通信管网21.3万米，架空电缆管线全部入地。铺设花岗岩人行道、隔离带2.1万米，面积7.8万平方米。铺筑沥青混凝土路面7.3千米，面积33.2万平方米。设置路灯431套，交通及天眼设施250套，路标牌97个，公交站亭34个，果皮箱250个。拆除房屋建筑16.1万平方米，拓宽道路20米，增加道路面积14.6万平方米。装修改造沿街建筑236处，装修面积5.2万平方米，更新牌匾278块，台阶89处。新建花池绿地226处，新增行道树1638株，增加绿化面积5.4万平方米。修建便民花池墙11870米，可供1万市民沿街同时休闲。整修鼓楼，新建游园广场7个，文化景观18处，面积2.2万平方米。建造各类文化墙51处，总长2328米，修建屋顶花墙186处，总长6850米。恢复明代四龙壁1座，建造各类龙壁10座，形成龙壁文化一条街。新建城市雕塑5座，街景艺术石雕100余件，艺术雕刻140余件。新建标准化公厕11座，新增蹲位330个，建成全国公厕达标配套第一街。整修改造沿街两侧街巷、胡同、通道154处，硬化面积13553平方米。

【领导机构】

指 挥 长　宿青平

副指挥长　刘玉平　刘林玉　杨保春

石　有　白　波　亢金玺

赵成江　许学民　乔卫东

李晓红　杨悦明　程晓强

郭　峰　王九仙

【大事记】

2月

25日　工程指挥部召开各指挥长及全体人员动员大会，下达2月28日按期开工的指令，对道路施工、交通保障及指挥管理工作进行动员部署。

26日　临汾市召开鼓楼南北街拓宽改造动员大会,标志着社会各界倍加关注的鼓楼南北街拓宽改造工程正式启动。

27日　晚11时开始封闭道路,拆除设施、围栏护栏。

28日　重塑"母亲街"形象从此刻开始,交通限行首日。

3月

1日　鼓楼南北街拓宽改造工程开工第三天,工程由南自北,主排管沟开挖施工。

9日　全线主排管沟基本铺设完成,主排管道顺利竣工,集中力量攻克十字路口施工难关。

18日　鼓楼南北街拓宽改造工程尧都区段拆迁工作启动。

24日　鼓楼南北街拓宽改造工程开发区段拆迁工作启动。

26日　鼓楼南北街拓宽改造工程铺设供热管网。结束市区多年来南北城区独立运行的供热系统,首次实现全网一体化供热串联大循环运行。

4月

1日　鼓楼南北大街拓宽改造工程提前完成地下管网改造工程。

11日　鼓楼南北街拓宽改造工程转入道路基础和石材铺装为主的第二战役。第二战役分三个阶段实施,第一阶段为基础整压,第二阶段为基层铺设,第三阶段为石材铺装。

18日　环鼓楼综合管沟工程竣工。

23日　道路基础整压完成,进入砂砾基层铺筑阶段。

26日　道路基础砂砾基层铺筑完成。

5月

3日　鼓楼南北街拓宽改造工程稳水层铺设展开。

9日　鼓楼南北街拓宽改造工程完成道路两侧绿化带栽植95%的工程量。

11日　鼓楼南北街拓宽改造工程设第二部水稳层。

20日　鼓楼南北街拓宽改造工程展开第三部水稳层铺筑工程,鼓楼南北街拓宽改造第二战役道路基础工程,提前竣工。

24日　鼓楼南北街拓宽改造工程七大十字路口进行路面半幅倒换,突击路槽开挖和路基工程。

6月

2日　鼓楼南北街拓宽改造工程七大十字路口最后一层水稳竣工。

8日　鼓楼南北街拓宽改造工程进入第三阶段,即在一个半月内做好石材铺装、基座浇筑、井座安装、景观配套、基础完善、电缆入地、沿街装修、设施安装八项工程。

22日　鼓楼南北街拓宽改造工程进入人行道石材铺装。石材铺装由人行道侧石铺设和隔离带铺设两部分组成,侧石材质为花岗岩,尺寸为100厘米、宽22厘米、高30厘米;人行道面砖长60厘米、宽30厘米。

7月

6日　鼓楼南北街拓宽改造工程道路两侧房屋建筑拆除,加快两侧挡墙修筑和绿化工程,使拆除后的残墙断壁市容环境得到改善。

10日　鼓楼南北街拓宽改造工程加大拆迁工作力度,拆除100815平方米。

23日　鼓楼南北街拓宽改造工程第一批公交站亭主体安装完成。

8月

21日　鼓楼南北街拓宽改造工程指挥部部署第三战役,对道路铺油工程做具体安排。

24 日　鼓楼南北街拓宽改造工程进入沥青路面铺筑阶段。按照国家城市道路标准，鼓楼南北街全线非机动车道铺筑沥青混凝土，厚度约 7 厘米，机动车道厚约 10 厘米，全线 40 天可完成铺油任务。

27 日　鼓楼南北街拓宽改造工程铺油工程首战告捷。尧庙三岔口至南外环路口宽 50 多米、长 300 多米的道路完成铺油任务。

30 日　坂下十字口、南外环十字口两个面积最大的路口封闭施工铺油。

9 月

2 日　鼓楼南北街拓宽改造工程街景改造进入冲刺阶段。

5 日　尧都区完成鼓楼南北街拆迁任务。

14 日　鼓楼南北街拓宽改造工程环鼓楼路面铺油完成。

22 日　鼓楼南北街拓宽改造工程解放路十字口开始路面铺油，除高河店段 800 米外，鼓楼南北街铺油任务完成。

23 日　鼓楼南北街拓宽改造工程对开发区段 800 多米道路进行封闭铺油。

25 日　开发区段长 800 多米、宽 60 米的路面铺油完成，鼓楼南北街路面铺油竣工，鼓楼南北街道路拓宽改造第三战役结束。

29 日　11 时，鼓楼南北街恢复通车。

【重要文件】

关于“首战一周，攻坚一月，打好第一战役”的通　　知

（2016 年 3 月 1 日）

临鼓指字〔2016〕11 号

各工作机构，各施工、监理单位：

鼓楼南北街拓宽改造工程已于 2 月 28 日全面开工建设，工期紧、任务重。为确保工程顺利推进，按期完工，根据指挥长宿青平提出的“首战一周，攻坚一月，打好第一战役”的工作方针，指挥部研究决定，第一战役分三个阶段进行，现将有关工作安排通知如下：

一、第一阶段：首战主排管道

主排水完不成，其他管线无法施工，地下管线施工关键是主排水，一切工作都要紧紧围绕主排水这个核心任务，一切施工都要让路于主排水施工，各施工、管线单位必须服从指挥部的统一安排，各施工段要制定完善加快主排水施工进度的具体措施，要明确每天的任务和进度目标，责任到人，进度到天。各施工段应予 3 月 15 日前全面完成主排水安装及回填任务。

二、第二阶段：攻坚十字路口

十字路口地下管线对接是全线管网按期完工的关键环节，也是主排水全面贯通的重中之重。各施工、管线单位要针对每个十字路口管线布置、交通通行等实际情况，制定完善科学合理地下管线对接施工方案，科学合理安排施工工序，既要保证南北两半幅尽快开挖对接，又要保障通行秩序。各十字路口地下管线开挖、对接、回填应予 3 月 25 日前完成。

三、第三阶段：完成管网铺设

地下管网按总体进度要求铺设完成，是第一战役取得阶段性胜利的目标要求，是整个道路改造按期完工的基本保障。指挥部工程管理、管线设施等部门要统筹安排，精心部署，各施工、管线单位要紧密配合，通力协作。排污、电力、供水、通信管线要在 3 月底前铺设完成，供热、燃气等管线应在 4 月 20 前完成。

四、有关要求

（一）工程管理、管线设施管理部门要加强施工现场管理，认真审查各阶段的各项施工方案，积极协调各施工、管线单位，科学合理安排各种管沟、十字路口等重要部位和关键节点的开挖顺序、工期进度，合理安排进场施工人员、机械和材料等，确保施工进度。加强对监理单位实施旁站、检查、验收等工作以及人员到岗情况的监管。要制定严格的奖罚制度，对进度质量优胜者进行奖励，对组织不力、进度迟缓的予以处罚。

（二）技术设计部门要加强跟踪服务，现场指导，认真做好技术交底、设计变更和技术攻关工作，

及时解决各施工段、各阶段现场存在的各种技术难题,为施工质量、进度做好技术保障。

(三)质量安全部门要加强对各施工单位、监理企业的质量、安全实施方案、保障体系和各项措施落实到位情况的监督检查,强化对各施工段施工现场质量、安全监管,对发现的质量问题和安全隐患及时予以排除,确保工程质量、安全生产和文明施工。

(四)各监理企业要针对各阶段施工任务,结合各施工段工程实际,制定详细的监理大纲和实施细则,配置水平高、专业强和满足工程施工要求的监理人员,明确任务,严格履行旁站、检查、验收等监理职责,责任到岗、责任到人。

(五)各施工、管线企业必须建立职责明确、责任细化的管理体系,科学合理安排各阶段、各施工段施工顺序,制定详细的分段、专项和重点部位施工方案,根据各阶段时间节点要求,调配充足的人员、机械和材料,争分夺秒,昼夜施工,确保工程质量和进度全面推进。

(六)各部门、各单位和全体人员,指挥部全体人员要认真贯彻落实指挥长宿青平在开工动员大会上的讲话精神,深刻领会,全面掌握,强化责任意识,发扬奉献精神,严守工作纪律,以坚定的信心、饱满的热情积极投入到工程建设中,坚决服从指挥部领导,不折不扣落实工作安排要求,圆满完成"首战一周,攻坚一月,打好第一战役"的各项任务,取得首战告捷,为项目按期完工奠定坚实的基础。

特此通知

(临汾市鼓楼南北街拓宽改造工程指挥部)

关于下达第二战役第一阶段施工任务的通　　知

(2016年4月12日)

临鼓指字〔2016〕26号

各工作机构、各施工、监理及管线单位:

第一战役地下管线改造工程施工已提前完成,从4月11日开始正式转入以道路基础和石材铺装为主的第二战役。第二战役分三个阶段实施,第一阶段为基础整压;第二阶段为基层铺设;第三阶段为石材铺装。为确保第二战役顺利推进,指挥部研究决定,下达第一阶段各项施工任务,务必于10日内完成,望严格遵照执行。

一、突击完成各管线扫尾工程

(一)排水工程

1.向阳路十字口预留排水顶管,4月14日完成;

2.农业银行南侧外接排水1道,4月15日完成;

3.市人大北侧外接排水3道,4月14日完成。

(二)供水工程

1.向阳路主管东西碰接2道,4月13日完成;

2.河汾路十字口主管碰接1道,4月13日完成;

3.鼓楼北胡同外接8处,4月15日完成;

4.鼓楼北用户连接26处,4月15日完成;

5.怡协汽修园南侧外接1道,4月14日完成;

6.五一路以南外接用户120处,4月15日完成;

7.怡协汽修园净水厂主管道碰接2道,4月16日完成。

(三)供热工程

1.五一路口主管道1处,4月15日完成;

2.福利巷2道主管1处,4月17日完成;

3.鼓楼南主管顶管1处,4月23日完成;

4.印染巷外连支线1处,4月17日完成;

5.怡协汽修园外连支线1处,4月17日完成;

6.鼓楼南区二院至鼓楼连通,4月20日完成;

7.福利巷横跨管道1处,4月20日完成;

8.南外环检查井1座,4月14日完成。

(四)燃气工程

1.贡院街以南福利巷以北主管道,4月19日完成;

2.尧都酒店阀门井1座,4月14日完成;

3.支线阀门井9处,4月15日完成。

(五)供电工程

1.电杆迁移,4月20日完成。

(1)鼓楼南信用社门前变台1处;

(2)同仁眼科医院变台1处；
(3)荣健医院变台1处；
(4)涌泉小区变台1处；
(5)西赵巷分支钢杆1根；
(6)尧丰市场分支钢杆1根；
(7)尧丰市场南门水泥杆1根；
(8)印染巷口水泥杆1根；
(9)五一路口教育培训中心水泥杆1根；
(10)人寿保险前水泥杆1根；
(11)市府小区对面水泥杆1根；
(12)市地税局对面水泥杆1根。
2.用户连接剩余50处，4月20日完成。
3.电力排管。
(1)城建公司段：
①琉璃巷口1处，4月13日完成；
②荣健医院1处，4月14日完成；
③计算机信息中心1处，4月13日完成；
④尚可优酒店1处，4月13日完成；
⑤公用局小区1处，4月13日完成。
⑥怡协汽修园30米，4月18日完成。
(2)市政公司段：
①坂下路口东侧公厕1处，4月14日完成；
②市政公司门口1处，4月13日完成；
③市人大门口北侧检查井、排管，4月15日完成。
4.箱变、环网柜。
(1)本田摩托门口1处，4月13日完成；
(2)雅马哈摩托门口1处，4月13日完成；
(3)三圣堂1处，完成时间根据实际情况确定；
(4)市人大北侧1处，4月16日完成；
(5)鼓楼广场移动公厕1处，4月17日完成。
(六)通讯工程
1.坂下口西侧25米，4月13日完成；
2.鼓楼南至贡院街20米，4月13日完成；
3.仁保康医院40米，4月14日完成；
4.市府社区横跨路1处，4月13日完成；
5.市人大北侧1处，4月13日完成；
6.南街信用社1处，4月13日完成；
7.坂下公厕以南40米，4月15日完成；
8.路东13处用户连接，4月15日完成；
9.向阳路口中国银行检查井下降，4月15日完成。

二、调整确定道路坐标

1.配备足够的测量放线专业技术人员，进行现场复测，全面核查道路坐标；

2.明确标注非机动、人行道标高，全面掌握与周围建筑物的关系，及时调整确定道路坐标；

3.制定机动、非机动、隔离带和人行道的基础、基层和面层标高控制方案。

三、改造两侧连接通道

1.制定道路两侧小街小巷以及居民连接通道施工方案，一律从道路红线外找坡，复核确定道路和连接管线标高；

2.每处通道要倒排工期，完成通道基础和管线连接任务。

四、迁移占道高压、通讯线杆

1.摸清占用机动、非机动、人行道的高压及通讯线杆底数，确定迁移数量、位置；

2.供电、通讯等部门要制定详细的迁移计划和实施方案，按期实施迁移。

五、确定十字路口线型方案

1.十字路口八字转弯弧线在原来初步放线基础上，根据现场实际，重新确定；

2.所有十字路口，根据现场实际，合理确定右转车道宽度，确保改造一步到位。

六、确定地上设施定位方案

1.路灯、交警、公交和公安部门拿出初步意见，确定路灯、信号灯、公交亭和公安天眼等地上设施数量和位置；

2.各种设施线管预埋在道路干压砂砾完成后进行敷设。

七、开挖整压道路基础

1.机动车道路基要反复整压，配备足够数量和满足要求的碾压机械，保证压实质量。基础整压不合格，不得进行干压砂砾铺筑；

2.非机动、人行道基础开挖同时进行，边开挖，边整压；

3.道路红线外较宽地段建设绿地，做好绿地回填土和花池墙基础工作；

4.尽快确定隔离带圆弧和预留通道位置。

八、十字路口通行和施工方案

1.各十字路口根据实际,确定半幅通行方案和具体时间;

2.对十字路口通行路面全面整修平整,原有破损水稳层在保证道路畅通下,分段挖除后浇筑混凝土,在强度满足前用钢板覆盖,确保通行;

3.专人负责,确保通道和出入口环境卫生;

4.尽快制定半幅基础施工方案。

九、做好防雨防水准备工作

1.各施工段做好临时收水、排水措施;

2.配备足够数量的彩条布等防水材料,专人负责,及时覆盖。

特此通知

(临汾市鼓楼南北街拓宽改造工程指挥部)

关于成立街景改造组的通知

2016年8月1日

临鼓指字〔2016〕40号

各指挥长、各工作机构及有关单位:

为加快实施鼓楼南北街街景改造,经指挥部研究,决定成立街景改造组,现将有关要求通知如下:

一、工作任务

(一)组织拆除影响市容街景的临时建筑物、构筑物、搭建物、户外广告和牌匾;

(二)防止和纠正随意开门打洞行为;

(三)完成街景改造建筑立面规划设计方案;

(四)组织实施沿街建筑装修及美化、亮化和绿化;

(五)监督沿街单位按期完成建筑立面装修、清洗和台阶铺装。

二、组织机构

组　长:乔卫东(市规划局副局长、副指挥长)

副组长:刘官虎(市住建局副调研员、副指挥长)

杨悦明(市园林事业局副局长、副指挥长)

郭　锋(市市政公用局副局长、副指挥长)

李万成(市规划局总工程师)

田文杰(开发区建设规划局局长)

石文红(市建筑勘察设计院院长)

刘小红(市建筑规划设计院院长)

邹宏捷(市征补办主任)

郭耀龙(市市容监察支队书记)

任青虎(市规划局建设用地科科长)

史　军(市规划执法监察支队支队长)

齐家安(尧都区城改办主任)

陈　涛(市路灯管理所所长)

王　巍(市园林局绿化一队队长)

街景改造组下设三个组:

(一)规划设计组

组　长:李万成

副组长:石文红　任青虎　刘小红

1.第一小组(五一路至向阳路)

组　长:石文红

成　员:巨文俊　张丽琴　司丰森

2.第二小组(向阳路以北、五一路以南)

组　长:刘小红

成　员:王金龙　马瑞玲

(二)改造整治组

1.南片组(鼓楼以南)

组　长:田　忠(市容监察支队副支队长)

下设四个小组:

(1)第一小组(鼓楼至贡院街)

组　长:张　超

成　员:廉玉钦 王慧丰 杨虎军

(2)第二小组(贡院街至五一路)

组　长:亢　杰

成　员:马鲜亮　韩一鸣　侯田峰

(3)第三小组(五一路至福利巷)

组　长:袁宗强

成　员:李卫亮　杨　帆　贾秀芳　郑　豪

(4)第四小组(福利巷至尧庙三岔口)

组　长:葛金林

成　员:郭卫荣　张亚丽　王　乐　陈吉明

2.北片组(鼓楼至河汾路)

组　长:周汉国(市容监察支队副支队长)

下设三个小组:

(1)第五小组(鼓楼至水厂十字)

组 长:卫海龙

成 员:贾 帅 史 磊 赵 壮

(2)第六小组(水厂十字至向阳路)

组 长:王林友

成 员:杜建峰 赵鹏江 杨仰俊

(3)第七小组(向阳路至河汾路)

组 长:张博涛

成 员:李宏宇 李亚峰 许云东

3.开发区组(河汾路以北)

组 长:王殿青

成 员:吉 强 裴乔林 白雪峰 段玲玲 翟先锋 郜 波

(三)亮化绿化组

组 长:郭 锋

副组长:陈 涛 田文君 张 勇 王 巍

1.亮化技术组

组 长:高 波

成 员:程艳军

2.亮化改造组

组 长:郝日昌

成 员:毛晨明 郭松坡 贾永杰 姜 鹏 郭奉和

3.绿化改造组

组 长:王 巍

成 员:张志豪 高黎明 崔惠临

三、时间要求

(一)规划设计方案,8月5日前完成;

(二)拆除临建、搭建、广告和牌匾,8月10日前完成;

(三)台阶铺装,8月15日前完成;

(四)建筑立面装修、清洗、牌匾更新,8月30日完成;

(五)建筑物亮化,花池绿化,9月底完成。

四、有关要求

(一)各组要根据改造整治任务,细化完善实施方案,明确范围、步骤、标准和时间等;

(二)根据街景改造的主格调、主色调,结合建筑物现状,规划设计组要科学合理规划设计,确定每栋建筑改造整治方案;

(三)各组、各小组要根据改造时间要求,针对每片、每段、每栋建筑,详细制定进度计划,明确工作任务、改造标准和完成时间,任务到人,责任到人;

(四)各组要摸清底数,分类建立台账,每日汇总进展情况。定期召开工作例会,协调解决存在的问题,确保各项工作强力推进;

(五)所有工作人员要严格遵守指挥部工作纪律,听从指挥部统一安排,坚守一线,认真履行岗位职责。对落实不力或进度迟缓的,根据指挥部有关规定,予以责任追究。

特此通知

(临汾市鼓楼南北街拓宽改造工程指挥部)

关于下达鼓楼南北街竣工通车前施工任务的通　知

(2016年9月19日)

临鼓指字〔2016〕47号

各工作机构、各施工、监理及相关单位:

经过全体参建单位和人员近七个月的昼夜奋战和艰苦施工,鼓楼南北街拓宽改造工程已进入最后的冲刺阶段,面对竣工通车前的各项施工任务,宿青平指挥长指出,必须振奋精神,全力以赴,决战最后一周,确保国庆节前竣工通车,同时对最后一周的各项施工任务进行了安排部署,现将有关要求通知如下:

一、全力突击道路工程

(一)完成道路主体工程

目前开发区高河店段施工,时间紧、难度大,施工企业必须克服一切困难,全力突击、昼夜施工,指挥部各部门及全体人员,必须全力支持配合,确保9月24日前全面实施道路铺油工程。

(二)完成解放路十字口路面铺油

解放路十字口铺油前期工作必须抓紧进行,两天内全部集中处理完,确保9月21日准时开始铺油工程,23日完成,工期三天。

(三)完成雄风园土建工程

主要包括四项任务:一是西、南侧城墙垒砌,9月21日必须完成,工期5天;二是广场内的花池墙城垛、垫层、绿化和地面铺装,要全力突击,确保国庆前完成;三是雕塑的制作和安装,目前尚在制作,一月后安装;四是市计生委门前通道施工要昼夜实施,务必于19日前完成混凝土路面浇筑,为解放路十字口按期铺油提供保障。

(四)配套完善工程

一是对人行道、隔离带铺装勾缝进行重新检查和清理,不达标的及时处理,各现场指挥长、项目长、监理要严格进行地毯式检查;二是人行道铺装与两侧建筑衔接要处理到位,清理干净;三是各有关部门、单位组织力量对检查井进行全面检查,抹灰要达标,垃圾清理干净,安全网罩安装合格;四是全面检查排水井,清理干净,内侧抹灰密实。管线组牵头,供热、供气、供水、通信等管线单位配合,专人检查,责任到人,发现问题施工企业及时处理。以上施工任务必须在9月21日前全面完成。

二、全面完成街景改造任务

目前,街景改造已初见成效,要抓紧实施,要对正在装修的单位排查摸底,造册登记,制定措施,逐个落实,必须给甲乙双方提要求,定进度,确保一周内全部完成。主要任务包括:一是主体建筑装修是最主要的任务,必须按期完成;二是牌匾门窗的安装更换,市容、规划部门要调足力量,加强督促,责任到人,公安部门全力配合;三是台阶和墙壁整理,台阶没有装完的要突击施工,铺装、勾缝、卫生不达标的,一律要全部进行整理,市容、规划两部门要把人员调足、分组分片,责任到人,责任到栋;四是文化墙的装饰,要尽快修补和粉刷;五是沿街两侧建筑以及小巷里所有管线,要全部整理规范,管线设施组要组织所有管线单位立即实施,9月21前必须全部完成。

三、突击完成绿化工程

一是花池建设完的,马上新栽苗木;二是前期苗木不达标或没成活的,立即进行更换补栽,各绿化企业要认真检查,保质量、保成活。特殊地段,必须按照指挥部确定的方案施工。以上两项工作要求9月21日前完成;三是国庆摆花,国庆摆花主要以鼓楼南北大街为主,要尽快拿出方案,研究确定。

四、加快亮化工程进度

亮化工程要按照预定方案按部就班推进,全面对路灯、交通设施、公安天眼、公交亭等线路和设备检查与调试,发现问题及时处理,公交亭标牌喷绘安装要加快进度,必须在9月23日前完成。

五、全面完成环卫工程

环卫工程涉及两项内容:一是公厕,已建成11座,目前还有两座公厕正在建设,必须加快进度,外墙贴砖和门前硬化要尽快完成,确保道路通车前投入使用;二是进行果皮箱安装,确保按期完成。

各工作机构、各施工、监理及管线单位必须进一步明确任务、明确责任、责任到人、狠抓落实,主要负责人必须亲自带队进行检查和安排。各施工企业负责人、所有项目经理,一周内一律不准请假,所有指挥长、副指挥长、现场指挥长和指挥部工作人员必须全部坚守岗位,各监理单位负责人、监理代表以及监理人员,要严格分工、责任到人、加强监督。所有参建单位和全体参建人员都必须振奋精神,再鼓干劲,做到尽善尽美,确保按期竣工通车,向市委、市政府和全市人民交出一份完美的答卷。

特此通知

(临汾市鼓楼南北街拓宽改造工程指挥部)

文　献

决胜全面小康　实现振兴崛起
为建设富裕文明绿色幸福新临汾而努力奋斗

——2016年9月26日在中国共产党临汾市第四次代表大会上的报告

岳　普　煜

中国共产党临汾市第四次代表大会，是在决胜全面小康的关键历史时刻召开的一次具有全局性和战略性意义的会议。大会的主题是：高举中国特色社会主义伟大旗帜，深入学习贯彻习近平总书记系列重要讲话精神，团结和动员全市各级党组织、全体党员和干部群众，决胜全面小康，实现振兴崛起，为建设富裕、文明、绿色、幸福新临汾而努力奋斗。

五年砥砺奋进
开创了临汾经济社会发展的新局面

市三次党代会以来，我们在党中央和省委的坚强领导下，紧紧依靠和团结带领全市干部群众，深入学习贯彻党的十八大和十八届三中、四中、五中全会精神和习近平总书记系列重要讲话精神，认真落实省委各项决策部署，始终保持政治定力、发展定力、实干定力，统筹推进经济建设、政治建设、文化建设、社会建设和生态文明建设，全面从严管党治党，总体完成了市三次党代会确定的主要目标任务。

这五年，我们坚决顶住下行压力，不断转变发展方式，综合实力迈上新台阶。面对下行压力持续加大、实体经济运行困难的严峻形势，我们坚决贯彻中央、省委各项决策部署，主动适应新常态，努力优化结构、提质增效。扎实推进农业现代化，粮食生产连年丰收，“四个百万亩”建设成效显著，农民收入增速连续五年高于城镇居民收入增速。全面推进供给侧结构性改革，传统产业素质不断提升，装备制造、精密铸造、现代煤化工、新能源、新材料等新兴产业加快发展，新兴产业投资占到全市工业总投资的67%。商贸物流、电子商务产业发展壮大，建成了一批商贸转型项目，全市电商发展到400多家。全市三次产业比例由2010年的7.5∶58.3∶34.2调整为2015年的7.8∶48.5∶43.7，产业结构进一步优化。2015年全市地区生产总值达到1161.1亿元，突破千亿元大关，年均增长7.6%，高于全省平均水平；全社会固定资产投资五年累计完成5134.3亿元，年均增长24%，超额完成“五年五千亿”的目标任务；公共财政预算收入五年累计实现524.5亿元，年均达到104.9亿元。

这五年，我们统筹城乡区域发展，持续改善基础设施,城乡面貌发生新变化。不断加快新型城镇化建设,全市城镇化率达到48.6%,年均提高1.6个百分点。"百里汾河生态经济带"建设取得突破,列入国家《晋陕豫黄河金三角区域合作发展规划》。大力推进尧都、洪洞、襄汾"一城三区"建设,完成霍侯一级路改造、滨河东路贯通、滨河西路北延等道路建设工程。加快推进市区建设,老城区改造、河西新城、东部新区建设取得进展,完成了五一路贯通、北城壕改造等22条城市主干路建设,完成了古城公园二期、城西一级客运站等市政设施建设,完成了市区10万户天然气整体置换工程,启动实施了旧商业区、旧工业区改造和40个"城中村"改造项目。加快建设大县城,县城面貌都发生了显著变化,全市城镇供热普及率达到81.1%,侯马、洪洞、古县成功创建国家卫生城。临汾北环、临吉高速、霍永高速等一批高速公路建成通车,新改建农村公路3135公里,全市公路通车里程达到18245公里,位居全省第一。民航机场正式通航,大西高铁、中南铁路等开通运营。完成了引沁入汾和川取水输水工程、五马水库、清峪水库等重大水利工程,城乡电网、通信网、输气管网等都有新的进展,全市基础设施水平全面提升。

这五年,我们秉持绿色发展理念,切实加强环境保护,生态建设取得新成效。高度重视生态环境建设,成功创建省级环保模范城市、省级卫生城市和省级园林城市,争取到国家节能减排财政政策综合示范城市等优惠政策。持续开展了"环境建设年""环境提升年"活动,累计投资15.5亿元实施环保项目169个,实现了生活垃圾处理场县级全覆盖,饮用水水源地水质达标率100%。2015年,市区空气质量二级以上天数达到266天,按照新标准比2013年增加99天,PM2.5浓度下降21.3%,空气质量在全国重点检测城市中保持中上游水平。大力推进节能减排,累计实施节能改造项目288个,节能减排约束性指标全面完成。新增和更新新型环保公交车580辆,市区实现主干线纯电动公交车全覆盖。大力推进生态建设,五年营造林246万亩,森林覆盖率由27.5%提高到31.9%;设立了"百里汾河生态文明保护区",汾河河道生态治理工程全面竣工,涝洰河生态建设工程初见成效,水土保持重点工程累计完成治理面积214万亩。

这五年,我们解放思想求新图变,突破藩篱主动作为,改革开放呈现新气象。转型综改试验区建设全面展开,一些重大领域和关键环节取得阶段性成效。行政审批制度改革迈出重大步伐,累计承接、取消、下放、调整行政审批项目294项。编制了政府部门权责清单,建成市本级和各县市区政务服务中心。煤炭管理体制改革走在全省前列,煤焦站点和涉煤票据全部清理取消。金融改革加快推进,"新三板"上市企业达到5家。科技创新取得实效,建成1个院士工作站,5个博士后创新实践基地。农村土地确权、集体林权、医药卫生体制、财税体制、投融资体制、国有企业、开发区扩区等各项改革都取得了新的成效。在全省率先启动招商引资2.0模式,累计签约项目899个。进一步扩大对外开放,与澳大利亚杰尔顿市缔结为友好城市。累计实际利用外资5.3亿美元,是"十一五"时期的2倍。

这五年,我们始终坚持以人为本,千方百计改善民生,群众福祉得到新增进。坚持每年实施一批民生项目和惠民工程,民生投入占财政支出比重由2010年的77.5%提高到2015年的84.4%。就业规模稳定增长,城镇累计新增就业26.9万人。教育事业成绩喜人,义务教育学校标准化建设、农村薄弱学校改造全面推进,新一中、新二中投入使用,新建7所普通高中,新改扩建280所公办幼儿园。医疗卫生事业加快发展,爱国卫生运动深入持续开展,县级公立医院改革实现全覆盖,新农合参合率达到98.5%,全市医院总数和床位数分别增长9.3%、25.6%,临汾新医院和10所县级医院建成运营,3家医院达到三甲标准。社会保障覆盖面不断扩大,五大社会保险参保人数达到478.5万人次,是"十一五"时期的2.1倍,城乡低保实现应保尽保。保障性住房建设和农村危房改造成效显著。完成了两轮农村"五个全覆盖"和农村"五件实事",城乡人居环境改善工程取得阶段性成绩。扶贫开发工作扎实推进，累计解决了25万贫困人口的脱贫问题。全面推进安全生产，工矿企业连续7年未发生重特大事故，安全生产形势实现持续稳定好转。

这五年，我们挖掘利用文化资源，加大文化惠民力度，文化建设开创新局面。大力弘扬社会主义核心价值观，努力营造崇德向善的社会氛围。公共文化服务体系基本建立，完成了17个县市区的文化馆、图书馆标准化建设，建成了临汾市规划展览馆、晋国博物馆。市县两级文化体制改革获得文化部表彰。精神文明创建持续深化，涌现出全国道德模范孟佩杰、解黎明等一批先进典型。文化艺术成果丰硕，一批作品荣获全国“群星奖”，大小梅花奖数量居全国地级市首位。文化遗产保护工作不断加强，国家级、省级非遗项目分别达到21项和114项。陶寺遗址保护利用全面启动，临汾是“最早中国”形成共识。文化产业蓬勃发展，形成14个文化产业示范基地。文化旅游融合发展成效明显，全市旅游总收入年均增长24.8%，AAAA级旅游景区达到11个，位居全省前列。文化旅游业增加值2015年达到36.2亿元，占到全市GDP的3.1%。

这五年，我们广泛凝聚各方力量，加快建设法治临汾，民主法治实现新发展。支持人大及其常委会依法履行职能，地方立法、法律监督、工作监督等工作进一步加强。支持和保证人民政协开展工作，切实发挥了协调关系、汇聚力量、建言献策、服务大局的作用。创新统战工作方式方法，加强与各民主党派、工商联和无党派人士的联系，团结各方力量助推临汾发展。加强和创新社会治理，平安临汾建设深入开展，信访工作走在全省前列。稳妥推进司法体制改革，圆满完成“六五”普法任务，法治临汾建设稳步推进。工会、共青团、妇联、党史、档案等工作卓有成效。积极推进军民融合发展，双拥共建成效显著，国防动员和国防后备力量建设取得新的进展。

这五年，我们全面落实主体责任，正风肃纪固本强基，党的建设得到新加强。全面推进思想建设，深入学习贯彻习近平总书记系列重要讲话精神，深入开展党的群众路线教育实践活动、“三严三实”专题教育、“两学一做”学习教育，党组织的先进性和纯洁性切实增强。全面推进基层组织建设，扎实开展“基层组织建设年”“基层党建服务年”等活动，推行市县乡村四级书记抓基层党建工作“面对面”述职，在全省率先实施了农村集体经济“千村破零行动”，实现了农村党建经费“两个不低于”目标，机关党建和非公经济党建工作水平不断提高。全面推进干部队伍建设，坚持在实干中考察、培养、使用干部，加大干部交流和年轻干部培养力度，建立完善了竞争性选拔干部工作机制。加强干部日常监督管理，完善考核机制，引导干部树立正确的政绩观。切实加强人才工作，设立了人才专项基金，建立了首批7个“市级人才工作基地”。全面推进制度建设，出台了《市委常委会议事规则》《从严从实管理干部的意见》等文件，形成了一批制度成果，促进了党内生活的规范化、制度化。全面推进党风廉政建设和反腐败斗争，深入落实从严管党治党主体责任，坚决维护党章权威，建立完善了“四述”工作机制、“五人小组”约谈工作办法，严肃党内政治生活，有效净化了政治生态。完成市县纪委改革，实现乡镇纪检组织全覆盖。认真汲取我省系统性、塌方式腐败的深刻教训，充分运用“四种形态”，挺纪在前、抓早抓小，反腐败斗争压倒性态势正在形成。圆满完成了省委巡视整改工作。全面推进作风建设，严格执行中央“八项规定”精神，紧盯“四风”隐形变异问题和重要时间节点，坚持抓常、抓细、抓长，推动干部作风全面向好。

今年以来，我们坚决贯彻中央决策部署，按照省委“一个指引、两手硬”的重大思路和要求，坚持抓资金保运行、抓减负保落实、抓生产保产值、抓销售保市场、抓合作促共赢，努力推动经济企稳向好，主要经济指标位居全省前列。“三去一降一补”任务有序落实，项目开工“百日攻坚”行动扎实推进，产业升级步伐持续加快。实施了学前教育优质普惠、乡村医疗服务提质等“六大惠民工程”，实施了

17项重点城建项目,鼓楼南北街拓宽改造全面完成。深入开展安全隐患大排查大整治活动,进一步夯实了安全稳定的基础。从严从实抓党的建设,圆满完成了县乡换届工作,领导班子整体功能全面增强,积极推进市县巡察工作,风清气正的政治生态正在形成,全市呈现出政治安定、经济发展、社会和谐的良好局面。

过去的五年,是经受考验、爬坡过坎的五年,是同舟共济、攻坚克难的五年,更是积极作为、成效显著的五年。过去五年取得的成绩,是中央和省委正确领导、亲切关怀的结果,是各级党组织和广大共产党员勇于担当、努力工作的结果,是全市人民团结奋斗、顽强拼搏的结果。在这里,我代表中共临汾市第三届委员会,向奋战在各条战线的广大党员和干部群众,向各民主党派、工商联、人民团体和无党派人士,向驻临部队、武警官兵、公安民警,向所有关心支持临汾改革发展的同志们、朋友们,表示衷心的感谢和崇高的敬意!

在充分肯定成绩的同时,我们也清醒地看到,资源型、欠发达、人均水平低的基本市情还没有根本改变,宏观经济下行压力仍然很大,传统产业面临困境,新兴产业支撑不足,县域发展不平衡,新型城镇化进程相对滞后,转变方式、加快发展的任务还很艰巨;民生欠账问题仍然突出,基本公共服务体系还不完善,改善民生、脱贫攻坚的任务还很艰巨;安全生产的基础还不牢固,环境保护的力度还需加大,社会治理还存在薄弱环节,保障安全、维护稳定的任务还很艰巨;一些领域改革力度不大,对外开放和利用外资水平不高,一些干部思想观念和能力水平跟不上时代进步,发展环境亟待优化,深化改革、扩大开放的任务还很艰巨;一些党组织主要负责同志党建“主业”意识不强、主体责任履行不到位,部分基层党组织党的领导弱化、党的建设缺失、核心作用发挥不够,一些党员干部精神不振、在岗不为、作风不实,一些领域不正之风和腐败现象仍有发生,从严管党、从严治党的任务还很艰巨。对此,我们必须保持清醒头脑,采取有力措施,认真加以解决。

五年的工作实践中,我们深切体会到:必须始终不渝以习近平总书记系列重要讲话精神为指引,不断开辟兴临富民的新境界;必须旗帜鲜明地抓好发展第一要务,坚定不移推动转型、加快发展;必须在解放思想中深化改革、扩大开放,以改革精神和开放胸怀不断拓展发展空间;必须坚持以人民为中心的发展思想,千方百计让人民群众共享改革发展成果;必须时刻绷紧安全稳定这根弦,确保政治安定、生产安全、社会安稳、群众安居乐业;必须担负起全面从严管党治党的政治责任,不断把党的建设新的伟大工程推向前进。

决胜全面小康
共同谱写临汾振兴崛起的美好篇章

到2020年全面建成小康社会,是我们党提出的第一个百年奋斗目标,是实现中华民族伟大复兴中国梦的重要里程碑。今后五年,是全面建成小康社会的攻坚期、决胜期,全市各级党组织和广大党员要自觉肩负起时代赋予的神圣使命,确保如期全面建成小康社会,让临汾老百姓过上更加幸福美好的生活。

实现全面小康奋斗目标,必须准确把握临汾发展的基础条件和发展优势。纵观大势,我们面临实现振兴崛起的历史机遇。世界经济在深度调整中曲折复苏,新一轮科技革命和产业变革蓄势待发。G20杭州峰会成功召开,有助于世界经济实现强劲、可持续、平衡、包容增长。我国仍处在重要战略机遇期,经济发展长期向好的基本面没有改变。国家正在实施“一带一路”、长江经济带、京津冀、环渤海等重大战略,推进创新驱动、中国制造2025、“互联网+”等重大举措,深化改革的红利持续释放。我省进入新的发展阶段,省委鲜明地提出“一个指引、两手硬”的重大思路和要求,围绕经济稳步向好、实现振兴崛起,正在谋划和实施建设国家综合能源基地、培育新兴产业和龙头企业、发展军民融合项目等一批重大政策措施。这些都为我们实现振兴崛起提供了重大历史机遇和政策利好。审视自身，我们具有决胜全面小康的综合优势。临汾是历史古都、文化名城、资源宝地，建国以来特别是改革开放以来临汾许多工作走在全省乃至全国前列。实现振兴崛起，是临汾人民的强烈愿望。当前，我市国家节能减排财政政策综合示范城市、国家区域级流通节点城市、国家信息惠民试点城市、国家电子商务示范基地、西山片区主体功能区等政策效应正在显现，一大批转型项目落地建设，文化旅游、装备制造、商贸物流、新能源、新材料等新兴产业加快发展，新的经济增长点正在汇集，动能转换的趋势已经形成。特别是近年来我们营造了干群团结一心、奋力干事创业的良好政治局面，县乡换届后各级干部精神振奋、充满信心、干劲十足，这是临汾决胜全面小康、实现振兴崛起最大的力量和底气所在。只要我们坚定信心、埋头苦干，就一定能够开创临汾各项事业的新局面。

今后五年全市工作的总体要求是：高举中国特色社会主义伟大旗帜，全面贯彻党的十八大和十八届三中、四中、五中全会精神，深入学习贯彻习近平总书记系列重要讲话精神，统筹落实“五位一体”总体布局和“四个全面”战略布局，按照省委“一个指引、两手硬”的重大思路和要求，坚持以经济建设为中心，坚持新发展理念，坚持全面从严治党，大力实施“345”战略，决胜全面小康，实现振兴崛起，努力建设富裕、文明、绿色、幸福新临汾。

大力实施“345”战略，即：建设“三个强市”，抓好“四大攻坚”，走出“五条路径”。这是市委基于当前形势和任务作出的重大决策，是全面建成小康社会在临汾的生动实践。

建设“三个强市”，就是建设中西部经济强市、文化强市、生态强市。

建设经济强市，就是坚持党的基本路线这个国家生命线、人民幸福线，以经济建设为中心，聚精会神抓好发展第一要务，进一步做大总量、优化质量、提升均量，加快转变发展方式，推动新旧发展动能接续转换，传统产业核心竞争力不断增强，新兴接替产业形成规模。到2020年，地区生产总值和城乡居民人均收入比2010年翻一番，主要经济指标人均水平进入中西部地级市前20名。

建设文化强市，就是坚持把提升文化软实力作为全面建成小康社会的重要内容，传承弘扬我市丰富的历史文化，推动基本公共文化服务标准化、均等化建设，大力发展文化事业和文化产业，努力打造文化旅游战略性支柱产业，叫响“中国根·黄河魂”旅游品牌，建设全国著名旅游目的地，打造世界华人寻根祭祖圣地。到2020年，成功创建国家级历史文化名城，文化旅游业增加值占地区生产总值的比重由2015年的3.1%提高到10%。

建设生态强市，就是坚持把生态建设作为增强区域竞争力、提升群众获得感的内在要求和重要抓手，高度重视、大力推进环境保护、节能减排、生态治理等工作，构筑吕梁山生态脆弱区、太行山水源涵养区、“百里汾河生态经济带”湿地植被恢复三大生态屏障，创建国家卫生城市、国家环保模范城市、国家园林城市，使生态和绿色成为临汾的全新名片。

抓好“四大攻坚”，就是在脱贫摘帽、项目建设、优化环境、总体安全上攻坚克难、实现突破。这四个方面，是临汾实现振兴崛起必须突破的瓶颈，是建成全面小康社会必须补齐的短板，是我们抓好今后五年工作的重要着力点。

*脱贫摘帽是我们必须完成的政治任务。*目前，我市有602个贫困村、有23.7万贫困人口，贫困发生率分别高于全国、全省4.5和0.6个百分点。全市上下要站在战略的、全局的高度，始终把脱贫攻坚作为头等大事和第一民生工程，坚决打赢这场硬仗。要坚持以促进贫困人口增收为核心，以“六个精准”“五个一批”为基本方略，以东西两山连片特困地区为主战场，大力实施产业扶贫、光伏扶贫、生态扶贫、金融扶贫、旅游扶贫、电商扶贫、健康扶贫、教育扶贫、消费扶贫、易地扶贫搬迁等十大扶贫工程，切实增强贫困地区内生发展动力，坚定信心、咬定目标、苦干实干，确保到2020年现行标准下全市

贫困人口全部脱贫、贫困县全部摘帽。

项目建设是我们必须强化的现实支撑。抓项目就是抓发展。全市上下要始终把项目建设作为经济工作的第一抓手,在全市掀起大项目"顶天立地"、小项目"铺天盖地"的建设热潮。要认真研究国家、省投资方向和产业政策,积极争取项目、争取资金。要在抓好基础设施项目、民生项目、生态项目的同时,更加注重转型发展项目、新兴产业项目,大力实施一批带动力强、成长性好的重大标杆项目。到2020年,全市累计完成固定资产投资突破10000亿元。

优化环境是我们必须紧抓的关键要素。市场经济具有洼地效应,经济发展中环境是关键因素。要牢固树立"环境就是生产力、环境就是竞争力"的理念,全方位、全过程优化我市发展环境。不断提高政府效能,推进简政放权,规范审批流程,为投资者提供更加便捷高效的服务。制定出台一系列优惠政策,放宽投资准入限制,清理和规范涉企收费,切实减轻企业负担,促进各类投资主体公平有序竞争。着力构建"亲""清"新型政商关系,最大限度调动企业家干事创业的积极性和创造力。转变干部作风,强化服务意识,在全市上下形成亲商、安商、帮商、扶商的良好氛围。加强发展环境监督检查,严肃处理影响发展环境的人和事,使临汾成为中西部人流、物流、商流、信息流汇集之地、畅通之地、兴旺之地。

总体安全是我们必须重视的基本保障。全市上下要时刻铭记临汾在安全生产上的深刻教训,始终做到警钟长鸣,坚持以习近平总书记"总体安全观"重大思想为指导,认真贯彻落实省委关于安全稳定的重大决策部署,坚决防止重大安全生产事故发生,坚决防止大规模群体性事件发生,坚决防止重大社会安全隐患积累和突发。突出抓好生产安全,做到所有企业、所有领域安全监管全覆盖,杜绝重特大事故,遏制一般事故,确保安全生产形势稳定好转。突出抓好政治安全和社会安全,不断加强社会治理创新,深入排查整治社会治安、公共安全、信访稳定等领域的不安全、不稳定因素,加强社会面管控,不断增强群众安全感,确保全市大局安全稳定。

走出"五条路径",就是全面贯彻新发展理念,走出符合临汾实际的发展新路径。

一是坚持崇尚创新,走出摆脱资源依赖、产业转型升级的新路径。创新是引领发展的第一动力。临汾作为传统资源城市和经济后发地区,必须切实把发展基点放在创新上,从煤炭思维、资源依赖的禁锢中解放出来,坚定不移加快转型升级,努力实现更高水平、更好质量的发展。改造升级传统优势产业。坚持把改造提升传统产业作为首要任务,把巩固优势和补齐短板有机结合起来,有力有度有效落实好"三去一降一补"重大任务,加强技术、工艺和管理创新,全力促进传统产业走出困境,焕发新的活力和生机。优化煤炭生产布局,大力推进煤转电、煤转化、煤转材,支持发展"互联网+煤炭"等新业态,推动煤炭产业脱困升级。按照"稳焦上化、以化补焦、焦化并举、上下联产"思路,鼓励和支持现有焦化企业从以焦为主向以化为主转变,打造全国重要的新型焦化产业基地。实施钢铁产业"产品结构调整、装备水平提升、产业整合重组"三大工程,加快由普钢向特钢转变,推动全市钢铁企业走集约型、集团化、精深加工发展道路。加快发展现代新兴产业。下功夫把文化旅游产业打造成为战略性支柱产业,以陶寺遗址、丁村遗址、晋国文化遗址等保护利用工程为主要节点,打造"最早中国"文化展示区,形成以塔儿山为中心的古文明旅游圈;以尧庙、大槐树、霍州署衙、广胜寺、姑射山、汾城古镇等为主要节点,打造百里汾河文化旅游产业带;以吉县壶口瀑布、永和乾坤湾、乡宁云丘山、隰县小西天、翼城舜王坪、古县牡丹园、安泽荀子园等为主要节点,打造以绿色生态游为主攻方向的自然生态旅游线路和以黄河风情游为重点的特色旅游线路,建设吉县、洪洞、尧都、霍州、襄汾、曲沃六个全域旅游示范区,加快旅游景区提档升级,创建一批AAAA、AAAAA级景区,推动我市文化旅游产业向全区域、全要素、全产业链发展。大力发展现代物流业，积极整合现有物流资源，推进方略、空港、兴荣、晋润冷链等重点物流园区建设，加快单纯物流向综合商务延伸，传统物流向智能物流升级，打造中西部重要的现代商贸物流中心。发展壮大装备制造、新能源、新材料、煤层气、现代煤化工、食品医药、电子信息、节能环保等产业集群，重点依托铸造联盟对我市铸造企业资源进行有效整合，凝聚和提高全市铸造业的市场开拓力和研发力，推动我市铸造产业做大做强，把我市打造成中西部精密铸造生产基地。扎实推进新能源汽车产业园项目，建设全国新能源汽车产业基地。抓好汾西其亚循环铝工业、古县高铝黏土综合开发、侯马北铜扩建、华翔中美合资JDH及合肥汽车零配件、汤荣制动毂、乐视乐生活等带动引领性强的重大产业项目，打造经济发展新的增长点。加快推进发展动能转换。把科技创新作为动能转换的核心要素，紧扣我市产业发展特点和转型升级需求，组织实施一批重点科技应用示范工程和重大产业化项目；强化企业创新主体地位，加快科技创新平台建设，构筑产学研用相结合的技术联盟，打通科技成果向现实生产力转化的通道。到2020年建成2至3个高科技产业园，高新技术企业达到60家以上。把园区发展作为动能转换的重要载体，整合优化全市各类产业园区，引导人才、资本、技术、项目等要素向园区集聚，提高园区的产业层次、科技含量、经济规模和循环水平，重点建设国家级新型工业示范（洪洞）基地和侯马经济开发区承接产业转移示范园2个国家级新型工业园区，侯马生态工业园、曲沃生态工业园和临汾开发区（洪洞·甘亭）承接产业转移示范基地3个省级新型工业园区，尧都贾得新型工业园、襄汾生态工业循环园区、霍东新型工业园区、翼城装备制造园区等一批市级新型工业园区。到2020年园区工业增加值占到全市工业增加值的80%以上。

*二是更加注重协调，走出县域均衡发展、城乡一体推进的新路径。*协调既是发展手段，也是发展目标。我们必须进一步强化协调发展意识，坚持全市一盘棋，综合推进城市与乡村、大县与小县共同发展，切实提高发展的协同性和整体性。促进区域良性互动。按照“沿汾崛起、两翼齐飞”的总体布局，推动“百里汾河生态经济带”、西山主体功能区、东山低碳循环经济区三大板块协调发展。继续把“百里汾河生态经济带”作为龙头引领，全方位推进基础设施、产业园区、新型城镇、文化旅游、生态文明等各项建设，努力把“百里汾河生态经济带”建设成为基础设施互联互通、产业布局科学合理、富有创新活力、辐射带动能力强的高效生态经济带。西山片区七县要按照主体功能定位，实施好西山片区主体功能区建设项目，建立因地制宜、绿色发展的生态经济体系。东山片区三县要围绕低碳循环经济建设，重点抓好浮山国家资源综合利用“双百”工程基地、古县省级低碳县试点示范和安泽循环经济园区建设，整体打造成为国家级循环经济示范园区和低碳生态园区。有序推进城镇化。按照“一带两圈多点”城镇化布局，加快推进尧都、洪洞、襄汾“一城三区”和侯马、曲沃同城化发展，加快中心城区、大县城和重点镇建设，力争到2020年城镇化率达到60%左右。进一步完善规划体系，搞好城市设计，编制《临汾市海绵城市专项规划》《临汾市城市综合管廊规划》《临汾市公共服务设施布局规划》等，抓好《临汾市总体规划（2021－2040）》编制工作；进一步加强城市管理，学习先进的城市管理经验，引入现代化的城市管理方法，推进城市综合执法，彻底改变脏、乱、差、堵的市容市貌，提高城市管理效率和水平。按照“建设新城，改造老城，提升东城，绿色绕城”的思路，加快推进市区建设。建设新城，就是依托汾河景观，完善交通网络，拓展新城框架，加快推进山西师大新校区、广电中心等重点项目，建成集商业、医疗、教育为一体，占地25平方千米、容纳25万人的综合性河西新城。改造老城，就是坚持开发利用和保护传承相结合，加快老城区改造步伐，下决心打通城区“断头路”，实施亮化、美化、绿化、畅通工程，增加城市中心绿地和游园，建设文化街、特色街、风情街，改造完善市政设施，加

快综合管廊、“海绵城市”建设。提升东城，就是以完善道路系统、城中村改造、片区中心建设为重点，加快建设东城城市综合体、东城体育馆等，促进东城提档升级。绿色绕城，就是大规模扩大城市绿地，提升人均绿地面积；加快建设环城水系，在市区北部实现涝洰河公园与汾河公园联通，在市区东部、南部建设11.9千米的人工水道与汾河贯通，形成环城滨水廊道，打造黄土高原上的“秀丽水城、文化名城、绿色新城”。全面加快大县城建设，引导生产要素、优势资源向县城集中，提高县城对人口和产业的承载力。因地制宜探索重点镇建设模式，深入挖掘历史古迹、传统习俗和风土人情，以人文内涵和地方特色留住美丽乡愁，形成串珠式城镇带。大力实施重大基础设施建设，启动环城高架、城际轻轨建设，加快旅游公路建设，实施农村公路完善提质工程，规划建设通用机场，推动长临、隰吉、古翼、洪大、黎霍、安沁等高速公路建设，实现县县通高速公路目标。积极推进古贤水利枢纽开工建设，完成引沁入浮、西山沿黄提灌等重点水利工程，加快推进电网建设和气化临汾建设。扎实做好“三农”工作。持续提升农业综合生产能力，严格保护耕地，加强农田水利建设，粮食总产稳定在20亿公斤以上。着力推进农村一二三产业融合发展，持续提升农业产业化水平，以“一县一业”“一村一品”为主线，抓好西山以优质水果、干果和杂粮为主，东山以中药材、干果和杂粮为主，平川以蔬菜、水果和粮食为主的三大板块，推动吉县苹果、隰县玉露香等特色产业扩规模、上档次，着力整合打造一批跨县域的优质农产品品牌。切实抓好一批现代农业园区，做大做强我市现代特色农业。加快培育家庭农(牧)场、民营林场、专业大户、农民合作社、农业产业化龙头企业等新型农业经营主体。加快发展“互联网＋农业”，打造区域性农产品网上集销基地。持续改善农村人居环境，下功夫抓好农村环境集中连片整治，开展美丽宜居示范村创建活动，探索农村社区管理新模式，打造清洁、宜居的新型农村。持续深化农村改革，继续抓好土地承包经营权确权登记颁证工作，规范引导农村土地经营权有序流转，推进农村集体产权制度改革和农村金融改革，深化水利和林业改革，探索农村户籍制度改革，促进农村人口向城镇集聚。

三是大力倡导绿色，走出既要金山银山、又要绿水青山的新路径。绿色是永续发展的必要条件，是人民追求美好生活的重要体现。要牢固树立“绿色化”理念，坚定不移走绿色崛起之路。构建绿色生产体系。加快发展循环经济，引导企业开展清洁生产，最大限度地提高资源利用率，努力建立“结构优、效益好、污染少”的绿色工业体系。坚定不移推进节能减排，推动增量经济绿色化构建。打造绿色生活空间。深入开展大气、水污染防治五年行动计划，加强机动车和移动污染源管理，全面改善城市环境质量。推进“百里汾河生态文明保护区”建设，继续抓好汾河生态治理修复和生态保护，加快实施浍河湿地公园和生态治理项目。启动建设尧都区吴村段生态修复工程，形成5000亩的生态湿地。实施龙子祠泉水源地保护工程。实施城市交通清洁化工程，打造全国电动公交绿色出行示范城市。倡导绿色低碳的生活方式，在全社会营造崇尚生态文明、践行绿色生活的氛围。培育绿色生态环境。围绕建设“山区绿屏、平川绿网、道路绿廊”，大规模开展绿化造林。大力培育、保护和合理利用森林资源，组建以贫困农民为主体的造林合作社和护林合作社，探索推广购买式、开发式、股份制造林模式。推进25度以上陡坡耕地退耕还林还草。实施通道两侧荒山区、村庄厂矿区、旅游风景区造林绿化。切实抓好采煤沉陷区、采空区、水土流失区、煤矸石山的生态环境治理修复重点工程。强化绿色保障机制。强化生态环境损害赔偿和责任追究，健全生态文明建设考核和责任追究机制，全面实行领导干部自然资源资产和环境责任离任审计，用制度保护好临汾的“绿水青山”。

四是持续厚植开放，走出要素充分涌流、活力竞相迸发的新路径。开放力度决定发展层次，改革深度决定发展水平。我们要统筹推进改革开放，向改革要红利，以开放增动力，不断增强经济发展的后劲和活力。全方位扩大对外开放。主动融入“一带一路”、黄河金三角等国家战略，充分发挥两个开发区、方略保税物流中心等开放平台作用，全方位、多层次、宽领域推进对外开放。加快推进开发区扩区工作，积极申报国家级开发区。加强与澳大利亚杰尔顿市等国际友好城市的联系，建立合作机制，推动产业对接，缔结更多的国际友好城市，加强文化、旅游等领域的交流合作。主动承接东部地区加工贸易产业转移，积极引进中高端先进产业。坚持用系统和定向的观点开展精准招商，进一步加大招商引资力度，继续推广招商引资2.0模式。坚持对内放开与对外开放相统一，内商与外商一视同仁，对进入鼓励类投资领域、实施产业转型的本地企业，参照招商引资政策给予优惠和支持。扎实推进“临商返临”，开展“创业临汾人”活动，激励临汾籍企业家和各类人才返乡创业。深入推进重点领域改革。发挥转型综改试验区建设的统领作用，聚焦资源型经济转型面临的突出问题，建立完善支撑资源型经济转型的政策体系和体制机制，确保改革举措落到实处。继续深化行政审批制度改革，全面落实权责清单制度，加强政务服务中心建设，构建网上审批系统，提高行政审批效率。创新金融体制，加快推进区域金融综合配套改革，大力引进培育金融机构，推动第三方支付、众筹融资等互联网金融稳健发展。鼓励企业上市融资，推进华翔集团主板上市，到2020年，主板、中小板、创业板、“新三板”挂牌上市企业突破30家。深化投融资体制改革，继续推行政府与社会资本合作(PPP)模式，平川县和有条件的山区县都要建立投融资平台。深化财税体制改革，逐步建立现代财政税收制度。改革和完善国有资产管理体制，加强国有资产监管，不断提升国有企业的市场竞争力。大力发展民营经济。加大对民营经济的财税、金融和政策支持力度，坚持国企民企同等对待，营造各种所有制经济平等使用生产要素、公平参与竞争、共同受到法律保护的体制环境。实施中小企业成长工程，扶持一批成规模、上水平、前景好的民营企业。设立民营企业资金链应急周转保障资金，对上市民营企业给予财政资金奖励。着力消除阻碍民营经济进入的隐性门槛，鼓励引导民营资本投向新兴产业、公用事业、基础设施、社会事业等领域，推动民营经济二次创业。到2020年，新建28个市级中小企业创业基地，培育科技型中小企业1000家。

五是全面推进共享，走出优先保障民生、增进群众福祉的新路径。共享是中国特色社会主义的本质要求。我们要坚持以人民为中心的发展思想，持续改善人民生活，使发展成果惠及全市人民。大力推进文化繁荣。把培育和践行社会主义核心价值观融入经济建设和社会发展，凝聚向上向善的力量。加快公共文化设施建设，高标准建设好博物馆、图书馆、奥体中心等标志性文化设施，启动市级美术馆建设；支持建设县级公共美术馆、全民健身活动中心，推动公共文化体育服务设施向社会免费开放。深入开展全民阅读活动，让城乡居民浸润在健康向上的文化氛围中。全面推进文明城市、文明村镇、文明单位、文明校园、文明家庭五大创建活动，扎实推进“德润平阳、共筑梦想”道德建设活动。大力发展文学艺术、新闻出版、广播影视等事业，繁荣文艺精品创作。加强非物质文化遗产保护和利用，传承临汾历史文脉。大力发展文化产业，培育发展一批骨干文化企业，着力发展帝尧文化、晋国文化、根祖文化等特色文化产业，培育一批特色鲜明的文化产业园区。深入挖掘临汾特有的文化底蕴，整合发展戏曲、锣鼓、剪纸等民间艺术，打造具有临汾特色的文化品牌，不断提高我市文化产业市场竞争力。着力保障改善民生。坚持以创业带动就业，推动大众创业、万众创新，最大限度地扩大就业。不断加大投入力度，整合、激活、优化教育资源，加快基础教育均衡发展，进一步加强城乡幼儿园和中小学校建设，基本普及高中阶段教育；根据市场需求做优做强职业教育，加快构建我市现代职业教育体系；积极发展高等教育，完成山西师大、临汾学院搬迁工程。把人民健康放在优先发展的战略地位，不断深化医药卫生体制改革，全面落实两孩政策，积极发展大健康产业，高度重视养老事业发展，加快推进“健康临汾”建设，努力全方位、全周期保障人民健康。不断扩大保障覆盖面，加大对困难企业、特殊人群的扶持和救助，筑牢人民生活的“安全网”。加大棚户区和农村危旧房改造力度，加快建设保障性住房，有效解决城乡困难群众住房问题。加强和创新社会治理。推进社会治理精细化，完善基层综合服务管理平台和网格化管理机制，提升社会治理能力，构建全民共建共享的社会治理格局。健全社会矛盾纠纷预防化解机制，推进多元调解体系建设。深化平安临汾建设，深入开展打黑除恶和社会治安专项整治，依法严厉打击涉黑犯罪、邪教和黄赌毒等违法犯罪行为，提高维护公共安全的能力和水平。坚持以群众工作统揽信访工作，切实加大“事要解决”力度，不断完善领导包案、干部下访、责任追究等制度，构建信访工作新格局。抓好网络舆情管理与监测，加强舆情分析研判，认真负责地回应舆论关切，营造良好的舆论氛围。

全面从严治党
坚决担当不忘初心继续前进的政治责任

各级党组织要坚持把抓好党建作为最大政绩，坚持“巩固、深化、提高”的方针，全面构建良好政治生态，真正把党要管党、从严治党的各项要求落到实处，切实保持党的先进性和纯洁性，全面提高党的建设科学化水平。

（一）加强思想政治建设，夯实执政为民的思想根基

思想建党是我们党的优良传统和政治优势。全市各级党组织和广大党员干部要深入学习马克思列宁主义、毛泽东思想、中国特色社会主义理论体系，深入学习党的十八大以来中央治国理政新理念新思想新战略，深入学习习近平总书记系列重要讲话精神，扎实开展“两学一做”学习教育，不断提高思想觉悟、党性修养和理论水平，切实增强理论自信、道路自信、制度自信和文化自信，自觉做共产主义远大理想和社会主义共同理想的坚定信仰者、忠实实践者。要坚定理想信念，补足精神之钙，切实增强政治意识、大局意识、核心意识、看齐意识，在大是大非面前始终保持清醒头脑。要深入推进学习型党组织建设，健全完善中心组学习制度。加强各级党校建设，大规模培训教育干部，加强党员干部理想信念、政治品行、道德修养和经济、文化、法律等方面的教育培训，加快知识更新，不断解放思想，使各级干部的政治素养、专业素质和工作能力跟上时代节拍，努力成为做好工作的行家里手。

（二）加强干部队伍建设，锻造推动发展的中坚力量

实现临汾振兴崛起，关键要靠各级领导班子和广大党员干部。加强领导班子建设，健全民主集中制，完善议事决策机制，强化班子整体功能与合力，建设政治坚定、担当有为、勤政为民、清正廉洁的领导集体。坚持党管干部原则，严格执行《党政领导干部选拔任用条例》《推进领导干部能上能下若干规定》《防止干部“带病提拔”的意见》，深入推进干部人事制度改革，坚持德才兼备、以德为先，坚持五湖四海、任人唯贤，坚持事业为上、公道正派，坚决防止干部“带病提拔”，坚决纠正选人用人上的不正之风，使各方面优秀干部充分涌现，各尽其能、才尽其用。从严从实教育管理监督干部，健全完善民主生活会、“三会一课”、双重组织生活会、民主评议党员等制度，用足用好批评和自我批评这一武器，营造积极健康的党内政治生活局面。要改进干部考核体系和方法，认真贯彻“三个区分开来”的重大政策，加快研究制定干部鼓励激励和容错纠错“两个办法”，为担当的干部担当，对负责的干部负责。认真落实干部任期制和干部交流制度，加大培养选拔优秀年轻干部力度，重视培养选拔女干部，鼓励年轻干部到基层和艰苦地区锻炼成长，全面做好离退休干部工作。坚持党管人才原则，实施人才强市战略，出台“十三五”人才发展规划，抓好高端人才引进和高技能人才培养，完善党委联系专家制度，为

我市发展提供人才支撑。

（三）加强基层组织建设，构筑坚强有力的战斗堡垒

基层党组织是党全部工作和战斗力的基础。要严格落实市委《关于进一步加强农村基层党建工作的实施意见》，积极开展“一带三创”活动，建立书记抓党建工作问题清单、任务清单和责任清单制度，建立县乡党委书记抓基层党建“述评考”结果运用制度，夯实基层党建工作基础。不断壮大村级集体经济，切实增强基层党组织服务能力。加大对基层党建工作的支持保障力度，落实村（社区）党建工作经费，逐步提高“两委”主干报酬待遇。强化“带头人”队伍建设，按照“一好双强”要求，选拔优秀村党组织书记，继续开展“领头雁”培训行动，切实加强基层党务工作者队伍建设。坚持“建、管、用”并重，推进村级组织活动场所提档升级。进一步强化机关党建工作，健全组织设置，完善工作机制。加大非公经济组织和社会组织“两个全覆盖”力度，不断夯实党在各领域的执政基础。

（四）加强党风廉政建设，构建风清气正的政治生态

反对腐败、建设廉洁政治，是我们党一贯坚持的鲜明政治立场，是人民关注的重大政治问题。要切实加强反腐倡廉教育和廉政文化建设，继续抓好党章党规党纪的学习，筑牢党员干部拒腐防变的思想道德防线。严格落实责任清单、工作约谈、党委巡察、监督提醒和“四述”等工作机制，推动党风廉政建设“两个责任”落到实处。严明党的政治纪律和政治规矩，真管真严、敢管敢严、长管长严，全面构建良好政治生态，坚决做到“五个必须”，坚决防止“七个有之”。积极开展巡察工作，建立完善巡察制度，逐步形成一套有效管用的办法，不断把巡察工作引向深入。要加大纪律审查力度，运用好“四种形态”，坚持抓早抓小，防微杜渐。继续保持反腐败高压态势，做到有案必查、有腐必反、有贪必肃，着力构建不敢腐、不能腐、不想腐的长效机制。各级党员领导干部要自觉遵守廉洁自律准则，既严于律己，又加强对亲属、子女、身边工作人员的教育和约束，敬畏人民、敬畏组织、敬畏法纪，永葆共产党人的政治本色。

（五）加强干部作风建设，营造干事创业的良好氛围

作风建设永远在路上。全市各级党员干部要增强宗旨意识，始终坚持党的群众路线，密切联系群众，践行“三严三实”，努力为群众办实事、解难事、做好事。严格遵守中央“八项规定”精神，驰而不息，反对“四风”，严防“四风”问题隐形变异、反弹回潮。要提振精神士气，从市委常委做起，从领导干部抓起，在其位、谋其政、尽其责，不断强化“为官必为”意识，提高“为官会为”能力，追究“为官不为”责任，营造“为官愿为”环境，形成一带十、十带百、百带千万的强大效应。要继承和弘扬革命老区的优良传统，始终坚持求真务实的工作作风，加强调查研究，力戒空谈浮躁，真抓实干，马上就办，确保市委决策部署不折不扣落到实处。继续强化目标责任考核，奖勤罚懒，激励干劲，严格落实《问责条例》，坚决克服和防止失职渎职以及不作为、乱作为等行为，在全市上下努力形成你追我赶、不甘落后、争创一流的生动局面。

同志们，民主法治是全面建成小康社会的重要基础。要坚持党的领导、人民当家做主、依法治国有机统一，切实发挥社会主义政治制度的优越性，最大限度地凝聚全市人民团结奋进的力量。要健全党委总揽全局、协调各方的领导体制和工作机制，不断完善党的领导方式和执政方式，充分发挥各级党委领导核心作用。要坚持和完善人民代表大会制度，保证人大及其常委会依法行使职权。支持人大及其常委会充分发挥地方立法权作用，深入推进科学立法、民主立法，提高地方立法质量和水平。加强人大监督工作，不断增强监督实效。要坚持和完善中国共产党领导的多党合作和政治协商制度，支持政协围绕团结和民主两大主题履行职能，推进政治协商、民主监督、参政议政的制度化、规范化和程序化，巩固和发展最广泛的爱国统一战

线。加强同各民主党派和无党派人士的合作共事，继续组织开展形式多样的活动，把各方面的智慧和力量凝聚到推动我市经济社会发展上来。支持工商联开展工作，扎实推进商会建设。积极做好对台工作、侨务工作，加强宗教工作和民族工作。扎实推进法治临汾建设，加大依法行政力度，加快建设法治政府。加强“七五”普法宣传，引导干部运用法律解决实际问题、群众依法按程序维护权益，在全社会营造学法尊法守法用法的良好氛围。深化司法体制改革，完善司法服务功能，改进司法服务方法，促进社会公平正义。进一步提升法律援助工作水平，完善法律援助和司法救助制度。加强和改进党对工会、共青团、妇联等人民团体的领导，适时抓好群团改革，充分发挥其在组织群众、引导群众、服务群众和维护群众合法权益方面的重要作用。坚持党管武装，不断完善军地齐抓共管国防后备力量建设机制，加强全民国防教育，坚持走军民融合发展之路，大力支持驻临部队建设，最大限度凝聚起一切有利于临汾发展的积极因素，形成万众一心、共谋发展的良好局面。

同志们，习近平总书记深刻指出，历史总是要前进的，历史从不等待一切犹豫者、观望者、懈怠者、软弱者。临汾决胜全面小康的历史任务将由我们亲手完成，这是时代赋予我们的崇高使命。让我们紧密团结在以习近平同志为总书记的党中央周围，高举中国特色社会主义伟大旗帜，团结和带领全市人民，不忘初心，继续前进，决胜全面小康，实现振兴崛起，为建设富裕、文明、绿色、幸福新临汾而努力奋斗！

附：

名词解释

1.“五位一体”总体布局：经济建设、政治建设、文化建设、社会建设、生态文明建设。

2.“四个全面”战略布局：全面建成小康社会、全面深化改革、全面依法治国、全面从严治党。

3.“新发展理念”：党的十八届五中全会提出的创新、协调、绿色、开放、共享的发展理念。

4.“总体安全观”：习近平总书记针对当前国内国际大局与安全发展形势提出的重大战略思想。主要内容是构建集政治安全、国土安全、军事安全、经济安全、文化安全、社会安全、科技安全、信息安全、生态安全、资源安全、核安全等于一体的国家安全体系，走出一条中国特色国家安全道路。

5.“一个指引、两手硬”：一个指引，就是要坚定地以习近平总书记系列重要讲话精神为指引。两手硬，持续推进党风廉政建设和反腐败斗争，着力构建良好政治生态，这一手要硬；自觉践行新发展理念，多策破解经济下行压力，着力推动经济稳步向好，这一手也要硬。

6.“六个精准”：扶贫对象精准、项目安排精准、资金使用精准、措施到户精准、因村派人精准、脱贫成效精准。

7.“五个一批”：发展生产脱贫一批、易地扶贫搬迁脱贫一批、生态补偿脱贫一批、发展教育脱贫一批、社会保障兜底一批。

8.“七个有之”：搞任人唯亲、排斥异己的有之；搞团团伙伙、拉帮结派的有之；搞匿名诬告、制造谣言的有之；搞收买人心、拉动选票的有之；搞封官许愿、弹冠相庆的有之；搞自行其是、阳奉阴违的有之；搞尾大不掉、妄议中央的有之。

9.“五个必须”：必须维护党中央权威，在任何时候任何情况下都要在思想上政治上行动上同党中央保持高度一致；必须维护党的团结，坚持五湖四海，团结一切忠实于党的同志；必须遵循组织程序，重大问题该请示的请示，该汇报的汇报，不允许超越权限办事；必须服从组织决定，决不允许搞非组织活动，不得违背组织决定；必须管好亲属和身边工作人员，不得默许他们利用特殊身份谋取非法利益。

10.“三个区分开来”：把因缺乏经验先行先试出现的失误与明知故犯行为区分开来，把国家尚无明确规定时的探索性试验与国家明令禁止后的有规不依行为区分开来，把为推动改革的无意过失与为谋取私利的故意行为区分开来。

11.“四种形态”：党内关系要正常化，批评和自我批评要经常开展，让咬耳扯袖、红脸出汗成为常态；党纪轻处分和组织处理要成为大多数；对严重违纪的重处分、作出重大职务调整应当是少数；严重违纪涉嫌违法立案审查的只能是极极少数。

12.“三去一降一补”：去产能、去库存、去杠杆、降成本、补短板。

13.“一带三创”：“一带”就是把以上率下作为基本工

作方法，一级做给一级看，一级带着一级干，逐层逐级抓落实；“三创”就是深入开展创建“五个好”村党组织书记、“五个好”乡镇党委、农村基层党组织建设先进县市区“三级联创”活动。

14.农村党建经费“两个不低于”：每个行政村党建工作经费不低于10万元，3000人以上的行政村不低于15万元。

15.政府与社会资本合作(PPP)模式：政府为增强公共产品和服务供给能力、提高供给效益，通过特许经营、购买服务、股权合作等方式，与社会资本建立的利益共享、风险分担及长期合作关系。PPP模式主要适用于政府负有提供责任又适宜市场化运作的公共服务、基础设施类项目。

16.“全域旅游”：指在一定区域内，以旅游业为优势产业，通过对区域内经济社会资源尤其是旅游资源、相关产业、生态环境、公共服务、体制机制、政策法规、文明素质等进行全方位、系统化的优化提升，实现区域资源有机整合、产业融合发展、社会共建共享，以旅游业带动和促进经济社会协调发展的一种新的区域协调发展理念和模式。

17.“海绵城市”：通过加强城市规划建设管理，充分发挥建筑、道路和绿地、水系等生态系统对雨水的吸纳、蓄渗和缓释作用，有效控制雨水径流，将城市建设成“自然积存、自然渗透、自然净化”的“海绵体”。

18.“互联网+”：利用信息通信技术以及互联网平台，充分发挥互联网在社会资源配置中的优化和集成作用，将互联网的创新成果深度融合于经济、社会各领域之中，提升全社会的创新力和生产力，形成更广泛的以互联网为基础设施和实现工具的经济发展新形态。

聚焦全面从严治党　构建良好政治生态
为建设富裕文明绿色幸福新临汾提供纪律保障

——2016年9月26日在中国共产党临汾市第四次代表大会上的工作报告

张　晓　永

一、过去五年工作回顾

市第三次党代会以来，在省纪委和市委的坚强领导下，全市各级纪检机关认真履行党章赋予的职责，深入贯彻落实中央和省、市工作部署，保持政治定力，聚焦中心工作，强化监督执纪问责，正风肃纪，反腐惩恶，不敢腐的震慑作用有效发挥，不能腐、不想腐的效应初步显现，党风政风和社会风气发生了积极变化，从严管党治党取得重大阶段性成效。

(一)严明党规党纪，党的纪律建设不断加强

五年来，我们始终把维护党章党规党纪，检查党的路线、方针、政策和决议执行情况，作为履职的首要任务，督促各级党组织和广大党员领导干部切实做到“五个必须”。加强对党的纪律特别是政治纪律和政治规矩执行情况的监督检查，严肃查处团团伙伙、拉帮结派等问题，确保在思想上政治上行动上同党中央保持高度一致；严肃查处上有政策、下有对策和有令不行、有禁不止行为，确保中央和省委、市委政令畅通。突出政治定位，协助市委开展了第一轮巡察，发挥了巡察利剑作用。加强对换届纪律的监督检查。严防“带病提拔、带病上岗”，匡正选人用人导向。围绕贯彻落实中央和省、市各项重大决策部署，结合党的群众路线教育实践活动、“三严三实”专题教育、“两学一做”学习教育等开展专项监督检查，保障了各项工作的顺利开展。

(二)传导压力，“两个责任”稳步落地落实

五年来，我们坚持创新体制机制、改进工作方

法,协助市委抓主体责任落实,督促各级党组织扛起管党治党的政治责任。协助市委出台了《关于落实党风廉政建设党委主体责任和纪委监督责任的实施意见(试行)》,制定了责任清单、工作约谈、党委巡察、监督提醒和深化"四述"等五个实施办法,推进"两个责任"落实的具体化。先后召开全市落实主体责任汇报会、集体约谈会,统一思想、深化认识、强化督查,敦促各级党组织强化责任担当。各地各部门党组织建立健全了落实主体责任工作机制,制定了落实"两个责任"实施细则,层层述纪述廉述作风述主体责任,有效克服责任虚化空转。市纪委全面履行监督责任,开展了对"两个责任"落实情况的监督检查、专项巡察、现场质询等活动,及时向市委报告"两个责任"落实情况,向市委班子及其成员提出意见建议,促进"两个责任"落地生根。

(三)着力纠风治乱,党风政风持续稳定向好

五年来,我们认真落实中央八项规定精神,坚决纠正"四风",从具体问题抓起,一个节点一个节点坚守,一个问题一个问题解决,环环相扣、不断深入,党风政风稳定向好。市委领导带头示范、以上率下,持之以恒加强作风建设,为全市作出了榜样。出台关于改进工作作风、密切联系群众二十五条规定,加强对各级领导班子特别是主要领导干部的作风督查。各地各部门党组织密切联系实际,坚决正风肃纪;各级纪检机关抓住重要节点,扭住"四风"不放,从严查处公款吃喝送礼、公款旅游、违规配备使用公车、超标占用办公用房、大操大办借机敛财、出入私人会所等问题,积小胜为大胜,以党风政风带动社风民风。全市共查处违反中央八项规定精神问题1755起,处理2280人,其中给予党纪政纪处分1563人。市纪委对70起典型问题通报曝光,发挥了警示和教育作用。同时,依托全市廉政教育基地,开展常态化警示教育,实现了干部廉政教育全覆盖。

(四)严肃执纪问责,惩治腐败压倒性态势逐步形成

五年来,我们坚持以"零容忍"态度惩治腐败,以坚定的决心和有力的措施,坚决把存量减下来、把增量遏制住。市、县、乡三级完成2008年至2015年9月的涉纪问题线索大起底,共起底问题线索21348人28426件,其中办结21135人28154件,占99%。五年来,全市各级纪检机关共接受信访举报21234件(次),立结案8301件,给予党纪政纪处分8339人,其中县处级干部122人,移送司法机关205人,挽回直接经济损失6496.13万元。重点查办了市教育局原局长张俊荣、市文物局原局长常引根等典型案件,在全市引起强烈震动。创新执纪方式,探索实践"四种形态",2015年至2016年8月,全市受处分党员干部中,给予党纪政纪轻处分的占76.42%,给予撤职及以上重处分的占20.13%,移送司法机关的占3.45%。2016年以来,全市纪检机关处置问题线索2731件,其中谈话函询1288件,共有453名党员干部主动向组织交代问题,较好体现了挺纪在前的理念。落实省委巡视组整改要求,优先处置巡视组移交的问题线索。制定了市、县、乡三级纪检机关《纪律审查工作业务流程(试行)》,严格审查程序,确保审查安全。坚持依纪依规开展纪律审查,实现了"零事故"。新建市党纪教育基地一期工程,办案场所实现了规范化和标准化。

(五)坚定正风反腐,群众身边腐败得到有效遏制

五年来,我们坚持把整治和查处侵害群众利益的不正之风和腐败问题作为加强基层党风廉政建设的重中之重,坚持以问题为导向,实行"五账工作法",严查发生在民生资金、"三资"管理、土地征收等领域的违纪行为,严查吃拿卡要、与民争利、欺压百姓的问题,督促主管部门履职尽责,让群众更多感受到全面从严治党的实际成效。针对群众反映强烈的突出问题,认真开展食品药品安全、环境保护、住房保障、安全生产等方面专项执法监察,扎实推进扶贫领域、煤焦领域、工程建设领域等专项治理,切实维护群众合法权益。建立以县乡纪委为主体、市纪委一线督办的工作机制,上下联动、齐抓共管,不断深化农村、社区、学校和企业等单位党风廉政建设工作。委局领导班子带头,开展"带案下访

解民忧”专项工作，深入解决基层涉纪信访问题。认真落实“三转”要求，充分发挥再监督再检查作用，督促落实主体责任，在全市发改、扶贫、财政等部门和领域开展自查自纠或专项整改，深挖问题根源，健全制度机制，取得良好效果。2013年以来，共审查侵害群众利益问题2637起，给予党纪政纪处分2968人。

（六）坚持立行立改，纪检体制改革成效显著

五年来，我们深入推进纪律检查体制改革，持之以恒加快“三转”步伐。市纪委在内设机构、行政编制、领导职数总量不变的情况下，完成内设机构两轮改革调整，增设6个纪检监察室，组建组织部、宣传部、干部监督室，执纪监督部门和人员数量分别占机关内设机构和编制数的76%和70%。各县市区纪委全部完成内设机构改革和人员调整，把力量聚焦到监督执纪问责上来。市委下发《关于加强乡镇纪检工作的指导意见》，全市171个乡镇、街道办，每个乡镇纪委至少配备5名人员，实现了乡镇纪检组织全覆盖。全力清理参与的议事协调机构，市纪委参与的议事协调机构从156个减少到9个，各县市区纪委从1029个减少到153个。深化县级纪委派驻机构改革，坚持试点先行，探索实践“统派联管”和“统派直管”监督方式，为实现派驻全覆盖提供了样本。推动市县两级派驻纪检组长不分管驻在部门其他业务工作，推动被监督单位党组织抓好本系统、本机关党风廉政建设，监督责任和执纪能力进一步增强。细化落实双重领导体制，规范下级纪委向上级纪委报告工作，下发并执行两个提名考察办法，强化上级纪委对下级纪委的领导。

（七）从严监督管理，队伍履职能力明显增强

五年来，我们进一步强化担当意识，发扬优良作风，以更高的标准、更严的纪律要求自己。先后开展了党的群众路线教育实践活动、“三严三实”专题教育和“两学一做”学习教育，落实纪检机关党建工作责任。开通市纪委门户网站，增加工作透明度，加强舆情研判和引导。制定学习教育培训规划，分批次对纪检干部进行轮训。高标准完成市县两级纪委机关涉密信息系统分级保护建设。委局领导广泛开展约谈，带头参加接访，深入一线调研，努力做到情况明、数字准、责任清、作风正、工作实。配合党委做好纪委换届工作，把政治强、作风硬、德才兼备、敢于担当的干部选拔进各级纪委领导班子。严明纪律审查、市县巡察、工作保密等纪律，建立全市纪检干部信息数据库，健全纪检干部问题线索归口管理等制度规定，从严监督管理，坚决清除“灯下黑”。五年来，共查处违纪纪检干部64人，纯洁了队伍。

五年来取得的成绩，得益于省纪委和市委的坚强领导，得益于各级党组织和广大党员干部的共同努力，得益于人民群众的支持和参与，得益于全市纪检干部付出的辛劳和智慧。在此，我代表市纪委向长期以来关心和支持纪检工作的各级领导、广大干部群众以及社会各界人士表示崇高的敬意和衷心的感谢！

回顾五年来的工作，我们深切体会到，推进党风廉政建设和反腐败斗争，一是必须始终保持政治定力，坚持正确方向，坚定不移同党中央保持高度一致，这是做好纪检工作的根本要求；二是必须牢牢抓住主体责任这个“牛鼻子”，坚持以上率下，强化责任担当，一级抓一级，层层抓落实，确保主体责任“真兑现”，这是做好纪检工作的有力抓手；三是必须坚决把纪律作为不可逾越的底线，警钟长鸣、戒尺高悬，依纪监督、从严执纪，这是做好纪检工作的关键举措；四是必须坚持惩前毖后、治病救人，正确运用监督执纪“四种形态”，抓早抓小，这是做好纪检工作的基本遵循；五是必须聚焦主业主责，创新体制机制，深入推进“三转”，下功夫加强队伍建设，探索具有临汾特色的新理念、新思路、新举措，这是做好纪检工作的坚强保障。

在充分肯定成绩的同时，也要清醒看到存在的问题和不足：一是有的地方和部门党组织抓党风廉政建设的自觉性不高，履责意识、担当意识不强，不同程度地存在党的领导弱化、党的建设缺失、全面从严治党不力等问题；二是有的党组织和党员领导

干部对“挺纪在前”和“四种形态”的认识有偏差、理解不透彻、运用不充分，对党员干部教育、提醒、管理和监督不够；三是少数党员干部对落实中央八项规定精神心存侥幸，依然我行我素、顶风违纪，不收敛、不收手，上紧下松、越往下越打折扣的现象仍然存在；四是一些权力集中、资金项目密集的领域仍然存在腐败隐患，有的涉农部门、基层站所、农村不正之风和腐败问题还比较严重，小官大贪、小官群贪的案件时有发生；五是有的纪检机关在思想认识、理念思路、方法措施上，与全面从严治党的要求还存在不少差距，落实“三转”不到位、不彻底，监督执纪问责不力，不敢监督、不会监督、不愿监督还不同程度地存在；六是有的纪检干部能力不足、作风不实、律己不严，执纪违纪现象时有发生，等等。对此，我们务必保持清醒头脑，采取有力措施，切实予以解决。

二、今后五年工作建议

今后五年，是全面建成小康社会、全面深化改革、全面依法治国、全面从严治党的关键时期，也是我市按照省委“一个指引、两手硬”的重大思路和要求，大力实施“345”战略，决胜全面小康，实现振兴崛起，努力建设富裕、文明、绿色、幸福新临汾的攻坚阶段。全市各级纪检机关要始终保持政治定力，坚决把思想和行动统一到中央和省委、市委的决策部署上来，进一步增强责任感和使命感，认清形势、明确任务、直面挑战，进一步聚焦主业、突出重点，把我市的党风廉政建设和反腐败斗争不断引向深入。

今后五年工作的总体要求是：深入贯彻党的十八大和十八届三中、四中、五中全会精神，认真贯彻习近平总书记系列重要讲话精神，坚持“巩固、深化、提高”的方针，落实省纪委和市委工作部署，忠诚履行党章赋予的职责，坚持全面从严治党“一条主线”，强化监督、执纪、问责“三项职能”，深入推进纪律建设、责任落实、纠正“四风”、纪律审查、巡察监督、基层反腐、自身建设“七大任务”，全面构建良好政治生态，为建设富裕、文明、绿色、幸福新临汾提供坚强纪律保障。

按照这一总体要求，从以下七个方面提出今后五年的工作建议：

(一)严明党的政治纪律，坚定不移维护党规党纪权威

一要尊崇践行党章。不忘初心，方得始终。党章是党的根本大法，是全党必须遵循的总规矩。每一个共产党员都要自觉用党章规范言行，切实增强“四个意识”。纪检机关要全面履行党章赋予的职责，做党章的忠实执行者和坚定捍卫者。

二要严明政治纪律。严明政治纪律，最核心的就是坚持党的领导，始终同党中央保持高度一致，自觉维护党中央权威。各级党组织要严肃党内政治生活，推动党的组织活动制度化、经常化、规范化，夯实良好政治生态的基础。要着力发现和纠正落实不力、阳奉阴违的问题，决不允许上有政策、下有对策。要抓住“关键少数”，紧紧围绕对党忠诚、履行管党治党责任、遵守党的纪律，加强对党员领导干部的监督，坚决维护党的团结统一。

三要强化纪律执行。制度的生命在于执行。要切实履行全面从严治党责任，明规知纪，遵规守纪，真正把党的“六项纪律”执行到位，不断增强党的凝聚力和战斗力。要加大对违纪行为的查处和警示教育力度，以“六项纪律”为尺子，把纪律严起来、执行到位，做到执纪必严、违纪必究。

(二)强化“两个责任”意识，毫不动摇夯实管党治党根基

一要协助党委落实主体责任。牢牢抓住主体责任这个“牛鼻子”，把全面从严治党贯彻到党的各项工作中，注重日常、抓早抓小、防微杜渐。严格执行“两个责任”实施意见，认真落实责任清单、工作约谈、监督提醒等实施办法。督促各级党组织特别是一把手，切实负起教育监督责任，多做同志式的谈心谈话，对反映干部工作作风和廉洁自律等苗头性、倾向性问题，及时约谈提醒。督促班子成员履行“一岗双责”。协助党委健全横向到边、纵向到底的主体责任体系，把监督检查、目标考核、责任追究有机结合起来，构建廉洁高效的制度约束体系，汇聚强大推动力。

二要积极强化纪委监督责任。纪委要站稳立场，把准方向，在全面从严治党中找准职责定位，严格履行监督职责。探索完善对同级党委特别是领导班子成员进行提醒监督的有效机制，定期向同级党委和上级纪委报告监督责任落实情况。积极落实党风廉政建设监督责任清单。督促各级党组织落实主体责任和监督责任清单。加强上级纪委对下级党委的监督，坚持和完善下级党组织主要负责人向上级纪委全会"四述"制度。

三要严肃问责追责。有权就有责，失责必追责。认真贯彻《中国共产党问责条例》，对党的领导弱化、党的建设缺失、监督责任缺位、给党的事业造成严重损害的，对落实中央八项规定精神不力、"四风"和腐败问题多发频发，选人用人失察、任用干部连续出现问题的，对巡视、巡察发现的问题拒不整改或整改不到位的，对不作为、慢作为、乱作为，群众反映强烈的，都要严肃问责，决不姑息。

（三）深入推进作风建设，着力构建纠风治乱长效机制

一要持续发力，严防反弹回潮。"四风"问题尽管取得重要阶段性成果，但稍有松懈就可能死灰复燃，必须久久为功、持续发力。要紧盯年节假期，看住"关键少数"，让严守中央八项规定精神成为党员干部的行为习惯。对不收手、不知止，规避组织监督，顶风作案搞"四风"的人和事，要列为纪律审查的重点，从严从快查处。对在执纪审查中发现的"四风"问题线索，要深挖细查，决不放过。要密切注意不正之风的新动向、新表现，找准规律，深查隐形变异、改头换面的"四风"，发现一起处理一起，持续释放越往后执纪越严的强烈信号。

二要立体监督，及时通报曝光。探索完善惩治"四风"的联动协作机制，注重发挥公安、税务、财政、旅游、审计等部门的职能优势，增强查纠"四风"问题的针对性和实效性，形成齐抓共管的工作格局。要进一步畅通监督渠道，创新举报方式，发挥新媒体、新技术作用，用好"一键通""随手拍"等平台，激发群众监督正能量，形成无处不在的监督网络。加大通报曝光力度，充分发挥通报曝光的震慑作用和警示教育作用。

三要标本兼治，健全长效机制。作风建设，既要巩固现有成果，更要锲而不舍，从根本上铲除滋生"四风"问题的土壤。要深入分析"四风"案件，剖析共性问题特点，找准标本兼治对策，及时提出有针对性的意见建议，开展系统整治。各地区、各部门要认真查找自身"四风"的具体表现，由解决面上的问题向解决深层次问题延伸，由集中整治、专项治理向常态治理、长期治理转变。要深入挖掘、大力弘扬我市丰富的红色文化、廉政文化、法治文化资源，汲取家规家训、乡规民约中的精华，培养宣传一批廉政标兵，推动社会风气持续好转。

（四）加大纪律审查力度，始终保持惩治腐败高压态势

一要坚决做到挺纪在前。全面从严治党，运用"四种形态"，主责在党委。各级党组织要勤于抓早抓小，更要善于知早知小，对出现问题苗头的早警醒，让有违纪苗头的不摔倒。纪检机关在纪律审查和案件审理中，要用好"四种形态"，把批评教育、纪律处分、组织处理、立案审查等方式贯彻落实到执行纪律的全过程，确保不留死角、不留盲区。要扩大谈话函询覆盖面，通过谈话让干部受教育、明是非，同时要善于从中查问题、找线索。要对谈话函询的线索确定一定比例进行抽查核实，对不如实说明问题、欺骗组织的，从严从重处分。

二要突出纪律审查重点。"锄一害而众苗成，刑一恶而万民悦。"紧紧围绕减存量、遏增量的目标，坚持从严惩处力度不减、尺度不松、节奏不变，持续形成惩治腐败的高压态势。坚决查处违反党的政治纪律和政治规矩、组织纪律等行为，坚决纠正党的意识淡薄、组织涣散、纪律松弛等问题。要把党的十八大后不收敛、不收手，问题严重、群众反映强烈，现在重要岗位可能还要提拔使用的党员领导干部的问题线索作为纪律审查重点，坚决遏制住腐败蔓延势头。在严格纪律审查的同时，要按照"三个区分"的要求，把谋取私利的、明知故犯的、上

级明令禁止后依然我行我素的违纪违法行为严格甄别出来,旗帜鲜明地保护能干事、会干事、干成事的干部,对一心为公、没有私心,在改革创新、干事创业中无意犯错误的干部,要最大限度地给予宽容;对敢于担当、敢于碰硬,在工作中因得罪人而遭恶意诋毁、诬告陷害的干部,要坚决予以保护。

三要提升纪律审查质量。进一步发挥反腐败协调小组作用,强化与组织、政法、司法等部门的协作配合,把信访、司法、审计、巡察发现的问题线索,作为执纪审查的重要源头,提高分析研判质量,形成反腐合力。进一步规范纪律审查业务流程,畅通信访举报渠道,对问题线索及时清理研判,分类处理,集体处置,规范管理。积极做好中央纪委监督执纪问责管理系统的对接落实工作,加快建设覆盖全市的廉洁档案电子管理系统,提高纪律审查信息化建设水平。加强案件剖析,对审查中发现的普遍性和深层次问题,查缺补漏、建章立制,促进惩治成果向预防成果转化。加强涉案资料和款物管理,加大抽查力度,落实监管责任。严格落实安全文明办案各项制度,把保障审查对象人身安全的责任落实到岗、明确到人,坚决守住不发生事故的底线。

(五)始终坚持问题导向,充分发挥巡察监督震慑效应

一要站稳政治立场。巡察监督是党委履行主体责任、推动全面从严治党向基层延伸的有力抓手。必须牢牢把握政治方向,坚决贯彻中央、省委巡视工作方针和市委巡察工作办法,紧紧围绕加强党的领导这个根本,把党内政治生活各项规章制度的落实情况作为政治巡察的重要内容,重点围绕党的领导弱化、党的建设缺失、全面从严治党不力等问题,找准被巡察党组织管党治党方面存在的薄弱环节,推动被巡察党组织从思想认识到具体行动,严格尊崇党章,严格执行党规党纪,真正贯彻党的路线方针政策,切实强化各级党组织的领导核心作用。

二要坚持问题导向。把发现问题作为巡察监督的生命线,在发现问题、形成震慑上下功夫。要明确巡察重点,市委的巡察重点要放在各县市区班子、市直部门班子,延伸到重点乡镇、街道办;县市区委的巡察重点要放在乡镇党政班子、县直部门班子,延伸到重点村(居委会)。要紧盯重点对象,聚焦重点人、重点事和重点问题,哪里问题集中、哪里群众反映强烈就先巡察哪里,突出对被巡察单位党组织领导班子成员特别是一把手的监督。要细化巡察任务,因地制宜,增强针对性。通过构建市县党委巡察一盘棋的工作格局,有效发挥巡察的震慑作用,确保届内完成巡察全覆盖任务。

三要用好巡察成果。巡察监督,落实整改是关键。各级党委“五人小组”应当及时听取巡察情况汇报,研究解决重大问题。对巡察反馈的整改建议,被巡察单位党组织主要负责人要签字背书,承担落实整改工作第一责任,建立问题清单、任务清单、责任清单,对账销号,逐项落实,确保件件有着落、事事有回音,坚决防止重巡察、轻整改。整改情况要以适当方式向社会公开,接受社会和群众监督。要扎实开展巡察整改“回头看”,发现新问题、督促再整改。注重抓好巡察成果运用,把巡察成果充分运用到纪律审查、基层党组织建设、干部监督管理工作之中。对敷衍应对、责任不落实的,要严肃追责。

(六)强化重点领域监督,全心全意维护群众切身利益

一要层层传导压力。县乡党委要把解决侵害群众利益的不正之风和腐败问题,作为落实全面从严治党主体责任的重要内容,发挥关键作用,通过约谈提醒、签字背书、开展“四述”等方式,层层压实责任。县乡纪委要把查处侵害群众利益的不正之风和腐败问题作为主要工作任务,坚持“五账工作法”,强化县乡纪委为主体、市纪委一线督办的工作落实机制,全面加强基层正风反腐工作。有关部门要针对可能出现问题的薄弱环节,加强管理监督,严防侵害群众利益的行为发生。

二要加大查处力度。聚焦重点、精准发力,结合实际、对症下药,严肃查处扶贫领域虚报冒领、截留私分问题;重点查处和纠正超标准超范围向群众

筹资筹劳，违规收缴群众款物或处罚群众，克扣群众财物、拖欠群众钱款等突出问题；重点查处集体“三资”管理、土地征收和惠农等领域强占掠夺、贪污挪用问题；严肃处理在办理涉及群众事务时吃拿卡要，甚至欺压群众的违纪行为。要深入剖析典型案件，分析原因，提出建议，督促有关职能部门开展专项治理，加强制度建设，进行全面整改。

三要夯实工作支撑。市、县、乡的科股站所，是做好工作的中坚力量、面对群众的服务窗口，也是不正之风和腐败问题易发多发的领域。要加大问题约谈、督查指导和追责问责力度，督促基层党员干部改进作风、依规办事；派驻机构要充分履行监督责任，创新执纪方式，加大对驻在部门问题线索的排查处置和纪律审查力度，切实加强驻在单位的正风反腐工作。

（七）深化体制机制改革，努力打造忠诚干净担当纪检队伍

一要创新体制机制。切实加强对纪律审查工作的领导，下级纪检机关要及时报告本地区、本单位重要情况。研究制定出台相关制度，严肃查处瞒报、漏报和迟报等行为。加强对派驻机构的领导，稳步抓好市县两级派驻机构管理工作，加快推动派驻机构全覆盖。扎实推进县级纪委派驻机构试点工作，探索完善“统派联管”和“统派直管”工作模式，最大限度发挥派驻机构“派”的权威和“驻”的优势，提高发现和处置问题的能力。

二要深化“三转”成果。要紧扣监督执纪问责，继续深化“三转”。市纪委要不断深化对职责定位的认识，推动工作向下延伸。县级纪委要密切联系实际，转变理念思路，全面履职尽责，加强对乡镇、街道办纪检工作规范化建设的领导，督促乡镇、街道办纪委真正把监督执纪的职责担当起来。继续引深“学思践悟·岗位练兵”活动，扑下身子接地气，掌握第一手资料，研究解决实际问题。加强思想理论、形势任务、党规党纪、文化传统的宣传，重视舆情分析、研判和处置，牢牢把握工作的主动权。

三要注重日常监管。监督者更要接受监督。各级纪检机关要切实履行好自身监督管理的主体责任。要加强思想政治教育和业务能力培养，结合实际制定干部培训计划，有针对、有重点地举办各类专题培训，尽快把全市纪检干部轮训一遍。要进一步加大纪检干部轮岗交流力度，有效激发干部队伍活力。要严肃党内政治生活，注重发挥机关党组织作用，加强巡察组、专案组临时党支部建设，以党的建设带动各项工作。充分发挥干部监督机构作用，对不作为、不善为的，要批评教育、组织调整，造成严重后果的要给予纪律处分；对私存线索、以案谋私、跑风漏气的，发现一起查处一起，决不姑息。

各位代表、同志们，推进党风廉政建设和反腐败斗争，依然任重道远。让我们在省纪委和市委的坚强领导下，不负重托、不辱使命，不忘初心、继续前进，不断开创党风廉政建设和反腐败斗争新局面，全面构建良好政治生态，为建设富裕、文明、绿色、幸福新临汾做出新的更大贡献！

政府工作报告

——2016年3月22日在临汾市第三届人民代表大会第七次会议上

岳 普 煜

一、"十二五"时期工作回顾

"十二五"时期是我市发展历程中极不平凡的五年。五年来,在市委的坚强领导下,在市人大、市政协的监督支持下,市政府紧紧依靠全市人民,认真贯彻落实党的十八大和十八届三中、四中、五中全会精神和习近平总书记系列重要讲话精神,按照"四个全面"战略布局和省委"五句话"要求,全面从严治党,深入推进党风廉政建设和反腐败斗争,加快实施"六权治本",着力推动"六大发展",扎实推进"稳增长、调结构、惠民生、防风险"各项工作,积极应对挑战,奋力攻坚克难,不断开创弊革风清、富民强市新局面,全市经济社会发展取得了新的成就。

经济发展稳中有进。2015年,全市地区生产总值完成1161.1亿元,"十二五"期间年均增长7.6%;规模以上工业增加值完成334.4亿元,年均增长8.6%;固定资产投资完成1401.2亿元,年均增长24%;一般公共预算收入完成88.2亿元,年均增长3.2%;社会消费品零售总额完成572亿元,年均增长12.6%;城镇居民人均可支配收入25498元,年均增长11%;农村居民人均可支配收入9376元,年均增长11.9%。我市综合经济实力迈上了新台阶。

产业结构更趋合理。现代农业稳步推进。粮食总产达到23.6亿公斤,比"十一五"末增长22.3%。"四个百万亩"基地建设成效显著,新增设施蔬菜12万亩、水果42万亩、干果35万亩、中药材90万亩。2015年,全市农民合作社达到10059家,农业产业化龙头企业发展到339家,农产品年销售收入达到73亿元,是"十一五"末的1.4倍。传统产业实现优化升级。煤、焦、冶、电等传统产业整体素质进一步提升,装备制造、铸造、现代煤化工、新能源、新型材料、电子信息等战略性新兴产业加快发展,共实施新兴产业项目330个,完成投资814.3亿元,占全市工业领域总投资的67%。现代服务业蓬勃发展。商贸物流、电子商务、文化旅游等现代服务业不断发展壮大。建成运营居然之家、生龙国际、嗨都国际广场等一批商贸转型项目。我市被确定为全国区域级流通节点城市。全市电商企业发展到400余家,交易额突破100亿元,侯马开发区被确定为"国家电子商务示范基地"。大力推进旅游景区建设,累计完成投资52亿元,全市新增5个国家AAAA级旅游景区,总数达11个,位居全省第一。2015年,全市旅游总收入达到295亿元,比"十一五"末增长152.9%。全市三次产业结构由7.5∶58.3∶34.2优化为7.8∶48.5∶43.7,现代产业体系正在加快形成。

改革开放不断深化。行政审批制度改革迈出重大步伐,累计承接、取消、下放、调整行政审批项目290项,行政审批时限压缩了三分之二,市县两级权责清单全部公布。建成市政务服务中心,实行"一委一办三中心"的管理体制。完成了煤炭焦炭公路销售体制改革,所有煤焦站点和涉煤票据全部

清理取消。商事登记制度、医疗卫生体制、国有林场、财税体制、投融资体制、国有企业、集体林权配套制度、开发区扩区等各项改革都取得了积极成效。对外开放水平进一步提升，实际利用外资由7757万美元增长到15660万美元，年均增长15.1%。在全省率先启动招商引资2.0模式，“十二五”期间累计签约项目899个，签约资金14319亿元，是“十一五”的4.6倍。

项目建设力度空前。深入开展了“项目落地年”“项目推进年”“项目见效年”和“项目提质增效年”等活动，坚持统筹推进重点项目建设，“六位一体”各项指标连年位居全省前列。五年累计实施省市县重点项目4116项，完成投资6053亿元，超额完成“五年五千亿”的目标任务，投资额是“十一五”时期的3.6倍，为我市经济社会发展奠定了坚实的基础。全市公路通车里程达到18245千米，位居全省第一。新改建干线公路797千米、农村公路3135千米。新增高速公路通车里程267公里，临汾北环、临吉高速、霍永高速等一批高速公路建成通车。大西高铁、中南铁路开通运营，临汾民航机场正式通航。城镇化建设步伐加快，“一城三区”、侯马曲沃同城化、12个大县城和60个重点镇建设扎实推进。全市启动实施城中村改造工程47个，新建城市公厕318座。市区先后实施了22条城市主干路和古城公园二期、市规划展览馆、大西客运站站前广场等市政工程；全面铺开了总投资159.9亿元的市区17项重点城建工程，城市管理全面加强，城市功能进一步完善。引沁入汾和川取水输水工程、五马水库、清峪水库等项目顺利完工，14条中小河流综合治理和45座病险水库除险加固工程全面完成，水利建设总投资达到101亿元，是“十一五”的3.9倍。

“百里汾河生态经济带”建设取得突破。“经济带”总体规划纳入《晋陕豫黄河金三角区域合作发展规划》，获国务院批复，6个专项规划通过国家级专家评审。设立了百里汾河生态文明保护区，加强了汾河流域生态保护。投资42亿元的滨河东路贯通工程通车运行，投资43亿元的汾河河道生态治理工程全面竣工，投资58亿元的涝洰河生态建设工程初见成效。打造了“百里汾河文化长廊”，规划建设了汾河非遗生态保护区。“经济带”内18个工业园区的销售收入占到全市规模以上企业销售收入的63%，8个现代农业园区初具规模，5个物流园区开工建设，17个文化旅游景区全部实施开发，11个“两区同建”工程进展顺利。“百里汾河生态经济带”已成为我市加快发展的新引擎，展现出良好的发展活力和前景。

“三个突破”深入推进。金融振兴方面，积极引进培育金融机构，全市银行业金融法人机构达到23家、保险经营主体33家、证券分支机构5家、各类交易市场4家，初步形成了银行、证券、保险、产权交易等各业并举、功能基本完备的金融体系。积极培育企业上市，在“新三板”上市企业达到5家，总量居全省第二；在山西股权交易中心挂牌企业达到143家，占到全省总量的11%。积极破解企业融资难题，设立了5000万元的“企业应急周转保障资金”，引导筹集1.56亿元的“企业应急周转互助资金”，累计投放金额8.7亿元。市投资集团公司累计融资244.8亿元。科技创新方面，共实施国家、省、市科技计划项目418项，累计投入科技研发经费1.04亿元。培育省级科技示范园区2个，市级科技示范基地34个；建成院士工作站2个，博士后流动工作站1个。全市高新技术企业达到33家，其中国家级企业技术中心1家，省级企业技术中心20家，省级行业技术中心1家。全市专利拥有量达到329件。民营经济发展方面，出台了《进一步支持民营经济健康发展的措施》，共创办小微企业9000家，培育“小巨人”企业42家、“小升规”企业69家，建成5个省级中小企业创业基地。2015年，全市中小企业工业产品销售产值达到682亿元，占到全市工业产品销售产值的54.3%，民营经济成为拉动我市经济增长的主力军。

生态环境持续改善。环保工作再上新台阶，持续开展环境建设年、环境提升年等活动，累计投资

15.5亿元,实施了169个环保项目。完成5家电力企业脱硫脱硝治理、16家焦化企业焦炉烟气治理,淘汰黄标车及老旧车5.12万辆。成功创建省级环保模范城市。2015年,市区空气质量二级以上天数达到266天,按新标准比2013年增加99天,PM2.5浓度比2013年下降21.3%。全市新建垃圾处理场14座,实现生活垃圾处理场县级全覆盖。汾河出境断面主要污染物化学需氧量和氨氮浓度低于入境断面。全市饮用水水源地水质达标率保持在100%。节能减排呈现新亮点,五年累计实施节能改造项目288个,累计淘汰落后产能1675.2万吨。全市新增和更新新型环保公交车580辆,其中2015年市区新购纯电动车223辆。我市入选"国家节能减排财政政策综合示范城市",尧都区城东老工业区搬迁改造纳入国家试点,浮山县入选国家资源综合利用"双百工程"示范基地,古县入选首批省级低碳县试点。生态建设取得新进展,五年营造林246万亩,森林覆盖率由27.47%增长到31.91%。扎实推进水土保持重点工程,累计完成治理面积214万亩。持续推进采煤沉陷区、采空区、水土流失区、煤矸石山等生态环境治理修复工程,西山7县成为国家主体功能区建设试点。

安全生产全面加强。全面推进安全生产责任体系"五个全覆盖",组织开展了"安全生产稳定年""安全生产强基年"和"知责、履责""打非治违"等活动,持续开展安全生产大检查,切实加强重点行业和领域安全监管,强化安全检查全留痕、企业ABCD分级分类监管和企业安全生产标准化建设等安全管理措施。2015年,全市安全生产事故总量和死亡人数比"十一五"末分别下降14.5%、25.8%,工矿企业连续7年未发生重特大事故,安全生产形势实现持续稳定好转。全面加强信访、综治、应急、舆情监控等工作,建立了市级领导包联信访事项制度,开通了"市长热线""市长信箱",完成了"六五"普法任务,全面推广安泽"311"基层服务管理、乡宁"三化一卡"、侯马"345"流动人口管理、铁路安全"线格化"管理等社会管理先进经验,社会保持和谐稳定。

民生质量显著提高。文化方面,完成17个县市区的文化馆、图书馆标准化建设,新建临汾市博物馆、晋国博物馆、丁村民俗博物馆等16个博物馆。全市有300多件文化作品获"山西广播电视奖"和"全省优秀广播电视栏目奖"。教育方面,投资4.5亿元的临汾新高中建成投用,市第三中学、市第一小学等市直学校改造和17个县市区义务教育薄弱学校改造工程全面完成。新改扩建公办标准化幼儿园144所、农村幼儿园134所。2015年高考达二本线16189人,比2010年增加7112人,达线率上升19.1个百分点。职业教育、成人教育和民办教育全面发展,教育教学质量稳步提升。卫生方面,临汾新医院和10所县级医院建成运营,全市医院总数达到116家,医疗卫生机构床位数总量达到13805张,分别比"十一五"末增长20.8%和22.3%。新创建"三甲"医院3家,创建省级以上卫生县城15个。新农合参合率达到98.47%,人均筹资水平提高到470元。县级公立医院改革实现全覆盖。社保方面,五大社会保险参保人数达477万人次,是"十一五"时期的2.5倍。城乡低保实现应保尽保。开工建设各类保障性住房78725套,完成农村危房改造48232套。城镇登记失业率稳定控制在3%以内。我市被确定为"国家信息惠民试点城市"。扶贫方面,大力推进扶贫开发,实现脱贫25万人。重点推进光伏扶贫,实施了127个村级光伏电站和9个10兆瓦以上地面小型电站工程,建设总规模达到134.5兆瓦,走在了全省、全国前列。圆满完成新一轮农村"五个全覆盖"和农村"五件实事"。大力推进城市和农村人居环境改善工程。全市新增供水管网280千米,城镇供水普及率达到99%;新增集中供热面积1539万平方米,城镇供热普及率达到78.5%;新建燃气管网1012公里,城镇燃气普及率达到85%;完成了市区10万户天然气置换。连续两年实施"六大惠民工程",群众得到了更多的实惠。

积极推进军民融合发展,国防动员和国防后备力量建设得到加强。民族宗教、外事侨务、老龄、残疾人、红十字会、妇女儿童等事业都有了新进步，人防、统计、工商、质监、地方志、气象、档案、地震、住房公积金等工作均取得新进展。

在推进经济社会发展的同时，我们始终把建设人民满意政府作为努力方向，不断加强法治政府、廉洁政府和服务型政府建设。坚持向人大及其常委会报告工作，向人民政协通报情况，主动自觉接受监督。五年共办理市人大代表建议717件、市政协委员提案1326件。坚持依法行政，完善政府决策规则和程序，深入推进政务公开。认真落实中央“八项规定”，扎实开展党的群众路线教育实践活动、学习讨论落实活动和“三严三实”专题教育，“文风会风”持续改善，“三公”经费连年下降，公务用车制度改革顺利推进。全面落实政府系统党风廉政建设责任制，切实加强“一岗双责”，深入推进“六权治本”，不断加大监察和审计工作力度，从严从实整治“四风”和不作为、懒作为、乱作为等突出问题，政府廉政建设得到进一步加强。

刚刚过去的2015年，是改革发展稳定任务非常繁重的一年。一年来，我们认真落实中央、省一系列政策措施，坚持抓减负保增长、抓生产保产值、抓资金保运行、抓销售保市场、抓合作促共赢，实行周报告、月调度、合署办公、督查约谈，狠抓项目建设，全力以赴保增长，实现了经济持续健康发展和社会和谐稳定，开创了弊革风清、富民强市的新局面。2015年，我市5大类52项年度目标考核任务，除地区生产总值、一般公共预算收入、规模以上工业增加值三项预期性指标因市场变化没有完成外，其余指标全面完成。

回顾这五年，我们深切体会到，推动临汾经济社会持续平稳发展，实现富民强市，必须坚持全面从严治党，加强党风廉政建设和反腐败斗争，坚决落实“两个责任”，把纪律和规矩挺在前面；必须坚持发展第一要务，主动适应经济新常态，转变发展方式，优化经济结构，注重发展的质量和效益；必须坚持改革创新，解放思想、求新求变，在抢抓机遇中走在前列，形成引领发展、率先发展的强大势能；必须坚持底线思维，牢牢抓住安全生产、环境保护等关乎全局的重点工作，为经济社会发展营造良好的环境；必须坚持以人为本，切实保障和改善民生，让人民群众得到更多的实惠，增强群众的获得感，不断开创经济社会发展新局面。

各位代表，我市“十二五”时期改革发展成就来之不易，这是党中央、国务院、省委、省政府和市委正确领导的结果，是市人大、市政协大力支持、有效监督的结果，是全市广大干部群众攻坚克难、开拓奋进的结果。在此，我代表市政府，向全市人民，向人大代表、政协委员，向驻临部队、武警官兵和所有关心支持临汾改革发展的各界朋友，表示崇高的敬意和衷心的感谢！

在肯定成绩的同时，也应该清醒地认识到，我市经济社会发展中仍然存在不少困难和问题，主要是：经济下行压力依然较大，企业仍然面临诸多困难；传统产业升级改造步伐不快，产能过剩问题亟待化解；经济发展的质量和效益不高，转型发展任务艰巨；自主创新能力不强，发展后劲不足；区域发展不平衡问题仍然突出，民生社会事业存在薄弱环节，脱贫攻坚任务艰巨；城市建设相对滞后，基础设施建设亟待加强；安全生产基础仍不牢固，生态环境压力较大；发展环境需要优化，作风建设任重道远，等等。对此，市政府将本着对人民高度负责的精神，以“三严三实”的作风，采取积极有效的措施，加快解决这些问题。

二、“十三五”时期经济社会发展主要目标和任务

根据市委三届七次全会精神及“十三五”规划《建议》，市政府编制了“十三五”规划《纲要（草案）》，提交大会审查。

《纲要（草案）》按照全面建成小康社会的目标要求，强调要牢固树立和贯彻落实创新、协调、绿色、开放、共享的发展理念，全面推进创新发展、协调发展、绿色发展、开放发展、共享发展、廉洁和安全发展，明确了今后五年经济社会发展的总体目标和主要任务，提出要把临汾建设成为中西部经济强

市、旅游强市、生态强市。

经济强市就是要推动我市经济持续平稳较快发展,新旧发展动能接续转换,创新能力显著增强,产业结构优化升级,投资效率和企业效益明显提升。重点实施投资112亿元的沃特玛新能源汽车核心技术产业园、投资145.5亿元的汾西其亚年产240万吨氢氧化铝及60万吨高精铝板带箔、投资30.2亿元的临汾空港仓储物流园等一批带动能力强的重大产业项目。全市战略性新兴产业占比达到10%以上,全员劳动生产率年均增长7%左右,主要经济指标人均水平进入中西部地级市前列。

旅游强市就是要加快旅游景区景点建设,形成“核心突出、布局合理、业态多元、协调发展”的旅游产业体系,基本建成全国著名旅游目的地,成功申报国家级历史文化名城。建设投资26亿元的陶寺遗址保护利用项目。实施“旅游畅通”工程,规划建设投资65亿元的霍州—侯马城际轻轨、投资33亿元的环城高架等一批重大基础设施项目,投资39亿元,新建改建旅游专线公路655千米。旅游总收入年均增长20%以上,旅游业增加值占地区生产总值的比重达到15%,旅游业成为全市综合性战略支柱产业。

生态强市就是要高标准完成国家节能减排财政政策综合示范、资源节约和循环利用、低碳经济发展等国家和省试点任务,打造国家级光伏发电示范基地和全国电动公交绿色出行示范城市。大气、水、土壤污染治理取得新成效,生产方式和生活方式绿色低碳化水平显著提高。加强沿黄地区水土保持和生态修复,加快推进投资452亿元的黄河古贤水库、投资260亿元的西山七县主体功能区建设等工程,构筑吕梁山生态脆弱区、太行山水源涵养、百里汾河经济带湿地植被恢复三大生态屏障。全市生态环境持续改善,森林覆盖率、城市建成区绿化率明显提高。创建国家环保模范城市、国家级园林城市。

围绕这一总体目标,今后五年,全市经济社会发展的主要任务是:

——经济综合实力实现新提升。到2020年,地区生产总值和城乡居民人均收入比2010年翻一番。地区生产总值达到1630亿元,年均增长7%,城乡居民收入分别达到35000元、13150元,年均增长6.5%和7%;每年减少贫困人口6万人以上,到2020年末,全市现有26.5万贫困人口全部实现脱贫;一般公共预算收入年均增长6.5%;规模以上工业增加值年均增长8%;社会消费品零售总额年均增长10%。

——转变发展方式取得新突破。实施创新驱动发展战略,加快新旧发展动能接续转换,着力推进供给侧结构性改革,提高供给体系质量和效率,提高全要素生产率,努力实现更高质量、更有效率、更加公平、更可持续的发展。

——推进改革开放形成新格局。资源型经济转型综合配套改革取得重大进展,重点领域和关键环节改革取得成效,支撑资源型经济转型的政策体系和体制机制基本建立,技术创新体系、金融支持体系、平台带动体系、政策服务体系全面完善。开放型经济和对外合作体制基本形成,对外开放的广度和深度不断拓展。

——文化强市建设得到新发展。文化强市建设步伐进一步加快,文化发展主要指标、文化事业整体水平、文化产业综合实力明显提升。实施精品培育战略,搭建文艺作品创作和展示平台,创作生产更好更多的优秀文艺作品,促进全市文化大繁荣。优化文化产业布局,建设文化产业基地、园区和特色产业群,推动文化产业融合性发展,使文化产业成为国民经济支柱性产业。创新公共文化服务,丰富群众文体活动,到“十三五”末基本建成上下联动、覆盖城乡的公共文化服务体系。

——保障改善民生达到新水平。就业持续增加,教育现代化水平显著提高,劳动年龄人口受教育年限稳步提升。社保、医疗、住房等公共服务体系更加健全,基本公共服务均等化程度显著提高。

——民主法治建设再上新台阶。人民民主不断扩大,法治政府基本建成。服务型政府建设成效显著，政府公信力和行政效率进一步提高。民主法制更加健全，社会治理能力和水平不断提高，社会更加和谐稳定。

各位代表，《纲要（草案）》经本次会议审议通过后，我们将全力抓好落实。只要全市上下同心协力，真抓实干，开拓创新，攻坚克难，经过五年的努力，一个经济更加繁荣、社会更加和谐、生态更加优美、人民更加幸福的临汾必将呈现在平阳大地！

三、2016 年工作安排

今年是全面建成小康社会决胜阶段的开局之年，也是推进结构性改革的攻坚之年，做好今年的政府工作十分重要。

今年政府工作的指导思想是：高举中国特色社会主义伟大旗帜，全面贯彻党的十八大和十八届三中、四中、五中全会精神，以邓小平理论、“三个代表”重要思想和科学发展观为指导，深入贯彻习近平总书记系列重要讲话精神，按照“五位一体”总体布局和“四个全面”战略布局，认真落实省委、省政府和市委的决策部署，坚持改革开放，坚持以新发展理念引领发展，坚持稳中求进工作总基调，适应经济发展新常态，着力加强供给侧结构性改革，扎实做好“三去一降一补”工作，努力实现“十三五”时期经济社会发展良好开局。

今年经济社会发展的主要预期指标是：地区生产总值增长 6.5%左右，规模以上工业增加值增长 3%，全社会固定资产投资增长 12%，社会消费品零售总额增长 6%，城镇居民人均可支配收入增长 6.5%左右，农村居民人均可支配收入增长 7%以上，一般公共预算收入下降 7%，居民消费价格涨幅控制在 3%左右。约束性指标：万元地区生产总值能耗下降 4.22%，其他约束性指标按照国家节能减排财政政策示范城市的要求及省下达任务全面完成。

确定地区生产总值增长 6.5%左右，主要是考虑与全面建成小康社会目标相衔接，考虑经济下行压力和推进结构性改革。全社会固定资产投资增长 12%，主要是考虑发挥投资的关键作用，促进投资合理增长和结构优化。城镇居民人均可支配收入增长 6.5%左右，农村居民人均可支配收入增长 7%以上，体现了居民收入增长与经济发展同步的要求、缩小城乡收入差距的要求。一般公共预算收入下降 7%，充分考虑了结构性减税、企业减负、非税收入减少等因素。综合分析各方面情况，今年我市发展面临的困难更多、挑战更为严峻，我们要做好打硬仗的充分准备，要抢抓机遇，主动作为，积极进取，狠抓落实，“跳起来摘桃子”，圆满完成今年的各项目标任务。重点要抓好以下工作：

（一）积极主动作为，推动经济持续平稳发展

精准帮扶实体企业。进一步强化“五抓五保”措施，加大市县领导包联企业力度。认真落实国家、省里和我市的一系列惠企政策，建立完善涉企收费清单制度，切实减轻企业负担。引导企业加强内部管理，削减非生产性开支，降低人工、物流、财务等综合成本。推动煤电联营、煤化联营、煤焦钢联营，支持企业“抱团取暖”，增强抵御市场风险的能力。积极开展政银企对接，用好用活“过桥资金”，政府采购优先使用本地产品，帮助企业融通资金、开拓市场、稳定生产。全市原煤产量达到 7000 万吨、焦炭达到 1800 万吨、生铁达到 1100 万吨、钢材达到 1200 万吨、发电量达到 210 亿千瓦时。

切实抓好项目建设。紧紧围绕省“四个方面、十大领域”投资方向，完善双包双联、用地专供、联动建设、每月专题调度等项目建设机制。全年项目储备完成 20000 亿元，签约 2000 亿元，落地 1510 亿元，开工 1520 亿元，建设 1300 亿元，投产 1320 亿元，全社会固定资产投资完成 1570 亿元。创新投融资机制，完善政府和社会资本合作模式，鼓励社会资本参与基础设施、公共服务设施等建设。加大招商引资力度，创新招商方式，继续推进招商引资 2.0 模式，大力开展精准招商，积极组织自主招商活动，努力引进更多的大项目、好项目。

打造经济增长新引擎。持续推进“百里汾河生态经济带”建设力度。继续加强路网、水网、电网、通讯网建设，实施百里汾河生态文明保护区规划，

推进汾河综合治理，实行严格的产业和环境准入制度，优化生态功能分区，打造优质人居环境。加大工业、农业、物流和文化旅游园区的建设力度。发挥“两区同建”工程示范作用，推动新农村和农业园区、居民社区建设。

（二）扎实推动供给侧改革，促进产业转型升级

加大供给侧结构性改革力度，着力化解过剩产能和降本增效，努力改善产品和服务供给，稳妥处置“僵尸企业”，全力推动产业优化升级。

推动煤炭行业脱困转型。按照“五个一批”要求，着力化解不安全产能、不环保产能、不先进产能、不经济产能，合理发挥优势产能。围绕煤炭“六型”转变，着力推进煤矿机械化、信息化、智能化建设，延伸煤炭产业链条。今年新增生产矿井10个，煤层气钻井投用1000口。精心组织煤炭企业合理生产，严厉打击违法违规生产经营行为，加强煤炭销售，加快煤炭行业脱困转型步伐。

促进传统产业改造提升。焦化产业：加快向焦化并举、上下联产转变，将炼焦产能过剩劣势转化为产业竞争优势，积极探索传统焦炭转型路径。冶金产业：严控增量，优化存量，推进产品结构调整、装备水平提升、产业整合重组三大工程，向集约型、集团化、高端化的方向发展。电力产业：按照超低排放和节能改造的要求，实施兆光、大唐等电厂超低排放改造工程，加快推进晋能洪洞、蒲县宏源等低热值煤发电项目，以及安泽2×1000兆瓦坑口电站、乡宁2×1000兆瓦坑口电站建设，积极推进风电、光伏发电和生物质能发电项目建设。

培育壮大战略性新兴产业。创新产品、产业、业态，创造高质量的供给。装备制造和铸造业：发挥侯马市、翼城县、襄汾县、侯马开发区的传统铸造优势，以华翔、东方恒略、平阳重工、好利阀门等企业为重点，积极发展特色铸造产业和铸造产业集群，打造全省铸造业和装备制造基地。铝产业：抓住我省推动现代载能产业发展的机遇，加快汾西、蒲县、古县铝资源开发。重点推进汾西其亚铝业年产240万吨氢氧化铝60万吨高精铝板带箔项目、蒲县100万吨氧化铝、古县70万吨铝产业等项目建设。煤层气产业：大力实施煤矿瓦斯抽采利用全覆盖工程，实现应抽尽抽、抽采达标，积极探索煤层气多通道、多途径利用。重点推进永和—大宁—吉县—乡宁煤层气片区勘探开发。电动汽车产业：抓住我省支持电动汽车发展的政策机遇，支持电动汽车研发生产和使用推广。重点建设沃特玛新能源汽车核心技术产业园、侯马威尔捷新型太阳能电动汽车、锦江物流园汽车服务产业基地、深圳金钱潮公共充电桩等项目建设。轻工食品产业：发挥我市丰富的农产品资源优势，培育壮大一批轻工食品骨干企业。重点推进山西顶吉10万吨苹果深加工扩建项目、山西伟涛日产40万盒速冻便当等项目建设。

加快发展现代服务业。文化旅游业，以建设中国优秀旅游目的地城市为目标，重点推进陶寺遗址保护利用，启动建设陶寺遗址博物馆，积极申报陶寺国家考古遗址公园，撬动社会资本融入建设尧文化旅游产业园，逐步打造以塔儿山为中心的古文明旅游圈，做好“最早中国·一座都城”这篇大文章。加快壶口瀑布、人祖山、云丘山、仙洞沟、广胜寺、七里峪、乾坤湾等旅游景区景点建设，推进大槐树国家AAAAA级旅游景区创建，全年旅游总收入增长20%以上。物流业，重点抓好山西方略保税物流、山西晋润物流园、海吉星物流园、怡和明农副产品交易物流配送中心、兴荣物流园区配送中心扩建等项目建设，加快发展第三方物流和多方物流。电子商务业，积极推行“互联网+物流”模式，建设淘宝特色中国临汾馆，完善马上购、宝得网等本土电商平台，促进电商与物流协同发展。积极发展新兴业态，推动互联网与煤炭、金融、现代农业、文化旅游等产业的融合。加快航空经济发展，逐步提升临汾民航机场客运、货运功能，推动航空旅游与航空运输、航空产业协同发展。推进健康养老、家庭服务、房地产业等生活性服务业发展。

（三）全力做好“三农”和脱贫攻坚工作，促进农业发展农民增收

加快发展现代农业。切实加强耕地保护，稳定

粮食生产面积，推进粮食高产创建工程，提高农机化综合作业水平，确保全年粮食生产稳定在20亿公斤。以绿色、有机为发展方向，实施启动"东山以中药材、杂粮为主，平川以粮食、蔬菜、水果为主，西山以水果、杂粮为主"的三大区域板块。扎实推进"一县一业、一村一品"和农业产业园区发展，启动西山七县"果畜循环"示范区计划，全面提高特色农产品的市场竞争力。培育壮大农产品加工龙头企业，积极发展家庭农场、农民合作社，推进农业产业化经营。推动"互联网＋现代农业"。

努力增加农民收入。把农民增收摆在突出位置，落实种粮直补、良种补贴等强农惠农政策，充分发挥政策的惠农增收效应。积极推动一二三产业融合互动发展，延伸产业链条，提高农业综合效益。引导农民参与农村人居环境改善、产业扶贫开发等农村基础设施建设，增加农民务工收入。有序推进土地流转，增加农民土地流转收益。加强新型职业农民培育，全年培训新型职业农民1.4万人。实施农民工职业技能提升计划，培训农民工6万人次，促进农村富余劳动力转移就业。推进大学生返乡创新行动、农民工返乡创业行动。

坚持精准扶贫、精准脱贫。按照"六个精准"和"五个一批"要求，瞄准扶贫对象，压实扶贫责任，强化政策支持，完善帮扶体系，坚决打赢脱贫攻坚战。根据西山沿黄特困地区水土流失严重、生态脆弱及农民增收困难的实际，积极探索生态补偿扶贫机制，探索解决贫困地区社会事业发展、空壳村和留守老人、儿童等问题。大力开展产业扶贫、片区开发，持续推进光伏扶贫，围绕我市光伏扶贫"两个全覆盖"的目标，继续抓好100千瓦村级光伏电站建设，启动建设总规模1000兆瓦的10兆瓦以上小型电站80座。启动实施消费扶贫，推进"互联网＋消费扶贫"。同时，实施好金融扶贫、易地扶贫搬迁、教育扶贫、千村万人就业培训等扶贫重点工程，扎实开展定点扶贫和干部驻村帮扶活动。全年完成6.5万贫困人口脱贫任务。

(四)着力引深"三个突破"，加快培育发展新动能

发挥好科技创新的引领作用。实施创新驱动发展战略，深化产学研用合作，加强与中科院北京分院等科研院校的合作，推进企业建立院士工作站、博士后流动工作站，支持企业重点实验室、工程技术研究中心等研发中心建设，扶持建设众创空间、大学生创业园、科技孵化器等创新平台。强化企业创新主体地位和主导作用，积极培育高新技术企业。积极对接、申报国家和省级科技项目，组织实施具有创新性、引导性、示范性的市级科技项目。加大科技人才培养引进力度，积极引进高端人才和创新团队。

发挥好金融要素的支撑性作用。大力引进和培育金融机构，做好我市首家民营银行筹建和村镇银行普设工作，推动上海文化产权交易所和上海资源交易(服务)中心在临汾设立分支机构。推进金融创新，支持尧都农商行发展壮大，加快农信社改制工作。强化对企业上市的培育引导，推动华翔、光宇、方略、市投资集团公司、尧都农商行等企业上市，争取年内再有6家企业挂牌"新三板"。积极推进金融去杠杆化，鼓励在山西股权交易中心挂牌的企业进行股改。加强诚信体系建设，强化金融风险监测与防范，严厉打击非法集资，进一步优化金融环境。

发挥好民营经济的生力军作用。落实好支持民营经济健康发展的政策措施，实施民营经济"帮扶、培训、提升"三大工程，抓好企业家、专业技术人才、技术工人"三支队伍"建设。大力支持民营经济转型发展，引导民营经济进入非煤产业、新型产业、新兴产业。实施中小微企业成长工程，新创办小微企业2000户以上，新增规模以上工业企业20户以上，新认定省级小微企业创业基地1至2个。

(五)深化改革扩大开放，增强经济发展活力

全面深化各项改革。加快推进综改区建设，制定实施转型综改"十三五"方案和2016年行动计划，完成好国家、省部署的改革任务。重点深化行政审批制度改革。全面推进"六权治本"，健全完善

政务服务中心管理体制,加快建设“一张网络”“两个平台”“五大功能”“四级联办”的政务服务网络平台,全面落实“两集中,两到位”。推进市县政府部门权力清单和责任清单制度。构建规范的公共资源交易体系,加强权力运行的全程跟踪监管。加快开发区扩区与园区体制机制改革。积极推进临汾、侯马开发区扩区改革,做好襄汾一区两园和洪洞赵城煤焦化深加工园区申报省级开发区工作。深化农村改革。基本完成农村土地承包经营权确权工作。加快推进农村产权流转交易市场建设,年底前县市区全部建立农村产权交易市场。加快推进农村集体产权制度、集体林权配套制度、国有林场、水权制度、小型水利工程产权和农业水价改革,健全农业保险制度。做好第三次全国农业普查工作。

着力扩大对外开放。积极参与“一带一路”建设,主动融入京津冀、环渤海,加强黄河金三角“三省四市”等区域交流合作。充分发挥方略保税物流中心的作用,推进外向型经济发展。

(六)积极推进城镇化,促进城乡统筹发展

完善城市建设规划。以科学规划引领城市建设,加快编制《临汾市近期建设规划(2016—2020)》《临汾市快速交通专项规划》《临汾市城市地下综合管廊规划》等规划。启动百里汾河经济带、“一城三区”、侯马曲沃同城化等建设规划。着力推动各县市区“十三五”近期建设规划、控制性详细规划、各类专项规划的编制工作。

加大中心城市建设力度。加强城市地下和地上基础设施建设,建设海绵城市,增强承载能力,提升城市品位。全力推进鼓楼南北街拓宽改造、山西师大搬迁、滨河西路与彩虹桥立交桥等市区 17 项重点城建工程建设,启动实施市区河西片区城市地下综合管廊工程。加快尧都区西关社区、盘龙社区、尧庙镇郭村、刘村镇涧头村、韩家庄,临汾开发区高河店、北孝等城中村改造步伐。

加快推进城镇化。围绕“一带两圈多点”的城镇化布局,扎实推进 12 个大县城和 60 个重点镇建设。加大交通基础设施建设力度,吉河高速公路通车运营,霍永高速西段二期、长临高速完成年度建设任务,开工建设浮山县城至长临高速连接线、古县县城至长临高速连接线工程,完成农村公路建设 500 公里,完成国道 209 线鲁家河至十里河段吉县过境改线工程、省道洪永线车家坡至岔口段改建工程。健全城镇化推进机制,加快户籍制度改革,推行居住证制度,促进有能力在城镇稳定就业和生活的农业转移人口进城落户,全市常住人口城镇化率达到 50.7%。

提升城市管理水平。坚持“建管并重”的原则,健全完善“网格化”、片长制、街长制等城市管理机制。推进城市管理执法体制改革,探索建立综合、快速、高效的城市综合执法体制。狠抓市容市貌和环境卫生管理,加强城市绿化。扎实开展国家卫生城市、国家园林城市创建工作,促进城市环境面貌持续改观。积极化解房地产库存,稳定房地产市场。

持续抓好城乡人居环境改善。实施城市人居环境改善工程,推进城市道路、水气热管网、地下综合管廊、防洪排涝等设施建设。新开工保障性住房 12000 套。加快推进农村人居环境改善,完成 1192 户地质灾害搬迁任务,做好蒲县、乡宁、洪洞等采煤沉陷区治理工作,改造农村危房 11180 户,新建农村老年日间照料中心 90 个,完成 36 个村生活污水治理项目,推进 60 个畜禽粪污治理示范点和 70 个病死动物无害化处理中心建设,抓好美丽宜居示范村创建工作,改善提升城乡环境面貌。

(七)加强生态文明建设,持续改善环境质量

加大环境治理力度。围绕创建国家环保模范城目标,严格落实新《环保法》、新《大气法》,强化全市环境保护网格化监管,推动与省环保厅合作协议顺利实施。集中力量打好大气、水和土壤污染防治三大战役,建立完善应对雾霾重污染天气长效机制,实行“一城三区”大气污染联防联控,建立平川 7 县市区一体化治理机制。全面推进农作物秸秆禁烧和综合利用工作,扎实开展工业企业污染、煤烟污染、建筑施工工地扬尘、道路扬尘治理、机动车污染等专项治理,市区新增纯电动公交车 200 辆,

投放公共自行车 5055 辆;整治"一城三区"燃煤小锅炉 8000 台。制定水污染防治计划实施细则,做好汾河生态公园水质治理试点工作,抓好重点河流生态环境综合整治工作,确保重点河流跨界断面主要污染物浓度明显下降,全市集中式饮用水源地水质达标率 100%。加大土壤环境监测投入,开展污染场地环境风险评估制度建设和污染土地修复治理试点。

加强节能减排工作。认真实施国家节能减排财政政策综合示范项目。实行能源和水资源消耗、建设用地等总量和强度双控行动,促进节能、节水、节地、节材、节矿。扎实开展六大高耗能行业能效对标活动,有效控制电力、钢铁、建材、化工等重点行业碳排放。加大公共机构节能,推广绿色建筑。开展循环经济重点领域示范创建,推动煤矸石、粉煤灰等大宗工业固废综合利用。

构筑生态安全屏障。按照"三加三不减"的要求,大力开展造林绿化,深入实施林业"五大工程",重点抓好吕梁山生态脆弱区综合治理、霍永高速通道绿化等造林绿化工程,完成营造林 45.77 万亩。加强对现有森林资源的管理管护。加快汾河流域生态修复步伐,实施吴村段、涝河尧乡园等 4 个湿地工程,浍河侯马段、黑河等 4 个水系整治工程。抓好涝洰河生态工程建设。推进西山七县主体功能区建设。

(八)抓好社会治理创新,维护社会和谐稳定

毫不放松抓好安全生产。严格落实新《安全生产法》,全面推进党政同责"五个全覆盖",按照"党政同责、一岗双责、失职追责"的要求,健全完善安全检查全留痕、安全专家会诊和安全生产标准化等三个机制,深入开展各行业、各领域安全生产专项整治,坚决打击非法违法生产经营建设行为。加大考核问责力度,严格落实安全生产"一票否决制",实施企业重大隐患、事故挂牌督办和黑名单制度,确保全市安全生产形势持续稳定好转。

加强和创新社会治理。落实信访工作责任制和重点案件领导包案制度,创新城乡基层群众自治和社区治理,推进城镇社区"网格化"管理。关爱农村留守儿童、妇女和老人,加强未成年人社会保护。扎实推进"平安临汾""法治临汾"建设,持续开展打黑除恶等严打整治行动,加强社会治安防控体系建设,提高群众的安全感和满意度。加强应急管理和防灾减灾能力建设,妥善处理各类突发事件,确保社会和谐稳定。

(九)坚持以人为本,着力保障和改善民生

大力推动文化强市建设。加强文化基础设施建设,重点推进市图书馆和市非遗传承基地项目建设,启动奥体中心、文化中心和广电中心项目,推动县级"四馆一场一院"建设。着力打造具有浓郁临汾地域特色的文艺精品,突出"尧文化""晋国文化""根祖文化""丁村文化""黄河文化",弘扬社会主义核心价值体系。促进文化产业发展壮大,重点发展印刷包装装潢、体育健身休闲、旅游景区演艺、非物质文化遗产制造、城市数字电影等文化产业。

优先发展教育事业。继续抓好教育党政一把手考核和"三名"工程,启动实施优秀班主任、优质高效课、优秀教研团队"三优"培养选拔工程。积极推进义务教育均衡发展,完成永和、乡宁、大宁、隰县、蒲县 5 县义务教育均衡发展县验收工作。积极扶持民办教育,规范民办教育办学行为。抓好师资队伍和师德师风建设。深入推进"百校千企"工程,努力提升职业教育水平。

加快发展卫生计生事业。继续深化医药卫生体制改革,完善医疗卫生服务体系。加强重大疾病预防控制,加快推进分级诊疗。推进市区医疗资源整合,启动实施临汾市第三人民医院、市荣军康复医院项目。积极稳妥实施全面两孩政策。

夯实食品药品安全基础。推进可追溯体系和检验检测体系建设,强化市场监管,狠抓食品药品综合治理。扎实推进食品安全城市创建,保障群众"舌尖上的安全"。

推进信息惠民试点城市建设。加快信息惠民国家试点城市工程项目建设步伐,启动建设电子政务工程、云计算和大数据服务平台,实施惠民社区、

教育、医疗、养老等信息工程，提升惠民服务质量。

完善社会保障体系。稳步提高社会保障待遇水平，健全失业保险待遇与物价水平联动调整机制。提高城乡居民医保财政补助筹资标准。实施全民参保登记计划，推动社会保障由制度全覆盖到人群全覆盖。实施困难残疾人生活补贴和重度残疾人护理补贴制度。完善重特大疾病医疗救助政策。落实经济困难的高龄与失能老年人补贴以及百岁以上老年人补贴新标准。

在做好上述工作的同时，我们还要深入实施军民融合发展战略，支持驻临部队、武警部队、民兵预备役和人防建设；支持工会、妇联、共青团等人民团体工作；认真做好审计、统计、工商、质监、档案、水文、地震、民族宗教、外事侨务、对台和老龄等各项工作。

各位代表，今年，我们要继续实施“六大惠民工程”。

实施学前教育优质普惠工程。深入实施第二期学前教育行动计划，新改扩建农村幼儿园24所。扎实推进《临汾市城镇小区配套幼儿园规划建设与使用管理办法》的实施，规范城镇小区配套幼儿园建设。学前三年入园率达到90%。

实施乡村医疗服务提质工程。巩固完善基本药物制度，继续实施基层中医药服务提质工程。全面推进县乡医联体建设，强化乡镇卫生院和村卫生室服务一体化管理，提升基层医疗机构服务能力和水平。

实施农业强基工程。加强农田水利基本建设，大力开展土地整治、中低产田改造和高标准农田建设。全力推进大水网涉临工程，加快西山沿黄提灌工程、引沁入汾浮山供水工程建设。扎实推进“小水网”建设。投资1.49亿元，实施中央财政农田水利设施建设、维修养护和膜下滴灌等项目建设。全年完成实灌面积249万亩，新增和改善灌溉面积13.7万亩，完成高标准农田建设5920亩。

实施饮水安全工程。进一步加强龙祠水源地保护工作。抓好农村饮水安全巩固提升工程建设。实施规模以上集中联片供水工程的水质化验室建设、水质不达标工程的水源更新改造、水质净化与消毒设备完善配套建设。

实施城市综合整治工程。深入开展门店招牌、户外广告、临街建筑门面等专项治理行动，积极创建3条省级保洁示范街和3条市容市貌示范街。实施城市餐厨垃圾处理场建设工程和生活垃圾焚烧发电项目。继续实施“放心早餐工程”。

实施就业创业援助工程。全方位落实就业扶持措施，积极实施大学生就业促进和创业引领计划，统筹开发就业援助项目，加大对灵活就业、新就业形态的支持力度。加大援企稳岗、职业技能培训、公共就业服务力度，推动创业创新，带动城乡就业。全市城镇新增就业4.3万人，转移农村劳动力就业5.1万人，城镇登记失业率控制在4.2%以内。

(十)加强政府自身建设，提高政府工作水平

推进廉洁从政。牢固树立政治意识、大局意识、核心意识、看齐意识，坚持把纪律和规矩挺在前面，认真贯彻《中国共产党廉洁自律准则》和《中国共产党纪律处分条例》，全面落实党风廉政建设“两个责任”，严格执行“一岗双责”。巩固“三严三实”专题教育成果，扎实开展“两学一做”学习教育。坚决落实中央“八项规定”和国务院“约法三章”，持续狠刹“四风”，厉行勤俭节约、反对铺张浪费，严控“三公”经费，树立为民、务实、清廉政府形象。

严格依法行政。自觉接受人大及其常委会的监督和政协的民主监督，认真办理人大代表议案、建议和政协提案，广泛听取各民主党派、工商联、无党派人士和各人民团体的意见。依法健全重大行政决策制度，促进决策的科学化、民主化和规范化。全面落实行政执法责任制和责任追究制度，规范行政执法行为。

加强作风建设。弘扬“马上就办，真抓实干”精神，继续深化“冬季行动”。强化实干意识、担当意识、执行意识，促进政府重大决策、重点工作和重要项目的落实。加强效能建设，加大问责力度，简化优化公共服务流程，提高公共服务质量和效率。

各位代表，实现新发展任务艰巨，创造新业绩

使命光荣。让我们紧密团结在以习近平同志为总书记的党中央周围，在市委的坚强领导下，在市人大、市政协的监督支持下，凝心聚力，团结拼搏，确保“十三五”良好开局，为全面建成小康社会、实现中华民族伟大复兴中国梦而努力奋斗！

附：

相关名词解释和说明

1.“四个全面”战略布局：“全面建成小康社会、全面深化改革、全面依法治国、全面从严治党”，是以习近平同志为总书记的党中央从坚持和发展中国特色社会主义全局出发提出的战略布局，是党中央治国理政的总方略，是实现“两个一百年”奋斗目标、走向中华民族伟大复兴中国梦的“路线图”。

2.省委“五句话”要求：指深入学习贯彻习近平总书记系列重要讲话精神，净化政治生态，实现弊革风清，重塑山西形象，促进富民强省。

3.“六权治本”：为建立健全权力运行制约和监督的长效机制，省委王儒林书记提出“依法确定权力、科学配置权力、制度限制权力、阳光使用权力、合力监督权力、严惩滥用权力”的“六权治本”思路。

4.“六大发展”：指创新发展、协调发展、绿色发展、开放发展、共享发展、廉洁和安全发展。

5.“四个百万亩”：以苹果之乡吉县和金梨之乡隰县为龙头的西山百万亩水果基地，以曲沃县磨盘岭模式为龙头的平川百万亩蔬菜基地，以古县核桃、永和红枣为龙头的全市双百万亩干果经济林基地和以安泽连翘、襄汾地黄为龙头的双百万亩优质中药材基地。

6.“一委一办三中心”：以市政务服务中心为平台，创新政务服务管理体制，成立“政务服务中心管理委员会、政务服务中心管理办公室，设立行政审批管理中心、公共资源交易管理中心、行政服务监察中心”的“一委一办三中心”运行机制。

7.“一带一路”：“丝绸之路经济带”和“21世纪海上丝绸之路”的简称。

8.“六位一体”：指项目储备、签约、落地、开工、建设和投产。

9.“百里汾河文化长廊”：与百里汾河经济带规划相配合，通过对规划区域的文化遗产、文化旅游产业和社会服务业的全面统筹和整体策划，充分挖掘文化资源，利用好现有文化展示场所，建设新的文化展示场所和文化产业基地，通过项目提升和空间布局，形成区域互通、纵横交织、点面相融的多层次、多空间文化长廊景观和文化产业聚集区。

10.“两区同建”：指农村社区和农村产业园区同步建设，大力推动农民集中居住和现代农业发展，促进农民生活方式和生产方式两个转变。

11.国家资源综合利用“双百工程”：指国家发改委“十二五”期间在全国重点培育和扶持百个资源综合利用示范工程（基地）和百家资源综合利用骨干企业，发挥示范引领作用，带动整体水平提升，推动战略性新兴产业发展，加快经济发展方式转变。

12.党政同责“五个全覆盖”：指“党政同责”全覆盖；“一岗双责”全覆盖；各级政府主要领导同志担任安委会主任全覆盖；安全监管部门要向党委书记和组织部门报告情况全覆盖；“三个必须”即“管行业必须管安全、管生产经营必须管安全、管业务必须管安全”全覆盖。

13.“六五”普法：从1986年开始的党中央通知全国普法开始，每五年为制定的一个周期，2011年是实施“十二五”规划的开局之年，也是实施“六五”普法规划的启动年。

14.安泽“311”基层服务管理：三级中心、一网一格的基层社会服务管理模式。“三级中心”是指县、乡、村社会服务管理中心；“一网”是指社会管理党建联动服务网；“一格”即实现网格化管理。

15.乡宁“三化一卡”：主要是针对矿区流动人口的管理，实现矿区管理社区化、暂住人口常住化、涉爆人员重点化和数字居住一卡通。

16.侯马“345”流动人口管理：以流动人口计划生育工作为突破口，建立的“强化三项措施，规范四个管理，做好五大服务”管理新机制。“强化三项措施”是指强化基础、部门和综治协调三项职能；“规范四个管理”就是对出租房屋进行分层次管理，对流动人口进行“三位一体”管理，对流动人口服务进行“联动式”管理，对租赁房屋和流动人口变更实施信息化管理；“做好五大服务”是指做好流动人口“一站式”服务、“零距离”服务、同等化服务、市民化服务和保护性服务。

17.铁路安全“线格化”管理：指将辖区250千米铁路，每5千米为一个区域，划分成46个线格，每个线格按照“八大员”配备线格内成员，实行格长负责制，用“六个一”运行机制进行管理,有效降低铁路危行事件的发生。

18.新一轮农村“五个全覆盖”:省政府从2011年起,用两年时间,实现农村街巷硬化、农村便民连锁商店、农村文化体育场所、中等职业教育免费、新型农村社会养老保险等农村新的“五个全覆盖”。

19.农村“五件实事”:指在2013年省《政府工作报告》提出的,用三到五年,投入400亿元,为农民群众办五件实事,即全面完成农村困难家庭危房改造、特困群众易地搬迁、行政村街道亮化、村级幼儿园改扩建和乡村清洁工程。

20.“六大惠民工程”:指2014年市《政府工作报告》中提出的要办好的六项惠民工程,包括学前教育优质普惠工程、乡村医疗服务提质工程、农业强基工程、饮水安全工程、城市综合整治工程和就业创业援助工程。

21.中央“八项规定”:(1)改进调查研究,轻车简从、减少陪同、不迎送不宴请;(2)精简会议活动,开短会、讲短话,力戒空话套话;(3)精简文件简报,文件、简报无实质内容一律不发;(4)规范出访活动,严控随行人员,不安排留学生等迎送;(5)改进警卫工作,减少交通管制,一般不得封路清场;(6)改进新闻报道,进一步压缩会议报道的数量、字数、时长;(7)严格文稿发表,除统一安排外,不发贺信贺电,不题词题字;(8)厉行勤俭节约,严格执行住房、车辆配备等待遇规定。

22.“三公”经费:也叫“三公消费”,指政府部门人员在因公出国(境)经费、公务车购置及运行费、公务招待费产生的消费。

23.“一岗双责”:“一岗”就是一个领导干部的职务所对应的岗位;“双责”就是一个领导干部既要对所在岗位应当承担的具体业务工作负责,又要对所在岗位应当承担的党风廉政建设责任制负责,也就是一个单位的领导干部应当对这个单位的业务工作和党风廉政建设负双重责任。

24.“旅游畅通”工程:省政府提出,到2020年底基本实现城市、高速公路、高铁车站、机场通往景区景点的旅游公路畅通便捷,标识标牌、服务区、厕所、加油充电充气站、救援点等配套齐全。

25.“三去一降一补”:中央经济工作会议提出的今年五大任务,即去产能、去库存、去杠杆、降成本、补短板。

26.“四个方面、十大领域”:“四个方面”是指基础设施建设、产业转型、城镇化和生态环保、民生和社会事业;“十大领域”投资是指铁路投资、公路投资、水利投资、外送电通道和电网建设投资、低热值煤发电项目投资、煤层气项目投资、节能环保项目投资、科技创新城投资、新兴产业项目投资、城乡人居环境改善投资。

27.“僵尸企业”:已停产、半停产、连年亏损、资不抵债,主要靠政府补贴和银行续贷维持经营的企业。

28.煤炭“六型”转变:指煤炭产业向“市场主导型”“清洁低碳型”“集约高效型”“延伸循环型”“生态环保型”和“安全保障型”转变。

29.“一县一业、一村一品”:指以村、县为基础,在一定区域范围内,依托资源优势,按照市场需求,整合各类生产要素,整村整乡整县推进优势资源开发,推行农业专业化、标准化、规模化、集约化生产和产业化经营。

30.“互联网+”:代表一种新的经济形态,即充分发挥互联网在生产要素配置中的优化和集成作用,将互联网的创新成果深度融合于经济社会各领域之中,提升实体经济的创新力和生产力,形成更广泛的以互联网为基础设施和实现工具的经济发展新形态。

31.“六个精准”和“五个一批”:“六个精准”即扶贫对象精准、项目安排精准、资金使用精准、措施到户精准、因村派人精准、脱贫成效精准。“五个一批”即发展生产脱贫一批、易地扶贫搬迁脱贫一批、生态补偿脱贫一批、发展教育脱贫一批、社会保障兜底一批。

32.光伏扶贫“两个全覆盖”:以村级100兆瓦光伏电站收益覆盖建档立卡识别出的贫困户、贫困人口,使他们到2020年人均收入达到5000元以上;以10兆瓦以上光伏电站,每10兆瓦每年向扶贫部门缴纳100万元扶贫专项资金,用于覆盖无劳动能力的深度贫困人口,使深度贫困人口到2020年人均收入达到5000元以上。

33.“一张网络”“两个平台”“五大功能”“四级联办”的政务服务网络平台:“一张网络”指以市电子政务外网为支撑,各级、各部门横向联接、纵向贯通、信息共享、全程覆盖的政务服务网。“两个平台”指政务服务平台和公共资源交易平台。“五大功能”指行政权力运行、公共资源交易、便民服务、信息公开和效能监察。“四级联办”指所有行政管理和服务事项纳入市、县两级平台办理,同时进一步向乡镇(街道)、村(社区)延伸政务服务,使之成为服务群众的终端,并实施全方位、全过程的监督与监控。

34.黄河金三角“三省四市”:指陕西、河南、山西三省和渭南、三门峡、运城、临汾四市。

35.海绵城市:是新一代城市雨洪管理概念,是指城市在适应环境变化和应对雨水带来的自然灾害等方面具有良好的“弹性”，也称“水弹性城市”。

36.“一带两圈多点”：“一带”指以百里汾河新型经济带为主形成的平川城镇发展密集带。“两圈”即临汾都市圈和侯马都市圈。“多点”即霍州、翼城、乡宁、大宁、隰县、吉县、古县、安泽、浮山、汾西、蒲县、永和12个县城和60个重点镇。

37.“三加三不减”：省政府关于造林绿化工作提出三加三不减要求，即“造林绿化的领导力度只加大不减小，资金支持只增加不减少，目标考核只加强不减弱”。

38.林业“五大工程”：指太行山、吕梁山“两山”造林工程；水网、路网“两网”绿化工程；干果经济林、速生丰产林“两林”富民工程；城市郊区、矿区“两区”增绿工程；天然林保护和森林资源综合保护“双保”管护工程。

39.县级“四馆一场一院”建设：指图书馆、文化馆、美术馆、体育馆（全民健身活动中心）、文体广场和影剧院。

40.“三名”工程：名师、名校、名校长培养选拔工程。

41.“百校千企”工程：组织全省100所骨干职业院校与1000家大中型企业，以校企合作共赢为原则，在专业设置与课程开发、招生就业与实习实训、能力评价与学生管理、师资交流与培训、职工培训与继续教育、技术改造与产品研发等方面开展合作。

42.大水网涉临工程：“大水网”是省委、省政府确定的“十二五”重大水利工程项目，是以纵贯山西省南北的黄河北干流和汾河两条天然河道为主线，以建设覆盖山西省六大盆地和主要经济中心区的十大骨干供水体系为骨架，并通过连通工程建设，将黄河、汾河、沁河、桑干河、滹沱河、漳河六大河流及各河流上的大中型水库相连通，形成“两纵十横、六河连通，纵贯南北、横跨东西，多源互补、保障应急，丰枯调剂、促进发展”的大水网。“大水网”涉临工程主要包括中部引黄工程（涉及隰县、蒲县、大宁和汾西）、黄河古贤供水工程、引沁入汾浮山供水工程、禹门口东扩及配套工程和西山沿黄提灌工程（涉及永和、大宁、吉县、乡宁）。

43.“小水网”：全称县域小水网工程，即山西大水网涉临骨干工程受益县配套实施的县域供水工程。

44、国务院“约法三章”：指国务院新一届政府任期内，政府性楼堂馆所一律不得新建，财政供养人员只减不增，公费接待、公费出国、公费购车只减不增。

临汾市人大常委会工作报告

——2016年3月23日在临汾市第三届人民代表大会第七次会议上

徐　树　荣

过去一年的主要工作

2015年，在中共临汾市委坚强领导下，市人大常委会认真学习党的十八大和十八届三中、四中、五中全会精神，深入学习贯彻习近平总书记系列重要讲话精神，扎实开展“三严三实”专题教育，紧紧围绕中心，全力服务大局，依法履行职责，召开12次常委会会议、14次主任会议，听取审议“一府两院”和政府工作部门26项工作报告，开展执法检查、专题调研10项，作出9项决议、决定及规范性文件，任免干部67人（次），有效发挥了地方国家权力机关的作用，为促进法治临汾建设、推动经济社会持续健康发展做出了新贡献。

一、围绕中心，服务大局，在推动重大决策和重点工作中凝神聚焦发力

一年来，常委会坚持把推动市委重大决策实施和全市重点工作落实作为着力点，依法履职、科学履职、主动履职，始终与发展大局思想同心、目标同向、工作同力。全力推进“百里汾河生态经济带”和“生态文明保护区”建设。生态立市、环境当先是建设美丽临汾的思想引领,更是市委统领经济社会发展全局的鲜明路径。2011年,市委作出建设“百里汾河生态经济带”的重大决策,市三届人大二次会议作出决议,依法将其转化为全市人民共同意志。几年来,常委会始终高度关注、持续监督推动,经过全市上下共同努力,这一龙头工程取得重大进展,并上升到国家区域发展战略层面。去年,市三届人大六次会议又作出《关于设立百里汾河生态文明保护区的决议》,使“用之不觉,失之难存”的汾河生态资源永续保护、持续发展、造福子孙。为推动决议实施,常委会分别听取关于保护区机构设置、规划编制等专项工作报告,并继续坚持“每季一督查、每次有主题”,先后就保护区生态绿化、湿地保护、水源地保护、污水处理和大气环境治理开展了4次专项督查,提出意见建议50多条,有力推动了生态文明保护区依法有序健康发展。

大力推动科技创新、金融振兴和民营经济发展。推动“三个突破”,是破解要素制约、激发发展活力、应对经济下行压力的关键举措。常委会听取审议金融振兴发展情况报告,提出要发挥政府融资平台作用,加快资本市场发展,切实破解“融资难、融资贵”问题,探索运用新型金融工具,支持实体经济发展。同时就代表《对民间融资加强监管的建议》进行重点督办。听取审议民营经济发展情况报告,要求全力落实《进一步支持民营经济健康发展的措施》,破解民营企业市场准入困难、发展环境欠优、产业结构单一、资金人才匮乏等瓶颈制约,提振民营企业家信心,提升企业创新能力和核心竞争力。常委会以督办代表《关于发挥科技先导作用,加大科技创新力度的建议》为抓手,专题调研科技创新工作,深入高新技术企业、科技研发中心实地查看、听取汇报,推动科技创新与经济发展深度融合,进一步释放创新活力。

努力推动经济发展和重大工程建设。常委会听取审议计划、预决算、审计及查出问题整改报告,肯定市政府及相关部门的工作,提出进一步适应、把握和引领经济发展新常态,坚持以提高经济发展质量和效益为中心,保持稳增长、促改革、调结构、惠民生、防风险综合平衡,促进经济持续健康发展和社会大局稳定。批准2015年市本级预算调整方案时,在对一般公共预算、政府性基金预算、国有资本经营预算审查监督的基础上,首次对社保基金收支变动情况进行审查监督,使“全口径”预决算审查更全面、更严格、更规范。在市三届人大六次会议上,代表联名提出关于《加快文化旅游产业发展的建议》,常委会将其列为重点建议全力督办、跟踪落实,听取审议文化旅游产业发展和非物质文化遗产保护情况的报告,要求对全市文化旅游资源进行高位谋划、高端开发、高效配置,推动文化旅游业成为动力转换突破口、产业转型新引擎。常委会就市政府《关于滨河西路与彩虹桥立交等六座立交桥投融资项目资金列入年度财政预算的议案》作出决议,支持政府在财力紧张情况下,以较低投资成本加快重点工程建设。对临汾民航机场通航准备情况进行专项考察,助推全市人民盼望已久的蓝天梦成为现实。对市区新建整合视频监控系统开展专项考察,以推动社会治安防控体系创新,大力推进平安临汾建设。

二、尊崇宪法,推动实施,在加快法治临汾建设中积极主动作为

去年是全面依法治国的开局之年,也是我市法治建设取得重大进展的一年,常委会因势而谋、因势而动、因势而进,努力推动法治成为全社会最大公约数。

大力开展“学习宣传贯彻宪法年”活动。宪法是国家的根本大法,具有最高法律地位、法律权威、法律效力。常委会将去年定为“学习宣传贯彻宪法年”,每两个月举办一次宪法专题讲座,邀请国家及省知名专家学者对市人大常委会组成人员、政府部门及“两院”负责人进行培训,促进领导干部办事依法、遇事找法、解决问题用法、化解矛盾靠法,做尊法学法守法用法的模范。通过抓“关键少数”,进一步带动全社会弘扬宪法精神,维护宪法权威,推动宪法实施,为落实市委《关于加快推进法治临汾建设的实施意见》提供了有力保障。

认真落实宪法宣誓制度。党的十八届四中全会明确提出"建立宪法宣誓制度",凡经人大及其常委会选举或者决定任命的国家工作人员正式就职时公开向宪法宣誓。根据全国、省人大常委会相关决定和实施办法,常委会先后组织新任命的18名国家工作人员公开向宪法宣誓。在本次大会上,各位代表也将见证新当选人员向宪法宣誓。通过庄严的仪式化表达,激励新任命人员更加尊崇和敬畏宪法,履行法定职责,忠于祖国,忠于人民,做宪法的忠实信仰者、自觉实践者和坚定捍卫者。

积极开展地方立法权申请工作。全国人大根据中央精神就《立法法》作出修改,将地方立法权扩至所有设区的市。我市也亟待有城乡建设、环境保护、历史文化等方面的地方性法规为改革发展保驾护航。常委会把申请地方立法权作为全年工作重点,有序开展立法权申报、机构筹建、人才摸底、立法知识培训及立法需求调研等工作,并顺利通过立法评估。省人大常委会依法作出决定:"市人民代表大会及其常务委员会自本市人民代表大会依法产生法制委员会之日起,可以开始制定地方性法规"。本次大会表决产生法制委员会组成人员后,我市即拥有地方立法权。立法权与监督权、决定权、人事任免权一起,标志着我市地方国家权力机关职能更加完备、法治临汾建设取得里程碑意义的重大进展。

三、以人为本,回应关切,在强化监督职能中增进民生福祉

邦以民为本,万事民为先。常委会着力践行以人民为中心的发展思想,努力做到民有呼、我有应,民有需、我有为。

对学前教育和扶贫开发专题询问整改情况持续监督。学前教育和扶贫开发事关人民切身利益,代表关心、群众关切、社会关注。2014年,常委会对这两项议题进行了专题询问,去年,又对整改情况进行跟踪监督,重点督促13个相关部门落实常委会审议意见的情况,并深入实际、深入群众,听民声、查不足、促整改。从目前情况看,市政府及有关部门采取了一些措施,取得了一定成绩,但"入园难、入园贵"问题尚未得到有效缓解;精准脱贫、扶贫攻坚的任务依然艰巨,常委会对这两项工作将持续监督,跟踪问效。

对市检察院"规范司法行为"重点监督。司法的灵魂和生命源于公正,司法行为是否规范直接关系司法公正。常委会重点监督市检察院"规范司法行为、强化法律监督"情况,坚持问题导向,采取"监督—反馈—整改"的方式,提出意见建议19项,依法督促检察机关从案件入手,努力解决影响司法行为规范的深层次问题。市检察院按照监督组提出的5类问题,认真整改,建章立制,提升干警执法理念,转变检察工作模式,加大检务公开力度,使司法行为进一步规范,努力让人民群众在每一个司法案件中都感受公平正义。一年来,常委会受理群众来信来访1237件(次),重点督办31件,维护了群众合法权益,促进了社会和谐稳定。

对事关民生的法律法规开展执法检查和专题调研。常委会先后对城乡规划法、水污染防治法等法律法规进行执法检查。持续开展年度"平阳环保行"活动,关注城乡居民饮水安全,聚焦水资源保护和水环境治理,督促市政府及职能部门采取更加严厉的防治措施,加大监管力度,建立长效机制,推动城乡共治、流域联防,促进我市水环境质量整体改善。积极开展乡村旅游发展、食品药品监管、农村医疗卫生、国有林场改革等专题调研。配合省人大就《职业教育法》《保密法》开展执法检查,就《山西省法律援助条例》《国有土地上房屋征收与补偿条例》《监督司法工作办法》进行立法调研。

切实加强干部任职监督。坚持党管干部与人大依法任免干部相统一,对任命人员严把"三关",即任前法律考试关、任中供职审议关、任后履职交账关,提升领导干部法律意识、公仆意识、责任意识。常委会完善"三账"监督机制,突出重点建账,严肃认真查账,实事求是交账,将年初建账内容、年中查账情况和年底交账满意度测评实行"三公开",

通过临汾日报、临汾电视台、常委会公报、临汾人大网站，对51个市政府工作部门、驻临条管单位和法检“两院”的“三账”工作予以发布，接受人大代表和社会公众监督，促使领导干部把人民赋予的权力真正用来为人民服务。按照市委深入实施“六权治本”的部署，认真执行《关于加强和改进人大监督工作的决定》，强化对权力运行的监督和制约，推动“一府两院”依法行政、公正司法。抓住“依法确权”这一首要环节，按照“职权法定”原则和“权责一致”要求，做好规范性文件备案审查工作。

四、创新机制，优化服务，在发挥代表主体作用中增强工作活力

人大工作的基础是代表、实效在代表、活力看代表、潜力靠代表。常委会尊重代表主体地位，认真督办代表建议，丰富闭会期间代表活动，强化代表履职服务保障，代表作用得到了有效发挥。

实行代表建议办理“三公开两见面”。常委会制定出台并着力落实“三公开两见面”办法，在建议“提得好、交得准、办得成”上下功夫，对市三届人大六次会议142件代表建议内容、办理结果以及重点建议办理满意度测评情况予以公开，对议事原案、责任人、领办人和督办单位等印制成册，发给每位代表，既让代表们互相学习交流，提高议事水平，又便于代表监督办理落实情况。同时要求承办单位，在办理过程中和办结后都要与代表见面沟通。

常委会从事关民生改善、环境治理、产业转型等建议中确定10件重点，由分管副主任带队，到承办单位进行面对面督办，并在常委会会议上听取办理情况报告，进行满意度测评。针对防治大气污染的建议，市政府投资上亿元，将市区近6000户居民燃煤炉更换为清洁环保炉，建成机动车尾气监测系统和重污染天气预警平台，购置223辆纯电动公交车，在市区主干线实现了全覆盖。针对改善农村医疗条件的建议，市卫计委赴部分贫困县开展调研，征求低收入老年人和长期患病人员以及基层医务工作者意见，主要负责人多次和领衔代表联系，并到其家中见面沟通，保证了办理程序规范严谨。我市乡村医生短缺、基本药物品种不全、配送不及时的问题得到有效缓解。通过建议办理“三公开两见面”，变“文来文往”为“人来人往”，变关门办理为开门问计，变“答复型”为“落实型”，真正使政府得民心，群众得实惠。

丰富闭会期间代表活动。一是继续开展代表跨行政区域交流考察，组织选举单位代表在山区县和平川县之间交流互动，围绕产业转型升级、县域重点工程、文化旅游发展、城乡建设管理等听取当地政府汇报，实地调研考察，使代表开阔眼界，增长见识，从全市大局出发思考问题，提出意见建议。二是健全代表小组活动机制，指导25个市代表活动小组和3个省代表活动小组开展活动，通过集中学习、座谈交流、考察调研、走访群众等，不断创新方式，丰富活动载体，坚持调研抓“热点”、考察抓“重点”、监督抓“难点”，代表活动有声有色，富有成效。三是扩大代表对常委会工作的参与。有计划地邀请省、市人大代表列席常委会会议，参加有关考察调研、专项督查、执法检查等活动，基本保证本届任期内每位市人大代表至少列席一次常委会会议，使常委会各项工作更加接地气、顺民意。

强化代表履职服务保障。落实代表活动经费，对无固定工资收入的代表发放履职补贴，为代表赠阅《人民代表报》等报刊，拓宽代表知情知政渠道，组织省人大代表赴并参加履职培训。落实密切联系代表制度，健全代表履职档案，对代表执行职务情况进行通报，完善代表监督激励和履职考核机制。对严重违纪违法代表依法予以罢免。

本届以来，各位代表不辱使命，不负重托，到农村、去厂矿、入社区、进学校，脚踩泥土、躬身实践，感知民意、为民代言，把老百姓最想说的话、最想办的事直通到国家权力机关，许多真知灼见转化为推动发展、改善民生的生动实践。无论是审议各项报告，还是投好神圣的一票；无论是提出建议、批评和意见，还是表决各项决议、决定；无论是列席常委会会议，还是参加考察调研、执法检查、专题询问、工作评议；无论是投身实体经济，还是支持公益事业，代表们都身体力行，履职尽责，展现了良好的政治素质和强烈的社会担当，充分发挥了参与决策作用、监督推动作用、桥梁纽带作用和模范带头作用，为法治临汾建设、政治社会稳定作出了突出贡献，也参与并见证了人民代表大会制度与时俱进，创新发展。

各位代表，我们的事业是在承前启后、继往开来中不断推进的。当四届人大代表选举产生、市级换届工作完成的时候，许多同志将不再担任代表职务，但五年的履职经历值得我们铭记和珍藏。我想表达的是，市三届人大每一项职能的发挥，每一个成绩的取得，都凝结着代表们的艰辛与努力、智慧和汗水。在此，我代表市三届人大常委会向大家致以崇高敬意和衷心感谢！

五、锤炼队伍，强基固本，在指导县乡人大工作中提升整体水平

常委会不断加强机关干部队伍思想、政治、组织和作风建设，认真指导县乡人大开展工作，全面提升履职能力和水平。

扎实开展"三严三实"专题教育。坚持带头"双学"，通过集中学习、专题党课、集中研讨、民主生活会等活动，学思践悟，查摆整改，补足精神之"钙"，筑牢信仰之基，常委会组成人员和机关党员干部进一步增强了践行"三严三实"的思想自觉和行动自觉。常委会党组和机关党委牢固树立"抓党建就是抓关键"的理念，严格落实"两个责任"，强化"一岗双责"，学习贯彻《廉洁自律准则》和《纪律处分条例》，营造出了风清气正、干净干事的良好氛围。

全面加强机关自身建设。常委会从讲政治、守纪律、规范化、重实效、有活力五方面提高队伍素质，使机关同志懂大局之规、通业务之理、树务实之风、促利民之事。巩固党的群众路线教育实践活动和学习讨论落实活动成果，持续改进工作作风，自觉深入基层、开展调查研究。坚持民主集中制原则，自觉依法按程序办事，提高履职效能。加强人大理论研究和宣传工作，利用《临汾人大》杂志、人大网站、常委会公报等宣传人大工作的成效和人大代表的风采。

加强对县乡人大工作的指导。县乡人大是基层国家权力机关，直接面对群众，关系党的执政基础。常委会高度重视县乡人大工作，2014 年 8 月，曾开展"县乡人大工作集中调研月"活动。2015 年，中央和省委先后下发加强县乡人大工作和建设的若干意见和实施意见，常委会迅速落实，召开市县乡三级人大座谈会，浮山、曲沃的同志作了典型发言。会议按照总结、继承、完善、提高的原则，提出了加强县乡人大工作的措施，使一些"老问题"有了"新解法"。中共临汾市委转发了《市人大常委会党组关于加强全市县乡人大工作和建设的实施意见》，对代表选举、开好会议、依法履职、自身建设等提出了具体要求，为县乡人大开展工作提供了基本遵循和行动指南。

各位代表，在实践中，我们深深感受到：做好人大工作，核心是坚持党的领导。要毫不动摇地把党的领导贯穿于依法履职全过程，重大问题及时请示，重要事项及时报告，坚决维护市委总揽全局、协调各方的核心地位，把握人大工作的正确政治方向。做好人大工作，要义是全力推动发展。

要切实发挥人大制度优势和职能作用，把握工作的时、度、效，做到跟进不懈怠，支持不失职，尽责不越位，寓支持于监督之中，与"一府两院"良性互动，形成推动发展的强大合力。做好人大工作，关键是坚持问题导向。

问题是时代的声音。发现不了问题，解决不了问题，就是最大的问题。要把改革发展的难点、群众反映的热点、社会关注的焦点作为工作着力点，从细处、实处着手，以钉钉子精神推动问题解决。做好人大工作，根本是依靠人大代表。人民代表大会与代表的关系，就好比肌体与细胞的关系，离开了人大代表的参与，人大及其常委会的工作就是无源之水、无本之木。我们必须心系代表、依靠代表、激励代表、团结代表，有效发挥代表作用，为人大工作提供不竭动力。做好人大工作，本质是服务人民群众。群众想什么，我们就做什么，要站在群众的角度想问题、谋事情，把事情办到群众心坎儿上，让人大工作的成效体现在人民群众不断增强的获得感上。

各位代表，过去的一年，在中共临汾市委的坚强领导下，常委会做了大量扎实有效的工作，这是全体代表、常委会组成人员和机关工作人员共同努力的结果，是“一府两院”积极配合、各县(市、区)人大常委会大力支持、全市人民热情参与的结果。在此，我代表市人大常委会，表示崇高敬意和衷心感谢！

我们也清醒认识到，常委会工作与新形势新任务要求相比，与各位代表和人民群众期望相比，还存在不少差距，主要是：监督工作针对性、实效性还不强，经济发展、社会管理、民生保障中的一些“短板”还没有纳入重点监督议题，督促整改成效还不明显；代表工作还需改进，代表履职激励机制还不健全，在运用现代信息手段促进代表履职、畅通民意表达上还有差距；常委会组成人员调查研究有待进一步加强，工作作风仍需持续改进。

今年的主要任务

各位代表，今年是实施“十三五”规划的开局之年，是决胜全面小康的起步之年，是推进结构性改革的攻坚之年。面对艰巨繁重的任务，常委会要进一步把思想和行动统一到市委决策部署上来，充分发挥地方国家权力机关作用，努力提高人大工作质量和水平。总体要求是：高举中国特色社会主义伟大旗帜，全面贯彻党的十八大和十八届三中、四中、五中全会精神，以马克思列宁主义、毛泽东思想、邓小平理论、“三个代表”重要思想、科学发展观为指导，深入贯彻习近平总书记系列重要讲话精神，在中共临汾市委领导下，坚持党的领导、充分发扬民主和严格依法办事有机统一，按照市委三届七次全会精神，围绕中心、服务大局，突出重点，依法履职，全力推进“六大发展”，为建设文明开放、富裕和谐新临汾，实现“十三五”良好开局和全面建成小康社会宏伟目标作出新贡献。

根据这一总体要求，今年要着力做好以下三方面工作：

第一，履行法定职责，全面贯彻落实市委重大决策部署

常委会要把“创新、协调、绿色、开放、共享”理念贯穿履职实践，按照市委三届七次全会部署，发挥立法权的引领保障作用、监督权的推动落实作用、决定权的凝聚共识作用、任免权的组织保障作用以及代表密切联系群众的优势，使人大各项工作始终与市委中心和全市大局同频共振。在立法权的行使上，结合“百里汾河生态文明保护区”建设，就生态修复与保护开展立法调研，并适时出台地方性法规，将历史文化保护、城乡建设与管理列入立法规划。在决定权的行使上，要抓住关系全市经济社会发展的重大问题以及人民群众关注的热点、难点问题，通过专题调研、深入论证，适时作出决议或决定，切实把市委决策通过法定程序变成地方国家权力机关意志和全市人民的自觉行动。在人事任免权的行使上，坚持党管干部和人大依法行使任免权有机统一，使市委推荐的人选通过法定程序成为国家机关领导人员，认真落实宪法宣誓制度。在监督权的行使上，坚持“生态立市、绿色崛起”战略，要像保护眼睛、对待生命一样，大力推进“生态文明保护区”建设。围绕“百里汾河生态经济带”，开展“每季一督查、每次有主题”活动。结合“十三五”规划纲要实施，针对经济下行压力加大的形势，深入沿线实体企业进行专项考察；对文化旅游产业特别是陶寺遗址保护利用项目进行专项考察。听取关于科技创新、就业创业专项工作报告。继续跟踪督办学前教育和脱贫攻坚专题询问整改情况。加强对计划、预决算、审计等的审查监督，督促加快“全口径”预决算体系建设。

第二，指导县乡换届，圆满完成三级人大换届任务

要着力抓好以下三方面工作：一是精心指导县乡人大换届选举。按照市委部署，加强指导监督，确保换届依法有序，风清气正。二是对中共临汾市委转发的《市人大常委会党组关于加强县乡人大工作和建设的实施意见》进行督查，推动各项工作要求落到实处。三是认真研究人大工作面临的新形势、新任务、新要求，周密细致筹备好市四届人大一次会议。

第三，加强自身建设，切实担负起地方国家权力机关重任

认真开展"学党章党规、学系列讲话，做合格党员"学习教育，真正把党的思想建设抓在日常、严在经常，使广大党员进一步增强政治意识、大局意识、核心意识、看齐意识，坚定理想信念，保持对党忠诚，树立清风正气，勇于担当作为。准确把握人大的政治定位、法律定位和工作定位，健全议事程序、完善工作机制，全面提高履职能力和工作水平。加强人大新闻宣传和理论研究工作，不断推进人大工作制度化、规范化、法制化。

各位代表，新征程承载新使命，新目标激发新动能，新任务要有新担当。我们要进一步倾听人民呼声，汇集人民智慧，回应人民期待，在中共临汾市委坚强领导下，凝心聚力，克难攻坚，苦干实干，勇毅前行，为建设文明开放、富裕和谐新临汾，实现"十三五"良好开局做出新的更大贡献！

临汾市中级人民法院工作报告

——2016年3月23日在临汾市第三届人民代表大会第七次会议上

翟　瑞　卿

2015年，在市委的正确领导下，在市人大及其常委会的有力监督和市政府、市政协以及社会各界的关心支持下，全市法院认真贯彻落实党的十八大和十八届三中、四中、五中全会精神，深入学习贯彻习近平总书记系列重要讲话精神，坚持服务大局、司法为民、公正司法，以审判为中心的各项工作都取得了新成绩和新进步，为实现弊革风清、富民强市做出了应有的贡献。

一、认真履行审判职责，服务和保障全市工作大局

一年来，全市法院认真贯彻市委各项决策部署，紧紧围绕全市工作大局，立足审判职能，坚持执法办案第一要务，共受理各类案件37132件，审执结35583件，分别比2014年上升27.2%和27%，结案率为95.83%。市中院受理各类案件4596件，审执结4493件，分别比2014年上升15.4%和16.2%，结案率为97.76%。两级法院受理、结案数量均创历史新高。

依法惩处刑事犯罪，全力维护社会稳定。全市两级法院共受理刑事一审案件2602件，审结2443件。市中院受理刑事一审案件60件，审结54件；刑事二审案件406件，全部审结。两级法院依法判处罪犯2617人，比2014年增长4.3%，其中判处五年有期徒刑以上刑罚207人。

全市法院依法惩罚犯罪，积极参与社会治安综合治理，扎实推进平安临汾建设。依法审理故意杀人、故意伤害、绑架等侵犯公民人身权利犯罪一审案件691件884人，审理抢劫、抢夺、盗窃等侵财犯罪一审案件603件846人，维护人民群众合法权益，增强人民群众的安全感。依法审理涉枪涉爆、危险驾驶、交通肇事等危害公共安全犯罪一审案件625件647人，维护公共安全，促进社会稳定。依

法审理生产销售伪劣产品、集资诈骗、非法吸收公众存款等破坏社会主义市场经济秩序犯罪一审案件137件263人,规范市场秩序,促进公平竞争。依法审理涉毒、涉黄等妨害社会管理秩序犯罪一审案件328件521人,净化社会环境,促进社会文明进步。

全市法院严惩贪污贿赂犯罪,依法审理贪污、受贿、滥用职权等犯罪一审案件160件255人,分别比2014年上升88.2%和120%。市中院严格落实国家工作人员职务犯罪适用缓免刑上报审查制度,对基层法院报批的58件适用缓免刑案件,严格把关,做到罚当其罪,为净化政治生态、保持反腐败斗争的高压态势提供有力的司法保障。

全市法院严格落实罪刑法定原则,加强人权司法保障。认真贯彻宽严相济刑事政策,依法对情节轻微的初犯、偶犯、未成年犯等适用缓刑、管制、免予刑事处罚,依法对符合法定条件的服刑罪犯裁定减刑,发挥了刑罚的教育、感化、挽救功能。

妥善审理民商事案件,营造良好的发展环境。全市两级法院受理民商事一审案件22358件,审结21437件。市中院受理民商事一审案件197件,审结174件;受理二审案件1518件,审结1500件。

全市法院运用司法手段,积极支持金融振兴、科技创新、民营经济发展,审结借款、劳动争议、劳务合同等纠纷案件7421件,做到居中裁判、平等保护,依法维护经济社会秩序;审结买卖合同、知识产权、票据证券、所有权及相关纠纷等纠纷案件2931件,倡导依法经营、诚信交易,确保市场经济规范有序;审结婚姻家庭、继承等纠纷案件5898件,关注弱势群体,加大对老人、妇女、儿童权益的保护,促进家庭和睦与社会和谐;审结人身损害赔偿、特殊侵权等纠纷案件2648件,制裁侵权行为,保护农民工、城乡困难群众的合法权益,促进社会公平正义。加强涉农案件审判工作,审结土地流转、承包经营、农产品销售等案件204件,保护农民的合法权益,推进农业和农村经济发展。

努力化解行政争议,促进依法行政。全市两级法院共受理行政一审案件285件,审结248件。市中院受理行政一审案件18件,审结14件;受理二审行政案件115件,审结96件。深入贯彻新的行政审判理念,畅通行政诉讼立案渠道,保障当事人诉权。积极稳妥审理行政案件,关注群众诉求,追求行政争议的实质解决。加强对具体行政行为合法性审查,维护行政相对人的合法权益。加强与行政机关良性互动,促进依法行政,提高行政审判水平。

发挥司法审判职能,服务经济社会发展。全市法院始终以服务大局为己任,积极适应经济发展新常态,加强司法应对,依法妥善处理各类矛盾纠纷。对涉企纠纷慎用强制措施,保护和促进发展。市中院制定了《关于适应经济发展新常态、服务和保障"六大发展"的实施意见》《关于加快推进法治临汾建设的实施方案》以及《关于实施"冬季行动"具体工作方案》,立足审判职能,深化服务理念,发挥司法优势,为经济社会发展提供有力司法保障。

二、始终牢记根本宗旨,努力满足人民群众的司法诉求

一年来,全市法院紧紧围绕司法为民、公正司法这条主线,认真践行司法为民根本宗旨,完善便民、利民、亲民举措,努力让人民群众在每一个司法案件中感受到公平正义。

提高诉讼服务水平。按照最高法院的统一部署,全市法院从去年5月1日开始将立案审查制转变为立案登记制,对符合法律规定条件的案件,做到了当场立案,提高了立案效率,充分保障当事人的诉权。市中院对诉讼服务中心进行了升级改造,积极为当事人提供一站式、综合性、低成本的诉讼服务,全年接待诉讼群众5500余人次。关注弱势群体,依法为经济确有困难的当事人减免缓诉讼费247万余元,让困难群众打得起官司。曲沃县、吉县等法院落实车载法庭、法官驻点、巡回审判等便民措施,让司法更加贴近人民群众。

完善诉调对接机制。加强调解工作,高效、便捷地化解民商事纠纷。两级法院调解民商事一审案件14374件,比2014年增加2125件,调解率为

67%。市中院调解民商事二审案件574件，比2014年增加34件，调解率为38%。健全和完善了诉调对接机制，积极做好矛盾纠纷预防和化解工作。注重调解工作创新，积极探索调解工作新方式、新方法，高效、便捷地化解了大量的社会矛盾。侯马市法院成立了以优秀法官名字命名的调解室，努力把各类民事纠纷化解在诉前，收到了良好的社会效果。

维护当事人的胜诉权益。两级法院受理执行案件7687件，执结7332件。深入开展“转变执行作风、规范执行行为”活动、集中开展打击“拒执”犯罪和涉民生案件专项执行活动，采取司法拘留77件80人，移送公安机关查找被执行人线索179件183人，向公安机关移送刑事犯罪线索52件69人，其中已追究刑事责任4件6人。两级法院清理并执结涉金融案件、涉民生案件以及一年以上的积案4811件。在全市统一开展了集中打击“拒执”新闻宣传周活动，并在市(县)中心广场、电视台以及有关报纸上，面向全社会连续滚动公布了失信被执行人名单，营造了浓厚的执行工作舆论环境，促使其自觉履行执行义务。充分运用信息手段，网络查控、冻结被执行人的财产，有效地提高了执行效率。

搞好息诉罢访工作。两级法院高度重视信访工作，通过院领导定期接访、重点约访、专题接访、带案下访等方式，积极、耐心、理性接待来访群众，依法依规协调和处理群众诉求，努力疏导和化解矛盾，赢得当事人对法院的理解和信任。市中院受理各类申请再审、申诉案件229件，做到依法受理、认真审查、公开听证、公开审判，充分保障当事人的诉讼权利，有效化解当事人的对立情绪。通过远程视频系统，方便和满足信访群众向最高法院申诉的权利。认真落实司法救助制度，审核发放司法救助资金12人次，帮助符合条件的上访困难群众，解决了经济上的困难，让人民群众感受到党和政府的关怀。

三、坚守廉洁司法底线，全面加强法院队伍建设

一年来，全市法院始终把政治工作放在突出的位置，认真开展“三严三实”专题教育，不断加强思想政治学习，始终把政治纪律和政治规矩挺在前，牢牢把握法院工作的正确方向。积极开展争先创优活动，市中院刑一庭荣获“全国法院先进集体”、立案二庭副庭长苏立强荣获“全国法院先进个人”。市中院执行工作被省高院评为“一类单位”、信访工作受到省高院通报表彰。全市法院有12个集体、20名个人受到了省委政法委、省总工会、省高院、团省委等表彰奖励。

严格落实“两个责任”。两级法院党组认真学习《中国共产党廉洁自律准则》和《中国共产党纪律处分条例》，强化思想认识，主动担当起从严治院的政治责任。牢固树立主体责任意识，敢于较真，注重日常，防微杜渐，坚守廉洁底线。建立健全主体责任分解、传导机制，严明纪律，以上率下，以强有力的措施，切实肩负起主体责任。纪检监察部门认真履行监督、执纪、问责工作职责，做到担当尽职、主动作为、严格要求。完善各项监督机制，注重预防惩处工作，积极做到早提醒、早发现、早纠正。认真落实中央八项规定精神，坚持不懈纠正“四风”，切实改进工作作风。不断加大纪律审查力度，全年查处违纪违法干警12案14人，始终保持惩治腐败的高压态势，努力做到“零容忍”，确保公正、廉洁司法。

创新人才培养机制。两级法院采取走出去、请进来的方式，注重借助优质的教育、教学资源，努力提高教育培训的质量。4月、5月，市中院分三批组织两级法院班子成员及中院中层以上干部200余人，在西安交通大学全国干部教育培训基地进行了培训学习。7月，市中院从两级法院选派540余名审判业务骨干，分批参加了最高法院在西安举办的“新民事诉讼法司法解释理解与适用”专题培训班。一年来，市中院还从两级法院选派法官395人(次)，参加了最高院和省高院举办的各类业务学习培训。

注重思想道德建设。全市法院深入开展向邹碧华同志学习活动，在“七一”前夕举办了“坚定法治信仰、忠诚司法事业”主题演讲比赛，陶冶情操，培养职业尊荣感。开设道德讲堂，倡导善行义举，丰富法院文化内涵。注重发现、培养和树立先进典型,4名干警(家庭)荣获"临汾市最美家庭"荣誉称号。市中院广大干警向两名患病住院同志,伸出援助之手踊跃捐款。全市法院还通过开展普法宣传、志愿服务以及助学、助残、助困等公益活动,引导干警崇德向善,弘扬社会主义核心价值观。

四、完善管理监督机制,不断提高执法办案水平

一年来,全市法院充分运用信息技术,全面拓展司法公开的广度和深度,不断健全审判权力运行机制,大力推进司法民主,实现法院工作规范化、制度化和科学化,促进审判体系和审判能力现代化。

深入推进司法公开。积极适应信息时代要求,坚持以审判流程、裁判文书、执行信息三大司法公开平台建设为抓手,不断拓展司法公开的广度和深度。两级法院在中国裁判文书网公布生效裁判文书7808份,努力满足人民群众的知情权、监督权。加大执行公开力度,将6235名被执行人纳入失信名单,在全国执行信息网上公开曝光。市中院对全年办理的2016件减刑案件,面向全社会在网上公示了减刑建议书、公布了减刑裁定书。严格按照有关规定,公开开庭审理了97件减刑案件,并全部邀请人大代表、政协委员旁听了庭审,以公开促公正,以公开树公信。

加强人民陪审员工作。严格按照法定程序,换届选任人民陪审员480名,我市人民陪审员增加到872名,提前实现了人民陪审员"倍增计划"。一批专业技术人员、优秀群众代表加入到人民陪审员队伍。积极邀请人民陪审员参与审判活动,两级法院一审普通程序陪审案件12956件,陪审率91.13%,比2014年提高了18.03个百分点;市中院办理的2016件减刑案件,陪审率达100%,比2014年提高了58.72个百分点,人民陪审员监督司法、化解矛盾的作用和优势得到了充分发挥。

完善案件管理机制。两级法院进一步规范主审法官、审判长及合议庭的职责,完善审委会工作制度,健全重大案件沟通协调机制,有效防止和避免差错案件的发生。加强对基层法院审判工作的监督和指导,认真开展审判绩效考核、案件质量评查、优秀裁判文书评选等活动,有效促进了审判质量的提高。2015年度,省高院案件质量评估的23项指标中,我市两级法院有16项指标优于全省法院平均值,与2014年相比取得了较大进步。我市两级法院一审案件服判息诉率,位居全省法院第二名,明显高于全省法院平均值。市中院二审生效案件申诉、再审率,明显低于全省法院平均值,位居全省法院第一名。

提升信息化水平。全市法院已建成并投入使用科技法庭42个,庭审活动达到全程同步录音、录像和视频即时传送的水平。数字化法院审判业务管理系统全面应用,促进信息化与法院业务的深度融合。执行指挥中心、执行查控中心在全省率先完成建设任务,实现了与省高院、最高法院执行指挥中心平台的对接,并在执行工作中发挥了积极作用。

五、坚持党的领导,自觉接受人大监督

一年来,全市法院始终把法院工作置于党的领导、人大监督之下,坚持重要部署、重点工作和重大案件及时向党委、人大报告,积极争取政府支持,诚恳接受政协和各民主党派、工商联、无党派人士的民主监督,广泛听取意见建议。加强与人大代表的联络,更好地方便人大代表行使监督权。去年10月至12月,在全市法院认真开展了"人大代表法庭行"专项活动,先后邀请各级人大代表216人次,旁听庭审案件35件,观摩调解案件23件,考察基础设施建设30次,召开座谈会24次,收集各类建议意见135件(次),收到了良好的效果。市中院办理人大建议4件、办理各类督办案件26件,办理政协提案2件,均在规定时间内办理并及时予以回复。认真接受检察机关的监督,积极接受新闻媒体和社会各界的监督,努力提高审判质量,不断加强和改进法院工作,及时回应社会关切。

各位代表,2015年,全市法院的各项工作取得了一定成绩,这是市委的正确领导,市人大的有力监督,市政府、市政协和社会各界大力支持的结果。在此,我代表两级法院全体干警对各位领导、各位代表、各位委员和社会各界给予法院工作的关心、理解和支持表示衷心的感谢！也对大家对我本人到临汾中院工作所给予的信任和支持，表示崇高的敬意和深深的感谢！

在充分肯定去年成绩的同时，我们也清醒地认识到，法院工作依然存在一些亟待解决的问题和困难：一是经济进入新常态，社会矛盾呈现新特点，人民法院服务和保障大局的能力与水平有待进一步提高；二是司法改革进入关键阶段，一些改革措施有待全面深入推进；三是案件质量和效率有待进一步提高，执行难问题仍然不同程度地存在，对规避执行行为的打击力度有待进一步加大；四是个别干警法治信仰不强、作风不实、裁判不公，法院作风纪律建设有待进一步强化；五是案件数量持续增长，案多人少问题愈加突出，执法办案面临的挑战更大，承受的压力和负担更多、更沉重，法院干警的职业保障机制有待进一步完善；六是基层基础工作、信息化建设与应用以及案件管理、司法公开等方面还有待进一步加强。对此，我们将在各有关方面的支持帮助下，切实予以解决。

2016年，是“十三五”规划开局之年，是全面深化司法体制改革的攻坚之年，也是我市法院工作开新局、起好步的一年，做好今年全市法院工作意义重大。全市法院工作的总体思路是：全面贯彻党的十八大和十八届三中、四中、五中全会精神，深入贯彻习近平总书记系列重要讲话精神，认真开展“两学一做”学习教育，切实增强政治意识、大局意识、核心意识和看齐意识，坚持司法为民、公正司法工作主题，严格落实“两个责任”，主动适应经济发展新常态，忠实履行审判职责，大力加强队伍建设，完善管理监督机制，维护人民群众的合法权益，促进社会和谐稳定，为实现“十三五”良好开局、推进“六大发展”提供强有力的司法保障。为此，我们要重点抓好以下工作：

*一要在服务发展上有新突破。*适应经济发展新常态，统筹推进“六大发展”，保持经济平稳健康发展是今年市委确定的工作重点。全市法院要把防控风险、服务发展摆在更加突出的位置，紧紧围绕全市经济社会发展大局，勇于担当，积极作为，充分发挥审判职能作用。深入开展打黑除恶专项斗争，严惩故意杀人、故意伤害、抢劫等严重暴力犯罪，严惩盗窃、抢夺、诈骗等多发性侵财犯罪，切实增强人民群众的安全感。依法惩治危害食品药品安全、电信网络新型犯罪、集资诈骗等犯罪案件，维护良好的经济社会秩序。严惩贪污贿赂、滥用职权、失职渎职等犯罪，始终保持反腐败斗争的高压态势。

要坚持平等保护、权利义务相统一、诚实守信、实体公正与程序公正相统一的原则，进一步发挥审判工作的规范、引领和促进作用。依法审理知识产权案件，激发创新活力，为创新驱动发展战略实施提供司法保障。妥善审理借款合同、金融债权等纠纷，防范和化解金融风险。正确运用法律和政策，加强司法应对，依法保障结构性改革顺利进行。认真履行合法性审查职责，注重实质性化解行政争议，维护行政相对人的合法权益，促进依法行政，推进法治临汾建设。

*二要在司法为民上有新突破。*市中院经省高院推荐，已向最高法院申报全国法院家事审判改革试点。全市两级法院要勇于创新、积极探索，依法妥善审理婚姻、继承等家事案件，更好地保护未成年人、妇女、老年人等弱势群体的合法权益，促进家庭和睦，维护社会和谐。高度关注食品药品、环境污染、医疗纠纷、劳动争议等领域的群众诉求，保护合法权益，妥善化解矛盾纠纷。注重民事调解，做好诉调对接，提高执法办案效果。充分运用信息化平台，加大对失信被执行人信用惩戒力度，强化各项执行措施，努力实现当事人的胜诉权益。重视涉诉信访工作，积极回应人民群众对司法的关切和期待。坚持宽严相济的刑事政策，认真做好未成年案件审判工作，全面落实教育、感化、挽救方针，把司法便民、利民、亲民体现到审判执行工作的每一个环节。

*三要在廉洁司法上有新突破。*两级法院党组要严格落实主体责任，严格遵守党的纪律特别是政

治纪律和政治规矩。健全完善主体责任分解、问责机制,确保工作有人抓、问题有人管、责任有人担。增强角色意识和政治担当,严格自律,为全体干警树廉洁榜样、做廉洁表率。认真开展廉洁司法集中教育活动,创新活动载体,加强警示教育,增强廉洁教育的效果。认真落实纪检监察部门的监督责任,正风肃纪,切实履行好监督、执纪、问责工作职责。以“零容忍”的态度,严肃查处各种违纪违法行为特别是干警充当诉讼掮客、以案谋私等行为,保持惩治腐败的高压态势,努力建设一支忠诚、干净、担当的法院队伍。

四要在提高司法能力上有新突破。要扎实开展“两学一做”学习教育,确保在思想上、政治上、行动上同党中央保持高度一致。进一步开展向邹碧华同志学习活动,培养信仰法治、坚守法治的职业情怀。加强业务教育培训,拓展工作思路,开阔工作视野,提高司法能力和水平。组织开展学术交流、案例研讨、优秀裁判文书评选等多种活动,营造钻研审判业务、积极干事创业的良好氛围。创新和落实从优待警的各项政策措施,积极为干警办实事、办好事、解难事。依法严厉打击伤害法院干警和家人的违法犯罪行为,坚决维护法院干警的合法权益,坚决维护法治的尊严,为干警依法履职创造良好的条件。

五要在推进司法改革上有新突破。要增强工作主动性,勇于克服各种困难和问题,深入学习、宣传司法改革的政策和规定,消除片面理解和模糊认识,引导干警正确认识改革、积极参与改革,确保干警思想稳定、队伍稳定。要积极学习和借鉴试点法院的成功经验,制定好落实法官员额制的工作方案和实施办法,按照省高院的统一安排,扎实推进司法改革。要积极取得党委、人大、政府对司法改革的支持,确保各项保障到位,稳步推进法院各项工作。

六要在案件管理监督上有新突破。要遵循审判工作规律,优化整合案件管理职能,探索建立案件大管理机制。进一步规范主审法官、审判长及合议庭的职责,让审理者裁判,由裁判者负责。加强审判委员会自身建设,完善审判业务交流、讨论决定案件机制。健全审判考核制度,推进精细化审判管理。加快信息化建设转型升级,注重信息技术的培训、推广、应用工作,健全和完善网上办案、网上管理的制度机制。充分运用信息技术,深化司法公开,让司法在阳光下运行。强化监督意识,更加自觉接受人大代表、政协委员和社会各界的监督,认真接受检察机关的诉讼监督,确保公正、廉洁司法。

各位代表,2016 年,法院工作站在新的起点上。我们要在市委的坚强领导下,认真贯彻落实本次大会决议,虚心接受代表委员的意见建议,坚持以执法办案为主线、以廉洁司法为底线、以司法改革和信息化建设为抓手,锐意进取,攻坚克难,真抓实干,为全市经济社会发展提供强有力的司法保障,奋力开创全市法院工作新局面!

附:

报告中有关用语说明

1.邹碧华同志简介:邹碧华同志生前是上海市高级人民法院党组成员、副院长。2014 年 12 月,他突发心脏病经抢救无效因公殉职,年仅 47 岁。邹碧华同志去世后,习近平总书记作出重要批示:“邹碧华同志是新时期公正为民的好法官、敢于担当的好干部”。中共中央组织部、中共中央宣传部、最高人民法院分别追授“全国优秀共产党员”“时代楷模”“全国模范法官”等荣誉,并在全国开展向邹碧华同志学习的活动。

2.各类案件:指刑事、民事、行政等三大诉讼中的一审、二审、再审案件以及民事执行、非诉行政执行、减刑、假释、国家赔偿等案件。

3.立案登记制:是指法院接到当事人提交的起诉状时,对符合法定条件的起诉,应当登记立案。从去年 5 月 1 日起,全国法院统一将立案审查制转变立案登记制,贯彻落实最高法院《关于人民法院推行立案登记制改革的意见》和《关于人民法院登记立案若干问题的规定》。

4.诉讼服务中心:是法院为当事人搭建的诉讼服务引导平台。2014 年 12 月,最高法院提出通过建设诉讼服务大厅、诉讼服务网,构建人民法院面向社会的多渠道、一站式、综合性诉讼服务中心,方便当事人集中办理除庭审之外的其他诉讼事务。

5.诉调对接机制：是指建立健全诉讼与非诉讼相衔接的矛盾纠纷解决机制。其主要任务是充分发挥审判权的规范、引导和监督作用，完善诉讼与仲裁、行政调处、人民调解、行业调解以及其他非诉讼纠纷解决方式之间的衔接，最大程度地满足当事人的多元司法诉求。

6.“拒执”：指拒不执行人民法院判决、裁定。根据刑法的规定，对人民法院的判决、裁定有能力执行而拒不执行，情节严重的，处三年以下有期徒刑、拘役或者罚金。

7.司法公开三大平台建设：2013 年 11 月，最高人民法院印发了《关于推进司法公开三大平台建设的若干意见》，主要内容是依托现代信息技术，推进审判流程公开、裁判文书公开、执行信息公开三大平台建设，打造阳光司法工程，增进公众对司法的了解、信赖和监督。

8.减刑、假释案件公开开庭审理：最高人民法院《关于减刑、假释案件审理程序的规定》(2014 年 6 月 1 日起施行)进一步明确以下“六类”减刑、假释案件必须开庭审理：(1)因罪犯有重大立功表现报请减刑的；(2)报请减刑的起始时间、间隔时间或者减刑幅度不符合司法解释一般规定的；(3)公示期间收到不同意见的；(4)人民检察院有异议的；(5)被报请减刑、假释罪犯系职务犯罪罪犯，组织(领导、参加、包庇、纵容)黑社会性质组织犯罪罪犯，破坏金融管理秩序和金融诈骗犯罪罪犯及其他在社会上有重大影响或社会关注度高的；(6)人民法院认为其他应当开庭审理的。

9.人民陪审员“倍增计划”：是指最高人民法院在 2013 年启动的一项完善人民陪审员制度的工作举措，要求各级法院结合本地实际，增加人民陪审员的数量，努力在 2 至 3 年内全国法院人民陪审员从 8.7 万名增至 20 万名左右。

10.家事审判改革试点：2016 年，最高法院将在全国选择 100 个左右基层法院或者中级法院，开展家事审判方式和工作机制改革试点，针对家事审判的特点，从审判组织、财产申报、证明标准、调解工作、制止家暴、诉讼程序等多个方面进行家事审判专业化的探索。

11.失信被执行人信用惩戒：人民法院依照法定程序，将具有履行能力而不履行生效法律文书确定的义务，并具有转移财产规避执行等 6 种情形的被执行人列入失信名单，通过向社会公布、向相关单位通报其个人信息和拒不履行的情况等方式，对其进行信用惩戒，促使其主动履行义务的一项制度。

12.法官员额制：是人民法院司法改革的重要内容之一，就是将人民法院人员分为法官、审判辅助人员和司法行政人员三类，根据法院辖区经济社会发展状况、人口数、案件数等确定法官数量，对法官在编制限额内实行员额管理。

临汾市人民检察院工作报告

——2016 年 3 月 23 日在临汾市第三届人民代表大会第七次会议上

苑　涛

2015 年，全市检察机关在市委和省检察院的正确领导下，在市人大及其常委会的有力监督下，深入贯彻党的十八大和十八届三中、四中、五中全会精神，按照市委三届六次全会和市三届人大六次会议决议要求，紧紧围绕全市中心工作，忠实履行宪法和法律赋予的职责，全面加强队伍建设，各项检察工作取得了新的发展和进步。

一、坚持服务全市工作大局，积极保障临汾“六大发展”

按照我市全面深化改革、实现富民强市的战略部署，市检察院出台了《服务保障“六大发展”工作的若干意见》，从五个方面提出 15 条具体工作措施，用心做好服务和保障工作。

依法保障经济发展。严厉打击侵犯知识产权、制售假冒伪劣商品等破坏社会主义市场经济秩序犯罪,共批捕此类犯罪90人,起诉276人。妥善办理了涉及人数众多、社会影响较大、涉案金额达17.8亿余元的"6·19"特别重大非法吸收公众存款、集资诈骗案。严肃查办了公安部挂牌督办的导致税款流失7000余万元的"4·8"重大虚开增值税发票案背后的渎职犯罪,立案侦查国税系统干部渎职犯罪21人。积极服务重点工程建设,在10个重点领域、9个省级重点工程设立了107个预防联系点,积极开展警示教育、法律服务工作。向社会提供行贿犯罪档案查询9553次,有行贿记录的40家单位、201名个人被取消招投标资格,有效促进了市场监管和诚信建设。督促相关部门依法履行行政职责288件,清缴应收资金,防止国有资产流失。

切实保护民生民利。深入开展了"加大查办基层干部贪污贿赂犯罪力度、推进整治'小官大贪'专项工作",立案侦查基层干部贪污贿赂犯罪114人;在"查办农民群众身边职务犯罪专项活动"中,立案侦查农机补贴、"万村千乡市场工程"等领域渎职犯罪12人。强化对环境资源的司法保护,针对非法采矿、盗伐林木等犯罪,共批捕7件9人,起诉37件53人。保护群众"舌尖上的安全",批准逮捕制售有毒有害食品刑事犯罪5件6人,起诉33件47人。认真开展了"破坏环境资源、危害食品药品安全犯罪"两个专项立案监督活动,监督行政机关移送涉嫌犯罪案件32件,公安机关已立案25件。加强对弱势群体的司法保护,共办理支持起诉25件,帮助进城务工人员追索劳动报酬2400余万元。

维护社会安全稳定。发挥批捕、起诉职能作用,突出打击破坏社会秩序、影响人民群众安全的犯罪活动,共批准逮捕1465人,提起公诉3109人。贯彻宽严相济刑事政策,不批捕442人、不起诉222人,促进了社会和谐。加强羁押必要性审查,防止"构罪即捕、一押到底",经建议,113人被变更强制措施。加强对未成年人的司法保护,推行涉罪未成年人分案起诉、轻罪记录封存等制度,不批准逮捕34人,不起诉15人。把涉检信访纳入法治轨道,引导群众依法解决诉求,共受理群众来信来访1431件(次),其中检察长接访386人(次)。积极实施国家司法救助28件,救助资金28.1万元。办理国家赔偿案件4件,赔偿资金18.3万元。成功解决了永和县一起长达二十年之久的申诉案,当事人息诉罢访。市检察院控告申诉检察处被表彰为全省信访工作先进集体。

二、坚持惩治预防职务犯罪,全面推进反腐倡廉工作

坚决贯彻市委、省检察院反腐败工作部署,突出办案重点,加大办案力度,深化预防工作,努力做到有力惩治腐败、有效预防腐败。

积极查办大案要案。共立案侦查贪污贿赂犯罪168人,同比上升2.3%,大要案比例为100%。共立案侦查渎职侵权犯罪68人,同比持平,案件涉及税务、城建等15个行业或部门,办案领域明显扩大,其中,重特大案件36人,同比上升23%;新罪名案件4人;首次立案侦查厅级领导干部渎职犯罪。先后依法查办了长治医学院院长王庸晋、山西焦煤集团副总经理刘生瑞等15名县处级以上干部职务犯罪案件,其中厅级干部5人,是我市检察机关查办大要案最多的一年,彰显了省委、市委惩治腐败的鲜明立场和坚定决心。

注重办案方式效果。健全侦查一体化办案机制,综合运用交办、提办、指定管辖等方式,加强统一指挥、组织协调和侦查协作,提升查办案件的整体效能。加强对办案过程的监督,认真落实职务犯罪侦查工作"八项禁令",严格执行全程同步录音录像制度,严格适用指定居所监视居住等强制措施,慎重扣押涉案款物,切实保障犯罪嫌疑人的合法权益。强化与纪检监察、行政执法、审计、金融等部门的配合,形成反腐败工作整体合力。加强与发案单位党政领导的沟通,及时通报办案情况,帮助采取应对措施,努力维护正常的工作秩序。

深化职务犯罪预防。全市两级检察院认真撰写惩防职务犯罪年度报告18份,剖析犯罪特点和原因,向党委、政府提出防控对策,促进形成不敢腐、不能腐、不想腐的有效机制。开展预防调查68次，案例分析84件，发出检察建议30份，帮助有关单位完善制度，堵塞管理漏洞。开展各类警示教育活动384次，受教育人数达1.34万人。市检察院分别与市卫生局、市农机局、市国税局联合开展系统预防，效果明显。曲沃县检察院创新开展的预防涉农领域职务犯罪的“阳光百姓工程”，成效显著。为此，省检察院专门召开了全省检察机关涉农领域预防职务犯罪工作曲沃现场会，在全省予以推广。我市在市、县两级党委、政府的重视支持下，也于今年一月在全市推广开展了这项工作。

三、坚持强化诉讼活动监督，着力促进司法公平公正

把维护社会公平正义作为核心价值追求，加大监督力度，促进严格执法、公正司法。

强化刑事诉讼监督。加强对公安机关立案和侦查活动的监督，共监督立案119人、监督撤案56人、纠正漏捕54人、纠正漏诉111人，监督纠正侦查活动违法299件，确保不枉不纵、不漏不错。加强对自侦部门立案和侦查活动的监督，共监督自侦部门立案7件11人，同比上升22%。认真落实职务犯罪案件审查逮捕权上提一级的规定，受理基层检察院提请逮捕案件62件76人，不批准逮捕5人。开展了“对全市公安机关刑事立案后未提请逮捕案件专项监督活动”，共抽查案卷2200余卷，发现执法办案问题9类，及时向市公安局进行了通报。市公安局对此高度重视并逐一进行了整改。探索开展了职务犯罪案件审查逮捕阶段听取辩护律师意见工作，受到省检察院肯定。2015年8月，在全省检察机关侦查监督工作座谈会上，市检察院作了经验介绍。加强刑事审判活动监督，对确有错误的刑事裁判提出抗诉44件88人，纠正刑事审判活动违法114件。

强化刑事执行监督。为适应新的任务要求，全市两级检察院监所检察部门全部更名为刑事执行检察局，市检察院在全省率先成立了“社区矫正检察室”。纠正提请减刑、假释、暂予监外执行不当209人，纠正监管活动违法590次，纠正监外执行罪犯监管活动违法664次，坚决防止“以权赎身、提钱出狱”。严肃查办在刑事执行检察工作中发现的职务犯罪11人。在全省率先开展了规范监管场所食品、药品安全管理的专项检查活动，就食品药品采购、管理中的不规范问题提出了针对性的纠正意见，保障服刑人员饮食、用药安全。依法对58名罪犯提请特赦工作进行了全程同步监督，特别是通过全面排查、审慎核查，监督执行机关对4名符合条件但未提请特赦的罪犯依法提请、对1名不符合条件而提请特赦的罪犯撤销提请，确保“一个不漏、一个不错”。

强化民行检察工作。深入贯彻实施修改后的民事诉讼法和行政诉讼法，积极构建工作机制一体化、监督手段多元化的立体监督格局。对确有错误的民事案件提出提请抗诉13件，提出再审检察建议3件，采纳率100%。纠正审判活动违法情形48件，监督民事行政执行活动181件。在加强监督的同时，对认为裁判正确的46件民事行政案件，作出不支持监督申请决定，对52件民事申诉案件，认真做好释法说理、服判息诉工作，共同维护法律权威和司法公正。

四、坚持不断加强自身监督，确保严格规范文明执法

始终铭记检察权来源于人民，向人民负责，受人民监督。进一步规范司法行为，自觉接受外部监督，切实把检察权关进“制度的笼子”。

深入开展专项整治。按照最高人民检察院工作部署和市人大常委会“规范司法行为、强化法律监督”重点监督工作安排，扎实开展了规范司法行为专项整治工作，大力加强司法规范化建设。坚持开门整治，设置意见箱、发放征求意见函，充分听取社会各界的意见建议。坚持问题导向，聚焦检察业务，瞄准司法办案，对2013年以来所办各类案件进行了系统排查，共查摆出不规范问题636个，其中重点问题15个，真正做到“见人见事见案件”。坚持立查立改，在深刻剖析原因的基础上，对职务犯罪侦查、诉讼权利保障、涉案财物管理等工作中的问题逐项整改,集中解决。坚持源头治理,同步加强制度建设,市检察院对各业务条线办案流程进行梳理,修改完善制度24项,新制定制度25项,努力建立规范司法的长效机制。2015年11月,市检察院向市人大常委会作了规范司法行为的专题报告。

大力推进检务公开。制定了《全面推进检务公开实施方案》,全面保障群众对检察工作的知情权、参与权和监督权。突出公开案件信息,通过案件信息公开网,向全社会公开司法办案程序性信息6305条、重要案件信息281条、法律文书1742份,开展辩护和代理预约447件,案件信息公开各项指标在全省名列前茅。在市级以上报刊网站发表稿件350篇,市检察院被评为"全省检察机关新闻报道工作先进集体"。全市检察机关门户网站群建成并投入使用,市检察院和14个基层检察院分别开通了微信、微博、QQ检务微平台,共发布信息2200余条。积极开展举报宣传周、"12·4"宪法日等法制宣传活动,共发放宣传单5.6万余份,提供法律服务1600余次,帮助解决问题186件。全市两级检察院普遍开展了以"规范司法行为、提升司法公信"为主题的检察开放日活动,邀请社会各界人士620人走进检察机关,多方位展现新时期检察工作,零距离接受监督。

自觉接受监督制约。进一步强化"监督者更需要接受监督"的意识,始终把检察权置于广泛的监督之下。认真落实我市去年"两会"精神,对代表审议和讨论意见,逐条分析研究,逐项抓好落实。一年来,全市两级检察院共向同级人大及其常委会报告工作50次,召开人大代表座谈会49次,邀请人大代表考察工作55次。对各级人大及其常委会交办、转办的10起案件,认真办理,及时回复。定期向政协通报检察工作情况,充分听取意见,诚恳接受监督。不断加强与代表、委员的联络,积极将相关意见建议转化为依法履职、公正司法的具体措施。充分发挥人民监督员的监督作用,邀请人民监督员监督评议案件12件14人。自觉接受人民法院、公安机关的制约,不断改进自身工作。强化律师执业权利保障,积极构建平等相待、良性互动的新型律检关系。加强与新闻媒体的联系,倾听媒体声音,及时回应关切。

五、坚持贯彻从严从实要求,努力打造过硬检察队伍

始终贯彻从严治检要求不放松,严格教育、管理和监督,持续用力抓好检察队伍建设。

狠抓思想政治建设。深入学习贯彻党的十八大、十八届三中、四中、五中全会以及习近平总书记系列重要讲话精神,扎实开展了"学习讨论落实"活动和"三严三实"专题教育,时刻与市委、省检察院在思想上、政治上、行动上保持高度一致。加强党的基层组织建设,严格党内组织生活,以党建促队建。广泛开展了学雷锋志愿服务、文体竞赛、道德讲堂等多种形式的精神文明单位创建活动,全市共有15个检察院通过市级以上文明和谐单位的验收。大力开展争先创优活动,共有14个集体、16名个人获得市级以上表彰,市检察院荣获山西省"五一劳动奖状"。

狠抓素质能力建设。先后组织500余名干警参加上级组织的各类培训,组织190名干警参加与厦门大学、吉林大学联合举办的检察业务培训班,广泛开展了岗位练兵和业务竞赛,干警的司法理念和办案能力有了进一步的提升。在省检察院组织的业务竞赛中,市检察院荣获二等奖,2名干警受到表彰。持续营造读书学习、调研思考的浓厚氛围,调研文章被省级以上刊物采用66篇。2015年,市检察院首次成功申报并完成最高人民检察院理论研究课题,实现了历史突破,被评为"全省检察理论研究工作先进集体"。加强信息化建设力度,两个基层检察院分别荣获全国、全省检察机关科技强检示范院称号。

狠抓党风廉政建设。严格落实"两个责任",全市两级检察院自上而下层层签订党风廉政建设责任状,责任分解横向到边、纵向到底。坚持把党风廉政建设与业务工作齐抓共管、共同推进。高度重视干警思想教育，全面贯彻《中国共产党廉洁自律准则》和《中国共产党纪律处分条例》，通过会议要求、版面宣传、集中学习、廉政讲座、警示约谈等多种形式，增强干警守纪律、讲规矩的意识。注重加强日常督促检查，全年共开展检务督察22次，有力促进了检规检纪的落实和检察工作的开展。严肃追究纪律责任，查处检察人员违纪行为4件8人，并追究了相关人员的领导责任和监督责任。

各位代表，临汾检察工作在过去一年取得的发展进步，离不开市县两级党委的正确领导、人大及其常委会的有力监督、政府政协以及社会各界和广大人民群众的大力支持和帮助。在此，我代表全市检察干警向大家表示崇高的敬意和衷心的感谢！

回顾过去一年，我们也清醒地认识到，检察工作仍存在一些问题和不足。主要表现为：一是履行法律监督职能还有不到位的地方，服务经济社会发展的水平有待进一步提升；二是司法行为不规范问题依然存在，司法规范化建设需要进一步加强；三是检察干警的综合素质、履职能力与新形势新要求还有一定差距；四是队伍教育管理上还有不严不紧之处，个别干警违纪现象仍有发生。对此，我们将采取积极措施，认真加以解决。

2016年是“十三五”规划的开局之年，也是我市经济社会转型发展的关键之年。全市检察机关要进一步贯彻落实党的十八大和十八届三中、四中、五中全会以及习近平总书记系列重要讲话精神，按照市委三届七次全会和全省检察长会议的安排部署，以服务临汾“六大发展”、维护社会公平正义为使命，全面履行检察职能，继续深入创建学习型、服务型、创新型、实干型、廉洁型、和谐型检察机关，努力争创一流业绩，为我市开创弊革风清、富民强市新局面提供坚强有力的司法保障。

（一）切实在服务经济社会发展上有新作为

要认真分析“六大发展”对检察工作提出的新要求，找准服务临汾工作大局的切入点和着力点，依法查处发生在国企国资改革以及能源、交通、国土、涉农等领域的职务犯罪，严厉打击扰乱金融秩序、破坏科技创新的犯罪活动，努力营造秩序良好的发展环境。要平等保护企业合法权益，尤其是要重视加强对非公有制经济的保护，确保国有、民营、小微企业诉讼地位和诉讼权利平等、法律适用和法律责任平等、法律保护和法律服务平等。要正确处理保护改革创新、鼓励先行先试与坚守法律底线的关系，依法惩治犯罪者、支持改革者、教育失误者，积极营造支持改革、宽容失误的良好法治环境。要讲究办案方式，注重办案效果，在处理案件过程中，最大限度维护企业声誉，减少对正常生产经营活动的影响。

（二）切实在维护社会安全稳定上有新贡献

主动顺应人民群众对安全的新期盼，依法惩处各种严重刑事犯罪，保障人民群众安居乐业。要围绕人民群众的人身安全，严厉打击危害公共安全、严重暴力、多发性侵财犯罪，突出打击涉黑涉恶、“两抢一盗”、黄赌毒等犯罪，切实增强人民群众的安全感。要围绕人民群众的财产安全，依法打击破坏社会主义经济秩序犯罪，重点打击非法吸收公众存款、集资诈骗等涉众型经济犯罪，最大限度地挽回被害人经济损失。要围绕人民群众的食药安全，坚决打击生产、销售有毒有害食品、假药劣药、污染环境等群众反映强烈的犯罪。要全面贯彻宽严相济刑事司法政策，在该严则严的同时，做到当宽则宽，依法对初犯、偶犯、未成年人、老年人等轻微犯罪人员慎捕、慎诉，加强对上述人员的教育、感化和挽救，减少社会对立面，维护社会和谐稳定。

（三）切实在促进反腐倡廉工作上有新成效

坚决贯彻市委、省检察院反腐败工作决策部署，坚持办案力度不减、节奏不变、尺度不松，继续保持惩治腐败的高压态势。突出查处党的十八大后不收敛不收手、群众反映强烈的职务犯罪。坚决惩治就业创业、社会保障、征地拆迁等民生领域的职务犯罪。认真开展集中整治和加强预防扶贫开发领域职务犯罪专项工作，确保国家扶贫资金真正惠及贫困群众。要围绕为官不为、为官乱为等问题，加大查办渎职侵权犯罪力度。深化预防职务犯罪工作,继续抓好预防调查和咨询、预防建议、年度报告等工作,推动源头治理。把实施“阳光百姓工程”作为工作重点,确保全市涉农领域职务犯罪预防取得实效。

(四)切实在强化诉讼活动监督上有新进展

深入贯彻落实修改后的三大诉讼法,坚持敢于监督、善于监督、依法监督、规范监督,努力让人民群众在每一个司法案件中都感受到公平正义,决不让不公正的案件伤害人民群众感情、损害人民群众利益。加强刑事诉讼监督,重点监督纠正有案不立、有罪不究、违法立案、非法取证、滥用强制措施、量刑畸轻畸重等问题。继续开展“破坏资源犯罪”和“食品药品安全犯罪”专项立案监督活动,推动“两法衔接”机制建设。积极适应刑事执行检察工作布局的调整,全面加强刑事执行检察工作,重点做好刑罚交付、变更执行和羁押必要性审查等工作。进一步完善民事行政诉讼多元化监督格局,综合运用抗诉、检察建议等多种监督手段对生效裁判、审判程序及执行程序中的违法行为进行有力监督。继续深入推进“查办虚假诉讼”专项监督活动,积极探索行政违法行为和行政强制措施监督工作。

(五)切实在加强过硬队伍建设上有新提升

按照“五个过硬”要求,努力打造一支信念坚定、执法为民、敢于担当、清正廉洁、勤政务实的检察队伍。认真巩固“三严三实”专题教育成果,扎实开展“学党章党规、学系列讲话,做合格党员”学习教育活动,坚定干警的理想信念,确保检察工作方向正确。更加重视检察队伍专业化、职业化建设,扎实开展教育培训和岗位练兵活动,不断提高执法能力素质。继续深化规范司法行为专项整治工作,推动规范办案成为干警的思想自觉和职业习惯。按照工作部署,积极开展以完善检察官办案责任制为核心的司法体制改革,依靠党委领导和各方支持推动改革任务落实。同时,加强检察干警的思想教育,凝聚改革共识,确保思想不散、队伍不乱、工作不断。全面加强党风廉政建设,把“两个责任”扛稳压实,把纪律和规矩挺在前面,严肃查处检察人员违纪违法问题。坚持抓基层、打基础,着力提升基层建设水平,推动全市检察工作全面、均衡、科学发展。

各位代表,在新的一年里,全市检察机关决心在市委和省检察院的坚强领导下,更加自觉地接受人大监督、民主监督和社会监督,坚决贯彻落实本次大会决议,忠诚履职,扎实工作,锐意进取,奋发有为,努力为我市落实“四个全面”战略布局、加快推进“十三五”规划,实现弊革风清、富民强市作出新的更大的贡献!

附:

报告中有关用语说明

1.行贿犯罪档案查询:为打击商业贿赂违法犯罪,促进社会信用体系建设,2006年,最高人民检察院决定建立行贿犯罪档案查询系统。任何个人和单位都可向检察机关提出查询申请,查询结果供个人或单位在进行商业活动时参考。

2.支持起诉:指检察机关对损害国家利益或社会公共利益的行为支持受损害单位或个人向人民法院起诉并参与诉讼的活动。

3.羁押必要性审查:指犯罪嫌疑人、被告人被逮捕后,检察院仍应当对羁押的必要性进行审查。对不需要继续羁押的,建议办案机关予以释放或者变更强制措施。

4.国家司法救助:指对遭受犯罪侵害或民事侵权,无法通过诉讼获得有效赔偿的当事人采取的辅助性救济措施。2015年12月7日,中央政法委正式对外公布《关于建立完善国家司法救助制度的意见》,明确了8类可获得国家司法救助的人群。

5.国家赔偿:指国家机关及其工作人员因行使职权给公民、法人及其他组织的人身权或财产权造成损害,依法应给予的赔偿。国家赔偿由侵权的国家机关履行赔偿义务。国家赔偿一般包括行政赔偿、刑事赔偿。

6.指定居所监视居住:一种刑事强制措施。修改后的《刑事诉讼法》第73条规定,监视居住应当在犯罪嫌疑人、被告人的住处执行;无固定住处的,可以在指定的居所执行。对于涉嫌危害国家安全犯罪、恐怖活动犯罪、特别重大贿赂犯罪,在住处执行可能有碍侦查的,经上一级人民检察院或者公安机关批准,也可以在指定的居所执行。

7.“八项禁令”:2015年8月6日最高人民检察院出台了《职务犯罪侦查工作八项禁令》,内容为:严禁擅自处置案件线索、随意初查和在初查中对被调查对象采取限制人身、财产权利的强制性措施;严禁违法使用指定居所监视居住措施;严禁违法干涉涉案企业正常生产经营活动;严禁违法违规处理查封、扣押、冻结涉案财物;严禁阻止或者妨碍律师依法会见犯罪嫌疑人;严禁在未全程同步录音录像情况下进行讯问;严禁刑讯逼供以及其他非法取证行为;严禁违反办案安全纪律。

8.阳光百姓工程:曲沃县检察院在预防涉农领域职务犯罪方面做的有效探索,建立以县为中心、以乡为重点、以村为基础的三级联动涉农职务犯罪预防网络。即在各村建立预防工作联系点,聘请村民担任联络员;在乡镇建立联络站,专门管理涉农资金档案、存放涉农政策文件及执行情况信息;在县检察院设立"阳光百姓工程"办公室,负责建立完善县涉农资金管理档案,汇总各乡镇上报的涉农数据,并开通便民热线。该院自2013年"阳光百姓工程"实施以来,未发现一起新的涉农职务犯罪线索。

9.两法衔接:是指行政执法与刑事司法衔接,是检察机关、监察机关、公安机关、政府主管部门和有关行政执法机关探索实行的旨在防止以罚代刑、有罪不究、渎职违纪等社会管理问题而形成行政执法与司法合力的工作机制。

10.特赦:2015年8月29日,全国人大常委会通过了《关于特赦部分服刑犯罪的决定》,对2015年1月1日前人民法院作出生效判决,且正在服刑、释放后不具有现实社会危险性的"四类"罪犯实行特赦。

11.再审检察建议:指检察机关对一些民事、行政申诉案件,不采取抗诉方式启动再审程序,而是向人民法院提出检察建议,由人民法院自行启动再审程序进行重新审理。

12."五个过硬":指政治过硬、业务过硬、责任过硬、纪律过硬、作风过硬。

政府工作报告

——2016年10月11日在临汾市第四届人民代表大会第一次会议上

刘 予 强

各位代表:现在,我代表市人民政府向大会报告工作,请予审议,并请市政协委员和其他列席人员提出意见。

一、本届政府工作回顾

本届政府任期五年来,在省委、省政府和市委的正确领导下,在市人大、市政协的监督支持下,市政府与全市人民一道,深入学习贯彻党的十八大、十八届三中、四中、五中全会精神和习近平总书记系列重要讲话精神,主动适应经济发展新常态,统筹推动稳增长、促改革、调结构、惠民生、防风险,较好地完成了市三届人大历次会议确定的目标任务。

——稳增长,综合实力显著提升。2015年,全市地区生产总值达到1161.1亿元,年均增长7.6%;规模以上工业增加值完成334.4亿元,年均增长8.6%;一般公共预算收入完成88.2亿元,年均增长3.2%;社会消费品零售总额完成572亿元,年均增长12.6%;城镇常住居民人均可支配收入25498元,年均增长11%;农村常住居民人均可支配收入9376元,年均增长11.9%。特别是,我们坚持上项目、扩投资,五年实施省市县重点项目4116项,全社会固定资产投资完成5134亿元,超额完成了"五年五千亿"目标,经济持续增长的后劲不断增强。

——促改革,发展活力不断释放。以转型综改区建设为统领,全面实施转型综改方案和行动计划,取得了阶段性成果。重点领域改革不断深化。

行政审批制度改革迈出重大步伐，累计承接、取消、下放、调整行政审批项目294项，市县两级权责清单全部公布。建成市政务服务中心，实行“一委一办三中心”的管理体制。完成了煤炭焦炭公路销售体制改革。农村土地确权、商事登记制度、医药卫生体制、财税体制等各项改革都取得了积极成效。科技创新不断增强。设立了“市长创新奖”，建成院士工作站2个，博士后流动工作站1个，高新技术企业达到33家，企业技术中心达到72家，专利拥有量达到382件。金融体系不断完善。金融机构从45家发展到76家，尧都农商行被评选为全国农村商业银行标杆银行。设立了企业应急周转“保障资金”和“互助资金”两支“过桥资金”，累计为40多户企业解决了续贷难题。积极引导企业上市，在“新三板”上市企业达到5家，总量居全省第二。开放水平不断提升。累计实际利用外资5.3亿美元，年均增长15.1%；与澳大利亚杰尔顿市缔结为友好城市。在全省率先启动招商引资2.0模式，累计签约项目899个，签约资金是前五年的4.6倍。

——调结构，转型升级稳步推进。现代农业持续发展。五年年均粮食产量23.62亿公斤，实现“五连丰”。蔬菜、水果、干果、中药材面积分别达到100万亩、201万亩、341万亩和204万亩。农民专业合作社达到10059个，家庭农(牧)场1089家，农业产业化龙头企业339家。新型工业加速发展。煤、焦、冶、电等传统产业整体素质进一步提升，装备制造、精密铸造、新型材料、电子信息等战略性新兴产业加快发展，共实施新兴产业项目330个，完成投资814.3亿元，占全市工业总投资的67%。现代服务业蓬勃发展。商贸物流、电子商务、文化旅游等现代服务业不断发展壮大。居然之家、生龙国际、新百汇等一批商贸转型项目投入运营。我市被确定为全国区域级流通节点城市。电商企业发展到400余家，交易额突破100亿元。大力推进旅游景区建设，累计完成投资108亿元，新增国家4A级旅游景区7个。2015年，全市旅游总收入达到295亿元，比2010年增长152.9%，第三产业增加值占比由34.2%上升到43.7%。民营经济健康发展。累计创办小微企业9000家，培育“小巨人”企业42家、“小升规”企业85户，建成省级中小企业创业基地5个。2015年，全市民营经济增加值占GDP的比重达到65%。

——惠民生，人民生活日益改善。扶贫开发成效显著。全面完成精准扶贫建档立卡，大力实施片区开发、产业扶贫、易地扶贫搬迁、“千村万人”就业培训等工作，促进贫困农民增收，五年累计脱贫25万人。特别是重点推进光伏扶贫，实施了127个村级光伏电站和9个1万千瓦以上地面小型电站工程，建设总规模达到13.5万千瓦，走在了全省、全国前列。

基础设施明显改善。大西高铁、中南铁路开通运营，民航机场已通航11个中心城市，城西一级客运站投入运营，市区北环、临吉、霍永、吉河等一批高速公路建成通车，全市公路通车总里程达到18245公里，位居全省第一。引沁入汾和川取水输水、五马水库等水利工程投入使用，“三河连通、五库联调”的水资源配置格局基本形成。建成35千伏及以上变电站28座，供电保障能力进一步增强。城乡建设全面提速。全市城镇化率达到48.6%，年均提高1.6个百分点。市区完成了22条街道和古城公园二期、大西客运站前广场、天然气置换等市政工程，鼓楼南北街拓宽改造工程全面完工。全市启动实施城中村改造工程47个，新建城市公厕318座，新改建供水管网280公里、燃气管网990公里，新增城市集中供热面积1805万平方米，城镇供水、燃气、供热普及率分别达到99%、87.9%和81.5%。完成新一轮农村“五个全覆盖”和农村“五件实事”，城市和农村人居环境改善工程全面推进，侯马、洪洞成功创建国家卫生城市(县城)。“百里汾河生态经济带”建设取得突破。

汾河河道生态治理、滨河东路贯通等工程竣工投用，涝洰河生态建设取得阶段性成果。“经济带”内18个工业园区销售收入占到全市规模以上企业销售收入的63%，8个现代农业园区初具规模，5

个物流园区开工建设，17个文化旅游景区全部实施开发，11个“两区同建”工程进展顺利。民生事业协调发展。建成了市规划展览馆，新建了临汾市博物馆、晋国博物馆等16个博物馆，各县（市、区）实现“两馆一站（室）一屋一广场”全覆盖；广播电视实现了村村通。中小学危房改造、两期学前教育行动、教育信息化工程全面完成，新改扩建公办标准化幼儿园280所，新建普通高中7所，6个县被认定为义务教育均衡县。2015年全市高考达二本线以上16189人，比2010年增加7112人，达线率上升19.1个百分点。临汾新医院和10所县级医院建成运营，全市医院总数达到176家，3家医院达到“三甲”标准，新农合参合率稳定在95%以上，人均筹资水平提高到470元，县级公立医院综合改革实现全覆盖。五大社会保险参保人数达478.5万人次，城乡低保实现应保尽保，建设各类保障性住房78725套，完成农村危房改造42132套，城镇登记失业率稳定控制在3.1%以内。连续两年实施“六大惠民工程”，群众得到了更多的实惠。

生态环境更加优美。持续开展“环境建设年”“环境提升年”等活动，累计实施节能改造项目369个，淘汰黄标车和老旧车5.12万辆，新增和更新新型环保公交车580辆。新建垃圾处理场14座，实现生活垃圾处理场县级全覆盖。主要河流地表水水质持续改善，饮用水水源地水质达标率保持在100%。2015年市区空气质量二级以上天数达到266天，按新标准比2013年增加99天。大力推进生态建设，累计营造林246万亩，森林覆盖率由27.5%提高到31.9%；累计完成水土保持治理212万亩。成功创建省级园林城市和省级环保模范城市，入选国家节能减排财政政策综合示范城市。

——防风险，安全保障不断加强。始终把安全生产放在重中之重，全面推进安全生产责任体系“五个全覆盖”，切实加强重点行业和领域安全监管，强化安全检查全留痕、企业分级分类监管和安全生产标准化等措施。2015年，全市安全生产事故起数、死亡人数、亿元GDP生产安全事故死亡率、煤炭百万吨死亡率分别比2010年下降14%、25%、83.8%和64.4%；道路交通事故四项指标明显下降，工矿企业连续7年未发生重特大事故，安全生产形势实现持续稳定好转。始终把稳定作为“第一责任”，切实加强和创新社会治理，开通了“市长热线”“市长信箱”，全面推广安泽“311”基层服务管理、乡宁“三化一卡”等社会管理先进经验。积极防范金融风险，严厉打击非法集资。完成“六五”普法任务，荣获“全国2011—2015法治宣传教育先进城市”称号。

——提效能，自身建设全面加强。自觉接受人大及其常委会的法律监督、工作监督和政协的民主监督，坚持向人大及其常委会报告工作，向人民政协通报情况，五年共办理市人大代表建议717件、市政协委员提案1326件。坚持依法行政，完善政府决策规则和程序，深入推进政务公开，法治政府建设迈出重要步伐。扎实开展党的群众路线教育实践活动、学习讨论落实活动和“三严三实”专题教育、“两学一做”学习教育，坚决落实中央八项规定精神和国务院“约法三章”，“文风会风”持续改善，“三公”经费连年下降，全市党政机关和参公单位基本完成车改任务。全面落实政府系统党风廉政建设责任制，切实加强“一岗双责”，不断加大监察、审计工作力度，认真开展政务督查，从严从实整治“四风”和不作为、懒作为、乱作为等突出问题，政府廉政建设进一步加强，行政效能大幅提升。

与此同时，积极推进军民融合发展，国防动员和国防后备力量建设得到加强。民族宗教、外事侨务、群众文化体育、老龄、残疾人、红十字会、妇女儿童等事业都有了新进步，人防、统计、工商、质监、文物、地方志、气象、地震、档案、住房公积金等工作均取得新进展。

各位代表，五年的艰辛努力，五年的开拓奋进，开启了临汾发展的新局面。这是市委正确领导的结果，是市人大、市政协大力支持的结果，饱含了各位代表、各位委员的智慧和力量，凝聚了全市人民的心血和汗水。在此，我代表市政府，向全市人民，向各民主党派、各人民团体,向人大代表、政协委员,向驻临部队、武警官兵和所有关心支持临汾改革发展的各界朋友,表示崇高的敬意和衷心的感谢!

回顾五年来的历程,我们深刻体会到,必须坚持理念上与时俱进,目标上高点定位,措施上大胆探索,才能行稳致远;必须坚持在机遇面前积极作为,在挑战面前直面应对、在困难面前矢志不移,才能破难前行;必须坚持不断深化改革、纵深推进开放、持续创新突破,增强动力活力,才能汇聚发展正能量;必须坚持攻坚克难的魄力、坚韧不拔的毅力、众志成城的合力,才能推动重点工作取得突破;必须坚持执政为民的理念、改善民生的担当、为民谋利的执着,才能提升群众的幸福指数;必须坚持深化党风廉政建设,持续改进作风,不断提升干部素质,才能树立良好政府形象。这些在实践中积累的规律性认识,必将成为推动新一轮发展的宝贵财富。

在工作实践中,我们也清醒地认识到,我市经济社会发展中仍然存在不少困难和问题,主要是:发展不足,经济总量小,人均水平低;结构不优,产业层次偏低,质量效率不高;工业不强,传统产业转型升级较慢,战略性新兴产业规模偏小;农业不稳,产业化程度低,脱贫攻坚任务艰巨,"三农"工作仍需加强;城建不快,市政建设管理滞后,脏乱差堵现象比较突出;基础不牢,安全生产基础依然薄弱,环境质量提升压力较大;作风不硬,政府职能转变还不到位,一些干部思想观念、能力素质还不适应新常态的要求,等等。我们将正视矛盾,直面问题,采取有力措施,切实加以解决,让全市人民感受到实实在在的变化和成效。

二、今后五年的主要任务

今后五年,是临汾全面建成小康社会的决胜期,也是临汾振兴崛起、加快发展的关键期。刚刚召开的市四次党代会,描绘了临汾未来五年发展的宏伟蓝图,我们一定要认真贯彻落实,强化使命担当,自觉奋发有为,努力谱写临汾发展更加辉煌的篇章。

根据市四次党代会和《临汾市国民经济和社会发展第十三个五年规划纲要》,今后五年我市经济社会发展的总体思路是:高举中国特色社会主义伟大旗帜,全面贯彻党的十八大和十八届三中、四中、五中全会精神,深入学习贯彻习近平总书记系列重要讲话精神,统筹落实"五位一体"总体布局和"四个全面"战略布局,按照省委"一个指引、两手硬"的重大思路和要求,紧紧围绕市委提出的"345"战略,坚持以经济建设为中心,坚持新发展理念,坚持全面从严治党,围绕供给侧结构性改革一条主线,强化"安全、环保"两个保障,突出"园区经济、民营经济、新型城镇化"三个重点,抓住"脱贫攻坚、产业转型、项目建设、文化旅游"四个关键,做好"创新驱动、城乡统筹、绿色崛起、改革开放、民生改善"五篇文章,决胜全面小康,实现振兴崛起,努力建设富裕、文明、绿色、幸福新临汾。

今后五年全市经济社会发展的主要预期指标是:到 2020 年,地区生产总值年均增长 7%;城镇常住人口人均可支配收入年均增长 6.5%;农村常住人口人均可支配收入年均增长 7%;一般公共预算收入年均增长 6.5%;规模以上工业增加值年均增长 8%;社会消费品零售总额年均增长 10%,主要经济指标人均水平进入中西部地级市前 20 名。约束性指标:全市现有 23.7 万贫困人口全部脱贫,10 个贫困县全部摘帽。万元地区生产总值能耗、二氧化碳排放量、用水量,主要污染物减排,空气质量优良天数比例,劣Ⅴ类水体比例,新增建设用地降幅,城市棚户区住房改造等,完成省下达任务。

今后五年的主要工作任务是:围绕一条主线,强化两个保障,突出三个重点,抓住四个关键,做好五篇文章。概括起来讲就是"12345",这既是对市委"345"战略的细化和落实,也是对未来五年政府工作的具体安排。只要全市上下咬定目标,真抓实干,开拓创新,锐意进取,临汾人民就一定能够用自己的辛勤劳动创造出更加美好的明天!

(一)围绕一条主线,打造决胜全面小康、实现振兴崛起新引擎

坚持把供给侧结构性改革作为经济工作的主

线，以落实“三去一降一补”五大任务为重点，发挥制度变革、结构优化、要素升级“三大发动机”作用，处理好政府和市场、增量和存量、当前和长远的关系，不断提高资源配置效率，增强发展的平衡性、包容性和可持续性。

一是积极稳妥去除无效供给。坚定不移去过剩产能，严格执行环保、能耗、质量技术、安全生产等控制标准，用市场的办法淘汰落后产能，五年压减煤炭产能1500万吨、钢铁产能170万吨。对技术先进、生产安全、能耗环保达标的产能区别对待，积极支持企业开拓市场。稳妥处置“僵尸企业”，积极支持市场化的兼并重组等资产处置方式。多措并举去库存，综合采取棚户区改造货币化安置、鼓励农民进城购买住房等措施，有效化解房地产库存，用三年左右时间，使全市商品住房消化周期控制在9个月以内，到2020年实现供需基本平衡。

二是以市场为导向增加有效供给。瞄准市场需求，紧盯产业和科技发展方向，以现有的精密铸造、汽车零部件、动力电池、LED材料等产业为基础，培育壮大高端装备制造业等战略性新兴产业，改造提升煤、焦、冶金传统优势产业，大力发展现代服务业和现代农业，使新的增长点汇聚成强大发展动力，实现新旧动能有序转换；推动以科技创新为核心的全面创新，实施研发投入提升、创新平台建设、“双创”基地打造、人才保障创新驱动四大工程，落实好企业研发费用税前扣除政策，设立多层次引导基金和投资基金，大力引进风险投资等第三方投资，推进产业链、创新链、资金链“三链”协同，打造良好的创新生态环境。

三是切实降低实体经济负担。落实好国家、省和我市已出台的各类减轻实体经济负担的政策措施，大力清理涉企收费，积极推进售电侧改革，实施公路运输绿色通道政策，建立铁路企业与客户直联机制，创新企业用地模式，深化行政审批制度改革和商事制度改革，加强社会信用体系建设，切实解决企业发展中的困难和问题，降低实体经济各类生产要素成本和制度交易性成本，增强企业竞争优势。

四是不断强化风险管控。稳妥有序去杠杆，通过壮大企业转贷平台、提高直接融资比重等方式，降低企业负债率。建立“借、用、还”相统一的管理机制，控制和化解政府性债务。加强对互联网金融的监管，坚决遏制非法集资行为。

五是努力补齐经济社会短板。进一步提高公共产品供给的精准性和公共服务的有效性，从临汾的实际出发，重点做好脱贫攻坚、基础设施建设、生态环境保护、社会事业发展等工作。

各位代表，供给侧结构性改革是新常态下重大的经济治理理念，我们要实打实地抓起来，硬碰硬地干下去，为我市经济持续增长提供强劲动力！

（二）强化两个保障，夯实决胜全面小康、实现振兴崛起新基础

一是抓牢总体安全，强化安全稳定保障。牢固树立“总体安全观”，以铁的担当尽责，铁的手腕治患，铁的心肠问责，铁的办法治本，全面做好各行业、各领域、全社会安全稳定工作。

毫不放松抓好安全生产。坚持“五化一杜绝”，实现红线意识常态化、安全生产标准化、隐患治理制度化、监督管理规范化、社会监管常规化，杜绝重特大事故。时刻绷紧安全生产这根弦，健全完善安全生产“党政同责、一岗双责、失职追责”责任体系，做到“三个坚决防止”；全面开展安全生产标准化建设，建立远程监控信息平台，对重点人、重点部位、重大危险源实行远程监控；健全安全生产隐患排查治理制度，建立隐患风险责任清单，完善工作台账，实行挂图作战，对账销号，实现隐患排查治理闭环管理；推进依法治安，持续开展“反三违”和重点行业领域安全生产专项整治，严厉打非治违，严查事故，严肃问责，进一步规范生产经营秩序；加大安全宣传教育力度，提升从业人员安全素质，营造全社会关注安全、支持安全、监督安全的浓厚氛围。坚决杜绝重特大事故，遏制较大事故，减少一般事故，为全市经济发展提供可靠的安全保障。

加强和创新社会治理。创新完善立体化社会治安防控体系，有效排查管控信访维稳、社会治安、

公共安全等领域的不稳定因素,防止各类风险聚积扩散。完善多方参与机制,推进城镇社区“网格化”管理,组织动员企事业单位、社会组织、人民群众参与社会治理。关爱农村留守儿童、妇女和老人,加强未成年人社会保护。强化应急救援管理,妥善处置各类突发事件,严厉打击违法犯罪,深入开展“七五”普法,扎实推进“平安临汾”“法治临汾”建设,确保社会和谐稳定。

二是加大治理力度,强化生态环境保障。围绕创建“国家环保模范城市”目标,全力打好大气、水、土壤污染防治“三大战役”。

严控大气污染。以大气质量持续好转、重污染天气明显减少为目标,以“控烟、治污、管车、降尘”为抓手,建立平川7个县(市、区)一体化治理机制,落实大气污染防治行动计划。不断加强煤烟污染治理、黄标车及老旧车淘汰、扬尘整治等工作,持续开展露天夜市烧烤、建筑施工扬尘、重点区域环境、秸秆禁烧、企业非法排污等专项整治活动,确保空气质量持续好转。到2020年,全市PM2.5浓度比2015年下降20%左右。

严治水体污染。制定水污染防治计划实施细则,开展重点河流生态环境综合整治,确保跨界断面主要污染物浓度明显下降,汾河水质达到Ⅴ类水体标准。加强重点泉源特别是市区龙祠等水源地保护工作,全市集中式饮用水源地水质达标率100%。

严防土壤污染。认真落实《土十条》,加大土壤环境监测投入,完成全市土壤污染调查。开展污染场地环境风险评估和污染土地修复治理试点工作,进一步提升土壤生态功能。

(三)突出三个重点,催生决胜全面小康、实现振兴崛起新动能

一是大力发展园区经济。坚持布局合理、产业集聚、结构优化、功能完善、绿色生态、区域平衡的原则,按照“整合、改制、扩区、调规”的思路,推动园区体制机制二次创新,使项目布局向园区集中,生产要素向园区集中,就业人口向园区集中,把园区经济打造成为全市经济发展的增长极,到2020年,园区经济总量要占到工业经济总量的90%以上。

科学制定新一轮园区发展规划,完善园区布局。按照“多规合一”要求,把园区规划与城镇建设规划、土地利用规划、环保规划等有机结合起来,在新一轮土地利用总体规划调整中,为产业园区和开发区设立、扩区留足空间,以不低于全市1%的国土面积来规划布局。平川重点发展两个开发区和18个新型工业园,东西两山鼓励发展特色产业园区。推进临汾、侯马两个开发区扩区工作,积极申报国家级开发区,把临汾开发区打造成全省精密制造业、新材料和光电产业基地,把侯马开发区打造成全省高端机电制造业集聚区、大健康产业发展集群和电子商务发展高地。18个新型工业园要明确功能定位,通过整合、共建、一区多园等模式,提升发展水平,做大做优做强。

重点打造赵城煤化工园、甘亭新型产业园、曲沃生态工业园、侯马装备制造园、翼城铸锻加工制造园等五大产值超百亿工业园区,建设晋南地区承接东部地区产业转移的重要承载地。特别是要把符合条件的工业园区和产业园区打造升级为省级开发区。东西两山突出特色,发挥优势,重点发展古县涧河工业园、大宁轻工业园区等一批特色产业园区。

科学谋划园区产业定位,培育新兴产业集群。借鉴和引入工业4.0、互联网+、自贸区等理念、标准和制度,结合园区交通区位、资源禀赋、产业基础和现实条件,确立主导产业,提高产业关联。对存量园区,通过优化园区功能、延伸产业链条、支持科技研发、腾笼换鸟引进带动力强的高新技术项目,逐步压缩、淘汰低端产业,更新替代传统产业。对新设、扩区的园区、开发区,鼓励和支持优先发展高端装备制造业、节能环保、新一代信息产业、生物产业、新材料、新能源等战略新兴产业,形成新兴产业集群。

推进园区体制机制创新,增强园区发展活力。成立专门的园区管理机构,对全市各级、各类产业园区和开发区统一规划、统一协调。设立产业园区

管委会，具体负责园区的开发、建设、招商等工作，不承担行政和社会管理职能。建立市场化运作的园区开发体制，培育非政府公务机构，设立开发区引导基金、投融资平台，引入各类风投。鼓励打破行政区划限制，采取“飞地经济”模式，推动园区发展。创新园区、开发区人事和薪酬制度，着力培养和引进人才，采取“政府推动、业主开发、市场主导、以商招商”的办法，探索具有产业特色的专业化协作园区运行模式，提高园区的产业层次、科技含量、经济规模、循环经济水平，激发园区活力。

提升园区基础设施水平，推动园区提档升级。坚持资源共享、产业集聚、循环利用、生态发展的理念，拓宽园区和开发区基础设施投融资渠道，对园区道路交通、给水、排水、供电、通信、燃气、环卫等基础设施以及行政、文化、体育、教育、医疗卫生等公共服务设施进行系统布局和高标准建设，全面提升园区市政基础设施水平，健全园区公共服务设施体系，提升园区的承载吸纳能力。

二是大力发展民营经济。坚持从战略和全局层面谋划民营经济发展，把民营经济培育成为全市经济发展的生力军。

强化政策扶持。认真落实我市《关于进一步支持民营经济健康发展的措施》22 条，实施民营经济“帮扶、培训、提升”三大工程，抓好企业家、专业技术人才、技术工人“三支队伍”建设。加大财政专项资金支持力度，支持小型微型企业采用新技术、发展新产业、培育新业态、创新新模式。在招标投标、政府采购、用地指标等方面对民营企业一视同仁。重点培育洪洞中小企业创业基地、尧都和侯马电商物流创业基地，到 2020 年，全市新创办小微企业 1 万户以上，培育科技型中小企业 1000 家。

优化金融环境。建立完善以政策性担保机构为引领、多种所有制共同发展的民营企业融资担保体系。设立政府创业投资引导基金、民营企业应急周转保障基金等，重点支持初创期、种子期和孵化期的民营企业。积极发展信托融资、企业债券、应收账款融资等融资方式。支持民营企业改制上市直接融资，对在主板、中小企业板、创业板、新三板上市企业给予财政资金奖励。到 2020 年，上市“新三板”企业达到 30 家以上，在山西股权交易中心挂牌企业达到 250 家，争取 2—3 家在主板上市。

加大培育力度。实施民营企业品牌发展战略，加快培育拥有自主知识产权、知名品牌、专利产品的民营企业，充分激发民营企业创新的内在潜力。安排专项资金对新获得国家驰名商标、省级著名商标的企业给予财政奖励。大力实施“小升规”成长工程、“小巨人”企业培育工程。到 2020 年，建成小微企业服务站 200 个，新增规模以上工业企业 100 户，培育认定“专精特新”中小企业 200 个。

三是大力推进新型城镇化。坚持统筹规划、优化布局、建管并重、有序推进，提高城镇化发展质量，把新型城镇化打造成为全市经济发展的助推器。

优化市域城镇布局。编制完成《临汾市城市近期建设规划(2016—2020)》《临汾市城市总体规划(2021—2040)》及专项规划，完善城市规划体系，全面加强城市设计。围绕“一带两圈多点”的城镇化布局，加快百里汾河新型城镇带、临汾城市圈和侯马曲沃城市圈、县城和重点镇建设。按照“统一规划、利益分享”原则，在产业布局、空间组织、基础设施建设、生态环境保护等方面协同发展，扎实推进尧都、洪洞、襄汾“一城三区”、侯马曲沃同城化发展。立足县城特色，以工矿型、轻工业型和旅游型为主导，搞好规划，准确定位，加快推进 12 个县城、60 个重点镇建设，对规模较小的县，探索实行一级政府两级管理的模式，不断提升特色县城和小城镇建设水平。

提升市区城市品位。按照“建设新城，改造老城，提升东城，绿色绕城”的思路，全面加强城市基础设施建设，增强承载能力。河西新城，实施规划三街等 12 条道路工程，形成四纵八横的道路框架；建成博物馆、图书馆等标志性建筑；推进地下综合管廊和海绵城市建设。老城区，实施畅通、亮化、美化、绿化工程，增加城市中心绿地、游园、停车场；打通中大街、迎春街、体育街等 5 条“断头路”，实施扁担巷、科委巷、益民路等10条支路改造工程;建成滨河东路与迎宾大道立交桥等6座立交桥,加快建设中心城区环城高架。到2020年,老城区道路面积率达到15%。东城区,实施机场快速路、尧贤街、二中路、临纺路、枣林路等12条主次干道新建改造工程;加大城市综合体、体育馆等项目建设力度,加快临钢、临纺、铸造厂等老旧居住小区配套设施改造步伐,促进公共服务和人居环境提档升级。绿色绕城,积极创建国家园林城市,实施平阳广场、贡院西街、华康街景观改造、高铁站南北两侧等23项绿化工程,完成动物园改造和植物园建设,新增绿地面积725公顷。到2020年基本达到"300米见绿、500米见园",人均公园绿地面积达到11平方米,绿化覆盖率达到40%。加快建设环城水系,北部实现涝?河公园与汾河公园互联互通,东部、南部新建人工水道,与汾河贯通,形成环城滨水廊道,打造黄土高原上的"秀丽水城、文化名城、绿色新城"。

创新城市治理方式。理顺管理体制,深入推进城市管理综合执法体制改革,按照"执法重心下移"和"执法事项属地化管理"原则,强化队伍建设,完善配套制度,全面推进城市管理综合执法。整合管理资源,吸引社会力量和社会资本参与城市管理,强化联动配合,构建高效统一的"大城管"格局,实现市政管理、市容管理、社会管理、社会服务精细化、标准化、网格化。建立完善数字化城市管理平台,推进跨部门数据资源共享共用,提升城市管理和公共服务水平。扎实开展市区市容环境综合整治,彻底根治脏、乱、差、堵现象。

完善城镇化推进机制。突出人口管理、土地管理、资金融通、城镇住房等重点领域和关键环节,加大体制机制改革创新力度,为新型城镇化注入活力和动力。深化户籍制度改革,全面实行居住证制度,提升农业转移人口社会保障水平,确保农业转移人口真正融入城镇。加快土地供给结构改革,着力抓好城市建设用地的集约高效利用,加强土地市场体系建设,搞好搞活土地资本市场。创新城市发展投融资体制,坚持"经营城市"理念,走出一条"以城建城、以城养城、以城兴城"的城镇化发展道路。不断深化住房制度改革,加快棚户区、城中村改造,加快完善支撑居民多层次住房保障体系。

加快城乡交通基础设施建设。启动"一城三区"轨道交通建设,推进长临、隰吉、黎霍、古翼、洪大、安沁等高速公路建设,力争实现"县县通高速",升级改造国省干线,完善提质农村公路,加快推进壶口、永和通用机场建设,着力打造以高速公路为骨架、国省干道为主体、县乡道路为支撑、通村公路为网络,覆盖城乡、顺畅便捷的立体交通新格局,助力城镇化发展。

(四)抓住四个关键,形成决胜全面小康、实现振兴崛起新支撑

一是多方合力脱贫攻坚。按照"六个精准""五个一批"要求,大力实施我市"十大扶贫工程",建立和完善专项扶贫、行业扶贫、社会扶贫"三位一体"的大扶贫格局,形成扶贫强大合力。大力发展扶贫产业,以干鲜果、畜牧、蔬菜、小杂粮、中药材、农产品加工业、休闲农业等七大特色产业为主,增加扶贫"造血"功能。扶持和发展一批扶贫龙头企业、农民专业合作社和市场服务主体,带动贫困人口增收脱贫。积极推进易地搬迁,全面落实易地扶贫搬迁政策,因地制宜,科学规划,有序推进工程建设,坚持搬迁和发展两手抓,同步解决搬迁户后续发展问题,确保搬迁一户、脱贫一户。到2020年底,完成易地扶贫搬迁6万人,同步搬迁1.5万人。加快建设光伏电站,充分利用国家新能源补贴政策,重点建设村级电站和地面集中电站。到2020年,全市光伏电站建设规模达50万千瓦以上。着力促进生态富民,紧紧抓住国家新一轮退耕还林的机遇,大力发展造林专业合作社,利用好国家治理黄河泥沙的补助资金,广泛吸收贫困劳动力参与造林管护、种草绿化、治理水土流失等工程建设,实现生态改善与精准脱贫同步推进、同步见效,既让生态好起来,又让群众富起来。深入开展金融帮扶,建立金融支持脱贫攻坚新机制,组织实施好"富民贷""强

农贷”，充分利用好国开行、农发行政策性扶贫贷款，着力解决贫困地区农户和企业贷款难问题。依托中证扶贫板平台，有序推进贫困县企业和农副产品在扶贫板挂牌融资、推销产品，实现扶贫产业与资本市场的充分对接。

各位代表，小康不小康，关键看老乡。我们要集全市之力，汇全市之智，施创新之策，坚决打赢这场攻坚战，到2020年底，10个贫困县全部摘帽，23.7万农村贫困人口全部脱贫，确保全市人民同步迈入全面小康社会！

二是持续推动产业转型。加快产业转型，破解“一煤独大”困局，推动煤与非煤耦合互动、三次产业融合发展。

大力发展现代农业。实施农业提效战略，以抓企业的办法抓农业，以互联网思维促进现代农业发展，努力实现产品特色化、生产标准化、组织产业化、营销网络化。围绕产品特色化，抓好西山以水果为主，东山以中药材、干果为主，平川以粮食、蔬菜为主的三大特色农业板块建设，到2020年，全市粮食总产稳定在20亿公斤以上，蔬菜稳定在100万亩以上，水果达到230万亩，干果达到345万亩，中药材达到230万亩。围绕生产标准化，建立标准化示范基地，加强农业投入品监管，组织无公害、绿色和有机食品生产加工，开展有机、绿色、无公害和地理标志产品认证，力争到2020年，全市万亩以上农业标准化示范基地达到50个以上。围绕组织产业化，完成农村土地确权登记颁证，建立服务高效的农村产权交易市场，引导土地承包经营权有序流转，培育更多的家庭农（牧）场、专业大户和农产品加工、销售龙头企业，扶持发展专业技术协会、流通协会和经纪人队伍，提高农产品生产规模化和组织化程度。围绕营销网络化，积极培育“互联网＋农业”，建设信息开放共享、数据互联互通的市级农副产品电商销售平台，破解“小农户与大市场”对接难题，特别是要通过网络营销，加大隰县玉露香梨、吉县苹果等农产品出口力度，通过出口的高标准倒逼现代农业提质增效。

加快推进工业新型化。实施《临汾市工业振兴行动计划》，改造提升传统产业，煤炭产业着力推进煤矿机械化、信息化、智能化建设，打造乡宁、蒲县等大型煤炭基地，到2020年底，全市矿井数量控制在100座左右，产能1亿吨，安全高效及现代化矿井达到50%以上；焦化产业加快向焦化并举、上下联产转变，焦炭产能控制在3800万吨以内，焦、化产值之比达到3:7；冶金产业严控增量，优化存量，实施产品结构调整、装备水平提升、产业整合重组三大工程，产能控制在2000万吨。围绕构建临汾特色工业体系，加快发展“新装备、新材料、新医药、新电子、节能环保、食品轻工”等六大新兴产业集群，实施沃特玛新能源汽车、汾西其亚铝业氢氧化铝及高精铝板、翼城舜达锻造等一批百亿元以上大项目。力争到2020年，全市工业增加值达到500亿元，非煤产业占比达到60%，新兴产业占比提高到20%左右。

提速发展现代服务业。以商贸物流、电子商务、大数据等生产性服务业为重点，有效激发内需潜力，引领服务业向价值链高端提升。实施明珠国际广场、五洲国际广场、经贸西华商城、悦达广场、上东世纪CBD城市综合体等一批大型商贸项目，推进山西方略洋货码头、乐视乐生活、晋润农副产品冷链物流、市区农副产品物流园等项目建设，打造覆盖平川7个县（市、区）的“2＋5”现代物流中心圈。大力实施优质服务促电商、电商强企、电商惠农、电商千人百企培训、电商与物流联动发展等五大电商工程，重点推进黄河金三角工业品交易中心方略物流境外电商平台、淘宝特色中国临汾馆、侯马马上购、隰县电商孵化基地等项目建设，打造2－3个全国有影响力的电子商务平台，建设2－3个示范性电商产业园区。大力发展大数据、云计算、物联网等信息技术产业，加快建设宽带、融合、安全的新一代信息基础设施和公共平台、数据库，促进全社会信息化水平整体提升，不断催生新产业、新业态，确保我市在新一轮产业变革和布局中把握机遇，赢得主动。加快发展印刷包装装潢业、体育健身休闲业、非物质文化遗产制造业以及健康、养老、家政、租赁、中介、法律等生活性服务业,力争到2020年,全市服务业增加值比重达到50%,年均增长9%。

三是深入推进项目建设。持续扩大有效投资。加大实体经济投资,加快建设一批重大产业项目、重大基础设施项目和重大民生工程项目,在全市掀起大项目“顶天立地”、小项目“铺天盖地”的建设热潮,力争五年固定资产投资达到1万亿元以上。完善项目推进机制。健全完善双包双联、用地专供、联动建设等项目工作机制,强化土地、资金、环境等要素配置,优先支持投资强度大、产出效益好、成长性高、带动性强的好项目、大项目。加大招商引资力度。发挥临汾民间资本充裕的优势,积极开展“引老乡、回故乡、建家乡”活动,完善民间投资政策,放宽准入领域,内商、外商一起招,内外一致,互促共进;创新招商方式,强化招商引资2.0模式,引进更多全国500强和世界500强企业。

四是大力发展文化旅游。文化是旅游的灵魂,旅游是文化的载体。临汾发展文化旅游条件优越,潜力巨大。要围绕创建国家级历史文化名城和国家旅游城市“一城一市”的目标,突出“中国根·黄河魂”品牌建设,坚持“五大举措”,把文化旅游业作为战略性支柱产业来抓。坚持体制机制改革,认真落实省委、省政府关于旅游改革的决策部署,制定旅游资源管理办法,成立市旅游发展委员会,组建市级文化旅游产业集团,全面整合我市文化旅游资源;细化旅游景区景点体制机制改革方案,一区一策,分类推进,建立现代企业制度,实现旅游景区所有权、经营权分离。坚持多元化投入,设立临汾文化旅游产业基金,充分发挥政府性资金的引导示范作用,广泛吸引社会资本投向文化旅游。成立临汾旅游融资平台,破解旅游开发建设资金瓶颈。加大旅游招商力度,积极引进一批战略投资者参与旅游开发。坚持区域联合发展,突出旅游“安、顺、诚、特、需、愉”六字要决,高标准编制全市文化旅游业发展规划,按照统一规划、各有侧重、定期协商、收入分成的思路,大力发展全域旅游。尧都、襄汾、洪洞共同打造尧文化和根祖文化旅游,侯马、曲沃、翼城共同打造晋文化旅游,霍州打造廉政文化旅游,西山七县联合打造黄河文化、红色文化旅游,东山三县和翼城县联合打造太行山水文化旅游。坚持抓好景区景点建设,以陶寺遗址保护利用为龙头,加强对遗址类、根祖类等重点文物的保护和开发,实施陶寺遗址博物馆、陶寺遗址综合展示中心等项目,提升人祖山、云丘山、乾坤湾、七里峪、晋国博物馆等景区景点建设水平,推进洪洞大槐树、壶口瀑布等5A级景区创建工作。加强智慧旅游建设,积极发展“互联网+旅游”,实施旅游景区、旅游重点县无线宽带网络全覆盖工程,加快智能灯杆、智能停车、智能检票闸机等新技术应用,推进旅游智慧营销、智慧服务和智慧管理。全面推进“旅游厕所革命”,推动厕所与文化、传媒、wifi、银行自助、社会治安相结合,打造临汾旅游的新亮点。坚持传承弘扬临汾文化,大力实施平阳记忆和印象临汾“两大工程”,平阳记忆,写实为主,对临汾的历史脉络、文化特质、人文山水和乡风民俗等文化资源进行调查和梳理,建立档案和数据库,开设非物质文化遗产“数字展厅”,整理出版《临汾市非物质文化遗产图典》,唤起城市记忆,做好文化传承;印象临汾,演绎为主,用现代传媒方式,挖掘尧文化、晋文化、移民文化、红色文化、廉政文化、山水文化等特色文化元素,加快创作一批在全国有影响的影视剧作、文学作品、戏剧音乐等艺术精品,建立市级创作奖励基金,对重点作品的创作和重点作者予以扶持与奖励,激发广大艺术家的创作热情,彰显文化魅力,宣扬优秀文化,增强全市人民的文化自信和自豪。到2020年,文化旅游业总收入突破1000亿元,增加值占GDP的比重由2015年的3.1%提高到10%。

(五)做好五篇文章,开启决胜全面小康、实现振兴崛起新征程

一是崇尚创新,做好创新驱动文章。创新驱动是时代的潮流,是发展的动力源泉。我们要厚植创新创业沃土,依靠创新驱动,推动发展内生动力和

活力的根本性转变。推进科技创新，以科技体制改革为突破口，持续加大科技投入，建立健全适应市场经济要求、符合科技发展规律的管理体制、运行机制、评价机制和资源分配机制。强化企业创新主体地位，积极培育高新技术企业，支持建设一批以产权为纽带、产学研合作的产业技术战略联盟；组织申报实施国家和省市级科技项目，加大科技人才培养引进力度，积极引进高端人才和创新团队。到2020年，全市建成高科技产业园2—3个，高新技术企业达到60家以上，市级以上重点实验室、工程（技术）研究中心、企业技术中心达到80家以上。推进金融创新，大力引进和培育金融机构，做好我市首家民营银行筹建和村镇银行普设工作。县级农信社逐步改制为农村商业银行。稳步发展新型金融业态，推动互联网金融、消费金融、众筹基金等业务拓展。充分争取和利用国家政策性贷款，推进险资入临。到2020年，全社会融资总量比2015年增长60%。强化社会信用体系建设，提升全民信用意识。加强金融风险防控，严厉打击非法集资，确保区域金融稳定。推进大众创业万众创新，落实鼓励创新创业的政策措施，实施大学生就业促进和创业引领计划、"三支一扶"计划、就业见习计划，鼓励农民工、临汾籍商人返乡创业。积极培育众创空间，建设一批"互联网＋"新型孵化器。到2020年，全市培训新型职业农民10万人，城镇新增就业23万人，城镇调查失业率控制在6%左右。

二是注重协调，做好城乡统筹文章。着力建好"三大板块"，按照"沿汾崛起，两翼齐飞"的总体布局，推动"百里汾河生态经济带"、西山七县主体功能区、东山低碳循环经济区三大板块协调发展。"百里汾河生态经济带"重点实施基础设施、产业园区、新型城镇、文化旅游、生态文明等项目；西山七县主体功能区按照国家级限制开发的重点生态功能区的定位，建立因地制宜、绿色发展的生态经济体系；东山低碳循环经济区重点推进浮山国家资源综合利用"双百工程"、古县省级低碳县试点示范和安泽循环经济园区等项目建设。大力改善农业农村条件。

大规模推进高标准农田和农田水利建设，实施"大水网"配套县域小水网工程、重大水利枢纽工程、防洪工程，强化水支撑，提高农机化综合作业水平，增强农业可持续生产能力。推动特色小镇和美丽乡村建设，在全面改善农村人居环境的基础上，积极开展美丽宜居示范村"三级联创"活动，打造一批家园美、田园美、生态美、生活美的美丽宜居乡村。到2020年，全市创建美丽宜居示范村300个以上。

三是倡导绿色，做好绿色崛起文章。围绕建设"生态强市"，坚持"绿色崛起"，不断加强生态文明建设。扎实推进节能减排，实施产业低碳化、主要污染物减量化、交通清洁化、建筑绿色化、服务业集约化和可再生能源利用规模化"六化"工程，强化能源消费控制，重点实施好国家节能减排财政政策综合示范城市项目。大力推广新能源纯电动汽车、公共自行车等绿色交通工具，实现全市纯电动公交车全覆盖，打造全国电动公交绿色出行示范城市。启动建设市区生活垃圾焚烧发电厂和餐厨垃圾处理场。扎实推进公共节能、绿色建筑、绿色照明等节能工程。

大力开展生态建设，深入实施林业"五大工程"，重点抓好吕梁山生态脆弱区综合治理、霍永高速通道绿化等造林绿化工程，到2020年，全市完成营造林165万亩，森林保有量达到1050万亩，森林覆盖率达到34.4%。全力建设"吕梁山生态脆弱区、太行山水源涵养区、百里汾河生态经济带"三大生态屏障，大力推进汾河流域生态修复和综合整治，重点实施涝？河、汾河尧都区吴村段等生态修复工程，打造绿色汾河，重现大河风光。全面推进采煤沉陷区、采空区、水土流失区、煤矸石山等重点区域生态环境治理修复工程，做好吉县、大宁、隰县、永和、蒲县、乡宁、洪洞、翼城8个县地质灾害详查治理工作。

四是厚植开放，做好改革开放文章。围绕重点领域和关键环节，全面提升改革开放水平。全面深化各项改革。坚持以经济体制改革为牵引，统筹推进重点领域关键环节的改革。扎实推进行政审批制度改革,加快建设"一张网络""两个平台""五大功能""四级联办"的政务服务网络平台,构建规范的公共资源交易体系。深化商事制度改革,推广"五证合一、一照一码"登记模式,全面实现企业网上注册登记。深化投融资体制改革,大力推广政府和社会资本合作(PPP)模式,探索和创新投融资渠道,进一步健全完善市投融资平台法人治理结构,努力实现上市融资。稳步推进农村综合改革,分类推进农村集体资产确权到户和股份合作制改革,建设农村产权流转交易市场体系,加快推进集体产权制度、国有林场、水权制度、小型水利工程产权和农业水价改革,健全农业保险制度,积极推进全省深化集体林权制度改革古县、乡宁县试点工作。深化财税体制改革,加大预算统筹力度,扩大预算公开范围。着力扩大对外开放。积极参与"一带一路"建设,主动融入京津冀、环渤海,加强黄河金三角、"黄河几字湾"、中原经济区等区域交流合作,加大口岸、保税区、电子商务等功能性开放平台建设力度,建立临汾航空口岸、铁路口岸,加快临汾综合保税区申报建设,拓展对外开放新空间。加快承接东部沿海地区加工贸易产业转移步伐,围绕机电、铸造等优势产业,大力推进华翔JDH、侯马开发区宏凯集团电子类产品综合产业基地等项目建设,做大外向型经济。

五是推进共享,做好民生改善文章。坚持以人民为中心的发展思想,统筹做好各项民生工作。大力发展文化事业。围绕文化强市目标,加快文化基础设施建设,重点启动市广电中心、文化中心和美术馆项目,推进市非遗传承基地项目建设,推动县级"四馆一场一院"建设;践行社会主义核心价值观,着力打造文化精品,发展品牌节庆活动、品牌群众文化活动、品牌群众体育活动等品牌活动。优先发展教育事业。按照学前教育协调发展,义务教育均衡发展,普高教育内涵发展,职业教育大力发展,民办教育健康发展的思路,以党政一把手教育考核和"三优"培养评选为抓手,重点实施教育五大工程,打造临汾教育"升级版"。实施学前教育奠基工程,坚持公办民办并举,基本建成以公办园和普惠性民办园为主体的学前教育公共服务体系,逐步解决入园难、入园贵的问题。实施义务教育均衡工程,到2018年,未完成国家义务教育均衡验收认定的12个县市区全面完成均衡达标验收。

实施普通高中教育提升工程,优化普通高中发展格局,打造一批在全国、全省叫得响的一流普通高中,创建一批有强项、有内涵的特色普通高中。实施职业教育接轨工程,坚持"两调三优化"原则,调布局、调结构,优化专业设置、优化师资队伍、优化办学条件,强化校企联合,实现中等职业教育与经济转型接轨。实施高等教育园区、校区建设工程,启动市区各级各类公办职业学校资源整合工作;建成山西师大和师大临汾学院新校区,全面提升高等教育发展水平。发展特殊教育,夯实成人教育,规范发展民办教育。加快发展卫计事业。坚持深化医药卫生体制改革,巩固县级公立医院综合改革成果,全面启动市直公立医院改革。完成市第三人民医院、市精神病医院迁建等项目建设。提升县级医院服务能力,到2020年,所有县级综合医院全部达到二级甲等以上标准。健全农村三级卫生网络,积极推进分级诊疗。积极发展中医药事业,到2020年,70%的县级中医院达到二级乙等以上标准。大力开展爱国卫生运动,全面推进国家卫生城市(县城、乡镇)创建工作,力争到2020年实现国家卫生城市(县城)全覆盖,国家卫生乡镇达到20%以上。做好全面两孩政策实施前后的衔接工作,基本实现流动人口基本公共卫生计生服务均等化全覆盖。全面加强疾病预防控制和妇幼健康服务网络建设,普及健康教育知识,引导广大群众形成良好的卫生习惯和健康生活方式。完善社会保障体系。稳步提高社会保障待遇水平,鼓励有条件的县提高城乡居民基础养老金。探索完善被征地农民社会保障政策,稳妥推进城乡居民基本医疗保险整合工作。健全失业保险待遇与物价水平联动调整机制。实施困难残疾人生活补贴和重度残疾人护理补贴制度。大力推进保障性住房建设。完善重特大疾病医疗救助政策。加快发展养老事业，落实经济困难的高龄与失能老年人补贴以及百岁以上老年人补贴新标准。提升城乡社会救助水平，编密织牢困难群众基本生活安全网。

各位代表，改善民生是政府一切工作的出发点和落脚点，我们就是要从群众最关心、最迫切的事情做起，把关系民生的工作一项一项抓紧抓好、一件一件落到实处，让人民群众感受到更多的获得感，更强的幸福感！

在做好上述工作的同时，我们还要深入推进国家信息惠民城市试点建设，深入开展“双拥共建”活动，做好国防动员、人民防空、民兵预备役工作；支持工会、妇联、共青团、工商联等人民团体工作；统筹审计、统计、工商、质监、食药监、集体经济、档案、气象、水文、地震、地方志、民族宗教、外事侨务、对台、老龄和残疾人等各项工作。

各位代表，“凡是过去，皆为序章”，临汾的发展前后相续，今天的奋斗将成就明天的荣光。当历史的航船驶入2020年，我们的城市将成为一座产业高端、经济繁荣的实力之城，活力迸发、引领未来的创新之城，文化深厚、生态宜居的品质之城，成果共享、全面小康的幸福之城，临汾的明天一定会更加美好！

各位代表，今年是“十三五”开局之年，做好今年的各项工作，意义十分重大。当前已进入四季度，从我市面临的形势看，完成今年的各项工作目标，任务艰巨。我们将紧紧盯住省下达我市的4大类59项目标任务，盯住重点工程、重点项目、重点工作，强化项目开工“百日攻坚”行动、工业振兴行动、旅游产业发展等工作措施，扎实做好产业转型、脱贫攻坚、城乡建设、安全稳定、环境保护、民生保障等各项工作，不断巩固经济“稳”的基础，保持“增”的态势，努力为“十三五”开好局、起好步。

三、加强政府自身建设

未来五年，临汾的发展任务特别繁重、责任十分重大，做好政府各项工作，加强政府自身建设至关重要。我们必须牢固树立政治意识、大局意识、核心意识、看齐意识，在市委的正确领导下，把全面建成小康社会使命扛在肩头，把全市人民的冷暖忧乐放在心头，不忘初心，继续前进。

建设人民政府。始终坚持人民政府为人民的理念，把群众的需求作为政府工作的方向，认真听取群众的意见建议，切实解决群众反映的热点、难点问题，下大力气抓好民生实事落实，让政府工作更加符合群众意愿、满足群众需求。牢固树立为民意识，认真践行全心全意为人民服务的宗旨，时刻牢记手中的权力是党和人民赋予的，真正做到以人为本、执政为民。自觉接受人大的法律监督、工作监督，积极执行人大决议决定，主动向人大报告工作，认真办理人大代表的议案、建议。主动接受政协民主监督、群众监督和舆论监督，广泛听取各民主党派、工商联和无党派人士意见，大力推进政务公开，让权力始终在阳光下运行。

建设法治政府。认真贯彻落实国家《法治政府建设实施纲要(2015—2020年)》，严格按照法定权限、法定程序和权力清单、责任清单履职尽责，将政府全部工作纳入法治轨道。健全依法决策机制，完善专家参与论证重大行政决策制度，实现规范性文件备案审查、网上公开、即时清理，促进决策科学化、民主化和规范化。全面落实行政执法责任制和责任追究制度，加强政府部门综合执法能力建设，规范行政执法行为。积极推行政府法律顾问制度，切实增强依法决策、依法行政的能力和水平，不断提高政府执行力和公信力。

建设效能政府。坚持把转变政府职能作为深化行政体制改革的核心，坚决取消一切束缚经济社会发展的行政权力，坚决砍掉各类无谓证明和繁琐手续，精简办事程序，缩短办理时限，努力提高办事效率，着力优化发展环境。加强市政务服务中心建设，推进“互联网＋政务服务”模式，切实提高政务服务质量与实效。加快电子政务建设，推进无纸化办公，健全完善电视电话会议、网络视频会议等系统，合理控制会议数量与规模。加快工作节奏，强化压力传导，强化督查问效，健全完善考核机制，做到有工作必有要求，有要求必须督查落实。大力推行“1371”工作法，“1”是市委、市政府部署的重大事项，要在当天研究、当天安排，做到事不过夜；“3”是3天内要反馈具体办理情况；“7”是一般问题要在7天内解决；第二个“1”是重大问题要在1个月内提出解决方案，切实提高工作效率，推动各项工作落实。

建设担当政府。强化为官必为的意识，把心系群众、服务群众作为履职尽责的“指南针”，把全部心思精力集中到干事创业、推动发展上。市政府班子带头做起，深入项目工地、企业车间、田间地头，解难题、办实事。面对产业转型、城市建设、环境整治、扶贫攻坚、社会治理等繁重任务，深入开展千名干部入企服务，迎难而上，勇于担当，以踏石留印、抓铁有痕的作风，啃硬骨头，打攻坚战，致力破解瓶颈制约，带动活跃发展全局。提高为官会为的能力，切实加强自身学习，全面提升干事创业的能力和水平。完善市政府集体学习制度，建立政府智库，定期邀请专家学者，开展针对性学习研究。持续举办政府系统领导干部能力提升系列讲座，加强干部政治理论、金融、法律、科技、互联网等方面的学习和培训，提升广大干部的理论素养、专业水平和法治意识，优化政府工作人员知识结构、能力结构，努力建设一支政治坚定、能力过硬、作风优良、奋发有为的高素质干部队伍。增强为官敢为的担当，遇“事”不躲，遇“难”不惧，坚决破除思维僵化、墨守成规的思想，破除体制机制障碍，大力弘扬探索创新、敢为人先的精神，勇于突破传统思维定式，敢于吃螃蟹破藩篱，善于汲取他山之石，努力破解招商引资、项目建设、体制机制创新等发展难题，不断开创各项工作的新局面。问责为官不为的行为，健全督查问责机制，加大追责力度，坚决整肃庸政懒政怠政行为，促使广大干部在其位谋其政，敢于担当，积极作为。敢为为官有为的负责，健全激励机制和容错纠错机制，给改革创新者撑腰鼓劲，营造支持改革、鼓励创新、宽容失败的良好环境，激励党员干部敢于担当、依法作为。

建设廉洁政府。全面落实政府党风廉政建设主体责任，坚持挺纪在前，认真贯彻《党章》、《准则》和《条例》，严守政治纪律、组织纪律、廉洁纪律、群众纪律、工作纪律和生活纪律。严格执行会务费、差旅费、培训费等财经管理规定，狠抓变相公款吃喝、公款旅游、公款送礼等作风新问题，进一步堵塞制度漏洞。加强党风廉政教育，净化政府工作人员朋友圈，建立“亲”“清”新型政商关系，坚决做到慎言、慎行、慎情、慎欲、慎友，筑牢拒腐防变的思想道德防线。巩固“三严三实”专题教育成果，扎实开展“两学一做”学习教育。坚决落实中央“八项规定”和国务院“约法三章”，持续狠刹“四风”，厉行勤俭节约、反对铺张浪费，严控“三公”经费，强化行政监察和审计监督。加大违纪违法案件查办力度，严肃查处发生在群众身边的腐败问题，做到有腐必惩、有贪必肃，确保干部清正、政府清廉、政治清明。

各位代表，实干托起梦想，奋斗铸就辉煌。让我们在省委、省政府和市委的坚强领导下，在市人大、市政协的监督支持下，凝神聚力，改革创新，攻坚克难，扎实工作，为加快“三个强市”建设，决胜全面小康，实现振兴崛起，建设富裕、文明、绿色、幸福新临汾而努力奋斗！

临汾市人民代表大会常务委员会工作报告

——2016年10月12日在临汾市第四届人民代表大会第一次会议上

徐 树 荣

过去五年工作回顾

五年来,市人大常委会在中共临汾市委领导下,认真学习党的十八大和十八届三中、四中、五中全会精神,深入学习贯彻习近平总书记系列重要讲话精神,坚持党的领导、充分发扬民主和严格依法办事有机统一,共召开7次人代会、47次常委会会议、49次主任会议,听取审议"一府两院"和政府部门116项工作报告,重点对42部法律法规贯彻实施情况进行执法检查,对法检"两院"和政府30多个工作部门开展工作评议和专题询问,作出或制定71项决议、决定及规范性文件,任免干部392人(次),为推动全市经济建设、政治建设、文化建设、社会建设和生态文明建设作出了积极贡献。

一、坚持发展第一要务,服务全市工作大局,推动经济建设重大部署贯彻落实

五年来,常委会坚持以经济建设为中心,把推动市委重大决策实施和经济转型发展作为着力点,依法履职,科学履职,主动履职,始终与市委思想同心,目标同向,工作同力。

(一)推动经济结构战略性调整,促进全市经济稳中有升

坚持定期听取审议计划、预决算、审计及查出问题整改报告,支持政府工作,共同应对挑战。提出进一步适应、把握和引领经济新常态,以提高经济发展质量和效益为中心,稳增长、促改革、调结构、惠民生、防风险,促进经济持续健康发展和社会大局稳定。依法加强对预决算审查监督,推动政府建立以绩效为导向的支出安排机制,提高财政资金使用效益。去年,在对一般公共预算、政府性基金预算、国有资本经营预算审查监督的基础上,首次将社保基金收支变动情况纳入范围,使"全口径"审查更加严格规范。强化部门预算审查,对90个部门260个二级预算单位,在人代会上进行审批,努力为人民管好"钱袋子"。市政府及相关部门高度重视计划、预决算、审计及查出问题整改报告的意见,落实整改纠正力度逐年加大,接受人大监督意识普遍增强。听取审议"十二五"规划实施、文化旅游产业发展、非物质文化遗产保护等多项报告,推进产业转型升级。听取审议精简行政审批事项、农村土地经营权流转情况报告,进一步激发市场活力。审议市级煤炭可持续发展基金投资计划调整议案并作出决议,为生态治理、民生改善、转型发展提供资金保障。听取审议滨河西路与彩虹桥立交等六座立交桥、山西师大、市委党校整体搬迁和规划三街建设投融资项目列入年度财政预算的议案,全力支持政府施行投资建设计划,全市基础设施和重大工程建设取得突破性进展。围绕"三个突破"实施监督,听取审议金融振兴发展情况报告,提出要发挥政府融资平台作用,解决"融资难、融资贵"问题,支持实体经济发展;听取审议民营经济发展情况报告,督促政府完善政策措施,破解民营企业市场准入难、发展环境欠优、产业结构单一、资金人才匮乏等瓶颈制约,提振民营企业家信心;听取审

议全市科技创新专项报告，并深入高新技术企业、科技研发中心专题调研，就发挥科技在转方式、调结构的支撑引领作用提出意见建议。

(二)推动“百里汾河生态经济带”“百里汾河生态文明保护区”建设，加快实现沿汾崛起

根据市委的决策，先后两次在人民代表大会上就汾河生态建设与保护，向大会提交议案，作出决议，通过法定程序，上升为全市人民共同意志。围绕决议的实施，常委会先后召开12次会议，审议市政府及相关部门专项报告13个，就规划编制、园区建设、用地保障、资金筹措、产业转型等认真进行审议。实行“每季一督查、每次有主题”，组织市人大常委会组成人员、各级人大代表，16次对经济带和保护区内基础设施、河道修复、生态绿化、水源地保护、文化旅游等开展实地督查、考察、调研。市县两级政府加强领导，组织协调，全力推进；沿线群众积极参与，勇于实践，合力攻坚，经济带和保护区建设取得突破，列入国家《晋陕豫黄河金三角区域合作发展规划》。五年来，常委会始终围绕中心、服务大局，持续发力、持之以恒，使汾河生态建设与保护工程依法有序推进。

(三)推动煤炭资源整合、重点工程实施、公路交通建设，使之取得实质性成效

随着煤炭资源整合后续工作的推进，一些遗留问题和深层次矛盾显现，常委会适时深入尧都、洪洞、乡宁等8个重点产煤县20余家煤矿企业进行调研，掌握梳理出支付补偿价款不到位、复工复产步伐缓慢、当地群众利益得不到保障等16个问题，在常委会会议上向煤炭局、国土资源局等9个部门主要负责人，面对面进行专题询问。常委会持续监督、跟踪问效，次年，听取市政府整改情况报告，推动全市煤炭产能加快释放，安全基础得以巩固，为煤炭经济稳步增长奠定基础。项目建设是提升经济总量、优化产业结构的重要载体。针对项目实施中用地矛盾突出、工程进展缓慢、审批办理滞后等14个问题开展专题询问，推动“六位一体”工作落实，临汾新医院、民航机场、大西高铁站前广场等一批重大工程如期交付使用。公路交通建设是经济社会发展的“动脉”。常委会听取“十二五”期间公路交通建设进展情况报告，实地调研，召开座谈会，针对工程进度慢、资金来源少、工程周期长等问题进行专题询问，推动土门高速连接线、霍永高速公路、滨河东路南北贯通等一批交通建设工程顺利完工。

二、秉持人民共享理念，重视民生保障改善，增进人民群众获得感和幸福感

五年来，常委会始终践行以人民为中心的发展思想，把保障和改善民生摆在更加突出的位置，支持政府回应人民期待，补齐民生“短板”，推动解决人民群众最关心最直接最现实的利益问题。

(一)以民生为先开展专题询问

市区交通不畅，车辆拥堵严重，出行难、停车难是城市交通管理的突出问题。食品药品安全是社会普遍关注的热点问题。2012年，常委会在全省首开专题询问先河，针对这两个突出民生问题，对14个部门进行专题询问，形成审议意见，并跟踪问效、督查落实。当年，市财政安排2800万元专项资金一次性购置60辆城市公交车，安排3800万元对主要交叉路口进行拓宽改造，有效缓解了交通拥堵的状况。市政府完成了17个县(市、区)食品药品监管机构设置，加强重点场所、重点食品的专项整治，全市食品药品安全形势总体稳定向好。学前教育和扶贫开发事关人民切身利益。2014年，常委会对这两项议题进行了专题询问，去年，又对整改情况进行跟踪监督，并深入实际、深入群众，听民声、查不足，严督办、促落实，使“入园难、入园贵”的状况有所改善，精准扶贫扎实推进。实践证明，专题询问是行之有效的监督手段，问答双方在对话中直面问题，在互动中化解疑问，在交流中形成共识，使代表关心、群众关切、社会关注的问题得到有效解决，省人大总结推广我市经验。

(二)以民生为重进行工作评议

“环境就是民生，青山就是美丽，蓝天也是幸福”。常委会持续关注生态环境治理，重点推动全市大气、水环境质量改善和林业生态建设。市县两

级人大常委会持续开展“平阳环保行”活动，对环境保护、林业生态建设联动开展工作评议，指出市区大气污染尚未根本解决、农村环境治理任务繁重、林业产业化发展不足等问题。市政府及环保、林业部门以污染防治和生态建设为重点，采取强措施，拿出硬办法，创建了省级卫生城、园林城和环保模范城；造林绿化成效显著，集体林权制度主体改革全面完成，国有林场管理取得宝贵经验。

（三）以民生为要审议专项报告

就业是民生之本，社保是稳定之基，新农村建设是全面建成小康社会的“重头戏”。常委会听取审议就业和社会保障工作情况报告，就推进创业就业、社保全覆盖提出意见；听取审议全市保障性住房建设情况报告，支持市政府建立公平分配机制，确保困难群众安居得实惠；听取审议新型农村合作医疗保险情况报告，要求优化新农合补偿方案，加快支付方式改革，让参合农民更方便、更放心；听取审议全市农村新“五个全覆盖”工程进展情况报告，提出审议意见，推动新一轮民生工程有效实施，取得阶段性成果。

常委会高度重视人民群众来信来访工作，五年来共受理 5650 件（次），其中来信 1479 件，来访 4171 件（次），全部及时交办、转办，加强对典型和共性问题的跟踪监督，化解了社会矛盾，促进了和谐稳定。

三、维护宪法法律权威，营造良好法治环境，扎实推进法治临汾建设

五年来，常委会因势而谋、因势而动、因势而进，全面贯彻落实市委《关于加快推进法治临汾建设的实施意见》，努力推动法治成为全社会最大公约数。

（一）推进宪法实施

习近平总书记在十八届四中全会上指出，“必须把宣传和树立宪法权威，作为全面推进依法治国的重大事项抓紧抓好，切实在宪法实施和监督上下功夫”。常委会把 2015 年作为“学习宣传贯彻宪法年”，连续举办 4 次宪法专题讲座，邀请国家及省知名专家学者对市人大常委会组成人员、政府部门及“两院”负责人进行培训，对任命人员进行宪法知识考试，促进“关键少数”做尊法学法守法用法的模范。在机关、学校、企事业单位、社会组织中广泛开展宪法知识竞赛，大力开展“国家宪法日”活动；听取审议“六五”普法进展情况报告，作出审议意见，引导“最大多数”树立法治观念，提升法律素养。认真落实宪法宣誓制度，先后 8 次组织新任命的 53 名国家工作人员公开向宪法宣誓，通过庄严的仪式化表达，激励大家做宪法的忠实信仰者、自觉实践者和坚定捍卫者。积极开展地方立法权申请工作，顺利通过立法评估，今年 3 月市人代会表决产生法制委员会，我市即拥有了地方立法权，与监督权、重大事项决定权、人事任免权一起，标志着我市人大及其常委会职能更加完备，法治临汾建设取得里程碑意义的重大进展。

（二）推进依法行政

常委会作出《关于加强和改进人大监督工作的决定》，强化对权力运行的监督和制约，抓住“依法确权”这一首要环节，按照“职权法定”原则和“权责一致”要求，推动法治政府建设，确保法定职责必须为、法无授权不可为。坚持听取专项报告满意度测评、专题询问、规范性文件备案审查等监督工作“三个常态化”。依法对《水土保持法》《安全生产法》《职业教育法》《防震减灾法》《未成年人保护条例》《宗教管理条例》等 42 部法律法规执行情况进行执法检查。坚持党管干部与人大依法任免干部相统一，对任命人员严把任前法律考试关、任中供职审议关、任后履职交账关，促进领导干部依法行政。完善“三账”监督机制，将年初建账、年中查账和年底交账满意度测评实行“三公开”，接受人大代表和社会监督。坚决落实市委人事安排意图，始终保持鲜明政治态度，依法罢免严重违法违纪人员，共任免、决定任免国家机关工作人员和接受辞职 392 人（次），依法罢免省人大代表 2 人、市人大代表 8 人，许可采取强制措施 3 人。

（三）推进公正司法

常委会听取审议公检法部门关于执法规范化建设、刑事审判、反贪污贿赂情况专项报告，加强司法监督。对市区新建整合视频监控系统进行专项考察，推动社会治安防控体系创新。重点监督市中级法院司法公开情况和市检察院“规范司法行为、强化法律监督”工作情况，组成专项督查组，深入法检“两院”听取汇报、查阅案件、旁听庭审、连续监督、反馈意见、推动整改。市法院实施“三大平台”建设，突出“六项公开”工作，以司法公开倒逼法官素质提升，有效保障人民群众知情权、参与权、监督权；市检察院着力解决影响司法行为规范的深层次问题，转变检察工作模式，加大检务公开力度，使司法行为进一步规范。通过对司法活动的监督，努力让人民群众在每一件司法案件中都感受到公平正义。

四、尊重代表主体地位，强化履职服务保障，发挥代表联系群众凝心聚力作用

五年来，常委会加强同人大代表和人民群众的联系，加大建议督办力度，丰富代表活动内容，激发代表履职热情，代表工作迈上新台阶。

（一）强化代表建议督办

常委会制定出台并着力落实“三公开两见面”办法，在建议“提得好、交得准、办得成”上下功夫，将建议内容、办理结果以及重点建议办理满意度测评情况予以公开，同时要求承办单位，在办理过程中和办结后都要与代表见面沟通，变“文来文往”为“人来人往”，变“关门办理”为“开门问计”，变“答复型”为“落实型”，真正使政府得民心，群众得实惠。针对代表提出的解决偏远山区农民看病难的建议，承办单位赴贫困县开展调研，主要负责人多次和领衔代表沟通，研究出台了加强基层医疗卫生巡诊工作意见，通过县乡村卫生服务协作和对口支援方式，方便群众看病就医。常委会每年从事关产业转型、民生改善、环境治理等建议中确定重点，由主任、副主任带队，领衔代表参加，到承办单位面对面督办，并在常委会会议上听取办理情况报告，进行满意度测评。五年来，常委会共交办代表意见、建议741件，重点督办70件，使代表的真知灼见越来越多地转化为加快发展的生动实践。

（二）丰富闭会期间代表活动

开展代表跨行政区域交叉考察，组织选举单位代表在山区县和平川县之间交流互动，听取当地政府汇报，实地调研考察，使代表开阔眼界，增长见识，从全市大局出发思考问题，提出意见建议。健全代表小组活动机制，市县两级人大代表开展活动，普遍达到了有阵地、有载体、有制度等“六有”要求。指导25个市代表活动小组和3个省代表活动小组开展活动，通过集中学习、座谈交流、考察调研、走访群众等，不断创新方式、丰富载体，坚持调研抓“热点”、考察抓“重点”、监督抓“难点”，代表活动有声有色，富有成效。扩大代表对常委会工作的参与，有计划地邀请省、市人大代表列席常委会会议，参加有关考察调研、专项督查、执法检查等活动，保证本届任期内每位市人大代表至少列席一次常委会会议或参加一次考察调研活动。

（三）强化履职服务保障

落实代表活动经费，对无固定工资收入的代表发放履职补贴。及时向代表通报常委会和“一府两院”重要工作及重大活动情况，组织省人大代表赴太原等地参加履职培训。邀请全国人大专家在洪洞、曲沃、吉县分片区对全体市人大代表进行集中培训，部分县乡人大代表也一同参训，提升代表履职能力。落实密切联系代表制度，健全代表履职档案，对代表执行职务情况进行通报，完善代表监督激励和履职考核机制。

五、固本强基提升能力，全面加强自身建设，树立地方国家权力机关良好形象

五年来，常委会以强化政治素质，提高履职能力，转变工作作风，完善工作机制为重点，保障地方国家权力机关职能有效发挥。

（一）扎实开展学习教育，打造坚强政治机关

认真学习贯彻习近平总书记系列重要讲话精神，召开党组中心组学习会议71次，坚定中国特色社会主义道路自信、理论自信、制度自信、文化自

信，确保人大工作正确政治方向。深入开展党的群众路线教育实践活动、“三严三实”专题教育、学习讨论落实活动、“两学一做”学习教育，增强政治意识、大局意识、核心意识、看齐意识，坚定理想信念，保持绝对忠诚，勇于担当作为，始终廉洁自律。制定出台了市人大常委会组成人员联系基层市人大代表、市人大代表联系所在选区县(市、区)人大代表、市人大机关联系扶贫点的“三联”办法，使常委会各项工作更加接地气、顺民意。严格贯彻落实中央八项规定，坚决反对“四风”，积极推进作风转变。常委会党组牢固树立“抓党建就是抓关键”理念，认真贯彻从严治党要求，严格落实“两个责任”，强化“一岗双责”，使党的建设不断加强，为推进人大工作提供了坚强有力的政治保证。

(二)健全完善规章制度，锤炼过硬干部队伍

常委会制定出台《常委会组成人员守则》《加强调查研究工作的意见》《加强学习型机关建设的意见》等22项制度；加强人大理论研究和宣传工作，利用临汾人大杂志、人大网站、常委会公报等宣传人大工作成效和人大代表风采。大力提高机关工作人员的综合素质、业务能力和服务水平，一批干部得到培养、锤炼和成长。常委会机关连续五年被评为“市级文明单位”，巩固了充满活力、务实高效、管理有序、风清气正的良好局面。

(三)加强对基层工作的指导，夯实国家政权基础

县乡人大是基层国家权力机关，直接面对群众，关系党的执政基础。鉴于县乡人大工作与新形势、新任务不相适应，2014年8月，常委会开展“县乡人大工作集中调研月”活动，向市委提交情况报告。2015年，中央和省委先后下发加强县乡人大工作和建设的若干意见和实施意见，常委会迅速落实，召开市县乡三级人大座谈会，按照总结、继承、完善、提高的原则，提出了加强县乡人大工作的措施，使一些“老问题”有了“新解法”。中共临汾市委转发了《市人大常委会党组关于加强全市县乡人大工作和建设的实施意见》，对代表选举、开好会议、依法履职、自身建设等提出具体要求，为县乡人大开展工作提供了基本遵循和行动指南。

各位代表，过去的五年，市三届人大常委会工作不断得到新发展、取得新成效，主要得益于市委的高度重视和正确领导，得益于前两届人大常委会创造的条件、打下的基础，得益于人大代表、社会各界及全市人民的充分信任和大力支持，得益于市人民政府、市中级人民法院、市人民检察院的积极配合和共同努力，得益于常委会组成人员和机关全体人员尽职尽责、无私奉献。在这里，我代表市三届人大常委会表示崇高敬意和衷心感谢！

回顾五年来的工作实践，我们进一步加深了对人民代表大会制度和人大工作规律性的认识，深深体会到，做好人大工作：

——*必须坚定不移忠于党、忠于人民、忠于宪法，始终坚持正确政治方向*。坚持党对人大工作的绝对领导，重大问题及时请示、重要事项及时报告，坚决维护市委总揽全局、协调各方的核心地位。始终把人民放在心中最高位置，努力实现好维护好发展好人民群众根本利益；维护宪法权威，捍卫宪法尊严，推动全社会内心拥护和真诚信仰法治。

——*必须坚定不移积极作为、奋发有为、善作善为，为全面建成小康社会贡献力量*。要充分发挥人民代表大会制度优势和职能作用，正确处理与“一府两院”的关系，主动沟通，加强联系，既有合理分工，又有相互协调，做到履职不错位、支持不越位、尽责不缺位，寓支持于监督之中，在良性互动中，形成推进工作的合力，凝聚改革发展的强大力量。

——*必须坚定不移适应新常态、把握新要求、应对新挑战，以务实创新精神推进事业发展*。我们在实践中探索，在探索中创新，率先对所有乡镇人大工作进行指导，在县级人大常委会最先告别“举手表决”；开展代表跨行政区域交叉考察，实行市县乡三级工作联动，推行监督工作“三个常态化”“三账”监督“三公开”、代表建议办理“三公开两见面”等。只要审时度势，与时俱进，不断创新，就能使人大工作更好地体现时代性、把握规律性、富于创造性。

——*必须坚定不移心系代表、依靠代表、激励*

代表,为人大工作提供不竭动力。人大工作的基础是代表,实效在代表,活力靠代表,潜力看代表。离开了人大代表的参与,人大及其常委会的工作,就是无源之水、无本之木。要充分发挥代表参与决策、监督推动、桥梁纽带和模范带头作用,不断为人大工作注入生机和活力。

——必须坚定不移重视基层、指导基层、支持基层,共同推动人民代表大会制度完善发展。健全的县乡人大工作机制、充满活力的县乡人大工作,更能让人民群众感受到人民代表大会制度的优越性。加强县乡人大工作,是新形势下推进社会主义民主法治建设的重大基础性工程,要充分发挥基层国家权力机关和人大代表的重要作用,把人民代表大会制度这一根本政治制度坚持好、完善好、发展好。

在肯定成绩、总结经验的同时,我们也清醒认识到,常委会工作与新形势新任务要求相比,与各位代表和人民群众期望相比,还存在着差距,主要是:综合运用法定职权发挥人大职能作用还需进一步探索;监督工作针对性、实效性还不强,跟踪监督力度还不够;代表工作还需改进,在增强代表履职意识、履职能力方面还需提高;人大常委会自身建设有待加强,工作作风仍需持续改进。

对今后人大工作的建议

各位代表,市四届人民代表大会已经组成,常委会也即将选举产生。我们建议,新一届人大常委会要在中共临汾市委的领导下,认真学习习近平总书记系列重要讲话精神,全面贯彻党的十八大和十八届三中、四中、五中全会精神,按照省委"一个指引、两手硬"的重大思路和要求,深入贯彻落实市四次党代会精神,围绕市委提出的"345"战略,坚持党的领导、充分发扬民主和严格依法办事有机统一,依法履职、奋发作为,为决胜全面小康,实现振兴崛起,建设富裕、文明、绿色、幸福新临汾提供坚强法治保障。为此,建议做好以下五方面工作:

一、全面贯彻市四次党代会精神,在决胜全面小康的伟大征程中有新作为

市四次党代会描绘了我市未来五年的发展蓝图,这是中央"五位一体"总体布局、"四个全面"战略布局、"五大发展"理念和省委"一个指引、两手硬"重大思路和要求在临汾的具体体现,是市委基于当前形势和任务作出的重大决策,是全面建成小康社会在临汾的生动实践,标志着我市改革发展开启新篇章,迈上新征程。市四届人大及其常委会要不辱使命、不负重托,紧紧围绕这个中心和大局,切实担负起推动市委重大决策贯彻落实的责任,充分发挥人民代表大会制度广泛联系人民群众的优势,最大限度地调动全市人民的积极性、主动性和创造性,最大限度地凝聚全市人民团结奋进、推动发展的智慧和力量,为开创我市经济社会发展新局面做出积极贡献。

二、积极开展地方立法工作,在提高立法质量和水平上有新进展

在城乡建设、环境保护、历史文化等方面制定出台具有地方特色、务实管用的地方性法规,是四届人大常委会一项全新的工作。要在市委的统一领导下开展立法工作,充分实现市委的决策意图;健全人大主导立法工作机制,扩大公民对立法的有序参与,增强民意和认同基础;坚持问题导向,提高立法的针对性、及时性、可操作性,发挥立法引领和推动作用,要制定近期立法计划和五年立法规划;按照科学化、程序化相统一原则,建立健全法规起草调研、听证论证、征求意见、会议审议、新闻宣传等机制,努力使每一项立法都符合宪法精神,反映市情民意,保障改革发展。

三、着力加强监督工作,在履行法定职责上有新成效

人民代表大会制度的重要原则和制度设计的基本要求,就是任何国家机关及其工作人员的权力都要受到制约和监督。要围绕市委提出的"345"战略和"十三五"规划,强化工作监督和法律监督,在产业转型升级、文化旅游融合、城乡一体推进、生态环境保护、优先保障民生、社会治理创新等方面听取专项报告，开展考察督查，特别是要在脱贫摘帽、项目建设、优化环境、总体安全上，综合运用法定职权进行重点监督，切实推进经济强市、文化强市、生态强市建设。健全邀请人大代表和人民群众参与监督机制，完善程序，加大力度，增强实效。行使好重大事项决定权，遵循法定性、全局性、民主性、可行性原则，适时作出决议决定。坚持市委推荐干部与人大常委会依法任免干部的有机统一，为经济社会发展提供组织保障。

四、切实改进代表工作，在发挥代表作用上有新提高

扩大代表对常委会工作的参与，保障代表知情知政；进一步完善代表议案、建议办理机制，提高办理效率和质量；有效开展闭会期间活动，创新方式、丰富内容、增强实效；营造全社会尊重代表、支持代表依法履职的良好氛围，保障代表的合法权益不受侵犯；切实加强代表履职培训，密切代表与人民群众的联系，真心听民声，尽心代民言，多方汇民智，倾力解民忧，使人民的意志更好地通过人民代表大会这一主要民主渠道得以实现。

五、大力加强自身建设，在提高履职能力上有新突破

要充分发挥常委会党组核心作用，落实全面从严治党责任，自觉践行"三严三实"和"两学一做"，严守政治纪律和政治规矩，确保人大工作正确的政治方向。重视组成人员和机关干部队伍自身建设，不断提高思想政治素质，提高依法履职、服务保障能力。加强对县乡人大工作的指导，健全适合地方国家权力机关特点、充满活力的工作运行机制，充分发挥人大及其常委会作为国家权力机关、工作机关和代表机关的作用。

各位代表，"积力之所举，则无不胜；众智之所为，则无不成"。让我们在中共临汾市委的坚强领导下，把使命扛在肩上、责任刻在心头、任务抓在手中，同心同德，群策群力，攻坚克难，务实奋进，为决胜全面小康，实现振兴崛起，建设富裕、文明、绿色、幸福新临汾作出新贡献！

临汾市中级人民法院工作报告

——2016 年 10 月 13 日在临汾市第四届人民代表大会第一次会议上

翟 瑞 卿

五年来工作回顾

过去的五年，是我市积极作为、成效显著的五年，也是全市法院担当尽责，取得明显进步的五年。五年来，在市委的正确领导下，在市人大及其常委会的有力监督和市政府、市政协及社会各界的关心支持下，全市法院认真贯彻落实党的十八大和十八届三中、四中、五中全会精神，深入学习贯彻习近平总书记系列重要讲话精神，始终坚持服务大局、司法为民、公正司法，忠实履行宪法法律赋予的职责，充分发挥审判职能作用，全面加强法院自身建设，为全市经济社会发展做出了应有的贡献。

一、坚持服务大局，认真履行各项审判职责

五年来，全市法院认真贯彻市委各项决策部署，紧紧围绕全市经济社会发展大局，积极服务、勇于作为，加强司法应对，充分发挥审判职能作用。

2011年至2015年,全市两级法院共受理各类案件139734件,比前五年上升24.86%;年均结案率为96.40%,比前五年上升0.3%。市中级法院共受理各类案件18798件,比前五年上升17.65%;年均结案率达到97.66%,比前五年上升0.26%。今年1月至9月,全市两级法院共受理各类案件28956件,比上年同期上升13.83%。市中级法院受理各类案件3134件,比上年同期上升1.82%。在审判压力不断加大、审判任务日趋繁重的形势下,我们坚持迎难而上、改革创新,着力提高审判质量和办案效率。今年,市中级法院被最高法院确定为全国法院家事审判方式和工作机制改革试点单位;以审判为中心的刑事诉讼制度改革,走在全省法院前列;“用两到三年时间基本解决执行难”工作,被省高院确定为全省示范法院。两级法院司法能力建设、基层基础建设、案件管理信息化等各方面工作卓有成效,为全市法院开创新局面奠定了良好的基础。

刑事审判工作。坚持以维护社会治安秩序、确保人民群众生命财产安全为重点,严格执行刑事法律和刑事司法政策,维护社会和谐稳定,促进平安临汾建设。五年来,两级法院共审结各类刑事一审案件13197件(其中市中级法院审结432件),中级法院审结刑事二审案件2024件,依法给予刑事处罚14868人,其中判处五年有期徒刑以上刑罚1626人。依法严厉惩处故意杀人、故意伤害以及抢劫、抢夺、盗窃等侵犯公民人身权利、财产权利的犯罪,维护人民群众合法权益,增强人民群众的安全感。依法惩处涉枪涉爆、危险驾驶、交通肇事等危害公共安全的犯罪,维护公共安全,促进社会稳定。依法审理生产销售伪劣产品、集资诈骗、非法吸收公众存款等破坏社会主义市场经济秩序犯罪,规范市场秩序,促进公平竞争。充分发挥刑罚惩处功能,依法审结贪污、受贿、滥用职权等职务犯罪758件1086人,对腐败犯罪始终保持高压打击态势。

坚持宽严相济的刑事政策。对邻里纠纷、家庭矛盾引发的轻微刑事案件,全力化解双方的怨恨,促使双方和解。对情节轻微的初犯、偶犯和未成年犯,依法适用缓刑、管制、免予刑事处罚。对认罪服法,认真接受教育改造,真心悔改的服刑人员,依法予以减刑、假释。五年来,依法办理减刑案件8571件、假释案件130件,发挥刑罚的教育、感化、挽救功能。

民商事审判工作。随着改革开放的深入推进,民商事案件类型、疑难复杂程度出现了一些新的变化,为审判工作带来了较大的压力和挑战。全市法院加强司法应对,依法妥善化解各类民商事矛盾纠纷。五年来,两级法院共审结民商事一审案件93262件(其中,市中级法院审结537件),同比上升47.36%;中级法院审结民商事二审案件7405件,同比上升11.58%。

坚持把化解矛盾、定纷止争作为民商事审判工作的立足点,努力维护社会和谐稳定。两级法院依法妥善处理婚姻家庭、继承等家事案件38617件,关注弱势群体,加大对老人、妇女、儿童权益的保护,促进家庭和睦与社会和谐。依法审理人身损害赔偿、劳动争议、拖欠农民工工资等涉民生案件15349件,制裁侵权行为,保护农民工、城乡困难群众的合法权益,促进社会公平正义。依法审结土地流转、承包经营、农产品销售等涉农案件1684件,保护农民的合法权益,推进农业和农村经济发展。依法审理买卖合同、民间借贷等合同债务案件36404件,倡导依法经营、诚信交易,做到居中裁判、平等保护,确保市场经济规范有序。两级法院立足审判工作,坚持组织法官深入企业开展送法活动,为企业提供法律服务。抽调骨干力量,靠前服务,巡回办案,妥善处理重点工程、园区建设、城镇化发展中出现的各类纠纷,努力营造良好的发展环境。

行政审判工作。五年来,两级法院共审结行政一审案件921件,中级法院审结行政二审案件428件。坚持把保护合法权益、促进依法行政、化解行政争议作为行政审判工作的基本要求,关注群众诉求,推进行政机关负责人出庭应诉制度,依法稳妥审理行政案件,追求行政争议的实质解决。加强对具体行政行为合法性审查，维护行政相对人的合法权益。推进和落实行政机关负责人出庭应诉制度，加强与行政机关良性互动，促进依法行政。同时，从今年5月1日起，市中级法院从行政诉讼案件的特点出发，在全市法院实行行政案件跨行政区域管辖，由尧都区、侯马市、霍州市、洪洞县和襄汾县5个基层法院集中管辖全市17个基层法院的行政诉讼案件(其余12个基层法院仍然承担非诉行政案件的审查执行工作)，更好地维护行政相对人的合法权益，提高行政审判水平，确保司法公正，促进法治临汾建设。

二、牢记司法为民，努力满足人民群众多元司法需求

五年来，全市法院紧紧围绕司法为民、公正司法这条主线，认真践行司法为民根本宗旨，不断丰富和完善司法为民的各项举措，努力让人民群众在每一个司法案件中感受到公平正义。

*深化司法便民利民服务。*不断强化诉讼服务意识，坚持“硬件”与“软件”一起抓，不断提高诉讼服务质量。去年5月1日，全市两级法院统一标识、统一规范，成立诉讼服务中心，实现“一平台共享、一站式服务”，让人民群众能够“走进一个厅，事务一站清”。市中级法院诉讼服务中心设置接待、导诉、调解、立案和候诉等5大功能服务区，涵盖了诉讼引导、法律咨询、案件查询、立案登记、文书送达和审务监督等10多项服务功能，承担除庭审以外的全部服务项目。实行院、庭长在诉讼服务中心轮流值班接待制度，及时了解群众的诉求。安装便民自助查询系统(触摸屏)，当事人可使用身份证查询到在全市法院涉及自己案件的信息，并可自助复制相关材料，为人民群众提供综合性、低成本、方便、高效的诉讼服务。实行立案登记制，对符合法律规定的案件，做到有案必立、有诉必理，充分保障当事人的诉权。认真执行各项制度规定，为当事人减免缓诉讼费323件，对103名符合条件的困难群众进行了司法救助。深化涉诉信访改革，创新群众工作方法，先后接待来访群众6535人(次)，保障当事人依法行使申诉权利，积极化解各类矛盾纠纷。各基层法院加强繁简分流，依法适用简易程序、小额诉讼程序，减轻群众诉累。保障律师阅卷、辩护等权利，方便律师参与诉讼。两级法院开展预约开庭、巡回审判，涌现出了一大批急人民群众所急，想人民群众所需的“知心法官”，赢得了广泛好评。

*大力加强民事调解工作。*全市法院从思想认识、组织领导、制度机制、考核总结、经验推广等方面，高度重视和不断加强调解工作，做到案件一进门，调解紧相随，把调解贯穿于诉前、诉中、诉后，落实于庭前、庭上、庭下，执行于一审、二审、再审等诉讼全过程，积极引导当事人通过调解、和解等方式，高效便捷地化解民商事纠纷。我市法院民事调解工作位居全省法院前列，安泽县、隰县、浮山县、大宁县和永和县法院调解率曾达到95%以上。五年来，两级法院民商案件调解结案68673件，一大批复杂、疑难案件得到有效化解，收到了良好的社会效果。各基层法院认真指导人民调解、行政调解组织开展工作，普遍设立了人民调解窗口，建立了人民调解员库，健全和完善了诉调对接机制。人民法庭全部设立了人民调解工作室，积极做好矛盾纠纷预防和化解工作。襄汾县法院注重发挥诉调对接中心作用，加强诉前调解工作，2015年以来已调解各类民商事案件612件，及时、高效、便捷地化解了矛盾纠纷。

*积极探索家事审判方式和工作机制改革。*今年3月，最高法院确定我市中院为全国法院家事审判方式和工作机制改革试点单位。市中级法院制定实施了《关于家事审判方式和工作机制改革的方案(试行)》，两级法院同步启动家事案件试点工作。中级法院正式设立家事审判庭，基层法院全部组建了家事审判庭或合议庭，专门抽调经验丰富的法官承办家事案件，并吸收心理咨询师参与家事案件审判工作。两级法院从家事案件的特点出发，注重对婚姻、继承等家事案件当事人人格利益和情感纠纷的调处。在家事案件立案时，向当事人发放“温馨提示书”，提醒当事人要冷静、理性对待家庭纠纷。

在审判方式上,实行“圆桌审判”,为当事人创造融洽的调解氛围,减轻其抵触、对抗心理。在审判程序中,适当放宽审限,给予当事人一定的矛盾缓和期、感情和好期,促使当事人能够修补感情纠葛,破镜重圆。针对个案特殊情况,提前进行风险评估、分析研判,因案施策,有效地防止和避免了家庭矛盾激化。对家庭矛盾特别突出、容易引发恶性事态的案件,引入家事调查员、心理咨询师直接参与案件调处工作,积极动员当事人的亲戚朋友、基层组织、人民调解员以及乡镇司法所、妇联等各方面力量,共同参与调解工作,化解家事矛盾纠纷,促进家庭和睦,努力达到“家庭稳、社会安”的家事审判工作目标。在短短的三个多月时间里,两级法院家事审判方式和工作机制改革已取得初步成效,古县法院受理家事案件 38 件,已调解结案 15 件。曲沃县法院通过乡政府、民政部门、公安机关、村委会、人民调解组织等多方参与,圆满调解多起矛盾比较激化的家事案件。

着力解决执行难。坚持把解决“执行难”,实现权利人合法权益作为执行工作的目标。五年来,两级法院共执结各类执行案件 28630 件,比前五年上升 27%。认真开展了集中打击“拒执”犯罪、涉民生案件专项执行等活动,充分运用信息手段,网络查控、冻结被执行人的财产,有效提高了执行效率。两级法院执行指挥中心和查控中心从去年 9 月投入使用以来,查控案件 4153 件(次)、控制金额 2314.78 万元。公布失信被执行人 6235 件(自然人 5769 人、法人 466 个),对失信被执行人进行信用监督、警示和惩戒,限制乘坐飞机、火车以及住宿宾馆饭店等高消费和有关消费,促使被执行人自觉履行义务。对拒不执行生效判决、裁定以及其他妨碍执行构成犯罪的行为,加大刑事惩戒力度,维护司法权威。对涉及企业生产、民生利益和社会稳定的案件,尽力做好思想疏导工作,提高执行效率和社会效果。2015 年,市中院和侯马市法院对某焦化有限公司拖欠农民工工资案件进行了巡回审理、现场调解、和解执行,使拖欠的 237 名农民工116.8 万元工资全部兑现。

三、完善制度机制,不断提高司法公信力

五年来,全市法院积极适应新形势新任务的需要,注重改革创新,不断完善各项管理监督机制,加强基层基础工作,促进法院工作规范化、制度化和科学化。

推进以审判为中心刑事诉讼制度改革。以审判为中心的诉讼制度改革是完善我国刑事诉讼制度,实现程序正义的核心。今年 4 月,市中级法院通过观摩庭审、征求意见、问卷调查以及召开座谈会等方式,积极探索刑事诉讼案件庭审实质化。深刻理解中央和最高法院的精神,全面促进以审判为中心的诉讼制度改革和庭审实质化,充分保证庭审在查明事实、认定证据、保护诉权、公正裁判中发挥决定性作用。认真落实罪刑法定,疑罪从无,非法证据排除,证人、鉴定人出庭作证等法律原则和制度,确保有罪的人受到应有制裁、无罪的人不受追究。正确运用刑事诉讼法规定的基本原则,努力做到与公安机关、检察机关分工负责、互相配合、互相制约,更好地实现惩罚犯罪、保障人权的诉讼目的。

加强案件管理。2011 年,市中级法院成立了审判质量管理办公室,专门负责案件管理工作。先后制定实施了《案件质量评定标准》《庭审考评实施办法》《在互联网公布裁判文书实施细则》等一系列规章制度,认真落实审判绩效考核通报制度,深入开展庭审活动不定期抽查、裁判文书跨省市评查、优秀裁判文书评选等活动,努力提高办案质效。进一步规范主审法官、合议庭的职责,完善审判委员会工作制度,有效防止和避免差错案件的发生。2015 年度,省高院案件质量评估的 23 项指标中,我市两级法院有 16 项指标优于全省法院平均值。我市两级法院一审案件服判息诉率,位居全省法院第二名,明显高于全省法院平均值。市中院二审生效案件申诉、再审率,明显低于全省法院平均值,位居全省法院第一名。今年 1 至 8 月,全市两级法院结案率、中级法院结案率,均位居全省法院第二名。

注重信息化建设和应用。积极适应新形势新

任务的需要，争取有关部门的支持，扎实推进法院信息化建设。全市两级法院加快“天平工程”建设步伐，初步形成了信息化与各项审判业务的良性互动格局；建成54个科技法庭，已初步具备庭审活动全程同步录音、录像和现场直播的条件；实现了执行指挥中心和执行查控中心、远程视频接访系统、重大刑事案件远程视频开庭全覆盖。全市两级法院以中国法院网为依托，建成了门户网站，更好地适应新媒体时代法院工作的需要；建成了数字法院系统，实现法院日常工作数字化，优化了执法办案条件。

四、加强队伍建设，确保公正廉洁司法

五年来，全市法院坚持把队伍建设放在更加突出的位置，深入开展了党的群众路线教育实践活动、“三严三实”专题教育以及“两学一做”学习教育，不断加强法院队伍的思想政治建设，始终把政治纪律和政治规矩挺在前面，牢牢把握法院工作的正确方向。积极开展争先创优活动，市中院刑事审判、司法保障、网络宣传等工作受到最高法院的表彰奖励。洪洞县法院荣获“全国模范法院”，安泽县法院荣获“全国优秀法院”，乡宁县法院民事执行工作、翼城县法院维护妇女儿童权益工作、襄汾县法院汾城法庭老年法律维权工作都走在全国法院的前列。两级法院先后有70个集体、239名法官（干警）受到国家、省级记功、嘉奖或表彰奖励。

*不断强化作风纪律建设。*坚持把党风廉政建设和反腐败斗争作为一项重大政治任务来抓，深化思想认识，加强廉洁教育，强化管理监督，认真落实党风廉政建设党组主体责任，做到领导带头、以上率下、持之以恒，坚守廉洁底线，严格依法公正行使审判权。在“两学一做”学习教育中，中级法院紧密结合法院实际，认真开展“做合格党员、做合格法官”活动，做到党员在学习、党员在行动、党员在活动，切实从办理的每一个案件做起，从接待群众的一言一行做起。讲政治、讲规矩、讲规则，扎实推进从严治院，以良好的司法作风取信于民。开展院长与院领导班子成员、分管院领导与中层干部谈心交心活动，让红红脸、出出汗成为常态。组织中层以上干部到临汾监狱开展警示教育，切实增强廉洁自律意识。9月中旬，举办了全市法院“做合格党员、做合格法官”先进事迹报告会，来自审判一线的7名优秀法官宣讲了他们所学、所行、所悟，充分发挥先进典型的引领示范作用，以有形的正能量和鲜活的价值观感召、教育法院队伍。

*不断加强纪检监察工作。*认真落实纪检监察部门党风廉政建设的监督责任，做到担当尽职、主动作为，切实履行好监督、执纪、问责各项工作职责。认真落实中央八项规定精神，坚持不懈纠正“四风”，不断改进工作作风。坚持“抓早抓小”，注重做好预防和防范工作，做到早提醒、早发现、早纠正。不断拓宽监督渠道，形成全方位、多层次的监督网络，及时发现和解决干警在作风纪律方面的苗头性、倾向性问题，做到防患于未然。五年来，全市法院严肃查处违纪违法干警88案112人，做到警钟长鸣、严守底线、不碰红线，确保公正、廉洁司法。

*坚持不懈抓好司法能力建设。*两级法院高度重视各项业务教育培训工作，采取走出去、请进来的方式，注重借助优质的教育、教学资源，努力提高教育培训的质量。五年来，市中级法院对两级法院刑事、民事审判业务进行了3次集中培训，培训法官1300余人次；对两级法院256名执行干警、220余名司法警察进行了集中培训。从两级法院选派干警1379人（次），参加了最高法院、省高院举办的审判业务培训。今年5月至8月份，市中级法院分别在侯马、隰县、尧都区举办三期人民陪审员审判业务专项培训班，对全市新选任的482名人民陪审员进行了集中培训。7月份，市中级法院在对全院60余名书记员进行3天集中培训的基础上，每月进行一次技能测试，有效提升了书记员队伍的整体素质。鼓励和支持年轻干警参加硕士研究生学历教育，全市法院硕士研究生在读或取得学历51人，法院队伍的学历结构更加优化。通过组织学术研讨、庭审观摩、优秀裁判文书展评以及司法警察岗位大练兵、书记员业务技能比武等活动，引导广大

干警钻研业务，不断提高司法能力和司法水平。

切实加强法院文化和职业道德建设。把法院文化建设，作为培养法官精神，凝聚队伍力量，提高干警素养的重要举措来抓。积极开展健康向上、丰富多彩的各种文化活动，努力营造公正司法、积极向上、奋发有为的工作氛围，力求把崇尚法律、公平正义、司法为民的理念内化于心、外化于行。开设道德讲堂，倡导善行义举，丰富法院文化内涵。全市法院通过开展普法宣传、志愿服务以及助学、助残、助困等公益活动，引导干警崇德向善，弘扬社会主义核心价值观。五年来，市中级法院连续被评为市直文明和谐单位，全市17个基层法院有15个被评为省级、市级或县级文明和谐单位。

五、坚持党的领导，自觉接受监督

全市法院始终把自觉接受党委领导，接受人大、政协监督，作为公正司法的重要保障。坚持重要部署、重点工作及时向党委汇报，确保法院工作的正确方向。认真负责地向人大及其常委会报告工作，切实落实人大及其常委会的决议和决定，认真办理人大代表建议、政协提案和各方面意见。五年来，市中级法院办理人大代表建议10件，办理政协提案4件；邀请人大代表、政协委员旁听庭审230人(次)，通过邀请人大代表、政协委员考察、参加座谈会等方式听取意见260人(次)。去年，我市两级法院认真开展了“人大代表法庭行”专项活动，先后邀请各级人大代表213人(次)，旁听庭审35件，观摩调解23件，考察基础设施建设30次，举办座谈会24次，收集各类建议意见135人(次)，收到了较好效果。依法办理检察机关的抗诉案件，积极对待检察建议，不断提高审判质量。认真接受新闻舆论和社会各界的广泛监督，充分运用互联网、微博、微信等方式，及时回应社会关切。

全市法院坚持多措并举，深入推进审判流程公开、裁判文书公开、执行信息公开三大平台建设，努力满足人民群众的知情权、参与权、监督权。2014年以来，两级法院在中国法院裁判文书网公布各类裁判文书19263件，公众点击量近10万人次，公布裁判文书数量位列全省第二名。在2014年11月市三届人大常委会第二十八次会议上，市中级法院作了司法公开工作专题报告，市人大常委会委员满意、基本满意率达到97.1%。市中级法院深入推进“阳光减刑”，对2015年以来办理的2837件减刑案件，在全国法院减刑假释信息网面向全社会公示了减刑建议书、公布了减刑裁定书。严格按照有关规定，对办理的188件“六类”案件全部开庭审理，并全部邀请人大代表、政协委员旁听了庭审。两级法院还建立新闻发言人、公众开放日制度，主动接受社会各界的广泛监督，努力提高人民群众的满意度。

各位代表，五年来，全市法院各项工作成绩的取得，是市委正确领导的结果，是市人大及其常委会有力监督的结果，也是市政府、市政协及各县市区党委、人大、政府、政协以及社会各界和广大人民群众积极支持的结果。在这里，我代表全市法院，向各位人大代表、政协委员，向所有关心、支持法院工作的各界人士，表示衷心的感谢和崇高的敬意！

在看到成绩和进步的同时，我们也清醒地认识到，全市法院工作还存在一些问题、困难和不足：一是司法理念、综合素质不能完全适应新形势新任务的要求。二是受理案件数量持续增长，新类型案件大量增加，办案压力和难度越来越大。三是有的干警能力不足、作风不实、律己不严，损害了司法的公信力。四是执行工作力度不够大、执行措施运用不够充分，在一定程度上影响到胜诉当事人利益的实现。五是基层基础建设、信息化建设以及审判管理、司法公开等工作还有待进一步加强。对此，我们将采取切实有效的措施，努力予以解决。

今后五年主要工作任务

今后五年，全市法院工作的总体要求是：全面贯彻党的十八大和十八届三中、四中、五中全会精神，深入学习贯彻习近平总书记系列重要讲话精神，按照省委“一个指引、两手硬”的重大思路和要求，认真贯彻落实市四次党代会精神，紧紧围绕市委提出的"345"战略，坚持司法为民、公正司法，忠实履行宪法法律赋予的职责，大力加强队伍建设与党风廉政建设，维护人民群众的合法权益，促进社会和谐稳定，努力让人民群众在每一个司法案件中感受到公平正义，为实现振兴崛起，建设富裕、文明、绿色、幸福新临汾提供强有力的司法保障。为此，我们要重点抓好以下工作：

*一要在服务和保障全市经济社会发展上有新作为。*全市法院要按照市委的总体部署，认真履行各项审判职责，充分发挥审判职能作用，为大力实施"345"战略服好务。继续保持高压态势，依法严厉打击暴力恐怖、涉黑犯罪、邪教和黄赌毒等违法犯罪活动，努力营造良好的发展环境。依法严厉打击非法集资、危害食品药品安全、电信网络新型犯罪，维护正常的生产生活秩序。加强对重点领域深化改革的司法保障，依法稳妥审理企业重整、民间借贷、知识产权等案件，平等保护各类市场主体的合法权益，增强创业活力和创新动力。加强涉农案件审判工作，充分发挥司法职能，为打赢脱贫攻坚战提供有力司法服务和保障。加大对贪污贿赂、滥用职权等职务犯罪的打击力度，深入推进反腐败斗争，优化经济社会发展环境。依法受理各类行政案件，更加注重实质性化解行政争议，维护行政相对人的合法权益，支持行政机关依法行政，促进法治临汾建设。

*二要在维护人民群众合法权益上有新提高。*要认真执行中共中央办公厅、国务院办公厅最近印发的《关于加快推进失信被执行人信用监督、警示和惩戒机制建设的意见》等有关精神，努力做好"用两到三年时间基本解决执行难"示范工作，对失信被执行人进行信用监督、警示和惩戒，促进被执行人自觉履行生效法律文书确定的义务，提高司法公信力，推进社会信用体系建设。要以家事案件审判改革为契机，积极探索完善，认真总结经验，为全省、全国法院提供有价值、可借鉴的好做法、好经验，全面提高家事案件的审判质量和办案效率，维护人民群众的合法权益。

强化司法为民意识，把群众当亲人，尊重当事人，理解和体谅当事人，增强司法为民情怀。强化诉讼服务工作，文明接待当事人，丰富和完善便民利民的各项措施。依法妥善处理好劳动争议、拖欠农民工工资等涉民生案件，关注人民群众的诉求和期待。继续加强民事调解，做好诉调对接，健全多元化纠纷解决机制，妥善处理婚姻家庭、相邻关系、债权债务等民事案件，力求案结事了人和。注重保护老年人、妇女、未成年人、残疾人的合法权益，促进社会公平正义。更加自觉地接受人大监督、政协民主监督、检察机关诉讼监督和社会各界的广泛监督，提高人民群众的满意度。更好地发挥人民陪审员的作用。为律师依法执业提供更多的便利和保障。加强法治宣传教育，引导广大群众信仰法律、信赖法官、信服裁判，维护法律尊严和司法权威。

*三要在推进司法改革上有新成效。*认真按照中央、省委、和市委对司法改革的各项部署，准确把握改革的精神，加强对改革的宣传引导，凝聚改革共识，坚定改革信心，认真开展司法体制机制改革。严把入员额法官的资格审核、业绩考核、民主测评、统一笔试面试关。积极落实人员分类管理、内设机构改革、审判团队配置等改革任务，提高改革整体效能。明确各类司法人员工作职责，实行办案质量终身负责制和错案责任倒查问责制，切实做到让审理者裁判，由裁判者负责。在司法改革过程中，要做好干警的政治思想工作，加强院领导和干警的沟通交流，确保干警思想稳定、队伍稳定、工作稳定，稳步推进法院各项工作。

遵循司法规律，认真落实刑事诉讼法规定的基本原则，全面加强和大力推进刑事诉讼庭审实质化工作。全面贯彻证据裁判规则，完善证人、鉴定人出庭制度。认真落实刑事案件的繁简分流，不断提高刑事审判的质量和办案效率。完善行政案件跨区域集中管辖改革，进一步推动行政机关负责人出庭应诉，进一步优化行政审判司法环境，确保法律公正实施。进一步加强裁判文书的辨法析理，确保案件办理的质量与效率。

四要在加强法院队伍建设上有新提升。坚持把思想政治建设摆在第一位,深入开展“两学一做”学习教育,加强党性修养,提高党性觉悟,坚定理想信念,确保人民司法事业始终沿着坚定正确的政治方向。坚持从严治院,全面落实党风廉政建设“两个责任”,努力形成遵章守纪、风清气正、廉洁自律、献身司法的良好风尚。认真落实对干预案件进行记录问责的“两个规定”,完善和构建预防司法腐败的制度体系,努力建立起“不敢腐、不能腐、不想腐”的防范机制。扎实抓好司法综合能力培养,创新人才培养机制,努力提升职业素养和专业水平。加强法院文化建设,滋养法治精神,培养职业尊荣感,增强公正司法的勇气和信心。

五要在强化审判管理上有新进步。从优化案件管理理念入手,科学配置管理资源,实行精细化、信息化案件管理,把案件管理落实到审判工作的各个环节,实现管理效率最大化。完善主审法官、合议庭办案责任制,认真落实审判流程管理制度、审限提示与警示制度,提高结案均衡度。完善裁判文书评查制度,确保裁判文书质量。建成人民法院诉讼服务网,全面应用审判流程管理系统,逐步实现网上立案、网上办案、网上结案,并形成电子卷宗。深化裁判文书公开工作,确保人民群众的知情权、参与权和监督权,让司法权在阳光下运行。

六要在促进基层基础和信息化建设上有新进展。要进一步加强对基层法院审判工作的指导和监督,努力提高全市法院执法办案水平。加快基础设施建设,改善执法办案条件。加强人民法庭建设,使其成为人民法院践行“两学一做”的前沿阵地。加强信息化建设,注重科技手段的应用,为公正司法提供技术支撑。加强司法宣传工作,做到正面宣传与舆情应对相结合,凝聚法治力量。注重关心、关爱干警,努力协调解决法院干警,特别是工作一线、基层法院和人民法庭干警的职级、待遇的问题。依法严厉打击伤害法院干警和家人的违法犯罪行为,坚决维护法院干警的合法权益,坚决维护法治的尊严。疏导和排解干警的工作压力和心理负担,使干警以健康的心态、愉快的心情投入到紧张和繁重的审判、执行工作之中。

各位代表,做好人民法院工作,使命光荣,责任重大。我们要在市委的坚强领导下,在市人大及其常委会的有力监督和市政府、市政协及社会各界的大力支持下,认真落实本次大会精神,担当不忘初心、继续前进的政治责任,坚持司法为民、公正司法,努力让人民群众在每一个司法案件中感受到公平正义,为实现振兴崛起,建设富裕、文明、绿色、幸福新临汾做出新的更大贡献!

附:

报告中有关用语说明

1. 家事审判方式和工作机制改革:最高法院决定,从2016年6月起在全国法院选择100个左右的基层法院和中级人民法院,开展为期两年的家事审判方式和工作机制改革。家事审判所调整的亲属关系具有不同于普通财产案件的人身性、敏感性和社会性特点,对专业化、人性化审判的要求日益凸显。针对家事审判的特点,从审判组织、财产申报、证明标准、调解工作、制止家暴、诉讼程序等多个方面进行家事审判专业化的探索。

2. 用两到三年时间基本解决执行难:今年3月在十二届全国人大四次会议上,最高人民法院院长周强在工作报告中明确提出“用两到三年时间,基本解决执行难问题”,引发社会普遍赞誉和广泛共鸣。今后一个时期,各级人民法院要坚持以信息化建设为抓手,着力强化执行规范化建设和专业化建设,切实完善执行体制机制,努力实现执行工作各个领域的深刻变革,达到基本解决执行难的总体目标。

3. 各类案件:指刑事、民事、行政等三大诉讼中的一审、二审、再审案件以及民事执行、非诉行政执行、减刑、假释、国家赔偿等案件。

4. 诉讼服务中心:是法院为当事人搭建的诉讼服务引导平台。2014年12月,最高法院提出通过建设诉讼服务大厅、诉讼服务网,构建人民法院面向社会的多渠道、一站式、综合性诉讼服务中心,方便当事人集中办理除庭审之外的其他诉讼事务。

5. 立案登记制改革:是指法院接到当事人提交的起诉状时,对符合法定条件的起诉,应当登记立案。从去年5月1日起,全国法院统一将立案审查制转变为立案登记制,贯彻落实最高法院《关于人民法院推行立案登记制改革的意见》和《关于人民法院登记立案若干问题的规定》。

6.诉调对接机制:是指建立健全诉讼与非诉讼相衔接的矛盾纠纷解决机制。其主要任务是充分发挥审判权的规范、引导和监督作用,完善诉讼与仲裁、行政调处、人民调解、行业调解以及其他非诉讼纠纷解决方式之间的衔接,最大程度地满足当事人的多元司法诉求。

7.“拒执”:指拒不执行人民法院判决、裁定。根据刑法的规定,对人民法院的判决、裁定有能力执行而拒不执行,情节严重的,处三年以下有期徒刑、拘役或者罚金。

8.失信被执行人信用惩戒:人民法院依照法定程序,将具有履行能力而不履行生效法律文书确定的义务,并具有转移财产规避执行等6种情形的被执行人列入失信名单,通过向社会公布、向相关单位通报其个人信息和拒不履行的情况等方式,对其进行信用惩戒,促使其主动履行义务的一项制度。

9.“天平工程”:即“国家司法审判信息系统工程”的简称。2012年经最高人民法院向国家发展和改革委员会申报、全国各级人民法院协同建设的电子政务工程,其主要内容包括制定规范化标准,开发应用软件,完善网络和存储环境,提供庭审支持、门户监管、系统安全等保障措施,建设全国统一的司法数据库等。

10.司法公开三大平台建设:2013年11月,最高人民法院印发了《关于推进司法公开三大平台建设的若干意见》,主要内容是依托现代信息技术,推进审判流程公开、裁判文书公开、执行信息公开三大平台建设,打造阳光司法工程,增进公众对司法的了解、信赖和监督。

11.“六类”案件开庭审理:在2014年6月1日施行的最高人民法院《关于减刑、假释案件审理程序的规定》中,明确以下“六类”减刑、假释案件必须开庭审理:(1)因罪犯有重大立功表现报请减刑的;(2)报请减刑的起始时间、间隔时间或者减刑幅度不符合司法解释一般规定的;(3)公示期间收到不同意见的;(4)人民检察院有异议的;(5)被报请减刑、假释罪犯系职务犯罪罪犯,组织(领导、参加、包庇、纵容)黑社会性质组织犯罪罪犯,破坏金融管理秩序和金融诈骗犯罪罪犯及其他在社会上有重大影响或社会关注度高的;(6)人民法院认为其他应当开庭审理的。

12.法官员额制:是人民法院司法改革的重要内容之一,就是将人民法院人员分为法官、审判辅助人员和司法行政人员三类,根据法院辖区经济社会发展状况、人口数、案件数等确定法官数量,对法官在编制限额内实行员额管理。

13.“两个规定”:2015年3月,中共中央办公厅、国务院办公厅印发了《领导干部干预司法活动、插手具体案件处理的记录、通报和责任追究规定》。随后,中央政法委印发了《司法机关内部人员过问案件的记录和责任追究规定》。同年8月,最高人民法院发布《人民法院落实〈领导干部干预司法活动、插手具体案件处理的记录、通报和责任追究规定〉的实施办法》和《人民法院落实〈司法机关内部人员过问案件的记录和责任追究规定〉的实施办法》,对人民法院切实贯彻执行“两个规定”提出明确要求。

临汾市人民检察院工作报告

——2016 年 10 月 13 日在临汾市第四届人民代表大会第一次会议上

苑　涛

市三届人大一次会议以来，全市检察机关在市委和省检察院的正确领导下，在市人大及其常委会的有力监督下，在市政府、市政协以及社会各界的大力支持下，深入贯彻落实党的十八大和十八届三中、四中、五中全会精神，坚持以习近平总书记系列重要讲话精神为指导，按照市委三届历次全会和市三届人大历次会议决议要求，紧紧围绕全市中心工作，忠实履行宪法和法律赋予的职责，全面加强队伍建设，各项检察工作取得了新的发展和进步。

一、坚持服务全市工作大局，全力保障临汾经济发展

五年来，始终坚持把检察工作置于全市经济发展大局中谋划和推进，主动适应经济发展新常态，找准服务供给侧改革的结合点和切入点，全力做好服务和保障工作。

*着力创优经济发展环境。*围绕我市全面深化改革、实现富民强市的战略决策，市检察院先后出台了《服务保障综改试验区建设的 25 条意见》和《服务保障"六大发展"工作的若干意见》，各基层检察院结合当地实际，也制定了服务发展的具体措施，努力为全市经济发展提供优质高效的司法服务和保障。严厉打击侵犯知识产权、集资诈骗、非法传销等严重破坏市场经济秩序犯罪，共批准逮捕此类犯罪嫌疑人 380 人，提起公诉 791 人，保障了良好的市场经济秩序。2015 年，妥善办理了涉及人数众多、社会影响较大、涉案金额达 17.8 亿余元的"6·19"特别重大非法吸收公众存款、集资诈骗案，严肃查办了导致税款流失 7000 余万元的"4·8"重大虚开增值税发票案背后的渎职犯罪 21 人。依法服务和保障非公有制经济健康发展，市检察院制定《关于依法保障和促进非公有制经济健康发展的实施意见》，与市工商联联合出台了日常联络等三项制度，成立了服务非公有制经济协调领导小组，严肃查办国家工作人员损害民营企业合法权益的职务犯罪，积极引导民营企业依法经营、依法治企、依法维权，努力营造公平公正的法治化营商环境。及时介入事故调查 57 起，依法查办事故背后的国家机关工作人员渎职犯罪 116 人，维护了安全高效的生产环境。督促相关部门依法履行行政职责 765 件，为国家追缴土地出让金等 6700 余万元，防止了国有资产流失。

*着力依法保护民生民利。*围绕民生权益保障，深入开展系列专项行动，深挖细查群众身边的"蝇贪"和"蚁贪"，立案侦查涉农资金、专项补贴、社会保障等民生领域贪污贿赂犯罪 540 人、渎职侵权犯罪 78 人，维护了群众的切身利益。聚焦群众关心的食品药品安全问题，严肃查办危害食品药品安全的犯罪，依法批准逮捕制售有毒有害食品和假药劣药刑事犯罪嫌疑人 28 人，起诉 136 人，保障了人民群众"舌尖上的安全"。2016 年 3 月，山东济南非法经营疫苗案发生后，市检察院从重从快依法严惩非法经营疫苗的犯罪行为，批准逮捕我省首例涉嫌非法经营疫苗犯罪嫌疑人，受到省检察院的肯定。加强对生态环境资源的司法保护，共批准逮捕非法

砍伐、私挖滥采等破坏生态环境的犯罪嫌疑人 119 人，提升了群众满意度。

*着力服务重大工程建设。*市检察院制定出台了《全市检察机关服务和保障重点项目建设实施方案》，全市两级检察院全部成立了以检察长为组长的服务和保障重点项目建设领导组。充分发挥检察职能，严厉打击严重影响重大工程建设的刑事犯罪，严肃查办破坏投资环境的职务犯罪，净化了工程项目的建设环境。提供行贿犯罪档案查询 32906 次，有行贿记录的 1130 家单位、660 人被取消招投标资格，促进了市场监管和诚信建设。开展重点工程"十百千"专项预防活动，在 10 个重点领域和 9 个省级重点工程设立预防工作联系点 107 个，积极开展警示教育和法律服务，保障重点工程顺利推进。同时，针对工程建设和采购招标等关键环节，协助建设单位建章立制，堵塞漏洞，保障政府投资安全。

二、坚持依法打击刑事犯罪，全力维护社会和谐稳定

五年来，始终坚持把维护社会安全稳定作为首要责任，坚决依法严厉打击各类刑事犯罪，自觉把化解社会矛盾贯穿于执法办案全过程，积极妥善解决涉检信访问题，恪尽职守保稳定，千方百计促和谐。

*坚决惩治严重刑事犯罪。*充分发挥审查批捕和审查起诉职能，与公安、法院密切配合，突出打击严重暴力和黑恶势力等破坏社会管理秩序和危害公共安全的犯罪活动，共批准逮捕各类刑事犯罪嫌疑人 9101 人，提起公诉 13138 人。先后依法办理了孙波等 46 人涉嫌黑社会性质组织犯罪等一批重大刑事犯罪案件，有效震慑了犯罪分子，增强了人民群众的安全感。

*贯彻宽严相济刑事政策。*坚持化解矛盾与依法打击并重，在审查逮捕和审查起诉环节，严格把握社会危害性条件，对初犯、偶犯、老年人犯罪和轻微刑事犯罪，积极适用宽缓措施，依法决定不批捕 1027 人、不起诉 872 人，减少了社会对立。加强羁押必要性审查，防止"构罪即捕、一押到底"，经建议，289 人被变更强制措施。加强对未成年人的司法保护，推行分案起诉、犯罪记录封存等制度，不批捕 146 人，不起诉 28 人，附条件不起诉 24 人，最大限度地教育、感化和挽救涉罪未成年人。

*扎实做好涉检信访工作。*将涉检信访纳入法治轨道，完善信访机制，畅通申诉渠道，让群众"求告有门""申诉有道"。共受理群众来信来访 13892 件次，其中检察长接访 3295 人次，涉检信访数量逐年下降，全市有 5 个检察接待室被评为"全国文明接待室"。主动开展涉检信访积案清理工作，成功办理信访积案 106 件，尤其是妥善办理了两起分别长达 16 年和 20 年的申诉案，当事人息诉罢访。积极实施国家司法救助，为生活困难的 135 名刑事被害人发放救助金 176.2 万元，体现了司法人文关怀。妥善办理国家赔偿案件 18 件，发放赔偿金 31.3 万元。坚持每年开展举报宣传周活动，用老百姓听得懂的方式宣传法制，共发放宣传单 34.3 万余份，提供法律服务 11.4 万余次，帮助解决问题 8021 件。在全省率先建成并最先运用远程视频接访系统办理接访案件，实现了"让数据多跑路，让群众少跑腿"，降低了当事人的诉求成本，方便了信访群众。市检察院控告申诉检察处连续 5 年分别被省、市评为"信访工作先进集体"。

三、坚持惩治预防职务犯罪，全力推进反腐倡廉建设

五年来，始终坚决贯彻市委、省检察院反腐败工作部署，突出办案重点，加大办案力度，落实预防措施，创新预防途径，努力做到有力惩治腐败、更加有效预防腐败。

*突出查办大案要案。*坚持有腐必惩、有案必查，"老虎""苍蝇"一起打，清除"政治雾霾"不留情。共立案侦查贪污贿赂犯罪 931 人，其中涉案金额 3 万以上的 903 人，占立案总数的 97%。积极回应人民群众反映强烈的"为官不为""为官乱为"等问题，共立案侦查渎职侵权犯罪 387 人，其中重特大案件 123 人，新罪名案件 73 人。查办涉嫌犯罪原县处级以上领导干部 35 人，其中依法办理了长治

医学院原院长王庸晋、山西焦煤集团原副总经理刘生瑞和省国土资源厅原总工程师李成先等一批有影响、有震动的职务犯罪案件。办案领域不断扩大,办案数量始终名列全省前列,彰显了省委、市委惩治腐败的鲜明立场和坚定决心。

注重办案方式效果。健全侦查一体化办案机制,综合运用交办、提办、督办等方式,加强统一指挥、组织协调和侦查协作,提升查办案件的整体效能。引导侦查人员牢固树立以证据为中心的侦查理念,努力构建"信息化引导、精细化初查、专业化审讯、规范化取证和集约化办案"的侦查新模式。严格使用指定居所监视居住等强制措施,慎重扣押涉案款物,切实保障犯罪嫌疑人的合法权益。加强与发案单位党政领导的沟通,及时通报办案情况,帮助采取应对措施,努力维护正常的工作秩序。强化纪法分开和纪法衔接,2016 年,集中开展了向纪检监察机关通报、移送涉嫌职务犯罪党员和国家工作人员专项工作,向纪检监察机关通报党员和国家工作人员涉嫌职务犯罪 92 人,移送涉嫌违纪案件线索 17 件 24 人。同时,加强与行政执法、审计、金融等部门的配合,健全工作机制,努力形成反腐败工作的整体合力。

深化职务犯罪预防。积极实践"预防职务犯罪出生产力"的理念,坚持惩防并举,更加重视做好预防职务犯罪工作。全市两级检察院认真撰写惩防职务犯罪年度报告 90 份,分析研究职务犯罪发案态势,提出防控对策,为党委、政府决策提供依据。2014 年,市检察院撰写的年度惩防报告在最高人民检察院组织的评比中荣获优秀奖。落实个案预防,突出系统预防,加强专项预防,在发案单位召开案例剖析会 213 场,在国土、税务等部门开展预防调查 638 次,发出防控风险检察建议 377 件,帮助完善规章制度,堵塞管理漏洞,努力构筑社会化预防体系。举办各类警示教育讲座和预防宣传 1200 余场次,受教育人数达 6 万余人。同时,通过拍摄警示微电影和举办廉政书画摄影等方式,用百姓通俗易懂和喜闻乐见的形式,深化宣传效果。积极探索拓宽预防工作的有效途径,市检察院认真总结借鉴曲沃县检察院创新开展的"阳光百姓工程"工作经验和做法,融入"互联网+"理念,研发并上线运行了"阳光百姓工程涉农资金监管系统",实现了对全市涉农资金运行全程的精准监管。省检察院称之为"临汾做法"并在全省检察机关推广。市委、市政府专门召开会议在全市部署实施。目前,该系统已监管涉农资金 40 亿余元,涉农领域腐败增量得到有效遏制。

四、坚持强化诉讼监督活动,全力促进社会公平正义

五年来,始终紧紧围绕人民群众反映强烈的执法不严、司法不公等问题,突出监督重点,完善监督机制,增强监督实效,努力提升司法公信力,促进社会公平正义。

强化刑事诉讼监督。加强对公安机关刑事立案和侦查活动的监督,重点监督纠正有案不立、违法立案、以罚代刑等问题,共监督立案 906 人,监督撤案 507 人,纠正漏捕 417 人,纠正漏诉 400 人,监督纠正侦查活动违法 1065 件,确保不枉不纵、不漏不错。2015 年,乡宁县检察院办理的"武磊涉嫌强奸案立而不侦、怠于侦查监督案件"被最高人民检察院评为"优秀侦查活动监督案件"。按照省检察院和省公安厅要求,全市两级检察机关全部向同级公安机关派驻了"侦查监督检察室",实现了对同级公安机关侦查活动的同步监督。全面推行检察官介入命案侦查机制,对 97 起命案介入侦查,提出引导建议 122 件,公安机关全部采纳。深入推进"两法衔接",扎实开展"行政执法机关移送涉嫌犯罪案件专项监督活动",共监督移送涉嫌犯罪案件 80 件 83 人,促进了依法行政。加强对自侦部门立案和侦查活动的监督,共监督立案 63 人,办理延长侦查羁押期限 35 人,不批准逮捕 37 人。探索开展了职务犯罪案件审查逮捕阶段听取辩护律师意见工作,受到省检察院的肯定。加强刑事审判活动监督,重点监督有罪判无罪、量刑畸轻畸重、违反法定程序等问题,对认为确有错误的刑事裁判提出抗诉 145

件211人,经法院审理,改判和发回重审49件59人,纠正法院违反程序规定等行为632次,促进了刑事审判公正。

强化刑事执行监督。为适应新的任务要求,全市两级检察院监所检察部门全部更名为"刑事执行检察局",市检察院在全省率先成立了"社区矫正检察室"。加强对刑罚变更执行的同步监督,坚决防止"以权赎身、提钱出狱",共监督纠正提请减刑、假释、暂予监外执行不当495人。纠正监管活动违法3077件,纠正监外执行罪犯监管活动违法2575件。严肃查办在刑事执行检察工作中发现的职务犯罪42人。深入开展"规范监管场所食品、药品安全管理的专项检查活动",切实保障了服刑人员饮食、用药安全。深入推进刑事执行检察规范化建设,全市驻看守所检察室全部实现了与被监管单位信息联网、动态监控。2015年,市检察院刑事执行检察局被最高人民检察院表彰为"全国检察机关减刑、假释、暂予监外执行专项检察活动先进集体"。

强化民行检察工作。深入贯彻落实修改后的民事诉讼法和行政诉讼法,综合运用抗诉、检察建议、再审检察建议等监督手段,努力构建多元化监督格局。加大对裁判不公民事行政案件的监督力度,共受理审查各类民事、行政申诉案件4213件,对认为确有错误的民事行政判决裁定以及损害国家和公共利益的调解书,提出抗诉144件,经再审,改变判决63件,提出再审检察建议85件。纠正民事行政审判活动中的违法行为72次,监督民事行政执行活动中的违法情形648件次。督促行政机关履行职责,共发出检察建议1468件,均被采纳。在加强监督的同时,对认为裁判正确的335件民事行政案件,作出不支持监督申请决定,对414起案件当事人积极做好释法说理、服判息诉工作,共同维护法律权威和司法公正。

五、坚持贯彻从严从实要求,全力打造过硬检察队伍

五年来,始终坚持以班子建设为龙头,以公正廉洁执法为核心,以专业化为方向,从严教育、从严管理、从严监督,检察队伍的整体素质得到有效提升。

加强领导班子建设。始终把领导班子建设放在重要位置,常抓不懈。认真落实党组中心组学习和民主生活会制度,坚持用制度约束和规范班子成员。严格执行民主集中制,重要工作和重大事项均需经班子集体讨论决定,确保决策科学民主。加大对基层院班子的协管力度,认真落实市检察院班子成员包点联系基层院、市检察院派员列席基层院领导班子民主生活会和基层院检察长向市检察院述职述廉等制度。加强与地方党委的沟通,优化领导班子结构,配合地方党委完成了市检察院和8个基层院班子成员的调整和补充工作。今年上半年,协助市委完成基层院检察长的换届工作,为全市检察工作科学发展提供了坚强的组织保障。

加强思想政治建设。坚持把思想政治建设放在首位,确保检察工作正确政治方向。深入学习贯彻党的十八大、十八届三中、四中、五中全会以及习近平总书记系列重要讲话精神,扎实开展党的群众路线教育实践活动、学习讨论落实活动和"三严三实""两学一做"等学习教育,引导广大检察干警牢记为民宗旨,铸造忠诚品格,秉持公正理念,坚守职业道德。大力开展争先创优活动,积极营造敢于担当、勇于争先、昂扬向上的工作氛围,先后涌现出一大批秉公执法、无私奉献、一心为民的先进集体和个人,共有188名干警、92个集体受到市级以上表彰。其中,16个集体、41名干警受到省级表彰,6个集体、6名干警受到国家级表彰,市检察院和"公诉一处"均荣获"山西省五一劳动奖状",尧都区检察院被最高人民检察院评为"全国先进基层检察院"。积极开展文明单位创建活动,市检察院连续5年被评为"临汾市文明标兵单位",15个基层检察院通过市级以上文明单位验收。

加强素质能力建设。以开展"学习型"检察机关建设为载体,全面推进人才强检工程。大力抓好学历教育,56名干警取得了本科文凭。深入推进大规模教育培训,先后选派1962人次参加了上级组织的各类培训,组织1436人次参加了与清华大

学等11所高等院校联办的检察业务培训班。多措并举鼓励干警参加司法考试,63名干警取得法律职业资格证书。广泛开展岗位练兵和业务竞赛,干警的司法理念和办案能力明显提升,139名干警被省检察院分别授予"检察业务专家""检察业务尖子"和"检察办案能手"称号。注重促进理论成果转化,在省级以上核心期刊发表调研文章259篇。2015年,市检察院首次成功申报并完成了最高人民检察院理论研究课题,实现了历史性突破,被评为"全省检察理论研究工作先进集体"。加大信息化建设力度,全面上线运行了全国检察机关统一业务应用系统,实现了对执法办案活动的全程、统一、实时、动态管理和监督。两个基层检察院分别荣获全国、全省检察机关"科技强检示范院"称号。

加强党风廉政建设。始终保持打铁还需自身硬的警醒,坚持党风廉政建设与业务工作齐抓共管,共同推进。严格落实"两个责任",全市两级检察院每年自上而下层层签订《党风廉政建设责任状》,责任分解横向到边、纵向到底。坚决贯彻中央和市委、省检察院的相关规定,切实精简会议、文件,规范公务接待和公车使用,机关文风、会风和工作作风明显好转。高度重视抓好警示教育,先后深入开展"纪律教育年"和"把纪律挺在前面"等专题教育活动,切实强化干警严守纪律、挺纪在前、坚守底线的意识。全面落实《中国共产党廉洁自律准则》和《中国共产党纪律处分条例》,通过警示约谈和诫勉谈话等多种形式,打好"预防针",筑起"防火墙",避免违规违纪甚至违法问题的发生。注重加强日常督导检查,先后开展检务督察活动211次,及时通报并督促纠正发现的问题,有力促进了检规检纪的落实。严肃追究纪律责任,对27名违纪干警给予党政纪处分,纯洁了检察队伍。

六、坚持不断加强自身监督,全力保证规范文明执法

五年来,始终铭记检察权来源于人民,牢固树立"监督者更要接受监督"的意识,不断强化自身监督,切实规范司法行为,确保检察权在阳光下运行。

主动接受人大监督。每年市人代会闭幕后,都及时对学习贯彻会议精神、落实人大代表意见和建议作出专门部署。全市两级检察院共向同级人大及其常委会报告工作289次。2013年,市检察院向市人大常委会专题报告了反贪污贿赂工作情况,报告以高票获得通过。重视与人大代表的联络,召开人大代表座谈会287次,邀请人大代表考察工作295次。按照市人大常委会的要求,通过年初建账、年中查账、年底交账的方式,主动接受监督。对各级人大及其常委会交办、转办的57起案件,全部办结并及时回复。2015年,根据市人大和省检察院的部署,认真开展了规范司法行为专项整治工作,对查摆出的636个不规范问题全部进行了逐项整改,并修改完善、制定新制度59项,努力建立规范司法行为长效机制。

自觉接受民主监督。定期向政协通报检察工作情况,对政协转办的15起案件,认真办理并及时反馈。主动邀请政协委员参加座谈、考察、专题调研,充分听取意见,诚恳接受监督,并积极将相关意见建议转化为依法履职、公正司法的具体措施。自觉接受人民法院、公安机关的制约,不断改进自身工作。强化律师执业权利保障,积极构建平等相待、良性互动的新型律检关系。充分发挥人民监督员的监督作用,对符合"七类案件或事项"的90起案件,全部接受了人民监督员的评议监督。深入开展"三深入"实践活动,广泛征求社会各界意见、建议。重视舆论监督,加强与新闻媒体的联系,主动邀请新闻媒体到检察机关开展采风活动,倾听媒体声音,及时回应关切。

扎实推进检务公开。市检察院制定了《全面推进检务公开实施方案》,保障群众对检察工作的知情权、参与权和监督权。积极推进"阳光检察"工程,全市两级检察院全部建成集接待受理、案件查询、法律咨询等功能为一体的检务公开大厅,为群众提供一站式服务。加强案件信息公开,共发布程序性信息9305条、重要案件信息673件、法律文书2802份,开展辩护与代理预约867件,各项指标均在全省名列前茅。大力加强全市检察机关门户网站集群建设，实现了“两微一端”全覆盖，共发布信息6000余条，让人民群众在“扫一扫”中，倾听检察好声音，提升检察公信力。定期开展“检察开放日”活动，邀请社会各界人士3100余人走进检察机关，增强检察工作透明度，零距离接受监督。在市级以上报刊网站发表稿件411篇，宣扬检察好故事，传递法治正能量。

各位代表，过去五年全市检察工作所取得的成绩离不开市、县两级党委和省检察院的正确领导，离不开人大及其常委会的有力监督，离不开政府、政协以及社会各界和广大人民群众的大力支持和帮助。在此，我代表全市检察干警向大家表示崇高的敬意和衷心的感谢！

在总结成绩的同时，我们也清醒认识到，全市检察工作还存在一些不容忽视的问题，主要是：对新形势下检察工作面临的新情况、新问题研究不够深入，服务大局的针对性和有效性有待于进一步加强；检察职能的发挥还不够充分，与市委、省检察院的要求和广大人民群众的期待还有一定的差距；司法不规范的问题依然存在，个别干警执行办案规范不严格等现象时有发生；检察队伍的整体素质还不能完全适应新任务的要求，检察人员依法化解矛盾、做群众工作、科技信息化应用等能力有待于进一步提高；队伍管理监督还不够到位，个别检察干警还存在违纪行为。对此，我们将高度重视，积极采取措施，认真研究解决。

今后五年，是我市全面建成小康社会的攻坚期、决胜期，也是全市检察机关抓住机遇、创新发展的重要时期。全市检察机关的工作思路和目标任务是：认真贯彻落实党的十八大和十八届三中、四中、五中全会和习近平总书记系列重要讲话精神，坚决执行市委和省检察院决策部署，紧紧围绕市第四次党代会确定的“345”战略，强化法律监督，强化自身监督，强化队伍建设，忠实履行职责使命，努力维护公平正义，深入创建“六型”检察机关，全力争创一流业绩，为建设富裕、文明、绿色、幸福新临汾提供坚强的司法保障。

（一）进一步增强大局意识，更加主动服务经济发展

准确把握人民群众对加快发展的期盼，把服务发展摆在更加突出的位置，依法履行检察职能，为经济持续健康发展营造公平、公正、透明、稳定的法治环境。加大对破坏市场经济秩序、损害公平竞争违法犯罪的打击和监督力度，突出打击合同诈骗、职务侵占等犯罪，促进形成公平有序的市场环境。突出打击扰乱金融秩序、破坏科技创新等犯罪，保障金融市场健康发展。突出查办和预防重大工程建设中的职务犯罪，保障政府投资安全。平等保护企业合法权益，尤其是要重视加强对非公有制经济的保护，确保国有、民营、小微企业诉讼地位和诉讼权利平等、法律适用和法律责任平等、法律保护和法律服务平等。

（二）进一步增强责任意识，更加扎实维护社会稳定

准确把握人民群众对社会平安祥和的期盼，强化审查逮捕和审查起诉工作，依法严厉打击各类刑事犯罪。围绕人民群众的人身和财产安全，严厉打击危害公共安全、严重暴力、多发性侵财犯罪，突出打击涉黑涉恶、“两抢一盗”、黄赌毒等犯罪，依法打击破坏社会主义市场经济秩序犯罪，重点打击非法吸收公众存款、集资诈骗、电信诈骗、网络投资诈骗等涉众型经济犯罪，切实增强人民群众的安全感。围绕人民群众关心的食品药品安全等问题，加大打击生产和销售有毒有害食品、假药劣药、污染环境等犯罪的力度，切实保护全市人民的身体健康。全面贯彻宽严相济刑事政策，努力维护社会和谐稳定。

（三）进一步增强办案意识，更加坚决惩治职务犯罪

准确把握人民群众对风清气正的期盼，坚持有贪必肃、有腐必惩不动摇，推动形成“不敢腐、不能腐、不想腐”的有效机制和社会氛围。按照市委和省检察院的要求，继续把查办有影响、有震动的大案要案摆在突出位置，重点查办党的十八大后不收

敛、不收手,问题线索反映集中的领导干部职务犯罪和发生在群众身边、侵害群众利益的职务犯罪。坚决惩治就业创业、社会保障、征地拆迁、涉农资金、专项补贴等民生领域的职务犯罪。加大对国家扶贫补助资金审核发放背后职务犯罪的查处力度,确保党的惠民政策落到实处。创新职务犯罪预防工作理念和举措,铲除滋生腐败的土壤,从源头上遏制和减少职务犯罪的发生。

(四)进一步增强公正意识,更加有效强化诉讼监督

准确把握人民群众对公平正义的期盼,切实强化对诉讼活动的法律监督,努力让人民群众在每一项执法活动、每一个司法案件中都能感受到公平正义,维护宪法法律权威。加强刑事诉讼监督,重点监督纠正有案不立、有罪不究、滥用强制措施、量刑畸轻畸重等问题。积极适应刑事执行检察工作布局的调整,重点做好刑罚交付、变更执行和羁押必要性审查等工作。进一步加大对民事行政诉讼活动的监督力度,重点加强对虚假诉讼、违法调解、违法执行、裁判不公的监督,积极探索开展对行政违法行为的监督工作,切实提高民行监督水平。

(五)进一步增强根本意识,更加有力夯实发展根基

准确把握人民群众对司法公信力的期盼,打造过硬检察队伍,提升严格规范公正文明司法水平。进一步加强两级检察院班子建设,增强班子的凝聚力、战斗力和号召力。按照“五个过硬”的要求,巩固“三严三实”专题教育成果,深化“两学一做”学习教育,坚持思想教育与业务培训相结合,坚持健全规章制度与落实“两个责任”相结合,打好教育管理“组合拳”,不断提高全市检察干警的整体素质,努力建设一支信念坚定、司法为民、敢于担当、清正廉洁、勤政务实的检察队伍。常态化抓好规范司法行为专项整治工作,真正形成规范司法的思想自觉和行为习惯。大力加强基层检察院建设,坚持检力下沉、重心下移,建强维护社会公平正义的前沿阵地。

(六)进一步增强攻坚意识,更加稳妥推进检察改革

准确把握人民群众和广大检察干警对改革获得感的期盼,深入推进司法体制改革,确保各项改革任务全面落实。坚决贯彻落实全国司法体制改革推进会议精神,按照市委、省检察院的统一部署,以优化检察资源配置,健全检察权运行机制,完善司法责任制为目标,强化主体意识和责任意识,坚持正确改革方向和坚持问题导向相结合,坚持做好思想政治工作和坚持加强职业保障相结合,知难而进、攻坚克难,切实打赢司法体制改革攻坚战,着力解决影响司法公正、制约司法能力的深层次问题,最大限度地凝聚检察改革正能量。

各位代表,面对新形势和新任务,全市检察机关决心在市委和省检察院的坚强领导下,在市人大及其常委会和社会各界的监督支持下,坚决贯彻落实本次大会决议,牢记重托,不辱使命,真抓实干,锐意进取,努力开创我市检察工作新局面,为决胜全面小康,实现振兴崛起,建设富裕、文明、绿色、幸福新临汾做出新的更大的贡献!

附:

报告中有关用语说明

1.行贿犯罪档案查询:为打击商业贿赂违法犯罪,促进社会信用体系建设,2006年,最高人民检察院决定建立行贿犯罪档案查询系统。任何个人和单位都可向检察机关提出查询申请,查询结果供个人或单位在进行商业活动时参考。

2.重点工程“十百千”专项预防活动:为预防山西重点领域与重点工程建设中的职务犯罪,省检察院专门制定出台了《全省检察机关开展预防职务犯罪“十百千”专项活动实施方案》,对全省的十个重点领域、百个督办项目做好职务犯罪的专项预防工作,建立一千个预防职务犯罪联络点,确保重点工程项目顺利进行。

3.羁押必要性审查:指犯罪嫌疑人、被告人被逮捕后,检察院仍应当对羁押的必要性进行审查。对不需要继续羁押的,建议办案机关予以释放或者变更强制措施。

4.分案起诉:指在未成年人与成年人的共同犯罪案件中,检察机关以独立案件对未成年人进行审查起诉的未成年人特别刑事诉讼制度。

5.犯罪记录封存:指对犯罪的时候不满十八周岁,并且被判处五年有期徒刑以下刑罚的,有关部门应当对相关犯罪记录予以封存,非因法律特别规定外,不得向任何单位或个人提供。其目的在于减轻未成年犯的心理负担,促使其树立重新做人的勇气和信心,为未成年犯复归社会创造一个良好的人文环境,保障其合法权益正常实现。

6.附条件不起诉:对于未成年人涉嫌侵犯公民人身权利、财产权利或者妨害社会管理秩序的轻微犯罪,可能判处一年有期徒刑以下刑罚,符合起诉条件,但有悔罪表现的,人民检察院可以作出附条件不起诉的决定。在附条件不起诉的考验期内,由人民检察院进行监督考察。涉罪未成年人在考验期内没有实施或被发现新的犯罪,也没有其他严重违法行为情形的,考验期满后,检察院应当作出不起诉决定。

7.侦查一体化办案机制:指在检察体制模式和现有的法律框架内,建立以上级检察机关为领导,下级检察机关(主要是基层检察机关)为基石,以侦查为龙头,通过督办、提办、联合办、指定办等侦查方式,提高侦查效率、优化资源配置,实现对侦查活动统一部署、统一指挥的机制。

8.指定居所监视居住:一种刑事强制措施。修改后的《刑事诉讼法》第73条规定,监视居住应当在犯罪嫌疑人、被告人的住处执行;无固定住处的,可以在指定的居所执行。对于涉嫌危害国家安全犯罪、恐怖活动犯罪、特别重大贿赂犯罪,在住处执行可能有碍侦查的,经上一级人民检察院或者公安机关批准,也可以在指定的居所执行。

9.纪法分开:"纪"指的是党的纪律,是党组织和党员必须遵守的行为准则;"法"指的是国家法律,体现的是国家意志,约束和规范的对象是全体公民和法人。实行纪法分开,纪律归纪律,法律规法律,党纪与国法各司其职,分工协作,又配套联动,相得益彰,最终实现廉洁政治的目的。

10.纪法衔接:指纪检监察机关在开展纪律审查中,对于涉嫌违法犯罪的案件,在查清违纪事实并作出党纪处理的同时,应将涉嫌违法的部分及时移送司法机关,使腐败分子既受到党纪的惩处,也受到法律的惩罚。检察机关也要及时向纪检监察机关移送党员和国家工作人员涉嫌违纪的案件线索,及时通报涉嫌职务犯罪情况。

11.阳光百姓工程涉农资金监管系统:指市检察院将"互联网+"理念融入"阳光百姓工程",自主研发的涉农资金监管系统。该系统构建了监督和管理两个平台,具有直接管理和自动监督功能,可以提供查询和维权服务,实现了通过互联网对涉农资金的精准监管。

12.两法衔接:指行政执法与刑事司法衔接,是检察机关、监察机关、公安机关、政府主管部门和有关行政执法机关探索实行的,旨在防止以罚代刑、有罪不究、渎职违纪等社会管理问题而形成的行政执法与司法合力工作机制。

13.侦查羁押期限:指犯罪嫌疑人被逮捕以后到侦查终结的期限。根据刑事诉讼法和公安机关《办理刑事案件程序规定》,侦查中的羁押期限可以分为一般羁押期限、特殊羁押期限和重新计算的羁押期限三种。

14.再审检察建议:指检察机关对一些民事、行政申诉案件,不采取抗诉方式启动再审程序,而是向人民法院提出检察建议,由人民法院自行启动再审程序进行重新审理。

15."六型"检察机关:指市检察院党组提出的在全市检察机关建设学习型、服务型、创新型、实干型、廉洁型、和谐型检察机关。

16.五个过硬:指政治过硬、业务过硬、责任过硬、纪律过硬、作风过硬。

中国人民政治协商会议
第三届临汾市委员会常务委员会工作报告

——2016 年 3 月 21 日在政协第三届临汾市委员会第六次会议上

乔　成　家

2015 年工作回顾

过去一年,在中共临汾市委的坚强领导和市政府的大力支持下,市政协认真学习贯彻中共中央和省市委一系列重大决策部署,高举中国特色社会主义伟大旗帜,坚持团结和民主两大主题,围绕中心认真履职,充分发挥协商民主重要渠道和专门协商机构的作用,扎实推进履职能力建设,各项工作取得新进展,顺利完成了三届五次会议确定的目标任务。

一、紧紧围绕凝聚政治共识,切实加强思想理论武装

常委会认真学习贯彻中共十八大和十八届三中、四中、五中全会和习近平总书记系列重要讲话精神,准确把握中共中央治国理政新思想新要求,深刻认识人民政协在推进国家治理体系和治理能力现代化中的重要作用,进一步巩固团结奋斗的共同思想政治基础。按照创建学习型政协组织的目标要求,坚持重学习重研究,通过中心组学习、专题讲座、集体学习等多种形式,教育引导委员和机关干部掌握核心要义、做到融会贯通,着力提升政治把握能力。通过加强理论武装,广大委员和政协工作者进一步增强走中国特色社会主义道路的自觉性和坚定性,不断深化对政协性质定位的认识,更加明确政协履职的根本遵循和着力方位,始终与党委思想上同心、目标上同向、步调上同行,有力推动了我市协商民主事业不断发展。

二、紧紧围绕改革发展大局,积极开展协商议政建言

面对复杂的国内外形势,市政协密切关注宏观大势,紧紧围绕市委的决策部署,深入开展调查研究和议政建言活动,为促进全市经济社会健康发展作出了积极努力。

积极建言经济转型升级。大力开发文化旅游产业对于我市培育新的增长点,推动经济转型、产业升级,保持我市经济稳定增长意义重大,影响深远。为此,市政协将文化旅游产业发展列为常委会重点协商课题,认真组织开展专题调研,举行专题常委会议进行协商讨论,形成了《关于大力发展我市文化旅游产业的建议》建议案,提出以战略的眼光来认识文化旅游产业地位,以科学的规划来推动文化旅游产业提升,以良好的环境来提升文化旅游服务水平,以完善的机制来增强文化旅游产业活力,以优惠的政策来撬动文化旅游产业发展等五方面 19 条建议,引起了市委、市政府的高度重视。文化旅游产业已被市委、市政府确定为全市"十三五"时期的战略性支柱产业。

积极建言现代农业发展和农民持续增收。发展畜牧业对于优化调整我市农业产业结构、持续稳定增加农民收入以及扎实推动农村扶贫开发都具有重要意义。围绕推进我市畜牧业发展,市政协深入开展调查研究，认真进行协商讨论。市政协三届二十七次常委会议提出《关于经济新常态下加快我市畜牧业发展的建议》建议案，就做好经济新常态下畜牧业发展的顶层设计，创新驱动全市畜牧业发展新业态，支持龙头企业发展，完善和落实畜牧业发展的扶持政策，加强研究总结和加大对农民的培训引导等五个方面提出了14条建议。市委罗清宇书记作出重要批示，指出"此建议符合我市实际。在调整农业产业结构、拓宽经营领域、促进农民增收等方面都有实际意义。"要求"各县在完善政策、在引进品种、技术服务、对接市场、土地供应、资金整合、捆绑使用方面给予重视和支持，对相关政策应予研究实施。"政协的议政建言为助推全市三农工作，服务全市发展大局提供了有价值的决策参考。

积极建言义务教育均衡发展。义务教育均衡发展是提升教育发展整体水平、推进教育现代化的关键，事关千家万户，事关长远未来，是基本民生，也是我市深化教育改革的重点和方向。市政协围绕这一重大民生和社会发展课题，结合全市义务教育基本均衡评估验收工作，适时组织开展了专题调研，召开了常委会议进行专题协商。市政协三届二十八次常委会议形成了《关于大力推进我市义务教育均衡发展的建议》建议案，从强力推进义务教育发展基本均衡县评估验收工作，进一步完善和落实经费保障机制，着力加强师资队伍建设，加快教育信息化步伐，加强教育宣传和舆论引导等五个方面提出13条建议，得到市委、市政府及相关职能部门的重视和采纳，为助推我市教育事业改革发展，促进民生事业改善发挥了积极作用。

三、紧紧围绕促进大团结大联合，不断强化团结统战功能

常委会坚持把团结和民主贯穿于政协工作始终，扎实做好团结各界、凝聚人心、汇聚力量的工作，积极营造我市改革创新发展的良好环境。

加强同各党派团体的工作联系和合作共事。通过走访、座谈、联谊交流等形式，不断加强与各民主党派、工商联、有关人民团体的联系，认真听取他们对政协工作的意见。通过积极邀请各民主党派、工商联和人民团体、无党派人士参加政协的调研、座谈、考察等履职活动，鼓励和支持他们就我市经济社会发展中的重大问题提出建议，发挥重要作用。一年来，市各民主党派、工商联、无党派人士提交的大会发言、集体提案和社情民意信息分别占到总量的41％、97％和14％。通过组织专项考察，召开专题座谈会等形式，以专委会和党派团体及界别委员为主体，分别就"非文化遗产传承保护""养老服务业发展"和"加大支持中小微企业发展""加强城乡道路建设、改进城区交通秩序管理"这四个课题开展了2次界别协商和2次对口协商，较好地发挥了党派团体和政协界别作用，有效地提升了协商议政实效。

促进民族团结进步和宗教和睦。坚持高举爱国主义和社会主义旗帜，充分发挥联系广泛的优势，加强与民族宗教界代表人士的经常性沟通，主动关心、及时反映少数民族同胞和信教群众的困难和要求。配合省政协就加快少数民族聚居村全面建成小康社会这一课题组织开展调研考察，提出建议。

加强市、县（市、区）政协的联系合作。充分利用全市政协的组织与人才优势，加强相互合作，选择全市性的重大课题进行联合调研，召开市、县（市、区）政协主席座会，交流经验、研讨工作，不断增强全市政协工作的合力。

四、紧紧围绕发挥职能作用，努力提高协商议政实效

常委会深刻认识人民政协面临的新形势、新任务，不断增强履行职能的紧迫感和使命感，切实发挥人民政协在协商民主中的重要作用，积极探索实践，进一步增强履职工作实效和水平。

首次制定并实施年度协商工作计划。年度协商工作计划明确了市政协全年协商的主要议题以及工作要求，并报经市委同意，以市委、市政府、市政协"三办"名义联合下文，增强了政协协商工作的计划性、权威性、操作性。围绕协商年度计划的推进实施，市政协制定了年度主要工作责任制，扎实推进落实。年初确定的常委会议协商、专题会议协商、提案办理协商、对口协商、界别协商工作任务全部完成。

积极强化人民政协履行民主监督职能。深入贯彻落实中共中央关于加强人民政协协商民主建设和省市委关于加强人民政协工作的有关文件精神,协助市委制定了《关于加强和改进人民政协民主监督的实施意见》,进一步明确规范了政协民主监督的基本原则、主要内容、主要形式、工作机制和组织保障。《意见》经市委研究审定后,已于近期正式出台,充分体现了市委对人民政协工作的高度重视和坚强领导,为进一步加强人民政协履行民主监督职能提供了强有力的保障。

深入开展“百名政协委员下基层”活动。这是市政协连续第二年组织开展此项活动。组成了55个调研组,确定了57个调研课题,300多名政协委员深入到100多个基层调研点,形成了48篇调研报告,在此基础上召开专题会议进行了协商议政。通过活动的开展,广大委员深入基层接地气,广泛了解民情民意,积极为推动全市“六大发展”,促进民生改善建言献策,收到了良好的成效,也对创新政协履职实践,提升履职能力水平进行了有益的探索。

扎实做好提案和反映社情民意信息工作。抓住提案征集、办理关键环节,整体提高提案工作质量。通过提案交办会、提案“回头看”、跟踪问效等形式,不断加大提案办理督办工作,使提案办理协商取得实在效果。全年立案提案199件,全部办复完毕,提案办理水平进一步提高。召开反映社情民意信息工作总结表彰大会,加强培训、考核,加强信息工作队伍建设,反映社情民意信息工作实效进一步增强。全年共收到社情民意信息稿件1300篇,编报《社情民意》内部刊物175期、含信息400条(篇),90余条得到相关部门采纳落实。市领导高度重视,先后33次作出重要批示。特别是《“东方之星”游轮倾覆事故警示我们重视航运安全刻不容缓》《中小企业承兑汇票推不掉兑不起》两篇信息分别得到了中共中央政治局常委、全国政协主席俞正声和政治局委员、国务院副总理马凯的重要批示。市政协信息参政工作取得了新突破,社情民意信息质量和水平迈上了新台阶。

有力提升宣传工作和文史工作水平。充分利用《临汾政协简讯》《临汾政协》杂志、政协网站等宣传阵地,密切与新闻单位的联系与合作,广泛宣传政协工作取得的成效和政协委员的履职风采,进一步扩大了政协组织的影响力。加强史料征集,拓展文史专辑,重点开展了10卷20册200余万字的大型史料丛书《临汾文史资料全卷》的编辑和出版工作,较好发挥了文史资料存史、资政、团结、育人的作用。

五、紧紧围绕提高工作科学化水平,扎实推进自身建设

常委会认真学习贯彻习近平总书记系列重要讲话精神,大力强化自身建设,坚持同步推进、整体提升,持续提高服务保障能力,有力提升了政协工作的科学化水平。

扎实开展“三严三实”专题教育活动。按照中央和省市委统一部署,市政协党组认真开展“三严三实”专题教育,抓好形式多样的专题学习研讨和主题实践活动。严肃开展批评和自我批评,着力在打牢思想根基、提高党性修养、解决“不严不实”问题上下功夫。认真开展党章党规学习教育,严守政治纪律和政治规矩。强化政协党组抓党风廉政建设的主体责任,加强对党组成员的教育管理,认真落实“一岗双责”工作目标,抓实政协党组管党风的主体责任,不断增强班子的合力和整体功能,

着力强化委员主体意识。把发挥委员主体作用作为工作重点,坚持常委会议、调研考察、专题座谈、提案办理等活动邀请相关委员参加,为委员履职创造条件。坚持联系走访委员制度,听取委员意见,帮助委员解决履职中遇到的困难问题。完善委员评优评先和履职考核机制,激发委员履职动力和积极性。

积极发挥专委会基础作用。强化专委会与界别和委员的联系,做好协调服务,搭建工作平台。

加强专委会之间的工作协作，形成专委会联动履职，合力助推的良好局面。各专委会充分发挥自身的专业优势，在配合完成常委会议、主席会议调研任务的同时，组织委员深入开展调研考察活动，积极开展对口协商，主动提出意见建议，有力推动了全局工作的开展。

切实推进政协机关自身建设。认真开展学习教育，切实强化政治意识、大局意识和服务意识，以更严的要求、更实的作风做好服务保障。大力加强制度建设，在公务接待、公务用车、各类会议、财务管理、机关党委建设等方面修订完善了一批规章制度，努力构建机关作风建设长效机制。切实加大对机关干部的培养、选拔和使用力度，提拔任用了副处以上机关领导干部9名，干部配备进一步到位，工作力量进一步充实，机关干部队伍建设进一步加强。

各位委员，回顾一年来的工作，我们深切体会到，市政协工作之所以能够取得较好的成绩，靠的是市委的正确领导和市人大、市政府以及各级各部门各单位的大力支持，靠的是政协各参加单位、全体委员的积极参与和辛勤付出。在此，我代表市政协常委会表示衷心的感谢！

在肯定成绩的同时，我们也清醒地看到，对照新形势、新任务和新要求，我们的工作还存在不足。主要是：对发挥协商民主渠道作用的研究还不够深入，对突出界别特色、充分发挥委员主体作用的办法还不够多，有的调研和建言质量还不够高，民主监督还比较薄弱等，希望各位委员和列席同志提出宝贵意见，常委会将高度重视，认真研究，切实加以改进。

2016年工作建议

2016年是全面实施“十三五”规划的开局之年和全面深化改革的关键之年，也是本届市政协的换届之年。新的一年里，市政协要在中共临汾市委的领导下，深入学习贯彻中共十八大和十八届三中、四中、五中全会和习近平总书记系列重要讲话精神，紧紧围绕市委三届七次全会暨全市经济工作会议提出的部署要求和目标任务，扎实做好参政议政、民主协商工作，进一步提升履职能力和水平，努力做到协商更有效，监督更有力，建言更精准，团结更广泛，为我市“十三五”开好局、起好步，履职尽责，做出贡献。

一、深化思想认识，着力增强政治把握能力

继续深入学习贯彻中共十八大以来中央一系列重要会议精神和习近平总书记系列重要讲话精神，深入学习贯彻中共中央和省市委加强人民政协协商民主建设的重要部署，领会新思想，把握新要求，适应新常态，切实增强同以习近平同志为总书记的党中央保持高度一致的思想自觉和行动自觉，始终坚持政协工作的正确方向。全面贯彻落实中共临汾市委三届七次全会精神和各项决策部署，深刻领会和全面把握“十三五”时期临汾改革发展的宏伟目标和主要任务，团结引导参加政协和各党派团体和各族各界人士把思想和行动统一到市委的决策部署上来，始终做到与党和政府同心同向、同心同行、同心同力。政协委员中的中共党员，要坚定理想信念，切实增强党的意识、政治意识、责任意识，严守政治纪律和政治规矩，自觉贯彻党的方针政策和决策部署，始终坚定正确政治方向。

二、做好协商议政，着力助推“十三五”良好开局

要按照市委、市政府的总体部署，把助推“十三五”规划贯彻实施作为履职重点，主动顺应新常态，积极谋划新思路，为全市“十三五”科学发展献良策，出实招。要高度关注经济质量、高度关注深化改革、高度关注结构优化，围绕全市改革创新、转型发展的长远性、战略性问题，就百里汾河经济带建设、城市重点工程建设、文化旅游产业发展等开展深入务实调研，积极协商议政，提出对策建议。要坚持问题导向，深入实际了解情况，把握问题症结，努力使对策建议有的放矢，切中要害，不断增强政协建言的前瞻性、针对性、操作性，着力提高政协建言质量。要坚持与协商议题紧密结合，组织开展课题调研，以深入调研提高协商质量，以有效协商转化调研成果，实现调研与协商互促共进，着力提高

协商议政实效。

三、坚持履职为民,着力促进社会和谐和民生改善

政协委员来自人民,我们只有扎根民众,深入基层,才能提出真知灼见,才能无愧人民重托。新的一年里,我们要突出履职为民宗旨,坚持把维护人民群众的根本利益作为工作的出发点和落脚点,努力为民生福祉尽责出力。要突出建言立论,重点围绕教育文化、医疗卫生、养老保障、扶贫开发等与群众利益密切相关的热点、难点问题认真开展调研考察,积极提出意见建议,推动各项民生事业健康发展。要突出提案落实,健全提案协商办理机制,在提高提案质量的基础上,改进督办方式,加强督办力度,强化协调配合,提高服务质量,推动提案所提建议的有效落实。要突出社情民意,进一步加强和改进反映社情民意信息工作,经常深入基层、深入群众,调查研究,听取群众意见,了解群众真实愿望,反映群众呼声要求,更好地发挥政协信息参政,议政为民作用。要突出增进民生福祉,积极组织引导委员开展医疗科教扶贫、帮困济弱、捐资助学等社会公益活动,真心诚意帮助困难群众反映和解决生产生活中的实际问题,积极为重大民生政策的制定实施献计出力,努力使改革发展的成果惠及更多的市民百姓,不断提高广大群众的幸福感和获得感。

四、把握工作主题,着力凝聚改革发展合力

人民政协是统一战线的重要机构,为改革凝聚共识,为发展凝聚力量,是我们的职责所在,使命所在。新的一年里,我们要把政协团结统战工作摆在重要位置,突出团结民主,推进公平正义,凝聚智慧力量,积极为全市改革发展创造良好的环境。要不断深化与各民主党派、工商联、人民团体和无党派人士的团结合作,支持他们在政协会议上踊跃发表意见,加大对重大课题开展联合调研的力度,积极协调解决履行职能中遇到的困难和问题,更好地发挥党派团体在政协工作中的重要作用。要加强同港澳台侨各界人士的联系,开展联谊交流,广泛凝心聚力,发挥积极作用。要加强同少数民族、宗教界代表人士的联系,积极宣传民族政策和宗教政策,努力促进民族团结和宗教和睦。要拓宽联合团结覆盖面,积极吸纳新的社会阶层代表人士参加政协活动,不断创新活动方式,完善活动方法,鼓励和引导各个社会阶层为临汾现代化建设做出更大贡献。

五、加强自身建设,着力增强政协生机与活力

按照习近平总书记提出的“懂政协、会协商、善议政”的要求,以提高履职素质和能力为目标,深刻认识人民政协面临的新形势、新任务,不断增强履行职能的紧迫感和使命感,切实发挥人民政协在协商民主中的重要作用,为推进民主政治建设、促进改革发展做出应有贡献。要进一步加强委员队伍建设,改进委员学习方式,拓展委员知情渠道,搭建委员履职平台,提高委员整体素质;创新委员活动方式,加强委员履职的管理服务和考核,更好地调动和激发委员履职的积极性、主动性、创造性;活跃界别工作,强化界别特色,研究探索界别设置调整、委员推选制度改革等工作,突出委员主体作用。广大委员要自觉遵守宪法法律,强化委员意识,珍惜委员荣誉,积极履职尽责,充分发挥作用。进一步加强专委会建设,继续深入探索开展专委会活动的内容和方式,强化专委会联系党派、界别和委员的常态化工作机制,加大工作沟通和指导,更好发挥专委会在政协工作中的基础作用。进一步加强机关建设,巩固深化“三严三实”专题教育,坚决执行中央八项规定,认真开展“学党章党规、学系列讲话、做合格党员”的“两学一做”学习教育,进一步增强政治意识、大局意识、核心意识、看齐意识,进一步提高党性觉悟,坚定正确政治方向。不断改进政协会议、调研、考察、提案、信息等工作,努力提高服务水平,切实发挥机关在政协工作中的保障作用。

各位委员,今年市政协将进行换届。在市委的领导下,认真做好换届前的各项准备工作,是我们肩负的一项重要政治任务。政协各参加单位、广大政协委员和政协工作者,要倍加珍惜在五年的履职工作中建立起来的深厚情谊,倍加珍惜当前我市稳定发展的良好局面,以高度负责的态度和强烈的历史使命感，认真全面总结本届市政协的履职实践，深入思考研究新形势下人民政协工作面临的新课题新要求，周密细致做好各项筹备工作，为下届市政协工作的顺利开展奠定良好基础。要不折不扣地贯彻落实市委的意图和部署，正确处理好换届筹备工作与其他工作的关系，确保圆满完成换届工作任务。

由于年龄关系、任期届满及工作调整等原因，市政协三届六次全会后，我们之中有许多同志将离开政协岗位。作为开创我市政协事业的见证者和参与者，五年的合作共事，大家彼此之间有了深入的了解，结下了深厚的友谊，创造了共同的业绩，留下了难忘的记忆。五年的民主协商、参政议政历程，大家对政协事业的深厚感情，以及同志们之间的真诚友谊，必将在我们各自的人生经历中留下一段值得永久珍藏回味的美好回忆，而且会随着时间的推移历久弥新。本届市政协以来，广大委员以高度的政治责任感和使命感，认真履职尽责，积极发挥作用，为推动我市人民政协事业发展做了大量富有成效的工作，充分展现了政协委员的良好风貌。三届市政协取得的每一项成绩，都凝聚着大家的智慧、心血和汗水。在此，我代表市政协常委会向大家表示由衷的感谢和崇高的敬意！

各位委员，同志们！新的形势和新的任务，对人民政协工作提出了新的更高要求，也为人民政协履行职能、发挥作用提供了更加广阔的舞台。让我们紧密团结在以习近平同志为总书记的党中央周围，在中共临汾市委的领导下，团结奋进、开拓创新、振奋精神、扎实工作，努力推进社会主义协商民主和人民政协事业发展，为我市全面建成小康社会做出新的更大贡献！

中国人民政治协商会议
临汾市委员会常务委员会关于三届五次会议
以来提案工作情况的报告

——2016 年 3 月 21 日在政协第三届临汾市委员会第六次会议上

杨　益　民

2015 年提案工作情况

一年来，在中共临汾市委的正确领导下，在市政府的大力支持下，常委会始终把握团结和民主两大主题，坚持“围绕中心、服务大局、提高质量、讲求实效”的提案工作原则，充分发挥提案协商工作平台，积极组织引导广大市政协委员、参加市政协的各民主党派、有关人民团体、各专门委员会和各县（市、区）政协，全面贯彻中共十八大和十八届三中、四中、五中全会和习近平总书记系列重要讲话精神，坚持以邓小平理论、“三个代表”重要思想和科学发展观为指导，紧紧围绕市委、市政府中心工作，提出了一批高质量的提案。提案办理单位以积极负责的态度，从全面落实协商民主的高度出发，进一步加强了提案办理工作,注重了提案办理实效,使政协提案真正融入了市委、市政府的工作之中,转化为推动各项工作的具体措施,在促进我市政治经济社会发展过程中发挥了积极作用,为实现"十二五"圆满收官作出了应有贡献。

市政协三届五次会议以来,共征集提案256件,其中,团体提案54件,占21%;委员提案202件,占79%。经提案委员会审查,立案199件,占提案总数的78%,作为意见或转为社情民意处理的57件,占提案总数的22 %。在立案的提案中,涉及经济发展方面的100件,占50%;民生改善方面的74件,占74%;社会治理方面的25件,占13%。以上提案根据《政协临汾市委员会提案工作细则》和《临汾市政协提案办理规定》的有关要求,按照主席会议安排,市政协召开了市委、市政府有关部门参加的提案交办会议,所有立案的提案按照分口负责的原则进行了交办,市委、市政府办公厅分别责成各有关单位、部门落实办理。所有立案的提案,在各承办单位和部门的共同努力下,截至去年底,已全部办复,办复率100%。在办复的全部提案中,建议被有关单位采纳,已经解决和正在解决的170件,占85%;建议合理但因时机条件不成熟,有待今后办理的23件,占12%;因政策规定和体制等原因不能解决的6件,占3%。作为意见或转为社情民意处理的57件提案,已及时递交有关单位作为工作参考或转交市政协信息科办理。从提案办理结果反馈意见的统计情况看,提案者对提案办理满意或基本满意。

总体来看,市政协三届五次会议以来的提案,提案质量得到了进一步提高,办理成效更加显著,提案的作用得到了进一步发挥,提案的影响不断扩大,主要呈现以下四个特点:

(一)提案反映问题更加集中

在三届五次会议以来立案的199件提案中,涉及教育、养老、医疗卫生等服务发展、改善民生的建议以及有关群众切身利益的热点、难点问题在提案数量上仍具首位,受到委员们广泛关注:对城市建设规划与交通秩序管理方面的提案建议相对比较集中,反映了委员们对群众交通出行和生存环境的高度重视;关于我市经济发展中产业转型、环境保护与安全生产的提案增多,反映出委员们对我市如何实现转型跨越发展大局的深层次思考在不断增强。

(二)提案质量呈现上升态势

总体上看,三届五次会议以来的提案更有针对性和前瞻性。在提案选题上能够紧紧围绕我市政治经济社会发展工作中心,更加贴近群众、充分关注民生,调研更加深入,情况更加真实,对策更加可行。在此基础上,我们推荐出30件提案作为预选重点提案,经主席会议审议,最终确定了3件主席督办案件和16件重点提案,保证了重点提案的协商办理质量,转化采纳率得到了进一步提高,充分发挥了政协提案应有的作用。

(三)提案办理协商不断增强

一年来,不断坚持和完善提案工作的办理机制,从整体上推进提案办理的落实和成果转化。从提案交办、领导阅批、目标考核、主席督办、办理通报等工作环节上进一步规范。其特点:一是提案反映的合理化建议,承办部门真心采纳,全部落实。如:霍聂鹏委员提出的《关于促进我市现代物流发展的建议》,对临汾转型发展和民生改善,规划全市物流业发展提供了很好的思路,岳普煜市长高度重视,在8月份成立的专门物流商会会议上作了重要讲话,有力地推动了我市现代物流产业的发展。再如,民革临汾市委提出的《关于统筹规划城市基础设施配套建设,增强城市抗灾能力,全面提升城市建设水平》的提案,直指当前城市规模不断扩张和城市建设步伐加快后,地下管线配套跟不上城市发展节奏等一些突出问题,据此,市政府成立了以杨治平副市长为组长,相关16个单位为成员的临汾市区城市地下管线综合管理领导组,印发了《临汾市市区城市地下管线综合管理实施方案》和两个"实施细则",全面开展了市区管线普查工作,杜绝了管线随意填埋、乱开挖的现象;二是主席带队督办,促进重点提案的具体落实。去年12月,市政协乔成家主席、分管副市长杨治平带领政协委员和提案者，就民盟临汾市委提出的重点提案《拓展"汾河经济带"开发外延，构筑"滨水经济"开发大格局》办理情况进行督办，对进一步修订完善我市"汾河经济带"规划，特别是加强文化旅游产业建设起到了很好的推动作用。分管副主席杨益民、分管副市长陈忠辉带队到市人民医院、第四人民医院、市教育局、尧都区韩村幼儿园、尧都区第二、第三幼儿园等单位对《关于进一步优化我市医疗资源配置扩建临汾市第四人民医院的建议》的特别提案和《关于缓解我市幼儿园"入园难""入园贵"的几点建议》的重点提案进行了专题督办。通过现场考察、调研、汇报、面对面沟通等方式进行提案办理协商，进一步促进了提案的成果转化，促进了相关工作落实的步伐，取得很好地办理实效。进一步扩大了政协提案的影响力，受到了广泛好评；三是提案涉及的一些重点、难点问题得到了有效解决。各有关承办单位在办理提案过程中，克服困难，创造性地开展工作，着力解决了一些人民群众关心的问题。如梁清燕委员提出的《关于加强农村"两委"后备干部队伍建设》的提案，市委组织部深入研究，积极探索，做了大量深入细致的工作。加强了对村民的教育引导、农村干部的教育培训和农村基层党建工作的指导。再如，民建临汾市委提出的《切实改变作风减少文山会海》提案，市委高度重视，强化措施，全力整治。以一号文件的形式下发了《改进工作作风、密切联系群众的若干规定》，有力地促进了各级领导干部作风的转变，文风会风有了很大程度改进；四是积极推行开门办理提案，拓宽办理渠道。采取与委员座谈、实地调研、现场办理、听取意见反馈等多种举措，形成提案办理工作合力。加大部门督办力度，严把答复质量审查关，提高办理实效，促进提案落实。

(四)提案服务水平得到提升

一年来，不断提升提案服务水平，积极努力探索，不断分析总结，进一步完善了制度建设。一是在提案办理工作制度、组织、人员等方面得到进一步的加强和充实。各承办部门细化办理职责，规范办理程序，形成了主要领导重点批示，分管领导积极协调，职能科室具体落实的工作格局。二是进一步加强了提案委与市委、市政府"两办"及新闻媒体的沟通协调。对难点、热点问题的办理，及时沟通、及时协调、形成共识、努力构建"提、办、督"一体化工作机制。三是进一步完善了提案规范化管理，对提案撰写、审查、答复、归档等严格规范，使提案归档管理更具科学性，促使提案质量、提案办理质量、提案服务质量进一步得到提高。

各位委员，2015 年的提案工作，取得了一定的成绩，这是市委、市政府高度重视、大力支持的结果；是市委、市政府"两办"和各职能部门尊重委员、认真办理努力工作的结果；是广大政协委员担当责任、认真履职的结果。但也存在着一些问题和不足：一是少数委员撰写提案的积极性不高，深入基层调研的主动性积极性不够，甚至个别委员没有提案。二是个别单位和部门对政协委员的提案重视不够、办理答复迟缓、有应付差事的现象。三是提案办理质量还需进一步提高。部分承办单位和部门对政协委员提出的提案调查研究不够，存在重答复、轻落实现象，使办理流于形式。这些问题和不足，应引起我们的足够重视，要认真研究、科学分析，在今后的工作中采取具体措施，切实加以解决。

2016 年提案工作的建议

在新的一年里，我们要紧紧围绕市委、市政府中心工作，紧紧围绕市委三届七次全会和全市经济工作会议上提出的各项部署，找准切入点，突出侧重点，抓住人民群众普遍关注的热点、难点问题，继续发挥好提案在履行政协三项职能中的重要作用，为实现"十三五"良好开局，凝聚共识，积极建言献策。

(一)努力加强引导，力争提出高质量提案

充分发挥委员主体作用和各民主党派、工商联、市政协各专门委员会的组织优势和界别优势，不断拓展知情明政渠道，组织引导提案者提出立意新、选题准、建议实的高质量提案;严格立案审查标准,进一步增强提案的严肃性、科学性和可行性。

(二)全力创新方式,做好重点提案督办工作

围绕我市政治经济社会发展的重点工作和突出问题,遴选好2016年度重点提案;强化专项督办,坚持督办工作常态化,组织重点提案深入调研,夯实提案督办基础;发挥政协各专门委员会的工作优势,增强重点提案联合督办力度,推动提案办理工作更加富有成效,提案成果进一步转化。

(三)致力抓好落实,深化提案办理协商

继续加强与提案者和承办部门的协调沟通,搭建好承办部门与委员的知情知政的平台,推动提案办理工作的落实,发挥好提案的实效性,进一步提高办理落实率,推动提案办理质量再上新台阶。

(四)合力优化队伍,提升提案工作水平

注重提案工作队伍的自身建设,把政治水平高、业务能力强的骨干充实到提案工作岗位。同时,要继续加强与新闻单位的合作,有效发挥媒体作用,扩大协商民主的影响力,选择办理效果明显的典型提案进行宣传报道,扩大提案工作的社会影响力。

各位委员,2016年是全面建成小康社会决胜阶段和"十三五"的开局之年,也是推进结构性改革的攻坚之年。蓝图已经绘就,号角已经吹响,道路就在脚下,目标就在前方,面对新形势、新任务和新常态,我们要坚定信心,脚踏实地,敬畏责任,迎难而上,在中共临汾市委的正确领导下,以饱满的政治热情,昂扬的精神状态和扎实的工作作风,认真履职,为协助党委、政府科学决策建有用之言,献务实之策。为开创弊革风清,富民强市新局面,为早日实现建成全面小康社会的宏伟目标作出新的更大的贡献。

中国人民政治协商会议
第三届临汾市委员会常务委员会工作报告

——2016年10月10日在政协第四届临汾市委员会第一次会议上

乔　成　家

一、过去五年工作回顾

三届市政协任期的五年,是我市应对重大挑战、经受重大考验、克服重大困难、取得重大成绩的五年,也是市政协职能作用充分发挥,社会影响日益扩大,政协事业蓬勃发展的五年。五年来,在中共临汾市委的坚强领导下,在市人大、市政府的大力支持下,三届市政协牢牢把握团结和民主两大主题,紧紧围绕全市工作中心和大局,切实履行政治协商、民主监督和参政议政职能,充分发挥了协调关系、汇聚力量、建言献策、服务大局的作用,为推动临汾经济发展、民生改善、社会和谐,为促进全市改革开放和现代化建设做出了重要贡献。

(一)紧紧围绕全市改革发展大局,深入开展协商议政建言

协商议政贵在主动、重在实效。三届市政协不断完善协商议政的内容、形式和程序,围绕市委、市

政府的中心工作以及经济、政治、文化和社会建设中的重大问题，以各种例会和调研考察为主要形式，深入开展协商议政，取得显著成效。五年来，共召开全体会议 6 次、常委会议 32 次、主席会议 41 次、各类专题协商会 28 次，形成了全委会议广泛协商、常委会议专题协商、主席会议重点协商的格局，协商议政的质量和效果明显提高。全体会议主要就政府工作报告和全市政治、经济、文化和社会生活中的重大问题进行协商讨论，各党派、团体和政协委员共提交政协全会议政发言材料 205 份，先后有委员 47 人次在大会上发言。常委会议、主席会议选择党委政府关注、广大群众关心的重点、热点问题，先后就煤炭产业发展、食品安全、重点项目建设、特色农业、民营企业发展、义务教育均衡发展、文化旅游产业发展等 12 项重点课题，深入开展调查研究，认真进行专题协商讨论，形成了专题议政发言材料和调研报告 276 个，并形成了相关政协建议案 12 件，提出了一系列具有战略性和前瞻性的对策建议。

三届市政协协商议政不仅在形式上有量的体现，在内容上也有质的提高。在开展这项工作中，我们坚持问题导向，注重把握好三个角度，一是站在群众的角度选题，从百姓普遍关心热议的重点、热点中发现问题，议题贴近百姓，接地气；二是站在全局的角度思考，从战略和大局的高度上分析问题，思路上把握正确方向；三是站在可行的角度推进，从操作性和实效性方面研究办法和对策，力求解决问题，惠及百姓。遵循这一思路，市政协的一系列建言献策较好地做到了议在点子上，建在关键处，得到了市委市政府的高度重视和广泛采纳，有的写入了市委、市政府文件，有的由市委、市政府领导作出了批示，有的转化为部门工作举措，为服务党委、政府科学、民主决策，促进经济发展和社会进步发挥了重要作用。比如，对重中之重的三农工作，我们以每年的中央一号文件精神为指针，有计划有步骤地选择“农业科技创新”“特色农业”“农村土地流转”“畜牧业发展”这四个系列专题，连续四年深入开展调研，认真进行常委会专题协商，形成了较高质量的政协建议案，为助推全市三农工作发挥了积极作用。比如，对事关临汾结构优化、转型升级的煤炭产业，2012 年，三届市政协主动请缨，围绕资源整合、兼并重组，深入开展调研，认真进行常委会专题协商，提出了重点解决证照、手续审批办理难题，堵塞漏洞、强化税费征管，协调乡村既得利益，壮大产业链条等一系列具体建议对策，得到了市委、市政府的高度重视，许多建议被相关部门采纳落实。再如，对事关临汾未来可持续发展的民营经济和文化旅游产业，我们于 2014 年和 2015 年，分别深入开展调研，认真进行常委会专题协商，就促进民营企业健康发展和大力发展文化旅游产业提出了一系列具有前瞻性和可行性的对策建议，市委认可，市政府采纳，许多建议写进了临汾市政府出台的《关于进一步支持民营经济健康发展的措施》和临汾市“十三五”发展规划中，为加快我市民营经济发展和做大做强我市文化旅游产业建言献策，做出了积极贡献。

三届市政协十分重视委员考察的督导作用。五年来，围绕百里汾河新型经济带建设，临汾机场建设，市人民医院新院区建设，非物质文化遗产传承与保护，养老服务业发展，高等教育发展，城区交通秩序管理等全市经济社会发展和人民群众普遍关心的重点、热点问题，组织开展了 90 多批次的委员考察，委员参与人数达 600 多人次，形成了专项考察报告、调研报告 119 份，不少意见建议得到采纳，拓宽了委员参政议政渠道，提高了协商建言实效，有力助推了市委、市政府相关重大决策和重点工作的推进实施。在调研考察工作中，广大委员充分发挥主体作用，各民主党派、工商联和各县(市、区)政协密切联合协作，各级党委、政府及有关部门大力支持配合，有力推动了政协履职工作，提高了协商议政的质量和水平。

(二)紧紧围绕促进大团结大联合，不断深化团结联谊工作

凝心聚力，共同作为，是政协履职工作重要内

容。三届市政协坚持弘扬团结、民主两大主题,重视广泛团结各界人士,推动团结联谊工作向广度深度进军。加强各党派、团体的团结合作。党派性是人民政协的一大特色,各党派团体是人民政协的重要组成部分。主席班子通过分工联系、定期走访、交心谈心等形式,切实密切与各民主党派、工商联、人民团体的联谊交流。实际工作中,非常注重加强合作共事,积极为党派、团体更好地履行职能搭建平台、创造条件,使其成为政协履职工作的重要组织者和参与者。五年来,市政协组织开展的各项重要调研考察活动,都邀请民主党派和无党派人士参加;在政协的各种协商议政会议上,注重安排党派团体以集体名义发表意见。五年来,市各民主党派、工商联、人民团体在政协会议上充分发表意见,提交政协全会、常委会议政发言 189 篇,提出集体提案 277 件,反映社情民意信息 1200 多条,许多具有真知灼见的意见和建议得到了市委、市政府的高度重视和社会各界的好评,在政协组织中发挥了重要作用。积极促进民族团结、宗教和睦。我们坚持高举爱国主义和社会主义旗帜,充分发挥联系广泛、代表性强的优势,不断加强与民族宗教界代表人士的经常性沟通,主动关心、及时反映少数民族同胞和信教群众的困难和要求。认真宣传贯彻党的民族宗教政策,专题调研少数民族聚居村经济社会发展、农村宗教事务管理工作等问题,为做好民族宗教工作发挥了应有作用。五年来,市各民主党派、工商联、各人民团体认真扎实履行职责,积极主动开展工作,为推动我市人民政协事业的发展进步起到了重要作用,做出了积极贡献。

(三)紧紧围绕提升质量实效,扎实推进各项履职基础性工作

基础牢固,履职有力。三届市政协始终坚持注重质量、增强实效的工作方针,不断加强和改进提案、反映社情民意和文史资料等政协履行职能的基础性工作,增强了政协工作活力,提高了履行职能的水平。提案工作质量明显提高。通过坚持严把提案审查立案关、举行提案交办会和协商对话会、主席督办重点提案、提案办理"回头看"等措施,提案质量、办理质量和服务质量不断提高,提案作用不断增强。五年来,共征集各党派、团体和委员提案 1629 件,立案 1264 件,其中确定重点提案 87 件,已全部办复完毕。提案内容反映的大量涉及全市经济社会发展和人民群众切身利益的意见建议,为市党政机关掌握情况、科学决策、改进工作起到了积极作用。反映社情民意成效显著。三届市政协坚持把了解和反映社情民意作为政协履行职能的基础和关键环节来抓,不断完善征集、编报、反馈、工作培训和量化考核机制,取得了显著成效。五年来,共编报《社情民意》专刊 1203 期,报送信息 2205 条(篇),其中被中央、省、市领导批示 134 条(篇)。《应尽快建立晋陕豫黄河金三角区域合作组织机制》和《以多元化养老模式解决孤寡老人赡养问题》分别得到常务副省长高建民和副省长张建欣的重要批示。特别是《"东方之星"游轮倾覆事故警示我们重视航运安全刻不容缓》《中小企业承兑汇票推不掉兑不起》两篇信息分别得到了中共中央政治局常委、全国政协主席俞正声和政治局委员、国务院副总理马凯的重要批示。市政协信息参政工作取得了新突破,迈上了新台阶。文史资料工作结出硕果。我们建立了大型文史资料电子数据库,收录了文史资料上千万字、图片近千幅,为有效开展政协文史工作打造了坚实基础。成立了临汾中华文化促进会,为提升临汾文化软实力提供了新载体。组织临汾文史专家、文化学者组成写作班子,创作完成了文化力作——《临汾史诗》,用诗歌的形式歌颂临汾悠久的历史和厚重的文化,为弘扬临汾文化奉献了一部精品力作。我们历经三年多时间,征编出版了大型文史资料丛书《临汾文史资料全卷》,计 10 卷 20 册,2000 余万字。从政协文史的角度,全方位涵盖、全景式展现了临汾从清末、民国初年至改革开放初期近百年的时代变迁,为深入挖掘临汾历史提供了一卷厚重史册。市政协文史工作取得了辉煌成果,较好地发挥了"存史、资政、团结、育人"作用。

（四）紧紧围绕发挥优势、树立形象，积极组织举办政协特色活动

政协人才济济、卧虎藏龙，人才优势是政协的最大优势。为给政协委员施展才能、发挥作用提供用武之地，我们以开展党的群众路线教育实践活动为契机，于2014和2015年，连续两年组织开展了“百名政协委员下基层”活动。联合各党派、各县市区政协先后组成了114个课题调研组，委员参与人数612人次，深入到200多个基层调研点，形成了108份调研报告，提出了一系列议政对策建议，得到了市委、市政府的高度重视和采纳。2014年10月，召开了市政协议政大会，市委、市政府主要领导和有关领导亲临会议。会上，7名政协委员发言精彩，言之有物、言之有据、言之有策，展示了委员素质和风采。书记、市长分别在会上作了重要讲话，对这项活动的组织开展和取得的成果、产生的影响给予了充分肯定，作出了高度评价。实践证明，开展这项活动，创新了政协履职的方式，搭建了政协委员联系群众、接触基层、知情知政的有效平台，使政协协商走进社会、走进群众、更接地气。为了彰显为民履职宗旨，更好地发挥党委政府和人民群众沟通联系的桥梁与纽带作用，三届市政协连续四年组织发动委员开展了送医药、送科技、送文化“三下乡”活动。深入贫困山区，为群众开展专题培训讲座、现场义诊、科技咨询等服务，发放科普资料、文体器械、医疗药品及捐资助学、扶贫帮困资金200多万元，受益群众6000多人，实实在在地为基层群众办好事做实事，受到了基层干部群众的真心拥护和欢迎。在历次活动的开展过程中，广大政协委员积极参与、热心奉献，付出了心血和努力，展示了智慧和才华，向社会各界和人民群众树立起了政协委员的良好形象。

（五）紧紧围绕提升素质、固本强基，切实加强自身建设

自身素质决定政协履职成效。三届市政协十分重视加强自身建设，坚持政协委员和政协机关干部这两支队伍一并打造，政治素质和业务素质这两个能力一起提高，为做好政协工作和履行委员职责奠定了坚实基础。具体举措就是学习、学习再学习，把加强学习摆在突出位置。通过召开党组（扩大）会议，常委会安排专题学习，举办专题讲座和坚持机关每周学习制度等多种形式，五年来，先后组织中心组集中学习18次，举办集体专题学习30多场次，举办委员全员专题培训会3次，认真组织广大委员和机关干部，学习党章党规和系列讲话，学习中共十八大等重要会议精神，学习人民政协和统一战线理论。在学习中，常委会组织引导大家“带着自信学”，坚信系列讲话能指导带领我们实现中华民族伟大复兴的中国梦和“两个一百年”的奋斗目标，坚定信心、明确方向。“带着问题学”，针对工作、思想和生活中存在的迷茫和困惑，在学习中寻找答案和办法，提振精神，凝聚正能量。“带着思考学”，学原著、读原文、悟原理，学以致用，指导实践。与此同时，我们按照中央、省委和市委的统一部署要求，深入开展了党的群众路线教育实践活动、“三严三实”专题教育和“两学一做”学习教育工作，坚决落实中央“八项规定”，大力整治“四风”，切实改进工作作风，努力锻造一支素质过硬的政协队伍。特别是去年年底以来，在市委的关心和领导下，市政协机关提拔任用正县级领导干部4名，副县级领导干部5名，交流正县级领导干部2名，副县级领导干部1名，提拔和调整科级干部18名，力度之大、范围之广、层次之高，过去前所未有。充分体现了市委对政协工作的高度重视和全力支持，也反映出政协工作在加强，干部素质在提高。

各位委员，市政协过去的五年，是全面履行职能、发挥重要作用的五年；是团结各族各界，广泛凝聚力量的五年；是不断开拓进取、取得扎实成效的五年。三届市政协所取得的成绩，得益于中共临汾市委的坚强领导和市人大、市政府及全社会的大力支持，得益于一届、二届市政协打下的坚实基础，得益于市政协主席班子、常委、广大委员和机关全体同志的共同努力，在这里，我代表三届市政协常委会，向给予市政协工作坚强领导保障和大力支持的

市委、市人大、市政府,向为我市政协工作奠基创业的一届、二届市政协常委会、主席班子和各位老领导,向广大政协委员,向各民主党派、工商联、人民团体和无党派人士,向市政协机关全体同志,向所有关心和支持政协工作的同志们、朋友们,表示衷心的感谢和崇高的敬意!

回顾五年来的生动实践,我们有很多难忘的画面和回忆,也积累了一些值得总结的经验和体会。我们深刻体会到,充分发挥政协职能作用,不断推动人民政协事业发展,应当做好"四个始终坚持":

一是必须始终坚持中国共产党的坚强领导。

坚持党对政协工作的领导,是人民政协这一组织形式创立、存在、发展的政治基础和履行职能必须始终遵循的一项根本原则。三届市政协始终坚持市委在政治原则、重大方针政策上的领导,始终坚持与市委同心同向、合力合拍,始终坚持充分发挥政协党组的核心作用和政协组织中共党员的先锋模范作用,始终坚持经常主动地向市委请示汇报工作,自觉将政协工作纳入全局工作之中,自觉在大局中开展工作。市委高度重视政协工作,始终把政协工作作为全局工作的重要组成部分,积极支持市政协依章履行职能、开展活动。坚持每年听汇报、出题目、交任务,重视政协机关干部招录、提拔、交流。我们深刻体会到,人民政协开展任何工作都要保证党的路线方针政策全面贯彻落实,使党的主张成为各民主党派、人民团体和各族各界人士的广泛共识,为实现党提出的目标任务而共同奋斗。三届市政协之所以各项工作取得新进步,能够在全市改革开放和现代化发展大局中发挥重要作用,最根本的一条就是始终不渝地坚持了党对政协工作的坚强领导。

二是必须始终坚持围绕中心、服务大局。

人民政协工作是党的全局工作的重要组成部分,只有紧紧围绕党委、政府的中心工作,自觉服从服务于改革开放和现代化建设大局,政协工作才能总揽全局,突出重点,才能充分体现政协特色优势,发挥应有作用。五年来,三届市政协始终坚持围绕中心、服务大局的工作主线,坚持把促进发展作为履行政协职能的第一要务,紧紧围绕市委、市政府的重大决策部署,找准位置,选好角度,切实发挥独特作用,富有成效地履行职能。

三是必须始终坚持推进履行职能制度化、规范化、程序化建设。

推进"三化"建设,对于进一步提高履行职能的质量和水平,不断开创政协工作新局面,对于推动社会主义协商民主建设都具有重要意义。党的十八大对发展社会主义协商民主作出了战略部署,十八届三中全会首次对发展协商民主作出制度安排,2015年初中央又下发了《关于加强社会主义协商民主建设的意见》。五年来,我们认真学习贯彻这些重要文件精神,积极推进政协工作的制度化、规范化、程序化建设,努力搭建多层次协商的新平台。我们报经市委同意,以市委、市政府、市政协"三办"名义联合下文,制定下发了年度协商工作计划,有力增强了政协协商工作的规范性、计划性、权威性和操作性。我们协助市委制定并正式出台了《关于加强和改进人民政协民主监督的实施意见》,进一步明确规范了政协民主监督的基本原则、主要形式、工作机制和组织保障,使政协民主监督职能进一步强化。我们注重抓好建章立制工作,修订和完善了《政协临汾市委员会全体会议工作规则》《政协临汾市委员会常委会工作规则》《政协临汾市委员会专门委员会工作通则》《政协临汾市委员会提案工作条例》《政协临汾市委员会反映社情民意信息工作条例》等一批规范性制度,使各项工作更趋规范,为推进"三化"建设打下了坚实基础。

四是必须始终坚持发挥政协的整体优势、形成强大合力。

人民政协要做好履行职能的各项工作,必须充分发挥党派的集体作用、委员的主体作用、专委会的基础作用和政协机关的服务作用,形成整体合力。这是增强政协工作活力、提高履职水平的客观要求,也是人民政协发挥优势的关键所在。五年来,我们始终重视发挥各党派团体在政协工作中的重要作用，重视发挥专委会在政协履职中的基础作用，全面推动了政协各项履职工作的扎实有效开展。政协委员是政协工作的主体。委员强则政协强，委员活则政协活。五年来，我们坚持拓宽委员参加政协履职活动的形式途径，不断丰富委员履职方式，进一步激发委员的责任意识和奉献意识。广大委员围绕中心、服务大局，建良言献良策，做实事做好事。可以说，三届市政协获得的每项成果、取得的每个进步，都离不开委员的积极参与，离不开委员的智慧投入，离不开委员的无私奉献！

在总结成绩与经验的同时，我们也清醒地看到，我们的工作还存在很多不足。比如，协商民主广泛、多层、制度化发展还需要深入推进，民主监督工作还比较薄弱，协商议政成果落实机制还不够完善，团结联谊活动还不够丰富，界别作用的发挥还不够充分，等等。这些都需要在今后的工作中认真研究，切实加以改进。

二、对今后五年工作的建议

各位委员，今后五年，我们处于全面实施“十三五”规划、决胜全面小康的关键阶段。在不久前闭幕的市四次党代会上，以书记岳普煜为班长的新一届市委作出了大力实施“345”战略，决胜全面小康，实现振兴崛起，努力建设富裕、文明、绿色、幸福新临汾的重大决策。立足新起点、实现新作为、做出新贡献，是时代赋予四届市政协的崇高使命和光荣职责。新一届市政协要高举中国特色社会主义伟大旗帜，在中共临汾市委的坚强领导下，紧紧围绕市第四次党代会确定的战略决策，认真履行职能，发挥更大作用，努力做到协商民主有新进展、民主监督有新举措、参政议政有新突破，坚定信心、扎实工作，为临汾决胜全面小康、实现振兴崛起做出新的更大贡献。为此，我们向政协第四届临汾市委员会建议：

（一）努力提升素质能力，不断加强思想理论武装

要继续把学习党章党规和习总书记系列讲话作为首要政治任务来抓，更加坚定中国特色社会主义的道路自信、理论自信、制度自信和文化自信，不断增强发展人民政协事业的荣誉感和责任感。要紧跟时代前进的脉搏和临汾发展的阶段特征，深入思考和研究我市协调推进“四个全面”战略布局中的重大理论和实践问题，发挥政协人才聚集的优势，以高质量的建言用好政协的话语权，扩大政协的影响力。要坚持和完善中国共产党领导的多党合作和政治协商制度，进一步落实中央和省、市委关于加强人民政协工作的有关文件精神，积极探索履行职能的新形式、新方法，推动人民政协事业不断向前发展。

（二）认真履行职能，不断坚持围绕全市中心工作建言献策

主动把政协工作放到全市工作大局中去谋划和推进，自觉围绕市委、市政府决策部署建言献策，是市政协履行职能的重要原则。要坚持问题导向，重点围绕实施推进“十三五”规划、市第四次党代会提出的“345”战略和市政府“12345”工作思路，深入开展调研考察，认真进行协商讨论，通过协商会议、政协提案、反映社情民意信息、大会发言、调研报告、政协建议案等形式提出高质量的对策建议，为实现振兴崛起建睿智之言、献务实之策。要充分发挥政协人才荟萃、智力密集的特点和优势，认真搞好政治协商、积极推进民主监督、深入开展参政议政，为促进全市经济建设、政治建设、文化建设、社会建设和生态文明建设全面协调可持续发展献计出力做贡献。

（三）积极探索实践，不断完善政协协商民主工作机制

发展社会主义协商民主，是实现国家治理体系和治理能力现代化的重要内容。要认真贯彻中央《关于加强社会主义协商民主建设的意见》，积极配合市委出台实施办法，努力推进政协协商民主制度建设。要加强政协协商与党委、政府工作的有效衔接，搞好年度协商工作计划的制定和实施，搞好专题协商、对口协商、界别协商、提案办理协商，完善协商成果的采纳、落实和反馈机制，不断提高协商成效，切实发挥政协作为协商民主重要渠道和专门

协商机构的作用。

(四)牢牢把握团结和民主两大主题,不断巩固和壮大最广泛的爱国统一战线

团结、民主是凝聚人心、成就伟业的强大力量,人民政协海纳百川、汇集各方。要积极支持各民主党派结合自身优势开展工作,重视发挥少数民族和宗教界别委员的界别作用,密切与新经济组织、新社会组织的联系,努力做好统一战线的团结联谊工作。要充分运用人民政协这一民主形式,把团结和民主两大主题贯穿于政协工作的各个方面和履行职能的全过程,扩大团结面,增强包容性,积极促进政党关系、民族关系、宗教关系、阶层关系、海内外关系和谐,广泛凝聚各方面的智慧和力量,促进我市总体目标的实现。

(五)着力加强政协自身建设,不断提高政协工作的质量和水平

加强自身建设是人民政协工作不断发展进步的重要保证和基础。要努力提高提案工作和反映社情民意信息工作质量,扎实做好调研、考察等工作,不断提升提案成果转化率、信息的采用率和领导批示率,更好地发挥人民政协的职能作用和特色优势。要建立好委员联系机构,完善好委员联络制度,做好委员履职过程的服务和评价。加强对委员的学习教育,重视新委员的学习培训,使他们尽快进入角色,履行职责。广大委员要增强委员意识,着力提升能力素质,保持良好形象,做到懂政协、会协商、能监督、善议政、有担当。要加强专门委员会建设,切实增强工作活力。要突出政协的界别特色,为界别开展活动做好服务。要深入研究政协理论和实践的重大课题,加大人民政协知识和履职成果的宣传力度。要继续推进机关效能建设,优化机关运行机制,不断提高机关干部的政治素质、理论水平和业务能力,为政协更好地履行职能提供高效优质服务。

各位委员!人民政协事业是中国特色社会主义事业的重要组成部分,人民政协使命光荣、大有可为。我们衷心祝愿新一届市政协,继往开来,与时俱进,再创辉煌!让我们高举中国特色社会主义伟大旗帜,深入贯彻习近平总书记系列重要讲话精神,在中共临汾市委的坚强领导下,同心同德,开拓创新,奋发有为,积极进取,为推进人民政协事业新发展,为建设富裕、文明、绿色、幸福新临汾做出新的更大贡献!

中国人民政治协商会议
第三届临汾市委员会常务委员会
提案工作报告

——2016年10月10日在政协第四届临汾市委员会第一次会议上

杨　益　民

一、提案征集、办理的基本情况

三届市政协期间,广大政协委员、各民主党派、工商联、人民团体、政协各界别、各专门委员会和县(市、区)政协,认真贯彻落实党的十八大、十八届三

中、四中、五中全会精神，深入学习习近平总书记系列重要讲话精神，牢牢把握团结和民主两大主题，以饱满的政治热情和强烈的社会责任感，紧紧围绕市委、市政府的中心工作，切实关注全市经济社会发展中的重要问题和关乎民生的热点、焦点问题，充分运用提案的形式，积极建言献策，提出了许多具有前瞻性、科学性、可行性的意见和建议。五年来，共提交提案1629件，其中，各民主党派、工商联、人民团体、政协各专门委员会和各界别集体提案277件，委员提案1352件。经审查，立案1264件，占提案总数的77.6%；作为意见或转为社情民意处理的365件，占提案总数的22.4%。经主席会议研究确定了87件重点提案。在立案的提案中，属于经济建设方面的664件，占52.5%；属于科教文卫方面的406件，占32.1%；属于党群政法、劳动人事、统战、政协等方面的194件，占15.4%。在市委、市人大、市政府、市政协的高度重视和大力支持下，根据有关规定要求，市政协将立案的1264件提案向相关承办单位交付办理，市委、市政府办公厅将提案办理作为一项重要工作，指定专人负责协调落实，各承办单位对政协提案高度重视，认真对待，办复率100%。其中，被有关单位采纳，已经解决和正在解决的966件，占76.4%；建议合理但因时机条件不成熟，有待以后适时办理的277件，占22%，因政策规定和体制等原因不能解决的21件，占1.6%，总采纳率98.4%，政协提案发挥了应有的作用；作为意见和转为社情民意处理的365件提案，也及时转送有关单位作为工作参考或转交市政协信息科办理。

五年来，政协提案在提出和办理上主要呈现以下特点：一是围绕中心，服务大局。绝大多数提案紧紧围绕市委、市政府的中心工作和人民群众普遍关注的热点、焦点问题，反映的内容，既有涉及宏观决策、顶层设计、事关长远的全局性问题，又有涉及微观指导、基层实践、关乎当前的局部性问题，提案反映和表达了社会各界的愿望和呼声，关注点契合了党委、政府的整体工作部署。二是建议针对性、可操作性进一步增强。大部分提案突出问题导向，意见建议有的放矢、指向明确，具有较强的针对性和可操作性，得到了承办单位的高度重视和充分肯定，有不少建议已被吸收列入了工作的规章条例。三是提案数量、质量和办理实效性逐年提高。提案都能在规定的办理时限内办复完毕，实现了连续五年办复率100%。四是提案工作机制进一步加强。市委、市政府两办和承办部门与提案委密切合作，提案工作呈现出提、办互动的发展态势，形成了“党委重视、政府支持、政协主动、各方配合”的良好局面，使得每年的提案办理工作都进展顺利，提案的重要作用得到了较好的发挥。

二、提案工作的主要作法和体会

过去的五年，是全市上下认真贯彻落实党的十八大、十八届三中、四中、五中全会精神，深入学习习近平总书记系列重要讲话精神，加快推进我市转型跨越、先行发展的五年，也是三届市政协提案工作不断探索创新、取得丰硕成果的五年。五年来，政协提案工作始终遵循“围绕中心、服务大局、提高质量、讲求实效”的提案工作方针，坚持紧扣市委、市政府的中心工作，紧紧围绕全市发展的大目标，密切关注社会热点和民生问题，深入调研，认真履职，努力提高提案质量，切实增强办理实效，加大重点提案督办力度，建立健全协调高效的提案工作机制，着力营造协商议政的民主氛围，不断增强提案工作合力，为推动决策民主化、科学化，促进全市经济社会各项事业发展发挥了积极作用。

（一）领导重视，健全机制，提案工作有新突破

提案工作是人民政协一项全局性工作，涉及面广、程序性强、运转环节多。三届市政协始终把加强制度建设作为提高提案工作水平的重要抓手。为了提高提案工作质量，主席会议专题研究，安排部署，组织召开会议学习传达了中共中央、国务院办公厅《关于进一步加强人民政协提案办理工作的意见》和全国、省政协《提案工作条例》等有关规定，就进一步提高提案办理工作科学化水平，会议要求，各级提案工作者和相关领导以及提案承办人要

切实增强责任感和使命感,不断规范程序,完善机制,加强配合,形成合力,严格抓好办理,促进成果转化。同时,为进一步加强制度化、规范化、程序化和信息化建设,在总结以往工作经验的基础上,制定了《政协临汾市委员会提案工作细则》,进一步完善了提案工作运行机制,有力地推动了"四化"建设,使提案工作更加规范有序,富有成效。

(二)委员尽责,自觉履职,提案质量有新提高

政协委员不仅是荣誉,更是责任。大多数委员都能够把撰写高质量的提案作为自觉追求,深入开展调查研究,为全市经济社会发展建言献策。三届市政协期间,有15%的委员撰写提案在10件以上,还有20%的委员撰写提案在5件以上;有不少委员在深入基层调查研究的过程中,主动与群众和职能部门工作人员座谈交流,收集第一手材料,使所提建议更具针对性和可操作性;还有一些委员能够把政协履职与本职工作结合起来,在工作中体察民情、关注民生,积极助推边远山村困难群众生产生活问题的解决,得到广大群众的好评。如:民建临汾市委提出的《切实改变作风减少文山会海》的提案,市委高度重视,全力整治,以一号文件的形式下发了《改进工作作风、密切联系群众的若干规定》,有力地促进了各级领导干部作风的转变,文风会风有了很大程度的改进;霍聂鹏委员提出的《关于促进我市现代物流发展的建议》的提案,对临汾转型发展和民生改善、规划全市物流业发展提供了很好的思路,时任市政府市长岳普煜同志高度重视,在市物流商会成立会议上专门做了重要讲话,有力地推动了我市现代物流产业的发展。五年来,提案质量逐年提升,一大批提案案由清楚,言之有据,言之有物,言之有理,其针对性、严肃性、科学性和可行性明显增强,充分体现了广大政协委员议政建言、积极履职的高度自觉,彰显了广大委员投身改革、促进发展的强烈的责任感和使命感。

(三)协调配合,狠抓落实,提案办理有新成效

提案办理是整个提案工作的重要方面,也是政协提案意见建议落地、实现成果转化的关键环节。五年来,市委、市政府两办、市政协提案委和承办单位密切配合,协商遴选重点提案,共同商定办理程序,研究办理落实措施,呈现出提、办互动的良好态势。市委、市政府两办高度重视,始终将提案办理作为一项重要工作,指定专人负责协调落实;各承办单位把提案办理工作纳入整体工作布局,与推进业务工作结合起来,积极研究解决,狠抓工作落实,确保提案办理各项任务圆满完成,有力地促进了提案的转化落实,提高了办理实效。具体工作中,我们积极发扬创新精神,推动建立党委、政府、政协共同交办和督办的提案工作机制。一是加强重点提案督办。五年来,先后专题研究确定了87件重点提案,办理部门对此进行了重点办理和答复,政协也有选择地进行了跟踪督办,使政协提案的实效性大为提高,取得了良好效果。如:由乔成家主席牵头,时任副市长杨治平同志协同,对民盟临汾市委提出的《拓展"汾河经济带"开发外延,构筑"滨水经济"开发大格局》重点提案进行了督办。在督办过程中,明确提出意见和要求,对进一步修订完善我市"汾河经济带"规划,特别是加强文化旅游产业建设起到了很好的推动作用。再如:由杨益民副主席牵头,陈忠辉副市长协同,对特别提案《关于进一步优化我市医疗资源配置扩建临汾市第四人民医院的建议》和重点提案《关于我市幼儿园"入园难""入园贵"的几点建议》分别进行了督办,先后深入到市人民医院、第四人民医院、市教育局、尧都区韩村幼儿园、尧都区第二、第三幼儿园等单位现场考察、调研、面对面沟通,进行专题协商督办,推动了提案的成果转化,促进了相关工作落实的步伐,取得了很好的办理实效。二是协商办提案。按照中央对提案办理协商工作的新要求,将协商贯穿于提案办理的办前、办中、办后各个环节,利用提案委与市委市政府联席召开提案交办会议的时机,及时传达常委会和主席会议安排部署,对提案交付办理事务提出明确要求。充分发挥市委市政府督察部门的作用,主动与承办单位沟通联系,积极开展提案督办工作,为"提、办"双方创造协商条件,促进提案建议的

落实和意义的实现。三是开门办提案。我们以解决问题为提案办理工作的出发点和落脚点，就一些重点、难点和疑点问题，协调承办单位、提案者共同参与调研，探讨解决问题的办法途径，通过与委员座谈、实地调研、现场办理、听取意见反馈，提、办双方充分协商沟通，形成提案办理工作合力，办理效果更为明显，有力地推进了提案办理落在实处，实现成果转化。如：在对民盟临汾市委提出的《我市农产品质量安全检验监测体系建设堪忧》《加强学校周边食品监管，确保中小学生健康成长》等有关“食品安全”的热点提案专题协商督办时，承办单位由过去常规答复变为主动要求政协指导提案办理，邀请提案委员深入市农委、市质检局、市蔬菜批发市场、学校和超市了解办理情况，现场听取意见，现场协商办理，提办双方认真沟通，诚心协商，达成共识，形成合力，使食品安全工作得到进一步加强，办理实效得到进一步提高。

（四）尽心竭力，积极主动，提案服务水平有新提升

服务工作贯穿于提案的提出、审查、办理、督办等各个环节，涉及广大提案者和办理提案的党委、政府机关等职能部门，环节多、涉及面广、要求高，所以，必须强化服务意识，提升服务水平，才能直接推动提案质量和办理质量的提高。具体工作中，我们坚持做到服务工作全程化。一是靠前服务做好提案征集工作。每年全会召开前，我们都围绕市委、市政府的中心工作和群众关注的热点、难点问题，指导委员开展多渠道、深层次的调研；采取发放征求意见卡、约谈、走访党派负责人等方式主动和提案者商讨提案线索，向他们提供党委、政府及有关部门的工作情况，提供撰写第一手资料；积极做好引导工作，印发“提案征集通知”和“致委员的一封信”对提案者提出具体要求，便于他们撰写高质量的提案。二是严格执行立案标准。坚持质量为先的原则，按照“有情况、有分析、有具体建议”的要求，采取集中审查，分级把关，规范立案审查程序，严把提案立案关，进一步增强立案的科学性和准确性，确保高质量的提案顺利进入办理渠道。三是加强与市委、市政府两办和承办单位的联系协作。经常保持与市委、市政府两办的沟通与协商，完善提案办理服务工作机制，搭建协商平台，为“提、办”双方创造协商条件，畅通协商途径，开展切实有效地催办、督办活动，共同做好组织协调服务工作，努力构建“提、办、督”一体化工作机制，有效推动提案的办理进度和办理工作的落实。四是充分发挥舆论监督和宣传作用。临汾政协编辑部、政协网站和《临汾日报》、临汾电视台等新闻媒体通力合作，对提案工作的各个环节，特别是重点提案督办活动，及时进行新闻报道，扩大政协提案的社会影响力，充分展示了政协提案办理协商、委员民主监督和参政议政的成果。

回顾五年来的提案工作，政协委员撰写提案的积极性不断增强，提案质量显著提高，提案办理力度进一步加大，提案工作水平全面提升。这是市委、市政府高度重视和大力支持的结果，是广大政协委员、政协各参加单位与各承办单位密切合作、共同努力的结果。在此，我受乔成家主席委托并代表市政协常委会，对所有关心支持政协提案工作的各位委员、各级领导和同志们，表示衷心的感谢和崇高的敬意！同志们，在肯定成绩的同时，我们也清醒地看到，在许多方面仍存在着差距和不足。有的提案内容空泛、针对性不够强；有的提案建议笼统，缺乏可操作性；提案工作机制建设还不够完善；提案的实效性还有待进一步加强；督办工作的方式方法有待进一步创新。这些都需要我们认真研究，加以改进。

三、对四届市政协提案工作的建议

今年是实施“十三五”规划的开局之年，也是实现全面建成小康社会，实现中华民族伟大复兴中国梦的关键之年。新的形势、新的任务为我们提出了新的要求。为此建议，四届市政协提案工作应继续坚持“围绕中心、服务大局、提高质量、讲求实效”的提案工作方针，强化责任感和使命感，积极探索，不断创新，着重做好以下几方面的工作：

(一)围绕中心,服务大局,进一步提高提案整体质量

提案质量是提案工作的生命。提案质量决定着提案本身的价值,也反映着政协参政议政的能力和水平。希望新一届政协紧紧围绕市委、市政府的中心工作和人民群众普遍关心的热点问题,充分发挥委员主体作用和各民主党派、工商联、市政协各专委会的组织优势和界别优势,按照"问题要准、研究要深、建议要实"的要求,组织和引导提案者重点围绕我市"十三五"规划的实施和制约我市改革发展的焦点、热点和难点问题,以高度负责的精神,深入实际调查研究,提出立意新、选题准、指向明、建议实的高质量提案,以政协独特的视角为党委和政府科学决策建真言、献良策。

(二)密切联系,深化办理协商,进一步提高提案办理实效

办理工作是提案发挥作用的关键环节,要认真贯彻落实《关于加强人民政协协商民主建设的实施意见》,把沟通协商作为提案办理工作的必要环节。主动加强同市委、市政府两办的联系与合作,联合搭建好委员知情知政渠道,联合进行提案的初审工作,联合对承办工作进行督导检查,推动建立党委、政府、政协共同交办和督办的提案机制。通过沟通联系、座谈调研、个别走访等方式,扎实开展提案办理协商活动,实现各方协调配合、共同推进解决问题的良性互动;拓展督办工作的参与面,扩大协商范围,邀请相关当事人参与督办,以期更加充分地实现提案工作的意义和成效。

(三)加强自身建设,进一步提升提案工作的科学化水平

充分发挥提案委在提案工作中的桥梁纽带作用,增强责任意识和服务意识,及时准确提供有关提案咨询、选题、办复等服务工作;对提案办理协商工作的一些有效做法和实践经验,进行研究和总结,进一步健全和完善相关制度,规范"提、立、办、督"各环节的工作;进一步推进信息化建设,完善提案管理系统,细化提案办理流程,为提案工作提供迅捷、准确、高效的服务平台。

各位委员,同志们,新的历史时期赋予了我们新的任务,使命光荣,责任重大,我们要认真学习贯彻习近平总书记"七一"重要讲话的精神,切实做到"不忘初心、继续前进",按照省委"一个指引、两手硬"的重要思路和要求,在中共临汾市委的坚强领导下,振奋精神,凝聚智慧,同心同德,开拓创新,以良好的状态、全新的面貌、过硬的作风投身到我市全面建成小康社会的伟大事业中,紧紧围绕市委"345"战略,从群众关注的热点、重点、难点问题入手,深入调查研究,多建睿智之言,多献务实之策,担当社会责任,彰显委员风采,为实现全面建成小康社会的宏伟目标做出新的更大的贡献!

大事记

1月

1日 临汾市举行第二批廉租房分配仪式，副市长杨治平和市住建局负责人到现场指导分配工作。

第二批廉租房供应房源为位于临汾经济开发区同盛中学东侧的“惠民园”小区，372套。选房时间为1月1日至4日，每天依次安排100户家庭看房、选房、办理租赁合同签约等手续。

4日 临汾市委书记罗清宇主持召开市委常委(扩大)会议，传达学习全省经济工作会议和全省脱贫攻坚大会会议精神，研究部署临汾市“冬季行动”相关工作。市领导岳普煜、王文英、乔成家、黄翠莲、赵建民、李东洪、乔建军、陈小洪、柴高潮、王醒安、王金珍、陈忠辉、王振宇、杨治平、杨益民、张成梁出席会议。

5日至6日 省人大常委会党组副书记、副主任李政文带领省人大常委会调研组在临汾市，就省人大常委会工作报告(稿)征求意见。省人大常委会机关党组成员、副秘书长宋伟，研究室副主任张晋仁一同调研。市领导罗清宇、赵建民、柴高潮陪同调研。

6日 临汾市委副书记、市长岳普煜主持召开会议，专题研究鼓楼南北街拓宽改造工程。市党政军领导赵建民、陈小洪、车胜良、杨治平出席会议。鼓楼南北街是临汾市中心城区的一条南北向主干道，该工程南起尧庙三岔口，北至高河桥，道路全长7329米，道路红线宽度50米至60米，估算投资约6.36亿元。工程分三个标段实施，地下地上设施全面改造提升，路面为混凝土沥青铺设。

临汾市与曙光信息产业股份有限公司签订信息惠民国家试点城市项目合作协议。市委副书记、市长岳普煜，市委常委、副市长李东洪，曙光云计算技术有限公司执行总裁关宏明出席签约仪式。

8日 临汾市委副书记、市长岳普煜率团赴鄂尔多斯市考察机场经营管理等工作，与鄂尔多斯市代市长牛俊雁会谈，就加强两地优势互补，推进资源、交通、旅游、航空等各领域合作进行交流。

11日 临汾市委副书记、市长岳普煜主持召开市政府第95次常务会议，研究部署开展“冬季行动”有关工作，临汾民航机场开航，2016年主要经济指标、经济社会发展重点工作、安全生产、扶贫攻坚等工作。市领导赵建民、李东洪、陈忠辉、王振宇、杨治平出席会议。山西师范大学临汾学院党委书记、市总工会主席梁崇太，市公安局局长马德荣及市政府办公厅、市发改委、市财政局等相关部门负责人列席会议。

14日 临汾市经济工作会议召开。市委书记罗清宇，市委副书记、市长岳普煜出席会议并作重要讲话。市委副书记王文英主持会议。

临汾市脱贫攻坚大会召开。市委书记罗清宇，市委副书记、市长岳普煜出席会议并作重要讲话。市委副书记王文英主持会议。市领导徐树荣、乔成家、黄翠莲、李东洪、刘予强、王醒安、原学义、王金珍、陈忠辉、王振宇、杨益民、杨安虎出席会议。会议对2015年度扶贫开发工作先进单位和先进个人、干部住村帮扶工作先进单位和先进个人进行表彰。

17日 19时许，临汾热电供热主管网管道10号阀门发生破裂，现场泄漏严重，直接影响市区鼓楼东大街以南、市委、市政府、三中、鼓楼片区和城东部分区域731万平方米用户正常供热。临汾市启动应急预案、成立指挥部实施抢修。市住建局、市政公用局、市热力公司、临汾热电公司等相关部门组织力量，调运抢修设备，加快抢修。专人通知受影响区域11个医院、25个学校、22个幼儿园、3个养老院等重点用户，采取紧急防寒措施。

18日 以环保部华北督查中心副主任佟羽为组长的大气污染“冬防”工作督查组到临汾市，召开汇报会，听取临汾市相关工作情况汇报。省环保厅副厅长刘大山一同督查，副市长杨治平主持会议。

临汾市召开2015年度目标责任考核大会。省委常委、常务副省长高建民，省考核组组长、省政协经济委员会副主任巨宪华，省委组织部副部长、省人社厅厅长张健以及省考核组成员出席会议。市委书记罗清宇主持会议。市领导岳普煜、王文英、徐树荣、乔成家、黄翠莲、赵建民、李东洪、刘予强、乔建军、陈小洪、王振富、李新春、王醒安、原学义、王金珍、陈忠辉、王振宇、陈玉士、杨益民出席会议。

临汾市委书记罗清宇，市委副书记、市长岳普煜在临汾热电供热管道泄露抢修现场查看抢修进度时强调，各相关部门加快抢修速度，迅速恢复供热，确保全市供热运行平稳。市委副书记王文英及市住建局、市政公用局负责人一同前往。

22日 临汾市副市长杨治平主持召开紧急协调会议，就临汾热电海姿供热主管网管道爆裂抢险工作通报，研究停暖期间有关补偿问题。市长助理、市住建局党组书记宿青平，以及民政、教育、卫生、供电和尧都区政府等相关单位负责人参加会议。临汾热电海姿供热主管网发生爆裂后，根据市委、市政府统一部署，经过3天紧急抢修，完成套管焊接处置，立即注水运行，但随着压力增高，22日凌晨6时主管道再次发生爆裂，导致该阀门井管道无法修复，指挥部和省规划设计部门的专家制定抢通跨汾河南2号线接替供热管线的方案，投入加固施工。

25日 天津航空EMB190执飞的临汾—海口GS6532航班在临汾民航机场平稳起飞，架起临汾对外交流的“空中走廊”，开辟临汾市扩大开放的“通天之路”。陆航学院训练部部长傅裕军、陆航训练基地司令员孙武、民航山西监管局局长孙剑英以及市领导王文英、黄翠莲、李东洪、王振富、柴高潮、王醒安、陈忠辉、陈玉士、张成梁以及市公安局局长马德荣出席临汾民航机场正式通航暨临汾—海口首航仪式。市委常委、常务副市长赵建民主持仪式。临汾民航机场位于临汾市尧都区乔李镇北，机场占地面积约139.07公顷，总投资约12.87亿元。工程按目标年2025年旅客吞吐量187万人次、货运量6200吨规划建设。该机场为国内4C级支线机场，可满足波音737—800、空中客车320等系列飞机的起降，机位数9个。

28日 临汾市召开“六权治本”工作推进会，学习贯彻全省推进“六权治本”工作电视电话会议精神，总结2015年全市“六权治本”工作。市委副书记王文英，市委常委、常务副市长赵建民，市委常委、政法委书记陈小洪出席会议，陈小洪主持会议。

2月

1日 临汾市召开农村土地确权第五次推进会，回顾总结全市农村土地确权工作情况，推进2016年工作。市委副书记王文英、副市长王振宇出席会议。王振宇通报2015年各县(市、区)农村土地确权工作的进展情况；市农委负责人就农村土地确权工作中的有关问题进行说明讲解。

2日 临汾市委书记罗清宇主持召开市委常委会，传达学习省纪委十届六次全会精神、全省组织部长会议精神、全省优秀乡镇书记表彰会议精神、全省统战部长会议精神，研究临汾市贯彻落实意见。市领导岳普煜、王文英、徐树荣、乔成家、黄翠莲、赵建民、李东洪、刘予强、乔建军、王振富、李新春出席会议。

3日 山西省委副书记楼阳生、副省长王一新在临汾市走访慰问困难群众，代表省委、省政府给他们送去温暖和关怀，致以新春问候。省委副秘书长王纯，省委组织部副部长、省老干部局局长陈跃钢，省民政厅党组成员、省老龄委专职副主任吴建强，省总工会副主席王兴旺，市领导罗清宇、岳普煜、王文英、赵志坚一同走访慰问。

山西省委副书记楼阳生到临汾市，检查指导“冬季行动”推进落实情况和山西师范大学新校区项目推进情况。副省长王一新，省委副秘书长王纯，省委组织部副部长、省老干部局局长陈跃钢，市领导罗清宇、岳普煜、王文英、赵建民，山西师范大学党委书记符惠明、校长卫建国陪同。

4日 罗清宇岳普煜等市领导走访慰问临汾市离退休老干部。市领导徐树荣、乔成家、李新春参加慰问。

5日 临汾市委副书记、市长岳普煜会见上海文化创意产业资源联盟秘书长陈轩一行，就临汾市与该联盟以后的合作事宜提出具体指导与要求。

临汾市委书记罗清宇走访慰问驻临部队，为他们送上新春祝福。市领导王文英、乔成家、赵建民、王振富、李新春、赵志坚、陈忠辉一同慰问。

6日 临汾民航机场正式开通临汾—广州航线，中国南方航空CZ3888航班在民航机场起飞。

市委常委、常务副市长赵建民，民航中南地区管理局副局长梁世杰出席航线开通仪式。

14日　临汾市"冬季行动"推进会召开。会议总结临汾市"冬季行动"开展以来的工作情况，安排部署下一阶段工作任务。市委书记罗清宇出席会议并作重要讲话。市委副书记、市长岳普煜主持会议。市领导王文英、徐树荣、乔成家、黄翠莲、赵建民、李东洪、刘予强、乔建军、陈小洪、王振富、李新春、赵志坚、柴高潮、王醒安、原学义、王金珍、陈忠辉、王振宇、杨治平、陈玉士、杨益民、张成梁、杨忠华、杨安虎出席会议。

18日　临汾市农村土地承包经营权确权登记颁证工作培训班开班，市委副书记王文英出席开班仪式并讲话。这次培训班为期两天，全市2016年新启动土地确权工作的32个乡镇的有关负责人及业务骨干等200余人参加培训。培训内容包括农村土地制度改革相关问题、有关政策，以及确权工作方案解读、确权有关技术问题等。

22日　临汾市委副书记、市长岳普煜会见省消防总队防火部部长朱江一行，现场商讨推进中央综治办、公安部通报的区域性火灾隐患单位临汾百汇物业有限公司和中心工贸有限公司隐患整改工作。副市长杨治平、市公安局局长马德荣及市政府办公厅、市消防支队、尧都区负责人参加会见。

23日　临汾市召开2016年环境保护工作会议，回顾总结2015年及"十二五"全市环保工作，谋划布局"十三五"环保工作，安排部署2016年环保工作任务。副市长杨治平出席会议。

24日　山西省公安厅副厅长张立刚在临汾市专题调研社区戒毒社区康复工作。尧都区各乡(镇)人民政府、城市街道办事处成立社区戒毒(康复)领导组，设立社区戒毒(康复)中心，工作经费列入财政预算，实现全区25个专门机构全覆盖。2015年，尧都区禁毒委员会被国家禁毒委命名为"2015年度全国社区戒毒社区康复工作示范单位"。

以中央综治办二室副主任卢仓报、全国妇联权益部副部长兰青为组长的中央调研组莅临临汾市，就婚姻家庭矛盾纠纷预防化解工作专题调研。民政部社会事务司副巡视员杨宗涛一同调研。省综治办副主任姚鸿波，省妇联副主席刘一平，市委常委、政法委书记陈小洪陪同。

24日至25日　由民航山西监管局副局长姜丽带队的检查组在临汾市检查临汾民航机场首月安全运行情况，召开意见反馈会。检查组分为综合处、航安办飞标处、运输处、适航处、机场处、空管处、空防处6个小组，针对新机场开航后的实际运行状况，主要检查机场安全管理、空中交通管制运行和通导设备、非危险品地面服务代理人及旅客运输安全等项目，其中对新机场各类岗位操作手册是否符合实际运行要求、新机场使用后形成的各类工作台账和记录、新设施设备投入运行后的实际运行状况、人员在岗及资质情况进行重点检查。随后，检查组召开临汾民航机场首月检查意见反馈会。

25日　临汾市学生联合会成立并召开第一次代表大会，市委副书记王文英，山西师范大学临汾学院党委书记、市总工会主席梁崇太，临汾职业技术学院院长王超及团市委、市教育局等有关部门负责人出席会议。会议通过《临汾市学生联合会章程》，选举产生临汾市学联第一届委员会。

26日　临汾市召开鼓楼南北街拓宽改造动员大会，鼓楼南北街拓宽改造工程正式启动。市委书记罗清宇出席会议并讲话，市委副书记、市长岳普煜作动员讲话，市委副书记王文英主持会议。市领导徐树荣、乔成家、赵建民、陈小洪、赵志坚、杨治平，临汾经济开发区管委会主任尚日红，市公安局局长马德荣出席会议。

鼓楼南北街拓宽改造工程是市委、市政府2016年确定实施的城市建设重点工程，是临汾历史上规模最大的旧城改造，是群众关注和社会影响最大的重点项目。该工程南起尧庙三岔口，北至高河桥，全长7329米，红线宽50米至60米，批复概算总投资6.36亿元(不含拆迁补偿费用)，资金来源为市政府投资，分三个标段实施，其中：尧庙三岔口至贡院街段，长2603米，红线宽50米，道路横断面采用三块板形式：中间设29米的机动车道，两侧分别为2米的绿化带，4.5米的非机动车道，4米的人行道，投资2.16亿元。贡院街—河汾路段，长2408米，红线宽50米，道路横断面采用三块板形式：中间设29米的机动车道，两侧分别为2米的绿化带，4.5米的非机动车道，4米的人行道，投资2.1亿元。河汾路至高河桥段，长2318米，红线宽60米，两侧各10米绿化带，道路横断面采用三块板形式：中间设29米的机动车道，两侧分别为4米的绿化带，4.5米的非机动车道，7米的人行道，投资2.1

亿元。工程于2016年2月28日开工建设,计划于10月30日竣工,日历工期8个月。

2016年临汾市文化科技卫生“三下乡”启动仪式暨集中示范活动在侯马凤城乡凤城村举行。市委常委、宣传部部长黄翠莲出席活动启动仪式。2016年是临汾市开展文化科技卫生“三下乡”活动的第20年,临汾市把“三下乡”活动纳入扶贫攻坚总体部署,推动惠民项目与农民需求对接,重点解决突出问题,服务农村稳定发展,让农民长期受益。此次“三下乡”活动有市直12个部门参加。现场服务活动成员单位坚持“送建结合、以送带建”,为农村送资金、送设备、送项目、送知识、送物资、送欢乐,捐赠款物总价值15.5万余元。

29日 临汾市委副书记、市长岳普煜深入市区鼓楼南北街拓宽改造工程现场进行调研。副市长杨治平、市公安局局长马德荣以及市政府办公厅、市住建局、市交通局、市教育局、市交警支队等市直部门,临汾经济开发区、尧都区相关负责人一同调研。

3月

2日 临汾市召开查处群众身边腐败问题和纠正“四风”工作推进会,听取各县(市、区)近期查处群众身边腐败问题和纠正“四风”工作情况汇报,研究分析、安排部署下一步工作任务。市委常委、纪委书记刘予强出席会议。

5日至6日 山西省委常委、组织部部长盛茂林在临汾市检查指导农村基层党建工作。市领导罗清宇、王文英、李新春、赵志坚等先后陪同。盛茂林深入洪洞县、临汾经济开发区、尧都区、乡宁县、吉县、大宁县、蒲县的乡镇机关、农村党支部、农业产业化企业和部分重点建设项目检查指导工作,围绕打赢脱贫攻坚战、加强农村基层党组织建设,与基层干部群众倾心交谈。

8日 临汾市召开庆“三八”暨妇女工作会议。市领导王文英、黄翠莲、杨益民出席会议。市委常委、宣传部部长黄翠莲主持会议。

11日 以山西省农业厅副厅长王进仁为组长的省农村重点企业项目帮扶小组经过为期两天的调研后,与临汾市11家农村重点企业座谈,听取企业的意见和建议,了解企业在资金需求、人才、用地等方面存在的各类现实困难和问题,促进帮扶工作开展。副市长王振宇出席座谈会。

14日 临汾市党政军领导罗清宇、王文英、徐树荣、乔成家、黄翠莲、赵建民、李东洪、王振富、李新春、赵志坚、王醒安、原学义、王金珍、陈纲、张成梁、杨忠华、杨安虎等带领机关干部、驻临官兵到尧都区县底镇庞杜村植树基地,开展义务植树活动。

18日 临汾市召开会议,传达学习贯彻全国人大、政协“两会”精神。市委书记罗清宇主持会议。全国人大代表、市委副书记、市长岳普煜传达十二届全国人大四次会议精神并讲话。全国政协委员、市政协副主席谢碧玲传达全国政协十二届四次会议精神。市领导王文英、乔成家、黄翠莲、李东洪、乔建军、陈小洪、李新春、王振宇、杨益民、杨安虎出席会议。

临汾市鼓楼南北街拓宽改造工程尧都区段启动房屋集中拆除仪式,市委常委、尧都区委书记赵志坚出席并宣布拆除工作启动。

28日至30日 青岛市人大常委会主任王文华带领调研组在临汾市就人大工作、文化旅游产业开发和文物保护工作调研,与市人大常委会召开座谈会交流经验。省人大常委会副主任周然以及市领导徐树荣、黄翠莲、赵志坚、王醒安等陪同调研。

29日 霍州市首家100千伏光伏扶贫电站在张望村启动。该项目依照“政府引导、农户介入、市场运作、受益分成”的模式建设,预计年发电量15万千瓦时,年内实现并网,收益13万~15万元。这些收益将用于向覆盖周边村低度贫困人员发放补助,剩余收入并入村级经济收入,助力贫困村早日脱贫。2016年,霍州市计划在白龙镇柳树腰村、辛置镇北益昌村、陶唐峪乡孔涧村建设光伏扶贫电站3座,项目建成后,每年稳定增加40余万元农村集体经济收入,帮助700余名低度贫困人口实现脱贫。

全国道德模范解黎明奉献精神的传承——向“黎明爱心基金”捐赠暨“弘扬黎明精神,致力阳光扶贫”启动仪式在国网临汾供电公司举行。市委副书记、市长岳普煜,市委常委、宣传部部长黄翠莲,省电力公司党组书记李强,省电力公司党组成员、工会主席刘予胜出席启动仪式。李强代表国网山西省电力公司将30万元善款捐赠给“黎明爱心基金”。

30日 临汾市爱国主义教育示范基地枕头抗战纪念馆揭牌。市委常委、宣传部部长黄翠莲,市委常委、尧都区委书记赵志坚为市爱国主义教育示范基地枕头抗战纪念馆揭牌。

临汾市2016年度市级“诚信示范店”和“诚信建设标兵”评选活动正式启动。此次评选活动将以树立诚信理念、打造信用体系、创建诚信环境为目的，推进社会诚信建设，增强全社会的信用意识。“诚信建设标兵”的标准是爱党爱国，遵纪守法，拥护党的路线、方针、政策；践行社会主义核心价值观，有良好的职业道德和个人品德；有正确的利益观，有强烈的社会责任感和奉献精神；爱岗敬业、文明服务、无私奉献，在工作中做出突出成绩；诚实守信、礼貌待人、团结友爱，具有良好的群众口碑和社会形象。

4月

1日　随着“营改增”政策宣传，“网上申报平台升级版推介”点对点服务活动在尧都区国税局启动，临汾市全面推开“营改增”改革试点工作。

6日　省委换届风气第十督查组组长、省政协社会法制委员会主任王水成率督查组进驻临汾市，开展换届风气督查工作，听取临汾市市县乡领导班子换届工作进展和加强换届风气监督工作汇报。市委常委、纪委书记刘予强出席会议并汇报市纪委关于加强换届风气监督工作情况，市委常委、组织部部长李新春主持会议，汇报临汾市市县乡换届工作进展和加强换届风气监督工作情况。

临汾市基层“国安办”实体化建设推进会在曲沃县召开，临汾市首家县级“国安办”曲沃县“国安办”挂牌成立。省国家安全厅领导，市委常委、政法委书记陈小洪出席推进会和挂牌仪式。

6日至7日　国家安全生产监督管理总局统计司监察专员徐国强率督查组在临汾市专项督查就安全生产工作。市委常委、副市长李东洪，市政府办公厅、市煤炭、安监等相关部门负责人一同督查。

7日　临汾经济开发区管委会、洪洞县政府同沃特玛新能源产业创新联盟举行沃特玛新能源汽车推广及核心技术产业园项目签约仪式，山西省副省长、临汾市委书记罗清宇，沃特玛新能源汽车产业创新联盟理事长、深圳市沃特玛电池有限公司董事长李瑶，市领导岳普煜、徐树荣、乔成家、李东洪、王振宇，临汾经济开发区管委会主任尚日红等出席签约仪式。临汾市副市长王振宇主持签约仪式。李瑶介绍签约项目的有关情况；尚日红和洪洞县主要负责人表态发言。市委副书记、市长岳普煜讲话。临汾经济开发区管委会、洪洞县政府分别与沃特玛新能源汽车产业创新联盟及其成员企业签订合作协议。沃特玛新能源汽车产业创新联盟将围绕“新能源、新材料、高端装备、现代服务业”，打造国内领先的新能源汽车产业基地，以动力电池为核心共投资包括动力电池、正极、负极、隔膜、电解液、动力总成、充电桩、锂电池装备及新能源洗车运营等九大项目。项目总投资约112亿元，占地133公顷。

8日　临汾市环卫局组织80余名环卫工人和20台(辆)清理车，对市区脸谱桥以东路面上的建筑、生活垃圾进行清理，清理各类垃圾300余立方米。

10日　临汾市区鼓楼南大街完成供水主管网置换，沿街2万余用户的水压、水量将大幅度提升，居民生活用水更安全、更放心。鼓楼南北街供水主管网新旧置换共分5个区段、43处实施，涉及沿线5万余户、10万余居民生活用水。自来水公司全员上岗，出动5台应急供水车，对各小区、胡同口进行勘探，预制好各种连接管件，带水带压作业，保证居民正常生活和置换工作有序进行。

11日　山西省政协副主席李悦娥带领省政协调研检查组在临汾市进行为期10天的专题调查，检查临汾市“推动民营经济实现突破发展”工作，召开调研检查座谈会。临汾市领导乔成家、李东洪、杨安虎出席座谈会。市政协副主席、乡宁县委书记杨安虎主持会议。

13日　临汾市召开巡视整改工作“回头看”动员会议，贯彻落实中央、省委关于巡视整改“回头看”工作的有关要求，安排部署临汾市“回头看”工作。山西副省长、临汾市委书记罗清宇出席会议并讲话，市委副书记、市长岳普煜主持会议。市领导王文英、刘予强、乔建军、李新春、赵志坚、杨安虎，侯马经济开发区管委会主任、侯马市委书记李朝旗，临汾职业技术学院党委书记秦国杰出席会议。

15日　隰县第六届玉露香梨花节开幕式在午城镇阳德垣万亩玉露香梨基地举办。梨花节由隰县总商会主办，主题为“梨花雪海、小康未来”，包括开幕式、招商引资洽谈及集中签约仪式、果树定制认养专题会、特色农产品展、“梨乡之旅”旅游推介会、“梨乡飞歌”文艺演出、非遗文化展示、“梨乡颂”

书画展以及摄影比赛等活动内容。

16日 曲沃县首届太子滩文化旅游节开幕。4月16日开始,5月7日结束,为期22天。

18日 临汾市文明办发出通知,在全市启动第四届"十大道德楷模"评选表彰活动。此次评选表彰活动分为助人为乐模范、见义勇为模范、诚实守信模范、敬业奉献模范和孝老爱亲模范5个类别,每类表彰2名获奖者,其余正式候选人授予提名奖。

为期一个月的农信杯"春行在安泽"系列主题活动在安泽县黄花岭景区开幕。

20日 山西省副省长、临汾市委书记罗清宇主持召开市委常委会暨全面深化改革领导小组第六次会议,传达学习省委书记王儒林在全省"两学一做"学习教育视频会上的讲话精神和全省"两学一做"学习教育工作推进会精神,研究临汾市"两学一做"学习教育工作;研究召开市委三届八次会议有关事宜和讨论审议全面深化改革有关事项。市领导岳普煜、王文英、徐树荣、乔成家、黄翠莲、赵建民、李东洪、刘予强、乔建军、陈小洪、李新春、赵志坚出席会议。

21日 由8家银行业金融机构组成的山西建邦集团债权人委员会组建。这是临汾市成立的首个债权人委员会。在市金融办、临汾银监分局和市银行业协会的支持和推进下,组建后的山西建邦集团债权人委员会由工行临汾分行、建行临汾分行、尧都农商银行、农行临汾分行、民生银行太原分行、洛阳银行三门峡分行等8家银行业金融机构组成。其中,工行临汾分行担任主席单位,建行临汾分行、尧都农商银行担任副主席单位。

22日 临汾十大"名菜、名吃、名厨"评选结果最终揭晓,在金都花园大酒店举行授牌仪式。此次评选活动由市商务局主办,市餐饮服务管理中心、市烹饪餐饮饭店行业协会承办。活动自2015年10月开始,涉及17个县(市、区)100余家餐饮企业,评选标准要求贴近老百姓的生活,体现临汾地方特色食材和品种。

23日 临汾市在市区平阳广场举行2016年"文化山西·书香临汾"全民阅读宣传活动,倡议广大市民行动起来,参与阅读活动,走进墨香、亲近图书,与好书为伴,快乐读书,让阅读成为一种习惯和积极向上的生活方式。市委常委、宣传部部长黄翠莲,市人大常委会副主任王金珍与各界群众一起参加活动。

25日 临汾市召开"两学一做"学习教育工作会议,学习贯彻习近平总书记关于"两学一做"学习教育的重要指示精神和中央、省委有关会议精神,对全市开展"两学一做"学习教育安排部署。山西省副省长、临汾市委书记罗清宇出席会议并讲话,市委副书记、市长岳普煜主持会议。市领导王文英、乔成家、黄翠莲、赵建民、李东洪、刘予强、乔建军、李新春、赵志坚、原学义、王金珍、陈忠辉、陈纲、谢碧玲、杨益民、张成梁、杨安虎出席会议。

中共临汾市委三届八次全体会议召开。全会由市委常委会主持。山西省副省长、临汾市委书记罗清宇,临汾市领导岳普煜、王文英、乔成家、黄翠莲、赵建民、李东洪、刘予强、乔建军、李新春、赵志坚、陈纲、杨安虎出席会议。出席全会市委委员39人。市委常委、组织部部长李新春作《关于对召开中国共产党临汾市第四次代表大会的决议(草案)》的说明;市委委员分组讨论《关于召开中国共产党临汾市第四次代表大会的决议(草案)》和《关于召开中国共产党临汾市第四次代表大会的请示(讨论稿)》;审议通过《关于召开中国共产党临汾市第四次代表大会的决议》和《关于召开中国共产党临汾市第四次代表大会的请示》。

临汾市召开动员部署会议,启动系列"最美人物(家庭)"评选活动。此次活动由市委宣传部、市文明办会同市委组织部、市公安局、市教育局、市卫计委、市住建局、市交通局、市银监局、市妇联共同组织评选表彰,评选时间为4月至12月,评选类别包括"最美基层干部""最美教师""最美医务工作者""最美交警""最美环卫工""最美司机(公交、出租)""最美少年""最美志愿者""最美柜员""最美家庭"等,每个类别分别评选100名先进典型。

25日至26日 山西省人大常委会党组副书记、副主任牛仁亮带领省人大常委会调研组一行,就民营经济发展情况在临汾市走访联系民营企业。省人大常委会秘书长李仁和、人事代表工委主任张高宏、副秘书长宋伟、研究室副主任张晋仁,省经信委副巡视员马运侠随同调研。临汾市领导徐树荣、李东洪、赵志坚、王醒安或一同调研,或出席座谈会。

26日 第二届蒲县东岳文化旅游月开幕。此次旅游月活动以"心灵圣境·厚德蒲县"为主题,以

“群众性、开放性”为原则。期间举办山西省“东岳杯”首届群众艺术合唱汇展、国家级非物质文化遗产“蒲县朝山会”展演、蒲县东岳文化研究论坛、百家旅行社蒲县推介活动、晋秦豫蒲剧梅花奖艺术家蒲县展演、百名好人蒲县东岳行、蒲县招商引资洽谈会、名优小吃蒲县行、蒲县物资贸易博览会、蒲县特色产品展销会、“爱家乡、爱山西”主题时装秀表演 11 项活动。

27 日 山西省副省长、临汾市委书记罗清宇深入尧都区督查巡视整改“回头看”工作。市委常委、纪委书记刘予强，市委常委、尧都区委书记赵志坚一同督查。

临汾市召开“六权治本”向乡村延伸工作推进会，贯彻落实省“六权治本”工作会议精神，回顾总结全市“六权治本”向乡村延伸工作经验，对下一步工作安排部署。市委副书记王文英，市委常委、常务副市长赵建民，市委常委、政法委书记陈小洪出席会议。襄汾县、曲沃县、翼城县有关负责人就“六权治本”工作及向乡村延伸工作情况做典型发言，陈小洪宣读临汾市《关于加强乡镇(街道)“六权治本”工作的指导意见》和《关于加强农村(社区)“六权治本”工作的指导意见》。

临汾市举办市直农村“第一书记”电商专题培训班。来自市直单位选派的 135 名农村第一书记，古县、安泽、浮山、吉县、乡宁、蒲县、大宁、永和、隰县、汾西 10 个贫困县组织部或扶贫办工作人员，145 人参加培训。

28 日 山西省副省长、临汾市委书记罗清宇主持召开市委常委会，研究《“华夏之根·文明之旅”尧文化旅游招商系列活动实施方案》等事项。市领导岳普煜、王文英、徐树荣、乔成家、黄翠莲、赵建民、刘予强、乔建军、陈小洪、王振富、赵志坚出席会议。

临汾市召开社会治安风险隐患大排查大整治动员会议，贯彻落实全省相关会议精神，安排部署全市社会治安风险隐患大排查大整治活动。市委副书记王文英，市委常委、政法委书记陈小洪，市公安局局长马德荣出席会议。陈小洪主持会议。马德荣宣读《关于在全市开展社会治安风险隐患大排查大整治活动的实施方案》。全市社会治安风险隐患大排查大整治活动从 4 月开始至 11 月底结束。活动主要围绕政治安全类、矛盾纠纷类、公共安全类、内部安全类等四类风险隐患开展排查整治。

5 月

5 日 临汾市召开推进市县党委巡察工作动员大会，贯彻落实省委《关于建立市县巡察制度的意见》和在临汾开展巡察试点工作的要求，安排部署临汾市巡察工作。山西省副省长、临汾市委书记罗清宇出席会议并讲话，市委副书记、市长岳普煜主持会议。市领导刘予强、李新春、赵志坚、杨安虎出席会议。

5 日至 6 日 中组部组织二局五处处长李拥福带领中组部“两学一做”学习教育协调小组督导一组在临汾市调研，省委组织部副部长、省党建办主任陈学东，市委常委、组织部部长李新春一同调研。

5 日至 8 日 山西省委书记王儒林到临汾市汾西、隰县、永和、大宁、蒲县等县，检查指导沿黄地区脱贫攻坚与生态建设相结合工作。省委常委、秘书长王伟中，副省长郭迎光，副省长、市委书记罗清宇，以及省委副秘书长王利波、省民政厅厅长薛维栋、省财政厅厅长武涛、省水利厅厅长潘军峰、省农业厅厅长关建勋、省林业厅厅长李永林、省扶贫办主任刘志杰，市领导岳普煜、王文英陪同或出席座谈会。

11 日 山西省委副书记楼阳生深入临汾市，检查指导汾河流域生态治理工作。副省长、市委书记罗清宇，省委副秘书长王纯，省水利厅厅长潘军峰，市委副书记王文英陪同。在汾河尧都区段治理工程检查指导工作时，市委常委、尧都区委书记赵志坚陪同。

12 日至 13 日 全国政协副主席李海峰率香港特别行政区全国政协委员考察团到临汾市，围绕“扩大对外开放，促进山西经济结构转型升级”进行考察。全国政协港澳台侨委员会主任杨崇汇，全国政协经济委员会副主任彭小枫，全国政协港澳台侨委员会副主任焦焕成，全国政协常委、考察团团长伍淑清，全国政协社会和法制委员会副主任、考察团副团长周安达源，全国政协文史和学习委员会副主任、考察团副团长王国强一同考察。副省长、市委书记罗清宇，省政协副主席李悦娥，省政协秘书长阎根生，副秘书长赵胜利，市领导岳普煜、乔成家、杨忠华参加考察。

15 日 临汾市 17 个县(市、区)的 151 个乡镇党代会、人代会召开,选举产生新一届乡镇党委、纪委、人大、政府领导班子,临汾市乡镇领导班子换届完成。新一届乡镇领导班子成员平均年龄比上届降低0.7岁,其中30岁左右的党政正职13名,30岁以下的班子成员145人,年龄最小的26岁;具有大专以上学历的1024名,女干部338名。

17日 临汾市召开领导干部大会,宣布中共山西省委关于临汾市委、市政府主要领导同志职务调整的决定:免去罗清宇同志的临汾市委书记、常委、委员职务;岳普煜同志任临汾市委书记,不再担任临汾市市长职务;刘予强同志任临汾市委副书记,免去其临汾市纪委书记职务,提名为临汾市市长候选人。省委常委、组织部部长盛茂林宣布省委关于调整临汾市委、市政府主要领导职务的决定,并讲话。副省长罗清宇主持并讲话,岳普煜、刘予强分别发言。省委换届督查组组长、省政协社会法制委员会主任王水成,市领导王文英、徐树荣、乔成家、黄翠莲、赵建民、李东洪、乔建军、陈小洪、王振富、李新春、赵志坚、王醒安、原学义、王金珍、陈忠辉、王振宇、陈纲、杨益民、张成梁、杨安虎出席会议。

山西省委常委、组织部部长盛茂林到山西师范大学检查指导工作。

临汾解放68周年纪念日,临汾市在烈士陵园举行纪念活动,省市领导罗清宇、岳普煜、王文英、徐树荣、乔成家、王振富、赵志坚等出席纪念活动。市直有关单位、各民主党派、驻临部队、武警官兵、老干部、老战士、学校师生及社会各界群众代表参加纪念活动。

17日至18日 山西省委副书记、省长李小鹏到临汾市乡宁县,检查指导采煤沉陷区治理工作。副省长罗清宇,省政府秘书长廉毅敏,省发改委主任王赋,省财政厅厅长武涛,省住建厅厅长李栋梁,省农业厅厅长关建勋,省国土厅副厅长周际鹏,市委副书记、代市长刘予强,市政协副主席、乡宁县委书记杨安虎一同检查指导。

18日 “华夏之根·文明之旅”尧文化旅游招商系列活动陶寺遗址考古成果展在襄汾县陶寺乡开展,展览持续至6月8日。成果展展出中国最早的范铸铜器、精美华丽的木器、铿锵典雅的乐器、帝尧邦国的“国徽”等。陶寺遗址总面积约300万平方米。

山西省在侯马市颁发出第一本不动产权证书,全省不动产权登记颁证工作启动。山西省国土资源厅厅长许大纯,市委常委、常务副市长赵建民,侯马开发区管委会主任、侯马市委书记李朝旗出席首证颁发仪式。

临汾市举行“华夏之根·文明之旅”尧文化旅游招商系列活动启动仪式暨新闻发布会。省委宣传部副部长刘英魁,省文化厅副厅长赵银邦,市领导岳普煜、王文英、黄翠莲、赵志坚、王振宇、陈纲出席会议。新华社、《中国日报》、中央电视台等中央媒体,新华网、人民网、新浪、腾讯、搜狐、网易等网络媒体,《山西日报》、山西广播电视台、《山西晚报》等省内媒体,《临汾日报》、临汾广播电视台等市级媒体,40余家媒体的70余名记者参加新闻发布会。市委常委、宣传部部长黄翠莲主持会议,宣布“华夏之根·文明之旅”尧文化旅游招商系列活动启动。

由市政府、临汾开发区管委会、洪洞县政府与沃特玛产业创新联盟联合主办,深圳市沃特玛电池有限公司承办的新能源汽车发展推广大会(山西)暨沃特玛新能源汽车产业创新联盟第二届年会在临汾市召开。省道路运输管理局局长杨吉平,省经信委副巡视员樊文彬,市领导岳普煜、李东洪、王振宇,临汾经济开发区管委会主任尚日红,沃特玛创新联盟理事长、沃特玛集团董事长李瑶出席会议。副市长王振宇介绍临汾市的市情概况;临汾开发区管委会、洪洞县政府与深圳市赢合科技股份有限公司签订总投资10亿元的锂电装备项目;临汾开发区管委会、洪洞县政府与东莞市航盛新能源材料有限公司签订投资3亿元的电解液项目。

20日 “华夏之根·文明之旅”帝尧文化·旅游·经济研讨会在临汾市召开,来自国内的20余名知名专家学者,围绕帝尧文化、旅游、经济等内容进行专题研讨。省委副书记楼阳生,省委常委、宣传部部长胡苏平,北京大学考古文博学院教授李伯谦,中国社会科学院学部委员、历史研究所研究员、中国先秦史学会理事长宋镇豪,省委副秘书长王纯,省委宣传部副部长刘英魁,省文化厅厅长张瑞鹏,省商务厅副厅长刘进,省旅游局副局长王琳,人民日报社山西分社社长刘亮明,新华社山西分社副社长王文化,中央人民广播电台山西站副站长岳旭辉,市领导岳普煜、刘予强、王文英、徐树荣、乔成家、黄翠莲、赵志坚、王金珍、王振宇、杨安虎出席会议。会议由市委书记岳普煜主持，市委副书记、代市长刘予强在会上作主旨发言。

26日　临汾市委书记岳普煜，市委副书记、代市长刘予强与山西国新能源发展集团有限公司董事长梁谢虎、总经理刘军就有关合作项目事宜进行座谈。副市长陈纲，临汾经济开发区管委会主任尚日红参加座谈。

27日　临汾市委书记岳普煜主持召开市委中心组专题学习会，邀请市委讲师团教授贾成奎就“讲规矩、有纪律”作专题辅导，并观看警示教育片。市领导刘予强、徐树荣、乔成家、黄翠莲、赵建民、李东洪、乔建军、陈小洪、王振富、李新春参加学习会。

28日　中国铁路总公司与美的集团安得物流“总对总”战略合作协议签署后定制开行的首趟“华翔项目特需班列”X2514次正点停靠广东大朗站。山西华翔集团铸件产品，被送线卸车并组织配送至广州南沙、中山、顺德客户。特需班列采用定车次、定编组、定时间、定路线、定停站的“五定”运输方式，通过班列运行将提升货运运输时效、产品交付准时率及在途运输安全性，实现“一站直达、高效准时”安全快速运输服务。

31日　临汾市召开脱贫攻坚推进大会。市委书记岳普煜出席会议并讲话。会议由市委副书记、代市长刘予强主持。市领导王文英、徐树荣、黄翠莲、赵建民、李东洪、乔建军、陈小洪、王振富、赵志坚、王醒安、原学义、王金珍、陈忠辉、王振宇、杨安虎出席会议。

6月

1日　临汾市委书记岳普煜，市委副书记、代市长刘予强前往市第一小学和市幼儿园看望小朋友、慰问少儿工作者，与孩子们一起欢庆“六一”国际儿童节。市领导王文英、黄翠莲、陈忠辉以及市妇联、团市委负责人一同前往。

2日　临汾市委书记岳普煜，市委副书记、代市长刘予强集中会见到临汾市参加山西·临汾招商引资项目推介会的泰国中华总商会主席刘锦庭等客商。

临汾市举办招商引资项目推介会，向来自国内外重要客商推介文化旅游项目、“百里汾河生态经济带”园区项目和重点工程投资项目，推进临汾市文化旅游融合发展，培育经济发展新活力。山西省委统战部副部长、省工商联党组书记杨临生，临汾市委副书记、代市长刘予强，副市长王振宇出席会议。泰国中华总商会、全国台商协会、上海各地在沪企业联合会、上海文化创意产业联盟、香港铜锣湾集团、台湾正大国际、台湾聚瑞集团、上海云峰集团、上海国瑞环保科技股份公司、中国农业生态有限公司、华能国际电力开发公司等组织和企业的200余位客商应邀出席推介会。

3日　临汾市委副书记、代市长刘予强会见中国物流与采购联合会副会长贺登才及参会客商。省商务厅副巡视员田国玉，副市长王振宇会见时在座。

3日至4日　“围棋之源·圣尧杯”国际大师邀请赛在尧庙开幕。中国围棋协会主席王汝南，国家体育总局群体司副司长范广升，省体育局副局长李世杰，市领导王文英、赵志坚、王振宇出席开幕式。副市长王振宇主持开幕式。本次国际大师邀请赛聚集著名国手聂卫平、曹大元、徐莹、张璇及日本韩国著名棋手徐奉洙、权孝珍、孔令文、吉田美香。4日下午，“围棋之源·圣尧杯”国际大师邀请赛在尧都区涝洰河公园落下帷幕。韩国棋手徐奉洙、权孝珍获得冠军，曹大元、徐莹获得第二名，聂卫平、张璇及日本棋手孔令文、吉田美香并列第三。

4日　“历法之源”天象观测体验活动在襄汾陶寺遗址、乡宁云丘山、翼城舜王坪举办，旨在通过天象观测实地体验、观看帝尧时期观天象定历法活动及现代气象科技、气象科普知识展览等形式，深入挖掘帝尧时期天文及历法文化，展示天文气象的历史与科技变迁，促进文化与旅游经济融合发展。省气象局副局长张洪涛出席启动仪式。市委常委、宣传部部长黄翠莲宣布活动启动。

5日　临汾微商行业协会举行成立大会。会议选举会长、副会长和秘书长，孙建军当选第一届会长。

6日　临汾市委副书记、代市长刘予强主持召开市政府第110次常务会议，研究部署2016年全市高考考务、易地扶贫搬迁及汛期地质灾害防治等工作。市领导赵建民、李东洪、陈忠辉、王振宇出席会议。临汾经济开发区管委会主任尚日红及市政府办公厅、煤炭、发改等市直部门负责人及相关县（市、区）长列席会议。

7日　临汾军分区召开党委第一书记任职宣布

大会,山西省军区副司令员于占唐宣读省军区党委关于岳普煜同志任军分区党委第一书记的批复,并讲话。临汾市委副书记王文英,市委常委、军分区政委王振富,军分区司令员车胜良,市委常委、常务副市长赵建民参加大会。王振富主持会议。

临汾市第四届广场舞大赛在市区九州广场举行。本次广场舞大赛由省委宣传部、省文化厅、市委、市政府主办,市委宣传部、市文化局承办。

8日 "华夏之根·文明之旅"尧文化旅游招商活动在市区九州广场落幕。市领导王文英、黄翠莲、赵建民、赵志坚、杨安虎出席闭幕式。市委副书记王文英主持闭幕式。市委常委、常务副市长赵建民通报活动成果。活动围绕文化旅游项目、百里汾河生态经济带、重点工程投资,达成签约项目11个,签约金额达175亿元。

临汾市在市区古城公园举办以"加强文化遗产保护,振兴传统工艺"为主题的"文化遗产日"宣传活动。市领导黄翠莲、王金珍、王振宇、杨益民出席。临汾市拥有国家级非物质文化遗产项目21项、省级项目114项、市级项目232项、县级项目435项;国家级传承人5名、省级传承人112人、市级传承人279名、县级传承人404名。本次活动精选南上官舞狮、平阳木版年画、白石村传统锣鼓、剪纸等非遗项目进行现场展演,在非遗项目精品展厅荟萃丁村土布、翼城花鼓、平阳麻笺、霍州粗布等30余个非遗项目进行展示。

14日 临汾市举行铸造工业云创新服务平台启动仪式暨铸造协会和铸造联盟成立大会。市委副书记、代市长刘予强出席成立大会并致辞。会议由市委常委、副市长李东洪主持。全市有铸造企业41家,其中规模以上企业29家;铸件产能达到250万吨。

14日至15日 由省人大常委会副主任周然带队的省人大调研组一行,在临汾市就高等教育改革发展工作情况进行调研。市人大常委会副主任王金珍,副市长陈忠辉,山西师范大学党委书记符惠明、校长卫建国,山西师范大学临汾学院党委书记、市总工会主席梁崇太,临汾职业技术学院院长王超先后陪同调研。

15日 临汾市召开换届风气监督工作汇报会。省委换届风气第十督查组组长、省政协社会法制委员会主任王水成出席会议并讲话,市委常委、组织部部长李新春主持会议。

临汾市获"2011—2015年全国法治宣传教育先进城市"称号。

13日 第三届国土资源节约集约模范县(市)评选结果正式公示揭晓。临汾市曲沃县、乡宁县、蒲县和侯马市4个县(市)入围表彰名单。

17日 《人说山西好风光》2016山西省旅游发展大会主办城市评选活动举行颁奖晚会,临汾市当选"最具人文体验和历史价值旅游城市"。

由临汾经济开发区管委会与五洲集团联合主办的"星耀五洲、畅享临汾"五洲国际广场全球招商发布会暨临汾首届国际时尚节举办。副市长陈纲、临汾经济开发区管委会主任尚日红出席活动。中美华尔投资顾问公司、中国电影集团公司、韩国韩流百货等1000余家品牌公司负责人参加活动。五洲国际广场项目是省、市两级重点项目,总投资15亿元,占地5.667公顷,建筑面积27万平方米。

20日 尧都区第十届人民代表大会代表选举日。岳普煜、刘予强、王文英、徐树荣、乔成家、黄翠莲、李东洪、陈小洪、王振富、李新春、王醒安、原学义、王金珍、王振宇、陈纲、杨安虎等市领导以普通选民的身份,分别在水塔街第二选区投票站、市府选区市政府投票站、商会选区市人大投票站参加选举投票。

26日至28日 第十二届中俄蒙经贸洽谈暨商品展销会在呼伦贝尔市海拉尔区举办,省贸促会、省侨联、省中小企业局为企业搭建平台,助力中小微企业开拓市场。临汾市中小企业局组织侯马市鸿舟银杏生物食品有限公司、军威特种面料、乡宁琪尔康、乡宁戎子酒庄、翼城县凤岭山翅果油种植专业合作社、翼城县舜田农产品开发有限公司、襄汾县邓庄丁陶麻笺社、山西铁环油漆8家企业展示临汾市翅果油、油漆、农副产品等特色产品。

27日 临汾市召开纪念中国共产党成立95周年暨"三优一先"表彰大会。市委书记岳普煜出席会议并为与会人员讲党课。市委副书记、代市长刘予强主持会议。市领导王文英、徐树荣、乔成家、黄翠莲、赵建民、李东洪、乔建军、陈小洪、王振富、李新春、赵志坚、王醒安、原学义、王金珍、陈忠辉、陈纲、杨益民、杨安虎出席会议。

7月

5日 临汾市委副书记、代市长刘予强到鼓楼南北街拓宽改造工程指挥部出席拆迁工作例会并到工地调研。副市长陈纲，临汾经济开发区管委会主任尚日红参加。

6日 临汾市委书记岳普煜主持召开市委中心组专题学习会，邀请市委讲师团教授贾成奎就学习宣传贯彻习近平总书记“七一”重要讲话精神作辅导。市领导刘予强、王文英、徐树荣、乔成家、黄翠莲、乔建军、陈小洪、王振富、李新春、赵志坚参加学习会。

8日 临汾市1100余名在职副县级以上党员领导干部分25个考点，参加“两学一做”学习教育必知必会知识测试。市四套班子领导岳普煜、王文英、徐树荣、乔成家、黄翠莲、赵建民、乔建军、王振富、李新春、赵志坚、王醒安、原学义、陈纲、张成梁分别在不同考点参加测试。

全国饮水型氟砷中毒防治工作研讨会在临汾市召开，来自水利部、中国疾控中心及全国13个省份疾控中心、水利厅的专家学者，中国疾控中心地方病控制中心主任孙殿军，省卫计委副主任李跃珍，副市长陈忠辉出席会议。

临汾市8家企业在山西股权交易中心进行集中挂牌，市委常委、副市长李东洪以及市金融办、市中小企业局，各县(市、区)金融办、中小企业局相关负责人出席仪式。6家培育板企业是山西德迅电梯、山西好友乐食品、翼城县风动健身搏击俱乐部、山西菁华农业开发有限公司、山西进乐宝商贸、翼城县富华养殖有限公司，两家展示板企业为临汾市幸福庄园旅游开发有限公司和临汾新洪达建材有限公司。

由国家卫生计生委法制司司长张春生带队的国家卫生计生委调研组一行到临汾市，就实施全面两孩政策情况进行调研。省卫生计生委副主任杨建勇、副市长陈忠辉陪同。

9日 临汾市环保局召开全市农村生活污水防治项目工作推进会，对各县(市、区)农村污水防治项目验收工作进行通报。各县(市、区)环保局负责人参加会议。

12至13日 以山西省住房城乡建设厅副厅长郝耀平为组长的省检查组一行，到临汾市检查指导城市地下综合管廊建设工作，听取临汾市此项工作情况汇报。副市长陈纲出席汇报会。

20日 临汾市召开新任职副县级年轻干部集体谈话会，市委书记岳普煜与新任职的30名副县级年轻干部进行座谈。市委常委、组织部部长李新春主持会议。

21日 临汾市委中心组(扩大)举行李培斌同志先进事迹报告会。市四套班子领导岳普煜、刘予强、王文英、徐树荣、乔成家、黄翠莲、赵建民、陈小洪、李新春、赵志坚、王金珍、陈纲出席报告会。市委副书记王文英主持报告会。

22日 晋陕豫黄河金三角检验检疫合作机制第二次协作会议在临汾市召开。国家质检总局动植司副司长张朝华出席会议，副市长陈忠辉致词。

27日 临汾市召开县(市、区)党政正职集体谈话会。市委书记岳普煜，市委副市记、代市长刘予强出席会议并讲话。市委常委、组织部部长李新春，副市长陈纲及全市17个县(市、区)党政正职参加会议。李新春主持会议。会议宣读省委、市委相关任命文件，新任县(市、区)党政正职代表作表态发言。

28日 临汾市召开学习贯彻习近平总书记“七一”重要讲话精神宣讲报告会，邀请省委党校原副校长、巡视员高健生作专题辅导报告。市委书记岳普煜主持报告会。市四套班子领导刘予强、王文英、徐树荣、乔成家、黄翠莲、赵建民、李东洪、王振富、李新春、陈忠辉、王振宇、陈纲、杨益民、张成梁、杨忠华、杨安虎出席会议。

29日 山西省国资委副巡视员康楣生为组长的省委贯彻落实中央八项规定和“两个责任”督查组召开反馈会，分别反馈对临汾市和山西师范大学督查情况。市委副书记王文英，山西师范大学校长卫建国分别出席反馈会。

8月

1日 以山西省环保厅副厅长王学东为组长的省巡查组抵达临汾市，将采取听取汇报、调阅资料、走访调研、现场核查等方式，对临汾市开展为期5天的环境保护大检查环保巡查。下午，省巡查组听取临汾市环境保护大检查进展情况汇报。市委副书记、代市长刘予强主持汇报会。副市长、尧都区委书记陈纲作汇报。

2日 由山西省委法治办专职副主任周涛带队的“法治山西”建设调研组(晋南片区)一行在临汾市召开会议,听取临汾市和运城市上半年法治建设推进情况汇报。周涛主持会议。市委常委、政法委书记、法治建设领导小组常务副组长陈小洪出席会议。

临汾市人民医院五一路分院揭牌。副市长陈忠辉揭牌,市卫计委、市人民医院和市中医医院有关负责人参加揭牌仪式。

3日 临汾市政府与国家开发银行山西分行举行座谈会,双方就推动临汾市重点项目建设进行对接交流。副市长、尧都区委书记陈纲,国开行山西分行副行长高长青出席座谈会。

8日 全国台企联副会长、太原市台商协会会长曾新慧带领山西华夏天润农业股份有限公司等台企到临汾市考察,与临汾市有关单位座谈交流,洽谈合作具体事项。联合国工业发展组织科研组组长 Daniel 陈、华夏天润农业有限公司董事长余铭哲、副市长王振宇出席座谈会。

9日 山西省安监局副局长牛建华率领省西气东输改线工程督导组一行到临汾市,通过召开工作推进会的形式,专题督导西气东输浮山、蒲县段改线工程。市政府、市直相关部门及浮山、蒲县有关负责人出席推进会。

11日 渭南市委常委、副市长王晓军带领渭南市直各相关部门负责人来到临汾市,商讨第四届黄河金三角投资合作交流大会有关事宜。副市长、尧都区委书记陈纲出席会议。

16日 以原浙江省委常委、省军区政委林恺俊少将(原179师政委)为团长的“临汾旅”老首长代表团到临汾市回访。市委常委、常务副市长赵建民出席活动。中国人民解放军陆军179旅隶属东部战区陆军第12集团军,因1948年5月临汾战役而被中央军委授予“光荣的临汾旅”称号。

19日 临汾市委召开市直单位新任正职领导干部集体谈话会。市委书记岳普煜出席会议并讲话。市委常委、组织部部长李新春主持会议,宣读市委关于市直单位正职领导干部的调整决定。

20日 临汾市县级领导班子换届完成,17个县(市、区)全部召开党代会、人代会和政协会,选举产生新一届县级党委、人大、政府、政协和纪委领导班子。

28日 由临汾市扶贫办牵线搭桥,山西澳坤生物农业股份公司、浙江峰盛新能源公司跨省联姻共建的浙澳光伏科技有限公司在侯马经济开发区成立。

30日 临汾市汽车行业协会第一次会员代表大会暨成立大会举行。会议表决通过《临汾市汽车行业协会章程》(草案),选举产生会长、副会长、秘书长。山西怡协公司董事长澹台一民当选为首届会长。协会有会员单位54家。

9月

1日 临汾市委副书记、代市长刘予强会见国家开发银行住宅信贷局局长张瑞宇一行,双方就国开行专项贷款支持棚户区改造交流。山西省分行党委书记、行长周炼,副市长、尧都区委书记陈纲,市政府党组成员闫建国参加会见。

5日至6日 国家卫计委科教司副巡视员张黎明带领调研组到临汾市,就开展卫生计生适宜技术推广管理工作调研。省卫生计生委巡视员梅志强,副市长陈忠辉陪同调研。市卫计委相关负责人、各县(市、区)人民医院院长参加座谈会。

6日 临汾市委书记岳普煜会见福建宏凯集团董事长洪永祯一行。市政府党组成员毛克明及市委办公厅、市发改委、市商务局等部门负责人会见时在座。

7日 以山西省政府安委办副主任、省安监局副局长牛建华为组长的省政府督查组到临汾市督查安全生产工作。市政府办公厅、市发改、安监、煤炭、水利、国土资源等部门负责人参加督查汇报会。

8日 2016中国(太原)国际能源产业博览会举行重大项目签约仪式,临汾市翼城县与北京经易控股集团有限公司签订合作协议,项目总投资30亿元。

12日 临汾市副市长、尧都区委书记陈纲主持召开会议,协调解决龙祠水源净水厂改扩建工程推进中存在的困难,研究部署滨河东西路两侧建筑的亮化工作。龙祠水源净水厂改扩建工程占地面积2.59公顷,工程总投资3.23亿元,建设内容包括25.8千米的输水管线。

18日 临汾市召开千名干部入企服务工作对接动员大会。临汾市干部入企服务活动全面启动。省万名干部入企服务临汾工作领导小组组长、省政协农村委副主任杜顺义,省万名干部入企服务临汾工作领导小组副组长、省国有企业监事会主席胡创业,市委副书记、代市长刘予强,市委常委、组织部部长李新春出席会议。李新春主持会议。

19日 中共临汾市委三届九次全体会议召开。全会由市委常委会主持。市领导岳普煜、刘予强、雷健坤、王文英、徐树荣、乔成家、赵建民、张建平、张晓永、乔建军、陈小洪、王振富、李新春、陈纲出席会议。省市县乡换届风气第十督导组的有关同志到会指导。全会应到委员43名,实到委员33名,符合规定人数。会议表决通过中国共产党临汾市第四届委员会委员、候补委员、纪律检查委员会委员候选人预备人选;圈选确定临汾市出席山西省第十一次党代会代表候选人预备人选。

23日 山西特色现代农业协作发展座谈会在北京农展馆召开。中国农业产业化龙头企业协会副会长郑清智、金其洪,副省长郭迎光,省政府副秘书长刘星,省委农工办主任、省农业厅厅长关建勋,省农业厅副厅长王进仁,市委副书记、代市长刘予强,副市长王兵出席座谈会。农业部副部长于康震,副省长郭迎光等领导巡视临汾市特色农产品北京展销馆。省委农工办主任、省农业厅厅长关建勋,市委副书记、代市长刘予强,副市长王兵等一同巡馆。

临汾市举行沃特玛新能源汽车推广及核心技术产业园项目签约仪式,市委书记岳普煜、沃特玛创新联盟秘书长王学强见证签约并讲话。市委常委、常务副市长赵建民主持签约仪式,副市长王振宇出席。此次签约的协议内容为:沃特玛创新联盟投资112亿元,在临汾经济开发区(洪洞甘亭)工业园区建设占地133.333公顷的新能源汽车产业园。

洪洞县与北京首创资本投资管理有限公司就改善洪洞县城市人居环境各方面的工作签署战略合作协议。临汾市委书记岳普煜,副市长王振宇,北京首创资本投资管理有限公司副董事长刘国民及洪洞县主要负责人出席签约仪式。

26日 中国共产党临汾市第四次代表大会在市影剧院开幕。

28日 中国共产党临汾市第四次代表大会完成预定的各项任务,在市影剧院闭幕。

9月29日 临汾市区鼓楼南北街提前竣工通车。通车前,市委书记岳普煜,市委副书记、代市长刘予强带领市领导沿路观摩。鼓楼南北街拓宽改造工程全长7300米,实际工期7个月,动用各类机械设备5万台(次),人力28万人(次),铺设各类管道总长26万米,地下设施全面更新,首次实现雨污分流,城市保障能力提升。全面整修鼓楼,新建游园广场7个,文化景观18处,可供1万市民沿街同时休闲。

10月

10日 中国人民政治协商会议第四届临汾市委员会第一次会议开幕。

11日 临汾市四届人大一次会议在市影剧院开幕。

13日 中国人民政治协商会议第四届临汾市委员会第一次会议闭幕。

14日至18日 山西省政协副主席张璞带领省政协调研组,就临汾市民营经济发展重大部署落实情况和文化旅游产业发展情况专题调研。省政协经济委员会主任刘致远,副主任李岩、刘新平,市领导陈小洪、王振宇、王延峰、程明温参加调研或出席座谈会。

15日 山西省水利厅副厅长王贵平带队的省督导组到临汾市专项督导解决财政专项扶贫资金滞留结转问题。临汾市领导刘予强、任天顺、王兵出席督导对接会。

16日 首届晋陕豫黄河金三角三省四市城市网球比赛中,临汾市运动员获团体冠军。

17日 山西省人大常委会副主任、省总工会主席田喜荣带领调研组,到国网临汾供电公司调研“五小”竞赛。省总工会党组书记王立业,国网山西省电力公司工会主席刘予胜,市委副书记雷健坤,市人大常委会副主任杨治平一同调研。

临汾市委召开会议,听取市委巡察工作领导小组及6个巡察组的巡察工作和巡察情况汇报,研究部署下一阶段巡察工作。市委书记岳普煜主持会议并讲话,市委副书记、市长刘予强,市委副书记雷健坤,市委常委、纪委书记张晓永,市委常委、组织部部长李新春出席会议。

18 日至 19 日　山西省市县乡换届风气第十督查组组长王水成带领督查组成员深入临汾市尧都区、洪洞县、襄汾县、曲沃县、侯马市等地进行调研。市领导岳普煜、刘予强、李新春、陈纲先后陪同调研。

20 日　临汾市委书记岳普煜主持召开市委常委会,传达学习全省"学以致用,以用促学,把学习贯彻习近平总书记系列重要讲话精神引向深入"学习交流会会议精神,中办发电《中共中央办公厅关于部分中管干部违反中央八项规定精神问题及其教训警示的通报》,中办、国办《关于 2016 年上半年贯彻执行中央八项规定情况的报告》;听取市纪委汇报 2016 年中秋、国庆期间纠正"四风"情况及下一步工作打算。市领导刘予强、雷健坤、乔建军、陈小洪、张建平、张晓永、王振宇、李新春、李朝旗、陈纲、郭行杰出席会议。

24 日　第十一届中国艺术节优秀经典展演剧目《河魂》在陕西省富平县展演。该剧是在临汾市委、市政府、市文化局和宜川县委、县政府、县文化局的支持下,由临汾艺校与宜川蒲剧团联合打造的一部大型原创经典蒲剧。《河魂》为大型原创无场次经典蒲剧,以大禹治水为题材,以黄河壶口及所在秦晋峡谷自然历史文化景观为场景,以传说中尧舜禹所在的新石器时代史前文化为背景,吸收壶口地域大量民间传说创作而成。

25 日　山西省委常委、常务副省长高建民在临汾市就安全生产、万名干部入企服务、项目受理大起底等当前重点工作检查指导。省政府副秘书长刘德政,省发改委主任王赋,省安监局局长霍红义,省经信委副巡视员周礼仁,市领导刘予强、王振宇、陈纲、王延峰陪同检查指导或出席座谈会。省政协农村委副主任、省驻市入企服务工作领导小组组长杜顺义陪同检查指导。

28 日　临汾市创建国家卫生城镇动员会暨安泽现场推进会召开。市委副书记、市长刘予强,省卫计委副主任、省爱卫会专职副主任谢红,市爱卫会主任、副市长陈忠辉出席会议并分别讲话。

蒲县政府与天津宝迪集团山西宝迪农业科技有限公司签订百万头生猪养殖基地建设项目合作协议。市委副书记雷健坤,副市长王兵,天津宝迪集团总裁夏毅强出席签约仪式。百万头生猪养殖基地建设项目总投资约 12 亿元,计划用地 167 公顷左右,建设 5 座 1 万头能繁母猪(年出栏 100 万头猪仔)繁育基地。

30 日　由临汾市科协主办的全市第二届青少年机器人竞赛在临汾三中体育馆举行。市政协副主席梁清燕出席开幕式并宣布竞赛开始。

11 月

7 日　临汾市 2016 年平阳环保行活动启动。市人大常委会副主任、平阳环保行活动领导组组长王金珍出席启动仪式。2016 年平阳环保行活动紧紧围绕市委提出的"345"战略和人代会确定的"12345"工作思路,以"消除雾霾,守护蓝天"为主题。

11 日　临汾市举办第 9 期领导干部能力提升系列讲座,邀请北京师范大学教授刘学敏作精准扶贫专题讲座。市领导刘予强、雷健坤、陈小洪、张建平、张晓永、李朝旗、陈纲、郭行杰、王兵等 240 余人聆听讲座,市委副书记雷健坤主持讲座。

15 日　临汾市政府组织交接签字仪式,把新农合整体划转移交人社部门管理,全市城乡居民基本医疗保险工作进入新的发展阶段。

16 日　临汾市在市区平阳广场举行公共自行车启动仪式。市委副书记、市长刘予强,市政协主席陈小洪,市人大常委会副主任张学伟及市政府办公厅、市交通局、园林局、节能办等部门,尧都区、临汾经济开发区相关负责人出席启动仪式。公共自行车项目是临汾市创建"国家节能减排财政政策综合示范城市"的重要举措,是市委、市政府大力推行的一项惠及民生、服务民生的重点工程。工程分为近期、远期规划,近期规划建设 183 个公共自行车服务站点,投放公共自行车 5055 辆,同步配套 6615 个锁车器、20 个管理服务厅、1 个调度指挥中心以及自行车存放库房、配件库房、维修车间,服务站点主要分布在商业网点、居民小区、大专院校等处。远期规划拟在 2020 年建设 585 个服务站点,投放自行车 17238 辆。近期 183 个服务站点全部投入使用后,每年将减少二氧化碳排放量 14660 万千克,减少二氧化硫排放量 441 万千克,对全市降低能源消耗、减少环境污染、改善空气质量将起到作用。首批 70 个公共自行车服务网点投入使用,2000 余辆自行车已安装到位,市民可凭身份证等有效证件到市区尧贤街、火车站、向阳西路、五一路等7个服务点办理借车卡。

18日 2016国家“千人计划”专家临汾行正式启动。市委书记岳普煜出席并致辞。省委人才办主任张其光，上海寰球人才交流中心主任倪凯，市委常委、组织部部长李新春，副市长王延峰出席启动仪式。李新春主持。

19日 2016国家“千人计划”专家临汾行活动举行签约仪式，47对企业、单位与专家达成合作意向。市委副书记、市长刘予强，市委常委、组织部部长李新春，副市长王延峰出席签约仪式。临汾市部分企业负责人、到临专家等200余人参加签约仪式。

21日 山西省委宣讲团在临汾市举办十八届六中全会精神专题报告会，省委宣传部副部长杨茂林作专题报告。市委书记岳普煜主持报告会。市领导刘予强、雷健坤、乔建军、张建平、张晓永、李新春、李朝旗、陈纲、杨治平、王金珍、任天顺、王国平、冯建宁、陈忠辉、马德荣、王兵、闫建国、王延峰、杨安虎、杨益民、刘小才、梁清燕出席会议。

临汾市县级领导干部集中轮训开班仪式举行。市委书记岳普煜出席会议并讲话。市领导刘予强、雷健坤、乔建军、张建平、张晓永、李新春、李朝旗、陈纲、杨治平、王金珍、任天顺、王国平、冯建宁、陈忠辉、马德荣、王兵、闫建国、王延峰、杨安虎、杨益民、刘小才、梁清燕出席会议。市委副书记雷健坤主持会议。

23日 山西省委、省政府环境保护督察组召开专题汇报会，听取临汾市环保工作情况汇报。省委、省政府环境保护督察组组长杨波听取汇报并讲话，市委书记岳普煜代表市委、市政府作工作汇报，市委副书记、市长刘予强主持会议。督察组副组长张晓平、部玉兰及督察组成员出席会议。市领导雷健坤、乔建军、张建平、张晓永、陈纲、陈忠辉、马德荣、王兵、闫建国及市环保、发改、住建等市直部门主要负责人参加会议。

山西省委、省政府环境保护督察组在临汾市召开动员会。省委、省政府环境保护督察组组长杨波讲话，市委书记岳普煜作动员讲话，市委副书记、市长刘予强主持会议。督察组副组长张晓平、部玉兰及督察组其他成员出席会议。市领导雷健坤、乔建军、张建平、张晓永、陈纲、陈忠辉、马德荣、王兵、闫建国参加会议。

25日 永和县召开创建国家卫生县城推进会。临汾市委副书记、市长刘予强，山西省爱国卫生协会主席高生华出席会议并分别讲话。市政府办公厅，市发改委、经信委、农委、扶贫办及永和县四套班子、县直各单位负责人参加会议。

临汾市政府召开全市应对重污染天气紧急电视电话会议，对重污染天气应对工作安排部署。市委常委、常务副市长王振宇出席会议，副市长、市公安局局长马德荣主持会议。市环保、住建、交通等53家大气污染防治工作领导组成员单位负责人在主会场参加会议。

27日 临汾市针对重污染天气现状，成立由市委常委带队、有关部门主要负责人任组长的7个督察组，自即日起至12月31日对尧都区、洪洞县、侯马市、襄汾县、霍州市、曲沃县、翼城县、临汾经济开发区、侯马经济开发区及县直有关部门开展冬季大气污染防治工作大督察。

30日 山西省委宣讲团在临汾市举行省第十一次党代会精神宣讲报告会，省委副秘书长储祥好作报告。市委书记岳普煜主持报告会。

12月

1日 临汾经济开发区举行2016“冬储行动”招商引资推介会。市委常委、统战部部长张建平，副市长王延峰出席推介会。推介会现场签约10个项目，总投资103.5亿元。

根据“全国优秀共产党员”李培斌事迹改编而成的话剧《热泉》在临汾市影剧院巡演。市领导乔建军、张建平、王振富、李新春、李朝旗、杨安虎、程明温观看演出。

5日 临汾市在北京举办招商引资推介会，宣传临汾、吸引投资，深化临汾与京津冀地区城市的经济交流与合作。市委副书记、市长刘予强会见参加临汾2016(北京)招商引资推介会的福建宏凯集团董事长洪永祯一行。副市长王延峰，市政府办公厅、市直相关职能部门负责人和侯马经济开发区及相关企业代表参加座谈。

9日 临汾市党性教育基地——彭真故居纪念馆揭牌。山西省委副秘书长毛益民，临汾市委副书记、市委党校校长雷健坤，市委常委、组织部部长李新春，市委党校常务副校长王天郎出席揭牌仪式。李新春主持揭牌仪式。

临汾市证券行业“一司一县”结对帮扶启动仪式暨金融支持培训会在隰县举行。市委副书记、市长刘予强，中国证券协会副会长、中证报价系统股份有限公司总经理葛伟平出席启动仪式并讲话。副市长王兵主持启动仪式。

10日　临汾市委副书记、市长刘予强会见河北先河环保科技股份有限公司总裁陈荣强一行。副市长闫建国会见时在座。

12日　在北京召开的首届全国文明家庭表彰大会上，家住洪洞县城内东狱巷的郭世玉一家被授予“全国文明家庭”称号，受到习近平总书记和其他党和国家领导人的亲切接见。第一届全国文明家庭评选活动以爱国守法、遵德守礼、平等和谐、敬业诚信、家教良好、家风淳朴、绿色节俭、热心公益8个方面为评选标准，从全国范围评选300户文明家庭。

13日　临汾市召开学习宣传贯彻党的十八届六中全会暨省、市党代会精神宣讲动员会。市委副书记、市委学习宣传贯彻党的十八届六中全会暨省、市党代会精神宣讲团团长雷健坤作动员讲话，市委常委、宣传部部长、市委学习宣传贯彻党的十八届六中全会暨省、市党代会精神宣讲团副团长李朝旗主持会议。

14日　山西省委省政府环境保护临汾督察组就临汾市环境保护督察中发现的重污染天气下突出环境问题召开约谈会，省环保督察组组长杨波主持会议。市委书记岳普煜，市委副书记、市长刘予强以及市委办公厅、市政府办公厅、市环保局等相关部门负责人参加会议。

16日　国家环境监测总站副站长傅德黔带领环保部专项督查组莅临临汾市，就重污染天气应急工作专项督查。市领导刘予强、雷健坤、闫建国出席督查汇报会。市委副书记雷健坤主持会议。市委副书记、市长刘予强代表市委、市政府向督查组汇报工作。

20日　临汾市第二批200辆纯电动公交车的投放运营，城区实现纯电动公交车全覆盖，成为全省首个实现纯电动公交的城市。市领导岳普煜、刘予强、陈小洪、张学伟出席投放启动仪式。纯电动公交车项目是市委、市政府应对治理重污染天气的重要举措，属于临汾市创建节能减排财政政策综合示范城市中交通清洁化项目里重要内容。

21日　临汾市政府与陕西黄河矿业集团举行座谈会。市委副书记、市长刘予强，副市长王延峰，陕西黄河矿业集团董事长李保平出席座谈会。

22日　临汾市召开市县党委书记抓基层党建“面对面”专项述评会。市委书记岳普煜主持会议。市领导刘予强、雷健坤、张建平、张晓永、王振宇、李新春、陈纲、郭行杰、任天顺出席会议。省委组织部部务委员赵忠保到会指导。

24日　临汾市委副书记、市长刘予强带队深入到临汾市部分企业，就“铁腕治污行动”落实情况及冬季集中供热工作实地检查。副市长闫建国一同检查。

26日　山西省环保督察组召开督察通气会，就环保督察中的突出问题向市委、市政府通报。省环保督察组组长杨波出席并讲话，省环保督察组副组长张晓平、郜玉兰及督察组成员出席会议。市委书记岳普煜，市委副书记、市长刘予强分别发言。副市长闫建国出席会议。杨波通报省环保督察组工作的总体情况及发现的突出问题。

（李艳洁）

概　况

自然环境

【地理位置】 临汾市位于山西省西南部，东倚太岳，与长治、晋城为邻；西临黄河，与陕西省隔河相望；北起韩信岭，与晋中、吕梁毗连；南与运城市接壤。地理坐标为北纬35°23′至36°57′，东经110°22′至112°34′之间，南北最大纵距170多千米，东西最大横距约200千米，总面积20275平方千米，占全省13%。临汾“东临雷霍，西控河汾，南通秦蜀，北达幽并”，地理位置重要，自古为兵家必争之地。

【地形地貌】 临汾市地形轮廓大体呈“凹”字型分布，四周环山，中间平川，全境分山地、丘陵、盆地三大地形单元。其中，平川面积占19.4%，丘陵面积占51.4%，山地面积占29.2%。临汾盆地横亘全市中部，将整体隆起的高原分为东西两部分山地。东部由北向南为太岳山、中条山，西部是吕梁山脉，海拔多在1000米以上。最高处太岳山霍山主峰，海拔2346.8米，最低处乡宁县师家滩，海拔385.1米。境内有黄河、汾河、昕水河、沁河、浍河、鄂河、清水河7条河流和郭庄、龙祠、霍泉三大名泉。

【气候条件】 临汾市地处半干旱、半湿润季风气候区，属温带大陆性气候，四季分明，雨热同期。气温的特点是冬寒夏热。全市气候的主要特征是：冬季寒冷干燥，降雪稀少；春季干旱多风；秋季阴雨连绵；夏季酷热多暴雨，伏天旱雨交错。全年气候变化多端，暴雨（雪）、低温冻害、干旱、大风、持续高温等突发性气象灾害频发，对农业生产等各个方面造成较大影响。

（李艳洁）

自然资源

【土地资源】 临汾市土地总面积20275平方千米，受水热条件影响，土壤发育较完全，形成深重黏化层，养分含量较为丰富。普遍分布的地带性土壤类型为褐土，此外还有草原草甸土、棕壤土、沼泽土等几种类型。土地资源丰富，稳产高产肥沃耕地分布集中，土地类型多样，宜林草面积大，但森林覆盖率低，水土流失较为严重。后备土地资源仍较为丰富，大量的盐碱荒地、沙荒地、沼泽地可改良开垦为农林牧用地，但需要排水、治河、修建扩岸工程，开发投资很大。土地开发利用率75.1%，土地垦殖率26.2%，耕地复种指数12.6%，农业用地率68%，建设用地率5.6%。人口密度185人/平方千米。

【水资源】 临汾市大小河流200余条，均属黄河水系。流域面积在1000平方千米以上的有黄河干流、汾河和沁河。黄河干流位于临汾市西侧，为晋、秦天然分界线，全长174千米，流域面积7739平方千米。汾河纵贯全境中部，流域面积10286平方千米。沁河全长95公里，流域面积2288平方千米。河流以季节性河流为主，径流量多集中在7月至9月，故形成雨季排洪，旱季断水。在地域分布上，山区大于平川，东山大于西山。

全市水资源总量8.52亿立方米。其中，地表水资源量5.87亿立方米，地下水资源量7.58亿立方米，重复计算量4.93亿立方米，全市产水系数0.08，产水模数4.20万立方米/平方千米。

【矿产资源】 临汾市矿产资源丰富，能源工业发展潜力巨大。探明的矿种有41种，主要有煤、油页岩、铁、铜、锌、铝、金、钴、稀有元素、石膏、石灰岩、白云岩、耐火黏土、硫铁矿、膨润土、大理石、花岗石、重晶石、长石、石英、硅石、磷、硅线石等。其中煤、铁、石膏、石灰岩、白云岩、膨润土、花岗岩、大理石、油页岩、耐火黏土等,在省内及全国均占重要地位。矿产资源综合优势度为 0.73,在全省各地市中居第二位。

煤炭资源是临汾市首屈一指的矿产资源,探明储量 398 亿吨,占全省的 14%,有河东、霍西、沁水三大煤田,其中乡宁为全国三大主焦煤基地之一,且煤层厚,埋藏浅,易开采。全市煤种齐全,伴生矿产较多。煤种有贫煤、瘦煤、无烟煤、焦煤、肥煤、气煤等 6 种,其中焦煤、气煤、肥煤和瘦煤都是炼焦煤。主要伴生矿有油页岩、铝土矿、耐火黏土、锰铁矿等,另外还有大量的风化煤。煤炭质量较好,灰分和硫的含量适中,变质程度高,发热量大,中等可选,结焦性能好。乡宁主焦煤为全国三大主焦煤基地之一,开发条件优越。三大煤田除霍州煤田的霍山西麓边缘地质构造复杂,开采较困难外,其他煤田的地质构造和水文地质条件都比较简单,煤层多,单层厚,煤层稳定,倾角小,埋藏浅,交通方便,开发条件较好。

铁矿是第二大矿产资源,总储量为 4.2 亿吨,其中磁铁矿储量为 1.8 亿吨,褐铁矿和赤铁矿储量约 2.4 亿吨。铁矿富矿比例高,占全省富矿的 70%以上,大部分开采条件较好。

有色金属矿产资源种类较多,有铜、铅、铝、钴、金、银等 7 种,但大部分储量不大。铜矿虽储量不大,但品位高,伴生的有益组分含量高,开采价值大。铅、锌矿分布在洪洞、翼城、蒲县、古县的部分区域。铝土矿分布于霍州什林和汾西店底一带,地质工作程度相对较低。稀有元素矿产主要有锂、铷、稀土、铌、钽等几种,其中翼城石姑娘山的锂铷矿是省内独一无二的。

非金属矿产成矿地质条件良好,资源丰富,现发现的 24 种非金属矿产中石膏、石灰岩、白云岩等在全省或全国具有重要优势,特别是石膏矿膏体厚位大,品位高,分布广,远景储量 234 亿吨,开采条件好。其余如水泥灰岩、膨润土、花岗岩、耐火黏土、麦饭石等则可望成为国内优势矿产。大理石储量 1.5 亿立方米,石英石储量 2000 万吨,被誉为"有千种用途黏土"的膨润土分布在本市的永和县、大宁县和吉县。

【生物资源】 临汾市植物资源是全省最丰富的地区之一,除农作物外,现调查到的种子植物有 606 种。在植物分布上,东南山地丘陵地带以油松栎类和华山松占优势,农作物有小麦、玉米、谷子等,经济林有苹果、核桃、柿、板栗、山楂等,土特产主要有黑木耳、猴头等,名贵中草药植物有菖蒲、竹节人参和灵芝等。东部山地以沙棘、荆条等次生灌草丛植被为主,经济林有核桃、瓦氏榇子、山楂、枣、桑、苹果、梨等,土特产有猴头、佛手和烟草,农作物以玉米、谷子为主。这一地带盛产药材,其中山芋肉、贝母负有盛名。太岳山区以油松、辽东栎林及次生灌草丛植被为主,是山西省主要的林业基地。果品主要有梨、柿。中草药种类繁多,其中以党参、贝母、山茱萸、藿香等最著名。临汾盆地以冬麦、棉花等农作物栽培为主,土产丰富,以曲沃的烟草、临汾的尧枣、洪洞的莲菜等闻名于省内外。吕梁山以油松、白皮松、辽东栎林及次生灌丛植被为主,土特产有松香、生漆、猴头、木耳等,中草药以甘草、五加皮、苍术、党参、核仁等著名。西部黄土残塬丘陵植被以灌丛和草丛为主,土特产有隰县金梨和永和红枣,农作物以冬小麦、玉米、马铃薯为主,经济作物有棉花、大豆等。

森林资源贫乏。现有的天然次生林和人工林总面积 24.47 万公顷,人均林地 0.07 公顷,为全国人均林的 1/2 左右。人均木材蓄积量 1.7 立方米,只有全国人均蓄积量的 1/6。森林不但面积小,蓄积量少,而且分布不均,林龄组成不协调,森林质量差。天然草地面积占全市总面积的24.9%,现已查明的主要草种有豆科的胡枝子、兰花棘豆、米口袋、野豌豆,禾木科的黄茨、隐子草、早熟禾、白羊草,禾草科的苔草、蒿草等。

野生动物种类丰富,陆栖脊椎动物有 300 余种,占全省总种数的 74%。在本区动物种类中,属国家一类保护动物的有白鹳、黑鹳和褐马鸡等,其中褐马鸡是世界闻名的珍稀动物,是中国的国宝和特有珍禽。二类保护动物有金钱豹、原麝、大天鹅、鸳鸯。三类保护动物有青羊、大鸨、金雕、玉带海雕等。由于临汾市处于古北界的南部,随着夏季太平洋暖湿气团的深入,东洋界动物潜入临汾,古北界和东洋界动物俱有,区系组成复杂。兽类主要有狼、狐、兔、果子狸、猪獾等,鸟类主要有麻雀、家燕、喜鹊、凤头杜鹃、龙斑鸠、大嘴乌鸦、凤头百灵、石鸡、褐马鸡、胡兀鹫、岩鸽等,两栖爬行类有黑斑蛙(青蛙、田鸡)、花背蟾蜍、无趾壁虎、中华大蟾蜍等。

(李艳洁)

临汾之最

【自然】 2016年，临汾市晴天日数以蒲县最多，年均106.1天；以侯马市最少，年均81.7天。各县(市、区)年气温最低值出现在西部山区的蒲县，年均9.0℃；最高值出现在侯马市，年均12.8℃。全市最低温度出现在安泽县，为1990年2月1日的－26.6℃；最高温度在尧都区，为2005年6月23日的42.3℃。本市气温年均差在27.1℃至30.5℃之间，平均28.6℃，最小值27.1℃，出现在汾西县；最大值30.5℃，出现在永和县。年太阳总辐射量最大地域以隰县为最，年均总辐射5545兆焦耳/平方米。光合有效辐射最大中心在隰县，年总量＞2600兆焦耳/平方米。全市日照时数最多的县是隰县，年均2642小时；最少的是古县，年日照2140小时。

临汾最高点为中条山主峰霍山，海拔2346.8米，最低点在乡宁县师家滩，海拔385.1米，相对高差1900多米。第一大河流是汾河，纵贯全境中部，流域面积10286平方千米。含沙量最小的河系是沁河，全长95千米，流域面积2288平方千米，是临汾唯一未被污染的河流。临汾最大的溶岩泉郭庄泉，泉域面积5600平方千米。

蕴藏量最高的矿产资源是煤炭资源，有河东、霍西、沁水三大煤田，全市含煤面积1.54万平方千米。国土面积最大的乡宁县，2024平方千米，国土面积最小的侯马市，274平方千米。人均土地占有量最多的安泽县、人均土地2.75公顷。

临汾有文字记载的最大地震为清康熙三十四年(1695)四月初六日戌时，临汾8级地震，波及晋、冀、鲁、豫、陕、甘、苏、鄂8省，东西、南北长约千公里。中华人民共和国成立以来最大的泥石流为1982年8月2日，霍州山谷口发生泥石流，呈扇形，东西长420米，南北宽70米，以12米/秒流速下滑，在约20分钟的时间里吞噬了11人的生命，摧毁窑洞20多孔，冲走粮食1万余公斤、毁没耕地8公顷，毁3000余株成林树木，堆积厚度0.5米至1.5米。最大的山体滑坡为1984年，发生在大宁县城关石沟，压死、压伤各5人，7孔窑洞倒塌，5孔窑洞裂缝不能住人。最大的地裂为1979年，一场大雨后，侯马紫金山前出现地裂缝，长约1000米，最宽0.8米，深1米至3米。最大的地陷为1982年3月5日，蒲县克城乡张公庄村西南1公里的山坡上发生地陷落，陷落坑近似圆形，直径60余米，深约40米，面积约3000余平方米。2009年发生冬、春、夏三季连旱，特别是春旱，是临汾市有气象记录以来55年中最严重的干旱。

【人文】 “丁村尖状器”是丁村遗址出土的代表性石器，这种石器在中国以及其他国家从未被发现过，故被定名为“丁村尖状器”。

“击壤”处碑(残)，传说其时“天下太和，百姓无争，有老人击壤而歌”，唱出了被认为中国最早的诗歌《击壤歌》。

“陶寺遗址”是原始社会末期文化的典型，约相当于公元前2600至公元前2100年，被公认为是中国近年来最为重大的考古成果。

“陶寺遗址”古祭祀台，占地1400平方米，祭祀台兼有观天授时功能，是中国发现的最早最远古的观象台。

吉县柿子滩旧石器时代遗址群是中国目前距今1万年至2万年间现存面积最大、堆积最厚、内涵最丰富的一处埋藏遗址。

位于曲沃县曲村镇曲村、北赵、三张及翼城县里砦镇天马村之间的曲村—天马遗址是迄今全国发现的最大的西周文化遗址。

“侯马盟书”，皆以毛笔书写于石片、玉片之上，可辨识者5000余件，系中国发现的最古老的完整的毛笔手迹和精美的书法作品，被评为新中国成立以来十大考古发现之一。

20世纪初发现于甘肃的平阳木版年画《四美图》，收藏于俄罗斯国家博物馆，为中国现存最早最完整的年画实物珍品。

发现于广胜寺的《赵城金藏》，现藏于国家图书馆，是中国独一无二的佛教稀世宝典，与《永乐大典》《四库全书》《敦煌遗书》并称为国家图书馆四大镇馆之宝。

侯马市董氏兄弟墓出土的舞台演出砖俑，是研究中国戏剧雏型的独一无二的珍奇实物。

尧都区魏村牛王庙戏台，始建于元至元二十年(1283)，是迄今为止中国遗留最早的元代戏台。翼城县武池村乔泽庙戏台，始建于元泰定元年(1324)，是现存元代规模最大的戏台。尧都区东羊村后土庙戏台，始建于元至正四年(1344)，内檐梁架结构巧妙,交迭成八卦型,在古戏台中堪称绝无仅有。

洪洞广胜寺飞虹塔,始建于明嘉靖六年(1527),是中国现存四大名塔之一。

毗邻广胜寺下寺的水神庙元代戏曲壁画“尧都见爱大行散乐忠都秀在此作场”13幅197平方米,绘成于元泰定元年(1324),是中国唯一幸存的元代戏剧壁画。

老君洞《太上显化图》,镌于明嘉靖四十五年(1566),为39块、81幅完整青石线刻,是罕见的宗教文物,也是中国独一无二的石雕连环画珍品。

东岳庙“十八层地狱”,从第一殿“阴阳界”到第十殿“轮回转生”,140余尊怪异泥塑组成的地狱博览,是中国寺庙中举世无双的珍品。

霍州署衙,始建于唐朝,现存建筑为元、明、清遗迹,面积18700平方米,是古代司法制度仅存的典范。

洪洞县“苏三监狱”,始建于明洪武二年(1369),是中国仅存最完整的明代监狱。

保存在曲沃县中学内的清代县试贡院,堪称全国仅存之遗迹。

姑射山神居洞“崇道庙”,建有道教始祖老子、佛祖释迦牟尼和儒教创始人孔子及古帝尧王等89尊泥塑,是临汾唯一三教同居一窟的寺庙。

临汾威风锣鼓场面壮阔、气势磅礴,被誉为“中国第一鼓”。

1929年12月,临汾晋益面粉股份有限公司成立,装141千瓦锅驼机1台,德国西门子发电机1台,容量60千瓦,年产面粉13万袋。临汾有电、有机制面粉厂自此始。

1935年5月10日,同蒲铁路太原至临汾段正式通车运营。临汾火车站始建。

1950年4月11日至14日,晋南首届人民体育大会在临汾举行,竞赛项目67项,参加运动员3754名。

1955年9月25日,山西省第一座农村小型水力发电站——洪赵县明姜水电站开工建设,安装48千瓦水轮发电机一台,12月4日建成投产。

1979年3月16日,从霍县发电厂经临汾刘村至运城的220千伏输电线路建成送电。为全区第一条220千伏输电线路。

1982年8月,襄汾轧钢厂张秋生等3人集体承包经营该厂,临汾工业企业首次实行承包经营责任制。

1984年1月3日,中共临汾地委、临汾行署批转临汾地区编制委员会《关于地区党政机关机构设置的意见》,进行改革开放后第一次地区党政机关机构调整。

1985年1月1日,《临汾报》改刊为《临汾日报》,请彭真委员长题写报名,首次出版发行。

1985年9月28日,临汾地区第一座无线电台临汾人民广播电台落成试播。

1985年11月10,中国第一个反映汉民族民俗风情的专题性博物馆——临汾丁村民俗博物馆正式开馆。

1987年9月15日至18日,中共临汾地委、行署召开首次全区经济改革与发展战略研讨会。

1991年10月11日至20日,临汾地区举办首届尧都锣鼓艺术节。

1992年经贸部批准临汾地区外贸进出口经营权。

1992年5月5日,中共临汾地委按照“公开、民主、平等、择优”的原则,首次在全区选拔30名左右副县级工业领导干部。

1992年7月,临汾地区与世界银行教育贷款协议在太原签订,世行教育贷款在临汾地区正式开始启动。

1992年8月26日,中共临汾地委、临汾地区行署首次出台招商引资优惠政策。

1993年9月8日,中国银行山西省信托投资公司临汾证券业务部剪彩成立。

1993年3月,临汾地区蒲剧院实验团在新加坡参加“1993华族文化节地方戏曲展”,蒲剧《挂画》《跑城》首次走出国门。

1993年上半年,临汾地区选择山西电控厂、临汾有机化工厂、临汾煤机厂、襄汾纺织厂、襄汾县百货一店、临汾市振兴商场等国营企业进行首次股份制试点。

1994年2月1日,中共中央总书记、国家主席、中央军委主席江泽民在临汾考察。

1994年9月19日至10月18日,首届中国·临汾黄河壶口漂流月在吉县壶口举行。

1996年,首家台资医院,临汾长良医院前身——旺安医院始建。

1997年6月1日,柯受良驾驶三菱轿车飞越黄河圆满成功。

1999年6月20日11时58分，朱朝辉驾驶摩托车飞越黄河圆满成功。

1998年10月18日，临汾经济技术开发区举行挂牌仪式。

1999年10月1日，全长147千米的霍侯一级公路竣工通车，是临汾公路建设史上投资规模最大、建设里程最长、工程质量要求最高的工程项目。被称为"晋南第一路"。

2000年11月1日中共临汾市委挂牌成立。2001年1月20日临汾市人民政府挂牌成立。

2001年1月16日至18日，政协临汾市第一届委员会第一次会议召开。

2001年1月17日至20日，临汾市第一届人民代表大会第一次会议召开。

2001年3月8日至10日，中国共产党临汾市第一次代表大会在临汾市召开。

2001年2月7日，获大世界吉尼斯之最的中华帝尧鼓在尧庙宫揭幕。

2001年6月22日，山西师大临汾学院成立，是山西省首家校区独立、经费独立、法人独立的二级院校。

2001年9月24日，临汾市首届"产学研"高新技术项目发布洽谈会在临汾开幕。

2002年3月18日，中国民主促进会临汾市第一次代表大会在临汾宾馆召开。

2002年3月21日，中国国民党革命委员会临汾市第一次代表大会在临汾宾馆召开。

2002年3月24日，九三学社临汾市第一次代表大会在黄河大酒店召开。

2002年3月28日，中国民主同盟临汾市第一次代表大会在黄河大酒店召开。

2002年6月23日，临汾市首届人才交流大会在市影剧院召开。

2002年7月25日，临汾市工会第一次代表大会在临汾宾馆召开。

2002年10月29日，侯马海关正式开关。

2003年7月6日，滨河东路竣工通车，是临汾市规模最大、投资最多的市政道路工程。

2003年10月，"山西侯马·新田春秋古都文化节"在侯马举办。

2004年10月1日至2日，临汾市举行十大城建工程竣工庆典。十大重点工程的竣工，标志着临汾城市基础设施迈上一个新台阶。

2005年3月1日至2日，临汾市第一次妇女代表大会在临汾召开。

2005年12月31日，晋南威风锣鼓、戏剧蒲州梆子、舞蹈襄汾天塔狮舞和翼城花鼓4个项目被列为国务院公布的首批国家级非物质文化遗产名录。

2006年6月25日，《中共临汾市委组织部选聘优秀高校毕业生担任村干部公告》发布。临汾市首次公开选拔优秀大学生当村官。

2006年12月，经上海大世界吉尼斯总部核准确定，蒲县垒石填土植树获"大世界吉尼斯之最"称号。

2007年4月5日，首届中国·洪洞大槐树寻根祭祖大典在洪洞县大槐树寻根祭祖园隆重举行。

2007年5月29日，安泽县举行"中华千年古县"揭牌仪式，成为全省第一个申报成功的县。

2007年12月，山西方略保税物流中心建成运行，是在中部内陆省份设立的唯一一家由政府支持建设、民营资本投入的海关保税物流中心试点。

2007年12月13日，共青团临汾市第一次代表大会在临汾召开。

尧庙广场中国立体地形图，面积为9600平方米，为全国最大的中国立体地形图。华门是中国第一座华夏文明纪念碑和门文化景观，宽80米，高50米，是全国最高的门式建筑。

2008年8月19日，山西宝特国际物流中心侯马站正式通车试运营，标志着年吞吐600万吨货物能力的山西首家海铁联运陆港口岸开始运行。

2016年12月20日，临汾市第二批200辆纯电动公交车投放运营，城区实现纯电动车全覆盖，成为全省首个实现纯电动公交的城市。

（李艳洁）

建置　区划

【建置沿革】 临汾是中华民族发祥地之一，《帝王世纪》称："尧都平阳"，即今临汾。《禹贡》分天下九州，平阳为冀州之地。冀州处九州之中央，故称"中国"，"中国"一词由此而来。西周时期，周成王封弟叔虞于唐（今翼城），因唐境内有晋水，叔虞之子燮父“易唐为晋”。春秋属诸侯国晋,晋文公北方称霸时,晋国的中心就在今曲沃、侯马、襄汾一带。战国初期,韩、赵、魏“三家分晋”,韩建都平阳。秦改分封制为郡县制,全国划为103郡国,属河东郡司隶部辖。三国魏正始八年(247)置平阳郡。西晋永嘉三年(309),刘渊建汉,都平阳。北魏孝昌中置唐州。隋开皇三年(583),置临汾郡,临汾得名沿用至今。唐实行道、府、州、县制,武德初年(618)为晋州。北宋政和六年(1116),始置平阳府,辖临汾、汾西、洪洞、岳阳、乡宁、赵城、霍邑、浮山、冀氏、和川10县及隰、吉、降3州。元实行省、路、府(州)、县四级制,为中书省山西宣慰司晋宁路(治临汾)。明清重置平阳府,统领35州县,包括今临汾、运城两市及晋中市灵石县和吕梁地区石楼县。1914年,废府设道,以道辖县,临汾、洪洞、赵城、襄汾、汾城、曲沃、安泽、浮山、翼城、乡宁、吉县、霍县、汾西、隰县、蒲县、大宁、永和等17县属河东道管辖;1927年,废道直属山西省。抗日战争初期,临汾为山西省7个行政区中的第6区。1937年11月,山西省政府迁到吉县。日伪统治时,为冀宁道。抗战胜利后,属太岳区。1948年5月17日临汾解放。1949年2月成立晋南区,属陕甘宁边区政府,同年9月1日改属山西省。1950年1月6日成立临汾专区。1954年同运城专区合并为晋南专区(驻临汾),辖29个县。1970年专区改地区,晋南专区又按原建制划分为临汾、运城两地区。1978年设临汾地区行政公署,辖临汾、侯马2市和16县。1983年临汾县和临汾市合并为临汾市。2000年11月撤地设市,成立地级临汾市。

【行政区划】 临汾市辖尧都区、曲沃县、翼城县、襄汾县、洪洞县、古县、安泽县、浮山县、吉县、乡宁县、大宁县、隰县、永和县、蒲县、汾西县,代管侯马市、霍州市。全市共有乡镇151个,其中镇75个,乡76个,街道办事处20个。

尧都区有街道办事处10个,车站街、水塔街、南街、铁路东街、解放路街、乡贤街、辛寺街、鼓楼西街、汾河办事处、滨河办事处;镇10个,土门镇、刘村镇、金殿镇、大阳镇、县底镇、魏村镇、吴村镇、尧庙镇、乔李镇、屯里镇;乡6个,贾得乡、段店乡、河底乡、枕头乡、贺家庄乡、一平垣乡。

侯马市有街道办事处5个,上马街、张村街、路东街、路西街、浍滨街;乡3个,新田乡、凤城乡、高村乡。

霍州市有街道办事处5个,退沙街、鼓楼街、南环路街、北环路街、开元街;镇4个,大张镇、白龙镇、辛置镇、李曹镇;乡3个,三教乡、师庄乡、陶唐峪乡。

曲沃县有镇5个,乐昌镇、高显镇、史村镇、曲村镇、里村镇;乡2个,北董乡、杨谈乡。

翼城县有镇6个,唐兴镇、西阎镇、南梁镇、隆化镇、里砦镇、桥上镇;乡4个,浇底乡、南唐乡、王庄乡、中卫乡。

襄汾县有镇7个,新城镇、邓庄镇、襄陵镇、古城镇、赵康镇、汾城镇、南贾镇;乡6个,大邓乡、陶寺乡、景毛乡、永固乡、西贾乡、南辛店乡。

洪洞县有镇9个,万安镇、曲亭镇、赵城镇、明姜镇、甘亭镇、苏堡镇、大槐树镇、广胜寺镇、刘家垣镇;乡7个,淹底乡、辛村乡、堤村乡、龙马乡、左木乡、山头乡、兴唐寺乡。

古县有镇4个,古阳镇、岳阳镇、北平镇、旧县镇;乡3个,南垣乡、永乐乡、石必乡。

安泽县有镇4个,府城镇、和川镇、冀氏镇、唐城镇;乡3个,良马乡、马壁乡、杜村乡。

浮山县有镇2个,天坛镇、响水河镇;乡7个,张庄乡、北韩乡、北王乡、东张乡、槐埝乡、米家垣乡、寨圪塔乡。

吉县有镇3个,屯里镇、壶口镇、吉昌镇;乡5个,车城乡、文城乡、中垛乡、东城乡、柏山寺乡。

乡宁县有镇5个,昌宁镇、管头镇、光华镇、西坡镇、台头镇;乡5个,双鹤乡、尉庄乡、枣岭乡、关王庙乡、西交口乡。

蒲县有镇4个,蒲城镇、克城镇、薛关镇、黑龙关镇;乡5个,红道乡、山中乡、古县乡、太林乡、乔家湾乡。

大宁县有镇2个,曲峨镇、昕水镇;乡4个,三多乡、太古乡、太德乡、徐家垛乡。

永和县有镇2个,芝河镇、桑壁镇;乡5个,阁底乡、交口乡、南庄乡、坡头乡、打石腰乡。

隰县有镇3个,龙泉镇、午城镇、黄土镇;乡5个,城南乡、下李乡、寨子乡、陡坡乡、阳头升乡。

汾西县有镇5个,永安镇、僧念镇、京力香镇、对竹镇、和平镇;乡3个,佃坪乡、团柏乡、邢家要乡。

(李艳洁)

民族 宗教

【民族宗教】 2016 年，临汾市有回族、满族、土家族、蒙古族、苗族、壮族、朝鲜族、彝族、布依族、白族、维吾尔族、仫佬族、畲族、藏族、黎族、侗族、瑶族、塔吉克族、仡佬族、达斡尔族、拉祜族、佤族、哈尼族、土族、锡伯族、傈僳族、羌族、景颇族 28 个少数民族，约 1 万余人(可统计数字)。临汾市有道教、佛教、天主教、伊斯兰教、基督教五大宗教齐全，信教群众 25 余万人(可统计数字)，市级宗教团体 5 个：临汾市佛教协会、临汾市伊斯兰教协会、临汾市基督教“三自”爱国运动委员会、临汾市基督教协会、临汾市道教协会。

(李艳洁)

国民经济和社会发展

【概述】 2016 年，临汾市生产总值 1205.2 亿元，比上年增长 3.4%。其中，第一产业增加值 96.0亿元，增长 3.9%，占生产总值的比重为 8.0%；第二产业增加值 561.1 亿元，增长 0.5%，占生产总值的比重为 46.5%；第三产业增加值 548.1 亿元，增长 6.6%，占生产总值的比重为 45.5%。第三产业中，房地产业增加值 59.亿元，增长8.5%；批发和零售业增加值 75.亿元，增长 1.%；交通运输、仓储和邮政业增加值 84.5 亿元，增长 2.8%。人均地区生产总值 27102 元。

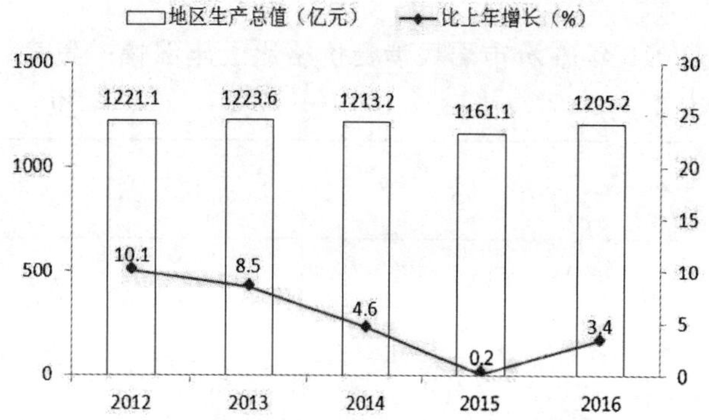

图 1 2012 年至 2016 年临汾市生产总值及其增长速度

2016 年，临汾市公共财政预算收入 86.0 亿元，下降 2.5%。税收收入 50.2 亿元，下降 3.8%。其中，国内增值税、营业税、企业所得税、个人所得税、资源税和城建税共计完成税收 38.1 亿元，下降 1.6%。公共财政预算支出 312.6 亿元，增长 8.9%。其中，城乡社区事务支出增长 49.1%，文化体育和传媒支出增长 35.7%，节能环保支出增长 24.9%，科学技术支出增长 23.3%，农林水事务支出增长 9.5%，社会保障就业支出增长 3.4%，医疗卫生支出增长 3.3%。

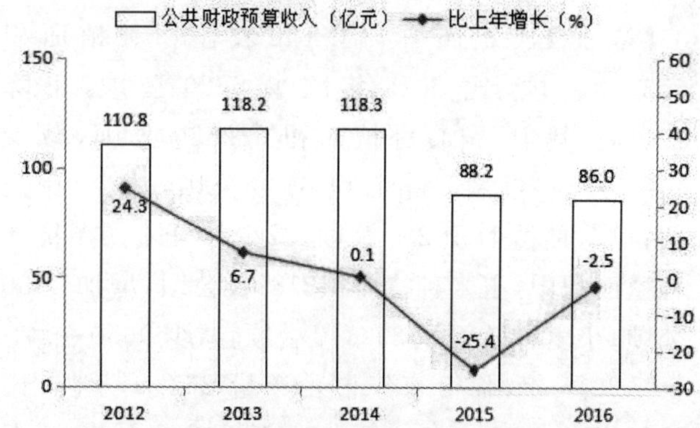

图 2 2012 年至 2016 年临汾市公共财政预算收入及增长速度

居民消费价格比 2015 年上涨 0.5%。其中，食品价格上涨 1.9%。工业生产者出厂价格下降 1.1%，其中，生产资料价格下降 1.2%，生活资料价格增长 5.7%。工业生产者购进价格增长2.0%。

2016年临汾市居民消费价格比上年涨幅一览表

表1　　单位:%

指　标	涨　幅
居民消费价格	0.5
食品烟酒	1.9
衣着	−0.11
居住	−0.1
生活用品及服务	0.8
交通和通信	−0.9
教育文化和娱乐	0.2
医疗保健	0.6
其他用品和服务	−1.2

2016年,临汾市城镇新增就业5.13万人,转移农村劳动力5.08万人,年末城镇登记失业率2.67%,控制在4.2%的目标范围之内。

【农业】　2016年,临汾市农作物种植面积553150公顷,比2015年减少6220公顷,下降1.1%。其中,粮食种植面积512530公顷,减少4490公顷;油料种植面积6480公顷,减少140公顷;棉花种植面积200公顷,减少60公顷。在粮食种植面积中,玉米种植面积258340公顷,增加4980公顷;小麦种植面积209840公顷,减少9650公顷。

2016年,临汾市年粮食产量267.9万吨,比2015年增产13.4%。其中,夏粮102.9万吨,减产4.0%;秋粮165.1万吨,增产28.0%。

2016年临汾市主要农林产品产量及其增长速度一览表

表2　　单位:吨、%

产品名称	产　量	比上年增长
粮　食	2679013	13.4
其中:玉　米	1550837	26.9
小　麦	1028510	−4.0
谷　子	35974	61.0
豆　类	20909	39.8
薯　类	33390	37.9
油　料	10818	16.5
棉　花	155	1.0
蔬　菜	1103940	−9.2
水　果	831693	6.9
其中:苹　果	658291	5.7
红　枣	35895	2.8
食用坚果	40632	14.7
其中:核　桃	40087	16.3

2016年,临汾市完成造林37410公顷。其中,经济林面积5840公顷。全年木材产量27611立方米,增长0.7%。

2016年,临汾市猪牛羊肉总产量11.7万吨,比2015年增长0.9%。其中,猪肉产量10.3万吨,增长0.8%;牛肉产量0.9万吨,下降9.7%;羊肉产量0.9万吨,增长10.0%。年末生猪存栏85.8万头,生猪出栏124.6万头。牛奶产量3.8万吨,下降2.2%。禽蛋产量12.5万吨,增长9.3%。水产品产量0.7万吨,基本持平略。

2016年末,临汾市农业机械总动力248.4万千瓦,增长3.5%。机械耕地面积368.91千公顷,比2015年下降2.8%,机械播种面积425760公顷,增长1.1%,机械收获面积349880公顷,增长3.0%。全市农机化经营总收入8.64亿元。

【工业和建筑业】 2016年末，临汾市规模以上工业企业355家。全年规模以上工业增加值同比下降0.4%。

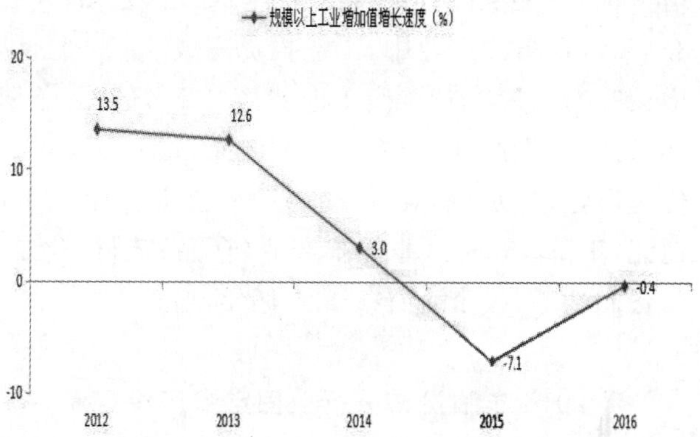

图3　2012至2016年临汾市规模以上工业增加值增长速度

2016年临汾市规模以上工业增加值增长速度一览表

表3　单位：%

指　标	比上年增长
规划以上工业	-0.4
其中：轻工业	21.5
重工业	-1.0
其中：国有及国有控投企业	-2.7
其中：集体企业	-24.9
股份制企业	2.1
外商及港澳地商投资企业	-11.9
其中：煤炭工业	-0.6
焦炭工业	7.3
电力工业	-23.9
冶金工业	-3.7
化学工业	0.8
建材工业	4.8
装备制造业	31.5
医药工业	-13.2

2016年，临汾市规模以上工业企业原煤产量5435.3万吨，下降7.2%；发电量195.0亿千瓦时，下降7.7%；焦炭产量1688.2万吨，下降3.8%；钢材产量1199.7万吨，下降4.9%。

2016年临汾市规模以上工业主要工业产品产量及增长速度一览表

表4

产品名称	单位	产量	比上年增长%
原煤	万吨	5435.34	-7.2
洗精煤	万吨	4374.89	6.2
发电量	亿千瓦时	195.04	-7.7
纱	吨	1526	15.2
软饮料	吨	14336	62.9
铁矿石原矿量	万吨	317.45	19.6
焦炭	万吨	1688.18	-3.8
1—4丁二醇	万吨	2.19	-65.4
硫酸(折100%)	万吨	12.17	-14.0
化肥(折纯)	万吨	9.29	-18.1
粗苯	万吨	17.70	-5.4
塑料制品	万吨	0.73	-22.4
水泥	万吨	281.69	13.5
生铁	万吨	946.94	-9.0
粗钢	万吨	931.86	-6.7
钢材	万吨	1199.74	-4.9
精炼铜	万吨	6.83	4.8

2016年，临汾市规模以上工业企业实现主营业务收入1244.48亿元，下降2.8%。其中，煤炭、焦炭、冶金和电力工业分别实现主营业务收入431.65亿元、216.03亿元、427.29亿元和45.31亿元，分别增长4.8%、9.6%、-6.8%和-20.3%；化学、建材、装备制造、医药和食品工业分别实现主营业务收入54.98亿元、8.99亿元、

32.93 亿元、5.24 亿元和 11.67 亿元，分别增长 —38.2%、3.8%、15.1%、1.6%和 6.8%。

2016 年，临汾市规模以上工业实现利税 52.59 亿元，增长 125.4%；实现利润—3.05 亿元，同比减亏 90.2%。

2016 年临汾市规模以上工业企业利润总额一览表

表 5　　单位：亿元

指　标	2016 年	2015 年
规模以上工业	—3.05	—31.90
其中：国有控股企业	—21.41	—23.82
其中：集体企业	0.61	0.94
股份制企业	—9.27	—40.95
外商及港澳台商投资企业	1.77	2.44

2016 年，临汾市建筑业实现增加值 74. 亿元，比 2015 年增长 5.%。具有建筑业资质等级的总承包和专业承包建筑业企业实现利润 2.17 亿元，增长 1.9%。

【固定资产投资】 2016 年，临汾市固定资产投资完成 1394.3 亿元，下降 0.5%。

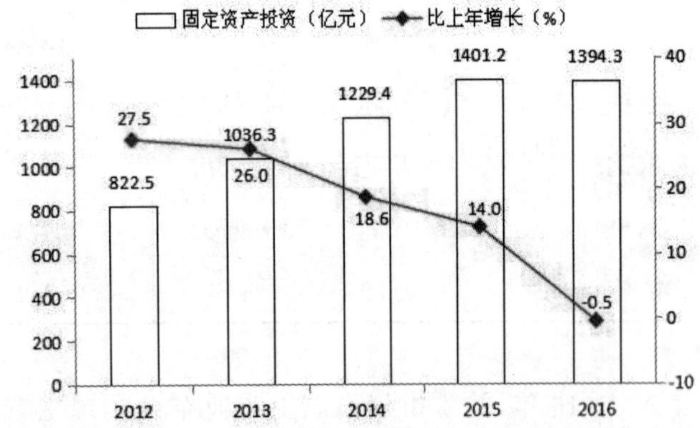

图 4　2012 年至 2016 年临汾市固定资产投资及其增长速度

2016 年，临汾市固定资产投资中，内资企业投资完成 1385.5 亿元，下降 0.4%；外商及港澳台商企业投资 8.4 亿元，增长 43.0%。

从三次产业看，第一产业投资完成 129.0 亿元，下降 22.6%；第二产业投资完成 502.4 亿元，增长 1.6%；第三产业投资完成 762.8 亿元，增长 3.1%。在第二产业中，工业投资完成 508.8 亿元，增长3.0%。其中，煤炭工业投资 49.4 亿元，下降 46.2%，非煤产业投资 453.4 亿元，增长 14.0%。传统产业（煤炭、焦炭、冶金、电力）投资合计 140.8 亿元，下降 15.6%，非传统产业（食品、建材、化工、装备制造等）投资合计 368.0 亿元，增长 12.4%。

2016 年临汾市分行业固定资产投资及其增长速度一览表

表 6　　单位：亿元、%

行　业	投资额	比上年增长
总　计	1394.3	—0.5
农林牧渔业	135.1	—22.1
采矿业	90.6	—30.4
制造业	320.7	19.2
电力、燃气及水的生产和供应业	97.5	2.7
建筑业	1.8	452.6
交通运输、仓储和邮政业	159.7	25.6
信息传输、计算机服务和软件业	11	—3.7
批发和零售业	41.2	6.4
住宿和餐饮业	10.6	—47.3
金融业	2.8	550.7
房地产业	192.2	—27.1
租凭和商务服务业	7.2	26.8
科学研究、技术服务和地质勘查业	12.6	47.9
水利、环境和公共设施管理业	211.9	13.1

2016 年，临汾市在建固定资产投资项目 3293 个。其中，亿元以上项目 180 个，计划总投资 1121.7 亿元，完成投资 268.4 亿元，占全市固定资产投资的比重为 19.3%。

2016 年，临汾市年房地产开发投资 97.5 亿元，下降 13.4%。其中，住宅投资 68.2 亿元，下降 18.4%；商业营业用房投资 19.1 亿元，增长12.7%。

2016年临汾市房地产开发和销售情况一览表

表7

指　标	单位	绝对数	比上年增长%
投资完成额	亿元	97.5	-13.4
其中:住宅	亿元	68.2	-18.4
房屋施工面积	万平方米	1169.9	9.8
其中:住宅	万平方米	824.7	8
房屋新开工面积	万平方米	256.6	-38
其中:住宅	万平方米	150.9	-48.1
房屋竣工面积	万平方米	158.6	1.7
其中:住宅	万平方米	113.3	18
商品房销售面积	万平方米	158.1	30.4
其中:住宅	万平方米	145.7	30.5

【资源能源】　2016年,临汾市一次能源生产折标准煤3882.46万吨,下降7.22%,二次能源生产折标准煤6825.89万吨,比2015年下降0.6%。

2016年,临汾市向省外运输煤炭735.61万吨,下降4.86%,外运煤炭占煤炭产量6.53%。

2016年,临汾市能源工业投资完成156.2亿元,下降21.0%。其中,煤炭工业投资49.43亿元,下降46.18%;电力工业投资62.98亿元,增长33.69%;焦化工业投资5.94亿元,增长33.2%。

2016年,临汾市全社会用电总量166.47亿千瓦时。其中,第一产业用电4.8亿千瓦时,占全部用电量2.88%;第二产业用电124.62亿千瓦时,占全部用电量74.87%,其中,工业用电122.95亿千瓦时;第三产业用电17.17亿千瓦时,占全部用电量10.31%;城乡居民用电19.88亿千瓦时,占全部用电量11.94%。

【国内贸易】　2016年,临汾市社会消费品零售总额609.4亿元,增长6.5%。按经营地统计,城镇消费品零售额485.51亿元,增长6.5%;乡村消费品零售额124.3亿元,增长6.8%。按消费形态统计,商品零售额560.7亿元,增长6.1%;餐饮收入额48.7亿元,增长12.0%。

2016年临汾市社会消费品零售总额及其增长速度一览表

表8　　单位:亿元、%

指　标	绝对数	比上年增长
社会消费品零售总额	609.4	6.5
分地域:城镇	485.1	6.5
其中:城区	264.1	7.5
乡村	124.3	6.8
分行业:批发业	82.4	10.7
零售业	477.8	5.4
住宿业	4.2	11.7
餐饮业	45.0	11.7

2016年临汾市限额以上批发零售业零售额及其增长速度一览表

表9　　单位:亿元、%

指　标	绝对数	比上年增长
汽车类	56.4	-6.0
石油及制品类	38.7	-10.4
建筑及装潢材料类	9.0	2.0
服装、鞋帽、针纺织品类	9.2	16.0
粮油、食品类	7.7	14.2
家用电器和音像器材类	6.5	-4.1
家具类	5.9	-2.4
中西药品类	5.3	4.1
书报杂志类	2.9	14.1
金银珠宝类	1.9	13.0
文化办公用品类	0.5	-32.1
化妆品类	9.6	11.3

【对外经济】　2016年,临汾市海关进出口总额

123956万元,下降33.11%。其中,进口额36509万元,下降55.60%;出口额87446万元,下降15.18%。

2016年临汾市海关进出口总额及其增长速度一览表

表10 单位:万元、%

指　标	绝对数	比上年增长
进出口总额	123956	－33.11
出口额:	87446	－15.18
其中:一般贸易	87300	－14.23
加工贸易	127	－25.79
其中:机电产品	67768	－15.98
高新技术产品	40389	－14.54
其中:国有企业	14700	－24.34
外商投资企业	24100	－7.32
进口额	36510	－55.60
其中:一般贸易	36000	－55.71
加工贸易	95	—
其中:机电产品	331	－72.16
高新技术产品	108	374.74
其中:国有企业	95	—
外商投资企业	24	－75.13

2016年,临汾市出口机电产品67768万元,下降15.98%;出口高新技术产品40389万元,下降14.54%。

2016年,临汾市进口铁矿砂78.9万吨,下降61.02%,进口金额28400万元,减少63.50%;进口机电产品331万元,下降72.16%。

2016年与临汾有贸易往来的主要国家和地区进出口情况一览表

表11 单位:万元、%

国家和地区	出口额	比上年增长	进口额	比上年增长
美　国	17481	－44.10	—	—
澳大利亚	206	－53.73	12645	－66.54
日　本	10464	－16.81	2193	29.93
意大利	10117	89	78	247.50
乌克兰	74	－64.82	9164	4.66
法　国	6680	12.13	282	139.29
巴　西	269	－35.65	6181	－65.41
韩　国	5912	22.25	28	－92.57

2016年,临汾市新设立外商直接投资企业4家;按全口径统计实际使用外商直接投资金额16616万美元,增长6%。2016年,临汾市对外经济合作新签合同额18112万美元。

【交通邮电】 2016年末,临汾市公路线路里程18540.6千米,其中高速公路518千米,比2015年末增长8.95%。

2016年末,临汾市民用汽车保有量51.2万辆(包括三轮汽车和低速货车0.6万辆),比2015年末增长9.7%。其中私人汽车46.8万辆,增长11.0%。2016年新注册汽车6.7万辆,增长6.8%。年末轿车保有量33.5万辆,比2015年末增长12.1%,其中私人轿车31.9万辆,增长13.3%。

2016年,临汾市完成邮电业务总量79.86亿元,增长60.1%。其中,邮政业务总量2.92亿元,增长15.8%;电信业务总量76.95亿元,增长62.5%。2016年末,临汾市固定电话20.8万部,减少13.2万部,下降38.9%;新增移动电话用户15.1万户,年末达到411.2万户,其中,3G、4G移动电话用户253.35万户。移动电话普及率92.5部/百人。全市宽带接入用户79.63万户,增长22.4%。

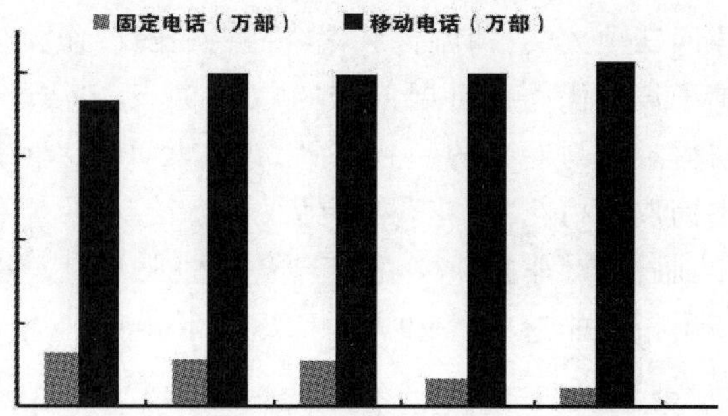

图 5　2012 年至 2016 年临汾市固定、移动电话用户数

2016 年，临汾市接待海外旅游者 3.8 万人次，接待国内旅游者 4024.09 万人次，分别增长5.67％和 26.70％；旅游外汇收入 1588.33 万美元，国内旅游收入 374.14 亿元，旅游总收入 375.00 亿元，分别增长 5.69％、27.25％和 27.14％。

【金融信贷】 2016 年末，临汾市金融机构本外币各项存款余额 2139.01 亿元，比年初增加172.56 亿元，比年初增长 8.78％。各项贷款余额 1184.16 亿元，比年初增加 104.85 亿元，增长9.71％。

2016 年年末临汾市金融机构本外币存贷款及其增长速度一览表

表 12　　　　　　　　　　　　　　　单位：亿元、％

指　标	年末数	比年初增长
各项存款余额	2139.0	8.78
其中：单位存款	630.9	6.38
储蓄存款	1424.5	7.27
各项贷款余额	1184.2	9.71
其中：短期贷款	550.4	2.13
中长期贷款	479.0	22.33
其中：个人消费性贷款(本外币)	130.3	24.18

图 6　2012 年至 2016 年临汾市城乡居民储蓄存款余额及其增长速度

2016 年末，临汾市农村合作金融机构（农村信用社、农村合作银行、农村商业银行）人民币贷款余额 555.82 亿元，比年初增加 7.08 亿元，增长 1.3％；人民币存款余额 881.53 亿元，比年初增加 40.3 亿元，增长 4.8％。

2016 年末，临汾市有上市公司 2 家。全市辖区证券市场各类证券成交额 1457.22 亿元，下降 23.8％。年末投资者资金账户开户数 22.73 万户，比 2015 年末增长 25.23％。

2016 年，临汾市保费收入 66.21 亿元，增长 19.82％。其中，寿险业务保费收入 50.97 亿元，增长 21.47％；健康险业务保费收入 6.68 亿元；意外险业务保费收入 0.99 亿元；财产险业务保费收入 15.24 亿元，增长 14.59％。全年支付各类赔款及给付 28.45 亿元，增长 21.01％。

【教育和科学技术】 2016 年末，临汾市有高等院校 5 所。农村幼儿园建设工作进展顺利，规划建筑面积 2.78 万平方米，24 所幼儿园建设完成，总投入资金 6031 万元。

2016 年临汾市各类教育发展情况

表 13　　　　单位：人

指　标	招生	在校生	毕业生
研究生	1152	3352	1047
普通高等教育	13029	44233	13297
中等职业教育	8794	25272	9264
普通高中	29150	91584	32770
初　中	45904	132071	48557
小　学	44875	272412	48231
特殊教育	80	490	50
学前教育	32873	100649	35601

2016 年，临汾市受理专利申请 1329 件，比 2015 年增长 10.29%。受理发明专利申请 627 件，比 2015 年增长 10%。

2016 年，临汾市监督抽查 12 大类产品和商品。全市有法定计量技术机构 17 个，全年完成强制检定计量器具 37141 台件。

2016 年，临汾市有气象台(站)17 个，开展 121 电话天气自动答询台(站)17 个。气象系统开展人工影响天气业务的单位 17 个，防雹、增雨受益覆盖面积 2 万平方公里。卫星云图接收站 17 个。

2016 年，临汾市有专业综合地震台站 1 个，市级地震台网中心 1 个，数字测震地震台网 1 个，数字测震子台 7 个。

【文化、卫生和体育】 2016 年末，临汾市有群众艺术馆 1 个，文化馆 17 个，博物馆 14 个，艺术表演团体 17 个。广播电视台 17 座。广播人口覆盖率 97.95%，电视人口覆盖率 99.2%。全市有公共图书馆 17 个，档案馆 25 个。13 个县级图书馆和 10 个文化馆达到国家三级标准以上。

2016 年，临汾市文化艺术创作硕果累累，创作编排《琵琶记》《土炕上的女人》《全家福》等剧目。7 件作品荣获全省第十七届“群星奖”；临汾民歌首次参加广西柳州三月三“鱼峰歌圩”全国山歌邀请赛，捧回三项大奖；蒲剧古装戏《洗雪铁丘坟》作为全国梆子声腔优秀剧目展演唯一一台 90 后主演的戏，获得观众与专家的一致好评；市艺校 10 岁学生周杰摘取小梅花“金花”奖，有大、小梅花 58 朵。2016 年，临汾市《非物质文化遗产名录图典》出版发行，新增市级非遗项目 69 项，市级项目 300 项，居全省领先。

2016 年末，临汾市有卫生机构(含诊所、村卫生室)4821 家，其中妇幼保健院(所、站)18 家。全市卫生机构有床位 1.98 万张，其中医院床位 1.51 万张，卫生院床位 3997 张。卫生技术人员 2.51 万人。全市 289.31 万农民参加合作医疗，参合率 98.47%。

在山西省第 15 届运动会 2016 年年度赛中，临汾市体育代表团获得金牌 27 枚、银牌 41 枚、铜牌 42 枚，总分 1200 分。全年审批国家二级裁判员 556 名，审批国家二级运动员 159 名。全年销售体育彩票 2.09 亿元。

【人口、人民生活和社会保障】 据 2016 年人口抽样调查，2016 年末，临汾市常住人口为 445.8 万人，比 2015 年末增加 2.24 万人。2016 年，临汾市出生人口 4.59 万人，人口出生率为 10.31‰；死亡人口 2.35 万人，死亡率为 5.28‰；自然增长率为 5.03‰。人口性别比为 105.18。

2016 年，临汾市居民人均可支配收入 17438 元，比 2015 年增长 6.7%；居民人均消费支出 10038 元，比 2015 年增长 11.0%。按常住地分，全年城镇常住居民人均可支配收入 27085 元，比 2015 年增长 6.2%；城镇居民人均消费支出 13388 元，增长 7.1%。全年农村常住居民人均可支配收入 10005 元，增长 6.7%；农村居民人均生活消费支出 7664 元，增长 15.7%。城镇占调查总户数 20%的低收入家庭人均可支配收入 12103 元，增长 7.1%；农村占人口 20%的低收入者收入 3460 元，增长 18.2%。居民家庭恩格尔系数(即居民家庭食品消费支出占家庭消费支出的比重)25.2%。其中，城镇为 23.72%，农村为 27.1%。

2016 年临汾市人口数及其构成

表 14　　　　单位：人、%

指　标	年末数	比重
全市常住人口	4458048	——
其中：城　镇	2230485	50.03
乡　村	2227563	49.97
其中：男　性	2285317	51.26
女　性	2172713	48.74

2016 年末，临汾市参加基本养老保险的人数为 252.11 万人，比 2015 年增加 3.39 万人；参加城乡居民社会养老保险参保人数为 194.46 万人，比 2015 年增加 1.63 万人；参加城镇基本医疗保险的人数为 105.19 万人，比 2015 年增加 0.33 万人；参加失业保险的人数为 34.66 万人，比 2015 年减少 0.25 万人；参加工伤保险的人数为 50.84 万人，比 2015 年增加 0.44 万人，其中农民工23.51万人；参加生育保险的人数为 39.75 万人，比 2015 年增加 0.12 万人。

2016 年，临汾市纳入城市最低生活保障的居民 5.23 万人，发放城市低保资金 23259.3 万元，比 2015 年减少 3086.3 万元；纳入农村最低生活保障的居民 8.53 万人，发放农村低保资金 23424.2 万元，比 2015 年减少 1001.5 万元。

2016 年末，临汾市各类收养性单位床位数 6018 张，收养人数 2423 人。城镇建立各种社区服务机构 381 个。全年销售社会福利彩票 4.25 亿元，直接接收社会捐赠款 101.5 万元。

2016 年末，临汾市区建成区新增绿化面积 63.3万平方米，绿化覆盖率达到 41.14%，人均公共绿地面积 12.68 平方米。全市建成区新增绿化面积 223.02 万平方米，绿化覆盖率达到 38.39%，人均公共绿地面积 10.52 平方米。人均道路面积 13.71 平方米。

【生态环境建设】 2016 年初，临汾市年耕地保有量 50.59 万公顷。2016 年末，临汾市 7 座中型水库蓄水总量 5878 万立方米。全市年平均降水量 397.5 毫米，比 2015 年增加 40.8 毫米。

2016 年末，临汾市森林面积 64.67 万公顷，森林覆盖率 31.9%；全市建成自然保护区 3 个，自然保护区面积 4.18 万公顷，占全市国土面积的2.1%。

2016 年，临汾市区空气质量好于二级以上天数 244 天，比 2015 年减少 22 天。化学需氧量 3.55%、氨氮 4.33%、二氧化硫 4.39%、氮氧化物 4.53%、烟粉尘 3.33%。地表水达到Ⅲ类水体的比例为 12.5%。地表水劣Ⅴ类水体比例为 50%，劣Ⅴ类水体的比例小于 62.5%。市区 PM2.5 浓度均值为 74 微克/立方米，比 2015 年上升25.4%。

2016 年末，临汾市城市污水处理率 90.0%，比 2015 年提高 3.5 个百分点；市区城市生活垃圾无害化处理率连续五年达到 100%；全市集中供热普及率 85.55%，比 2015 年提高 4.5 个百分点。

【安全生产】 2016 年，临汾市年森林火灾受害率控制在 0.4‰以内，达到国家和省要求的标准。林业有害生物成灾率 0.3‰，控制在省要求的 3.8‰以下。

2016 年，临汾市发生生产经营性安全事故 149 起，死亡 162 人。亿元 GDP 生产安全事故死亡率为 0.1345。煤矿百万吨死亡率 0.0326。

（李艳洁）

公报注释：

1.本公报部分数据为初步统计数据。

2.地区生产总值、各产业增加值绝对数按现价计算，增长速度按不变价格计算。

3.所有增长或下降速度均为同 2015 年相比较。

4.部分数据因四舍五入的原因，存在与分项合计不等的情况。

5.节能降耗指标单独发布。

6.2016 年海关进出口计量单位由美元变为人民币。

7.农业机械总动力”与“农机化经营总收入”指标统计口径调整，这两项指标增减情况与上年不可比。

机构设置和领导成员名单

中共临汾市委

书　记　罗清宇(2016年5月免)
　　　　岳普煜(2016年5月任)
副书记　岳普煜(2016年5月免)
　　　　刘予强(2016年5月任)
　　　　王文英(2016年9月免)
　　　　雷健坤(2016年7月任)
常　委　黄翠莲(2016年9月免)
　　　　赵建民(2016年9月免)
　　　　李东洪(2016年7月免)
　　　　乔建军(2016年9月免)
　　　　陈小洪(2016年9月免)
　　　　王振宇(2016年9月任)
　　　　王振富
　　　　李新春
　　　　赵志坚(2016年7月免)
　　　　张建平(2016年7月任)
　　　　张晓永(2016年7月任)
　　　　李朝旗(2016年9月任)
　　　　陈　纲(2016年9月任)
　　　　郭行杰(2016年9月任)

临汾市人大常委会

主　任　徐树荣(2016年10月免职并退休)
　　　　乔建军(2016年10月任)
副主任　柴高潮(2016年1月免职并退休)
　　　　王醒安(2016年10月免职并退休)
　　　　原学义(2016年10月免)
　　　　杨治平(2016年10月任)
　　　　王金珍
　　　　张庚博(2016年10月任)
　　　　任天顺(2016年10月任)
　　　　王国平(2016年10月任)
　　　　冯建宁(2016年10月任)
　　　　张学伟(2016年10月任)

临汾市人民政府

市　长　岳普煜(2016年5月免)
　　　　刘予强(2016年10月任)
副市长　赵建民(2016年10月免)
　　　　李东洪(2016年8月免)
　　　　陈忠辉
　　　　王振宇
　　　　杨治平(2016年3月免)
　　　　陈　纲(2016年3月任,2016年10月免)
　　　　马德荣(2016年10月任)
　　　　王　兵(2016年8月任)
　　　　闫建国(2016年10月任)
　　　　王延峰(2016年10月任)

政协临汾市委员会

主　席　乔成家(2016年10月免)
　　　　陈小洪(2016年10月任)
副主席　陈玉士(2016年1月免职并退休)
　　　　谢碧玲(2016年10月免)
　　　　杨安虎
　　　　杨益民
　　　　张成梁(2016年10月免)
　　　　杨忠华
　　　　刘小才(2016年10月任)
　　　　程明温(2016年10月任)
　　　　梁清燕(2016年10月任)

市纪律检查委员会(监察局)

刘予强　市委常委、纪委书记(2016年5月免)
张晓永　市委常委、纪委书记(2016年7月任)
郭亚奇　副书记、监察局局长(2016年9月免)
刘小才　常务副书记(2016年9月免)
樊奋强　常务副书记(2016年10月任)

任建英 副书记、监察局局长(2016年9月任)
成 功 副书记(2016年9月任)

临汾经济开发区

管委会主任 尚日红(2016年7月免)

侯马经济开发区

党工委书记 毛克明(2016年9月免)
管委会主任 李朝旗(2016年9月免)

市直机关机构设置和领导人员名单

市委办公厅
扈新起 秘书长、办公厅主任(2016年8月任职)
贾俊芳 副秘书长、办公厅副主任、正县级保密员(2016年5月免职退休)
朱耀洪 副秘书长(兼)(2016年8月免职)
王 军 副秘书长(兼)(2016年7月免职退休)
许景安 副秘书长(兼)(2016年8月免职退休)
杨保春 副秘书长、办公厅副主任、尧都区委副书记(挂)(2016年8月免职)
柳红兵 副秘书长(兼)(2016年8月免职)
韦 阳 副秘书长、办公厅副主任(兼)(2016年8月免职)
孙晓东 副秘书长、办公厅副主任(保留正县级非领导职务待遇)(2016年8月任职)
韩振钢 副秘书长、办公厅副主任
任志晨 机关党委书记(2016年6月任职)
李先锋 市委督查室主任(2016年12月免职)
卢建华 市委督查室主任(2016年12月任职)
赵 瑜 保密办主任(2016年6月任职)
魏贵荣 市委机要局(国家密码管理局)局长(2016年8月任职)
曹 阳 调研员
王晓华 调研员(2016年12月任职)
魏义娥(女) 调研员(2016年8月任职)
郭临林 副调研员
赵建平(女) 副调研员
乔国强 副调研员
田雄生 副调研员
黄临鸣 副调研员(2016年6月任职)
刘生明 副调研员(2016年6月任职)
樊俊鹏 副县级干部

市纪律检查委员会(监察局)
张晓永 纪委书记(2016年7月任职)
郭亚奇 副书记、监察局局长、市政府党组成员(2016年9月免职)
刘小才 常务副书记(2016年9月免职)
樊奋强 常务副书记(2016年10月任职)
任建英(女) 副书记、市监察局局长(2016年9月任监察局局长)
成 功 副书记(2016年9月任职)
杜斌生 常委
刘建勇 常委、监察局副局长
张亚勤 常委、监察局副局长(2016年8月免职)
陆建平 监察局副局长(2016年5月免职)
杨吉山 常委、第一纪检监察室主任(2016年9月任常委)
安海清 常委(2016年9月任职)
任晓东 常委、案件审理室(申诉复查室)主任(2016年9月任常委)
张朝阳 秘书长(2016年1月免职)
冀红喜 办公厅主任
刘俊贤 组织部部长(2016年7月免职)
张朝晖 宣传部部长(2016年9月任职)
尹明星 政策法规研究室主任(2016年7月免职)
葛耿恕 政策法规研究室主任(2016年9月任职)
赵向阳 党风政风监督室主任
段效毅(女) 信访室主任
程 军 第三纪检监察室主任(2016年7月免职)
王俊生 第五纪检监察室主任
王若农 第六纪检监察室主任(2016年8月免职)
晋红峰 第七纪检监察室主任(2016年7月免职)
高国荣 第八纪检监察室主任(2016年7月免职)
郭瑞强 纪检监察干部监督室主任

（正县级非领导职务待遇）

刘川民　正县级检查员(2016 年 2 月免职退休)

郭紫群　正县级检查员

武红文　正县级检查员(2016 年 7 月免职退休)

白岗峰　调研员(2016 年 8 月免职)

籍国民　正县级检查员(2016 年 5 月任现职，免第二纪检监察室主任)

史根源　正县级检查员(2016 年 5 月任现职，免第四纪检监察室主任)

段雨浪　正县级检查员(2016 年 5 月任现职，免案件监督管理室主任)

董桂絮(女)　副县级检查员

市委组织部

李新春　部长

武卫东　常务副部长(2016 年 9 月任职)

王晓春　副部长(正县级，2016 年 5 月免职退休)

张庚博　副部长、正县级组织员(2016 年 9 月免职)

贾二元　副部长、正县级组织员(2016 年 9 月免职)

张瑞萍(女)　副部长(兼，2016 年 8 月任副部长)

韦　阳　副部长(兼，2016 年 7 月任副部长)

李　竟　副部长、市非公经济组织和社会组织工委书记、正县级组织员(2016 年 12 月任职)

王林波　副部长(2016 年 7 月任职)

刘生明　部务委员、正县级组织员(2016 年 5 月任职)

张青山　部务委员(2016 年 7 月免职)

陈　捷　考核办主任(2016 年 1 月任职)

任丽岗　非公经济组织和社会组织工委专职副书记(2016 年 7 月任职)

张宁红　人才办主任(2016 年 7 月免职)

王　瑞(女)　人才办主任(2016 年 12 月任职)

市委宣传部

黄翠莲(女)　市委常委、宣传部长(2016 年 9 月免职)

李朝旗　市委常委、宣传部长(2016 年 9 月任职)

郭景旭　常务副部长(2016 年 1 月任职)

裴振龙　副部长(2016 年 5 月免职退休)

王全民　副部长(兼)

张红亮　文明办主任(副县级)(2016 年 5 月免职)副部长(2016 年 5 月任职)

陈海平　副部长(2016 年 8 月任职，2016 年 12 月 21 日起解除行政记过处分)

郭文杰　外宣办主任(副县级)(2016 年 8 月任职)

郭　亮　文明办主任(副县级)(2016 年 8 月任职)

闫　环(女)　副调研员(2016 年 3 月免职退休)

张志国　副调研员(2016 年 7 月免职退休)

市委统一战线工作部

乔建军　部长(2016 年 9 月免职)

张建平　部长(2016 年 7 月任职)

郭天龙　常务副部长(兼)

段安平　副部长(2016 年 8 月任职)

成洪亮　副部长

陈逢新　副部长

高洪元　调研员(2016 年 8 月任现职，免副部长)

田成文　调研员(2016 年 8 月任职)

市委政法委员会(市综治办)

陈小洪　书记(2016 年 9 月免职)

郭行杰　书记(2016 年 7 月任职)

张东红　常务副书记(2016 年 5 月任职)

曹洪安　副书记、市综治办主任(2016 年 3 月免职)

冯亚平　副书记(2016 年 5 月免职，2016 年 10 月退休)

王玉萍(女)　副书记

张宁红　副书记(2016 年 5 月任职)

段　彩　副书记、综治办主任(2016 年 5 月任职)

白向阳　政治部主任(2016 年 7 月任职)

武建亭　市综治办副主任

张志敏(女)　市综治办副主任

孙晋辉　调研员(2016 年 11 月任职)

李安林　副调研员(2016 年 9 月任职)

原普峰　副调研员(2016 年 5 月免职退休)

市委政策研究室

朱耀洪　主任(兼，2016 年 8 月免职)

张建山 主任(2016 年 8 月任职)
张喜星 副主任(正县级)
苏孟彦 副主任
张 冬 副主任(2016 年 11 月任职)
贾逸先 副调研员(2016 年 12 月任职)

市机构编制委员会办公室
苏新平 主任(兼,2016 年 8 月免职)
毛克明 主任(2016 年 9 月任职)
杨雪平 副主任
张银生 调研员
(2016 年 11 月任现职,免副主任)
闫建昌 副调研员
张晓轩 副调研员(2016 年 5 月任职)

市直属机关工作委员会
乔悟生 书记
王文生 副书记
李先锋 副书记(2016 年 12 月任职)
张三林 副书记
王满堂 纪工委书记

市委、市政府信访局
许景安 局长(兼,2016 年 8 月免职退休)
陈国元 局长(2016 年 8 月任职)
段安平 副局长(2016 年 8 月免职)
郑红东(女) 副局长
张兆祥 副局长
李晓斌 副局长(2016 年 8 月任职)
郝相云 副调研员

市委老干部局
张瑞萍(女) 局长(兼,2016 年 8 月任职)
刘月明 副局长
李保恩 副局长
郭临平 副局长(2016 年 12 月任职)
李志敏 正县级干部
石 猛 调研员
关建国 副调研员(2016 年 12 月任职)

杜明池 副调研员(2016 年 5 月免职退休)

市委防范和处理邪教问题领导小组办公室
卫 勇 主任(2016 年 8 月任职)
梁景超 副主任
邹栓柱 副主任
郭向东 正县级干部

市委台湾工作办公室
刘智勇 主任(2016 年 8 月免职)
赵新喜 主任(2016 年 12 月任职)
李明山 副主任

市政府办公厅
扈新起 市政府党组成员、秘书长,办公厅党组书记、主任(2016 年 8 月免职)
李建国 市政府党组成员、秘书长,办公厅党组书记、主任(2016 年 8 月任职)
宿青平 市政府党组成员、市长助理
苏新平 副秘书长、办公厅党组成员、常务副主任(兼,2016年8月免职,2016年11月退休)
史康华 副秘书长、办公厅党组成员、副主任(正县)
尉 俊 副秘书长、办公厅党组成员、副主任(2016 年 8 月免职)
吴茂林 副秘书长、办公厅党组成员、副主任(兼)
范春雷 党组成员、副主任(2016 年 5 月免职)
段 彩 党组成员、副主任(2016 年 5 月免职)
白岗峰 副秘书长,办公厅党组成员、副主任(保留正县级非领导职务待遇,2016 年 8 月任职)
郭志宏 副秘书长,办公厅党组成员、副主任(2016 年 6 月任职)
赵 华 副秘书长,办公厅党组成员、副主任(2016 年 8 月任职)
刘玉平 党组成员、副主任(2016 年 6 月任现职、免机关党委书记)
张林海 党组成员、副主任(2016 年 6 月任职)

刘继东　机关党委书记(2016 年 6 月任职)
王黎鹏　调研员
杨晓敏　原法制办主任
李忠民　副调研员
刘　琳(女)　副县级保密员
陈亚平　副调研员
杨　青(女)　副调研员
刘临湘(女)　副调研员
贾介明(女)　副调研员(2016 年 12 月免职退休)

市发展和改革委员会(转型综改办)
师学瑾　党组书记、主任(2016 年 8 月免)
吉守斌　党组书记、主任(2016 年 8 月任)
李建华　党组副书记、副主任(正县级)
(2016 年 8 月免)
辛旭升　党组成员、纪检组长
王青丽　党组成员、副主任
薛新宏　党组成员、副主任(2016 年 8 月免)
常立智　党组成员、副主任(2016 年 8 月免)
李俊平(女)　党组成员、副主任(2016 年 8 月免)
任贵平　党组成员、副主任(2016 年 8 月任)
畅红娟(女)　副主任(2016 年 8 月任)
李　亮　党组成员、副主任(2016 年 8 月任)
李万成　党组成员、副主任(2016 年 9 月任)
尉晋宏　总工程师(2016 年 6 月任)
邢志伟　总经济师(2016 年 8 月任)
陈云波　重大项目稽察特派员办公室主任
贺广愈(女)　副县级稽察特派员(2016 年 6 月任)
王福海　调研员
马爱民　调研员(2016 年 7 月免职并退休)
吕延如　副调研员
韩金虎　副调研员
张晋生　副调研员(2016 年 5 月免)
王　河　副调研员(2016 年 8 月任)

市经济和信息化委员会(国资委)
杨治平　党委书记(兼)(2016 年 8 月免)
朱耀洪　党委书记(2016 年 8 月任)
郃惠俊　党委副书记、主任(2016 年 1 月任)
杨宏俊　党委副书记
孙延林　党委委员、副主任(正县级)
秦国敏　党委委员(兼)(2016 年 12 月免)
余瑞金　党委委员、副主任
高向阳　党委委员、副主任
李国庆　党委委员、副主任
(2016 年 7 月免职并退休)
赵福山　党委委员、纪委书记
杜志学(女)　总会计师
谢武生　调研员(2016 年 2 月任,免副调研员,2016 年 9 月免职并退休)
尚　军　副调研员
辛北生　副调研员(2016 年 2 月任,2016 年 12 月免职并退休)
张正业　副调研员(2016 年 11 月任)

市教育局
傅遵师　党组书记、局长
张志感　党组成员、副局长、正县级督学
陈耀文　党组成员、副局长、正县级督学
李晋平　党组成员、副局长(正县级)
王小彦　党组成员、纪检组长
管功克　党组成员、调研员
亢创基　党组成员(兼)
刘占科　教育督导室主任(2016 年 9 月免职)
副调研员(2016 年 9 月任职)
张锁定　副县级督学
王　林　副县级督学
杨志刚　副调研员(2016 年 2 月任职,2016 年 11 月免职退休)

市科学技术局
梁清燕(女)　局长、九三学社临汾市委主委
(2016 年 9 月免去局长职务)
张亚勤　党组书记、局长(2016 年 9 月任职)
解晓林　党组成员、副局长
邱中柱　党组成员、副局长
刘　斌　副局长
李沃生　党组成员、副局长

邓云峰　党组成员、纪检组长
张春生　总工程师

市公安局

马德荣　市政府党组成员
党委书记、局长、督察长
张明星　党委副书记、常务副局长
（2016年6月任职）
卢鹏翔　党委委员、副局长、正县级侦查员
（2016年5月免政治部主任、2016年6月任副局长）
赵红海　党委委员、副局长（兼，2016年6月任职）
周文伟　党委委员、副局长（2016年6月任职）
杨根记　党委委员、纪委书记、第一副督察长
高　岭　党委委员（兼）
吉绍文　党委委员、副局长（2016年6月任职）
郭春平　党委委员、政治部主任
（2016年5月任职）
崔仲亮　党委委员、直属分局党委书记、局长
（2016年5月任职）
史　军　正县级侦查员
（2016年5月免党委副书记）
师安平　督察长（2016年7月免职）
孙铁虎　调研员（2016年6月任职）
石　有　调研员（2016年6月任职）
武阳明　副县级侦查员
王亚香（女）　国内安全保卫支队支队长
刘继明　治安管理支队支队长
杨　勇　刑侦支队长（2016年7月任职）
师　珂　涉矿犯罪侦察支队支队长
薛　强　涉矿犯罪侦察支队政委
（2016年6月任职）
贺　宁　看守所所长（2016年7月任职）
杨淑平（女）　看守所政委（2016年6月任职）
张春生　特警支队长（2016年7月任职）
陆世民　特警支队政委（2016年6月任职）
张鹏起　东城分局局长（2016年6月任现职、免霍东分局局长）
葛晋洁　霍东分局局长（2016年6月任职）
王文艺　临汾开发区公安分局党委书记、局长
（兼，2016年6月任职）
闫志伟　临汾开发区公安分局党委副书记、政委
（2016年6月任职）
刘　阳　侯马开发区公安分局党委书记、局长
（兼，2016年6月任职）
段　波　侯马开发区公安分局党委副书记、政委
（2016年6月任职）
张安旭　直属分局政委（2016年6月任职）
许虎娃　副调研员（2016年7月任职）
郭　毅　副调研员（2016年7月任职）
肖　博　副调研员（2016年7月任职）
王福勇　副调研员（2016年8月任职）
李俊有　副调研员（2016年9月任职）
秦晋临　副调研员（2016年9月任职）
王自文　副调研员（2016年9月任职）
陈运乐　副调研员（2016年9月任职）
张常茂　副调研员（2016年9月任职）

市公安局交通警察支队

高　岭　党委书记、支队长（正县级，兼）
白　波　党委副书记、政委（2016年6月免职）
申明记　党委副书记、政委（2016年6月任职）
闫　戈　党委委员、副县级侦查员
（2016年5月免职）

市民政局

廉　鹏　党组书记、局长
朱三六　党组成员、副局长
田荣善　党组成员、副局长（2016年9月免职）
调研员（2016年9月任职）
梁　明　党组成员、副局长（2016年2月免职）
调研员（2016年2月任职，2016年8月免职退休）
闫济忠　党组成员、副局长
亢玉兰（女）　党组成员、纪检组长
李晓燕（女）　党组成员（兼，2016年9月任职）
院一楠（女）　党组成员、副局长
（2016年9月任职）

市司法局

周　波　党组书记、局长(2016年8月免职)

秦希强　党组书记、局长(2016年9月任职)

王继平　党组成员、副局长

刘　竞(女)　党组成员、副局长

赵仁杰　党组成员、副局长(2016年2月任职)

盖建忠　调研员(2016年9月免职)

谢雍禧　副调研员

高亮明　副调研员(2016年8月任职)

市财政局

程明温　党组书记、局长(2016年9月免)

牛少白　党组书记、局长(2016年9月任,免党组副书记、副局长)

陈文章　党组副书记、副局长

姜永新　党组成员、副局长

张全林　党组成员、副局长

仇跃俊(女)　党组成员、副局长

杜长勃　党组成员、纪检组长

李银平(女)　总会计师(2016年10月免职并退休)

毛伶秀　副调研员(2016年8月任)

吉鸿斌　副调研员(2016年6月任)

靳光辉　副调研员(2016年6月任)

市人力资源和社会保障局

卢洪顺　党组书记、局长
(2016年8月免职,2016年11退休)

韦　阳　党组书记、局长(兼,2016年8月任职)

朱丽明　党组成员、副局长
(2016年10月免职退休)

郝永昌　党组成员、纪检组长

崔鹏飞　副局长

崔　力　党组成员、副局长

师廷进　党组成员、副局长(兼,2016年2月任职)

樊海军　党组成员、调研员

曹玉印　调研员(2016年11月任现职,免党组成员、副局长)

李晓莉(女)　副调研员(2016年6月免职退休)

市环境保护局

武卫东　党组书记、局长(2016年9月免职)

郭　波　党组书记、局长(2016年9月任职)

姚　祥　党组成员、纪检组长

任贵平　党组成员、副局长(2016年9月免职)

张文清　党组成员、副局长

邓明生　党组成员、副局长

贾长宏　总工程师

赵素丽(女)　副调研员

侯庆林　副调研员(2016年6月任职)

市住房保障和城乡建设管理局

杜　敏　党组书记、局长(2016年4月任,免党组副书记、副局长)

刘恩和　党组成员、纪检组长

孙如意　党组成员、副局长

李玉升　党组成员、副局长
(2016年2月任,免总工程师)

宋建伟　党组成员、副局长(2016年2月任)

赵才顺　党组成员、总工程师(2016年2月任)

温学良　调研员(2016年2月任)

刘官虎　副调研员(2016年2月任)

黄玉林　副调研员(2016年2月任)

市交通运输局

张学伟　党组书记、局长(2016年9月免)

白建成　党组书记、局长(2016年9月任,免党组副书记、副局长)

孙铁中　党组成员、副局长

许学民　党组成员、副局长(2016年2月任,免党组成员、纪检组长)

令狐文选　党组成员、副局长

董向阳　党组成员、副局长(兼)

景俊青　党组成员、调研员

贺文喜　总工程师

冯建荣　总会计师

市水利局

任耀文　党组书记、局长

郭亚臻　党组成员、纪检组长
张吉星　党组成员、副局长
曹明兰　党组成员、副局长
晋洪爱(女)　副局长
杨杜学　总工程师

市农业委员会(市委农村工作领导组办公室)

杨志威　党组书记、主任(市委农工办主任)(2016年9月免职,2016年10退休)
王晓民　党组书记、主任(市委农工办主任)(2016年9月任)
晋　宏　党组成员、副主任(市委农工办副主任)(2016年4月免职并退休)
马学平　党组成员、副主任(市委农工办副主任)
窦　凯　党组成员、副主任(市委农工办副主任)
吴江平　副主任
张运宏　党组成员、副主任(市委农工办副主任)(2016年2月任,免总农经师)
李王卫　党组成员、副主任(市委农工办副主任)(2016年2月任)
周晓东　副主任(2016年8月任)
付学敏　总农艺师
王　红(女)　总农经师(2016年2月任)
郭卓祥　调研员
李建民　调研员(2016年2月任,2016年9月免职并退休)
张露英(女)　调研员(2016年6月任,免党组成员、纪检组长,2016年10月免职并退休)
申马锁　副调研员(2016年5月免职并退休)
傅文明　副调研员(2016年6月任,2016年11月免职并退休)

市林业局

丁向阳　党组书记、局长
张全国　党组成员、副局长
田　云(女)　副局长(2016年8月任)
王　涛　党组成员、纪检组长
刘国平　党组成员、调研员
陈振虎　党组成员、副局长(2016年2月任,免总工程师)
杨宝灵　党组成员、总工程师(2016年2月任,免市公安局森林公安分局政委)
孔令光　党组成员、调研员(2016年12月任)
任尚德　森林公安分局局长
刘家森　森林公安分局政委(2016年5月任)
张吉昌　调研员(2016年9月任,免党组成员、副局长)
李峰义　副调研员(2016年9月任)

市商务局

张　剑　党组书记、局长
王志瑛(女)　党组成员、副局长
贾凤山　党组成员、副局长
高建军　党组成员、副局长
刘水东　党组成员、纪检组长
周　廉　党组成员(兼)
郑书杰　调研员(2016年2月任,2016年10月免职并退休)
高建民　副调研员(2016年4月免职并退休)

市文化局(市版权局)

董凤妮(女)　党组书记、局长
陈维明　党组成员、副局长(2016年9月免职)
秦英俊　党组成员、副局长
卫康忠　党组成员、副局长
李孔森　党组成员、纪检组长
张龙梅(女)　党组成员、副局长(2016年8月任职)
席铁军　副调研员(2016年6月免职)
　　党组成员(兼)(2016年6月任职)
闫瑞丽(女)　副调研员(2016年6月免职)
　　总工程师(2016年6月任职)
王　军　调研员
曹银民　调研员
李俊勇　副调研员
李　淮　副调研员(2016年2月任职,2016年10月免职退休)
李春富　副调研员(2016年10月任职)

市卫生和计划生育委员会

王　山　党组书记、主任

苏建生　党组成员、副主任

王好收　党组成员、副主任

张　伟　党组成员、副主任

张发宁　党组成员、纪检组长(2016年7月免职)

吴国平　党组成员、副主任(2016年6月任职)

邢坚强　市爱卫会专职副主任(2016年8月任职)

翟少华　市计划生育协会专职副会长(2016年6月任职)

倪富强　调研员(2016年10月免职退休)

陈鹏飞　副调研员(2016年9月任职)

辛玉龙　副调研员

刘甫宪　副调研员

杨春明　副调研员(2016年4月免职退休)

市审计局

陈焕成　党组书记、局长

周宁康　党组成员、纪检组长

毛志中　党组成员、副局长

焦宗宁　党组成员、副局长(2016年2月任)

张临萍(女)　党组成员、副局长(2016年2月任)

孙成选　党组成员、总审计师(2016年2月任)

祁全保　调研员(2016年2月任,免党组成员、副局长)

张百管　调研员(2016年2月任,免总审计师,2016年8月免职并退休)

郭安平　副县级干部

鲁双成　副调研员(2016年5月免)

市煤炭工业局

王延峰　党组书记、局长(兼)(2016年9月免)

郝德彪　党组书记、局长(2016年9月任)

郑　锋　党组成员、副局长

杜旭生　党组成员、纪检组长

王海青　党组成员、副局长(2016年8月任,免总工程师)

刘　鹏　党组成员、总工程师(2016年8月任)

郝鹏举　调研员(2016年8月任,免党组成员、副局长)

王常兴　副调研员(2016年8月任,免党组成员、副局长)

郭海涛　副调研员

王贵民　副调研员(2016年11月任)

柴红星　副调研员(2016年11月任)

段振德　副调研员(2016年2月免职并退休)

市工商行政管理局

曹洪安　党组书记、局长(2016年4月任)

祁战斗　调研员(2016年9月免职并退休)

王晓清(女)　党组成员(兼)

魏建华　党组成员、副局长

李俊峰　党组成员、副局长

杨晓红　党组成员、副局长

吴小冬　党组成员、纪检组长

姚永强　党组成员

宋平镭　党组成员、中共临汾市非公经济组织工作委员会副书记(2016年3月任)

市质量技术监督局

王晓华　党组书记、局长(2016年9月免)

徐新荣　党组书记、局长(2016年9月任)

李同军　党组成员、副局长

丁　旭　党组成员、总工程师(2016年6月任)

樊银喜　党组成员、副局长

杨晓华　党组成员、副局长

文彦如　党组成员、纪检组长

张韶华　党组成员(兼)(2016年6月任)

宋　波　调研员(2016年6月任,免党组成员、总工程师)

贾学义　副调研员

张云龙　副调研员(2016年6月任)

杜海燕　副调研员(2016年7月免职并退休)

市食品药品监督管理局

刘　锋　党组书记、局长(2016年9月免)

孙晓东　党组副书记(正县级非领导职务待遇)(2016年8月免)

柳红兵　党组书记、局长(2016 年 9 月任)
李三胜　党组成员、副局长
卫浩静　党组成员、副局长
陈贵林　党组成员、纪检组长
陈　锐　党组成员(兼)(2016 年 5 月任)
王　红(女)　药品总检验师(2016 年 6 月任)
舒　婷(女)　食品总检验师(2016 年 6 月任)
梁福旺　调研员
汤　明　调研员(2016 年 12 月任)

市统计局
徐新荣　党组书记、局长(2016 年 9 月免)
李俊平(女)　党组书记、局长(2016 年 9 月任)
蔡黎宁　党组成员、副局长
李克强　党组成员、副局长
樊晋阳　总统计师
郑洪泉　副调研员(2016 年 2 月任)

市安全生产监督管理局
史全喜　党组书记、局长(2016 年 4 月免)
范春雷　党组书记、局长(2016 年 9 月任)
马玉顺　党组成员、副局长
张晋乡(女)　党组成员、副局长
王卫成　党组成员、纪检组长(2016 年 7 月免)
黄在新　党组成员、调研员
郇宝国　党组成员、副局长(2016 年 2 月任)
薛　江　党组成员、总工程师(2016 年 2 月任)
黄惠勇　副调研员
周武俊　副调研员(2016 年 11 月任)
秦官堂　副调研员(2016 年 11 月任)

市文物旅游局(市外事侨务办公室)
李艾珍(女)　党组书记、局长
郭志宏　党组成员、副局长(2016 年 6 月免职)
牟广洲　党组成员、副局长
孙奋增　党组成员、副局长
杨文革　党组成员、副局长
李晓龙　党组成员、纪检组长(2016 年 7 月免职)
乔建仲　调研员

狄跟飞　副调研员(2016 年 6 月免职)
郭雅丽(女)　副调研员
薛明亮　副调研员(2016 年 6 月任职)

市民族宗教事务局
杨　兵　党组书记、局长
李　刚　党组成员、副局长
丁　逸(女)　党组成员、副局长(2016 年 3 去世)

市粮食局
秦希强　党组书记、局长(2016 年 9 月免)
程世杰　党组书记、局长(2016 年 9 月任)
王俊峰　党组成员、副局长
文锁民　党组成员、副局长
陈　盛　党组成员、副局长
宋国清　党组成员、纪检组长
亢临平　总经济师(2016 年 9 因病去世)

市人民防空办公室
段维让　党组副书记、调研员(2016 年 8 月任现职,免党组书记、主任)
李建华　党组书记、主任(2016 年 8 月任职)
张洋海　党组成员、副主任
王　蓬　党组成员、副主任
王会杰　党组成员、副主任
侯黎阳　党组成员、纪检组长

市规划局
胡一锋　党组书记、局长
李晓洪　党组成员、纪检组长
乔卫东　党组成员、副局长
梁国刚　党组成员、副局长
李万成　党组成员、总规划师(2016 年 9 月免)

市人大常委会办公厅
冯建宁　秘书长、办公厅主任(2016 年 8 月免职)
苏文龙　秘书长、办公厅主任(2016 年 9 月任职)
李青雁(女)　副秘书长(兼,2016 年 7 月免职)
仝天峰　副秘书长、办公厅副主任

(兼,2016 年 9 月任职)
张春荣　副秘书长、办公厅副主任
(2016 年 9 月任职)
曹　樯　副秘书长、办公厅副主任
(2016 年 3 月任职)
丁学明　调研员(2016 年 9 月免职)
亢　军　调研员(2016 年 11 月任职)
郭春爱(女)　调研员

市人大常委会研究室
李青雁(女)　主任(兼,2016 年 7 月免职)
仝天峰　主任(兼,2016 年 9 月任职)
贾卫民　副主任(2016 年 3 月任职)

市人大常委会信访处
董跃明　处长(2016 年 9 月任职)
樊建堂　副处长(2016 年 3 月任职)
吕超英　正县级干部

市人大常委会法制工作委员会
张应钦　主任
杜志祥　副主任(2016 年 3 月任职)
符庆辉　副主任(2016 年 9 月任职)

市人大常委会财经工作委员会
武兰萍(女)　主任(2016 年 9 月任职)
杨爱俊　副主任(2016 年 3 月任职)

市人大常委会教科文卫工作委员会
郭　刚　主任
孙　岩(女)　副主任(2016 年 3 月任职)

市人大常委会农村工作委员会
贾自胜　主任(2016 年 5 月免职退休)
孙智英(女)　主任(2016 年 9 月任职)
乔卫民　副主任(2016 年 3 月任职)

市人大常委会城建环保工作委员会
李安民　主任(2016 年 8 月免职,2016 年 10 退休)
田卫东　主任　(2016 年 9 月任职)
吴周荣　副主任(2016 年 3 月任职)

市人大常委会人事代表工作委员会
权建军　主任
郭黎明　副主任(2016 年 3 月任职)

市人大常委会民族宗教侨务外事工作委员会
刘智勇　主任(2016 年 9 月任职)
王艳玲(女)　副主任
刘永科　正县级干部

市政协办公厅
郭　波　秘书长、办公厅主任(2016 年 8 月免职)
陈振华　秘书长、办公厅主任(2016 年 9 月任职)
解建国　副秘书长、办公厅副主任
(2016 年 9 月任职)
李江泽　副秘书长、办公厅副主任
(2016 年 3 月任职)
解　涌　副秘书长、办公厅副主任
(2016 年 7 月免职)
王吉荣　调研员(2016 年 11 月任职)
郑维宏(女)　调研员(2016 年 1 月免职退休)

市政协调研室
屈　波　主任(2016 年 8 月免职)
冯卫民　副主任(2016 年 3 月任职)

市政协提案委员会
郭有兴　主任(2016 年 8 月免职退休)
姚焕章　主任(2016 年 9 月任职)
张红伟　副主任

市政协经济科技委员会
张庆魁　主任
辛慧芳(女)　副主任(2016 年 9 月任职)

市政协农村委员会
白占奎　主任(2016 年 9 月任职)

王　彬(女)　副主任(2016年3月任职)

市政协教文卫体委员会

徐慧琴(女)　主任

李　欣(女)　副主任(2016年9月任职)

市政协社会法制委员会

周　波　主任(2016年9月任职)

薛庆氢(女)　副主任(2016年3月任职)

市政协民族宗教和港澳台侨联络委员会

李云岗　主任(2016年9月任职)

孙忠平　副主任

市政协学宣文史委员会

陈维明　主任(2016年9月任职)

李宝平　副主任(2016年3月任职)

山西省临汾市中级人民法院

关中翔　党组书记、院长(2016年1月免职)

翟瑞卿　党组书记、院长(2016年3月任职)

邵有田　党组成员、副院长、正县级审判员

李　曦　党组成员、副院长、正县级审判员

陈　伟　党组成员、副院长、正县级审判员

霍向阳　党组成员、副院长(2016年1月任职)

张五全　党组成员、副院长(2016年1月任职)

王重阳　党组成员、政治部主任

冯全生　党组成员、纪检组长

郑艳燕(女)　执行局局长

郭永顺　执行局政委

朱亚慧(女)　审判委员会专职委员

白小保　调研员(2016年12月任现职,免审判委员会专职委员)

武国界　正县级干部

杨建民　副县级审判员(2016年1月任职)

贾秀云(女)　副县级审判员

王向红　副县级审判员

巨志红(女)　副县级审判员

米新雁(女)　副县级审判员

李记芳(女)　副县级审判员

刘爱萍(女)　副县级审判员

王维民　副县级审判员(2016年7月免职退休)

毕速成　副调研员(2016年2月免职退休)

王红云　副调研员(2016年6月任职)

贺宏生　副调研员(2016年6月任职)

权补林　副调研员(2016年6月任职)

山西省临汾市人民检察院

苑　涛　党组书记、检察长

李国希　党组副书记、副检察长、正县级检察员

刘跃文　党组副书记、副检察长、正县级检察员

王玉辉　党组成员、副检察长、正县级检察员

郭永利　党组成员、纪检组长

刘俊明　党组成员、副检察长(2016年1月任职)

李　明　党组成员、副检察长(2016年1月任职)

周少军　党组成员、政治部主任

宁引才　党组成员、反贪局局长、正县级检察员

许月平　反贪局政委

李　力　党组成员、反渎职侵权局局长

刘淑红(女)　检察委员会专职委员

王　华　检察委员会专职委员(2016年6月任职)

刘俊茂　检察委员会专职委员(2016年6月任职)

张　俊　副调研员

贾凤岐　副调研员

张旭生　副调研员(2016年6月任职)

董新平　副县级检察员(2016年8月任职)

于安宁　副县级检察员

李全喜　副县级检察员

付玉奇　副县级检察员

王保民　副县级检察员

吉彩菊(女)　副县级检察员

市总工会

杨治平　主席(兼,2016年9月任职)

冯　珍(女)　党组书记、常务副主席(2016年9月任职)

张宏杰　党组成员、副主席

张明玉(女)　党组成员、副主席

师红阳　党组成员、副主席
梁崇太　副厅级干部
毛志鹏　副调研员
李　弘　副调研员(2016年9月任职)

共青团临汾市委
王　润　党组书记、书记(2016年7月免职)
王　栋　党组书记、书记(2016年8月任职)
王小华　党组成员、副书记(2016年7月免职)
武艳娟　党组成员、副书记(2016年7月免职)
郑　磊　党组成员、市少工委主任
(2016年7月免职)

市妇女联合会
张瑞萍(女)　党组书记、主席(2016年8月免职)
杨玉果(女)　党组书记、主席(2016年8月任职)
梁秋菊(女)　党组成员、副主席
(2016年7月免职)
院一楠(女)　党组成员、副主席
(2016年8月免职)
董彩霞(女)　妇女儿童工作委员会办公室主任
(2016年2月免职)
于引娣(女)　调研员(2016年5月免职)
杨清凤(女)　党组成员、副主席
刘建瑞(女)　党组成员、副主席
(2016年7月任职)

市文学艺术界联合会
王富山　党组书记、主席
(2016年8月免职,2016年11退休)
李青萍(女)　党组书记、主席(2016年8月任职)
许爱英(女)　党组成员、副主席
杨红旭　党组成员、副主席
张奎慧　党组成员、副主席(2016年8月任职)

市科学技术协会
蔡志强　主席(2016年8月任职)
卫永泽　党组成员、副主席
曹寒冰　党组成员、副主席
杨全锁　正县级干部
薛保刚　副调研员

事业单位机构设置和领导人员名单

山西师范大学临汾学院
梁崇太　党委书记(兼,2016年7月免职)
张支平　党委书记(2016年7月任职)
孔康民　院长(2016年8月免职)
张三森　党委副书记(2016年10月免职退休)
余作明　党委副书记(2016年8月任职)
刘　坚　党委委员、副院长
高　涨　党委委员、纪委书记

临汾职业技术学院
秦国杰　党委书记、副院长
王　超　院长
马希贤　党委副书记
梁吉平　副院长
梁培福　副院长
王兰俊　党委委员、纪委书记
高运昌　党委委员、组织人事处处长
(2016年3月免职退休)

市委党校(临汾行政学院)
王文英　校长(兼,2016年11月免职)
雷健坤(女)　校长(兼,2016年11月任职)
王振宇　临汾行政学院院长(2016年9月任职)
王天郎　常务副校长、临汾行政学院常务副院长
(2016年11月任职)
刘树芳　党委委员、副校长
(2016年6月免职退休)
吕夺俊　党委委员、副校长、临汾行政学院副院长
(2016年11月任职)
郑巨东　党委委员、副校长、临汾行政学院副院长
(2016年11月任职)
秦希亮　党委委员、副校长、临汾行政学院副院长
(2016年11月任职)
沈新力　党委委员、副校长(2016年9月任职)

市委机关事务管理局

郭建军　局长(2016年6月任职)

刘凤鸣　副局长

陕磊平　副局长

赖兴国　纪检组长(2016年7月免职)

李　剑　副调研员(2016年12月任职)

市委、市政府接待处

柳红兵　处长(2016年8月免职)

王晓强　处长(2016年8月任职)

刘　锋　副处长(2016年8月任职)

郭建军　副处长(兼,2016年6月免职)

刘进才　正县级干部

市委党史研究室

赵靖平　主任(2016年8月免职)

屈　波(女)　主任(2016年8月任职)

刘鹏举　副主任

李　慧(女)　副主任(2016年1月任职)

王益民　副调研员

市委信息化中心

韦　阳　主任(兼,2016年8月免职)

刘挺峰　副主任(2016年6月任职)

市委讲师团

崔巨岩　团长

辛卫青　副团长(2016年8月免职)

　　　　副调研员(2016年8月任职)

常凤鸣(女)　副团长

市新闻中心

王全民　主任(兼)(2016年1月任职)

李晓红(女)　副主任

临汾日报社

樊清平　社长(2016年8月免职退休)

薛鹏寿　社长(2016年8月任职)

王庚星　总编辑(2016年8月免职)

　　　　正县级干部(2016年8月)

孙言兵　常务副总编

席文明　副社长

郑俊哲　纪检组长

高红生　副总编

市广播电视台

董　杰　台长、党组书记

韩宏平　总编辑、党组副书记

宁良杰　副台长、党组成员

汪馨野　纪检组长、党组成员

张明锁　副台长、党组成员

卫恩瑞　副总编、党组成员(2016年10月任职)

姚卫民　副总编、党组成员(2016年10月任职)

市蒲剧院

任跟心(女)　院长、党委书记

郭泽民　副院长、党委委员

杨　峰　副院长、党委委员

武晓朝　总导演

潘国梁　副院长、党委委员(2016年10月任职)

市工商业联合会

郭天龙　党组书记(兼)

景　明　党组成员、副主席

曹焕成　党组成员、副主席

乔冠峰　党组成员、副调研员

市归国华侨联合会

王阿家(女)　主席(2016年8月任职)

田成文　党组书记(2016年8月免职)

市政府机关事务管理局

张小红　党组书记、局长

杨红宇(女)　党组成员、副局长(2016年10月免职退休)

任捷生　党组成员、副局长

梁　艳(女)　党组成员、纪检组长

高虹江　党组成员、副局长(2016年7月任职)

贾龙刚　党组成员、副局长(2016 年 11 月任职)
翟少峰　副调研员(2016 年 7 月任职)

市人民政府发展研究中心

薛新宏　党组书记、主任(2016 年 8 月任)
田跃华　副主任、党组副书记(主持工作)
(2016 年 8 月免)
姚建红　党组成员、副主任
(2016 年 11 月免职并退休)
李志英　党组成员、副主任
阴　黎　副调研员(2016 年 9 月任)

市行政审批管理中心

仇群虎　党组书记、主任(2016 年 6 月免职)
尉　俊　党组书记、主任(2016 年 8 月任职)
吕国文　党组成员、副主任

市政府驻北京办事处

王晓华　主任、党组书记(兼,2016 年 8 月任职)

市地方志办公室

吴茂林　党组书记、主任(兼)
靳水旺　党组成员、副主任

市老龄工作委员会办公室

李晓燕(女)　专职副主任(兼)

市农业综合开发办公室

孙延震　党组书记、主任
张小俊　党组成员、副主任
李虎山　党组成员、副主任(2016 年 8 月任)
刘全仁　调研员(2016 年 7 月任,免党组成员、副主任,2016 年 10 月免职并退休)
莫　华　副调研员(2016 年 6 月任)

市扶贫开发办公室

杨刚杰　党组书记、主任(2016 年 8 月免)
郭迎明　党组书记、主任(2016 年 8 月任)
张友邦　党组成员、副主任
郭采卿　党组成员、副主任

市园林事业局

孙宣东　党委书记、局长
(2016 年 9 月任党委书记)
张俊山　党委书记(2016 年 8 月免)
刘建明　党委委员、副局长

市中小企业局

王保仁　党组书记、局长
常立宁　党组成员、副局长
孔晓明　党组成员、副局长
张洪福　党组成员、副局长
许建明　党组成员、纪检组长

市地震局

姚焕章　党组书记、局长(2016 年 8 月免职)
赵靖平　党组书记、局长(2016 年 8 月任职)
王江海　党组成员、副局长
霍拥军　党组成员、总工程师(2016 年 8 月免职)
党组成员、副局长(2016 年 8 月任职)

市档案馆(档案局)

高树森　党组书记、局长(馆长)
谢金星　党组成员、纪检组长
卫　斌　党组成员、副局长(副馆长)
原　芳(女)　党组成员、副局长
(副馆长,2016 年 8 月任职)
王志龙　党组成员、副局长
(副馆长,2016 年 8 月任职)

市汾西水管局

杨代亮　党委书记、局长
丁栓平　党委副书记
王双锁　党委委员、局长
杨泉霖　党委委员、副局长(2016 年 12 月任)
王赛朝　总工程师

市引沁入汾工程建设管理局

王世杰　党委副书记、局长

张红林　党委委员、副局长

魏丕振　党委委员、副局长

李云廷　总工程师

市国际资金局

高中和　党组书记、局长(2016年6月免)

陈毅林　党组书记、局长(2016年6月任,免党组副书记、副局长)

张淑宝　党组成员、副局长

王慧琴(女)　党组成员、副局长(2016年8月任)

张春荣　副调研员(2016年8月免)

张红岩　副调研员(2016年9月任)

市畜牧中心(畜牧兽医局)

王晓民　党组书记、主任(局长)(2016年8月免)

张志宏　党组书记、主任(局长)(2016年8月任)

周俊林　党组成员、副主任(副局长)

王大鹏　党组成员、副主任(副局长)

陈汉中　党组成员、副主任(副局长)(2016年10月任)

李青海　调研员(2016年10月任,免党组副书记、副主任、副局长)

市农业机械发展中心(农机局)

李玉龙　党组书记、主任(局长)

雷瑞庭　党组成员、副主任(副局长)

杨学敏　党组成员、副主任(副局长)

孙俊辉　党组成员、副主任(副局长)(2016年9月任)

杨增亲　党组成员、副调研员(2016年9月任)

市国有资产管理中心

秦国敏　党委书记、主任(2016年8月免党委书记)

贾景斌　党委委员、副主任

周俊虎　党委委员、副主任

温建平　党委委员、副主任(2016年8月任)

市疾病预防控制中心

侯晓军　主任、党委委员(2016年9月免职)
正县级干部(2016年9)

张重辉(女)　副主任(2016年9月免职)
主任(2016年9月任职)

王智海　副主任、党委委员

刘海宁　纪委书记、党委委员

秦连阳　副主任、党委委员(2016年9月任职)

市供销合作社联合社

杨保旭　理事会主任、党组书记(2016年8月免职)

李　岩　理事会主任、党组书记(2016年8月任职)

任希强　监事会主任、党组成员(2016年9月免职)
副主任、党组成员(正县级)(2016年9月任职)

郑安民　副主任、党组成员(2016年9月任职)

乔丽平(女)　副主任、党组成员(2016年9月任职)

市城镇集体工业联合社

柴云峰　党组书记、主任(2016年8月免)

王若农　党组书记、主任(2016年8月任)

谢长友　党组成员、副主任

市残疾人联合会

张爱萍　党组书记、理事长(2016年8月免职,2016年10退休)

郑效锋　党组书记、理事长(2016年8月任职)

王国庆　党组成员、副理事长

秦彦平　党组成员、副理事长

市工业经济联合会秘书处

严洪文　秘书长(2016年2月任)

杨　楠　副秘书长(2016年12月任)

临汾宾馆

刘进才　经理(兼,2016年8月免职)

卫东红　副经理(2016年7月任职)

耿国元　副经理(2016年12月任职)

市人民医院

苏学峰 院长、党委副书记

黄新升 党委书记

孙 蕊(女) 副院长、党委委员

许红星 副院长、党委委员(2016年5月免职)
党委副书记(2016年5月任职)

刘松山 纪委书记、党委委员

李 斌 副院长、党委委员(2016年6月任职)

王铁忠 副院长(2016年6月任职)

市第四人民医院(市中心医院)

贾爱芹(女) 院长、党委副书记

王 勇 党委书记

孙国虎 党委副书记、纪委书记、党委委员
(2016年7月免去党委副书记)
纪委书记、党委委员(2016年7月任职)

杨 林 副院长、党委委员(2016年7月免职)
党委副书记(2016年7月任职)

郭淑明(女) 副院长、党委委员

范甲卯 副院长、党委委员(2016年8月任职)

狄丕文(女) 副院长、党委委员
(2016年8月任职)

张国庆 党委委员(2016年7月任职)

临汾广播电视大学

孙振忠 党支部书记(2016年11月免职)
正县级干部(2016年11月任职)

李国成 校长(2016年12月任职)

赵宝萃 副校长(2016年12月任职)

市文化艺术学校

薛鹏寿 校长、党委书记(2016年8月免职)

牛春平(女) 校长、党委副书记
(2016年8月任职)

田跃华 党委书记(2016年8月任职)

李长安 副校长、党委委员
(2016年7月免职退休)

姚二龙 副校长、党委委员(2016年7月任职)

田红琴(女) 副校长、党委委员
(2016年7月任职)

临汾人民警察学校

孙铁虎 校长、党委书记(2016年6月免职)

白 波 校长、党委副书记(2016年6月任职)

孟玉爱(女) 政委、党委副书记(2016年5月免职)
正县级干部(2016年5月任职)

赵红海 党委书记(兼)(2016年6月任职)

冯 炜 党委副书记(2016年6月免职)
党委委员 (2016年6月任职)

柴丽萍(女) 副校长、党委委员

李戈林 副校长、党委委员(2016年7月任职)

程庆兵 副校长、党委委员(2016年7月任职)

王沁泽 纪委书记、党委委员

王茹爱(女) 正县级干部(2016年11月免职退休)

市体育运动学校

牛鸿翔 校长

曹 鹏 副校长(2016年6月任职)

尹建峰 副校长(2016年6月任职)

张 敏 副校长(2016年6月任职)

临汾第一中学校

张杨管 校长、党委副书记

韩雪梅(女) 党委书记

卫福明 党委副书记

杨益民 副校长、党委委员(兼)

张宝仓 副校长、党委委员

高洪山 副校长、党委委员兼初中部校长

陈建平 副校长、党委委员

许江敏 正县级干部(2016年4月免职退休)

临汾第三中学校

董天保 校长、党委副书记

尉选民 党委书记

王纯林 副校长

洪洞第一中学校

李小拽 校长、党委副书记

常元星　党委书记
郭洪虎　纪检组长
王建平　副校长、党委委员
王苏龙　副校长、党委委员

曲沃中学校
杜文砧　校长、党委副书记
刘建平　党委书记
卫新堂　党支部副书记
王小虎　副校长
赵树人　副校长

临汾高级技工学校
李海燕　校长

市财经学校
李建国　校长、党支部副书记
卫　跃　党支部书记（2016年8月任职）

市粮食职工中等专业学校
杨清淮　校长（2016年1月任职）

市第一实验中学
张清俊　党总支书记（2016年9月免职）
　　　　校长（2016年9月任职）
黄海林　党总支书记（2016年9月任职）

侯马职业中专学校
秦崃贵　校长
石　莹（女）　党委书记（2016年1月任职）

临汾民航机场筹建处
杨集生　主任（2016年8月免）
苏嘉邦　主任（2016年8月任）
张宏亮　副主任（2016年8月任）
许向荣　副主任
薛向阳　副主任（2016年8月免）
王红章　总工程师

市治理非法超限超载车辆工作办公室
孟昭辉　主任
崔海平（女）　副主任（2016年2月任）

市汾河文化生态景区管理处
吴　勇　主任
尉　勇　副主任
侯韶波　副主任

市住房公积金管理中心
张建国　主任、党委书记

市政府采购中心
丁满升　主任（2016年2月免职退休）

市政府驻太原办事处
郭建军　主任（兼，2016年6月免职）

市财政国库支付局
马　哲　党组书记、局长

市非税收入征收局
苏志宏　党支部书记、局长

市人才交流服务中心
景小卫　主任

市军队转业干部培训中心
段　峰　主　任

市失业保险管理服务中心
李柏山　主任（2016年1月任职）

市企业养老保险管理服务中心
师廷进　主任（兼）

市医疗保险基金管理中心
冀林海　主任

市市政公用局
赵成江　党委书记、局长

市房地产管理局
张文辉　党委书记、局长(2016 年 2 月免局长)
程晓强　局长(2016 年 2 月任)

市建筑勘察设计院
石文红　院长

市农业种子管理站
张文荣　站长

市水利机械工程局
李保龙　局长(2016 年 9 月任)

山西省郭庄泉域管理处
宿　辉　处长(2016 年 9 月免)
俎晓东　处长(2016 年 9 月任)

市水资源管理委员会办公室(水资源征费稽查队)
关云山　主任(队长)

市水工程移民工作办公室
李美利　主任(2016 年 9 月任)

市矿山救护大队
尉艮亮　大队长
杜建科　党支部书记

市煤炭安全纠察支队
胡宇峰　支队长

市煤矿安全生产监察大队
赵希平　大队长

市煤炭设计院
李文民　院长

市道路运输管理局
袁　晋　局长(2016 年 2 月任)
王福记　局长(2016 年 2 月免)

市文化市场行政综合执法大队
席铁军　大队长(兼,2016 年 6 月任职)

市招生考试委员会办公室
亢创基　主任(兼)

市红十字会
张贵虎　专职副会长

市卫生监督所
皇甫坚　所长

临汾职业技术学院第一附属医院(第二人民医院)
黄峪生　院长(2016 年 5 月免职提前退休;严重警告,立案调查)
安建军　党总支书记(2016 年 1 月任职)

市妇幼保健院(市妇幼保健计划生育服务中心)
杨建宏　院长
耿玉华(女)　党总支书记(2016 年 5 月任职)

市荣军康复医院
柴文平　院长
林　烨　党支部书记

市公共资源交易管理中心
仇群虎　主任(2016 年 7 月任职)
崔　勇　副主任(2016 年 7 月任职)
胡成光　副主任(2016 年 7 月任职)

市事业单位登记管理局
刘海明　局长(2016 年 5 月任职)

民主党派机关
符庆辉　民革临汾市委驻会副主委

（2016年8月免职）

李　欣（女）　民建临汾市委会副县级干部

（2016年8月免职）

褚小平（女）　民进临汾市委驻会副主委

市投资集团有限公司

狄学飞　党委书记、董事长、总经理

（2016年2月任）

贾东平　党委副书记（2016年2月任）

任华武　党委委员、纪委书记（2016年2月任）

黄　德　党委委员、副总经理（2016年2月任）

杨华吉　党委委员、副总经理（2016年2月任）

韦　明　党委委员、副总经理（2016年2月任）

市浍河水库管理局

（2016年5移交省禹门口水利工程管理局）

郑临新　局长（2016年2月任）

市招商局

周　廉　局长（高配正处级）（兼）

市工商行政管理局临汾开发区分局

王晓清（女）　党组书记、局长（兼）

市工商行政管理局侯马开发区分局

王杰平　党组书记、局长

市质量技术监督局临汾开发区分局

刘丽娜（女）　党组书记、局长

（2016年6月免职并退休）

樊耀东　党组书记、局长（2016年6月任）

市质量技术监督局侯马开发区分局

杜登亭　党组书记、局长

市质量技术监督局稽查分局

张韶华　局长（兼）

（2016年6机构改革重新月任命）

市质量技术监督检验测试所

丁　旭　所长（兼）（206年6月免）

苏　敏　所长（2016年6月任）

市特种设备监督检验所

贾玉平　所长（2016年6机构改革重新月任命）

市食品药品稽查队

陈　锐　队长（兼，2016年6月任）

市互联网信息办公室

杨　光　主任（2016年8月任职）

市陶寺遗址管理处

杨江滨　主任（2016年1月任职）

曲沃晋国博物馆

孙永和　馆长（2016年1月任职）

尧都区尧帝旅游景区管理委员会

王金保　主任（2016年8月任职）

市博物馆

狄跟飞　馆长（2016年6月任职）

中国共产党临汾市委员会

中共临汾市委工作

【概述】 2016年,临汾市委贯彻落实省第十一次党代会精神和省委"一个指引、两手硬"的重大思路和要求,团结带领广大干部群众,按照市第四次党代会的总体部署,推动经济稳步向好,构建良好政治生态,全市经济建设、政治建设、文化建设、社会建设、生态文明建设和党的建设都取得新的进展,实现"十三五"良好开局。

【学习重要讲话精神】 2016年,中共临汾市委用习近平总书记重要讲话精神统一思想行动。把学习贯彻习近平总书记系列重要讲话精神作为首要政治任务,以总书记讲话精神武装头脑、指导实践、推动工作;学习以习近平同志为核心的中央领导集体"崇尚实干、勇于担当、廉洁自律"的工作作风,坚持以身作则、以上率下,发挥好市委班子的示范带动作用。贯彻落实省委的重大决策部署。对省第十一次党代会、省委十一届二次全会暨经济工作会议等重大会议精神,市委第一时间传达学习、第一时间贯彻落实,引导全市党员干部深化对省委重大决策部署的理解和把握,使省委的决策部署转化为全市上下的共同意志和自觉行动。推动中央和省委决策部署在临汾落地生根。在思想认识、发展理念、责任担当上紧跟中央、省委决策部署,夺取全面建成小康社会决胜阶段新胜利,提出建设三个强市、抓好四大攻坚、走出五条路径的"345"总体思路。建设三个强市,就是建设中西部经济强市、文化强市和生态强市;抓好四大攻坚,就是在脱贫摘帽、项目建设、优化环境、总体安全上攻坚克难,实现突破;走出五条路径,就是走出摆脱资源依赖、产业转型升级的新路子,县域均衡发展、城乡一体推进的新路子,既要金山银山、又要绿水青山的新路子,要素充分涌流、活力竞相迸发的新路子,优先保障民生、增进群众福祉的新路子,决胜全面小康,实现振兴崛起,建设富裕文明绿色幸福新临汾。

【经济运行情况】 2016年,临汾市委落实省委决策部署,坚持稳中求进工作总基调,经济稳中向好,全市地区生产总值完成1205.2亿元,同比增长3.4%,增速比上半年提高1.6个百分点,实现"一个月比一个月好,下半年好于上半年"的目标。

【帮扶实体经济】 2016年,临汾市委加强对经济工作的领导,实行包联县(市、区)和重点项目责任制,市委班子成员带头深入基层现场办公,层层落实责任。狠抓"万名干部入企服务"活动,帮助445户工业企业解决问题753个。

【去产能降成本】 2016年,临汾市委制定5年压减煤炭产能1500万吨、钢铁产能170万吨的工作方案,完成退出落后煤炭产能120万吨、炼铁产能82万吨的省定任务。全面推开营改增试点,鼓励企业开展精细化管理,吨煤平均生产成本由320元降到240元。

【产业转型】 2016年,临汾市委改造提升传统产业,加快发展新装备、新材料、新医药、新电子、节能环保、食品轻工等新兴产业集群,实施汾西其亚氢氧化铝、沃特玛新能源汽车核心技术产业园"10+1"等一批百亿元以上大项目,新兴产业投资达到工业领域总投资的72.3%,新兴产业增速、贡献率双超传统产业,非煤产业贡献率超过煤炭产业,实现了动力转换。打造文化旅游战略性支柱产业,全年旅游总收入375亿元,对第三产业的贡献率84.1%。

【项目建设】 2016年,临汾市委实施重点项目847项,完成投资687亿元。抓好"各类项目受理大起底"工作,实施项目开工"百日攻坚"行动,全市新开工项目2893个,完成投资1053.4亿元。在北京、天津、广州等地组织举办10余场专题系列招商活动,促成了乐视乐生活、中美合资JDH、合肥华翔汽车件等项目落户临汾。全市签约项目151个,总投资2514.4亿元，超出省定任务51.8个百分点。

【“三农”工作】 2016年，临汾市委推进农业供给侧结构性改革，推进西山以水果、干果、杂粮为主，东山以干果、中药材、杂粮为主，沿汾河平川县市区以粮食、蔬菜、水果为主，以及以尧都、侯马为中心的都市休闲农业等四大特色农业板块建设。积极推进农业产业化，农产品加工企业销售收入77.61亿元。全市小麦总产达10.29亿千克，是历史第三个高产年。实施完善提质、农民安居、环境整治、宜居示范“四大工程”，完成投资33.45亿元，投资完成率105%。

【转型综改】 2016年，临汾市委推进综改区建设，编制完成《临汾市转型综改“十三五”实施方案》，实施2016年行动计划，重点在产业转型、环境治理、主体功能区建设、行政区划调整等领域开展探索，把百里汾河生态文明保护区建设成为国家级生态文明试验区。加大开发区改革创新力度，成立开发区建设工作领导小组，研究制定《临汾市开发区改革创新发展实施方案》《临汾市开发区改革创新发展任务细化分工方案》。推进国企国资改革，初步完成全市国有企业调查摸底，确定“创新发展一批，重组整合一批，清理退出一批”的思路，探索组建国有资本投资(运营)公司，加快企业股份制改革，加快企业重组整合，加快“劣势企业”退出市场步伐，实现国有资产监管全覆盖。

【脱贫攻坚】 2016年，临汾市委紧跟中央和省委决策部署，抓住农村贫困人口脱贫的“短板”，立足市情实际完善思路办法，动员全社会资源和力量，推进脱贫攻坚各项工作。强化组织领导。把脱贫攻坚工作摆在重中之重的位置，作为统揽经济社会发展全局的“头等大事”和“第一民生工程”，市委常委会议多次进行专题研究，统筹安排部署，确保脱贫攻坚各项工作有序推进。与各县(市、区)签定脱贫责任书，形成市县乡村四级联动推进脱贫攻坚，一级对一级负责的大脱贫格局。换届之后，市县两级调整充实脱贫攻坚领导组，确保脱贫攻坚工作节奏不乱、工作不断。夯实脱贫工作基础。开展建档立卡“回头看”，对建档立卡贫困户进行核查，提高贫困人口识别精准度。推进挂图作战，全市1209个村完成挂图作战工作，实现精准识别、精准帮扶和精准退出的全程管理。贯彻全省脱贫攻坚集体约谈会精神，从市直单位新提任的副县级干部和重要职能部门正科级干部中选派133名第一书记，增派到5个国定贫困县。推进扶贫工程。实施光伏扶贫、生态扶贫、产业扶贫、易地搬迁扶贫等十大扶贫工程，取得新的进展。推进“一司一县”结对帮扶，3个贫困县与3家券商签订合作框架协议；推进生态扶贫，建立造林绿化专业合作社139家，3447名建档立卡贫困人口转为护林员。全年脱贫8.19万贫困人口、退出182个贫困村。

【民生事业】 2016年，临汾市委践行以人民为中心的发展思想，提升人民群众幸福感。加大民生投入。加强文化、教育、卫生、社保等民生工作，推进学前教育优质普惠、乡村医疗服务提质、农业强基、饮水安全、城市综合整治、就业创业援助等“六大惠民工程”。实施17项重点城建项目，鼓楼南北街拓宽改造工程竣工通车。全市民生支出211.5亿元，占到全市财政支出的84.1%，比2015年提高9.3个百分点。加强环境保护。推进汾河流域生态治理修复工程，完成营造林3.08万公顷，超额完成省定目标。新增城市集中供热面积837.98万平方米，超出省定目标3.4倍。实施新能源公交车和公共自行车项目，实现市区公交电动化全覆盖。应对重污染天气，启动预警响应，制定出台大气污染防治“冬十条”，开展“铁腕治污”行动，发放洁净焦推进清洁取暖，推动空气质量好转。抓好安全稳定。树立“总体安全观”，开展安全稳定风险隐患大排查大整治工作，保持打非治违高压态势，打击私挖滥采，加强各行业、各领域的安全生产工作。安全事故起数同比下降45.3%，全市连续5年没有发生重特大事故，其中工矿商贸企业连续7年未发生重特大事故。重视信访工作，开展“一交办三治理”活动，全市赴省、进京上访都呈下降趋势，实现重大会议期间“三个不发生”的目标。

【法治建设】 2016年，临汾市委坚持和完善人民代表大会制度，加强和改进对人大工作的领导，支持人大及其常委会依法履行职责，加强地方立法、法律监督、工作监督等工作。支持和保障人民政协开展工作，组织政协委员就经济社会发展中的重大问题进行调研考察，发挥协调关系、汇聚力量、建言献策、服务大局的作用。创新统战工作方式方法，加强与各民主党派、工商联和无党派人士的联系，团结各方力量助推临汾发展。做好对台工作、侨务工作，加强宗教工作和民族工作。做好老干部工作，支持工会、共青团、妇联等人民团体发挥作用。推进法治临汾建设，配齐市委法治办人员，解决县级法治办专职副职和人员编制问题。加快转变政府职能，推进依法决策，深化政务公开，强化行政监督，法治政府建设成效明显。推进司法体制改革，推进阳光司法，促进司法公开公正。启动“七五”普法工作，扩大法治宣传覆盖面和影响力。坚持党管武装原则，完善军地齐抓共管国防后备力量建设机制，巩固发展军政军民团结的良好局面。

【党风廉政建设】 2016年，临汾市委构建良好政治生态。坚持“巩固、深化、提高”的方针，抓好党风廉政建设和反腐败斗争。狠抓党风廉政建设。市委常委会先1次专题研究党风廉政建设工作，做到与中心工作同部署、同落实、同检查、同考核。支持纪检机关“转职能、转方式、转作风”，为纪检机关聚焦监督、执纪、问责主业主责创造良好环境。对履行主体责任不力的党组织和党员干部严肃追究责任，以问责倒逼责任落实。全市查处落实主体责任不力问题82起，处理102人，给予党政纪处分41人。推进监察体制改革试点工作。市县两级成立深化监察体制改革试点工作领导小组，推进人员情况摸底到位、基本信息审核到位、“三定规定”拟定到位、监委班子成员选举到位、深度融合谋划到位“五个到位”。开展市县巡察工作。启动第一轮巡察，市级巡察6个县市和16个市直涉农涉矿单位党组织，县级巡察226个党组织，有关整改工作和问题线索处置正在进行。强化监督执纪问责。把握运用监督执纪“四种形态”，保持惩治腐败高压态势。全市各级纪检机关处置问题线索4155件，党政纪处分1949人。反对“四风”，推动党风政风稳定向好。全市查处违反中央八项规定精神问题148起，处理212人。加大查处群众身边腐败问题，维护群众利益。全市查处侵害群众利益案件730起，处理334人。

【管党治党】 2016年，临汾市委提升党建工作科学化水平，落实从严治党主体责任，聚焦主业主责，狠抓工作落实，党的建设各项工作取得阶段性成效。开展“两学一做”学习教育。市委常委班子以上率下，推动形成整体联动的总体效应。市县四大班子党员领导干部全面包联县(市、区)、乡镇和分管部门学习教育，基层党委包联指导所有党支部，形成层层包联、精准指导的工作格局。确立“三在一平台”特色载体，各级党组织开展学习研讨82824次，讲党课20706次，推动思想政治建设制度化、常态化。完成市县乡领导班子换届工作。落实“九个严禁、九个一律”换届纪律要求，实现“零投诉、零上访、零违纪”。乡镇层面，在全省第一家完成乡镇领导班子换届；县级层面，省委表彰的12名优秀乡镇党委书记全部提拔重用，其中1名同志直接担任县长；市级层面，组织提名人选全部全票当选，为临汾建市以来最好选举结果，实现“四好”目标，得到省委、省委组织部高度评价。加强干部教育监督管理。举办10期领导干部能力提升系列讲座，培训干部2000余人。严格日常监管，对249名干部进行组织处理。严防“带病提拔”，常态推进“三个一批”，对662名县级、2972名科级干部进行“六查”，处理惩治不廉洁乱作为干部58名，调整退出不作为不胜任干部31名。推进干部选配常态化，市委常委会任免干部857人，调整“下”的干部491名，激励鞭策全市干部勇于担当、奋力作为。推进基层党建工作。市委常委、各级党组织书记及班子成员全部建立落实基层党建责任“三个清单”，实现党建责任具体化、项目化。采取领导包村挂点、城乡包联攻坚等措施，完成526个基层软弱涣散党组织的转化提升。成立市县两级非公经济组织和社会组织工委，开展集中推进非公有制企业和社会组织“两个覆盖”专项行动，4395家非公企业和636个社会组织党的组织覆盖率分别达到73.88%和59.38%，党的工作覆盖率100%。高标准推进实施“千村破零行动”，实现每个行政村不低于10万元、3000人以上村不低于15万元，超出全省每个村8万元的标准，在全省率先达到“两个不低于”目标。

【重要会议】

2016年4月25日，召开中共临汾市第三届委员会第八次全体会议，会议审议通过《关于召开中国共产党临汾市第四次代表大会的决议》和《关于召开中国共产党临汾市第四次代表大会的请示》。

2016年9月19日，召开中共临汾市第三届委员会第九次全体会议，会议表决通过中共临汾市第四届委员会委员、候补委员和纪律检查委员会委员候选人预备人选；表决通过《中共临汾市委三届九次全体会议圈选临汾市出席省第十一次党代会代表候选人预备人选办法》，对临汾市出席省第十一次党代会代表候选人预备人选进行圈选投票。

2016年9月25日至28日，召开中国共产党临汾市第四次代表大会，大会批准岳普煜同志代表三届中国共产党临汾市委员会所作的《决胜全面向小康，实现振兴崛起，为建设富裕文明绿色幸福新临汾而努力奋斗》的报告，批准中共临汾市纪律检查委员会的工作报告，选举产生新一届出中共临汾市委员会和中共临汾市纪律检查委员会，选举产生出席省第十一次党代会代表。

2016年9月28日，召开中共临汾市第四届委员会第一次全体会议，选举产生中国共产党临汾市第四届委员会常务委员会委员和书记、副书记；通过中国共产党临汾市纪律检查委员会第一次全体会议选举结果的报告。

【重要文件】

中共临汾市委关于制定国民经济和社会发展第十三个五年规划的建议（临发〔2016〕1号；2016年1月13日）

中共临汾市委关于认真做好县乡领导班子换届工作的通知（临发〔2016〕2号；2016年3月3日）

中共临汾市委转发《中共临汾市人大常委会党组关于贯彻落实中央省委加强县乡人大工作和建设文件精神的实施意见》的通知（临发〔2016〕3号；2016年3月6日）

中共临汾市委关于加强和改进人民政协民主监督实施意见（临发〔2016〕4号；2016年3月14日）

中共临汾市委临汾市人民政府关于进一步加强全市禁毒工作的意见（临发〔2016〕5号；2016年3月14日）

中共临汾市委、临汾市人民政府关于印发全市开展"纪律教育年"活动方案的通知（临发〔2016〕6号；2016年3月29日）

中共临汾市委关于建立市县巡察制度的意见（试行）（临发〔2016〕7号；2016年4月28日）

中共临汾市委关于印发《巡察工作实施办法》《巡察组组织库管理办法（试行）》《巡察组人才库管理办法（试行）》的通知（临发〔2016〕8号；2016年4月28日）

中共临汾市委、临汾市人民政府关于临汾市煤炭供给侧结构性改革的实施意见（临发〔2016〕9号；2015年6月27日）

中共临汾市委、临汾市人民政府关于印发临汾市各级党委政府有关部门环境保护工作职责规定（试行）的通知（临发〔2016〕10号；2016年7月22日）

中共临汾市委、临汾市人民政府关于印发临汾市落实发展新理念加快农业现代化实现全面小康目标实施方案的通知（临发〔2016〕11号；2016年8月5日）

中共临汾市委、临汾市人民政府印发关于市属国有企业加强党的领导和完善法人治理结构的实施办法的通知（临发〔2016〕12号；2016年8月19日）

中共临汾市委关于成立市第四次党代会筹备工作领导组及工作机构的通知（临发〔2016〕13号；2016年8月25日）

中共临汾市委、临汾市人民政府关于印发临汾市国有林场改革实施方案的通知（临发〔2016〕14号；2016年8月31日）

中共临汾市委关于推荐第四届临汾市委员会领导成员候选人的建议（临发〔2016〕15号；2016年9月28日）

中共临汾市委关于成立临汾市第四届人民代表大会第一次会议临时党委的决定（临发〔2016〕16号；2016年9月28日）

中共临汾市委关于成立政协第四届临汾市委员会第一次会议临时党委的决定（临发〔2016〕17号；2016年9月28日）

中共临汾市委关于推荐临汾市第四届人民代表大会法制委员会组成人员人选的建议（临发〔2016〕18号；2016年10月8日）

中共临汾市委关于推荐临汾市市级政权机关领导成员候选人的建议（临发〔2016〕19号；2016年10月8日）

中共临汾市委关于把学习贯彻习近平总书记系列重要讲话精神引向深入的指导意见（临发〔2016〕20号；2016年10月17日）

中共临汾市委中、临汾市人民政府印发关于环保部对临汾市综合督查反馈问题整改实施方案的通知（临发〔2016〕21号；2016年10月27日）

中共临汾市委、临汾市人民政府转发关于在全市开展法治宣传教育的第七个五年（2016－2020年）的通知（临发〔2016〕22号；2016年11月9日）

中共临汾市委关于加强和改进新形势下党校工作的实施意见（临发〔2016〕23号；2016年11月14日）

中共临汾市委、临汾市人民政府印发《关于深化供销合作社综合改革的实施方案》的通知(临发〔2016〕24 号;2016 年 12 月 27 日)

中共临汾市委、临汾市人民政府印发《关于临汾市推进旅游景区(景点)体制机制改革创新实施方案》的通知(临发〔2016〕25 号;2016 年 12 月 29 日)

(陈波轶)

中国共产党临汾市第四次代表大会

【大会情况】 9 月 25 日下午,中国共产党临汾市第四次代表大会举行预备会议。岳普煜、刘予强、雷健坤、王文英、黄翠莲、赵建民、张建平、张晓永、乔建军、陈小洪、王振富、李新春在主席台就座。岳普煜讲话。王文英主持预备会议第一阶段会议。本次预备会议应到代表 406 名,实到代表 391 名,符合规定人数。市第四次党代会筹备工作领导组报告大会筹备工作情况;表决通过大会主席团、秘书长名单;表决通过代表资格审查委员会名单;表决通过大会议程。王文英主持预备会议第二阶段会议。岳普煜、刘予强、雷健坤、王文英、徐树荣、黄翠莲、赵建民、张建平、张晓永、乔建军、陈小洪、王振富、李新春在主席台前排就座。会议审议表决通过《代表资格审查报告》;宣布通过主席团第一次会议决定的有关事项。

25 日下午,中国共产党临汾市第四次代表大会主席团举行第一次会议。岳普煜、刘予强、雷健坤、王文英、徐树荣、黄翠莲、赵建民、张建平、张晓永、乔建军、陈小洪、王振富、李新春及主席团全体成员参加。大会秘书长雷健坤主持会议。会议通过主席团常务委员会;通过大会执行主席分组名单;审议代表资格审查报告(草案);通过大会副秘书长名单;通过大会秘书处工作机构;通过列席人员名单;通过大会议程。

26 日上午,中国共产党临汾市第四次代表大会在市影剧院开幕。岳普煜代表三届临汾市委作报告,张晓永代表市纪委作工作报告。刘予强主持开幕式。大会应到代表 406 名,实到代表 398 名,符合法定人数。上午 8 时 30 分,刘予强宣布大会开幕。全体起立,奏唱《中华人民共和国国歌》。会上,雷健坤致开幕词。岳普煜代表中国共产党临汾市第三届委员会向大会作题为《决胜全面小康,实现振兴崛起,为建设富裕、文明、绿色、幸福新临汾而努力奋斗》的工作报告。

26 日下午,中国共产党临汾市第四次代表大会主席团举行第二次会议。岳普煜、刘予强、雷健坤、王文英、徐树荣、乔成家、黄翠莲、赵建民、张建平、张晓永、乔建军、陈小洪、王振富、李新春、车胜良、王振宇、陈纲、李朝旗、梁天运及主席团全体成员参加。岳普煜主持会议。会议作市“两委”委员人事安排说明;讨论确定市“两委”委员候选人建议名单;作关于出席省第十一次党代会代表候选人预备人选名单的情况说明;讨论确定出席省第十一次党代会代表候选人建议名单;讨论大会选举办法(草案);布置推选监票人。各代表团汇报讨论情况。

27 日上午,中国共产党临汾市第四次代表大会举行第二次全体会议。大会执行主席岳普煜、刘予强、雷健坤、王文英、徐树荣、乔成家、黄翠莲、赵建民、张建平、张晓永、乔建军、陈小洪、王振富、李新春、王金龙、史全喜、李强、李亚丽、杨春权、郝献民、樊洪平、薛凤奎和主席团全体成员在主席台就座。大会秘书长雷健坤主持会议。会议应到代表 406 名,实到代表 399 名,符合法定人数。会议表决通过中国共产党临汾市第四次代表大会选举办法;表决通过中国共产党临汾市第四次代表大会总监票人、监票人,宣布总计票人、计票人;宣布四届市委委员、候补委员、市纪委委员预选候选人名单;宣布出席省第十一次党代会代表预选候选人名单。

27 日上午,中共临汾市第四次代表大会主席团常务委员会举行第一次会议。岳普煜、刘予强、雷健坤、王文英、徐树荣、乔成家、黄翠莲、赵建民、张建平、张晓永、乔建军、陈小洪、王振富、李新春及各代表团团长参加会议。岳普煜主持会议。会议听取了各代表团对市“两委”委员、出席省第十一次党代会代表候选人建议名单和大会选举办法(草案)及大会分团预选监票人建议名单讨论情况的汇报;通过大会选举办法(草案);提出市“两委”委员和出席省第十一次党代会代表预选候选人建议名单,以及总监票人、监票人和分团预选监票人建议名单。

27 日上午,中共临汾市第四次代表大会主席团举行第三次会议。岳普煜、刘予强、雷健坤、王文英、徐树荣、乔成家、黄翠莲、赵建民、张建平、张晓永、乔建军、陈小洪、王振富、李新春、车胜良、王振宇、陈纲、李朝旗、梁天运及主席团其他成员参加会议。岳普煜主持会议。听取组织组关于各代表团对市“两委”委员和出席省第十一次党代会代表候选人建议名单讨论情况的汇报;通过大会选举办法(草案);审议市“两委”委员预选候选人建议名单和出席省第十一次党代会代表预选候选人建议名单,确定这两个名单;通过大会总监票人、监票人和分团预选监票人名单,指定总计票人、计票人和分团预选计票人。

27日下午,中共临汾市第四次代表大会主席团常务委员会举行第二次会议会议听取市委委员、市纪委委员分团预选情况报告;根据预选结果和代表的意见,提出市委委员、市纪委委员正式选举候选人建议名单,提交主席团第四次会议审议;提出中国共产党临汾市第四届委员会候补委员预选候选人建议名单,提交主席团第四次会议审议。

27日下午,中共临汾市第四次代表大会主席团举行第四次会议。会议通报市委委员、市纪委委员预选情况;审议并通过市委委员、市纪委委员正式选举候选人建议名单;审议并提出中国共产党临汾市第四届委员会候补委员预选候选人建议名单。

27日下午,中共临汾市第四次代表大会主席团举行第五次会议。会议听取各代表团对市委候补委员预选候选人建议名单讨论情况的汇报;通过中国共产党临汾市第四届委员会候补委员预选候选人名单;布置分团预选市委候补委员和出席省第十一次党代会代表。

27日晚,中共临汾市第四次代表大会主席团常务委员会举行第三次会议。会议听取市委候补委员和出席省第十一次党代会代表分团预选情况汇报;根据预选结果和代表的意见,提出市委候补委员和出席省第十一次党代会代表正式选举候选人建议名单,提交主席团第六次会议通过。

27日晚,中共临汾市第四次代表大会主席团举行第六次会议。会议通报市委候补委员和出席省第十一次党代会代表预选情况;通过市委候补委员和出席省第十一次党代会代表正式选举候选人建议名单。

28日上午,中国共产党临汾市第四次代表大会主席团举行第七次会议。岳普煜、刘予强、雷健坤、王文英、徐树荣、乔成家、黄翠莲、赵建民、张建平、张晓永、乔建军、陈小洪、王振富、李新春、车胜良、王振宇、陈纲、李朝旗、梁天运及主席团其他成员参加会议。全省市县乡换届风气第十督查组组长王水成出席会议。大会执行主席岳普煜主持会议。会议听取组织组对市委委员、候补委员、市纪委委员和出席省第十一次党代会代表正式选举候选人建议名单讨论情况的汇报;确定第四届市委委员、候补委员、市纪委委员和出席省第十一次党代会代表正式选举候选人名单;安排大会正式选举。

28日上午,中国共产党临汾市第四次代表大会举行第三次全体会议。大会执行主席岳普煜、刘予强、雷健坤、张建平、张晓永、王振富、李新春、王振宇、陈纲、李朝旗、郭行杰、闫建国在主席台前排就座。岳普煜主持会议。全省市县乡换届风气第十督查组组长王水成到会指导。会议宣布中国共产党临汾市第四届委员会委员、候补委员,中国共产党临汾市纪律检查委员会委员和临汾市出席中国共产党山西省第十一次代表大会代表名额和正式候选人名单,进行选举。此次大会应到代表406名,实到代表401名,发出四种选票401张,收回四种选票401张,符合大会选举规定,选举结果有效。大会选举出中国共产党临汾市第四届委员会委员56名、候补委员11名,中国共产党临汾市纪律检查委员会委员33名和临汾市出席中国共产党山西省第十一次代表大会代表57名。

28日下午,在庄严的国歌声中,中共临汾市第四届委员会举行第一次全体会议,全体市委委员、候补委员参加会议,市纪委委员列席会议。会议由岳普煜主持;全省市县乡换届风气第十督查组组长王水成到会指导。会议选举产生中国共产党临汾市第四届委员会常务委员会委员和书记、副书记。新当选的市委常委是:岳普煜、刘予强、雷健坤、张建平、张晓永、王振宇、王振富、李新春、李朝旗、陈纲、郭行杰。岳普煜当选为市委书记,刘予强、雷健坤当选为市委副书记。

会议通过中国共产党临汾市第四届纪律检查委员会第一次全体会议选举结果的报告;新当选的市委书记岳普煜作重要讲话。

28日下午,中国共产党临汾市第四次代表大会主席团举行第八次会议。岳普煜、刘予强、雷健坤、王文英、徐树荣、乔成家、黄翠莲、赵建民、张建平、张晓永、乔建军、陈小洪、王振富、李新春、车胜良、王振宇、陈纲、李朝旗、梁天运及主席团其他成员参加会议。全省市县乡换届风气第十督查组组长王水成出席会议。大会执行主席刘予强主持会议。会议通过《中国共产党临汾市第四次代表大会关于中共临汾市第三届委员会工作报告的决议(草案)》和《中国共产党临汾市第四次代表大会关于中共临汾市纪律检查委员会工作报告的决议(草案)》;确定中共临汾市第四届委员会第一次全体会议主持人和中共临汾市纪律检查委员会第一次全体会议主持人。

9月28日下午,中国共产党临汾市第四次代表大会完成预定的各项任务,在市影剧院闭幕。大会审查通过市委和市纪委工作报告,选举产生中共临汾市第四届委员会和纪律检查委员会,选举产生临汾市出席中国共产党山西省第十一次代表大会代表。本次大会应到代表406名,实到代表400名,符合法定人数。本次大会的执行主席是:岳普煜、刘予强、雷健坤、王文英、徐树荣、乔成家、黄翠莲、赵建民、张建平、张晓永、乔建军、陈小洪、王振富、李新春、车胜良、梁天运、郑步电、任天顺、郝忠祥、加天山、崔山原。大会由岳普煜主持。全省市县乡换届风气第十督查组组长王水成及督查组全体成员到会指导。大会通过《中国共产党临汾市第四次代表大会关于中共临汾市第三届委员会工作报告的决议》。

【大会领导和工作机构】

中国共产党临汾市第四次代表大会
代表资格审查委员会名单

(2016年9月25日中国共产党临汾市第四次代表大会预备会议通过)

主任委员　李新春
副主任委员　刘小才　武卫东
委　　员　(按姓氏笔画排序)
乔悟生　杜　敏　高　涛(女)
郭景旭

中国共产党临汾市第四次代表大会
主席团常务委员会委员、主持人名单

(2016年9月25日中国共产党临汾市第四次代表大会主席团第一次会议通过)

常务委员会委员
岳普煜　刘予强　雷健坤(女)　王文英　徐树荣
乔成家　黄翠莲(女)　赵建民　张建平　张晓永
乔建军　陈小洪　王振富　李新春
常务委员会议主持人　岳普煜

中国共产党临汾市第四次代表大会
主席团、秘书长名单

(2016年9月25日中国共产党临汾市第四次代表大会预备会议通过)

主席团成员(共43人,按姓氏笔画排序)
王文英　王金龙　王振宇　王振富　王煦杰
车胜良　史全喜　加天山　成　功　乔成家
乔建军　乔悟生　任天顺　任建英(女)　刘　浩
刘予强　闫建国　李　强　李亚丽(女)　李朝旗
李新春　杨春权　张建平　张晓永　陈　纲
陈小洪　郃惠俊　岳普煜　郑步电　赵建民
郝忠祥　郝献民　贺星龙　徐树荣　郭行杰
郭惠勇　黄翠莲(女)　崔山原　梁天运
雷健坤(女)　樊奋强　樊洪平　薛凤奎
秘书长　雷健坤(女)

中国共产党临汾市第四次代表大会
副秘书长名单

(2016年9月25日中国共产党临汾市第四次代表大会主席团第一次会议通过)

黄翠莲(女)　张晓永　李新春　郭行杰　扈新起

【当选名单】

中国共产党临汾市第四届委员会
书记当选名单

（2016 年 9 月 28 日中国共产党临汾市第四届委员会第一次全体会议选举产生）

岳普煜

中国共产党临汾市第四届委员会
副书记当选名单

（2016 年 9 月 28 日中国共产党临汾市第四届委员会第一次全体会议选举产生）

刘予强　雷健坤（女）

中国共产党临汾市第四届委员会
常委当选名单

（2016 年 9 月 28 日中国共产党临汾市第四届委员会第一次全体会议选举产生，共 11 名）

岳普煜　刘予强　雷健坤（女）　张建平
张晓永　王振宇　王振富　李新春　李朝旗
陈　纲　郭行杰

中国共产党临汾市纪律检查委员会
书记、副书记、常委名单

（2016 年 9 月 28 日中国共产党临汾市第四届委员会第一次全体会议通过）

书　记　张晓永
副书记　樊奋强　任建英（女）　成　功
常　委　杜斌生　刘建勇　杨吉山　安海清
任晓东

中国共产党临汾市第四届委员会委员名单

（2016 年 9 月 28 日中国共产党临汾市第四次代表大会第三次全体会议选举产生，按姓名笔画排序，共 56 名）

马德荣　王　兵（女）　王天郎　王延峰　王金龙
王振宇　王振富　王晓民　王煦杰　韦　阳
牛少白　毛跟云　史全喜　冯　珍（女）　加天山
吉守斌　乔飞鸿　乔建军　任天顺　刘　浩
刘　锋　刘予强　闫建国　李　强　李艾珍（女）
李亚丽（女）　李建国　李朝旗　李新春　杨春权
杨保春　狄学飞　张安文　张建平　张晓永
陈　纲　陈小洪　郇惠俊　苑　涛　范洋平
岳普煜　郑步电　郝忠祥　郝献民　段慧刚
秦国杰　郭行杰　郭惠勇　崔山原　扈新起
傅遵师　雷健坤（女）　解高民　翟瑞卿
樊洪平　薛凤奎

中国共产党临汾市第四届委员会
候补委员名单

（2016 年 9 月 28 日中国共产党临汾市第四次代表大会第三次全体会议选举产生，按得票多少排序，得票相等的，按姓氏笔画排序，共 11 名）

乔悟生　王　栋　白建成　杜　敏　李学锋
杨玉果（女）张　莉（女）　郝德彪　郭　波
葛　宏　董凤妮（女）

中国共产党临汾市纪律检查委员会
委员名单

（2016 年 9 月 28 日中国共产党临汾市第四次代表大会第三次全体会议选举产生，按姓氏笔画排序，共 33 名）

丁春明　王卫成　王林波　亢大勇　邓云峰
成　功　任建英（女）　任俊杰　任晓东　任鹏伟
刘建勇　刘俊贤（女）　刘恩和　安海清　杜斌生
杨吉山　杨根记　何建雄　张晓永　张朝阳
陆建平　陈东楷　赵顺兆　晋红峰　栗俊昌
高　涨　高国荣　黄海华　崔文学　程　军
焦宏文　熊伟星　樊奋强

临汾市出席中国共产党山西省第十一次
代表大会代表名单

（2016 年 9 月 28 日中国共产党临汾市第四次代表大会第三次全体会议选举产生，按姓名笔画排序，共 57 名）

马世晓　王兰珍（女）　王江琴（女）　王志芳（女）

王奇宁　王明正　王金龙　王海鸣　王煦杰
牛元平(女)　毛跟云　史全喜　加天山
朱　莉(女)　乔悟生　任天顺　刘　浩
刘　锋　刘予强　齐建国　闫志明　李　强
李文革　李亚丽(女)　李国忠　李洪耀　李新春
杨春权　杨新莉(女)　狄红红(女)　张艳华(女)
张晓永　陈　纲　陈　晶(女)　罗清宇　岳普煜
郑仙荣(女)　郑步电　单兵(女)　房　晓(女)
郝忠祥　郝献民　胡双印　贺星龙　高　冰(女)
郭惠勇　盛茂林　常爱红(女)　崔山原
崔微微(女)　扈新起　尉建国　雷健坤(女)
廉鹏　窦兴华　樊洪平　薛凤奎

【会议决议】

中国共产党临汾市第四次代表大会关于中共临汾市第三届委员会工作报告的决　议

中国共产党临汾市第四次代表大会审议通过了岳普煜同志代表中共临汾市第三届委员会所作的工作报告。

大会充分肯定了三届市委的工作,完全同意报告对过去五年的总结和评价。五年来,三届市委在党中央和省委的坚强领导下,紧紧依靠和团结带领全市干部群众,深入学习贯彻党的十八大、十八届三中、四中、五中全会精神和习近平总书记系列重要讲话精神,认真落实省委各项决策部署,始终保持政治定力、发展定力、实干定力,统筹推进经济建设、政治建设、文化建设、社会建设和生态文明建设,全面从严管党治党,总体完成了市三次党代会确定的主要目标任务,综合实力迈上新台阶,城乡面貌发生新变化,生态建设取得新成效,改革开放呈现新气象,群众福祉获得新增进,文化建设开创新局面,民主法治实现新发展,党的建设得到新加强,为全面建成小康社会奠定了坚实基础。

大会一致赞同报告关于今后五年工作的总体要求、目标任务和各项措施。今后五年是全面建成小康社会的攻坚期、决胜期,是实现临汾振兴崛起的历史机遇期,必须高举中国特色社会主义伟大旗帜,全面贯彻党的十八大和十八届三中、四中、五中全会精神,深入学习贯彻习近平总书记系列重要讲话精神,统筹落实"五位一体"总体布局和"四个全面"战略布局,按照省委"一个指引、两手硬"的重大思路和要求,坚持以经济建设为中心,坚持新发展理念,坚持全面从严治党,大力实施"345"战略,决胜全面小康,实现振兴崛起,努力建设富裕、文明、绿色、幸福新临汾。

大会提出,要建设中西部经济、文化、生态"三个强市"。建设经济强市,就是坚持以经济建设为中心,聚精会神抓好发展第一要务,到2020年,地区生产总值和城乡居民人均收入比2010年翻一番,主要经济指标人均水平进入中西部地级市前20名。建设文化强市,就是坚持把提升文化软实力作为全面建成小康社会的重要内容,大力发展文化事业和文化产业,努力打造文化旅游战略性支柱产业,叫响"中国根？黄河魂"旅游品牌,打造世界华人寻根祭祖圣地。建设生态强市,就是坚持把生态建设作为增强区域竞争力、提升群众获得感的内在要求和重要抓手,创建国家卫生城市、国家环保模范城市、国家园林城市。

大会提出,要抓好脱贫摘帽、项目建设、优化环境、总体安全"四大攻坚"。要以促进贫困人口增收为核心,大力实施十大扶贫工程,按既定时间节点打赢脱贫攻坚战;要认真研究国家、省投资方向和产业政策,大力实施一批带动力强、成长性好的重大标杆项目;要牢固树立"环境就是生产力、环境就是竞争力"的理念,全方位、全过程、全要素优化我市发展环境;要坚持以习近平总书记"总体安全观"重大思想为指导,突出抓好政治安全、生产安全、社会安全,确保全市大局安全稳定。

大会提出,要全面贯彻新发展理念,走出符合临汾实际的"五条路径"。要坚持崇尚创新,走出摆脱资源依赖、产业转型升级的新路径;更加注重协调,走出县域均衡发展、城乡一体推进的新路径;大力倡导绿色,走出既要金山银山、又要绿水青山的新路径;持续厚植开放,走出要素充分涌流、活力竞相迸发的新路径;全面推进共享,走出优先保障民生、增进群众福祉的新路径。

大会强调,要全面从严治党,坚决担当不忘初心继续前进的政治责任,全面构建良好政治生态,全面提高党的建设科学化水平。要加强思想政治建设,夯实执政为民的思想根基;要加强干部队伍建设,锻造推动发展的中坚力量;要加强基层组织建设,构筑坚强有力的战斗堡垒;要加强党风廉政建设，构建风清气正的政治生态；要加强干部作风建设，营造干事创业的良好氛围，为实现临汾振兴崛起提供坚强的组织保障。

大会强调，民主法治是全面建成小康社会的重要基础，要健全党委总揽全局、协调各方的领导体制和工作机制，坚持和完善人民代表大会制度，坚持和完善中国共产党领导的多党合作和政治协商制度，深入推进法治临汾建设，加大依法行政力度，加快建设法治政府，最大限度凝聚起一切有利于临汾发展的积极因素，形成万众一心、共谋发展的良好局面。

大会号召，全市各级党组织、广大党员要紧密团结在以习近平同志为总书记的党中央周围，高举中国特色社会主义伟大旗帜，团结和带领全市人民，不忘初心，继续前进，决胜全面小康，实现振兴崛起，为建设富裕、文明、绿色、幸福新临汾而努力奋斗！

中国共产党临汾市第四次代表大会关于中共临汾市纪律检查委员会工作报告的决议

中国共产党临汾市第四次代表大会审查、批准中共临汾市纪律检查委员会的工作报告。大会充分肯定了第三届中共临汾市纪律检查委员会的工作。

大会认为，市第三次党代会以来，在省纪委和市委的坚强领导下，全市各级纪检机关认真履行党章赋予的职责，深入贯彻落实中央和省、市工作部署，保持政治定力，聚焦中心工作，强化监督执纪问责，正风肃纪，反腐惩恶，不敢腐的震慑作用有效发挥，不能腐、不想腐的效应初步显现，党风政风和社会风气发生了积极变化，从严管党治党取得重大阶段性成效。

大会要求，全市各级纪检机关要深入贯彻党的十八大和十八届三中、四中、五中全会精神，认真贯彻习近平总书记系列重要讲话精神，坚持“巩固、深化、提高”的方针，落实省纪委和市委工作部署，忠诚履行党章赋予的职责，坚持全面从严治党“一条主线”，强化监督、执纪、问责“三项职能”，深入推进纪律建设、责任落实、纠正“四风”、纪律审查、巡察监督、基层反腐、自身建设“七大任务”，全面构建良好政治生态，为建设富裕、文明、绿色、幸福新临汾提供坚强纪律保障。

大会强调，全市各级纪检机关要紧密结合实际，严明党的政治纪律，坚定不移维护党规党纪权威；强化“两个责任”意识，毫不动摇夯实管党治党根基；深入推进作风建设，着力构建纠风治乱长效机制；加大纪律审查力度，始终保持惩治腐败高压态势；始终坚持问题导向，充分发挥巡察监督震慑效应；强化重点领域监督，全心全意维护群众切身利益；深化体制机制改革，努力打造忠诚干净担当纪检队伍。

大会号召，全市各级党组织和纪检机关要紧密团结在以习近平同志为总书记的党中央周围，高举中国特色社会主义伟大旗帜，在省纪委和市委的坚强领导下，不负重托、不辱使命，不忘初心、继续前进，不断开创党风廉政建设和反腐败斗争新局面，全面构建良好政治生态，为建设富裕、文明、绿色、幸福新临汾做出新的更大贡献！

【中共临汾市第四届委员会书记、副书记简历】

岳普煜同志简历

岳普煜，男，汉族，1959 年 10 月生，山西太原人，研究生学历，工学博士，成绩优异的高级工程师。1982 年 5 月参加工作，1985 年 9 月加入中国共产党。

参加工作后曾任太重(集团)有限公司设计院院长；1997 年 6 月任太重(集团)有限公司总经理助理兼研究院党委副书记、院长；2000 年 4 月任太重(集团)有限公司副总经理(期间：1997 年 9 月至 2000 年 8 月在燕山大学机械工程学院学习，获工学硕士学位)；2001 年 1 月任太重(集团)有限公司党委常委、副总经理；2002 年 4 月任太重(集团)有限公司党委常委、副总经理，太原重工党委书记、董事长；2003 年 4 月任太原重型机械集团有限公司党委常委、副董事长、总经理，太原重工党委书记、董事长(期间：2005 年 9 月至 2008 年 7 月在太原理工大学机械设计与理论专业学习，获工学博士学位)；2009 年 1 月任太原重型机械集团有限公司党委书记、董事长、总经理；2009 年 3 月任太原重型机械集团有限公司党委书记、董事长；2012 年 1 月任临汾市委副书记、代市长；2012 年 3 月任临汾市委副书记、市长；2016 年 4 月任临汾市委书记；

2016年9月当选为临汾市第四届市委委员、常委、书记。

刘予强同志简历

刘予强，男，汉族，1963年1月生，山西阳城人，大学学历，工商管理硕士。1981年9月参加工作，1984年12月加入中国共产党。

参加工作后曾任高平市委副书记；2001年8月任晋城市城区区委副书记、代区长；2002年3月任晋城市城区区委副书记、区长；2005年7月任泽州县委书记；2010年4月任省监察厅副厅长；2013年6月任忻州市委常委、纪委书记；2015年8月任临汾市委常委、纪委书记；2016年5月任临汾市委副书记、代市长、市政府党组书记；2016年9月当选为临汾市第四届市委委员、常委、副书记。

雷健坤同志简历

雷健坤，女，汉族，1971年12月生，山西大同人，研究生学历，哲学博士，副教授。1999年7月参加工作，1992年12月加入中国共产党。

参加工作后曾任中央党校哲学部中外哲学教研室教师、副教授；2002年10月至2003年3月在省纪委、监委工作(挂职)；2003年3月至2003年12月任省纪委、监委办公厅副主任(挂职)；2003年12月至2005年9月任省纪委、监委副秘书长(挂职)；2005年9月任共青团山西省委党组成员、副书记(期间：2004年9月至2006年9月在中国社会科学院应用经济学专业从事博士后研究工作；2008年3月至2009年1月在中央党校中青年干部培训班学习)；2011年8月任朔州市副市长；2013年12月任朔州市委常委、副市长；2014年1月任朔州市委常委，市政府党组副书记，副市长；2016年7月任临汾市委副书记；2016年9月当选为临汾市第四届市委委员、常委、副书记。

【中共临汾市第四届委员会常委简历】

张建平同志简历

张建平，男，汉族，1963年7月生，山西霍州人，中央党校研究生学历。1985年7月参加工作，1985年7月加入中国共产党。

参加工作后曾任省信访干部培训中心副主任，省委省政府信访局助理调研员(期间：1999年8月至2001年12月在中央党校函授本科经济管理专业学习)；2002年6月任省委、省政府信访局办信处调研员(期间：1999年5月至2004年6月挂职任永济市副市长)；2004年11月任省委、省政府信访局办公室主任(期间：2003年9月至2006年7月在中央党校在职研究生经济管理专业学习)；2010年12月任省委、省政府信访局副局长；2016年7月任临汾市委常委；2016年8月任临汾市委常委、统战部部长；2016年9月当选为临汾市第四届市委委员、常委。

张晓永同志简历

张晓永，男，汉族，1972年11月生，安徽界首人，研究生学历，法学博士，教授。2001年7月参加工作，2003年4月加入中国共产党。

参加工作后曾任北京交通大学人文社会科学科研管理办公室主任兼科技处副处长(期间：2006年1月至2007年12月挂职任安徽省滁州市司法局副局长)；2009年1月任中共北京市委政法委党校、北京政法职业学院应用法律系主任(期间：2009年10月至2010年4月挂职任北京市通州区信访办主任助理)；2011年4月任山西大同大学副校长；2014年2月任山西大同大学党委委员、纪委书记；2015年12月任山西大同大学党委副书记；2016年7月任临汾市委常委、纪委书记；2016年9月当选为临汾市第四届市委委员、常委、市纪委书记。

王振宇同志简历

王振宇，男，汉族，1973年11月生，山西沁源人，研究生学历，法学硕士，高级管理人员工商管理硕士。1996年8月参加工作，1995年11月加入中国共产党。

参加工作后曾任省国际电力集团产业部经理；2005年11月任省农村信用社联合社信贷业务管理部总经理(期间：2005年8月至2008年6月在山西财经大学经济法专业学习)；2009年10月任

省农村信用社联合社太原办事处党组书记、主任；2011年4月任省工商行政管理局党组成员、副局长(2012年7月被北京大学国家发展研究院授予高级管理人员工商管理硕士学位)；2013年5月任临汾市副市长、市政府党组成员；2016年9月当选为临汾市第四届市委委员、常委。

王振富同志简历

王振富，男，汉族，1964年11月生，辽宁盖州人，大学学历，管理学学士。1983年9月参加工作，1985年1月加入中国共产党。

参加工作后曾任山西省军区政治部干部处副团职干事、副处长；2002年9月任山西省军区政治部干部处处长；2006年9月任山西省运城军分区政治部主任；2007年11月任太原陆军预备役高炮旅政委；2010年10月任山西省军区政治部副主任；2011年1月任山西省临汾军分区政委；2013年12月任临汾市委常委、军分区政委；2016年9月当选为临汾市第四届市委委员、常委。

李新春同志简历

李新春，男，汉族，1970年9月生，山西怀仁人，研究生学历，工学学士，法学硕士。1993年7月参加工作，1990年11月加入中国共产党。

参加工作后曾任省委组织部干部综合处助理调研员、副处长；2009年4月任省委组织部干部综合处(青年干部处)处长(期间：2007年9月至2010年6月在山西财经大学经济法专业学习，获法学硕士学位；2010年10月至2013年6月兼任省考核办综合组组长)；2014年2月任省考核办专职副主任；2015年5月任临汾市委常委、组织部部长；2016年9月当选为临汾市第四届市委委员、常委。

李朝旗同志简历

李朝旗，男，汉族，1963年4月生，山西曲沃人，中央党校研究生学历。1982年9月参加工作，1984年9月加入中国共产党。

参加工作后曾任翼城县副县长、县委常委；2006年6月任浮山县委副书记、代县长；2007年4月任浮山县委副书记、县长；2009年8月任翼城县委书记；2012年12月任侯马市委书记；2014年4月任侯马经济开发区管委会主任、侯马市委书记；2016年1月任侯马经济开发区管委会主任、党工委副书记，侯马市委书记；2016年7月任侯马经济开发区管委会主任；2016年8月任侯马经济开发区管委会主任，临汾市委宣传部第一副部长；2016年9月任临汾市委宣传部第一副部长；2016年9月当选为临汾市第四届市委委员、常委。

陈纲同志简历

陈纲，男，汉族，1963年5月生，山西吉县人，省委党校研究生学历。1981年12月参加工作，1992年6月加入中国共产党。

参加工作后曾任临汾地区物资总公司党组成员、副总经理(期间：1999年8月至2001年12月在中央党校函授学院法律专业学习)；2005年1月任临汾市资产经营公司副经理；2005年5月任洪洞县副县长；2006年6月任大宁县委副书记、代县长；2007年5月任大宁县委副书记、县长；2008年5月任霍州市委副书记、市长；2009年8月任霍州市委书记、市长；2009年11月任霍州市委书记；2016年3月任临汾市副市长、市政府党组成员；2016年7月任临汾市副市长、市政府党组成员、尧都区委书记；2016年9月当选为临汾市第四届市委委员、常委。

郭行杰同志简历

郭行杰，男，汉族，1963年10月生，河南济源人，大学学历，工学学士，工商管理硕士。1984年8月参加工作，1984年7月加入中国共产党。

参加工作后曾任临汾市(县级)煤气化公司党委书记、总经理；1997年7月任临汾地区工商业联合会副会长、临汾市(县级)煤气化公司党委书记、总经理；1999年7月任临汾地区工商业联合会副会长、临汾市(县级)煤气化公司党委书记；2000年2月任临汾地区化学工业公司经理、临汾市(县级)煤气化公司党委书记；2000年4月任临汾地区化学工业公司党组书记、经理；2001年3月任临汾市化学工业公司党组书记、经理；2004年6月任临汾市国资委(经委)党委副书记、主任;2006年6月任乡宁县委副书记、代县长;2007年5月任乡宁县委副书记、县长;2008年3月任永和县委书记;2012年12月任翼城县委书记;2016年8月任临汾市委政法委书记;2016年9月当选为临汾市第四届市委委员、常委。

市委办公厅工作

【文秘工作】 2016年,临汾市委办公厅围绕大局,以文辅政,发挥参谋助手作用。强化大局意识、服务意识和责任意识,围绕市委的重大决策和中心工作,坚持从全局和战略的高度思考问题,研究工作,起草文稿。文稿写作方面,领会中央、省委、市委精神,完成领导讲话、综合材料、情况报告等各种文件起草任务。2016年,起草市委三届八次全会、市第四次党代会、全市脱贫攻坚大会、全市"两学一做"学习教育工作会议、全市农村工作会议、纪念中国共产党成立95周年暨"三优一先"表彰大会等会议领导讲话材料,起草市委常委会议主持词、常委会工作报告等文稿,约350余篇、80余万字。文件办理方面,坚持准确、及时、规范、简洁的标准,把好程序关、政策关、规范关、时效关,全年发各类文件248期(临办发电69期),约60000余份,接收上级文件382期,政府等部门转阅件150余期,传阅6300余人次,分发中央和省里文件20000余份,借阅上级文件119余次,归档上一年文件500余份。

【信息工作】 2016年,临汾市委办公厅强化意识,突出实效,做好信息服务工作。重视信息工作,围绕"紧贴中心、服务决策、加强调研、提高质量"的工作思路,研究信息工作发展的新规律,围绕热点、难点问题收集资料,编写高质量信息,为市委决策提供全方位、多领域、多角度的信息服务。全年收集各县(市、区)、市直单位报送信息1万余条,编辑《山西临汾信息》《临汾信息》调研信息100余期,300余条,中央办公厅、省委办公厅采用信息50条,完成全年工作任务。加强社情民意工作,全年编发《社情民意季报》四期,办理网友在"人民网——地方领导留言版""黄河新闻网——我对领导有话说"两个栏目反映的问题;接收省转办(社情民意)件108件,转办率达到100%,督办率100%,办结率100%。

【会务值班工作】 2016年,临汾市委办公厅严谨周密,统筹兼顾,提升综合协调能力。注重顾全大局、统筹兼顾、综合权衡、周密部署,协调上下级之间、四大班子之间、军地之间、县(市、区)之间、部门之间关系,统筹各种力量和资源,形成贯彻落实市委决策部署的强大合力,保证市委机关的高效运转和各项任务的开展。会务工作方面,组织各类会议,承办市级会议42次;组织市委常委会37次;配合其他部门协调组织各类会议80余次。组织协调中央、省级、市级领导调研、检查指导、走访慰问、会见等各类公务活动54次。办理各类请示报告卡519次。值班工作方面,坚持"早报告、早处置、早上报"的原则,坚持24小时专人在岗值班,确保值班电话不漏接,在突发事件信息上注重时效,及时收集,按时报送。全年接报各类突发公共事件246件,其中涉及秘密文件69件,涉及网上舆情文件40件,上报省委14件;为市委领导外出向省委报送报备10件,接收各县(市、区)及各市直单位领导外出报备1266件。

【督查工作】 2016年,临汾市委办公厅围绕市委决策部署,着眼市委重点工作,群众关注的热点问题,加大力度,主动作为,创新方式。开展决策督查,组织开展春节期间暗访巡查、"冬季行动"推进督查、民生领域的暗访抽查,全市落实中央八项规定精神和"两个责任"工作情况等各类督查,结合督查结果,撰写《督查专报》20期,编发《督查通报》2期。加大领导批示件督办力度,按照"一事一办、专人负责"的原则,创新工作方式,采取现场督办、电话督办等方式,全年办理省、市领导批示件51件。其中,省领导6件,市领导45件;督办件39件,转办件12件。做好政协提案办理工作,承办市政协提案56件,办理过程中实行"五定"工作制度,遵循交办、办理、审查、答复和总结五项程序,对提案建议建立明细台账,逐件督促落实,确保办理工作落在实处,取得实效。

【机要工作】 2016年,临汾市委办公厅从严要求,确保高效,机要工作安全无误。以"高标准、严要求、保安全、保畅通"为主线,按照有关工作条例,从严管理,从严要求,在密码通信、信息化密码保障、密码管理和党委系统信息化建设上取得新成绩，确保密码通信工作的绝对安全和绝对畅通。机要工作推进制度创新，健全完善各类管理规定，加强对密码通讯主渠道的优化升级和系统改造，强化机要干部队伍建设，提高密码干部的综合素质，完成密码通信任务。全年收发报14369份。

（陈波轶）

信访工作

【概述】 2017年，临汾市信访工作在按照中央、省、市关于信访工作部署要求，以“责任信访解民忧”主题活动为载体，以控制和减少群众赴省集体访、进京非正常上访为重点，以“事要解决”为核心，推进信访工作制度改革，深化阳光信访、责任信访、法治信访，维护群众合法权益，维护社会稳定大局，完成省定、市定目标考核任务。受理省信访局交办重点案件19案，全部办结；办理市领导批示件和自列案件14案，全部办结。网上信访受理上级交办投诉件353件，到期办结率100%。全年编发上报《信访信息》17期39条、上报调研文章23篇，62条（篇），被《山西信访》采用44条（篇），采用率在全省名列前茅。

【目标考核】 2016年，临汾市信访局办理、接待群众来信来访6668件次，比2015年同期8971件次下降25.7%。发生群众到市集体上访238批5254人次，与2015年同期286批7197人次相比，批数下降16.8%、人数下降27%。发生群众赴省集体上访24批277人次，与2015年同期26批308人次相比，批数下降7.7%、人数下降10.1%。发生群众进京非正常上访65人次，在全省排第8位（信访量越少排位越靠后），比2015年同期146人次相比下降55.5%。赴省集体访和进京非正常上访两项指标，完成目标考核任务。

【关键节点信访维稳】 2016年，临汾市信访局在全国“两会”“G20”峰会、十八届六中全会、省党代会等重要节点，实现山西省委提出的“三个不发生”（确保不发生大规模进京集体上访、确保不发生因信访问题引发的极端事件、确保不发生因工作不当引起的负面炒作）工作目标，受到省驻京工作组的通报表扬。

【“责任信访解民忧”主题活动】 2016年，临汾市信访局开展的“责任信访解民忧”信访主题活动，围绕“四无”目标（无重复赴京非正常上访、无重复赴省集体上访、无重复赴市集体上访、无信访积案的“四无”县）总要求，督促各级各部门压实责任主体解决问题、化解矛盾的责任，化解“旧”案，控制“新”案，增加和谐因素，减少不和谐因素，做到“小事不出村、中事不出乡、大事不出县、信访不上行”。活动开展一年，完成考核指标，解决一批信访积案，全市呈现出信访总量、到市集体访、赴省集体访、进京非正常访全面下降、信访形势好转，“四无”县市9个（安泽、古县、蒲县、乡宁、吉县、大宁、隰县、临开、侯开）。

【开展“一交办三治理”】 2016年，临汾市信访局开展一交办三治理活动（信访积案大交办暨重复信访事项、重点领域信访突出问题、信访秩序专项治理）。临汾市坚持把市、县领导包案作为解决信访问题专项治理的重要抓手，明确目标要求，落实包联责任，了解情况，分类处理，息诉罢访。加大督查督办力度，对交办的案件，定期进行督促检查。按照“三到位一处理”，即“诉求合理的解决问题到位、诉求无理的思想教育到位、生活困难的帮扶救助到位、行为违法的依法处理”的原则解决处理信访问题。严格程序依法终结，把涉法、涉诉信访事项从普通信访案件中分离出来，由政法机关依法处理、依法终结。省交办的27件重点案，化解25件，化解率93%，办结率100%（按照一交办三治理化解标准分为四种：一是息诉罢访的，二是按复查复核程序处理的，三是通过法定途径分类处理到位且不在信访渠道流转的，四是导入司法程序的，均视为已化解）。

【依法办访】 2016年，临汾市坚持依法行政，强化信访法治化建设。实施诉访分离制度改革。按照中央出台的《关于依法处理涉法涉诉信访问题的意见》要求，实行信访与诉讼分离，把涉法涉诉信访纳入法治轨道解决。对群众来信中反映的涉法涉诉问题一律不受理、不交办、不协调，转由政法机关依法按程序处理，让法律的归法律，信访的归信访。引导群众依法逐级走访。贯彻国家信访局《关于进一步规范信访事项受理办理程序引导来访人依法逐级走访的办法》，教育引导群众以理性合法的方式逐级表达诉求。对应到未到下级部门反映诉求的,或者下级部门正在处理且未超出法定时限的,或者信访事项已经终结的,按规定不予受理,打消一部分信访群众“信上不信下”的错误观念。落实依法分类处理群众信访诉求。制订《临汾市依法处理信访诉求清单汇编》,要求市直各部门对群众信访诉求认真甄别、合理分流、依法处理。信访部门与职能部门建立沟通反馈机制,发挥平台管分流、部门管办理、信访管监督、社会管评价的功能,确保群众信访事项有人接、有人管、有人办理。通过厉行法治,培育依法信访的法治观念和法治信仰,形成有利于做好信访工作的法治风尚和法治环境。

【严格“双向规范”】 2016 年,临汾市信访局依法规范信访工作行为。按照《信访条例》规定,提高各级国家公职人员的依法行政、依法办事水平,确保群众信访事项得到依法、及时、就地解决。对群众信访事项以及案件化解工作思想不重视、措施不得力、处置不妥当、引发大规模群体性上访的,或因失职、渎职、稳控不力造成进京非访的,进行责任追究。“9·5”转业志愿兵赴省政府集体上访事件发生后,按照书记岳普煜的批示要求,成立由市联席办、市信访局、市纪委组成的“9·5”事件督查组,依据《山西省党员领导干部信访工作责任追究暂行办法》,组织处理 36 名国家工作人员,其中书面检查 26 人、诫勉谈话 8 人、严重警告处分 2 人。依法规范信访人的信访行为。依法打击违法信访行为,是维护信访秩序的有效手段。2016 年,全市群众进京非访登记人数为 65 人次,但加上劝出未登记的 59 人次 124 人次。对这些进京非访,坚持对有理无序的上访行为,先变无序为有序后再加以解决;对无理无序的上访行为,按照省政法委等五部门联合下发的《关于依法处理非正常上访行为的指导意见》(晋政发〔2015〕4 号),各级公安机关依法处置非访人员 122 人次,其中行政拘留 44 人次、警告 44 人次、训诫 31 人次、刑拘 2 人次。通过依法处置,在全社会形成“违法上访不但无助于问题解决,要受到依法追究”的正确导向。

【“阳光信访”】 2016 年,临汾市坚持把网上信访工作作为推进信访工作制度改革的首要工程,把打造网络投诉平台作为拓宽和畅通群众信访渠道的具体行动,2016 年建立“临汾信访网络投诉平台”“临汾阳光信访”为名的官方微信平台、手机 APP 平台,使群众足不出户就可以提出意见建议、反映诉求。市信访局通过 3 个网络投诉平台受理群众信访问题后,第一时间梳理汇总和分流处置,将这些问题直接导入国家信访信息系统,做到让“数据多跑腿,群众少跑路”,提升信访工作效率。全年接收国家、省转交网投件 769 件,到期办结率 100%。办理省交办网投积案 11 件,化解 9 件,化解率 82%,办结率 100%。市级投诉平台受理群众网投件 28 件,到期办结率 100%。网上信访成为群众信访的“直通车”、主渠道。构建查询评价体系,坚持把受理、办理和结果等通过网络公开,把办理群众利益诉求的工作置于群众的监督之下,实现信访事项的“可查询、可跟踪、可督办、可评价”。全市群众网上评价对信访部门满意度 82%,对责任部门满意度 73%。

(陈国元　侯武杰)

保密工作

【定密管理】 2016 年,临汾市保密局围绕定密管理、网络保密管理和涉密人员管理等“三大管理”,提升全市保密工作科学化管理水平。根据《国家秘密定密管理暂行规定》《山西省定密管理实施细则＜暂行＞》,起草《临汾市定密管理实施方案》,强化定密工作责任制落实,推进全市机关单位完善制定定密责任人报备,规范定密流程,落实定密责任。自定密责任人确定月报备工作开展以来至 2016 年底,全市有 113 个市直单位完成定密责任人报备工作。各县(市、区)保密行政管理部门对机关单位定密责任人进行报备。

【网络保密管理】 2016 年,临汾市保密局根据权责分工,配合省涉密网络测评中心参与涉密网络建设前期审查、专家评审、制度建设、现场测评等各个环节的工作。聘请专家,成立临汾市涉密信息系统专家评审委员会,对全市涉密网络建设方案开展论证。专家组多次参与市、县两级纪委系统、组织部系统和检察院系统涉密网络建设方案的评审,提出指导意见和改进措施。根据省测评中心安排,对全市 12 个县(市、区)的组织、纪检涉密网络节点进行现场测评。

【涉密人员管理】 2016 年,临汾市保密局按照国家保密局关于加强涉密人员保密管理有关要求，开展全市涉密人员分类确定和审查工作。统计和梳理汇总，在全市111个市直单位和17个县（市、区）确定涉密岗位，审查涉密人员。对涉密人员任职上岗培训、离岗脱密期管理、因私出国（境）提出要求。通过涉密人员分类确定和审查，理清全市涉密人员底数，筑牢保密管理基础，提高保密工作的针对性和有效性。

【保密培训】 2016年10月，临汾市保密局组织全市部分重点涉密单位和各县（市、区）保密行政管理部门负责人，参加国家保密工作协会在青岛市举办的全国保密科技博览会。展会期间，保密干部听讲座、参加专题论坛、参观保密科技产品展览，提高认识，开阔视野。10月30日至11月4日，按照省委组织部、省委保密办的干部培训计划安排，市、县两级保密局长及业务骨干21人，在四川大学国家保密学院参加保密工作专题培训。提高保密教育覆盖面，提高全市保密专兼职干部的业务水平与业务能力，11月16日至18日，举办全市保密干部专题培训班，全市17个县（市、区）委保密委员会领导、保密局长和120多个市直单位分管保密工作领导、保密干部260余人参加培训。市委秘书长扈新起参加培训开班式，作动员讲话。邀请南京大学国家保密学院、天津大学国家保密学院三位教授授课，讲解信息化条件下保密防范、保密管理与信息公开及互联网泄密风险评估等课程，设置窃密与反窃密技术攻防演示，学员们学习理论，感触日常工作中的泄密风险与窃密行为。

【科技支撑】 2016年，临汾市保密局加大保密科技装备投入，丰富保密技术手段。运用3个保密监管平台开展网络保密检查，2016年7月对监控机房进行安全改造，按照省委保密办、省国家保密局的要求，制定监控平台的技术升级改造方案，提交给市政府。践行保密工作“专群结合”的原则，加强保密专业部门科技建设，注重发挥各机关单位自我建设、自我完善的作用，自2015年年底开始，推动全市机关单位结合保密自查自评工作配备必要的检查工具、保密安全防护设备，截至2016年年底，市、县两级机关单位配备保密技术检查工具软件40余套，“三合一”保密安全防护设备近200台。加大保密科技服务和保障力度，为市委常委会议室安装配备无线信号屏蔽仪，为国家教育统一考试、组织人事考试提供保密安全服务7次，开展涉密载体销毁服务，2016年运输、监销纸介质涉密载体近6吨，收缴封存电磁介质涉密载体20多个。

【保密检查】 临汾市保密局把开展保密检查作为促进工作任务落实的重要手段。2016年，完成好国家教育、司法、卫生及资质单位保密检查等年度常规检查任务，把《机关单位保密工作自查自评》的落实作为重点来抓，推动全市机关单位保密工作自我完善、自我进化、自我规范。印发《关于进一步做好机关单位保密自查自评工作的通知》（临保办（局）发〔2016〕1号），制定自查自评工作实施方案，成立自查自评工作领导小组，要求市、县两级机关单位开展自查自纠。5月，下发抽查通知，组成专项检查组，对翼城、侯马、乡宁、吉县、霍州、安泽、古县等7个县市和市纪委、市委组织部、市委政法委、市中级人民法院、市水利局等5个市直单位，进行抽查，向受检单位提交书面反馈意见。12月27日至28日，配合省委保密办自查自评督查组，对市委政法委、市统计局保密自查自评工作进行抽查。抽查重点部门部位62个、涉密网络2个、涉密计算机22台、非涉密计算机130台，移动存储介质19个，涉密文件近500份。

组织工作

【“两学一做”】 2016年，临汾市委组织部创建“三在一平台”特色载体，推动党内政治生活抓在日常，严在经常。市委常委会带头示范，各级党组织开展学习研讨82824次，讲党课20706次，培训基层党务骨干582次13000余名，组织闭卷测试1000余场次，10万余名党员关注“临汾党员先锋号”，参加在线知识竞赛，召开庆祝建党95周年表彰大会，党员干部受到党性教育和思想洗礼。各级党组织开展主题党日活动51807次，组建300个工作组、272名县级党员领导干部包联帮扶295个软弱涣散村，1004个工作组驻村帮扶662个建档立卡村，1249名党员干部进入445家企业开展服务，解决问题753个，党员参与志愿服务活动12万余人次，解决问题10万余个，党员的先锋模范作用可视可感。从基础工作抓起，从基本制度严起，把全面从严治党要求落实到每个支部、每名党员，推进基层党建7项重点任务；5109名失联党员重新纳入组织有效管理；依法依纪处理1581名违纪违法党代表和党员；411个未按期换届的基层党组织完成换届；对党费收缴工作开展专项检查，补交党费489万余元；4395家非公企业和636个社会组织实现党的组织覆盖，覆盖率分别73.88%、59.38%，走在全省前列。

临汾市“两学一做”学习教育工作会议

【换届工作】 2016年，临汾市委组织部对8个县的28个人大政协班子空缺岗位补实配齐，提前充实16个县公检法“三长”41名。启动县(市、区)长换届人选选配工作。提前将个人有关事项申报范围拓展到3000多名在职正科级实职干部，对其中的2026人抽查核实，为推进换届打足提前量。按照全市上下“一盘棋”的思路，牵住人事安排这个“牛鼻子”，采取“先行酝酿、分步实施、差额选配、有序对接”的办法，上下协调统筹考虑换届人选，县乡联动同步选配优秀干部，对37名拟提拔乡镇正职干部作过渡性安排，确保新任乡镇正职提前到位；对141名县级班子空缺岗位先行配备，缓解集中换届人事调整压力。从严压实“五个责任主体”，把握换届工作主导权。从严审查把关，市县两级对562名县级干部和2675名科级干部开展“六查”，防止“带病提拔”“带病当选”。从严纪律要求，市县两级制定纪律文件36个，与12000余名换届人选签订承诺书，组织21079名干部观看警示教育片，省市县三级组建100个督导组开展7轮全过程督导，做到乡乡到、场场到，指导整改隐患问题2000余个。突出重视基层一线导向，县级换届提拔干部162名，来源于县(市、区)的133名，占82.1%，其中有乡镇党政领导经历的103名，占77.4%；直接来源于乡镇党政正职的49名，占36.84%。突出优化结构的导向，选拔40岁左右的干部51名，35岁左右的干部8名，绝大多数县党政班子配备2至3名以上女干部，县级政府班子配备党外干部6名。突出按需配备的导向，从市直综合、经济、涉农等部门选拔19名业务骨干，从其他县调整13名有攻坚能力、有带富本领的干部，重点充实到5个国定贫困县党政班子；选配7名公安局长担任副县(市、区)长，做到应配尽配、能进则进；对统战任务重的5个县全部配备县委常委担任统战部长，其他均为县委副书记兼任统战部长。突出有序交流的导向。在保证每个县党政班子成员本地干部不少于3名的基础上，做到能交流的尽可能交流，优化班子结构。县级换届，配备党政班子成员247名，新提名202名，调整面81.78%。抓住“关键少数”，采取“三推三差额”办法择优选拔11名县(市、区)长。严把“十道关口”，竞争性选拔30名优秀年轻干部，重点充实到县(市、区)任职。中央、省委表彰的12名优秀乡镇党委书记全部提拔重用，其中1名直接提拔为县长，1名提拔为常务副县长，7名提拔为党政班子成员。乡镇换届，配备干部1574名，其中新提拔545名，交流548名，继续留任481名。选拔“三类人员”203名，其中农村支部书记49名。市级换届，探索扩大民主新形式，首次使用电子计票，在新代表占75.6%的情况下，新一届市委书记、副书记、常委和市纪委书记、副书记、常委均全票当选。

【干部队伍长管长严】 2016年，临汾市委组织部创新拓展教育培训，解放干部思想。市县两级举办党校主体班次142期，培训干部38088人次，完成市县两级十八届六中全会和省十一次党代会精神集中轮训，市委举办6期，培训县处级干部1234名；在复旦大学、浙江大学、华东政法大学、贵州组干学院等培训基地举办高端培训13期，培训县乡两级重要岗位干部837人次。以县处级干部为主体，采取“短实快”培训模式，利用周末举办专题讲座15期，培训3000余人次。各县(市、区)举办大型讲座167场，培训干部48391人次。严格日常监管抓早抓小，教育干部明规守矩。运用监督执纪“四种形态”，全市有469名干部受到组织处理，其中提醒356名、函询74名、诫勉谈话39名，使抓早抓小、咬耳扯袖、红脸出汗、组织处理成为常态。“三个一批”常态推进，严防干部“带病提拔”。对941名县处级干部、3291名科级干部开展“六查”，处理惩治不廉洁乱作为干部75名，掌握使用敢担当善作为干部1401名；坚持“凡提四必”，8名干部因档案涂改等原因取消选拔或提名资格，把有“硬伤”的干部挡在门外。树立正确用人导向，推进干部能上能下。落实好干部标准，2016年市委任免干部925名，其中提拔549名，交流268名；全市调整“下”的干部473名(其中到龄免职退休297名、任职届满离任57名、问责追究4名、调整不适宜担任现职3名、因健康原因不担任职务25名、违纪违法受处分17名、自愿辞职70名)，“能者上、庸者下、劣者汰”的用人导向鲜明形成，实现干部选任的常态化。严肃整治干部超配，整改消化超职数配备干部1486名，全市超配的副科级以上领导干部全部得以调整消化。

【脱贫攻坚】 2016年，临汾市委组织部坚持“抓好党建促扶贫、检验党建看脱贫”，共担党建职责，推进脱贫攻坚，脱贫攻坚与基层党建共促双赢。创新述职明责任。创新县委书记党建述职方式，采取“10分钟工作视频展示+3分钟县委书记问题分析+市委书记点评+重点任务考核结果图表公示+参会人员综合测评”的模式进行，使各县重点工作完成与否、投入多少、成效大小、位次排名一览无余，履责严不严、工作实不实、成效好不好一目了然，科学分配参评人员名额，合理划分测评对象类型，做到同台竞争、同层评判，确保评价的公正性。配强干部增活力。全市派出163支驻村帮扶工作队，选派912名“第一书记”，增派131名处科两级骨干、选聘99名大学生村官到村任职，调整58名贫困村党组织书记，整顿完成526个软弱涣散党组织，脱贫攻坚“三支力量”增强。夯实基础强保障。推进“千村破零行动”，运用财税、土地、金融、人才等政策，探索建立土地租赁、光伏发电、旅游电商、党建+合作社等路径，与干部选任、评先评优、岗位报酬挂钩，全市1813个集体经济“空壳村”全部“破零”，达到1万元以上，其中当年收入3万元以上达1096个，占全市行政村总数的37%；5万元以上达702个，占比24%。市县两级财政增拨1.6亿元，实现每村10万元、3000人以上村15万元、每个社区15万元经费保障。全市新建74个村级活动场所，197个社区活动场所达到200平方米以上。脱贫81856名贫困人口、退出182个贫困村，超额完成省定减贫任务。

全市发展村级集体经济“千村破零行动”工作推进会

【人才建设】 2016年，临汾市委组织部出台《临汾市引进高层次创新创业人才实施办法》，为高层次人才落户开辟“绿色通道”。开展“明日菁英”系列活动，将引才触角延伸到在校优秀学生。围绕引领脱贫攻坚、推进“三大突破”、建设“三个强市”，在清华大学、复旦大学和山东潍坊先后举办高端培训班，分类培训企业经营管理人才、文化旅游人才和农业人才155人次。举办2016年国家“千人计划”专家临汾行活动，邀请25位专家为临汾经济社会发展把脉会诊，签署合作意向47项。开展“双服务”活动，组织1105名专家深入到偏远贫困地区进行技术支持和对口帮扶。在市级媒体开设“优秀人才风采录”专栏，对136名优秀人才先进事迹进行集中宣传报道。

老干部工作

【政策支持】 2016年，临汾市各级党政领导重视老干部工作，中办发〔2016〕3号文件下发后，结合临汾市实际抓好贯彻落实。市委常委、组织部部长李新春提出的《以五大发展理念为指引，推动老干部工作持续向前发展》的工作思路，全文刊发在

《山西老干部工作》2016年第3期。年初市委在规范机关事业单位福利发放等事项的通知中,落实离退休干部慰问、丧事吊唁、住院探视等有关规定,明确老干部工作的政策界限,疏通和解决工作中的实际困难。

【领导走访慰问】 2016年,临汾市县各级党政领导、各级部门领导慰问、关心和服务老领导、老同志,在春节、重阳节等重大节日进行走访、慰问,召开迎春座谈会进行经济社会发展情况通报等。各级各界老干部心怀感动,畅谈变化,在力所能及的范围内为临汾政治、经济、社会发展献计出力。市县两级走访慰问老干部22652人次,送去慰问金(品)595.72万元。

四大班子慰问退休干部

【经费保障】 2016年,临汾市县两级离退休干部活动经费、党支部活动经费、特殊困难专项帮扶资金等各项费用列入财政预算,从经济上支持老干部工作,为老干部局工作提供经费保障,老干部工作正常开展。全年市县两级帮扶特殊困难老干部及遗孀545名,发放帮扶资金103.56万元,其中市直单位落实困难帮扶资金30万元。

【党组织建设】 2016年,临汾市县两级把离退休干部党组织建设纳入党建规划,加强离退休干部党组织建设,在"两学一做"学习教育中,把离退休干部"两学一做"和在职干部,同计划、同安排、同部署、同推进、同督促、同落实,确保老干部工作坚持以政治引领为重点的工作导向。市县两级举办离退休干部党支部书记培训班31次,培训离退休干部书记、委员1150人次。

【"不忘初心、夕阳更红"活动】 2016年,临汾市老干部局形成推动正能量活动的"不忘初心、夕阳更红"主题活动,向全市各级主要工作部门(者)、社会各界、广大离退休干部提出倡议,以"335"思路为抓手,推动活动开展。"3"即:在老干部工作部门、各级各界、离退休干部3个层面开展活动;"3"突出加强政治引领、服务保障、活动吸引"三个重点";"5"分别在老干部工作部门、社会各界开展"五个一"系列活动,即:在老干部工作部门开展"五个一"活动(发一份倡议书;开展一次普遍走访活动;从老干部的实际状况出发征集一批好建议;开展一次研讨活动;制定一个方案)引导正能量。在各单位中开展"五个一"活动(开展一次尊老敬老教育;开展一次手牵手活动;开展经常性的爱老助老活动;组织开展一次向老干部学习活动;向老干部做一次工作汇报)汇聚正能量。在离退休干部中开展"五个一"活动(参加一次公益活动;提一条意见建议;开展一次征文活动;做一次革命传统教育;带一批年轻干部)发挥正能量。离退休后参加社会活动的老同志做为活动"火炬手",组织到市委党校参加"火炬手"培训,举办7期培训班,近千名离退休干部参加培训。正能量活动开展以来,征求好的意见建议175条;开展手牵手活动2900人次;组织老干部开展革命传统教育、政策宣传、医疗服务、纠纷调解、治安巡查等各项活动12000多人次;收集征文稿件300余篇。

【离退休干部党委试点】 2016年,临汾市的离退休干部党工委工作试点为尧都区和曲沃县。尧都区的特点是创新组织设置,扩大老干部党支部覆盖面,在乡镇、街道办事处、社区和区直单位及老年大学成立老干部党支部36个,参加老干部党支部学习活动的离退休干部党员876名。曲沃县的特点是结合实际,以"居住区域为基础、兴趣爱好为组带,量力自愿为原则、特色发展为目标,逐步过渡为举措"的老干部党支部建设思路和模式,把县城原来根据居住地设置的党支部,归类合并成老干部通讯组党支部、老干部艺术团党支部、老干部晋文化研究会党支部等特色党支部。

【向王焕杰同志学习征文】 2016年,临汾市老干部局响应省委组织部、省委老干部局的号召,开展向王焕杰同志学习的专题活动。对此项工作进行安排，各县市、市直相关单位组织老干部工作者、老干部代表召开学习王焕杰增添正能量座谈会，对开展活动的时限、阶段、要求进行明确。全市老干部工作者、广大老干部都围绕王焕杰先进事迹，结合自身实际，参与征文撰写，营造学习王焕杰先进事迹的氛围。

【组织老干部活动】 2016年，临汾市各级涉老部门活动开展活跃。各涉老部门结合部门实际，把老同志组织起来，每年组织2至3次主题活动。老体协、关工委、老书协、老促会、门球协会工作连年在全国、省、市获奖。活动中心、老年大学组织活动活跃。市老年大学举办"不忘初心、夕阳更红"迎新音乐会音乐会、市老干部活动中心举办"不忘初心、夕阳更红"文艺演出；曲沃县老年大学邀请儒学孔海钦教授为老干部开展国学专题讲座；安泽县组织老年大学学员乡镇开展文体三下乡活动；侯马市老年大学志愿者团队开展"迎国庆"志愿服务活动等。市委老干部局举办全市老干部文化建设座谈会、老年书画笔会、纪念红军长征胜利80周年大型书画展，安泽、隰县、霍州、永和、吉县举办以"永远跟党走，唱响中国梦"等为主题的消夏晚会；襄汾县举办纪念建党95周年"庆七一"大型文艺晚会，参与演出老干部200余人；尧都区举办庆祝建党95周年革命传统教育报告会等；临汾市农委组织70余名退休老干部参观安泽县有机农业、优质核桃、道地连翘和生态畜牧现代农业示范园区。

（秦旭波）

宣传工作

【概述】 2016年，临汾市宣传思想文化战线围绕中心，服务大局，以习近平总书记系列重要讲话精神为引领，以宣传弘扬尧文化为主线，以培育和践行社会主义核心价值观为重点，凝聚正能量，唱响主旋律，各项工作取得新进步。

【党委中心组学习】 2016年，临汾市委宣传部传围绕学习宣传贯彻习近平总书记系列讲话精神、贯彻党的十八届六中全会精神、省十一次党代会精神、市四次党代会、市"两会"精神，结合"两学一做"活动，举办十八届六中全会等系列专题培训班。市委中心组集中学习18次，编发《理论学习动态》10期。

【意识形态工作】 2016年，临汾市委宣传部做好全市意识形态领域形势分析研判工作，下发《关于建立意识形态领域形势分析研判机制的通知》，成立分析研判小组、建立分析研判制度。安排各县（市、区）对意识形态工作责任制落实情况自查，要求针对找到的不足和问题，进行整改完善。

【理论宣传】 2016年，临汾市委宣传部组建宣讲团和宣讲小分队，深入基层开展党的十八届六中全会、省十一次党代会、市四次党代会、市"两会"精神的宣讲，理论教育覆盖面、普及率都有新提高。

【理论研究】 2016年，临汾市委宣传部的《山西省名优果品发展研究——以吉县、隰县为例》课题被山西省委宣传部列为重点课题。完成《帝尧之都、中国之源——尧文化暨德廉思想研讨会文集》山西省"百部(篇)工程"的项目申报工作。

【山西新闻宣传】 2016年，临汾市县两级新闻媒体和省驻临记者站相互联动、密切配合，开展学习习近平总书记系列重要讲话、十八届六中全会、省十一次党代会、市四次党代会精神等重大主题活动，开展产业转型、项目建设、脱贫攻坚、生态建设、文化强市、冬季行动、临汾民航通航、直通鼓楼南北街等专题宣传战役，提振改革发展信心。

市委常委、宣传部长李朝旗
为"好基地讲好故事"获奖单位颁奖

【社会宣传】 2016年，临汾市委宣传部制定《加强和改进先进典型学习宣传工作实施意见》《爱国主义教育基地考核细则》，开展爱国主义教育实践活动，"好基地讲好故事"活动影响广泛。举办市级爱国主义教育基地揭牌仪式、尧都区枕头抗战纪念馆揭牌仪式。市级“诚信示范店”和“诚信建设标兵”评选活动正式启动。尧都区龙潭社区入选全国100个社区宣传思想文化工作示范点，成为全省入围全国“百强”的两个社区之一。

【对外宣传】 2016年，临汾市委宣传部设计制作外宣折页《临汾》。配合中央电视台《远方的家》栏目组拍摄5集宣传片《中国之源·尧都临汾》，在央视国际频道播出，扩大对外影响，提升临汾形象。组织2期“新闻发言人舆情引导与危机传播控制培训班”。

【网络舆情】 2016年，临汾市委宣传部编送《网络舆情》274期，报送舆情信息5000余条。开展打击网上暴恐音视频清理等7项整治活动，依法依规管理互联网，维护网络信息安全。开通“临汾网信”微信公众号，编辑发送专版188期。妥善处置《蒲县“限期十天卖羊令”》等一批重大突发舆情，网络空间日渐清朗。在“山西省旅游发展大会主办权”评选活动中，引导广大干部群众为临汾加油，网络投票突破134万票，临汾市成功进入决赛，获得“最具人文体验和历史价值城市奖”。

【精神文明创建活动】 2016年，临汾市委宣传部发挥国家及省、市各类文明创建先进集体的引领示范作用，群众性精神文明创建活动引向纵深。临汾市“十大道德楷模”评选表彰、“最美人物(家庭)”评选、最美志愿者”评选表彰等活动启动，公民思想道德建设推进。

【道德模范评选】 2016年，临汾市洪洞县公安局退休职工郭世玉家庭入选第一届全国文明家庭，受到习总书记接见；市建行职工李红英荣膺全国岗位学雷锋“最美人物”，成为山西省获此殊荣的唯一代表；杨新胜、吴泽奎荣登2月“中国好人榜”；市老龄志愿公益协会、尧都区恒安社区分别获“全国最佳志愿服务组织”和“最美志愿服务社区”称号，临汾市志愿服务获奖数量位居全省第一。

【核心价值观教育】 2016年，临汾市委宣传部运用交通工具、路旗路标、建筑围栏等多种载体，播出“讲文明树新风”公益广告，形成全媒体、全方位、全覆盖。运用新媒介新载体，推广吉县微电影、尧都区微课堂引深核心价值观宣传教育的实践，组织开展核心价值观主题微电影制作和微课堂开设活动、微电影征集展示活动。

【志愿服务活动】 2016年，临汾市成立志愿服务队2000余支，开展“学雷锋树新风，志愿者在行动”等系列主题活动。召开全市志愿服务活动骨干暨“志愿云”系统培训班，是山西省唯一一家进行“志愿云”系统培训的地级市。

【未成年人思想道德建设】 2016年，临汾市委宣传部开展童心向党歌咏活动、向国旗敬礼、最美少年评选以及中华经典诵读活动。开展“扫黄打非”工作，加强校园周边环境治理。完成4所乡村学校少年宫的建设，全市乡村学校少年宫44所。

【陶寺遗址保护利用工作】 2016年，临汾市委宣部协调组织中国社会科学院考古研究所、省考古研究所、省博物院等10余名专家深度论证，研究确定遗址博物馆选址和建筑规模。协调组建博物馆理事会，召开第一届理事会。组织编制《陶寺遗址博物馆建设项目建议书》《临汾市陶寺遗址博物馆建设项目可行性研究报告》。完成陶寺博物馆项目立项，开展旅游道路规划方案研究制定工作。

【尧文化旅游招商系列活动】 2016年，临汾市委宣部以“华夏之根·文明之旅”为主题，举办尧文化旅游招商系列活动。举办帝尧文化·旅游·经济研讨会，来自中国社会科学院、中国先秦史学会、北京大学等知名院校数十名专家，围绕尧文化内涵与价值、传承与发展，围绕临汾市文化产业资源现状、发展对策和实践路径等重大课题，对“帝尧之都在陶寺、中国之源在临汾”达成共识，为文化旅游融合发展提出意见。举办陶寺遗址考古成果展、“华夏之根 中和风韵”书画摄影展、招商引资项目推介会、“围棋之源·圣尧杯”围棋大师邀请赛、“历法之源”天象观测体验等9项活动。活动得到新华社、《人民日报》《经济日报》《中国文化报》、中央电视台、中央人民广播电台等40多家媒体的关注，深入陶寺遗址进行实地观摩和集中采访报道。

【文化活动】 2016年，临汾市委宣部举办2016庆元旦暨“梨花奖”颁奖戏曲晚会、“美丽临汾”春节文艺晚会、第十一届广场文化消夏月活动、“戏曲精品进校园活动”。在侯马市举行全市“三下乡”活动启动仪式暨集中示范活动。组织省晋剧院《红高粱》和大同歌舞剧院话剧《热泉》在临汾市演出。

【文化惠民】 2016年，临汾市市博物馆、文化馆、奥体中心建设进展顺利。举办“大美临汾、群众文化基层行”百余场，深入农村、社区、厂矿、工地、学校、机关、医院、公园、景区、敬老院、军营，观众达

20余万人。市眉户剧团、蒲剧团、小梅花剧团在运城进行戏曲惠民交流展演。争取中宣部"村级文化服务中心"建设费168万元，用于临汾市5个国家级贫困县21个村乡镇综合文化服务中心项目建设。打通公共文化服务的"最后一公里"。

【文艺精品】 2016年，临汾市在山西省第十一届精神文明建设"五个一工程"评选中，全市7部作品获得优秀作品奖，市委宣传部获"五个一工程"组织工作奖：《尧颂》获优秀戏剧作品奖，《一乡之长》获优秀电影作品奖，《大能人解士美》获优秀电视动画片作品奖，《一双土布鞋》获优秀广播剧作品奖，《赤诚》获优秀歌曲作品奖，《生命教育读本》（青少年版）和《苍黄尧天》获优秀图书作品奖。完成大型历史文化丛书《三晋史话》临汾卷的出版任务。

【文化产业】 2016年，临汾市委宣传部促成文化产业与旅游产业的"嫁接"，完成省级文化产业专项扶持项目、省级特色文化产品资金申报工作。编制《临汾市文化体育发展"十三五"规划》《平阳生态保护实验区规划纲要》。制定《临汾市戏曲传承发展振兴实施意见》。组团参加第12届深圳文博会，签约30亿元，其中襄汾丁村民俗文化生态旅游小镇项目建设签约10亿元，襄汾宜居风情小镇项目建设签约20亿元。

附：

·获奖情况·

集体

临汾市委宣传部学习运用《时事报告》开展形势教育工作被中宣部宣传教育局、中宣部时事报告杂志社表彰；临汾市文明办在全省培育和践行社会主义核心价值观演讲比赛中被山西省文明办授予优秀组织奖；临汾市委宣传部被省委宣传部授予2016年度山西省调研信息工作先进单位；临汾市委宣传部文明办、宣传科报送的2篇宣传工作信息获山西全省宣传文化系统优秀信息；临汾市委宣传部被山西省委宣传部授予"五个一工程"组织工作奖

个人

临汾市委宣传部调研室王杰、刘增峰撰写的《关于进一步传承弘扬尧文化的调研与思考》获山西省优秀调研成果二等奖；临汾市委宣传部报送的《临汾市培育和践行社会主义核心价值观调研报告》（执笔：亢烨、李华锋）被中共山西省委宣传部评选为2016年度全省宣传思想文化优秀调研成果三等奖

讲师团工作

【概述】 2016年，临汾市委讲师团围绕市委宣传部工作目标责任分解和讲师团工作计划安排，以党建工作为抓手，以法治化建设为保障，紧扣宣讲主题，抓住党的十八大、十八届三中、四中、五中、六中全会精神和习近平系列重要讲话精神及省市党代会精神宣讲主线，利用政治理论宣传主阵地和主平台的作用，开展宣讲工作。

【理论学习】 2016年，临汾市委讲师团以学习习近平总书记系列重要讲话精神为主线和引领，开展党的十八大、十八届三中、四中、五中、六中全会及省市党代会精神的学习，通过对十八届三中、四中、五中、六中全会精神的学习，理解和把握"四个全面"战略布局，提高对全面依法治国、全面从严治党重要性的认识，明确省市党代会确立的奋斗目标就是六中全会精神在山西省临汾市的具体实践和实际运用。党的十八届六中全会召开前后，采取主动自觉预先学、网上搜索下载学、报刊杂志及时学、外出培训强化学、集中培训教化学等形式，先学一步，学早一步，学深一步，使大家在短期内对党的十八届六中全会精神特别是从严治党的重要意义有深刻的领会和全面的理解。六中全会闭幕，组织宣讲骨干参加人民大学举办的党的十八届六中全会精神高端培训班。开展对外宣讲，为市委常委中心组学习和市、县及有关部门进行多场次的学习辅导和学习讲座。以服务服从实际工作和群众需求为重点，发扬理论联系实际的学风，结合省市改革发展稳定的实际、党的建设的实际和干部群众的思想实际，引深理论学习，坚持用科学发展观战略思想武装头脑、指导工作、推动实践，以学习促宣讲，以宣讲带学习，提高全体人员的思想认识和觉悟水平。

【重大理论成果宣讲活动】 2016年，临汾市委讲师团按照全市"两学一做"学习教育进展时序安排，在党员干部学习活动中进行对照剖析查摆整改。为市委中心组两个环节的学习进行专题辅导。以习总书记系列重要讲话精神和"四讲四有"做合

格党员为重点,开展各种形式的宣讲活动。“两学一做”活动期间应各级各部门邀请组织各类宣讲120余场,听讲人员2万余人次,强化“两学一做”活动的学习效果。2016年,临汾市委讲师团在市委中心组学习会上,为市委常委进行六中全会专题辅导学习,抽调理论骨干赴人民大学参加六中全会精神高端培训班,为开展宣讲奠定理论基础。11月21日、30日,参与和配合组织省委宣讲团成员省委宣传部副部长杨茂林、省委副秘书长储祥好就六中全会和省第十一次党代会精神所作的专题宣讲报告会,市四大班子成员、各县(市、区)主要领导、市直各部门负责人及宣传系统的负责人和科级以上干部约千余人参加听讲;12月13日,组建市委宣讲团,召开宣讲动员会,12月15日市委宣讲团成员就分赴17个县(市、区)、2个开发区、市直和院校、企业进行为期10天的集中宣讲。宣讲期间,组织大型报告会23场,各类小型座谈会、研讨会等15场(次),听讲人数3万余人,其中科级以上党员干部近万人。集中宣讲结束后,组织宣讲骨干分赴各县(市、区)和市直有关部门指导基层开展宣讲活动,在全市范围掀起学习宣传贯彻六中全会精神和省市党代会精神的高潮。

【宣讲队伍建设】 2016年,临汾市委讲师团强化理论骨干培训。全年举办两期理论骨干培训班。4月11日至14日举办全市学习宣传贯彻“两会”精神暨“两学一做”学习理论骨干培训班。11月21日至24日举办全市学习贯彻落实党的十八届六中全会暨省市党代会精神理论骨干培训班,两期培训全市理论骨干400余人。

【送理论下基层活动】 2016年,临汾市委讲师团把党的十八大以来的精神和党的政策及“扶贫攻坚”政策宣讲到基层、宣讲到群众中,深入到30多个基层形势政策教育示范基地(村)进行调研和党的政策教育宣讲。宣讲20余场,3000多名农村干部群众听取宣讲。在宣讲中,把习总书记系列重要讲话和党的十八大、十八届三中、四中、五中、六中全会、精神文明建设和社会主义核心价值观作为重点,向基层百姓解读。

【理论调研】 2016年,临汾市委讲师团围绕尧文化、陶寺文化、理论创新等内容,深入实际和基层,开展调研活动和研讨会,撰写各类理论文章和调研报告10多篇,发表在省市级报刊杂志上,如《深刻领会全面从严治党新要求》《遵守六大纪律做合格共产党员》等。

【宣法讲法】 2016年,临汾市委讲师团在宣讲中结合“两学一做”活动,把宣讲党章、党规和《党内政治生活若干准则》《中国共产党党内监督条例》等作为宣讲的主要内容列入工作的议事议程,从而收到了较好的效果和良好的反映。

统战工作

【学习贯彻《条例》精神】 2016年,临汾市委统战部围绕中心大局,把学习贯彻中央、省委统战工作会议精神和《中国共产党统一战线工作条例(试行)》,作为重要政治任务,采取措施,狠抓贯彻落实。在市委党校举办4期“学习贯彻落实中央、省委统战工作会议精神暨统战业务知识专题培训班”,对市、县两级统战干部、党外代表人士进行培训和轮训,参加培训400余人次。市委统战部在吉县举办“全市统一战线学习贯彻中央、省委统战工作会议精神暨统战理论与实践”专题研讨会。各县(市、区)党委、统一战线各单位通过召开通报会、座谈会、研讨会、务虚会等形式对习近平总书记重要讲话和《条例》精神进行专题学习;采取举办“统战知识大测评”和“统战知识竞赛”,以“评”和“赛”的方式谈思想、说体会、谋落实,把思想认识统一到中央、省委的新思想、新观点、新要求上。市委统战部在省社会主义学院举办全市科级党外中青年干部培训班,市工商联组织各县(市、区)工商联、市直商会及非公经济代表人士举办“学习贯彻落实中央、省委统战工作会议精神”专题报告会。围绕贯彻落实党的十八届六中全会、省十一次党代会、市四次党代会和市“两会”精神,组织各县(市、区)统战部长、市直有关部门负责同志开展集中学习,市委成立督查组,以“解决问题,落实工作”为主线,分3个片区深入17个县(市、区)就贯彻落实中央、省委统战工作会议精神进行督导,同17个县(市、区)委书记、组织部长等进行座谈,召开座谈会20余次,听情况、找短板、明不足、提要求,掌握贯彻落实情况,解决问题和不足,确保中央、省委统战工作会议精神落到实处。市级层面,成立由市委书记担任组长的市委统一战线工作领导小组，出台《关于贯彻落实统一战线工作条例的实施意见》，形成“书记亲自抓、统战部长具体负责、各有关部门联动”的统战工作领导机制。市党政班子领导成员坚持发挥“三带头”作用，制定出台《临汾市市级党政领导干部与党外代表人士联谊交友办法》。

市委常委、统战部长张建平在非公有制企业鹿龟神酒业有限公司调研

【非公经济领域统战工作】 2016年，临汾市委统战部围绕经济新常态，针对宏观经济形势下行压力不断增大的情况，强化联系，助推民营企业发展。构建“亲”“清”新型政商关系，搭建党委、政府与企业、商会沟通协商平台，建立党政领导干部联系民营企业制度，采取领导包联责任制，抓好帮扶协调解决民营企业发展中存在的突出问题，市四大班子领导包联25个重点民营企业和20个重点项目。各县(市、区)四大班子成员按照省市要求，制定落实领导干部联系民营企业措施。按照省民营经济领导小组安排，省委组织部等7个省直部门和市直60个单位主要领导人联系96个中小微企业，助推民营企业转型升级、加快发展。围绕重塑企业家队伍形象，引导提升民营企业家形象。在企业家中开展以“守法诚信、坚定信心”为重点的非公有制经济人士理想信念教育实践活动，引导民营企业家增强“四信”，引导践行社会主义核心价值观，争做爱国敬业、守法经营、创业创新、回报社会的典范。在市委党校举办2期非公有制经济代表人士培训班，重点加强理想信念、政策形势、法律法规、反腐倡廉、诚实守信、传统文化等方面教育，提高民营企业家的境界和素质。贯彻落实省委省政府关于脱贫攻坚的安排部署，下发《临汾市民营企业“百企帮百村——精准到户”扶贫行动实施方案》。市直19家商会完成与贫困村的对接签约工作，各商会走村入户，实地调研，与19个贫困村签订结对帮扶协议，《临汾日报》整版篇幅对此项工作进行宣传报道。

【民族工作】 2016年，临汾市委统战部开展民族团结创建活动，起草《临汾市加强和改进新形势下民族工作重要举措分工方案》，从教育、文化、产业结构调整、扶贫攻坚、基础设施和城镇化建设、民族团结、城市民族工作、加强党对民族工作的领导等13个方面、28项具体工作进行责任分工，制定具体落实办法，明确民族工作的重要举措和相应的牵头单位、参加单位，加大工作督导力度，推动市县两级做好新形势下民族工作。引深民族团结进步创建进机关、进学校、进社区、进企业、进聚居村“五进”活动，增进少数民族群众对伟大祖国、中华民族、中华文化、中国共产党、中国特色社会主义的认同。临汾市有3个集体、2名个人被国务院授予“全国民族团结进步模范集体”和“模范个人”，有10个集体，20名个人被省政府授予“全省民族团结进步模范集体”和“模范个人”。

【宗教工作】 2016年，临汾市委统战部贯彻落实全国、全省宗教工作会议精神，以创新精神和法治思维，规范宗教管理，加强宗教团体建设。全国全省宗教工作会议后，召开会议学习传达全国、全省宗教工作会议精神，学习领会习近平总书记重要讲话精神，把思想和行动统一到讲话精神上来。6月，围绕《宗教事务条例》的贯彻落实，在全市范围内开展宗教工作大调研活动，深入宗教活动场所、宗教团体和各县(市、区)宗教工作部门，对照《宗教事务条例》列出问题清单，提出对策建议，增强做好新形势下宗教工作的针对性和有效性。市县各级党政领导高度重视民族宗教工作，成立宗教工作领导小组，定期召开宗教工作联席会议，分析研判形势，安排部署和协调解决宗教工作中的重点难点问题，形成部门配合、齐抓共管的工作机制。全市17个县(市、区)成立分管副县长任组长的宗教工作领导组，162个重点乡(镇)成立宗教工作机构，1188个重点村设立联络员，分级制定目标责任制。

【统战部门领导力量配备】 2016年，临汾市委统战部重点推进市、县党委统战部长由同级党委常委担任或兼任。通过市、县换届，市委统战部长仍由市委常委担任,17个县(市、区)统战部长中,由常委担任的5个,由县(市、区)副书记担任的12个(2011年换届时,由县委常委担任的3个,由县政协副主席兼任的12个,由县人大副主任兼任的1个,只任统战部长的1个)。建立组织部、统战部及相关职能部门参加的联席会议制度,定期召开会议,分析研判统战工作情况。市工商联党组书记由市委统战部常务副部长担任。

【"双学一跟"活动】 2016年,临汾市委统战部按照省委统战部《关于在全省党外代表人士中开展"双学一跟"活动的意见》,在全市党外代表人士中开展"学习讲话、学习作风、跟党奋进"("双学一跟")活动,制定《关于在全市党外代表人士中开展"双学一跟"活动的意见》,3月,在全市统战部长会议上安排部署。5月,组织召开各县(市、区)委统战部、市工商联、市侨联、市民族宗教局、各民主党派市委会参加的会议,对"双学一跟"活动进行再动员、再部署,发放各类学习书籍和材料600余册。各民主党派、市工商联、市侨联、市民族宗教局组织集中培训、聘请专家学习辅导8次,集中学习30多场次。围绕活动的开展,各民主党派组织各类活动。开展送医疗、送科技、送教育、送文化下乡活动20多次,组织成员下基层调查研究,撰写高质量的调研报告30多份,参政议政成果200多件。市委统战部三次深入各民主党派市委会,对开展"双学一跟"活动进行调研。

【法治建设】 2016年,临汾市委统战部成立法治建设工作领导组,市委常委、统战部长张建平任组长,针对统战工作实际,从服务非公企业、统战成员、少数民族宗教等方面推进法治建设。与市检察院专门建立非公企业法律服务协调机制,定期开会研究解决非公企业发展中遇到的困难,协调解决在生产经营活动中发生的纠纷。发挥法律人才专业优势,成立"同心"法律服务中心,为统战成员开展参政议政活动提供相关法律意见和建议。统战部每年都开展民族宗教法规宣传活动,引导各族群众、信教群众增强法律意识,依法解决民族宗教事务,维护社会和谐稳定。

政策研究

【改革办工作】 2016年,临汾市委改革办组织召开市委全面深化改革领导小组第五次会议,研究全市推进"六权治本"工作会议相关事宜。召开全市推进"六权治本"工作会议和全市"六权治本"向乡村延伸工作推进会;市委改革办联合两办督查室,对6个县(市、区)的6项重点改革事项进行督查,参与由市编办牵头的全市行政审批制度改革工作督查;起草制定《中共临汾市委全面深化改革领导小组2016年工作要点》《全面深化改革督察工作实施办法(试行)》《重大改革类文件报审办法(试行)》《关于加强乡镇(街道)六权治本工作的指导意见》和《关于加强农村(社区)六权治本工作的指导意见》等一系列指导性文件;结合市里换届和干部调整的实际,对全面深化改革领导组成员和6个专项小组的组长和联络员进行调整。

深入一线调研

【调查研究工作】 2016年,临汾市政策研究工作围绕市委中心工作,承接省委、市委交办的重大课题,完成多项重大任务。3月至5月,根据山西省委领导指示,沿黄贫困地区生态脱贫进行专题调研,深入永和实地调研,多次组织沿黄5县和市直相关部门召开座谈会,形成《临汾市沿黄贫困地区生态补偿脱贫的情况及下一步打算》等4篇调研报告,6月,全省召开的脱贫攻坚大会上,省委主要领导的讲话中运用提供的不少材料和观点；11月，赴古县、洪洞、永和3个县，就农民婚嫁负担问题进行专题调研。形成《关于我市农民婚嫁负担的调研报告》，供市委主要领导参阅；办好内部刊物，编辑《时政快报》36期，编发《情况与建议》6期，《临汾改革信息》11期，发至县(市、区)；一把手带头抓好理论研究工作，班子成员分头写，其他干部跟着写，张建山主任撰写《坚决打赢脱贫攻坚战，决胜临汾全面小康》《略论建设生态强市的重大意义》《对文化强市战略的几点认识》等多篇理论研究文章。

机构编制管理

【概述】 2016年，临汾市编办围绕全市经济社会发展大局，推进行政审批制度改革，做好体制机制调整工作，加强改进机构编制管理，提升事业单位登记管理和电子政务建设水平，为全市各项事业的发展提供体制机制保障。

【行政审批制度改革】 2016年，临汾市编办推进“放、管、服”工作，推行政府部门权责清单制度，推进行政审批制度改革工作。抓好接放管，承接落实。按照国务院、省政府简政放权要求，承接落实国务院、省政府取消、下放、调整的行政审批事项四批次，取消行政审批事项102项。

【精简审批事项】 2016年，临汾市编办加大放权力度，围绕深化行政审批制度改革，加大简政放权力度，把“该放的放到位”，对直接面向基层，由基层管理更有效的管理事项下放基层管理。坚持“三个下放”原则，即：法律法规和政策规定应当下放的权限必须下放；法律法规和政策规定既可由县级又可由市级行使的权限尽量下放；国家和省未有明确要求的权限，有利于县域经济发展应下放，研究下发市农委、市畜牧局的行政审批事项7项。

【清理中介事项】 2016年，临汾市编办规范中介服务，按照国务院、省政府关于建立行政审批中介服务事项清单，规范行政审批中介服务事项的要求，完成对应清理规范行政审批中介服务事项59项。起草《临汾市人民政府办公厅关于清理规范市政府部门行政审批中介服务事项的通知》，清理全市开展行政审批涉及的中介服务事项。全市44个部门按要求进行清理上报，对涉及中介服务事项的17个部门104项事项进行依法审核，保留11个部门的41项中介服务事项。

【编制抽查清单】 2016年，临汾市编办规范执法行为，根据省政府办公厅《关于进一步推进“双随机一公开”工作加强事中事后监管的通知》要求，组织学习，掌握核心精神，结合2015年编制的行政检查类事项清单，制定《关于报送随机抽查事项清单的通知》，明确部门梳理、法制办审查、编办审核的工作流程，细化报送主体、操作步骤、注意事项等工作要求，强调清单的设定依据、检查内容、检查方式、适用对象等细节内容，确保临汾市的“随机抽查事项清单”形式简介、内容科学、操作便利。经审核，全市的随机抽查事项清单保留37个单位的385项事项，各部门于2016年11月底向社会公布运行。

【市县乡三级政府部门权责清单制度】 2016年，临汾市编办推进各级政府部门权责清单制度。在完成市级权责清单的基础上，按照“认真总结经验、转移工作重心、强化县市指导、督促乡镇跟进、完善事后监管”原则，加大对县(市、区)和乡镇权责清单编制工作指导力度，制定完善多项后续运行监督管理办法。编制印发《权责清单实施步骤通知》《市县两级推行政府权力清单需要把握的问题》《关于规范编制行政职权运行流程图和廉政风险防控图的通知》等文件，加强对县(市、区)清单编制工作的指导。全市17个县(市、区)权责清单于2016年1月底完成，在政府网站公布运行。

在督促乡镇方面，按照推行权责清单的方法步骤，对全市乡镇街道的行政职权大起底，依法编制乡镇(街道)权责清单及行政职权运行流程图和廉政风险防控图。探索乡村公共服务清单制度建设，将行政权力之外的不具备有强制性和不可处分性的为民服务事项单列为公共服务清单。全市151个乡镇和20个街道办事处权责清单于2016年5月底全面完成，在县级政府网站公布运行。

完善管理机制，探索研究加强权责清单动态管理和运行监督机制，起草《临汾市政府部门权责清单动态管理办法》《临汾市政府部门行政职权运行监督管理办法》和《临汾市人民政府办公厅关于深化行政审批制度改革加强事中事后监管的意见》，根据法律、法规、规章的立改废释和部门机构职能的变化情况及简政放权的要求,对权责清单作出相应调整,按法定程序审定后予以公布;强化对市政府各部门行政职权运行的监督管理,推进行政职权事项事中事后监管制度化、规范化、程序化,确保政府部门"按单履职、按单行权"。

临汾市在全省第一个实现辖域内县(市、区)政府部门权责清单编制工作全面完成。2016 年 9 月 20 日,国务院第三次大督查对临汾市行政审批制度改革和推行政府部门权责清单制度工作给予肯定;11 月 28 日,中央机构编制研究会在临汾调研,对临汾市的行政审批制度改革工作给予评价。

【巡察工作机构设置】 2016 年,临汾市编办按照省委《关于建立市县巡察制度的意见》和省委巡视工作办公室关于确定临汾、晋城及所辖县(市、区)为全省巡察工作试点的要求,根据《中共临汾市委印发<关于建立市县巡察制度的意见>》,市编办在市级层面,根据省编委对市委巡察工作机构的批复,提出关于市委巡察机构的核编意见,提交编委会议研究。在县级层面,按照精简统一效能、规范机构设置、科学配置职能的原则,结合临汾市实际,制定下发《关于建立县(市、区)党委巡察工作机构的意见》,推动全市巡察工作机构设置到位。

【扶贫开发工作机构建设】 2016 年,临汾市编办根据省编委《关于进一步加强市县扶贫工作机构建设的通知》(晋编字〔2015〕108 号)精神,结合临汾市实际,制定《关于县级扶贫开发机构设置的意见》。对全市 10 个扶贫开发重点县及尧都区、洪洞县两个贫困人口较多县(区)的扶贫开发工作机构的设置问题作规定,为全市扶贫开发工作在机构编制层面提供体制机构保障。

【不动产登记机构人员编制划转】 2016 年,临汾市编办根据 5 月 16 日市政府第 108 次常务会议决议有关不动产机构编制事宜,做好向不动产登记局和不动产登记中心划转编制和人员工作。

【综合行政执法体制改革】 2016 年,临汾市编办根据《关于深化综合行政执法体制改革的指导意见》精神,按照综合行政执法改革的部署和要求,结合临汾市实际,做好全市综合行政执法体制改革实施方案的起草工作。在 4 月指导 17 个县(市、区)完成县级行政执法机构专项调查工作,督促各县(市、区)于 2017 年 1 月底前制定具体实施方案。

【相关体制机制改革】 2016 年,临汾市编办根据《关于第二批司法体制改革试点单位报送机构编制上划省级统一管理方案的通知》精神,对市本级法、检两院机构编制上报情况审核,向省编办报备相关统计表,后续工作有序推进。按照省编办《关于山西省省以下法院、检察院机构编制统一管理试点实施方案》精神,指导督促县(市、区)开展相关工作,将有关表格上报至省编办。根据全省旅游发展大会及《山西省人民政府办公厅关于印发 2016 山西省旅游发展大会主要任务分工方案的通知》要求,撤销临汾市文物旅游局,组建临汾市旅游发展委员会,就机构设定、职责调整、人员编制拿出具体意见,经市政府常务会审议通过。根据省政府办公厅《关于全省新型农村合作医疗机构整体移交人力资源社会保障部门的通知》精神,按照市政府主要领导批示要求,提出机构编制调整事宜的初步意见。按照《关于加快推进国有林场改革工作的通知》《关于印发临汾市国有林场改革实施方案的通知》精神,指导县(市、区)做好国有林场机构编制改革调整工作,对国有林场改革领导组批转的有关县(市、区)国有林场改革实施方案进行审核,在规定的时间内进行意见反馈。根据省编办《关于理顺县级红十字会管理体制的通知》精神,要求督促各县(市、区)完成红十字会理顺管理体制工作。根据《关于规范土地储备和资金管理工作的通知》精神,对各县(市、区)土地储备机构情况进行摸底调查,各县(市、区)土地储备机构的设置、职能均符合理顺土地储备管理体制工作的要求。

山西省编办对 2016 年度控编减编任务完成情况督查

【控编减编】 2016 年,临汾市编办按照省编办要求,组织、开展专项督查工作,下发《关于开展

2016年度控编减编方案执行情况专项督查的通知》，明确督查内容、督查方式、时间安排，要求县(市、区)8月底完成全年减编任务。9月，由编办领导带队，分4个组对17个县(市、区)控编减编工作进行督查。2016年，全市核减事业编制2708名，其中市直核减337名，县(市、区)核减2371名。全市控编减编任务超额完成。

【全市机构编制年报工作】 2016年，临汾市编办根据省编办要求，1月完成全市机构编制年报系统的信息录入、数据汇总工作，上报省编办。3月完成市直党政群机关、事业单位460余家单位的实名制系统更新工作。7月完成对市直所有的行政事业单位的实有人员数据库的更新。

【事业单位登记管理】 2016年，临汾市编办完成2015年度事业单位法人年度报告报送及公示工作，换发新版事业单位法人证书，年度报告书开通一键公示。全市应参加年度报告公示的单位2931家，实际提交年度报告的单位2676家。其中，公示2675家，因涉密不公示的1家；未提交年度报告的255家。市直应提交年度报告并公示的单位有305家，实际提交年度报告的单位287家，公示286家，因涉密不公示的1家；未提交年度报告的18家，电子版材料提交率100%。启动党政群机关统一社会信用代码赋码工作。从2016年1月1日起，质监部门不再办理党政机关和编制部门直接管理机构编制的群众团体有关组织机构代码事宜，改为机构编制部门赋予其统一社会信用代码，发放统一社会信用代码证书。全市发放党政群机关统一社会信用代码证书434家，其中机关392家，群团42家。市直发放党政群机关统一社会信用代码证书61家，其中机关54家，群团7家。简化程序，落实开办资金确认制，做好事业单位法人日常登记管理工作。市直单位办理设立登记15家、重新申领1家、变更登记120家、注销登记4家。将事业单位登记管理档案归档，做好档案整理规范工作。

【电子政务建设】 2016年，临汾市编办以事业单位登记管理和党政群机关统一社会信用代码赋码工作为契机，推进中文域名注册、续费工作。设立中文域名注册服务平台，对没有注册中文域名或中文域名有效期过期的单位，促使其注册和续费。市直单位中文域名新注册5家，续费185家。全市申请政务和公益域名5259个，注册4497个(其中市直已申请政务和公益域名517个，注册503个)。配合相关部门做好党政机关、事业单位和国有企业互联网网站安全专项整治行动。按照省公安厅、市公安局要求，市专项办组成联合检查组，分两组对全市54家党政机关、事业单位和国有企业网站开展现场检查，在检查的54家单位中，19家单位由于各种原因未能加挂标识。市直单位提交网站挂标申请391条，为373家党政机关、事业单位加挂网站标识，挂标覆盖率96.3%。与省编办沟通协调，确定使用省机构编制网站群建设本机关门户网站，网站经基本调试完成，加挂党政机关标识。

(徐春阳)

市直工委工作

【"两学一做"学习教育】 2016年，临汾市直工委担负市直机关"两学一做"学习教育工作的指导协调工作。坚持把"两学一做"学习教育作为党建工作的龙头任务，坚持做到"十抓"。抓组织领导。临汾市"两学一做"学习教育工作4月25日启动后，市直工委于4月27日召开班子会议，成立指导小组，对具体工作任务进行细化、明确，落实到人。抓上通下联。创新指导模式，与各单位建立微信、邮箱等联系方式，保证上传下达的迅捷。抓分类指导。制定下发《临汾市直机关"两学一做"学习教育指导意见》。把机关党组织划分成党政机关类、群团组织类、国有企业类、教育系统类、窗口服务单位类、医疗卫生行业类、行政执法系统类、文化宣传系统类等8大类，不同类别的党组织确定不同的工作重点，调整工作部署，制定下发文件11个，发送微信20余条。抓骨干先行。5月底至6月初，举办两期"两学一做"党务骨干示范培训班，培训党务骨干600余人。抓学习保障。市直机关每个直属党组织的相关材料分盒装订。制定市直机关"两学一做"学习教育量化管理表，掌握各党组织开展情况。下发理论书籍50000余册。抓活动配合。6月组织"两学一做"知识答题活动，"七一"前夕举办"两学一做"知识竞赛，8月和10月组织主题征文和典型经验征文活动，12月组织上答题活动。抓专题辅导。12月，组织党的十八届六中全会精神辅导，市直机关1100余名党员参加辅导。抓特色亮点。在开展学习教育工作中,许多单位形成具有单位特色的教育工作,如市交通运输局党委制作“两学一做”学习教育系列画册口袋书;市国税局党委围绕“四讲四有”讨论会,以“庆祝建党95周年”“道德讲堂”“先进共产党员事迹宣讲会”等载体,运用网络视频以大讲堂、大会议的形式,互动交流。抓督导检查。6月初至6月中旬和11月中旬至12月上旬组织两次督导检查。抓表率带头。抓好市直机关基层党组织专题教育工作,做好机关内部的工作,完成规定内容,进行手抄党章、“四讲四有”专题讨论、习近平总书记“七一”重要讲话学习辅导、“不忘初心、继续前进”专题讨论等。

【“一机关一品牌”创建】 2016年,临汾市直工委加强学习型机关建设。从2015年开始在市直机关各级党组织中开展“一机关一品牌”创建活动,推动了学习型党组织建设。57个单位形成各具特色的学习品牌,增强学习型党组织建设的内在动力。

【党建理论研究】 2016年,临汾市直工委把党建理论研究作为探索与创新机关党建工作的活力之源,年初进行安排部署,年中下发研究课题。指导市直各党组织、各县(市、区)工委撰写理论文章,形成一批主题鲜明、特色突出、有一定指导意义的理论研讨文章和经验做法的调研报告。挑出48篇,汇编成册,下发到各党组织学习借鉴。其中8篇文章被省直工委理论研讨采用并汇编入册。召开“临汾机关党建研讨交流会”,市直机关直属党组织书记、县(市、区)工委书记等200余人参加研讨交流。

【规范基层党组织设置】 2016年,临汾市直工委组织届满党组织的换届选举工作,对特殊原因不能按期换届的,要求向工委写出书面说明。2016年换届完成率93%。在换届工作中,要求机关党委必须成立机关纪委,基层党组织必须设置纪检委员、统战委员。9月,按标准、按程序组织召开市直机关第四次党代会,按要求推选出席临汾市党代会党代表37名,终止党代会代表资格1人,停止执行代表职务3人。

【规范基层党组织生活】 2016年,临汾市直工委推行党支部台账式、程序化管理。编印《党支部工作手册》,将“定查评”工作法和党支部“三会一课”“星级化”创建、组织生活会、领导干部双重组织生活会、党员思想分析、民主评议党员、党费收缴、党日活动等10余项党支部工作融合在一起。该《手册》于年初下发到958个党支部执行。规范党日活动。按照市委要求,对党支部党日安排进行规范,要求每月1号或15号为党员活动日,开展形式多样、内容丰富的活动。

【规范党员教育管理和监督】 2016年,临汾市直工委结合推进党建工作7+3重点任务,开展党员组织关系集中排查。组织处理党员31名。严格党费的收缴管理,于3月对市直机关党费收缴管理、使用情况检查、规范,全年补交党费1646900余元,补交人数486人,其中领导人数55人。为配合党费收缴工作,发放20000余册新党费证,党员人手一册,持证交费。严格奖惩激励,将党支部“星级化”管理与“定查评”工作法深度结合。被工委命名授牌的“五星级党支部”113个,占基层党组织总数的10%。“七一”前夕,开展“两优一先”评比表彰活动,对32个基层党组织、103名共产党员、31名党务工作者予以表彰,授予“先进基层党组织”“优秀共产党员”“优秀党务工作者”荣誉称号。向省委推荐优秀共产党员2名,优秀党务工作者2名,先进基层党组织1个。严把党员入口,确保新发展党员质量,于4月组织党员发展对象培训班,240余党员发展对象接受为期3天的培训。

【党委书记面对面述评】 2016年12月,市直工委召开市直机关党委书记抓基层党建“面对面”专项述评会议,市直机关77个直属党组织负责人、党办主任及部分基层代表200余人参加会议。根据市考核办工作要求,邀请“两代表一委员”和服务对象,对市直部门(单位)及市管事业单位工作公众满意民意度进行调查。

临汾市直机关党委书记“面对面”专述述评会

【"两个责任"分解到位】 2016年，临汾市直工委按照党风廉政建设"两个责任"的要求，结合机关党建工作职能和形势任务，制定《2016年市直机关党风廉政建设责任书》，明确机关党委五个方面的主体责任和机关纪委的监督责任，机关党支部的主要责任。市直工委与各直属党组织书记、各直属党组织书记与各党支部书记签订责任书，把压力传下去，把责任担起来，形成级级有责任、层层抓落实的格局和主动落实"两个责任"的氛围。

【预防教育宣传】 2016年，临汾市直工委以全市开展的"纪律教育年"为契机，以"清风廉苑"手机报为平台，谋划教育内容，定期发送党风廉政建设有关信息，市直机关7000多名党员接受教育。2016年发送24期，发送109期。每年投入信息费3万元。丰富教育形式，组织知识竞赛、演讲比赛、观看警示教育片、参观廉政基地、举办专题讲座等，抓好预防教育工作。

【违纪案件查处】 2016年，临汾市直工委落实上级要求，坚持有案必查，全年查处34案，涉案33人，处分32人，其中留党察看以上重处分26人，谈话函询4人，诫勉谈话1人，取消预备党员资格1人。20人受到党政纪双处分。

【精神文明建设】 2016年，临汾市直工委开展"六个一"道德建设主题实践活动，"我们的节日"主题活动，弘扬传统文化。推进善行义举光荣榜建设，开展市直机关优秀共产党员、优秀党务工作者和先进基层党组织的评比表彰工作和"道德模范""十佳志愿服务队""十佳志愿服务者"评选活动，发挥典型模范的示范引领作用，形成学习先进、崇尚先进、争当先进的社会风尚。"七一"前夕，举办市直机关"学系列讲话、学党章党规"知识竞赛。指导基层党组织开展纪念中国共产党成立95周年、红军长征胜利80周年等群众性的纪念活动，传承红色文化。倡导全面健身，10月举办市直机关第六届体育运动会，市直机关50个直属党组织的76支代表队、1642名运动员参加比赛。

【党务队伍建设】 2016年，临汾市直工委举办习近平总书记"七一"重要讲话精神、党的十八届六中全会精神专题辅导讲座，组织两期党支部书记培训班。召开市直机关直属党组织书记抓基层党建"面对面"专项述评会议，组织对76个直属党组织综合测评。"七一"前夕，召开评比表彰大会，对32个"先进基层党组织"、103名"优秀共产党员"、31名"优秀党务工作者进行表彰。

【制度建设】 2016年，临汾市直工委坚持建立健全各项制度，建立完善制度27项，涵盖干部选拔、党务公开、党费收缴、党内监督、执纪问责、来信来访、干部使用、日常管理、财务管理、激励奖惩、学习调研、办文办会等机关工作的各个方面。

【安全管理】 2016年，临汾市直工委加强对在职人员的管理，对因公、因私外出人员，做到走前有交代、中间有联系、回来有汇报，掌握人员动向，确保人员安全；节假日等重要节点，进行教育，明确要求。重点环节的管理上，对涉密人员、涉钱部门，进行警示教育，确保无泄密问题和无违纪事件发生。与离退休人员的沟通上，了解情况，帮贫解困。

【机关服务】 2016年，临汾市直工委树立机关就是服务的思想，想基层所想，帮基层所需，全年为基层党组织下拨党费50余万元，"七一"表彰、慰问看望老党员（困难党员）支出28万余元。每名班子成员建立党建工作联系点，不定期深入基层征求意见建议。

党史研究

【《临汾改革开放实录》】 2016年，临汾市委党史办完成《临汾改革开放实录》（四卷本）出版工作。2012年启动编撰、2016年12月完稿的《临汾改革开放实录》（实践篇四卷本），收录市四套班子领导，市直单位党政负责同志，17个县（市、区）委书记、县（市、区）长，部分专家学者的专题调研文章201篇，与专题内容有关的各种图片400余幅，200万余字。记述改革开放以来临汾市经济社会发展的重大事件和重要成就，科学总结规律性认识和可借鉴的经验，形成系列性专题研究成果。年底通过中共党史出版社的审核，完成出版任务。

【《红色记忆——新民主主义革命时期中共临汾历史资料汇编》】 2016年，临汾市委党史办组织编撰《红色记忆——新民主主义革命时期中共临汾历史资料汇编》（五卷本）系列丛书。丛书约200万余字，分大革命及土地革命战争、抗日战争和解放战争3个历史时期，分别以"回忆文章""人物传记"

“文献资料”三大部分整理收录。2016 年充实完善、搜集整理相关资料，建国前本地区、本县(市、区)有重大影响的事件和人物，都应录尽录，进行再补充、再筛选、再审核。此丛书的编撰，将填补临汾党史资料汇编历史的一段空白，为临汾党史资料征集和党史正本的编写打下坚实基础。该丛书整理、编撰形成送审稿。

【征集临汾籍南下老干部历史资料】2016 年 10 月下旬，临汾市委党史研究室主要领导带领业务骨干赴四川成都开展征集临汾籍南下老干部有关资料的工作。“南下”是临汾为新中国的诞生和社会主义建设做出的巨大贡献和牺牲。在成都参加“晋绥儿女不忘初心汇报会”，召开“征集临汾籍南下干部史料座谈会”，走访十几位南下老干部，看望“临汾旅”首任旅长黄定基的夫人史兰英，征集大量历史文献、图片、文字资料，架起了家乡亲人间的桥梁。收到在四川的临汾籍南下老干部寄来与之相关资料几十份，为整理编撰南下老干部史料打下基础。

【《平阳党史》征集编辑】 2016 年，临汾市委党史研究室编辑出版 1 至 4 期《平阳党史》，编撰出版的纪念红军长征暨红军东征胜利 80 周年专刊和庆祝中国共产党成立 95 周年暨“两学一做”学习教育工作专刊。扩大《平阳党史》杂志的发放范围，由以前的向部分市直单位发放 200 余册扩大到向市直所有部门、部分学校、医院及社会有关方面赠 1200 余册，加大上级党史部门、省内外党史兄弟单位党史工作的社会宣传力度，增强党史宣传教育效果。

【“临汾党史网站”】 2016 年，临汾市委党史研究室提升“临汾党史网站”的运行管理水平。在“临汾党史网站”运行管理中，全年更新 280 余条信息。“两学一做”学习教育工作期间，开辟学习专栏，开设“工作动态”专栏，发布全市党史工作动态信息。整理和修改对网站的后台，点击率大幅度增加。

【万册赠书活动】 2016 年，临汾市委党史研究室把党史编研的重要成果转化为广大干部群众学习党史、宣传党史、运用党史的自觉行动，向市旅游局、临汾军分区、金都花园和天鹅大酒店等部门和单位赠送近年来出版的党史编研成果数千册。结合下乡扶贫送温暖活动，向隰县黄土镇无鲁村党支部赠送党史图书刊物百余册。向北京、广东、云南、四川、陕西、河北、湖南、福建、甘肃等地的临汾籍老干部邮寄党史书籍。在赴成都参加晋绥儿女不忘初心汇报会，开展南下干部史料征集活动中，向 40 余名南下老干部赠送党史书籍 500 余册。

(张　艳)

党校工作

【概述】 2016 年，临汾市委党校落实全国、全省、全市党校工作会议精神，围绕市委、市政府工作大局，落实“党校姓党、从严治校、质量立校，建设一流党校”各项举措，干部培训、教学科研、队伍建设、行政后勤、精准扶贫、文明单位建设等各项工作取得可喜成绩。在全省党校工作会议上，临汾市委党校代表全省市级党校作典型发言。

【干部教育培训】 2016 年，临汾市委党校以培养铁一般信仰、铁一般信念、铁一般纪律、铁一般担当的干部为目标，完成 51 个班次 7308 人的培训任务，其中，师资培训班 1 期，培训学员 125 人；县级领导干部学习贯彻党的十八届六中全会暨习总书记系列讲话精神轮训班 6 期，培训学员 1200 人；与市委组织部、市政府办公厅联合举办的临汾市领导干部能力提升系列讲座十一期，培训学员 2400 人，培训过程中整理形成《临汾市领导干部能力提升系列讲座》丛书；与各局委办等单位联合办班 33 个班次，培训学员 3583 人。

【教师队伍建设】 2016 年，临汾市委党校开展两次校内赛讲，一次全市党校系统赛讲，选派优秀教师参加全省党校系统赛讲，取得市级党校赛讲三等奖和优秀奖，县级党校赛讲二等奖和三等奖的好成绩。启动教师“传帮带”活动，制定《党校青年教师培养规划》，采取以老带新、一对一结对子的带教方式，发挥教研室和老教师在学科建设等方面的主力军作用，一批中青年骨干教师脱颖而出。加强教师培养锻炼，分 6 批 21 人次选送教师分别赴北京、上海、省委党校等高校进修培训。

【科研工作】 科研是党校工作的重要组成部分。2016 年，临汾市委党校围绕市委市政府中心工作，组织科研攻关。2016 年，教研人员撰写理论文章和调研报告 32 篇。完成市委安排的 3 个课题任务。

【全市党校工作会议】 2016 年 11 月 18 日，临汾市委召开全市党校工作会议。召开全市党校校长工作会议。会上形成市县两级党校“十三五”期间，硬件建设和软件建设这“两个标准化”新思路和总抓手，。12月9日，彭真故居纪念馆正式挂牌为临汾市党性教育基地，走在全省前列。

市委机关事务管理

【概述】 2016年，临汾市委机关事务管理局围绕市委中心工作，加强后勤机关党的建设，开展“两学一做”专题教育，以目标责任考核工作为重点，以市级文明单位创建为基础，建设“平安、干净、文明”后勤机关。

【停车场规划】 2016年7月，临汾市委机关事务管理局对后停车场进行规划，增加相应的停车位，更好地服务机关。对前后楼停车场及通行路线进行重新划线，重新规划停车位，根据地形特点进行合理划分，机关后楼采取“背靠背”停车，增加停车位，由原来50个停车位增加到70个，停车井然有序。

【办公楼粉刷加固】 2016年7月，临汾市委机关事务管理局对南办公楼外墙进行粉刷，对北办公楼楼内进行粉刷。此项工作开展招投标。对北办公楼楼顶进行维修加固。利用4天时间，对北办公楼楼檐水泥加固，计500平方米，解决楼檐掉渣的问题。

【机关绿化】 2016年7月，临汾市委机关事务管理局抓好机关大院绿化卫生工作，巩固省级园林单位称号。为巩固省级园林单位称号，保持环境内外美观整洁，抓好绿化美化，倡导无烟科室。通过加大对保洁人员的管理力度，制定卫生清扫管理制度，对楼外通道、楼道、垃圾箱等进行定时清扫清理。利用周六日，对紫藤架维修加固，重新安装紫藤架50根，消除安全隐患。对市委机关东西苑小区、幼儿园护栏更换，安装不锈钢护栏200余米。对大院绿化带、树木进行大范围修剪，利用五一、十一国庆节用鲜花对市委大院装点，摆放花卉五千余盆，美化环境，提升节日气氛。定期对大院的花草树木浇水施肥，对大院的草坪、冬青大范围修剪和补充，对前后楼的松树、桐树、杨树加固和修剪，确保为机关提供绿化、美化、亮化、舒适的工作环境。

【水电暖日常维护】 2016年7月，临汾市委机关事务管理局水电值班坚持24小时值班制度，接到申报及时维修。在暖气供水前，对机关大院供暖管道进行检修。注重对水电暖的日常维护，保证机关正常供水、供电、供暖。全年维修更换水暖零配件600余次，维修更换电路、照明零配件1300余次。

【安全保卫】 2016年7月，临汾市委机关事务管理局加强机关安全保卫工作，做好大院人员、车辆出入管理，维护机关秩序，保障机关安全。把维护市委机关安全稳定作为各项工作的重中之重，制定相应的制度，加大管理力度，保安人员责任到人，加强大院巡查，做好“两证”出入管理，制定门卫制度和节假日领导值班制度，制定安全事件应急预案，加强市委机关大院安全监管，对市委机关前后办公大楼等重点部位开展2次防火防盗安全大检查，按规定配备足够的消防设施，开展消防设施安全检查2次，自查6次，发现并消除初起火灾1起，新配备238个灭火器，晚7时关闭前大门，消除各类安全隐患。加强对机关车辆管理，对前后院停车场进行重新划线，规范停车位，使大院停车整齐有序。保卫科与机关各单位签订安全保卫责任书，做好市委机关大院重大会议、重大活动的安全保卫工作。

【幼儿教育】 2016年7月，临汾市委机关事务管理局加强幼儿园硬件建设，为幼儿创造良好的生活和学习环境；在保证幼儿安全的前提下，采取量化考核细则，进行一日常规工作跟踪督查，落实各种规范操作制度，促进教师的教学水平及组织教育教学的驾驭能力，幼教工作规范化。在“三八、六一、教师节、国庆节”等节日期间组织多种多样的绘画、剪纸、朗诵等活动，加强对幼儿爱国主义及孝心教育的培养；增强保教工作的趣味性和实效性，加强教师培训，深化教学研究，提升教师专业化水平。

临汾市人大常委会

常委会工作

【概述】 2016年，临汾市人大常委会机关在市委和常委会党组的领导下，贯彻党的十八大和十八届三中、四中、五中、六中全会精神，学习习近平总书记系列重要讲话精神，强化“两个责任”，提高整体工作水平和质量，协助常委会统筹推进立法、监督、决定、任免和代表工作，发挥地方国家权力机关作用，为决胜全面小康，实现振兴崛起，建设富裕文明绿色幸福新临汾做出贡献。

强化理论武装，提高思想政治水平。常委会机关坚持把建设“学习型”机关作为做好本职工作的重要抓手。班子成员带领机关全体人员采取个人自学、集体学习、集中研讨等多种形式，深入学习习近平总书记系列重要讲话及”两学一做“学习教育相关论述，深刻领会总书记系列重要讲话精神的科学内涵、思想精髓、精神实质和实践要求，把握讲话中体现的为民情怀、反映的历史担当、阐发的科学方法，端正世界观、人生观、价值观，补足精神之钙，筑牢理想信念的思想根基。市四届人大选举产生后，常委会领导班子及全体组成人员突出学习习近平总书记在庆祝全国人民代表大会成立60周年大会上的重要讲话精神，赴侯马彭真纪念馆参观学习，准确把握讲话对坚持人民代表大会制度、全面推进依法治国、加强和改进人大工作的新要求，坚定坚持中国特色社会主义的道路自信、理论自信和制度自信，切实把学习贯彻系列讲话精神体现在服务保障常委会依法履职的各个方面。上年，常委会先后组织机关干部和各县市区人大常委会主要负责人，赴北京、上海、成都、太原等地参加学习培训，促进机关干部不断适应新形势、承担新任务、符合新要求。机关党委坚持每周五下午组织全体人员集中学习，推进学习常态化、制度化，推动机关整体素质提升，全年共组织集中学习40余次。

【服务换届工作】 2016年，临汾市人大常委会做好换届工作。2016年是市县乡三级换届年，贯彻省委、省人大关于县乡人大换届工作的政策和精神，起草下发《县乡人大换届工作指导意见》，对县乡人大换届工作的指导思想、原则、要求及代表各项比例的要求作出规定。明确责任，严格程序，依法办事，保证县乡人大换届选举工作开展。参与市级换届工作，筹备组织召开市四届人大一次会议。

【促进汾河生态建设】 2016年，临汾市人大常委会推动“百里汾河生态经济带”“百里汾河生态文明保护区”建设。围绕推动汾河生态建设与保护决议的贯彻落实，组织常委会组成人员、各级人大代表，深入百里汾河生态文明保护区沿线，就生态治理、环境保护、项目推进等进行考察，到洪洞沃特玛新能源汽车产业园、普泰发泡铝、临汾高铁站，调研企业在生产经营中存在的困难和问题及电动公交充电桩建设情况，帮助企业分析问题、解决困难，要求相关部门提供政策支持，提高服务效率，提升工作水平，为企业发展创造良好发展环境。

【监督工作】 2016年，临汾市人大常委会加强对经济工作的监督。听取审议上半年经济社会发展计划执行情况报告，以及全市科技创新、精准帮扶实体企业等专项工作报告，深入分析新常态下经济运行的现状、问题，促进全市经济稳中求进。开展财政预决算和审计监督。围绕统筹推进稳增长、促改革、调结构、惠民生、防风险，推动政府建立以绩效为导向的支出安排机制，提高财政资金使用效益，抓好整改工作，发挥审计监督职能，促进经济持续健康发展和社会大局稳定。组织预算法专题培训班，增强有关部门及人员的依法理财理念、守法意识和接受人大监督意识。跟踪督查全市学前教育专题询问整改落实情况。2016年对全市学前教育专题询问整改落实情况跟踪督查，推动贯彻落实国家关于发展学前教育相关政策法规、市区公办幼儿园和普惠性民办幼儿园建设情况，对加快学前教育改革发展提出意见和要求，促进“入园难、入园贵”问题的解决。加强执法检查和专项调研。对旅游“一法两条例”、食品安全法、种子法、水土保持法等4部法律法规的执行情况进行执法检查，开展山西省残疾人保障条例、环境保护条例、社会力量与文物保护条例等8项调研活动，配合省人大开展国防教育法、山西省各级人大常委会监督法工作办法、环境保护条例、安全生产条例等多项立法调研工作，开展以“消除雾霾、守护蓝天”为主题的平阳环保行活动，促进有关法律法规在临汾市的贯彻实施。坚持党管干部原则与人大依法任免干部的有机统一，实行拟任干部任前法律知识考试、在常委会会议上供职发言等，加强干部任职监督，依法任免干部183人次。加强干部任后监督，对纳入“三账”监督的单位在新闻媒体实行“三公开”，对增强“一府两院”工作人员的责任意识、法治意识，起到推动作用。重视信访工作。全年受理群众来信来访875件(次)，接待来访人员1530余人次，一批涉法、涉诉信访案件得到解决，维护群众的合法权益。

【法治建设】 2016年，临汾市人大常委会实施宪法宣誓规定。贯彻执行“宪法宣誓”要求，组织选举和任命的国家工作人员在就职时公开进行宪法宣誓。在人代会和常委会会议上进行宪法宣誓人员155人，提高国家机关工作人员宪法意识和法治观念，增强实施“六权治本”的自觉性和主动性。开展地方立法工作。市四届人大一次会议表决通过市四届人大法制委员会组成人员，标志着临汾市立法工作启动。法制委员会成立后，起草《临汾市地方立法条例(草案)》；制定《法制委员会职责》《临汾市人大常委会地方法研究咨询基地工作规定》《临汾市人大常委会基层立法联系点工作规定》等规章制度，明确法制委员会的职责、审议程序以及立法调研、立法协商、征求意见机制办法等；启动立法计划、立法规划工作，开展“百里汾河生态经济带”立法前可行性调研；首批确定20名立法咨询专家，6个立法联系点。贯彻执行《山西省各级人民代表大会常务委员会规范性文件备案审查条例》，加强对重点领域法规制度建设的监督，完成对10件规范性文件的备案审查。

【服务代表】 2016年，临汾市人大常委会督办代表建议意见，按照常委会代表建议意见办理“三公开两见面”实施办法要求，对市三届人大七次会议、市四届人大一次会议分别收到的100件和175件代表建议的责任人、领办领导和督办单位，在临汾日报、临汾电视台等新闻媒体进行公开，推动代表建议办理由“答复型”向“落实型”转变。开展联系代表活动。主任联系代表活动，改进常委会工作，加强与人大代表和人民群众联系，发挥代表作用，开展“走基层、访代表、听民声”活动。常委会机关协调配合常委会各位主任，深入17个县(市、区)，走访看望工作在不同岗位上的各级人大代表，征求代表意见、了解基层实情、倾听群众呼声。开展代表跨行政区域交流考察，代表们开阔眼界，增长见识，从更广的范围了解市情民意，从全市大局出发思考问题，提出意见建议。强化代表小组建设，通过集中学习、座谈交流、考察调研、走访群众等，创新活动方式，发挥代表作用。提高代表对常委会工作的参与度，邀请基层代表及与会议议题相关的省、市人大代表列席常委会会议，使代表了解和监督常委会的工作。对市四届人大代表进行集中培训。12月，聘请全国人大专家李伯钧、省人大研究室副主任张晋仁和省委党校教授刘树信授课，提升新一届人大代表依法履职能力。各县(市、区)人大副主任、办公室主任、人事代表工委主任、军分区政治部负责人等也参加培训。开展法律知识竞赛。根据省人大安排，组织市县乡三级人大代表开展人民代表大会制度理论及相关法律法规知识答题和电视知识竞赛活动，各级人大代表增长知识，提升能力，宣传人民代表大会制度。

【机关工作】 2016年,临汾市人大常委会机关做好常委会办文、办会、办事工作。起草常委会工作报告、各类重要讲话、文件300余份,累计文字量在100万字以上,做好公文处理、机关保密工作,提高办文效率,消除泄密隐患。加强人大理论研究和宣传,提高临汾人大网站和刊物的水平。参与服务保障省人代会2次,主任会议10次,常委会会议10次,听取审议"一府两院"工作报告15项,开展执法检查、专题调研10项,作出决议、决定、审议意见13项,组织安排常委会领导政务活动95次。

临汾市第三届人民代表大会第七次会议

【大会情况】 3月21日下午,临汾市第三届人民代表大会第七次会议举行预备会议。市人大常委会主任徐树荣,副主任王醒安、原学义、王金珍和秘书长冯建宁在主席台就座。徐树荣主持会议。本次大会应到代表396人,出席预备会议的代表356人,符合法定人数。罗清宇、岳普煜、王文英、黄翠莲、赵建民、李东洪、乔建军、陈小洪、李新春、赵志坚、陈忠辉、王振宇、杨安虎、翟瑞卿、苑涛、王天郎、尚日红、毛克明、李朝旗、梁崇太、秦国杰、王超、马德荣、李山林等出席会议。会议推选大会主席团和秘书长;表决通过临汾市第三届人民代表大会第七次会议议程;表决通过临汾市第三届人民代表大会第七次会议计划和预算审查委员会名单;表决通过临汾市第三届人民代表大会第七次会议议案审查委员会名单。

21日下午,临汾市第三届人民代表大会第七次会议主席团举行第一次会议。会议由市人大常委会主任徐树荣主持。会议应到72人,实到63人。符合法定人数。会议推选大会主席团常务主席,表决通过大会日程,表决通过大会执行主席分组名单,决定大会副秘书长人选,表决通过选举办法草案,提交各代表团审议。表决通过总监票人、总计票人名单草案,决定提交各代表团审议。表决通过市三届人大法制委员会组成人员名单草案,提交各代表团审议。议案截止时间3月23日12时。

22日下午,市三届人大七次会议主席团举行第二次会议。大会主席团常务主席罗清宇、徐树荣、王醒安、原学义、王金珍、冯建宁在主席台就座。王醒安主持会议。会议应到72人,实到65人,符合法定人数。会议表决通过《关于政府工作报告的决议(草案)》,决定提交各代表团审议;听取和表决通过《关于临汾市第十三个五年规划纲要(草案)的审查报告》;表决通过《关于临汾市国民经济和社会发展第十三个五年规划纲要的决议(草案)》,提交各代表团审议;听取和表决通过《关于临汾市2015年国民经济和社会发展计划执行情况与2016年国民经济和社会发展计划(草案)的审查报告》,印发全体代表;表决通过《关于临汾市2015年国民经济和社会发展计划执行情况与2016年国民经济和社会发展计划的决议(草案)》,提交各代表团审议;听取和表决通过《关于临汾市2015年全市和市本级预算执行情况与2016年全市和市本级预算(草案)的审查报告》,印发全体代表;表决通过《关于临汾市2015年全市和市本级预算执行情况与2016年全市和市本级预算的决议(草案)》,提交各代表团审议。表决通过选举办法(草案),提请全体会议表决;听取市委常委、组织部部长李新春关于候选人建议名单的说明;表决通过主席团提名的候选人建议名单,提交各代表团酝酿、讨论;表决通过市三届人大法制委员会组成人员名单(草案),提请全体会议表决。

22日下午,市三届人大七次会议计划和预算审查委员会举行会议。市人大常委会副主任、大会计划和预算审查委员会主任委员原学义出席会议。审查《关于临汾市国民经济和社会发展第十三个五年规划纲要(草案)的报告》《关于临汾市2015年国民经济和社会发展计划执行情况与2016年国民经济和社会发展计划(草案)的报告》《关于临汾市2015年全市和市本级预算执行情况与2016年全市和市本级预算(草案)的报告》、2016年临汾市政府投资项目计划表(草案)、2016年临汾市重点监测项目表(草案)。

22日下午,出席市三届人大七次会议的代表分团审议《政府工作报告》,审查“十三五”规划纲要草案,审议计划、预算报告草案等文件。

23日上午,临汾市第三届人民代表大会第七次会议举行第二次全体会议,听取市人大常委会主任徐树荣代表市三届人大常委会所作的工作报告;表决通过市三届人大法制委员会组成人员名单,表决通过选举办法。会议应到代表396名,实到代表329名,符合法定人数。市领导罗清宇、岳普煜、王文英、黄翠莲、赵建民、李东洪、乔建军、陈小洪、王振富、李新春、赵志坚、车胜良在主席台就座。会议由大会主席团常务主席、执行主席原学义主持。

23日下午,临汾市三届人大七次会议举行第三次全体会议,听取市中级人民法院工作报告、市人民检察院工作报告。

本次大会应到代表396名,实到代表327名,符合法定人数。

市领导罗清宇、岳普煜、王文英、徐树荣、乔成家、黄翠莲、赵建民、李东洪、刘予强、乔建军、陈小洪、王振富、李新春、赵志坚、车胜良在主席台就座。大会主席团常务主席、执行主席王金珍主持会议。

23日下午,临汾市三届人大七次会议主席团举行第三次会议。大会主席团常务主席罗清宇、徐树荣、王醒安、原学义、王金珍、冯建宁在主席台就座。原学义主持会议。会议应到72人,实到65人,符合法定人数。会议表决通过《关于临汾市人大常委会工作报告的决议(草案)》《关于临汾市中级人民法院工作报告的决议(草案)》《关于临汾市人民检察院工作报告的决议(草案)》,提交各代表团审议。听取和表决通过关于议案审查的报告,印发全体代表。表决通过市中级人民法院院长正式候选人名单(草案),提交大会选举;表决通过总监票人、总计票人、监票人名单(草案),提请第四次全体会议表决通过;指定大会选举计票工作人员,印发全体代表。

3月23日,出席临汾市第三届人民代表大会第七次会议的代表对市人大常委会工作报告和法、检两院工作报告及大会其他文件进行分团审议。

23日下午,市三届人大七次会议主席团举行第三次会议。大会主席团常务主席罗清宇、徐树荣、王醒安、原学义、王金珍、冯建宁在主席台就座。原学义主持会议。会议应到72人,实到65人,符合法定人数。会议表决通过《关于临汾市人大常委会工作报告的决议(草案)》《关于临汾市中级人民法院工作报告的决议(草案)》《关于临汾市人民检察院工作报告的决议(草案)》,提交各代表团审议。听取和表决通过关于议案审查的报告,印发全体代表。表决通过市中级人民法院院长正式候选人名单(草案),提交大会选举;表决通过总监票人、总计票人、监票人名单(草案),提请第四次全体会议表决通过;指定大会选举计票工作人员,印发全体代表。

24日上午,市三届人大七次会议举行第四次全体会议。会议进行选举事项,选举翟瑞卿为市中级人民法院院长。会议应到代表396名,实到代表321名,符合法定人数。市领导罗清宇、岳普煜、王文英、徐树荣、乔成家、黄翠莲、赵建民、李东洪、刘予强、乔建军、陈小洪、王振富、李新春、赵志坚在主席台就座。会议由大会主席团常务主席、执行主席王醒安主持。会议表决通过总监票人、监票人、总计票人名单,进行选举事项,选举翟瑞卿为市中级人民法院院长;新当选的市中级人民法院院长和市三届人大法制委员会组成人员分别进行宪法宣誓。

24日上午,市三届人大七次会议在市影剧院举行第五次全体会议,表决通过关于《政府工作报告》等7个决议。市委书记罗清宇作重要讲话。大会完成各项议程后,在雄壮的国歌声中闭幕。本次大会应到代表396名,实到代表315名,符合法定人数。第五次全体会议由大会主席团常务主席、执行主席徐树荣主持。大会主席团常务主席、执行主席罗清宇、王醒安、原学义、王金珍、冯建宁在主席台执行主席席就座。市领导岳普煜、王文英、乔成家、黄翠莲、赵建民、李东洪、刘予强、乔建军、陈小洪、王振富、李新春、赵志坚及主席团其他成员在主席台就座。会议表决通过《关于临汾市政府工作报告的决议》;表决通过《关于临汾市国民经济和社会发展第十三个五年规划纲要的决议》;表决通过《关于临汾市2015年国民经济和社会发展计划执行情况与2016年国民经济和社会发展计划的决议》;表决通过《关于临汾市2015年全市和市本级预算执行情况与2016年全市和市本级预算的决议》;表决通过《关于临汾市人民代表大会常务委员会工作报告的决议》;表决通过《关于临汾市中级人民法院工作报告的决议》;表决通过《关于临汾市人民检察院工作报告的决议》。罗清宇代表中共临汾市委向大会的圆满成功表示祝贺。

【大会领导和工作机构】

临汾市第三届人民代表大会第七次会议主席团常务主席名单

(2016年3月21日临汾市第三届人民代表大会第七次会议主席团第一次会议推定)

罗清宇　徐树荣　王醒安　原学义　王金珍(女)　冯建宁

临汾市第三届人民代表大会第七次会议主席团和秘书长名单

(2016年3月21日临汾市第三届人民代表大会第七次预备会议通过)

主席团成员(72人,按姓名笔画排列)

马连青　王文英　王安保　王阿家(女)
王国平　王金珍(女)　王振富　王　润　王醒安
王黎明　车胜良　兰维成　冯建宁　加天山
权建军　吕超英　朱晓东　乔成家　乔建军
任天顺　任秀红(女)　任跟心(女)　刘予强
刘永科　刘　伟　闫建国　苏学峰　李　凡
李东洪　李亚丽(女)　李安民　李青雁(女)
李晓民　李朝旗　李新春　李殿梁　杨午生
杨安虎　杨怀旺　杨治平　杨家锁　宋晓丽(女)
张玉龙　张应钦　张金虎　张春龙　张瑞萍(女)
陈小洪　陈占平　岳普煜　罗清宇　赵志坚
赵建民　郝忠祥　郝献民　贺寅生　贺崇伟
贾文魁　贾安民　贾自胜　原学义　徐树荣
郭　刚　郭行杰　黄翠莲(女)　崔山原　梁崇太
尉合怀　韩建辉　谢武生　樊　宇　樊清平

秘书长:王醒安(兼)

临汾市第三届人民代表大会第七次会议副秘书长名单

(2016年3月21日临汾市第三届人民代表大会第七次会议主席团第一次会议推定)

冯建宁　扈新起　韩振钢　刘小才　张庚博
王全民　石　有

临汾市第三届人民代表大会第七次会议计划和预算审查委员会组成人员名单

(2016年3月21日临汾市第三届人民代表大会第七次会议预备会议通过)

主 任 委 员:原学义
副主任委员:冯建宁　刘永科
委　　　员:(11人,按姓名笔画排列)
王子贞　毛婉英(女)　刘　伟　李安民
李殿梁　张应钦　陈明泽　侯　龙
贺寅生　尉合怀　谢武生

临汾市第三届人民代表大会第七次会议议案审查委员会组成人员名单

(2016年3月21日临汾市第三届人民代表大会第七次会议预备会议通过)

主 任 委 员:王醒安
副主任委员:冯建宁　扈新起　吕超英
委　　　员:(10人,按姓名笔画排列)
王安保　王阿家(女)　权建军　李　凡
李青雁(女)　张春龙　贺崇伟　贾自胜
郭　刚　韩建辉

【会议决定】

临汾市第三届人民代表大会第七次会议关于代表议案截止时间的决定

(2016年3月21日临汾市第三届人民代表大会第七次会议主席团第一次会议通过)

临汾市第三届人民代表大会第七次会议主席团第一次会议决定:代表议案截止时间为3月23

日上午12时。

【会议决议】

临汾市第三届人民代表大会第七次会议
关于临汾市人民政府工作报告的决议

（2016年3月24日临汾市第三届人民代表大会第七次会议通过）

临汾市第三届人民代表大会第七次会议听取并审议市长岳普煜所作的《政府工作报告》。会议同意这个报告，决定予以批准。

会议要求，市人民政府要高举中国特色社会主义伟大旗帜，全面贯彻党的十八大和十八届三中、四中、五中全会精神，以马克思列宁主义、毛泽东思想、邓小平理论、“三个代表”重要思想、科学发展观为指导，深入贯彻习近平总书记系列重要讲话精神，按照“五位一体”总体布局和“四个全面”战略布局，认真落实市委三届七次全会精神和全市经济工作会议部署，坚持改革开放，坚持以新理念引领新发展，坚持稳中求进工作总基调，适应经济发展新常态，大力推进供给侧结构性改革，扎实做好“三去一降一补”工作，确保“十三五”全市经济社会发展开好局、起好步。

会议号召，全市人民要在中共临汾市委的坚强领导下，凝心聚力，团结拼搏，为实现“十三五”全市经济社会发展良好开局、夺取全面建成小康社会伟大胜利而努力奋斗！

临汾市第三届人民代表大会第七次会议
关于临汾市2015年国民经济和社会发展计划执行情况与2016年国民经济和社会发展计划的决　议

（2016年3月24日临汾市第三届人民代表大会第七次会议通过）

临汾市第三届人民代表大会第七次会议审查市人民政府提出的《关于临汾市2015年国民经济和社会发展计划执行情况与2016年国民经济和社会发展计划草案的报告》及临汾市2016年国民经济和社会发展计划草案。会议同意临汾市第三届人民代表大会第七次会议计划和预算审查委员会的审查报告，决定批准《关于临汾市2015年国民经济和社会发展计划执行情况与2016年国民经济和社会发展计划草案的报告》，批准临汾市2016年国民经济和社会发展计划。

临汾市第三届人民代表大会第七次会议
关于临汾市2015年全市和市本级预算执行情况与2016年全市和市本级预算的决议

（2016年3月24日临汾市第三届人民代表大会第七次会议通过）

临汾市第三届人民代表大会第七次会议审查市人民政府提出的《关于临汾市2015年全市和市本级预算执行情况与2016年全市和市本级预算草案的报告》及2016年全市和市本级预算草案。会议同意临汾市第三届人民代表大会第七次会议计划和预算审查委员会的审查报告，决定批准《关于临汾市2015年全市和市本级预算执行情况与2016年全市和市本级预算草案的报告》，批准2016年市本级预算。

临汾市第三届人民代表大会第七次会议
关于临汾市人民代表大会常务委员会工作报告的决议

（2016年3月24日临汾市第三届人民代表大会第七次会议通过）

临汾市第三届人民代表大会第七次会议听取并审议主任徐树荣所作的市人大常委会工作报告。会议同意这个报告，决定予以批准。

会议要求，市人大常委会要高举中国特色社会主义伟大旗帜，全面贯彻党的十八大和十八届三中、四中、五中全会精神，坚持以马克思列宁主义、毛泽东思想、邓小平理论、“三个代表”重要思想、科学发展观为指导，深入贯彻习近平总书记系列重要讲话精神，在中共临汾市委的坚强领导下，认真落实市委三届七次全会精神，坚持党的领导、充分发扬民主、严格依法办事有机统一，围绕中心、服务大局，突出重点、讲求实效，依法行使好地方立法权、监督权、重大事项决定权和人事任免权，充分发挥代表主体作用，加强和改进全市县、乡人大工作和建设，为建设文明开放、富裕和谐新临汾，实现“十三五”全市经济社会发展良好开局，夺取全面建成小康社会伟大胜利而努力奋斗!

临汾市第三届人民代表大会第七次会议关于临汾市中级人民法院工作报告的决议

(2016年3月24日临汾市第三届人民代表大会第七次会议通过)

临汾市第三届人民代表大会第七次会议听取并审议代院长翟瑞卿所作的临汾市中级人民法院工作报告。会议同意这个报告,决定予以批准。

会议要求,市中级人民法院要全面贯彻党的十八大和十八届三中、四中、五中全会以及习近平总书记系列重要讲话精神,认真落实市委三届七次全会精神,忠实履行宪法和法律赋予的职责,坚持司法为民、公正司法,依法独立公正行使审判权,深入推进司法改革,大力加强队伍建设,着力提升司法公信力,维护人民群众合法权益,促进社会和谐稳定,为实现"十三五"全市经济社会发展良好开局、全面建成小康社会提供坚强有力的司法保障。

临汾市第三届人民代表大会第七次会议关于临汾市人民检察院工作报告的决议

(2016年3月24日临汾市第三届人民代表大会第七次会议通过)

临汾市第三届人民代表大会第七次会议听取并审议检察长苑涛所作的市人民检察院工作报告。会议同意这个报告,决定予以批准。

会议要求,市人民检察院要全面贯彻党的十八大和十八届三中、四中、五中全会以及习近平总书记系列重要讲话精神,认真落实市委三届七次全会精神,全面履行宪法和法律赋予的职责,努力维护社会公平正义,进一步加大查办和预防职务犯罪工作力度,加强司法规范化建设,不断强化法律监督、强化自身监督、强化检察队伍建设,着力提高司法公信力和司法水平,为实现"十三五"全市经济社会发展良好开局、全面建成小康社会提供坚强有力的司法保障。

临汾市第三届人民代表大会第七次会议关于临汾市国民经济和社会发展第十三个五年规划纲要的决议

(2016年3月24日临汾市第三届人民代表大会第七次会议通过)

临汾市第三届人民代表大会第七次会议审查了市人民政府提出的《临汾市国民经济和社会发展第十三个五年规划纲要(草案)》。会议同意临汾市第三届人民代表大会第七次会议计划和预算审查委员会的审查报告,决定批准这个规划纲要。

会议要求,市人民政府要高举中国特色社会主义伟大旗帜,全面贯彻党的十八大和十八届三中、四中、五中全会精神,坚持以马克思列宁主义、毛泽东思想、邓小平理论、"三个代表"重要思想、科学发展观为指导,深入贯彻习近平总书记系列重要讲话精神,按照"五位一体"总体布局和"四个全面"战略布局,以及省委"五句话"总要求,深入推进创新发展、协调发展、绿色发展、开放发展、共享发展、廉洁和安全发展,以改革创新为动力,以提高经济增长的质量和效益为主线,主动适应经济发展新常态,加快培育发展新动能,做好煤与非煤两篇文章,着力化解过剩产能,扩大新兴产业规模,加快转型升级,推进生态文明建设,着力保障和改善民生,推动法治临汾建设,全面落实"十三五"规划的目标任务,确保如期全面建成小康社会。

会议号召,全市人民要在中共临汾市委的坚强领导下,深入贯彻落实中央、省委的各项决策部署,紧紧围绕临汾市国民经济和社会发展第十三个五年规划目标和任务,同心协力、攻坚克难、真抓实干、奋力前行,为实现全面建成小康社会的宏伟目标而努力奋斗!

【代表名单(396名,按姓名笔画排列)】

临汾市第三届人民代表大会第七次会议代表名单

尧都区(66名)

丁新玲(女,回族)　马跟云　王　芳(女)
王　勇　王　润　王　超　王智胜　孔令泽
石雷锁　付常英(女)　兰维成　权哲辉
毕宝玲(女)　吕家忠　吕建斌　乔亚丽(女)

任招振　任晓虎　任跟心(女)　刘大吉
刘红锁　齐安林　许福贵　闫君霞(女)
闫忠宝　师学瑾　杜红奎　李　茵(女)
李双山　李龙飞　李安民　李青雁(女)
李春勋　李春玲(女)　杨午生　杨怀旺
杨家锁　何炳盛　宋　涛　张文民
张宁红　张吉平　张志强　张麦生
张陈记　补根柱　卓心翠(女)　尚日红
赵志坚　赵波峰　岳普煜　段　瑛(女)
段金中　侯仙记　秦国杰　贾泉兰(女)
高　峰　高向阳(女)　郭慧玲(女)　梁天运
蒋茂平　焦志勇　鲁立波　谢　海　谢武生
樊海燕

侯马市(23名)
马秀玲(女)　王阿家(女)　王煦杰　毛克明
孙惠记　李山林　李朝旗　杨　青　杨　瑞(女)
张　平　张如意　张培基　陈小洪　姜晓红(女)
秦玲玲(女)　原胜利　郭金玉　尉合怀　蒋安生
韩　睿　傅遵师　裴本德　翟瑞卿

霍州市(25名)
马德荣　王子贞　王林锁　王醒安　吕超英
朱　玉　朱志红　任麦杏　刘怀忠　孙玉明
杜志祥　杨　华　张芙蓉(女)　张明慧(女)
陈　纲　陈小虎　陈占平　周文伟　赵秋香(女)
贾亚龙　郭建莉(女)　常富顺　崔山原
董　娟(女)　薛英玲(女)

洪洞县(61名)
马安平　王千良　王小惦(女)　王延峰
王和平　王春翔　王秋平　王黎明　史元魁
史芳芳(女)　冯黎峰　权青海　成巧梅(女)
乔　红(女)　许　平　孙竹莲(女)　纪小明
苏学峰　李　宁(女)　李　英(女,土家族)
李　竞　李世杰　李国旺　李新春　杨　杰
杨和生　杨晓丽(女)　杨银奎　宋红生
宋秀荣(女)　宋晓丽(女,回族)　张元喜
张玉龙　张红红(女)　张庚博　张美峰
苑　涛　范忠义　林泽忠　罗清宇
郑　怀　郑步电　瓮志刚　赵争艳(女)
赵国安　段学武　贺彦平　袁麦兰(女)
柴高潮　郭文仓　郭立军　郭红英(女)
席青松　梁琳琳　扈新起　董艳红(女)
程小柱　焦海棠(女)　雷甲寿　蔺北锁
樊莹丽(女)

襄汾县(40名)
马　健　马文虎　王志宏　王国平
王彦珍(女)　王德才　毛婉英(女)　邓春臣
邓俊元　石　萍(女)　石宝兴　邢长林
吉仙菊(女)　任治国　刘小才　刘安民
刘红卫　刘　浩　祁寒冰　许贤德　孙金慧(女)
苏新平　杜林峰　李　建　李世荣　杨志威
杨新柱　张　炜(女)　张拽牛　张焕玲(女)
林建武　赵楼生　贾安民　贾福合　徐树荣
郭爱珍(女)　曹彩英(女)　程明温　焦金凤(女)
霍俊平(女)

曲沃县(21名)
王燕燕(女)　仇振刚　邓爱萍(女)　朱晓东
刘　伟　刘合心　齐顺和　买林祥(回族)
李九林　杨存良　杨治平　吴晓年　张天福
陈小叶(女)　武兰萍(女)　孟海河　郭　簃
郭惠勇　翟桂云(女)　樊高潮(女)　薛桂琴(女)

翼城县(26名)
王春祥　王艳荣(女)　王振宇　王　彬　王维俊
任吉龙　刘予强　刘永科　齐桂志(女,满族)
许红霞(女)　苏青莲(女)　李　猛　李殿梁
杨春权　狄学飞　苗文娟(女)　范素琴(女)
郑建文　胡国华(女)　原学义　郭　刚　郭行杰
栾兆俊　程晓霞(女)　翟建华　翟铭娟(女)

古　县(13名)
王文英　王金珍(女)　孔康民　任晋宝
刘晓玲(女)　李　华　李　强　酉振国
张金虎　辛普选　郝献民　侯万玲(女)
贾自胜

安泽县(10名)
丁玉萍(女)　毛跟云　任秀红(女)　任晓红
刘正林　郭玉亮　黄翠莲(女)　尉亚萍(女)
尉昌华　韩建辉

浮山县(13 名)
王东亲(女) 尹 礼 冯际杰 乔建军
刘洪珍(女) 苏 文 李 凡 李 勇
姚玉杰 姚来义 梁秀娟(女) 谢碧玲(女)
解淑芳(女)

吉 县(12 名)
牛凤珍(女) 白变慧(女) 冯志平 刘创珍
李金玉(女) 李晓民 张顺旺 赵建民
郝忠祥 梁崇太 崔绍民 葛建章

乡宁县(22 名)
王刘明 王英华(女) 古 平 左巧云(女)
权建军 乔成家 任仙强(女) 刘玉学
闫彩萍(女) 李七斤 杨安虎 时菁阳(女)
张文泉 张应钦 张春龙 周亚东
郑亚兰(女) 侯 龙 宣为民 郭学军
解高民 樊洪平

蒲 县(12 名)
马长江 王安保 邓秀清(女) 闫建国
闫虎英(女) 李建耀 张彦月 武卫东
赵志慧 郭俊青(女) 宿青平 霍五奎

大宁县(10 名)
王 懿(女) 史平忠 冯建宁 刘奎生
李俊兰(女) 杨晓辉(女) 陈明泽 贺寅生
郭云亭 樊 宇

永和县(12 名)
于三成 马连青 加天山 冯灵梅(女)
任冬明 张东红 张宏武 陆立罡 陈忠辉
范洋平 呼洁群(女) 韩忠秀

隰 县(13 名)
王天郎 王红红(女) 王晓斌 田耀泽
史 婧(女) 苏 根 李东洪 李亚丽(女)
宋元元 张瑞萍(女) 孟文玉 贺崇伟
郭秀萍(女)

汾西县(14 名)
马华庆 王 林 牛元平(女) 任天顺
任亮英(女) 李振华 张安文 陈建华
郝双林 段秀兰(女) 贾文魁 郭 玮(女)
樊国俊 樊清平

解放军(3 名)
车胜良 王振富 任宝军

临汾市第四届人民代表大会第一次会议

【大会情况】 10 月 10 日下午，临汾市第四届人民代表大会第一次会议举行预备会议。市人大常委会主任徐树荣，副主任王醒安、原学义、王金珍，秘书长冯建宁在主席台就座。徐树荣主持会议。全省市县乡换届风气第十督查组组长王水成到会指导。本次会议应到代表 397 人，实到代表 389 人，符合法定人数。岳普煜、雷健坤、乔建军、张建平、张晓永、李新春、李朝旗、陈纲、郭行杰、杨治平、赵建民、陈忠辉、王兵、翟瑞卿、苑涛、王天郎、毛克明、秦国杰、王超、马德荣、张支平出席会议。会议选举大会主席团和秘书长；表决通过临汾市第四届人民代表大会第一次会议议程；表决通过临汾市第四届人民代表大会第一次会议议案审查委员会名单。

10 日下午，临汾市第四届人民代表大会第一次会议主席团举行第一次会议。会议由市人大常委会主任徐树荣主持。会议应到 81 人，实到 76 人。符合法定人数。会议推选大会主席团常务主席，表决通过大会日程，表决通过大会执行主席分组名单，决定大会副秘书长人选。表决通过市四届人大法制委员会组成人员名单(草案)，提交各代表团审议，提请全体会议表决。表决通过选举办法(草案)，提交各代表团审议。决定议案截止时间为 10 月 12 日 12 时。

11 日上午，市四届人大一次会议在市影剧院开幕。本次大会应到代表 397 人，实到 382 人，符合法定人数。会议由大会主席团常务主席、执行主席徐树荣主持。大会主席团常务主席、执行主席岳普煜、王醒安、原学义、王金珍、冯建宁在主席台前排就座。全省市县乡换届风气第十督查组组长王水成及督查组成员到会指导。市领导刘予强、雷健坤、乔成家、乔建军、陈小洪、张建平、张晓永、王振宇、王振富、李新春、李朝旗、陈纲、郭行杰及其他大会主席团成员在主席台就座。上午9时，徐树荣宣布临汾市第四届人民代表大会第一次会议开幕。全体起立，奏国歌。代市长刘予强代表市人民政府向大会作《政府工作报告》。

11日下午，出席市四届人大一次会议的代表们分团审议《政府工作报告》和大会选举办法。

12日上午，市四届人大一次会议举行第二次全体会议，听取市三届人大常委会主任徐树荣所作的常委会工作报告，表决通过选举办法。本次会议应到代表397人，实到388人，符合法定人数。大会主席团常务主席、执行主席原学义主持会议。大会执行主席杨午生、张玉龙、李殿梁、李凡、陈金庄、贾文魁在主席台前排就座。岳普煜、刘予强、雷健坤、乔建军、张建平、张晓永、王振宇、李新春、李朝旗、陈纲、郭行杰在主席台就座。徐树荣在报告中回顾市三届人大常委会五年来的主要工作。

12日下午，市四届人大一次会议主席团举行第三次会议。大会主席团常务主席岳普煜、徐树荣、王醒安、原学义、王金珍在主席台就座。王金珍主持会议。会议应到81人，实到75人，符合法定人数。会议表决通过关于市人大常委会工作报告的决议(草案)，提交各代表团审议；听取和表决通过市人大常委会副主任、市四届人大一次会议议案审查委员会主任委员王醒安所作的关于议案审查的报告，印发全体代表；听取市委常委、组织部部长李新春所作的关于各项候选人名单(草案)的说明；表决通过主席团提名的各项候选人名单(草案)，提交各代表团酝酿；表决通过总监票人、总计票人的人选，提交各代表团审议；布置各代表团推选监票人1名；表决通过代表联合提名各项候选人截止时间的决定，代表联合提名候选人截止时间为10月13日11时。

12日下午，出席临汾市第四届人民代表大会第一次会议的代表们对市人大常委会工作报告，关于政府工作报告的决议(草案)进行分团审议；各代表团酝酿、讨论各项候选人名单，审议总监票人、总计票人的人选，推选出监票人。

12日下午，市四届人大一次会议议案审查委员会举行会议。会议审议关于议案审查的报告，提交主席团第三次会议表决。市人大常委会副主任、市四届人大一次会议议案审查委员会主任委员王醒安出席。

13日上午，市四届人大一次会议举行第三次全体会议，听取市中级人民法院工作报告、市人民检察院工作报告。

本次会议应到代表397人，实到385人，符合法定人数。

大会主席团常务主席、执行主席王金珍主持会议。大会执行主席马兴民、贾安民、张金虎、李晓民、张新平、任静在主席台前排就座。岳普煜、刘予强、雷健坤、徐树荣、乔成家、乔建军、陈小洪、张建平、张晓永、王振宇、李新春、李朝旗、陈纲、郭行杰、车胜良在主席台就座。市中级人民法院院长翟瑞卿代表市中级人民法院向大会报告工作。

10月13日上午，市四届人大一次会议主席团举行第四次会议。大会主席团常务主席岳普煜、徐树荣、王醒安、原学义、王金珍、冯建宁在主席台就座。原学义主持会议。会议应到81人，实到76人，符合法定人数。会议表决通过关于市中级人民法院工作报告的决议(草案)，提交各代表团审议；表决通过关于市人民检察院工作报告的决议(草案)，提交各代表团审议；听取大会组织组关于各项候选人名单(草案)酝酿情况的汇报；表决通过各项正式候选人名单(草案)，提交各代表团酝酿、讨论；指定大会选举计票工作人员。

13日下午，市四届人大一次会议主席团举行第五次会议。大会主席团常务主席岳普煜、徐树荣、王醒安、原学义、王金珍在主席台就座。王醒安主持会议。会议应到主席团成员81人，实到76人，符合法定人数。会议审定关于政府工作报告的决议(草案)、关于市人大常委会工作报告的决议(草案)、关于市中级人民法院工作报告的决议(草案)、关于市人民检察院工作报告的决议(草案)；听取大会组织组关于各项正式候选人酝酿、讨论情况的汇报；决定各项正式候选人名单。

14日上午，市四届人大一次会议举行第四次全体会议。

大会主席团常务主席、执行主席王醒安主持会议。大会执行主席车胜良、陈占平、刘伟、韩建辉、张春龙、马连青在主席台前排就座。岳普煜、徐树荣、刘予强、雷健坤、乔成家、乔建军、陈小洪、张建平、张晓永、王振宇、王振富、李新春、李朝旗、陈纲、郭行杰在主席台就座。本次会议应到代表397人，实到394人，符合法定人数。会议表决通过总监票人、总计票人、监票人名单；进行选举事项，选举新一届市人大常委会组成人员，市长、副市长，市中级人民法院院长、市人民检察院检察长。

14日下午，市四届人大一次会议举行第五次全体会议。大会主席团常务主席、执行主席徐树荣主持会议。大会主席团常务主席、执行主席岳普煜、王醒安、原学义、王金珍、冯建宁在主席台前排就座。刘予强、雷健坤、乔成家、乔建军、陈小洪、张建平、张晓永、王振宇、李新春、李朝旗、陈纲、郭行杰在主席台就座。会议应到代表397人，实到394人，符合法定人数。会议表决通过关于政府工作报告的决议、关于临汾市人民代表大会常务委员会工作报告的决议、关于临汾市中级人民法院工作报告的决议、关于临汾市人民检察院工作报告的决议。市委书记岳普煜作重要讲话。

14日下午，市四届人大一次完成各项议程后闭幕。

【大会领导和工作机构】

临汾市第四届人民代表大会第一次会议主席团常务主席名单

（2016年10月10日临汾市第四届人民代表大会第一次会议主席团第一次会议推定）

岳普煜　徐树荣　王醒安　原学义　王金珍(女)　冯建宁

临汾市第四届人民代表大会第一次会议主席团和秘书长名单

（2016年10月10日临汾市第四届人民代表大会第一次会议预备会议通过）

主席团成员　(81人，按姓名笔画排列)

马兴民　马连青　王金龙　王阿家(女)
王启太　王国平　王金珍(女)　王建明
王振宇　王振富　王　栋　王醒安　王煦杰
车胜良　田卫东　史全喜　冯建宁　加天山
仝天峰　权建军　乔成家　乔建军　任天顺
任跟心(女)　任　静(女)　刘予强　刘　浩
刘　伟　刘智勇　齐安林　孙智英(女)
苏文龙　李　凡　李龙飞　李亚丽(女)　李　强
李晓民　李新春　李朝旗　李殿梁　杨午生
杨玉果(女)　杨治平　杨春权　张玉龙　张吉平
张应钦　张金虎　张学伟　张庚博　张春龙
张建平　张晓永　张新平　陈小洪　陈占平
陈金庄　陈　纲　武兰萍(女)　岳普煜　郑步电
郝忠祥　郝献民　段金中　贾文魁　贾安民
贾爱芹(女)　原学义　徐树荣　郭会军　郭　刚
郭行杰　郭惠勇　崔山原　董跃明
蒋亚丽(女，回族)　韩建辉　雷健坤(女)
樊洪平　薛凤奎　薛鹏寿

秘书长：王醒安(兼)

临汾市第四届人民代表大会第一次会议副秘书长名单

（2016年10月10日临汾市第四届人民代表大会第一次会议主席团第一次会议决定）

冯建宁　苏文龙　李建国　韩振钢　樊奋强
王林波　郭景旭　赵红海

临汾市第四届人民代表大会第一次会议议案审查委员会组成人员名单

（2016年10月10日临汾市第四届人民代表大会第一次会议预备会议通过）

主 任 委 员：王醒安
副主任委员：冯建宁　李建国　孙智英(女)
委　　　员：(13人，按姓名笔画排列)
田卫东　仝天峰　权建军　刘　伟　刘智勇
张应钦　苏文龙　李　凡　李殿梁　杨午生
武兰萍(女)　郭　刚　董跃明

【会议公告】

临汾市第四届人民代表大会第一次会议公告

（第1号）

临汾市第四届人民代表大会第一次会议，于2016年10月14日选举产生临汾市第四届人民代表大会常务委员会主任、副主任、秘书长、委员。

主　任：乔建军

副主任：杨治平　王金珍（女）　张庚博
　　任天顺　王国平　冯建宁　张学伟
秘书长：苏文龙
委　员：（32名，按姓名笔画排序）
马长江　王　栋　王　渊　王启太
王阿家（女）　王建明　毛婉英（女）
田卫东　史元魁　仝天峰　权建军
权哲辉　延保全　任跟心（女）
刘智勇　齐安林　孙智英（女）
杨玉果（女）　李小拽　李龙飞
吴晋龙　张吉平　张应钦　张春龙
武卫东　武兰萍（女）　段金中
贾爱芹（女）　郭　刚　董跃明
樊奋强　薛鹏寿

特此公告

临汾市第四届人民代表大会
第一次会议主席团
2016年10月14日

临汾市第四届人民代表大会第一次会议公告

（第2号）

临汾市第四届人民代表大会第一次会议，于2016年10月14日选举产生临汾市人民政府市长、副市长。

市　长：刘予强
副市长：王振宇　陈忠辉　马德荣
　　王　兵（女）　闫建国　王延峰

特此公告

临汾市第四届人民代表大会
第一次会议主席团
2016年10月14日

【会议决定】

临汾市第四届人民代表大会第一次会议关于代表议案截止时间的决定

（2016年10月10日临汾市第四届人民代表大会第一次会议主席团第一次会议通过）

临汾市第四届人民代表大会第一次会议主席团第一次会议决定：代表议案截止时间为10月12日上午12时。

【会议决议】

临汾市第四届人民代表大会第一次会议关于政府工作报告的决议

（2016年10月14日临汾市第四届人民代表大会第一次会议通过）

临汾市第四届人民代表大会第一次会议听取并审议临汾市人民政府代市长刘予强所作的政府工作报告。会议同意这个报告，决定予以批准。

会议要求，市人民政府要高举中国特色社会主义伟大旗帜，全面贯彻党的十八大和十八届三中、四中、五中全会精神，深入学习贯彻习近平总书记系列重要讲话精神，按照省委“一个指引、两手硬”的重大思路和要求，认真落实市四次党代会提出的“345”战略，围绕供给侧结构性改革一条主线，强化“安全、环保”两个保障，突出“园区经济、民营经济、新型城镇化”三个重点，抓住“脱贫攻坚、产业转型、项目建设、文化旅游”四个关键，做好“创新驱动、城乡统筹、绿色崛起、改革开放、民生改善”五篇文章，强化使命担当，自觉奋发有为，确保全市经济社会持续稳定健康发展。

会议号召，全市人民要在中共临汾市委的坚强领导下，凝神聚力，改革创新，攻坚克难，扎实工作，决胜全面小康，实现振兴崛起，为建设富裕、文明、绿色、幸福新临汾而努力奋斗！

临汾市第四届人民代表大会第一次会议关于临汾市人民代表大会常务委员会工作报告的决议

(2016 年 10 月 14 日临汾市第四届人民代表大会第一次会议通过)

临汾市第四届人民代表大会第一次会议听取并审议临汾市人大常委会主任徐树荣所作的临汾市人民代表大会常务委员会工作报告。会议同意这个报告,决定予以批准。

会议要求,市人大常委会要高举中国特色社会主义伟大旗帜,全面贯彻党的十八大和十八届三中、四中、五中全会精神,深入学习贯彻习近平总书记系列重要讲话精神,按照省委"一个指引、两手硬"的重大思路和要求,认真落实市四次党代会提出的"345"战略,坚持党的领导、充分发扬民主和严格依法办事有机统一,围绕中心,服务大局,依法履职,奋发作为,依法行使好地方立法权、监督权、重大事项决定权和人事任免权,切实改进代表工作,大力加强自身建设,为决胜全面小康,实现振兴崛起,建设富裕、文明、绿色、幸福新临汾而努力奋斗!

临汾市第四届人民代表大会第一次会议关于临汾市中级人民法院工作报告的决议

(2016 年 10 月 14 日临汾市第四届人民代表大会第一次会议通过)

临汾市第四届人民代表大会第一次会议听取并审议临汾市中级人民法院院长翟瑞卿所作的临汾市中级人民法院工作报告。会议同意这个报告,决定予以批准。

会议要求,市中级人民法院要全面贯彻党的十八大和十八届三中、四中、五中全会精神以及习近平总书记系列重要讲话精神,认真落实市四次党代会提出的"345"战略,坚持司法为民、公正司法,忠实履行宪法法律赋予的职责,充分发挥刑事审判、民事审判、行政审判职能作用,大力加强队伍建设,促进社会和谐稳定,为决胜全面小康,实现振兴崛起,建设富裕、文明、绿色、幸福新临汾提供坚强的司法保障。

临汾市第四届人民代表大会第一次会议关于临汾市人民检察院工作报告的决议

(2016 年 10 月 14 日临汾市第四届人民代表大会第一次会议通过)

临汾市第四届人民代表大会第一次会议听取并审议临汾市人民检察院检察长苑涛所作的临汾市人民检察院工作报告。会议同意这个报告,决定予以批准。

会议要求,市人民检察院要全面贯彻党的十八大和十八届三中、四中、五中全会精神以及习近平总书记系列重要讲话精神,认真落实市四次党代会提出的"345"战略,忠实履行职责使命,努力维护公平正义,不断强化法律监督、强化自身监督、强化检察队伍建设,着力提高司法公信力和司法水平,为决胜全面小康,实现振兴崛起,建设富裕、文明、绿色、幸福新临汾提供坚强的司法保障。

【领导简介】

市人大常委会主任乔建军同志简历

乔建军,男,汉族,1962 年 8 月生,山西洪洞人,中央党校研究生学历。1981 年 11 月参加工作,1983 年 6 月加入中国共产党。

参加工作后曾任古县县委常委、组织部部长;1997 年 9 月任共青团临汾地委书记;2001 年 8 月任翼城县委副书记;2003 年 9 月任襄汾县委副书记、代县长;2003 年 11 月任襄汾县委副书记、县长;2006 年 6 月任吉县县委书记;2008 年 3 月任蒲县县委书记;2011 年 4 月待安排;2011 年 5 月任临汾市政府副秘书长;2011 年 8 月任临汾市委常委、统战部部长(期间:2012 年 9 月至 12 月主持侯马市委全面工作,2016 年 1 月至 7 月主持浮山县委全面工作);2016 年 8 月任临汾市委常委、市人大常委会党组书记;2016 年 9 月任临汾市人大常委会党组书记;2016 年 10 月在临汾市第四届人民代表大会第一次会议上当选为临汾市人大常委会主任。

市人民政府市长刘予强同志简历

刘予强,男,汉族,1963 年 1 月生,山西阳城人,大学学历,工商管理硕士。1981 年 9 月参加工作,1984 年 12 月加入中国共产党。

参加工作后曾任高平市委副书记;2001 年 8 月任晋城市城区区委副书记、代区长;2002 年 3 月任晋城市城区区委副书记、区长;2005 年 7 月任泽州县委书记;2010 年 4 月任省监察厅副厅长;2013 年 6 月任忻州市委常委、纪委书记;2015 年 8 月任临汾市委常委、纪委书记;2016 年 5 月任临汾市委副书记、代市长;2016 年 10 月在临汾市第四届人民代表大会第一次会议上当选为临汾市人民政府市长。

市人大常委会副主任、秘书长
杨治平同志简历

杨治平,男,汉族,1962 年 3 月生,山西襄汾人,大学学历,历史学学士。1982 年 9 月参加工作,1985 年 7 月加入中国共产党。

参加工作后曾任临汾市政府办公厅副主任兼调产办副主任;2001 年 8 月任蒲县县委副书记、代县长、县长;2006 年 6 月任蒲县县委书记;2008 年 3 月任曲沃县委书记;2011 年 4 月待安排;2011 年 5 月任临汾市政府副秘书长;2011 年 8 月任临汾市副市长;2016 年 3 月任临汾市人大常委会党组副书记;2016 年 10 月在临汾市第四届人民代表大会第一次会议上当选为临汾市人大常委会副主任。

王金珍同志简历

王金珍,女,汉族,1963 年 4 月生,山西汾西人,中央党校大学学历。1979 年 9 月参加工作,2004 年 12 月加入中国民主促进会。

参加工作后曾任古县副县长,民进临汾市委副主委、古县副县长;2010 年 10 月任民进临汾市委主委、古县副县长;2011 年 6 月任民进临汾市委主委;2011 年 8 月任临汾市人大常委会副主任、民进临汾市委主委;2016 年 10 月在临汾市第四届人民代表大会第一次会议上当选为临汾市人大常委会副主任。

张庚博同志简历

张庚博,男,汉族,1964 年 2 月生,山西洪洞人,大学学历,历史学学士。1985 年 8 月参加工作,1990 年 2 月加入中国共产党。

参加工作后曾任西藏自治区西藏日报社汉编部理论评论组组长、西藏自治区党委组织部研究室正科级干事;1994 年 5 月任西藏自治区党委组织部研究室副主任(1996 年 9 月主持研究室工作);2000 年 2 月任西藏自治区党委组织部研究室主任;2001 年 12 月任临汾市委组织部副部长、正县级组织员;2016 年 9 月任临汾市人大常委会党组成员;2016 年 10 月在临汾市第四届人民代表大会第一次会议上当选为临汾市人大常委会副主任。

任天顺同志简历

任天顺,男,汉族,1963 年 1 月生,山西吉县人,中央党校大学学历。1982 年 9 月参加工作,1990 年 10 月加入中国共产党。

参加工作后曾任吉县果业局局长;2002 年 1 月任吉县壶口开发区主任;2003 年 12 月任吉县县委副书记、壶口开发区主任;2006 年 11 月任吉县县委副书记、黄河壶口风景名胜区管委会主任、党委书记;2009 年 10 月任隰县县委副书记、代县长;2009 年 11 月任隰县县委副书记、县长;2011 年 4 月任汾西县委书记;2016 年 9 月任临汾市人大常委会党组成员、汾西县委书记;2016 年 10 月在临汾市第四届人民代表大会第一次会议上当选为临汾市人大常委会副主任。

王国平同志简历

王国平,男,汉族,1965 年 10 月生,山西稷山人,中央党校大学学历。1984 年 8 月参加工作,1987 年 6 月加入中国共产党。

参加工作后曾任曲沃县团县委书记,临汾地委秘书处综合科主任科员;1997 年 12 月任临汾地委秘书处助理调研员;1998 年 5 月任大宁县委常委、纪委书记;2001 年 11 月任乡宁县委常委、纪委书记;2004 年 9 月任乡宁县委副书记、纪委书记;

2006年6月任蒲县县委副书记、代县长;2007年5月任蒲县县委副书记、县长;2009年10月任襄汾县委副书记、代县长、县长;2011年4月任襄汾县委书记;2016年7月待安排;2016年8月任临汾市人大常委会党组成员;2016年10月在临汾市第四届人民代表大会第一次会议上当选为临汾市人大常委会副主任。

冯建宁同志简历

冯建宁,男,汉族,1963年3月生,山西大宁人,中央党校大学学历。1979年10月参加工作,1988年11月加入中国共产党。

参加工作后曾任临汾地委农小办办公室主任;2002年1月任临汾市农业局党组成员、纪检组长;2006年6月任临汾市人大常委会副秘书长、研究室主任;2010年1月任临汾市人大常委会党组成员、秘书长、办公厅主任;2016年9月任临汾市人大常委会党组成员、秘书长;2016年10月在临汾市第四届人民代表大会第一次会议上当选为临汾市人大常委会副主任。

张学伟同志简历

张学伟,男,汉族,1962年2月生,山西翼城人,中央党校大学学历。1982年7月参加工作,1985年7月加入中国共产党。

参加工作后曾任翼城县政府办公室主任、翼城县城关镇党委第二书记(期间:1995年7月至1997年12月挂职任临汾行署交通局局长助理);1997年12月任临汾行署交通局党组成员、局长助理;2001年3月任临汾市交通局党组成员、局长助理;2001年11月任临汾市交通局党组成员、副局长;2010年1月任临汾市交通运输局党组成员、副局长;2011年11月任临汾市交通运输局党组书记、局长;2016年8月任临汾市人大常委会党组成员;2016年10月在临汾市第四届人民代表大会第一次会议上当选为临汾市人大常委会副主任。

苏文龙同志简历

苏文龙,男,汉族,1967年10月生,山西隰县人,中央党校大学学历。1986年8月参加工作,1986年6月加入中国共产党。

参加工作后曾任共青团隰县县委书记、隰县阳头升乡党委书记;2007年4月任永和县委常委、宣传部部长;2012年5月任永和县委常委、副县长;2016年9月任临汾市人大常委会党组成员、办公厅主任;2016年10月在临汾市第四届人民代表大会第一次会议上当选为临汾市人大常委会秘书长。

市人民政府副市长王振宇同志简历

王振宇,男,汉族,1973年11月生,山西沁源人,研究生学历,法学硕士,高级管理人员工商管理硕士。1996年8月参加工作,1995年11月加入中国共产党。

参加工作后曾任省国际电力集团产业部经理;2005年11月任省农村信用社联合社信贷业务管理部总经理;2009年10月任省农村信用社联合社太原办事处党组书记、主任;2011年4月任省工商行政管理局党组成员、副局长;2013年5月任临汾市副市长;2016年9月任临汾市委常委、副市长;2016年10月在临汾市第四届人民代表大会第一次会议上当选为临汾市人民政府副市长。

陈忠辉同志简历

陈忠辉,男,汉族,1968年5月生,湖南资兴人,大学学历,历史学学士。1991年7月参加工作,2002年4月加入九三学社。

参加工作后曾任湖南省资兴市教育局副局长;2002年3月任湖南省资兴市一中校长;2005年5月任湖南省资兴市副市长;2007年11月任湖南省资兴市副市长,九三学社资兴市基层委员会主委,资兴市社会主义学校第一校长;2011年3月任山西社会主义学院副院长;2015年11月任临汾市副市长;2016年10月在临汾市第四届人民代表大会第一次会议上当选为临汾市人民政府副市长。

马德荣同志简历

马德荣,男,汉族,1964年5月生,山西阳曲人,大学学历。1984年8月参加工作,1987年5月加入中国共产党。

参加工作后曾任省公安厅六支队四大队大队长；2000 年 12 月任省公安厅治安总队副总队长；2005 年 11 月任省公安厅治安总队政委；2014 年 6 月任临汾市政府党组成员，市公安局党委书记；2014 年 7 月任临汾市政府党组成员，市公安局党委书记、局长；2016 年 10 月在临汾市第四届人民代表大会第一次会议上当选为临汾市人民政府副市长。

王兵同志简历

王兵，女，汉族，1967 年 8 月生，山西临汾尧都区人，大学学历，工程硕士，成绩优异的高级工程师。1990 年 8 月参加工作，2000 年 5 月加入中国共产党。

参加工作后曾任省汾河中下游河道管理站副站长；2011 年 12 月任运城市北赵引黄工程（大型灌区）建设管理局局长、运城市北赵引黄工程建设项目部经理、省汾河中下游水务管理局副局长；2013 年 1 月任省节约用水办公室副主任、运城市北赵引黄工程建设管理局局长；2013 年 5 月任省水利厅水利管理处处长、运城市北赵引黄工程建设管理局局长；2016 年 5 月任省水利厅基本建设处处长、运城市北赵引黄工程建设管理局局长；2016 年 8 月任临汾市副市长；2016 年 10 月在临汾市第四届人民代表大会第一次会议上当选为临汾市人民政府副市长。

闫建国同志简历

闫建国，男，汉族，1965 年 5 月生，山西乡宁人，大学学历。1984 年 8 月参加工作，1987 年 1 月加入中国共产党。

参加工作后曾任临汾行署体改委流通科科长，临汾行署办公室经济二科科长，临汾市政府办公厅经济二科科长；2001 年 8 月任侯马市副市长；2006 年 12 月任临汾市政府副秘书长、市政务大厅管理中心主任；2007 年 7 月任临汾市政府副秘书长、办公厅党组成员、市政务大厅管理中心主任；2009 年 10 月任蒲县县委副书记、代县长；2009 年 11 月任蒲县县委副书记、县长；2013 年 6 月任蒲县县委书记、县长；2013 年 7 月任蒲县县委书记；2016 年 8 月任临汾市政府党组成员；2016 年 10 月在临汾市第四届人民代表大会第一次会议上当选为临汾市人民政府副市长。

【代表名单（397 名，按代表团、姓名笔画排列）】

临汾市第四届人民代表大会
代表名单

尧都区（67 名）

丁心玲（女，回族）　刁士琦　马德荣　王　栋
王巧梅（女）　王延峰　王佐军　王建国　王建明
牛玉明　亢秋云（女）　石雷锁　仝天峰　巩　磊
权哲辉　吉金仓　吕建斌　吕家忠　乔亚丽（女）
乔刘忠　任建辉　任跟心（女）　刘大吉
刘风兰（女）　闫君霞（女）　闫忠宝　许福贵
杜玉河　杜红奎　杨午生　杨怀旺　杨保春
李　军　李　茵（女）　李龙飞　李希荣（女）
李建国　李春玲（女）　李随民　肖　燕（女）
谷　鸣　宋　涛　补根柱　张　丹（女）　张吉平
张麦生　张青山　张皓霏（女）　陈　纲　陈明泽
卓心翠（女）　岳普煜　郑育敏　荆冰寅　郝勇东
侯仙记　段　瑛（女）　段金中　姜秀丽（女）
秦国杰　贾小旦　贾泉兰（女）　贾雪梅（女）
贾晨昱（女）　高向阳（女）　樊英龙　潘文根

侯马市（22 名）

马兴民　马秀玲（女）　王　芳（女）　王永军
王阿家（女）　王煦杰　毕永刚　安子俊　李军胜
李旭东　张支平　张瑜庆　陈忠辉　范晓玲（女）
郝爱民　赵建民　段慧刚　秦玲玲（女）　原学义
黄卫东　蔺戈慧（女）　裴本德

霍州市（27 名）

王　兵（女）　王子贞　王永革　王汝鑫（女，满族）
牛福生　朱小海　刘　惠（女）　刘会元　闫建国
安　纳（女）　李向阳　李红斌　李林虎　张　华
张军丽（女）　张芙蓉（女）　张建平　陈占平
武兰萍（女）　武丽梅（女）　郝耀明　贾耀杰
郭学义　郭建莉（女）　黄晓君（女）　崔山原
程文泽

曲沃县(21名)
王升琴(女) 王发安 邓爱萍(女) 吉守斌
吉高瑞 伊成官 杨存良 杨治平 刘 伟
李 逸 李小勇 李晓龙 吴 滨 吴晓年
陈小叶(女) 陈冬彦(女) 贾爱芹(女)
铁保玲(女,回族) 郭行杰 郭惠勇 程云萍(女)

翼城县(28名)
马 笑(女) 王国平 田 强 田小国
冯竹娣(女) 刘智勇 延志敏(女) 杨春权
李 刚 李华东 李殿梁 宋永毅 张玉峰
张学伟 张晓永 张淑珍(女) 陈瑞林
苗文娟(女) 周芙蓉(女) 郑 磊 南承庚
侯过良 郭 刚 高永贤 栾兆俊 曹 琦
鹿海燕(女) 蒋亚丽(女,回族)

浮山县(13名)
牛少白 史全喜 权建军 乔越峰(女) 李 凡
李朝旗 张文学 张红波(女) 陈 华(女)
姚玉杰 盖红星 鲁青海 廉海平

襄汾县(39名)
毛 倩(女) 毛婉英(女) 王玉玲(女)
王会芳(女) 王启太 王爱红(女) 王醒安
邓春臣 邢长林 乔飞鸿 乔成家 朱春燕(女)
任耀文 刘 浩 刘彦青 杜 敏 苏跃亭
杨清水 李文杰 李福枝(女)肖建平 何世宽
宋合庆 张文忠 张宏武 张俊霞(女) 郇惠俊
赵周仓 贾安民 原 将(女) 郭俊霞(女)
席普荣(女) 尉 晨 傅德明 雷健坤(女)
翟战备 潘启奎(苗族) 薛丽琴(女)
魏振武

洪洞县(61名)
马向明 王 山 王 渊 王 超 王小栋
王元英(女) 王永红 王林虎 王瑞强 田剑锋
申国翠(女) 史元魁 冯辛卯 吕生荣 刘小平
刘予强 刘向明 齐安林 延保全 许 平
吴晋龙 宋晓丽(女,回族) 杨晓丽(女)
李 英(女,土家族) 李小拽 李怀平
李建梅(女) 张 宏 张元喜 张玉龙
张红红(女) 张庚博 张钰媚(女) 张新平
陈金宝 范忠义 周聚财 瓮志刚 郑步电
郑姣龙 赵国安 段学武 贺丫玲(女)
贾宝珍(女) 柴园园 徐树荣 郭文仓
郭会军 郭红英(女) 郭海风(女)
郭鹏云(女) 高 涛(女) 曹洪安 扈新起
梁红丽(女) 韩丽芳(女) 董美玲(女)
董跃明 傅遵师 解高民 翟瑞卿

安泽县(10名)
韦 阳 牛庆国 卢成广 田卫东 李 强
陈 巧(女) 尉亚萍(女) 尉昌华 韩建辉
董 琴(女)

古 县(10名)
王金珍(女) 刘舒华(女) 杨 宁(女)
李红岗 李新春 张金虎 张晓雷 郝献民
姚润珍(女) 贾海燕(女)

汾西县(15名)
牛元平(女) 亢红萍(女) 任天顺 刘耀山
孙智英(女) 杜志祥 杨玉果(女) 张安文
张美峰 陈子华 郝双林 赵峰峰 贾文魁
郭 玮(女) 郭亚翠(女)

蒲 县(12名)
弓桂英(女) 马长江 乔建军 李锁翠(女)
张彦月 张彦平 陈金庄 尚丽峰 赵志慧
赵丽萍(女) 樊奋强 薛凤奎

乡宁县(22名)
王秀萍(女) 成胜堂 安 娜(女) 杜政委
杨军军 杨建军 苏文龙 张文泉 张龙生
张江菊(女) 张应钦 张辛连(女) 张春龙
张福义 陈焕成 武丽英(女) 苑 涛 郑俊明
贺粉燕(女) 郭 波 樊洪平 燕郑锁

吉 县(12名)
吕桂明 李小红(女) 李晓民 余荣中 陈小洪
周海玲(女) 郝忠祥 高怀德 高晓芳(女)
崔绍民 葛成稳 薛鹏寿

大宁县(11名)

王　懿(女)　王金龙　王振宇　白桂萍(女)
冯建宁　许燕新　张新平　贺秀萍(女)
徐海港　符庆辉　樊　宇

隰　县(12名)

王天郎　王晓斌　任　静(女)　任红祥　闫锁保
李亚丽(女)　张英杰　张保平　武卫东　孟文玉
秦慧珍(女)　霍玉虹

永和县(10名)

马连青　毛克明　白建成　冯海兰(女)　加天山
刘林翠(女)　刘建华　杨调娥(女)　范洋平
郑　伟

解放军(5名)

王振富　车胜良　孙卓鹏　李　洪　蒋兴润

临汾市三届人大常委会会议纪要

·第三十八次会议·

临汾市第三届人民代表大会常务委员会第三十八次会议于2016年1月20日举行,应出席会议的常委会组成人员33人,实际出席28人。会议议程是:一、审议市政府关于临汾市2015年政府债务限额分配及2016年新增政府债务额度分配的议案;二、人事任免职事项;三、其他。

·第三十九次会议·

临汾市第三届人民代表大会常务委员会第三十九次会议于2016年3月8日举行,应出席会议的常委会组成人员33人,实际出席27人。本次会议的议程是:一、2015年度纳入“三账”监督的单位向常委会“交账”,对其进行满意度测评;二、听取和审议有关部门关于重点代表建议办理工作情况的报告,并进行满意度测评;三、表决关于召开临汾市第三届人民代表大会第七次会议的决定(草案);四、审议市人大常委会工作报告(稿);五、听取和审议市人民政府关于市三届人大六次会议代表建议办理情况的报告;六、听取和审议关于提请许可对个别市人大代表采取刑事强制措施的报告;七、市人大常委会关于接受个别组成人员辞职事项;八、人事任免职事项;九、其他。

·第四十次会议·

临汾市第三届人民代表大会常务委员会第四十次会议于2016年3月18日上午举行,应出席会议的常委会组成人员32人,实际出席24人。本次会议的议程是:一、听取关于临汾市第三届人民代表大会第七次会议筹备情况的报告;二、听取和审议关于代表变动及补选代表的代表资格审查报告;三、审议市三届人大七次会议有关名单(草案):(1)主席团和秘书长名单,(2)计划和预算审查委员会组成人员名单,(3)议案审查委员会组成人员名单,(4)列席人员名单;四、审议市人大常委会在市三届人大七次会议上的工作报告(稿);五、其他。

·第四十一次会议·

临汾市第三届人民代表大会常务委员会第四十一次会议于2016年5月17日下午举行,应出席会议的常委会组成人员32人,实际出席27人。本次会议的议程是:人事任职事项及其他。

·第四十二次会议·

临汾市第三届人民代表大会常务委员会第四十二次会议于2016年5月26日上午举行,应出席会议的常委会组成人员32人,实际出席27人。本次会议的议程是:一、审议市政府关于山西师范大学整体搬迁等三个投融资项目建设资金列入年度财政预算的议案;二、听取和审议关于全市精准帮扶实体企业专项工作情况的报告,进行满意度测评;三、听取和审议关于全市科技创新专项工作情况的报告,并进行满意度测评;四、其他。

·第四十三次会议·

临汾市第三届人民代表大会常务委员会第四十三次会议于2016年7月26日举行,应出席会议的常委会组成人员32人,实际出席26人。本次会议的议程是:一、听取和审议关于2016年上半年全市国民经济和社会发展计划执行情况的报告;二、听取和审议关于2015年市本级财政决算及2016

年上半年全市预算执行情况的报告;三、听取和审议关于2015年市本级预算执行和其他财政收支的审计工作报告;四、人事事项及其他。

·第四十四次会议·

临汾市第三届人民代表大会常务委员会第四十四次会议于2016年8月30日上午举行,应出席会议的常委会组成人员32人,实际出席25人。本次会议的议程是:人事任免职事项及其他。

·第四十五次会议·

临汾市第三届人民代表大会常务委员会第四十五次会议于2016年9月5日上午举行,应出席会议的常委会组成人员32人,实际出席24人。本次会议的议程是:人事任免职事项及其他。

·第四十六次会议·

临汾市第三届人民代表大会常务委员会第四十六次会议于2016年9月23日下午在举行,应出席会议的常委会组成人员32人,实际出席24人。本次会议的议程是:一、通过关于召开临汾市第四届人民代表大会第一次会议的决定(草案);二、审议市人大常委会工作报告(稿);三、听取和审议市四届人民代表大会代表资格审查情况的报告;四、关于接受个别省人大代表辞职事项;5、其他。

·第四十七次会议·

临汾市第三届人民代表大会常务委员会第四十七次会议于2016年9月29日下午举行,应出席会议的常委会组成人员32人,实际出席19人。本次会议的议程是:一、听取关于临汾市第四届人民代表大会第一次会议筹备情况的报告。二、审议市四届人大一次会议有关名单(草案):(1)主席团和秘书长名单;(2)议案审查委员会组成人员名单;(3)列席人员名单。三、审议市人大常委会在市四届人大一次会议上的工作报告(稿)。四、听取和审议市人民政府关于市三届人大七次会议代表建议办理情况的报告。五、其他。

临汾市四届人大常委会会议纪要

·第一次会议·

临汾市第四届人民代表大会常务委员会第一次会议于2016年11月11日举行。应出席会议的常委会组成人员41人,实际出席36人。本次会议的议程是:补选山西省第十二届人民代表大会代表及其他事项。

·第二次会议·

临汾市第四届人民代表大会常务委员会第二次会议于2016年12月2日举行。应出席会议的常委会组成人员41人,实际出席39人。本次会议的议程是:审议临汾市第四届人民代表大会常务委员会代表资格审查委员会组成人员名单(草案);人事任职事项及其他。

(李栋蕾)

临汾市人民政府

临汾市人民政府

【概述】 2016年,临汾市人民政府在省委、省政府和市委的坚强领导下,在市人大、市政协的监督支持下,贯彻落实党的十八大和十八届三中、四中、五中、六中全会精神和习近平总书记系列重要讲话精神,按照省委"一个指引、两手硬"重大思路和要求,围绕市委、市政府"345"发展战略和"12345"工作思路,以新发展理念为引领,把握稳中求进工作总基调,推进供给侧结构性改革,全市经济社会发展实现稳中向好、稳中有进。

【经济增长】 2016年,临汾市人民政府在全省率先开展项目开工"百日攻坚"行动、"各类项目受理大起底"活动,推动千名干部入企服务,顶住经济下行压力,主要指标实现下半年好于上半年目标。全市地区生产总值完成1205.2亿元,同比增长3.4%,增速比上半年提高1.6个百分点;规模以上工业增加值完成309.7亿元,下降0.4%,比上半年增速提高0.2个百分点;一般公共预算收入完成86亿元,下降2.5%,比上半年增速提高1.6个百分点;固定资产投资完成1394.3亿元,其中5000万元以上项目投资比重比上半年提高4.6个百分点;社会消费品零售总额完成609.4亿元,增长6.5%,比上半年增速提高0.6个百分点;城镇居民人均可支配收入完成27085元,增长6.2%;农村居民人均可支配收入完成10005元,增长6.7%,城乡居民收入增速均高于全省平均水平。

【结构调整】 2016年,临汾市人民政府优化产业布局,强化产业培育,全市三次产业比重优化为8∶46.5∶45.5。第三产业占比提高1.8个百分点,对经济增长的支撑作用显著增强。旅游总收入375亿元,同比增长27.1%,对第三产业发展的贡献率84.1%。工业方面,传统产业是主力军,全年新兴产业投资达到工业领域总投资的72.3%,新兴产业增速、贡献率双超传统产业,非煤产业贡献率超过煤炭产业,实现动力转换。沃特玛新能源汽车等现代装备制造业快速发展,比上年增长31.5%。整个工业经济,价格提升,结构优化。农业生产稳中调优,粮食总产26.8亿千克,同比增长13.4%,秋粮产量创历史新高。"四个百万亩"规模壮大,新增设施蔬菜1.18万亩、水果11.6万亩、干果10万亩、中药材13.6万亩。肉、蛋、奶总产量分别32.4万吨、17.2万吨、7.5万吨。

【城乡建设】 2016年,临汾市人民政府,完善城镇功能与建设美丽乡村双轮驱动,促进人口、产业聚集,全市常住人口城镇化率50.03%,城镇人口首次超过乡村人口。侯马市获批国家第三批新型城镇化试点城市。加强城乡基础设施建设。市区完成鼓楼南北街、燕尔巷、东关步行街等拓宽改造工程,缓解老城区交通拥堵状况;加快城市供热、供气、供水管网等市政基础设施建设,完成老百汇搬迁,坚持"冬病夏治",组织开展露天烧烤、建筑施工扬尘、重点区域环境和秸秆禁烧4个专项整治行动,改善市容环境,提升城市形象。加快城乡交通基础设施建设,完成投资63.6亿元,吉河高速通车,推进长临高速、霍永高速西段二期工程,新改建国省干线公路41公里、农村公路915公里。超额完成农村人居环境改善"四大工程"年度任务,创建省级美丽宜居示范村13个,创建清洁达标村1330个。

【转型综改】 2016年,临汾市人民政府推进"三去一降一补",压减炼铁产能82万吨、煤炭产能270万吨、退出煤矿矿井5座,原煤产量同比下降7.2%、生铁下降9%、粗钢下降6.7%,工业效益实现总体回升;商品房去库存成效明显,消化周期同比缩短4.1个月;结构性减税降费政策全面落实,工业企业每百元主营业务收入成本同比下降3.95

元。财政一般公共预算收入质量改善,税收收入占比超过非税收入,由2013年的45.8%提高到2016年的58.41%,提高12.61个百分点。金融创新、银企合作效果良好,银行各项贷款余额达到1184亿元,同比增长9.7%,支持实体经济发展。促进企业与银行达成30亿元存量债务置换贷款,年可为企业节约利息1亿多元。拓宽融资渠道,丰富融资手段,"新三板"挂牌企业5家,后备企业30多家,在省股权交易中心挂牌的企业170余家,初步形成"梯次推进、持续发展"的格局。推进"放管服效"改革,政务服务国家级标准化试点在全省率先启动,推开"营改增",实施"五证合一",推进开发区改革创新。承接、取消、下放、调整行政审批事项109项。深化科技体制改革,"双创"氛围浓厚。建成省级创业基地6个、市级创业基地1个、小微企业服务站30个,培育"小升规"企业24户,创办小微企业3592户。全市医疗卫生体制、国有林场改革、集体林权配套制度、农村土地确权等各项改革都取得成效。构建开放型经济新体制,承接发达地区产业转移,签约中美合资JDH、合肥华翔汽车件等项目151个,签约资金2514亿元,新设外商投资企业4家,合同利用外资总额1.9亿美元,同比大幅增长。

【民生事业】 2016年,临汾市人民政府优先增加民生投入,全年民生支出261.5亿元,同比增长7.5%,占一般公共预算支出的83.7%。全面打响脱贫攻坚战,夯实精准扶贫脱贫基础工作,扶贫资金整合到位,产业扶贫成效明显,易地扶贫搬迁推进,教育扶贫应助尽助,健康扶贫政策到位,生态扶贫、金融扶贫、电商扶贫、旅游扶贫成效初显,光伏扶贫、消费扶贫、中证扶贫板特色鲜明,182个贫困村摘帽、81856人脱贫,超额完成省市下达的目标任务。加快发展文化教育事业,市图书馆完成主体工程,市奥体中心体育场、市文化中心加快推进。79件作品获"山西广播电视奖"。新建农村幼儿园24所。乡宁、永和、大宁、隰县、蒲县5县通过义务教育均衡县认定。全市高考达二本B类以上16535人,达线率42.9%。山西师大新校区、师大临汾学院搬迁工程取得进展。提升卫计水平,城市公立医院改革前期工作准备就绪;市区医疗资源整合全面完成;在全省率先开展"全民健康·临汾在行动"活动;侯马市入选山西省唯一的全国健康城市试点市。加强社会保障,多渠道拓宽就业岗位,城镇新增就业51258人。提高企业和机关事业单位退休人员养老金待遇,落实乡镇补贴及职务与职级并行制度,提高城乡低保标准。建成各类保障性住房9768套,完成农村危房改造11180户。11个县27个乡镇采煤沉陷区治理工程开工。加大生态保护力度,建成吕梁山生态林业示范区、民生林业样板区,全年完成营造林3.08万公顷,超省定任务0.9个百分点。实施国家节能减排财政政策综合示范城市项目31个。超额完成黄标车及老旧车淘汰任务。市区投放公共自行车5055辆。全市新增更新纯电动公交车732辆,其中市区新增更新200辆,成为全省首个纯电动公交车全覆盖城市。加强安全工作。强化安全责任,加强安全监管,开展安全风险隐患大排查大整治,安全生产形势持续稳定好转。推进"平安临汾""法治临汾"建设,启动"七五"普法规划。连续3年实施"六大惠民工程"。

永和县阁底乡阴德河村200千瓦光伏扶贫项目

【政府建设】 2016年,临汾市人民政府坚持依法行政,自觉接受人大工作监督、法律监督和政协民主监督,办理人大代表建议172件、市政协提案234件。开展"两学一做"学习教育,落实从严治党主体责任,营造树正气、讲团结、聚合力、促转型的浓厚氛围。全面提升干部素质,组织系列讲座10余期。落实"13710"工作制度,建立市政府双月县长例会制度和工作周报制度,提升行政效能。

【重要文件】

·通知 意见·

临汾市人民政府关于进一步做好新形势下就业创业工作的实施意见(临政发〔2016〕3 号)

临汾市人民政府关于加快智慧煤炭(互联网+煤炭)工程建设推进煤炭工业供给侧结构性改革的实施意见(临政发〔2016〕6 号)

临汾市人民政府关于建立困难残疾人生活补贴和重度残疾人护理补贴制度的通知(临政发〔2016〕10 号)

临汾市人民政府关于印发临汾市"市长创新奖"奖励办法的通知(临政发〔2016〕12 号)

临汾市人民政府关于印发关于支持承接加工贸易转移若干政策措施的通知(临政发〔2016〕19 号)

临汾市人民政府关于进一步促进工业稳定运行提质增效的若干措施的通知(临政发〔2016〕21 号)

临汾市人民政府关于积极推进"互联网+"行动的实施意见(临政发〔2016〕24 号)

临汾市人民政府关于加快文化旅游发展改革创新的实施意见(临政发〔2016〕33 号)

临汾市人民政府关于进一步严格大气污染防治工作措施的通知(临政发〔2016〕36 号)

【政令辑要】

·关于进一步做好新形势下就业创业工作的实施意见·

为贯彻落实《国务院关于进一步做好新形势下就业创业工作的意见》(国发〔2015〕23 号)、《山西省人民政府关于进一步做好新形势下就业创业工作的实施意见》(晋政发〔2015〕34 号)精神,切实做好我市新形势下就业创业工作,现提出以下实施意见。

一、落实就业优先战略,强化就业保障机制

(一)把稳定和扩大就业作为宏观调控主要目标。建立稳增长促就业长效机制、公共投资重大建设项目带动就业评估考核机制和重要政策与就业政策衔接机制,实现招商引资、项目立项、土地征收、项目实施与扩大就业联动,各项政策制定与就业风险评估、失业风险防控同步进行。同等条件下对创造就业岗位多、岗位质量好的项目优先安排,项目建成后,应及时跟踪建设项目吸纳就业情况,积极提供公共就业服务。

(市发改委牵头,市经信委、市财政局、市国土资源局、市商务局、市住房和城乡建设局、市科技局、市人力资源和社会保障局、市农委等配合)

(二)大力发展吸纳就业能力强的产业。有针对性地发展吸纳就业能力强的劳动密集型产业,挖掘现代服务业和现代农业就业潜力,积极推进产业转型升级,打造新的经济增长点。围绕提高服务业就业比重,大力扶持商业特许经营、连锁经营,重点发展现代物流、电子商务、技术转移、科技咨询、文化体育、旅游休闲、健康养老、家庭服务等现代服务业。同时,推进农业现代化,加快转变农业发展方式,培养新型职业农民,鼓励和引导各类城乡劳动者到农业产业化和农业社会化领域就业创业。

(市发改委牵头,市商务局、市经信委、市民政局、市农委、市畜牧兽医局、市人力资源和社会保障局、市财政局、市科技局、市中小企业局等配合)

(三)支持小微企业招用各类劳动者就业。引导银行业金融机构针对小微企业经营特点和融资需求特征,创新产品和服务,为小微企业提供融资支持。落实国家和省、市鼓励扶持小微企业吸纳就业的各项政策,对新招用劳动者就业、招用劳动者就业达到一定期限、招用高校毕业生和就业困难人员就业的,按规定给予相应补贴。

(市人力资源和社会保障局牵头,市财政局、市教育局、市国税局、市地税局、市中小企业局、市工商联、人行临汾市中心支行配合)

(四)积极预防和有效调控失业风险。发挥失业保险防失业、促就业功能,将失业保险基金支持稳岗政策实施范围由兼并重组企业、化解产能过剩企业、淘汰落后产能等三类企业扩大到所有符合省人力资源社会保障厅等四部门《关于失业保险支持企业稳定岗位有关问题的通知》(晋人社厅发〔2015〕20 号)规定条件的企业。各县(市、区)要普遍建立失业动态监测制度,提升失业动态监测数据分析应用水平,为政府及有关部门准确及时研判就业形势提供科学决策依据。

(市人力资源和社会保障局牵头,市财政局、市发改委、市经信委、市统计局等配合)

二、优化创业环境,推动创业带动就业

(五)打造宽松快捷的准入环境。深化商事制度改革,全面落实注册资本认缴登记制度,推行工商营业执照、组织机构代码证、税务登记证“三证合一”和“一照一码”,支持各县(市、区)结合实际放宽经营范围登记管制,推动“一址多照”。推行“一站式服务”受理和并联审批等方式,鼓励创业创新。

(市工商局牵头,市发改委、市政务服务中心、市国税局、市地税局、市质监局、人行临汾市中心支行配合)

(六)加强创业公共服务平台建设。大力扶持发展创业咖啡、创客空间、创新工场等灵活多样的新型小型创业孵化平台,建设发展市场化、专业化、集成化、网络化众创空间型创业园区,按规定给予相应补贴。鼓励支持“创业孵化基地+园区”发展模式,满足处于不同创业阶段创业者的服务需求,并根据创业孵化基地孵化成功率、入驻户数和创业带动就业人数等因素从创业资金中给予创业孵化基地补贴或者一次性建设补贴。有条件的高校都要建设服务于本校学生的创业孵化基地(园区)。鼓励企业、社会组织利用自有创业场所、资金、技术、项目、队伍等资源,对有创业意愿人员开展不超过6个月的创业实训。对参加创业实训人员在实训后6个月内实现创业且稳定经营半年以上的,可给予5000元的创业实训补贴。

(市人力资源和社会保障局牵头,市发改委、市财政局、市教育局、市科技局、市国土资源局、市中小企业局、市农委、团市委等配合)

(七)加强创业示范基地建设。2016年积极创建1个集创业孵化、创业园区、创业服务、创业培训和创业实训等功能于一体的市级创新创业示范基地。省、市级创业型城市和有条件的县(市、区)要建设1个创业孵化示范基地和创业示范园区。对认定为市级创业孵化示范基地和创业示范园区的,根据入驻实体个数、创业孵化成功率、促进就业人数、实现经济价值等从市级创业资金中给予50万至150万元的一次性补助,补助资金主要用于为入驻企业提供就业创业服务、房租减免及基地和园区管理运行经费,不得用于人员经费和基本建设支出。

(市人力资源和社会保障局牵头,市发改委、市财政局、市教育局、市科技局、市国土资源局、市中小企业局、市农委、团市委等配合)

(八)启动创业担保贷款业务。凡在我市以个体、合伙经营和组织起来创业(包含网络创业),且已办理就业创业证(原《就业失业登记证》)的城乡劳动者,均可申请享受我市创业担保贷款及贴息扶持政策。对高校毕业生在高新技术领域实现自主创业的,贷款额度可提高到20万元。各县(市、区)要创新工作机制,整合、充实创业贷款担保基金,建立创业贷款绩效考评机制,实行贷款发放考核奖励办法,政策性小额贷款公司符合规定的可享受相关优惠政策。要鼓励金融机构参照贷款基础利率,结合风险分担情况,合理确定贷款利率水平,财政贴息资金支持的个人创业担保贷款(原小额担保贷款)利率为,中国人民银行公布的同期限贷款基准利率的基础上上浮不超过3个百分点。要完善担保基金呆坏账核销办法,依托创业园区、众创空间等创业创新平台,推行联保互保创业贷款担保方式。

(市财政局牵头,市人力资源和社会保障局、人行临汾市中心支行、尧都农商行、市金融办、市国资委等配合)

(九)支持高校毕业生自主创业。对高校毕业生自主创业的,按规定落实创业场地租金补贴、创业担保贷款、税费减免等创业扶持政策。允许全日制在校学生休学创业,凡进入大学生创业孵化基地或者创业园区创业的学生,其进入基地创业的时间可视为参加学习、实训、实践教育的时间,并按相关规定计入学分。

(市人力资源和社会保障局牵头,市财政局、市教育局、市科技局等配合)

(十)鼓励专业技术人员创新创业。对高校、科研院所等事业单位专业技术人员离岗创业的,经原单位同意,可在3年内保留人事关系,与原单位其他在岗人员同等享有参加职称评聘、岗位等级晋升和社会保险等方面的权利。原单位应当根据专业技术人员创业的实际情况,与其签订或变更聘用合同,明确权利义务。高等院校、科研院所和国有企业单位转让和转化职务发明成果所得净收益,可按至少50%的比例划归参与研发与转化的科技人员及其团队拥有;创办企业并以专利技术或科技成果出资入股的,作价金额最高可达公司注册资本的70%。

(市人力资源和社会保障局牵头,市科技局、市教育局、市财政局等配合)

（十一）鼓励农村劳动力就地创业。各县（市、区）要将农民创业与发展县域经济结合起来，大力发展农产品加工、休闲农业、乡村旅游、农村服务业等劳动密集型产业项目，促进农村一二三产业融合。要大力支持农民工返乡创业、网上创业，发展农民合作社、家庭农场等新型农业经营主体和电子商务。2016年底前，省级以上（含省级）农村劳动力转移就业示范县至少要依托现有资源，整合创建一个农民工返乡创业园，强化财政扶持和金融服务，推进农村青年创业富民行动。

（市人力资源和社会保障局、市农委分别牵头，市财政局、市商务局、市工商局、市国税局、市地税局、团市委、市妇联等配合）

（十二）支持电子商务创业带动就业。从事网络创业经工商登记注册或在网络平台实名注册的网络商户从业人员，享受相应创业扶持政策。其他网络商户从业人员，符合灵活就业条件的，可认定为灵活就业人员，享受灵活就业人员扶持政策。各类创业孵化基地要为电子商务创业人员提供场地支持和创业孵化服务。

（市人力资源和社会保障局牵头，市商务局、市财政局、市工商局、市国税局、市地税局、人行临汾市中心支行等配合）

（十三）鼓励创办社会组织创业。劳动者创办社会组织符合条件的，可参照有关规定享受相应创业扶持政策。

（市人力资源和社会保障局牵头，市民政局、市中小企业局、市就业工作领导组其他成员单位配合）

（十四）营造大众创业良好氛围。搭建创业者交流平台，支持举办创业训练营、创业创新大赛、创业项目评选和展示推介等活动，对评选出的优秀创业项目和获得市级以上创业大赛（包括其他省市的省级比赛）前5名且在临汾市登记注册的创业项目，从市级创业资金中给予一定的项目补助。

（市人力资源和社会保障局牵头，市就业工作领导组其他成员单位配合）

（十五）进一步完善创业服务体系。市、县两级要依托公共就业人才服务机构，建立创业信息、政策发布平台，开设专门的创业服务“绿色通道”，为创业者提供“一条龙”“一站式”创业服务，将所需工作经费纳入财政预算。经政府认定的创业培训机构，要主动开展创业指导服务，并作为考核目标的重要内容。鼓励引导和扶持社会力量提供个性化的创业指导服务，有条件的县（市、区）可建立组建创业导师（专家）服务队伍，对创业者开展创业指导服务，提高服务质量和效率。

（市人力资源和社会保障局牵头，市财政局、市工商局、市国税局、市地税局、市中小企业局、市金融办、人行临汾市中心支行等配合）

（十六）大力开展创业型城市创建活动。市级以上创业型城市（县、区），要将新增创业实体数、创业带动就业人数等指标纳入当地政府绩效考核体系，明确各部门工作职责和目标任务。对在创建创业型城市（县、区）活动中被新认定为国家级、省级和市级创业型城市（县、区）的，给予一定奖励。

（市人力资源和社会保障局牵头，市财政局、市科技局、市商务局、市中小企业局等配合）

三、多措并举，统筹推进高校毕业生等重点群体就业

（十七）鼓励高校毕业生多渠道就业。落实政府购买基层公共服务岗位待遇标准和毕业年度困难高校毕业生求职创业补贴、高校毕业生就业见习补贴。对高校毕业生就业见习留用率高于50％的单位，留用率每提高10％，见习补贴标准提高一类地区最低工资标准的5％；对见习留用率高于80％的，可将见习补贴标准提高为我省一类地区最低工资标准。对技工院校高级工班、预备技师班和特殊教育院校职业教育类毕业生，可享受国家及省、市高校毕业生相关就业补贴政策。推进实施贫困县艰苦边远机关事业单位招录本地户籍高校毕业生的优惠政策和机关事业单位对大学生村官、三支一扶、特岗教师、西部计划大学生志愿者、政府购买基层公共服务岗位等基层项目服务期满高校毕业生定向考录政策。完善政府开发购买基层公共服务岗位和公益性岗位管理服务工作，进一步吸纳高校毕业生就业。

（市人力资源和社会保障局牵头，市委组织部、市教育局、市财政局、市民政局、团市委、市残联等配合）

（十八）健全完善就业困难人员就业援助办法。合理确定就业困难人员范围，规范认定程序，加强实名制动态管理和分类帮扶。对用人单位招用就

业困难人员或就业困难人员自主创业、灵活就业,符合相关规定的,给予相应补贴。各县(市、区)要对就业困难人员的基本情况开展定期核查,完善就业困难人员享受扶持政策期满退出办法,健全公益性岗位开发管理制度,科学设定公益性岗位总量,在全市统一安排下,有计划地做好公益性岗位开发工作和退出后服务衔接工作。开发公益性岗位要优先安排不低于招用人员比例15%的符合条件的残疾人就业。

(市人力资源和社会保障局牵头,市财政局、市残联、市民政局等配合)

(十九)做好退役士兵就业工作。将退役的全日制大学生士兵纳入报考服务基层项目人员范围。鼓励支持退役士兵自谋职业、自主创业,对退役5年内的大学生退役士兵在享受退役士兵就业创业优惠政策的基础上,可同时享受国家及省、市有关扶持高校毕业生就业创业的相关优惠政策;符合条件的退役残疾军人,可同时享受就业困难人员扶持政策。

(市人力资源和社会保障局、市民政局分别牵头,市财政局、市国资委、市残联等配合)

(二十)推动农村劳动力转移就业和劳务输出。深化农村劳动力转移就业示范县创建和人力资源劳务输出基地建设活动,完善职业培训、就业服务、劳动维权“三位一体”的工作机制,加强农村剩余劳动力和人力资源劳务输出、输入地对接服务,提升创建水平。加大劳务品牌和劳务协作基地建设力度,定期不定期组织举办协作交流会,有组织地开展劳务输出活动。鼓励市场化、社会化劳务输出服务,扩大劳务输出职业介绍补贴范围,对劳务输出数量大,自愿开展公益性就业服务的人力资源服务公司,经同级人力资源社会保障和财政部门认定,享受劳务输出职业介绍补贴。对公共就业人才服务机构可根据当年转移就业人数、劳务输出量和劳务协作基地建设情况经绩效考核,从上级下达的就业专项资金中给予就业创业服务补贴。做好被征地农民就业工作,各县(市、区)在制订征地补偿安置方案时,须明确促进被征地农民就业的具体措施,并作为审批要件。

(市人力资源和社会保障局、市农委、市国土资源局分别牵头,市财政局、市住房和城乡建设局等配合)

四、加强就业创业服务,扩大职业培训范围

(二十一)提升公共就业创业服务信息化水平。按照省级集中建设要求,建立全省统一的公共就业服务信息网络平台,形成联通城乡、覆盖全市17个县(市、区)及乡(镇)、街道(社区)的一体化公共就业创业服务信息网络和就业失业信息监测体系,开展公共就业创业服务业务经办、信息发布、公共服务和决策分析。市级财政要加大对公共就业创业服务信息网络建设投入力度,保持信息网络畅通高效。要逐步拓展社保卡在公共就业服务领域的应用,在2016年年底前实现全市就业失业登记、求职登记、就业援助、职业培训、职业技能鉴定以及享受政府补贴等业务的持卡办理。

(市人力资源和社会保障局牵头,市发改委、市财政局、市编办、市统计局等配合)

(二十二)完善公共就业创业服务保障机制。完善公共就业服务体系的创业服务功能,健全公共就业创业服务经费保障机制。按照《就业促进法》和《山西省就业促进条例》等相关规定,从2016年起将市、县公共就业人才服务机构经费全部纳入同级财政预算。将县级以下基层公共就业创业服务平台经费纳入财政预算,预算包括基本支出和项目支出预算。对基层平台相关经费未足额纳入财政预算的,可根据基层就业创业服务平台提供的就业创业服务实绩,根据绩效考核情况从上级下达的就业专项资金中给予就业创业服务补贴。对流动人员档案管理费用,纳入同级财政预算,可参考保管的流动人员人事档案数量和原收费标准等因素确定费用数额。创新就业创业服务供给模式,制定出台政府购买就业创业服务办法,通过公开招标等方式向社会力量购买服务成果,形成多元参与、公平竞争格局,提高服务质量和效率。

(市财政局牵头,市人力资源和社会保障局、市民政局、市编办、市发改委等配合)

(二十三)加强职业技能培训。根据实际,合理调整职业培训补贴标准。探索建立第三方职业培训供求预测制度,对于与我市重点支柱产业发展联系紧密、属于急需紧缺的职业(工种),政府给予全额补贴。对于企业面向在岗技术工人开展的职业技能培训,根据取得技师、高级技师职业资格证书人数，按规定给予技师、高级技师培训项目补贴。

（市人力资源和社会保障局牵头，市财政局、市发改委配合）

（二十四）加大创业培训力度。充分利用各类创业培训资源，在继续加大创办企业培训力度的同时，重点针对小微企业经营者开展享受财政补贴的改善企业和扩大企业培训，满足不同创业群体、创业活动不同阶段特点的个性化培训需求。将创新创业课程纳入高校教育体系，大学生在校学习期间可参加一次享受财政补贴的创业意识培训，毕业学年可参加一次享受财政补贴的创办企业培训。职业教育院校、医学院校临床专业等有离校顶岗实习要求的学生，可将参加创办企业培训的时间提前到按规定安排离校顶岗实习的前一个学期。

（市人力资源和社会保障局牵头，市财政局、市教育局、市中小企业局等配合）

（二十五）建立健全失业保险、社会救助与就业的联动机制。进一步发挥失业保险促进就业功能，参照山西省就业专项资金对城镇登记失业人员的补贴标准，对领取失业保险金的人员给予职业介绍补贴、职业培训补贴和职业技能鉴定补贴。对领取失业保险金的人员从失业保险基金中给予1000元的一次性求职创业补贴。失业人员在领取失业保险金期间自主创业的，可一次性领取剩余期限的失业保险金。最低生活保障对象自主创业的，视其生产经营和家庭收入情况，可给予3～6个月的救助缓退期。对于新创业失败人员，以个人身份续缴社会保险费的，可参照灵活就业的就业困难人员标准给予最长一年的社会保险补贴；对生活陷入困境的，给予社会救助，符合条件的纳入最低生活保障范围。

（市人力资源和社会保障局牵头，市财政局、市民政局等配合）

（二十六）完善失业登记办法。将就业失业登记证调整为就业创业证，作为劳动者享受公共就业服务及就业扶持政策的凭证。在法定劳动年龄内、有劳动能力和就业要求、处于无业状态的城镇常住人员，可以到常住地的公共就业服务机构进行失业登记。市、县两级公共就业服务机构要为登记失业的各类人员提供均等化的政策咨询、职业指导、职业介绍等公共就业服务和普惠性就业政策，并逐步使外来劳动者与当地户籍人口享有同等的就业扶持政策。

（市人力资源和社会保障局牵头，市公安局、市民政局等配合）

五、强化组织领导，齐抓共管形成合力

（二十七）加强组织领导。各县（市、区）政府是抓好就业创业工作的责任主体，要强化责任意识，加强对就业创业工作的领导。市、县就业工作领导组或就业工作联席会议要充分发挥统筹协调作用，加强就业形势分析研判，落实完善就业创业政策，协调解决重点难点问题，形成整体工作合力，确保各项就业目标完成和就业局势稳定。各有关部门和单位要增强全局意识，密切配合，尽职履责。要进一步发挥各人民团体和其他社会组织的作用，共同做好就业和创业工作。

（各县市区人民政府牵头，市就业工作领导组各成员单位配合）

（二十八）落实目标责任。将就业创业工作纳入市县党政领导班子和领导干部综合考核评价体系，细化目标任务，明确工作责任，层次分解落实。完善就业创业工作考核评价办法，将目标任务、政策落实、就业创业服务、资金投入、群众满意度等作为考核评价指标，确保目标任务完成。对在就业创业工作中取得显著成绩的单位和个人，按规定予以表彰奖励。对不履行促进就业职责造成严重后果的，追究当地政府有关负责人及责任人的责任。

（市人力资源和社会保障局牵头，市考核办、市监察局、各县市区政府配合）

（二十九）保障资金投入。各县（市、区）人民政府要根据当地就业状况和就业工作目标及财政收入情况，在财政预算中合理足额安排就业专项资金和创业资金，并形成正常增长机制。按照系统规范、精简效能的原则，明确市、县政府间促进就业创业政策的功能定位，严格划分支出责任。出台并公布市级就业资金绩效分配办法，引导县（市、区）政府加大就业资金投入。2016年，市、县两级要启用就业资金管理信息系统，建立审批电子档案和网络监控平台，规范资金审批流程，防范资金使用风险。全面开展就业专项资金使用绩效评价工作，提高就业专项资金使用效益。

（市财政局牵头，市人力资源和社会保障局、各县市区政府配合）

(三十)健全监测体系。建立月度劳动力调查制度,适时发布调查失业率。加强对人力资源市场、重点企业、农村劳动力的就业失业动态监测,扩大监测范围,增加监测内容,提高监测质量。进一步加强和完善全市劳动力资源调查制度,各乡镇、街道(社区)要主动承担起劳动力资源调查的职责任务,建立就业形势预测和定期分析制度,保持部门间数据共享和会商机制,完善失业监测预警机制,防范集中失业风险。依托行业组织,建立健全行业人力资源需求预测和就业状况定期发布制度。对各地开展失业动态监测和调查失业率统计工作所需经费从财政就业专项资金中列支,对政府统计部门开展入户调查工作给予补助,通过政府购买服务的方式,鼓励企业和社会组织参与失业率调查工作。

(市人力资源和社会保障局、市统计局牵头,市发改委、市财政局、市教育局、市工商局、市妇联等配合)

(三十一)注重舆论引导。各级各有关部门要通过媒体宣传、举办政策对话会、设立微信公共平台等方式,加强政策解读,及时回应社会关切,大力宣传促进就业创业工作的经验和做法,宣传劳动者自主就业、自主创业和用人单位促进就业的典型事迹,引导全社会共同关心和支持就业创业工作,引导高校毕业生等各类劳动者转变观念,树立正确的就业观,大力营造劳动光荣、技能宝贵、创业伟大的时代风尚。

(市委宣传部牵头,市就业工作领导组各成员单位等配合)

各县(市、区)、各相关部门和单位要结合实际,创造性地开展工作,尽快制订具体实施方案,完善和细化政策措施,同时要切实转变职能,简化办事流程,提高服务效率,确保各项就业创业政策措施落实到位,促进经济社会平稳健康发展。

·关于加快智慧煤炭(互联网+煤炭)工程建设推进煤炭工业供给侧结构性改革的实施意见·

智慧煤炭(互联网+煤炭)是一种互联网、物联网、云计算、大数据等IT技术与煤炭生产、安全、经营、管理、市场深度融合的煤炭产业发展新业态,具有设备智能、主动感知、自动分析、快速处理、管理扁平、信息公开、决策科学等主要特征,可以促进煤炭行业降本增效,提质升级。在全球新一轮科技革命和产业变革中,互联网理念、先进信息技术与煤炭产业深度融合,正在推动智慧煤炭新技术、新模式和新业态的兴起。智慧煤炭是推动我市煤炭革命的重要战略支撑,对临汾市破除煤炭行业困境,化解过剩产能,稳定安全生产形势具有重要意义。为推进智慧煤炭工程建设,根据《中国制造2025》(国发〔2015〕28号)、《国务院关于积极推进“互联网+”行动的指导意见》(国发〔2015〕40号)、《山西省人民政府关于积极推进“互联网+”行动的实施意见》(晋政发〔2015〕57号)的精神,提出如下实施意见。

一、总体要求

(一)指导思想

深入贯彻党的十八大、十八届二中、三中、四中、五中全会和习近平总书记系列重要讲话精神,主动适应煤炭经济发展新常态,全面推进“六大发展”“六型转变”,以提高煤炭经济发展质量和效益为中心,以创新为动力,以改革为支撑,以结构调整为目的,以“互联网+”为手段,以智能化为基础,简政放权,降本增效,扩大市场占有率,增强行业话语权,提高煤炭供给质量,实现行业健康发展,促进煤炭与信息深度融合,推动智慧煤炭新技术、新模式和新业态发展,推进煤炭工业供给侧结构性改革,支撑和推进煤炭革命,为实现临汾市产业结构调整和煤炭经济提质升级奠定坚实基础。

(二)基本原则

1.统筹规划,科学布局。按照省委省政府、市委市政府统一安排部署,对智慧煤炭工程建设进行统一规划、分级建设和管理。

2.总体设计,分步实施。智慧煤炭建设是一项周期长且工作量大的工程,各层面设计要具有前瞻性、先进性和实用性,先易后难逐步建设。

3.标准统一,接口兼容。遵循国家及有关部门的标准,软件统一开发,数据分级使用,系统分级部署,智慧煤炭整体建设。

4.探索创新,示范先行。遵循智慧煤炭应用发展规律,营造开放包容的创新环境,鼓励多元化的技术、机制及模式创新,因地制宜推进智慧煤炭新技术与新模式先行先试,形成万众创新良好氛围。

5.市场驱动,科学监管。发挥市场在资源配置中的决定性作用，驱动形成智慧煤炭发展新业态。适应新业态及大数据应用发展要求，完善煤炭与信息深度融合下的安全监管和市场监管机制，保障市场参与者的合法权益。

6. 节约资金，整合资源。充分利用现有信息基础设施、设备，整合现有信息资源，避免重复投资建设。对能满足智慧煤炭功能需求的硬件设施设备，需加以整合利用；对现有业务应用系统经修改完善能达到智慧煤炭技术要求的，可继续使用。

7. 安全可靠，注重实效。智慧煤炭建设要以安全生产、经济运行为主线，选择可靠、主流、先进的信息化产品与技术，同时要执行国家信息安全等级保护制度，确保信息资源的完整性、安全性、可靠性。

8. 深化改革，推动革命。适应智慧煤炭的发展要求，深化煤炭体制机制改革，还原煤炭商品属性，构建有效竞争的市场结构和市场体系，推动煤炭消费、供给和技术革命。

（三）发展目标

2016年完成煤炭监管信息平台建设，通过采集和填报全市煤炭行业安全生产、经济运行、综合业务等相关信息，建立数据库，将相关应用系统进行整合集成，形成统一的门户平台，统一的系统接口，实现单点登陆和应用等功能，并按照使用权限实现信息共享，通过大数据、云计算技术，进行汇总分析，实现安全生产、经济运行、综合业务的信息化管理。将煤矿地理信息、井下安全避险六大系统、矿井生产、应急救援系统、综合化培训管理系统全方位整合，以实现全面感知、智能控制、高效互联、科学决策。

完成网络基础设施改造并按照要求完成以下项目：安全监控、产量监测、井下作业人员管理信息的传输，领导带班管理系统，综合调度管理系统，可视化交互集成系统，工业视频集成系统，安全检查管理系统，产运销经济运行经营管理系统，综合信息门户平台，煤矿生产要素公告管理系统，职业教育培训管理系统，数据中心建设，无纸化办公（OA）系统，视频会议系统。

2017年至2018年全面实施智慧安全、智慧管理、智慧生产、智慧物流、智慧销售、智慧采购、智慧仓储大平台建设并上线，着力推进智慧煤炭试点矿井建设。

2019年至2025年全面实现智慧煤炭建设，推动煤炭行业安全生产水平的大幅提升，最终实现高危作业场所作业人员减少30%以上、生产效率提高50%、安全效率提高50%至90%的目标，推动煤矿行业最终实现企业成本降低20%，企业效益增加20%。

二、重点任务

智慧煤炭建设是围绕煤炭行业需求结构变化，去产能、去库存、去杠杆、降成本、补短板，目的是提高煤炭供给体系质量和效率，加快培育新的发展动能，推动我市煤炭工业供给侧结构性改革；

智慧煤炭建设工程是落实“发挥优势，创抓机遇；抓住机遇，创造需求；根据需求，创新供给；围绕供给，创优机制”四创联动的具体举措；是我市紧抓新机遇、新供给、新需求，培育新动力、厚植新优势的具体行动计划。

（一）大力推动智慧安全建设

以建设煤炭生产事故预防预警系统为基础，加快地理信息、物联网、井下大宽带移动通信等新技术的应用，完善采、掘、机、运、通等各类监测监控系统、工业视频、矿山安全调度、隐患排查、地理信息、安全管理、设备运行等系统，全面推进现代化矿井建设，并把每一个煤矿企业的隐患违章、设备信息、水文地质、瓦斯煤尘、顶板管理、应急救援等数据汇总到一个平台，通过大数据对井田范围内各系统数据整合分析，以实现煤矿安全事故预警预测。

（二）大力推动智慧管理建设

建设智慧管理平台，全面整合煤矿企业的经营、安全、生产、管理等信息，通过智能技术对信息资源进行自动整理、加工、分析、处理和深化利用，实现管理扁平化，决策透明化，问题处理快速化。

加快完善危险场所、采掘工作面可视化监控系统，远程视频监控系统、视频会议系统、无纸化办公（OA）系统、企业资源计划（ERP）系统等。

（三）大力推动智慧生产建设

在信息化基础上通过机械化换人、自动化减人的标准体系，推动煤矿机械化和自动化程度的提升。通过对矿井各感知控制器的应用，实现设备故障预警和快速处理，逐步实现工作面的远程智能综采，做到减员增效，降低生产成本，提高安全生产效率，最终实现固定场所无人值守。

(四)大力推动智慧物流建设

立足煤炭流通领域,面向煤炭企业解决在线竞价、在线监控、在线结算为核心的现代物流管理系统,以互联网及物联网技术为手段,构建集仓储、运输、加工、配送等服务能力为一体的煤炭物流服务平台。

(五)大力推动智慧销售建设

在智慧煤炭销售网实现卖家和买家以挂牌、竞价、分销、直销等多种交易模式,以及全款、保证金等资金支付方式进行交易,其主要模块包括挂牌交易,以及交易后台的会员管理、资金管理、交易管理、交收管理、销售绩效管理等。

(六)大力推动智慧采购建设

建立煤炭企业供应商管理体系,以公开、公正、公平原则,选择优秀材料、设备供应商,优化采购管理作业流程。充分利用比价采购、集中采购、招标采购、联合储备等模式保证信息公开、报价公平、阳光操作为煤炭企业降低采购成本。

(七)大力推动建设智慧仓储建设

构建现代煤炭企业的仓储电商管理平台,把代理商仓储模式设计成以虚拟仓储管理系统为核心的,基于互联网模式的公共开放式仓储电商平台。

三、保障措施

(一)加强组织领导。各级各部门要把智慧煤炭建设作为今年一项重点工作强力推进。市政府成立以市长为组长、分管副市长为副组长,各职能部门主要负责人为成员的全市智慧煤炭建设工作领导组,具体负责推进智慧煤炭工作的指导和协调。领导组下设办公室,办公室设在市煤炭局。各县(市、区)要高度重视,成立相应的组织机构,制定具体实施方案,加强对本县(市、区)推进智慧煤炭的组织领导,确保工作扎实开展。

(二)建立健全制度。各县(市、区)、各煤炭主体企业、各煤矿企业要按照全市智慧煤炭统一部署和要求,制定本单位及所辖管理部门智慧煤炭的全面规划和建设方案,建立健全工作例会制度、工作进展情况汇报制度等相关制度,及时研究解决建设中出现的问题和困难,用制度保障智慧煤炭的建设进度和质量。

(三)落实工作责任。各级各部门要各负其责、各司其职、密切配合、齐抓共管,主要领导要亲自抓,分管领导要具体抓,建立健全工作协调机构。市领导组办公室要牵头抓好智慧煤炭工作的整体推进,及时反映工作中出现的问题,定期向领导组汇报工作进展情况。

(四)加大金融支持力度。各县(市、区)及各煤炭生产经营企业要集中力量推动智慧煤炭建设工程。鼓励金融机构加强和改进金融服务,加大对智慧煤炭建设的支持力度,引导社会资本加大对相关创新型工程的投资。

(五)加大宣传力度。各级各部门要充分认识智慧煤炭建设的重要性,要多渠道、全方位,深度宣传智慧煤炭的重要意义及目标任务,统一思想,凝聚共识,调动全社会参与此项工作的主动性和积极性。要通过宣传,树立典型,鞭策后进,在全市上下营造政府推动、企业主导、社会参与的良好工作氛围。

(六)强化督导考核。加大智慧煤炭建设工作督导力度,对全市工作开展情况进行全面督导。健全考核制度,细化考核办法,对工作推进不力,目标任务完成较差的单位予以通报批评,必要时实施问责,确保智慧煤炭建设各项工作任务顺利完成。

·关于建立困难残疾人生活补贴和重度残疾人护理补贴制度的通知·

为贯彻落实山西省人民政府《关于全面建立困难残疾人生活补贴和重度残疾人护理补贴制度的通知》(晋政发〔2016〕5号)精神,解决我市残疾人特殊生活困难和长期照护困难,结合我市实际,本着城乡统筹、公平公开、动态管理,补贴水平与经济社会发展相适应,逐步提标扩面,建立科学合理的调整机制等原则,现就建立全市困难残疾人生活补贴和重度残疾人护理补贴(以下简称残疾人两项补贴)制度有关事项通知如下:

一、补贴范围

(一)困难残疾人生活补贴:主要补助残疾人因残疾产生的额外生活支出,补贴对象由原来城乡低保家庭中残疾等级为一级的贫困残疾人,扩大到城乡低保家庭中的所有持第二代中华人民共和国残疾人证的残疾人。

(二)重度残疾人护理补贴:主要补助残疾人因残疾产生的额外长期照护支出,补贴对象由原来城乡低保家庭外残疾等级为一级的残疾人,扩大到所有残疾等级为一级、二级且需要长期照护的持有第二代中华人民共和国残疾人证的重度残疾人。

二、补贴标准

(一)困难残疾人生活补贴标准,由原来每人每月40元提高到每人每月50元。

(二)重度残疾人护理补贴标准,由原来每人每月40元提高到每人每月50元。

有条件的地方可按照残疾人的不同困难程度制定分档补贴标准。已实施困难残疾人生活补贴和重度残疾人护理补贴的县(市、区),超出补贴范围或高于此标准的,可按原规定执行。

三、申领程序

(一)残疾人(监护人)申请。残疾人两项补贴由残疾人(监护人)向户口所在地的乡镇政府(街道办)受理窗口提交书面申请。申请人须填写相对应的《临汾市困难残疾人生活补贴申请审批表》或《临汾市重度残疾人护理补贴申请审批表》,同时提供居民户口本、居民身份证、第二代中华人民共和国残疾人证原件及复印件,申请困难残疾人生活补贴的残疾人还须提供低保证明。

(二)乡镇政府(街道办)初审。乡镇政府(街道办)依托社会救助、社会服务“一门受理、协同办理”机制,受理残疾人两项补贴申请并进行初审,并在《临汾市困难残疾人生活补贴申请审批表》或《临汾市重度残疾人护理补贴申请审批表》上签署意见。将申请困难残疾人生活补贴的相关证件和证明材料报县(市、区)民政部门审批,申请重度残疾人护理补贴的相关证件和证明材料报县(市、区)残联审批。对审核后不符合条件的,要书面通知申请人,并告知原因。

(三)县(市、区)民政部门、残联审定。县(市、区)民政部门、残联接到乡镇政府(街道办)的申报材料后,应分别向同级人社、老龄等政策衔接相关部门集中征求意见。政策衔接相关职能部门应在10个工作日内分别向民政、残联出具审核意见。对符合条件的,县(市、区)民政部门在《临汾市困难残疾人生活补贴申请审批表》上签署意见,县(市、区)残联在《临汾市重度残疾人护理补贴申请审批表》上签署意见。对不符合条件的,县(市、区)民政、残联要分别书面通知申请人、乡镇政府(街道办),并告知原因。

四、资金的筹集、发放及管理

(一)残疾人两项补贴经费。除省财政负担50%外,其余50%由各县(市、区)财政承担。

(二)县(市、区)要足额安排落实残疾人两项补贴资金,加强资金管理,确保专款专用、专账核算。

(三)困难残疾人生活补贴资金的管理和发放工作由县(市、区)民政部门组织牵头,重度残疾人护理补贴资金的管理和发放工作由县(市、区)残联组织牵头。补贴资格审定合格的残疾人应及时纳入发放补贴范围。对2016年1月1日前符合条件的残疾人,两项补贴从2016年1月起计发;对新增符合条件的残疾人,两项补贴自递交申请当月计发。残疾人两项补贴采取社会化形式发放,通过金融机构直接打入残疾人(监护人)银行账户。特殊情况下需要直接发放现金的,要制定专门的监管办法,防止和杜绝冒领、重复领取、克扣现象。残疾人两项补贴至少应每季度发放一次,有条件的县(市、区)可每月发放。

(四)县(市、区)民政部门、残联每年应集中时间对补贴对象进行定期复核。采取残疾人(监护人)主动申报和发放部门定期抽查相结合的方式,建立残疾人两项补贴定期复核制度,实行残疾人两项补贴应补尽补、应退则退的动态管理。定期复核内容包括申请人资格条件是否发生变化、补贴是否及时足额发放到位等。对新增符合条件的生活困难、重度残疾人,要及时办理申请、审核、审批手续;对已故补贴对象要及时清理,杜绝多领、冒领现象发生。

五、政策衔接

(一)城乡低保家庭中的一级、二级残疾人,可同时申领困难残疾人生活补贴和重度残疾人护理补贴。残疾人两项补贴不计入城乡最低生活保障家庭收入;

(二)既符合残疾人两项补贴条件,又符合老年、因公致残等福利性生活补贴(津贴)、护理补贴(津贴)条件的残疾人,可择高申领其中一类生活补贴(津贴)、护理补贴(津贴);

(三)享受孤儿基本生活保障政策的残疾儿童不享受困难残疾人生活补贴,可享受重度残疾人护理补贴;

(四)领取工伤保险生活护理费、纳入特困人员供养保障的残疾人不享受残疾人两项补贴。

六、要求

各县(市、区)要结合各地实际尽快制定具体实施办法,严格执行补贴范围和要求,按照残疾人评定标准评估鉴定、审核发放,严禁弄虚作假,严禁挤占、挪用、套取补贴资金,做到及时、规范、透明、便捷。民政部门、残联要履行职责,做好补贴资格审定、补贴发放、监督管理等工作,推进残疾人两项补贴制度与相关社会福利、社会救助、社会保险制度有机衔接。财政部门要加强资金保障,及时足额安排补贴资金,确保残疾人两项补贴制度顺利实施。

残疾人两项补贴自2016年1月1日起实行。

·关于印发临汾市“市长创新奖”奖励办法的通知·

《临汾市“市长创新奖”奖励办法》已经市人民政府研究同意,现印发给你们,请认真遵照执行。

临汾市“市长创新奖”奖励办法

第一章　总则

第一条　为激发全社会自主创新的积极性,加快临汾市经济社会转型跨越发展,奖励在临汾市科学技术进步活动中做出突出贡献的个人、组织,特制定本办法。

第二条　“市长创新奖”贯彻尊重知识、尊重人才的方针,旨在鼓励自主创新,促进科学研究、技术开发、科技成果转化和产业化,增进科学技术与经济、社会发展的密切结合,加速创新驱动战略和可持续发展战略的实施。

第三条　“市长创新奖”的推荐、评审和授予,坚持公开、公平、公正原则,严格标准,奖项优中选优、宁缺毋滥、不重复奖励。

第四条　成立临汾市“市长创新奖”奖励工作领导组(以下简称“市奖励工作领导组”),领导组办公室设在市科技局,办公室负责“市长创新奖”奖励的日常工作。

第五条　“市长创新奖”专家评奖委员会组成人员由市奖励工作领导组办公室提出,报市奖励工作领导组审定。

第二章　“市长创新奖”的设置

第六条　“市长创新奖”授予在我市自主创新活动中,对经济社会作出突出贡献的,尤其是在重大科技攻关和各类重点工程项目中,取得突破性、系统性、创造性成果或解决了重大科技难题,具有重要科学价值、应用成效或社会效益,在国内外同行业具有一定影响的个人或组织。

第七条　授予“市长创新奖”应当具备下列条件之一:

(一)在临汾市支柱产业、高新科技产业和现代农业中,创新能力卓越、引领作用突出、创造效应显著,在国内外处于领先地位。

(二)在科学技术创新、科学技术成果转化和高新技术产业化中取得重要成果,创造出显著经济效益或社会效益。

(三)在新产品、新技术、新工艺、新装备、新材料、新能源开发利用方面进行自主创新,开发出具有自主知识产权的核心技术,市场竞争力强,并取得显著经济效益或社会效益。

(四)在重点产业、重大工程、重要科技攻关和生产技术工艺改造,以及在引进、消化国内外先进技术中,创造性地解决了关键性技术难题,并取得显著经济效益或社会效益。

(五)在科技创新其他领域取得重大创新成果,为我市经济社会发展做出显著贡献。

(六)在企事业单位经营管理工作中,运用现代管理知识,通过改革创新,单位管理水平及综合经济社会效益达到国内同行业领先水平的。

第八条　“市长创新奖”设立一等奖1名,奖励50万元,二等奖5名,各奖励30万元,三等奖10名,各奖励10万元。

第九条　“市长创新奖”奖励经费由市财政列支,每年300万元。

第三章　“市长创新奖”的推荐、评审和授予

第十条　“市长创新奖”每年评选一次。

第十一条　各县(市、区)科技管理部门负责本行政区域的推荐工作,对推荐材料的真实性负责。

第十二条　涉及国防、国家安全等的涉密项目，原则上不予受理。

第十三条　市奖励工作领导组办公室负责推荐材料的受理工作，并对受理的材料进行严格审查。对审查合格的材料，提交专家评奖委员会评审。

第十四条　专家评奖委员会向市奖励工作领导组提出获奖人选及初步意见。市奖励工作领导组根据专家评奖委员会的意见，做出获奖人选等级的决议，报市政府审定。

第十五条　“市长创新奖”评审由市科技局制定具体实施方案。

第十六条　“市长创新奖”的评审、授予接受社会监督，结果要向社会公布，任何单位或者个人对奖励对象持有异议的，可自公布之日起 15 个工作日内向市奖励工作领导组办公室提出。

第四章　罚则

第十七条　对以弄虚作假、剽窃他人成果等不正当手段骗取荣誉的，取消其临汾市“市长创新奖”荣誉称号，收回奖励证书和奖金，并不得参加此后评选。

第十八条　推荐单位提供虚假数据、材料，协助他人骗取“市长创新奖”奖励的，由市奖励工作领导组办公室给予通报批评；情节严重的，暂停或者取消其推荐资格，按照有关规定追究相关责任人责任。

第十九条　参与“市长创新奖”评审活动的有关工作人员在评审活动中弄虚作假、徇私舞弊的，按照有关规定追究有关人员责任。

第五章　附则

第二十条　本办法由市科技局负责解释。

·关于支持承接加工贸易产业转移若干政策措施的通知·

为更好地承接东部沿海地区加工贸易产业转移，推动我市经济强市建设，根据省人民政府《关于支持承接加工贸易产业转移若干政策措施的通知》(晋政发〔2016〕28 号)，结合临汾实际，特制定如下政策措施。

(一)加大加工贸易产业用地保障力度，优先纳入供地计划并优先供应，对我市确定的优先发展产业且用地集约的工业项目可按不低于相关标准的70%确定土地出让底价。加工贸易企业依法取得的工业用地，可按合同约定分期缴纳土地出让价款。合同签订后 1 个月内，缴纳出让价款 50%的首付款，一年内，按合同约定缴纳余款。(责任单位:市国土资源局)

(二)对临汾市承接加工贸易项目用地在年度计划中单列用地指标，涉及农用地转用的，在土地利用年度计划中优先安排。在选址阶段就跟踪服务，提前做好耕地补充，补充耕地可从全市调剂补充耕地指标解决。(责任单位:市国土资源局)

(三)对于加工贸易企业，所需行政办公及生活服务设施用地面积可按不超过工业项目用地面积7%配建。(责任单位:市国土资源局)

(四)建立与转出地政府合作双赢的机制，凡转移到我市的加工贸易企业和通过“飞地经济”模式引入的园区，投产之后产生的增值税地方分成部分，转入地政府可与转出地政府、转出园区协商在一定期限内按一定比例返还，最高不超过 50%。(责任单位:市财政局、市地税局、市国税局，各县市区人民政府)

(五)对转移到临汾市的加工贸易企业，各县(市、区)对企业转移过程中产生的搬迁费用可以给予定额补助，具体办法由各县(市、区)人民政府制定。(责任单位:各县市区人民政府)

(六)优化财政支出结构，支持我市加工贸易发展。(责任单位:市财政局、市商务局)

(七)设立市级承接加工贸易产业转移引导资金 1000 万元。专项用于扶持加工贸易企业扩大对外贸易，组织开展承接产业转移招商引资活动，奖励承接产业转移工作成绩突出的县(市、区)及相关单位等。(责任单位:市财政局)

(八)加工贸易企业参加出口信用保险的参保费用除省财政给予 70%的补助外，市财政给予30%的补贴。(责任单位:市财政局、市商务局)

(九)对加工贸易企业贷款，由财政部门按规定给予贴息补助。(责任单位:市财政局，各县市区人

民政府)

(十)鼓励金融机构、融资担保机构为我市加工贸易企业提供融资支持。(责任单位:市财政局、市金融办)

(十一)对转移到临汾市的加工贸易企业入住经济技术开发区、工业园区等产业集聚区的,根据企业需要提供标准厂房与办公用房,可免收不低于两年的租金。(责任单位:各县市区人民政府)

(十二)鼓励各级政府在同等条件下优先采购我省、我市加工贸易企业的产品。(责任单位:市财政局)

(十三)落实好国家和山西省减免征收行政事业性收费的政策,发布临汾市面向加工贸易企业的行政事业性收费清单。(责任单位:市财政局、市发展改革委)

(十四)承接加工贸易产业转移企业所需的供水、供电、供气、供热、运输、通讯等配套设施,由属地相关部门优先安排,并按照相关规定给予优惠。对投资额度大、带动作用强的加工贸易企业给予用电优惠奖励。(责任单位:各县市区人民政府)

(十五)优化铁路、公路、民航货运方式,降低加工贸易企业物流成本,鼓励各县(市、区)制定降低企业物流成本的具体政策。(责任单位:市交通运输局、太原铁路局侯马车务段、临汾民航机场筹建处,各县市区人民政府)

(十六)各县(市、区)要帮助转移到临汾市的加工贸易企业招工,保障企业用工需求。对承接加工贸易企业用工进行免费培训,支持临汾市在去产能过程中的转岗工人到加工贸易企业工作,给予一次性就业补贴。(责任单位:市人力资源和社会保障局、市国资委,各县市区人民政府)

(十七)按照国家和山西省的统一部署,做好阶段性降低社会保险费率工作。(责任单位:市人力资源和社会保障局)

(十八)对转移到临汾市的加工贸易企业,其符合住房保障条件的员工享受临汾市保障性住房政策。(责任单位:市住房和城乡建设局,各县市区人民政府)

(十九)结合临汾市实际,优先承接装备制造、新能源和服装加工产业;鼓励承接食品医药、节能环保、新材料、电子信息等资金和技术密集型的新兴产业项目,鼓励承接临汾市具有资源优势和生产基础的劳动密集型产业项目;禁止承接高污染、高风险行业和落后产能、严重过剩项目。(责任单位:市商务局、市经信委、市发展改革委、市环保局)

(二十)结合临汾市实际,以侯马经济开发区(中西部加工贸易梯度转移重点承接地)、临汾经济开发区甘亭工业园(山西省产业转移示范区)及侯马市新兴纺织城为重点承接地,引领带动其他县(市、区)各类园区,积极承接加工贸易产业转移。(责任单位:各县市区人民政府)

(二十一)建立县(市、区)区域间的合作双赢机制,引入加工贸易企业入驻临汾市经济开发区、工业园区的,投产后产生的增值税地方分成部分,在一定期限内按一定比例协商分配。(责任单位:市财政局,各县市区人民政府)

(二十二)切实发挥海关特殊监管区域的优势和作用,引导加工贸易企业优先向这些区域聚集和发展。同时,鼓励保理、物流等配套生产性服务业的发展,为加工贸易企业提供相应的支持和服务。(责任单位:市商务局、市发展改革委、侯马海关)

(二十三)积极推动国际贸易"单一窗口"建设,全面推进关检合作"三个一"和区域通关一体化通关模式,简化进出口环节行政审批和备案手续,提高贸易便利化水平。(责任单位:市经信委、市商务局、侯马海关、侯马出入境检验检疫局、太原铁路局侯马车务段、临汾民航机场筹建处)

(二十四)优先支持产业集群式转移,对转移到临汾市的加工贸易产业集群,当地政府要针对目标区域、目标企业,主动上门招商,确保加工贸易产业集群招商取得实效。(责任单位:市招商局,各县市区人民政府)

(二十五)按照重点突出、有序竞争、鼓励创新的原则,各县(市、区)要选准重点承接的加工贸易产业,同时允许结合自身优势,自主确定其它特色产业链。为了避免市内盲目竞争,市政府将进行适当协调和平衡。各县(市、区)根据承接产业对要素成本的需求,有针对性地出台促进加工贸易向当地转移的具体政策。(责任单位:市商务局,各县市区人民政府)

(二十六)各相关部门要加强服务意识,将工作重心前移,提前介入加工贸易项目,积极指导企业

做好土地、环评、项目备案等相关工作，提高工作效率。（责任单位：市国土资源局、市环保局、市发展改革委）

（二十七）简化加工贸易项目环保报批手续，在符合规定的前提下将项目审批权限下放到各县（市、区）环保行政主管部门。（责任单位：市环保局，各县市区人民政府）

（二十八）市政府成立承接加工贸易产业转移工作领导小组，由市长任组长，分管副市长为副组长，领导组办公室设在市商务局，统筹协调全市承接加工贸易产业转移工作，研究解决承接过程和项目落地中的重大问题。各县（市、区）也要成立相应的工作机构。（责任单位：市政府办公厅、市商务局，各县市区人民政府）

（二十九）加强督查考核，将承接加工贸易产业转移纳入全市各县（市、区）年度招商引资重点工作任务和开发区年度考核目标，加大承接加工贸易产业转移在年度考核中的分值比重，对各县（市、区）考核实行加减分制，对各部门实行加分制。建立承接产业转移工作督查和问责机制，将各县（市、区）承接加工贸易产业转移工作进展情况纳入市政府月度经济运行调度会进行通报。对承接产业转移成效明显的县（市、区）予以激励支持，对工作不力的县（市、区），要约谈主要领导，及时进行整改，确保政策兑现。（责任单位：市政府办公厅、市考核办、市商务局）

（三十）建立吸引加工贸易产业转移的激励机制。对在承接加工贸易产业转移工作中做出显著成绩的非国家公职人员由各县（市、区）政府按相关规定予以奖励。（责任单位：各县市区人民政府）

（三十一）对临汾市确定的优先承接和鼓励承接产业链引进的非加工贸易项目，比照上述政策措施执行。（责任单位：市商务局，各县市区人民政府）

·关于进一步促进工业稳定运行提质增效的若干措施的通知·

为了认真贯彻省政府《关于进一步促进工业稳定运行提质增效若干措施的通知》（晋政发〔2016〕24号）精神，切实促进全市工业稳定运行提质增效，在继续认真贯彻执行市政府“减负65条”、“工业20条”等政策措施基础上，结合我市实际，制定以下措施：

1．缓缴2016年度资源价款，缓缴期内，企业承担资金占用费。（市国土资源局牵头，市财政局配合）

2．市属工业企业免缴2015年度国有资本金收益。（市国资委牵头，市财政局配合）

3．暂停提取2016年度煤炭开采企业矿山环境恢复治理保证金和煤矿转产发展资金。（市财政局牵头，市发改委、市环保局、市地税局配合）

4．扩大过桥资金的融通额度。为了缓解全市中小微企业在办理贷款续贷期间存在的对接资金紧张情况，市政府设立的过桥资金总额度由5000万元扩大到2亿元，以缓解企业融资压力。（市金融办牵头，市财政局、市投资集团有限公司、市经信委、市中小企业局、临汾银监分局、人行临汾市中心支行配合）

5．降低企业用工成本。养老保险单位缴费比例降低1个百分点，失业保险单位缴费比例降低0.5个百分点，执行期两年。困难企业可以结合实际降低住房公积金缴存比例，可以申请缓缴2016年度五项社会保险费和住房公积金。2016年度使用失业保险基金给予困难企业社会保险补贴、岗位补贴、培训补贴，已享受“五缓”或“三补”政策的企业不再享受。（市人力资源和社会保障局、市住房和城乡建设局分别牵头，市财政局配合）

6．降低公路运输成本。2016年全市将继续执行政府还贷高速公路货运车辆通行的各项优惠政策，对政府还贷高速公路货运车辆通行费优惠12%；对办理并使用全省ETC卡交费的货运车辆优惠20%；对办理并使用全省ETC卡交费通行集中连片贫困区11条高速公路和5条环城高速公路的货运车辆优惠50%；对持有《超限运输许可证》的超重车辆，超重在100%以上的部分，其道路补偿费最高征收系数由16倍降至4倍。优惠期暂定一年。（翼侯高速公司、临汾高速公司、临吉高速建管处、霍永高速建管处牵头执行）

7．降低铁路运输成本。我市将全面贯彻铁路总公司扩大铁路局运价调整自主权政策，认真执行直通运输运价力争最大下浮30%；煤炭运价力争最大下浮20%；焦炭、钢铁按实重计费，执行统一

的运价下浮政策，扩大铁路货运需求，促进铁路运量稳定增长。(侯马车务段牵头执行)

8. 减轻企业税费负担。认真落实国家各项结构性减税政策，全面推进“营改增”，扩大煤炭企业进项税抵扣范围；进一步清理涉企收费，建立完善涉企收费目录清单制度，实现清单之外无收费；按照市政府2015年63次常务会议纪要精神，抓紧做好清退全市已收取的煤矿企业兼并重组抵押金工作。(市财政局、市发改委、有关市县人民政府分别牵头，市编办、市煤炭局、市经信委、市国税局、市地税局配合)

9. 扩大电力直接交易。有序增加大用户直供电量，2016年我市将按照省相关政策，及时组织符合大用户直供电条件的企业向省经信委申报电力直接交易支持。(市经信委牵头，市发改委、临汾供电公司配合)

10. 认真落实新增电量奖励政策。认真执行“省20条”对规模以上工业企业2016年同比增量部分给予0.1元/千瓦时的奖励的规定。积极组织我市符合条件的规模以上工业企业申报用电增量奖励。(市经信委牵头，市财政局、市统计局、临汾供电公司配合)

11. 加大工业投资。围绕传统产业改造升级、新兴产业培育壮大，充分发挥产业基金的助推作用，积极引导民间资本进一步加大投资力度，全力推进汾西其亚铝业有限公司年产240万吨氧化铝及60万吨铝板项目、侯马北铜铜业公司年处理150万吨精铜矿综合利用项目、曲沃三星铸造有限公司年产20万吨精密铸造项目、侯马汤荣机械有限公司双金属复合一体制动鼓等工业转型升级项目建设。依据国家产业政策和扶持方向，积极申报国家、省级扶持资金，充分利用好省产业基金，加快工业转型发展。(市发改委、市经信委牵头，市财政局、市金融办、人行临汾市中心支行等相关部门配合)

12. 推进招商合作。依托临汾市矿产资源优势，围绕矿产资源开发、装备制造、新能源、新材料、特色农产品加工等产业，积极承接“长三角”、“珠三角”、“京津冀”等地产业转移，借助大企业、大项目进一步拓展工业经济发展的空间和路径。(市招商局牵头，市经信委、市发改委等部门配合)

13. 发展现代高载能产业。发挥临汾市能源资源优势，以市场为导向，以产业链延伸为核心，积极推动我市高载能产业向中高端迈进，推进我市焦化企业生产高附加值化工产品(煤气制天然气、甲醇、二甲醚、乙二醇、烯烃、芳烃等)。促进我市焦化行业健康发展。(市经信委牵头，市发改委、市国土资源局、市环保局、临汾供电公司配合)

14. 加快新兴产业发展。落实国家、省鼓励培育和发展战略性新兴产业的各项政策，发挥临汾市铸造联盟和铸造协会在凝聚铸造业发展合力、拓展企业发展空间等方面的重要作用，进一步推进全市铸造行业的发展。积极推进已投产的年销售收入30亿元沃特玛新能源汽车核心技术产业园区(3GW/h产能32650钢壳圆柱电池生产线)项目和锦江物流园新能源汽车产业服务基地项目建设。加快全市充电桩规划建设，逐步扩大电动汽车应用领域和规模。(市经信委、市发改委分别牵头，市煤炭局、市财政局、市科技局配合)

15. 培育壮大小微企业。加快小微企业服务站、小微企业创业基地、众创空间建设，推动大众创业、万众创新，力争每年新创办小型微型企业3000户以上；建立健全小微企业规模以下转规模以上后备企业信息库，加强跟踪服务，落实奖励政策，每年新增加规模以上工业企业15户以上。(市中小企业局牵头，市发改委、市科技局、市金融办、人行临汾市中心支行配合)

16. 做好达标企业的入规统计工作。加强对拟入规企业的业务指导，完善企业的各项入规手续，及时将达到入规标准的新投产企业和小升规企业纳入统计范围。同时要做好煤炭行业符合入规条件企业的统计工作，将达到入规标准的乡宁华晋吉宁煤业公司、天润德通煤业公司、保利裕丰煤业公司、同富新煤业公司、浮山中强煤业公司等企业尽快纳入统计范围。(市统计局牵头，市煤炭局、市经信委、市中小企业局配合)

17. 加大金融支持工业力度。认真贯彻落实市政府金融座谈会议精神，进一步深化政银企合作，对技术设备先进、产品有竞争力、有市场、有效益的优质工业企业予以大力支持；进一步推进和完善债权人委员会各项工作。推进银行信贷资产证券化业务；利用动产融资统一登记系统，扩大应收账款质押融资规模；鼓励金融机构积极开展并购贷款业务，拓宽企业兼并重组融资渠道。推动我市符合条件的工业企业通过主板IPO和“新三板”挂牌上市融资，利用上市平台再融资。（市金融办牵头，人行临汾市中心支行、临汾银监分局、市财政局、市发改委、市经信委配合）

18.依法依规推动重点工程使用市内工业产品。市经信委继续完善市内钢材、水泥等产品推荐目录；市重点工程建设所用钢材、水泥等需求信息由各县市区和市直重点工程牵头部门提出，市重点办汇总后发布。项目所在县（市、区）人民政府具体落实推动重点工程使用市内工业产品工作；市重点办负责此项工作的统计、督查和考核。（市重点办、市经信委、市住房和城乡建设局、市交通运输局、市发改委牵头、各县市区人民政府分别负责）

19.鼓励城乡居民冬季取暖电能替代。进一步加大临汾市电网改造力度，认真落实省政府城乡居民冬季取暖电能替代及居民谷峰电价奖励和补贴的政策，促进城乡居民用电消费。（市经信委牵头，市发改委、市住房和城乡建设局、市环保局、市农委、临汾供电公司等配合）

20.积极推动农机电动化发展。依据《山西省2016年电动农机新产品奖补工作实施方案》要求，积极搞好电动农机试验、示范、推广工作，扩大我市电动农机的覆盖面。（市农机局牵头，市农委、市财政局、市经信委配合）

21.继续开展精准帮扶。市县两级分层分类、领导带队，开展重点企业“一企一策”精准帮扶；坚持问题导向，建立问题清单，强化跟踪服务，切实解决企业实际困难和问题。（市直相关部门，各县市区人民政府分别牵头）

各县市区、各部门要进一步提高认识、明确责任、完善措施，扎实推进稳增长调结构增效益各项工作。市政府将加强督促检查，对工业经济运行实施专项调度，按月通报目标进度，逐月滚动分解目标任务；各牵头部门按月要向市工业稳增长领导组报送工作开展情况，半年和年度进行总结。各县市区也要结合实际，制定落实措施，推进各项工作。

·关于积极推进“互联网+”行动的实施意见·

“互联网+”是把互联网的创新成果与经济社会各领域深度融合，推动技术进步、效率提升和组织变革，提升实体经济创新力和生产力，形成更广泛的以互联网为基础设施和创新要素的经济社会发展新形态。为深入推进互联网与各领域深入融合和创新发展，加快推动我市经济提质增效和转型升级，培育经济发展新动力，根据《山西省人民政府关于积极推进“互联网+”行动的实施意见》（晋政发〔2015〕57号）精神，结合我市实际，提出如下实施意见。

一、总体要求

（一）总体思路

深入贯彻党的十八大和十八届三中、四中、五中全会精神，主动适应经济发展新常态，全面推进“六大发展”，以提高经济发展质量和效益为中心，按照“开放共享、融合创新、变革转型、引领跨越、安全有序”的原则，不断夯实网络发展基础，营造安全环境，构建方便快捷、公平普惠、优质高效的公共服务信息体系，积极拓展互联网与经济社会各领域的深度融合，加速提升产业发展水平，全面提高政府公共服务水平和社会管理能力，打造新的经济增长引擎，为调整产业结构、转变发展方式、建立现代化产业体系，全面提升综合实力和竞争力，实现绿色、智能、可持续发展汇聚新动能。

（二）发展目标

到2018年，构建完成可靠的网络信息安全体系，网络与信息安全保障作用明显增强，有效推动社会全面进步，实现施政行为网络化和阳光化，有效促进社会和谐稳定。建成全市统一的政务服务网，全面覆盖社会保障、医疗卫生、文化教育等民生领域，并延伸到基层社区，形成比较完善的电子公共服务体系，为公众提供随时、随地、随需的全方位服务。争取实现行政执法和行政审批等处罚、审批、服务事项网上办理，实现政府业务办理“一站式”服务，个性化、便捷化、网络化服务方式全面普及，促进基本公共服务均等化。全面建成物价监控、安全生产、社会治安等一系列政务管理系统，党政机关社会管理能力显著增强，公众满意度明显提升。秉承民生优先的发展原则，紧扣以人为本这条主线，通过各种信息化手段和应用，提升交通、医疗卫生、教育、社区、社会保障、食品药品安全等领域的民生服务能力，形成虚实结合的文化传播服务平台,引导多方力量积极参与开放数据的挖掘加工,提供丰富多样的民生信息服务应用,促进临汾社会信息消费快速增长,公众畅享“普惠、文明、安全、便捷”的信息时代品质生活。

到2020年,形成“三产互动、智慧融合、集群创新发展”的产业经济发展模式,拓展物联网、云计算、大数据等信息技术普遍应用,促进“两化”深度融合,通过电子商务创新发展,有效促进企业成本降低、生产经营效率提高、市场拓展和经营模式的创新;推动物联网、云计算、电子信息、软件、数字内容和信息服务等信息产业的快速发展,形成一批重要产业基地和龙头企业。助力传统制造业转型升级,保障产业向规模化、纵深化和高端化方向发展,加速推进工业化和信息化的融合,运用现代信息技术改造提升制造业,加强企业技术改造和管理创新,推广集成制造、柔性制造等先进制造生产方式,鼓励企业加强工业产品设计和创新创意。助力现代服务业智慧升级,构建创新发展新业态。紧紧围绕产业转型升级和完善城市功能,大力发展现代服务业不断拓展新领域、发展新业态、培养新热点,稳步推进现代服务业发展提速、比重提高、水平提升。

到2025年,网络化、智能化、服务化、协同化的“互联网+”产业生态体系基本完善、新经济形态初步形成。

二、重点任务

(一)加快网络基础设施建设,着力提升互联网应用支撑能力,夯实“互联网+”发展基础。

1.完善宽带网络基础设施。加快实现宽带网络能力跃升,加快推动光纤到户建设,全面打造“全光网城市”。加快推动农村地区宽带发展与普及,推动全市网络基础设施完善工程。积极开展“宽带中国”示范城市创建工作,进一步推进4G网络深度覆盖,实现城市、县城和乡镇的连续覆盖以及农村热点区域的有效覆盖。加强无线网络建设。持续推动“i-Shanxi”公共场所WLAN建设。不断优化宽带网络性能,加大共建共享力度,推进提速降费。(市经信委、市发展改革委、移动临汾分公司、联通临汾分公司、电信临汾分公司等部门和各县市区人民政府负责)

2.发展新一代信息技术产业。鼓励和支持以物联网、云计算、大数据、移动互联网等为代表的新一代信息技术产业发展,夯实推进“互联网+”行动的信息产业基础。重点发展LED、光伏、信息安全、电子设备制造、物联网、云计算、信息服务等七大领域,培育龙头企业,推动相关产品产业化和示范应用。(市经信委、市发展改革委等部门和各县市区人民政府负责)

3.全面推进“三网”融合。加快电信和广电业务双向进入,在试点基础上逐步在全市推广。积极开展双向进入申报和市级业务审批受理,做好IPTV传输系统与IPTV集成播控平台的对接,推进融合性业务普及应用。加快下一代广播电视网建设,不断优化网络性能,充分发挥有线电视网络的信息基础设施作用,全面提升有线电视网络的服务品质和终端用户体验。(市经信委、市文化局、移动临汾分公司、联通临汾分公司、电信临汾分公司等部门和各县市区人民政府负责)

(二)推动互联网创新成果与经济社会各领域的深度融合,培育经济社会发展新业态。

1.“互联网+”现代农业。引导和推进物联网、云计算、移动互联等现代信息技术和农业智能装备在农业生产经营领域应用,提高农业自动化水平。推进农业信息化示范建设工程,建设一批农业生产经营信息化示范基地和农业综合信息服务平台。鼓励和支持农产品和农业生产资料的电子商务健康发展,同时实施农副产品、农资质量安全追溯体系建设,大力推进信息进村入户试点工作,增强信息服务能力。(市农委、市发展改革委、市科技局、市商务局、市质监局、市食品药品监管局、市林业局等有关部门负责)

2.“互联网+”工业制造。深化物联网、互联网在工业中的应用,加快工业生产向网络化、智能化、柔性化和服务化转变,推进生产装备智能化升级、工艺流程改造和基础数据共享,加速传统产业改造升级,同时延伸产业链,发展基于互联网的协同制造新模式,加快形成制造业网络化产业生态体系。(市经信委、市发展改革委、市科技局等有关部门负责)

3.“互联网+”水利。充分利用信息通讯技术和网络空间虚拟技术,以整合水利“大数据”为基础,积极推进防汛抗旱、水资源管理等水利业务应用,大力发展“智慧水利”建设,实现水系统监测自动化、资料数据化、模型定量化、决策智能化、管理

信息化、政策制度标准化。(市水利局会同有关部门负责)

4.“互联网+”智慧能源。建设分布式能源网络,实现物联网、大数据、云计算等新一代信息技术对能源生产、消费、市场管理和服务的支持。推动开展智慧矿山建设,加快地理信息、物联网、井下移动通信等新技术的应用,全面推进现代化矿井建设。加快推进临汾市煤炭监管信息平台的建设,提升全市煤炭行业现代化监管水平。加快推动智能电网建设,建立重点用电企业电能信息采集系统,完善发电调度和交易系统。面向高耗能行业建设工业能耗在线监测等平台,实现能耗在线监测,推动工业转型升级和绿色发展,构建资源节约型和环境友好型工业体系。(市煤炭局、国网临汾供电公司、市经信委、市发展改革委等部门按职责分工分别负责)

5.“互联网+”便捷交通。积极促进云计算、大数据、物联网、移动互联网等信息技术在交通运输领域的深度应用。加快推进综合交通运输运行监测和运行协调平台、安全生产监管监察系统、非现场执法及联合执法系统、行业信用信息管理系统、行业数据开放共享平台、交通运输物流公共信息服务平台等的建设。同时进一步开展市域道路客运联网售票系统工程建设,推动公共交通智能调度系统、公交一卡通系统联网示范工程建设,不断提升公众出行服务品质。(市交通运输局会同有关部门负责)

6.“互联网+”高效物流。加快物流公共信息平台建设。鼓励重点物流园区和骨干物流企业开展物流信息化示范工程,推广智能仓储系统建设。引导企业应用智能化物流装备,推进云计算、物联网、北斗导航及地理信息等技术在物流智能化管理方面的应用,提升仓储运管水平和作业效率。(市发展改革委、市商务局、市交通运输局等有关部门负责)

7.“互联网+”快递。利用互联网、大数据技术,继续优化服务网络,推动服务变革,提升服务效率,促使快递企业向综合性快递物流运营商转型。鼓励快递企业充分利用信息技术,拓展与电子商务、现代农业、先进制造业等关联行业的协同发展空间。推进涉农电子商务平台建设,服务直采直销,打通工业品下乡和农产品进城的双向通道。发挥供应链优势,促进快递融入工业化进程。(市邮政管理局会同有关部门负责)

8.“互联网+”国土资源。积极促进移动互联网、云计算、大数据、物联网与智慧国土、国土资源云的深度融合,实现在耕地保护监测监管、地质灾害监测预警、国土资源执法监察等国土资源领域的深度应用。加强对国土资源数据的深度挖掘分析,提供适应各行业部门的数据服务,发挥国土资源数据的基础性、战略性、先导性作用,为服务全市“六大发展”提供保障。(市国土资源局会同有关部门负责)

9.“互联网+”旅游。深入推进智慧旅游建设,推动旅游业与移动互联网、云计算、大数据、物联网等新一代信息技术的融合发展。不断完善旅游信息化基础设施,重点推进高等级旅游景区、旅游重点县无线宽带网络覆盖。加快推进旅游应急指挥、高等级旅游景区客流动态监测系统建设,推进旅游服务和管理智能化。建立旅游公共信息和咨询平台以及旅游投诉受理联动机制。(市文物旅游局会同有关部门负责)

10.“互联网+”环境保护。推动物联网、云计算等高新技术、先进装备与系统在环保领域的应用,加强对重点地区、重点企业和污染源实施智能化远程监控。建立环境信息数据共享机制,统一数据交换标准,推进全市资源环境监测数据联网和共享,推进区域污染物排放、空气环境质量、水环境质量等信息公开,通过互联网实现面向公众的在线查询和定制推送。不断优化环境监测站点布局,加强监测科研和综合分析。(市环保局会同有关部门负责)

11.“互联网+”金融。创新互联网融资方式,鼓励第三方支付机构发展创新,推动IC卡和移动金融在电子商务、公共服务等领域的规模应用。深化全市金融改革,促进互联网金融健康发展。推动和完善临汾市金融服务平台建设,助推银企融资对接,缓解企业融资难、融资贵的矛盾。(市金融办、人行临汾市中心支行、临汾银监分局等部门按职责分工分别负责)

12.“互联网+”电子商务。积极开展电子商务示范基地创建工作,培育电子商务示范企业,推进电子商务与物流快递协同发展试点工作。加快推进县市电子商务健康发展,继续推动电子商务进农村综合示范,培育农村电子商务环境。鼓励电子商务进社区,发展以社区生活服务业为核心的电子商务服务。同时促进跨境电子商务发展,鼓励电子商务企业“走出去”建立海外营销渠道,拓展海外市场。(市商务局会同有关部门负责)

13.“互联网+”政务服务。基于国家电子政务传输骨干网,继续推动和完善电子政务内网、外网建设,整合优化已有业务专网,构建完整统一的全市电子政务网络。重点加快推进全市政务服务平台、公共资源交易平台、信用信息共享平台、投资项目在线审批监管平台等项目,全面推进政务信息化建设。加快网络与信息安全基础设施建设,完善全市信息安全保障体系,加快人口、法人单位、空间地理、宏观经济等国家基础信息资源库共建共享和数据开放利用。(有关部门按职责分工分别负责)

14.“互联网+”卫生计生。构建以市县两级支撑平台为核心,以四大数据库(全员人口信息、居民电子健康档案、电子病历和卫生计生业务资源数据库)为基础,以居民健康卡为联接介质,以跨平台一账式为登录方式,用信息智能推送融合线上线下各类业务(居民健康卡、公共卫生、计划生育、医疗服务、医疗保障、药械管理、综合管理)的卫生计生信息化应用系统。构建以网格为管理单元、以需求信息为业务驱动、以需求信息引导管理服务的全新卫生计生运行机制。(市卫生计生委会同有关部门负责)

15.“互联网+”教育。形成覆盖全市城乡,满足学校、社会、家庭需求的现代远程教育网络。推进教育信息化基础设施建设,形成全市标准统一、业务整合、数据共享的教育资源公共服务平台和教育管理公共服务平台,提高教育教学管理效率和水平。(市教育局会同有关部门负责)

16.“互联网+”社保养老。建设完善符合国家标准的包含企业、机关事业、城乡居民等各项社会保险和养老保险核查、全民参保登记、资格认证、基金财务、电子档案等信息的数据库,推进与公安、民政、工商、卫生计生、银行等部门的数据共享。全面推进社会保障“一卡通”建设及公共就业信息服务平台和数据库建设,推动社会保障卡在社会保障、居民健康、惠民待遇、学生补助、金融功能等公共服务领域的集成应用,加快社会保险领域、劳动关系领域信息化建设步伐。医疗保险服务要实现跨区医保结算等互联网应用。养老保险服务要依托现有互联网资源和社会力量,以社区为基础,搭建养老信息服务网络平台,提供护理看护、健康管理、康复照料等居家养老服务,提高养老服务水平。(市人力资源和社会保障局、市民政局等有关部门按职责分工分别负责)

17.“互联网+”平安城市。积极推动“警务云”等公安业务基础信息化建设,加强对重要信息系统和关键数据资源的安全保障,实现网络安全与智慧城市建设深度融合。强化信息资源高度共享、深度应用,充分运用物联网、大数据、云计算、卫星定位、地理信息系统等技术,创新社会治安防控手段,开展社会公共安全领域大数据应用试点和物联网应用试点示范,提升公共安全管理数字化、网络化、智能化水平。有重点有步骤地加快推进公共安全视频监控建设、联网和应用工作,提高公共区域视频监控系统覆盖密度和建设质量,创新立体化防控体系,扎实推进“平安临汾”建设。(市公安局会同有关部门负责)

18.“互联网+”创业创新。深入实施创新驱动发展战略,推进大众创业、万众创新,发展众创空间。实施科技计划改革,支持建立众创服务平台,吸引社会资本等要素参与创新创业。引进高端研发机构,发挥科技型创业在大众创新创业中的骨干和引领作用,促进科技成果转移转化和科技资源开放共享。开展小微企业创业创新基地城市示范工作,支持建设创业孵化基地和创业园区,为处于创业初期和成长期的劳动者或者企业提供创业服务。鼓励支持“互联网+”企业吸纳各类劳动者就业,并落实相关扶持政策。(市科技局、市人力资源和社会保障局、市发展改革委、市经信委、市商务局等有关部门负责)

(三)完善“互联网+”融合发展的体制机制,强化安全保障,营造良好发展环境。

1.完善组织实施机制。强化统筹协调,将推进“互联网+”发展纳入本地区经济社会发展规划。加强“互联网+”重大问题研究,加强“互联网+”与智慧城市、物联网、大数据、云计算、电子商务等相关政策、规划的衔接,制定出台相关配套政策措施。鼓励政府与企业、社会机构开展合作,通过政府采购、服务外包、社会众包等多种方式，依托专业企业开展政府“互联网＋”应用，降低社会管理成本。（各县市区人民政府和有关部门按职责分工分别负责）

2.加强安全保障。建立健全“互联网＋”安全支撑体系，积极采用安全可信产品和服务，网络信息安全与应急通信关键设备和技术逐步实现可控可替代。坚持信息系统建设与网络安全建设同步规划、同步设计、同步实施，落实信息安全等级保护、风险评估等网络安全制度，提高防范控制能力。（各县市区人民政府和有关部门按职责分工分别负责）

3.创优发展环境。深入推进简政放权、放管结合、转变政府职能工作，着力优化政府服务。全面清理非行政许可审批，大幅减少前置审批，加强事中、事后监管，放宽“互联网＋”融合性产品和服务的市场准入限制。推进社会信用体系建设，推进各类信用信息平台无缝对接。加大知识产权保护力度，不断调整完善不适应“互联网＋”发展和管理的现行政策规定等，进一步加大个人信息保护等执法力度，营造“互联网＋”发展良好环境。（各县市区人民政府和有关部门按职责分工分别负责）

三、保障措施

（一）加强组织领导，积极协调推进。“互联网＋”行动技术性强、涉及面广，要加强与省里相关部门的沟通联系，明确职责分工，建立协调机制，统筹协调解决重大问题，形成积极推进“互联网＋”行动工作的良好格局和强大合力。主导部门要充分发挥主导与协调作用，整合和集中各部门的力量，加强和深化理论和实践的研究创新，努力形成各方联动的工作机制。建立跨领域、跨行业的“互联网＋”行动专家咨询委员会，对“互联网＋”行动在需求分析、现状诊断评估、任务分解等方面提供具有建设性的指导和咨询服务。（市发展改革委会同有关部门负责）

（二）建立人才保障机制，提供强大智力支撑。以推进“互联网＋”行动为契机，培养一支信息化创新型人才队伍，为临汾信息化建设提供人才保障和智力支持。加大人才培养、引进、使用等环节的政策扶持力度，鼓励高校、科研院所和软件企业、社会办学机构合作，培养一批网络信息创新型人才、信息运营管理人才和高技能人才，为我市“互联网＋”行动提供智力支持。（市教育局、市人力资源和社会保障局、市科技局等有关部门负责）

（三）加大财政金融支持，提供有效资金保障。强化政府资金的引导作用，利用现有资金渠道，努力推动建设一批“互联网＋”重大应用示范工程。探索基于云计算的政务信息化建设运营新机制。积极争取各项国、省扶持资金，形成对“互联网＋”项目强有力的资金保障。鼓励金融机构加强和改进金融服务，加大对“互联网＋”企业的支持力度，引导社会资本加大对相关创新型企业的投资。（市财政局、市金融办、人行临汾市中心支行、临汾银监分局等有关部门负责）

（四）加强技术研发推广，夯实产业发展基础。在推进“互联网＋”行动过程中，要鼓励支持我市高校、企业及科研院所加强核心技术研发，占领物联网产业、云计算中心、软件和信息服务产业、金融服务产业等产业高地，大力推广新技术的应用，争取赢得产业发展先机。要加强标准体系建设，着眼于标准规则，争取制定一批信息化、数字化的技术标准、行业标准和安全标准，创新高效能的运行规则和商业模式，高起点推进“互联网＋”行动。（市科技局、市经信委、市质量技术监督局、市发展改革委等部门负责）

·关于加快推进文化旅游业改革创新发展的实施意见·

为深入贯彻落实2016山西省旅游发展大会精神和市第四次党代会、市四届人大一次会议精神，加快推进全市文化旅游业持续健康发展，把文化旅游业打造成全市的战略性支柱产业，特制定如下实施意见。

一、指导思想

全面贯彻党中央、国务院和省委、省政府关于发展文化旅游业的部署和要求，特别是2016山西省旅游发展大会精神，以建设中西部“文化强市”战略目标为引领，围绕“六字要诀”和“五个不得”，进一步解放思想，大胆实践，加快推进旅游管理体制机制和旅游景区（景点）体制机制改革创新，大力发展多业态旅游、高品质旅游和智慧旅游，努力打造核心品牌，改善基础设施条件，丰富相关业态，强化产品供给，提升旅游体验，强化旅游宣传，全方位、大力度推动全市文化旅游业实现改革创新发展。

到2020年,全市文化旅游管理体制和景区(景点)体制机制改革及重点景区建设取得重要突破,文化旅游与其它相关产业融合更加深入,文化旅游产品有效供给能力大幅提升,文化旅游发展环境和游客体验环境持续改善,成功叫响"中国根·黄河魂"核心文化旅游品牌,文化旅游业的综合影响力、带动力显著增强,全市文化旅游业总收入突破1000亿元,增加值占GDP的比重由2015年的3.1%提高到10%,成为全市的战略性支柱产业。

二、总体布局

"十三五"期间,全市文化旅游业的总体布局要围绕"一城崛起、一带提升、两翼联动、六域支撑"的"1126"新格局展开。

"一城崛起",即努力做好"最早中国、一座都城"这篇大文章。重点以塔儿山(崇山)为中心,以"帝尧之都·中国之源"为主题,深度挖掘提升"一座都城"的文化内涵,抓好陶寺遗址保护利用龙头,尽快启动陶寺遗址博物馆和陶寺遗址综合展示中心以及周边道路、旅游公共服务设施等项目建设,快速推进一馆(遗址博物馆)、一园(遗址公园)、一圈(古文明旅游圈)的规划建设,全面整合尧帝陵、尧庙、尧帝古居等尧文化旅游资源,借助VR(虚拟现实)、AR(增强现实)以及人工智能机器人等先进技术手段,创建"中国之源"主题公园、现代影视基地,打造以"尧都"为中心的临汾文化群像,为游客展现一座气势恢宏的"中土之都"。

"一带提升",即抓好百里汾河文化旅游经济带建设。深度提升霍州署衙、悬泉山、陶唐峪、师家沟、大槐树、广胜寺、苏三监狱、兴唐寺、尧庙、尧陵、仙洞沟、陶寺遗址、丁村遗址、丁村民居、彭真故居、晋国博物馆等景区,并以16个景区项目为支点,连线连片形成五大旅游产业园区,即:中镇霍山文化旅游园区、寻根祭祖文化旅游园区、尧文化旅游园区、丁村文化旅游园区、晋文化旅游园区。结合临汾旅游客源市场的变化,强化旅游供给侧改革,提档升级观光型景区,加大休闲旅游、度假旅游比重,实现旅游资源由观光型向体验型、休闲度假型转变。

"两翼联动",即东西两山的同步发展。东翼以绿色生态游为主打方向,构建以霍州七里峪、陶唐峪,古县牡丹园、伴森缘避暑山庄,安泽荀子园,浮山印象田园,翼城舜王坪为主要节点的自然生态旅游线路产品。西翼以黄河风情游为发展重点,大力推进以黄河壶口瀑布、人祖山、克难坡、乾坤湾国家地质公园、永和红军东征纪念馆、东岳庙、小西天、云丘山、戎子酒庄等为主要节点的特色旅游线路产品。

"六域支撑",即先行打造六个示范县。按照统一规划、各有侧重、定期协商、收入分成的思路,加快核心景点提升、文化旅游区打造和全域旅游示范区建设,引导资源禀赋高、发展基础好的吉县、洪洞县、尧都区、隰县、霍州市、襄汾县开展全域旅游示范,带动临汾旅游业全面发展。

三、重点工作

(一)突出规划引领,强化资源管理

1.聘请国内一流的文化旅游规划设计单位,重新高标准编制《临汾市文化旅游业中长期发展规划(2016—2025)》。2017年10月底前完成。

牵头单位:市文物旅游局

参加单位:市发改委、市文化局、市规划局、市经信委、市农委、市财政局、市国土资源局、市住房和城乡建设局、市交通运输局、市水利局、市林业局、市商务局,各县(市、区)人民政府

2.各县(市、区)在符合全市文化旅游发展总体规划的前提下,结合全省旅游发展大会精神和各自实际,高标准制定或修订完善本县(市、区)的文化旅游发展规划。2017年12月底前完成。

牵头单位:各县(市、区)人民政府

参加单位:市发改委、市经信委、市农委、市文物旅游局、市规划局、市财政局、市国土资源局、市住房和城乡建设局、市交通运输局、市水利局、市林业局、市商务局

3.坚持区域联合发展。围绕尧文化、晋文化、黄河文化和红色文化、根祖文化、廉政文化、太行山水文化,由涉及相关文化的县(市、区)共同编制文化旅游区域联合发展规划。2017年6月底前完成。

牵头单位:相关县(市、区)人民政府

参加单位:市发改委、市经信委、市农委、市文物旅游局、市文化局、市规划局、市财政局、市国土资源局、市住房和城乡建设局、市交通运输局、市水利局、市林业局、市商务局

4.加强资源管理。研究制定出台《临汾市文化旅游资源管理办法》。2017年6月底前完成。

牵头单位:市文物旅游局

参加单位：市发改委、市财政局、市编办、市文化局、市人力资源和社会保障局、市国土资源局、市林业局、市水利局、市民族宗教局

（二）深化体制机制改革，打破发展瓶颈

5.深化管理体制改革。在市级和尧都区、洪洞县、吉县、霍州市等重点旅游县（市、区）设立旅游发展委员会。市级在2017年3月底前完成，县级在2017年6月底前完成。

牵头单位：市编办

参加单位：市文物旅游局，相关县（市、区）人民政府

6.深化旅游景区（景点）体制机制改革。成立临汾市旅游景区（景点）体制机制改革创新工作领导小组，制定出台《临汾市旅游景区（景点）体制机制改革创新工作方案》，以省、市《方案》为指导，由各县（市、区）政府按照属地管理原则，结合实际，一区一策，分别制定每个景区（景点）的具体改革方案。年内全面启动，2017年6月底前完成改革并取得实效。

牵头单位：市文物旅游局、相关县（市、区）人民政府

参加单位：市发改委、市农委、市国土资源局、市住房和城乡建设局、市水利局、市林业局、市文化局、市民族宗教局

7.深化利益机制改革。积极探索并加快形成景区共享发展的利益联结机制，切实维护景区群众利益，提高贫困地区农户收入，研究制定相关试行办法，2017年6月底前完成。

牵头单位：相关县（市、区）人民政府

参加单位：市文物旅游局、市发改委

8.创新旅游投融资机制。设立市文化旅游产业发展基金，围绕景区（景点）开发建设、文化旅游产品研发、旅游公路和配套服务设施建设、文化旅游宣传等，分别采取不同的投融资方式，搭建一批投融资平台，进一步破解文化旅游业发展资金短缺的难题。

牵头单位：市文物旅游局、市招商局、市金融办

参加单位：市发改委、市经信委、市文化局、市财政局，各县（市、区）人民政府

（三）积极培育市场主体，激发产业内生动力

9.组建市文化旅游产业集团，全面整合全市文化旅游资源。2017年12月底前完成。

牵头单位：市国资委、市文物旅游局

参加单位：市发改委、市文化局、市财政局、市编办、市人力资源和社会保障局

10.引进一批战略合作者。支持我市旅游景区、星级酒店、旅行社与国内知名旅游投资商、旅游管理公司、旅游品牌企业、和网络平台对接，引进新的经营主体、资金、先进的发展理念、发展模式和人才。

牵头单位：市招商局

参加单位：市文物旅游局、市经信委、市文化局、市商务局、市人力资源和社会保障局，各县（市、区）人民政府

11.培育一批经营主体。按照“引进一批、做强一批、培育一批”的思路，支持重点景区整合现有旅行社、星级酒店等文化旅游企业，构建跨界融合的产业集团。各县（市、区）分别制定各自的培育计划和培育措施，报市文物旅游局备案。2017年3月底前完成。

牵头单位：市文物旅游局，各县（市、区）人民政府

参加单位：市发展改革委、市住房和城乡建设局、市水利局、市农委、市林业局、市商务局、市文化局、市国资委、市金融办、临汾民航机场筹建处

（四）创新发展理念，强化文化旅游产品供给

12.包装一批旅游项目。重点包装策划壶口瀑布、云丘山、牡丹园、七里峪、人祖山、陶寺遗址公园、丁村文化园区、尧帝陵、姑射山仙洞沟和乾坤湾等一批项目向投资商集中推送。2017年6月底前完成包装策划。

牵头单位：市文物旅游局，相关县（市、区）人民政府，壶口风景区管委会

参加单位：市发展改革委、市商务局、市文化局、市金融办、市招商局

13.打造一批精品旅游景区。以陶寺遗址保护利用为龙头，重点推动陶寺遗址博物馆、陶寺遗址综合展示中心以及晋国博物馆、云丘山、人祖山、七里峪等景区（景点）建设，推进洪洞大槐树、壶口瀑布、尧庙—华门等AAAAA级景区创建工作，力争2017年大槐树景区创建成功，3年内壶口景区跻身AAAAA级行列。2017年霍州七里峪、乡宁戎子酒庄、曲沃晋国博物馆、吉县人祖山等景区成功创建国家AAAA级景区。

牵头单位:市文物旅游局,相关县(市、区)人民政府

参加单位:市委宣传部、市国土资源局、市住房和城乡建设局、市水利局、市农委、市林业局、市文化局、市民族宗教事务局

14.打造旅游精品线路。由尧都、襄汾、洪洞共同打造尧文化和根祖文化旅游,侯马、曲沃、翼城共同打造晋文化旅游,霍州打造廉政文化旅游,西山七县联合打造黄河文化、红色文化旅游,东山三县和翼城县联合打造太岳山水文化旅游,注重特色,提升品质。2017年6月底前完成线路设计编排并全面对外宣传推介。

牵头单位:市文物旅游局,各县(市、区)人民政府

参加单位:市发展改革委、市财政局、市文化局、市规划局、市住房和城乡建设局、市金融办

15.加强业态融合。大力发展"文化+""旅游+"。进一步拓展文化旅游外延,丰富文化旅游产品供给,重点发展文化旅游+观光农业、工业遗存、民俗风情、特色餐饮、地质科考、文物考古等,大力推动文化旅游业与相关产业融合发展,加快从景点景区旅游向全域旅游转变,旅游业态从观光旅游到深度旅游转变。

牵头单位:市发展改革委、市文物旅游局

参加单位:市经信委、市农委、市文化局、市商务局、市国土资源局,各县(市、区)人民政府

16.打造一批文化文艺精品。实施"印象临汾"和"平阳记忆"两大文化工程,制定相关实施方案,依托全市丰富的历史文化资源,全力打造一批精品文艺项目。2017年3月底前完成实施方案的编制。

牵头单位:市文化局

参加单位:市文物旅游局,各县(市、区)人民政府

17.成立临汾市旅游文化研究中心。开展非遗项目和传统工艺品以及传承人进旅游景区活动,形成展示、观赏、购物为一体的文化旅游新热点。

牵头单位:市文化局

参加单位:市委宣传部、市编办、市文物旅游局、市民政局,各县(市、区)人民政府

18.组建临汾尧舜文化旅游产品创意研发中心。充分利用陶寺考古发掘成果、我市丰厚的非遗资源和《人说山西好风光》竞演活动设计的旅游吉祥物,吸收国内优秀人才共同开发一批具有临汾特色文化元素符号的文化旅游产品。

牵头单位:市文物旅游局

参加单位:市委宣传部、市编办、市文化局、市人力资源和社会保障局、市科技局,各县(市、区)人民政府

19.打造现代化文化旅游产品。引入专项文创基金和国际国内资本,与世界知名游戏公司合作,深入开发大型电子游戏和手机游戏;充分利用VR、AR以及人工智能机器人等先进技术手段,打造线上线下同步的IP主题旅游产品。

牵头单位:市招商局

参加单位:市财政局、市文化局、市商务局、市文物旅游局、市金融办、市投资集团公司

20.积极发展体育赛事。围绕百里汾河建设一批可以承接区域性、行业性体育赛事的体育场馆,发展龙舟、漂流、赛艇等赛事,打造"动感水域"。

牵头单位:市文化局

参加单位:市文物旅游局,相关县(市、区)人民政府

21.打造优秀实景演出剧。对接国内知名导演团队,在大槐树景区、壶口景区打造以移民文化和黄河文化为主题、尧文化景区打造以尧文化、洞房婚俗文化为主题的大型实景演出剧。

牵头单位:市委宣传部、市文化局

参加单位:市文物旅游局,相关县(市、区)人民政府

22.引导发展旅游新业态。在涝洰河公园、汾河公园、仙洞沟、襄汾荷花园、乡宁云丘山、洪洞广胜寺等景区规划建设自驾车和旅居车营地。

牵头单位:市文物旅游局

参加单位:市发展改革委、市国土资源局、市规划局、市住房和城乡建设局、市林业局、市水利局,相关县(市、区)人民政府

23.大力发展乡村旅游。坚持文化旅游发展与脱贫攻坚相结合,依托我市原生态古村落、民间风俗、农业生产等乡村文化旅游资源,开发一批具有浓郁乡土气息的乡村文化旅游产品,打造一批具有历史、地域、民俗特点的特色景观旅游名镇名村,发展一批乡村旅游点、品牌农家乐,扶持一批贫困村脱贫致富。平川县市及翼城、吉县各建1个旅游名镇、8个乡村旅游点、60户品牌农家乐,其他县市各

发展3个乡村旅游点、30户品牌农家乐。国定贫困县各扶持6个贫困村，省定贫困县各扶持4个贫困村，通过开展乡村旅游脱贫致富。

牵头单位：市农委、市文物旅游局、市扶贫办

参加单位：市水利局、市林业局、市文化局、市民族宗教事务局、市住房和城乡建设局、市国土资源局、市商务局，各县（市、区）人民政府

（五）加强基础及配套设施建设，夯实文化旅游业发展基础

24.实施旅游畅通工程。“十三五”期间，投资39亿元建设农村旅游公路项目43个，总里程654.5公里，解决连接景区交通“最后一公里”问题。分年度制定实施计划，2017年3月底前完成。

牵头单位：市交通运输局

参加单位：市发改委、市财政局、市国土资源局、市林业局、市农委、市水利局、市文物旅游局，相关县（市、区）人民政府

25.加强景区景点旅游基础设施和公共服务设施建设，加大财政扶持力度，吸引社会资金投入，完善道路、停车场、厕所、供水供电、垃圾污水处理、应急救援、信息网络、文化活动场所、标志标识系统等设施。推进厕所与文化、传媒、Wi－Fi、银行自助、社会治安相结合，打造临汾旅游新亮点。

牵头单位：市文物旅游局，各县（市、区）人民政府

参加单位：市农委、市经信委、市财政局、市住房和城乡建设局、市交通运输局、市环保局、市文化局

26.大力发展智慧旅游。加快推进旅游景区、旅游城市智能灯杆、智能厕所、智能停车、智能检票闸机等新技术应用，推进旅游智慧营销、智慧服务和智慧管理。推进各旅游景区、旅游重点县实现无线宽带网络全覆盖，支持大槐树、壶口、云丘山、尧庙一华门等重点景区数字化建设。2017年12月底前完成。

牵头单位：市住房和城乡建设局、市文物旅游局

参加单位：市经信委、市财政局、市环保局、市科技局，各县（市、区）人民政府

27.强化旅游服务平台建设。完善集旅游投诉、旅游气象、旅游攻略、预警发布等为一体的临汾旅游公共服务平台，开通临汾旅游微博、微信、APP客户端。在临汾机场、高铁站、高速口规划建设旅游咨询中心和游客集散中心；AAAA级以上旅游景区所在县（市、区）要在重点旅游景区及车站等游客聚集地建设旅游咨询中心。2017年6月底前完成。

牵头单位：市文物旅游局、相关县（市、区）人民政府

参加单位：市发改委、市经信委、市财政局、市规划局、市国土资源局、市气象局、移动临汾分公司、联通临汾分公司、电信临汾分公司、临汾民航机场筹建处、大西高铁临汾西站

（六）加强综合能力建设，提升服务保障水平

28.抓好旅游安全。强化旅游安全意识，落实旅游安全责任，全面加强道路、消防、食品等涉旅行业的安全监管。

责任单位：市安委会各成员单位，各县（市、区）人民政府

29.加强旅游执法。建立市、县两级旅游市场综合监管机制、旅游投诉受理联动机制和旅游市场联合执法长效机制，依法严厉打击无证经营旅行社业务、不合理低价游业务等违法违规行为，提升游客满意度。市级2017年6月底前完成，县级2017年12月底前完成。

牵头单位：市文物旅游局，各县（市、区）人民政府

参加单位：市公安局、市工商局、市交通运输局、市食品药品监管局、市文化局、市质监局、市民族宗教事务局、市商务局

30.加强诚信体系建设。建立涵盖旅游景区、星级饭店、旅行社、导游员、购物场所的旅游服务质量监督管理体系，建立旅游企业诚信信息公布制度，分级建立不文明游客档案及信息通报机制。2017年6月底前完成。

牵头单位：市文物旅游局、市发展改革委

参加单位：市工商局、市公安局、市质监局、市民族宗教事务局、市商务局，各县（市、区）人民政府

31.加强宣传引导。在全市旅游行业开展“临汾旅游品质榜”评选活动，通过公众评选、媒体展示，推出一批品牌度高、品质优良，真正能代表临汾旅游形象的品牌和产品。每两年举办一次全市导游员风采大赛和服务技能大赛，提高从业人员服务水平。

牵头单位：市文物旅游局

参加单位：市委宣传部、市质监局、市文化局、

市商务局、市广播电视台、临汾日报社，各县(市、区)人民政府

32.加强队伍建设。加快高层次文化旅游人才培养和引进，重点打造旅游职业经理人、专业技术人才、服务人才三支队伍，研究出台相关办法。2017年6月底前完成。

牵头单位:市文物旅游局

参加单位:市人力资源和社会保障局、市教育局，各县(市、区)人民政府

33.加强从业人员培训。制定旅游从业人员培训规划，重点对导游和景区讲解人员进行培训，每年集中培训不少于两次，提高一线从业人员讲活文化、讲活故事的能力。

牵头单位:市文物旅游局

参加单位:市人力资源和社会保障局、市文化局、市教育局

(七)加强宣传营销，塑造核心品牌

34.加强新媒体宣传。树立互联网思维，依托互联网、大数据，加强与知名网络平台的合作，大力开展互联网营销。

牵头单位:市文物旅游局

参加单位:各县(市、区)人民政府，市文化局、市农委、市住房和城乡建设局、市商务局

35.加强传统媒体宣传。继续做好在央视等主流媒体的旅游形象宣传，在太原高铁南站开展为期一年的临汾旅游集中宣传展示。

牵头单位:市文物旅游局

参加单位:市委宣传部、市财政局、市商务局、市文化局，各县(市、区)人民政府

36.拓展宣传范围。依托省内、市内大型旅行社在临汾机场通航城市建立"临汾旅游宣传营销中心"。

牵头单位:市文物旅游局

参加单位:市财政局、市商务局、市文化局，各县(市、区)人民政府

37.打开国际市场。主动融入"一带一路"，继续深化与澳大利亚杰尔顿市的友好交往，继续开展世界华文教育文化寻根、华裔青少年夏令营等活动，开拓海外华人市场，辐射带动欧美及东南亚国际市场。

牵头单位:市外事侨务办公室

参加单位:相关县(市、区)人民政府

38.抓好对接交流。每年邀请主要客源地100家旅行社、30家媒体来我市踩线采风。

牵头单位:市文物旅游局

参加单位:市委宣传部、市财政局，各县(市、区)人民政府

39.发售"旅游一卡通"。组织全市旅游景区面向临汾市民、常住人口、市内高校学生发售"旅游一卡通"，2017年6月底前完成。

牵头单位:市文物旅游局

参加单位:市财政局、市公安局、市教育局，各县(市、区)人民政府

40.打造节庆活动品牌。平川县市每年旅游节事活动不少于3个，山区县不少于2个。

牵头单位:市委宣传部、市文物旅游局

参加单位:市文化局，各县(市、区)人民政府

41.加强政策引导。市级每年根据财力情况列支一定的文化旅游扶持资金主要用于临汾文化旅游主题形象的宣传推介、大宗旅游团队奖励等。各县(市、区)每年也要列支一定规模的文化旅游扶持资金用于主题形象的宣传营销。

牵头单位:市财政局，各县(市、区)人民政府

参加单位:市文物旅游局

四、有关要求

(一)要强化发展意识。各县(市、区)、各有关单位要紧紧围绕把文化旅游业培育成为我市战略性支柱产业的总目标，坚持问题导向，解放思想，创新观念，研究提出具体的落实举措，积极破解文化旅游业改革发展难题，大力推动文化旅游业与相关产业融合发展，全面提升全市文化旅游业发展水平。

(二)要强化组织协调。各县(市、区)要充分发挥文化旅游业改革创新发展协调机构的作用，搞好本县(市、区)文化旅游业发展的顶层设计，定期研究审议文化旅游业发展的重大事项，协调解决文化旅游业发展的重大问题。

(三)要强化责任落实。各项任务的牵头单位要切实担负起统筹协调责任，组织各有关单位研究制定具体贯彻落实方案，明确主要改革措施，工作进度安排，分项落实主要责任单位和责任人，广泛调动各方面积极性，统筹抓好推动落实工作。各单位要主动作为，积极配合，共同完成好工作任务。

各县(市、区)政府要紧密结合本地实际,制定贯彻落实方案,逐条逐项细化工作任务,选好突破口,研究提出加快推动本地区文化旅游业改革发展的重大举措。

(四)要强化督促检查。市旅游景区(景点)体制机制改革创新工作领导小组要加强对本实施意见贯彻落实情况的督促检查,制订督查方案,明确督查重点,开展经常性的督促检查,对各项工作任务的推进情况进行跟踪问效,确保全市文化旅游改革创新发展工作取得实效。

·关于进一步严格大气污染防治工作措施的通知·

进入冬季以来,受逆温、静风等不利气象因素影响,加之采暖季部分居民用户燃用散煤,我市持续出现重污染天气。为彻底扭转被动局面,经市政府研究,决定从即日起在全面贯彻落实《大气污染防治法》的基础上,进一步严格大气污染防治工作措施,确保全市空气质量明显好转。

一、坚决遏制扬尘污染

全市所有施工工地土石方工程全部停工,所有混凝土搅拌站全部停工,所有渣土运输全部停运。建筑工地裸露土堆、各类渣堆全部实施绿网覆盖。土路和扬尘污染严重路段定期洒水降尘,减少扬尘污染。涉及重大民生的工程须经市大气污染防治行动指挥部批准后,方可继续施工作业。

二、全面整治煤烟污染

在高污染燃料禁燃区内,除担负供热任务的燃煤锅炉外,禁止任何单位和个人使用原煤、散煤等高污染燃料。所有燃煤锅炉必须使用清洁燃料,居民用户全部配送使用洁净焦。居民原有的散煤由县(市、区)政府统一定价,相关乡镇(街道)负责收回。

三、严厉打击焚烧行为

以乡镇(街道)、村(社区)为单元,组建巡查队伍,坚持24小时不间断巡查,坚决杜绝焚烧秸秆、垃圾、树叶、废旧物品等污染大气环境的行为和现象,一经发现,公安部门将采取强制性措施,从严从重从快处理。

四、加强工业企业污染治理

企业要实施精细化管理,确保各项污染防治设施正常运行,污染物稳定达标排放,物料堆场和储煤场有效抑尘。对擅自停运环保设施和以逃避监管方式排放污染物的企业,依法依规高限处罚,并移送公安机关对相关责任人依法予以拘留。

五、强化机动车污染控制

对中、重型货车实行严管严控,在全市范围内实施黄标车禁行和老旧车限行,减少机动车尾气排放。严禁销售低于国五标准车用汽、柴油及普通柴油。

六、综合治理有机废气

对全市加油站、储油库、油罐车油气回收设施落实台账式管理;对全市工业企业有机废气排放情况开展统一监测;对全市所有汽修行业有机废气处理设施和餐饮业油烟净化装置进行全面检查,对达不到要求的,一律依法处罚、限期整改。

七、严格控制燃放烟花爆竹

坚决禁止党政机关、企事业单位燃放烟花爆竹。党员干部要起带头作用,教育引导广大市民自觉不燃放烟花爆竹。凡发现违法违规行为的要严肃处理,造成人民群众身体伤害和财产损失的,公安部门将对当事人依法实施行政拘留,情节严重的,依法追究刑事责任。

八、科学应对重污染天气

开展重污染天气应急指挥联合办公,加强环境空气质量预测预报工作,及时分析研判气象及空气质量变化情况,细化重污染天气管控清单,加大监督检查落实力度,有效做好重污染天气应对工作。

九、严格开展监督执法

加大执法力度。采取联合执法、突击检查、明察暗访等方式,重点打击违规施工、违规生产和偷排偷放等违法行为,依法采取停产限产、按日计罚、查封扣押、行政拘留等重处重罚措施,保持密集执法和常态化夜查的高压态势。

十、严肃问责追责

凡对大气污染防治工作措施落实不力,有令不行、有禁不止,推诿扯皮、敷衍塞责的,将启动问责程序,严肃追究相关人员责任。

(温晓江 要伟杰)

市政府办公厅工作

【概述】 2016年,临汾市政府办公厅围绕全市经济社会发展大局，落实市委、市政府各项决策部署，开展“两学一做”学习教育，发挥参谋助手和综合协调作用，党务、政务、事务统筹推进，各项工作取得成效。

【文稿起草】 2016年，临汾市政府办公厅围绕全市经济社会发展目标，深入调查研究，撰写《新常态下临汾规模以下工业发展制约因素不容忽视》《关于临汾市电动公交车发展的调研报告》《关于切实解决失独家庭困难的建议》等30余篇调研报告；起草完成《政府工作报告》、市政府全体（扩大）会议、经济工作会等大型会议材料20余篇；协助市政府领导完成牵头负责的领题调研活动，形成《专题调研报告》16个；撰写各类领导讲话、发言材料、总结材料、采访文章1000余篇、近400万字；办理各类公文5140余件；编发政务信息1200余条，为政府工作决策提供重要依据和重要参考。

【协调服务】 2016年，临汾市政府办公厅组织承办各类会议800余次，其中组织全市性会议8次，电视电话会议100余次，市政府常务会议42次，市政府党组会议7次，市政府专题会议300余次，市长办公会议20次，办公厅班子及班子扩大会议8次，编发会议纪要119期。全年接待国家、省、企业及其他地市领导的考察、调研、来访活动180余次，组织市政府领导调研300余次。

【政务督查】 2016年，临汾市政府办公厅按照“围绕中心、聚焦工作，具体细化、明确目标，责任清晰、推动落实”原则，将督查作为抓落实的利器，层层传导压力。配合中央、省两级完成国务院第三次大督查、贯彻落实国家重大政策措施情况跟踪审计发现问题督查、省重点工作和目标责任完成情况督查、16项重大项目推进情况专项督查、民生领域重点指标完成情况核查等重点督查任务9次。狠抓市政府重要会议决策部署、全市项目开工“百日攻坚”、市长批转件、双月县长例会、各项审计发现问题整改等专项工作的责任督查，开展安排专项督查7次。加强与承办、协办单位的沟通联系，强化跟踪督查，催办、督办和指导，按时按质办理人大代表建议、意见274件，政协委员提案234件、意见56件。

【法制工作】 2016年，临汾市政府办公厅推进依法行政。严格监督管理，提高规范性文件质量，对61件政府性文件进行合法性审查，其中规范性文件22件，出台并报省政府和市人大备案10件。严格执法监督，规范执法队伍建设，完成“双随机一公开”审核工作，审查44家执法单位385项抽查事项；开展执法证件申领和换发工作，审查人员资质7725人，核发7219件执法证件。履行行政复议职责，化解行政争议，办理复议案件28件，受理21件，不予受理7件；办理应诉案件24件。开展法制宣传，推进法制教育，组织各县（市、区）和市直各部门开展为期一个月的“依法行政宣传月”活动，组织各级各部门法制工作人员参加依法行政专题培训。完善行政决策机制，提高政府行政决策水平，组织协调出台《临汾市人民政府健全重大行政决策机制实施细则（试行）》（临政办发〔2016〕59号），确保全市重大决策的严肃性和合法性。

【信息公开】 2016年，临汾市政府办公厅推进政务公开，落实政府信息公开制度，加强政府网站和电子政务建设，为公众提供便捷服务。市本级主动公布信息27000余条；临汾市政府门户网站公布政府信息1160余条，公告公示34条，政务信息113期；受理依申请公开8件，在规定时限内依法规范答复，答复率100%；省政府交办的102件转办件，全部办结上报。

【电子政务】 2016年，临汾市政府办公厅加强电子政务建设，启动实施市本级电子政务外网基础网络工程建设，邀请省级专家对项目进行评审论证；升级改造市政府门户网站系统，建成市政府门户网站群技术平台，对市、县两级政府网站集约化建设提供基础支撑；建立市政府办公厅协同办公（OA）系统，实现办公厅内部文件的网上办理和移动签批，提高办文效率。

【应急管理】 2016年，临汾市政府办公厅强化应急值守和信息报告，落实24小时值班制度，做到应急值守和突发事件信息报告工作反应灵敏、信息畅通、应对迅速、处置及时。处置各类突发事件130起，发布预警信息183次。强化督查，推动预案体系建设，横向到边、纵向到底、相互衔接、相互支持的应急预案体系基本建立。全市制定各类应急预案12189个，其中市级应急预案1301个，包括总体应急预案1个、专项应急预案33个、部门应急预案67个、单位、基层应急预案1200个；县级应急预案3174个；乡级应急预案7714个。开展应急演练、宣教等工作，各级各部门根据年度演练计划，组织演练活动，通过演练检验预案、磨合机制、锻炼队伍、完善预案；组织举办全市应急管理专题培训班，利用“防灾减灾日”等重点节日，宣传应急法律法规和防灾减灾科普知识，提高公众参与度。

（温晓江 要伟杰）

重点项目建设

【沃特玛新能源汽车产业园项目】 沃特玛新能源汽车产业园项目，包含动力电池制造、正极、负极、电解液、NMP 回收、动力总成、电机、电机驱动、整车制造、民富沃能公交运营和运创物流车运营等 11 个子项目。总投资约 112 亿元，占地74.09 公顷，全部投产后可实现产值 200 亿元以上，利税 26 亿元，吸纳劳动力 3500 余人。“3GWH 产能 32650 型钢壳圆柱电池生产线建设项目”是“新能源汽车核心技术产业园”的子项目之一，项目于 2015 年 8 月 22 日签约落地，总投资 43.2 亿元，其中，一期投资 16.05 亿元，二期投资 27.15 亿元，分为电池组装生产线和电芯生产线两部分。电池组装生产线 6 栋 4.3 万平米标准化厂房全部投入使用，电芯项目 8 万平方米标准化厂房由山东莱钢建设有限公司采用 PPP 模式建设。

【华翔集团中美合资 JDH 项目】 中美合资 JDH 项目，是甘亭工业园区承接东部产业转移引进的重点项目，由山西华翔集团和北美泵阀管件领导者企业之一的美国 JDH 公司联合投资，主要生产高端泵阀管件。项目总投资 4 亿元，分两期建设。一期产品主要为管阀铸件，生产工艺以树脂砂线为主；二期为机加工，计划于 2018 年建成投产。项目全部达产投效后，年产高端泵阀管件 2 万吨，销售收入 1.6 亿元以上，创利税 3000 万元以上，新增就业岗位 800 个。截止 2016 年底，生产厂房建成，设备到位，一期开始试生产，二期在规划中。山西华翔集团相关产品占临汾市出口总额的三分之一。中美合资 JDH 项目建成投产后，将提升山西华翔集团出口创汇金额，预计全年累计出口将达到 8 亿元。

【迎宾大道与滨河东路立交桥项目】 迎宾大道至滨河东路立交桥工程是市委、市政府贯彻落实“五大理念”，全力推动“六大发展”确定的十五项城市建设改造重点工程之一，工程占地约 23 公顷，投资概算约 4.4 亿元，建设工期 2 年。工程主要建设规模：迎宾大道长 1200 米，宽 64 米，其中高架桥长 636 米，宽 25 米；滨河东路长 1930 米，宽 60 米，其中高架桥长 663 米，宽 25 米、下穿隧道长 160 米，宽 26 米。迎宾大道至滨河东路立交桥工程由迎宾大道与滨河东路三层立交、迎宾大道与中大街二层立交、滨河东路与滨河南路下穿立交三部分组成。迎宾大道与滨河东路主节点为三层立交形式，交通组织采用主辅路结合方式，主辅路均为双向六车道。主路快速连续，实现车辆快速通过。迎宾大道辅路与滨河东路辅路在一层地面采用平面交叉形式，通过信号灯实现交通转换；二层为东西方向高架快速通道，高架桥主线从平阳大桥东侧起坡，连续跨过滨河东路、中大街后，在中大街东侧落地；三层为南北方向高架快速通道，高架桥主线从迎宾大道北侧起坡，上跨迎宾大道高架桥，在迎宾大道南侧落地，向南下穿滨河南路后，进入滨河东路。

【云丘山风景名胜区开发建设项目】 乡宁县云丘山旅游开发有限责任公司成立于 2005 年 5 月，注册资金 9656.5319 万元，有员工 535 人，坐落在山西省临汾市乡宁县城南 50 千米处的关王庙乡大河、坂尔上村，处于乡宁、新绛、稷山三县交界，总面积 203 平方千米，核心景区 35 平方千米，景区内海拔最高处玉皇顶 1629 米，云丘山故曰“昆仑”，俗称“北顶”，享有“河汾第一名胜”之美称。云丘山风景名胜区开发建设项目是山西省转型综改重大工程项目，规划总投资 36.63 亿元，将其打造成为集生态、旅游、文化、养生为一体的综合型景区。包括云丘山核心旅游景区，盐商古道，度假小镇和旅游小镇，综合服务区、观光休闲区、户外体验区、养生度假区、古村保护区、佛教清修区、集镇发展区、抗战纪念区、生态保育区、生态恢复区等十大功能区，预计 2020 年完成项目全部工程的建设。项目自 2007 年启动，预计 2020 年年底完成。预计总投资 36.63 亿元，累计完成投资 9.85 亿元，先后修复和重建庙宇 10 余座；拓宽改造稷山县四铭碑至景区内的车行道 11 千米；修建景区内游步道 10 余千米;修建景区内公路15千米;治理河道近3000余米;景区绿化近35000平方米;完成三条观光客运索道建设;完成塔尔坡、康家坪等水景观建设;修建了游客服务中心、中和广场、快捷酒店、办公楼、停车场、旅游厕所等基础服务实施;新建大河小学1座、移民住宅楼2座,长塔移民新农村和康家坪移民新农村、红花坪和坂儿上移民新村4处;完成部分配套的电力、电信工程、水利工程,电缆5.2公里,通信电缆9千米,数字电视光缆20千米,大型蓄水库5个,开发建设云丘山"山西黑猪"养殖基地;修建会务中心、滑到游乐场、污水处理厂、冷库、纯净水厂及消防车库及附属官网设施。五龙宫宾馆、古村落保护与开发、办公楼与职工宿舍楼修建、景区内旅游专线道路建设、1#冰洞景观建设、水上乐园工程建设、河道治理项目等工程的建设。

金融保险工作

【概述】 2016年,临汾市金融工作围绕市委、市政府"345"发展战略和"12345"工作思路,落实各项重大决策部署,优化金融资源配置,推进金融供给侧结构性改革,提升金融服务实体经济水平,全市金融工作实现新突破,为经济社会健康发展提供金融保障。

【银行业总体运行情况】 2016年,临汾市金融业增加值完成79.45亿元,同比增长6.8%,占第三产业的比重14.5%,同比提高0.26个百分点,占GDP的比重为6.59%,同比提高0.38个百分点。银行业全年实现盈利32.03亿元,同比增加5.02亿元,增长18.6%。实现纳税5.64亿元,同比增加1.94亿元,增长53.56%。市人行年度综合考核全省第一,建设银行全省第一,中国银行、兴业银行、邮政储蓄银行、工商银行等机构排名全省前列。

【存、贷款规模】 2016年,临汾市贷款增速高于存款增速,存贷比得到小幅提升。存款余额2139.01亿元,同比增长8.78%,比年初增加172.56亿元,同比多增59.69亿元,增速比全省平均增速高1个百分点,存款增量、增速均在全省排第5位。全市存款余额前三位机构为尧都农商银行416.2亿元、建设银行237.8亿元、邮政储蓄银行237.1亿元。贷款余额1184.16亿元,同比增长9.71%,比年初增加104.85亿元,增速比全省平均增速高0.12个百分点,贷款增量、增速均在全省排第3位。前三位机构为尧都农商银行277.7亿元、建设银行125.2亿元、工商银行109.9亿元。存贷比55.36%,同比提高0.47个百分点,位于全省第5位。前三位机构为兴业银行174.6%、交通银行93.3%、中国银行76.4%。

【不良贷款】 2016年,临汾市不良贷款继续"双升"趋势,但总体风险可控。不良贷款余额73.89亿元,同比增加16.15亿元,增速29.97%,前三位机构为尧都农商银行5.6亿元、农业银行0.5亿元、中国银行0.5亿元。不良贷款率6.08%,同比上升0.84个百分点,前三位机构为尧都农商银行2%、邮政储蓄银行0.9%、建设银行0.8%。

【小微企业、涉农贷款】 2016年,临汾市小微企业贷款余额267.42亿元,同比增加14.45亿元,增速5.71%,排名前三位的机构为尧都农商银行144.1亿元、邮政储蓄银行14.2亿元、工商银行11.4亿元。涉农贷款余额711.57亿元,同比增加44.45亿元,增速6.66%,前三位机构为尧都农商银行197.5亿元、建设银行43.6亿元、中国银行34亿元。

【优化信贷结构】 2016年,临汾市服务业信贷增速高于传统产业增速。对符合产业调控要求的建筑、交通、制造、电力四大行业的企业项目给予支持。其中,建筑业新增贷款53.07亿元,占各项贷款新增额的50.62%,成为贷款增加最多、比重最高的行业。交通运输、仓储和邮政业,制造业,电力、热力、燃气及水生产和供应业三大行业贷款分别新增44.12亿元、15.85亿元和13.45亿元,合计新增73.41亿元,占比70.01%。全年房地产行业贷款余额11.45亿元,新增3.14亿元,增长37.83%;农林牧渔业新增1.26亿元,增长7.32%;个人贷款及透支新增19.75亿元,增长6.51%。

【银行业改革】 2016年,中信银行临汾分行、华夏银行临汾分行入驻,新批准设立15家商业银行支行,银行服务体系完善。农村信用社改制改革工作推进,襄汾县农村信用社改制农商银行开业,洪洞县农村信用社完成筹建并上报开业资料，曲沃县农村信用社启动改制工作。吉县、隰县两家村镇银行获准筹建。尧都农商银行发起设立消费金融公司。

【保险业】 2016年，临汾市保险业保持较高增长。保费规模居全省前列，赔付支出同比增长较快。全年全市保险公司保费收入66.21亿元，同比增长19.84%，保费规模全省第4位。其中，产险公司保费收入15.24亿元，同比增长14.6%（交强险保费收入4.54亿元，同比增长9.4%。农业保险保费收入1.13亿元，同比增长0.07%）；寿险公司保费收入50.97亿元，同比增长21.47 %。累计赔付支出20.05亿元，同比增长26.26%。其中产险业务赔款7.12亿元，同比下降0.07%；寿险业务给付12.93亿元，同比增长33.16%。大病保险、医疗保险等增速稳定，小额信贷保证保险增速较快。中国人寿与农信社合作开展小额信贷保证保险业务，累计收取保费467.17万元，同比增长5.17%，占全市农信社贷款业务的38%。

【“险资入临”】 2016年，临汾市金融办对接泰康人寿保险投资资金，从全市2016年重点工程项目中，筛选出山焦飞虹60万吨/年烯烃、2×6兆瓦生物质发电电厂、古县城市供水改造、安泽县永鑫铁路专线、襄汾晋润农产品物流等20个意向项目，涉及交通、能源、市政、不动产等多个领域，总投资达321亿元。2016年，对安泽县永鑫集团铁路专用线、曲沃县垆顶山庄综合开发、襄汾晋润农产品物流、侯马怡之福老年医养中心等项目实地考察论证。

【小额贷款、融资担保】 2016年，临汾市金融办加强对小贷公司、融担公司分类评级监管，强化年审制度，推动两类公司健康发展。全年全市25家小额贷款公司注册资本金18.65亿元，从业人员354人，具有本科以上学历的从业人员155人，占总人数56%；贷款余额16.92亿元，同比增加0.18亿元，资金周转率为0.9次，累计实现利润0.17亿元，同比增加0.04亿元、增长31%。全市21家融资担保公司注册资本金30.44亿元，同比增加1亿元，从业人员290人，具有本科以上学历的从业人员156人，占总人数54%，在保户数700户，在保余额39.5亿元，同比增长1.32%，累计实现利润0.67亿元，同比增长19.64%。

【工作指导】 2016年，临汾市人行综合运用货币政策工具，全年发放政策性再贷款、再贴现22.4亿元，通过对23家地方法人金融机构降低存款准备金率，释放流动性4.3亿元。市银监分局组织开展“大力支持供给侧结构性改革，提升银行业服务实体经济质效”系列活动，明确“支持重点、精准扶贫、助力小微、服务三农”四个专题，召开推进会，建立合作沟通机制，强化监测考核，引领银行业机构支持地方经济发展。市金融办制定《临汾市促进金融振兴2016年行动计划》，明确全市2016年金融振兴的13项重点工作，对银行、保险、证券、小额贷款、融资担保、资本市场等金融部门以及县级金融办在促进金融与实体经济协调发展等方面的重点工作作安排，为各县（市、区）金融办及相关部门开展金融振兴工作提供参考和依据。

【政银企对接】 2016年，临汾市组织召开全市工业经济推进暨银企对接洽谈会，12家银行机构、34家工业企业进行供需对接，达成融资意向7.8亿元。召开全市民营经济暨金融合作座谈会，11家银行与26家重点企业（项目）达成总额54.7亿元的贷款意向，落实并投放贷款23笔、48.85亿元，上报省行贷款3笔、1.1亿元，进入贷款审查流程并收集资料贷款8笔、4.5亿元。

【常态化对接机制】 2016年，临汾市银监分局推动“银税合作”平台建设，全市16个县（市）均建立银税合作机制，为92家企业客户提供信贷支持8.9亿元。市金融办筛选出全市2016年度新建续建的71项重点项目、105项市政府投资项目、中小微企业及全市“百日攻坚”重点建设等项目，建立企业融资需求清单，先后4次向各银行业金融机构进行推介，要求银行机构落实各项信贷政策，对接企业融资需求。

【项目投资】 2016年，临汾市工商银行通过投行服务为长临高速建设项目引进20亿元信托贷款，为华润能源浮山四十岭兴建的风电项目提供4.58亿元项目贷款支持，支持杭氧股份对立恒钢铁的空风项目并购业务贷款1.98亿元，为师大土地整理项目提供资金4.2亿元。农业发展银行全年上报市级和县（市、区）级重点项目43个、额度87.83亿元，完成项目审批31个、70.77亿元，审批额居全省发行系统第一。兴业银行通过产业基金及项目贷款等融资方式为临汾润州园建筑工程项目管理有限公司项目投放资金5.5亿元，成为山西省首笔PPP模式落地项目，投放2亿元，其余3.5亿元资金计划于2017年上半年完成投放；为长临高速公路投放贷款40亿元。尧都农商银行累计支持鼓楼南北街道路改造、临汾机场项目、甘亭片区棚户区改造等重点项目46个，投放资金48.6亿元。

【降低企业融资成本】 2016年，临汾市金融办发挥各类过桥资金助企效应。市财政向“市企业资金链应急周转保障资金”追加1.5亿元，资金总规模2亿元，支持市企业转贷续贷74笔，投放金额25.43亿元，保障海姿焦化、山西建邦、万佳福等一批重点企业的转贷续贷需求；累计支持各类企业转贷续贷97笔，投放金额28.63亿元。“市企业应急周转互助资金”支持企业转贷、续贷110笔，投放金额20.58亿元。尧都农商行“续贷通”无还本续贷业务办理业务523笔、累计投放金额116亿元，为企业节约成本1642万元。

【督导考核】 2016年，临汾市金融办助推银行业机构减费让利。督促银行业机构开展无还本续贷、循环贷款等业务，各银行业机构利用置换高成本债务、短期流动资金贷款转中长期贷款、利用应急周转资金为企业转续贷等方式，缓解企业融资难融资贵问题，各银行业机构减少收费项目，减费让利2131万元。鼓励商业银行开展债权转股权，降低企业负债率。

【金融增信服务】 2016年，临汾市金融办针对中小微企业融资难问题，加大企业融资增信力度，鼓励各县(市、区)政策性融资担保公司通过财政增资、吸收民间资本等多种渠道，采用混合所有制、国有控股、股份制等多种方式，优化股东结构，盘活存量资源，提升增信能力，全市融资担保业取得新的发展。11月，山西省融资担保行业转型发展培训会议在临汾市召开，山西尧信融资再担保有限公司在大会进行经验交流。

【金融扶贫】 2016年，临汾市金融办强化组织领导，成立金融扶贫精准服务工作组、中证扶贫板和消费扶贫工作组，出台《临汾市金融扶贫精准服务实施细则》。加大信贷支持，全年发放扶贫再贷款5亿元，惠及9838户建档立卡贫困户，10个贫困县各项贷款余额170.68亿元，同比增长7%；投放小额信贷金额1.85亿元，涉及全市贫困户4094户；与国开行、农发行达成合作意向50项、48.16亿元，投放13.98亿元。其中，国开行支持浮山道路提质改造工程成为全省首笔采用“市带县”模式进行扶贫的项目。尧都农商银行设立汾西支行，承担起汾西县的金融扶贫责任，投放小额贷款63笔，金额253万元，对汾西县9698户贫困户建档立卡，计划投放1.77亿元贷款用于支持贫困户脱贫致富。发展普惠金融，全年建成农村金融综合服务站2453个，10个贫困县全部实现行政村全覆盖。尧都农商银行发挥本土优势，在农村地区建立312个农村“金融综合服务站”，布设2239台POS机、99个惠民自助终端，启用流动服务车，打通金融服务“最后一公里”。推出“1＋N”助农新模式，通过福农卡、网银、助农POS、代理业务、小额信贷、阳光快贷、农机具抵押贷款等金融产品组合，形成多元化产品体系。截至年底，支持农户9900户，涉农贷款余额197.52亿元，较年初增加3.43亿元，促进2.6万闲散劳动力再就业。推动资本扶贫，中证扶贫板(中国金融扶贫综合服务平台)在隰县率先启动，临汾市成为中国证券业协会开展资本扶贫和消费扶贫的全国首家城市。汾西县、吉县、隰县分别与山西证券、中信建投证券、大同证券签订帮扶协议，通过消费扶贫、产业扶贫等资本手段帮助相关贫困县脱贫。其中，山西证券探索资产收益扶贫，与中国扶贫基金会签订认捐书，投资建设汾西县太阳山村光伏发电扶贫项目，项目建成后将发展成为集村级光伏和多户型地面光伏为一体的光伏产业园区，项目收益期25年，每户可实现年收益7350元，带动整村实现脱贫；探讨以“保险＋证券”精准扶贫模式，拟用特惠费率承保8753户建档立卡户农房保险，承担风险保障3.5亿元，签订精准扶贫合作协议。中信建投证券通过中证扶贫板帮助吉县销售苹果10万元，组织线下员工购买苹果20万元，建立特色产品数据库和定点认购机制。大同证券通过中证扶贫板帮助隰县销售玉露香梨1000箱。

【企业股改上市】 2016年，临汾市金融办召开全市金融服务实体经济推进会和全市企业“新三板”挂牌工作座谈会，对拟上市企业股改、挂牌过程中存在的土地、环保、房产等问题专题研究。落实奖励政策，市财政对澳坤生物、益通股份、三水能源、光宇股份、普泰股份等5家“新三板”挂牌企业分别给予30万元的一次性奖励。加快要素市场发展。全市引进7家证券公司，下设11个营业部，服务投资者26万人，累计证券交易额1457亿元。邀请省股权交易中心有关专家在临汾开发区举办“打造山西资本市场服务企业新环境”专场培训会，对全市律师事务所、会计事务所等机构80余人进行资本市场知识培训，促成山西德鑫徕投资有限公司、山西师达律师事务所成为省股权交易中心会员单位。中信建投证券在吉县为全县副科级以上领导干部进行金融知识培训。

【搭建融资平台】 2016年，临汾市金融办分类指导企业上市融资。邀请省金控集团、山西证券、大同证券、方正证券、申万宏源证券、山西股权交易中心等专家机构对全市42家“新三板”后备企业进行研判论证，把脉问诊，分类施策指导帮助企业解决股改过程中存在的困难和问题。邀请国信集团中合盛资本管理有限公司等省政府8大产业基金和中信建投西北分公司相关领导和专家，深入临汾市“新三板”挂牌企业、拟挂牌企业和重点项目进行为期2个月的调研，与戎子酒庄、华翔集团、沃特玛电动车、普泰发泡铝、光宇股份等一批优质企业和重点项目达成8亿元的初步投资意向。其中，戎子酒庄与中信建投、中合盛资本等机构达成投资意，利用股权加债权投资模式融资4亿元，用于基础设施建设和酒庄扩产等项目。引导挂牌企业进行融资，澳坤生物在2015年定向增发（6955万元）的基础上，2016年通过山证创投基金股权质押成功融资1500万元；益通股份首轮定向增发后，通过股权质押在山证创投基金成功融资2000万元。

【推动企业新“新三板”挂牌】 2016年，临汾市确定鑫光建材、乡宁云丘山、伟涛食品、东鑫机械、新源华康等5家重点挂牌企业。受《全国中小企业股份转让系统挂牌业务问答——关于挂牌条件适用若干问题的解答（二）》影响，乡宁云丘山因连续两年亏损且年均复合增长率低于50%，新源华康因主营收入达不到行业平均水平之上，均暂不符合新的挂牌条件。东鑫机械在历史沿革中国有股权转让时存在程序瑕疵，根据省金融办《关于规范办理企业上市确认事项的通知》（晋金发〔2014〕125号）文件要求，需由市级人民政府审核确权后报省级人民政府确认。进入公示阶段。

【华翔主板上市工作】 2016年，临汾市注册成立临汾卓翔资本管理中心（有限合伙）、临汾华越资本管理中心（有限合伙）等两家资本管理公司，完成管理层持股和内部股改程序、管理层持股和内部股改程序、关联资本方美的集团的退出以及引入山西交通开发投资有限公司等战略投资人，完成新股东的工商变更手续。确定广东万宝集团为第二轮战略投资人，1月4日进驻华翔集团开展尽职调查工作，集团定于2016年12月31日为基准日，于次年3季度前正式向山西证监局上报材料。

【光宇股份转板上市工作】 2016年，临汾市光宇股份紧抓中国证监会《关于发挥资本市场作用服务国家脱贫攻坚战略的意见》的优惠政策，调整主板上市规划，按照“注册地和主要生产经营地均在贫困地区且开展生产经营满3年、缴纳所得税满3年的企业，或者注册地在贫困地区、最近一年在贫困地区缴纳所得税不低于2000万元且承诺上市后三年内不变更注册地的企业”要求，将在国定贫困县吉县注册成立全资子公司光宇智慧科技有限公司，注册资金5000万元，将光宇智慧城市建设板块的所有生产经营业务放在吉县，与中信建投证券公司达成辅导意向，从公司注册、生产经营均按照上市公司标准进行规范指导，计划2年至3年后完成光宇股份整体上市工作，相关注册资料上报国家工商总局。

【落实差别化信贷政策】 2016年，临汾市金融办组建工业企业债权人委员会，优化融资环境。按照“提升银行业服务实体经济质效，建立银行债权人与企业债务人良性沟通机制，防范和化解金融风险”的要求，市金融办、市银监分局、市银行业协会协同推进全市骨干工业企业债权人委员会组建工作，要求银行业金融机构对有竞争力、有市场、有效益的煤炭、钢铁企业给予信贷支持，防止单家银行不理性抽贷、压贷等行为，保障重点企业融资需求。2016年，全市工行、农行、中行、建行、尧都农商行、乡宁农商行等6家银行牵头组建10家债权人委员会，召开全体会议，对企业融资情况及下一步的授信政策进行针对性地分析和研判，形成企业与银行共同协商会诊的良好机制，各债权行累计为10家企业办理续贷转贷295亿元，追加授信0.5亿元，稳定企业信贷支持。

【互联网金融风险专项整治】 2016年，临汾市组织召开全市互联网金融风险专项整治工作部署动员会，成立整治工作领导小组，印发《临汾市互联网金融风险专项整治工作实施方案》(临政办发〔2016〕35号)，明确全市互联网金融风险专项整治的6大领域和7项任务。其中，市人行牵头对第三方支付和通过互联网开展资产管理及跨界从事金融业务风险进行整治，24家支付机构有21家完成备案，没有发现通过互联网开展资产管理及跨界从事金融业务的机构。市银监分局牵头对19家P2P网络借贷业务风险整治，没有发现涉及自融、提供担保等业务方面的问题。市工商局牵头对互联网金融领域广告和以投资理财名义从事金融活动整治，监测广告136条次，摸排广告89条次，没有发现违法广告及以投资理财名义从事金融活动的机构。市住建局对在建在售的75个房地产开发项目及企业、61家房地产开发企业以及房地产中介机构通过互联网金融机构开展违规业务进行排查，没有发现房地产企业利用P2P网络借贷平台和股权众筹等平台从事房地产金融业务、违规开展房地产金融业务、“众筹买房”及从事“首付贷”性质业务的行为。市金融办配合省证监局对股权众筹业务风险进行整治，没有发现从事股权众筹及私募基金业务；牵头对各类交易场所、25家小额贷款公司和20家融资性担保公司进行排查整治，督促临汾市资产调剂产权交易中心取得通信管理部门核发的增值电信业务经营许可证，其余未发现涉及P2P网络借贷、股权众筹、互联网保险、第三方支付、资产管理等互联网金融业务的机构。市保险协会对全市36家保险机构、8522名保险销售人员、开展互联网风险排查活动、6家具有互联网保险经营资质的产险、寿险公司开展互联网保险风险整治清理整顿工作，没有发现相关问题。

【化解矛盾纠纷和隐患】 2016年，临汾市抓重点企业，推动山西陆合煤化集团有限公司还款、信达资产不良债权处置、涉农贷款奖励政策落实等问题。陆合集团还款问题形成初步解决方案。信达资产涉及临汾市的不良债权分解下达各县(市、区)及市直相关部门，要求相关单位拿出初步解决预案，稳妥处置全市不良债权。市金融办与市财政局就侯马农商银行及新田村镇银行涉农贷款奖励进行沟通，侯马市财政局于4月11日和6月2日分别向侯马农商银行拨付96.93万元和32.31万元，合计129.24亿元；向侯马新田村镇银行拨付8.85万元和2.95万元，合计11.8万元。抓信访化解，针对涉及“云南昆明泛亚”“e租宝”“友邦金联非法集资案”“李晓萍非法集资案”及其他非法集资案件引发的风险隐患，部署开展非法集资领域信访矛盾纠纷排查和专项清理工作，对辖区内非法集资领域信访突出问题引发的重复信访、非正常上访以及群体性上访等矛盾纠纷和隐患进行分析研判，建立工作台账，分类处置，强化监管与风险警示，有效解决非法集资信访突出问题。抓案件处置，市处非领导组召开扩大会议，对重点案件处置工作进行部署，通过《临汾市非法集资举报奖励实施办法(试行)》，加大对非法集资案件的处置力度。

【监管工作】 2016年，临汾市金融办开展风险排查，安排部署针对第三方支付、网络借贷平台、保险代理机构、投资咨询类公司、融担公司、小贷公司、各类交易场所、众筹平台、电子商务、典当、融资租赁、农民专业合作社、房地产开发、中介机构、养老机构、民办院校等10余个领域内的非法集资风险排查整治工作，强化行政指导，明确告知“十不准”，确保排查企业健康发展。推动公司规范，按照“三证合一”的要求，对非融资担保公司的名称及经营范围进行清理规范，全市非融资担保机构由30家规范为14家。实施清理整顿，下发《关于开展2016年涉嫌非法集资广告资讯信息排查清理活动的通知》，利用5至7月3个月的时间，对报刊杂志、广播电视、网络媒体、户外广告、传单、手机短信等发布传播的涉嫌非法集资广告资讯信息进行全面清理整治，加大对门户网站、微博、微信、手机客户端等新兴媒体的排查力度，加强对投资管理、投资咨询、第三方理财等民间投融资中介机构以及P2P网络借贷等互联网平台发布广告的审查管理。加大宣传教育，市人行发挥“小手拉大手”宣传撬动作用，开展普惠金融“进校园”活动，推动诚信教育由学校向家庭、向社会延伸，组织编写《金融与诚信》知识读本，推动纳入全市小学教育体系，走进市、县、乡三级1056所小学、5万名小学生课堂，《金融时报》予以专题报道，全省金融知识普及现场会在临汾市召开。优化生态环境。加大金融消费权益保护工作力度，提升投诉处理的满意度。打击逃废债务和非法集资，支持金融企业依法维权。

行政审批管理

【审批履责】 2016年，临汾市行政审批大厅按照“同步安排、分级负责、压茬推进、试点先行”的基本思路，推进权责清单制度，2015年底完成市县两级政府部门权责清单，2016年5月编制完成辖区内171个乡镇街道办事处权责清单，在同级政府网站公布运行，接受社会监督。在全省第一个实现辖域内县（市、区）政府部门权责清单编制工作全面完成，乡镇街道办事处权责清单全覆盖。在取消下放调整行政职权事项方面，落实承接国发〔2015〕57号、国发〔2016〕9号、晋政发〔2016〕2号等文件，共落实承接国务院省政府取消下放行政审批事项102项，其中，承接省政府下放行政审批事项16项，取消行政审批事项86项。临汾市政府下发《关于落实和承接省政府取消及下放一批行政职权事项的通知》（临政发〔2016〕40号），承接落实行政审批事项27项，其中，取消行政职权事项11项，承接行政职权事项16项。市直具有审批职能的35个部门和6个公共服务进驻大厅。承担全市审批事项355项，其中行政许可事项210项，其他类服务事项145项。全年办理114584件，其中承诺件24831件，即办件89753件。

【便民利民服务】 2016年，临汾市行政审批大厅把便民利民作为服务宗旨，拓展服务功能，完善服务体系，实行微笑服务制、首办负责制、窗口无缺位制、服务承诺制等制度，工作人员挂牌服务、亮证上岗。为方便群众，协调8路公交车，在公交站台设立政务服务中心的导引标识牌，在路口设立中心简介宣传牌，为政务服务中心设计安装标志。9月18日，大厅微信公众号“临汾政务在线”开通，利用新型网络媒体，与广大群众建立起来的一项全新沟通互动方式，整合政府部门信息，打通服务群众的最后一公里，开启行政审批服务的“微时代”，为打造“互联网＋政务服务”的审批模式奠定基础。在《临汾日报》、临汾电视台“正在进行”栏目做专题节目，对社会进行推介。微信公众号的功能主要设置中心位置中心简介、窗口布局服务指南、办件查询、中心动态六大主要模块。进驻市行政审批大厅的41个部门、355项行政审批事项录入该微信平台，群众和企业可以随时随地利用手机终端了解大厅功能、获取审批信息、进行电话咨询等等，微信公众号开通后，群众在大厅办事时限大幅度缩减，在大厅滞留时间与以前相比减少三分之一，经过4个月运行，微信公众号成为审批大厅新闻发布、信息查询、社会互动的重要阵地。

【市长热线办理】 2016年，临汾市长热线受理诉求77725件，较2015年同比增长92.79%。其中，电话受理77381件，微信受理72件，市长信箱受理56件，随手拍受理216件。由前台和三方通话直接办理57777件，直办率75%，转派网络处办单位电子工单19948件，处理完成率99.36%，回访率95.08%，群众满意率92.73%。办理情况每月以《临汾市市长热线简报》的形式进行通报。对于职责不清、久拖不决的事项通过《临汾市市长热线专报》报领导批示，协调办理。化解社会矛盾，呼应百姓关切，解民生难题。督促提高处办效率，完善处办机制，市长刘予强、常务副市长王振宇、副市长闫建国先后到热线进行现场办公，12月27日，市政府常务会议审议并原则通过《临汾市市长热线管理办法》，“12345”有事找政府，不仅是响亮的口号，更是坚实的行动。

【政务服务标准化】 2016年6月，根据《国家标准委办公室关于下达第三批社会管理和公共服务综合标准化试点项目的通知》（国标委办服务〔2016〕76号）文件精神，临汾行政审批大厅成为全省首家国家级政务服务标准化试点单位，建设时间为2016年10月至2018年7月两年。10月27日，市政府组织召开临汾市政务服务标准化国家级试点启动暨全市标准化工作领导小组第一次全体（扩大）会议，副市长陈忠辉出席大会并作讲话，全市60多家部门负责人参加会议。成立由管理中心和41家窗口单位分管领导为成员的标准化建设领导组，出台工作方案，举办专题培训班，同步在临汾政务在线微信公众号上推送政务服务标准化知识。11月中旬，中心组织人员到山东青岛、聊城、德州、新泰等地市政务服务中心进行考察，学习借鉴各地有关行政服务标准化建设的先进经验。

【行政审批科学化】 2016年，临汾市行政审批大厅推进“两集中、两到位”工作，在“职能调整、首席授权、人员进驻、定岗定责、细化流程”五个环节严格把关，杜绝职能归并不到位、进驻事项不彻底、授权不充分等问题，实现的“一口受理”。对保留的审批服务项目，逐项优化流程，进行流程再造，对保留31家单位的207项行政许可和101项服务事项的办事指南和流程图进行梳理，经过“三审三反馈”的方法，与窗口单位沟通确认，对每个项目的申请条件、材料、法定依据、办理程序、期限、收费标准和示范文本做明确规定，明确各环节岗位职责和责任人，规范格式文本，编印成册，建立完备详实的电子、文书两套档案，通过文件、公示牌、触摸屏、网站以及媒体等形式予以公布，实现每一个审批服务项目、每一个审批环节、每一个时限节点都有标准可依，实现科学规范与提速增效相统一。开展“全市重点项目百日攻坚专项行动”，简化办事程序，优化审批流程，提高办理速度，提升服务质量，多次组织召开协调会，解决重点项目审批过程中遇到的问题，促进重点项目尽快落地投产。

【效能监察规范化】 2016年，临汾市建立行政审批监督管理长效机制，7月，通过采取“听汇报、查资料、入大厅、进乡镇、看网络”的方式，对曲沃、侯马、翼城3个县市，市经信委、食药局、统计局、安监局、民族宗教事务局、人防办、规划局、住建局等8个市直部门进行专项督查，对各县市、部门落实深化简政放权、放管结合、优化服务改革政策等方面的进行业务指导，推进行政审批制度改革工作。加强行政审批事项动态管理，利用电子监察系统、评议器、电子显示屏、智能服务平台等手段，强化行政审批全过程监控，建立健全电子监察制度，建立举报监督和民主评议制度，听取服务对象的意见和建议，强化对行政审批的监督制约，确保行政审批在阳光下运行。在大厅管理上，推行“六个一”工作法，即一天一巡查，一周一小结，一月一总结，一季一评比，半年一反馈，一年一考核。

【机关工作制度化】 2016年，临汾市行政审批大厅针对并联审批不能充分发挥作用的问题，制定《关于基本建设项目实行联合审批的工作意见》；为加快推进网络化办公，制定《网上行政审批管理暂行办法》；为保证行政审批事项按时限办结，健全完善《限时办结制》；针对可能出现的推诿扯皮、办事拖拉等问题，完善《首办负责制》《一次性告知制》《统一受理登记制》等；为加强人员管理，修订《行政审批大厅工作人员考核制度》《行政审批大厅工作人员行为规范》《审批大厅窗口单位与工作人员绩效考核管理办法》等；加强市长热线合理规范运行，出台《市长热线内部管理制度》《市长热线处办监督管理办法》。

【每日一窗和每日一县展示】 2016年，临汾市行政审批大厅“政务在线”微信公众号上开设“县(市、区)政务大厅风采”“每日一窗口”等栏目，介绍39个窗口、17个县(市、区)和2个开发区政务服务取得的成绩、发展的水平和办事的功能，介绍市审批大厅各窗口的基本情况、进驻项目、办件信息等，集中展示窗口风采，增强市民对政务服务全貌的了解。

【“星级服务竞赛”】 2016年，临汾市行政审批大厅每季度进行星级服务标兵、星级服务窗口的评选年度集中表彰，在《临汾日报》开辟“擦亮窗口、倾情服务”栏目，集中展示星级服务标兵的风采，召开各窗口单位参加的表彰大会，表彰星级标兵、星级窗口和道德模范。

【依法履职】 2016年，临汾市行政审批大厅起草《临汾行政审批管理中心关于加强权力运行监督实施意见》，制定“三重一大”制度，明确内容标准和集体决策的办法；坚持推进信息公开制度，对大厅职责、审批事项、审批流程等进行全方位公开，政务公开和民主决策、民主监督制度得到落实。健全安全管理制度，实行24小时安全保卫，定期检查安全防范措施，消除事故隐患，按照要求上报相关情况。

人力资源和社会保障

【概述】 2016年，临汾市人社系统坚持依法行政，适应经济发展新常态，围绕民生为本、人才优先工作主线，突出就业和居民增收两个重点，化解结构性失业矛盾，促进居民收入提升，推进社会保障制度改革，创新人才发展体制机制，深化人事制度改革，构建和谐劳动关系，为临汾市经济社会健康有序发展提供人力支撑和社会保障。

【创业就业】 2016年，临汾市城镇新增就业51258人，创业就业11248人，下岗失业人员再就业10938人，就业困难人员再就业3929人，转移农村劳动力就业50771人。城镇登记失业率为3.1%，全部超额完成省定任务。援企稳岗，调整降低了失业、生育保险费率，为困难企业发放岗位补贴204.7万元，为245家企业发放稳岗补贴4628.4万元。完善公共就业服务体系。征集开发各类岗位2400个，开展"春风行动""就业援助月"等一系列公共就业服务活动88场(次)，签订就业意向约1.43万人(次)，完成各类职业培训87696人。开展劳务品牌创建活动，发挥地域品牌优势，打造带有浓郁地方特色的劳务品牌，形成"一县一业""一乡一品"的就业扶贫新格局。与长三角地区企业对接联系，建立长期劳务输出关系，输出城乡劳动力8000余人。推动创业带动就业。创建1个省级4个市级创业孵化基地，2个省级4个市级大学生创业园区。在校园内进行创业项目推荐和创业成果展示。为自主创业高校毕业生发放租金补贴212万元，向返乡创业人员发放担保贷款649万元。推进培训就业扶贫工作。完成8159名有劳动能力和就业愿望的贫困劳动者和返乡农民工建档立卡工作。在化解过剩产能任务艰巨、城镇新成长劳动力增多、就业岗位同比减少的情况下，织牢大学生和农民工就业的"经纬线"，保持就业局势的总体稳定。

【居民增收】 2016年，临汾市人社系统落实企业工资指导线，推进全市国有企业负责人薪酬制度改革，推动企业建立健全职工工资正常增长机制。落实公务交通补贴、乡镇补贴及职务与职级并行制度。提高警察警衔津补贴标准，调整机关事业单位工作人员基本工资标准，调整机关、事业、企业11.81万名退休人员养老金，人均每月增加193元。调整失业、工伤保险待遇标准。城镇居民医保财政补贴标准由380元提高到420元。强化劳动监察执法，开展农民工工资支付专项检查，行政执法和刑事司法多管齐下，全市立案查处欠薪案件213件，追索劳动报酬1.02亿元，向司法机关移送案件8件，向社会公布重大劳动保障违法案件13件。

【社会保障制度改革】 2016年，临汾市城乡居民医保制度整合取得重大突破。市县两级新农合机构全部快速划转移交人社部门管理。与海南省签订跨省异地就医结算协议。开展全民参保登记计划工作。作为全国第二批试点，提供组织保障以及人力、物力支持，工作人员3000余人，工作经费2000余万元，全市全民参保登记录入370余万人，录入率90%以上，临汾市作为全省先进典型上报人社部。启动机关事业单位养老保险制度改革。搭建起社会统筹和个人账户相结合、以职业年金为补充的制度体系。实践"互联网+社保"模式。开通"临汾市机关事业养老保险""临汾市全民参保登记"微信公众号。新增"年检年审人脸识别资格认证系统"功能。加强基金监管软件建设，开展医保基金安全评估试点工作。在全省首家建成人社系统数据容灾备份项目。实现即时制卡设备县域全覆盖。市县两级布放34台社保卡即时制卡设备，做到社保卡立等可取。完善城乡居保缴费机制，全市有109万人实现社会化征缴。

【人才队伍建设】 2016年，临汾市人社系统推进重大人才工程实施，牵头起草《临汾市鼓励支持乡贤人才回归创业创新实施办法》。推荐上报享受国务院津贴6人，省级学术技术带头人6人，省级新兴产业领军人才5人，审核同意29名外国专家来临汾市工作。深化职称改革，对长期扎根贫困县的乡村教师在评聘专业技术岗位时给予倾斜。14879人拿到职业技能鉴定证书，新增高技能人才1009人。组团参加各类职工技能大赛，取得优良成绩。高级技工学校成功申报一个省级实训基地建设项目、两个省级技能大师工作室。霍州、蒲县公共实训基地建设项目被国家发改委立项。

【人事制度改革】 2016年，临汾市人社系统规范公务员考录工作。完成2016年政府机关录用公务员考试工作，新录用公务员133人，组织开展新录用公务员初任培训。监督指导市政府办公厅公务员选调工作。新录用公务员进行初任培训和宣誓。组织公务员和事业单位2015年度考核工作，开展公务员平时考核记实工作。做好"第四届人民满意公务员"评选表彰申报活动。推荐6名个人和4个集体至省里候选参评，以此次活动为契机，激励广大公务员立足本职创先争优，树立"为民、务实、清廉"形象。完善事业单位公开招聘制度，市县两级公开招聘1230人。按照量化考核、积分选岗的办法,安置16名军转干部。人事考试安全平稳,全年组织各类人事考试16次,参考人数50952人次。

【和谐劳动关系】 2016年,临汾市人社系统处置上访"苗头"。通过法定途径和程序分类处理信访事项,开辟网上信访信息平台,畅通投诉渠道,关注重点群体和群众合理诉求,妥善处置突发性群体上访事件。突出治理农民工欠薪。落实行政执法责任制,推行"双随机一公开"。明确以企业为主体、政府属地管理、相关部门协同监管的农民工工资支付保障责任体系,健全解决欠薪问题的预防、处理、惩戒工作机制。处置投诉争议纠纷。衔接监察、调解、仲裁工作机制,全年有效处置群众举报投诉案件240件,结案率100%。劳动人事争议立案1765件,结案率96%。

全民参保登记宣传

【人社队伍建设】 2016年,临汾市人社系统门户提高网站点击率,提升"12333"服务热线话务量,成为全市群众咨询政策、查询业务、解决诉求的重要渠道。编印《人社工作动态》24期,在《中国劳动保障报》《山西日报》《临汾日报》等报纸刊物发表报道108篇。2016年,被人社部办公厅授予"新闻宣传工作先进单位""清理整顿人力资源市场秩序先进单位"称号,被省厅授予"2016年度目标责任考核优秀单位"称号,市机关事业养老保险管理服务中心被人社部授予"全国人社系统优质服务窗口"称号。

(司玛琦)

民政工作

【健全社会救助体系】 2016年,临汾市民政局着力保障困难群众基本生活,从1月1日起,城市低保标准提高23元/人/月,农村低保标准提高40元/人/月,完成农村低保标准提标幅度不低于8%,城市低保标准提标幅度不低于5%的目标任务。出台《临汾市人民政府办公厅关于进一步完善医疗救助制度全面开展重特大疾病医疗救助工作的实施意见》(临政办发〔2016〕44号)。截至9月,全市有城乡低保对象80286户140804人,其中城市54159人,农村86645人,支出33736.7万元,农村五保对象10194人,支出4867万元。城乡医疗救助96328人次,支出4932.79万元,临时救助29817户次,支出1294万元。进行救助申请家庭经济状况核对信息系统平台建设,硬件设备到位,《临汾市社会救助家庭经济状况核对办法》(草拟稿)完成征求意见环节。

【减灾备灾】 2016年,临汾市民政局提升综合防范能力,应对风雹、洪涝、干旱等灾害,下拨1250万元,保障受灾群众基本生活。申报尧都区铁路东街道天水社区为全国综合减灾示范社区,尧都区铁路东街道天水社区等6个社区为山西省综合减灾示范社区。市救灾物资储备库项目于10月开工建设。提高防灾减灾意识和自救能力,在"5·12防灾减灾日"、国际减灾日开展以"减少灾害风险 建设安全城市""用生命呼吁:增强减灾意识,减少人员伤亡"为主题的防灾减灾宣传活动。

【优抚双拥】 2016年,临汾市民政局做好重点优抚对象的待遇落实和服务工作,提高部分优抚对象生活补助及1至4级伤残人员护理费标准,为原8023部队及其他参加核试验部队服役人员200余人进行评残体检,下拨800万元用于尧都区、翼城县、古县、吉县零散烈士纪念设施抢救保护。组织元旦、春节、八一期间对驻临各部队、军队离退休干部及重点优抚对象的走访慰问,参加"临汾舰"命名30周年纪念活动,与海军"临汾舰"、东部战区"临汾旅"开展慰问互动。

【安置工作】 2016年,临汾市民政局解决遗留问题197人(其中:2016年安排137人,办理自谋职业60人),发放自主就业经费2510.55万元,接收军休干部(士官)3人,职业教育和技能培训为退役士兵830人。10月26日至28日配合省督查组对尧都区、霍州市、洪洞县退役士兵安置工作落实情况进行督查,与兆光发电厂、临汾供电公司、中石化临汾公司等部分驻临企业负责人进行约谈,促进退役士兵安置遗留问题的落实。对涉军上访重点人员进行摸底排查,劝解39名赴京上访人员返临,妥善安抚。

【基层民主制度】 2016年,临汾市民政局深化村务公开和民主管理。推进城乡社区建设。开展城市社区减负增效工作,下发《临汾市社区减负工作实施方案》(临市民发〔2016〕15号),通过制定"四项清单",将社区承担的工作事项231项及印章使用事项150项,减少至70项;加强社区活动场所和公益性服务设施建设,下发《临汾市加强城市社区活动场所和公益性服务设施建设的实施方案》(临市民发〔2016〕62号),确定由市级党费、福彩公益金以及市财政每年出资800万元对符合条件的社区给予补助。推进"三社联动"试点工作。在尧都区推进"三社联动"工作。确定试点,推进农村社区建设工作。下发《临汾市深入推进农村社区建设试点工作实施方案》,确定尧都区、霍州市、曲沃县等9个县(市、区)为全市农村社区建设试点县,其他各县选取5个以上村开展试点,上报试点乡镇63个,试点村149个。

【社会福利事业】 2016年,临汾市民政局加快社会养老服务体系建设,推进公建民营、民建公助、医养结合等新的养老模式建设,加强基础福利设施建设,申报福彩公益金资助项目5个,发改委规划项目2个,市老年公寓建设项目经市政府研究决定由尧都区解决用地问题,处于协调中;完善农村养老服务设施,新建的90家农村老年人日间照料中心完工,全市老年人日间照料中心297家;印发临汾市人民政府《关于加快发展养老服务业的实施意见》,出台《关于做好民办养老机构开办补助和运营补贴工作的通知》,在土地、税收、用水、用电、用气、政府购买服务等多层面提供优惠,鼓励民办养老机构发展。下发《关于建立完善全市经济困难的高龄与失能老年人及百岁以上老年人补贴制度的通知》(临政办发〔2016〕2号)和《关于建立困难残疾人生活补贴和重度残疾人护理补贴制度的通知》(临政发〔2016〕10号),对全市高龄及失能老年人、残疾人给予经济补贴,为10567人发放老年人"双补"生活补贴3160770元,为20380人发放残疾人"双补"生活补贴449310元。

【社会组织创新管理】 2016年,临汾市民政局依法开展社会组织登记管理工作,全市有社会组织1143家,其中社会团体582家,民办非企业561家,全市直接登记的社会组织83家,县(市、区)备案的社区社会组织112家。

【区划地名工作】 2016年,临汾市民政局推进第二次全国地名普查工作,全市整理地名目录51244条,开展外业调查的达到11个县市。市区(河西部分)街名、路名命名工作有序推进,成立专家委员会,召开第一次会议,初步命名方案拟出台报市政府。完成1条市级线、7条县级线的界线联合检查任务;《临汾政区大典》完成校样工作交付印制。吉县、永和作为撤并村组工作试点县,出台试点工作方案。申报曲沃县为"中国地名文化遗产保护工程"之"千年古县",通过省级审核。

【婚姻登记】 2016年,临汾市民政局办理结婚登记37727对,离婚登记7146对,补发结婚登记10439对,补发离婚登记227对,撤销婚姻登记3对,办理港澳台结婚登记1对,离婚登记1对。

【城市流浪乞讨人员救助】 2016年,临汾市民政局应对低温冷冻天气,制定工作预案,开展全天巡查,在网络媒体开展宣传,全市救助5200人(次),未出现因极端天气、饥饿等原因而导致的流浪乞讨人员伤亡事件。在永和、汾西县启动关爱留守儿童救助活动,为460名留守儿童送去价值138000元爱心物资。

【福利彩票发行】 2016年,临汾市福利彩票发行工作累计完成销售4.1亿元。

【慈善捐助】 2016年,临汾市接收捐赠款224003元;通过"心新工程"对9名贫困心脏病患者介入手术治疗,减免金额达15万余元,"慈善情暖万家"活动为1000户困难群众发放救助金300000元,临时特困救助为20个特困家庭发放救助金63000元,春节期间走访慰问灾民贫困户和临时性特困家庭,拨付救助款172300元;"情系临汾健康饮水”活动为全市社会福利机构捐赠总价值160余万元的净水机340台。

【农村留守人群关爱保护工作】 2016年,临汾市民政局按照"属地管理、分级负责"的原则,以县(市、区)为基础,乡镇街道和村委会居委会具体实施,排查农村留守儿童24067人,其中0到5周岁7923人,6到13周岁13951人,14到16周岁2193人;农村留守妇女7333人,留守老人11543人。临汾市农村留守儿童联席会议制度经临政办函〔2016〕62号批复成立,为做好农村留守人群关爱保护工作奠定基础。

【重点工程】 2016年,临汾市儿童福利院建设二期项目与相关方签定建设项目征地拆迁遗留问题解决协议,养老楼二次结构和4号楼的室内装修完工;市级救灾物资储备库项目于10月启动开工建设;市荣军康复医院建设各项手续办结,进入招投标程序。农村养老服务设施建设稳步推进,全市有297家农村老年人日间照料中心,缓解农村养老压力,城市社区建设开展减负工作,在社区活动场所和公益性服务设施建设方面出台政策给予资金支持,提升城市社区服务能力。

(王金霞)

方志编纂

【方志事业发展十三五规划】 2016年,临汾市地方志办公室贯彻国务院和山西省地方志工作两个《条例》,根据国务院、山西省地方志事业发展《规划纲要(2016-2020年)》,结合地方志工作实际,编制《临汾市地方志事业发展规划纲要(2016-2020年)》(临政办发〔2016〕8号),2月29日以市政府名义下发到各有关单位执行。指导各县级志办编制和出台县级《地方志事业发展规划纲要》,下发包括党建工作和法治建设在内《临汾市地方志工作要点》。

【县级志书编纂】 2016年,临汾市地方地办公室领导5次前往古县、安泽、永和、汾西等县对二轮县志编修工作进行督导。二轮《隰县志》出版发行,6月《永和县志》通过省、市专家评审,《大宁县志》完成终审和印刷招标送交印刷厂。《安泽县志》《古县志》评审后资料补充工作有序推进,42卷的《汾西县志》初稿完成34卷,《吉县志》资料搜集工作按计划推进。做好专业志、部门志、乡镇村志的编纂指导工作,《洪洞农信志(2003-2013)》《洪洞广播电视志》等11部专业志和《马牧古镇志》《南乔村志》等6部乡镇村志出版。

【市、县两级综合年鉴编纂】 2016年,《临汾年鉴》85万字完成校改和终审工作。根据《临汾市年鉴管理办法》,对《洪洞年鉴》《霍州年鉴》《蒲县年鉴》等县级年鉴初稿进行审读。市级及17个县(市、区)年鉴编纂全部启动。市级《临汾年鉴》和蒲县、洪洞、霍州3部县市级综合年鉴正式出版,侯马、吉县、大宁、隰县、乡宁、翼城、襄汾7部县级年鉴内部出版,尧都、安泽2县(区)完稿,曲沃、汾西、浮山、永和、古县5县(市)按计划完成资料征集工作。《临汾年鉴》(2014)获全国地方志优秀成果(年鉴类)三等奖。

【旧志整理工作】 2016年,临汾市地方志办公室协同山西省地方志办公室完成清康熙版《平阳府志》影印工作,进入后续装订阶段。启动府级其他旧志整理工作,组织业务科前往上海、武汉等地图书馆搜寻明·洪武版《平阳志》、明·正德《平阳志》、明·万历《平阳志》、清·雍正《平阳府志》等旧志版本,财政资金到位后招标实施。加强对县级旧志整理的指导服务,尧都区点校出版民国22年版《临汾县志》,安泽县影印出版清雍正三十五年《岳阳县志》,蒲县影印清康熙版《蒲县志》。启动乡宁县民国版《乡宁县志》、襄汾县《襄陵县志》《太平县志》等旧志整理工作。

【地情资源开发】 2016年,临汾市地方志办公室多次参加全市申办山西省旅游发展大会的服务工作,及时准确地提供有关地情资料。提高《平阳方志》办刊质量,编纂印刷《平阳方志》4期48万字。临汾通网站正常运行。协助市民政局开展全市地名普查资料征集工作。与山西省师范大学签订合作协议,强化临汾市地情资源研究开发。与市文物旅游局沟通,协调推进市博物馆与市方志馆统筹布展工作,指导蒲县方志馆立项开工建设。

【永和县志评审】 2016年6月1至2日,二轮《永和县志》评审会在永和县召开。山西省志办副主任刘益龄，省志办县市处处长马正英，省地方志办公室调研员郝世文，省志办县市处副处长杨颖，永和县委书记加天山，县委副书记、政府县长范洋平等专家和领导30多人参加会议。会议由临汾市地方志办公室副主任靳水旺主持。《永和县志》历经三年多时间，完成32编120余万字送审稿。评审专家就志稿体例、史事、行文评审、把关，提出修改意见和建议。

《永和县志》评审会议

【临汾年鉴(2016)出版发行】 《临汾年鉴(2016)》由方志出版社正式出版。全书33个栏目、85万字、随文图片100余幅，记事断限为2015年1月1日至12月31日，全面系统地记载临汾市自然和社会基本情况，反映临汾2015年度在经济建设和社会发展中取得的新成就、新发展和新经验。是临汾市唯一地方综合年鉴，为国内外读者了解、认识临汾提供准确实用的市情信息。

（李艳洁）

发展研究

【概述】 2016年，临汾市发展研究中心学习贯彻落实习近平总书记系列重要讲话精神，贯彻党的十八大和十八届三中、四中、五中、六中全会精神，围绕市委、市政府中心工作，为推进临汾市“十三五”规划转型、跨越发展，深入基层开展调研活动，实地了解临汾市经济发展动态，积累丰富数据，为领导提供有价值参考信息和决策依据，发挥参谋助手作用。

【现代农业调研】 2016年10月19日，临汾市发展研究中心全体人员在主任薛新宏率领下，在五洲集团开展调研工作。走访五洲集团CBD建设项目、百里汾河生态经济带洪洞天泽特色小镇建设项目等，与集团有关领导座谈，听取他们对临汾市发展现代农业及建设特色小镇看法意见。

【产业转型调研】 2016年11月2日，临汾市发展研究中心一行人前往临汾开发区开展调研工作，走访华翔集团、沃特玛新能源汽车产业园等重点企业，同开发区相关领导座谈，相互交流关于临汾市产业转型以及开发区建设方面有关意见。

【企业帮扶工作】 2016年，临汾市发展研究中心按照上级部署安排，派出副主任李志英任队长、朱琳、吴晓鹏为队员的入企服务工作队，负责与襄汾同力达水泥厂对接帮扶，多次前往该厂开展帮扶工作，了解企业发展现状及亟待解决难题，与襄汾县政府和县中小企业局沟通，帮助该厂解决有关问题。

【扶贫工作专题调研】 2016年，临汾市发展研究中心为贯彻市委市政府关于扶贫工作安排部署，在主任薛新宏领导下，多次深入汾西县团柏乡后义村开展扶贫专题调研，深入贫困户家中了解情况，与村干部沟通，谋划该村产业发展和百姓脱贫出路。

赴五洲集团调研

【课题完成调研】 2016年，临汾市发展研究中心针对年初制定的课题任务及年中市委市政府分派的课题任务，成立课题小组，由中心党组书记、中心主任薛新宏担任组长，副主任姚建红、李志英任副组长,各相关业务科室科长担任相关课题攻坚负责人,明确课题完成时限,开展专题调研工作,完成《加快临汾发展步伐处理好十个关系(框架提纲)》《临汾市现代特色农业发展建议》《供给侧改革促进资源型地区产业结构调整研究》《关注中小企业 破解融资难题》《临汾市旅游业现状及发展思路》以及《临汾市产业转型路径选择和政策措施研究》等6篇调研报告。

【临汾发展论坛筹备】 2016年,为深入贯彻落实省第十一次党代会、市第四次党代会和市四届人大会议精神,推进临汾市经济和社会发展,临汾市发展研究中心计划牵头筹备临汾发展论坛,拟邀请国家、省、市有关机构和科研院所、大专院校具有一定学术水准,在经济、文化、社会等领域有较高声誉的知名学者,聚集长期从事政府和企业管理工作的各方面专家,构建为临汾经济发展服务的政府智库平台。经过中心由内而外多方走访,有二十多位国家级高级专家学者分批入库,政府智库初步形成。

【市委市政府有关工作】 2016年,临汾市发展研究中心参与市政府《政府工作报告》修改、《工业振兴计划》修订、市领导的相关调研报告的评审;按照市政府主要领导安排,研究撰写临汾市经济发展如何处理好十个关系专题报告。

【经济信息参考与决策平台建设】 2016年,临汾市发展研究中心坚持抓好临汾市重要经济信息参考与决策平台建设,每月推出《经济决策参考》和《经济决策资讯》各一期,每期都明确一个主题,围绕热点、重点工作,收集、选取有代表性材料,确保信息及时性与针对性,截至2016年底,出版《经济决策参考》12期、《经济决策资讯》12期,为领导提供决策参考和信息来源,服务临汾经济发展。

【山西力士机械铸造有限公司调研】 2016年,临汾市发展研究中心贯彻落实山西省临汾市民营经济发展推进大会精神,按照市委办公厅关于市直有关单位主要负责人联系民营企业的文件要求,前往山西力士机械铸造有限公司走访调研。该次走访调研目的是加强与民营企业联系,帮助完善发展思路和发展规划,推动政策落实,解决民营企业发展中问题与困难,构建新型政商关系,营造良好发展环境,助推企业转型创新发展,促进非公有制经济健康发展,推动实现全市经济平稳健康发展。

机关事务管理

【后勤保障】 2016年,临汾市政府机关事务管理局确保政府机关大院和政务服务中心水、电、暖、气、车辆、通讯、医疗、房产设施等正常安全运行。统筹推进"三大块"后勤服务保障工作。政府大院面貌焕然一新、大为改观;政务服务中心按照形象一流、标准一流、服务一流要求。

【安全保卫】 2016年,临汾市政府机关事务管理局落实大门值守、电子监控、重点目标守卫、机动巡查"四位一体"防范机制,做好上访人员维稳疏导工作,全年接待群众来访245批2678人次。其中,接待集体上访125批2408人次,个体上访120批270人次,没有激化矛盾,没有造成不安全事故。

【节能减排】 2016年,临汾市政府机关事务管理局完成山西省政府机关事务管理局下达的公共机构节能年度工作任务。安泽县机关事务管理局和霍州市政府机关事务管理局入选全国第二批节约型公共机构示范单位名单。完成公共机构能源消费统计数据会审工作,为指导公共机构节能工作提供数据支持。

【公办用房修建改造】 2016年,临汾市政府机关事务管理局完成市政府招待所办公用房维修改造工程。完成政府招待所办公用房维修改造,新增办公用房202间,安排14家缺房单位进驻办公;将有关富余办公用房调配给市环保局、工商局、安监局等单位使用,缓解部分单位办公用房紧张问题。

【公务用车制度改革】 2016年,临汾市政府机关事务管理局制定出台公车使用管理办法。根据《临汾市市直机关公务用车制度改革实施方案》精神,6月27日制定下发《临汾市市直机关公务用车使用管理办法(试行)》,确保合理使用,保障出行。确保市政府综合执法公务用车保障平台规范运行,6月30日制定下发《临汾市政府综合执法公务用车保障平台管理办法(试行)》,对市政府综合执法公务用车保障平台的保障任务、管理主体、编制规模、保障范围、保障办法和保障责任等事项作明确规定。收缴调配超编公务用车。对缺车单位重新分配公务用车,对公务车中老旧车辆单位调配置换较新的公务车。实施公务用车制度改革移交车辆拍卖。12月5日启动拍卖程序,12 月 13 日进行公开拍卖。市直党政机关参拍车辆 124 辆,评估总价 155.76 万元;拍卖成交 117 辆,原评估价 147.46 万元,拍卖成交价 220.43 万元,溢价率 49.48%。

【办公用房使用管理】 2016 年,临汾市政府机关事务管理局完成全市办公用房“一搁置、两闲置”情况摸底调查。全市有 14176.61 平方米办公用房存在闲置,主要有五种情况:第一种是因县乡机构改革和清理腾退办公用房等原因,一些地方出现空闲富余办公用房,由于缺乏后续处置,至今仍处于闲置状态。这块占到全市闲置办公用房总面积的 63.2%。第二种是办公用房属于危房,尽管闲置仍无法使用。这块占到全市闲置办公用房总面积的 11.1%。第三种是本单位没有办公用房使用需求。这块占到全市闲置办公用房总面积的 2.3%。第四种是因保密原因无法调剂使用。这块占到全市闲置办公用房总面积的 6.1%。第五是因房屋结构原因不适宜使用。这块占到全市闲置办公用房总面积的 17.3%。

档案管理

【落实《实施意见》】 2016 年,临汾市档案局贯彻山西省委办公厅、省政府办公厅《关于加强和改进新形势下档案工作的实施意见》(晋办发〔2015〕20 号)精神,组织全市档案系统学习贯彻,上报市政府审议《关于加强和改进新形势下档案工作的实施意见》。7 月 13 日,临汾市委办公厅、临汾市人民政府办公厅印发《关于加强和改进新形势下档案工作的实施意见》(临办发〔2016〕20 号)。根据《实施意见》精神,整改解决市档案局领导体制和工作机制未理顺问题。5 月,省政府档案专项督查时,指出临汾市档案局存在领导班子配备不齐等问题。市档案局制定整改方案,报市政府第 110 次常务会议审议通过。8 月,市委组织部调整配备两名领导班子成员。各级党委政府落实《实施意见》。市委、市政府及各县(市、区)委、政府将档案事业列入“十三五”发展规划,各县(市、区)档案事业“十三五”发展规划出台,档案馆建设稳步推进。洪洞、襄汾、曲沃等县把档案工作列入年度目标责任考核范围。3 月,襄汾县县长刘浩带领县四大班子领导到档案局考察;七一前夕,霍州市四大班子领导走进市档案馆爱国主义教育基地参观党旗档案图片展;8 月 12 日,翼城县县长高永贤带领分管副县长等相关人员去县档案局实地调研;9 月 11 日,翼城县政府召开第 2 次常务会议,研究档案馆建设等事宜。

【档案基础设施建设】 2016 年 6 月 30 日,临汾市档案局向尧都区、霍州市、洪洞、安泽、翼城等县市区政府下发《关于尽快启动新档案馆建设的函》,要求相关县(市、区)政府于 7 月 15 日前将有关情况上报市档案局,市档案局将根据相关情况推进项目落实。6 月至 8 月,市档案局局长高树森带领督查组赴古县、蒲县、大宁、翼城、侯马等县就县级档案馆建设项目进行专项督查。12 月 2 日,市委常委、市政府常务副市长王振宇主持召开档案馆建设推进会议,研究档案馆建设推进工作。截至 2016 年底,市档案馆新建项目主体建设五层封顶(总高五层);汾西县档案馆完成新馆搬迁工作;吉县、大宁档案馆完成主体建设,进行室内外装修;古县档案馆装修完毕,待搬迁;曲沃自筹资金新建档案馆完成主体工程,内外装修结束;蒲县进入设计招投标阶段;侯马地基基础正在打桩。

【档案法制建设】 2016 年,临汾市档案局重视档案法制培训,强化法治思维方式。全市档案系统重视档案法制培训教育,提高档案干部法治思维方式和行为方式。“6·9”国际档案日宣传活动。市档案局组织市企业养老保险管理服务中心、市工伤保险管理鉴定服务中心等 10 个单位在平阳广场开展“6·9”国际档案日宣传活动。市政府副秘书长吴茂林出席活动,市档案局全体人员与协办单位 50 余人参加此次宣传。该次活动展出版面 14 块,发放临汾市档案馆简介、阅览须知、家庭建档指南等宣传资料 7 种,档案法律知识问答宣传单 4000 余张,《档案工作规范管理文件选编》等小册子 800 余本,宣传档案环保袋 1000 余个,在现场开展政策咨询,为群众解疑解惑 70 余次。霍州市档案局、霍州市教科局联合开展“爱国旗、爱国徽、爱国歌”主题活动;翼城县档案局向县委、人大、政府、政协、纪委班子领导赠送《中国的世界记忆遗产》宣传折叠手册及《档案法律法规知识读本》;汾西县档案局以开展“两学一做”为契机,与县纪委联合举办“翰墨清风廉政书画展”,书画展在新档案大楼爱国主义教育基地展出，展出书法、绘画、剪纸、根雕等64幅作品。尧都区、洪洞、蒲县、隰县、大宁等县市开展“6·9”国际档案日宣传活动。市检察院联合运城、陕西渭南、河南三门峡市检察院于11月18日至25日，在检察机关恢复重建38周年之际，利用珍藏的老照片，组织巡回举办“检察记忆——我们共同珍藏”老照片展。开展档案执法检查。市局于11月上旬对市妇联、市文化局等20个单位的档案工作机构和制度、人员配备、档案收集整理、安全管理、开发利用等7个方面进行年度执法检查。

【档案业务监督指导】 2016年，临汾市档案局贯彻落实国家档案局9号令精神。市委办公厅、市政府办公厅以临办发〔2016〕3号文件批转《临汾市档案馆档案收集实施细则》，9月27日，市档案局向市直有关单位印发《临汾市档案局关于做好档案移交进馆的通知》(临市档发〔2016〕48号)，就移交档案资料范围和年度、质量及时间要求作出具体要求，促进档案移交进馆工作，推动国家档案局9号令贯彻落实。加强机关、企事业单位档案工作监督指导。市档案局指导市文化局、市计生委、市工商局等6个单位规范档案收集整理，对晋煤集团临汾晋牛煤业有限公司矿井建设项目档案进行专项验收。曲沃县档案局指导完成档案规范整理5003卷、5581件，指导县食药局达省三级标准，县检察院通过省级示范档案室重新认定工作。蒲县档案局对地税局下设的太林地税所、黑龙关地税所等8个站所档案进行归档整理。吉县档案局完成吉县政府采购中心、农业综合开发办公室等单位档案年度立卷工作，立卷8357卷、9750件，完成合并单位吉县卫计局、吉县工商质监局档案整理归档工作，立卷1884卷、3438件。洪洞县档案局对县新人民医院建设项目档案进行指导、整理，共整理档案493卷。浮山县档案局指导县人社局整理档案7000余卷，指导县卫生监督所通过省三级标准的验收。洪洞大槐树寻根祭祖园有限公司，创建“山西省非公企业示范档案室”通过验收并颁发牌匾，成为山西省旅游系统第一家示范档案室。

【档案信息化建设】 2016年，临汾市档案局开展馆藏档案目录数据库建设。市档案馆补录案卷目录、卷内文件目录、归档文件目录23000条。蒲县档案局录入档案目录337208条，案卷4200余卷。侯马档案局进行婚姻档案数字化工作，录入1063卷、8499件档案，其中录入目录63538条，扫描修图99004页。隰县档案局对馆内所存档案资料进行著录，全部输入57个全宗、13200卷、415867条。吉县档案局完成临吉高速、财政局永久、长期档案的档案目录录入工作，录入电脑目录15000余条。开展档案扫描工作。市馆完成人事局录用干部档案的扫描工作，计250卷、17470件、43799页。蒲县档案局扫描纸质档案420余卷，12万余页。霍州档案局民生档案数字化工作完成扫描25万页。临汾民航机场重视档案工作，推进机场电子化档案管理系统工作，11月22日，民航华北地区管理局在临汾民航机场召开会议进行推广。

【档案管理和利用】 2016年，临汾市档案局为馆藏档案、资料查阅利用者提供服务。全市档案馆改进档案利用工作，简化手续，提高效率，满足人民群众和社会各界档案利用需求，为解决干部调配、编史修志、职工退休、身份认定、计算工龄等提供可靠依据。2016年，市档案馆接待利用者274人次，提供利用档案资料351卷次，复制1356页。各县(市、区)接待利用者5020人次，利用档案资料8495卷次，复制7800页。丰富馆藏档案资料结构。市档案馆依法加强到期档案接收，接收档案6069卷(件)，征集声像档案(光盘)1122张。做好馆藏档案整理和鉴定划控工作。完成1986年度馆藏档案的划控开放工作，计1537卷，其中控制65卷、744件。对馆藏不规范档案进行重新整理、上架，录入电子目录，计1020卷，补录目录4210条。统计、打印销毁档案目录571卷。曲沃县档案局清理重点档案中土地证、房窑证、旧政权档案、革命历史档案四大类753卷、41047件、57644页档案；清理完成组织部、药监局等19个全宗档案6839卷、1583件，对破损案卷封皮、档案盒进行更换，对破损档案进行裱糊修复，更换封皮1300余个，更换档案盒1800个，更换档案袋3000个，修复裱糊1000余页。

(曹宝龙)

政协临汾市委员会

委员会工作

【概述】 2016年，临汾市政协委员会在中共临汾市委领导下，贯彻党的十八大和十八届三中、四中、五中、六中全会精神，贯彻习近平总书记系列重要讲话精神和治国理政新理念、新思想、新战略，贯彻落实市委“345”发展战略和市政府“12345”工作思路，围绕市委、市政府重大决策和工作部署，发挥自身优势作用，履行职能，主动作为，为推动全市各项事业发展做出贡献。

【专题调研“脱贫攻坚”】 2016年，临汾市政协围绕“脱贫攻坚”课题组织开展专题调研。深入到大宁、永和、古县等国定、省定贫困县，深入贫困户家中，深入扶贫项目建设现场，进行调研。召开各级各类座谈会9次，实地走访群众500余人次，组织市政协常委、委员和各县(市、区)政协撰写调研报告35篇、约14万字，汇编成册。经市政协四届一次常委会议专题协商讨论，向市委、市政府提交《关于扎实推进我市脱贫攻坚工作的建议报告》。《建议报告》指出临汾市在脱贫攻坚工作中存在的思想观念转变难、产业发展突破难等“五难”问题，提出“夯实产业发展根基、加大资金统筹使用、集聚攻坚合力、强化脱贫理念、严格考核奖惩”等五方面15条建议。市长刘予强对建议报告作出重要批示。政协建议案得到市委、市政府重视和肯定。

【专项考察全市重点工作】 2016年，临汾市政协组织相关界别常委、委员，就鼓楼南北街拓宽改造工程，临汾民航机场在建项目，滨河东路立交桥建设项目，公交公司纯电动公交充电项目，市区公共自行车投放点建设项目，涝洰河生态建设跨河桥梁工程项目，尧都区东外环拓宽改造道路工程，尧都区阳光小区公租房建设等8个重点工程建设项目进行专项考察。这些重点工程项目累计总投资50多亿元，涉及全市道路交通、城建、环保等市区重大基础设施和民生改善。提出许多意见建议，起到督导促进、助推作用。配合省政协专题调研课题组，就全市“民营经济”和“文化旅游产业发展”，深入6个县(市)进行调研考察，形成“临汾民营企业发展调研报告”和“壶口景区发展调研报告”，为促进全市经济社会发展建言献策。

【提案和反映社情民意信息】 2016年，临汾市政协抓住提案征集、办理关键环节，整体提高提案工作质量。提案交办会、提案“回头看”、跟踪问效，加大提案办理督办工作，提案办理协商取得实在效果。全年征集委员提案378件，经审查立案292件，向市委、市政府“两办”进行集中交办，全部办复完毕。市政协党组和主席班子确定在全省政协系统中力争一流的目标，加强组织领导。制定完善临汾市政协信息工作考评办法，加大激励力度。多次到省政协报送专项信息，听取工作指导，加强与省政协联系沟通。开展辅导讲座，加大对县(市、区)政协的指导帮助。2016年，编报《社情民意》信息刊物132期、信息319条(篇)。

【团结统战】 2016年，临汾市政协注重弘扬团结民主两大主题，认识政协团结各界、联系群众和包容性强、代表面广的独特优势，发挥大团结大联合作用，做好团结联谊工作。市政协党组书记、主席陈小洪带队，带领班子成员深入到各民主党派机关调研座谈，听取工作意见建议。市政协主动邀请各民主党派、工商联和无党派人士参加政协的专题调研、座谈协商、专项考察等活动，安排党派团体在政协全会、常委会议上议政发言，发挥在政协中的重要作用。宣传贯彻党的民族宗教政策，召开民族宗教界政协委员座谈会，就促进民族团结、宗教和谐进行协商交流。挖掘文化资源,完成回族史料征集编辑工作。

【委员学习培训】 2016年,临汾市政协重视政协委员学习培训,提升委员参政议政能力、水平。针对本届政协新委员多,转岗专委会主任多的现状,市政协党组和主席班子将委员学习培训作为重点工作推进。12月上旬举办委员培训会,邀请省政协领导、专家就人民政协基本理论知识、反映社情民意信息和委员提案工作给委员们做专题辅导讲座,对四届市政协委员进行全员培训。

【市县政协工作】 2016年,临汾市政协组织召开全市政协工作座谈会,市县两级政协领导班子结合履职实践,就如何履行政协职能、发挥政协特色优势进行研讨交流,深化市县两级政协的沟通联系,增强全市政协工作合力。

【领导调研】 2016年4月11日至15日,山西省政协副主席李月娥带领省政协调研检查组到临汾市,就"推动民营经济实现突破发展"进行为期10天专题调研检查,调研组深入到尧都区、乡宁县、吉县等地开展调研考察监督。市政协主席乔成家、副主席杨安虎陪同调研。

5月12日至13日,全国政协副主席李海峰带队率全国政协香港委员考察团围绕"扩大对外开放,促进山西经济结构转型升级"赴襄汾县、吉县开展调研。市政协主席乔成家、副主席杨忠华陪同调研。

8月28日至29日,山西省政协文史和学习委员会主任闫润德率调研组就"古晋国文化遗产保护利用"专题赴尧都区、曲沃县开展调研。市政协副主席谢碧玲陪同调研。

10月14日至16日,山西省政协副主席张璞率调研组对临汾市推进民营经济发展重大部署落实情况开展专项考察,调研组深入临汾开发区、襄汾县、侯马开发区的13家民营企业开展实地调研。副主席程明温陪同调研。

10月17日至18日,山西省政协副主席张璞率调研组对临汾市文化旅游产业发展情况进行专题调研,赴吉县、乡宁县、曲沃县、襄汾县进行实地调研。市政协主席陈小洪、副主席程明温陪同调研。

【重要文件】

·建议、通知、通报·

关于市政协主席副主席秘书长分工的通知

临汾市政协办公厅关于调整秘书长副秘书长分工的通知

关于陈振华等同志任免职务的通知

关于李江泽等同志任职的通知

关于扎实推进我市脱贫攻坚工作的建议报告

关于印发《政协第四届临汾市委员会各专门委员会和各县市区政协联系委员名单》的通知

关于印发《中国人民政治协商会议临汾市委员会委员履职工作规则》的通知

关于开展脱贫攻坚专题调研的通知

关于《临汾政协》编委会组成人员的通知

关于召开市政协委员培训会的通知

关于成立市政协机关固定资产清查领导组办公室的通知

关于印发岳普煜书记《在市政协四届一次会议开幕会上的讲话》的通知

关于印发刘予强市长《在市政协四届一次会议议政会上的讲话》的通知

关于印发《陈小洪主席在全市政协工作座谈会上的讲话》的通知

关于印发《陈小洪主席在市政协四届一次常委会上的讲话》的通知

全市政协系统2015年度反映社情民意信息工作量化考核情况的通报

全市政协系统2016年第一季度反映社情民意信息工作量化考核情况通报

全市政协系统2016年第二季度反映社情民意信息采用积分情况的通报

全市政协系统2016年第三季度反映社情民意信息采用积分情况的通报

(王　军)

市政协三届六次会议

【大会情况】 2016年3月20日下午,市政协三届六次会议举行预备会议。市政协主席乔成家主持会议，市政协副主席陈玉士、谢碧玲、杨益民、张成梁、杨忠华、杨安虎出席会议。该次会议应出席委员350人，实到会321人，符合法定人数。会议审议通过政协第三届临汾市委员会第六次会议议程；成立政协第三届临汾市委员会第六次会议临时党委。

3月21日上午，市政协三届六次会议在天鹅大酒店开幕，市委书记罗清宇，市委副书记、市长岳普煜到会祝贺并在主席台前排就座。市政协主席乔成家，副主席陈玉士、谢碧玲、杨益民、张成梁、杨忠华、杨安虎，秘书长郭波，作为市政协三届六次全体会议执行主席，在主席台前排就座。开幕大会由副主席张成梁主持，本次会议应到委员350人，实到318人，符合法定人数。市委书记罗清宇代表临汾市委对大会召开表示祝贺，作重要讲话。政协主席乔成家作市政协常委会工作报告。副主席杨益民作提案工作情况报告。在大会主席台就座的还有市领导王文英、徐树荣、黄翠莲、赵建民、李东洪、乔建军、陈小洪、李新春、赵志坚、王醒安、原学义、王金珍、陈忠辉、王振宇、陈纲，市中级人民法院代院长翟瑞卿，市人民检察院检察长苑涛，市委党校常务副校长王天郎，临汾经济技术开发区管委会主任尚日红，侯马经济技术开发区党工委书记毛克明，侯马经济技术开发区管委会主任、侯马市委书记李朝旗，山西师范大学临汾学院党委书记、市总工会主席梁崇太，临汾职业技术学院党委书记秦国杰，院长王超，市公安局局长马德荣，离退休老同志侯建华、陈保堂、成继东、刘淑芬出席会议。

3月21日下午，参加政协第三届临汾市委员会第六次会议的政协委员们在13个分会场进行分组讨论。市政协主席乔成家，副主席陈玉士、谢碧玲、杨益民、张成梁、杨忠华、杨安虎，秘书长郭波，退下来的市级老同志刘淑芬分别参加讨论。

3月22日上午，参加市政协三届六次会议的政协委员，在列席市三届人大七次会议后，分组分界别讨论《政府工作报告》《“十三五”规划纲要（草案）》《发展计划报告》和《财政预算报告》。

3月22日下午，市政协三届六次会议举行第二次全体会议，听取政协委员议政发言。该次大会征集委员议政发言材料40余篇，将36篇汇编成册。6位市政协常委和委员在大会上进行议政发言。市委副书记、市长岳普煜，市政协主席乔成家，副市长陈忠辉，市政协副主席陈玉士、谢碧玲、杨益民、张成梁、杨忠华、杨安虎，秘书长郭波在主席台前排就座。副主席谢碧玲主持会议。本次会议应出席委员350名，实到委员316名，符合法定人数。大会听取市政协委员古长宏《关于力推“互联网＋现代农业”循环产业集群实施方略》的发言；市政协委员、九三学社临汾市委秘书长赵强《关于全面深化改革，加大我市招商引资力度》的发言；市政协委员、民建临汾市委会员张鹏《关于发展电子商务，共建网上丝绸之路》的发言；市政协常委、民革临汾市委副主委符庆辉《关于标本兼治，实现城市交管水平新提升》的发言；市政协常委王纯林《关于我市青少年体质下降形势严峻，建议采取切实措施予以补救》的发言；市政协委员、翼城县政协主席李伦《关于强化乡村医疗机构建设，适应新农合分级诊疗制度》的发言。在听取议政发言后，市长岳普煜作重要讲话。

3月22日晚，市政协三届六次全会召开提案审查会议。市政协副主席杨益民出席会议。会议宣读提案审查分组名单，各提案审查组对提案逐件进行审查。本次大会提案组收到提案156件。经审查，立案121件，属于经济发展方面的54件；属于民生改善方面的47件；属于社会管理方面的20件，作为意见和转为社情民意信息处理的35件。

3月23日上午，参加政协第三届临汾市委员会第六次会议的政协委员们就《政府工作报告》、政协第三届临汾市委员会第六次会议的各项决议进行分组讨论。

3月23日下午，参加市政协三届六次会议的政协委员列席市三届人大七次会议，听取临汾市中级人民法院工作报告和临汾市人民检察院工作报告。

3月23日下午4时30分，市政协三届六次会议举行第三次全体会议（闭幕大会），大会完成各项议程，在雄壮的国歌声中闭幕。市委书记罗清宇，市委副书记、市长岳普煜，市委副书记王文英，市政协主席乔成家，副主席陈玉士、谢碧玲、杨益民、张成梁、杨忠华、杨安虎，秘书长郭波在大会主席台前排就座。本次会议应到委员350人，实到316人，符合法定人数。大会由副主席杨安虎主持。市委副书记王文英作重要讲话。会议审议通过《政协第三届临汾市委员会常务委员会工作报告的决议》;审议通过《政协第三届临汾市委员会常务委员会关于市政协三届五次会议以来提案工作报告的决议》;审议通过《政协第三届临汾市委员会第六次会议政治决议》;审议通过有关人事事项。大会主席台就座的还有市领导徐树荣、黄翠莲、赵建民、李东洪、刘予强、乔建军、陈小洪、王振富、李新春、赵志坚、车胜良、原学义、王金珍、王振宇、陈纲,市中级人民法院代院长翟瑞卿,市人民检察院检察长苑涛,市委党校常务副校长王天郎,临汾经济技术开发区管委会主任尚日红,侯马经济技术开发区党工委书记毛克明,侯马经济技术开发区管委会主任、侯马市委书记李朝旗,山西师范大学临汾学院党委书记、市总工会主席梁崇太,临汾职业技术学院党委书记秦国杰、院长王超,市公安局局长马德荣。

【会议决议】

中国人民政治协商会议
第三届临汾市委员会第六次会议
关于常务委员会工作报告的决议

(2016年3月23日政协第三届临汾市委员会第六次会议通过)

中国人民政治协商会议第三届临汾市委员会第六次会议,听取并审议了乔成家主席代表市政协常务委员会所作的工作报告。

会议认为,过去的一年,在中共临汾市委的正确领导下,市政协常委会认真贯彻中共十八大和十八届三中、四中、五中全会和习近平总书记系列重要讲话精神,高举爱国主义、社会主义旗帜,大力弘扬团结民主两大主题,认真履行政治协商、民主监督、参政议政职能,坚持围绕中心,聚焦全市改革发展的重大事项,主动适应新常态,积极展现新作为,推动人民政协协商民主新发展,各项工作取得了新成绩。

会议认为,常委会工作报告提出的2016年工作建议要求明确,切实可行。会议批准乔成家主席代表常务委员会所作的工作报告。要求常委会抓好实施,务求实效。

中国人民政治协商会议
第三届临汾市委员会第六次会议
关于三届五次会议以来提案工作情况报告的
决　　议

(2016年3月23日政协第三届临汾市委员会第六次会议通过)

中国人民政治协商会议第三届临汾市委员会第六次会议,听取并审议通过了杨益民副主席代表常务委员会所作的关于政协第三届临汾市委员会第五次会议以来提案工作情况的报告,对报告提出的建议表示赞同,并要求市政协常务委员会认真组织实施。

中国人民政治协商会议
第三届临汾市委员会第六次会议
政　治　决　议

(2016年3月23日政协第三届临汾市委员会第六次会议通过)

中国人民政治协商会议第三届临汾市委员会第六次会议,于2016年3月21日至23日在临汾召开。

会议审议通过了乔成家主席所作的常委会工作报告和杨益民副主席所作的提案工作情况报告。会议期间,全体委员列席了市三届人大第七次会议,听取并赞同岳普煜市长所作的政府工作报告及其他报告。会议通过了有关人事事项。全体委员听取并学习讨论了中共临汾市委书记罗清宇,市委副书记、市长岳普煜;市委副书记王文英同志分别在开幕会、议政会和闭幕会上的重要讲话,增进了共识,凝聚了力量。

会议认为,刚刚过去的2015年,是全市积极应对经济下行压力,砥砺奋进,开拓创新,经济社会发展取得显著成效的一年。在党中央和省委的坚强领导下,中共临汾市委团结带领全市人民,以中共十八大、十八届三中、四中、五中全会精神和习近平总书记系列重要讲话精神为指引,认真贯彻落实

“四个全面”战略布局和中央、省的各项决策部署，主动适应经济发展新常态，坚持稳中求进总基调，扎实推进“稳增长、促改革、调结构、惠民生、防风险”等各项工作，较好地完成了全年各项目标任务，实现了“十二五”圆满收官。

会议指出，过去的一年，政协第三届临汾市委员会及其常务委员会认真贯彻中共临汾市委的决策部署，牢牢把握团结和民主两大主题，广泛动员市政协各参加单位、广大政协委员和各族各界人士，围绕推进文化旅游业发展、现代畜牧业发展、义务教育均衡发展等重大问题和人民群众普遍关注的热点难点问题，抓重点、攻难点，议大事、献良策，在助推临汾经济社会转型发展中履职尽责、彰显优势，在谋事干事中牢记使命、勇于担当，在履职能力建设上积极探索、开拓创新，充分发挥了人民政协协商民主重要渠道和专门协商机构的作用，各项工作取得新进展，顺利完成了三届五次会议确定的目标任务。

会议强调，2016 年是全面实施“十三五”规划的开局之年和全面深化改革的关键之年，也是本届市政协的换届之年。全市各级政协组织、广大政协委员和各族各界人士，要在中共临汾市委的正确领导下，深入学习贯彻中共十八大、十八届三中、四中、五中全会和习近平总书记系列重要讲话精神，紧紧围绕市委三届七次全会和全市经济工作会议提出的目标任务，扎实做好参政议政、民主协商工作，进一步提升履职能力和水平，努力做到协商更有效、监督更有力、建言更精准、团结更广泛，为我市“十三五”开好局、起好步，履职尽责，献智出力。

会议号召，全市各级政协组织、政协各参加单位和全体政协委员，要更加紧密地团结在以习近平同志为总书记的中共中央周围，在中共临汾市委的坚强领导下，围绕“四个全面”战略布局和市委三届七次全会确定的目标任务，认真履行政治协商、民主监督、参政议政职能，团结奋进、开拓创新，振奋精神、扎实工作，努力推进社会主义协商民主和人民政协事业向前发展，为实现我市全面建成小康社会做出新的更大贡献！

【委员名单(348 人)】

中共(23 人)

王全民　成　功　乔成家　刘小才　孙晓东
李江泽　李　竟　杨安虎　吴茂林　张三林
张东红　张成梁　张庆魁　张瑞萍(女)　陈小洪
陈振华　陈维明　周　波　屈波(女)　姚焕章
秦希强　徐慧琴(女)　程明温

民革(7 人)

马春丽(女)　刘光明　刘　丽(女)　闫完平(女)
李云岗　谢碧玲(女)　冀凤翔

民盟(9 人)

王海龙　王燕莉(女)　田云(女)　刘淑娟(女)
杨建军　杨益民　杨海岩　张李平　蒙　峻

民建(8 人)

刘　霞(女)　杨丽青(女)　张　立　张　鹏
赵忠孝　聂　力(女)　蔡志强　黎　卓(女)

民进(9 人)

马跟云　叶励民　朱亚慧(女)　杜秀红(女)
杨建新　陈杰芳(女)　贺洪英(女)　郭丽丽(女)
褚小平(女)

九三学社(6 人)

王全武　邓跃文　赵　强(女)　梁清燕(女)
褚春虎　薛俊苗(女)

无党派(8 人)

白占奎　刘淑红(女)　杨忠华　张建华
张春荣　陈华犁　郑武会　解建国

共青团(4 人)

王冬宁　尉　勇　李海龙　杨　鹏

总工会(9 人)

张立忠　张宏杰　曹红印　蔡海平　孙　铭(女)
岳　淼(女)　高　宇　曹鹏飞　梁　虎

妇联(6人)

杨清凤(女)　赵志琴(女)　郭俊芳(女)
王　英(女)　任俊风(女)　樊　倩(女)

青联(6人)

张优雅(女)　卜子涛　王翠(女)　李少飞
郭金钢　樊云超

工商联(23人)

乔冠峰　郭天龙　王继华(女)　冯永生　冯亚胜
毕云霞(女)　孙胜杰　孙慧云(女)　李　伟
李国辉　张小明　张弘荣　张晓华(女)　陈长水
林　友　罗国平　季　新　单保峰　赵国林
梁　博　董运行　澹台一民　魏　华

科协(3人)

曹寒冰　孔淑庆(女)　郝秀琴(女)

侨联(5人)

卢建华　史淑兰(女)　沈晓静(女)　张增瑞
罗永忠

文化艺术(17人)

王晓晖　任江波　刘玉林　孙忠晓　李青萍(女)
梁玉庆　潘国梁　亢金马　付慧萍(女)　行卫东
刘明星　孙建军　杨洋　张怀玉　郑亚兰(女)
郭　彬　葛晓辉

科技界(11人)

辛东平　张亚勤　张春生　王姣爱(女)　卢清峰
刘　剑　李玉晖　张立军　郭素铂　梁建荣
郭建军

社科界(11人)

崔艳萍(女)　任高杰　杜芳芳(女)　李志胜
宋晋宏　张鹏慧　袁慧芳(女)　郭宝爱(女)
席润民　韩腊丽(女)　焦国栋

经济界(53人)

弓记平　马晓罗　邓茂红　田中峰　刘志东
刘耀狮　李运动　李建学　李建珍　李俊平(女)
杨令平　吴　勇　张　驰　张　剑　陈顺堂
范春雷　郑　好(女)　赵建荣　赵德华　胡一锋
姚张红　徐新荣　黄　德　尉　俊　董春丽(女)
王贵娥(女)　亓华栋　孔鹏伟　宁建峰　乔全锁
任卫军　刘　凯　许　锐　李国栋　李学义
杨　艇　狄旭焱　张盼盼　张晓峰　陈　钊
陈林　武　学　苗永华　周建民　赵素丽(女)
郝宇峰　徐进力　黄新民　常崇斌　雷文阳
蔚宪宏　潘亚明　魏峰杰

农业界(24人)

周　廉　王君宏　安国旺　孙延震　李　岩
李　伟　陈亚俊　赵怀俭　郭翔　程世杰
冯建华　冯　慧(女)　成增强　李建红
杨红梅(女)　陈江　范敏正　南少凯　贺振宇
郭姝含(女)　曹淑珍(女)　董娟兰(女)　靳阳阳
樊国琴(女)

教育界(20人)

王小彦　王宁平　张学军　张宝仓　张　毅
陈　晶(女)　赵志轩　卫俊剑　王纯林　白顺序
吕笑钢　朱云龙　刘维仲　李红丽(女)　杨　军
张敏之(女)　索延晋　贾贵香(女)　常美娟(女)
崔　坚

体育界(4人)

牛鸿翔　杨延庆　王小红(女)　郭小燕(女)

新闻出版界(7人)

董　杰　卫博(女)　李安锋　李保河
杨慧静(女)　肖建华　檀晋光

医药卫生界(24人)

冯　斌　杨建宏　张　伟　张新枝(女)　柳红兵
翟少华　王晓强　王铁忠　史志明　史　炜
冯荣棠(女)　刘丹娜(女)　刘佳胜　苏江平
李宁波　李建义　张旭昀　张宝惠　张重辉(女)
岳楚燕(女)　秦　勇　贾春阳　薛华斌
薛艳玲(女)

社福界(6人)

王国庆　田荣善　冀林海　加力娜(女)　张立武
张晓华

少数民族(5人)

李琨　白茹(女)　李明义　杨克琦　霍聂鹏

宗教界(6人)

郭　琰　马丙瑞　刘根柱　杨森林　周润中
释净慈

特别邀请(34人)

鲁立波　李青彦　秦海玉　田怀宇　高雅铭
薛泽会　程延平　周希斌　张全管　曹丽娟(女)
尚　彬　费向前　李　伦　董　玲(女)　常立智
阴和平　郭婷慧(女)　高成锁　任吉龙　段玉明
韩　睿　李永芳　张欢虎　阎　鹏　吴吉红
席建国　李永升　杨对明　郝　巍　宋新亮
赵松强　薛小平　杨晓舟　乔建平

(王　军)

市政协四届一次会议

【大会情况】 2016年10月9日下午，临汾市政协四届一次会议举行预备会议。市政协主席乔成家主持会议。全省市县乡换届风气第十督查组组长王水成到会指导。市政协党组书记陈小洪，市委常委、组织部部长李新春，市政协副主席谢碧玲、杨益民、张成梁、杨忠华、杨安虎，大会执行主席刘小才、程明温、梁清燕、陈振华在主席台就座。本次大会应出席委员349人，实到346人，符合法定人数。会上，市委常委、组织部部长李新春作关于政协第四届临汾市委员会委员构成情况说明。市政协副主席张成梁宣读政协第四届临汾市委员会第一次会议临时党委名单。审议通过政协第四届临汾市委员会第一次会议主席团、主席团会议主持人和大会秘书长名单；审议通过政协第四届临汾市委员会第一次会议提案审查委员会组成人员名单；审议通过政协第四届临汾市委员会第一次会议议程和日程。

10月9日下午，市政协四届一次会议举行第一次主席团会议。会议审议通过政协第四届临汾市委员会第一次会议主席团常务主席名单；审议通过政协第四届临汾市委员会第一次会议逐日执行主席名单；审议通过政协第四届临汾市委员会第一次会议大会副秘书长名单；审议通过政协第四届临汾市委员会第一次会议列席人员范围及名额；审议通过政协第四届临汾市委员会第一次会议分组办法和小组召集人名单；审议通过会议期间委员提案截止时间决定。

10月9日晚，市委书记岳普煜，市委副书记、代市长刘予强专程前往政协委员驻地，看望出席市政协四届一次会议的委员。市领导雷健坤、乔成家、陈小洪、张建平、李新春一同看望。市政协副主席谢碧玲、杨益民、张成梁、杨忠华、杨安虎参加看望活动。

10月10日上午，市政协四届一次会议在天鹅大酒店开幕。市委书记岳普煜，市委副书记、代市长刘予强到会祝贺并在主席台前排就座。市政协主席乔成家，市政协党组书记陈小洪，副主席谢碧玲、杨益民、张成梁、杨忠华、杨安虎，大会执行主席刘小才、程明温、梁清燕、陈振华在主席台前排就座。全省市县乡换届风气第十督查组组长王水成及督查组成员到会指导。开幕大会由副主席张成梁主持，本次会议应到委员349人，实到345人，符合法定人数。市委书记岳普煜代表临汾市委对大会召开表示祝贺，作重要讲话。政协主席乔成家作市政协常委会工作报告。副主席杨益民作提案工作情况报告。在大会主席台就座的还有市领导雷健坤、徐树荣、乔建军、张建平、张晓永、王振宇、李新春、李朝旗、陈纲、郭行杰、杨治平、王醒安、原学义、王金珍、赵建民、陈忠辉、王兵，市中级人民法院院长翟瑞卿，市人民检察院检察长苑涛，市委党校常务副校长王天郎，市政府党组成员、市编办主任毛克明，临汾职业技术学院党委书记秦国杰、院长王超，市公安局局长马德荣，山西师范大学临汾学院党委书记张支平，离退休老同志樊纪亨、陈长禄、张岗望、杨玉龙、成继东出席会议。

10月10日下午，参加市政协四届一次会议的全体政协委员分别在各驻地会场举行分组讨论，市政协主席乔成家，市政协党组书记陈小洪，副主席谢碧玲、杨益民、张成梁、杨忠华、杨安虎分别参加讨论。

3月11日上午，参加市政协四届一次会议的政协委员，列席市四届人大一次会议，听取临汾市代市长刘予强作《政府工作报告》。

10月11日下午，政协第四届临汾市委员会第一次会议举行第二次全体会议。乔成家、陈小洪、李新春、谢碧玲、杨益民、张成梁、杨忠华、杨安虎、刘小才、程明温、梁清燕、陈振华在主席台就座。谢碧玲主持会议。市委常委、组织部部长李新春作关于政协第四届临汾市委员会主席、副主席、秘书长、常务委员候选人名单(草案)的说明。

10月11日下午，参加市政协四届一次会议全体政协委员在驻地会场进行分组讨论。市政协主席乔成家，市政协党组书记陈小洪，副主席谢碧玲、杨益民、张成梁、杨忠华、杨安虎分别参加讨论。

10月12日上午，参加市政协四届一次会议的全体政协委员分组讨论《政府工作报告》、会议有关决议(草案)等内容。市政协主席乔成家，市政协党组书记陈小洪，副主席谢碧玲、杨益民、张成梁、杨忠华、杨安虎与委员们一起讨论。

10月12日上午，市政协四届一次会议举行第三次全体会议，听取政协委员议政发言。本次大会征集委员议政发言材料46篇，将33篇汇编成册。9位市政协常委和委员在大会上进行议政发言。市委副书记、代市长刘予强，市政协主席乔成家，市政协党组书记陈小洪，副市长陈忠辉，副主席谢碧玲、杨益民、张成梁、杨忠华、杨安虎，大会执行主席刘小才、程明温、梁清燕、陈振华在主席台前排就座。副主席杨忠华主持会议。本次会议应出席委员349人，实到委员342人，符合法定人数。大会听取市政协委员刘光明《关于打造陶寺文化的建议》的发言；市政协委员、民盟临汾市委副主委杨军《关于加快我市养老事业发展的建议》的发言；市政协委员杨丽青《加快推进我市职业教育发展》的发言；市政协常委、民进临汾市委副主委朱亚慧《关于做大做强我市旅游产业的建议》的发言；市政协委员薛俊苗《关于加快推进市区地下综合管廊建设的建议》的发言；市政协委员罗国平《关于临汾城市发展规划及市容环境的建议》的发言；市政协委员常立智《新常态下投资的有效性亟待提高》的发言；市政协委员郭翔《脱贫攻坚关键在于“精准”》的发言；市政协委员杨建新《关于大力发展乡村旅游的建议》的发言。在听取政协委员们的议政发言之后，刘予强作重要讲话。

10月12日下午，市政协四届一次会议举行第二次主席团会议。市政协主席乔成家主持。会议审议通过政协第四届临汾市委员会主席、副主席、秘书长、常务委员候选人名单；审议通过政协第四届临汾市委员会第一次会议选举办法(草案)；审议通过政协第四届临汾市委员会第一次会议总监票人、监票人、总计票人名单(草案)；审议通过关于政协第三届临汾市委员会常务委员会工作报告的决议(草案)；审议通过关于政协第三届临汾市委员会常务委员会提案工作报告的决议(草案)；审议通过政协第四届临汾市委员会第一次会议政治决议(草案)。

10月12日下午，市政协四届一次会议举行第四次全体会议。市政协主席乔成家，市政协党组书记陈小洪，副主席谢碧玲、杨益民、张成梁、杨忠华、杨安虎，大会执行主席刘小才、程明温、梁清燕、陈振华在主席台前排就座。副主席杨安虎主持会议。全省市县乡换届风气第十督查组组长王水成及督查组成员到会指导。会议应到委员349名，实到340名，符合法定人数。会议通过政协第四届临汾市委员会第一次会议选举办法；通过政协第四届临汾市委员会第一次会议总监票人、监票人、总计票人名单；选举产生政协第四届临汾市委员会主席、副主席、秘书长和常务委员。会议以无记名投票方式选举陈小洪为政协第四届临汾市委员会主席；选举杨安虎、杨益民、杨忠华、刘小才、程明温、梁清燕为政协第四届临汾市委员会副主席；选举陈振华为政协第四届临汾市委员会秘书长；选举王英、王全民等55人为政协第四届临汾市委员会常务委员。

10月12日晚，市政协四届一次会议召开提案审查委员会会议。市政协副主席杨益民出席会议。提案审查委员会成员学习政协提案工作的有关规定；会议宣读提案审查分组名单；各提案审查组对提案逐件进行审查。该次大会委员提案283件，立案 213 件，作为意见和其他处理的 70 件。

10 月 13 日上午，参加市政协四届一次会议的政协委员列席市四届人大一次会议，听取临汾市中级人民法院工作报告和临汾市人民检察院工作报告。

10 月 13 日下午 3 时，市政协四届一次会议举行第五次全体会议（闭幕大会），大会完成各项议程，在雄壮的国歌声中闭幕。市委书记岳普煜，市委副书记、代市长刘予强，大会执行主席乔成家、陈小洪、杨安虎、杨益民、杨忠华、刘小才、程明温、梁清燕、谢碧玲、张成梁、陈振华在主席台前排就座。全省市县乡换届风气第十督查组组长王水成及督查组成员到会指导。该次大会应出席委员 349 名，实到 342 名，符合法定人数。乔成家主持会议。会议审议通过《政协第三届临汾市委员会常务委员会工作报告的决议》；审议通过《政协第三届临汾市委员会常务委员会提案工作报告的决议》；审议通过《政协第四届临汾市委员会第一次会议政治决议》。

【会议决议】

中国人民政治协商会议
第四届临汾市委员会第一次会议
关于政协第三届临汾市委员会常务委员会
工作报告的决议

（2016 年 10 月 13 日政协第四届临汾市委员会第一次会议通过）

中国人民政治协商会议第四届临汾市委员会第一次会议，听取并审议了乔成家同志代表政协第三届临汾市委员会常务委员会所作的工作报告。

会议认为，三届市政协任期的五年，是我市应对重大挑战、经受重大考验、克服重大困难、取得重大成绩的五年，也是市政协职能作用充分发挥，社会影响日益扩大，政协事业蓬勃发展的五年。五年来，在中共临汾市委的坚强领导下，在市人大、市政府的大力支持下，三届市政协牢牢把握团结和民主两大主题，紧紧围绕全市工作中心和大局，切实履行政治协商、民主监督和参政议政职能，充分发挥了协调关系、汇聚力量、建言献策、服务大局的作用，为推动临汾经济发展、民生改善、社会和谐，为促进全市改革开放和现代化建设做出了重要贡献。

会议认为，报告对过去五年工作的回顾总结，全面反映了三届市政协积极作为，发挥作用的履职风采，体现了三届市政协认真履行三大职能，为推动全市经济社会发展所做出的重要贡献。报告对今后五年工作的建议，贯彻了中共十八大和市第四次党代会精神，坚持了围绕中心、服务大局的履职原则，突出了政协工作的特点优势，对进一步做好全市政协工作具有重要指导意义。

会议批准政协第三届临汾市委员会常务委员会工作报告。

中国人民政治协商会议
第四届临汾市委员会第一次会议
关于政协第三届临汾市委员会常务委员会
提案工作报告的决议

（2016 年 10 月 13 日政协第四届临汾市委员会第一次会议通过）

中国人民政治协商会议第四届临汾市委员会第一次会议，听取并审议通过了杨益民同志代表政协第三届临汾市委员会常务委员会所作的提案工作报告。

中国人民政治协商会议
第四届临汾市委员会第一次会议
政　治　决　议

（2016 年 10 月 13 日政协第四届临汾市委员会第一次会议通过）

中国人民政治协商会议第四届临汾市委员会第一次会议，于 2016 年 10 月 10 日至 13 日在临汾举行。

会议听取并赞同刘予强代市长所作的政府工作报告，听取并赞同市中级人民法院工作报告、市人民检察院工作报告以及其他报告；会议批准乔成家同志所作的政协第三届临汾市委员会常务委员会工作报告，批准杨益民同志所作的政协第三届临汾市委员会常务委员会提案工作报告；会议选举产生了四届临汾市政协常务委员会组成人员。中共临汾市委书记岳普煜，市委副书记、代市长刘予强同志分别在开幕会、议政会上作了重要讲话,对做好新时期人民政协工作提出了殷切希望和明确要求。全体政协委员以饱满的政治热情和高度的责任感,认真履行职责,积极协商议政,紧紧围绕事关临汾长远发展和人民群众切身利益的重大问题,提出了很多真知灼见。会议开得隆重热烈,圆满成功,是一次承前启后、继往开来的大会,是一次民主求实、团结鼓劲的大会。

会议认为,过去的五年,是临汾实施"十二五"规划,开启"十三五"规划的重要时期。五年来,临汾市委、市政府在党中央和省委的坚强领导下,团结带领全市人民,深入学习贯彻中共十八大、十八届三中、四中、五中全会精神和习近平总书记系列重要讲话精神,认真落实省委各项决策部署,始终保持政治定力、发展定力、实干定力,统筹推进稳增长、促改革、调结构、惠民生、防风险等各项工作,开创了临汾经济社会发展的新局面。政府工作报告实事求是回顾总结了过去五年临汾经济社会发展取得的重大成就和宝贵经验,着眼决胜全面小康、实现振兴崛起的伟大征程,提出了今后五年我市经济社会发展的总体要求和主要目标,对于推进我市各项工作具有指导性、针对性和操作性。广大委员对过去工作给予充分肯定,对决胜全面小康充满信心。

会议认为,三届市政协任期的五年,是我市应对重大挑战、经受重大考验、克服重大困难、取得重大成绩的五年,也是市政协职能作用充分发挥,社会影响日益扩大,政协事业蓬勃发展的五年。五年来,在中共临汾市委的坚强领导下,在市人大、市政府的大力支持下,三届市政协牢牢把握团结和民主两大主题,紧紧围绕全市工作中心和大局,切实履行政治协商、民主监督和参政议政职能,充分发挥了协调关系、汇聚力量、建言献策、服务大局的作用,为推动临汾经济发展、民生改善、社会和谐,为促进全市改革开放和现代化建设做出了重要贡献。

会议指出,今后五年,是决胜全面小康的攻坚期、决胜期,也是临汾大有作为、加快发展的重要战略机遇期。立足新起点、实现新作为、做出新贡献,是时代赋予四届市政协的崇高使命和光荣职责。新一届市政协要高举中国特色社会主义伟大旗帜,在中共临汾市委的坚强领导下,紧紧围绕推进"十三五"规划、大力实施市第四次党代会确定的"345"战略和市政府"12345"工作思路,认真履行职能,发挥更大作用,努力做到协商民主有新进展、民主监督有新举措、参政议政有新突破,不忘初心、扎实工作,为临汾决胜全面小康、实现振兴崛起做出新的更大贡献。

会议要求,全市各级政协组织和广大政协委员要始终坚持中国共产党的领导,与市委同心同向、合力合拍,确保人民政协事业发展的正确方向。要紧紧围绕中心、服务大局,突出履职重点,展现政协特色,为临汾振兴崛起献智出力。要牢牢把握团结和民主两大主题,积极促进大团结大联合,为临汾改革开放和现代化建设凝聚人心和力量。要切实加强履职能力建设,提升素质,强基固本,不断提高政协工作科学化水平。

会议号召,全市各级政协组织、各参加单位和广大政协委员,要紧密团结在以习近平同志为总书记的党中央周围,在中共临汾市委的坚强领导下,高举中国特色社会主义伟大旗帜,深入学习贯彻中共十八大以来的路线方针政策,按照市第四次党代会部署要求,紧紧围绕全市工作中心和发展大局,认真履行三大职能,充分发挥协调关系、汇聚力量、建言献策、服务大局的重要作用,同心同德,开拓创新,奋发有为,积极进取,为建设富裕、文明、绿色、幸福新临汾而努力奋斗!

【领导简介】

·第四届临汾市委员会主席简介·

陈小洪

陈小洪,男,汉族,1962 年 11 月生,山西夏县人,大学学历,工学学士。1984 年 8 月参加工作,1984 年 6 月加入中国共产党。

参加工作后曾任太原工业大学团委副书记;1991 年 12 月任太原工业大学团委书记;1994 年 6 月任山阴县副县长;2002 年 4 月任朔州市委副秘书长;2004 年 8 月任右玉县委副书记、县长;2008 年 4 月任右玉县委书记;2011 年 8 月任临汾市副市长;2013 年 4 月任临汾市委常委、政法委书记(期间:2014 年 4 月至 2015 年 5 月主持古县县委全面工作）；2016年8月任临汾市委常委、市政协党组书记，2016年9月任临汾市政协党组书记。

2016年10月当选政协第四届临汾市委员会主席。

·政协第四届临汾市委员会副主席简介·

杨安虎

杨安虎，男，汉族，1963年1月生，山西襄汾人，大学学历，农学学士。1983年8月参加工作，1984年12月加入中国共产党。

参加工作后曾任浮山县委常委、组织部部长，浮山县委副书记、组织部部长；2006年6月任吉县县委副书记、代县长；2007年5月任吉县县委副书记、县长；2008年4月任乡宁县委副书记、代县长；2008年6月任乡宁县委副书记、县长；2009年8月任乡宁县委书记、县长；2009年10月任乡宁县委书记；2014年4月任临汾市政协党组成员、副主席，乡宁县委书记；2016年7月任临汾市政协党组成员、副主席；2016年10月任临汾市政协党组副书记、副主席。

中共第三届临汾市委员会委员；临汾市第二届、第三届人大代表；政协第三届临汾市委员会委员。

2016年10月当选政协第四届临汾市委员会副主席。

杨益民

杨益民，男，汉族，1957年2月生，山西临汾尧都区人，大学学历，文学学士。1975年3月参加工作，1986年6月加入民盟，1990年12月加入中国共产党。

参加工作后曾任临汾一中教研室副主任；2002年3月任民盟临汾市委主委、临汾一中教研室副主任；2003年9月任临汾一中副校长、党委委员，民盟临汾市委主委；2006年4月任临汾市政协副主席兼临汾一中副校长、党委委员，民盟山西省委常委，民盟临汾市委主委。

政协第九届、第十届山西省委员会委员，政协第一届临汾市委员会委员、常委，政协第二届、第三届临汾市委员会委员。

2016年10月当选政协第四届临汾市委员会副主席。

杨忠华

杨忠华，男，汉族，1962年9月生，山西翼城人，省委党校大专学历。1983年9月参加工作，无党派。

参加工作后曾任翼城县爱委会副主任，体委副主任，计生委副主任；1998年6月任翼城县人大常委会副主任；2002年4月任翼城县政府副县长；2011年8月任临汾市政协副主席。

政协第十一届山西省委员会委员、常委；政协第二届临汾市委员会委员、常委；政协第三届临汾市委员会委员。

2016年10月当选政协第四届临汾市委员会副主席。

刘小才

刘小才，男，汉族，1960年8月生，山西襄汾人，大专学历。1982年7月参加工作，1986年4月加入中国共产党。

参加工作后曾任临汾一中团委书记，临汾地区纪委副科级检查员、正科级检查员；1998年9月任临汾地区纪委（监委）信访室（举报中心）主任；2000年10月任临汾市纪委（监委）信访室（举报中心）主任；2002年1月任临汾市纪委常委、监委委员；2007年1月任临汾市纪委调研员；2008年6月任临汾市纪委常委；2010年7月任临汾市纪委副书记；2013年4月任临汾市纪委常务副书记；2016年9月任临汾市政协党组成员。

2016年10月当选政协第四届临汾市委员会副主席。

程明温

程明温,男,汉族,1963 年 10 月生,山西浮山人,大学学历,农学学士。1984 年 8 月参加工作,1986 年 5 月加入中国共产党。

参加工作后曾任浮山县乔家垣乡党委副书记、乡长,浮山县驻太原办事处副主任,浮山县北王乡党委副书记、乡长,浮山县史演河乡党委书记,浮山县东张乡党委书记;2004 年 12 月任浮山县副县长;2007 年 4 月任浮山县委常委、宣传部部长,2008 年 6 月任尧都区副区长;2009 年 10 月任大宁县委副书记、代县长;2009 年 11 月任大宁县委副书记、县长;2011 年 5 月任襄汾县委副书记、代县长;2011 年 6 月任襄汾县委副书记、县长;2013 年 4 月任临汾市财政局党组副书记、局长;2015 年 7 月任临汾市财政局党组书记、局长;2016 年 8 月任临汾市政协党组成员。

2016 年 10 月当选政协第四届临汾市委员会副主席。

梁清燕

梁清燕,女,汉族,1965 年 4 月生,山西襄汾人,大学学历,农学学士,农业推广硕士,农业推广研究员。1985 年 8 月参加工作,2000 年 6 月加入九三学社,2000 年 10 月加入中国共产党。

参加工作后曾任临汾地区农业局经济作物办公室副主任;2005 年 5 月任侯马市副市长;2010 年 12 月任侯马市副市长、九三学社临汾市委主委;2015 年 9 月任临汾市科学技术局局长、九三学社临汾市委主委;2016 年 9 月任九三学社临汾市委主委。

政协第十一届山西省委员会委员;九三学社第九届山西省委员会委员、常委;政协第一届、第二届临汾市委员会委员,政协第三届临汾市委员会委员、常委。

2016 年 10 月当选政协第四届临汾市委员会副主席。

·政协第四届临汾市委员会秘书长简介·

陈振华

陈振华,男,汉族,1962 年 3 月生,山西洪洞人,大学学历,文学学士。1983 年 9 月参加工作,1985 年 4 月加入中国共产党。

参加工作后曾任临汾军分区司令部正营职参谋;1996 年 5 月任原县级临汾市人武部副部长;1999 年 4 月任蒲县县委常委、人武部政委;2004 年 3 月任蒲县县委常委;2005 年 4 月任蒲县县委常委、县委办公室主任兼县委系统工委书记;2006 年 6 月任蒲县副县长;2011 年 6 月任蒲县县委常委、常务副县长;2016 年 8 月任市政协党组成员、办公厅主任。

2016 年 10 月当选政协第四届临汾市委员会秘书长。

【委员名单(348 人)】

中共(23 人)

王全民　成　功　乔成家　刘小才　孙晓东
李江泽　李　竟　杨安虎　吴茂林　张三林
张东红　张成梁　张庆魁　张瑞萍(女)　陈小洪
陈振华　陈维明　周　波　屈　波(女)　姚焕章
秦希强　徐慧琴(女)　程明温

民革(7 人)

马春丽(女)　刘光明　刘　丽(女)　闫完平(女)
李云岗　谢碧玲(女)　冀凤翔

民盟(9 人)

王海龙　王燕莉(女)　田　云(女)　刘淑娟(女)
杨建军　杨益民　杨海岩　张李平　蒙　峻

民建(8 人)

刘　霞(女)　杨丽青(女)　张　立　张　鹏
赵忠孝　聂　力(女)　蔡志强　黎　卓(女)

民进(9人)

马跟云　叶励民　朱亚慧(女)　杜秀红(女)
杨建新　陈杰芳(女)　贺洪英(女)　郭丽丽(女)
褚小平(女)

九三学社(6人)

王全武　邓跃文　赵　强(女)　梁清燕(女)
褚春虎　薛俊苗(女)

无党派(8人)

白占奎　刘淑红(女)　杨忠华　张建华
张春荣　陈华犁　郑武会　解建国

共青团(4人)

王冬宁　尉　勇　李海龙　杨　鹏

总工会(9人)

张立忠　张宏杰　曹红印　蔡海平　孙　铭(女)
岳淼(女)　高宇　曹鹏飞　梁虎

妇联(6人)

杨清凤(女)　赵志琴(女)　郭俊芳(女)
王　英(女)　任俊风(女)　樊　倩(女)

青联(6人)

张优雅(女)　卜子涛　王　翠(女)　李少飞
郭金钢　樊云超

工商联(23人)

乔冠峰　郭天龙　王继华(女)　冯永生　冯亚胜
毕云霞(女)　孙胜杰　孙慧云(女)　李　伟
李国辉　张小明　张弘荣　张晓华(女)　陈长水
林　友　罗国平　季　新　单保峰　赵国林
梁　博　董运行　澹台一民　魏　华

科协(3人)

曹寒冰　孔淑庆(女)　郝秀琴(女)

侨联(5人)

卢建华　史淑兰(女)　沈晓静(女)　张增瑞
罗永忠

文化艺术(17人)

王晓晖　任江波　刘玉林　孙忠晓　李青萍(女)
梁玉庆　潘国梁　亢金马　付慧萍(女)　行卫东
刘明星　孙建军　杨洋　张怀玉　郑亚兰(女)
郭彬　葛晓辉

科技界(11人)

辛东平　张亚勤　张春生　王姣爱(女)　卢清峰
刘　剑　李玉晖　张立军　郭素铂　梁建荣
郭建军

社科界(11人)

崔艳萍(女)　任高杰　杜芳芳(女)　李志胜
宋晋宏　张鹏慧　袁慧芳(女)　郭宝爱(女)
席润民　韩腊丽(女)　焦国栋

经济界(53人)

弓记平　马晓罗　邓茂红　田中峰　刘志东
刘耀狮　李运动　李建学　李建珍　李俊平(女)
杨令平　吴　勇　张　驰　张　剑　陈顺堂
范春雷　郑　好(女)　赵建荣　赵德华　胡一锋
姚张红　徐新荣　黄　德尉　俊　董春丽(女)
王贵娥(女)　亓华栋　孔鹏伟　宁建峰　乔全锁
任卫军　刘　凯　许　锐　李国栋　李学义
杨　艇　狄旭焱　张盼盼　张晓峰　陈　钊
陈　林　武　学　苗永华　周建民　赵素丽(女)
郝宇峰　徐进力　黄新民　常崇斌　雷文阳
蔚宪宏　潘亚明　魏峰杰

农业界(24人)

周　廉　王君宏　安国旺　孙延震　李　岩
李　伟　陈亚俊　赵怀俭　郭　翔　程世杰
冯建华　冯　慧(女)　成增强　李建红
杨红梅(女)　陈　江　范敏正　南少凯
贺振宇　郭姝含(女)　曹淑珍(女)　董娟兰(女)
靳阳阳　樊国琴(女)

教育界(20人)

王小彦　王宁平　张学军　张宝仓　张　毅
陈　晶(女)　赵志轩　卫俊剑　王纯林　白顺序
吕笑钢　朱云龙　刘维仲　李红丽(女)　杨　军
张敏之(女)　索延晋　贾贵香(女)　常美娟(女)
崔　坚

体育界(4人)

牛鸿翔　杨延庆　王小红(女)　郭小燕(女)

新闻出版界(7人)

董　杰　卫　博(女)　李安锋　李保河
杨慧静(女)　肖建华　檀晋光

医药卫生界(24人)

冯　斌　杨建宏　张　伟　张新枝(女)　柳红兵
翟少华　王晓强　王铁忠　史志明　史　炜
冯荣棠(女)　刘丹娜(女)　刘佳胜　苏江平
李宁波　李建义　张旭昀　张宝惠　张重辉(女)
岳楚燕(女)　秦　勇　贾春阳　薛华斌
薛艳玲(女)

社福界(6人)

王国庆　田荣善　冀林海　加力娜(女)　张立武
张晓华

少数民族(5人)

李　琨　白　茹(女)　李明义　杨克琦　霍聂鹏

宗教界(6人)

郭　琰　马丙瑞　刘根柱　杨森林　周润中
释净慈

特别邀请(34人)

鲁立波　李青彦　秦海玉　田怀宇　高雅铭
薛泽会　程延平　周希斌　张全管　曹丽娟(女)
尚　彬　费向前　李　伦　董玲(女)　常立智
阴和平　郭婷慧(女)　高成锁　任吉龙　段玉明
韩　睿　李永芳　张欢虎　阎　鹏　吴吉红
席建国　李永升　杨对明　郝　巍　宋新亮
赵松强　薛小平　杨晓舟　乔建平

(王　军)

市政协三届常委会

·第二十九次会议·

3月15日上午,市政协召开三届二十九次常委会议。市政协主席乔成家,副主席杨益民、张成梁、杨忠华、杨安虎,秘书长郭波及常委会组成人员出席会议。乔成家主持会议。本次会议应出席常委52人,实到43人,符合法定人数。副市长陈忠辉应邀列席会议。会议听取市政府办公厅关于《政府工作报告(征求意见稿)》的说明;听取张成梁关于《政协临汾市委员会常务委员会工作报告(讨论稿)》的说明;听取杨益民关于《政协第三届临汾市委员会常务委员会关于市政协三届五次会议以来提案工作情况报告(讨论稿)》的说明。市政协常委们分组讨论政府工作报告(征求意见稿)、政协常委会工作报告(讨论稿)和政协常委会提案工作报告(讨论稿)以及政协第三届临汾市委员会第六次会议有关事项和人事事项。会议协商讨论《政府工作报告(征求意见稿)》;审议通过《政协临汾市委员会常务委员会工作报告》及报告人;审议通过《政协第三届临汾市委员会常务委员会关于市政协三届五次会议以来提案工作情况报告》及报告人;审议通过政协第三届临汾市委员会第六次会议有关事项;通过人事事项。经会议决定,将于3月21日至23日召开政协第三届临汾市委员会第六次会议。

·第三十次会议·

3月20日上午,市政协召开三届三十次常委会议。市政协主席乔成家,副主席陈玉士、谢碧玲、杨益民、张成梁、杨忠华、杨安虎,秘书长郭波及常委会组成人员出席会议。乔成家主持会议。本次会议应出席常委52人,实到42人,符合法定人数。会议听取市委组织部负责成员关于人事事项的说明。会议审议通过《中国人民政治协商会议第三届临汾市委员会常务委员会关于接受陈毅林等辞去委员职务的决定》;审议通过《中国人民政治协商会议第三届临汾市委员会常务委员会关于增补委员的决定》。

·第三十一次会议·

3月23日上午,市政协召开三届三十一次常委会议。市政协主席乔成家,市政协副主席陈玉士、谢碧玲、杨益民、张成梁、杨忠华、杨安虎,秘书长郭波及常委会组成人员出席会议。乔成家主持会议。本次会议应出席常委52人,实到44人,符合法定人数。会议审议通过《关于政协临汾市委员会常务委员会工作报告的决议(草案)》;审议通过《政协临汾市委员会常务委员会关于三届五次会议以来提案工作情况报告的决议(草案)》;审议通过《政协第三届临汾市委员会第六次会议政治决议(草案)》;通过有关人事事项。

·第三十二次会议·

9月26日下午,市政协召开三届三十二次常委会议。市政协主席乔成家,副主席谢碧玲、杨益民、张成梁、杨忠华、杨安虎及常委会组成人员出席会议。本次会议应出席常委52人,实到45人,符合法定人数。乔成家、张成梁分别主持开幕、闭幕会议。会议听取市政府办公厅关于《政府工作报告(征求意见稿)》的说明;听取市委组织部关于《政协第四届临汾市委员会委员建议名单》的说明;听取张成梁关于《政协第三届临汾市委员会常务委员会工作报告(讨论稿)》的说明;听取杨益民关于《政协第三届临汾市委员会常务委员会提案工作报告(讨论稿)》的说明。市政协常委进行分组讨论。会议协商讨论《政府工作报告(征求意见稿)》;审议通过关于召开政协第四届临汾市委员会第一次会议决定;审议通过政协第四届临汾市委员会第一次会议议程、日程;协商通过政协第四届临汾市委员会委员名单;审议通过《政协第三届临汾市委员会常务委员会工作报告》和报告人;审议通过《政协第三届临汾市委员会常务委员会提案工作报告》和报告人;审议通过政协第四届临汾市委员会第一次会议有关事项;通过有关人事事项。经会议决定,于2016年10月9日至13日召开政协第四届临汾市委员会第一次会议。

(王　军)

市政协四届常委会

·第一次会议·

2016年12月12日至13日,市政协召开四届一次常委会议。会议围绕临汾市脱贫攻坚工作和市政协建设高素质委员队伍的重要课题进行专题协商。市政协主席陈小洪,副主席杨安虎、杨益民、杨忠华、刘小才、程明温、梁清燕,秘书长陈振华及常委会组成人员出席会议。该次会议应出席常委54人,实到52人,符合法定人数。陈小洪、杨安虎分别主持开幕会和闭幕会。副市长陈忠辉以及市农委、市扶贫局、市财政局等7个市直有关部门负责人应邀列席会议。大会举行两次全体会议和一次分组讨论,陈忠辉代表市政府报告全市脱贫攻坚工作情况;会议审议通过《关于扎实推进我市脱贫攻坚工作的建议》;审议通过《政协临汾市委员会委员履职工作规则》;通过有关人事事项。

(王　军)

纪检　监察

党风廉政建设和反腐败工作

【概述】　2016年，是临汾市实施“十三五”规划的开局之年，是协调推进“四个全面”战略布局的关键一年。全市各级党组织学习贯彻习近平总书记系列重要讲话精神，落实中央、省委和市委有关工作要求，强化政治责任，从严治党管党，推动正风反腐取得重要进展，反腐败斗争压倒性态势形成，党风政风社会风气好转。在省纪委和市委领导下，全市各级纪检机关深入开展“两学一做”学习教育，履行党章赋予的职责，牢固树立“四个意识”，忠实履行党章赋予的职责，持之以恒整治“四风”，惩治腐败，全市党风廉政建设和反腐败工作取得新进展、新成效。

市四次党代会以来，新一届市纪委常委会把学习贯彻六中全会精神放在突出位置，维护党的领导核心和中央权威，同以习近平同志为核心的党中央保持高度一致，按照市党代会的安排部署，在全面从严治党中坚守职责定位，严肃党内政治生活，加强党内监督，严肃追责问责，为建设富裕、文明、绿色、幸福新临汾提供坚强纪律保障。

（亢瑞瑞）

纪律建设

【概述】　纪律是党的生命线。坚持把纪律建设摆在突出位置，开展纪律教育，狠抓执纪监督，以政治纪律为纲，带动其他纪律执行。

【政治纪律】　2016年是临汾市“纪律教育年”，各级党组织要突出政治纪律，加大宣讲、培训力度，引导全市党员干部坚守共产党人精神追求，筑牢拒腐防变思想道德防线。党员领导干部要提高看齐意识，增强政治警觉性和政治鉴别力，站稳立场、把准方向，忠诚于党，履行管党治党政治责任，做到“五个必须”要求，坚决防止“七个有之”现象。各级纪检监察机关要推进对政治纪律执行情况的监督检查，坚决纠正上有政策、下有对策，有令不行、有禁不止，确保政令畅通；严肃查处搞团团伙伙、结党营私，政治利益和经济利益相互勾连问题，坚决维护党的团结统一。

【《准则》《条例》】　2016年，临汾市各级党组织把学习贯彻《准则》和《条例》，作为重要政治任务抓紧抓好，注重规范惩戒、严明纪律底线，引导向善向上、树起道德高线。党员干部要紧密联系实际，在学深悟透、融会贯通上下功夫，把廉洁自律要求和纪律处分规定刻印在心。各级纪检监察机关加大对违纪行为的查处和警示教育力度，以“六项纪律”为尺子，以眼里不揉沙子的认真劲儿，把纪律严起来、执行到位；从信访受理、线索处置、谈话函询，到纪律审查、调查谈话、审理报告，坚持挺纪在前，让制度发力、纪律生威。

【换届纪律】　2016年是临汾市、县、乡换届年。加大宣传力度，学习换届纪律要求，从思想源头上杜绝不正之风的产生。强化警示教育，深入剖析查处的选人用人方面的典型案例，督促党员干部从中汲取教训。加强监督检查，把严格监督贯穿于干部提名推荐、考察公示和换届选举的各个环节，做好党员领导干部“党风廉政意见回复”工作，把好干部“入口关”。畅通监督渠道，落实“九个严禁”，严肃查处不听招呼、顶风违纪，跑官要官、买官卖官，拉票贿选、干扰换届等行为。提高对举报线索的鉴别分析，警惕一些人散布谣言、诬告陷害、制造混乱，保证换届工作风清气正、顺利进行。

（亢瑞瑞）

落实“两个责任”

【主体责任落实】 2016年，临汾市委统筹谋划，常委会11次专题研究党风廉政建设和反腐败工作。出台责任清单、工作约谈、党委巡察、监督提醒和“四述”等5个实施办法，为落实主体责任提供抓手。

规范约谈工作。市委书记岳普煜对17个县(市、区)委书记逐一约谈。换届后分3批对新任职副县级年轻干部、各县(市、区)党政正职、市直单位现任正职领导干部进行集体谈话。市长刘予强先后3次对政府系统党员领导干部进行集体约谈；市四大班子领导对分管系统和包联县(市、区)党员领导干部进行廉政约谈。

支持和保障纪检机关查办违纪违法案件，定期审阅信访线索，研判反腐败斗争形势。落实责任追究，以问责倒逼主体责任落实。

完善反腐败协调小组职能，听取反腐败协调小组工作汇报，协调解决各成员单位在案件查办过程中遇到的困难和问题。支持纪检机关“转职能、转方式、转作风”，为纪检机关聚焦监督、执纪、问责主业主责创造良好环境。推进监察体制改革试点工作。市委书记岳普煜深入洪洞县、永和县就监察体制改革进行实地调研，督促落实。

抓住主体责任这个“牛鼻子”，把全面从严治党贯彻到党的各项工作中，注重日常、抓早抓小、防微杜渐。坚决执行“两个责任”实施意见，落实责任清单、工作约谈、监督提醒等实施办法。督促各级党组织特别是一把手，负起教育监督责任，多做同志式的谈心谈话，对反映干部工作作风和廉洁自律等苗头性、倾向性问题，约谈提醒。协助市委落实从严管党治党主体责任，维护党章权威，建立完善“四述”工作机制、“五人小组”约谈工作办法，严肃党内政治生活，净化政治生态。汲取山西省系统性、塌方式腐败的深刻教训，运用“四种形态”，挺纪在前、抓早抓小，坚决查处违反党的政治纪律和政治规矩、组织纪律等行为，采取有力措施，解决党的意识淡薄、组织涣散、纪律松弛等问题，完成省委巡视整改工作，把全面从严治党引向深入。推进作风建设，执行中央“八项规定”精神，紧盯“四风”隐形变异问题和重要时间节点，坚持抓常、抓细、抓长，推动干部作风全面向好。

【监督责任落实】 2016年，临汾市纪委站稳立场，把准方向，在全面从严治党中找准职责定位，严格履行监督职责。围绕“六责”工作思路格执行“两个责任”实施意见，落实责任清单、工作约谈、监督提醒、深化“四述”等实施办法，为各级党委、纪委落实“两个责任”规定动作，提供抓手。根据市委安排，对市、县两级党委、党组特别是市委及班子成员落实责任情况进行回头看，督促各级党组织特别是一把手，负起教育监督责任，形成党委落实主体责任“不甩手”、纪委落实监督责任“不松手”的党风廉政建设新格局。

【追责问责】 2016年，临汾市纪委贯彻《中国共产党问责条例》，对党的领导弱化、党的建设缺失、监督责任缺位、给党的事业造成严重损害的，对落实中央八项规定精神不到位的，对不作为、慢作为、乱作为，群众反映强烈的，都严肃问责。围绕全市开展“冬季行动”强化监督检查，对懒政怠政、不作为、慢作为、乱作为等问题进行督促问责，处理33人，其中给予党政纪处分20人、问责5人，促进“冬季行动”确定的各项重点工作完成。对“两个责任”落实情况开展监督检查、专项巡察、现场质询等活动，查处落实责任不力问题82起，追究落实责任不力的各级干部102人，给予党政纪处分41人，给予通报批评、责令做出书面检查、诫勉谈话等其他处理61人，以严肃的问责倒逼主体责任落实。

(亢瑞瑞)

深化监察体制改革

【改革领导小组】 2016年，临汾市委高度重视改革试点工作，成立临汾市深化监察体制改革试点工作领导小组。市委书记岳普煜任组长，对改革试点工作亲自过问、亲自部署、亲自协调、亲自督办，专题召开全市深化监察体制改革试点工作培训会，带领改革试点工作领导小组成员单位开展专题调研，要求各单位坚守政治站位，完成改革试点任务，为深化监察体制改革提供实践经验。

【摸底调研】 2016年，临汾市纪委按照领导小组要求,对市纪委监察局、市检察院和临汾铁路检察院涉改部门的机构、人员、编制和办公场所、技术装备等情况进行摸底。组建8个调研组赴各县开展摸底调研,制定调研提纲和谈话提纲,建立涉改部门工作人员谈话记录台账、涉改部门工作人员基本情况登记台账、办公场所登记台账、问题台账、意见建议台账等5种台账,做到一县一册、一人一档。核实转隶人员“三龄两历一身份”情况、受处分情况、回避关系情况,针对待认定问题,逐个进行落实,查找问题原因,制定应对办法,把调研摸底工作做细做实,掌握第一手资料,为改革奠基铺路。

【改革推进方案】 2016年,临汾市纪委在调研基础上,谋划推进改革的具体工作,制定《临汾市深化监察体制改革试点实施方案》,明确改革试点的指导思想、目标任务、重点工作和工作要求;下发《改革试点工作时间表路线图》,明确相关单位的职责任务、完成时限和责任领导;编制市监察委员会“三定”规定,明确人员编制、领导职数、机构职责。探索内部运行机制,制定《执纪监督审查工作试行办法》、《审查(调查)措施使用规范》和《监督审查工作流程图》等,探索建立监察委员会与执法机关、司法机关协调衔接机制,确保工作运转通畅,程序规范。

(亢瑞瑞)

纠正“四风”

【思想教育】 2016年,临汾市纪委以督促落实责任为总抓手,每逢年节假日前,安排各级纪委(纪检组)督促党委(党组)落实主体责任,召开专题会议,重申各项纪律要求,安排部署本地区本部门的纠正“四风”工作。各级纪委(纪检组)把落实责任情况作为重要内容,通过谈话解、查看会议记录等方式督促落实主体责任,通过周报、月报、零报告,报问题线索、报工作情况,定期汇总通报等方式推进工作督导,督促各县(市、区)纪委、市直各纪检组落实监督责任,开展切实监督检查。

【立体监督】 2016年,临汾市纪委把重要时间节点纠正“四风”作为一项政治任务,每逢重大节假日下发专门通知,组织实施节日期间的集中监督检查工作,检查面覆盖所有县(市、区)和50个市直单位,形成有力震慑。检查中既抓教育提醒,又抓从严惩治,既抓重要节点,又持续发力,制定《关于加强联动协作,监督“四风”问题的工作方案》,建立内外联动机制,加强与交警、审计、税务等职能部门协作联动,查找“四风”问题线索。对责任不落实,履职不到位导致的“四风”问题,实行“一案双查”,形成各级各部门整治“四风”的合力。

【通报曝光】 2016年,临汾市纪委畅通“12388”、“四风随拍”等信访举报渠道,健全受理、转办、查处、通报等机制,发挥群众监督作用。深挖细查执纪审查中发现的“四风”问题线索,把纠正“四风”作为纪检审查的重要工作内容,常态化推进工作。全年查处违反中央八项规定精神问题149起,处理213人,党政纪处分146人;对36起“四风”问题进行问责,处理各级干部53人,给予党政纪处分15人。分4批次曝光20起典型案件,向全社会释放节日期间持续狠刹“四风”的强烈信号。

(亢瑞瑞)

市县巡察

【巡察工作】 2016年4月至12月底,临汾市纪委把开展巡察监督作为落实全面从严治党主体责任的重要举措,把准坚定政治方向、坚持问题导向、坚守价值取向的“三向要求”,各级党组织主动负起责任。市委多次研究部署、调研指导、听取汇报、提出要求。市委常委会先后4次研究巡察工作,市委书记专题会先后3次听取巡察工作汇报和巡察情况汇报。市委巡察工作领导小组6次召开专题会议安排部署或听取汇报,市委“五人小组”成员先后40多次对巡察工作作出批示,层层传导压力,为巡察工作顺利开展提供坚强保障。

【巡察方式】 2016年,临汾市纪委突出市县联动,市县两轮巡察都由市委统一动员部署,统一巡察任务,凸显巡察政治性,推进开展两轮巡察。第一轮巡察了解后期,结合省委全面构建良好政治生态推进会精神和市第四次党代会工作部署,市县巡察组对第一轮被巡察党组织开展“落实党内政治生活制度”集中巡察。第二轮巡察启动后,市县巡察组把落实党内政治生活制度作为巡察了解的首要切入点，突出对党内政治生活各项规章制度落实情况的监督检查。

【制度流程】　2016年，临汾市纪委规范制度流程，编印《巡察工作流程》《巡察方法探析》，制定实施《巡察工作流程规范标准》，建立《问题整改清单》《线索处置清单》和《整改结果清单》，确保巡察发现的问题件件有着落。第一轮巡察给予纪律处分146人，组织处理12人，诫勉谈话107人，通报曝光5人，移交司法部门调查6人，巡察震慑遏制效应初步形成。市县第二轮巡察仍在进行。

（亢瑞瑞）

纪律审查

【从严纪律审查】　2016年，临汾市纪委围绕减存量、遏增量的目标，坚持从严惩处力度不减、尺度不松、节奏不变，形成惩治腐败的高压态势。把“四种形态”贯彻落实到执行纪律审查全过程，综合运用批评教育、纪律处分、组织处理、立案审查等方式，把纪律挺在前面。健全反腐败协调小组各成员单位职责和案件线索移送等制度，完成公检法系统起底的违法案件线索销账工作，确保违纪违法问题全部处理到位。2016年1至12月，全市各级纪检监察机关受理各类信访举报4009件(次)，处置问题线索4155件，其中谈话函询1875件，党纪轻处分1231人，党纪重处分346人，开除党籍并移送司法机关41人。通过强化监督执纪问责，挽回经济损失503.67万元。占地2.78公顷、总面积1.4万余平方米的党纪教育基地基本建成，实现纪委、监委办公办案场所规范化。

【基层反腐强化】　2016年，临汾市纪委整治和查处侵害群众利益的不正之风和腐败问题，坚持以问题为导向，实行“五账工作法”，严查发生在民生资金、“三资”管理、土地征收等领域的违纪行为，严查吃拿卡要、与民争利、欺压百姓问题，群众身边腐败问题得到遏制。全市查处侵害群众利益案件379起，处理464人，党政纪处分414人，组织处理50人，移送司法机关19人。开展以粮食直补、退耕还林、财政奖补、“一事一议”财政奖补、农村学生“两免一补”等涉农资金自查自纠工作，发现问题1201个，纠正违规资金1228.26万元，处理问题人员734人。围绕全市扶贫中心工作，立查扶贫领域侵害群众利益案件98件，党政纪处分107人，为全市打赢脱贫攻坚战役提供坚强的纪律保证。

（亢瑞瑞）

自身建设

【程序规范】　2016年，临汾市纪委落实纪委书记、副书记提名考察办法，坚持党的领导，改进推荐考察方式，执行法规程序，严肃维护换届纪律，高质量完成市县乡三级纪委换届工作。起草《关于加强市纪委派驻机构建设的意见》等文件，明确推进市级派驻机构全覆盖的工作思路，起草《关于加强县级纪委派驻机构建设的意见》，探索县级纪委监察局派驻机构“统派直管”和“统派联管”两种模式，为实现派驻全覆盖提供样本。

【综合素质提升】　2016年，临汾市纪委起草印发《关于进一步加强全市纪检监察干部教育培训的意见》，全年选送106名同志参加中央纪委、省纪委组织的各类培训，举办两期全市纪检监察干部培训班，市县乡三级纪委400余名干部参加培训，提升全市纪监检查干部的综合素质。开展市县两级涉密信息系统分级保护，提高全市纪检监察机关信息化建设水平。

【自身监督】　2016年，临汾市纪委推进日常管理监督，推行“13710”工作法，制定市县乡三级纪检机关《纪律审查工作业务流程(试行)》，树立规程意识、质量意识和安全意识，形成“问题线索要核查、立案决定要审查、案件进展要督查、案件质量要检查、过错责任要倒查”的“五查”机制。制定加强纪检监察干部监督管理办法，建立健全纪检监察干部廉洁档案。全市收到反映纪检监察干部问题线索85人226件，全部按“5+1”标准进行分类处置，给予违纪违法的纪检干部党政纪处分4人，谈话16人，函询17人，树立“正人先正己”鲜明导向。

（亢瑞瑞）

军　事

武警临汾市支队

【概述】 2016年，武警临汾市支队落实"稳中求强、全面过硬"总要求，紧盯"基层、安全、风气"三个短板，紧贴部队任务实际，按照"抓基层、打基础、促落实"工作思路，各项任务完成圆满，全面建设稳步提升，呈现出"组织建设稳固、思想政治稳重、任务完成稳健、基层发展稳步、安全基础稳定、后勤保障稳妥"的"六稳"良好态势。

【思想政治建设】 2016年，武警临汾市支队坚持用习主席系列重要讲话精神和党的创新理论统领思想、建队育人。注重用改革强军主题教育铸魂育人，坚持在"两学一做"学习教育中提升党性修养，肃清郭徐流毒影响严格严肃、行动坚决，官兵"三个绝对"思想根基更加牢固。引导官兵"月读一书、周习一文、日记百字"，人人练字帖、人人受教育。宣扬"最美士兵"，表彰先进典型，官兵精神更加振奋。借助网络新媒体优势，探索建立政治工作微信平台，发动官兵下载关注"人民武警""中国武警"官方公众号，强化政治工作的时代感召力，构建起立体思想工作网络。

【实战能力聚焦】 2016年，武警临汾市支队坚持中心居中，按照"多能一体、有效维稳"的战略要求，建成完善力量体系。紧盯"三场维稳战役"谋打赢，紧贴部队任务抓训练，"魔鬼周"和"卫士－16"演习成效明显，提升部队快反、制胜能力，总队集训比武成绩靠前，运城市新绛河津抢险救灾、"1628"团一级警卫任务完成圆满。优化应急力量配置和指挥流程，建立"基层周演练、机关月拉动、支队季演习"制度，提升部队实战能力。注重发挥联合值班作用效能，查勤情况每日曝光，每周讲评，每季排名，夯实执勤基础，提升执勤质量。完成敏感期及节假日联勤武装巡逻、"两会"安全警卫、武装押解等临时任务。

担负春节期间火车站武装联勤巡逻

【从严治军】 2016年，武警临汾市支队贯彻依法治军从严治军方针，落实正规化管理规定，推进"百日安全竞赛"，落实安全规定，纠治违反条令条例的行为习惯，提升部队精细化管理水平。推进清理整治，巩固深化问责教育成果，打牢安全根基，科学创安、依法抓安、提高制度强安的能力水平。

【基层单位建设】 2016年，三防三治武警临汾市支队按照"先进治满、中间治平、后进治短"和"抓两头带中间"的思路，探索走开"分层考核、滚动升降，季度轮换、科学编配"考帮建模式，推行大队主官"121"工作模式，依托蹲点调研、蹲连住班，掌握基层实情、传授工作方法，提高工作质量。开展"三讲一树"教育活动和"风筝式"管理模式，提升干部事业心责任感。基层经常性基础性落实更加规范，各级按纲抓建意识和能力增强，"比学赶帮超"氛围更加浓厚，三中队、侯马、汾西、隰县、永和5个重点帮建中队跨入先进行列。

【综合保障水平】 2016年，武警临汾市支队落实"后勤变前勤"指示要求，完善各类保障预案，严密组织战备演练，开展"一专多能、一兵多用"专业兵岗位培训，推进“一组五队”建设；落实“架子化、箱包化、标签化”物资储备要求，规范保障秩序；推进集中采购措施，注重纪委跟踪问效，各项开支更加透明、程序更加严格；开展“伙食管理精细年”活动，规范伙食管理流程，防止跑冒滴漏；落实武器、车辆和营产营具管理责任制，落实“五同”“五控”“五位一体”制度，开展“三库”整治工作，确保各项任务保障及时到位。

【城市联勤武装巡逻】 2016 年，武警临汾支队根据总队“维稳战役”工作安排和市公安局统一部署，在元旦、春节、“两会”、清明、五一、十一、杭州 G20 峰会等特定敏感时期，临汾支队出动兵力和车辆，携枪带弹，联合公安民警在临汾市主城区和重点区域实施联勤武装巡逻，增强广大市民安全感，防范打击和震慑违法犯罪活动，维护临汾地区社会稳定。

【法律援助进军营】 2016 年，临汾支队在支队级设立法律服务工作站，在基层中队级建立 23 个法律服务联络点，形成“涉军维权”的全面覆盖格局。建立军地信息通报制度、官兵法律服务需求分析研判、军地联席会议等制度，推动和落实军民融合工作。开展法律授课 6 场，听课官兵 1160 人次，解决官兵遇到的军人待遇、复退专业、婚恋家庭等法律困惑 50 多个，解决官兵涉法问题和非诉讼事务各一件。

【爱国主义教育基地挂牌】 2016 年，临汾支队推进与驻地相关部门协调，畅通双拥渠道，建立共建联系，把政治教育课堂推广到红军东征纪念馆、彭真故居、晋西革命纪念馆等爱国主义教育基地，组织官兵参观见学，拓展教育资源，接受红色熏陶，举行“爱国主义教育基地”挂牌仪式。支队官兵撰写学习体会文章千余篇，创作爱国主义书法、绘画作品百余幅，收集汇编 70 多个红色故事。23 个中队全部挂牌，每个基层单位有 1 个以上的爱国主义教育基地。

【市区火情现场警戒】 2016 年 2 月 7 日 19 时 20 分许，临汾市第二人民医院突发火情，由于风速较大，火势迅速蔓延，情况十分危急。临汾支队经请示总队批准，启动应急响应机制。19 时 30 分，武支队长张宏带领一中队官兵赶赴火情现场机动待命。20 时明火基本控制。21 时火场清理完毕，现场群众全部散去，无人员伤亡，部队根据联指命令撤离火场，于 21 时 30 分安全归建。任务期间，全体官兵始终保持精神振奋、动作规范、要求严格，展示出武警部队的良好面貌和过硬作风。

【成武县中队先进事迹学习】 2016 年 2 月 13 日，中央军委主席习近平、国务院总理李克强签署授予武警山东总队菏泽市支队成武县中队“基层建设模范中队”荣誉称号命令。临汾支队组织官兵收听收看相关新闻报道，引导官兵学习成武县中队把抓经常当日子过，把打基础当功夫练的经验，掀起“比先进、学先进、赶先进”的学习热潮。

【第 28 个爱国卫生月】 2016 年 4 月 23 日，为加强春季卫生防病工作和营区环境卫生综合整治，临汾市支队开展以“清洁环境、灭蚊防病”为主题的第 28 个爱国卫生月活动，倡导“讲文明、讲卫生、讲科学、树新风”健康生活方式。

【灾区爱心献血】 2016 年 7 月 18 日，临汾市中心血站工作人员到支队教导队采血，广大官兵向灾区人民献血，3 个小时献血量 3 万多毫升。

【汾河新绛及河津段防汛抢险】 2016 年 7 月 23 日至 7 月 26 日，临汾支队出动官兵和车辆，跨区增援运城方向，参与完成运城市汾河新绛县新坊段、河津市杨村乡段河堤加固、前置备勤等任务。参战官兵加固堤坝 2600 米、加高 1.3 米，排除险情 15 处，装填沙袋 8.6 万余个。

2016 年 7 月 24 日临汾支队担负
运城市汾河新绛及河津段防汛抢险任务

【时代楷模张楠】 2016 年 8 月 17 日，临汾支队广大官兵收看中央电视台“时代楷模发布厅”、集中学习解放军报、武警报对张楠同志先进事迹的连续报道等电视、报纸和网络媒体渠道,学习张楠典型事迹,学习张楠献身使命的忠诚卫士品格和崇高思想境界。

【“烈士纪念日”公祭】 2016年9月30日上午,临汾支队组织官兵参加国家烈士纪念日纪念活动。仪式现场,官兵献上花篮,向先烈做出庄严承诺,永远做党和人民忠诚卫士,践行四有革命军人。

【李清涛政委检查调研】 2016年10月12日至14日,武警山西总队李清涛政委率工作组一行5人,深入临汾支队检查调研。李清涛一行通过听取汇报、观看录像片、参观史馆、与班子成员谈心谈话,检查调研党委班子建设和年度任务完成情况。深入尧都区中队和新训大队检查指导,进班排、到库室、上哨位、下厨房,查看部队全面建设,了解官兵执勤训练、教育管理和生活情况。

【互联网进军营】 2016年11月11日,临汾支队军营网吧正式投入使用。军营网吧加密机、路由器、交换机、防火墙、防病毒网关等配套设备全部到位,44台计算机实现千兆到桌面,可以对终端、线路、数据实时监控。

【新兵野营拉练】 2016年12月5日至7日,临汾支队组织新训大队全体官兵徒步野营拉练。拉练全程按照“仗怎么打,兵就怎么练”的要求,结合地形和任务特点,采取情况诱导方式,穿插进行紧急出动、口令传递、捕歼战斗、紧急避险、防暴弹投掷、武装奔袭、简易通信、野炊宿营、卫生与救护等课目训练,检验部队“走、打、吃、住、管、藏”能力。

开展魔鬼周训练

【二大队、四中队搬迁入住新营房】 2016年12月15日上午,临汾支队二大队、四中队举行新营房搬迁仪式。支队副支队长张永利、主任常为社、处长李国强,475处处长陈钰、副处长杨迈到仪式现场参加搬迁仪式。

(康　健)

附:

·获奖情况·

集体

2016年,武警临汾市支队一大队一中队被武警部队表彰为抗洪抢险先进集体;临汾支队政治处被总队评为先进政治处;临汾支队卫生队被总队评为先进卫生队;临汾支队二大队被总队表彰为基层建设先进大队;临汾支队翼城县中队被总队表彰为基层建设标兵中队;临汾支队一中队、三中队、五中队、永和中队、汾西中队、侯马中队、隰县中队被总队表彰为基层建设先进中队;临汾支队一大队一中队被总队记集体三等功

个人

2016年,武警临汾市支队吉县中队中队长陈彬被武警部队表彰为优秀教练员;临汾支队一大队一中队指导员李宇杰被总队记个人二等功;临汾支队后勤处财务股长王泽被总队记个人三等功;临汾支队一大队一中队指导员李宇杰被表彰为基层优秀干部标兵

人民防空

【人防工程建设和安全生产管理】 2016年,临汾市人防办紧扣工程建设和管理两大任务,抓好人防结建工作和工程监督管理工作。规范行政审批工作,坚持“应建必建、应收必收”原则,实现人防工程新增长。抓好人防安全管理工作,确保安全无事故。规范人防工程质量监督管理,确保监督全覆盖。完成市区人防工程普查建档工作。对照人防工程智能化管控系统建设标准,按采购程序完成购置,经省办验收,投入使用。做好项目受理大起底工作。推进“两随机一公开”工作(在监督过程中随机抽查对象,随机选派执法人员。抽查情况及处理结果及时向社会公开)。

【组织指挥和通信警报建设】 2016年,临汾市人防办加强人防警报建设,在市区安装3台防空警报器,提升警报音响覆盖率。组织开展通信拉练活动,检验设备设施性能,提升应急应战能力。完成全省“9·18”警报试鸣活动。结合试鸣活动组织山西师大在校师生1000余人的应急疏散演练,提升师生的应急应战和自救互救能力。按要求推进重要经济目标建设工作,完成重要经济目标的筛选、认定工作。

【人防宣传教育】 2016年,临汾市人防办注册开通“临汾人防”微信公众服务平台,创新人防宣传途径。开展“人防教育进校园,国防文化惠民生”活动,组织在校师生、社区居民观看《居安思危 备战人防》宣传片。注重媒体效应。利用网站资源和《中国人防》《华北人防》《山西人防》等人防专刊进行宣传,刊稿20余篇。

人防宣传进校园

【帮扶工作】 2016年,临汾市人防办落实干部驻村帮扶工作要求,指导王滩村启动“徒步生态旅游”,全年组织10期,约1000余人参加,开创王滩村生态旅游发展新途径。办党组深入群众走访调研10余次,协调相关部门的支持,与村委班子一道对移民搬迁户进行补贴,对建设用地进行规划,完成异地搬迁5户,每人补助5000元;11户特困户,每户补助9400元;危房改造3户,每户14000元。

(郭俊霞)

交通战备

【概述】 2016年,临汾市交通战备工作以军事交通保障准备和提升战略投送能力为重点,贯彻落实党的十八大和十八届三中、四中、五中全会精神,提升服务国防的综合能力。开展交通战备工作。围绕提高国防交通平时服务、急时应急、战时应战能力要求,组织各县(市)区完善国防交通信息,搞好国防动员交通运输潜力调查,开展《国防交通法》培训宣贯,督促专业保障队伍落实,协调“十三五”国防公路规划项目建设,全年4批次组织相关县和协调有关单位高标准完成军事交通保障任务。

组织开展全市《国防交通信息管理系统》培训。10月25日至26日,对《国防交通信息管理系统》进行软件升级及数据更新培训,就如何使用软件,如何进行系统操作、现场演练、培训学习。按照要求,完成相关数据收集和上报工作。

完成国防动员潜力调查。10月,根据市国动委的工作安排,对国防交通机构、人员及相关情况进行采集。准确掌握全市国防交通运输潜力资源情况,提升应对传统与非传统军事安全威胁的能力。

(庞燕东)

法　治

政法委及综治

【概述】 2016年，临汾市政法队伍增强忧患意识、大局意识、责任意识，突出“防控风险、服务发展”，适应经济发展新常态，打造百里汾河平安法治带，提升服务发展能力。破解难题、补齐短板，坚持问题导向，坚持法治引领，坚持改革创新，推进平安临汾建设、法治临汾建设、过硬队伍建设。履行维护社会稳定、促进社会公平正义、保障人民安居乐业的职责使命，为“十三五”良好开局创造安全稳定的社会环境、公平正义的法治环境、优质高效的服务环境。坚持防控风险、服务发展，破解难题、补齐短板，推进平安临汾、法治临汾和过硬队伍建设。2016年度山西省群众安全感和满意度调查中，临汾市群众安全感90.5，比2015年提高0.97%，位居全省第三；执法工作满意度82.07，比2015年提高2.09%，位居全省第二。安泽县在全省县(市、区)群众安全感和满意度调查中名列第一。

【“一体优化，两翼平安”格局】 2016年，临汾市政法委围绕服务大局，深化“百里汾河平安法治带”建设，优化营商环境，打造“一体优化，两翼平安”平安法治建设和服务保障格局。以“一体优化，两翼平安”的保障格局，服务好“沿汾崛起，两翼齐飞”的发展布局。全市法院系统依法审理买卖合同、民间借贷等债务案件，做到居中裁判、平等保护，确保市场经济规范有序。市检察院依托“阳光百姓工程涉农资金监管系统”，对涉农资金运行全程精准监管，监管涉农资金46亿余元。市公安局制定出台方便群众办事创业16条，提升公共服务水平。市司法局组建法律服务团队为鼓楼南北街拓宽改造等重点工程和沿汾河28个园区建设提供全方位优质高效的法律服务。

围绕G20峰会和党的十八届六中全会等一系列重大活动和敏感节点，强化不稳定因素排查化解，推进国家安全人民防线建设，推进反恐、反邪教斗争，落实重点人、重点部位和社会面管控措施，完成维稳安保任务，维护社会稳定。

【社会治安综合治理】 2016年，临汾市政法委开展打黑除恶、治爆缉枪、铲除黄赌毒“三大战役”，打掉恶势力团伙67个，抓获涉案成员355人，保持“打黑除恶”高压态势。依法打击严重暴力犯罪、“两抢一盗”等各类刑事犯罪，探索“3＋N”群防群治信息化管理机制，开展特殊人群“心防”工作。2016年，全市公安机关立各类刑事案件10553起，同比下降9.94%，其中，“八类案件”同比下降22.25%，“两抢一盗”案件同比下降9.47%。公安工作的群众安全感和执法工作满意度在全省公安系统中名列第二。

【社会矛盾化解工作】 2016年，临汾市中院作为全国百家家事审判改革试点之一，成立家事审判庭，与妇联、工会及心理咨询机构建立沟通联系平台，调解家事纠纷。开展安全稳定风险隐患大排查大整治、开展信访积案、涉法涉诉进京非访集中清理和信访秩序专项治理，健全矛盾纠纷多元化解机制。全年排查矛盾纠纷17356件，化解16922件，化解率97.5%；省交办信访积案27件，化解25件，化解率93%。全市进京非访同比下降55.5%。

【司法体制改革】 2016年，临汾市政法委按照“清底、对接、争取、平稳、负责”的十字工作思路，推进全市司法体制改革。完成关于全市法院、检察院系统人、财、物的摸底、调研，完成前期准备工作，为推开司法体制改革奠定基础。

【法治临汾建设】 2016年，临汾市政法委完善法治临汾建设推进机制，推进县级法治办机构建设，确定8项工作制度。中央综治委在全国社会治理创新工作会议上推广翼城县创办的《经纬剧场》全民普法典型经验；探索法治临汾建设“四化考核工作法”，推广尧都区韩村“三会三公示”农村治理法治化工作经验。

【政法队伍“三化”建设】 2016年，临汾市政法委推进政法队伍正规化、专业化、职业化建设，开展“两学一做”学习教育，推进“一村一警”联系走访、“大练兵、大比武、大培训”“把纪律挺在前面”等专项活动，举办全市政法系统领导干部能力提升培训班，政法干警政治、业务素质提高，纪律作风改观，人民群众满意度上升。临汾市获全国法治宣传教育先进城市；尧都区检察院被评为“全国先进基层检察院”，吉县检察院控申接待室18年被授予“国家级文明接待室”称号；市公安局被公安部授予“全国公安信访窗口示范单位”称号，市公安局情报中心被公安部评为“DQB全国示范单位”，市公安局技侦支队和襄汾县公安局的两个技术创新项目获公安部“第五届全国公安基层技术革新”三等奖；尧都区获“全国法治宣传教育先进县”；安泽县普法依法治理办公室获“全国先进普法依法治理办公室”称号；洪洞县甘亭人民法庭庭长田亚欣被最高人民法院授予“全国优秀法官”称号。

（程　鹏）

公　安

【概述】 2016年，临汾市公安机关围绕“平安临汾”“法制临汾”和过硬队伍建设，适应经济发展新常态，坚持防控风险、补齐短板、改革创新、服务发展，狠抓维护稳定各项措施的落实，维护社会大局稳定、促进社会公平正义、保障人民安居乐业。全市公安机关涌现出一批成绩突出的先进集体和先进个人，部分亮点工作走在全省前列，8个集体和22名个人获得省部级表彰，4个单位和10名个人荣立二等功；市局被公安部授予“全国公安信访窗口示范单位”称号；市局情报中心被公安部评为“DQB全国示范单位”；市局技侦支队和襄汾县公安局的两个技术创新项目，荣获公安部“第五届全国公安基层技术革新”三等奖；市局刑事技术处研发的Y－STR数据库应用系统荣获“全省公安机关改革创新大赛”银奖、“全国公安机关改革创新大赛”三等奖；市局团总支被山西省人力资源和社会保障厅、共青团山西省委授予“全省五四红旗团支部”称号；全省社区戒毒、社区康复工作推进会暨临汾禁毒经验现场会在临汾市召开；临汾市公安合成作战工作经验在全省公安局长会议上作交流；涌现出周宝贵、魏国华、李红耀、焦芬等一大批先进模范和典型。

【情报收集研判】 2016年，临汾市公安局健全完善常态战时结合、指挥实战同步的“8＋N”警种每日警务综合研判工作机制和情报信息汇总研判机制，收集上报省厅国保信息3829条，报送市委市政府《公安情报》89期、《全市社会不稳定因素综合分析研判报告》7篇，提升反渗透、反颠覆、反分裂斗争情报收集研判工作成效。

【反恐怖斗争】 2016年，临汾市公安局建成临汾市反恐情报中心投入运行，落实“5＋1”集中办公工作机制；召开全市反恐怖工作会议，举办反恐怖演练活动；统筹推进打击暴力恐怖、暴恐音视频等违法犯罪专项行动；同有关行业部门、企事业单位签订反恐怖安全防范协议；修订完善《防范恐怖袭击工作预案》。

打黑除恶专项斗争部署会

【网上斗争】 2016年，临汾市公安局上报省厅，采用《互联网情报信息》670条；围绕市第二人民医院火灾等65起影响较大的案事件发布引导帖文57643条；完成市局二级互联网监控中心等级达标建设和5个县级一级网安大队建设；检查重要信息系统和政府网站105个，发现整改安全漏洞和隐患24个，依法对市国土资源局等26家党政机关网站作出行政警告和限期整改的处罚；针对网络突出违法犯罪活动，开展专项打击和清理整治，侦破各类网络违法犯罪案件82起，抓获犯罪嫌疑人160人。

【重点人员预警稳控】 2016年，临汾市公安局向市委市政府报告预警性信息 66 条。

【公安信访】 2016 年,临汾市公安局推进涉法涉诉信访工作改革,探索律师参与化解和代理信访案件制度;加强信访接待窗口规范化建设,在全省率先完成视频接访系统建设,副省长刘杰通过视频系统对临汾市信访群众进行全省首次视频接待;落实局领导接待群众来访制度,市、县两级公安机关领导接待处理群众来访事项 373 起,办结时限内 352 起全部办结;受理各级信访案件 392 件,办结时限内 359 件全部办结;受理各级机关交办转办信访案件 54 件,全部交办,积案化解清理工作有序推进;排查重点上访人员 410 人,全部登记造册,落实"四包一"稳控措施。

公安信访接待

【安保维稳】 2016 年,临汾市公安局完成"两节""两会""五一"、G20 峰会、国庆节、省党代会、十八届六中全会、元旦等重大活动、重要节日和敏感节点安保维稳任务,确保万无一失。

【"三大战役"开展】 2016 年,临汾市公安局在全市公安机关部署从 6 月 1 日至年底开展打黑除恶、铲除黄赌毒、推进治爆缉枪"三大战役"。组织开展"禁毒教育进校园""打黑除恶"新闻发布会、民爆物品宣传周等一系列宣传活动,发送宣传短信 30 余万条,发放宣传资料 152 万余份,张贴严打通告 10 万份;组织开展铲除黄赌毒"风暴系列""夏季百日治爆清查"等集中打击整治行动,在全市掀起"三大战役"斗争高潮。2016 年,全市公安机关打掉恶势力团伙 67 个,其中新打掉恶势力团伙 38 个,判决 29 个,破获各类刑事案件 495 起,抓获涉案成员 355 人;破获黄赌案件 277 起,刑事拘留 61 人,行政拘留 208 人、治安处罚 394 人,收缴赌资 400550.5 元;破获涉毒刑事案件 67 起,抓获犯罪嫌疑人 104 人,查处吸毒人员 585 人,强制隔离戒毒 119 人,社区戒毒 172 人,收缴各类毒品 12855.27克;《山西法制报》头版报道临汾市公安机关"三大战役"打击成果。

【严打整治行动】 2016 年,临汾市公安局围绕影响群众安全感的突出问题,部署开展"打侵财,清枪爆、铲毒害,追逃犯"百日会战、打击"盗抢骗"犯罪、打击治理电信网络新型违法犯罪、冬季严打等严打整治专项行动;召开"全市公安机关打击犯罪合成作战机制建设"会议,落实打击犯罪新机制;临汾市"反欺诈中心"投入运行;联合推出《晋陕豫黄河金三角区域警务协作实施意见》。2016 年,全市公安机关立刑事案件 10553 起,破获各类电信诈骗案件 235 起,打掉各类诈骗犯罪团伙 9 个,捣毁诈骗窝点 4 个,抓获犯罪嫌疑人 59 人,通过"反欺诈中心"关停阻断电话 223 个,止付银行账号 196 个,避免群众损失 162 万元;现发命案 38 起,破案 37 起,破案率 97.4%;抓获各类网上在逃人员 1572 名,在全省合成作战网上抓逃两次集中比武竞赛阶段均取得第二名成绩。

【经济犯罪的打击】 2016 年,临汾市公安局组织开展打击假冒伪劣商品、打击传销、打击非法集资、打击假币、成品油市场整治等一系列专项打击整治行动,全年全市公安机关破获各类经济犯罪案件 194 起,其中破获非法集资案 14 起、破获传销案 4 起、破获假币案 5 起,抓获犯罪嫌疑人 163 人,挽回经济损失 8856.02 万元。

【食药犯罪打击】 2016 年,临汾市公安局组织开展"食药打假利剑行动""农资打假专项治理行动""打击环境污染犯罪清水蓝天行动""打击涉危险废物环境违法犯罪行动"等一系列专项打击整治行动;完成涉及临汾市非法经营疫苗案件侦办工作,受到国务院督导组的肯定与表扬;落实重污染天气应对措施,制定出台《关于限制燃放烟花爆竹的通告》;健全完善与相关职能部门联席会议和协作配合工作机制,召开联席会议 13 次,联合执法 85 次。2016 年,全市公安机关破获食品、药品、环境领域犯罪案件 120 起,抓获犯罪嫌疑人 135 人,查处涉环境领域治安案件 57 起,行政拘留 57 人,捣毁非法加工窝点 6

个，涉案金额1131.947万元。

【公安监所安全管理】　2016年，临汾市公安局开展公安监所安全隐患排查暨队伍整顿活动、看守所执法管理专项检查活动、拘留所“十项安全”集中排查等专项整治活动，消除安全隐患102处，确保监所安全稳定；完成全市17个在用看守所的公安监管病房改造工程和35个公安监所的高清监控改造联网工程；推动市看守所二期工程建设；投入资金700余万元，完成临汾市第一强制隔离戒毒所建设；组织女性在押人员开展以迎中秋、庆国庆为主题队列会操比赛，打造和谐文明监所。

【社会治安整治】　2016年，临汾市公安局推进社会治安风险隐患大排查大整治活动，围绕政治安全、矛盾纠纷、公共安全等3大类14个领域展开拉网式排查整治；组织开展“城中村”社会治安整治，排查流动人口53687人，检查出租房屋48231间、“九小场所”8964家、其他场所850家，整治社会治安乱点386个；排查梳理重性精神病人141名，录入全国重性精神病人信息系统，落实管控措施。2016年，全市公安机关受理治安案件18700起，处理违法人员5552人，同比下降18.87%。

【重点单位内部管理】　2016年，临汾市公安局指导全市623个治安保卫重点单位建立保卫组织机构，实现治安保卫重点单位保卫组织机构和保卫人员全覆盖；强化“三电”、输油气管线安全管理，检查“三电”单位56个，检查重点部位142个，发现整改隐患7处；配合邮政部门督促寄递企业落实“三个100%”安全管理制度，检查寄递业30家，落实隐患整改措施。

【视频监控网建设】　2016年，临汾市公安局推进新建整合市区视频监控系统建设，基本实现市区重点场所、重点部位、重点行业全覆盖，通过专家验收；依托市区建成的高清探头，搭建集“数字化、集成化、网络化、智能化”于一体的临汾公安视频警务实战平台；推进全市公共视频监控系统建设，建成各类监控探头34201个；开展视频专网及卡口系统联网建设，完成13个县局的联网对接工作；2016年，全市公安机关利用视频监控直接破案1047起，协破案件2101起，抓获犯罪嫌疑人1252人，为相关部门提供查询服务3779次。

【巡逻防控】　2016年，临汾市公安局落实完善定点执勤、动中备勤、高峰勤务、武装联勤四项巡防机制，建立市局特巡警常态化巡逻防控模式。2016年，全市巡警出动警力123668人次，车巡52620辆次，步巡74390人次；盘查可疑人员36560人、可疑车辆29160辆；办理刑事案件48起，办理行政案件165起，抓获违法犯罪嫌疑人276人。

【危爆物品安全治理】　2016年，临汾市公安局开展治爆辑枪专项行动，完成涉枪涉爆在逃人员缉捕会战任务；落实民爆物品安全隐患排查机制，抓住危爆物品生产、销售、运输、储存、使用等环节，按照“五不漏”原则开展“拉网式”检查；推动落实企业安全监管主体责任，与全市200个爆破作业单位签订《安全监管责任书》；组织开展民爆物品宣传周和宣传日活动，活动期间发放宣传单、通告3万份；部署开展枪爆物品整治攻坚战，打击涉枪涉爆违法犯罪活动，收缴非法枪爆物品；2016年，全市公安机关破获涉爆涉枪刑事案件49起，抓获犯罪嫌疑人52名；收缴炸药92608公斤、雷管137170枚、雷管引线48000米、枪支212支、子弹37293发、手榴弹和炮弹102枚；查处非法运输、储存烟花爆竹案件54起，收缴烟花23万余个，爆竹1325万余头。

【道路交通安全管理】　2016年，临汾市公安局完成春运交通安保任务；围绕市政府重点工程建设，推进主城区保畅治乱工程，实施“三限四保”制度，推出53项工作措施，缓解交通拥堵状况；启动和分步实施降压国省道事故工程和消除危化品运输安全隐患工程，临汾市被省厅列为全省唯一预防交通事故示范基地市；集中开展道路交通安全隐患排查整治，整治交通事故多发路段11处；推进道路交通事故预防工作，部署开展集中整治货车交通违法行为专项行动和道路交通安全“打非治违”专项行动，开展处置运输危险化学品车辆道路交通事故应急救援实战演练；召开安全生产工作集体约谈会和西山7县预防道路交通事故工作会议。2016年，全市交警部门查处各类交通违法行为889790起，其中无证9274起，酒驾2027起（饮酒1892起，醉酒135起），超速200454起，超员834起，超载1135起，行政拘留1698人；全市发生涉及人员伤亡道路交通事故724起，同比下降3.6%，死亡239人，同比下降4.4%，交通事故四项指数全面下降。

【消防安全管理】　2016年，临汾市公安局吸取市第二人民医院火灾事故教训，组织开展医疗机构、居民小区和建筑外保温材料消防安全大检查；

推进微型消防站建设进度,落实消防主体责任;建立健全重大隐患分级治理机制,完成10家挂牌督办重大火灾隐患单位整改任务;以"消除火灾隐患,共建平安社区"为主题举行"119"消防日宣传活动;开展年度综合灭火实战演练,提升灭火救援能力。2016年,全市消防部队出动消防车1342辆次,出动消防官兵8813人次,抢救被困人员304人,疏散人员2380人,抢救财产价值2442万元;全市发生火灾505起,直接经济损失622.47万元,死亡1人,无受伤人员,火灾四项指标"一降一升两持平",即火灾起数下降15.1%、直接财产损失上升31.1%,死亡人数、受伤人数持平。

【户籍制度改革】 2016年,临汾市公安局推进户籍制度改革,推行居住证制度,制定出台《临汾公安简化优化公共服务流程方便群众办事创业16条措施》,简化审批程序、降低入户门槛,促进有能力在城镇稳定就业和生活的农业转移人口和其他常住人口在城镇落户;开通春节期间办户办证"绿色通道";组织开展无户口人员调查摸底,推进户口清理整顿,增强流动人口服务管理,实现跨省身份证办理。2016年,全市公安机关摸排无户口人员790个,清理假户、重户1481个,更正户口项目登记差错19954项,采录流动人口信息51145条,办理《居住证》47247人;城镇人口增加128242人,全市户籍人口城镇化率由2015年年底的28.53%上升至29.65%。

【出入境管理改革】 2016年,临汾市公安局研究推出简化办证流程、提供免费复印等便民利民措施;在东城设立分受理点;开展打击"三非"外国人专项行动;对国家工作人员登记备案、法定不批准出境人员通报备案"双备库"进行清理;摸清全市台资企业和人员的基本情况,为服务管理工作奠定基础。2016年,全市出入境部门批准公民因私出国境118319人次,发放证照63030人次;为境外人员办理签证90人次;登记临时境外人员9703人次、常住境外人员59人。

【便民服务在线平台建设】 2016年,临汾市公安局整合网站布局,增加在线服务项目内容,扩大网上业务受理范围和规模;梳理网上办理业务流程,制定出台《简化优化公共服务流程方便群众办事创业的实施意见》。2016年,便民服务在线平台访问量98万余人次,发布信息6155条,回复群众诉求3859件,业务办理1080件,办理市长热线260件,投放车牌6万副,群众满意度100%。

【基础信息化建设】 2016年,临汾市公安局推进公无线Wi-Fi管控系统建设,建设管控前端6567个,采集各类数据37亿余条;推进信息技侦建设;开展"基础信息采集大会战",采集各类社会信息数据16亿余条,采集"一标两实"基础信息1090万余条,完成全市1370家寄递、物流企业和快递网点基础信息采集工作。

【警务实战化建设】 2016年,临汾市公安局"以视频监控为切入点,以大数据为支撑,情报指挥研判系统+N警种",完成指挥中心"三台合一"系统升级改造,实现可视化调度指挥;报请省编办成立专门警务作战指挥部门,创新"情指一体"警务模式;采取七项措施,开展减轻基层公安机关110接处警工作负担专项治理;制定《全市公安机关打击犯罪合成作战工作规范》;举办十三期市局民警枪械使用培训班;组建公安特警队伍,完成30名特警队员招录、集训工作。

【执法规范化建设】 2016年,临汾市公安局召开全市公安机关执法规范化建设(尧都)现场推进会,推广尧都区公安局"执法智能管理平台";推动办案区建设,全市193个办案区全部实现同步录音录像;推进网上办案,实行刑事、行政案件"一案一光盘",刑事、行政案件主要证据全部上网,依托网上执法办案系统,实现执法信息网上录入、执法流程网上管理、执法活动网上监督、执法质量网上考核、执法档案网上建立,全市刑事、行政案件网上流转率达99.45%;对涉案财物登记、保管、移交、发还等环节全部录入涉案财物管理系统,实现涉案财物管理信息化、规范化;在临汾公安便民服务在线平台新增执法办案信息查询栏目,实现案件进展情况网上查询,被省厅指定为试点单位,保障当事人知情权。

【队伍正规化建设】 2016年,临汾市公安局开展轮训轮值活动,轮训民警4000余人;举办"警营大讲堂"24期;选派出8名新提任领导干部到国家扶贫开发工作重点县大宁、汾西开展驻村帮扶工作;推动落实调整警衔津贴标准;开展支部党建"定查评"工作;在临汾电台开播"电台警务室—今天我值班"直播节目31期;召开纪念中国共产党成立95周年暨"七一"表彰大会;落实民警抚恤政策,发放慰问金、抚恤金、救助金46.7万元;在各类新闻媒体和网站发表稿件3518篇；吉县公安局报送的《爸爸去哪儿了》获全省公安新媒体创作“十佳微电影”奖；组织开展“青春之光闪烁在公安一线”新媒体创作等警营警队文化系列活动；

【执纪监督】 2016年，临汾市公安局召开全市公安机关纪委书记述职述廉大会，市局纪委书记分别与县局纪委书记签订责任书；建立副科级以上领导干部廉洁信息档案252份；推动“大监督”试点改革，制定出台《推进“大监督”工作格局建设的实施方案》，实现市县两级网上督察平台互联互通，完善督察、审计部门线索发现、移交、核查工作；坚持对“三重一大”事项监督审计常态化，2016年市局“三公”经费支出同比下降13%；举办网上督察实战应用操作培训；召开全市公安机关审计整改检查验收工作推进培训会；拓展外部监督，推进便民服务在线平台执法公开系统建设，推动检察院驻公安机关侦查监督检察室工作，聘请政风行风监督员，推出《警民共建平安临汾》电台节目；开展巡视整改“回头看”活动，省委巡视组交办的4件问题线索，全部查结上报；审核干部调整、立功受奖、警衔晋升、入党、出境（国）人员1722人。2016年，全市公安纪检监督部门追责问责80人，其中诫勉谈话33人，提醒谈话41人，函询谈话6人；收到群众来信来访问题线索150件，组织初核75件，立案审查25案46人，其中给予党政纪轻处分31人、组织处理13人、重处分2人。

【专项整治】 2016年，临汾市公安局深化“秉公执法，人民公安为人民”主题教育活动，组织开展涉案财物管理问题和公安特费专项整治；开展“一整治五排查”活动、“一深化三整治”工作，坚决整治群众身边腐败问题和不正之风；推进公安民警违规从事营利活动、利用职权职务影响为家属及特定关系人的经营活动谋取利益问题清理整治工作，发现领导干部个人事项报告有问题5人、发现违规注册登记企业公司4人，全部整改；在全市公安机关开展以经侦、治安、刑侦、监管、户政、出入境、民爆、交警、消防系统和派出所、窗口单位为重点的执法突出问题专项整治行动，自查自纠阶段梳理问题89条，制定整改措施85条，民警签订承诺书、撰写剖析材料6011份；梳理2013年以来受理反映重点警种和窗口单位的问题线索822条，查处重点警种民警不作为、违规办案问题6起12人，给予党政纪处分7人，组织处理5人，群众反映问题线索同比下降58.4%；制定出台《进一步深入推进“四项整治”活动专项督察工作方案》，开展明察暗访，发现并纠正各类问题115个，下达局长督办令2份、督察建议书4份，组织处理11人，整治领导班子“软懒散”、服务群众“冷硬横”、纪律作风“稀拉松”、内务管理“脏乱差”等问题，树立起临汾公安队伍良好形象。

（单鹏丽）

临汾市公安消防支队

【概述】 2016年，临汾市公安消防支队以抓基础、保稳定、谋发展和“平安临汾”“法制临汾”建设为主线，以“两个稳定”为目标，贯彻落实全省消防工作会议、总队党委扩大会议、全市公安工作会议精神要求，推动消防工作和队伍建设取得进步，为保障人民群众生命财产安全、服务全市经济社会发展作出重要贡献。2016年，全市发生火灾541起，死1人，直接财产损失652.06万元，同比2015年，火灾四项指标为“一降一升两持平”，未发生较大以上火灾。全市部队有7个集体、21名个人受到上级表彰，9名官兵荣立个人三等功，其中霍州大队被公安部评为“全国执法质量达标基层单位”。

【消防工作】 2016年4月8日，临汾市政府召开全市消防工作会议，总结2014～2015年度全市各地消防工作情况，分析形势，签订消防工作目标责任书，部署2016年度消防工作。7月4日，临汾市委副书记、代市长刘予强主持召开市政府第115次常务会议，专题听取市消防支队关于全市2016年上半年消防安全消防形势综合评估情况和夏季消防检查工作汇报，建立年初部署、年中督导、年底考核的常态考核机制，推动工作落实见效。

【重大火灾隐患和区域性火灾隐患整治】 2016年，临汾市政府将中央综治委、公安部通报的区域性火灾隐患和政府挂牌督办的重大火灾隐患整改工作上升为市长工程，责成政务督察室对整改不力的依法、依纪予以追责，倒逼工作落实。市委书记（原市长）岳普煜会同总队领导商讨区域性火灾隐患整改措施，5月31日，临汾市政府代市长刘予强主持召开全市重大火灾隐患整改部署会，约谈5个县(市)政府负责人,提出整改时限和要求。年内,尧都区百汇市场筹措20多亿元实施停业搬迁,区域性火灾隐患得到彻底消除,市县两级政府挂牌督办的10家重大火灾隐患全部整改销案。

元宵节“零点”夜查行动

【夯实部队训练基础】 2016年,临汾市公安消防支队研究制定激励练兵六条刚性措施,组建高层、地下、石油化工灭火救援专业队和各类攻坚组23个,建成破拆堵漏辅助训练设施,推进真火模拟训练设施建设,聘请19位专家学者组建支队灭火救援专家组,制定7大类典型灾害事故处置对策和战术方法。11月2日举行2016年度综合灭火实战演练。演练由市消防安全委员会主办,市消防支队和山西同世达煤化工集团有限公司承办,市政府应急办、市公安局、市安监局、市卫计委、市环保局、市交警支队、市气象局、市电视台、市石油公司等部门220余人参与此次演练。

【营房装备建设】 2016年12月,临汾市公安消防支队战勤救援物资储备应急中心(集甘亭工业园区消防站、消防培训基地为一体)主体完工,士官公寓楼、大宁消防站、曲沃第二消防站、洪洞消防站车库及执勤楼建设扩建项目完成立项和手续办理。建成4座多功能室内训练馆、10个标准化篮球场、安装19套净化水设备,9个现役中队全部建成红门影院,新购各类消防车19辆、器材装备3755件(套),消防车服役总量127辆,位居全省前茅。

【消防宣传】 2016年11月8日上午,临汾市政府在尧都区恒安新东城小区举行“消除火灾隐患,共建平安社区”主题119消防宣传活动。市政府副市长、市公安局局长马德荣,市消防支队政委张美峰及尧都区政府、公安机关相关领导出席活动。仪式由市政府副秘书长杨晓敏主持。与会领导与现场群众观看消防文艺节目。消防支队政委张美峰宣读临汾市社区消防宣传大使名单。副市长马德荣和与会领导向社区宣传大使代表颁发聘书,就做好全市119消防宣传活动做动员讲话,向现场群众发放了消防宣传品。

临汾市政府在尧都区恒安新东城小区举行
“消除火灾隐患,共建平安社区”主题宣传活动

(秦鑫焱　张宏圣)

附:

· 获奖情况 ·

2016年12月12日,临汾市霍州市公安消防大队被部消防局通报表彰为全国执法质量达标基层单位

公安交通管理

【概述】 2016年,临汾市各级公安交警部门,适应临汾市道路交通管理工作新形势、新变化,深化公安改革,以党委政府和广大人民群众的评价为标准,以服务民生为前提,以降事故、保安全、保畅通为工作己任,充实与丰富新交通组织措施,服务市政府17项重点工程建设,推进“城区保畅治乱工程”等9项重点工程实施,构建全市公安交通管理

工作新常态。

【五长联动工作机制】 2016年，临汾市交警支队完善“五长”机制，加强支队、大队层面的五方面分析，推进机制运行。每季度、半年、年度召开“五长”工作例会，坚持在突发事故现场召开工作会，查原因找问题。“五长”工作报告由事故科草拟，“五长”讨论。贯彻落实“五长”会议拟定工作目标和各项措施，形成工作合力。“五长”工作主要由事故科牵头。原则上发生事故必须由科长赶赴现场，为防止科长因特殊原因无法到达现场，每科需提供一张后备人员名单，以备科长因故无法到达现场时安排其他人员到达现场开展有关工作。凡是发生死亡交通事故的，除大队领导外，县级交警大队层面的“五长”要效仿支队“五长”，第一时间赶赴事故现场，对事故现场进行直观了解，查找各自部门、科室在道路交通事故预防及履职方面存在的不足。从事故现场回来后，“五长”要立即召开专门联席会议，分析事故发生原因、特点和规律，剖析本大队各自部门、科室在事故预防及履职方面存在的问题，结合当前工作实际，从各自职责上提出预防事故的改进措施、意见和建议。

2016年以来，“五长”参与23起交通事故现场勘查指导(其中:一次死亡2人以上交通事故18起；隰县、洪洞县、大宁县、吉县路外一次死亡3人较大交通事故；襄汾县一次死亡3人道路交通事故)。

【问题导向】 2016年，临汾市交警支队启动和分步实施降压国省道事故工程和消除危化品运输安全隐患工程。针对108国道沿线村庄较多，309国道、329省道山区道路急弯、陡坡等安全隐患突出的实际，对这3条道路近三年以来的安全隐患地段开展调研，提出对策和建议进行治理。国道108线、309、省道329线交通事故死亡人数与2015年同期相比分别减少2人、3人和4人，分别下降5.71%、17.65%、26.67%。临汾市被省公安厅列为全省唯一预防交通事故示范基地市。

【预防事故专项整治行动】 2016年，临汾市交警支队开展第二季度预防重特大道路交通事故专项整治行动。从4月15日至6月30日，在全市范围内集中开展以“清除隐患、严查违法、强化共治”为主题的预防重特大道路交通事故专项整治行动。行动期间，全市查处无证1006起，酒后驾驶193起(其中醉酒驾驶12起)，处罚超速21641起，超员7起，超载92起，行政拘留294人。高压震慑，集中开展整治酒驾醉驾违法犯罪行为。全市公安交管部门结合辖区酒驾交通违法行为的发生规律和事故特点，深化分析研判，采取固定卡点、流动巡查、群众举报相结合等方式，开展“高密度、高频率”集中整治行动，对酒驾违法行为实施“零容忍”，形成震摄力。全市查处违法83228起，其中酒后驾驶404起(醉酒驾驶17起)、无证1136起、上道路未悬挂号牌545起、行政拘留284人。以高压态势打击酒后驾车交通违法行为，减少交通事故发生。

2016年，全市查处各类交通违法行为889790起，其中警告119314人，罚款处罚747504人次，暂扣驾驶证1267本，吊销驾驶证437本，拘留1698人次，扣留机动车15559辆，扣留驾驶本5568本，血液检查421人次。查处酒后驾驶2027起(饮酒1892起，醉酒135起)、无证9274起、客车超员834起、货车超载1135起，超速行驶200454起。

【交通肇事逃逸案件侦破和网上在逃人员抓捕】 2016年，临汾市交警支队加大交通肇事逃逸案件侦破和网上在逃人员抓捕工作任务，支队针对每起逃逸案件特点，组织召开案情分析会、下发通报和督办通知，赴办案单位开展案件督办。在市公安局支持下，组织召开技侦、网监、情报、交警等部门协调会，为交警“清网”开通“绿色通道”，提供技术支持。全市发生交通逃逸事故案件35起，其中财损逃逸1起，伤人逃逸16起，死亡逃逸18起，全部侦破，侦破率100%。

【重点道路三维矢量图台账工作】 2016年，临汾市交警支队提高隐患排查的科学性、精确性。研究制作三维电子矢量图，随时添加、更新事故数据，发现事故多发路段，查找事故多发原因和规律，排查安全隐患，为领导决策提供科学、直观的依据，预防和减少事故。完成国道108线三维电子图制作所需的相关资料收集和全市2015年度所有国省道死亡道路交通事故及危化品运输车辆事故摸底工作。制作完成省级督办路段国道108线832千米(洪洞县堤村乡干河村路段)三维电子矢量图和死亡交通事故三维再现。

【处置危化品车辆事故应急演练进行桌面推演】 2016年10月28日、11月4日，临汾市交警支队组织相关人员针对处置危化品车辆事故应急演练进行桌面推演，提高道路交通事故应急处置能力，做好危化品车辆事故应急实战演练筹备工作。

【事故多发路段排查】 2016年,临汾市交警支队推进隐患整改。对2015年排查出的133处道路交通事故多发路段进行再排查再摸底,132处完成治理,整治率99%,其中省级督办国道108线832千米(洪洞县堤村乡干河村路段)和省道329线82千米～83千米(蒲县境内)完成整改,按照整改方案要求,洪洞县政府在国道108线832千米处累计设置警示灯、标志10余套;蒲县政府在省道329线82千米～83千米处增设标志标牌12套、施划双黄线1000余米、震荡标线6组。支队下发《全市公安交警开展2016年道路交通事故多发(频发)路段排查工作方案》。2016年以来全市排查事故多发(频发)路段19处,全部向相关职能部门下发隐患整改通知书,报告当地政府,报告安监部门。有15处完成治理。

1月至12月,全市发生涉及人员伤亡统计范围内一般程序处理的道路交通事故724起,造成239人死亡、766人受伤,直接财产损失1351701元。同比2015年,事故起数减少27起,下降率为3.6%;死亡人数减少11人,下降率为4.4%;受伤人数减少58人,下降率为7.04%;直接财产损失减少604599元,下降率为30.91%。

【交通管理民生工作】 2016年,临汾市交警支队启动和分步实施主城区保畅治乱工程。以"福利巷"居民聚集区、"世纪百悦"商业聚集区和"临师附小"学校聚集区三个典型成功治理为引领,向市区百汇、东关小学、解放西路、解放路立交桥和科委巷延伸,规范市区道路交通秩序。对交通信号进行完善和调整,路口机动车通行率由过去的高峰期4到5个信号灯通过,达到目前高峰期1个信号灯基本通过。挽回因交通拥堵造成社会经济损失1.5亿元。

【城市静态交通规范管理工程】 2016年5月16日,临汾市政府第108次常务会议审议通过支队上报的市区静态交通规范管理工作建议,拟通过公开招标方式对市区现有停车资源挂牌拍卖。8月24日,由市政府副市长陈纲带领市政府办公厅、市规划局、市住建局、市公安交警支队等部门负责人及业务骨干组成的学习考察组,就城市停车服务收费管理,赴山东济南、青岛及太原、晋中4个城市进行学习考察。针对临汾停车服务的薄弱环节,考察组一行借鉴先进城市管理经验并结合实际提出以下建议:经济调节。对市区摸排出近7000个路侧、路上公共停车位向社会公开招标,实施停车收费管理。将收取费用用于人员经费保障、设施建设及后续发展。配建停车场站。在市区配建19个立体停车场,缓解停车难问题;在城市郊区选址建设4个大型停车场,实现停车场到市区由公共交通中转,倡导周边县市驾车入市人员乘坐公交入市,缓解市区行车及停车压力;开展市区交通秩序中期评估,结合实际交通需求,打通断头路、改造瓶颈路,实现微循环交通功能,提高通行效率。督促停车资源功能还原。建议规划、城建、交警等职能部门摸清市区改变规划停车用途的商场、单位,督促其补建数量等同的停车位进行置换,恢复原规划停车场建设用途。鼓励收费。对市区所有机关单位、营业场所、住宅小区的停车位进行详细摸排,并督促有条件的机关单位、营业场所、住宅小区办理工商、税务等营业手续,让其停车资源对公众车辆开放并收取停车费用。联合执法。分步实现规划、住建、交警联合执法办公,结合管廊、轨道、路网实施规划静态交通停车场站建设。对市区新建场站的停车场规划、建设及使用进行全程监督、管理。规范涉案财务规范管理。根据市区公安交警机构设置与区域性机动车与非机动车辆分布情况,在南城与北城分别划拨两块不低于1.44公顷的土地,用于涉案财物管理专用建设用地。

【"交通违法当事人行为矫正"工程】 2016年,临汾市交警支队针对重点车辆、重点驾驶人开展形式多样的宣传教育,从源头消除安全隐患;合理安排警力走进社区、乡村集市、机关、学校、企业等人员相对集中的场所,开展宣传教育活动;结合"第二季度预防重特大道路交通事故专项整治行动"实战经验,宣传重点交通违法给违法个人带来的社会声誉和经济损失;开展农村地区交通安全宣传;定期曝光违规新生产机动车产品,曝光事故暴露出的车辆、道路、企业等源头隐患和行业监管缺失问题,通过舆论压力倒逼问题整改、行业自律和责任落实;把政策法规、执法处罚和业务办理程序渗透社会各个层面,督促广大群众早办牌、证,及早培植遵纪守法自觉性。推动乡镇交管站、农村交通安全劝导站和乡镇交通安全员、农村交通安全协管员"两站""两员"建设,以基层组织为依托,以"两站""两员"为基础,构建农村交通安全管理网络,发挥宣传、教育、劝导作用。在实施交通违法当事人行为矫正工程工作中，坚持教育与处罚相结合原则，运用“两同步”“四同时”工作模式。

【全省预防道路交通事故示范市】 2016年，临汾市交警支队按照省交管局《关于在临汾市试点建设道路交通安全示范基地的通知》（晋公交管〔2016〕37号）要求，召开建立道路交通安全示范基地工作会议的基础，印发《临汾市公安局交警支队创建道路交通安全示范基地的实施方案》。其中，示范公路以国道108线临汾段为创建点，建设高标准隐患路段整改工作以蒲县大队为创建点；建设道路交通安全示范乡（镇、街道）和乡村（社区）以安泽大队、直属北城大队的管辖区为创建示范区。根据《方案》的安排部署，进入实施创建阶段。以市道路交通安全领导小组名义制定《临汾市创建道路交通安全示范基地的实施方案》，做好全省示范公路、街道、乡镇和村的建设工作，发挥典型示范引领作用，从政府层面提供创建依据。完善《临汾市创建道路交通安全示范基地的实施方案》，于8月17日向各县人民政府及相关责任部门印发《关于征求＜临汾市创建道路交通安全示范基地的实施方案＞意见的通知》。《临汾市创建道路交通安全示范基地的实施方案》的征求意见整理汇总中。

【公安交通安全管理社会化进程】 2016年，临汾市交警支队制定《临汾市道路交通安全责任规定》，提请市人大法工委立法。将《临汾市道路交通安全责任规定》（试行）印发各县（市、区）人民政府、市道路交通安全领导小组各成员单位，以此为依据开展以下工作：针对河南省公安厅高速公路公安局交通警察总队《关于督促相关部门和企业落实交通安全主体责任的函》中对临汾市临汾汽车运输有限责任公司的客运车辆在连霍高速603千米处的违法行为，以市道路交通安全领导小组办公室名义向市交通运输管理局下发《关于落实企业道路交通安全主体责任的通知》，要求市交通运输局要根据本单位职责督促该企业落实交通安全主体责任，采取措施，消除交通安全隐患。将该企业落实道路交通安全主体责任的情况报市道路交通安全领导小组办公室（落实道路交通安全主体责任的情况已报回）。加强大宁县“5·13”道路交通事故所暴露出的管理漏洞和问题，向临汾市经济技术开发区管委会、市交通运输局、市教育局印发《关于督促落实道路交通安全监管主体责任和企业主体责任的通知》，要求三部门根据“党政同责、一岗双责”的原则和《临汾市道路交通安全安全管理责任规定》（试行），做好相关工作。

【“陆安达杯”寻找“文明交通好市民”活动】 2016年，临汾市交警支队联合市文明办、市教育局，依托《临汾晚报》、临汾交通文艺广播等媒体平台于5月10起在市区开展为期五个月的寻找“文明交通好市民”活动。通过评选活动，提高交通参与者“安全文明出行、拒绝交通违法”的自觉性，营造良好文明交通出行氛围，带动更多群众参与到活动中，使交通参与者养成行人过马路不闯红灯走斑马线、骑电动与自行车不随意穿行机动车道、机动车斑马线前礼让行人的良好出行习惯，群众随时纠正身边亲人朋友的不文明交通行为，消除交通安全隐患。分别评选出“机动车驾驶人”“非机动车驾驶人”“行人”“少年儿童”文明出行标兵，带动全市交通参与者养成文明出行好习惯，营造良好出行环境。

从6月14日开始至今，进行12场“文明交通好市民”的寻找，评选出78位模范遵守交通法规的“文明交通好市民”。在寻找“文明交通好市民”过程中，通过宣传和引导交通参与者自觉养成“安全文明出行、拒绝交通违法”的行为，交通参与者的文明交通意识、安全意识及守法意识得到提升，良好出行习惯得到增强。

【少年儿童交通安全教育互联网平台建设】 2016年，临汾市交警支队在市教育局协助下，筹建全市少年儿童交通安全宣传教育网站，利用互联网交通服务管理平台推进全市少年儿童交通安全宣传教育工作。全市少年儿童交通安全宣传教育网站主要以加强全市少年儿童交通安全教育，提高孩子们交通安全意识为主要目的，以录入临汾市公安局交警支队颁发的少年儿童道路交通安全执照名单、传播少年儿童交通安全知识为主要内容，利用网络平台呼吁社会各界关心、关注少年儿童交通安全。少年儿童交通安全执照的颁发是对小学生经过交通安全知识讲座、交通模拟出行、交通安全知识测试等流程，给成绩优秀的孩子颁发执照，获得执照学生名单公布在临汾市少年儿童交通安全网站上，达到激发少年儿童参与交通文明的积极性，成为交通文明传播者，最终达到一个孩子带动一个家庭，一个家庭带动整个社会交通文明好习惯与好风气。全市少年儿童交通安全网站建设基本完成，建成后对全市少年儿童交通安全教育起到推动作用。

【典型示范引领作用】 2016年，临汾市交警支队宣传李洪耀先进事迹，释放正能量，宏扬主旋律。协调市电视台、广播电台、临汾日报、临汾晚报等主流媒体进行专题采访报道，与市电视台联合拍摄专题片《交通警察李洪耀》，在《临汾日报》《临汾晚报》分别刊登《八年护学路真情赢赞誉》《不忘初心做好每一件事》《护学路上一往情深》等新闻稿件。联系协调总队宣传处，在中央、省级主流媒体全面宣传报道李洪耀先进事迹，在《人民公安报·交通周刊》刊登题为"校门口最美的风景"新闻稿件，报道李洪耀的先进事迹，《山西法制报》头版、《三晋都市报》分别以"八年护学路""李洪耀校门口最美的风景"为题宣传报道李洪耀，在公安部交管局网站"交警故事"栏目刊登介绍李洪耀的先进事迹。更新支队机关大厅的荣誉宣传栏，对李洪耀的先进事迹进行宣传，通过支队"双微"、手机短信等宣传平台开设专栏进行宣传，指导全市公安交警媒体平台转发报道。

【交通安全专题新栏目的打造】 2016年，临汾市交警支队与市电视台联合全新打造一档交通法律法规普法类电视栏目《路上那些事》，栏目以全新视角，宣传交通安全知识，报道临汾交警交通管理举措与交通违法整治行动信息，对发生在道路上的不文明交通行为和交通违法行为进行曝光。《路上那些事》栏目制作播出七期，在播出节目中，围绕当前交管工作中心，结合鼓楼南北街改造、夏季署期道路交通事故预防、二季度道路交通事故专项整治等重点工作，突出报道一线民警在路上那些事情。每期节目突出一个中心话题，栏目记者走进一线随警作战，报道民警在执勤执法过程中查处的交通违法、典型交通事故，通过现场执勤民警对法律法规的讲解以及当事人叙说对违法行为的认识等形式，达到增强广大交通参与者的文明交通出行理念，提升交通参与者交通安全意识。

【驾驶人继续教育宣传】 2016年，临汾市交警支队分析研判记满分驾驶人及重点车辆驾驶人违法违行为特点，根据统计分析结果有针对性地开展培训教育工作。落实满分驾驶人七天交通法律法规知识培训学习制度，安排专人不定期对培训人员学习情况进行检查。落实参训人员上路协助交通维护交通秩序以及到交通安全教育基地进行交通安全体验活动，对不参加上述活动人员不予安排科目理论考试。建立健全驾驶人审验培训教育工作台账，通过讲授交通安全法律法规知识、播放警示安全教育片、组织召开座谈会、参加培训教育人员撰写心得体会等形式进行驾驶人审验教育培训。增强客货运、危化品及校车等"五类重点车辆"驾驶人教育培训，有针对性地开展授课教育。组织参加审验教育的重点驾驶人到市区各主要十字路口协助民警维护交通秩序。全年培训记满分驾驶人2321人、组织考试2207人、及格1843人、及格率83.5%；重点车辆驾驶人审验教育培训8938人；对47批1588名新增驾驶人、34批1300名记满分驾驶人在交通安全教育基地进行安全体验培训。

【文明交通示范团队建设】 2016年，临汾市交警支队开展文明出行劝导活动。联合各社会公益组织，在市区各主要街道路口开展文明交通出行劝导服务活动，全市各文明交通示范团队纷纷以"文明出行 从我做起""争做文明交通好市民""文明交通我参与"等主题进行示范宣传。顺风车临汾站、山西师范大学等志愿团队与支队宣传科联系沟通，要求加入到交通安全宣传活动中。山西师范大学公益团队的学生们定期在校园及市区各繁华路段设宣传咨询点，开展文明交通安全宣传。支队定期组织的记满分驾驶人配合一线执勤民警进行交通违法行为劝导活动形成制度，每月从18日开始至28日，由各培训驾校统一带队到市区各主要十字路口开展文明劝导活动。各县(市、区)的各种文明示范团队建立，开展各种形式文明出行示范宣传活动。全市17个县(市、区)成立客运车、摩托车等多种形式文明示范团队80余个。

【鼓楼南北街文明交通示范街交通安全宣传】 2016年，临汾市交警支队在鼓楼南北街开通前夕通过电视、广播、报刊以及"双微"平台等媒体播发《文明示范街、严管街通告》《致广大市民朋友们一封信》，为创建活动营造浓郁宣传氛围。通过支队微信平台制作3期解读创建鼓楼南北街文明交通示范街活动的重要性和必要性。联合公益顺风车临汾站等公益交通志愿者团队在鼓楼南北街各十字路口进行文明出行劝导活动。

【交通管理服务】 2016年，临汾市交警支队实施车驾管综合改革工程，提速为民服务"最后一公里”。将小型汽车驾驶人考试业务下放，逾万名驾驶人享受本地化服务。支队车管所被公安部评为“优秀车辆管理所”。

【县级道路交通事故矛盾化解机制】 2016 年，临汾市道路交通事故纠纷人民调解委员会共受理案件 1536 起，调解 1343 起，结案率 87.43 %。支队制定道路交通事故矛盾化解工作考核办法，要求办案单位执行《道路交通事故处理程序规定》规定的调解期限，期满未达成协议的，制作“道路交通事故调解终结书”。引导当事人进入人民调解或司法调解程序，发挥人民调解制度在事故处理中的作用。

【事故快处工作机制】 2016 年，临汾市交警支队和谐警民关系。推动道路交通事故快速理赔中心运转，提高快处快赔中心使用率，临汾市快速理赔服务中心受理案件 2744 起，简易程序处理 287 起，自行协商处理 2457 起。推进简易程序道路交通事故处理工作覆盖面向各县（市、区）延伸，为支队机关、各直属大队、襄汾县、蒲县、侯马市交警大队通过简易事故资格培训考试符合简易程序处理交通事故资格标准的 183 名正式民警，制作颁发简易事故处理资格证书。

【车驾管服务】 2016 年，临汾市交警支队安检机构业务大厅内设立咨询导办人员，解决疑难问题，在大厅设立专门为办事群众提供免费业务咨询、导办及填表服务三员。推进基础服务建设，提高办事效率，在检测中心重新规划院内标志、标线，在业务窗口设置各种标牌，要求各安检机构设立客户休息室，缓解业务量大，办事群众拥挤的现象。延伸车管服务，把车辆查验业务延伸到市县，简化办事程序，转变服务方式，为各市、县纯电动车查验上门服务，解民忧、排民难。开展业务下放工作。3 月，方便群众就近进行机动车驾驶人考试，实现驾驶人考试本地化服务，推进简政放权、放管结合、优化服务，促进驾驶培训市场开放竞争、驾驶考试公平公正、服务管理便捷高效，下放曲沃、侯马、霍州、乡宁、吉县、襄汾 6 个县市考场。经总队备案投入使用的机动车驾驶人考场有 42 个。

【市区鼓楼南北街拓宽改造等 17 项重点工程】 2016 年，临汾市交警支队鼓楼南北街道路拓宽改造等 17 项重点工程建设确定后，提早周密部署，多措并举，多次组织实地调研，开展交通流量、交通压力测试和交通风险评估，制定道路改造期间交通安保方案，采取“人管、物管和技管”三结合原则，实施市内道路“绕行、限行和单行”措施，全警动员，投入 500 名交通民警和交通协管员，加大定点执勤、摩托巡逻和应急疏导指挥，实施“三限四保”制度，即：限非居民机动车、限非公务机动车、限外地车通行；保障道路基本安全畅通、保障政务公务正常运行、保障工程进展基本不受影响、保障民生生产生活基本不受干扰等 53 项措施，应对道路改造期间的各种交通矛盾，服务好政府重点工程。鼓楼南北街道路拓宽改造等项工程交通安保任务开始，交警支队取消春节假日，全警参战落实“真抓实干、马上就办”指示精神，全天 24 小时值班备勤，为重点工程保驾护航，为人民群众畅通出行、安全出行服务。组织人员进行专题调研，设置鼓楼南北街公交专用道，完成城市停车管理考察报告、市区城市公共自行车网点布局规划建议和健全改造后鼓楼南北街道路功能的建议等大型畅通城市道路意见报告市政府。

【单警装备应用培训】 2016 年，临汾市交警支队提升民警业务能力。推进执法记录仪、移动警务通应用，规范执法装备使用管理，促进执法规范化建设，提高民警对科技装备的应用能力和执勤执法效率，支队举办执法记录仪和移动警务通应用培训。配发执法记录仪 400 余台、移动警务通 80 台。参训民警掌握单警装备使用操作，提高单警装备应用能力和操作水平，

【信息系统保障】 2016 年，临汾市交警支队落实公路防控体系建设目标任务，推动市区信号灯智能化，按照上级公安机关有关工作安排，支队与市局治安支队核对、新增道路视频监控点位后，确定改造、接入、新建道路视频监控点位共计 162 处，摄像头 1072 个。市区视频监控卡口建设总计完成 682 路，其中 417 路视频监控已接入平台。包括一期工程总计 439 路，完成 370 路视频监控建设工作，其中 323 路视频监控接入平台。二期工程总计 633 路，建设完成 312 路，通电 155 路，其中 94 路视频监控接入平台。

【信息采集大会战】 2016 年，临汾市交警支队开展交警信息采集大会战中卡口信息采集工作，全年采集卡口过车数据 18648 万余条。运用“三个一律”强化工作纪律。巩固市境内无证和酒后驾驶重点交通违法行为治理成果，打击无证和酒后驾驶重

点交通违法行为,执行"私自放走无证驾驶人的一律行政拘留,私自放走酒后驾驶人的一律移交检察院立案侦查,私自降低处罚标准的一律交纪检督查处分"的"三个一律"工作纪律。对无证和酒后驾驶违法行为一律杜绝说情,按照法律法规严肃查处,上限处罚,确保重点违法不反弹。

检　察

【营造良好发展环境】　2016年,临汾市检察院打击扰乱社会金融秩序、侵犯知识产权、集资诈骗、非法传销、网络电信诈骗等破坏社会主义市场经济秩序犯罪,批捕此类犯罪嫌疑人81人,提起公诉196人,维护市场经济秩序。发挥检察职能,打击严重影响重大工程建设的刑事犯罪,查办破坏投资环境的职务犯罪,净化工程项目建设环境。提供行贿犯罪档案查询18756次,有行贿记录的35家单位、49名个人被取消招投标资格,促进市场监管和社会诚信体系建设。依法服务和保障非公有制经济健康发展,市院制定《关于依法保障和促进非公有制经济健康发展的实施意见》,与市工商联联合出台日常联络等三项制度,成立服务非公有制经济协调领导小组。全市检察机关树立平等保护理念,在办理涉及民营企业案件时,注重区分"七个界限",做到"三个慎重",防止发生"案子办了、企业跨了、职工散了"现象。引导民营企业依法经营、依法治企、依法维权,营造公平公正法治化营商环境。依法办理27件民营企业涉嫌犯罪案件。

【依法保护民生民利】　2016年,临汾市检察院围绕市委"脱贫摘帽"攻坚目标,开展"查办扶贫贪污贿赂犯罪专项工作"和"查办农村危房改造渎职犯罪专项活动",立案侦查扶贫领域贪污贿赂犯罪32人,立案侦查农村危房改造领域渎职犯罪26人,其中正科级2人,副科级6人,维护群众切身利益。助力健康临汾建设,围绕市委"铁腕治污"部署,增强对生态环境资源的司法保护,制定《关于进一步加大打击污染环境犯罪监督力度的意见》,开展"破坏环境资源犯罪专项立案监督活动",批准逮捕严重污染水源、大气、土壤和非法砍伐、私挖滥采等破坏生态环境犯罪嫌疑人9人,保护绿色安全健康环境;开展"危害食品药品安全犯罪专项立案监督活动",依法惩治危害食品药品安全犯罪,批准逮捕制售有毒、有害食品和假药劣药刑事犯罪嫌疑人8人,保障人民群众"舌尖上的安全"。加强对弱势群体的司法保护,办理支持起诉117件,帮助进城务工人员追索劳动报酬29.71万余元。

【社会安全维护】　2016年,临汾市检察院发挥审查批捕、审查起诉等职能作用,深化打黑除恶专项斗争,突出打击严重暴力和黑恶势力等破坏社会管理秩序和危害公共安全的犯罪活动,批准逮捕各类刑事犯罪嫌疑人1605人,提起公诉2416人。全市控申部门受理群众来信来访1756件次,其中检察长接访472人次。开展以"加强举报人保护 惩治群众身边腐败"为主题的"举报宣传周"活动,用老百姓听得懂的方式讲好法制,制作展板72块,设点宣传80次,出动宣传车101辆,散发宣传材料3万余份,提供法律服务12228次,帮助解决问题992件。在全省率先建成、最先运用远程视频接访系统办理接访案件,实现"让数据多跑路,让群众少跑腿",降低当事人诉求成本,方便信访群众。贯彻宽严相济刑事政策,依法决定不批捕372人,不起诉225人。增强对未成年人的司法保护,推行分案起诉、犯罪记录封存等制度,不批捕17人,不起诉2人,附条件不起诉6人,教育、感化和挽救涉罪未成年人。探索实施"圆桌谈话"帮教方法,帮助涉案未成年人重回正常成长轨道。

【大案要案查办】　2016年,临汾市检察院立案侦查贪污贿赂犯罪148人,立查人数名列全省第一。立案侦查渎职侵权犯罪65人,立查人数在全省名列前茅。查办涉嫌犯罪原县处级以上领导干部5人。

【注重办案方式效果】　2016年,临汾市检察院健全侦查一体化办案机制,综合运用交办、提办、督办等方式,加强统一指挥、组织协调和侦查协作,提升查办案件整体效能。引导侦查人员树立以证据为中心的侦查理念,构建"信息化引导、精细化初查、专业化审讯、规范化取证和集约化办案"的侦查新模式。使用指定居所监视居住等强制措施,慎重扣押涉案款物,保障犯罪嫌疑人的合法权益。加强与发案单位党政领导沟通,通报办案情况,帮助采取应对措施,维护正常的工作秩序。强化纪法分开和纪法衔接,集中开展向纪检监察机关通报、移送涉嫌职务犯罪党员和国家工作人员专项工作，通报涉嫌职务犯罪 92 人，移送涉嫌违纪案件线索 17 件 24 人。推进与行政执法、审计、金融等部门配合，健全工作机制，形成反腐败工作的整体合力。

【职务犯罪预防】 2016 年，临汾市两级检察院两级院撰写并向地方党委政府提交年度惩防报告 18 份，分析研究职务犯罪发案态势，提出防控对策，为党委、政府决策提供依据。在发案单位召开案例剖析会 62 场，在国土、税务等部门开展预防调查 70 次，发出防控风险检察建议 29 件，帮助完善规章制度，堵塞管理漏洞，构筑社会化预防体系。举办各类预防宣传和警示教育讲座 329 次，受教育人数 31264 人。举办“权力不可任性”预防职务犯罪警示教育座谈会和“精准扶贫 廉洁为民”警示宣传教育基层行临汾站宣讲会，增强国家工作人员依法行政和廉洁扶贫的意识。拍摄警示微电影和举办廉政书画摄影，用百姓通俗易懂和喜闻乐见的形式，深化宣传效果。探索拓宽预防工作有效途径，市院研发上线运行“阳光百姓工程涉农资金监管系统”，实现全市涉农资金运行全程的精准监管。市委、市政府专门召开会议在临汾市部署实施。该系统监管涉农资金 46 亿余元。

【侦查活动监督】 2016 年，临汾市检察院加强对公安机关刑事立案的监督，纠正有案不立、有罪不究以及违法动用刑事手段插手经济纠纷等问题，监督立案 116 人，监督撤案 35 人。增强对公安机关侦查活动监督，纠正非法取证、滥用强制措施、违法查封扣押冻结财物、漏捕漏诉等侦查违法行为，纠正漏捕 39 人，纠正漏诉 71 人，书面纠正侦查活动违法 211 件。乡宁县检察院办理的“武磊涉嫌强奸案立而不侦、怠于侦查监督案件”经验做法被《检察日报》头版头条刊载。全市两级检察院在全省率先实现全部向同级公安机关派驻“侦查监督检察室”，利用警综平台成功监督立案 40 起。推进“两法衔接”，开展“行政执法机关移送涉嫌犯罪案件专项监督活动”，监督移送涉嫌犯罪案件 29 件 31 人。增强对自侦部门立案和侦查活动监督，监督立案 6 人，办理延长侦查羁押期限 20 人，不批准逮捕 7 人。

【审判活动监督】 2016 年，临汾市检察院开展“诉讼监督年”活动，重点监督有罪判无罪、量刑畸轻畸重、违反法定程序等问题，对认为确有错误刑事裁判提出抗诉 38 件 59 人，法院审理后改判和发回重审 8 件 10 人，纠正法院违反程序规定等行为 83 件次。首次纠正公安程序违法、法院审理程序违法，发出纠正违法通知书 16 份，公安、法院全部采纳，促进刑事审判公正。派员列席中级法院审委会 11 次，参与审议死刑案件和抗诉案件 31 件 35 人。

【刑事执行检察】 2016 年，临汾市检察院增强对刑罚变更执行的同步监督，监督纠正提请减刑、假释、暂予监外执行不当 428 人。纠正刑罚执行和监管活动违法 660 件。发挥社区矫正检察室的专项监督作用，纠正社区矫正监管违法 593 件。开展“集中清理判处实刑罪犯未执行刑罚专项活动”和“财产刑执行专项检察活动”，发现纠正审前未羁押判处实刑未收监、未暂予监外执行罪犯 38 人。开展“强化责任意识 落实监督职能”专项整治活动，发出纠正违法和检察建议 316 份，监督符合强制医疗条件的 26 名人员进入强制医疗程序。查办在刑事执行检察工作中发现的职务犯罪 13 人，依法办理“5·23 晋城黑老大出狱事件”原晋城监狱监区长王作恒涉嫌渎职犯罪案件。查办案件数量位居全省第一。

【民事行政检察】 2016 年，临汾市检察院加大对裁判不公民事行政案件的监督力度，受理审查各类民事、行政申诉案件 493 件，对认为确有错误的民事行政判决裁定以及损害国家和公共利益的调解书，提出提请抗诉 17 件，经再审，改变判决 2 件。纠正民事行政审判程序违法 146 次，纠正民事行政执行程序违法 144 次。集中开展“查办虚假诉讼专项监督活动”，维护正常诉讼秩序和司法公信力。督促行政机关履行职责，发出检察建议 23 件，均被采纳。对认为裁判正确的 28 件民事行政案件，作出不支持监督申请决定，对 19 起案件当事人做好释法说理、服判息诉工作。

【司法体制改革】 2016 年，临汾市检察院成立司法体制改革领导小组、司法体制改革试点督导组和司法体制改革法律政策研究小组。对全市两级检察机关人员编制情况和人员思想情况进行摸底，督促 7 个基层检察院完成 307 名干警公务员登记，完成全市 525 名检察官职务套改。做好首批员额检察官遴选工作，组织全市两级院符合入额条件的 325 名检察官参加全省统一组织的遴选考试，拟定 273 名检察官入额，报省法官检察官遴选委员会审核，经审核，266 名检察官入额。

"检察开放日"活动

【监察体制改革】 2016年,临汾市检察院按照省院要求,成立深化监察体制改革领导小组。召开全市检察长会议和市院党组会议,传达省委、市委监察体制改革会议精神,安排部署相关工作,配合市纪检委搞好指导。做好职能划转准备工作,对职务犯罪侦查和预防部门人员情况进行摸底和登记造册,对立案侦查的案件加快办案进度,确保尽快结案、不留尾巴,对案件线索梳理、管理,确保完整移交。参加全市监察体制改革试点工作领导小组,参与论证、建言献策。探索建立检察机关与监察委员会相互配合、相互制约有效机制。

(黄永刚)

法 院

【概述】 2016年,临汾中院依法履行审判职责,维护社会稳定,服务和保障发展大局。全市法院贯彻市委各项决策部署,围绕全市工作大局,立足审判职能,坚持执法办案第一要务,受理各类案件56026件,审执结52442件,分别比2015年上升50.89%和47.38%,结案率为93.60%。市中院受理各类案件9302件,审执结9068件,分别比2015年上升102.39%和101.83%,结案率为97.5%。两级法院案件受理、结案数量再创历史新高。两级法院和市中院结案率分别比全省法院年度目标高出8.6和12.5个百分点,均位居全省法院第一名。

【各类刑事犯罪依法惩处】 2016年,临汾中院两级法院受理刑事一审案件2310件,审结2141件(其中,市中级法院受理58件,审结54件)。中级法院受理刑事二审案件541件,审结519件。全市法院判处罪犯2293人,其中判处5年以上有期徒刑直至死刑187人。

【犯罪案件审理】 2016年,临汾中院参与社会治安综合治理,推进平安临汾建设。依法审理故意杀人、故意伤害、绑架等侵犯公民人身权利犯罪一审案件507件676人,审理抢劫、抢夺、盗窃等侵财犯罪一审案件559件824人,维护人民群众合法权益,增强人民群众安全感。依法审理涉枪涉爆、危险驾驶、交通肇事等危害公共安全犯罪一审案件473件501人,维护公共安全,促进社会稳定。依法审理生产销售伪劣产品、集资诈骗、非法吸收公众存款等破坏社会主义市场经济秩序犯罪一审案件142件290人,规范市场秩序,促进公平竞争。依法审理涉毒、涉黄等妨害社会管理秩序犯罪一审案件294件484人,净化社会环境,促进社会文明进步。

【贪污贿赂犯罪坚持严惩】 2016年,临汾中院依法审理贪污、受贿、滥用职权等犯罪一审案件92件142人。市中院落实国家工作人员职务犯罪适用缓免刑上报审查制度,对基层法院报批的56件适用缓免刑案件,严格把关,做到罚当其罪,净化政治生态,保持反腐败斗争的高压态势。

【罪刑法定】 2016年,临汾中院落实罪刑法定原则,加强人权司法保障。贯彻宽严相济刑事政策,依法对情节轻微的初犯、偶犯、未成年犯等适用缓刑、管制、免予刑事处罚。发挥刑罚的教育、感化、挽救功能,依法办理减刑案件2134件,对符合法定条件的服刑罪犯裁定减刑,促进悔过自新、回归社会。

【民商事矛盾纠纷依法化解】 2016年,临汾市两级法院受理民商事一审案件21101件,审结19177件(其中,市中级法院受理149件,审结89件)。中级法院受理民商事二审案件1023件,审结1986件。对临汾市经济社会转型中出现的新情况、新问题,加强司法应对,防范和化解风险,促进经济平稳发展。两级法院审结借款、劳动争议、劳务合同等纠纷案件7387件,做到居中裁判、平等保护,依法维护经济社会秩序;审结买卖合同、知识产权、票据证券、所有权及相关纠纷等纠纷案件4183

件，倡导依法经营、诚信交易，确保市场经济规范有序；审结婚姻家庭、继承等纠纷案件5170件，关注弱势群体，加大对老人、妇女、儿童权益的保护，促进家庭和睦与社会和谐；审结人身损害赔偿、特殊侵权等纠纷案件2678件，制裁侵权行为，保护城乡困难群众合法权益，促进社会公平正义。推进涉农案件审判工作，审结土地流转、承包经营、农产品销售等案件350件，保护农民合法权益，推进农业和农村经济发展。

家事审判工作现场

【行政争议依法解决】 2016年，临汾市两级法院受理行政一审案件463件，审结432件(其中，市中级法院受理97件，审结94件)。中级法院受理行政二审案件129件，审结128件。实行行政案件跨行政区域管辖，由尧都区、侯马市、霍州市、洪洞县和襄汾县5个基层法院集中管辖全市17个基层法院的行政诉讼案件(其余12个基层法院承担非诉行政案件的审查执行工作)，维护行政相对人的合法权益。应对行政案件数量大幅上升、案件类型明显增多、化解难度加大的趋势，推进行政机关负责人出庭应诉，推动与行政机关的良性互动，关注行政相对人的诉求，提高行政审判水平，促进法治临汾建设。

【执行难解决】 2016年，临汾市两级法院受理各类执行案件13444件，结案12504件，结案率93.01%。中级法院受理各类执行案件660件，结案613件，结案率92.88%。把涉民生案件放在重中之重，解决涉民生案件执行难的突出问题。开展涉民生案件和清理农民工工资专项执行活动，清理涉民生案件751件，执结433件，执结到位金额1512.18万元，救助人数66人，救助金额160.2万元。开展执行大会战，清理涉金融案件1420件，执结730件，执结到位金额7452.33万元；打击拒不执行法院判决、裁定等犯罪行为案件192件，采取司法拘留275案287人，移送23案25人，判决2案2人。中级法院为16家单位和个人兑付5174万余元执行款，盛强建筑劳务有限公司、李子坪煤业有限公司等10名申请执行人送来锦旗或感谢信。运用信息手段，网络查控、冻结被执行人的财产，提高执行效率。

【入额法官遴选】 2016年度，临汾中院为推进改革，提高司法公信力，按照山西省高院下发的《山西省全面推开司法改革考试点法官入额遴选实施方案》相关规定和有关要求，开展司改工作。成立以院长翟瑞卿为组长，其他党组成员和基层法院院长为组员的司法改革领导机构，为司法改革工作提供组织保障。围绕司法改革工作的重要性、法院建设所面临的实际问题以及法院所担负的司法责任等问题进行思想再动员、再教育，为司法改革工作奠定思想基础。围绕两级法院编制、人员、资产、任务、经费情况等内容，采取组织座谈、问卷发放、考察调研、案例分析、定性与定量分析等手段开展摸底调研活动。确实摸清全市两级法院编制、人员、案件数、经费数、资产底数等，做到对全市两级法院建设情况底数清、情况明，为指导司法改革工作提供一手资料。围绕司法改革工作所涉内容及制度，结合摸清的底数，对摸底调研情况进行汇总、梳理、分析，针对发现的问题提出改革意见和建议，形成书面材料一并上报上级机关，为上级机关了解下级法院建设情况，帮助指导开展司法改革工作提供依据。依据省高院要求，结合全市法院工作实际，制定《临汾市中级人民法院法官首批入额遴选实施方案》及配套的《法官首批入额考核细则》。根据省高院的要求，组织法官首批入额遴选考试，围绕年度考核、工作绩效、审判工作资历、荣誉奖励、职业操守、民主测评等项目，对申请入额法官进行考核评价。对法官首批入额的各项考核结果进行汇总公示，报院党组研究审议确定法官首批入额遴选人员名单，进行公示。对《法官遴选报审表》和《首批遴选入额法官人选的提议》《首批遴选入额法官入选的提议说明》进行填写，对基层法院报至中院的相关材料逐人逐项进行初审后,连同中院350名首批遴选入额法官人选的《法官遴选报审表》及配套的《首批遴选入额法官人选的提议》上报至省高院。

【司法公开】 2016年,临汾中院适应人民群众多元化司法需求,推进审判流程、裁判文书、执行信息三大司法公开平台建设,拓展司法公开的广度和深度,满足人民群众的知情权、参与权、监督权。两级法院在中国裁判文书网公布生效裁判文书23651篇,在全省各中院名列前茅。通过全国执行信息网以及报纸、室内外电子屏等平台上,公布失信被执行人11188人,加大对"老赖"的曝光力度,增强法律威慑力,督促被执行人自觉履行义务,促进社会诚信建设。

【法治宣传】 2016年,临汾中院贯彻落实中央依法治国、省委依法治省以及市委推进法治临汾建设工作会议精神,利用法院自有平台,发挥法院信息、官网等媒介优势,利用新闻发布会制度和"12·4"法治宣传日进行司法宣传和普法宣传,发挥微博、微信等新媒体的宣传作用,传播法治理念、弘扬法治精神。临汾中院微信号从7月5日开通以来,推送消息71篇,同步在《山西法制报》《临汾日报》《生活晨报》《山西政法》等报刊杂志以及山西黄河新闻网等发表55篇。12月4日,临汾中院组织参加市普法依法治理办公室在平阳广场统一开展的"弘扬宪法精神,实现振兴崛起"为主题的第三个国家宪法日暨第16个全国法治宣传日活动。临汾中院发放宣传资料千余份,现场解答群众咨询200余人次。

司法行政

【概述】 2016年,临汾市司法行政系统围绕市委提出的"345"战略和市政府"12345"工作思路,发挥职能作用,拓展法律服务,增强法治保障,推进法治宣传,保持全市司法行政工作旺盛发展。全市律师办理各类案件3495件,担任法律顾问380家。公证机构办理各类公证14026件。司法鉴定机构办理各类司法鉴定3173件。在第八次全国法治宣传教育工作会议上,临汾市获得"全国法治宣传教育先进城市"荣誉称号,3名个人获"全国法治宣传教育先进个人"荣誉称号。在全国模范司法所及先进集体和先进个人表彰电视电话会议上,安泽县唐城司法所、尧都区尧庙司法所荣获"全国先进司法所"称号,襄汾县南贾司法所所长鲁树科、侯马市路西司法所所长王丽获"全国模范司法所长"称号。翼城县创办《经纬剧场》、聘请群众演员将法治案例自编自演成情景普法短剧,以群众演员演身边事,开展全民普法。

【为重点工程建设解难排障】 2016年,在临汾市主城区鼓楼南北街拓宽改造过程中,市司法局组织法律服务机构全程介入,跟踪服务会效果。组织法学专家、律师编印《征地拆迁和城中村改造法律法规及政策性文件汇编》1000册,送到工程管理部门和施工建设单位手中,满足开展城市拆迁法律释疑解惑和矛盾纠纷化解需要。金贝律师所参与自红楼大酒店至尧都大酒店2.6公里项目段的法律服务,提供相关合同法律审查等项服务10余次。组织引导平阳公证处、华尧公证处对涉及的280多个拆迁户进行调查摸底,办理保全证据公证和拆迁协议公证。华尧公证处派出118人次对289户拆迁房屋面积测量,蹲点开展现场公证监督。尧都区司法局组织鼓楼南北街沿线司法所人员,对涉及拆迁改造的相关案件和人员主动提供法律咨询,化解纠纷。金贝律师事务所律师对涝洰河生态建设润州园工程项目的协议书进行20余次修改,把好项目"法律审查关"。襄汾县司法鉴定中心组建司法鉴定服务团为投资1.2亿元的襄汾陶寺遗址博物馆征地范围内的地上及地下附着物进行鉴定评估,为国家重点工程项目长临高速、霍永高速二期建设涉及的搬迁范围内的400多户群众的地上附着物提供鉴定服务。侯马公证处为山西平阳重工机械有限公司棚户区重点改造工程涉及的300余户拆迁户办理相关公证。翼城公证处与桥上镇联系,为煤矿塌陷区村民办理搬迁改造协议公证67件。安泽县组织县域律师为城市集中供热工程项目招商、沁河城区段综合治理等提供全程法律服务,指派律师为光伏发电项目签约文件进行法律审查。

【为"百里汾河新型经济带"园区建设配套对接】 2016年,临汾市司法局采取强强联手、优化组合方法,组建由100名律师、公证员、司法鉴定员骨干参加的"法律顾问团"和"法律服务团",与沿汾河18个工业园区和10个现代化农业园区、50余项重点项目进行对接服务，优化“百里汾河新型经济带”法律服务机制，为园区建设提供包括合同审查、法律咨询、法律研讨等多种形式优质法律服务。审查合同主要有《临汾市滨河东路和南环路立交桥项目投融资建设合同及协议书》《临汾市规划三街（309国道—规划十二路）政府购买服务合同》等80余份。帮助临汾开发区、侯马开发区5家企业在新四板成功挂牌上市。平阳公证处为临汾开发区天鹅大酒店有限公司5000万元融资项目提供咨询论证、法律研讨、法律审查、合同公证等系列公证服务。

【为中小企业服务】 2016年，临汾市司法局与市中小企业局联合下发《关于进一步为中小微企业提供优质法律服务的实施意见（试行）》。以师达律师事务所为代表的12家律师事务所贯彻《意见》要求，组织律师进入到全市400余家小微企业举办法治专题研讨会，巡回法治宣讲70余场次，为中小微企业定期进行“法律体检”式系列服务，满足企业对法律服务的应时之需。

【“七五”普法】 2016年11月9日，临汾市司法局制定《关于在全市开展法治宣传教育的第七个五年规划（2016年—2020年）》，以市委、市政府文件转发各县（市、区）、市直各部门。11月16日召开全市法治宣传教育工作会议，总结“六五”普法工作，安排部署“七五”普法工作，通报表扬法治宣传教育工作先进个人。市委常委、政法委书记郭行杰主持会议。市委常委、宣传部长李朝旗、市政府副市长、市公安局长马德荣、市政协副主席梁清燕出席会议。李朝旗在会上讲话。全市17个县（市、区）全部以当地党委、政府文件形式转发“七五”普法规划，以召开法治宣传教育工作会议、新闻发布会、电视讲话等不同形式启动“七五”普法工作。

【“12·4”法治宣传】 2016年，临汾市举办系列法治宣传活动，营造社会法治氛围。市委主要领导重视该项活动，撰写署名文章。12月3日，市委书记岳普煜撰写题为《弘扬宪法精神，决胜全面小康》的署名文章在《临汾日报》头版头条发表。12月22日被山西法制报转载刊登。市四大班子领导参与，大型广场法治宣传活动有声有色。12月4日，在平阳广场组织开展大型法治宣传活动。围绕“弘扬宪法精神、实现振兴崛起”主题，市直司法、行政执法部门及各法律服务机构59家单位，设置法治咨询台120多个，散发宣传资料20多万份，集中展出法治宣传版面200多块，受教育群众2万人次。市委宣传部、市司法局、市普法依法治理办公室向全体公民发出“弘扬宪法精神，实现振兴崛起”倡议书。市委常委、政法委书记郭行杰、市人大副主任王国平、市政府副市长、市公安局局长马德荣、市政协副主席梁清燕等市领导出席活动，向现场群众散发宣传材料，解答群众法律咨询。各执法司法机关、新闻媒体支持，系列法治宣传活动生动活泼。邀请法律专家、教授董文才为市四大班子领导、各县（市、区）党委、政府主要领导、市直单位主要领导举办法治报告会。临汾电视台《正在进行·特别关注》栏目录制播放市司法局局长、市普法依法治理办公室主任秦希强关于“弘扬宪法精神，实现振兴崛起”主题电视访谈节目。市司法局、团市委、市未成年人保护委员会在山西师范大学临汾学院举行“青春与法同行”青少年法治教育宣传月启动仪式，临汾学院在校师生及相关单位1200多人参加仪式。市法律援助中心、平阳公证处等法律服务单位深入机关、乡村、社区、学校、企业、单位开展“法律六进”活动。

【法治宣传教育】 2016年，临汾市司法局推广翼城县运用法治短剧开展全民普法经验，部分县针对县域特点，结合重大节点，采取自编自演自导和群众喜闻乐见的形式开展普法宣传活动。安泽县创新推出普法三字经、普法广场舞，拍摄《合法夫妻难成真》眉户剧法治短剧，在市电视台播出两周54次。市司法局协助市电视台对《论理说法》改进栏目，丰富法治宣传教育内容，增强普法宣传的针对性和实效性。

【社会稳定维护】 2016年，临汾市各级司法行政机关发挥维护社会稳定职能作用，为推进“平安临汾建设”做出贡献。全年调解各类纠纷14798起，调解成功14438起，调解成功率97.5%；排查预防纠纷5634起，防止民间纠纷转化为刑事案件44起，防止群体性上访48起。截至12月底，全市社区服刑人员在册2337人，接收9179人，解除矫正6842人，撤销缓刑78人，暂予监外执行收监36人，撤销假释2人，警告处分524人，治安处罚31人，重新犯罪率0.13%，低于全国平均水平。全市以各种形式累计安置刑释解矫人员9441人，安置率达到100%，重新犯罪率低于0.3%。

【人民调解】 2016年，临汾市司法局按照省司法厅部署，组织开展“防风险、解纠纷、促发展矛盾纠纷排查化解”活动，引导各类调解组织和调解人员，聚焦化解征地拆迁、资源整合等重点改革发展领域和劳资、医疗、交通、环保等民生领域及涉法涉诉类矛盾纠纷，组织进行矛盾纠纷排查调处“大会战”。建立动态矛盾纠纷排查制度，即县、乡、村三级调解组织定期组织矛盾纠纷排查，村级调解委员会每半个月组织排查一次，乡级调委会及司法所每月组织排查一次，县级司法局每季度组织排查一次。通过跟踪监督、现场指导，综合运用法、理、情相结合的调解方式，提高调解成功率。在全市推广安泽县“311”纠纷多元化解工作法、襄汾县“说事室”、吉县“小板凳”工作经验。推进调解组织升级提档，支持、指导侯马市新港服装城人民调解委员会、吉县苹果营销纠纷调解中心、临汾市农民企业协会人民调解委员会等专业性调委会开展工作，发挥作用，调处化解大量经济纠纷。

【社区矫正】 2016 年，临汾市建立健全社区矫正形势分析研判、执法考评、重大事项报告、突发事件预警处置等工作机制，社区矫正工作步入规范、有序、法治轨道。《山西政法》对全市两类特殊人群管理进行专题报道。《山西法制报》连续 7 次对临汾市社区矫正工作进行宣传报道。

【重点管理】 2017 年，临汾市坚持狠抓重点人员、重点时段、重点环节，对重点社区服刑人员实行“四包一 ”责任制，即对每一位重点社区服刑人员落实一名局领导、一名司法所工作人员、一名村居委干部、一名家属“四包一”责任制，确保社区服刑人员有人管，管得住，不出事。按照抓重点、树典型、补短板要求，突出抓好尧都、襄汾、洪洞社区矫正人数占全市一半这个重点，采取市局领导包县督查、县局领导包所督导等方式，解决个别司法所责任不到位、工作滞后等问题。襄汾县推进对社区服刑人员的心理矫治，完善心理测试量表，购置沙盘疗法器材，集中对全县 73 名重点社区服刑人员进行心理咨询培训。

【专项整治】 2016 年，临汾市汲取大同“12・8”案件、晋城“5・23”案件教训，在全系统开展社区矫正安全稳定隐患排查、“漏管脱管虚管”专项整治活动，抓住判、交、送、接、管、帮、罚 7 个关键环节开展隐患排查、专项整治，发现个别社区服刑人员存在报到不及时、衔接不到位；档案资料登记不统一、文书不规范；手机定位抽查不及时，管理不严格；社区服务时间落实不够，组织不得力等 36 个问题。提请撤销缓刑 7 人，警告 58 人，治安处罚 4 人。

【规范执法】 2016 年，临汾市司法局配足、配强社区矫正执法人员、强化社区矫正规范化管理，采取措施，完善健全社区矫正工作机制。按照全省安全稳定会议精神，市司法局加大社区矫正维稳工作力度，组织各县(市、区)司法局摸清底数、落实责任，各县(市、区)一把手分别与各司法所长签订《社区矫正安全稳定责任书》。在以往各县(市、区)普遍建立社区矫正管理中心基础上，尧都区新成立副科级建制、事业单位性质的社区矫正指导中心。侯马、洪洞、襄汾、安泽、古县、隰县、大宁、永和等 10 个县(市)建立社区矫正管理教育中心、社区矫正管理所。17 个县(市、区)对社区服刑人员实现手机定位监管。全市 171 个司法所对社区服刑人员实现指纹或人脸识别签到。古县投资 15 万元建成社区矫正指挥平台。尧都区司法局在建立健全社区矫正集体决策机制方面进行探索，成立由局主要领导及相关股室负责人组成的社区矫正工作委员会，对社区矫正工作的重大事项进行民主决策、集体评议，做出决策，实现社区矫正决策机制的规范化、科学化。全年办理调查评估 431 件。

【帮教安置】 2016 年，临汾市各级司法行政机关开展安置帮教“除隐患、强基础、保稳定”专项攻坚行动，解决信息核查不全面，衔接工作不落实，建档立册不完整，安置帮扶不到位等问题，确保安置帮教工作机构、档案、信息库、基地建设“四完善”。注重采取法治教育与道德教育、常规教育与重点教育，刚性教育与温情教育“三结合”方式，组织社区矫正人员开展法治教育、道德教育和就业技能培训，为社区矫正人员回归社会创造有利条件。各县(市、区)司法局联合人社部门劳动技校举办培训班 5 期，培训社区矫正人员 210 余人次，为 86 人解决就业出路。全市建立依托企业的安置帮教基地 24 个，社区矫正公益劳动基地 27 个，教育培训基地 2 个。

【民生改善】 2016 年，临汾市法律服务机构践行“便民、利民、惠民”服务宗旨，创新服务手段，完善服务机制，落实服务措施，让法律服务走进群众，走进生活。受理各类援助案件 2091 件，受援人数 2121 人，为当事人挽回经济损失 1023 万元，“12348”专线接听法律咨询电话 4117 次，咨询人数达15354次。

【一村(社区)一法律顾问平台】　2016年,临汾市司法局实现法律服务实效化。推行一村(社区)一法律顾问工作基础上,2016年实现由"全覆盖"向"全渗透"转变。全市受聘法律顾问为村(社区)提供法律咨询9000余人次,开展法律宣传193场次,举办知识培训36次,发放各类宣传手册54114份,调处各类纠纷623起,成为人民群众身边的法律"贴心人",村(居)委会决策参谋的法律"贤内助"。

【法律援助"三大平台"建设】　2016年,临汾市司法局实现法律服务公共化。在法律援助便民服务大厅普遍设立、12348法律援助热线普遍开通基础上,为45个基层司法所配备远程视频,基本形成贯通市、县、乡三级的法律援助远程视频服务系统,让法律服务惠及每一个普通群众,做到能援必援、应援尽援,解决群众打不起官司、打不成官司的难题。运用微信公众平台,发布工作动态,公布典型案例,解答在线法律咨询,形成"互联网+法律援助"服务新模式,缓解偏远地区法律援助人才短缺和农村群众合理诉求难以保障问题。依托各基层司法所在全市设立171个法律援助工作站,在市武警支队和各县(市、区)武警中队建立军人军属法律援助工作站。开展"法律援助质量提升年"活动,组织法律援助案件质量评查工作。

【法律服务"窗口"建设】　2016年,临汾市司法局实现法律服务便民化。各级司法行政机关、各法律服务机构注重完善便民利民惠民措施,架设起便民法律服务桥梁和纽带。市法律援助中心年内高标准建设60平米法律援助便民服务大厅,改善"窗口"服务形象,提升服务质量。襄汾、吉县、古县等县成立法律服务中心,缓解群众法律需求增长与基层法律服务资源不足的矛盾。平阳公证处完善包括"一次性告知""上门服务""预约服务""首问负责制"等十项便民举措。华尧公证处与支付宝平台合作,在支付宝网上城市服务项目中开通公证服务项目,对涉外公证业务实现网上预约、网上受理、线下出证,方便外地人员出国公证申办。通过支付宝网上平台受理涉外公证申请3件,出具公证书3份,为推行"互联网+公证"服务新模式趟开路子。

【司法培训】　2016年,临汾市各级司法行政机关邀请中国政法大学犯罪心理矫正学教授杨波为300名社区矫正管理人员举办心理学知识讲座,投资1.8万元为171个司法所长和县(市、区)司法局的社区矫正管理人员购买《犯罪心理学》书籍。5月,组织西山9个县82个司法所人员到襄汾县汾城、西贾两个司法所对口学习交流经验,实地开展社区矫正档案管理培训。针对第十次村民委员会换届中人民调解员队伍变动较大的实际,全市采取市县联动、分级轮训办法,对6000名人民调解员进行普遍培训。组织第15次国家司法考试工作,完成1333名考生参加的司法考试任务。组织人民监督员选任工作。侯马公证处主任马明发主编,平阳、华尧公证处参与协助编辑的《常用公证文书实务操作参考》,得到省司法厅领导高度评价。

民主党派

中国国民党革命委员会临汾市委

【概述】 2002年3月21日，民革临汾市委成立，下辖1个区委会，6个县级支部，分别是民革尧都区委员会、民革襄汾总支、市直支部、霍州支部、洪洞支部、侯马支部、曲沃支部。共有党员228人，市委委员19人。党员中全国政协委员1名；省人大代表1名；市人大常委1名；代表3名；市政协常委3名，委员9名。

【自身建设】 2016年，民革临汾市委适应新形势、新情况，提高政治把握能力，根据民革中央、民革山西省委会统一部署，结合临汾实际，开展坚持和发展中国特色社会主义学习实践活动，向蔡立忠、张宝艳、秦艳友学习，韩腊丽、盖雨玲被民革省委评为优秀党员；开展“双学一跟”活动，召开动员会，邀请市委党校教授为党员作“双学一跟”专题培训；开展“纪念孙中山先生诞辰150周年”系列活动，市委会主办图片书法展览，民革尧都区委举办征文活动，曲沃支部举办“中山情、民族魂 ”放歌曲沃文艺演出专场。

【参政议政】 2016年，民革临汾市委向市“两会”递交大会发言5份，提案、议案6件，向中央、省市有关部门报送各类信息，采用80多条。其中符庆辉撰写的《关于推进“百公里汾河新型经济带”科学发展的建议》被《临汾日报》刊登；王明元撰写的《勇啃医改“硬骨头”》被《团结报》刊登；张亚芳撰写的《关于进一步规范我省幼儿教育的建议》被列为重点办理建议，由时任副省长张平领办，省教育厅办理；民革尧都区委撰写的《关于充分发挥社区医院作用的建议》被列为重点督办提案，社区居民在社区医院刷医保卡的建议实施；冀风翔撰写的《修补市区马路的坑坑洼洼》被市政府采纳落实。围绕物质与非物质文化遗产保护、职业教育发展、重点项目建设等课题调研，形成一批优秀调研报告。为提升信息质量，市委会举办“社情民意培训班”，邀请市政协主任屈波讲课。向民革中央、民革山西省委、临汾市政协、市委统战部等单位报送社情民意信息近85条。其中，张亚芳反映的《加快第三产业旅游业的发展》被时任市委常委、宣传部长黄翠莲批示；祁立义反映的《关于尽快落实解决原公社电影放映人员待遇问题的建议》被时任副市长李东洪批示。王明元致力于医改工作，被聘请为山西省医改专家咨询委员会专家和太原市深化医药卫生体制改革专家，他的多篇建议得到中央、省市相关领导重视。

【社会服务】 2016年，民革临汾市委开展“博爱·牵手”活动。市委会扶贫工作队深入浮山大户垣村驻村入户，邀请农业专家对核桃种植技术进行指导，帮助村民建设文化广场；向“让爱飞起来”公益联盟——红丝带学校踊跃捐衣9000余件；开展“关爱抗战老兵 寻找黄埔老人”活动，发动、鼓励民革各基层组织开展结对子、送温暖活动，进行文史资料抢救和整理。民革临汾市委会直属支部开展宣传科普知识、为农民工子弟辅导功课、节假日庆祝等社区公益服务活动，襄汾总支为襄汾农村义务设计文体活动广场，尧都区委会开展免费法律服务活动，曲沃支部开展爱国主义教育图片展进校园、送戏下乡等支教助教活动，侯马支部开展学雷锋做好事活动，洪洞支部进行爱心义诊，霍州支部党员参与霍州市信访工作。襄汾总支、曲沃支部获民革山西省委“博爱·牵手”活动先进基层组织奖。曲沃支部副主委祁立义创作的国画《和谐富裕》和摄影《观海听涛》在第二届“魅力中华”全国中老书画诗词摄影大赛中获金奖，创作的歌曲《家乡尧都好风光》获全国首届歌曲创作成就奖；老党员郭川娥献身社区公益事业，为社区学生辅导功课，为农民工子弟赠送书包、文具，被聘为“全国学雷锋联盟中心志愿者""精神文明宣传员";73岁老党员郑九云组织的"魅力——铜管乐团",活跃在市、区夕阳红舞台。

民革襄汾总支成立中山书画院,为纪念中国共产党成立70周年和孙中山先生诞辰150周年,民革党员王哲峰举办书法作品展出,展出作品300余副,手抄中国共产党党章被社会关注。

扶贫小组了解核桃种植情况

【祖统工作】 2016年,民革临汾市委同山西省台联沟通交流,接待以"龙脉相传·青春中华"为主题的台胞青年夏令营、台湾教师"山西古文化之旅"参访团、"台湾地区政治受难人士互助会"访问团、台湾原住民长老头目参访团、"中国统一联盟高雄分会"参访团、台湾国际青商总会会长杜国良亲任团长的山西分营参访团,接待来晋的台湾中国幼儿教育策进会理事长黄仁滢先生。随同全国台联会长团一行赴台交流,走进台湾少数民族部落,探讨如何开展两岸少数民族交流和推动台湾少数民族经济文化发展,营造"两岸一家亲"良好氛围。主委谢碧玲撰写的《深入学习习近平总书记有关两岸关系系列讲话积极推动尽早实现祖国和平统一大业》及副主委符庆辉撰写的《同心共筑中国梦》文章受到统战部领导重视。《两岸应建立文化交流合作的长效稳定机制》提案被《团结报》等媒体刊登。开展给台湾同胞写春联活动,百余幅春联由民革山西省委统一寄往台湾山西同乡会,送往台南基层同胞家中。市委会多次参加民革山西省委举办的两岸书画交流展,为两岸交流做出贡献,被民革中央授予"民革全国祖统工作先进集体"称号。

(吴丽丽)

中国民主同盟临汾市委

【概述】 2016年,民盟临汾市委学习贯彻中共十八大、十八届三中、四中、五中、六中全会精神和习近平总书记系列重要讲话精神,开展"坚持和发展中国特色社会主义学习实践活动"和"两学一跟"等活动,围绕中共临汾市委、市政府中心工作,坚持中国特色社会主义政治发展道路,继承和发扬民盟的优良传统,增强自身建设,团结和带领广大盟员,履行参政议政、民主监督、参加中国共产党领导的政治协商职能,发挥民盟人才荟萃、智力密集优势,开展教育、医疗、文化、科技等社会服务。

【政治把握能力提高】 2016年,民盟临汾市委推进政治理论学习,把坚持中国共产党领导,作为思想宣传教育主方向,做到政治坚定、立场鲜明,抓住重要时间节点,带领全体盟员增强政治理论学习,学习中共十八大、十八届三中、四中、五中、六中全会、中央统战工作会议精神以及习近平总书记系列重要讲话。参加盟中央、盟省委、市委统战部组织的学习交流活动,机关干部和部分盟员参加盟中央组织干部培训班、盟省委参政议政专题培训班、盟省委通讯员培训班、市委统战部党外中青年干部培训班学习;民盟尧都区委、侯马市委、襄汾总支等基层组织,召开"传达学习中央统战工作会议精神暨《中央统战工作条例》座谈会"和"学习贯彻中共十八届六中全会精神座谈会",把盟员思想和行动统一到中共中央安排和部署上。

【对外宣传】 2016年,民盟临汾市委坚持"大宣传"格局,通过机关刊物《临汾盟讯》《民意撷萃》《简报》和报刊、电视、网络、微信等多种传播手段推进盟组织活动和先进盟员事迹的宣传,扩大民盟临汾市委社会影响力,提高组织凝聚力。盟市委编发《临汾盟讯》4期、《民意撷萃》12期、《简报》42期,有30余篇稿件被人民网、《山西日报》、黄河新闻网、《临汾日报》《山西盟讯》等媒体刊发。2016年,民盟临汾市委获盟中央坚持和发展中国特色社会主义学习实践活动"先进集体"称号。

【组织机构健全】 2016年,民盟临汾市委成立"民盟临汾市委美术院",通过开展各种艺术创作、交流等活动,为盟员履行职能、展示风采、服务社会、促进发展提供平台。完成市直教育支部、法律支部及部分县市基层支部换届工作,成立市直属职业学院支部,完成临汾市高校盟组织建设全覆盖。

【盟员队伍优化】 2016年,民盟临汾市委坚持"德才兼备,以德为先"标准,好中选优,提高准入门槛,吸纳政治品格高、自身素质好、工作能力强的中青年知识分子加入民盟组织。盟市委坚持做好新盟员入盟教育工作,通过新盟员学堂等主题活动增强青年盟员对组织的认同感,提升参与盟务、履职参政热情。加强后备人才和干部培养力度,举办理论研究、思想宣传、参政议政、社会服务等骨干盟员培训班,与中共市委统战部、盟员所在单位党委联系,推荐优秀人才挂职、培训、担任行政实职等,确保急需人才优先培养、重要人选重点培养,使后备干部在实践中锻炼成长。783名盟员中在各级政协、人大中担任委员、代表的共计92名,其中省政协委员1名,省人大代表2名,市政协委员18名,政协常委3名,市人大代表9名,人大常委1名。

【组织提案】 2016年,民盟临汾市委收回各类提案43件,向盟省委报送提案6余件,其中3件被盟省委作为集体提案呈交省政协;向市政协各次会议报送个人提案32件,集体提案10件,有6件被确定为市政协重点提案。民盟盟员6篇发言材料被录入市政协《议政发言集》。

【社情民意调研】 2016年,民盟临汾市委坚持围绕临汾市地方经济和社会发展的热点、焦点、难点问题开展社会调研,反映社情民意。形成社情民意以及各类意见、建议52余条,其中,获市级领导批示3篇,被临汾政协采用16篇。2016年底,助力临汾市精准扶贫工作,民盟临汾市委参政议政部组织盟员深入蒲县、隰县、永和等5县进行调研,形成《关于我市扶贫攻坚中应该注意的几个问题》,对扶贫攻坚工作中存在的问题进行剖析,提出意见和建议。

【社会服务】 2016年,民盟临汾市委利用资源优势把"送医送教"活动作为社会服务工作主线,参与由市政协科技、文化、医疗、法律等界别委员组成的"四送一帮扶"活动。组织基层支部盟员和教育专家、爱心人士等到汾西县永安镇后加楼村、汾西一中、加楼希望小学和地处偏远、信息相对闭塞的一平垣学校开展"送教进课堂"活动。组织医卫支部雷瑞莉、杜灵芝、王建民等医疗专家到尧都区、汾西县、洪洞县、浮山县、安泽县、吉县农村和乡镇养老院开展健康体检、诊疗义诊活动。在主委杨益民带领下,各级盟组织"送医送教"活动的开展,为农村基础教育事业和医疗卫生事业做出贡献。

洪洞万安镇温家庄送医下乡活动

【典型示范】 2016年,民盟各基层组织开展社会服务的主动性增强。民盟尧都区委,多次组织盟员奔赴土门、县底、贾得、乔李、一平垣等学校,进行"百名优秀教师支教工程"定期支教活动,举办"主题阅读校园行"活动和"12·4"普法宣传活动,由盟员郭可心通过借助互联网创建侯马市国学堂公益文化平台,以"传承文化,服务社会"为宗旨,举办各种讲座32场;民盟襄汾总支先后在县各中小学举行"烛光行动",邀请专家做专题讲座8余场,主委邱小林带领盟员每年深入襄汾县赵康、襄陵等乡镇,对参加过抗日战争的抗战老兵进行走访慰问,为他们拍照留念;民盟临汾市委在洪洞县万安镇温家庄开展义诊活动,接待就诊咨询群众230余人次,开具处方176张;民盟临汾市直属工程支部把社会服务作为每年首要任务。

【建功立业】 2016年,民盟临汾市委盟员秉承"奔走国是、关注民生"传统,坚持岗位立功,有一大批盟员获国家级、省级各类奖励或荣誉,树立盟的光辉形象。民盟市委副主委杨军,参与主编《中小学衔接探究与解决对策》(中学版)一书,本书内容填补中国基础教育的一项空白。尧都区委副主委牛玉明，十多年来无数次出现在敬老院、红丝带小学、农村贫困学校和孤寡老人、急救病人身边，送去温暖和爱心，获山西省“助人为乐好人”和“道德模范”称号。盟员贾贵香被临汾市妇联和临汾市精神文明办授予“最美家庭”称号。盟员刘润恩所创作的动画片《大能人解士美》获山西省第十一届“五个一工程”奖。

中国民主建国会临汾市委

【概述】 2016年，民建临汾市委开展“双学一跟”学习实践活动，践行社会主义核心价值观，发挥市委联系经济界的特点和优势，围绕中共临汾市委、市政府中心工作，加强自身建设，履行参政党职能，为推进临汾经济社会发展做出贡献。

【学习教育】 2016年，民建临汾市委结合“双学一跟”主题实践活动，参观彭真纪念馆，接受革命传统教育，学习老一辈革命先驱的爱国情怀、高尚品操和人格魅力。拓展主题教育内涵。6月25日，民建大讲堂到侯马，以“书香三晋·共建和谐”为主题进行专场讲座。民建侯马市委成立读书会。开展重大主题活动，巩固思想教育成果。召开对照交流会及主题实践活动，市委委员、各基层组织班子成员及侯马会员100余人参加会议。民建“双学一跟进企业”主题实践活动走进山西军威特种面料有限公司开展调研，就企业发展境况、创新发展进行了解。

【组织生活活跃】 2016年3月6日民建霍州市委组织女会员开展纪念三八妇女节座谈会，成立民建霍州市妇女工作委员会；4月15日民建侯马市委“健行天下”户外活动团组织会员举行以“放飞花海·绿色采摘”为主题的大型户外联谊活动；9月13日在中秋节到来之际，民建侯马市委举行以“相知 凝聚 感恩”为主题的中秋联谊会，全体会员及家属一起参会。10月25日机关干部参加市直机关第六届体育运动会。这些活动的开展对增进交流、深厚友谊，提高社会组织向心力和凝聚力，为各项工作开展起到推进作用。

【参政议政】 2016年，民建临汾市委领导、会员中的人大代表、政协委员多次参加市、县两级党委、政府、统战部组织的协商会、座谈会和视察调研活动，就地方的政治稳定、经济发展、四个文明建设等方面问题，发表意见和建议。在社情民意方面，根据市委、市政府中心工作，围绕社会热点、难点举办“社情民意培训班”。反映社情民意200余件。在提案议案方面，民建的市政协委员和人大代表提出书面发言材料35份，提案议案167件，36名会员获“优秀提案先进个人”和“优秀政协委员”称号。民建临汾市委会获得山西省委统战部、山西省人社厅、民建山西省委联合颁发的“建言献策优秀成果”称号。

【民主监督】 2016年，民建临汾市委近40名会员分别担任临汾市20多个部门的政风行风监督员等，形成监督员队伍，参与市直和17个县（市、区）民主监督考核工作。累计暗访300多基层窗口单位，走访群众5000余人次，收集群众意见和建议3500多条，提出各种行评意见和建议千逾条，反馈到有关部门监督整改，发挥民主监督作用。会员芦为民、栾兆俊、王官胜等是多次获行评办等相关部门表彰及报道。

为临汾双语学校捐款

【扶贫帮困】 2016年1月20日，民建临汾市委“思源·健康行”义诊系列活动在临汾市尧都区金殿镇小榆村卫生所启动。市委会联合临汾市柴氏中医院邀请归国医学博士大夫王雄在小榆村卫生所为附近村民开展诊疗，向卫生所捐赠被褥。市委会协助民建中央、民建山西省委“思源救护”项目，为大宁、吉县、永和3个贫困县医院捐赠“120”救护车。11月10日，在民建临汾市委协助下，民建山西省委和山西大昌集团为双语学校（民工子弟学校)捐款15万元。2016年9月召开的民建全国社会服务工作会议上,秘书长刘超英被授予“民建全国社会服务先进个人”称号。

中国民主促进会临汾市委

【概述】 2002年3月18日,民进临汾市委成立。下辖民进尧都区委、民进侯马市委、民进霍州总支3个地方委员会。全市有25个基层支部,其中市直9个,会员541人。会员中省市县三级人大代表、政协委员共计59人(次),占10.9%。其中省人大代表2人,省政协委员1人。

【自身建设】 2016年,民建临汾市委推进思想建设。举办“双学一跟”活动动员暨学习培训会,邀请市委党校专家做辅导讲座。举办纪念中国共产党成立95周年书画作品展,其中10幅作品在北京参加民进山西省委举办的“同心同行 晋墨晋韵”纪念中国共产党成立95周年暨民进开明画院第四届书画作品展。举办“纪念红军长征胜利八十周年”徒步活动。组织机关人员参观永和县东征纪念馆。分4批选派8人次赴太原、天津、武汉、杭州等地参加由会中央、会省委以及市扶贫办举办的信息工作、机关人员业务培训和电商扶贫培训。编发《临汾民进快讯》38期、《临汾民进之声》1期,发展新会员29人。市直支部换届工作完成,通过撤并、建立等相关程序,市直支部由6个增至9个。

【参政议政】 2016年,民建临汾市委在两次政协全会上,征集参政议政备选稿58件,遴选提交团体提案17件和大会发言5篇。其中《关于做强我市旅游产业的三点建议》在议政大会上做口头发言。全年报送社情民意稿件65篇,被市政协采用8篇,其中,《建设“平安校园”刻不容缓》的信息得到书记岳普煜批示。围绕教师教育供给侧改革,在山西师大临汾学院召开座谈会,向会省委提交《“出口问题”是大专院校改革发展的关键所在》调研报告。

【社会服务】 2016年,民建临汾市委举办“春联万家”活动,为各地群众书写春联1000余幅,丰富群众文化生活。组织市委机关全体工作人员在市廉政广场开展“亲近自然 保护环境”志愿服务活动。组织相关人员多次赴乡宁县台头镇东庄村、古县南垣乡东池村等地调研,与村负责同志座谈,谋划脱贫攻坚工作。邀请名师在霍州二中举办“菜单式”送教下乡活动。在全市会员中开展“双学一跟”暨献爱心活动,募集到衣物8000余件、图书3000余册及部分书包、文具。在永和、汾西等地开展爱心捐助活动。在乡宁县台头镇东庄村开展定点扶贫工作,为贫困户送去御寒衣物及米面油等生活用品。在吉县屯里镇窑头村举办“文化、卫生、科技、法律、捐赠、慰问”六下乡活动,提供专家义诊、法律咨询、科技咨询、慰问演出等服务,送去御寒衣物30箱,价值5000元的图书文具等学习用品。

九三学社临汾市委

【概述】 2002年3月24日,九三学社临汾市委员会成立,属正处级全额行政单位。下辖8个市直支社(分别为市直一支社、市直二支社、市直三支社、市直临汾学院支社、市直电力支社、市直市医院支社、市直临纺支社、市直医卫支社)和尧都区委员会,下设科技服务专委会、文化教育专委会、医疗卫生专委会、妇女工作专委会、经济工作委员会5个专门工作委员会。截至2016年底,全市有社员211人。

【思想建设】 2016年,九三学社临汾市委员会将学习贯彻中共十八大、十八届三中、四中、五中、六中全会精神和习近平系列重要讲话精神作为一项重大政治任务,与开展“双学一跟”活动结合,参加社中央、社山西省委、临汾市委统战部组织的学习交流活动,邀请社省委副主委、山西大学教授张培富围绕“九三学社的荣光与发展”主题,就九三学社社史和统一战线相关知识作专题辅导,与九三学社吕梁支社开展“双学一跟”专题考察交流活动。为社员下发《习近平总书记系列重要讲话读本》等资料,巩固共同思想政治基础。

【组织建设】 2016年,九三学社临汾市委员会贯彻民主集中制原则,坚持集体领导、民主集中、个别酝酿、会议决定原则,完善集体领导和个人分工负责相结合制度,建立健全领导班子成员岗位责任制。推动后备干部队伍建设,吸纳10名中、高级知识分子入社。

【参政议政】 2016年，九三学社临汾市委员会将“双学一跟”活动引向深入，组织社员参与各级组织的调研、视察、研讨活动，向山西省、临汾市级政协提交议政发言8篇，提案37件，撰写调研报告7篇，社情民意72篇，一些提案被列为重点提案，17篇社情民意被市政协综合采用，位列临汾市民主党派首位，其中，薛俊苗《完善基层政府购买服务配套政策的建议》被社中央采用，赵强《应尽快建立晋陕豫黄河金三角区域合作组织机制》被省政协单篇采用，得到常务副省长高建民批示，获评社中央议政成果二等奖、社省委议政成果三等奖。

医疗专家为村民免费义诊

【社会服务】 2016年，九三学社临汾市委员会把延伸社会服务作为活动一项重要内容，依托“九临合作”平台，利用社内医疗、科技等资源优势，探索社会服务工作长效机制，开展送科技、送文化、送健康、送温暖“四送”服务，实施“科技富民”工程、“健康惠民”工程、“法律教育”工程“三大工程”，为企业送服务、解难题，助力企业发展，为贫困山区、困难群众开展农业生产种植等科技培训，普及法律知识等，发放生育、卫生保健等宣传资料，对困难群众提供咨询、义诊等暖心服务。6月，主委梁清燕和九三学社社员、临汾市政府副市长陈忠辉带领社市委班子一起，前往临汾市森浩科技有限公司调研，帮助企业解决实际问题。为浮山县小郭村的优质果树新品种引进示范协调20万元扶持资金，为小郭村争取到100 kWp分布式光伏发电站项目，仅此一项，每年可带动20户贫困户脱贫致富。8月，社市委班子带领社内7名医疗专家到小郭村为村民义诊，提供健康医疗咨询。和市老干部局、老年大学建立长期合作关系，连续5年定期为老年朋友提供健康服务，重阳节前夕，副主委王启太到老年大学讲授健康与养生知识。

群众团体

总工会

【概述】 2016年，临汾市各级工会围绕全市工作目标，落实中央党的群团工作会议精神，以“素质提升年”活动为统领，“五小”（小发明、小创造、小革新、小设计、小建议）竞赛活动为载体，维护职工合法权益，加强工会自身建设，提高综合能力，将党委、政府和职工群众最关心、最关注的问题作为工作切入点。2016年，市总工会获得全国、全省“安康杯”竞赛优秀组织单位、山西省文明单位、先进市工会、山西省先进女职工组织、省级经审工作规范化建设考核特等奖等荣誉。

【社会主义劳动竞赛】 2016年，临汾市总工会在全市重点工程和煤炭、焦化、冶金等重点领域50万职工中开展以“六比六看”为主要内容的劳动竞赛。组队参加第三届晋陕豫黄河金三角地区职工技能大赛。开展劳模推荐评选工作，推荐38个全国、省先进集体和个人，评选出获市级五一表彰单位和个人105个。深入基层开展“三晋工匠”寻访活动，开展劳模“四送”活动，弘扬劳模精神和工匠精神，在全市营造学先进、比奉献、创一流良好氛围，为服务全市经济社会发展汇聚正能量。

【“五小”竞赛】 2016年，临汾市总工会培育劳模高技能人才创新工作室，全市命名46家，获省总工会命名的6家，以劳模高技能人才带动职工创新创造。“五小”竞赛活动覆盖企业1460家，覆盖职工32万人，收集竞赛成果811项，实现创造经济效益1.1亿元。10月17日，省人大副主任、省总工会主席田喜荣在临汾调研，对市总工会“五小”竞赛工作给予高度评价。在全省“五小”竞赛成果评比中，临汾市有47个项目获奖，市总工会被省授予“五小”竞赛优秀组织奖称号。

【“素质提升年”活动】 2016年，临汾市总工会加强职工素质培育提升，市总和各基层工会开展手工技艺、家政服务等技能培训26期、各类职工技术比武6期，参与职工1万余人。举办全市女职工手工技艺创业就业培训，培训女职工500余人，开展“书香三八”智慧女性读书和“写家书、传亲情”活动，推动女职工素质提升。加大工会干部培训力度，通过特色培训、网络培训和现场观摩等形式，分类别、分层次培训各级工会干部20余次，800余人。

【职工文化建设】 2016年，临汾市总工会在职工中弘扬社会主义核心价值观，职工文化阵地建设取得成效，市职工体育馆进入开工建设阶段。全市新增“职工书屋”35个，其中国家级示范点2个，省级示范点3个。开展“中国梦·劳动美”主题系列活动，通过微电影、演讲、歌手赛等多种形式，讴歌各行各业涌现出的最美劳动者的事迹和风采。组织承办全省首届职工羽毛球比赛。筹建职工合唱团、书画摄影、语言音乐、体育健身等联谊会，面向基层、服务职工，深入市重点工程和企业车间，为一线职工送文艺演出20余场次，举办慰问劳模、一线职工文艺汇演，实现服务职工“零距离”。

庆五一全市职工羽毛球大赛

【职工劳动经济权益】 2016年，临汾市总工会完善"4234"职工法律维权体系，畅通"一站式"维权服务绿色通道。市总职工法律援助维权服务中心全年接待职工来信来访53起，涉及205人次，为农民工讨回工资167万元，推动"农民工讨薪"专项行动，在全市叫响"农民工有困难找工会、拿不到工资找工会"口号。全市44家企业被评为劳动关系和谐企业。落实《山西省企业工资集体协商条例》，开展"工资集体协商活动月"和"秋季要约百日攻坚"活动，全市签订工资专项集体合同7459份，覆盖企业12305家，覆盖职工58万余人，签订女职工权益保护专项集体合同1633份。

【职工民主权利】 2016年，临汾市总工会在企业普遍建立职代会制度，推进厂务公开和职代会建设专项行动，组织参与评选"山西省厂务公开民主管理示范单位""全心全意依靠职工办企业优秀企业家""双爱双评"等活动。开展民管干部和职工代表培训20余期，提高各级民管干部履职能力和职工代表的综合能力。

【群防群治安全防线建设】 2016年，临汾市总工会在全市各类企业尤其是煤矿、非煤矿山等高危企业开展"安康杯"竞赛活动，全市13家企业、6个班组分别获得全国、全省"安康杯"优胜企业、班组荣誉表彰。发挥群众安全三级网络作用，排查安全隐患近两万条，维护职工的生命权益。发挥市总工会职工电影放映队的宣传教育作用，开展"安全生产月安全教育行"活动，在26家企业5000余名职工中巡回播放警示教育片。

【帮扶保障基础建设】 2016年，临汾市总工会依托困难职工帮扶中心、站点和社会力量，在全市建立"爱心驿站"76个，为户外工作者提供便捷服务。开展"春风行动"，举办用工招聘会26场，提供免费服务人数4.12万余人次，签订就业意向2.5万余人次。"夏送清凉"活动为奋战在一线的环卫工人、交警及重点工程建设者们送去价值63万元防暑降温物品。"金秋助学"活动发放助学金234.2万元，资助困难职工子女955人。筹措"送温暖"资金1168.3万元，走访慰问困难企业36个，困难职工2.7万余人。筹措"职工大病医疗互助"资金592万余元，救助患病职工1721人次。全市建立"妈咪小屋"17个，为特殊时期女职工提供便捷。开展女职工"关爱行动"，为全市困难企业439名女职工进行免费"两癌"筛查，走访慰问单亲特困女职工540人，发放慰问金30万元。

【工会组织建设】 2016年，临汾市总工会夯实组织基础。加大组建力度，创新组建形式，以煤矿整合企业、民营学校、民营医院、物流快递、建筑行业以及全市15个重点工程工地的工会组建作为组建重点领域，将农民工、劳务派遣工、新入职职工确定为重点发展对象，深入一线指导建会，确保应建尽建。以市委市政府两办的文件形式下发《关于规范机关事业单位福利发放等事项试行办法》的通知，推动职工福利落实，增强职工入会和基层单位建立工会组织积极性和主动性，全市新增工会组织188个，覆盖法人单位646个，发展工会会员10123人。

【典型带动促进提质扩面】 2016年，临汾市总工会运用互联网技术和工会工作相结合的载体——临汾工会信息管理考核平台，对全市各级工会组织进行动态化、自动化的考核评定，全市优秀工会组织1121个，良好工会1034个，合格工会1582个。注重典型培育工作机制，在全市五类工会和重点工作中培育典型标杆，培育综合典型100个，单项工作典型261个。

【工会影响力扩大】 2016年，临汾市总工会推进"互联网+工会"工作，结合临汾实际，选树试点，重点培育，在全市工会系统推广建立微信公众平台。重视工会宣传工作，组建全市工会网络宣传员队伍，推进网上宣传，参与重点热点问题引导。

（张　娟）

共青团市委

【青少年理想信念教育】 2016年，共青团临汾市委深化党的十八大、十八届三中、四中、五中全会精神的学习和宣传。开展"我的中国梦""学党史、知党情、跟党走""红领巾相约中国梦"等主题教育活动49场，宣传"创新、协调、绿色、开放、共享"五大发展理念，引导青年为决胜全面建成小康社会发挥良好作用。培育和践行社会主义核心价值观。开展"争做向上向善好青年"主题活动，1名青年典型评为全国"向上向善好青年"，2名青年典型获提名奖。组织5名向上向善好青年赴山西师范大学开展事迹分享活动。开展"重走长征路""诵经典、讲礼仪、传美德"，优秀传统文化进校园等系列活动,从小培养“严”“实”品德。运用新媒体教育引导青少年。开发“临汾共青团”“临汾青年”等官方微博、微信公众号,保持全省先进行列。推进“青年之声”建设,打造直接面向广大青年的新型网上工作平台。提升微博微信的活跃度、传播力和影响力,深化“我深深地爱着这个国家”“我为核心价值观代言”“清明祭英烈”“中国好网民”“清朗网络 我来护苗”“我和国旗合个影”等话题,弘扬网上主旋律。

第三届山西青年创新创业大赛临汾市选拔赛

【青年生力军发挥作用】 2016年,共青团临汾市委把握工作主线,引导青年创新创业创优。全市培训农村青年1757人,培训城市青年1700人。开展青年见习工作,上岗见习青年706人。拓展与金融机构合作,发放农村青年小额贷款20172.44万元,扶持创业青年2743人。城市青年小额贷款120笔。举办“第三届山西青年创新创业大赛”临汾市选拔赛,给予获奖选手一定奖金补助,给予提供商铺减免房租、物业费奖励。获得省级比赛一等奖一名、二等奖一名、三等奖三名,其中一名选手晋级全国创新创业大赛。深化青年文明号、青年岗位能手等品牌工作,严格标准,优中选优,命名40家单位为市级青年文明号集体。开展安全生产五个一、青年安全生产示范岗评选等工作,激励引导广大青年职工强化安全生产意识。联合市人社局开展2016年度“临汾市青年岗位能手”评选工作,引导和激励广大青年职工弘扬“敬业、协作、创优、奉献”职业精神。加大对新疆地区支持力度,向新疆五家渠资助工作经费2万元,投身援疆地区青少年发展。发挥青联、青年企业家协会、青年县域经济带头人协会等人才集聚优势,组织50名优秀青年代表赴陕西韩城参加“聚青年力量 促经济发展”晋陕豫黄河金三角青年交流活动,增进青年交流,促进经济发展。

【青少年健康成长建设】 2016年,共青团临汾市委做好维护青少年合法权益工作。联合公检法司建立底数完备、事项明确的青少年基本信息管理台账,掌握服刑在教人员未成年子女面临的困难和问题。组织实施相约“12355从心开始健康成长”“阳光假日社区服务志愿你我”等项目,引导各县(市、区)建立健全青少年事务社工服务体系和网络。在全市开展青少年维权岗评选、人大代表政协委员面对面、公益大讲堂、“12355”青少年心理咨询服务等工作,维护青少年合法权益;推行志愿服务工作,开展关爱农民工子女志愿服务活动,结对组织数130对。开展团员注册志愿者工作,团员注册志愿者比例扩大。推进青少年维权工作。推动《未成年人保护法》《预防未成年人犯罪法》《就业促进法》《教育法》等法律的贯彻实施。做好重点青少年群体服务管理和预防犯罪推广工作。深化市县两级“青少年维权岗”创建活动,建设“青少年维权在线”网络服务平台,探索建立对重大青少年权益问题和事件的响应机制。2016年共青团联系服务农村青年活动。全市开展青春创富故事会1场,参与青年160人;青年创业直通车创业政策宣讲4场,参与青年150人,培训交流5场,参与青年1500人;关爱留守儿童活动37场,投入资金57800元,帮扶留守儿童580人;团干部走访活动40场,扶贫慰问1017人,投入资金38000元;文化赶集活动20场,覆盖青年人数6460人;婚恋交友相亲活动2场,覆盖青年人数60人。

【团基层基础】 2016年,共青团临汾市委扩大团组织有效覆盖,推进全市农村专业合作组织共青团工作,全市乡(镇)农村专业合作组织总数扩大到1625个。拓展非公企业团建渠道,新增92家。推进互联网企业团建工作,有14家互联网企业建立了团组织。做好发展团员工作。对全市2016年新发展团员数量进行统一编号分配,印制2015版《入团志愿书》和团员证样版随同文件一同下发各直属团委。2016年全市发展团员12811名。初中阶段团青比例下降到41%，高中阶段团青比例下降到68%。加大基层青年参政议政力度。参照团省委做法，团市委召开第二届委员会全体会议，增选1名团市委委员、9名候补委员。市级团代会代表来自基层一线比例为79%，委员会来自基层一线比例为57%，常委会来自基层一线比例为18%。开展示范性综合服务平台建设工作。汾西县青少年综合服务平台被团省委评为省级示范性综合服务平台。尧都区、汾西县两地“青年之家”综合服务平台分别得到团中央经费支持。

【从严治团】 2016年，共青团临汾市委按照团中央、团省委统一部署，开展“四个化”问题专项整治。健全完善团干部直接联系青年制度。每名专职团干部要经常性联系100名不同领域的团员青年。推行“8+4”“4+1”工作模式。开展“走进青年、转变作风、改进工作”大宣传大调研等活动。优化团干部队伍结构。与市委组织部沟通协调，制定下发《县乡村三级团组织换届工作指导意见》(临组通字〔2016〕244号)，对县、乡、村三级团干部的选配提出指导意见，落实团中央改革方案精神，该次换届要求团县委配备兼、挂职副书记，团市委就兼、挂职团干部的配备下发通知，提出具体要求。全市乡、村级团组织完成换届，县级团委换届工作有序进行。

妇女联合会

【概述】 2016年，临汾市妇联扛起维护妇女权益大旗，运用法治思维和法治方式维护妇女合法权益，深化“六个一”维权工作机制，用好12338妇女维权服务热线，加大《反家庭暴力法》宣传，配合有关部门坚决打击虐带、伤害、拐卖妇女儿童等各类违法犯罪活动，注重引导妇女通过合法渠道表达利益诉求，维护好妇女儿童的合法权益。

【源头维权】 2016年，临汾市妇联推动政府和有关部门把保障妇女全面发展、儿童优先发展等具体内容写入国民经济和社会发展“十三五”规划，推动保障妇女儿童权益相关法律政策落实，保障和促进妇女平等依法行使权力、平等参与经济社会发展、平等享有改革发展成果。各级妇儿工委根据妇儿发展纲要，科学编制专项规划，推动妇儿发展“两规”的实施，促进公共政策、公共产品和公共服务向妇女儿童倾斜。

妇女权益宣传

【实事维权】 2016年，临汾市妇联推进关爱行动，做实做好“两癌免费检查”“贫困地区儿童营养改善”“恒爱行动”等实事项目。把注意力放在留守流动妇女、失地失业妇女、单亲贫困母亲、老年病残妇女等弱势群体身上，加大帮扶力度，多做雪中送炭的实事，多做暖人心聚人心的好事。增强对全面二孩政策的解读和实施后新情况新问题的研究，反映妇女群众呼声和诉求，强化关怀服务，增强妇女家庭幸福感。

【妇联组织覆盖面扩大】 2016年，临汾市妇联以落实党的群团工作会议精神为契机，加强基层基础，扩大组织覆盖面。巩固乡镇、农村及社区妇联组织建设，将组织触角延伸到新兴群体、年轻女性、流动妇女集中地等没有覆盖的盲区，培育和活跃妇女社会团体，做好联系和引导女性社会组织工作，把不同层面的妇女凝聚在一起，实现妇联工作和服务覆盖面扩大。

【网上妇联工作建设】 2016年，临汾市各级妇联运用互联网思维创新妇联工作手段，用好以平阳花网站、微信公众平台、微信群为引领的妇联网群，把妇联的活动品牌、服务项目、工作资源广泛链接在网上，通过互联网把广大妇女连起来、把工作带起来、把服务做起来、把工作宣传开来，打造妇联能服务、妇女愿意进、社会有影响、富有新特色的“网上妇女之家”。

文学艺术联合会

【概述】 2016年,临汾市文联开展文艺志愿者服务主题活动。1月,组织40余名书法家,走进新西村、秦属社区、移动公司等地开展"迎新春、写春联、送春联"活动,书写春联、福字共2000余幅。4月,组织10余名水彩画家开展"亲情洪洞·美丽槐乡"水彩画家写生采风活动。4月19日至22日,组织山西省花鸟画艺委会20余名画家赴襄汾、隰县、吉县、乡宁、曲沃等县开展采风创作活动。5月13日,组织26位书画艺术家进行山西书画名家走进"晋国古都"活动,参观曲沃晋国博物馆,举办书画笔会。5月19日,组织17县(市、区)文联及书协、美协、摄协等50余人,在乡宁县云丘山进行采风创作活动。5月28日、29日,组织省、市30余名文学工作者开展霍州采风活动,举办"尧风古韵·中镇霍山"诗歌创作座谈会。

【山西省国画作品展临汾巡展】 2016年2月1日,临汾市委宣传部、市文联、市文化局、市文物旅游局举办"新中国美术家系列——山西省国画作品展临汾巡展"在市区古城公园开展。展览时间为2月1日至22日。展览精选出王学辉、孙海青等9位山西本土知名国画家百余幅优秀画作。

【书法美术摄影作品展】 2016年6月21日,临汾市文联和市环境保护局举办"保护环境,我们在行动"书法美术摄影作品展,由各县(市、区)环保局及文联选送的近百件书画摄影作品亮相市群艺馆,旨在用艺术形式传播环境保护理念,推进生态文明和美丽临汾建设,营造全民关心、人人参与环境保护的氛围。展期一周。

科学技术协会

【概述】 2016年,临汾市科协围绕全市工作大局,以建设科普惠农服务站为总抓手,提升科协系统技术服务水平,涌现出襄汾县赵康镇三樱椒协会、浮山县张庄乡高效农业示范园区、蒲县现代农业科技示范园区等一批先进典型。实施"金桥工程"。山焦集团科协搭桥"精细化智能配煤系统的开发及工业示范"项目,为企业节约资金3379万元,"焦炉煤气脱硫副产物—混盐提纯"技术推广项目,实现社会经济效益125万元;平阳重工、山西焦化集团、山西三维集团等企业科协组织动员企业科技人员提出合理化建议、小革小改400余条,实现年增利税上亿元。在全省第十四届"讲理想、比贡献,奋力实现中国梦"竞赛活动中,山西三维集团科协、山西焦化集团科协被评为先进集体,山西平阳重工科协庄国顺、山西焦化集团科协杨福寿被评为科技标兵,市科协、平阳重工科协等获优秀组织单位奖,山西焦化集团科协郭毅民获优秀组织者奖。

【学术交流】 2016年,临汾市科协开展市属学会(协会)业务指导,对学会(协会)党的工作进行安排部署。市属各学会(协会)主办、承办各种学术交流会、研讨会、论证会5次,600余名会员参加,交流100余篇学术论文。组织举办各种社会服务活动40余次,450人参加。开展第18届优秀学术论文评选工作。征集公开发表的自然科学类论文67篇,23篇论文分获一、二、三等奖。向省科协推荐44篇论文参加全省评选,获一等奖1篇、二等奖5篇、三等奖5篇。

【基层科普】 2016年,临汾市获2016年度国家级奖补项目和个人总数13个。安泽县畜禽养殖服务协会等9个农技协被评为"全国优秀农村专业技术协会",各获奖补资金20万元;襄汾县襄陵镇黄崖村大棚蔬菜基地获"全国优秀科普示范基地",获奖补资金20万元;浮山县北王乡南安村刘向阳获"全国科普示范带头人"称号,获奖补资金5万元;翼城县文昌社区、乡宁县昌宁镇幸福湾社区获"全国科普示范社区"称号,获奖补资金20万元。

【科普宣传】 2016年,临汾市科协组织开展"科普日""科技下乡"等科普宣传活动30多次。市科协和汾西县科协获全省"科普日"优秀组织奖。在侯马、大宁、永和、洪洞等地举办流动科技馆活动。流动科技馆第一轮巡展基本实现"全覆盖"。侯马的"放心农资下乡维护农民合法权益"科普展、古县的"中药材技术普及"、安泽的"大学生村官科技培训"、浮山的"设施蔬菜培训"、吉县的"健康伴我行阅读惠人生"主题活动、汾西的"芦笋扶贫"项目、曲沃的"农科110"等在当地产生很大影响。

新创建"临汾科协"微信公众号,与"临汾科协"

网站、"临汾微科普"公众号、"科普大篷车"电视栏目、科普惠农信息栏、社区科普益民画廊等一起形成临汾市全方位、立体式科普宣传新构架。"临汾微科普"推送科普信息 253 条,获"科普中国微平台移动互联科学传播榜""2016 最具活力科普微信公众号"。

【"创建"工作】 2016 年 2 月 4 日蒲县、霍州市、翼城县等 3 个县(市)被中国科协命名为"2016 年至 2020 年度全国科普示范县(市、区)",霍州市科协主席张文萍被中组部等 9 部委授予《全民科学素质行动计划纲要》"十二五"实施工作先进个人。11 月 16 日,大宁县核桃协会等 9 个协会被评为"第四批山西省优秀农村专业技术协会"。吉县恒丰苹果科普示范基地等 2 个基地被评为"第七批山西省农村科普示范基地"。12 月 14 日,浮山县青少年科技活动中心等 6 个单位被授予"第六批山西省科普教育基地"称号。霍州市北环办北兴社区被评为"2016 年山西省优秀科普示范社区"。

【青少年科技创新大赛】 2016 年,临汾市科协组织开展临汾市第 31 届青少年科技创新大赛。收到科幻绘画 3912 幅、科技小发明 204 项、科学小论文 126 篇、青少年科技实践活动 23 项、科技辅导员作品 20 项。评出优秀青少年绘画 1478 幅、优秀科技发明作品 84 件、优秀科学论文 41 篇、优秀科技活动奖 13 项、优秀科技辅导员作品 11 项。有 90 所学校、单位获得本届大赛先进集体奖,45 名个人获得本届大赛先进工作者奖。

【山西省第 31 届青少年科技创新大赛】 2016 年,在山西省第 31 届青少年科技创新大赛活动中,临汾市在中小学生科技创新成果竞赛中获得一等奖 3 项、二等奖 11 项、三等奖 13 项;科技辅导员科技创新成果竞赛中获得三等奖 1 项;科技创意竞赛中获得一等奖 4 项、二等奖 3 项、三等奖 3 项;科学幻想绘画比赛中获得一等奖 6 项、二等奖 11 项、三等奖 15 项;科技实践活动比赛中获得一等奖 2 项、二等奖 6 项、三等奖 4 项。

【第 16 届中国青少年机器人大赛山西联赛】 2016 年,在第 16 届中国青少年机器人大赛山西联赛活动中,临汾市获得 FLL 工程挑战赛二等奖 2 项;机器人创意竞赛二等奖 1 项,三等奖 4 项;综合技能比赛二等奖 2 项,三等奖 2 项;超级轨迹赛一等奖 7 项,二等奖 14 项,三等奖 21 项。临汾市第一实验中学老师董堇萱获得优秀教练员奖,市科协获得优秀组织奖。

【第 12 届山西省宋庆龄少年儿童发明奖比赛】 2016 年,临汾市科协组织参加第 12 届山西省宋庆龄少年儿童发明奖比赛活动。创意作品获得二等奖 5 项、三等奖 8 项。临汾市第三小学老师李冀静、曲沃中学校老师卫国旗、翼城县西街小学老师延星星获得辅导教师奖,市科协获得优秀组织奖。

【"全国青少年科学调查体验活动"】 2016 年,临汾市科协组织解放路学校等 10 所学校参加"全国青少年科学调查体验活动"。组织临汾一中等 7 所学校的 3000 多名学生参加"家书载梦"航天科普教育主题实践活动。组织 20 名优秀学生前往北京科技大学参加 2016 年青少年高校科学营。组织平阳中学等 7 所学校的 10 名优秀教师参加山西省青少年科技教育活动骨干教师培训班。

【"临汾市第二届青少年机器人竞赛"】 2016 年 10 月,市科协与市教育局联合举办"临汾市第二届青少年机器人竞赛"。全市 4 所市直学校、10 个县(市、区)的中小学校、青少年活动中心及青少年机器人俱乐部 202 名同学参加本次竞赛活动。比赛分机器人超级轨迹赛、创意赛、综合技能赛、FLL 工程挑战赛等内容。评选出机器人超级轨迹赛一等奖 14 项、二等奖 21 项、三等奖 25 项;机器人创意赛一等奖 10 项、二等奖 10 项、三等奖 15 名;机器人综合技能赛一等奖 2 项;机器人 FLL 工程挑战赛一等奖 1 项、二等奖 1 项、三等奖 2 项。大赛产生优秀组织单位 31 个、优秀教练员 48 名。

(张星玉)

归国华侨联合会

【概述】 2016 年,临汾市侨联贯彻落实中颁发《关于加强和改进新形势下侨联工作的意见》《关于加强和改进党的群团工作的意见》,坚持"以侨为本,为侨服务"宗旨,完成全年任务。

【归侨服务】 2016 年,临汾市侨联会与省侨联领导一起看望在临汾的困难归侨及侨眷约 30 户,送去慰问品和慰问金 3 万余元。深入县(市、区)5 次调研,走访 30 余户归侨侨眷,5 家侨资企业及县级侨联组织、学校、厂矿。征求基层侨联组织及侨界群众对侨联工作的意见和建议,把困难老年归侨登记在册。会领导受邀参加由中国华侨慈善基金会主办,长峰医院集团太原长峰血管瘤胎记医院承办的“还笑童颜,爱满临汾”笑玮慈善中国行走进山西——临汾站的活动。市侨联领导代表中国华侨慈善基金会发表讲话、宣布“还笑童颜,爱满临汾”笑玮慈善中国行走进山西——临汾站启动。笑玮基金会成立以来先后在济南、郑州、北京、广州、上海、沈阳、西安等地开展血管瘤胎记患儿救助活动,很多血管瘤胎记患儿接受专业治疗,走出疾病困扰。救助人数300余人,救助资金超过100万元。组织机关干部、政协委员、归侨侨眷、侨企与困难归侨侨眷结成一帮一10个对子。为全市60岁以上的老归侨和部分困难侨眷进行透视、超声波、心电、CT、血液化验等16个项目的体检。提供健康咨询,让归侨侨眷了解身体状况,做好日常保健,保障身体健康。健全完善60岁以上老归侨侨眷的健康档案。

【海内外联谊】 2016年,临汾市侨联参加晋陕豫“黄河金三角”六地市侨联(山西:运城、临汾;陕西:渭南、咸阳;河南:洛阳、三门峡)联谊座谈会。签署“黄河金三角”联谊合作协议,促进区域侨联工作互补共赢、共同发展。议定“黄河金三角”地区侨联友好合作协议和合作联系制度,确定建立定期交流合作联谊制度。

【经济建设服务】 2016年,临汾市侨联组织侨资企业——曲沃县恒通铸造有限公司参加中国海拉尔第十一届中俄蒙经贸洽谈暨商品展销会。以“立足蒙东,服务中俄蒙,面向东北亚”为发展定位,开展中外商品展销、产品推介、项目对接等活动。通过3天展销会,有多个客户有明确合作意向,体现侨联“以侨为本,为侨服务”宗旨。接待国内外5批侨界人士到临汾参观考察,分别是加拿大华人韩加良,马来西亚双箭肥料有限公司执行董事罗开永和英皇特许秘书、法律学士黄金来等13位华侨华人。在“新侨创新创业基地”挂牌活动中,临汾市申报11个企业,尧都区5个,曲沃2个,翼城2个,侯马1个,乡宁1个,侯马开发区(中国·山西)思迈斯电子商务有限公司审批通过挂牌。

【文化交流】 2016年,临汾市侨联参加由中国侨联主办,中国华侨摄影学会、中国华侨公益基金会、中国侨联青年委员会承办第三届世界华侨美术书法展。市直机关单位、尧都区、侯马市、洪洞、曲沃、翼城、襄汾、乡宁等侨界摄影爱好者50余人上报80幅作品参展。其中曲沃一幅作品入选。

【维护侨益】 2016年,临汾市侨联与有关部门联动、协调,做好群众工作,贯彻《归侨侨眷权益保护法》和国务院《信访条例》等法律法规,解决归侨侨眷中存在的热点、难点和焦点问题。为临汾市美国侨眷李洪玉解决死亡抚恤金问题。

(陈　莹)

残疾人联合会

【概述】 2016年,临汾市残联实施《“十三五”加快残疾人小康进程规划纲要》,推进残疾人小康进程,以托底补短、项目救助、设施建设为重点,制定出台《临汾市人民政府关于加快推进残疾人小康进程的实施意见》,将加快推进残疾人小康进程纳入全市经济社会发展大局,21项具体任务分解细化到各个职能部门,确保不让一名残疾人在加快推进小康进程中掉队。

【市残联六届主席团增补调换】 2016年,临汾市残联组织召开临汾市残联第六届主席团第二次全体会议,回顾总结市残联2016年的工作,部署2017年目标任务,增补调换主席团委员9人。推举市政府副市长,残工委主任王兵为主席团主席,郑效锋为主席团副主席、执行理事会理事长。

【重度残疾人护理补贴政策】 2016年,临汾市残联落实重度残疾人护理补贴政策。协调民政、财政部门,以市政府文件下发《关于建立困难残疾人生活补贴和重度残疾人护理补贴制度的通知》,推进补贴落实。增强县残联一把手认识。召开县级理事长专题会议,安排补贴发放工作,建立全市残联系统理事长工作微信群,将工作要求通知到每一位理事长,完成各阶段工作。通报督查。从补贴工作启动初期的政策宣传、残疾人申报到基层残联审核、县级残联落实资金、组织发放,一月一通报,一周一通报,对行动较慢、认识不到位以及发放人数与实际持证数差距较大的县,市残联理事长和班子成员与该县残联理事长进行约谈,问题严重的,与县委、县政府主要领导面对面进行沟通,加快推进政策落实。抽查回访。市残联对各县上报的发放名单进行电话回访抽查和实地入户抽查,检查补贴是否真正发放到位。侯马市落实资金,按季度为残疾人发放补贴;翼城县残联协调民政、人社、老干部局对申请名单进行联合审查,确保补贴应发尽发,不符合标准的一律不发;乡宁县在发放补贴后,通过电视飘字、村(社区)张贴公告等方式告之残疾人尽早查收补贴。2016 年全市发放重度残疾人护理补贴人数 34409 人。

【贫困残疾人全面小康思路】 2016 年,临汾市残联确定"十三五"贫困残疾人全面小康"52134"发展思路。"十三五"期间,为 500 户纳入精准扶贫建档立卡的残疾人家庭实施无障碍改造,改善居住条件;对 2000 户纳入精准扶贫建档立卡的残疾人开展基层党组织帮扶行动,帮助他们摆脱贫困;对 1 万名有劳动能力和就业愿望的残疾人进行职业技能和实用技术培训,帮助其中 7000 人实现就业;对 3 万名贫困残疾人开展康复训练、辅具适配等精准康复服务;为 4 万名重度残疾人发放护理补贴,改善他们的生活状况。

【残疾人康复救助】 2016 年,临汾市残联实施 0 岁至 6 岁残疾儿童抢救性康复训练和 7 岁至 14 岁残疾儿童巩固性康复训练,为 471 人次 0 岁至 14 岁残疾儿童提供免费康复训练;为 66 名肢体儿童配发儿童轮椅;免费为 100 名肢体残疾儿童装配矫形器;200 例国家彩金智力残疾儿童康复项目完成招标,组织实施;为 606 名白内障患者实施免费复明手术;对 22 名精神病患者住院给予救助,对 245 名精神病患者服药给予补贴。市、县两级为残疾人装配假肢 140 条;为 7842 名肢体残疾人免费配发辅具,其中襄汾、曲沃、吉县出资 60.5 万元为 775 名残疾人适配辅助。

【"一店三基地"创建】 2016 年,临汾市残联完成"一店三基地"创建任务。"一店三基地"是促进和稳定残疾人就业,保障和改善残疾人民生的抓手,全市残联筛选培育,深入每个申报企业、基地、盲人按摩店,对照标准,检查核对,提出完善意见,推进培育过程。全年培育创建完成就业创业基地 3 个、残疾人实训基地 1 个、农村残疾人扶贫基地 1 个、盲人按摩示范店 10 个,安排和辐射带动 455 名残疾人实现就业。

【残疾人信息调查】 2016 年,临汾市残联开展残疾人服务状况和需求信息动态更新调查。组织 1800 余名基层残疾人工作者,深入 3000 余个村(社区),对 100049 名持证残疾人和暂未持证残疾儿童进行实名制调查,更新基础信息和服务状况,掌握残疾人真实需求。各县(市、区)残联结合本地实际,按照实施方案的时间节点,完成各阶段工作任务,保证数据的真实、准确、完整、可靠。本次入户调查 97565 人、电话调查 2484 人,入户率 97.52%。未完成调查 9078,其中,查无此人 687 人、搬迁 614 人、空挂户 187 人、外出 1642 人、死亡 5948 人。

【服务设施建设】 2016 年,临汾市残疾人康复中心和综合服务中心开工建设。项目总建筑面积 12000 平方米,总投资 5542 万元。严把质量,严格工期,严控预算,每周例会安排布置,狠抓安全管理,确保工程建设推进。大楼主体框架工程完工,二次结构施工完成三分之二工程量。霍州市残联投入 30 万元,为康复和托养中心配备康复器材和办公设备,与市人民医院合作,计划 2017 年上半年正式为残疾人提供康复和托养服务。永和县残疾人托养中心完成一层顶板混凝土浇筑,翼城县残疾人托养中心 11 月 28 日动工。

【就业培训】 2016 年,临汾市残疾人新增就业 1090 人。征收残疾人就业保障金 3594 万元,其中地税代征残保金 3495 万元、工商代征残保金 99 万元。残疾人技能培训方面,开展职业技能培训 30 期,培训 679 人;农村实用技术培训 2700 人。开展残疾人就业和职业培训实名制统计,录入就业状况人数 58992 人,录入率 94.6%;录入技能培训人数 15853 人,培训率 25.4%。

【扶贫救助】 2016 年,临汾市残联开展农村贫困残疾人建档立卡工作回头看,协调扶贫部门做好残疾人信息对比工作,确保 15642 名符合条件的残疾人贫困户全部纳入精准扶贫建档立卡范围。侯马市残联结合市委市政府领导干部"一对一"帮扶精准扶贫户活动,协调扶贫部门,对残疾人进行优先帮扶,项目有光伏发电、电商扶贫、种养殖、加工服务等。各县(市、区)残联与城建部门对农村贫困残疾人家庭危房情况进行数据核实,纳入危房改造 1814 户。实施农村基层党组织扶贫工程,落实配套资金对 426 户精准扶贫建档立卡贫困残疾人开展个性化定制帮扶。实施阳光家园计划,采取政府购买方式为706名智力、精神和重度肢体残疾人开展日间照料等托养服务;为34名贫困残疾人家庭子女大学生发放了助学金。

【组织建设】 2016年,临汾市残联开展解决“四化”问题专项活动,解决“机关化、行政化、贵族化、娱乐化”方面存在的问题。增强残疾人证管理工作。对各县(市、区)违规办理残疾人证情况进行清查,对系统内工作人员办理残疾人证情况进行专项整治,将系统内办理的不合规残疾人证全部注销,将证件收回销毁。2016年新核发残疾人证8961份。建立完善专职委员考核评比机制,加强队伍管理。组织开展业务培训。17个县(市、区)开展乡镇理事长和专职委员业务培训,市残联副理事长、业务科长分别授课,提高残疾人工作者的业务能力。在全国残疾人工作先进集体和先进个人评选中,蒲县人民政府残疾人工作委员会被评为全国残疾人工作先进单位、隰县残联理事长杜进明、襄汾县新城镇陈郭村残协专职委员史铁坪被评为“全国残疾人工作先进个人”。

【文体工作宣传】 2016年,临汾市残联参加2014年至2015年度“山西省残疾人事业好新闻奖”评选,《关心帮助残疾人,实现美好中国梦》《久病床前好儿媳》获得文字类二等奖,《我是儿子一双腿》获得电视类二等奖,《精准发力办实事,一心一意惠民生》《完善无障碍设施,真正赋权所有人》获得文字类三等奖,《蒲县一家五口遇困难,急需大家来帮助》获得电视类三等奖。隰县成立残疾人艺术团,在全国助残日、五一、七一、八一、国际残疾人日、隰县梨花节等时间节点演出18场次。隰县残联创建微信公众号,开通微博,借助隰县在线、隰州红、隰县宣传部主流微信平台,宣传县残联工作动态,国家惠残、助残政策以及残疾人自强事迹,回应残疾人关切和热点问题。曲沃县残联帮助残疾人刘小丽编撰出版散文集《如果嫦娥坐在轮椅上》。临汾电视台开播手语电视新闻节目,每周一期,丰富聋人残疾人文化生活,逐步消除聋人与社会交流的障碍。体育方面,加强残疾人运动员选拔培养,完善人才梯队建设,组织残疾人运动员集训,备战2018年省残运会。2016年全国特奥乒乓球比赛中,临汾市特奥运动员孟洁获得12周岁至15周岁B组女子单打第一名,张婉婉获得12周岁至15周岁B组女子单打第二名,两人组队获得16周岁至21周岁A组女子双打第二名。聋人李丛丛代表山西参加全国聋人乒乓球锦标赛获女子双打第六名。

在梨园堂举办全市残疾人才艺大赛

【残疾人节日活动】 2016年助残日期间,临汾市各级残联围绕“关爱孤残儿童,让爱洒满人间”主题开展助残活动。市残联前往临汾市福利院、红丝带学校、曲亭镇孤儿院,看望孤残儿童,向他们捐赠114份面粉、食用油,向市残疾人康复中心、市特殊儿童康复教育中心捐赠价值2万元的教具、儿童玩具和读物。组织山西师大、社会爱心人士开展志愿服务活动。隰县残联与县图书馆、第一小学老师走进残疾儿童家中,送教上门,组织他们观看励志电影,参加读书讲座,成立志愿服务队,利用节假日提供帮教服务。侯马、翼城、襄汾、吉县、乡宁等县残联深入乡镇,进村入户,开展走访慰问孤残儿童活动,在县城广场设立宣传咨询台,向过往群众发放宣传资料,就残疾人教育、就业、康复、扶贫等内容开展咨询服务。国际盲人节日前夕和临汾市“两会”即将闭幕之际,与鼓楼南北街改造指挥部、市交警支队、临汾电视台合作,组织百名盲人开展“喜迎两会,感受母亲街”活动,体验新竣工盲道,开展按摩义诊活动。国际残疾人日前夕,市残联举办“超越自我,绽放梦想”全市残疾人才艺大赛,47名选手登台表演。

【维权信访】 2016年,临汾市残联与联通公司114合作,投入资金8万元,开通12385维权服务热线,为残疾人提供7×24小时专席服务,接听解答残疾人问题58人次。依托山西近道律师事务所,成立临汾市残疾人法律服务中心,对残疾人开展免费法律服务。实施贫困残疾人家庭无障碍改造工程，为侯马、隰县、浮山、大宁、汾西县149户残疾人改造门前坡道、闪光门铃、低位灶台、卫生间扶手等设施。为299名符合条件的残疾人发放燃油补贴7.8万元。为27名取得机动车驾驶证的残疾人发放补贴27000元。处理残疾人来信来访377件次。蒲县残联落实本县残疾人两个体系建设"十条意见"，减半收取重度残疾人取暖费，近300名残疾人从中受益。（李惠康）

市工商业联合会

【概述】 2016年，临汾市工商业联合会在市委、市政府领导下，围绕中心，服务大局，贯彻落实习近平总书记在全国政协十二届四次会议民建、工商联界委员联组会议上的重要讲话精神，学习宣传贯彻省、市党代会精神，搭建服务平台，创新服务领域，促进非公有制经济健康发展和非公有制经济人士健康成长。

【理想信念教育实践】 2016年，临汾市工商业联合会贯彻落实全国工商联十一届八次常委会议精神，在全市非公有制经济人士中开展以"守法诚信、坚定信心"为重点的理想信念教育实践活动。引导非公有制经济人士学习党和政府各项政策法规，开展形势政策教育、加强教育培养、帮扶企业解决困难、树立宣传先进典型、引导参与精准扶贫、参加"重走茶路"活动、建立"亲""清"政商关系等活动，增强非公经济人士对中国特色社会主义的信念、对党和政府的信任、对企业发展的信心和对社会的信誉。

【非公有制经济人士政治素质建设】 2016年，临汾市工商业联合会搭建学习平台，以学习贯彻党的十八大、十八届三中、四中、五中、六中全会精神和习近平总书记系列重要讲话精神以及省、市党代会精神为主线，引导非公经济人士学习领会重要会议精神、大政方针政策。开展"双学一跟"活动，组织市直商会会长参加全国工商联直属商会会长培训，组织企业家参加省联组织的企业家进军营活动，参加省联举办的十八届六中全会和省第十一次党代会精神解读暨民营企业家管理能力提升培训和非公经济代表人士培训，参加市委组织部在清华大学举办的企业家创业能力培训。对百名企业家开展现代企业制度培训，印发《民营经济发展政策汇编》发送给各企业。引导广大非公经济人士增强"四信"，拥护中国共产党领导，拥护党的路线、方针、政策，贯彻党的决策部署，跟党奋进，创业创新创造，重塑临汾民营企业家队伍形象。

【参政议政平台建设】 2016年，临汾市工商业联合会推荐一批政治素质高、企业经营能力强、守法诚信、有奉献精神和社会责任心的非公有制经济人士担任市人大代表和市政协委员，参加人大、政协组织的各种活动。围绕企业发展中的普遍性问题和行业发展中的趋势性问题，撰写议案提案、调研报告和参与座谈会议发言等形式参政议政，建言献策。

【民营企业（商会）投身"百企帮百村——精准到户"扶贫行动】 2016年，临汾市工商业联合会与市扶贫办制定《临汾市民营企业"百企帮百村——精准到户"扶贫行动实施方案》，通过产业扶贫、商贸扶贫、就业扶贫、智力扶贫、捐赠扶贫等五种形式进行帮扶。组织19家市直商会与吉县壶口镇南垣村等贫困村进行对结，签订帮扶协议，制定帮扶措施。全市有75家民营企业对接帮扶76个贫困村，建立台账。对机关帮扶村古县岳阳镇西圪垛村派出专门工作队和第一书记，落实全体党员干部一对一政策，完成建档立卡工作，带领班子成员及机关全体干部职工多次入户对接、调研，进行春节慰问，为村里修建饮水工程，维修村活动中心，对贫困大学生进行资助。结合"百企帮百村"活动，指导市众联互助商会与村签订帮扶协议，在产业扶贫、商贸扶贫、就业招工等方面探索新路径。

【非公企业党建】 2016年，临汾市工商业联合会发挥党组织在企业发展中的思想政治引领作用。发挥工商联作为非公经济党委领导组成员单位的作用，以工商联副主席、总商会副会长、执常委所在企业和直属商会组织党建为重点，指导推动非公企业开展党建工作。总支开展"两学一做"活动，开展党员活动日活动，组织各支部党员参加彭真纪念馆"重温入党誓词"活动接受再教育。

【民营经济发展】 2016年，临汾市工商业联合会推动相关政策出台。维护和保障民营企业合法权益，构建有利于非公有制经济发展的环境，促进各项服务非公有制经济措施落实,与市检察院联合下发《关于成立服务非公有制经济协调领导小组的通知》《关于建立三项工作制度的通知》,旨在创造公开、公平、公正的社会环境,更好服务全市非公有制经济发展。

【政企沟通】 2016年,临汾市工商业联合会构建"亲""清"政商关系。市委书记岳普煜走访工商联。临汾市委副书记、市长刘予强参加市直各商会会长座谈会和全市民营经济暨金融合作座谈会。市委常委、统战部长张建平走访民营企业、商会,召开座谈会。刘予强与各位商会会长、企业家进行面对面互动。

【市直领导干部联系民营企业工作方案】 2016年,临汾市工商业联合会应对严峻复杂的经济形势,帮扶协调解决民营企业发展中存在的突出问题,为省委组织部等7个省直部门46位领导和市直60个单位的领导确定联系的中小微企业,落实领导干部联系民营企业措施,推进调研指导,帮助企业解决实际问题。

【入企服务工作】 2016年,临汾市工商业联合会根据市委、市政府《全市千名干部入企服务工作方案》,成立由一名副县级干部带队的工作小组,与山西卓锋钛业有限公司接洽并进驻企业,为企业发放省民营办印发的《民营经济发展政策问答》和市民营办与工商联印发的《民营经济发展政策汇编》,帮助企业解读民营经济发展中的最新政策,企业关心的减轻企业负担、税收优惠、金融扶持等方面的政策。收集企业反应突出问题,帮助协调企业负责人和技术骨干赴京参加全国工商联组织参观的第二届军民融合发展高技术成果展览,学习了解行业内先进技术。协调该公司资约1000万元,于11月9日复产。获省万名干部入企服务领导组表彰,入选《全省万名干部入企服务典型事迹汇编》。

【企业实际问题解决】 2016年,临汾市工商业联合会开展民营经济待批项目大起底活动,临汾市一级为民营企业办理项目343项,尧都区等17个县(市、区)为民营企业办理项目545个。推进民营企业办理完善土地使用和房屋产权登记手续。落实省政府办公厅77号文件,全市办理完善民营企业土地和房产手续38户。办理土地证35户,约计36.8万平方米,合计36.82公顷。办理房产证3户,共计5.6万平方米,涉及全市13个县(市、区)。

【外联工作拓展】 2016年,临汾市工商业联合会推动对外交流,推进招商引资工作。与泰国中华总商会及浙江省山西商会建立友好关系,推动两地的沟通交流,联络合作,促进双方优势互补,共同发展。在"华夏之根·文明之旅"尧文化旅游招商活动、北京推介会、杭州推介会、太原能博会及临汾经济技术开发区招商引资等活动中,发挥工商联联系广泛、信息丰富优势,在客商邀请、项目推介、政策宣传等方面取得较好成效。组织企业家参加霍州、隰县梨花节等招商引资活动,助推县域经济发展。重点跟踪服务东莞科维在临汾垃圾发电项目,该项目总投资额6亿元,对生活垃圾进行清洁处理。

【金融服务平台建设】 2016年,临汾市工商业联合会实现解决资金难题。创新融资服务方式。与尧都农商行开展"商行助千企、百亿促转型"活动。累计贷款486户,金额70.4亿元。与市中小企业局、市金融办联合召开全市民营经济暨金融合作座谈会,尧都农商行、建行等11家银行与山西永鑫煤焦化有限责任公司、山西建邦集团公司等26家重点民营企业达成贷款意向54.71亿元。缓解民营企业融资难、融资贵问题,临汾市企业众联互助商会,为企业提供应急周转互助资金服务,自成立以来,累计滚动资金额度26.11亿元。推荐6家民营企业获批为《山西省第二批金融重点扶持民营企业》。开展"银税合作"惠及中小微企业。配合国税、银监、地税、中小企业局等部门,联合下发关于推进银税合作的实施方案,深化银税合作,建立银税互动机制,支持诚信企业发展。

【"五好"县级工商联】 2016年,临汾市工商业联合会加强基层组织建设。全市有17个县级工商联组织,市县两级有近百名专职会务干部,县级工商联组织全部与统战部合署办公。全市有各级各类商会组织218家,其中市级19家。现有会员13110个,其中团体会员218个,企业会员2452个,个人会员10440个。

【县级工商联建设】 2016年,临汾市工商业联合会指导全市17个县(市、区)工商联开展以"领导班子好、会员发展好、商会建设好、作用发挥好、工作保障好"为标准的五好县级工商联创建工作。2016年,曲沃、浮山申报全国"五好"县级工商联,浮山被评为全省五好县级工商联。

【基层商会建设】 2016年,临汾市工商业联合会指导县级工商联加强基层商会建设，起草下发《关于进一步加强基层商会组织建设工作的意见》，推动新建商会对原有的商会组织进行清理与整顿，严格标准，分类指导。全市11家县(市、区)乡镇商会覆盖率达100%。全市各级各类商会领导班子健全，有阵地、有人员、有活动，商会组织的作用得到发挥。

【商会组织建设】 2016年，临汾市有各级各类商会218家，其中市直商会19家。商会会员覆盖全市17个县(市、区)及两个开发区，涉及房地产、运输、机电、建筑安装等多个领域，会员人数上万余人。起草各类商会管理制度，执行商会会长述职及考评制度，组织19家市直商会会长进行述职考评。搭建学习、信息、维权、融资、回报社会平台，开展一系列培训考察、信息交流、商贸对接等活动。引导各商会会员参加精准扶贫、“送温暖、献爱心”等公益活动，树立商会良好社会形象。

工业经济联合会

【光伏发电新技术宣传推广】 2016年，临汾市工业经济联合会搞好光伏发电新技术宣传推广工作。宣传贯彻国家有关光伏产业发展政策，减少环境污染，降低资源开采。把推广光伏发电作为全年重要工作。在简报中增加“光伏发电推广宣传”栏目，内容涵盖相关政策、新型技术、光伏扶贫、清洁能源、知识普及等。加强与技术厂家沟通联络，采集更新技术信息，考察研究光伏发电项目市场化发展运作。不定期深入光伏电站和项目企业调查研究，了解企业项目进展情况，与企业领导交流探讨，为企业发展提供合理建议。向市政府反映行业运作情况，提出发展建议。深入企业调研，发挥桥梁纽带作用。从服务全市经济发展大局出发，围绕企业全面深化改革和创新发展搞好调研，促进全市去产能、去库存、去杠杆、降成本、补短板，搞好供给侧改革服务。就变频节电新技术推广应用情况、企业生产经营情况、光伏发电技术推广组织展开3次调研和座谈，了解企业困难和需求，积极协调，搞好服务；向上级部门反映企业诉求，向企业提出合理化建议，做到上情下达，下情上达。根据企业改革需要，组织有关专家为企业提供专题咨询服务。

【为政府、企业服务】 2016年，临汾市工业经济联合会办《临汾工业经济》刊物和《临汾工业经济》简报，为政府、企业提供服务。编辑发行的《临汾工业经济》发放范围涵盖全国各级工业经济联合会、理事会员单位、政府相关领导和部门。在贯彻党的方针政策，介绍国内外先进行业协会经验，反馈行业内工作动态、工作经验等方面取得效果。出版两期刊物和一期简报，重点宣传中共十八届五中全会提出的“创新、协调、绿色、开放、共享”五大发展理念和中央“供给侧改革”，更好地为会员服务。

【对外交流】 2016年，临汾市工业经济联合会推进同中国工业经济联合会、省市工业经济联合会之间的联系和合作。坚持把对外交流作为一项重要工作来抓，推动对外地工业经济联合会的学习和交流。参加中国工业经济联合会、省工业经济联合会和兄弟市工业经济联合会举办的会议和活动，汲取经验，扩大对外合作交流形式、范围和成果，学习他们工作中的好经验、好做法。

【新技术推广会议】 2016年，临汾市工业经济联合会召开光伏发电推广座谈会。6月，临汾市晶辉太阳能科技有限公司总经理一行与会领导就光伏发电推广进行交流座谈。晶辉公司介绍临汾市部分光伏电站运作情况和公司自身情况。

【县市工经联成立】 2016年，临汾市工业经济联合会在乡宁、蒲县、襄汾、曲沃等工业县市筹备成立工经联组织，进行前期基础性工作。

三晋文化研究会

【概述】 2016年，临汾市三晋文化研究会履行联络、协调、服务职能，发挥桥梁、纽带、引领作用，团结和带领全市文化研究有志之士，以挖掘、传承、弘扬优秀历史文化为已任，探索文化精髓、高质量开展文化研究、高水平挖掘文化特色，推广文化成果。

【文化研究】 2016年5月，临汾市三晋文化研究会组织编辑出版《临汾历史文化研究丛书》《临汾文化通览》及《尧文化研究》会刊，近两年编辑出版《临汾历史文化研究丛书》六本：《解开安泽四镇之谜》《古岳阳县治考略》《临汾历史地理研究》《侵华日军在临汾的暴行》《平阳麻笺历史研究》《集外三编》。临汾市三晋文化研究会组织各县研究会编写“文化通览”,洪洞、安泽、翼城等县出版,其他各县正在进行中。对研究会期刊《尧文化》和《尧风晋韵》进行整合,合二为一更名为《尧文化研究》,突出尧文化内容和学术性,其中,2016年出版1期,累计出版至16期。研究会成员在弘扬三晋文化、尧文化方面,在国家及省市级报刊发表各类文章数十篇。其中在《中关村》《中国人物传记》《三晋儿女》《平阳方志》等杂志和《山西日报》《临汾日报》等有影响的报刊上均有文章见诸报端。

【《三晋石刻大全·临汾卷》】 大型丛书《三晋石刻大会·临汾卷》被列为国家“十二五”规划项目,截至2016年底,全市出版洪洞、尧都区、侯马、曲沃、浮山、古县、安泽、霍州、蒲县、襄汾等10余卷,其余各县全部编纂完毕付梓印行。市三晋文化研究会对这项工作高度重视,做大量深入细致的工作,该项工作临汾一直走在全省前列,出版十多部,其余完成编纂工作,正在审稿和出版中。

【“尧文化·旅游·经济”研讨会】 2016年5月,临汾市三晋文化研究会举行“尧文化·旅游·经济”研讨会,会长刘合心作题为《大力推进尧文化研究与开发》的主题发言,受到专家学者和省市领导高度评价。研究会有关专家学者参加本次研讨会,石耀辉向大会提交《抓住历史机遇 推进临汾文化旅游产业跨上新台阶》论文。

【学术交流研讨】 2016年3月5日至13日,由临汾市尧文化研究与开发委员会主任刘合心带队一行7人,应邀对位于浙江省金华市的中华饶氏总会及天下谱局金华文化股份有限公司进行考察交流。考察组在上海、温州、宁波等地,与当地饶氏族人代表交流,考察饶氏宗祠文化及饶氏企业。在清明节期间,对帝饶祭祖活动进行相应组织安排。开展送书进校园活动,向临汾市一中、三中、实验中学、临汾附小、临汾新高中等多所学校赠送3000余册图书。

(石耀辉)

经济管理

发展与改革

【概述】 2016年，临汾市经济社会发展呈现出稳中向好、稳中有进态势，实现“十三五”良好开局。全市地区生产总值完成1205.2亿元，同比增长3.4%，增速比2015年提高1.6个百分点；固定资产投资完成1394.3亿元。其中，5000万元以上投资比重比上半年提高4.6个百分点；服务业增加值完成548.1亿元，同比增长6.6%，对全市经济发展的支撑作用增强；居民消费价格指数上涨0.5%，物价总水平保持稳定。

【规划编制】 2016年，临汾市科学编制“十三五”规划。临汾市发改委牵头编制全市国民经济和社会发展第十三个五年规划，明确未来5年目标任务和重大举措。统筹县(市、区)规划和部门专项规划的编制。推进市19个县(市、区)(包括临汾、侯马两个经济开发区)规划和《临汾市新型城镇化发展专项规划》《临汾市光伏扶贫总体规划》《临汾市循环经济与低碳发展“十三五”专项规划》《临汾城区环境产业园专项规划》等38个专项规划的编制工作，完成规划的收集、梳理和汇编，形成指导全市“十三五”期间经济社会发展规划体系。

【经济结构调整】 2016年，临汾市按照“改造提升四大传统优势产业、积极培育六大新兴支柱产业、做强做优一大战略性支柱产业、加快发展三大高成长性新业态、着力打造三大特色农业板块”的工作思路，加快产业结构调整和转型升级，三次产业比重由2015年同期的7.8∶48.5∶43.7优化为8∶46.5∶45.5。

【重点项目建设】 2016年，临汾市推进年初确定的交通设施、人居环境改善、产业转型、文化旅游、民生改善等十大领域800多项重点监测项目，开展“项目开工百日攻坚”“各类项目受理大起底”，重点项目“六位一体”工作在全省名列前茅，7月，推进“项目开工百日攻坚”行动，全市梳理出5000万元以上未开工项目165项，总投资1004.7亿元，截至行动结束，开工项目142项，开工率86%，百日攻坚行动成效突出。

【供给侧结构性改革】 2016年，临汾市把供给侧结构性改革作为经济工作主线。全年退出煤矿矿井5座、拆除炼铁高炉2座，压减煤炭产能270万吨、炼铁产能82万吨，通过验收；采取棚户区改造货币化安置、培育商品房租赁市场等措施，全年销售商品房158.06万平方米，年底全市商品房库存面积132.97万平方米，消化周期10.1个月，同比减少4.1个月；推动企业上市融资，引导澳坤生物、益通股份等挂牌企业通过定向增发、股权质押等方式融资3亿多元，有179家中小企业在省股权交易中心挂牌，较年初增加36家，促进企业与银行达成30亿元存量债务置换贷款；推开营改增试点，落实结构性减税降费政策，全年减免(退)各类税费4亿多元，规模以上工业企业每百元主营业务收入中成本同比下降3.95元；补齐创新驱动和民营经济短板，新认定省级众创空间3家，有效发明专利拥有量402件，技术合同成交额6.9亿元，建成省级创业基地6个、市级创业基地1个、小微企业服务站30个，培育“小升规”企业24户，创办小微企业3592户，超过全年任务592户。

【现代服务业发展】 2016年，临汾市重点推进商贸物流、电子商务、大数据等生产性服务业，明珠国际广场、五洲国际广场、经贸西华商城、上东世纪CBD城市综合体以及山西方略洋货码头、乐视乐生活、晋润农副产品冷链物流等项目顺利推进，引领服务业向价值链高端提升。侯马市成功获批国家服务业改革综合试点。

【物价工作】 2016年，临汾市发改委加强和改进价格监测，为宏观调控和价格决策提供有力支撑。在对居民生活必需品进行价格监测，推进对节假日和特殊时期的价格监测和预警预报，为价格决策提供科学依据。运用价格杠杆，为调结构和降成本服务。落实水、电、气、热等各项价格政策，推进居民阶梯电价、阶梯水价和阶梯气价工作，促进结构调整和节能减排，降低企业成本。清理规范涉企收费，优化经济发展环境。建立“三项收费目录清单”，落实涉企收费政策，减轻企业负担。加大价格监督检查力度，整顿市场价格秩序。组织开展涉企、涉农、环保、药品、旅游等八个方面市场价格专项检查，规范市场价格行为，维护市场价格秩序。落实价格基础工作，提高价格服务水平。开展价格认证和成本调查监审工作，为科学合理制定价格政策提供依据。

【行政审批制度改革】 2016 年，临汾市发改委落实“两集中、两到位”工作，市投资项目在线审批监管平台与省平台完成对接，公共资源交易平台通过省级测试，完成联网任务。承接、取消、下放、调整行政审批事项 109 项。创新事中、事后监管方式，“双随机、一公开”工作推进。

【投融资体制机制改革】 2016 年，临汾市创新城市发展投融资体制，研究制定《关于开展政府和社会资本合作工作的实施意见》，推进全市投融资体制改革取得新进展。

【城镇化建设】 2016 年，临汾市坚持统筹规划、优化布局、建管并重、有序推进，在中心城区建设上，实施总投资 69.39 亿元的城建重点工程 22 项。其中，投资 16.9 亿元的鼓楼南北街道路拓宽改造工程竣工通车；在城乡基础设施建设上，重点实施 3 条高速公路，2 条国省干线公路等项目，完成交通基础设施投资 63.6 亿元。推进尧都区老工业区搬迁改造，争取中央预算内投资 5779 万元，完成尧都区东外环道路拓宽改造、雨污管网建设等一批城市基础设施项目。全市常住人口城镇化率 50.03%，侯马市获批第三批国家新型城镇化试点。

【节能减排财政政策综合示范城市建设】 2016 年，临汾市推进产业低碳化、交通清洁化、建筑绿色化、新能源利用规模化、主要污染物减量化等“五化”工程，重点实施 31 个典型示范项目，完成投资 28 亿元。市区投放纯电动公交 423 辆，成为全省第一个实现纯电动公交车全覆盖城市；投放公共自行车 5055 辆，解决市民出行最后一公里问题，形成绿色出行新风尚。

【主体功能区建设】 2016 年，临汾市发改委组织编写《临汾市空间规划研究项目报告》上报省发改委。推进临汾市西山七县产业准入负面清单修改完善工作，组织召开全省负面清单编制工作蒲县现场会，相关工作得到国家、山西省专家指导和肯定。

【黄河金三角区域合作】 2016 年，临汾市发改委参加第一次省级领导小组会议暨四市联席会议，修改完善《晋陕豫黄河金三角区域合作计划》，组织编制《临汾市推进黄河金三角地区建设与发展实施方案》，通过专家评审。组织临汾市相关单位和企业参加区域博览会和合作交流会，签约项目 2 个，签约资金 30 亿元。

【民生重点工作】 2016 年，临汾市加快推进光伏扶贫工作，编制完成《临汾市 2016 年光伏扶贫项目实施方案》，国家批复临汾市光伏扶贫村级电站规模 27.7 兆瓦、集中式电站规模 100 兆瓦；全市实施村级光伏电站 205 座，集中式地面光伏电站建成并网 4 座。推进采煤沉陷区治理工作，2016 年，11 个县 27 个乡镇全部开工建设，开工率 100%。推动教育卫生等基础设施建设，在教育领域争取中央预算内投资 2382 万元，医疗卫生领域 4289 万元，文化、养老、社会福利、体育、旅游等基础设施领域 5698 万元。

【安全生产工作】 2016 年，临汾市发改委在全市范围内开油气管道保护大检查、新能源行业安全生产大检查，制定《临汾市长输油气管道安全生产大检查实施方案》，对山西省安监局督办的 5 处安全隐已全部整改到位。在管道建设上，临汾—长治输气管道工程项目累计完成投资 1.6 亿元，工程接近扫尾。西气东输蒲县、浮山城区段改线工作，蒲县段扫线 26.5 公里，完成总长的 93%；浮山县段扫线 6.7 公里，全部完成。

统计管理

【概述】 2016 年，临汾市统计系统围绕市委市政府提出的“345”发展战略和“12345”工作思路，围绕省统计局重大决策部署，推进“三大行动计划”，深化“五大统计”建设，提高统计数据质量，提升统计服务水平,全市统计工作呈现出良好变化,取得新成绩。

【统计改革创新】 2016年,临汾市统计系统"程序规范、下算一级、统一反馈"的县市核算基本模式确立,全市和县市数据顺利衔接;投资统计顺利实施5000万元及以上项目由法人单位和项目相结合的联网直报;跟进民营经济统计;开展"四上"企业电子商务交易平台季度调查及"四下"企业电子商务交易平台重点调查工作;适应人口变动和城镇化监测需要,进行人口变动调查工作;组织"三新"统计调查。

【统计服务】 2016年,临汾市统计局拓展监测领域,加大监测力度。对重点企业主要经济指标和投资5亿元以上项目建设情况实时监测;围绕"三去一降一补"对工业企业产能利用率、产运销、"三项费用"等实行重点监测分析;推动县(市、区)、开发区开展"四上"企业核查工作。预警预测,建言献策。采用"双跟踪、双预测"方式,反映经济运行态势,增设《统计报告》内刊,将经济运行特点、存在的问题和措施建议等提供给市委、市政府主要领导。《对我市当前经济运行情况和趋势的分析》《我市有望实现下半年好于上半年目标》《对我市供给侧结构性改革的思考与建议》等统计报告受到书记岳普煜、市长刘予强、常务副市长王振宇高度评价,参与市委、市政府等重要报告或讲话的起草,发挥统计"参谋部""智囊团"作用。增加统计产品,改进信息平台。发布《临汾市2015年国民经济和社会发展统计公报》《临汾市情概览2015》《临汾统计年鉴2016》。为市"两会"代表、委员提供《观数据 看发展——2015临汾》统计资料专册;2016年发布统计信息2300余条(篇),各类媒体采用率高;统计科研工作走在全省地市前列;开通微信公众号"临汾统计在线",为社会公众提供统计信息服务。

【统计数据质量提升】 2016年,临汾市统计局夯实统计"双基"建设。开展"八个全覆盖"回头看,落实《山西省联网直报单位统计工作规范》,下发《企业统计工作手册》。分7个批次对各县业务骨干和大中型企业、重点企业共463人开展业务培训,对乡镇和直报单位的规范化建设情况进行抽查验收,实现联网直报单位业务培训全覆盖。完善源头数据审核机制。坚持"开网即查、逐日比对、动态监测"工作模式,推进对"一套表"联网直报数据实时审核,根据实际情况增加审核公式,源头数据质量得到改善。推进宏观数据审核评估。完善各专业《数据审核评估管理办法》《数据质量控制规则》,加强专业之间、行业之间数据关联度审核评估,提高主要统计数据协调性和匹配性。构建保障统计数据质量的技术屏障。推进办公自动化系统建设,市局办公大楼实现无线全覆盖,统计用户接入实现实名认证,局域网络安全等级有新突破,加固数据质量保障技术屏障。

市长刘予强检查指导第三次全国农业普查工作

【农业普查】 2016年,临汾市统计局以《山西省第三次全国农业普查2016年行动计划》为时间表、路线图和任务书,按照"倒计时"方式推动各项任务落到实处。一是强化政府主导。市长刘予强、常务副市长王振宇、副市长王兵多次听取工作汇报、做出重要批示、进行协调指导;17个县(市、区)召开政府常务会议或专题会议研究部署;市、县、乡签订农业普查目标管理责任书。二是强化部门协作。各成员单位对分工职责签字背书,按要求提供涉农行政记录和资料,参与调研督查,对农业普查开展起到促进作用。三是强化宣传动员。开通临汾市第三次全国农业普查网站,发布农普动态;与宣传部联合发文、举办农业普查宣传月启动仪式;在市电视台黄金时段《临汾新闻》每天播出农普宣传标语口号;在报刊刊发《致第三次全国农业普查调查对象的一封信》《全国农业普查知识》等。市、县两级开展以"农业普查、福到万家"为主题的"统计开放日"活动。四是强化业务培训。市普查办采取下延两级方式,分4期对县乡两级417名普查业务人员进行培训,县(市、区)完成对1.4万名村级普查业务人员培训。组织开展试点培训及实地入户调查,召开总结会议,交流学习、互相借鉴。五是强化督查指导。市普查领导组成员单位负责人带队对各县(市、区)农普工作准备情况进行督查指导。

【统计法治建设】 2016年,临汾市统计局把依法统计、依法治统作为统计改革发展和提高数据质量的重要保障,坚决防范和惩治统计造假、弄虚作假。推进统计普法宣传教育。制定《全市统计法治宣传教育第七个五年规划(2016年—2020年)》,在全系统举办覆盖300余人的统计法宣讲暨统计执法检查员培训;实现全市1141家“四上”企业依法统计培训全覆盖;利用全市干部能力提升培训班等平台,向各级党政领导干部进行统计法宣讲,提高领导干部遵守统计法规的自觉性和主动性。加大统计执法力度。市县两级统计机构开展多次统计执法检查,重点检查360家单位,对发现的44起统计违法行为全部立案查处,对情节严重的4起给予罚款处罚。

(任晓霞)

统计调查

【概述】 2016年,国家统计局临汾调查队围绕服务经济社会发展目标,发挥职能优势,搞准调查数据,完成国家统计调查任务,为经济社会发展提供统计调查服务。在全省国调系统年度目标责任制综合考核名列第一,被评为优秀单位。

【城乡住户一体化调查】 2016年,临汾国调队以开展“住户调查数据质量年”为契机,执行《山西省城乡一体化住户调查工作台账和工作制度(试行)》和山西总队《居民收支调查工作规范化标准》,修订完善“六台账五制度”,制定《临汾国调队住户调查工作实施计划》,确保住户调查工作序时推进。联合市统计局对全市17个县(市、区)开展居民收支调查基础工作和数据质量大检查。完成2016年度尧都区及分市县居民收支调查工作。

【劳动力调查】 2016年,临汾国调队对主要承担的市区13个调查点、130户调查任务实行包点负责制,对辅调员的数据采集、上报等工作进行指导、培训、检查和监督。制定《劳动力调查工作流程监测表》《月度劳动力调查样本轮换情况表》《月度劳动力调查主要指标监测台账》和《月度劳动力调查回访表》对各调查点样本轮换、入户采集、数据上报实时动态监控,每月对各县级调查队10%的调查样本进行电话回访,确保调查各环节工作质量。针对劳动力调查频率高、难度大的特点,采取按季对辅调员培训、建立微信群进行在线实时问题解答等措施,提升统计调查能力。

【规模以下工业抽样调查】 2016年,临汾国调队针对规模以下工业规模小、数量多、调查难度大等实际,贯彻执行《山西国调系统业务规范化标准》,建立完善规模以下工业相关台账,推动对样本村企业经营情况核查,现场核查个体户377家。增强报表数据审核、评估力度,制定数据审核要点,将人工审核、计算机审核和经验性审核有机结合,通过与历史数据对比,对反常数据进行查询修正,确保源头数据真实。2016年2次召开培训会议对全市辅助调查员和120家企业统计人员开展业务指导和培训。完成2016年全市规模以下工业调查工作任务。

【新设立小微企业和个体经营户跟踪调查】 新设立小微企业调查工作是国家统计局为适应经济改革发展新常态而新增的一项调查任务。2016年,临汾国调队制定《小微企业统计调查规范化管理办法》,从机构人员配备、统计台账、统计报表、统计资料管理、统计数据质量检查、统计法制化建设等六个方面对小微企业进行规范性要求,夯实源头数据基础,加大企业回访检查调研力度,了解企业真实经营现状,确保专业规范化标准落实和“零报告制度”实施。向全市94家新设立小微企业发放《统计上严重失信企业信息公示暂行办法》《统计调查法律责任告知书》,提升企业依法统计意识,提高调查报表数据质量。

【规模以下服务业抽样调查和建筑业小微企业抽样调查】 2016年,临汾国调队坚持法治先行,对6家不配合、不按时上报、不接受查询的服务业单位通过下发具有法律效力的“统计报表催报单”的形式,督促其完成统计调查报表任务,确保规下服务业调查工作按时、高质量完成。针对服务业企业调查样本数量多、分布广散特点,下移重心,尝试以县为单位的“覆盖式”培训模式,利用1个月时间,对

12个县(市、区)尚未开展联网直报的128家服务业企业进行直接培训,提高基层统计调查能力。

【第三次农业普查农作物面积遥感测量】 2016年是第三次全国农业普查年,临汾国调队主要承担三农普野外遥感测量工作,首次实现空间信息技术、空间抽样技术和遥感测量方法等现代信息技术在统计调查工作的应用新突破。抽调专门业务骨干力量,成立由队长挂帅的遥感工作组,深入农村开展"农业普查福到农家"主题活动,选派人员参加遥感测量和无人机测量培训,在洪洞和尧都区进行2次试点和现场培训,执行调查方案步骤,高质量完成尧都区、洪洞、襄汾、安泽、隰县和乡宁6个县区35个村,175个样方秋冬播、春播面积和夏播面积的遥感测量实地调查数据采集与图像上报及审核工作。

农业普查遥感测量

【主要畜禽抽样调查】 2016年,临汾国调队开展全市主要畜禽监测调查台账落户质量年活动、全市主要畜禽监测调查网点数据质量核实等工作,对7家畜禽单位进行统计执法检查,从源头上控制数据质量。增强走访调研,了解和掌握主要畜禽养殖变动情况,对倾向性、苗头性和突发性问题进行分析研究。完成全市12个县(市区)112家大型和15家中小型养殖场户的畜禽季报工作、5户万头猪场联网直报工作和全市主要畜禽抽样调查摸底工作。

【采购经理调查】 2016年,临汾国调队执行国家采购经理调查制度,采用数据质量核查与强化企业统计基础工作、统计执法检查工作、重点回访、现场培训"四结合",全年对40户调查样本企业开展企业自查,对其中10户企业开展统计执法检查、10户重点企业进行核查,配合山西总队监测处对4户企业开展基础工作检查,保障采购经理调查数据质量。

【统计法治建设】 2016年,临汾国调队贯彻习近平等中央领导批示指示精神,秉承"依法治队、依规治数"理念,推进法治建设。制定《2016年统计法治工作要点及任务分工》,对全市国调系统人员进行统计法治培训,举办各类培训班11期,实现辅助调查员和统计调查对象法治培训全覆盖。紧盯重要时间节点,开展"9·20""12·4""12·8"集中法治宣传活动,掀起统计普法高潮。增强全员执法理念,在规范工业、服务业,企业监测、畜禽等领域开展执法双随机抽查。向调查样本单位下发"统计调查法律事务告知书""统计上严重失信企业信息公示暂行办法",实现统计法律知识宣传全覆盖。由分管领导带队组成5个执法小组,对11个县(市)的38家调查企业进行执法检查,立案查处12家,震慑违法行为。

【服务经济运行】 2016年,临汾国调队发挥调查队快速灵活优势,围绕经济发展形势、中央系列改革政策和社会关注的热点,撰写统计调查分析报告。3篇调查报告被国家局内网采用刊发,15篇被市政府《临汾政务信息》增刊全文刊发,完成8个课题研究。围绕高校毕业生就业、创业、网购消费、大病医疗、互联网+等内容组织开展"百题调研"活动,撰写50余篇调查报告,为各级党委政府及社会公众提供大量有价值的调查服务。对经济走势的分析和研判,全年向市委、市政府报送《临汾国调专报》27期;优化《临汾国调》双月刊、统计调查内网和"临汾国调资讯"微信平台,打造"临汾国调"品牌。2016年,组织撰写各类信息分析动态356篇(条),被国家局、省两办、总队采用238篇(条),在临汾市政府办公厅2016年政务信息报送及采用情况通报中,在市直各部门中排名第一。

(张　欣)

附:

·获奖情况·

被山西省劳动竞赛委员会授予山西省"五一劳动奖状"

国土资源管理

【概述】 2016年,临汾市国土资源局强化资源保障保护,打造法治国土,建强干部队伍,创新推进党建工作,融合党建和业务,引领全市国土资源工作新常态,实现“十三五”良好开局。

【耕地保护】 2016年,市国土资源局落实土地管理行政首长负责制和耕地保护目标责任制,完成耕地49.26万公顷,基本农田40.1万公顷保护目标。完善和创新耕地保护制度,浮山、汾西出台民间资金投资土地整治项目具体办法。实施高标准基本农田建设0.8万公顷。完成26个省级土地整理项目验收工作,规模0.9万公顷,位居全省第一。科学划定基本农田,完成划定方案论证审核工作。确保全市耕地数量不减少,质量有提高。

【用地保障】 2016年,临汾市国土资源局科学开展土地利用总体规划调整完善工作,部署编制17个县(市、区)开发区规划,统筹安排规划指标,确保重点项目用地指标落实到位。创建侯马、曲沃、蒲县、乡宁4个节约集约模范县,总量占全省同期的50%。市、县两级国土部门划拨建设用地120宗765.4公顷、出让建设用地186宗193.6公顷,市、县两级出让金21.7亿元。供应建设用地959公顷,解决226个大小项目用地问题,保障其亚铝业、师大临汾学院、市奥体中心体育馆等项目用地需求,以及9宗城中村改造项目用地问题,服务城乡建设全面提速。

【矿政管理】 2016年,监测市国土资源局推进换发长期采矿许可证工作,96座煤矿换发长期采矿许可证,换证率76.8%。全市515座年检矿山年检率、报备归档率100%,市级抽检率21%,全市86座生产矿山储量年报完成审查,固体矿产资源统计基础表上报率、审核率100%。开展市级登记采矿权“回头看”行动,完善所有市级发证矿山档案。规范矿产资源开发利用统计工作,提升矿山储量动态监督管理水平。

【执法监察】 2016年,临汾市国土资源局建成国土资源执法监察指挥平台,全市动态巡查13.7万人次,国土、公安等9个部门组成9个检查组,对130座煤矿和90座铁矿进行地毯式排查,打击非法违法盗采矿产资源行为,全市原有6006处取缔非法矿点,经过恢复治理,在册2246处,全部处于严密监管中。开展“5·1零点”行动、“5·8三县联合”行动、“6·1四县边界”行动、重点时节专项行动、冬季执法检查百日行动、“利剑行动”等打非治违专项行动。各县政府领导、国土、公安部门及相关乡(镇)政府人员2000余人赴一线实战,做到排查全覆盖,监管“零容忍”。推进土地矿产卫片执法整改工作,卫片执法案件371宗,查处率、履职率、结案率100%,7年实现“零约谈、零问责”。

【地质灾害防治】 2016年,临汾市国土资源局落实市委、市政府地灾防治“五化、九必须”工作思路和措施要求,推进综合防治体系建设。农村地质灾害治理搬迁工程1192户,项目开工率、竣工率100%。提升监测预警和应急指挥平台建设,发布预警预报,推进应急值守,带班员、值班员24小时在岗和通讯畅通,市、县、乡三级应急队伍连年开展汛期排查,以避让搬迁为第一措施,对2108处隐患点实施监控。全年出动地质灾害隐患巡查10万余人次,2次组织避让搬迁6136人,形成中型以上隐患点受威胁群众果断避让搬迁与专家会商回迁机制,没有因地质灾害造成人员伤亡。

市领导雨季检查地灾

【基础业务】 2016年,临汾市国土资源局推进不动产统一登记改革,5月侯马市颁发全省首证,9月临汾市实现“停旧发新”。市、县颁发不动产权证书1402本、不动产权证明4498份。市、县基础测绘工作在全省率先完成,“数字临汾”“数字霍州”分别通过国家和省级验收。省、市、县、基层国土所四级信息化网络畅通，开展业务网上申报、网上受理、网上批办、网上统计分析试点工作。山西省首家上报地籍变更调查成果并通过验收。农村建设用地和宅基地使用权地籍调查工作全部完成。

（冯洪宾 孙寅铖）

工商行政管理

【概述】 2016 年，临汾市工商系统深化商事制度改革，打好“六大战役”，打造“六型工商”，增强市场监管职能，服务全市经济发展。

【重点工作】 2016 年，临汾市工商局在全省工商系统查办经济案件中，查办 79 件，为全省最多。在整治公用企业限制竞争和垄断行为专项执法行动中，立案 16 起，占全省工商系统查办案件三分之二以上。集中整治物业乱收费专项工作在全省工商系统具有示范性，受到省局通报表扬。全市工商系统行政处罚案件公示率、及时率、准确率均为 100%，市局代表省局接受国家工商总局验收督查。

【业务指标】 2016 年，临汾市工商局有 4 个单项业务指标超额完成年初目标：网络主体数据比对 18000 条，比对率达 100%，比年初原定的 10000 条目标超出 8000 条；有 26 户“守合同重信用”企业获得国家工商总局公示资格，比年初原定的 20 户目标超额完成 30%；推荐山西省著名商标 55 件，比年初原定的 10 件目标超额完成 450%；指导申请商标量 1338 件，比年初原定的 100 件目标超额完成 1238%。

【商事改革】 2016 年，临汾市工商局开展商事改革，促进市场主体新发展。实行“多证合一”登记制。全市工商部门牵头抓总，从 2015 年 9 月 1 日起，实行“五证合一”。10 月 1 日起，个体工商户登记实行两证整合。全市颁发加载统一社会信用代码营业执照 35000 余份。实施“先照后证”改革。落实工商登记前置审批事项改为后置审批。依法对前置审批事项实行动态调整，对 37000 余户市场主体履行告知职责。确保“先照后证”改革落地生根。市局“工商窗口”被评为全市行政审批“星级服务窗口”。推进住所登记改革。实行“三允许”“一免除”即允许“一址多照”“一照多址”“住改商”“前置证件载明住所的，免于提交住所证明”，释放场地资源，激发市场主体活力。推进工商登记电子化。市县两级企业名称核准登记与企业设立登记实现网上办理，做到让“信息多跑路，百姓少跑腿”。办理网上核名 3000 余件，网上登记 1100 余户。服务企业发展。帮扶襄汾县农村信用联社、山西伟涛食品科技有限公司等 10 余家企业实行公司改制、改组；支持 48 户个体户转型升级为企业；落实市委“千名干部入企服务”等活动，深入企业调研，破解企业发展难题。开展股权出质登记。全市办理股权出质登记 83 件，出质股权数额 48.9 亿元，担保债权金额 86.49 亿元，缓解困扰企业发展的资金瓶颈障碍。实施商标发展战略。全市申请商标注册 1338 件，帮助山西建邦集团公司通过商标异议申请认定中国驰名商标 1 件，推荐山西省著名商标 55 件，被认定 36 件。推进企业信息年报公示。全市参加年报公示企业 28301 户，企业年报率 90.38%，位居全省第四名。推进企业信用体系建设。初步建立市政府各部门间的信息互联共享机制。有 19 个县（市、区）和 42 个市直单位使用。截至 2016 年底，发布行政许可信息 8923 条，失信记录（行政处罚信息）1679 条，良好记录（行政表彰信息）422 条。在全市推行市场主体信用承诺制度。推荐上报“守合同重信用”企业 32 户，有 26 户企业获得国家工商总局公示资格。全市创建诚信市场 10 个。

全市各级工商部门落实商事登记制度改革，激发市场主体的内生动力。截至 2016 年底，全市有市场主体 211577 户，注册资本（金）2146 亿元，增长 12.18%、17.98%。其中，企业 38265 户，注册资本（金）1900 亿元，同比增长 20.12%、16.78%。全市新登记市场主体 30229 户，注册资本（金）281 亿元；新登记企业 7720 户，注册资本（金）246 亿元，增长 31.47%、3.66%。

【市场监管】 2016 年，临汾市工商局营造公平竞争的新秩序。全市工商系统构建企业监管新机制。截至 2016 年底，查处各类案件 735 件，罚没金额 479.19 万元。开展集中整治公用企业限制竞争和垄断行为专项执法行动。对供气、公交公司、物业等行业进行重点检查。《直播临汾》对此项工作进行了专题报道。开展打击传销和规范直销工作。全市系统会同公安部门开展 29 次联合执法行动，出动执法人员800余人次,端掉拉人头式传销窝点29个。开展利用合同格式条款侵害消费者权益违法行为专项整治行动。收集供水、供气、供热、旅游及电信合同61份,备案32份。开展红盾护农专项整治行动。开展节日市场、品牌汽车、旅游等专业市场整治工作,营造市场环境。开展大气污染专项整治行动。根据市政府《应对重污染天气调度令》,开展成品油抽检专项整治行动。对辖区的112家加油站油品进行抽检,取样297个,立案19起。检查经销原煤的市场主体和个人34户,取缔22户。配合环保部门对重污染企业进行查处,将查处结果录入全国市场主体信用信息公示系统。开展网络市场监管工作。全市网络经营企业申领电子标识56户,推进线上线下一体化监管。开展打击侵犯知识产权和制售假冒伪劣商品"双打"行动。检查批发零售市场、集贸市场等300个(次),查处商标侵权和假冒伪劣案件43件。开展违法广告专项治理。对医疗、药品、化妆品、保健食品及医疗器械等五大类重点类别广告进行重点监测,全市查处违法广告案件38件。

【消费维权】 2016年,临汾市工商局推进12315平台标准化和基层维权组织规范化建设,提升消费维权效能。全市建立12315消费维权服务站598个(2016年新建53个)。全市各级12315机构全年受理消费者咨询投诉举报3550件,其中投诉787件,举报303件,咨询2460件,办结率96%,为消费者挽回经济损失82.39万元。市消协举办"新消费、我做主"主题书画展,全年发布消费警示18期,引导和鼓励消费者健康、绿色、环保消费。

3·15消费者权益保护宣传活动

【依法行政】 2016年,临汾市工商局坚持依法行政,构建依法行政的新机制。全年核审案件91案;落实重大行政处罚案件集体评审制,召开案件评审会9次;落实行政处罚案件错案追责制,纠正行政执法行为瑕疵百余次;落实行政处罚听证制,召开行政处罚案件听证会7次。行政处罚案件公示率、及时率、准确率均为100%。

(王晋林)

附:

·获奖情况·

集体

2016年,临汾市工商获得人社部和国家工商总局"清理整顿人力资源市场秩序专项行动"的联合表彰;临汾市个协和侯马市个协获得全国个私协会系统先进单位;在全省工商系统2016年度目标任务考评中综合排名第一,被省工商局评为"优秀"单位

审计监督

【概述】 2016年,临汾市审计局完成108项审计任务,查出违规资金45.09亿元,促进上缴财政资金2.66亿元;核减政府投资2.53亿元;为政府在供暖供水、征地拆迁支出中核减10.29亿元;审计罚没442万元;移送处理事项133件/138人,其中,移交司法部门2件/2人、纪检部门41件/65人、主管部门90件/71人。

【政策措施贯彻落实跟踪审计】 2016年,临汾市审计局完成4个季度工作任务,查出各类问题94个,促进问题整改50个,整改44个,促进国家重大政策的落实。

【财政审计】 2016年上半年,临汾市审计局对25个部门进行预算执行审计,延伸审计单位60个,查出违规问题138个,促进盘活资金8.6亿元。下半年,开展尧都、洪洞等7个县区的财政决算审计,查出违规资金9.51亿元,移送处理事项64件,规范财政资金管理。

【经济责任审计】 2016年,临汾市审计局完成

32名领导干部的经济责任审计，其中，市直部门负责人17名，县(市、区)长4名，县(市、区)公检法、部分中学主要负责人11名。按照省审计厅要求，对古县、安泽开展自然资源资产离任审计试点，为开展自然资源资产离任审计积累经验。

【固定资产投资审计】 2016年，临汾市审计局完成临汾新医院、第二污水处理厂综合楼等政府投资决算审计项目29个，完成政府投资核查项目23个，发现问题65个，提出建议50条，核减投资2.53亿元，节约政府建设资金。

【专项审计】 2016年，临汾市审计局对城镇保障性安居工程跟踪审计，查出各类问题18个，移送处理事项14件；水污染防治审计主要查出违规使用水污染防治资金317.46万元、结存和闲置资金8037.99万元等16类问题，受到山西省审计厅表彰。完成临汾市热力公司2014年度采暖期亏损情况、市自来水公司2014年至2015年度亏损情况两项专项审计，为政府节约资金4167万元。

民生审计现场

(郭迎建　张小强)

安全生产监督

【概述】 2016年，临汾市贯彻落实党中央、国务院、省委、省政府关于安全生产工作的决策部署，树立“总体安全观”，按照“三个坚决防止”和“四铁”工作要求，落实安全生产责任制，深化安全隐患排查治理和安全生产专项整治，打击非法违法生产经营建设行为，落实基层基础工作，推进安全生产标准化建设，确保全市安全生产形势持续稳定好转。

【安全生产基本情况】 2016年，临汾市发生各类经营性生产安全事故145起，死亡159人。其中，煤矿发生事故1起，死亡1人；洗煤厂发生事故1起，死亡1人；餐饮场所发生燃气事故1起，死亡1人；建筑施工发生事故2起，死亡3人；冶金机械企业发生事故2起，死亡4人；生产经营性道路交通事故发生134起，死亡145人；铁路发生安全事故3起，死亡3人；军工企业发生事故1起，死亡1人；非煤矿山、危险化学品、特种设备等行业未发生事故。发生较大事故2起，死亡6人，同比减少1起，减少3人。连续5年未发生重特大事故，其中工矿商贸企业连续7年未发生重特大事故。

【安全生产责任体系】 2016年，临汾市安监局实现安全生产“党政同责”全覆盖基础，健全完善安全生产责任体系。市委、市政府制定下发《关于在全市重点行业领域实行安全生产挂牌责任制的通知》《关于对市政府工作报告中安全生产工作进行任务分解的实施方案》《关于印发市政府领导分管各部门安全生产监管职责的通知》等文件，明确、细化党委政府、部门单位、主体企业安全生产职责，建立完善“党政一把手亲自抓，分管领导具体抓，各个部门分头抓”工作机制，形成一级抓一级责任监管体系。

【安全工作】 2016年，临汾市安监局按照“四铁”要求，市政府制定安全生产工作月例会制度，每月对全市各县(市、区)安全生产工作进行通报总结，研究解决疑点、难点问题，推进安全生产各项措施落实。市长刘予强重视安全生产工作，听取国务院安全生产巡查组对临汾市的巡查反馈情况，了解存在的问题和不足，第一时间安排部署整改工作；5月23日晚22时按照“四不两直”方式突查市安监局、市煤炭局、市水利局的安全生产应急值班值守情况。汛期、二十国集团领导人杭州峰会、中秋节、国庆节、十八届六中全会等重大节庆活动和季节气候变化的敏感特殊时期，市委书记、市长、各副市长分别带领相关部门深入煤矿、非煤矿山、危化、人员密集场所等重点领域，开展安全检查督查，从落实责任、抓住重点、明察暗访、狠抓各项措施落实、严肃问责等五个方面推进安全生产工作，通过“以上率下”的工作作风，将安全生产内化于心、外化于行、抓在日常、严在经常，确保安全生产万无一失。

【汛期安全】 2016年,临汾市安监局面对汛期极端天气增多的情况,早安排、早部署、早行动、早准备,针对不同行业领域、不同区域、不同企业的特点和薄弱环节,从责任、措施、防范、保障等方面入手,超前防范安全生产事故。全市各级气象、水利、国土等部门加强沟通联系,完善预警预报机制,切实做好防大汛、抗大灾各项工作。各县(市、区)对辖区内煤矿、非煤矿山、尾矿库、危险化学品、冶金铸造、公路交通、旅游景区、排土场等行业领域开展汛期安全检查,做到思想认识到位、职责到位、装备到位、措施到位、排查治理到位,严防事故发生。对重点部位、关键环节进行监测监控,完善应急预案,备足应急物资,加强应急值班值守,保持通信畅通,做好安全生产事故和其他紧急突发事件的信息报送和处理工作,确保汛期安全。

【隐患整治】 2016年,临汾市安监局根据山西省统一安排,5月开展安全生产大检查,严格检查、严密防范、严堵漏洞。在7月11日全省安全稳定隐患风险大排查、大整治工作推进会后,将安全生产大检查提高规格和规模,两次召开会议在全市部署开展"安全生产隐患风险大排查大整治"活动。11月27日,全国安全生产电视、电话会议结束后,市政府召开全市安全生产电视、电话会议,对安全生产大检查工作进行再动员、再部署、再安排,汲取重庆永川金山沟煤矿"10·31"瓦斯爆炸事故、京昆高速山西平阳段"11·21"交通事故和江西丰城发电厂"11·24"冷却塔施工平台坍塌事故等重特大事故教训,做好岁末年初安全生产工作,把安全生产大检查和隐患风险排查整治工作做深、做细、做实。全市检查企业3.6万家次,排查一般隐患风险28519条,整改28490条,整改率99.8%;停产停业142家,关闭取缔115家。

【交叉检查】 2016年,临汾市安监局为彻底消除安全隐患风险大排查、大整治活动中发现的隐患和问题,确保国庆节和市"两会"期间安全稳定。临汾市从2016年9月28日起,部署开展为期一个月的安全生产隐患风险排查整治交叉检查和督查工作。国庆节期间分管安全生产的副市长带队对各县(市、区)的工矿商贸企业、建筑工地等行业领域进行督查,现场检查"主要领导值班值守、责任落实、隐患排查、教育培训和安全措施落实"等情况。各县(市、区)之间由分管安全生产的副县(市、区)长带队相互开展安全隐患风险排查整治交叉检查,深入一线、深入基层、深入现场,把影响安全生产的问题找准查实,对交叉检查中发现的问题隐患进行督促整改。市政府从安监、质监、煤炭、国土等7个市直部门抽调人员,组成7个督查组,国庆节期间深入到各县(市、区)进行督查。推进"国庆"和市"两会"期间各级领导干部带班应急值守工作。国庆期间,各县(市、区)领导干部死守工作岗位,带队检查,防范事故发生。实行零事故报告制度。国庆节期间,每天18:00之前,各县(市、区)把本地区安全生产情况上报市安全生产应急值班室,进行零报告。加大对各级各部门安全生产问责力度。市政府坚持问题导向,要求督查结束后,各县(市、区)交叉检查组和市政府各督查组至少带回一个能构成问责的问题,严明纪律,严肃问责,确保检查活动取得效果。11月,针对煤价上涨,煤焦市场回暖有可能带来的私挖滥采反弹回潮,在古县、乡宁县等地组织开展打击私挖滥采"零点行动",把私挖滥采非法行为消灭在萌芽状态。在全市开展"迎新年、保安全"专项行动。

【隐患销号】 2016年5月18日至19日,国务院安委会安全生产第二巡查组对临汾市进行为期两天的安全生产巡查,检查襄汾光大焦化气源公司、乡宁台头焦煤有限公司、山西焦化股份有限公司,查阅市政府及相关部门资料,向临汾市反馈巡查中发现的隐患和问题。

【风险预防预控】 2016年,临汾市安监局推动班组建设。汲取全国各类事故教训,推进企业基层班组安全建设,建立班级培训、警示教育以及自保互保制度,做到不培训不上岗,全国有事故,班组就教育,人与人、岗位与岗位互保协议。推进安全生产标准化建设。把企业安全生产标准化建设评定等级作为安全生产诚信等级,按照"行业有标准、企业有清单、单位有图表、岗位有卡片"要求,开展标准化创建,夯实安全基层基础。推进科技强安。"无人则安、少人则安"。在重点企业关键部位推进"机械化换人、自动化减人",落实新技术工艺推广应用。开展危化企业"两重点一重大"的自动化改造,实现对高危行业企业的重点人、重点部位和重大危险源实现远程监控全覆盖。加大培训力度。推动企业全员培训和资质培训,培训煤矿、非煤矿山、危险化学品、烟花爆竹、金属冶炼等行业6735

人次，确保从业人员具备必要安全生产知识，熟悉有关安全生产规章制度和安全操作规程，掌握本岗位安全操作技能。加强职业卫生。编制职业卫生规划，召开职业卫生监管现场观摩会，树立样板，典型示范，建立安全生产与职业卫生一体化监管执法制度，提高监管实效，推动全市职业卫生防治工作。

煤矿安全监察

【概述】 2016年，临汾煤监分局坚持“担当变压力为动力、服务化动力为合力”工作理念，在监察工作上突出“准、精、严、实”四个特点，按照全年执法计划推进“三项监察”“建设项目“三同时”和安全许可工作，辖区煤矿安全生产形势稳定发展，全年发生安全生产事故2起死亡2人，较2015年同期事故起数持平，死亡人数减少2人，控制在安全生产指标以内，获“2016年全国安全生产监管监察系统先进集体”称号。

【煤矿概述】 2016年，临汾煤监分局辖区有各类矿井150座，其中临汾市131座、生产规模11670万吨/年，运城市19座、生产规模1750万吨/年，辖区矿井总生产规模13420万吨/年。按企业性质划分：国有重点煤矿（包括省外企业）111座、生产规模10177万吨/年，国有地方煤矿17座、生产规模1385万吨/年，民营煤矿22座、生产规模1858万吨/年；按持证情况划分：持有安全证矿井66座、安全许可能力7030万吨/年，建设矿井84座、建设规模6390万吨/年。辖区批复生产矿井59座、安全许可能力6668万吨/年，批准建设矿井14座、建设规模1200万吨/年；停产矿井7座、安全许可能力362万吨/年，停建矿井70座、建设规模5190万吨/年。

【煤层气企业基本情况】 2016年，临汾煤监分局辖区有北京中海沃邦能源投资有限公司、中石油煤层气有限责任公司临汾分公司、中国石油化工股份有限公司华东分公司和瑞弗莱克油气有限责任公司4个煤层气勘探企业。北京中海沃邦能源投资有限公司和中石油煤层气有限责任公司临汾分公司取得安全生产许可证；中国石油化工股份有限公司华东分公司取得国土资源部"探矿证"和国家能源局下发开发项目备案确认函，“三同时”方面完成安全预评价的报告编制，报山西煤矿安全监察局备案。

【监察执法情况】 2016年，临汾煤监分局对115矿、199矿次开展监察执法活动。其中，重点监察25矿次、完成全年计划的89.3%，定期监察27矿次、完成全年计划的100%，专项监察98矿次、完成全年计划的106.5%，“三项监察”共占用1824个工作日、完成全年计划94.7%；其他监察（安全许可、事故调查、举报核查、隐患治理督导等）49矿次、完成全年计划94.2%，占用702个工作日、完成全年计划87.9%；监督检查地方监管工作占用257个工作日、完成全年计划97.3%。查处安全隐患595条，下达执法文书588份，责令4台（件）设备停止使用、7矿次8个工作面停止作业、7矿次（工作面）停止生产，责令4矿次停产整顿，对19矿次实施经济处罚，罚款910.3486万元（其中事故罚款82.7554万元）。

【汛期专项监察】 2016年，临汾煤监分局严防重特大事故，进入7月汛期后，按照省局7月23日紧急视频会议精神，分析研究辖区煤矿可能发生的灾害和影响，组织指导煤矿企业建立灾害性天气预警和预防机制，针对灾害预警信息要求矿井必须停产撤人，对全部“三项监察”矿井开展“雨季三防”专项监察，对易受洪水威胁的重点矿井防汛工作开展“双随机”抽查，督促煤矿做好应急演练，储备物资，落实对井口、风机房、变电站等要害场所检查责任人和安全措施。按照年度执法计划开展汛期定期检查9矿次，专项监察23矿次，查出安全隐患56条。辖区煤矿未发生灾害事故、安全度汛。

【培训专项监察】 2016年8月，临汾煤监分局按照省局要求和辖区工作实际，提高工人安全意识，开展以学习新《规程》、实操为主的培训专项监察，对9座煤矿进行监察。监察过程中，从各煤矿企业主要负责人、重点岗位安全管理人员中抽查20名进行新规程理论知识考试，随机抽查10名以上井下人员进行自救器使用情况检查。以能正确操作、规范使用自救器，熟知井下工作地点避灾路线，了解透水、瓦斯灾害等事故预兆为标准。

【安全生产大检查和“双随机”抽查】 2016年，临汾煤监分局开展安全生产大检查和“双随机”抽查。5月安全生产大检查开展，检查48矿次，查处安全隐患和问题171条，下达执法文书71份，责令1矿次停产整顿、4矿次停止生产建设、3个工作面停止作业、1台设备停止使用，对9矿次实施经济处罚，罚款2855932元。汲取内蒙古自治区赤峰市宝马煤矿“12·03”特大瓦斯爆炸事故教训，12月5日联合临汾市煤炭工业局，组成8个督查组分赴辖区各县开展安全生产大检查。下半年随着煤价回升，辖区个别停工停产矿井出现私自组织生产现象，组织对安全工作不放心和易违法生产建设矿井开展巡查检查和“双随机”抽查，对发现的违法行为严查重处。进行61矿次的双随机抽查，发现隐患98条，对10矿次进行经济处罚，罚款7415932元。在对山西古县西山鸿兴煤业有限公司检查时，发现其过渡矿井安全生产许可证注销后，煤场有约2000吨新煤炭堆积，存在生产迹象，经调查取证后没收违法所得40万元并处罚款10万元。在对山西古县兰花宝欣煤业有限公司事故调查过程中发现其超出“红线”范围布置工作面，对其做出退回“红线”区域并处155万元罚款处罚。

【落后产能的淘汰】 2016年，临汾煤监分局按照《山西省煤炭行业化解过剩产能2016年度目标责任书》及省、市政府有关要求，坚决淘汰不安全产能。对辖区年内计划关闭的6座矿井以文件形式向矿井主体企业、地方政府下达关井通知，提出关井作业期间安全工作具体要求，做到专人负责、专职队伍、专项措施，确保回撤工作进行，实施关闭5座矿井。

【煤矿安全保障能力提升】 2016年，临汾煤监分局严把受理关，对辖区“五大”集团和地方监管矿井建设项目安全专篇和安全许可现场核查申请按照临汾市政府统一要求全部进入临汾市政务大厅专人受理，接受市政府监督指导，做到公开、透明，让权力在阳光下运行；严把核查关，严格实行“主办监察员制”，确定两名监察员分别负责全局煤矿建设项目安全专篇和安全许可资料审核把关，由矿井网络监控主办监察员负责组织专家审查安全专篇和安全许可现场核查工作；严把专篇审查关。安全专篇审查原则上安排到矿井现场，由主办监察员、评审专家、设计项目负责人、矿方技术负责人四方研究决定矿井采掘工艺、主要设备和安全设施等，确保专篇符合矿井实际，不降低安全标准，起到安全保护作用；严把复查关，对矿井安全许可现场核查和隐患整改复查必须由分管局领导带队，主办监察员必须下井检查并提出主导意见，其他监察人员必须对其检查内容负责。

【监察执法】 2016年，临汾煤监分局打击非法违法生产建设行为。把煤矿安全“扳回”正常轨道，对辖区煤矿非法违法生产建设行为做到敢抓敢管、敢于碰硬。11月，在检查中发现山西汾河焦煤股份有限公司回坡底煤矿存在“边建设边生产”重大违法行为，进行立案查处，对其实施责令矿井停产整顿，处150万元罚款，对主要负责人罚款8万元。

【事故查处】 2016年，临汾煤监分局加大事故惩戒力度，7月24日，山西古县兰花宝欣煤业有限公司井下3103综采工作面机头处发生机电事故，造成1人死亡；2016年10月12日山西曙光船窝煤业有限公司副斜井井底车场发生机电事故，造成1人死亡。分局按照“四不放过”和“科学严谨、依法依规、实事求是、注重实效”原则进行严肃查处。对两事故及迟报行为进行60万元的行政处罚，追究刑事责任1人，给予党纪、政纪及行政处罚29人，对相关责任人员罚款208326元。坚持推进警示教育，用事故教训推动煤矿安全工作。对发生的2起事故，通报辖区各企业，组织层层警示，落实补救措施。会同临汾市政府、主管部门召开警示教育大会，通过媒体向全社会发出警示。组织辖区产煤县（区）政府分管领导、监管部门负责人、煤矿主体企业负责人收看警示教育视频会4次。

【执法监督检查】 2016年，临汾煤监分局确保监察执法到位、服务企业到位。每月开展执法分析会，对监察执法方面存在的问题进行剖析，指出日常监察中存在的思想认识误区、法律法规空区、监察执法盲区。执法文书制作实行主办监察员负责制，责任到组、到人。确保监察执法公正阳光透明，聘请廉政监督员，定期召开廉政座谈会，对执法行为进行监督，督促监察人员廉洁执法、公正执法。

【辖区安全形势】 2016年，临汾辖区资源整合矿井140个，占辖区总煤矿的93.3%，整合后遗留下大量采空区，地质资料不清，图纸不实。民资入股和层层转包现象“死灰复燃”，为临汾辖区煤矿安全形势持续稳定好转埋下了隐患。辖区内整合煤矿主体多元，管理理念不一，煤矿“六长”和从业人员素质参差不齐，由于煤炭市场不景气，资金不足致使一些正常生产和建设矿井安全投入和安全基础设施不能按照设计到位，工人因放假、轮岗、工资下调导致队伍不稳。正常生产的矿井为降低成本超能力生产现象仍未杜绝，建设矿井有借建设组织生产冲动。

（张泽锋）

质量技术监督

【概述】 2016年，临汾市质量技术监督局坚持以提高发展质量和效益为中心，围绕全市工作的中心点、经济社会发展的需求点、人民群众的期盼点，发挥职能作用，狠抓工作落实，提高供给质量，严守安全底线，各项工作得到推进。

【质量监管工作】 2016年，临汾市质量技术监督局实施质量强市战略，出台《临汾市贯彻实施质量发展纲要2016年行动计划》，组织开展全国旅游知名品牌示范区创建工作，帮助、指导洪洞县大槐树祭祖园旅游风景区等单位创建全国旅游知名品牌示范区。推动质量诚信体系建设，组织全市16个重点企业编写发布《企业质量信用报告》。参与组织2016年省政府对市政府质量工作考核，质量工作得到考核组好评。开展以农药产品等为重点的农资打假"质监利剑"行动和以儿童用品、食品相关产品、建材、汽车、成品油、危化品等为重点的专项整治工作。配合省局完成全市16大类产品质量监督抽查工作，合格率达96.55％，比2015年提高6.44％。下发13份产品质量监督抽查不合格产品处理通知单，对18批次不合格产品进行处理。"12365"质监热线共受理各类举报投诉50余起，进行处理。

【特种设备专项整治】 2016年，临汾市质量技术监督局在全市范围内开展围绕电梯安全、锅炉安全、油气输送管道质量安全监管的三大战役工作。推广电梯远程监控平台建设，对尧都区650部电梯实行远程监控。对15年以上老旧电梯和20年以上压力管道进行摸底排查、逐台建立台账、重点监管。组织开展气瓶专项整治、危险化学品领域特种设备安全专项检查。牵头组织开展整治、取缔"土制锅炉""土制压力容器"专项行动，排查单位4039家，取缔"土制锅炉""土制压力容器"442台，封存停用185台。组织开展为期5个月的特种设备安全大检查督查督导。在"两节""两会"、安全月、黄金周期间，开展特种设备安全大检查活动。投资30余万元，对全市464名基层特种设备监管人员进行专业培训，提升特种设备监管人员业务能力。

对滨河游乐场特种设备进行安全检查

【标准化工作】 2016年，临汾市召开标准化工作领导小组第一次全体（扩大）会议，出台《临汾市人民政府关于进一步推进标准化工作改革发展的实施意见》等4项重要指导文件。在企业标准化工作方面，作为全省企业产品自我声明公开和监督制度试点，组织全市286项企业产品执行标准登录全国企业产品标准公共服务平台。在农业标准化工作方面，完成浮山杏鲍菇栽培、古县核桃栽培2个省级农业标准化示范区的建设工作，通过省局的考核验收，曲沃、翼城、古县、浮山、蒲县、隰县局指导农业标准化示范区建设工作，成绩突出。组织制定发布《隰县玉露香梨》等4项市农业地方标准，发布地方标准64项。在服务业标准化工作方面，临汾市人民医院创建的国家级医疗卫生服务标准化试点通过国标委组织的试点中期评估。国家级旅游服务标准化试点单位云丘山景区、国家级政务服务标准化试点临汾市行政审批大厅和侯马市政务服务中心正在进行服务标准体系构建。侯马市局、乡宁县局在服务业标准化工作方面走在全市前列。

【计量基础工作】 2016年，临汾市质量技术监督局组织开展对超市、加油站、"民用四表"、眼镜制配业等计量专项检查，打击坑害消费者的计量欺骗不法行为。开展对水泥、涂料等6类定量包装商品进行计量专项监督抽查。开展“计量惠民生、诚信促和谐”双十工程活动,科委巷集贸市场200余家商户实现诚信计量自我承诺,规模集贸市场公平秤配备率达到100%。免费检测电子计价称200台。对30家重点耗能企业进行能源计量监督检查。

【认证认可工作】 2016年,临汾市质量技术监督局推进检验检测机构资质认定工作。组织16家建材领域的检验检测机构开展技术比武活动,侯马市、霍州市建材检测机构在比武中成绩突出。组织开展2016年度检验检测机构资质认定专项监督检查,翼城、霍州、洪洞机动车检验机构要求严格,管理规范。帮助14家检验检测机构扩展235个检验检测项目,指导3家新增机构完成资质认定工作。帮扶23家企业取得质量管理体系认证证书,曲沃县局重视管理体系认证工作,获证企业数量增长较快。

【检验检测工作】 2016年,临汾市质量技术监督局完成产品质量检验1166批次,检定计量器具37141台件。检验锅炉812台、压力容器1815台、电梯5214台、起重机械1230台、厂内机动车295台;特种设备作业人员考试发证1188人,复审2976人。

【精准扶贫工作】 2016年,临汾市质量技术监督局深入大宁县三多乡南堡村开展入户走访工作,落实责任,开展建档立卡“回头看”工作,实行一对一对口帮扶。筹措资金3万余元,帮助村集体解决实际问题,修缮队部,改善村两委班子工作场所,制定个性化帮扶方案。大宁县三多乡南堡村整体脱贫。

(张志敏)

食品药品监督管理

【概述】 2016年,临汾市食品药品监督管理局以“建立统一权威食品药品监管体系”为目标,提高食品药品质量安全水平,提升监管能力,加大监管力度,落实“四个最严”和“四有两责”,打击食品药品安全违法行为,提高食品药品安全治理能力。2016年,全市受理食品药品投诉举报事项341件,出动执法人员107854人次,检查企业34246家,责令整改9713家,进行假药认定42份、200个品种,查处各类违法案件1307起,罚没款432.7万元(其中食品案件数440起,罚没款213.9万元;保健食品案件12起,罚没款4.83万元;药品案件805起,罚没款187.6万元;医疗器械案件32起,罚没款24.9万元;化妆品案件18起,罚没款1.5万元)。

【食品安全保障】 2016年,临汾市食品药品监督管理局强化对婴幼儿配方乳粉、酒类、肉及肉制品、进口食品、食品添加剂以及地方特色产品等重点品种的监管,整治超范围超限量使用食品添加剂、非法添加非食用物质问题和无证生产经营行为。推进对农村食品安全治理和农村集体聚餐管理,开展校园及周边食品安全、建筑工地食堂食品安全、保健食品违法添加、虚假宣传等专项整治,强化旅游景区等就餐重点区域联合督查,整治销售使用无合法来源食品和原料、使用劣质原料加工制作食品、经营腐败变质或超过保质期食品问题。

【食品安全全程追溯体系建设】 2016年,临汾市食品药品监督管理局扣紧农田到餐桌“安全链”,与农业部门建立农产品质量安全准入协调机制,印发《临汾市食品安全全程追溯制度实施方案》,引导企业建立各个环节详细的记录,保证全过程可追溯并逐步实施信息化平台管理。从监管平台和追溯体系信息平台着手,逐家企业摸排,推行食品安全全程追溯。全市102家食品生产企业完成食品安全全程追溯体系信息化平台建设工作,全市17个县(市、区)建立食品安全全程追溯体系信息化监管平台,企业基础信息、监管信息所涉及的289家全部建立。

【食品监督抽检高效监管】 2016年,临汾市食品药品监督管理局完成食品抽验任务305批次,市财政批复检验经费80万元。全年市食药监局食品抽检完成国抽任务134批次,省抽任务51批次,市抽任务210批次,各县(市、区)开展食用农产品抽检工作,完成抽检3131批次。消除一批食品安全隐患,督促一批企业进行整改,促进食品质量安全水平提高。

【校园及周边食品安全大检查】 2016年,临汾市食品药品监督管理局成立整治行动领导组,制定整治方案,成立5个专项整治行动组,重点对市区校园及周边食品安全进行专项整治,由局领导带队,分片包干、责任到人,采取市、区联合,上、下联动,部门协作的方式,对校园食堂、校内生产经营食品点及校园周边(200米)范围内的食品生产经营企业(户)及建筑工地食堂进行专项整治。通过召开食品经营单位座谈会、食品安全管理现场观摩会、向食品流动摊贩、摊点发放《致流动食品经营者公开信》、经营者签订承诺书向社会公开承诺等方式,宣传食品安全相关法律法规和食品安全常识,提升食品安全保障水平。

局长柳红兵在学校宣传食品安全知识

整治中出动执法车辆300余台次,出动执法人员2000余人次,现场张贴发放告示1000余份、食品安全宣传单12000余份、《食品安全知识宣传手册》2400余本、《致各位同学及家长朋友的一封信》24000余份,编发工作简报12期,在临汾电视台黄金时段和临汾广播电台95.1FM播放专项整治公益广告,新闻媒体宣传报到10余次。对固定门店抽检151批次,食品摊贩快检100批次,立案7起,对存在较大食品安全隐患的山西师大体育学院、新博学职业学校、阳光通才学校、临汾市职业幼教学校负责人进行约谈,完成对市区73家学校及周边生产经营企业(包括53个食堂、校内食品加工小作坊30余户、近千家食品经营销售单位和百余户食品摊贩)的阶段性整治规范,做到监督检查覆盖100%、固定门店抽检覆盖100%和摊贩快检覆盖100%。

【药械安全管控】 2016年,临汾市食品药品监督管理局实施新修订药品CMP、GSP,强化质量管理,加快推进企业改造升级,全市16家药品生产企业通过药品GMP认证,完成141家药品零售企业GSP认证现场检查和314家药品零售企业的跟踪检查,召集市级医疗机构负责人、体外诊断试剂经营企业、全市医疗器械相关执法人员召开现场会,增强企业主体责任意识,药械安全管控能力提升明显。

【规范整治市场】 2016年,临汾市食品药品监督管理局规范重点品种和领域生产经营行为,组织医疗机构制剂配制、特殊药品、中药饮片、疫苗、药品广告、终止妊娠药品、基本药物配送及口腔义齿、透明质酸钠、体外诊断试剂等专项检查,对12家体外诊断试剂经营企业进行约谈。在重大节日期间,通过《临汾日报》食药专栏、《临汾晚报》微信公众平台、临汾电视台"正在进行·特别关注"等渠道,向广大消费者发布"玻尿酸"紧急消费提醒,介绍使用无注册证"玻尿酸"产品的危害性,规范市场经营行为。

【药械不良反应监测】 2016年,临汾市食品药品监督管理局收到药品不良反应病例报告3550份,医疗器械不良事件报告545份,化妆品不良反应报告54份,超额完成省定目标。11月中旬,和市卫计委联合下发通报,对古县人民医院和曲沃县中医院长期未开展不良反应监测工作给予通报批评,约谈主要负责人,责令其限期整改。为解决不良反应监测过程中出现群发突发事件的分析评价工作,拟成立药械不良反应监测专家委员会,截至12月30日,市直主要医疗机构推荐专家53名。

【存在问题】 2016年,临汾市食品药品监督管理局仍存在部分问题有待改进。一是存在着食品药品安全形势严峻复杂与监管力量薄弱的矛盾。食品药品安全形势依然复杂严峻,不安全因素依然存在。各县(市、区)乡镇监管站虽然基本建立,但是有的人员配置还没有到位,到位的人员中不熟悉法律法规、不会发现隐患问题、不会办案的占有一定比例,导致基层一线的监管力量相对薄弱。二是存在着更加规范严格的《食品安全法》与配套法规滞后的矛盾。从事食品经营行业的小作坊、小餐饮、小摊贩等弱势群体无法接受,导致出现行政处罚难以落实问题。《山西省食品生产加工小作坊和食品摊贩监督管理办法》一直未作修改,原《办法》在许可和监管等方面未出台相关措施,有一部分已经不适用于现有法律法规及监管需要,导致在执法办案力度上有所下降。三是存在着食品药品监测任务繁重与检验检测能力不足的矛盾。各县(市、区)检验检测机构建设差距较大,硬件建立还不到位,部分县(市、区)无法开展检测。 (崔心刚)

盐政管理

【概述】 2016年,临汾市盐务分局确保食盐安全,提高政治理论素养和市场监管能力,适应市场新常态,贯彻各项涉盐政策和法规,依法打击各类涉盐违法行为,严格食盐质量检测。面对盐业体制改革加强宣传,保障人民身体健康,营造安全、放心的食盐消费环境,监督检查全市盐业市场。全年查处涉盐违法案件41起,查获各类盐产品966.6吨,没收各类盐产品110吨,罚款29650元,查扣汽车3部,打掉制假窝点2个,移送案件5起,司法处理11人(包括批捕、刑拘、判刑),实现预期目标。

【盐业市场专项整治和常态化检查】 2016年,临汾市盐业市场随着经济环境的变化出现许多新情况、新问题,在盐业体制改革关键时期,许多不法分子打着"专营已放开"的言论趁机扰乱市场,涉盐违法案件有明显抬头迹象。分局在对辖区盐业市场的检查中发现,受利益驱动,一些不法商贩无视盐业法律法规,造假贩卖私盐,扰乱食盐市场,影响食盐安全。发现大量"三无"盐产品冲击工业盐市场,查处多起饲料加工企业违规使用饲料添加剂氯化钠案件。随着市场监管难度加大,分局认识到当前盐业市场管理形势的复杂性,开展盐业市场监管,精密组织部署,实施精准打击,做到信息可查询、过程可控制、责任可追究,提升食盐安全综合监管能力。突出重点,联合相关部门有针对性组织开展盐业市场专项整治行动,打击各种涉盐违法活动,维护食盐市场正常秩序,适应市场新常态,创新监管机制,加大监管力度,维护辖区盐业市场安全稳定的良好局面。

【依法监管市场】 2016年,临汾市盐务分局按季节分别制定"春季、秋季、迎两节"的盐业市场检查方案,做到季季有方案,周周有检查,坚持专项检查与常态化检查相结合,严防假冒碘盐、劣质盐流入食盐市场。对食品加工用盐重点监管,严查工业盐、非食用盐流入食品加工环节。对重点区域、重点环节加强监控,分局组织盐政人员对辖区盐业市场进行检查活动,对食盐经营单位、集贸市场、零售门店的检查,严防假冒碘盐、劣质盐流入食盐市场;对食品加工用盐重点监管,严查工业盐、非食用盐流入食品加工环节;对重点区域、重点环节、重点路段加强监控,规范各类盐产品运输和使用;对学校食堂、建筑工地食堂、酒店、饭店、临街小吃摊点等餐饮行业进行重点检查,确保群体消费环节用盐安全。

【食盐市场安全监管】 2016年,临汾市盐务分局同公安、司法、卫生、工商、质检、食品药品监管部门协作与配合,提高刑事司法与行政执法的衔接,建立联合执法机制,依法加强食盐市场安全监管,维护盐业市场安全稳定。与临汾市公安局食药支队建立联合办案机制,对查处的涉盐案件提前介入,收集证据,便于案件移送,提高处罚力度,净化市场,震慑涉盐违法犯罪分子的嚣张气焰,维护食盐市场经营秩序,确保广大人民群众用盐安全。

【食盐网络建设】 2016年,临汾市盐务分局督导各县市盐业公司深化网络建设,加强碘盐配送,巩固食盐阵地,扩大碘盐覆盖率。全市建立完善食盐配送网点,各县市全部配备碘盐配送车辆,组成配送队伍,食盐网络配送体系成熟。按照年度碘盐入户采样计划,分局对辖区4个县居民户食用碘盐情况进行入户采样400份,居民户食用碘盐"三率"在标准范围内。

【行业监管】 2016年,临汾市盐务分局确保碘盐合格率达标。对调入辖区食盐实行批到批检制度和季度抽检制度,对临汾盐业分公司调入的食盐实行批到批检。对直调县调入的食盐实行季度抽检,要求直调县市对调入的食盐实行半定量检测登记制度,严把碘盐质量关,确保合格碘盐供应。质量检测严格操作程序,严把产品准入关,按照《盐产品质量检测程序》细化分工,明确职责,形成分局质量检测完整体系,全年共检测碘盐34个批次,数量1385吨,碘盐抽检率100%,检测准确率100%,仪器设备完好率100%,无质量事故发生,为人民群众吃到放心合格的碘盐提供安全保障。

【食盐安全知识普及】 2016年,临汾市盐务分局增强社会对食盐安全的参与意识,构建安全、放心的食盐消费环境。与临汾电视台录制"3·15我们在行动"专题节目,宣传在打击私盐,确保合格供应,规范盐业市场工作场景,撰写信息材料,盐务宣传工作成为分局强素质、履职责、树形象的名片。

【"防治碘缺乏病日"宣传】 5月15日是中国第23个"防治碘缺乏病日",临汾市盐业分局围绕"坚持科学补碘、建设健康中国"宣传主题,在平阳广场开展防治碘缺乏病日宣传活动。活动现场悬挂宣传横幅,摆放展示图版、真假盐样品和系列盐新产品,向过往群众发放防治碘缺乏病资料和宣传画1000余份,讲解碘缺乏病的病因、危害及防治知识。临汾电视台和《临汾日报》《临汾晚报》对宣传活动进行报道。

【小记者走进盐务分局】 组织临汾晚报小记者走进临汾盐务分局,学习了解与盐相关知识,树立小记者们的食盐安全意识,实现教育一个孩子、带动一个家庭、影响整个社会的目的。分局免费向50位小记者赠送2小袋碘盐及碘缺乏病防治资料,发挥"学生—家长—社会"宣传链作用,提高学生对食用合格碘盐的正确认识,引起家长对食用碘盐的关注,引导家长去购买合格碘盐,提高群众食用碘盐自觉性。

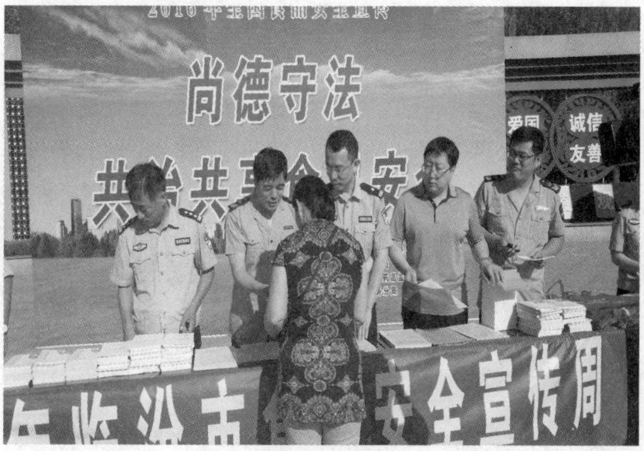

食品安全宣传周

【食品安全宣传周】 2016年,临汾市盐务分局参加食品安全宣传周活动。抽调人员,与临汾市临汾市食品安全委员会办公室、临汾市公安局、临汾市食品药品监督管理局等部门在廉政文化广场开展食品安全宣传周活动。现场摆放食品安全宣传展板、发放宣传资料900余份、工作人员现场接受群众咨询,集中宣传食品安全知识。活动中,现场设立展示假冒伪劣食品区,现场给群众讲解如何辨识假冒伪劣食用盐,如何购买合格碘盐等知识。

出入境检验检疫

【概述】 2016年,侯马检验检疫局按照总局"十二字"方针要求,履行检验检疫监管把关与服务职责,为服务侯马市外向型经济平稳快速发展做出新贡献。2016年获"质检总局先进基层党组织""山西检验检疫局先进集体"和"先进基层党组织"。2016年,侯马局完成检验检疫进出口货物、包装3223批,货值15432万美元。签发原产地证910份,签证金额2329万美元,可为企业减免关税116万美元。

【政府双向绩效考核】 2016年,临汾市政府将侯马局负责考核的"进出口产品提质增效创建年"项目纳入政府绩效目标正式考核范围。侯马局向临汾市政府报送《检验检疫工作专报》,受到临汾市副市长批示,制定出台《侯马局支持临汾扩大对外开放服务措施》和《简政放权优化服务工作方案》,围绕政府需求出台工作措施。

【服务区域发展】 2016年7月,侯马检验检疫局配合山西局在临汾召开晋陕豫黄河金三角检验检疫合作机制第二次协作会议,研究讨论晋陕豫三省共促黄河金三角外向型经济发展行动纲领。三省四市检验检疫局签署《晋陕豫黄河金三角检验检疫检测资源共享合作备忘录》。

【有害生物监测】 2016年,侯马检验检疫局在临汾市5个水果主产区的注册果园按要求悬挂95个实蝇和40个苹果蠹蛾监测诱捕器,展开2016年有害生物监测工作。

【不合格检出情况】 2016年,侯马检验检疫局检出4批不合格,其中出口使用鉴定3批,为危包使用鉴定中包装容器上的标记与性能单不符;进口1批,进口设备配套插头、电源不符合国家标准制式。

【辖区食品农产品扩大出口】 2016年,侯马检验检疫局完成临汾市4个国家级示范区申报工作。与临汾市农委在侯马市联合召开临汾市扩大农产品出口会议,示范引领,增强信心。迎接秘鲁使馆公使衔参赞、美国和澳大利亚客商到临汾考察苹果、玉露香梨出口事宜,均达成初步合作意向。2016年临汾地区出口水果5万吨,是2015年同期出口量的11.3倍;金额4751万美元,是2015年同期的10.8倍。销往俄罗斯、印度、越南、新加坡等10多个国家或地区,临汾市食品农产品出口迎来快速发展期。

美国客商到吉县考察出口苹果

【服务对外开放】 2016年,侯马检验检疫局在山西局和临汾、侯马市政府领导下,依托方略保税物流中心,以支持辖区承接加工贸易转移为切入点,落实山西局包括简政放权、推进跨境电商、推动口岸建设等10项促进外贸回稳向好工作举措。派员参加临汾市承接加工贸易产业转移广州座谈会,助力乐视控股集团旗下网酒网、乐生活相关项目落户侯马;提前介入,确保区内企业完成4批包括橄榄油、孕婴用品等进口货物;参与山西口岸办到方略的铁路口岸调研;配合山西局就"动植检口岸规范化建设"中通道式消毒系统进行现场指导;全力帮扶支持口岸开放。

【通关便利化】 2016年,侯马检验检疫局促进贸易便利化方面,推进关检合作"三个一"、无纸化报检、签证政策,扩大受惠企业的数量;推进检验检疫一体化,出口直放、进口直通,提升出口货物通关速度。2016年"三个一"报检货物3批,无纸化报检465批。落实好质检总局减免出口环节检验检疫费政策,包括出口环节的检验检疫费用、产地证签证费、工本费,为企业节约成本。截至2016年底,辖区企业减免检验检疫费约82万元。

(丁三寅　吴嘉欣)

侯马海关

【概述】 2016年,侯马海关在总关党组领导下,贯彻落实全国海关关长会议和太原海关关区工作会议精神,以"三大工程"为引领,按照年初确立的工作思路和重点,推进业务、队伍、廉政和基础建设,履行把关服务职责,各项工作取得成效。

【业务运行概况】 2016年,侯马海关关税收入库5.66亿元,同比增长176%。受理报关单846份,同比下降4.9%;监管进出口货运量47.3万吨,同比下降67.6%;监管进出口贸易总额2.2亿美元,同比下降13%。审核减免税手续128份,减免两税2240.6万元,同比下降61.9%。加工贸易合同备案6份,备案金额223.4万美元,同比下降93%。稽查企业8家,办结7家,稽查有效率43%;开展核查9次,巡查企业19家,移交缉私部门4家。缉私分局立行政案件10起,案值97415.11万元,涉税526.27万元。办结案件9起,罚没入库0.7万元。办理协查案件2起,在办行政违规案件4起。

【依法行政】 2016年,侯马海关坚持量、质、效并举,夯实业务基础,做到管住、管好。做好区域通关一体化改革工作。通过关企企业管理微信群、政策宣讲会、电话联系、下厂宣讲、组织学习等多种方式对关区内企业开展政策宣讲,将区域通关一体化改革与通关无纸化、电子支付、关检合作"三个一"等优惠政策进行叠加,提升通关速度,得企业申报后通关时间缩短为十分钟。采用区域通关一体化申报报关单842票,占同期报关单91%。加强对海关保税监管场所的监管。推进方略保税物流中心辅助管理信息化系统建设,与H2000系统数据订阅成功,开展业务。开展业务自查。按照总关要求和审计要求,各业务部门开展自查,发现问题,立查立改。支持承接加工贸易转移。按照《太原海关支持山西省承接加工贸易产业转移工作方案》,结合实际细化落实,制定16条服务措施,跟进了解政府需求,提供政策支持和服务。乐视乐生活项目于10月26日在侯马启动,深圳宏凯落地侯马,在海关办理相关业务。发挥归类审价、监管验放、审核审批、检查核查、稽查缉私等涉税环节的综合作用。稽查科加大企业巡查、核查和稽查工作力度,对2家涉嫌存在违规处置减免税货物或设备的企业开展专项稽查,涉及货值约3300万元,涉税约178万元。缉私局"国门利剑2016"专项行动取得较好战果,查发案件线索6起,立案调查1起。

工　业

工业和信息化综述

【概述】 2016年，临汾市经信系统贯彻落实市委、市政府决策部署，全市工业经济增长平稳回升，产业结构和增长方式有所优化，实现下半年好于上半年的工作目标，为临汾市“十三五”工业良好发展奠定基础。2016年，规模以上工业增加值下降0.4%；新兴产业投资占比72.3%；工业固废综合利用率71.5%；1月至11月，非煤产业工业增加值占比47.6%，工业增加值完成309.6亿元；前三季度，万元GDP能耗下降4.77%。

【工业产业结构优化调整】 2016年，临汾市经信系统在去产能方面，会同市发改委对全市特困企业进行摸底调查，按照省《关于下达2016年度压减钢铁过剩产能目标任务的通知》(晋经信投资函〔2016〕296号)的要求，淘汰临钢311立方米、380立方米两座高炉，压减炼铁产能82万吨，完成全年钢铁去产能任务。

降成本方面，组织符合条件的企业向省经信委申报大用户直供电交易支持，为立恒钢铁、山西春雷等16户申请直接交易电量30.73亿千瓦时，为企业节省电费1.5亿元。按照省“20条”对规模以上工业企业2016年同比增量部分给予0.1元/千瓦时的奖励规定，组织符合条件的规模以上工业企业申报用电增量奖励。落实省“减负60条”“工业20条”基础上，制定下发《关于进一步促进工业稳定运行提质增效若干措施》，从缓缴资源价款、降低用工成本、降低物流成本、扩大电力直接交易等方面提出10条措施，减轻企业负担、降低生产成本。

补短板方面，在对2013年以来受理的399项各类项目完成大起底的基础上，抓好包括光大焦化焦炉烟囱废气余热利用及脱硫、山西飞虹年产25万套LED灯具等88项重点监测项目，督促项目对标年度计划，加大投资力度。2016年，开工建设的71个项目共完成投资62.24亿元。围绕市委、市政府打造中西部精密铸造生产基地和华北地区新能源汽车全产业链基地的目标，坚持把铸造业和新能源汽车产业作为发展重点，加快新兴产业发展。组织召开铸造行业座谈会，启动临汾铸造工业云创新服务平台，成立临汾市铸造企业联盟和临汾市铸造行业协会，举办新能源汽车发展高峰论坛等，推动沃特玛核心项目(动力电池)一期工程竣工投产，威尔捷太阳能动力车项目试生产。307项七大新兴产业项目共完成投资130.1亿元，其中，信息技术3.1亿元、装备制造38.6亿元、医药1.9亿元、现代食品23.6亿元、轻工13.7亿元、纺织2.1亿元、材料47.1亿元。推动平阳重工、风雷钻具、山西锻造厂、春雷铜材等5户企业发展“军转民”项目，推进华翔集团、山西飞虹科技有限公司与中国兵器工业集团、中船重工集团等大型军工企业进行合作。

【工业经济平稳运行】 2016年，临汾市经信系统落实中央、省、市一系列政策措施，坚持抓减负保增长、抓生产保产值、抓资金保运行、抓销售保市场、抓合作促共赢，通过周报告、月调度、合署办公、督查约谈等措施，稳增长、保运行。按照省定目标和市政府要求，年初向各县(市、区)分解下达工业增长目标，对经济运行情况进行安排部署。按照省里分解临汾市目标任务，结合各县(市、区)工业经济运行完成情况，逐月动态向各县(市、区)分解下达目标任务，把目标任务落实到企业和产品上。针对停产半停产企业较多的情况，制定下发《关于做好全市工业企业复工复产工作的通知》(临市经信发〔2016〕27号)《领导班子帮扶重点企业和项目的措施》(临市经信发〔2016〕33号)，对停产半停产进行分类梳理，对6个重点企业和5个重点项目实施重点帮扶。针对去产能、减产量等政策给工业经济运行造成严重影响的问题，按照省里“煤炭产业、非煤产业、服务业分别弥补煤炭减量化生产影响40%"的总体要求，加大企业精准帮扶力度，分行业将目标任务分解下达到各县(市、区)。9月至12月，从全市抽调1249名干部，组成425个服务小组，对445户企业和重点项目开展入企服务，把拟入规的24(新增6户)户企业、15个投资10亿元以上的重点项目、95户停产半停产规上企业及22户中央、省驻临企业列为重点帮扶企业。梳理涉及省、市、县三级相关职能部门问题789条，协调解决753条，解决率95.43%。针对企业融资难、融资贵情况，在对全市重点工业企业缺流资情况调查摸底的基础上，组织召开银企对接会，帮助东方恒略、汤荣机械等34户企业分别与工行、建行等20个金融机构签订7.7亿元的融资贷款意向协议。为增强工业经济运行的调节，启动工业经济运行周分析调度机制，对各县(市、区)工业增长目标进度完成情况及时进行预警公布。做好符合条件企业入规入统工作，帮助沃特玛新能源、天地人和煤焦铁、华晋吉宁煤业等24户企业纳入统计范围。提高地方产品本地消费力度，编制包括山西光宇LED灯产品等21户企业、33种产品在内的第一批地方产品推介目录。根据市政府要求，会同统计等部门组成3个督查组，对工业经济运行不畅的10个县(市、区)进行专项督查，帮助协调解决工业经济推进中的困难和问题。组织精干力量，远赴江西九江等地调研。

【工业发展节能降耗】 2016年，临汾市经信系统督促安泽宏泰建材年产1.2亿块新型煤矸石烧结砖综合利用和乡宁清泉庄建材年产9000万块煤矸石页岩砖两个市节能减排财政政策综合示范城市项目加快建设进度。抓好山西三维集团股份有限公司废水深度处理与回用工程，山西鸿飞矿业公司的年产50万吨农林土壤改良等6个资源综合利用项目。组织开展山西省千家企业2015年度及"十二五"期间节能目标责任评价考核工作及全市钢铁行业和化工行业能效水平对标活动。入冬以后，针对大气污染问题，全市经信系统按照"党政同责、一岗双则、责权一致、齐抓共管"要求，采取"四不两直"方式突击检查工业企业，向重点工业企业派驻监督员，督促工业企业落实治污主体责任，赴推动空气质量持续好转。向企业下派驻企监督员54名，出动检查人员78人次，督查企业103户次。

【技术创新和信息化发展】 2016年，临汾市经信系统抓好企业技术创新项目，组织光宇半导体照明室内消防演练模拟场景系统研究、汤荣机械双金属复合一体式制动毂等9个项目申报省级技术创新项目，组织2015年底前认定的20个省级企业技术中心参加评价。推动企业技术中心建设，组织认定5户市级企业技术中心，向省里申报2户省级企业技术中心。全市有国家、省、市三级技术中心75家，其中，国家级企业技术中心1家，省级企业技术中心19家，省级行业技术中心1家，市级企业技术中心54家。省级企业技术中心数量在全省排第三位。推动公共场所无线局域网建设，跟进加快5个在建试点建设进度，配合省里对完工的20个试点进行现场验收。推进"宽带山西"行动。城市家庭20Mbps及以上宽带接入能力目标95%，农村家庭4Mbps及以上宽带接入能力90%，固定宽带家庭普及率60%，3G/LTE移动电话人口普及率55%，4Mbps及以上宽带用户渗透率80%，8Mbps及以上宽带用户渗透率40%。加快国家信息惠民试点城市建设进程，论证通过《临汾市信息惠民暨智慧临汾顶层设计方案》。督促中科曙光结合全市3071项行政职权及办事流程，对深圳、南京、本溪、大连等10余个城市的一卡通建设方案和100余个终端系统开展调研，完成近1000个系统功能与接口的梳理和硬件架构的软件系统的前期准备工作，"市民卡"的整体设计方案和"市民一卡通"一揽子前期准备工作完成。

【工业和信息化安全稳定发展】 2016年，临汾市经信系统落实安全生产"党政同责、一岗双责、失职追责"五个全覆盖工作要求，层层落实责任，与直属单位、企业签订"安全生产目标责任书"，落实安全生产监管责任。推进安全指导部署，制定下发《关于做好"两节""两会"期间安全维稳工作的通知》《关于在经信系统安全生产监管行业、领域开展"反对违章指挥、违章作业和违反劳动纪律"专项行动的通知》《关于在经信系统开展安全生产"打非治违"专项行动的通知》等11项制度，开展安全生产大检查、"安全生产月"等活动。落实属地监管责任，按照"四不两直"方式和"四不放过"原则，对安全生产大检查工作进行督促落实，坚持每月对染化、侯纺进行安全生产检查，配合省能监办对大唐电厂进行安全生产督查，督导县(市、区)经信部门落实监管责任，对县(市、区)经信部门在基础管理工作上的100余个漏洞、问题当场进行纠正。根据省里要求，对冶金、电力、化工、装备制造、建材、轻纺等行业的41家规模以上企业进行调查，掌握全市工业控制系统的基本情况和信息安全情况。推动安全生产应急管理，完善经信系统安全生产应急救援预案。

煤炭管理

【概述】 2016年，临汾市煤炭工作百万吨死亡率0.028，比省控指标0.1降低72%。全市原煤累计产量6144.9万吨，比2015年同期7059.86万吨下降12.96%。其中，地方监管原煤产量累计3524.3万吨，比2015年同期3997.13万吨下降11.83%；五大集团累计1242.43万吨，比2015年同期1564.61万吨下降20.59%；霍州煤电累计1378.17万吨，比2015年同期1498.12万吨下降8.01%。

【矿井基本建设】 2016年，临汾市新增竣工投产矿井8座，新增产能780万吨/年；新增联合试运转矿井6座，产能600万吨/年；临汾市地方监管煤矿2016年固定资产投资累计完成15.2亿元。

【煤矿安全质量标准化】 2016年，临汾市地方监管的33座生产矿井全部达到二级以上安全质量标准化标准，其中一级安全质量标准化矿井19座，二级安全质量标准化矿井14座。申报现代化矿井9座，安全高效矿井25座，全部通过评审验收。

【安全生产主体责任】 2016年，临汾市煤炭局落实管行业必须管安全、管业务必须管安全、管生产必须管安全的“一岗双责”管理制度，落实领导挂牌、包矿监管责任，做到安全监管与服务相结合，督促煤矿消除安全隐患，打击非法违法生产行为，确保煤矿安全生产。

【专项检查】 2016年，临汾市开展以查隐患为手段、促整改为重点、防事故为目标的专项整治行动，开展安全监控系统规范运行达标建设、“一通三防”系统规范达标建设、顶板管理安全大检查、安全生产大检查、重大灾害防治、全市煤矿明查暗访专项行动、机电装备专项检查、防汛防治水大检查等一系列隐患排查治理行动。坚持隐患整改“五落实”原则，实行隐患闭环管理，重大安全隐患挂牌督办，确保监管到位、排查到位、整改到位。

【安全教育培训】 2016年，临汾市煤炭局提高各级管理人员、监管人员业务能力。培训“三项岗位”人员4713人；对全市煤矿“五人安全监管小组”进行素质提升培训；举办全市煤炭产业发展暨安全管理报告会，300余人参加；举办三期新《煤矿安全规程》学习培训班，培训考核煤矿特种作业人员1193名，安全生产管理人员237名。

【煤炭过剩产能化解】 2016年，临汾市煤炭局编制全市煤炭行业化解过剩产能实现脱困发展实施方案，推进全市去产能工作。根据省政府与市政府签订的去产能目标责任书，全部完成对霍州煤电集团什林煤业有限责任公司等5座列入煤炭行业化解过剩产能、实现脱困发展、2016年退出煤矿关闭工作，退出矿井5座，退出产能270万吨。

【煤炭供给侧结构性改革】 2016年，临汾市出台《临汾市煤炭供给侧结构性改革实施意见》《临汾市推进煤炭供给侧结构性改革领导小组及其办公室工作规则》《推进临汾市煤炭供给侧结构性改革实施细则》3个煤炭供给侧结构性改革文件，编制全市煤炭去产能方案，建立健全去产能工作机制，推进全市煤炭供给侧结构性改革。

【安全信用等级管理】 2016年，临汾市煤炭局对临汾市地方监管的73座煤矿进行安全信用等级评定，实施分类监管。评定出A级矿井13座，B级矿井16座，C级矿井12座，D级矿井32座。对评定出的A、B、C、D四个等级的煤矿，实行不同监管方式。

【双红线管理制度】 2016年，临汾市煤炭局加大煤矿安全监管力度，在全市煤矿推行安全管理红线和采掘技术红线管理制度，规范煤矿企业生产经营秩序，防范煤矿非法、违法、违规行为，增强煤矿自觉规范采掘作业意识，提高煤矿防范安全风险能力。

【“双预控”管理】 2016年，临汾市煤炭局加强煤矿安全基础管理，制定《临汾市煤矿风险点预控管理办法》和《临汾市煤矿岗位风险点预控管理办法》，实行“双预控”管理。乡宁县台头煤焦有限责任公司落实“双预控”管理办法，建立“自保、互保、联保”的岗位风险预控管理体系。

【采空区及积水范围勘察与水害防治】 2016年，临汾市采空区及积水范围勘察与水害防治项目累计投资3870.9万元，其中国家专项资金投资

780万元,完成42座煤矿452.3841平方千米的采空区调查及地表踏勘,15座煤矿29.361平方千米的综合物探勘查,完成水害防治报告42份,完成煤矿采空区及水害综合勘探信息管理系统41座,完成全市采空区水害综合防治规划1份。项目由中国工程院院士、教授武强领衔验收并获通过。尧都区天煜恒晋煤业的防治水工作,技术与管理并重,走在全市前列。

【瓦斯治理】 2016年,临汾市煤炭局贯彻"安全第一,预防为主,综合治理"安全生产方针和"先抽后采、监测监控、以风定产"的瓦斯治理工作方针,取得良好的瓦斯治理效果,杜绝瓦斯超限事故,保证矿井的安全高效生产。王家岭特色瓦斯治理之路,朝着理念先进、技术领先、治理达标、管理到位的国家级瓦斯治理示范型矿井迈进。

【安全监管信息平台】 2016年,临汾市煤炭局推进全市煤炭监管信息平台建设,安全监控、产量监测、井下作业人员管理信息的传输、工业视频集成系统、产运销经济运行采集填报系统等11个子系统全部完成建设,与省平台对接试运行。

【选煤环境治理】 2016年,临汾市地方监管煤矿生产原煤3524.3万吨,洗煤厂原煤入洗量2760.14万吨,入洗率为78.3%,达到省下达的原煤入洗率70%的目标。蒲县宏源集团在转型发展、清洁利用、循环经济方面居全市前列。

【权益维护】 2016年,临汾市煤炭局开展煤矿劳动用工执法检查和煤矿职业卫生专项检查,开展煤矿职工工资集体协商和女职工卫生费检查工作,保障煤矿用工规范,维护煤矿从业人员合法权益。2016年,市煤矿工会组织全市煤矿职工开展煤炭系统群众安全生产检自查、"反三违"专项行动等活动,以三级群众安全监督网络为抓手,形成"三级联动,全面覆盖"的群众安全监督员机制。

(张军伟)

附:

·获奖情况·

2016年,市煤炭局在全省煤炭系统综合考核中荣获"优秀单位"。

煤炭运销

【概述】 2016年,晋能集团临汾公司经历宏观经济持续下行、煤炭市场疲软、资金极度紧张、生存陷入困境的考验,立足"五保"底线,攻坚克难,真抓实干,逆势扭转生存发展的被动局面,实现企业安全、稳定、有序发展。煤炭产量320.09万吨,精煤产量86.75万吨,煤炭贸易量697.18万吨,生产进尺22875米,营业收入32.4亿元。

【安全保障整治】 2016年,晋能集团临汾公司安全第一理念不动摇。强化"三基"管理,构建"六大体系"。贯彻落实集团"一落实、双建设、双达标"精神要求,推进安全质量标准化动态达标,推动煤矿采掘、探放水、瓦斯抽采等专业化队伍建设,从优选聘专业素质高、实践经验丰富的区队(班组)长,依托"手指口述"、煤炭远程教育网等活动和载体,分级分类开展关键岗位、特殊工种等安全教育和培训8000余人次,提升职工岗位技能和煤矿安全质量标准化水平,盛平、昊兴塬煤业均达省一级标准。构建"一岗双责、党政同责、失职追责"安全生产责任体系,制定出台《安全绩效考核办法》等43份管理文件和238项专项制度,落实安全考核与奖惩,安全管控力和保障力得到提升。推进隐患排查与治理。坚持"把隐患当事故抓"的安全理念,对重大隐患坚持挂牌督办、跟踪监控、评价销号和闭合管理。2016年,组织开展"两节两会"、复工复产等13轮125矿次煤矿安全大检查或专项整治,开展"学三规、反三违、抓预控、保安全"活动,排查整治井下、地面等各类隐患2140余条,查处"三违"691人次,违章行为减少,作业环境改善。

【煤炭主业转型发展】 2016年,晋能集团临汾公司狠抓转型发展"投产增效"。煤矿基建"临门一脚"保投产。协调集团支持,筹措资金到位,现场督导,技术支持,投资井下设备,严格项目预结算审核,强化工程质量监督,确保金辛达煤矿联合试运转。煤矿生产"提量增效"保实效。坚持"淡季强基础保生存、旺季抓产量创效益"的生产策略和原则,前三季度,实施"降本提效"策略,开源节流,挖潜堵漏,取得采掘衔接和成本控制的明显成效。2016年全系统生产进尺18815米,完成集团考核任务的

171%；原煤平均完全成本276.85元/吨，同比下降12.51%。第四季度，抢抓市场回暖新机遇，决战煤炭开采四季度，定任务、重奖惩、严考核，激发生产矿井的积极性、主动性和创造性。昊兴塬、金辛达、盛平、同富新等煤矿扩量增效，实现年度冲刺目标。全年生产原煤320万吨，同比增长59.71%。

【煤炭贸易】 2016年，晋煤集团临汾公司正视市场低迷的宏观经济新常态，提出破冰前行、逆势推进煤炭贸易的新思路、新策略。公路贸易改革创新促发展。成立销售公司，组建营销团队，建立健全贸易风险内控制度，规范业务流程，防控经营风险，优化产销衔接，构建起专业化的自产煤销售体系和公路贸易集中统一平台。拓宽优质终端用户，与五大电力集团和大型地方国有电厂建立中长期战略合作关系，实现区域煤炭关联产业和企业的协调发展。2016年全系统公路煤炭贸易量突破650万吨，平均售价同比增长27%，呈现出集中销售量增价涨的良好态势。铁路运销破冰前行平稳发展。聚晟公司抢运量、重服务、保用户，实现铁路发运业务逆势平稳运行。寻求贸易依托保增长。各县（区）公司和直属单位创新经营、谋求发展，寻求地域、煤种、用户及资产资本等要素为依托，推进市场化贸易起步入轨。古县、翼城等公司综合发挥地域优势、购销平台服务优势等，在提量增效、自给自足等方面发挥示范带头作用。

【风险内控】 2016年，晋煤集团临汾公司提升企业健康、稳定、可持续发展能力，抓好机构管控、财务管控、依法治企、监督考核等四项管理工作。机构管控，压缩管理层级，一次性完成30余家空壳公司的工商注销或破产清算，转岗安置达1606人。财务管控，对外融资续贷付息，对内挖潜清收盘活，保证企业资金链安全。争取集团鼎力支持，调整贷款结构，完成48.33亿元按时倒贷和8.61亿元利息支付。落实集团资金管控“十条措施”和“十条禁令”及提质增效“十六条措施”，做到严禁违规支付资金、严禁对外出借资金、严禁新增逾期应收款项等，压减费用，严控成本，可控费用同比下降23%；狠抓债权清收不放松，构建“六位一体”清欠管理体系，综合采取“现场督导、行政督查、审计追责、纪检问责、考核奖罚”等五大清欠方略，2016年清收盘活6.74亿元，完成市公司和集团公司考核指标的130%和154%，同比增长28.87%。依法治企，坚持“五个依法”的治企理念，融入企业经营决策和管理，抓实抓好“五条法务管理线”，审查合同、规范文本、出具授权书126份，妥善处置涉案金额3.67亿元的涉法案件16起，直接避免经济损失1316万元。

（马建洪）

电　网

【概述】 2016年，国网临汾公司售电量完成132.33亿千瓦时，同比减少0.6亿千瓦时，完成年度考核目标；综合线损率完成4.21%，比计划下降0.09%；售电均价完成504.03元/千瓦时，同比降低29.24元/千瓦时，实现安全生产4250天。2016年，公司五年荣获全国“安康杯”竞赛优胜单位，被授予“山西省安全明星企业”“山西省五一劳动奖状”“中央企业先进集体”等荣誉。公司职工郑仙荣被评为“全国劳动模范”。

【电网概况】 2016年，临汾电网位于山西电网的南部，电网以500千瓦双回路+220千瓦双环网为主干网架，110千瓦网络主要呈辐射式供电。临汾电网经500千瓦晋霍双回线、吕霍线从北部电网受电，通过500千瓦临会双回、临城双回、临稷线与晋中、吕梁、晋城、运城电网联络。220千瓦双环网通过220千瓦霍兴线、东乐双回、汾绛双回、汾闻线、紫新线、古新双回、芹翔线与长治、晋城、运城地区电网联络。

截至2016年底，临汾电网有500千瓦变电站2座，主变12台，容量3000兆伏安；220千瓦变电站29座，主变65台，容量7766兆伏安，其中主网20座/40台/6690兆伏安，用户9座/25台/1076兆伏安（宏阳钢铁、大西跃进、魏景、杜坪牵引站、中南辛堡、曹城、肖家沟、北韩、府城牵引站）；110千瓦变电站98座，主变202台，容量7744兆伏安（主网50座/101台/3918兆伏安，用户48座/101台/3826兆伏安，其中地电12座/23台/901兆伏安）；35千瓦变电站169座，主变332台，容量2500.71兆伏安（主网75座/148台/1298.6兆伏安，用户94座/184台/1202.11兆伏安）。拥有220千瓦线路75条/1830.918千米、电缆1.192千米；220千瓦双环网通过220千瓦长治公司霍兴线、东乐双回、晋城公司芹翔线、运城公司汾绛双回、紫新线、临汾公司汾闻线、古新双回与长治、晋城、运城地区电网联络；110 千瓦线路 119 条/1311.81 千米、电缆 5.157 千米；35 千瓦线路 158 条/1430.808 千米、电缆 12.316 千米。用户 220 千瓦线路 2 条/11.178 千米；110 千瓦线路 76 条/1044.169 千米。10 千瓦公用配电线路 585 条，6 千瓦公用线路 6 条，591 千米，长度总计 12628.62 千米，其中电缆 228.17 千米，架空线路 12400.45 千米；10 千瓦开关站 23 座；公用配变 10392 台，容量总计 1996.58 兆伏安，柱上开关 1103 台；低压用户 121.7 万户，户均容量 1.64 千瓦。城市配网 10 千瓦线路 86 条，长度 356.54 千米，其中电缆 197.5 千米，架空绝缘线路 159.03 千米，架空线路绝缘化率 100%，电缆化率 55.39%；10 千瓦开关站 10 座；公用配变 604 台，容量 275.08 兆伏安；柱上开关 109 台；低压用户 8.9 万户，户均容量 3.07 千瓦。

2016 年末，临汾电网总装机 5657.09 兆瓦，其中集中式光伏容量 120 兆瓦，分布式光伏容量 24.18633兆瓦。省调电厂 9 座（兆光、霍州、浍滨、汾泽、河西、晋田、佳盛、尚佳、盈风岭），装机容量 5059 兆瓦；地调小电厂 41 座（含正信、荣昌、惠民、天惠），装机容量 573.9 兆瓦。临汾电网接入 500 千瓦系统电厂 2 座（兆光、霍州电厂），机组 4 台，容量 2400 兆瓦，接入 220 千瓦系统电厂机组 4 座（兆光、浍滨、汾泽、河西），机组 8 台，容量 2400 兆瓦，接入 110 千瓦系统 12 座（晋田、盈风岭），27 台，容量 474.5 兆瓦，接入 35 千瓦系统 15 座，34 台，容量 176 兆瓦，接入 10 千瓦以下系统 12 座，25 台，容量 62.4 兆瓦。集中式光伏 6 座，容量 120 兆瓦；分布式光伏 1503 座，容量 24.18633 兆瓦。

【电网建设】 2016 年，国网临汾公司完成电网建设投资 2.7 亿元，新开工 35 千瓦及以上输变电工程 13 项，开工率 100%。投产 16 项，变电容量 310 兆伏安，线路 239.49 千米，投产率 100%，超额完成省公司里程碑计划，实现 110 千瓦变电站各县市全覆盖。开展隐患排查治理，突出风险防控预警机制，完善安全管控措施，推进人员责任落实。开展例行检查、专项检查、随机检查、隐患排查 52 次，发现安全问题和隐患 112 项，整改闭环。提升质量管理，110 千瓦尧都御景、曲沃城东变电站、永乐—北平线路 3 项工程获“国网公司优质工程”称号，14 项工程获得“省公司优质工程”称号，连续五年实现 35 千瓦及以上输变电项目优质工程率 100%，标准工艺应用率 100%。建设管理专业同业对标在全省 11 家地市公司中综合排名第一，位列 A 段，保持“标杆引领”地位。

110 千伏甘亭变电站新增 3 号主变以及 10 千伏新建Ⅲ段母线及出线间隔投运

【经营管理】 2016 年，国网临汾公司依托“互联网＋”技术，公司加快推广“电 E 宝”“掌上电力”APP 和“95598 网站”等网上营业厅业务应用。截至 2016 年底，实现 34 种缴费方式，多元化占比 94.69%，营业厅柜台收费占 5.31%，柜台收费压力降低。微信公众号绑定数 11.59 万户，推送账单 3.77 万笔，掌上电力推广 8.85 万户，实现业扩受理线上报装 86%，“互联网＋”营销服务成效初显。打开合表小区 62665 户，永和、吉县公司实现零合表，“多表合一”取得临汾市政府政策导向指引，完成“多表合一”采集建设 8 个小区 5825 户，接收用户资产 1.53 亿元。电能替代电量完成 5.36 亿千瓦时。完成京昆高速临汾、襄汾服务区 4 座高速快充站外接电源项目建设送电工作。山西省首家实现区域内用电信息全覆盖、全采集，完成 10643 只宽带模块的更换工作。立足基层，打造营销基础管理示范县，推动典型经验在基层的落地，侯马市公司作为营销专业基层基础示范县，多项指标创全省最优。推动物资供应体系建设，推进仓储改造提升工作。开展集体企业专项审计，按期完成改革改制任务。推进公司本部建设，开展“讲规矩、转作风、做表率”活动，问题整改完成 95%。完成审计项目四类 16 项，提出审计意见 226 条。在省公司竞赛调考 13 个项目中，6 个项目获得团体前 2 名，综合成绩全省第一。公司所辖14个县(市)公司史志编撰工作圆满收官,专业志编撰全省领先。市县两级本部规范管理水平得到提升。

【安全生产】　2016年,国网临汾公司开展安全管理提升,深化设备精益运维,强化作业现场安全管控,组织完成春秋季检修预试、迎峰度夏(冬)、重大节假日保电等重点工作,保持安全生产稳定态势。贯彻国网公司、省公司安全生产工作部署,推进责任落实,开展"三查三强化"专项行动,完成隐患治理2869项,整改率100%。开展春(秋)季安全大检查、工程复工等专项检查,落实闭环整改要求,发现并整改问题98项。以"两个规范"执行到位为抓手,修订临汾电网运行风险预警管理规范,强化调控、运检、建设、营销和高危重要用户风险控制措施协同联动,发布电网、施工安全风险预警通知单288条。安全纠察常抓不懈,常态开展安全纠察628次,现场983个,纠正违章225次。公司领导班子带头入现场、问风险、查措施,纠正解决问题243项。兑现安全生产绩效1724万元,其中省公司安全突出贡献奖励22.9万元。安全标准化建设持续开展,完成122座变电站、108个供电所安全工器具标准化手册编制,规范安全工器具领用、试验流程。在供电企业安全生产标准化建设中霍州等8个县公司安全性评价高质量通过查评验收。开展"通道治理年"活动,35千瓦及以上线路故障跳闸率同比减少18%。

【电力运行与电力市场】　2016年,国网临汾公司开展重大检修方式,度夏、度冬期间稳定计算。提升电网风险预警与故障协同处置能力,发布气象、地质、高温、冰冻等气象预警62项,检修计划风险预警通知单284份,根据季节特点,结合调度风险预警,编制电网差异化设备监控表,针对电网薄弱环节、重点保电场所、重点线路及变电站制定紧急事故应急预案。统一编制地县电网年度运行方式,梳理电网存在问题,编制对应调控措施97项。推进无功电压管理,AVC一站一定值管理,电压合格率100%。绘制全区各高危用户供电网络图、大西高铁车站供电图,7大水库供电网络图,保障用户事故情况下管控到位,实现市调与县调联动、变电与输电联动、生产与营销联动、公司与客户联动。统一管理地、县调检修计划,完善事故预案,地调和下属各县(市、区)调根据本地区电网运行特点,电网结构变化调整运行方式,修订事故限电方案、事故处置预案和突发事件处置预案。

智能用电完成G5京昆高速临汾、襄汾服务区4座高速充电站外接电源建设工作。开展"易充电"车联网平台推广应用工作,在尧都区、侯马市5个营业厅开展售卡及充值新型业务,100%完成平台解款工作。开展"电网连万家、共享电气化"主题活动,与创维集团山西分公司签订战略合作协议,在公司营业区域内开展为期4个月的"购电器、送电费"主题活动,举办9次大型现场宣传展销活动,在各级媒体上刊发报道102篇,宣传电能替代工作进展成效。"三供一业"资产接收开展顺利,与大秦铁路股份有限公司侯马北供电段签订《供电设施移交接收框架协议》。临汾地区有24家国有企业职工家属区,涉及户数6.33万户,中央企业18家,地方企业6家,签订框架协议14家。服务分布式光伏发电项目并网工作,开辟光伏发电绿色通道,主动服务地方政府与市扶贫局实时对接,开展前置化服务,提前购置储备"光伏接入专项工程"所需物资,保证物资供应与工程进度无缝衔接。全省光伏扶贫现场会在临汾召开,吉县窑渠村100KW·P光伏项目作为典型案例,被收录至国网公司《分布式电源接入系统典型设计》。

【农电工作】　2016年,国网临汾公司理顺临汾市众辉供电服务有限公司(众辉公司)管理体系,修订完善供电所规章制度、记录资料,完成《星级供电所建设现场评价细则》的编制,组织供电所工作人员落实规范化作业指导培训。分级评定三星级供电所38个、二星级供电所32个、一星级供电所27个。创建1个五星级乡镇供电所(翼城中卫供电所),5个四星级乡镇供电所,构建星级乡镇供电所评定体系。以侯马配网精准规划试点为引领,延伸各县推进配网数据、问题、方案、投资"四精准"规划。

推进新一轮农网改造升级,完成95个小城镇(中心村)电网改造,1915眼机井通电,63个自然村动力电改造,2015年新增农网改造升级工程完成。代表省公司迎接国家发改委农网工程专项稽查。2016年,临汾公司完成1个县、15个乡、240个村的电气化创建任务,其中洪洞公司为电气化县创建单位。

【科技与信息化】　2016年,国网临汾公司科研资金总投入155万元,承担"含新能源及电动汽车的微电网优化控制技术研究”“基于自适应信号反馈技术的配电网故障定位技术研究及应用”等3个科研项目的研发工作。全年申请专利36项,其中发明专利15项;获授权专利24项,其中发明专利4项;发表《一起220千瓦电流互感器故障的原因分析》等技术论文66篇。“变电站接地网检测技术研究与应用”“激光法无损检测真空管真空度技术研究”“3G多媒体移动抢修指挥系统”3个项目获得“2016年(第八届)全国电力职工技术成果奖”三等奖,“变电站接地网状态评价与腐蚀监护技术研究”获得“省公司科技进步一等奖”,“一种安全绳自锁器”发明专利获得“省公司专利奖”三等奖。

2016年完成信息化项目三项。《供电所信息内网改造实施项目一二期》共涉及国网山西临汾供电公司所辖尧都、襄汾、洪洞、翼城、古县、吉县、永和7个县公司、47个供电所,更换交换机47台,改造47套(705点)综合布线系统。《县公司信息机房改造——一期》共涉及国网临汾供电公司尧都、洪洞、汾西、襄汾、曲沃、隰县及浮山7个县公司信息机房。调度大楼中央机房环境建设项目,调度大楼信息机房安装2台机房专用上送风精密空调,在吊顶内安装通风管道,在机柜过道正上方安装出风口,确保机房设备稳定运行。

【企业内质外形建设】 2016年,国网临汾公司履行央企社会责任,服务分布式光伏发电项目并网,开辟绿色通道,实行统一办公、优先支付、准确结算的业务流程和服务体系。受理分布式光伏扶贫项目1674户、容量2.7万千瓦。优化优质服务例会制度,清晰专业内控责任。开展秋季大走访、营业厅整治、服务月等供电服务提升活动,走访相关县市政府、工业园区和典型行业大客户,答复问题92个,解决困难66项。

(段丽凤)

焦　炭

【概述】 2016年,临汾市有21户焦化主体企业,35座焦炉,焦炭产能3647万吨;2户非主体企业,2座焦炉,产能120万吨,焦炭总产能3767万吨。2016年全市生产焦炭1688.2万吨。

【企业选介】 山西永鑫煤焦化有限责任公司始建于2003年1月,位于安泽县唐城煤J焦化深加工园区,是集炼焦、化产回收、焦炉煤气制甲醇、甲醇驰J放气制合成氨为一体的循环经济民营企业,2016年有员工1700余人,占地100公顷,是国家工信部焦化行业准入企业、省煤炭资源整合和焦化行业兼并重组的主体单位,山西省循环经济试点企业。公司形成60万吨/年焦化及配套焦炉煤气制10万吨/年甲醇,120万吨/年焦化及配套焦炉煤气制12万吨/年甲醇,甲醇驰放气制6万吨/年合成氨三条生产线;主要产品产能达到焦炭180万吨/年,甲醇、合成氨、煤焦油、粗苯、硫铵等化产品36万吨/年,产品销售覆盖山西、山东、河北、河南、天津等10多个省市直辖区。

冶　金

【概述】 2016年,临汾市辖区内矿产资源丰富,尤其以煤、铁为最,其中铁矿是第二大矿产资源,总储量2.4亿吨,富矿比例高,占全省70%以上,依托丰富的矿产资源禀赋,钢铁工业成为临汾市经济重要组成部分。2016年,全市有钢铁企业39户,有高炉53座,生铁产能2000万吨;有转炉17座,粗钢产能1800万吨;有线棒材、焊管、中厚板、带钢等轧钢生产线十余条,钢材产能1800万吨;其中钢铁联合企业7户,为曲沃立恒钢铁、通才工贸、襄汾新金山、星原钢铁、中升钢铁、山西新临钢钢铁公司、尧都区东方恒略公司。2016年生产生铁947万吨、粗钢932万吨、钢材1199.7万吨。

【企业简介】 山西立恒钢铁集团股份有限公司是一家集焦化、炼铁、炼钢、轧钢、发电、国际贸易、现代农业开发等为一体的股份制钢铁企业,现有职工4900余人。2016年形成年产200万吨焦、500万吨铁、500万吨钢、500万吨材的生产规模。

电　力

【概述】 2016年,临汾市有5家省调火电企业,装机总容量为480万千瓦，分别为山西临汾热电有限公司(2×30万千瓦)、山西大唐国际临汾热电有限责任公司(2×30万千瓦)、山西兆光发电有限责任公司(2×30万千瓦+2×60万千瓦)、国电霍州发电厂(2×60万千瓦)和漳泽电力侯马热电分公司(2×30万千瓦)。全市2016年发电量195亿千瓦时。

【企业简介】 山西兆光发电有限责任公司，是格盟国际能源有限公司控股、北京能源投资(集团)有限公司参股，共同投资建设的大型环保发电企业。2016年，装机总容量1800兆瓦，拥有2 ×300兆瓦亚临界直接空冷机组和2×600兆瓦超临界双缸双排汽直接空冷机组。

装备制造

【概述】 2016年，临汾市有装备制造类企业60余家，主要产品有矿用液压支架、节能环保设备、石油钻具、泵阀、汽车零部件、家电配件以及重卡、煤机、军工用锻件等9大类产品。2016年装备制造业完成工业增加值12.49亿元，同比增长31.5%。

【企业简介】 山西华翔集团有限公司是一家以民营为主体组成的股份制企业，全集团共有员工4000余人，集团整体已形成年产25万吨精密铸件、1亿件机加工件的生产能力，拥有成熟的迪砂垂直分型铸造、真空负压造型(V法)铸造、精密加工等工艺，可生产出灰铁、球铁、合金铸铁材质的精密产品，是山西省采用高新技术改造传统铸造产业示范企业，循环经济试点企业，山西省装备制造业七大旗舰企业之一，山西省三大铸造基地临汾基地的龙头企业。

煤化工

【概述】 2016年，临汾市有煤化工企业近60家，其中规模以上企业16家，主要分布在洪洞、古县、安泽、襄汾等煤焦县市。产品主要以“肥、醇、醚、苯、焦油”等为主，2016年合成氨产能28万吨、尿素53万吨、甲醇80万吨、煤焦油深加工67万吨、粗苯精制30万吨、1,4－丁二醇15万吨。主要煤化工企业有：山西焦化集团有限公司、三维集团股份有限公司、山西同世达煤化工集团等。山西焦化集团有限公司的30万吨焦油深加工装置是全国单套焦油加工能力最大的装备。

【企业简介】 山西三维集团公司，是国家大型一档高新技术企业，山西省工业转型发展百强潜力企业之一，连续8年进入中国化工企业500强，入围中国企业集团竞争力500强、山西省100强。公司在洪洞县赵城精细化工工业园区和太原高新技术园区拥有两个生产基地，形成以电石、焦炉煤气、甲醇、顺酐、粗苯等为主要原料的，以有机精细化工产品为主导的五大系列产品。

节能降耗

【概述】 2016年，临汾市推进临汾市节能减排财政政策综合示范城市项目建设。推动工业产业低碳化发展，实施产业低碳化示范项目建设，乡宁扬德吉宁煤矿瓦斯发电项目和襄汾万鑫达甲醇驰放气制6万吨合成氨等7个低碳化示范项目得到实施。推广节能技术和产品，开展2016年国家重点节能技术征集、更新和节能机电设备(产品)推荐及“能效之星”产品评价。开展能效对标活动，对钢铁、化工行业进行能效对标，推动高耗能行业节能降耗，提高企业能效水平。推进资源综合利用项目实施，大量工业固废得到转化利用，安泽宏泰建材年产1.2亿块新型煤矸石烧结砖综合利用项目和乡宁清泉庄建材年产9000万块煤矸石页岩砖项目完工。提升全市工业固废综合利用率，全年工业固废排放1403.9万吨，综合利用1003.28万吨，利用率71.5%。

中小企业

【概述】 2016年，临汾市中小企业系统贯彻落实市委、市政府各项决策部署，统筹综合中小企业、民营经济发展，坚持服务为本，真抓实干、主动作为，完成全年主要目标任务，实现“十三五”良好开局。

【优化发展环境】 2016年，临汾市中小企业局推动包联县(市区)发展工作。实行市局领导班子包联县(市、区)制度,帮助包联县找差距、理思路,帮助企业排忧解难。结合全市千名干部入企服务活动,对热点难点问题开展专题调研和帮扶。开展民营经济“待批项目大起底”工作。对10个县市区、39家企业涉及到的问题开展跟踪服务。开展“三送”服务和“法律进企业”活动。编印《“三送”服务活动手册》,组织人员现场指导,受益企业2000家。出台惠企政策。出台物流优惠、安全生产优惠、优质法律服务、气象服务平台、电设备闲置和需求信息服务平台等措施,为企业提供优质服务。创新工作考核。下发《2016年度各县(市、区)目标责任制考核办法》,细化、量化考核内容,在政策落实、创新发展、服务能力三个方面取得突破。谋划工作新路径。筹划成立3个机构,山西省中小企业促进会临汾分会于2016年初成立,铸造联盟各项准备工作基本就绪,全市民营企业工会联合会批准筹备。

【管理素质提升】 2016年,临汾市中小企业局抓好中小微企业经营管理人员培育。组织400多名优秀企业家参加“企业家素质提升及投融资创业培训班”“中国人民大学公益讲座”、清华大学山西省小微企业优秀经营者高级研修班、复旦大学“文化旅游创新发展”专题培训班和山西省2016年小微企业主创业能力提升培训班。抓好创新型专业人才和实用型技术人才队伍建设。举办2016年临汾市中小微企业职工能力提升培训、山西省2016年小微企业管理人员专题培训临汾班和山西乡镇企业职业技能培训等20多期,培训中小微企业职工3000多人。创新完善人才培育体系。充实临汾市高级人才及专家库,入库专家100多名,为企业发展提供智力支持。编制临汾市高级人才名人录,征集高级人才信息3351人。在市电视台开设《智行天下》栏目,在中小微企业微信平台开通《微课堂》,播放50多位老师课程,收视人数70万人次。

【“双创”工作】 2016年,临汾市中小企业局开展创业创新工作。全市1200余家企业、1万余人参加“双创”活动,全年新培育创办小微企业3592户。推进“乡情招商”活动,出现“人才回乡、资金回流、项目回归”创业潮。尧都区、侯马市被列为“山西省中小微企业创业创新基地示范县”。开展示范认定引领工作。认定琪尔康生物等38家中小企业为全市“专精特新”企业,认定光宇照明等24家中小企业为全市“管理标杆”企业。东鑫机械等18家企业获得“2016年山西省‘四新’中小企业”称号。做好“小升规”企业培育。全年完成24家“小升规”企业目标任务,完成省定任务的141.18%、市定任务的120%。推进经济运行调度分析。推进对苗头性、趋势性和突发性问题的研究,做到超前预测、超前分析、超前应对,保障固定资产实现平稳投资态势,107个项目完成66亿元全年任务。

【下行压力应对】 2016年,临汾市中小企业局开展融资模式创新。开展“送金融进企业”活动,为9家金融机构推荐信贷项目160余个,29户企业获得贷款。与山西尧都农村商业银行合作开展融资模式创新工作,8户企业获得贷款支持,总金额12249万元,放大倍数8.75倍。2亿元过桥资金全年为全市企业转贷续贷63笔,投放金额22.14亿元。9个县(市、区)与建设银行开展“助保贷”业务,为87户中小微企业融资发放贷款24725万元,放大倍数4倍。开展企业上市工作。组织“新三板”上市培训3期,在省股权交易中心挂牌的中小企业179家。激励企业“新三板”挂牌上市,落实市奖励“新三板”上市企业资金150万元。帮助企业开拓市场。组织企业参加九届APEC技展会、第十二届中俄蒙经贸洽谈会和第十三届“中博会”。6月5日,组织100余家企业、500余种产品举办“专精特新”名优产品展示会,是“临汾造”名优特新产品的一次集中展示。

【公共服务】 2016年,临汾市中小企业局强化普惠效应。加快公共服务平台建设。对平台网站的内容和栏目充实完善,网站访问量突破15万。充实加盟小微企业服务机构97家、小微企业服务站62个,发布各类信息2万余条。建成侯马、襄汾、曲沃、蒲县、吉县、尧都区6个省级创业基地和1个市级创业基地,入驻小微企业190余户。全市省级示范平台达到11家、市级示范平台8家、新认定省级中小企业技术中心5家、市级中小企业技术中心10家。举办讲座和活动,营造发展氛围。3月25日,邀请国家发改委宏观经济研究院经济学博士孙凤仪围绕宏观经济形势与供给侧结构性改革,进行“真抓实干、焕发民营经济发展新活力”专题报告。邀请中国企业管理培训中心教授顾品举办“适应经济发展新常态,构筑振兴崛起新常态”专题巡回讲座7次,培训4000余人。 (杨 芳)

农业及农村经济

农村工作

【概述】 2016年，临汾市农业系统各级部门贯彻落实山西省农村、农业工作会议和全市农村工作会议精神，以“创新、协调、绿色、开放、共享”新理念引领农业新发展，以全面深化改革为动力源泉，以“提质增效转方式、稳粮增收可持续”为工作主线，突出重点，狠抓落实，农业农村工作持续向好发展。

【农民收入】 2016年，临汾市农民收入持续增长，农民人均可支配收入达到10005元，比2015年增长6.7%。

【农村改革】 2016年，土地确权方面，临汾市完成清查2927个村51.5万公顷耕地，占比分别为98.2%、95.4%；完成第二轮公示的村2710个，占91.4%；农户签字确认无异议的面积42.74万公顷，基本完成土地确权工作。农民合作社方面，制定出台全市农民合作社发展意见，全市在工商部门依法登记的农民专业合作社10899家，注册资金151亿元。通过农业部联席会议评定国家级示范社4个、省农业厅评定省级40个；认定市级示范社41个、县级认定示范社83个。家庭农场方面，制定出台《关于促进家庭农场发展的指导意见》，印制1500本家庭农场台账，在全省率先实现认定录入的家庭农场全部建立台账。按照程序认定登记录入《山西省家庭农场信息系统》的家庭农场总数1051个。新增省级示范家庭农场3个、市级13个、县级39个。农村土地流转服务体系规范化建设方面。全市流转服务体系基本完善，工作经费、工作设备配备到位，开始发布流转交易信息。尧都区、曲沃县完成省农业厅流转服务体系规范县、示范县建设的目标任务。协同市人行在曲沃县开展农村土地承包经营权抵押贷款试点，试点方案上报省里。2016年，发放贷款5笔，金额13万元。“三资”管理方面。2016年，在尧都区、侯马市进行农村集体“三资”管理示范县建设，辖区所有乡村全部实行了农村会计委托代理和电算化核算，对三分之一以上村进行审计。农村产权流转交易市场建设。全市17个县（市、区）成立农村产权流转交易监督管理委员会，成立产权流转交易市场；159个乡镇建成乡镇产权流转交易大厅。

【农村人居环境改善】 2016年，临汾市农业部门编制印发《临汾市改善农村人居环境2016年行动计划》。改善农村人居环境“四大工程”，全年完成投资33.44亿元，其中，市农委牵头的美丽宜居创建工程，完成投资6.42亿元，完成计划投资4.89亿元的131.6%。完成13个省级和27个市级美丽宜居示范村创建工作，创建清洁达标村1330个。

（要　敏）

附：

·获奖情况·

2016年度全省农业农村重点工作综合排名第五名；2016年度粮食生产先进单位第一名；2016年度农村土地承包经营纠纷调解仲裁工作先进单位第三名；2016年度设施蔬菜建设先进单位第三名；2016年度休闲农业工作先进单位第二名；2016年度农产品质量安全工作先进单位第三名；2016年度新型职业农民培育先进单位第二名；2016年度法治建设先进单位第二名；2016年度现代农业投资先进单位第七名；2016年度特色农业扶贫工作先进单位第一名；2016年度农业部办公厅农业行政处罚优秀案卷奖；2016年度农村技术承包奖集体二等奖；2016年度全省农业行政处罚优秀案卷奖；2016年度全省果业工作先进集体；2016年度全省植保工作先进集体；2016年度全省土壤肥料工作先进单位；2016年度全省农业技术推广工作先进集体；2016年度全省农民科技教育先进集体；2016年全省地市信息进村入户工作全省第一名；2016年山西省农业信息联播上报情况全省第一名

农业产业化

【概述】 2016年,临汾市通过开展重点农业企业帮扶活动、组织企业参加特色商品博览交易会、加强对重点龙头企业的监测及银企对接等措施促进农产品加工销售,全市农产品加工销售收入完成79.1亿元,同比增长6.24%。

【农产品龙头企业】 2016年,临汾市农业产业化龙头企业417家,省"513"工程的农产品加工企业省级梯次4家、市级梯次11家、县级梯次30家,年交易额亿元以上农产品专业市场8家,亿元以下农产品专业市场23家。

(要 敏)

种植业

【粮食生产】 2016年,临汾市农委通过实施"藏粮于地、藏粮于技"战略,推进种植业结构调整,增强田间指导和技术指导,实施粮食高产创建和旱作农业技术推广等措施,全市粮食获得丰收,总产量26.79亿千克,其中,夏粮10.285亿千克,秋粮16.505亿千克。

【蔬菜生产】 2016年,临汾市农委实施"三新"技术示范推广,开展技术培训、技术指导,发挥项目示范带动作用,全年新发展设施蔬菜787公顷,开发露地特色蔬菜2567公顷,全市蔬菜播种面积6.32万公顷,总产量319.8万吨,总产值56.8亿元。

吉县苹果推介活动

【水果生产】 2016年,临汾市发展新果园和改造老果园7720公顷,全市水果总面积13.4万公顷,其中,苹果9.21万公顷,梨1.986万公顷,葡萄9027公顷,桃7873公顷。水果总产量124.79万吨,水果生产总值50.5亿元,农民人均果品收入1576元。

【中药材生产】 2016年,临汾市新种植中药材1.666万公顷,加上2015年留床面积1.45万公顷,家种总面积3.17万公顷。新增野生抚育面积953公顷,加上2015年留床1.607万公顷,野生抚育总面积1.702万公顷,两项总面积4.82万公顷,加上有较大经济价值的8.93万公顷野生中药材面积,临汾市的中药材总面积13.73万公顷。总产量9.66万吨,总产值17.91亿元。

(要 敏)

农业产业扶贫工作

【概述】 2016年,临汾市农业系统推进杂粮、水果、中药材、蔬菜、马铃薯、畜牧、农产品加工、休闲农业"七大产业扶贫",全年10个贫困县特色农业产业带动贫困人口29735人脱贫;7个非贫困县特色农业产业带动贫困人口5086人脱贫。在2016年度全省特色农业扶贫年度考核评比中,临汾市名列第一,在全省农业工作会议上受到表彰奖励。

(要 敏)

林 业

【概述】 2016年,临汾市林业局落实山西省造林绿化运城现场会议精神,以生态建设为统领,以脱贫攻坚为重点,实施林业五大工程("两山"造林工程、"两网"绿化工程、"两林"富民工程、"两区"增绿工程、"双保"管护工程),推进林业综合改革,强化森林资源保护,发展壮大林业产业体系,全市林业工作取得成效。

【造林绿化】 2016年,临汾市林业建设以"吕梁山生态脆弱区、太行山水源涵养区、百里汾河经济带湿地植被恢复区”三大生态屏障进行布局，通过吕梁山生态脆弱区建设隰县现场推进会、全市造林绿化蒲县、大宁现场会议示范带动，打造昕水河流域经济生态型示范区和以霍永高速通道为主的“绿色走廊”，推动全市林业工程质量提升。启动开展新一轮退耕还林工作。10月27日市政府召开电视电话推进会，市退耕还林领导小组多次组织协调推进会，各县(市、区)加强退耕还林政策宣传工作，退耕还林任务落地、合同签订工作全部完成。2016年全市完成营造林3.08万公顷，占省定计划任务3.05万公顷的100.9%。在补贴制造林工程省级验收中，临汾市被抽查的9个县(区)全部被评为优秀。

“三北”防护林工程

【林权配套改革】 2016年，临汾市签订政策性森林保险面积38.956万公顷，占计划任务26.67万公顷的146%，超额完成46个百分点。启动深化集体林权制度改革(林地经营权流转证核发及抵押贷款)古县、乡宁县试点工作，古县、乡宁出台《林地经营权流转证登记管理办法》《林权抵押贷款管理办法》《经济林木(果)权证发放暂行办法》。

【国有林场改革】 2016年，临汾市成立以市长为组长的国有林场改革领导小组，作为山西省首家制定上报改革方案，获得批复。临汾市委、市政府联合下发《临汾市国有林场改革实施方案》，10月27日召开全市国有林场改革工作推进电视电话会议进行安排。14个县级改革方案获市国有林场改革领导小组批复。5月，中国和法国国有林管理国际交流会在古县召开。

【扶贫攻坚】 2016年，临汾市林业局按照省、市脱贫攻坚大会精神和省林业厅林业脱贫“五个一批”要求，制定《关于认真搞好林业精准扶贫攻坚的指导意见》，编制林业脱贫攻坚总体规划及退耕还林、造林绿化、林地资源管护、干果经济林提质增效、林业产业5个专项规划，全市林业“五个一批”扶贫工作成效明显。关于造林绿化脱贫一批，全市10个贫困县组建215家扶贫攻坚造林专业合作社，入社贫困人口达5805人，达到办理资质的合作社139家。退耕还林脱贫一批，2017年度退耕还林第一批预计划1.6万公顷分解到有关县(市、区)，全部落实到户，签订合同，涉及贫困人口26969人。森林管护脱贫一批，选聘贫困人口651人为生态护林员。提质增效脱贫一批，开展“经济林提质增效”活动，吸收贫困户参与果树修剪、嫁接、病虫害防治，在接穗、劳务等方面获得每人每年1.2万元收入。林业产业脱贫一批，全市干果经济林22.73万公顷，总收入7.8亿元，农民人均收入300元左右。全市林下经济经营面积10.87万公顷，育苗0.67万余公顷。

【资源保护】 2016年，临汾市林业局推动森林防火工作。临汾市四次召开森林防火电视电话会议，安排部署森林防火工作，开展防火演练活动。市森防指成员单位、市林业局督查组在关键时期采取“四不两直”方式，深入一线开展重点督查。全市悬挂宣传彩旗9000余条，发放宣传单40万余份，出动人员8000余人次进行全天候巡查，强化宣传工作。市、县两级在财政紧张的情况下，加大防火投入，配备高空无人机、智能灭火炮、以水灭火机具等高科技设备，配备到重点林场一线。全市没有发生大的森林火灾。开展林业有害生物防治。采取阻隔法、喷药剂等方法，重点对春尺蠖、杨毒蛾、柏肤小蠹等进行防治，防治面积0.96万公顷。加大林业执法力度。严格林地管理，规范审批程序，组织开展打击破坏野生动物资源违法犯罪专项行动、非法侵占林地及林业生态环境综合整治等涉林违法犯罪专项行动，严厉打击不法分子涉林违法犯罪行为。2016年全市查处森林行政案件182起，行政处罚196人。刑事案件立案36起，破获案件22起。加强林木管护。全市建设管护站、聘请专职管护员，采取机械围栏、设立封禁标牌、管护人员不定期巡护等形式，对未成林地封禁3年至5年。各县发布封山禁牧公告，推进宣传教育，加大打击力度，强化封禁工作。开展林地变更调查。全市抽调100余名技术骨干从事调查工作,开展技术培训。在3月中旬全省工作通报中,临汾市变更调查工作名列前茅。截至2016年底,全市林地变更调查任务完成。

(蔺剑锋)

水　利

【概述】 2016年,临汾市水利工作贯彻省、市党代会和市“两会”精神等,实施“2658”水利发展战略,全年完成投资23.8亿元,完成或超额完成各项任务指标,水利建设保持较好发展势头。

【汾河流域生态修复前期工作】 2016年,临汾市水利局汾河流域生态修复前期工作进展顺利。计划实施9个项目,总投资17.16亿元,完成可研编制并通过审查,其中6项工程申报全国江河湖库水系连通,2017年实施项目资金。

【农田水利建设】 2016年,临汾市水利局完成投资4.26亿元,其中完成2016年度中央财政农田水利设施建设项目县投资1.42亿元,提前完成省厅下达的建设任务,新增、改善和恢复灌溉面积近2.4万公顷,完成实灌面积16.67万公顷的年度任务指标。

【水保生态建设】 2016年,临汾市水利局完成投资1.14亿元,完成水土流失治理面积4.01万公顷,超额完成省定4.38万公顷的年度治理任务。

【防汛抗旱减灾】 2016年,临汾市水利局在防汛方面,落实防汛预案、水库和淤地坝安全隐患排查、在建工程、物资储备等措施,减少灾害损失,确保全市安全度汛;抗旱方面,完成两处抗旱应急水源工程、1处中央特大抗旱资金补助工程及19处水库维修工程,提升全市抗旱灌溉能力。全年完成春浇面积2.257万公顷,占任务的101%,完成夏浇7.79万公顷,占任务的101.6%。截至12月31日,完成冬浇5.33万公顷,占任务的78%。

【水资源管理】 2016年,临汾市水利局完成最严格水资源管理制度市对县考核的准备工作;强化水资源节约和保护。全年完成地下水压采量595.85万立方米,完成“万元工业增加值用水量下降率1.5%”的任务。

【小水库更新建设】 2016年,临汾市水利局加快小水库更新建设。4座在建小水库顺利推进。蒲县四沟水库大坝主体工程已完成;尧都区仙洞沟水库完成投资2882万元,完成占投资任务的115%,汾西县北掌水库完成临建设施,坝基开挖和坝坡削坡等,完成土方21万立方米,完成投资1064万元;蒲县刁口水库完成投资2080万元,占年度投资任务的116%。

【引沁入汾浮山供水工程】 2016年,引沁入汾浮山供水工程完成年度投资1.01亿元,完成隧洞掘进10.5千米;中部引黄输水工程进展顺利;禹门口东扩襄汾支线渠系配套工程基本完工;西山沿黄提灌3处在建工程经重大设计变更后全面复工,永和阁西垣泵站主体完工,其余两处正在建设中;与大水网配套的县域小水网工程启动,8个县域小水网规划通过省水利厅审查,规划内的蒲县四沟、刁口、汾西北掌三座调蓄水库进展顺利。

【水利脱贫攻坚】 2016年,临汾市水利局下达国省资金计划5.38亿元,其中贫困县3.66亿元,占总投资的68%,比2015年同期增加17个百分点,实施县域小水网、水保生态、高效节水灌溉、农村饮水安全巩固提升工程等一批水利脱贫项目。全市贫困地区人均供水量增幅为9%,人均农田节水灌溉面积增幅为5.4%,完成贫困地区水土流失治理面积343平方公里,占年度任务的152.6%。

【农村饮水条件改善】 2016年,临汾市水利局完成投资2579万元,巩固和提升了6.3万农村人口的饮水标准,17个县级水质检测中心投入运行,农村饮用水卫生条件改善。开展10个贫困县建档立卡贫困户饮水安全调查工作,调查人口154557人、55757户、自然村3972个。

【河道治理】 2016年,临汾市水利局完成投资300余万元,实施8个河道工程维修养护项目,开展河道清障工作,编制完成团柏河全面整治方案。

【水产养殖】 2016年,临汾市水产养殖面积1040公顷,完成渔业总投资2566万元,水产品总产量7400吨,完成渔业总产值8500万元。

【水库移民】 2016年,临汾市水利局完成全市水库移民人口核定和直补资金转拨工作;开展总投资2260万元的33个水库移民后期扶持项目建设,其中6个项目完工;完成总投资304万元的8个县小型水库移民后期扶助项目建设。

【法治水利建设】 2016年，临汾市水利局运用法治思维和法治方式引领规范水利改革发展各项工作，通过实施“一覆盖两建设三加强”举措，探索出一条法治建设新路子，为法治临汾建设做出贡献。11月，全省水利法治建设座谈会在临汾市召开。

（张荣华）

附：

·获奖情况·

任耀文、张荣华的《加快法治政府建设的对策》获“晋陕豫黄河金三角区域法治论坛”二等奖。

浍河水库管理

【概述】 2016年，浍河水库管理分局系山西省禹门口水利管理局的下属分局，属副处级建制，内设办公室、人教科、计财科、水库管理科、防汛办、库区水资源管理科、水产养殖科、灌溉科、工业用水科、工程科、工会，在册职工59人。

【水库防汛】 2016年，浍河水库管理分局围绕防汛保安中心思想，落实水库防汛安全责任制，完成汛前检查、预案上报、设备调试、组建队伍、物资储备、通信联络、机构调整、值班安排等工作，完成“领导、队伍、方案、物资、责任”五到位五落实。利用现代网络技术，建立“浍河防汛”微信群和上下游汛情信息传递系统，保证水库水情、雨情、工情及时传递，公开透明。实行以局领导带班，相关科长轮班，一线人员值班的三级防汛值班制度。强化值班纪律，召开三次防汛工作会议，检查与部署水库防汛工作，解决汛期各阶段遇到的实际问题，做到从局长到一般人员每天24小时坚守岗位。建立安全巡查台账制度。实行一日一巡查，一次一记录。在汛期增加巡查次数和巡查班组，建立工程安全运行管理台账，完善隐患整治方案。汛期期间，总局和临汾市水利局领导多次到浍河水库检查指导，为水库安全度汛提出指导性建议和意见。

【水库管理】 2016年，浍河水库管理分局扣保大坝保安全主题，排除其他干扰，采取整治措施。加强宣传力度。在库区悬挂刷新各类宣传标语15条，散发宣传材料500余份，增设警示牌10余块，提高库区取水单位和周边群众的水工程和水资源保护意识。加强工程巡查。在工程管理范围内，安装防护网200余米，设立警示牌10多处。集中执法和工程巡查，对大坝工程保护范围及左右岸100米范围内闲杂人员进行劝离。制止闲杂人员在大坝上垂钓捕鱼、随意翻动护坡砌石、影响水利工程安全的行为。把库区无序、无偿取水问题作为管理工作的重点，研究制定方案，排除各种干扰。保障大坝安全，向当地政府上报《关于加强库区管理确保水库安全度汛的紧急报告》，向库区各用水户下发《关于限水停水确保大坝安全的紧急通知》。向总局领导进行汇报，在曲沃县水利局、曲沃县政府等地进行多次协商。7月13日，在总局召开由总局主要领导与曲沃县委、县政府主要领导参加的协调会，就实施紧急抗旱供水和推进库区管理等问题形成《关于实施紧急供水规范浍河水库管理的会议纪要》。多次督促曲沃县政府，于10月18日向有关乡镇政府及县直各有关部门下发《关于浍河水库库区管理意见的通知》。该意见就加强库区取水统一管理、发挥水库效益，强化水商品意识、实行有偿用水，规范库区开发建设、优化库区环境，加强库区安全管理等方面提出规定和要求。加强水产养殖管理，树立新形象。从保护水环境和发展绿色养殖出发，与各养殖用户拟订水产养殖管理制度，具体规定限投、限养和禁投、禁养等。

【农业灌溉】 2016年，浍河水库管理分局引水517.9万立方米，灌溉面积1767公顷，4.53万亩次。其中，引浍河水106.1万立方米，引汾河水411.8万立方米，使有限水资源通过开源、节流等措施，发挥较大效益。发展上游管道节水灌溉。采取用水户提前申报用水计划，根据农作物实际旱情，合理调配水量106万立方米，解决乐昌镇、史村镇、北董乡等12个村庄的农田及葡萄、西瓜等经济作物的灌溉用水。对中下游农业灌溉，联合侯马市北庄电灌站调引汾河水，扩大抗旱效益。三次引汾河水411.8万立方米，基本满足侯马市南王、西城等10多个村庄的农业灌溉用水。

【工业供水】 2016年，浍河水库管理分局完成供水921.4万立方米，其中，工业业供水779.9万立方米，农业供水138万立方米，城市生态供水3.5万立方米，完成总局下达供水任务的115%。面对水库蓄水严重不足的实际情况，科学调度，合理安排，实现经济收入和服务企业双赢。在水量调配和水费征收方面，调控管道闸门，最大限度兼顾工业和农业的正常供水。根据供水需求适时启用供水增压泵，增加供水113天、1138小时，提高工业用水量20%。解决水费拖欠问题，配合供水公司，下达催收水费通知7份，采取限水措施3次，保障工业水费征收。在水价调整方面，随着引黄入浍供水成本的提高，上门与用水企业和城市园林管理部门协调，签订供水补充协议，采取逐步到位方法提高水价，使管理局、用水户、供水公司三者成为利益风险共同承担体。

【工程建设】 2016年3月9日，浍河水库管理分局上报《浍河水库标准化建设方案》。工程总投资为318.76元，主要项目为建设观测房三层、坝顶照明设施、应急照明设施、防汛应急设备等。11月，省有关单位来水库进行实地查看，预计第一期工程即将实施。浍河水库2016年基础设施维修养护工程、浍河灌区上游管道维修养护工程、浍河水库周边边坡治理工程等项目得到省水利厅批复，进行工程招标与竞争性谈判工作，工程开工。浍河干渠支渠配套改造工程。从3月开始，协助省水利勘测设计院，勘察浍河灌区，制订工程设计规划方案。完善和补充资料，为项目实施打下基础。

【水库引水】 2016年，浍河水库管理分局面对干旱无雨，水库蓄水紧缺的困境，多次向总局领导汇报水库缺水情况，提出紧急调水引水报告，争取最大限度调引黄河水。4次调引黄河水800余万立方米，缓解水库缺水压力，保障当地工农业及城市生态用水。与曲沃县政府、曲沃县水利局的协调理顺了沸泉弃水入库工作。11月下旬，沸泉弃水引水入库。完成引水120余万立方米，对水库蓄水进行补充。

临汾市汾西水利管理局

【概述】 2016年，临汾市汾西水利管理局在农业灌溉方面巩固以水计征成果，非农供水方面推动内管外拓，基础设施建设全面稳步推进，安全稳定零事故。

【农业灌溉】 2016年，临汾市汾西水利管理局农业灌溉巩固以水计征成果。执行灌溉制度，紧抓基础性工作，清除死角，根据实际情况推出新举措，灌溉管理精细化、规范化。全年农业灌溉供水量约1亿立方米，完成灌溉面积2.13万公顷、55.5万亩次，实现农业水费740万元。

【非农供水】 非农供水是临汾市汾西水利管理局经费的主要来源，维护和拓展供水市场是水管局的主要工作。执行供水协议，提高服务质量；加强对水表管理，保证供水量计量准确；与周边企业和城市联系，开拓供水市场。2016年全年非农业供水3186万立方米，非农业水费2342万元。

尧都分局渡槽

【基础设施建设】 2016年，临汾市汾西水利管理局主要实施的工程建设任务5项，总投资2592万元。2016年续建配套与节水改造骨干工程，批复投资3091万元，到位资金全部为中央资金2164万元全部完成，完成红旗渠和七一渠七支渠改建防渗及其建筑物配套项目、渡槽改建。龙祠水源地综合治理的前期规划，总投资21.9亿元，主要项目包括泉源封闭、征地及村庄搬迁、国道改线、泉源绿化、泉源水利设施改造、垃圾污水处理等。该规划按要求上报。该项目具体实施涉及土地、交通、环保、水利等部门，需要政府统一安排。七一水库自动化观测设施配套及大坝维修工程，总投资164万元，主要建设内容包括大坝自动化观测设施配套、放水洞闸门备用电源及工作桥栏杆更换、坝顶照明设施、大坝排水沟更新等。该工程按照批复完成。2015年度农水工程，批复投资60万元，主要建设内容有：七一水库坝后电灌站低线支渠防渗工程1300米；红卫渠青城支渠改建（矿渣砖防渗矩形渠）325米；七一渠北许四斗改建（维修）工程。该批工程按批复完成。汾西灌区2015年中央财政农田水利设施维修养护工程，批复投资50万元，主要建设内容有：七一水库二支渠北众干斗农渠工程，新建管道1.6公里；七一渠二十二干斗U型渠防渗工程550米；七一水库坝后电灌站低线支渠U型渠防渗工程630米。该批工程已经按照批复完成。

【安全生产】 2016年，临汾市汾西水利管理局从灌区业务特点出发，做好防汛安全、输水安全、工地安全、用电安全等，水库安全，维护水利工程设施的安全运行。建立健全安全工作领导机构，制定落实安全生产应急预案，严抓值班工作，增强水利执法，完成防汛任务，实现安全生产零事故。

（孙亚丹）

引沁入汾管理

【和川水库移民新村建设】 引沁入汾和川取水输水工程于2011年底完工通水，和川水库实现一期下闸蓄水，但由于国家政策调整、移民方案变更等因素，资金出现较大缺口，移民工作推进困难。2016年，临汾市引沁入汾工程建设管理局在资金短缺情况下，推进移民安置工作。完成主要工作有：一是移民群众的土地、房屋、树木等补偿赔偿工作全部到位。补偿移民群众土地141.27公顷，树苗2.6万株，赔偿群众房屋3.5万平方米等财产。二是移民新村建设取得突破性进展。完成南湾村移民群众整体搬迁，荆村移民新村建设基本完成，2017年春247户移民群众将迁入新居。三是两村旧房3.5万平方米全部拆除，为生产安置打下基础。

【4000万立方米供水任务】 2016年，临汾市引沁入汾工程建设管理局立足工程运行管理，制定完善《水工程运行管理制度》《安全生产管理办法》《安泽段输水工程运行管理制度》《五马水库运行管理制度》《防汛度汛预案》等各项运营管理制度、加强日常巡查、安全值班、隐患排查与隐患处理，统筹调配水资源，确保全线输水畅通，完成4000万立方米供水任务。

【和川输水工程竣工验收准备】 和川输水工程属山西省应急水源工程之一，于2012年完工，通过工程通水验收投入运行，为临汾城东地区输水近2亿立方米的水量，缓解引沁入汾工程受益区各县（市、区）工农业用水紧缺的矛盾。工程由于各种原因未进行竣工验收。2016年，临汾市引沁入汾工程建设管理局根据省水利厅的安排，编制上报和川输水工程的概算调整报告，正在审查、抓紧该工程项目其他方面的竣工验收准备工作，调整报告得到批复后将组织工程竣工验收。

【扶贫工作】 2016年，按照市委、市政府统一部署，市扶贫办安排临汾市引沁入汾工程建设管理局定点扶贫古县岳阳镇贤腰村，该村有123户412人，耕地74.33公顷，属于纯农业村。2016年，摸清贤腰村贫困底数，做到精准扶贫、精准脱贫，管理局一把手带领班子全体成员和扶贫工作队进村进行调研。结合贤腰村实际情况制定"一对一帮扶"实施方案，资助该村3名贫困大学生上大学、5户贫困户解决温饱问题；帮助规划实施优质核桃示范园区66.67公顷；建设苗木基地13.33公顷；打坝造地3.33公顷；建设百头猪场一座。

【存在主要问题】 2016年，和川水库移民工作取得较快进展，群众搬迁任务基本完成，但由于移民资金部分未到位，一是已完工程难以支付；二是移民新村道路硬化及部分工程项目不能按年初目标如期进行；三是部分淹没占地未能进行补偿。

畜牧兽医工作

【概述】 2016年，临汾市畜牧兽医系统以现代畜牧业发展、生态环境保护、产业精准扶贫为着力点，推进畜牧业规模化、标准化、产业化，实现全市城乡畜产品市场供给平稳，动物重大疫病防控和畜产品质量安全总体平稳。2016年，临汾市畜牧业生产稳中略增，农民畜牧业收入有提高。全市畜牧业生产总值达65.5亿元，农民畜牧业人均纯收入1100元，生猪存栏155.7万头，牛存栏23.8万头，羊存栏170.44万只，鸡存栏2021.6万只。肉、蛋、奶总产量32.42万吨、17.16万吨、7.51万吨，同比增长5%、4%和5%。

【畜牧业投资】 2016年，临汾市畜牧业招商取得新突破。全年争取项目扶持资金1665万元，完成现代畜牧业投资50亿元。畜牧业招商成效明显，协助签约一批大项目。襄汾碧云天公司签约资金2亿元的10万头生猪项目，蒲县与天津宝迪集团签约资金12亿元的百万头生猪项目，隰县、大宁、乡宁、古县、襄汾分别与新大象公司签订投资总额39.05亿元的百万头生猪项目。

【清洁生产】 2016年，临汾市畜牧兽医局推进粪污治理和病死动物无害化处理，夯实清洁生产基础。实施畜禽粪污治理和病死动物无害化处理两大工程，制定出台《临汾市畜禽粪污治理和病死动物无害化处理2016年行动计划》，建成60个规模养殖场畜禽粪污处理设施，72个病死畜禽无害化处理点；3个大型病死动物无害化处理中心建设推进顺利。落实国务院办公厅《关于建立病死畜禽无害化处理机制的意见》，完成8个病死动物处理中心的规划工作。夯实畜牧业清洁生产和绿色发展基础。

【畜牧业重点工程】 2016年，临汾市畜牧兽医局推进畜牧业重点工程建设，完成年度任务。按照省“扶持新建、完善提升、改造转化”的“三个一批”要求，建设家庭牧场232个。坚持发展“果畜循环”经济。编制《临汾市西山七县“果畜循环”示范区发展计划(草案)》，探索推广三条技术路径，明确发展任务，全年建设“果畜循环”示范场31个。

隰县政府与山西新大象养殖公司签订
百万头生猪养殖产业化项目战略合作签约仪式

【技术推广】 2016年，临汾市畜牧兽医局加大技术推广力度，全年举办现代畜牧业发展专题培训班、畜牧兽医综合业务培训班，肉牛标准化规模养殖技术、人工种草与秸秆科学利用、饲料法律法规知识、仔猪早期断奶技术推广等各类培训班20余次，培训各类人员2000余人(次)，其中培训新型职业农民360名。加大畜禽繁育改良力度，完成羊68.69万只，三元猪推广71.58万头，蛋鸡集约化饲养40.61万只；对20家种畜禽场进行登记，提升畜禽良种生产能力。

【畜产品质量安全两责任落实】 2016年，临汾市畜牧兽医局落实畜产品质量安全两个责任，实现总体平稳。制定禽养殖场(户)畜产品质量安全主体责任制度，明确畜禽养殖场(户)的生产初级畜产品的主体责任，落实养殖企业第一责任人制度。按照畜产品质量安全法定授权，明确基层站所监管责任和任务，实行网格化管理，形成监管任务明确、责任到人格局。

【四大专项整治】 2016年，临汾市畜牧兽医局开展四大专项整治。一是开展兽用抗菌药专项整治。对全市饲料生产企业的蛋白饲料原料、产品留样、规章制度、功能区域使用、安全措施、饲料标签、质量控制、各项记录以及索票索证等内容进行全面检查。检查兽药经营门店489家(次)，查处问题4起，兽药经营单位监管覆盖率100%，畜产品兽药残留监测合格率100%。二是开展饲料专项整治。市、县及企业层层签订《饲料安全监管目标责任书》，重点查验饲料企业的原料，督促企业建立健全各项制度规程，促进企业规范化管理。三是开展生鲜乳的专项整治。检查生鲜乳经营企业103家(次)，出动执法人员325人，对生鲜乳收购站、运输车辆资质、设施设备条件、购销制度执行情况、从业人员资格等进行检查，检查情况全部备案留痕。查处问题1起，吊销证照企业1家。奶站抽样9个，运输车抽样14个(次)，样品检测全部合格。四是开展瘦肉精专项整治。以规模养殖场、饲料厂、兽药饲料经营门店、生猪经纪人、定点屠宰场为重点，排查监管档案、进销台账、用药用料记录、承诺制度落实等情况；加大“瘦肉精”抽检频次，购买下放快速检测试剂条90盒，对监管对象进行随时检测。市畜产品质量检测中心对25家生猪养殖场进行抽样监测，未发现使用“瘦肉精”问题。

【安全检测】 2016年，临汾市畜牧兽医局加大安全检测力度，全年抽样检测2批次220个样品，合格率100%。完成省厅畜产品质量安全例行监测抽样任务，季度合格率100%、100%、100%、99%。

【重大动物疫病防控】 2016年，临汾市畜牧兽医局防控重大动物疫病。落实重大动物疫病防控责任制和承诺制，签订防疫责任书，明确养殖场户的主体责任，实行公开承诺。开展春秋两季免疫注射、疫病监测全覆盖活动和“3·20”集中消毒灭源等系列活动。全市高致病性禽流感、新城疫、高致病性猪蓝耳病、口蹄疫、猪瘟、小反刍兽疫应免尽免，免疫密度100%。补免密度100%，抗体合格率85%以上，布病免疫85%以上，全年未发生区域性重大动物疫情。

【动物卫生监督执法】 2016年，临汾市畜牧兽医局严格动物卫生监督执法，开展“产地检疫千日行动”“冬季行动”“智慧动监信息平台建设”“无害化体系建设”和“监管双随机督查”等专项工作，增强从养殖到屠宰全链条兽医卫生风险管理。监督检查规模养殖场、定点屠宰场269次，立案查处各类动物卫生监督违纪违规案件157起。动物产地申报检疫率100%，生猪定点屠宰检疫率100%，出场动物产品持证率100%，病害猪无害化处理率100%。

【扶贫攻坚】 2016年，临汾市畜牧兽医局以点带面先行先试，制定《临汾市畜牧兽医局产业扶贫推进计划》，明确发展“果畜循环”经济和种草养畜的产业扶贫工作思路。在结对帮扶的隰县陡坡乡习美村开展精准扶贫试点，扶持资金7万元，养殖肉杂鸡3000只，为特困户种植苹果2.4公顷，特种梨3.33公顷。截至2016年底，3000只肉鸡销售收入30万元，扶贫工作初见成效。

（杨建强）

农机管理

【概述】 2016年，临汾市农机化工作按照稳粮增收、提质增效、创新驱动总要求，以“兴农机、强农业、富农民”为出发点和立足点，加大服务机制改革创新力度，主攻农机化关键生产环节和发展短板，培育农机化新型经营主体，推进农机化服务能力和基础设施建设，落实依法行政，完成各项工作任务。临汾市农机化工作获得“2016年度农机化目标责任考核山西省第一名”。

【农机化装备水平】 截至2016年底，临汾市农机总动力248.37万千瓦，比2015年240万千瓦（2015年除去农用运输车后的总动力）增加8.37万千瓦，增长3.48%。拖拉机拥有量达到65828台，比2015年增加1654台，增长2.58%；大中型拖拉机18929台，比2015年增加968台，增长5.39%；拖拉机配套农机具115984台（套），比2015年增加3502台（套），增长3.11%，配套比达到1∶1.76；大中型配套比为1∶2.64，小型配套比为1∶1.40。联合收获机械7979台，比2015年增加317台，增长4.14%；其中稻麦联合收割机4582台，比2015年增加96台，增长2.14%；玉米联合收获机3397台，比2015年增加221台，增长6.96%。配套机具中，耕整机达到9932台，比2015年增加1058台；免耕播种机6629台，比2015年增加584台；深松机1581台，比2015年增加162台；秸秆粉碎还田机5971台，比2015年增加452台；饲草料加工机械8559台，比2015年增加300台。

【三个“创建活动”】 2016年，翼城、曲沃、襄汾3个县作为山西省首批农机化综合示范县乡村创建试点，针对示范县建设资金到位迟、项目进展慢问题，加大项目实施力度。6月，接受省财政厅项目评审中心的绩效考评。临汾市组织襄汾、古县作为2017年示范县项目实施单位开展调查摸底工作，得到省局立项支持，确保农机化综合示范县乡村创建活动在临汾市稳步推进。

【农机化项目建设】 2016年，临汾市农机局开展保护性耕作项目。完成新增保护性耕作示范面积3667公顷，培训保护性耕作示范区农民、农机手5750人的任务。抓好农机作业人员及新型职业农民（农机操作手）培训项目。全市组织培训农机人员3702人次，其中，农机管理人员516人次，农机技术人员214人次，培训农机作业人员2972人次，培育新型职业农民（农机操作手）1100人。全市组织完成农机专业合作社带头人首批轮训65人财政项目培训任务。做好农产品加工示范项目建设。建成农产品加工示范点5个，磨坊油坊示范点4个。

【农机作业补贴】 2016年，临汾市农机局开展农机深松整地作业补助工作。全市农机深松整地作业计划任务2.82万公顷,其中,农机深松作业补助项目任务1.2万公顷,惠及11个县市,450万元。全市全年完成农机深松整地作业面积3.15万公顷,其中完成深松整地项目补助任务1.25万公顷。开展“玉米丰产方”机收秸秆还田作业补贴工作。5月25日至27日,召开全市农机推广项目管理培训会,有关项目县汇报2015年农机推广项目和玉米丰产方项目完成情况以及2013年至2015年农机推广项目、玉米丰产方项目“回头看”整改落实情况,交流农机推广工作经验,学习2016年山西省玉米丰产方项目实施指导意见。7月13日,召开全市玉米丰产方机收秸秆还田项目研讨会,对2016年玉米丰产方机收秸秆还田项目操作程序进行讨论,补充完善2016年玉米丰产方机收秸秆还田项目实施方案。2016年全市丰产方任务1.73万公顷,全市全年完成丰产方项目1.73万公顷。

【农机社会化服务】 2016年,临汾市农机部门培育和发展农机大户、农机专业合作社等农机服务组织,开展农机示范社场户创建活动,提高农机社会化服务能力。全市农机化服务组织503个,其中资产在50万元以上的服务组织130个,农机专业合作社323个。农机维修厂及维修点1620个。开展农机示范社场户创建活动。成立全市首家农机专业合作联社——永和县一条龙农机专业合作社联合社,为实现农机经营服务组织发展壮大,提供借鉴经验。组织农机作业劳动竞赛及技能大赛活动。8月17日至20日,市农机局联合市总工会举办临汾市农机手技能大赛暨第三届中国农机手大赛临汾地区选拔赛。全市120余名优秀农机操作手代表参加角逐,前15名选手代表临汾市参加全省农机手技能大赛。在全省选拔赛中,临汾市选手摘金夺银,取得优异成绩,6名选手代表山西省参加全国农机手决赛。4名选手进入全国百强。

【农机化技术推广】 2016年,临汾市农机局推广玉米机械化生产技术。玉米播种机11812台,收获机3613台,玉米全程机械化率75.51%。推广薯类种植及收获机械化技术。全市马铃薯播种机197台,收获机1100台,其他机械140台。马铃薯全程机械化面积2700公顷。推广秸秆综合利用机械化技术。完成小麦机械化秸秆还田面积15.44万公顷,玉米秸秆还田面积16.78万公顷。秸秆加工10.1万吨。

举办全市第一届农机手技能大赛

【农机产品质量监督管理】 2016年,临汾市农机局开展“3·15”农机质量宣传活动。与尧都区、翼城县农机局采取“进村入户、以训代宣”方式,开展“3·15”农机质量宣传活动。全市出动人员745人次、制作宣传版面46块、发放宣传材料15050份、展示优质机具135件、接受农民咨询2524人次。开展农机质量监管调研。组织人员深入农机合作社、农机大户进行农机质量监管宣传和调研,讲解“三包”有关规定,处理农机用户购机后存在的问题。受理农民投诉。全市全年受理、协调处理农机质量投诉案件2起,全部调解结案。

【农机安全生产管理】 2016年,临汾市农机局推进源头治理,确保农机安全生产。集中对农机培训学校的教员和教练员进行培训考核。全市所有培训教员和教练员取得国家人社部和农业部颁发的中级以上职业资格证书,做到持证上岗一个不漏。推进跟踪监管,所有享受购置补贴的拖拉机、联合收割机全部挂牌上户,做到上户监管一个不漏。开展农机安全隐患排查,对发现的安全隐患,全部下发整改通知书,监督整改,做到隐患整改一个不漏。全年全市未发生农机安全事故,各项指标均低于省市下达的农机安全生产考核指标。

【电动农机推广】 2016年,临汾市农机部门重视电动农机推广工作,探索电动农机发展途径,明确电动农机发展思路,开展电动农机研制和奖补试点工作。侯马市虎工集团研制了电动拖拉机,列入电动农机奖补目录。襄汾、翼城两县作为电动农机新产品奖补试点,制定奖补实施方案,推进奖补工作。

(张朝光)

农业综合开发

【概述】 2016年，临汾市县农发部门贯彻落实国家强农惠农富农政策和中央一号文件要求，以“两学一做”学习教育活动为抓手，围绕扶贫攻坚总任务和全面建成小康社会总目标，加大项目与资金监管力度，推进管理机制体制创新，增强科技引领作用，在农业基础设施建设和培育主导产业上下工夫，引导农民致富增收，推动现代农业发展和社会主义新农村建设，提升农业综合开发档次和水平，建设优质高效项目工程。

【资金投入及管理】 2016年，临汾市国家农业综合开发县达17个，项目建设范围实现市县行政区域全覆盖。全年国家和省农业综合开发项目总投资35415.45万元，其中，中央财政资金17503万元，省财政资金10041.68万元，市级财政资金637.7万元，县级财政资金650.62万元，自筹资金6582.45万元。项目批复和资金预算指标全部下达到县，各县(市、区)农发办正按照项目计划实施方案，遵循“资金跟着项目走”原则，通过国库支付局的资金拨付渠道，按照县级资金报账制规定的流程和办法，加快资金拨付进度，严格资金管理，按计划使用各类项目资金，确保每一笔资金都用在“刀刃”上、发挥好财政资金的引领作用和使用效益。

【土地治理项目建设】 2016年，临汾市农发办实施国家高标准农田示范项目11个、省立项高标准农田建设项目2个、国家生态综合治理项目5个、省立项生态综合治理项目2个、现代农业示范园区建设项目1个。国家立项产业化经营财政补贴项目51个。国家和省农业综合开发土地治理项目总面积为9887公顷，其中高标准农田示范项目5967公顷、生态综合治理3920公顷；土地治理项目坚持合理布局、科学规划，把项目实施与产业发展相结合，加强项目前期考察评估与可行性研究，落实工程招投标制、工程监理制、项目与资金公示制，加大土地治理项目监理制的规范落实、严把项目建设的关键环节和重要节点，推进项目实施的事前、事中管理。把好施工建设各道关口，以项目区农业综合生产能力提升为中心，坚持把高标准农田示范、现代农业园区和生态综合治理作为土地治理项目重点，推动农业基础设施建设，提升项目工程质量标准，建设高产稳产、旱涝保收的高标准农田。

【土地治理项目成效】 2016年，临汾市农发办土地治理项目新增灌溉面积2080公顷，改善灌溉面积1620公顷，年节约水量232.25万立方米，增加农田林网防护面积2633公顷，控制水土流失面积30.04平方公里，新增粮食生产能力1544.53万千克，新增蔬菜生产能力222.8万千克，项目区受益农户10855户，受益农业人口38460人。

【农业产业化扶持】 2016年，国家立项产业化经营财政补贴项目51个，临汾市农发办产业化经营项目扶持龙头企业12个，家庭农场1个，农民专业合作社38个。产业化经营项目计划投资7250.98万元，其中，争取中央财政资金2450万元，省财政资金1036.6万元，市级财政配套资金73.5万元，县级财政配套资金114.9万元，自筹资金3575.98万元。在打造特色优势产业和特色农业品牌上作文章，狠抓市场流通、产品储藏、农产品加工等环节，加大对农业龙头企业和农民合作社的扶持力度，推进项目区产业结构调整，增加主要农产品有效供给，延长农业产业链条，促进农民持续增收，促进农村经济发展。

【产业化项目成效】 2016年，临汾市产业化经营项目新增蔬菜生产能力3.5万千克，新增肉类生产能力227万千克，新增农产品交易额4090万元，年可新增总产值8316万元，年可直接受益农户数5380户，年可新增就业386人。

【精准扶贫】 2016年，临汾市农发办定点扶贫结对帮扶村是安泽县和川镇车道村。建成一条便民公路、安装一套净水设备、开辟一块试验农田、推广两大主导产业、建立一条“绿色”通道、建设一个村委阵地。以精准扶贫为重点，在增加农民收入、发展主导产业上下功夫，以产业结构调整为手段，推动车道村新农村建设。党员干部围绕扶贫攻坚任务做好党员干部结对帮扶贫困户工作，对安泽县和川镇车道村33户贫困户进行建档立册实行包户，要求班子成员每人包三户，一般人员包两户。

扶贫开发

【概述】 2016年,临汾市各级各部门强化目标导向和问题导向,实施和推进"十大扶贫工程",构建完善大扶贫工作格局,完成各项工作任务,实现脱贫攻坚首战告捷。

【减贫任务超额完成】 2016年,临汾市省定任务是减贫6.5万人、退出122个贫困村;市定任务是减贫7.77万人、退出182个贫困村。全市实际脱贫81856贫困人口、退出182个贫困村,超额完成省市下达的目标任务。

【建档立卡更加精准】 2016年,临汾市扶贫办开展建档立卡"回头看""再回头看"等工作,核查基础资料,进行信息更新。通过核查审计线索,全市建档立卡贫困人口出列2.3万人,新增3000余人。启动建设市级脱贫攻坚指挥平台,用大数据对全市脱贫攻坚规划、项目、帮扶、评估全过程进行动态化管理。1209个村开展挂图作战,绘制挂出"五张图",建立完善"三本账",贫困户、贫困人口的贫困状况、致贫原因、帮扶责任人、帮扶措施等信息更加公开透明,夯实精准扶贫、精准脱贫基础。

【扶贫资金整合到位】 2016年,临汾市投入使用扶贫资金7.5亿元,10个贫困县统筹整合各类财政涉农资金1.3亿元,其中,整合中央资金1.2亿元,整合省级资金1185万元,整合市级资金23万元,做到资金投向精准,确保扶贫项目惠及全部贫困群众。17个县(市、区)2015年以前财政扶贫滞留资金全部清零,2016年财政扶贫资金结余控制在10%以内,达到国务院扶贫办、省委、省政府要求。

【产业扶贫】 2016年,临汾市实施杂粮、水果、中药材、蔬菜、农产品加工、休闲农业六大特色产业扶贫,全市新发展蔬菜800公顷、优质水果4600公顷、干果5400公顷、中药材1.67万公顷;落实万吨果品气调保鲜冷链物流、千头奶牛标准化示范基地、千亩优质杂粮种植加工等121个企业产业扶贫项目,完成投资27.85亿元,超出省定任务16%。

【推进光伏扶贫】 2016年,国家能源局给临汾市下达村级光伏电站299个村,截至2016年底建成并网115个村,按照省里要求,其余184个村村级电站计划在2017年6月30日前全部建成并网。全市9座集中式地面电站,其中,4座建成并网,5座处于建设中。

【易地搬迁有序推进】 2016年,临汾市10个项目县规划建设的205个集中安置点全部按照省里要求的时间节点开工建设,其中,153个集中安置点竣工,竣工率74.6%,超出省定任务的14.6%。分散搬迁落实1120户、3921人,分别占计划的91%、90.4%。全年完成投资34132.5万元,占当年任务的103.3%,超出省定任务3.3%。

【生态扶贫初见成效】 2016年,临汾市签订退耕还林合同面积1.34万公顷,落地1.4万公顷,其中建档立卡贫困户3240公顷、7248户、23351人;组建139家造林专业合作社,惠及3747个建档立卡贫困人口;1108个建档立卡贫困人口参加生态保护,占到5个国定贫困县现有管护员的67.48%;开展相对固定的一对一技术帮扶,10个贫困县共实施林业提质增效面积4600公顷,实现生态与脱贫有机结合。

【金融扶贫】 2016年,临汾市发放"富民贷"2.03亿元,"强农贷"1.65亿元,完成省下达指标任务。为贫困山区量身打造的中证扶贫板上线运行,大同证券、山西证券、中信建投证券分别与隰县、汾西、吉县建立"一司一县"结对帮扶合作机制,吉县苹果等10余种农产品和20余家消费扶贫试点企业的产品上线销售。

【电商扶贫试点先行】 2016年,永和、隰县率先开展电商扶贫试点工作。其中,隰县建成电商扶贫培训基地和电商扶贫开发孵化基地,组建了电商服务站115个;永和组建县级电子商务运营中心,成立网店40多家、电商公司15家,县域电商服务覆盖率20%。

【教育扶贫应助尽助】 2016年,10个贫困县落实建档立卡学前教育幼儿每人每年1000元资助、义务教育"两免一补"、普通高中建档立卡学生学杂费减免,中等职业教育免学费等政策。对当年考取二本B类以上的建档立卡贫困家庭学生一次性资助5000元,全市资助894人,补助资金447万元,做到应助尽助,实现全覆盖。

【健康扶贫政策到位】 2016年,临汾市提升新农合保障和服务水平,推进分级诊疗试点工作,开展县乡医联体工作,完成2016年新农合筹资工作,参合率达98%，人均筹资提高到530元。

【旅游扶贫】 2016年，永和、大宁、汾西、隰县、吉县、乡宁、安泽、浮山等8个贫困县的12个具有红色旅游、文化旅游、生态旅游资源和特色的建档立卡贫困村开展基础设施建设、环境整治、改厨改厕、农家乐、小型超市等建设，省里下拨专项扶持资金750万元，各项工程有序推进。

【驻村帮扶实现全覆盖】 2016年，临汾市"两包三到"联动帮扶机制得到落实，国家、省、市、县、乡五级2119个单位开展帮扶工作，其中，全市选派1202名包村领导、6173名驻村工作队员、912名第一书记，实现全市662个建档立卡贫困村全覆盖，落实结对帮扶的"四个一"包村包户全覆盖。完成"双签"工作，市县乡四大班子领导与帮扶村签订帮扶责任书841份，帮扶单位与帮扶村签订2111份，压实脱贫攻坚主体责任和帮扶责任。

【扶贫宣传】 2016年，临汾市在国家、省、市各类新闻媒体开展扶贫宣传报道712篇次，其中，国家级5篇次，省级91篇次，市级616篇次。临汾电视台、《临汾日报》头版开设"精准扶贫合力攻坚"栏目，集中宣传报道市县两级脱贫攻坚工作成效，为全市脱贫攻坚工作推进营造舆论氛围。

定点扶贫及领导干部包村增收工作

【概述】 2016年是实施脱贫攻坚战略的起步之年。临汾市下乡办贯彻落实省市关于推进干部驻村帮扶工作的决策部署，坚持把干部驻村帮扶作为精准扶贫、精准脱贫的重要抓手，促进贫困群众增收脱贫，动员组织市县各级党员领导干部投身脱贫攻坚，下沉到村，扶持到户，建立健全多元帮扶机制，解决贫困群众最关心、最直接、最现实的生产生活困难，干部驻村帮扶工作取得成效。

2016年，全市有四方面力量参与到干部驻村帮扶工作中，包括国家部委、省直部门、市级单位、县乡企业等。涉及2093个单位，实现了与全市662个建档立卡贫困村、8.5万贫困户、23.7万贫困人口结对帮扶全覆盖，形成"领导负总责、单位作后盾、干部驻点抓"的驻村帮扶工作新格局。

【驻村组织领导】 2016年，临汾市委、市政府重视驻村帮扶工作，多次组织召开专题会议研究部署，强化组织领导。建立"四个一"帮扶机制。落实单位包村、领导包带，工作队到村、党员干部到户、第一书记到岗的"两包三到"联动帮扶机制，实行部门和干部逐级逐层、逐村逐户包扶的办法，全市17个县（市、区）、国家3个部委、省直20个厅（局）、市直163个部门、县直、乡镇等1907个单位都派出帮扶工作队，对全市662个建档立卡贫困村、8.5万贫困户、23.7万贫困人口进行全覆盖；市、县两级四大班子领导每人帮扶1个贫困村，带头示范；各结对帮扶单位动员机关干部和贫困户"一对一""一对多""多对一"结对子帮扶，全市每个贫困村实现1个驻村工作队、1个至2个帮扶单位、1名第一书记，每个贫困户都有1名机关干部结对帮扶的"四个一"包村包户全覆盖。推进"密集部署"。10月16日，全省干部驻村精准帮扶推进工作电视电话会议之后，组织召开全市干部驻村精准帮扶工作推进会，17个县（市、区）下乡办主任、工作团团长、政委参加会议。11月14日，市委组织部和市扶贫办联合印发《关于对全市干部驻村精准帮扶工作及第一书记履职情况进行督查的通知》，通过抽调纪检、组织、扶贫及涉农部门15名工作人员，组成5个督查组，对全市10个贫困县的驻村工作队以及第一书记进行督查。与31名市四大班子领导和163个市级帮扶单位签订脱贫攻坚帮扶责任书，四大班子领导、市级帮扶单位与贫困村签订责任书。市、县、乡"三级书记"带头引领推动。市、县、乡三级党委书记按照省委的要求，进村入户推动三个专项行动落实情况，全市有1名市委书记、18名县（市、区）委书记、145名乡镇党委书记531次进驻403个村，驻村天数1070天。通过市县乡三级书记深入帮扶村，了解村情民意，找准困难问题，研究制定具体帮扶措施，促进三个专项行动及其他各项扶贫政策落实。

【驻村日常管理】 2016年，临汾市为增强下乡驻村精准帮扶工作效果，加强对驻村工作队的日常管理。重视队伍组建。年初把驻村帮扶工作队组建作为推进精准扶贫的一项硬任务来抓。按照驻村工作队两年一轮换，工作队长和队员压茬轮换的精神，坚持硬抽人、抽硬人原则，每支工作队由3人至5人组成，确定由一名县级干部担任工作队长，队员中必须有一名科级干部作为工作队员,组建第28批市直驻村帮扶工作队。重视队伍管理。面对全市163支工作队的管理难度,建立以县(市、区)为单位的工作团负责制,每个工作团设团长、政委各1名。利用微信平台建立工作团团长、政委工作群。根据工作需要,每支工作队确定1名联络员,确保上传下达、政令畅通。加强日常工作考核,对各工作队的信息报送、帮扶工作情况进行台账化管理,作为年终考核的重要依据。重视队伍奖惩。对下乡驻村精准帮扶工作成绩突出、目标任务完成好的单位及工作队员予以奖励。对领导不重视、帮扶成效不明显、考核排名靠后的单位进行通报批评,责令限期整改。对下乡驻村工作队员责任落实不到位、不作为、帮扶成效差的,约谈所在单位"一把手",取消帮扶单位、包村干部评先评模资格。

【精准帮扶】 2016年,临汾各帮扶工作队按照干部驻村帮扶工作要求,进村入户对贫困户实际情况进行调查摸底,分析致贫原因,因户因贫因地制宜针对性制定2条至3条帮扶措施,推进落实。各工作队在调查研究基础上,开展产业扶贫、易地搬迁、光伏扶贫、金融扶贫、科技扶贫、教育扶贫、捐款助学等多种形式帮扶活动。2093个帮扶单位实施帮扶项目3512个,投入和引进帮扶资金26459.15万元。其中,中央驻临帮扶单位国家卫计委、国家证监委、东方电气集团共实施帮扶项目37个,投入和引进各类帮扶资金2791.8万元;20个省驻临帮扶单位帮扶5个国定贫困县的20个贫困乡镇、76个贫困村,帮扶单位实施帮扶和引进项目107个,共投入和引进各类帮扶资金3171.65万元;163个市直帮扶工作队帮扶10个贫困县的71个贫困乡镇、163个贫困村,帮扶单位实施帮扶和引进项目756个,共投入和引进各类帮扶资金8651万元;1907支县直帮扶工作队帮扶17个县(市、区)的77个贫困乡镇、662个贫困村,帮扶单位实施帮扶和引进项目2612个,共投入和引进各类帮扶资金11844.7万元。开展送温暖活动。各驻村工作队筹措钱物,在所在单位主要领导带领下,到贫困家庭走访慰问,为村民送米面油、义务写春联、与群众拉家常,开展面对面、心贴心服务。

气象工作

【概述】 2016年,临汾市年降水量正常,年平均气温偏高,年日照时数偏少。年内降水时空分布不均,冷暖交替阶段明显。冬季降水偏少,气温偏高;春季中后期降水偏多,满足春播需水;汛期前期降水多,后期严重偏少,高温天气时有发生,伏旱严重;秋季中期降水偏多,利于冬小麦生长。就全年气候对农业生产的影响来看有利有弊,2016年度临汾市冬小麦丰收、玉米欠收。

【降水】 2016年1月至12月,临汾市降水量介于400.8毫米至737.3毫米,平均降水量为542.7毫米,较历史平均值490.3毫米偏多10.7%,较2015年同期(390.0毫米)偏多152.7毫米。从各站降水分布情况看,尧都区、襄汾、翼城较历年偏少约1成,蒲县、汾西偏多4成,其余各县市均偏多1成左右。从各月降水分布情况来看,月降水量较历年同期偏多月份出现在4月至7月、10月、12月,10月较历年同期偏多1倍,其余1月至3月、8月至9月、11月均为少雨时段。从季节分布来看,冬季1月至2月全市平均降水为5.9毫米,较历年同期11.1毫米偏少46.8%,春季3月至5月全市平均降水为100.7毫米,较历年同期84毫米偏多19.8%,夏季6月至8月全市平均降水为324.4毫米,较历年同期269.6毫米偏多20.3%,秋季9月至11月全市平均降水为103.8毫米,较历年同期121.8毫米偏少14.3%。

【温度】 2016年,临汾市平均气温12.2℃,较历年同期11.4℃偏高0.8℃,与2015年同期持平。从各站温度分布情况看,各县市均较历年偏高,大宁偏高最少为0.2℃,尧都区、襄汾、曲沃、翼城、侯马、浮山较历年偏高1℃以上,尧都区偏高最多为1.6℃。从各月温度分布情况来看,除1月、2月、5月较历年偏低外,其余月份均较历年同期偏高。其中12月偏高最多,偏高3.0℃;除6月、7月略偏高外,其余月份均偏高1℃以上。从季节分布来看,冬季1月至2月全市平均气温为-2.4℃,较历年同期-1.8℃偏低0.6℃;春季3月至5月全市平均气温为13.5℃,较历年同期12.7℃偏高0.8℃;夏季6月至8月全市平均气温为24.3℃,与历年同期23.6偏高0.7℃;秋季9月至11月全市平均气温为12.5℃,较历年同期11.2℃偏高1.3℃。

【日照】 2016年,临汾市年日照时数介于1792.4小时至2491.3小时,全市平均为2137.3小时,与历年同期2268.4小时偏少131.1小时,较2015年同期2126.4小时偏多10.9小时。从各站日照分布情况看,除尧都区较历年同期偏多156小时外,其余县市均较历年同期偏少,其中吉县偏少最多,较历年同期偏少351.0小时。从各月日照时数分布情况来看,2月、7月、8月较历年偏多,尤其是7月偏高最多,偏多56.5小时;其余月份均较历年同期偏少,其中11月偏少最多,较历年同期偏少88.5小时。从季节分布来看,冬季1月至2月全市平均日照时数为287.5小时,较历年同期322.1小时偏少34.6小时;春季3月至5月全市平均日照时数为621.1小时,较历年同期641.2小时偏少20小时;夏季6月至8月全市平均日照时数为660.8小时,与历年同期650.5小时偏多30.2小时;秋季9月至11月全市平均日照时数为422.7小时,较历年同期514.2小时偏少91.5小时。

【冬季干旱】 2015年12月15日至2016年2月10日,临汾市连续57日无有效降水,出现严重干旱现象,对冬小麦越冬生长带来不利影响。由于气温偏高,雾霾频发,使得空气干燥,空气质量指数偏高,人们呼吸道疾病发生严重。

【寒潮】 2016年,临汾市出现8次寒潮天气,分别为:1月17日至19日、1月23日至25日、1月30日至2月1日、2月11日至14日、3月8日至10日、5月1日至3日、11月7日至8日、11月21日至23日。1月23日至25日寒潮影响最为严重,受强冷空气影响,出现大风降温天气,大部分县(市)降温幅度在10℃以上。该次冷空气活动强度大、范围广,降温幅度为入冬以来最强,大部分县市出现入冬以来最低值,吹风降温天气给人民生活和出行带来诸多不便,对设施农业会产生严重不利影响。

【大风】 2016年,临汾市春季大风天气9次,分别在3月4日、4月3日、4月16日至17日、4月23日、4月27日、5月2日、5月5日、5月12日。其中4月27日大风最为严重,大宁日极大风速达22.1米/秒,蒲县为21.5米/秒,为全年最大。

【冰雹】 2016年,临汾市出现8个冰雹日,分别在4月27日、6月4日、6月8日、6月12日、7月4日、7月15日、7月16日和7月30日。最早出现在4月27日,较往年同期偏早。

【暴雨】 2016年,临汾市出现9次暴雨过程,分别在6月22日至23日、7月8日至10日、7月13日至15日、7月18日至19日、7月24日至25日、7月30日至31日、8月2日至3日、8月13日至14日、8月24日至25日。最强暴雨过程出现在7月18日至19日。7月18日至20日,临汾市测站降水量最大为吉县屯里村161.7毫米,超过100毫米的有16站,超过50毫米的有188站。

【雾霾】 2016年11月至12月,临汾市受静稳天气影响,临汾市出现史上最严重的雾霾天气。尧都区霾日51天,雾日5天,空气质量指数居高不下,临汾市气象台发布霾预警信号43次,雾预警信号13次,与环保局联合发布重污染天气预警13期,重污染预警天数达30天。

临汾市委副书记、市长刘予强检查指导工作

【气象灾害防御体系】 2016年,在各级党委政府支持下,17个县(市、区)成立气象灾害防御工作领导小组,在全市建成预警信息电子屏200余块,实现乡镇全覆盖;安装预警大喇叭1300余套,实现行政村全覆盖;城市内涝监测预警系统10套;整合各部门预警信息发布终端500余套;气象信息员4520人;基本建成市一县一乡一村四级气象灾害应急响应机制,完善"政府主导、部门联动、社会参与"气象防灾减灾体系。2016年,侯马市在全省首家实现标准化气象灾害防御乡(镇)的全覆盖。

【城乡气象灾害预警服务】 2016年,临汾市突发公共事件预警信息发布平台和北斗卫星预警信息广播系统项目通过验收,在全省率先完成国家突发事件预警信息发布系统与北斗卫星大喇叭的对接,实现预警信息一键式发布,预警信息发布时效和覆盖率得到提高。推进城市防灾减灾能力建设,完成尧都区、侯马、洪洞等13个县(市、区)城区暴雨强度公式编修,为城市防涝工程设计和相关设施建设奠定重要基础。

【应急管理】 2016年,通过临汾市市政府应急办对市县两级党委、政府和相关部门的预警信息接受人员名单进行确认和更新,明确气象部门预警发布职责范围,确保预警信息发布准确、及时、有效。预警信息发布渠道拓宽。2016年,市县两级发布预警2672次,针对各级党政机关和相关部门负责人以及气象信息员等,发送短信448万条。

【人工影响天气】 2016年,临汾市新增增雨烟炉2部,建成4个标准化炮点。全市有人工增雨“三七”高炮6门、增雨火箭架37部、小型天气雷达6部、增雨烟炉7部。年内,组织开展增雨(雪)防雹作业50多次,对缓解全市旱情、保障生产和促进生态建设起到关键作用。11月,抓住有利天气时机开展增雨(雪)作业,对减轻雾霾起到作用。

【决策气象服务】 2016年,临汾市气象局召开新闻发布会7次;向市委市政府报送决策服务信息30期、重要气象报告卡批示21次、专题预报28期。暴雨气象灾害预警信号准确率较2015年提高44.1%,达到54.9%。汛期天气形势异常严峻复杂,有9次大的暴雨过程,全市平均降水量324.4毫米,占到全年降水量近7成。每次过程提前预测预警、全过程跟踪服务,各部门在市防指统一调度下,强化应急联动,避免灾害损失。举办“华夏之根文明之旅”尧文化旅游招商系列活动之“历法资源”天象观测体验活动。

【气象为农服务】 2016年,临汾市气象局与农业局建立长效合作机制。曲沃、霍州等6个“三农”专项建设实施县,建立各具特色的气象为农服务示范基地,打造气象服务示范区。成立由农业、水利、畜牧、林业等部门60余人组成的气象为农服务专家联盟。完成《临汾市农业气象服务技术手册》编写。打造“直通式”为农服务系统平台,服务农业大户1456户。在尧都区和洪洞县试点开展政策性农业保险气象服务,入保农业面积5.33万公顷,作好农业气象灾害理赔气象服务工作。在隰县开展“玉露香”梨果品气候品质认证试点,经济效益明显,深受百姓和农户欢迎。气象服务公众满意度84%以上。

(刘建宏)

附:

· 获奖情况 ·

在2016年度全省气象部门综合考评中,被评为特别优秀单位;被山西省精神文明建设指导委员会授予“2014—2015年度山西省文明单位”;在“山西省2016年县级综合气象业务职业技能竞赛”中获团体第一名;2016年现代化工作评估92.1分,获全省第一名;临汾市气象台被省局表彰为“2016年重大气象服务先进集体”

交通　邮电　信息业

公路建设与管理

【概述】 2016年，临汾公路分局提高综合管理效能，提升公路建养水平，路政执法和安全生产能力增强，完成全年各项目标任务。

【征地拆迁】 2016年，临汾公路分局以征地拆迁工作为重点，主动作为、协调到位。在建设过程中，多次到市政府、县政府汇报工作、反映情况，赢得理解和支持；市政府主要领导多次到一线视察，现场办公，督促和协调；县政府领导及有关部门工作人员挨家挨户送政策、讲道理，作思想工作，破解难题，克服困难，完成拆迁工作。

【优良工程打造】 2016年，临汾公路分局成立工程建设质量和工程建设安全工作领导组，明确"两个责任"和"一岗双责"，推进制度管理。签订质量和安全责任状，执行质检程序，落实安全生产办法。推行"首件工程认可制"。在各分项工程开工初，以首件工程现场会的样板示范形式确定标准，由监理工程师具体组织实施。源头管理。通过招投标确定优质设计、施工、监理单位中标；严把进场机械、原材料质量；设立标准工地实验室，对原材料配比、成品质量严格检测，以实验数据指导生产；实行全天候、全方位、全过程、"蹲守式"监理，保持密集抽检，消除质量和安全管理漏洞。检查考核。明确项目部行使管理权，管理人员常驻工地，坚守一线，检查监督，彻底消除质量、安全管理"盲区"；定期组织检查考核，奖优罚劣，保证公路建设的质量、安全和廉洁。

【公路养管新机制】 2016年，临汾市公路分局全局推开标准化公路建设，全面落实，实现公路段机构设置、人员配置、资金管理、养护管理、文明创建"五化"标准，使每个公路段都成为管理科学、运行高效的养护管理专业单位。

【"八比八看"活动】 2016年，临汾公路分局开展"八比八看"专项活动。坚持问题导向，经过逐千米调查登记，摸清路况现状，按年限分几个等次梳理路面、路基、桥隧、安全隐患存在的问题；多渠道筹集资金，按照切块资金用途，区分轻重缓急，科学合理安排和使用养护资金。70%切块资金年初下达各公路段，30%切块资金2246万元，与自筹资金997.8万元，与争取的隐患治理资金583万元通盘考虑，投入3826.8万元，安排养护工程14项；制定"十三五"养护管理对策，路面、路基、桥隧、隐患治理逐年分步实施；对于不同路面病害分别采取贴缝、灌缝、人工刷油罩面、机械喷油罩面等措施，日常养护资金投入1500万元。与分局养护"三大战役"结合起来，每个战役开始前和结束后都要召开安排部署和总结会，奖优罚劣、奖惩兑现、表扬先进、鞭策后进。

全省养护管理"八比八看"活动现场会
在临汾召开

【公路环境改善】 2016年入冬以来，临汾市公路分局召开动员安排会，印发工作方案，强化大气污染防治工作组织领导，提高干线公路养护保洁质量，开展治理车辆抛洒污染专项行动，净化施工环境，推进环境保护应急工作，防治并举，主动应对，全力保障辖区空气质量。采取填补路面坑槽、机械清洗隔离带护栏、清扫路面、清理垃圾杂物、冲洗灌木树丛等措施,防止二次扬尘。坚持每日向市环境保护办公室上报情况,出动清扫车 69 辆、洒水车 88 辆、农用车 252 辆、人员 3557 人,清扫路面 3447 千米、清理垃圾 6002 立方米、清洗路面 396 千米、清洗护栏 427 千米。

【基础工作开展】 2016 年,临汾公路分局各超限站坚持 24 小时不间断检测。9 月 21 日至年底,按照新的治超标准,依法治理短途非法超限超载车辆,加强流动稽查,打击驳载绕卡行为,注重防范闯卡堵卡事件,实现“零超限、无三乱”目标。巩固规范化建设成果,保持“六统一”工作格局。加大科技治超步伐,在秦岗站安装高速预检系统,良马站试行“治超电子警察系统”,公安交警驻站办公,实施“一超四罚”,建立健全公安交警与公路路政的联勤联动执法机制。

【依法行政】 2016 年,临汾公路分局开展精细化管理,落实执法目标责任制,完善岗位工作职责,建立过错责任追究制度,防范不作为、乱作为行为。推进执法队伍建设,落实“五不准”“十条禁令”,开展专项整治。组织人员对近三年来的行政处罚、行政许可案卷进行梳理评查。按照“一个窗口受理、一次性告知、一条龙服务、一站式办结”行政审批运行模式,落实 AB 角工作制和限时办结制,办结超限运输许可,行政许可全过程做到“零差错”“零投诉”。开展“路政宣传月”活动,设立固定宣传标语 126 处、出动宣传车辆 538 千米/75 辆次、散发宣传材料 6 万余份、张贴宣传画 3073 余份,电视宣传 2240 分钟/69 次。结合全市治理大气污染行动,开展治理货运车辆“抛、洒、滴、漏”污染路面专项活动。

【安全工作】 2016 年,临汾公路分局围绕“安全第一,预防为主,综合治理”方针,落实上级有关安全生产的会议和文件精神,制定印发安全生产工作要点、应急管理工作要点、“十三五”应急救援演练计划。建立健全安全生产责任体系,推进分局安全生产主体责任落实,签订《安全生产目标责任书》《安全生产“一岗双责”责任书》,局属各单位全力构建安全生产责任“五覆盖”“五落实”和“五到位”安全生产格局。围绕安全工作“全覆盖、零容忍、严执法、重实效”工作要求,做好隐患排查工作,开展施工地安全检查、挂牌督办隐患点整改检查等各类专项活动,确保全局安全生产形势稳中向好。分别对 33 个局属单位进行冬季、春运、春季安全检查,编写《从业人员安全操作规程》。强化应急工作,落实 24 小时领导带班值班和信息报送制度,充实应急物资和装备器材,确保发生事故时应急预案及时启动,突发事件妥善处置。

大西高铁临汾西站

【概述】 临汾西站是侯马车务段管辖的二等客运站,现有干部职工 82 名,图定列车 72 列,其中日常线 61 列(含周末线),高峰线 11 列,日均发送旅客 7600 余人,高峰期旅客发送量达万人以上。车站设有 8 个人工售票窗口、8 台自动售取票机、14 台进出站闸机,综控、消防设施各一套。设到发线 5 条、大型养路机械停留线 1 条、工务轨道车库线、接触网作业车库线各 1 条、抢修列车停留线 1 条、折返线 1 条、安全线 1 条。

【“体验高铁、如家尧乡”】 2016 年,大西高铁临汾西站聘请美术创作专业人员,在候车室内以油画形式制作以“帝尧之都”和“大美临汾”为主要内容的宣传专板,通过文图创作反映尧文化、展现新临汾,使旅客通过阅读了解古尧文化和临汾发展的新变化。以各种服务标识、温馨提示、流程引导等内容为主的“无声引导”服务,让旅客感受尧文化,看到高铁车站安全标准、规范有序的特色。统一设计“尧都新旅”标识,在为旅客提供服务的各个场所(如服务台、供水处)、物品(如纸杯、旅客座椅)统一标明服务标识,在有形中以潜移默化的方式得到旅客的认知认同。

【“高铁行、亲情家”】 2016 年,大西高铁临汾西站设置“商旅导航”台。在候车室“旅客服务台”为旅客提供临汾市内及周边旅游景点介绍、乘车线路指南、票务信息查询、中转出行建议、商贸食宿信息服务。成立“好帮手”服务队。服务人员统一着装(橘红色服装),为进出站旅客提供方便行李车、为乘车旅客提供扶老携幼服务。满足旅客旅行需要,在客运值班室配备残障轮椅、暖情雨伞、方便餐桌、救护担架、扶残双拐、老年花镜、婴儿奶瓶等用具备品。完善“及时贴”服务项目。为旅客提供手机充电、一次性饮水纸杯、失物找寻、健康问询、急救药品、便民针线、小件寄存等服务项目。设立“文化怡情站”。以介绍尧乡文化、报刊借阅、资讯信息为主。开通“心相印”微信台。开设临汾西站“尧都新旅”微信公共服务号，通过“点对点”的微信服务，向旅客发布高铁旅行与票务信息、列车运行实时播报等信息内容。增加“亲情加油站”。针对“老、幼、病、残、孕”等重点旅客提供专人照顾、专区服务、送水到手、提送行李、乘车帮困等服务项目。

临汾西站服务旅客

【“长途公交导向”】 2016年，大西高铁临汾西站在高铁站揭示公交线路图、长途汽车总站的发车方向，直观明示方便旅客，实现服务旅客最后一千米、铁路公路无缝衔接式的便民服务，提高下车旅客的归属感。

【“中转换车导乘”】 2016年，大西高铁临汾西站对于中转换车在15分钟内的旅客车站在春运期间提供“导乘”服务，站台和出站口工作人员联系互控，确认换乘车票信息、引导旅客进站走向、提示安全注意事项，为换乘旅客提供无需出站快捷、便利的人性化服务，提高换乘旅客的方便感。

【“餐饮商品导购”】 2016年，大西高铁临汾西站发挥临汾西站一层商业广场的商业职能作用，在“尧都新旅”服务台增设餐饮商品导购服务，为乘车旅客介绍尧乡土特产、地方名优小吃，弘扬“尧文化”中“和睦友善、亲情一家”的文化与精神，提高外地旅客的亲切感。

【“特殊重点旅客帮携”】 2016年，大西高铁临汾西站成立特殊重点旅客（需要使用残障轮椅、救护担架、扶残双拐和行李较多旅客）服务帮扶队，提供专人照顾、专区服务、提送行李、乘车帮困服务。通过车站服务人员专项服务过程中的微笑服务、贴心服务、方便服务、礼仪展示等和善行为创新服务新形象。

【“特殊需求旅客帮服”】 2016年，大西高铁临汾西站为特殊需求旅客（孕妇、哺乳期婴幼儿）提供私密空间，开辟母婴室；为老人、儿童提供老花镜、放大镜、老年锤、儿童玩具、阅读书籍等特殊服务用品，温暖旅客拉近距离，创新服务新内容。

【“物品遗失旅客帮转”】 2016年，大西高铁临汾西站开辟旅客服务热线0351－2146319，由专人负责车站与列车、车站与旅客、车站与12306间的旅客遗失物品接转互动联通，想旅客所想、急旅所急、帮旅客所需，创新服务新举措。

【“爱心服务一卡通”】 2016年，大西高铁临汾西站将印有“尧都新旅”标识和服务内容的“爱心卡”，放置在各个服务岗位，当旅客遇到困难持“爱心卡”需要帮助时，工作人员提供全程陪同服务。

【“失物转交一线通”】 2016年，大西高铁临汾西站将全线高铁站干部、客运值班员和各次列车长的联系方式编印成通讯录，当旅客遗失物品后，在第一时间帮助旅客寻找遗失物品，实现“一线通”服务。

【“旅行规划一路通”】 2016年，大西高铁临汾西站依据火车换乘时刻、公交线路、旅游景点，为旅客规划设计去往京津、西南等地区以及附近旅游景区方案。

【“客服功能一表通”】 2016年，大西高铁临汾西站借鉴旅游区景点线路示意图的做法，以卡通图、国际通用符号等形式，绘制高铁车站布局平面示意图，以广告牌的形式摆放在候车室前面，使旅客一踏进站区就能对各个功能区了解清楚、看得明白。

临汾民航机场

【概述】 2016年，是临汾机场由建设转为运营的第一年，筹建处贯彻上级会议精神，坚持“飞行安全、廉政安全、真情服务”三条底线，推进“抓基层，打基础，苦练基本功”三基建设，奋力拼搏，提质增效，实现临汾民航事业持续安全发展的良好开局。

【全年主要目标任务基本实现】 2016年，临汾机场按照“完善网络布局，服务地方经济发展”工作思路，推进与国航、南航等航空公司合作，迅速打通“北上广”，开通7条航线，通达11座大中型城市，形成“东西贯通，迎南联北”的航线网络布局。加大市场营销力度，赴17个县(市、区)在广场、商场等人群聚集地开展航线时刻、优惠政策宣传。深入师大、文理学院等高等院校现场售票，方便师生往返出行。探索“民航+旅游”一体化发展模式，与荷花园开展深度合作。采取航线营销推介会、改革销售策略等多项措施，提前两个月完成年初估算的15万旅客吞吐量目标。截至12月31日，完成旅客吞吐量19.59万人次。完成货邮吞吐量235顿，保障航班起降2162架次。保障完成春运、专机、各类小长假、G20峰会等重大运输任务，未发生任何事故征候及安全质量问题，实现2016年度安全责任目标。被民航华北地区管理局评为“航空安全生产责任制考核达标单位”“安全生产月先进单位”“服务质量提升专项行动先进单位”，在华北地区“平安民航”考核中获得第二名成绩。

临汾=桂林首航

【安全管理体系基本形成】 2016年，临汾机场层层签定《安全生产目标责任书》，规范从业人员生产活动，搭建起科学高效的安全管理体系。开展内部审计，安全运行标准。通航不到一个月，机场便抽调各部门业务骨干组建内审小组，开展为期三个半月的内部安全审计工作，逐条对照民航总局1950条行业标准，从综合安全、空管保障等7个模块入手，梳理出1860条适用项，修订完善运行保障流程和安全管理制度中存在的薄弱环节、缺失部分及不符合工作实际的流程节点，确定《机场使用手册》《航空安保方案》等公司级管理手册7项，配套建立安检护卫、地面保障等部门级管理手册6项，梳理优化通导、配载等岗位作业指导书58册，搭建起公司级、部门级、岗位级三级手册，确保各项工作流程和工作节点能够环环相扣，做到“文文相符、文实相符”。

【隐患排查机制】 2016年，临汾机场解决安全隐患。按照“隐患就是事故”工作理念，制定《隐患排查治理工作制度》和《2016年安全检查计划》，组织开展综合性安全检查5次，危险品、空防安全等专项检查8次，春节、国庆等节前检查7次，发现安全运行问题135项，下发整改通知单60份，完成整改。配套建立隐患排查机制，截至2016年底，全年发现可管控类一般隐患88项，整改完成75项，整改率为85.2%；对于短期内无法完成整改的隐患，全部采取管控措施，将其纳入2017年重点整改项目，确保安全隐患及时消除。

【应急演练】 2016年，临汾机场提升应急处突能力。在应急管理体系建设方面，出台《突发事件应急预案管理办法》和《应急救援预案目录》两项总纲，编订完成《临汾市处置民用航空器飞行事故应急预案》等3项政府级预案，制定《航空器场外失事应急救援预案》等29项救援预案，完成“换季综合演练”等17项方案的实施。搭建应急救援体系，注重应急演练的实战性和可操作性，组织开展“航班大面积备降应急演练”“反恐制暴实战演练”等6次公司级综合演练、“大面积航班延误应急演练”等103次单项演练以及69次消防应急拉练。机场与市公安、武警、消防、人民医院及当地驻军签订应急互助救援协议，建立起联动应急机制，提高保障人员的突发事件专业操作能力和应变能力。

【专业保障能力提升】 2016年，临汾机场以“提技能”为落脚点，通过“师带徒”进行“严考核”，开展安检、配载、机务、强弱电等岗位业务培训近200次，有224人考取上岗资格证书，具备独立上岗能力，其中初级资质117人、中级资质57人、从业资质50人，160名员工获得危险品培训合格证，形成专业化基础平台。

【提升品牌竞争力】 2016年，临汾机场成立“真情服务监督管理办公室”，按照优质服务标准，梳理候机楼服务、特殊旅客保障、航班延误处置等服务流程，建立起“妈咪小屋”，为广大女性旅客和儿童提供便利。由于前期公交线路未开通，每逢上下班期间，员工主动送旅客。全年组织开展“新春送福”“九九重阳，奉献爱心”“航空科普蒲公英计划”、建立“连心桥”等服务活动，贯彻“真情服务暖人心，人民航空为人民”的宗旨，提升服务品质，旅客满意度4.35分，全年运行保障期间未发生任何责任原因造成的重大服务质量投诉事件和社会关注度高的负面影响事件。

交通运输

【概述】 2016年，临汾市交通建设投资加大，主要指标持续快速增长。完成交通固定资产投资63.61亿元，其中高速公路43.32亿元、国省干线公路2.67亿元、农村公路9.2亿元、公交车7亿元、公共自行车和客货运站场1.42亿元。全市公路通车里程18498千米，同比新增253千米，全省排位第一；公路密度91.24千米/百平方千米，同比增加1.25千米，高于全省平均水平。全市新增通客车建制村23个，建制村通客车率达94.53%，同比增长0.98个百分点。

【农村公路建设】 2015年，临汾市新建改建农村公路915千米。其中，县乡公路完成路基180千米，完成路面152千米；旅游公路开工88千米，完成路基47千米，完成路面13千米，其中翼城舜王坪旅游公路作为山西省第一条政府购买服务模式的项目在全省率先开工；完善提质工程完成358千米；村通水泥（油）路完成392千米。深化农村公路管养体制改革，强化主体责任，落实管养资金。全市17个县（市、区）县级养护资金全额列入财政，足额到位，为农村公路的日常养护提供资金保障。在霍州、尧都、大宁、曲沃4县（市、区）试点开展“四好农村路”创建活动，实施“农村公路管养示范工程”，推行精细化、规范化管理，公路管养有新起色，全市县乡公路养护优良率77%。

【城市公共交通】 2015年，临汾市在城市公交发展上，投资7亿元，新增更新732辆纯电动公交车，占全省1544辆的47.4%。投资2.6亿元，新购200辆纯电动公交车，配套建设5个公交充电站，安装74个充电桩，市区纯电动公交车423辆，实现临汾市区公交电动化全覆盖。临汾市作为全省首批5个交通一卡通试点城市，城市公交一卡通互联互通工作推进顺利，各项基础性工作基本完成，通过联网测试。在公共自行车项目上，在市区规划建设公共自行车服务点183个，投放公共自行车5055辆，项目于11月16日正式投入运营。在出租汽车行业改革工作上，起草制定《关于推进出租汽车行业改革发展实施方案、《私人小客车合乘暂行管理办法》《网络预约出租汽车经营服务管理实施细则》。

【道路运输管理】 2016年，临汾市交通运输管理局开展“打非治违”专项整治，出动执法人员10625人次，出动执法车辆1895台次，查扣无证营运车辆53辆次，纠正违章919起。完成12946辆黄标车淘汰注销工作。在驾培市场整治上，检查驾校34所600余次，取缔非法招生点40余处，规范便民招生点20余处，查扣非法教学车辆30余辆。在现代物流发展上，培育物流龙头企业，发展甩挂运输、联盟运输，投资0.7亿元建设兴荣物流园区工程。在水运管理上，加大对水库、公园等水域船舶的监管，组织开展水上应急搜救演练。加快邮政转型升级，全市邮政快递业务量完成880.2万件，同比增长75.13%；快递业务收入完成1.38亿元，同比增长64.03%。临汾民航机场开通7条航线，通达北京、上海、广州等11个大中城市，保障飞行2218架次，旅客吞吐量突破20万人次，货邮吞吐量达148吨。

【临汾民航机场通航】 2016年1月25日，天津航空EMB190执飞的临汾—海口GS6532航班在临汾民航机场平稳起飞，标志着经过8年的筹备建设，临汾民航机场正式通航。陆航学院训练部部长傅裕军、陆航训练基地司令员孙武、民航山西监管局局长孙剑英以及市领导王文英、黄翠莲、李东洪、王振富、柴高潮、王醒安、陈忠辉、陈玉士、张成梁以及市公安局局长马德荣出席临汾民航机场正式通航暨临汾—海口首航仪式。市委常委、常务副市长赵建民主持仪式。

临汾民航机场位于临汾市尧都区乔李镇北，机场占地面积约139.067余公顷，总投资约12.87亿元。工程按目标年2025年旅客吞吐量187万人次、货运量 6200 吨规划建设。该机场为国内 4C 级支线机场,可满足波音 737 — 800、空中客车 320 等系列飞机的起降,机位数 9 个。临汾机场正式通航后,进一步完善临汾市综合交通体系,开启临汾融入世界、世界走进临汾的空中通道,构筑临汾市公路、铁路、航空“三位一体”的立体交通网络。

【道路危货运输突发事故应急处置演练】 2016 年 6 月 8 日,临汾市组织开展道路危险货物运输突发事故应急处置演练,市安监局、交通局、交警支队等相关部门及 16 家危险货物运输公司的从业人员观看演练。临汾市辖区内现有危货运输企业 16 家,主要运输 5 大类、24 种危险货物,危险货物运输车辆共 1105 辆。该次演练目的在于加强道路危险货物运输安全生产管理,提高道路运输行业对突发事件的应急反应速度和应急抢险能力,维护人民群众生命财产安全,确保发生危险货物运输事故时,能以最快速度、最大效能有序实施救援,把事故危害降到最低,提高交通行业应对突发生产事故的综合能力。

【浍河水库举行应急演练】 2016 年 9 月 22 日,临汾市在曲沃县浍河水库举办应急演练。临汾市地方海事局、曲沃县安监、公安、海事、卫生、浍河水库管理局等多个部门联合参加该次应急演练。演练模拟恶劣天气、船舶失去动力 、“火灾”等事故,启动应急救援预案,进行救援。通过演练,提高应对水上交通突发事故的快速反应能力、应急处理能力和协调作战能力,加强水上运输管理,提高水运员工安全意识。

【舜王坪旅游公路改造工程】 2016 年 9 月 13 日,临汾市翼城县舜王坪旅游公路(南坡至蟠桃岭段)改造工程项目启动。舜王坪旅游路改造工程,是翼城县“十三五”公路建设规划的“一号工程”,全长 42.6 千米,总投资 1.1 亿元,纳入到委托代建政府购买服务农村旅游公路项目建设计划中,由山西路桥集团有限公司承建。工程起点位于南梁镇南坡村,经二曲、孙家、张家腰、梁家后、候家坡、西闫镇、十河至蟠桃岭。

【公共自行车投入使用】 2016 年 11 月 16 日上午,临汾市在市区平阳广场举行公共自行车启动仪式。市委副书记、市长刘予强,市政协主席陈小洪,市人大常委会副主任张学伟及市政府办公厅、市交通局、园林局、节能办等部门,尧都区、临汾经济开发区相关负责人出席启动仪式。首批 70 个公共自行车服务网点正式投入使用,2000 余辆自行车安装到位。公共自行车项目是临汾市创建“国家节能减排财政政策综合示范城市”的重要举措,是临汾市委、市政府推行的一项惠及民生、服务民生的重点工程,对于完善公共交通体系、缓解城市交通压力、提高城市品位、促进经济社会发展起着重要作用。工程分为近期、远期规划,近期规划建设 183 个公共自行车服务站点,投放公共自行车 5055 辆,同步配套 6615 个锁车器、20 个管理服务厅、1 个调度指挥中心以及自行车存放库房、配件库房、维修车间,服务站点主要分布在商业网点、居民小区、大专院校等处。远期规划拟在 2020 年建设 585 个服务站点,投放自行车 17238 辆。近期 183 个服务站点全部投入使用后,每年预计减少二氧化碳排放量 14660 万千克,减少二氧化硫排放量 441 万千克,对全市降低能源消耗、减少环境污染、改善空气质量会起到良好作用。

【临汾成为全省首个纯电动公交城市】 2016 年 12 月,第二批 200 辆纯电动公交车投放使用,临汾公交公司 423 辆公交车全部由传统车辆替换为纯电动,彻底告别传统燃油、燃气车,真正进入纯电动的绿色公交出行时代。12 月 20 日,临汾市区第二批 200 辆纯电动公交车在高铁西站公交停车场启动投放。临汾市市委书记岳普煜、市委副书记、市长刘予强、市政协主席陈小洪、市人大副主任张学伟及相关单位领导出席启动仪式。纯电动公交车的投放会改善市区空气污染严重、交通拥堵严重的现状,满足市民出行需求。

【应对雾霾重污染天气】 2016 年,临汾市交通运输管理局针对冬季雾霾重污染天气预警,做好交通运输行业防止雾霾重污染治理工作。成立机构,落实责任。加大公路巡查力度,对城郊重要路段加大频次重点管控,实行全天 24 小时不间断巡查;货运车辆不得敞篷运输,造成道路抛洒的进行严格处罚;推进对市区周边管辖路段的道路清扫养护,减少二次扬尘污染;严禁营运黄标车、老旧车辆上路行驶。下发通知要求各县(市、区)交通运输部门落实各项防范措施,做好防抗雾霾的各项准备。连夜督查,确保成效。11 月 18 日晚 9 时,局长白建成带相关成员单位负责人,对城郊临汾内环一级公路 108 国道临汾过境段、南环路段、西北环段的道路清扫保洁抑制二次扬尘问题和货运车辆敞篷运输抛洒问题进行连夜督查，要求增派交通路政执法人员全天24小时开展路面巡查，确保货运车辆不抛洒、无污染。广泛宣传，绿色出行。根据市气象台重污染天气环境黄色、橙色预警信息发布情况，在市区公交车及出租车的液晶显示屏上飘字宣传，突出雾霾污染治理，倡导绿色出行。加快市区新购200辆纯电动公交车各项手续办理，确保尽快投入运营，实现市区公交车电动化全覆盖；加快公共自行车建设进度，建成183个服务站点投入运营5055辆公共自行车，实现市区公共自行车全覆盖。

・客运管理・

【概述】 2016年，临汾市客运管理处围绕"维护行业经营秩序，规范企业经营行为、强化服务质量考核、保持行业稳步发展"总体思路，各项工作有序推进，完成既定工作任务，城市客运管理呈现出持续向好、平稳健康发展态势。

【城市公交】 2016年，临汾市客运管理处推进城市公交优先发展。全市全年新增更新纯电动公交车175辆，完成临汾市新增更新新能源公交车107辆任务的164%，超额完成任务。新增公交线路7条，延伸公交线路4条，新增延伸公交线路194千米。市区公交车309辆(纯电动公交车223辆)，万人拥有公交车9.97标台，空调车比例100%，公交线路25条，线路里程715千米，出行分担率16%，群众满意率98%。新能源公交车404辆。

【出租汽车管理】 2016年，临汾市客运管理处树立"管车先管人"理念，加强驾驶员素质教育。加强服务质量信誉考核。实行服务质量信誉考核同经营许可和驾驶员注册挂钩，对市区经营权到期的1808辆出租汽车通过服务质量信誉考核，进行经营权许可延期。对38名B级出租汽车驾驶员进行清零培训。严格出租汽车资质审验。市区1670辆出租车通过审验(报废更新中192辆)，换发出租汽车运营证副本。该次审验，恰逢鼓楼南北街改造，本着"深入一线、科学安排、简化程序"原则，采取措施。服务进企业、节假日不休和延长工作时间，运用网络办公平台，同步查询车辆及驾驶员基础资料，简化审验程序，实行一站式服务，节省时间，提高效率。结合审验工作，同从业者面对面，一对一进行行业政策和法规宣传，重点突出服务质量信誉考核在行业管理中的重要性和必要性，强调服务就能赢得市场，明白服务就能产生效益。采取资质审验同安全生产监督相结合的方式，将安全设施审核纳入其中，及时排查车辆安全隐患，审验中排查各类安全隐患141起，现场整改112起，限期整改29起。开展出租汽车驾驶员年度继续教育和岗前培训工作。全年完成驾驶员岗前培训8期1093人，考核合格发证800人。市区出租汽车驾驶员年度继续教育工作开班12期，3129名驾驶员参加继续教育。推进市区出租汽车电动化。调查研究结合市区出租行业现状，拟定完成《临汾城区客运出租汽车电动化工作方案》，征求相关部门意见，逐级上报市政府，推进电动化出租汽车的推广工作。

【出租汽车行业改革】 出租汽车行业改革是全面深化改革的重要内容之一，国务院办公厅《关于深化改革推进出租汽车行业健康发展的指导意见》和《网络预约出租汽车经营服务管理暂行办法》两个文件出台后，临汾市客运管理处于2016年9月5日至6日承办"全市深化出租汽车行业改革宣贯培训班"，向全市城市客运管理人员结合案例，讲解解读两个文件精神。起草完成《临汾市推进出租汽车行业改革发展的实施方案》《临汾市网络预约出租汽车经营服务管理规定实施细则》(试行)《临汾市私人小客车合乘暂行规定》(试行)三个文件，完成发改、经信、人社、公安、工商、质检、商务等相关部门意见征集及修改完善工作，形成讨论送审稿上报市政府。

【优化客运环境】 2016年，临汾市客运管理处以"冬季行动"为契机，联合交警、运管等部门，集中开展城市客运市场专项整治行动，加大路查路检、考核力度，针对非法营运、无证上岗、私抬运价等违法违规行为进行打击，查处非法营运及套牌出租车27辆次(移交运管5辆次)，违规出租车243辆次，规范考核出租车辆2300余辆次，根据服务质量信誉考核扣分153辆次，规范驾驶员经营行为。2016年，针对私家车利用滴滴打车平台参与非法营运现象，采取定人、定点、定岗的方式，关注行业动态，防止其发展蔓延，应对和处理行业矛盾，将矛盾化解在萌芽状态。应对和处置2次集体上访事件。畅通沟通渠道。在企业显著位置悬挂城市客运服务监督信息公开栏，明确责任领导、稽查队责任人及投诉中心责任人，建立完善"管理部门—企业—经营者"联动机制,搭建沟通交流平台,公开服务监督。鼓励群众举报。针对利用滴滴打车平台、套用出租车专用牌照等方式从事非法营运活动的车辆,一经查实,严罚重处。完善监督机制。组建督查科,负责指导、协调、检查行业日常管理工作,督促相关科室及企业落实工作任务及措施,推行考核奖惩,确保政令畅通。约谈网约企业。联合公安、运管、工商等部门通过约谈方式,告知网约企业招募未经许可车辆从事营运活动是非法的,责令网约企业写承诺书,停止招募,解散招募私家车辆。加强市场监控。对机场、火车站、高铁站、汽车站等人流集散点加强监控,加大对非法营运车辆的打击力度,不给其可乘之机。

【安全生产隐患排查】 2016 年,临汾市客运管理处加大安全生产检查力度,按照"全覆盖、零容忍、严执法、重实效"的总体要求,成立安全生产检查督导组,组织开展安全生产大检查,排查安全生产隐患,堵塞安全监管漏洞,落实安全生产措施。督导组深入 17 个县市,24 家企业,排查安全隐患 23 起,现场整改 15 起,限期整改 8 起,整改率 100%。组织开展城市客运行业安全生产应急演练,通过模拟演练活动,充实和完善安全应急预案,使其更具有应变性和可操作性,提高客运企业应对突发事件的应急救援组织指挥和处置能力,增强从业人员安全意识和自我保护意识。

·城市公交管理·

【概述】 2016 年,临汾公交新购 200 辆纯电动公交车,新建 5 座公交快速充电站,新建公交智能调度中心,总投资 2.6 亿元。使市区纯电动公交车达 423 辆,市区线路纯电动公交车全覆盖,线路设置更加合理、引领作用更加明显,城市大公交格局初步成型。

【优化公交线路】 2016 年,临汾公交新开通 9 路、16 路、102 路公交线路,公交线路增至 26 条,线路覆盖市区主要道路,公交硬件得到改善。102 路实现城西客运站、高铁站、城北汽车站、乔李机场无缝隙对接、零距离转乘,全方位的服务广大市民。2016 年延伸 6 条线路:4 路、6 路、11 路、15 路、106 路、107 路,加大公交运行服务格局。

【抗击雾霾免费乘车】 2016 年 12 月 16 日,根据山西省大气污染工作领导组办公室《应对重污染天气调度令》〔2016〕6 号及临汾市大气污染防治指挥部《应对重污染天气调度令》〔2016〕5 号有关精神,市交通运输局、市客运办的安排部署,启动重污染天气红色预警措施,决定从 12 月 17 日起,启动重污染天气红色预警期间市区公交车免费乘坐应对保障措施:市区公交车免费乘坐(含 201 路),公交备用车辆全部上路,增加运营班次,延长公交运营时间,市区主干线路首班提前 30 分钟,晚班延时 90 分钟,边远线路晚班延时 30 分钟。

2016 年 12 月 31 日,根据临汾市大气污染防治指挥部《应对重污染天气调度令》〔2016〕7 号有关安排及最新通知,决定从 2017 年 1 月 1 日起,启动重污染天气红色预警期间市区公交车免费乘坐应对保障措施:市区公交车免费乘坐(含 201 路),公交备用车辆全部上路,增加运营班次,延长公交运营时间,市区主干线路首班提前 30 分钟,晚班延时 90 分钟,边远线路晚班延时 30 分钟。

【建设高标准充电站】 2016 年,为确保新增 200 辆纯电动公交车正常运营,新建 5 座公交充电站,分别是兴荣物流公交充电站、新医院公交充电站、屯里公交充电站、锦悦城公交充电站、五一东路公交充电站,安装 74 个充电桩。

·高速公路管理·

【概述】 2016 年,临汾市高速公路建设进展顺利,重点项目建设步伐加快。全市续建高速公路 148 千米,项目总投资 111 亿元。吉河高速公路于 9 月 9 日全线通车;长临高速公路路基成型 48 千米,桥梁工程完成总工程量的 73%,隧道工程完成总工程量的 70%;霍永高速西段二期工程路基工程基本完工,桥梁工程完成总工程量的 80%,隧道完成总工程量的 76%。干线公路完成国道 209 线鲁家河至十里河段吉县过境改线工程、省道洪永线车家坡至岔口段改建工程等 41 千米。滨河东路和南环路立交桥、屯里桥加宽和滨河东西路互通项目完成各项前期工作。霍州七里峪二级客运站基本完成,汾西客运站完成主体工程,翼城客运站完成基础工程。

交通运输执法

【概述】 2016年，临汾市交通执法系统围绕改革发展任务，坚持依法监督，推进行业管理，以执法监督为中心，各项工作稳步推进。全局全年办理行政监督案件213件。执法监督案件189件，治超监督案件9件，安全生产监督案件3件，收费监督案件2件。被省局评选优秀案卷9件。

【执法监督】 2016年，山西省开展公路执法专项督查工作，临汾市交通执法局成立专项工作领导组，细化工作任务，明确责任分工，对辖区内的所有公路执法单位、收费单位以及窗口服务单位进行全方位的督查。市局组织在全市范围内对《山西省城市公共客运条例》实施情况开展执法监督，为规范城市公共客运市场秩序，维护乘客、经营者和从业人员的合法权益，保障城市公共客运安全，促进城市公共客运事业发展发挥保驾护航作用。

【安全生产监督】 2016年，临汾市交通执法局成立专项检查组，按照省局文件要求的34项检查内容，对全市74家单位进行安全生产专项检查，市局专项检查小组由分管局长带队，对临汾市交通局、运管局、路政支队、海事局，临汾高速、临吉高速公路建设管理处和临汾公路分局进行检查，全市各分局对辖区内所有交通单位进行检查，形成专项检查报告。

【治超监督】 2016年，临汾市交通执法局督查支队、各分局明确对本辖区治超执法单位、执法人员的职能职责，健全交通局系统、公路系统、高速公路系统台账管理，监督源头治超、路面短途治超、超限检测站运行情况，开展源头治超专项监督，落实治超监督责任，解决监督不平衡问题。对交通运输部9月21日起施行的《超限运输车辆行驶公路管理规定》，重点解读新的公路货运车辆超限超载认定标准，掌握文件精神和具体要求，确保能在治超监督工作实践中熟练运用法条，规范管理、依法行政。依托超限检测站、服务区等场所，加大对超限运输车辆通行证的监督力度，优化治超监督措施、拓展治超监督思路。

【执法评议“回头看”】 2016年，临汾市交通执法局根据省局安排的2015年度执法评议考核工作“回头看”专项检查工作部署，由副局长宋志安带领相关科室人员梳理2015年评议考核工作，组织人员按照规定时间跟进被检查单位开展工作。

【审计监督】 2016年，临汾市交通执法局根据省厅、省局安排，牵头组织相关审计人员完成对国道209线隰县曹城至大宁前楼底段改建工程和108国道霍候一级路路面改造工程竣工决算审计。4月至6月参加省厅组织的关于开展银行账户专项审计“回头看”的审计检查，对临汾公路分局、临汾高速、临吉高速、临汾环城高速及连接线工程建设项目部、临汾交通执法局5个单位162个银行账户进行审计检查。下半年，组织对局属汾西、翼城、蒲县等8个分局办公场所修缮工程进行竣工决算审计。组织开展对30%的基层单位经济责任审计。对市局及基层单位国有资产全面开展清查工作，促进资产管理与预算管理有机结合。根据省厅工作安排，组织对永和至永和关高速公路跟踪审计。

【案件质量严把关】 2016年，临汾市交通执法局制定行政监督计划，对基层各单位全年案件办理数量、质量和每一季度的案件办理数量、质量均作出明确要求，每季度通报各分局完成情况。规范案件考核制度，每季度的案卷评查严格把关，对于案由简单、质量较低，社会影响力小的案件启动核减程序，每季度定期核减，保证案件办理数量和质量。

【督导检查破难题】 22016年，临汾市交通执法局成立业务督导小组，由局长带队深入基层严格督查，通过看巡查日志、业务报表、基础资料等内容，检查各分局业务工作开展情况，业务科室长与各分局业务骨干就监督工作中存在的问题和不足进行面对面交流，解决案件办理以及案卷制作中的问题和困难。

【志愿服务活动】 2016年，临汾市交通执法局深化学雷锋志愿服务活动，弘扬“奉献、友爱、互助、进步”志愿服务精神。5月，组织12名志愿服务者深入蒲县黑龙关镇邱家窑村进行扶贫帮困，出资近2000元制作党建版面13块，完善该村党支部建设，挤出3万元用于该村中药材种植示范田的开拓和建设。选派人员参加万名干部入企服务，进驻冀东海天水泥闻喜有限公司进行服务，企业实现扭亏为盈。组织志愿服务队深入平阳广场和临汾火车站为临汾市赢取2016山西省旅游发展大会主办权宣传投票1500余票。开展“金秋助学”活动，为全局8名考入高校的职工子女发放助学金2.9万元。开展“送温暖、献爱心”公益捐款15350元。响应市文明办关于救助道德模范郭振江的倡议,在局机关举行“爱心捐款”活动,累计捐款6000余元。做好以交通运输执法监督工作为中心的信息宣传报道工作,全局全年撰写刊发信息简报近千篇,其中多篇被《省局执法信息》《山西交通报》、省交通厅网、交通运输部网、新华网、《山西交通在线》、山西新闻网、黄河新闻网等媒体采纳。

(郭　旗)

无线电管理

【频率台站管理】 2016年,临汾市无线电管理局开展无线电频谱使用评估专项活动。开展无线电频谱使用评估专项活动数据采集工作,历时23天、行程2000多千米,采集数据100G,对全市公众移动通信在用频段和全市卫星地球站数据进行采集、存储并及时上报。开展卫星地球站实地核查工作。按照省局要求,对临汾辖区内的卫星地球站进行逐一核查登记,现有卫星地球站2座。做好G20峰值无线电安全保障工作。8月18日,召开G20峰会无线电安全保障会议。联合广播部门对临汾市的广播电视设备运行情况进行检查,确保G20峰值期间重要无线电频率安全。

【引导对讲机“从模拟到数字”】 2016年,临汾市无线电管理局审批频率2个、台站60部。其中,侯马热电分公司新设超短波数字电台固定台1部,手持台3部;临汾市容监察支队超短波电台数字固定台1部,手持台55部。

【广电系统调频广播电台迁址审批】 2016年,临汾市无线电管理局对浮山县广电差转台迁址申请进行批复。协调乡宁广电调频广播迁址。山西省监测站进行电磁环境测试。

【查处非法电台】 2016年,临汾市无线电管理局,加大无线电干扰查处力度。查处“黑广播”2起、查获设备2套、移动基站干扰2起。查处“黑广播”2起。4月25日在侯马查处一起99.1MHz“黑广播”一起,查扣设备一套;10月20日临汾、晋城两市管理局在侯马查获100.3MHz“黑广播”一起,查扣非法设备一套。查处基站受干扰2起。2月23日,排查临汾联通公司基站干扰。25日排查临汾移动公司柏松基站D频段干扰。

【考试无线电安全保障任务】 2016年,临汾市无线电管理局完成各类考试保障25次,出动人员164人/次、车辆38车/次、监测设备78台/套,发现作弊信号6起,查获5起,消失一起,查获作弊设备6台,移交公安1人。10月15日至16日在职业医师资格考试保障监测中发现1249.750MHZ出现语音作弊信号,技术人员使用PR100测向设备进行定位,在师大文理学院墙外一废弃屋顶上发现无人值守作弊设备1套。16日在169.900MHZ发现数传信号,在查找的过程中信号消失。12月11日大宁事业单位招聘考试保障中,按照监测部署分头开展工作,10时15分左右,监测人员突然发现某频点上出现异常信号。技术人员马上使用专业设备进行测向,当测试至学校西墙外时,发现一作弊人员开始逃窜,在局执法人员和当地相关工作人员配合下,该作弊人员被抓获,当场在其身上搜出数传作弊设备1套。后经公安人员对该作弊人员租住宾馆进行搜查,又发现了相关作弊设备以及作弊的笔记本等设备。在继续监测中,技术人员发现另一频点上出现一语音作弊信号,技术人员快速定位,在考点学校北墙外查获语音作弊设备“黑盒子”1套。12月18日在临汾市33个事业单位考试保障中,上午10时在新一中监测时发现1150.075MHZ上有载波信号,与考试中心联系让他们加强考场巡查,10点05分巡查考场里发现一男子行为异常,公安人员在其身上搜出微型传输设备1套。10时45分,在师大文理学院保障时,在监测中发现1250.200MHZ出现语音作弊信号,技术人员使用PR100测向设备对该信号进行初步定位,将信号锁定在废弃楼房顶部,查获无人值守作弊设备1套。

【监测、检测工作】 2016年,临汾市无线电管理局开展日常监测、监听任务。根据上级监测任务,每月进行不少于3天的24小时监测。开展无线电专项监测工作。按照省局2016年无线电监测行动计划要求,从3月22日开始对调频频段、航空甚高频、U/V对讲专用频段、GSM－R占用频段、气象雷达频段进行监测,利用20多天时间完成频谱评估专项监测。开展黑广播监测。在对广播频段进行重点监测。监测中对侯马99.1MHZ黑广播进行排查。

（张利勇）

电信事业

【概述】 2016年，临汾电信分公司聚焦转型战略，坚持党建统领，以4G业务和光纤宽带两项基础业务为抓手，以互联网＋、天翼高清、翼支付等产品应用为突破，以提高网络质量和服务水平为根本，狠抓执行落实，各项工作圆满完成。收入市场份额提升0.38PP；全年运营收入完成2.12亿元，较去年增幅13％，行业排名第一。

【市场运营】 2016年，临汾电信公司移动业务新增能力加速，质态指标改善，年新增移动用户11.3万户（净增2.2万户），较2015年提升27.5％；4G用户发展快速推进，突破10万大关，4G用户渗透率全省排名第二、4G卡渗透率全省排名第一；移动业务户均流量接近1G，较年初提升400M以上，全省排名第四。宽带净增能力提升，年净增宽带用户2.7万户，份额提升1.6PP，净增量全省排名第三；宽带结构持续优化，年底百兆用户占比68.7％，较2015年末提升66.5PP；新增专线电路407条，净增273条，同比增长19％；新兴业务稳步发展。天翼高清渗透力16.6％，物联网用户数251户，翼支付活跃用户渗透率7.1％，ICT收入完成率完成191.9％，全省排名第二。

【渠道建设】 2016年，临汾电信分公司加强商圈、网格、支局、乡镇渠道建设，新增有效渠道61个，渠道总数361个，提高服务范围和服务能力，通过分类运营和加强服务监督，实现量收双丰收，实体渠道收入同比增长12％，全省排名第三；实体渠道宽带业务新增同比提升13％，实体渠道移动业务新增同比提升28％，全省排名第三。

【网络建设】 2016年，临汾电信分公司重点加大4G网络建设，提升网络支撑能力。4G基站新增入网201个，累计88个，实现市区、县城及乡镇区域的连续覆盖，市区、县城覆盖率分别达到95％和94％以上，高速及高铁覆盖率达到90％以上。提升光宽端到端能力，新建端口19万，FTTH端口能力达到55.4万。其中，农村建设6.1万，达到20.9％。加强骨干层成环保护，IP RAN设备A成环率从16％提升至60％，3G基站成环率达到72％，全省排名第三；4G基站成环率58％，全省排名第二。持续优化传输网络，城域网出口带宽从80G扩容至200G；全年新增通达乡镇光缆136条，通达率100％；全年敷设基站间接入光缆1368段，敷设光缆达3615.89皮长千米。

【提速降费】 2016年，临汾电信分公司落实国家“宽带中国”战略，加快高速宽带建设，推进为“大众创业万众创新”提供支撑，为“互联网＋”行动计划的实施做出贡献，在临汾开展“百兆大提速”活动，2016年固定宽带单位带宽价格下降55％，移动宽带上网流量单价下降37％，对于129元/月及以上档的融合套餐用户，在具备网络能力的条件下，给予免费使用百兆光纤宽带和天翼高清的优惠。率先响应国家号召，全面取消国内长途、漫游费，并率先推行全流量计费（即电话、短信折合为流量、统一计费）。

【服务提升】 2016年，临汾电信分公司以客户满意为目标，打造水平化消费者信任网络，开展新入网关怀、星级服务、流量异常、国际漫游、高额预警、到期关怀等主动服务；推进营业厅服务达标工作，实现自有厅服务显性化、标准化，改善自有厅的投诉处理、厅店环境和服务信息展示。推进服务管控互联网化，通过用户评价的常态化、自动化、互联网化，实现对营业厅服务的即时测评。建设装移修满意度评估机制，推进宽带“先装后付”“24小时修障，超时双倍赔偿”“零拒绝零退单”等多项差异化服务，提升用户服务水平，使《自有渠道服务规范》、投诉率、投诉处理及时率、投诉处理满意率4项服务指标保持在标准要求以上。开展精准扶贫工作。参与信息进村入户工程，开展农民手机培训和农技推广服务工作，让农民不出村、不出户即可享受便捷信息服务；通过物联网等新技术应用助力产业扶贫。

（王连宝）

联合通信

【核心业务发展】 2016年，联通临汾分公司核心业务量质并重发展，终端合约销售占比16.1％，销售量全省排名第四;10M 以上宽带渗透率达到 91.82%,全省排名第六;移动业务存量收入保有率 84.37%,全省排名第八。其中 4G 业务存量收入保有率 89.94%,全省排名第七;3G 业务存量收入保有率 70.69%,全省排名第十;2G 存量收入保有率 98.51%,全省排名第三。举创新流量精细化营销,创新流量销售模式,开通微信公众号订购流量包;组织各类定向流量包、节假日包和流量日包促销活动;针对存量用户由语音型向流量型套餐迁转,提高用户价值,2016 年实现手机上网收入 19147.18 万元,主营收入占比达到 47.13%,全省排名第一。

发挥自身优势,助力社会信息化建设。安排专项资金 2270 万元对平阳广场第一通信枢纽楼中心机房供电系统、安保设施、出口带宽进行升级改造,经临汾市人民政府同意后,拟作为临汾市云计算中心机房使用。成立"智慧城市项目支撑团队",为临汾市"智慧城市"项目建设提供全方位、一站式综合支撑。

【网络能力和运营水平】 2016 年,联通临汾分公司加大重点工程建设力度,网络支撑能力较快提升。移动网络方面,加大 4G 基站的建设力度,室内分布系统建设,4G 基站新建入网 1064 个。固网方面,完成全光网络建设。光改专项行动中,全年改造宽带用户 529 户,新建宽带能力 4.68 万线。新建主干光缆网 341.63 皮长千米,基站接入光缆 64.76 皮长千米。

夯实网络运营基础,提高网络维护水平。优化 104 个 OLT 上行中继带宽至 10G,升级 40 个接入交换机至 10GE;利用替换的 34 个原 2G 基站设备补充至弱覆盖、无覆盖区域;IP 城域网直接接入国家 IP 骨干网出口总带宽扩容至 460G 进行服务创新,提升客户感知。

构建大服务机制为核心,创新管理举措;推进部门协同成立服务质量委员会;启动岗位体验服务流程穿越活动,促进前后台互动;打造 96169 宽带专家品牌优势;落实宽带无条件受理工作;建立网络质量投诉常态化分析制度;以投诉管控为抓手,促进短板改进;以俱乐部活动为载体,增加维系手段,提升客户感知;借助行风评议平台,优化营业窗口服务管理,提升企业形象。

邮政事业

【概述】 2016 年,邮政临汾市分公司有邮政网点 192 个(含空白乡镇局所),其中纯邮政网点 79 个,纯储蓄网点 31 个,综合网点 82 个。全市邮路总条数 34 条,邮路总长(单程)2118 千米;投递道段 430 条,自办汽车邮路 24 条,邮路 1412 千米;委办汽车邮路 10 条,邮路 706 千米;生产用车辆 141 辆,终端设备 487 台;自有房屋面积总计为 26336.79平方米。

2016 年,临汾邮政业务收入累计完成 33368 万元,完成省公司年计划的 104.43%,同比增长 12.74%,全省排名第二;全市邮政总资产 25123.76 万元,成本费用累计完成 37682.52 万元,完成省公司预算目标的 103.37%,劳动生产率16.88万元/人,增幅为 1.71 万元/人,增长率达到 11.27%。

【渠道工程建设】 2016 年,邮政临汾市分公司加大营投网和终端能力建设,全年各类投资 4119 万元。改造投递场地 12 处、办公楼 2 处,增加城南揽投部站,河西邮件处理中心改造完成;更新和新增邮运车辆 135 辆、电动三轮 29 辆、摩托三轮 48 辆;对 9 处网点进行标准化装修改造,更新各类营业终端、设备 200 余台(套);购置 ATM 和 CRS20 台、自助填单机 18 台,制定 VMD 建设计划,做好已建网点的保持和维护工作,支撑金融转型;推进空白乡镇局所补建工作,39 个补白局所于 2016 年 6 月正式运营。

【业务增长】 2016 年,邮政临汾市分公司新增储蓄余额 19.03 亿元,新增保费 7.55 亿元,新增理财 3.13 亿元,较 2015 年同期提高 31.46%;社会存款新增 116.39 亿元,邮政余额规模达到 142.1 亿元,市场占有率为 9.56%,较年初提升 0.24 个百分点;社保卡发放 68.67 万张,新建主题邮局两所,新建金融服务站 579 个;寄递业务实现收入 3274 万元,同比增幅 40.66%,开发有效标快客户 64 户、有效快包客户 95 户,寄递业务市场占有率达 23.94%。实施投递最后一千米改革,升级投递服务工具,增加揽投人员 105 人,改隔日班为逐日班;成立尖刀排队伍,与揽投部站、营业网点互为依托,形成立体加密式的营销网络布局,对标竞争对手，主攻重点协议客户开发；推进社保卡发放工作；邮惠购平台逐步建立，省公司“老邮差”实体店试点运营；建立起“基地＋农户＋平台”销售模式，推动电子商务进农村工作；推进预算体制改革，实行全面预算。

【“临邮乐购”平台上线】　2016年，邮政临汾市分公司按照“邮政寄递＋平台”“线上＋线下”拓展寄递市场的思路，推出临汾当地农产品特色平台“临邮乐购”。一个以农村网点为基础单元，逆向试水电商，主打农特产品牌的线上供销链条基本形成。“临邮乐购”平台的搭建，使临汾市寄递业务改变上门营销局面，变被动营销为主动服务，实现寄递业务跨越式发展。隰县“刁礼情”玉露香梨、吉县苹果、永和红枣、古县核桃等一大批当地优质农产品搭载邮政平台走向全国各地。

【隰县玉露香梨刁礼村科技示范基地揭牌仪式举行】　2016年6月28日，隰县玉露香梨刁礼村科技示范基地揭牌仪式在刁礼村举行。隰县玉露香梨刁礼村科技示范基地是由隰县闫云海玉露香果品专业合作社和中国邮政集团公司山西省分公司、山西省农科院果树研究所共同创建，旨在发挥邮政网络平台和果树所技术服务优势，为广大果农搭建销售平台，提供技术服务，帮助脱贫致富。隰县政府副县长马健民、山西省邮政分销业务局局长丁美岁、山西省果树研究所党委书记李志平、刁礼村党支部书记闫锁保分别致辞并为基地揭牌。隰县闫云海玉露香果品专业合作社和中国邮政集团公司隰县分公司、山西省农科院果树研究所共同签订隰县玉露香梨刁礼村科技示范基地合作协议书。通过举办揭牌仪式、签定第三方合作协议达成合作。

【暑期“三下乡”社会实践活动正式启动】　2016年7月14日上午，临汾市分公司与山西师范大学联合举行2016年暑期“互联网＋”校企合作精准扶贫服务队出征仪式。临汾市分公司党委副书记、副总经理王增红、副总经理杨冰辉、山西师范大学党委副书记薛耀文、团委书记霍其武出席出征仪式，党委副书记薛耀文为服务队授旗。此次合作项目为大学生量身设计，采用“邮政＋销售方＋创业团队”的运营模式，为有意创业的大学生提供政策、技术、产品和管理经验四方面支持。

【跨赛包联“三四五”机制】　2016年10月17日，邮政临汾市分公司启动跨赛包联。设四个包联小组，按照“开好三项会议，落实四项保障，完善五项职责”的总体要求实施包联。开好三项会议，了解所包单位的收入情况、重点目标规划情况，对寄递（投递）业务、金融业务发展情况及政策机制落地情况进行帮扶督办。落实四项保障，从人员、能力、时间、纪律四方面做出明确规定，包联人员实行AB角管理，A角为首问责任人，B角作为补充，AB角为互补关系，各包联小组设问题汇总员，包联期间以问题为导向确保事项落地，包联人员要熟知包联内容，对所包单位（网点）涉及本部门的工作进行包联督导和问题解决。在网点营业、组织作业期间要以调阅资料为主，对基层网点实行问题约谈时，选择在岗人员相对闲暇时段进行。完善五项职责，对综合办公室、市场经营部、人力资源部、计划财务部、金融业务局各专业、职称单位包联事项进行分工和安排。

【“人文始祖、印象临汾”文化活动】　2016年10月15日，由临汾市分主办的“人文始祖、印象临汾，邮储银行杯”蜘蛛侠飞跃人祖山大型文化活动在吉县人祖山风景区举行。活动采取专业联动形式，由函件广告局招商设演唱会、集邮专业举办邮票首发式的形式展开，全市19个县（市、区）公司围绕金融同心圆，以“人祖山”门票资源为媒介，对4000余位客户进行感恩回馈，通过活动拉动储蓄余额增长3000余万元。

永和红枣寄递精准扶贫项目

【永和红枣寄递精准扶贫项目】　2016年10月31日，永和县南庄乡成家村举行“爱心烤房启动仪式暨农产品上行签约仪式”，歌手云飞亲临活动现场。临汾市分公司与永和县中小企业局正式签订红枣寄递线上服务协议。项目启动后,临汾市分公司借助名人效应广泛宣传造势,拉动永和红枣在邮乐网、邮惠购、临邮乐购等平台的销量,从每件寄递收入中拿出一元钱支持当地公益事业,通过实施精准扶贫扩大邮政品牌效应。活动当日销售永和红枣2800余箱,形成寄递收入14000余元,用实际行动支持永和红枣产业发展。

【侯马—南京一级干线邮路】 2016年12月20日,由侯马邮区中心局组开的侯马—南京临时一级干线邮路正式开通运行,当日带运1861袋件。该邮路主要带运出口江、浙、沪方向的快递包裹邮件,单程里程1050千米,侯马邮区中心局发车时间为5∶00,次日00∶30到达南京邮件处理中心。侯马—南京临时一级干线邮路的开通,减少邮件在郑州经转环节,邮件的全程时限加快1天。侯马出口江、浙、沪的快递包裹邮件达到T+2日、T+3日投递,提高用户体验,为临汾、运城抢占电商寄递市场提供网络支撑,引领经营发展。

(卫文静)

快递物流

【概述】 2016年,临汾市邮政业业务收入完成3.15亿元,同比增长20.56%;业务总量完成3.16亿元,同比增长20.42%。邮政传统业务(信函、包裹、印刷品、汇兑业务)基本保持平稳。邮政函件业务完成249.45万件,同比下降62.29%;包裹业务完成2.4万件,同比下降40.89%;报纸业务完成3753.28万份,同比下降8.16%;杂志业务完成159.25万份,同比下降11.74%;汇兑业务完成1.96万笔,同比下降31.23%。快递业务保持良好发展势头。快递业务量完成561.61万件,同比增长66.17%;快递业务收入完成0.87亿元,同比增长54.38%。

【依法行政】 2016年,临汾市邮政管理局按照"全覆盖、严执法、高频次、守底线"工作思路,围绕安全生产、秩序规范、质量提升等开展监管活动,打击违法违规行为,维护行业发展。共对全市591个邮政、快递网点进行检查,出检1210人次,下达整改意见书349份,责令改正通知书34份,检查邮政网点150个,快递网点411个,邮政用品用具企业5个,邮政报刊亭48个,信报箱住宅小区4个。全年作出行政处罚43起,累计罚款122990元,责令10家企业停业整顿。其中,快递业务经营许可类10起,罚款24990元,4起停业整顿;市场秩序类1起,罚款5000元;快递服务质量监管类2起,罚款20000元;邮政行业安全监管类29起,其中,23起罚款68000元,6起停业整顿;普遍服务方面,党报党刊投递不达标处罚1期,罚款5000元。

【编制邮政业发展规划】 2016年,临汾市邮政管理局立足地方经济发展,争取政策支持。联合山西师范大学编制《临汾市邮政业发展"十三五"规划》。5月31日,临汾市城市总体规划发布,提出支持"互联网+物流快递""电子商务+物流快递"发展。邮政业专项规划通过评审。8月23日,《临汾市人民政府关于积极推进"互联网+"行动实施意见》出台,提出四项举措,推进"互联网+"快递工程实施。

【农村市场发展】 2016年,临汾市邮政管理局抓住农村发展机遇,深化行业网络布局。抓住农村地区建设开发机遇,鼓励快递下乡、普服网点布局,抢占农村市场先机。全市135个乡镇设立快递网点436个,乡镇覆盖率89.4%,其中,侯马、襄汾、曲沃、古县、吉县、浮山、隰县7县(市、区)乡镇覆盖率均达到100%。为解决快递下乡难问题,试点推动末端网点资源整合,准许偏远乡镇网点代办多个品牌,至少达到"一乡一点"的发展目标。邮政企业实现36个零局所乡镇恢复运营,乡镇覆盖率实现100%。全市各类邮政网点、快递企业累计1067个,其中,邮政网点243个,快递企业824个,形成覆盖城乡的邮政、快递服务网络。

【支持电商融合】 2016年5月23日,临汾市邮政管理局联合市商务局出台《关于促进快递业与电子商务协同发展的意见》,推动园区、快递+农产品、快递"三进"等工程实施。农村电商发展迅速。快递企业新建农村电商服务站4家,探索建立"农户规模种植—电商收购助销—快递仓储配送"合作模式,销售苹果40余万千克,樱桃1.5万余千克,带动快递业务量5.6万件,实现销售额240余万元,快递业务增收43万元。坚持政府搭台,企业唱戏。8月,组织全市主要快递企业走进电商企业考察调研;10月10日,组织召开全市快递电商企业牵线搭桥会，为电商快递合作创造条件。不少快递企业逆向试水电商，如韵达快递经营的山西省富品阳电子商务有限责任公司利用网络优势，深入布局电商，成效显著。

【快递网点进校园】 2016年，临汾市邮政管理局寻求解决破冰“三进”难策略。搭建平台，提供企业高校对话机会，协调解决双方高度关心的校园安全、网点整合、勤工俭学、经营用地批复等问题，在互利共赢基础下争取合作。坚持优势互补，引进菜鸟驿站，与快递企业一道建立起一批运营规范、管理先进的校园快递超市示范点，积累经验，造出声势。全市5所高校中，山西师范大学、师大文理学院、山西管理职业学院先后达成合作意向，预计投资200万元；师大文理学院和山西管理职业学院校园快递试点工作开展，新建快递超市占地面积440平米，日收件量190余件，投递量3100余件。

【快递园区布局】 2016年，临汾市邮政管理局协调商务局、园区投资方，争取政策、资金优惠和支持。组织企业到园区参观考察，搭建交流平台。侯马市振通电子商务产业园新建快递物流园区1公顷，分拨处理中心3座，占地2400平方米，园区建成后，圆通快递晋南中转中心及其他快递品牌将陆续入驻。占地280亩的临汾市商运通仓储物流配货批发园入驻临汾中通、顺丰分拨中心。经协商，园区内将继续扩建办公区、综合生活区，建设适用快件分拨处理月台库6000平方米，便利转运车辆装卸操作。

【解决车辆通行难】 2016年，临汾市区开始为期10个月的城市主干道改建工作，实行单双号限行，与交警队、车管所充分沟通，统一将邮政快递车辆纳为生活物资配送车，组织各品牌企业喷涂车辆标识进行备案，经交管部门审批后，保证正常通行和生产工作。

移动通信

【概述】 2016年，临汾移动分公司发展收入规模稳增长，通信服务收入同比增长5.7%，全省第二；收入市场份额达2.4%，实现“三连增”。收入结构与转型发展更匹配，无线上网收入占收比达到42.1%，成为第一大收入来源。发展新动能加快成长，宽带用户同比增幅48.8%。有序释放长漫、来显收入风险，全网统一套餐比重达到29.6%；深化服务品质闭环管理，客户满意度达82.3%；落实实名登记，整体客户实名率达到100%；互联网营销基础持续夯实，电渠业务受理笔数增长112%。运营效益日益提高，收入净利润率完成33.4%，平均长期资产净利润率为23.1%，全省第二。开展打击电信网络新型违法违规活动；落实精准扶贫任务，开展志愿服务活动；严控“不明扣费”和“不知情定制”两条红线，纠风工作持续改善。

【4G网络】 2016年，临汾移动分公司围绕“三领先、一确保”目标，推进4G网络“更深、更厚、更广、更精”，4G网络综合覆盖率达到98.5%以上，城市道路下载速率达到35M，4G客户驻留比达到98.1%。开展VoLTE网络大会战，VOLTE网络提前达到成熟商用标准。4G网络价值充分凸显，日流量分流比超96.2%。

【市场经营】 2016年，临汾移动4G用户渗透率达60.8%，排名全省第二。聚焦4G终端销售，合理配置酬金与补贴资源，促进存量2/3G用户换机，4G终端渗透率达到66.7%；聚焦4G全网套餐迁移，通过融合经营、资源精准投放，促进4G资费用户快速提升，18元以上4G全网套餐渗透率达到33.6%；聚焦流量体验，通过持续开展周末流量、沉默转化工作，DOU快速增长，达到1.15G。

【宽带发展】 2016年，临汾移动分公司落实宽带3H质量体系，通过“抓需求、抓资源、抓勘察”，实现资源精准投放和端口精准覆盖，城市PON小区占比达51.2%，建成10个百兆带宽城市高品质示范小区。城市PON端口占比达到38%。通过因地制宜细分宽带市场、开展差异营销，净增宽带用户同比增幅106.9%；宽带市场份额达到24.7%；20M＋带宽用户占比75.4%；预约和安装及时率实现大幅提升，投诉处理及时率和满意度完成挑战目标，宽带业务感知稳步提升。

【集客价值经营】 2016年，临汾移动分公司围绕信息化产品创收和集团成员价值经营，市政府电子政务外网、公共自行车及公交智能调度平台、4G驾考、人社局主机托管等一批重点信息化项目成功落地，项目增收能力持续增强。推进集团成员4G迁转，集团成员4G渗透率提升至68.9%。集团业务收入的应收账款周转率较上年同期提升0.81PP。全年集团单位通信和信息化收入同比增幅42%。

【数字化服务发展积极向好】 2016年,临汾移动分公司紧抓核心优势,聚焦重点业务,丰富产品内容应用,形成业务功能和用户需求的融合匹配。培育用户的数字化产品使用习惯,实现数字化服务用户规模稳步增长。开展重点业务的集中化运营,利用折扣补贴在高价值客户中迅速推广重点业务,推动付费来电显示向和通信包的迁转,重点业务付费用户规模同比增幅72.1%。探索"业务和行业""业务和场景"双匹配运营,通过"和地图—车友助理",开展数字化服务与洗车行业的匹配运营;通过与滴滴公司合作"打滴到移动"活动,开展数字化服务与打车场景的匹配运营。十项重点业务使用用户规模同比增幅36.6%。

【网络能力】 2016年,临汾移动分公司网络结构更加合理,传输网新建4261千米,OLT乡镇覆盖率达到100%,骨干汇聚层PTN口字形改造100%。储备基础资源,市政管道新增60千米,覆盖率提升至80%,分纤点密度提升至4.3个。业务接入能力大幅提升,传输汇聚机房新增54个,综合业务区承载率由19%提升至61%。开展传输网"四防三控"专项整治和传输能力提升大会战,深入推进短板整治,光缆故障处理及时率提升至95%,设备故障率降至3.7%。开展2G资源拆闲补盲,基础语音网络质量有效改善,网络覆盖投诉较上年降低32%。完善与铁塔公司的对接机制,实施基站报废更新和环境整治项目,全网退服率降至0.21%,全省第三。大西高铁专网基站完好率提升至98%,提升维护质量及承载能力。建立资源全生命周期管理体系,制定"任何资源数据在任何阶段均有明确的主体责任人"的资源管理工作目标,实现空间站点资源与实际的100%匹配,新增资源100%准确。推进存量资源清查,提高存量资源的完整性和准确性。

【营销服务能力】 2016年,临汾移动分公司推进自营厅特许经营,60%的自营厅实现特许经营入驻。建立"排他合作+任务包认领"新模式,手机卖场专营率达到77%,终端销量、放号量较上年翻一番。营业厅"点—线—面"立体化服务提升管理体系的建立,实现客户需求的关键"点"改善、绩效管理的流程"线"条完善、渠道服务管理的全"面"梳理,辅助窗口服务水平及客户感知提升。更新基础营业设备、增强营业设备维护,维修及时率达100%,平均维修时长小于4小时,业务操作更高效、设备运行更稳定。持续开展视频、驻地等多形式的业务培训,巡店有效覆盖率达到96%以上,提升营业人员的综合服务能力。坚持客户服务月例会制度,聚焦热点和异动投诉,剖析问题根源,多部门协同,推动问题解决。执行严谨的疑难投诉审核流程,避免客户反映问题被疏忽。

城乡规划与建设

城乡规划

【规划概述】 2016年，临汾市完成《临汾市近期建设规划(2016—2020)》，经市政府常务会议研究提请市第四届人民代表大会常委会第三次会议审议通过；《临汾市快速交通专项规划(2016—2030)》成果完成；经市政府常务会议研究批复；《临汾市城市地下综合管廊规划》成果完成，经市政府常务会议研究批复；《临汾市城市中水利用专项规划》成果完成，经市政府常务会议研究批复；《临汾市2017城市规划年度实施计划》成果完成，经市政府常务会议研究批复；《临汾市公共服务设施综合布局规划》成果完成，经市政府常务会议研究批复；《临汾市海绵城市建设专项规划》成果完成，经市政府常务会议研究批复。

【规划审批】 2016年，临汾市规划局开展以“马上就办，真抓实干”为主题的“冬季行动”，进行“百日攻坚”，配合完成全市“各类项目大起底”工作，对各类项目进行“回头看”，制定《临汾市规划局“双随机一公开”实施方案》严格实施，规范事中、事后监管。规范“一书三证”核发工作。2016年度共核发选址意见书25件(其中市区10件、县15件)，规划条件通知书5件，用地面积198104.2平方米，建设用地规划许可证28件，用地面积1454233.92平方米，建设工程规划许可证(建筑类)181件，建筑面积2230226.79平方米，建设工程规划许可证(市政类)12件，长度17885.63米，建设工程竣工认可证12件，建筑面积782957.78平方米，危房改造意见书12件，建筑面积1519.3平方米。2016年，代市政府收取基础设施配套费2249.44729万元。

【规划执法】 2016年，临汾市规划局加强规划执法力量。开展城乡规划宣传。共开展各类法制宣传活动10余次，在各类新闻媒体发表宣传报道20余篇，累计发放宣传彩页6000余份，接待热心群众咨询100余人次。加强制度建设。结合最新执法形势，指导规划监察支队重新完善《行政执法程序》《违法建设处理细则》等8项规章制度，新增违法建设“零容忍”机制。开展执法案卷评查。7月，开展全市规划系统案卷评查工作。按照案卷评查标准，对临汾市区及各县(市、区)办结的行政处罚、行政许可共126份案卷，逐一进行评查，案卷全部合格。开展违法建设专项治理。6月，开展临时建设批后监管专项整治；10月，根据省住建厅文件精神，开展违法建设专项治理五年行动，制定印发《临汾市人民政府办公厅关于印发临汾市中心城区违法建设专项治理工作五年行动方案的通知》，召开全市违法建设五年行动动员大会及五年行动开发企业座谈会，配合省住建厅对行动方案开展情况进行检查并获得好评。2016年度，存量违法建设整治率达到10.49%，拆除违法建设面积约1.6万平方米，实现违法建设“零增长”，全面完成省住建厅工作目标要求。

2016年，共下达法律文书82份，其中，《停工(核查)通知书》33份，《责令改正通知书》47份，《证据保全通知书》2份。下达《行政处罚立案登记表》17份，《行政处罚决定书》11份；收缴罚款和追缴欠款合计581万余元。

【县市规划工作】 2016年，临汾市规划局指导隰县总体规划编制，完成规划成果，通过专家评审；指导侯马市编制“十三五”近期建设规划，通过专家评审，由侯马市政府批复；指导尧都区开展五一东路片区城市设计，设计方案编制完成通过省专家论证；侯马市、霍州市的海绵城市规划编制完成，通过专家审查。在各县(市、区)中，有9个县(市、区)控规覆盖率达到100%(侯马市、浮山县、蒲县、乡宁县、大宁县、安泽县、汾西县、吉县、翼城县)，县市平均控规覆盖率达到80%以上。

【重点工程】 2016年，临汾市规划局配合市城改办开展各项工作,对17个重点工程及40个城中村改造,就规划位置、规划指标及前期规划方案进行核实,配合好市、区两级城改办工作;对市重点项目提前介入,安排专人跟踪,做好服务工作。组织规划监察支队、建筑规划设计院及建设用地科参与鼓楼南北街街景整治工作,完成鼓楼南北街改造任务。

【扶贫攻坚】 2016年,临汾市规划局制定出台《临汾市规划局扶贫工作实施计划》,局党组及机关扶贫帮扶队先后为扶贫村送去系统"扶贫济困,奉献爱心"捐款9610.5元及全体党员8800元捐款,作为项目扶持资金,帮助村集体发展经济。选派"第一书记"长期驻村进行帮扶,引导农民发展种植业,进行连翘种植。争取省、县政府资金150余万元,修建3.68千米柏油路投入使用。争取政策支持,解决饮水安全,增添娱乐健身设施。

【精神文明建设】 2016年,临汾市规划局以"道德讲堂"为平台,开展"廉政教育进家庭"系列活动,规划展览馆"市级爱国主义教育基地"揭牌,规划监察支队组织参观反腐警示教育基地。开展学雷锋志愿服务活动。参与学雷锋志愿服务"四个100"先进典型网络投票,组织执法队员到青城养老院和山西老年疗养基地怡心老年家园,慰问空巢老人。展览馆举办2016年第二届元宵节活动暨少儿艺术作品展,4次举办图书会活动,在世界读书日向"蒲公英"儿童图书驿站捐赠图书。建筑规划设计院开展庆"三八"趣味活动,仿宋字比赛等,参加山西省勘察设计行业书法、绘画大赛,多人分别获得硬笔书法、软笔书法、国画一、二、三等奖和优秀奖,单位获得优秀组织奖。

住房和城乡建设

【概述】 2016年,临汾市市政基础设施各项任务指标均超额完成省定目标任务。其中,市政基础设施建设投资任务为35亿元,全市累计完成57.04亿元,占省定目标任务的162.97%,市区完成30.61亿元。全市新建和改造城市道路169.84千米,占省定目标任务(160千米)的106.15%,市区完成29.7千米;新建和改造供水管网118.03千米,占省定目标任务(65千米)的181.58%,市区完成43.39千米;新建和改造供气管网276.7千米,占省定目标任务(220千米)的125.77%,市区完成27.72千米;新建和改造供热管网246.72千米,占省定目标任务(175千米)的141%,市区完成26.57千米;新建污水配套管网116.06千米,占省定目标任务(75千米)的154.75%,市区完成36.58千米;新建雨水管网(含雨污合流管网)270.76千米,占省定目标任务(200千米)的135.38%,市区完成79.18千米;新增城市集中供热面积841.2万平方米,占省定目标任务(190万平方米)的442.74%,市区新增274万平方米。

【城建重点工程建设】 2016年,由临汾市住建局牵头实施的城建重点工程项目共22项,总投资69.39亿元,2016年计划投资28.97亿元。鼓楼南北街道路拓宽改造工程和市区畅通工程(燕尔巷、东关步行街)按期竣工通车;西赵路东段、漪汾花园南路道路工程,滨河西路与彩虹桥、景观大道立交桥工程和迎宾大道与滨河东路立交桥工程,机场大道排水工程、秦蜀路南延城市排水工程均完成年度建设目标任务。

【城市供应保障工作】 2016年,临汾市住建局推进对城市供水、供气、供热等民生保障企业的运营考核和监管,5月至9月期间,在全市住建系统集中开展市政运营安全生产大检查,共排查各类市政运营企业(单位)123家,累计排查隐患2489项,整改完成2489项,整改率100%。

【城市集中供热】 2016年,根据市政府"保为基、改为先、暖为本"的指示精神和"冬病夏治、未雨绸缪""管网通连、形成互补、预备热源、消除瓶颈、全面检修"的工作要求,住建局于6月至9月期间,督促各供热企业对所属管网、设施设备进行拉网式排查整治。市区各供热企业共排查出2101处安全隐患,于10月底前全面整改到位;完成平阳南街与南外环、贡院东街与鼓楼南北街两处管网勾连,保障市区冬季集中供热稳定运行。

【城市供水】 2016年,临汾市住建局对17家供水企业供水水质进行两次督查,要求每月定期向社会公布水质信息。对全市使用年限超过50年以上(市区25年以上)、材质落后和破损严重的公共供水管网进行摸底调查,全市共有输水管网360千米,配水管网1178.65千米,其中,老旧输水管网81.14千米,老旧配水管网92.19千米,全部要求制定计划实施改造。

【城镇燃气】 2016年，临汾市住建局开展城镇燃气安全专项整治，对辖区内所有建成(包括关停)的CNG母站、子站、LNG加气站、油气合建站开展安全生产大检查。制定《临汾市城镇燃气管理办法(征求意见稿)》，征求市直15个相关部门及全市19个县(市、区)住建部门意见，修改完善后报请市政府印发实施。

【保障性住房建设】 2016年，全市新开工保障性住房12328套，完成年度目标任务的102.73%。其中，货币化安置实施4744套；基本建成8129套、完成年度目标任务的101.61%；完成投资35.07亿元、完成年度目标任务的100.21%。

住建局落实对保障性住房分配的监督管理。先后制定出台《临汾市市区公共租赁住房配租管理暂行办法》《临汾市市区配建公共租赁住房移交管理暂行办法》《临汾市政府购买棚户区改造服务管理办法》《临汾市棚户区改造货币化安置实施办法》等建设、分配和管理制度，使保障性住房工作逐步迈向规范化轨道。2016年，全市累计分配各类保障性住房5968套，其中，市区分配1632套。

【农村危房改造】 2016年山西省下达临汾市农村危房改造任务11180户。住建局先后三次组织召开农村危房改造工作推进会，对各县(市、区)农村危房改造工作进行安排部署和督导。2016年，全市农村危房改造开工11180户，开工率100%；竣工11180户，竣工率100%。

【村镇建设管理工作】 2016年，临汾市住建局编制完成襄汾县县域乡村建设规划；襄汾县景毛乡董村、曲沃县史村镇西海村、霍州市陶唐峪乡义城村、侯马市上马办事处金沙村、尧都区屯里镇韩村5项实用性村庄规划。完成襄汾县新城镇丁村、汾城镇西中黄村、陶寺乡陶寺村，乡宁县关王庙乡鼎石村，霍州市退沙街道许村，蒲县黑龙关镇化乐村等6处传统村落保护项目规划编制，相关项目正在按照规划实施方案实施。全市共申报宜居小镇1处、绿色村庄20处。

【乡村清洁工程】 2016年，临汾市共落实乡村清洁工程配套资金9797.84万元，完成年度目标任务的102.75%，其中，市本级落实4768万元，各县(市、区)落实5029.84万元。启动实施20座农村垃圾中转站建设工作，其中，完工18座，其余县市均协调将乡村垃圾在城市生活垃圾卫生填埋场处理。经考核验收，全市1331个行政村达到乡村清洁工程省级达标村标准。

【园林城市创建】 2016年，市本级启动国家园林城市创建工作，对照国家园林城市创建要求寻找差距，制定完善措施，推进绿化“四个一”工程，即实施公园绿地、道路绿化、居住小区和单位附属绿地、城市生态环境四项工程。2016年，全市完成新增绿化面积223.02万平方米，绿化覆盖率为36.52%，其中，市区新增绿化面积63.13万平方米，绿化覆盖率达到41.14%。

【城市综合执法体制改革】 2016年，根据中央、省综合执法体制改革工作要求，住建局对全市住建行业执法单位基本情况进行摸底调查。6月，组织市容、环卫、园林等执法单位赴银川、西安、太原等城市进行实地考察，借鉴吸收外地先进管理经验。鼓楼南北街竣工后，按照严管一条街的标准，制定《鼓楼南北街市容管理实施方案》，整合系统内市容、环卫、园林、公用等单位的执法力量，联合公安局、交警支队等部门共同组建鼓楼南北街市容环境综合管理机构，推行“一岗多责、一职多能、联合执法、共同管理”试点模式，积累城市执法体制改革经验。

【环境卫生管理】 2016年，通过节能减排财政政策综合示范项目，市区投资2000余万元，购买新型环卫作业车辆共62辆，包括37辆用于道路清洗、清扫及喷雾降尘道路作业车辆和23辆垃圾清理运输车辆及2辆清雪车，提升环卫工作效率，减少二次扬尘污染。市本级清扫率达到62.3%，与2015年相比提高7个百分点；霍州市机械化清扫率达到41%，与2015年相比提高6个百分点；侯马市机械化清扫率达到53.33%，与2015年相比提高6.4个百分点。通过省住建厅评定，全市创建省级保洁示范街道5条、省级城市容貌示范街道3条、省级星级公厕3座。

【露天烧烤专项整治】 5月，临汾市住建局联合环保、公安、工商、食药等部门，集中抽调近300人，开展为期1个月的露天烧烤专项整治，对划定的3个重点区域和13条街道露天烧烤依法予以取缔。采取政府资金补贴方式，累计置换烧烤油烟净化装置471套，解决露天烧烤造成的市容秩序、环境污染等问题。市容监察支队在增强日常巡查的基础上，专门成立夜查中队加大夜间查处力度，发现烧烤摊点全部予以清理和取缔,巩固露天烧烤专项整治工作成果,形成长效工作机制。

【施工工地扬尘防治】 2016年,临汾市住建局专门从安监站、质监站、执法支队、环卫局、园林局抽调60余人组成执法队伍,对市区施工项目进行严格监管,从施工围挡、出入口硬化、清洗池建设、扬尘处理等方面明确11项具体标准,昼夜坚守一线分区、分片、分组进行整治检查,对存在扬尘隐患的10个工地、11个扬尘问题进行查处,全部整改到位。下发《关于进一步加强全市建筑施工工地扬尘污染治理的通知》,要求全市住建部门及相关单位,开展建筑施工工地扬尘污染治理工作,结合市区实际情况,下发《关于印发＜临汾市区建筑施工工地扬尘污染控制标准＞的通知》,对市区施工现场扬尘治理统一工作标准,统一规范管理,形成全市上下标准统一、规范的施工扬尘监管工作机制。推动市区绿化施工和道路养护作业的二次扬尘防治,采取铺设彩条布、喷雾洒水、密闭运输、等措施,减少扬尘污染。

【房地产去库存】 2016年,根据中央、省"三去一降一补"工作要求,住建局采取措施加快推进房地产去库存工作,印发《关于化解房地产库存的实施意见》,起草《临汾市鼓励农民进城购买新建商品住房奖励实施细则》,明确棚户区改造货币化安置,鼓励农民进城购买商品住房,打通商品房和公租房供需通道,培育商品房租赁市场,推动跨界房地产发展等去库存的政策措施。据市统计局数据,2016年全市商品房库存面积132.97万平方米,比2015年年底减少10.02万平方米。全市房地产库存消化周期10.1个月,较2015年年底减少4.1个月,处于可控范围。全市商品房销售面积158.06万平方米,同比增长30.4%,其中,市区销售面积99.48万平方米。

【房地产市场监管】 自2016年7月开始,临汾市住建局组织对市区63家房地产开发公司、79个开发项目、33家房地产经纪机构、29家物业服务企业、45个物业小区开展专项检查,对39例违法违规行为进行立案查处,下发责令改正通知书39份、陈述申辩权告知书29份、听证告知书29份、行政处罚决定书23份。做到违法违规行为案件查处率100%,案件移交率100%,规范市区房地产市场秩序。2016年,共受理房地产领域投诉、举报、信访案件20件,全部予以及时处理回复;受理市长热线转办的涉及房地产市场事项处理单47份,全部按照要求限期答复或处理完毕。

【建筑业产值】 2016年,全市建筑业产值达到73.07亿元,同比2015年增长6.9%,在建工程施工面积693.4万平方米,新签订工程承包合同额67.8亿元。全年公开招标工程353个,面积187.6万平方米,造价62.58亿元,公开招标率为100%。启动实施10万平方米既有居住建筑供热计量及节能改造,施工图审查备案767个,建筑面积492.28万平方米,全部达到65%的节能设计标准。建筑节能专项验收项目199个,建筑面积183.81万平方米,备案率100%;公益性建筑和大型公建项目216个,建筑面积174.16万平方米,全部达到绿色建筑设计标准。

【安全生产监管】 2016年,住建局开展建筑施工起重机械脚手架模板支撑体系倒塌事故专项整治和建筑垃圾堆场、工程渣土堆场、施工临时堆土和建筑工地挡土墙排查整治。全市共计排查建筑起重机械一般隐患385项,重大隐患16项,脚手架一般隐患407项,重大隐患27项,对发现的问题和隐患,按照要求全部整改销号,及时消除施工现场的安全隐患,遏制坍塌事故的发生;排查出建筑垃圾堆土15个,共计11228立方米,工程渣土数量11个,共计34895立方米,施工临时堆土9个,共计5257立方米,挡土墙边坡6个,按照"谁产生、谁负责处置"原则,全部要求立即进行整改,消除安全隐患,杜绝事故发生。

【临汾市公厕概况】 临汾公厕是临汾市实施的重点民生工程,市委市政府提出打造"方便之城"的民生理念,把解决"入厕难"问题作为城建工作的重点目标,在临汾市住房和城乡建设局的组织推动下,全面拉开临汾标准化公厕建设的序幕。第一步市区先行示范,第二步各县市全面推进。从2008年开始,连续八年,市区新建标准化公厕87座,各县市新建标准化公厕250多座,全市标准化公厕总量达到330多座,解决了市民"入厕难"问题,更因其外形别致新颖,成为临汾旅游业的重要景观和城市标志。2010年,临汾公厕荣获"中国人居环境范例奖";2011年,山西省公厕建设与管理现场会在临汾召开,全面推广临汾公厕经验。2011年11月,临汾市应邀出席第11届世界厕所峰会并介绍经验；2012年，荣获联合国改善人居环境“迪拜国际最佳范例奖”；2015年，应邀出席全国旅游厕所会议，同年获“中国城市品牌十大范例奖”；2016年，获“中国公厕品牌示范城”称号。历时8年，临汾公厕取得重大民生效应、每天接待20万人次入厕，每年为6000万人次提供入厕服务，公厕不仅是最受百姓欢迎和满意的公共设施，也是临汾最有影响力的民生文化品牌。临汾公厕建设主要有4个特点：1.坚持公厕优先的方针，见缝插针建公厕，把公厕由以过去的偏僻小巷，建在街道、公园、广场等最显要的位置；2.坚持高标准建设公厕，从公厕设计，到建筑材料，卫生设施都坚持一步到位，打造一厕一型、一厕一色、一厕一品的标准化、特色化公厕；3.把文化融入到公厕，一座公厕一件雕塑，一座公厕一幅楹联，一座公厕一片绿色，营造舒适宜人的公厕环境；4.坚持公益化方针，所有公厕免费向市民开放，成立专门机构，统一标准，统一队伍，统一管理，24小时昼夜为市民提供服务，提供扶老助残、体重测量、应急救助等人性化服务，彻底打开公厕方便之门、公益之门、民心之门、文明之门。临汾公厕建设的成功经验正向全国全面推广，截至2016年，先后有100多个城市参观考察学习，对推动全国公厕建设起到重大示范作用。也为临汾市打造全国一流的“方便之城”“宜居之城”“文明之城”“旅游之城”奠定坚实基础。

（王兆元）

市政公用事业

【概述】 2016年，临汾市市政公用局坚持“服务百姓，服务民生”宗旨，加强市政基础设施建设管理，打造创新型、学习型、廉洁型党组织。举办2016年纪检干部培训班。深化首问负责制、限时办结制等制度的基础上，完善《“一岗双责”制度》《廉政教育监督制度》等廉政建设的相关制度。落实‘两个责任’建立组织网络全覆盖、安排部署全覆盖、监督检查全覆盖的“三个全覆盖”机制，出台下发《临汾市市政公用局关于领导干部办理婚嫁事宜事前公示的规定》，推行《临汾市市政公用局干部作风建设“十严禁”明白卡》，制定印发《临汾市市政公用系统法治宣传教育第七个五年规划(2016－2020年)》，建立起以教育、制度、监督为一体的从源头上防控廉政风险的新机制，推动对权力的制约和监督，防止权力滥用，对包括建设项目招投标情况、房屋租赁情况、行政处罚、审批收费情况等行政执法行为进行自查和重点检查治理，做到预防腐败关口前移，提高市政公用建设管理水平和反腐败能力。

【供水运行】 2016年，临汾市市政公用局供水行业供水计划为2420万吨，实际完成2592.8万吨，完成计划的107%，实际完成销售收入6986万元，水费回收率达到99.67%，完成清欠4.6万元，管网漏失率实际控制在12.8%以内，水费回收率达到97.8%；全年出厂水水质综合合格率达100%，管网水水质综合合格率达100%，新建和改造城市供水管网33.9千米，截至6月底前，完成使用年限超过25年、材质落后、漏损严重的供水管网摸底调查，制定详细的管网改造计划。

【供气运行】 2016年，临汾市市政公用局全年煤气销售量2472.8万立方米，完成销售收入1557.86万元；天然气销售量3533万立方米，完成销售收入8549.86万元；新发展居民用户10131户，累计用户达120089户，新增合同金额3668.31万元，实现完成利润指标535.34万元，完成鼓楼南北街老旧管网改造7.6千米；与太原铁路局协商，实施铁路6个小区的改造；清理整改完成30处违章压占的工作，2016年实现天然气金殿、屯里双气源供气格局，确保市区供气稳定。

【供热运行】 2016年，临汾市市政公用局供热行业新敷设管道17811.02米(其中，一网主管道16641.13米，二网管道1169.89米)，改造管道2557.15米，新建换热站10座、扩改建换热站2座，受理12户新用户入网申请，面积70.29万平方米，对5个城中村、4个社区供热进行改造，整改管网隐患2457处，实施3处市区集中供热主管道联通工程，主要为鼓楼南北街工程、贡院西街管网联通工程、平阳南街管网联通工程，均实现贯通投入运行。

【市区污水处理】 2016年，临汾市市政公用局共计征收城区自备水源污水处理费203万元，完成市区25家自备井用户的封停和24家自备井用户的装表工作；临汾市区污水处理全年累计完成2573.6177万吨，污泥处理处置量16059立方米，

COD(化学需氧量)年削减量 7190.27 吨、NH3－N(氨氮)年削减量 1122.48 吨，中水年回用量429.5149万吨，水质全部达到一级A类标准，市区污水处理率达到92%以上。

【重点工程建设】 2016年3月，临汾市市政对市区东关步行街及燕尔巷进行街巷道路畅通改造，该两项工程于5月底前竣工通车；6月16日秦蜀路南延城市排水管网(污水外接)开工建设，该工程全长6061米，主要采用顶管施工和明槽开挖施工的作业方式，工程完成80%左右；同期开工的还有临汾市机场大道排水工程，该工程全长4631.066米，全程采用D1800和D2000钢筋混凝土管，主要是解决机场大道排水和完善空港区排水管网的基础设施的重要工程，保证周围居民正常生产生活的民生工程，工程完成75%左右；临汾市迎宾大道与滨河东路、滨河西路与彩虹桥两个立交桥箱梁浇筑基本完成；临汾市第三污水处理厂生化池施工完成70%、全厂桩基础施工完成60%、围墙施工完成50%，工程预计2017年10月1日达到进水条件，开始工艺调试；龙祠水源净水厂2万吨改扩建工程管网DN700管道累计完成2100米，DN1000管道累计完成2000米；西赵路东段工程正在进行征地工作，部分电力、通讯管线完成入地改造。

工作人员对临汾市“彩虹桥”进行检测

【市政设施管理与维护】 2016年，临汾市市政开展系列管理和维修活动。节约用水。推进节水型城市建设速度，修改完善《临汾市节约用水管理办法》《城市计划用水和定额管理办法》《临汾市节水“三同时”管理办法》等节水规章制度，印制下发月报、年报共6种节水统计报表，整理完善相关印证材料，从用水户中挑选5家节水措施完善、节水管理到位的企业，进行节水型企业创建工作。广场管理。引申“舒心广场”“平安广场”“文化广场”三个广场创建工作，实现广场保洁12小时不间断，及时维护和修缮广场设施，制作悬挂弘扬正能量的公共宣传标语，为广大市民提供一个舒心的环境。设施管理。加大市区道路、井盖与井箅的管理力度，及时处理丢失井盖13个、维修损坏井盖126个，更换丢失井箅1个、维修损坏井箅627块，疏通下水井163座，更换外部井盖损坏47个，维修外部井箅铁皮翘起21处，修补人行道、砼路面下沉损坏22处；6月，组织专业人员利用15天时间对桥梁进行结构检测，9月底前完成桥梁桥体粉刷、桥梁及防护栏油漆等维护工作。城市照明。全年维修和养护路灯3800余盏、亮化设施1200余米、变压器35台、线路1600余米、小胡同62条、小巷路灯新装132盏，东关步行街新装46套，燕儿巷新装33套，鼓楼南北街新安装中华灯、古庭灯437套1724盏、中杆灯50套200盏，确保市区路灯及亮化设施明灯率均达98%以上，设施完好率均达98%，维修及时率达100%，自动化监控覆盖率达98%。城市防汛。4月底前组织人员完成易发生险情地段的排查，清理检查井、雨水井3300余座，5月底完成市区三座立交桥的清淤和泵站设施维护工作，于汛前完成防汛物资储备，确保2016年市区安全度汛。

【精神文明建设】 2016年，临汾市市政公用局以“德润平阳、共筑梦想”为统揽，围绕“六个一”道德建设主题活动推动文明单位建设。建立以本系统优秀职工为核心内容的“善行义举榜”，形成“人人做好事、好人做好事、好事就上榜、好人有好报”良好氛围。定时组织干部职工开展“学雷锋”志愿服务活动，先后组织开展义务劳动、救助道德模范郭振江“一手一生·点燃希望”的爱心公益募捐等五次活动；根据汾西县沟西村的实际情况，选派专人担任村第一书记，为精准扶贫建档立卡，春节、七一等节日送去组织的关怀。开展“道德大讲堂”活动，组织干部职工传唱《公民道德歌》，收看道德专题教育片，全年共开展七次讲堂活动；在办公场所设立宣传牌，在电子屏滚动播放格言警句，进行诚信守礼宣传。围绕“我们的节日”主题活动，把端午节、中秋节等传统节日文化与时代文化有机融合，开展文体活动，通过春节慰问道德模范、妇女节召开座谈会、清明节祭扫英烈、“五一”劳动节组织开展技能趣味竞赛活动、中秋节开展“情系中秋、温暖送一线”慰问活动、重阳节开展“岁岁重阳、敬老助老”主题走访慰问等一系列活动，丰富职工业余生活。

（常志刚）

城市供水

【概述】 2016年，临汾市自来水公司实际完成生产制水2592.8万吨，完成销售收入6986万元，漏失率实际控制在12.8%以内，水费回收率达到97.8%。全年出厂水水质综合合格率达100%，管网水水质综合合格率达100%。各项经济指标虽完成，但由于制水成本与用水结构的变化，仍然处于亏损经营状态，全年仍累计亏损695万元。

【目标责任制完成情况】 2016年，临汾市自来水公司对目标责任制具体完成情况。(1)新建和改造城市供水管网10千米。按要求及时上报重点工程周报。完成情况：实际完成新建和改造城市供水管网33.9千米，按照要求每周及时将龙祠水源改扩建工程和应急水源工程进展情况上报工程科。(2)生活饮用水水质符合《生活饮用水卫生标准》(GB5749——2006)要求。完成情况：公司水质检测实验室达到2级实验室等级标准。检测项目达57项，通过对水源水、出厂水、管网水日常检测，全年出厂水水质综合合格率达100%，管网水水质综合合格率达100%。每月定期向社会公布水质检测信息，接受社会监督，全年未发生关于水质投诉情况。(3)截至6月底，完成建成区使用年限超过25年，材质落后和漏损严重的供水管网摸底调查，制定实施管网改造计划。完成情况：6月底前，完成使用年限超过25年、材质落后、漏损严重的供水管网摸底调查，制定详细的管网改造计划，报水务科。公司将根据城市道路的改建或新建预计对其进行逐步实施，截至2020年改造完毕。供水普及率达到100%。(4)完成城市供水企业年度运营考核达到良好以上，完成供水行业信息监管系统月报、季报工作。完成情况：根据市住建设局及市政公用局关于2016年度运营考核工作的通知，公司对照企业运营考核标准要求，逐一进行自查，整理所需资料装订成册，上报市市政公用局及市住建局，自查得分为99分，达到优秀考核等级。公司每月15日前完成对供水行业信息监管系统的填报工作，全年上报率为100%。(5)修订完善供水应急预案、防汛预案，重特大安全事故发生起为零。完成情况：2016年6月，对公司城市供水应急预案、城市供水防汛预案进行重新修订上报公用局备案。全年未发生重大安全事故。6月30日，公司开展供水突发事故应急演练，主要针对管道破裂、汛期应急送水、设施设备抢修等方面，进行应急处置演练，提高参演人员的应急处置能力。

【制水、营销工作】 2016年，临汾市供水计划为2420万吨，实际完成2592.8万吨，完成计划的107%，实际完成销售收入6986万元，水费回收率达到97.8%，完成清欠4.6万元。

【重点工程及管网建设】 2016年，临汾市自来水公司完成鼓楼南北街道路拓宽改造工程中DN700、DN600共9400米的管道敷设，投入使用。完成公司1号楼居民户的拆迁任务。龙祠净水厂2万吨改扩建工程，龙祠至净水厂DN1000、DN700管道敷设开工建设。应急水源工程，水资源论证报告在编制中。

2016年完成西荣阁小区、恒大小区等50余家新增用户的管道安装，共计铺设DN100－DN400球墨管3000余米，铺设DN25－DN200PE管道共计3600米，铺设DN15－DN100衬塑钢管共计1158米，完成水表出户改造657户。

【二次供水安全】 2016年，公司加强对二次供水设施、设备的管理，多次督促产权单位，严格执行二次供水管理办法，定期清洗、消毒，保障二次供水水质安全。下发《二次供水安全管理通知书》210份，签订清洗消毒合同19份，全年共清洗消毒蓄水池108个。对城区供水范围内的在建工地进行全面普查登记，发放规范用水通知书，对在建工地从施工设计到竣工验收，采用普查和重点监督相结合方式介入，从源头规范用水行为。

【开展隐患排查工作】 2016年，公司从水源地、输配水管线、生产制水设备、保障供水安全等方面着手，突出重点，狠抓落实，责任到人。全年共开展安全生产大检查44次，做到不留死角，检查覆盖率达100%，全年未发生重特大安全事故。

【社会服务】 2016年，公司客服部主要承担着全市窗口业务工作的受理,实行24小时值班,实行一站式服务,全年共受理新增用户、新增水表、水价变更等2500余份;热线受理供水设施报修、缺水缺压、服务态度、违规用水等1万多次;做到水费查询正确率100%、清单打印正确率100%,清单打印5000余份。公司为行动不便的社会弱势群体代缴水费200余户,上门免费维修服务170余次。

城市供气

【概述】 2016年,临汾市城市供气情况。燃气用户情况:(1)天然气用户:居民用户120089户,营福用户871户;(2)焦炉煤气用户:居民用户4136户,营福用户31户,工业用户3户(临钢、染化集团、珍珠岩厂)。天然气供气情况:天然气管道气气源为临汾中石油昆仑燃气有限公司金殿门站和屯里门站,形成临临线和西气东输双气源保障供气的局面,为天然气安全稳定供气奠定基础。

2016年天然气总供气量为36345586.34立方米,其中,金殿门站供气33177115.24立方米,占全年总供气量的91%,屯里门站供气3168471.1立方米,占全年总供气量的9%;全年销量为35330740立方米,其中,民用户销量为16452685立方米,占总销气量的46%,非居民用户销气量为18878055立方米,占总销气量的54%;3.焦炉煤气供气情况:焦炉煤气截至2016年底由于顺泰焦化厂的停产,只有同世达一个气源厂供气。2016年3月由于临钢工业生产受市场经济影响严重,焦炉煤气于3月停止用气,造成工业用户焦炉煤气用气量大幅减少。在临钢工业用气停气后,新发展染化集团和珍珠岩厂两个工业用户,弥补由于临钢停产造成的焦炉煤气的浪费。

截至12月底,焦炉煤气供气量为26045077.5立方米,销气量为28545137立方米,工业用气24697949立方米,占总用气量的86%。其中,临钢用气10377894立方米,占比36%;染化集团用气9395400立方米,占比32.8%;顺泰公司烘炉保温用气4804455立方米,占比16.8%;珍珠岩厂用气120200立方米,占比0.4%。城市居民和营业户用气3847188立方米,占总用气量的14%。

【燃气管网及设施建设】 2016年,临汾市燃气管网及设施建设如下:(1)加快推进屯里天然气门站的建设工作,排除各种困难,协调省天然气公司、中石油昆仑燃气公司,于11月17日贯通北引气线立即投入运行。(2)利用城市道路改造契机,加快老旧管网的改造步伐,完成鼓楼南北街改造工程7.6千米;与太原铁路局协商,实施太原铁路局铁二区、迎春北街、五道庙、车辆段、警字楼、北门外6个小区2940户7939米庭院管道的改造;改造凝水缸40座,阀门8座,庭院管网188处;调压器改造3座;漏气抢修465处,其中煤气9处,天然气456处(中压216处,低压240处);与政府住建部门协作,完成30处违章压占的整改消除工作。

(辛玉贤)

工作人员在检修保养门站设施

城市供热

【发展集中供热面积】 2016年至2017年采暖季,临汾市区新增集中供热面积60.06万平方米,包括中医院、德和优郡、御景水城、西荣阁、和泽佳苑医院、生龙国际、市工商局、城投公司、黑马艺术英语培训学校、中骏国际三期、育仁小区。

【工程建设情况】 2016年,临汾市热力公司敷设管道17811.02米(其中,一网主管道16641.13米,二网管道1169.89米),改造管道2557.15米,一网建设管网主要有:鼓楼南北街、贡院西街、平阳南街、博浩源、党纪教育基地、河汾五路、北城壕等。

新建换热站10座，主要有：生龙毓秀换热站、塞纳官邸换热站、12315换热站、德和优郡换热站、黑马换热站、御景3#换热站、气象局换热站、金域王府换热站、中医院换热站、和泽佳苑换热站；扩改建换热站2座，主要有：煜海换热站和育仁花苑换热站。

【核查违规用热】 2016年，临汾市区核查面积11159483.346平方米，查出私增私接面积2464.28平方米；查出性质变更面积13777.11平方米；查出违章用热487处，落实面积及性质有争议用户350户。

【检修维护】 2016年，精准治病和动态治理，保障供热系统安全运转。对供热软件硬件设施设备进行全面整改，包括对供热管道薄弱环节和关键处进行加固维修、维护自动化远传监控系统等等，共计完成隐患治理2294处，对市区8条城市道路的井盖设施排查181套，在运行期间进行安全隐患动态治理，为本采暖期安全稳定运行提供可靠保障。

【市区供热管网联通工程】 2016年，临汾市实施3处市区集中供热主管道联通工程，主要为鼓楼南北街工程、贡院西街管网联通工程、平阳南街管网联通工程，均实现贯通投入运行。

【技术研发与应用】 2016年，临汾市技术研发与应用情况。空气源热泵绿色供热工程：对于集中供热覆盖不到的建筑，公司采用空气源热泵绿色供热技术供热，为配合市政府煤烟污染治理工作，完成仓颉、复兴、西关、水塔4个社区城中村供热“煤改电”工程，建设5座空气源热泵站，设计供热面积15.6万平方米，敷设管网15.8千米。项目实施后每年可节约标煤2185吨，减少SO_2排放量122吨，减少烟尘排放102吨，减少废渣量764吨。混水供热试点项目：建设滨河湾梯级智能供热站，利用多级大温差供热，使用热电余热，提升管道输热能力，减少供热站供热面积，优化供热布局，同现有的大温差技术比较可节省投资成本约50%，可提高末端用户供热质量。

【集中供热智能化发展】 升级市区供热调度中心：提高热源与管网调度的一体化、智能化水平，实现生产调度、数据采集、过程监控、能耗控制、成本分析等供热输配过程的数字化、信息化管理，达到科学调度、节能增效，可防止和应对事故，为加快推进实现“均衡输送、按需供热”的智能化、精准化供热运行服务奠定基础。建立微信收费系统，完善互联网用户管理体系：2016年开通微信交热费业务，实现面积分户的小区用户，利用手机微信扫描关注临汾热力微信缴费。用户可通过市热力公司客户服务大厅、信用社营业网点、建行营业网点、微信及各小区设立的固定收费点进行交费。建立微信咨询服务平台和服务热线，征求用户意见，解决用户提出的各种问题，为用户提供最满意服务。

污水处理

【概述】 2016年，临汾市污水处理情况。(1)2016年累计完成污水处理量2147.0177万吨。污泥处理处置量12499吨。

BOD年减排量2745.53吨；

COD年减排量5762.77吨；

SS年减排量6009.66吨；

NH_3-N年减排量867.14吨；

TN年减排量991.62吨；

TP年减排量79.3吨；

水质全部达到一级A标准，污水处理率达到92%以上。

(2)2016年临汾热电责任公司(海姿电厂)中水回用量14.3149万吨。临汾市城市绿化二队(园林绿化)中水回用量123.9万吨。汾河公园景观中水回用量247.8万吨。合计386.0149万吨。中水回用率达到17.98%以上。

(3)运行负荷：2147.0177÷2832×100%=75.81%。

(4)污水处理费调价工作配合完成调价成本核查，调价方案制定、修改、报审，进入听证会程序，首次公告已发，参会代表确定，听证会时间待定。

(5)城市污水处理企业年度运营考核按临汾市住房保障和城乡建设管理局《关于开展2016年度城镇供水规范化管理考核及集中供热、燃气、生活污水运营考核工作的通知》临建城函字〔2016〕375号文件要求，自检得分96分。

【改扩建工程】 2016年，改扩建工程完成全部建设工程内容，组织通过竣工验收，聘请审计事务所审计。环保竣工验收初步验收，待除臭工程有结论才能进入正式环保竣工验收。

【工程消缺工作】 2016年，改扩建工程中存在缺陷问题。(1)推流器推力不足问题。(2)鼓风机压力偏高。(3)自控仪表问题。(4)系列二二沉池改造等问题。经与设计院、设备、安装厂家及外聘技术专家协商研究,制定消缺方案。推流器更换变速箱,曝气管道及曝气片更换及系列二二沉池改造。

【新工艺调试工作】 A2/O工艺是一个新工艺。2016年进入全面联动调试后,为让一线职工尽快熟悉新工艺、新设备,熟练掌握操作技能,组织理论知识培训,强化学习;现场实操讲解演练;由厂领导主持,技术、工艺人员参加,前个班班长把本班运行工况、调试目的、过程控制、存在的问题等以书面形式写出并汇报。以保证调试工作的延续性。通过三个月左右调试,日均处理水量可达到6.5万吨/日左右。出水水质均达到一级A标准。对生产运营中高耗能、高成本的控制单元参数,逐一进行优化,以期达到经济高效运行。

(刘建国)

园林绿化

【国家园林城市创建】 2016年10月,临汾市园林局对实施方案进行修改完善,发动群众参与到创建工作中来,加大创建宣传力度,通过临汾电视台等主流媒体发布宣传图片及标语、向相关单位散发园林报、在园林局门户网站上发布创建内容等多种措施和方法,营造浓厚创建氛围。

【绿化管养】 2016年,临汾市在园林绿化管养方面,坚持"提品质、做景观、出精品"原则:(1)对行道树和绿篱进行全面整形修剪,美化景观效果;(2)春季对主要街道行道树进行刷白,既美观又预防病虫害;(3)在市区广宣街、解放路等城市主要街道悬挂标识牌300余个,普及园林知识;(4)对福利巷等部分街道的损坏的树坑板进行整理、更换,保证树木正常生长。

【城市园林彩化】 2016年,临汾市园林局对滨河南、平阳桥、西关桥等处摆放的500余个木制和玻璃制花箱内的花卉按照季节进行换季栽植,使市民从五一到十一都能观赏到当季美丽花卉。按照"两节"期间摆花工作计划,对市区重要节点,如市委、市政府、迎宾大道等进行摆花造型,引入如"中国梦""平安花瓶""孔雀开屏"等形式多样、色彩缤纷的花卉形态,提升城市品味,塑造临汾新形象。

【园林单位、园林小区创建活动】 2016年,临汾市园林局按照创建国家园林城市实施方案,开展园林单位、园林小区创建活动,通过考核验收,共命名5个市级园林单位和5个市级园林小区,全面完成年初制定的目标任务。

【精准扶贫】 2016年,临汾市园林局与扶贫村实行定户联系、结对帮扶,联系园林局从班子到一般干部职工,根据贫困户贫困程度,选择结对帮扶对象,因户施策,一包到底。帮扶人员深入贫困户家中进行言语鼓励、物质资助,树立贫困户战胜困难,尽快脱贫的信心。对因孩子上学致贫的家庭,凡是考入正规本科院校的学生,每人奖励1000元。冬季,号召全体干部职工捐衣捐物,给贫困户送去温暖。腊月里组织干部职工为村民现场书写春联,与村民面对面交流。在扶贫措施上筹措近3万元购买书籍近1000册,帮助村委建立"农民书屋"。筹措资金修建入村道路和蓄水池,解决村民的出行和饮水问题。通过联系兄弟单位资助,为村民购买5300余株优良嫁接核桃苗和1000余株花椒苗,解决短期脱贫的问题,延续村民稳定收入。通过联系、协调有关单位,光伏发电列入定向扶贫项目。

(刘文龙　杨鑫)

帮助扶贫点成立农民书屋

房地产管理

【公租房】 2016年，临汾市公租房保障家庭共计1980户。其中实物配租1910户（分配1120户）、租金补贴70户。审核新申报材料109份，核准落实公租房保障家庭84户。完成1260户保障家庭的年度核准工作。完成720户实物配租家庭的核准证审验及租住合同续签工作。执行年度核准退出制度，以入户走访等方式拟核准退出52户。2016年度享受公租房资金补贴家庭875户，计292万元，全部足额发放到户。

2016年5月6日经上级部门批准下发《关于调整市区公租房（廉租房）家庭收入申报标准的通知》，将市区公租房（廉租房）申报家庭人均可支配收入标准由原10000元调整为11300元。

惠民园公（廉）租房小区372套房源实物配租前期入住准备工作完成后，于2016年1月1日至4日全部分配到户。

2016年12月5日下发《关于开展市区公共租赁住房申报工作的通知》，全面启动公租房申报工作。

【经济适用住房】 2016年，临汾市房产局审核申报材料146份，核准落实经济适用住房保障家庭125户。分别于6月30日、12月8日举行第十批、第十一批经济适用住房认购公开摇号仪式，确定选房顺序号在各新闻媒体公布。分别于7月11日、12月16日在"漪汾花园"销售中心按照《临汾市经济适用住房认购与廉租住房分配实施方案》进行公开认购及选房工作。全年经济适用房申报核准2499户。认购2347户，累计核退77户。按相关要求，经适房合同备案310份。

【限价商品住房】 2016年，临汾市房产局审核申报材料65份，核准落实限价商品住房保障家庭55户。分别于6月30日、12月8日举行第五批、第六批限价商品住房认购公开摇号仪式，确定选房顺序号在各新闻媒体公布，分别于7月13日、12月16日在"漪汾花园"销售中心按照《临汾市经济适用住房认购与廉租住房分配实施方案》进行公开认购及选房工作。全年限价商品房申报核准213户。其中认购197户，放弃32户。

临纺棚户区改造还迁合同备案236份。

【物业服务监管】 2016年，临汾市房产局共对18家物业服务企业的资质到期换证申请进行初审；对27家新设物业服务企业的资质申请进行初审；对三星凤凰府、育人花苑、悦汇广场、天鹅现代花园、荣华世家、祥宇龙居、德馨园等18个项目通过前期招投标选聘物业服务企业进行监督、指导；监督指导德和阳关尚都小区成立业主委员会；对78家物业服务企业进行资质动态考核的初审工作，上报市住建局；处理市长热线198件、业主投诉51件，答复人大提案1件、政协提案2件，信访回复3件。

【住宅专项维修资金监管】 2016年，临汾市共集维修资金7694.76万元，累计归集3.11亿元。划转钢城小区、金华小区、临汾市农业发展银行鼓楼西家属院等19个小区的维修资金总计358.81万元；对市区135个住宅小区的维修资金明细账进行逐一核实，集中整理、汇总所出现的问题；修改更新维修资金的使用流程、示范文本及应提供的相关材料，做到简化、优化办事程序和规范化管理；维护更新74个小区的数据信息共计9501条；接受业主咨询及查询共计154户；受理市府小区、天水家园、钢城小区、博浩源君临苑、旋耕机厂小区、凯泽苑小区、莱茵半岛等21个小区维修资金使用的申请，分别查勘现场录影记录。

【房地产市场监管】 2016年，根据省住建厅《全省房地产开发管理突出问题专项整治工作方案》、市住建局《临汾市房地产开发管理突出问题专项整治工作方案》及有关会议精神，先后起草《关于对市区房地产市场进行专项排查的通知》《市区房地产开发管理突出问题专项整治实施细则》，于7月18日对市区房地产开发交易、中介服务、物业管理市场进行全面排查。共排查房地产开发企业63家、项目79个；房地产经纪机构33家；物业服务企业29家，物业小区45个。排查出市场违法违规行为共计111例。立案查处51例、责令整改7例、责令限期备案32例、调查取证15例。

2016年共下发责令改正通知书40份，行政处罚陈述、申辩权告知书29份，行政处罚听政告知书23份。规范市区房地产市场秩序。

【房屋交易管理】 以2016年9月18日市不动产登记工作启动为时间节点，之前共办结各类房屋权属登记13304件。其中，初始登记347件；转移登记2950件；变更登记46件；抵押登记1333件；

补证登记40件;预告登记7955件;更正5件;注销登记628件。

9月18日之后,共办结房屋交易确认595件。协助司法查封738件,受理查询咨询9500余件。

2016年全年按照规范化、标准化指导整理各类档案12107卷(其中,住房保障等文书档案425卷,产权产籍档案11682卷);提供查询利用档案共21264份。出具无房证明8101份、查询报告13163份。

【房地产勘测】 2016年,临汾市房产局完善GPS测绘基站工作系统,执行分丘图测绘完善执行测绘面积交检制度,提高工作质量和工作效率。全年共测量楼盘191幢,总建筑面积299万平方米,出具测绘报告191份,制作分丘图24幅,建立楼盘表86栋、1万余户。建立测绘质量责任追究和限时办结制度,使测绘人员工作责任心和工作效率大幅提高;新建房屋楼盘表即时完结,房屋编号有序进行;房屋测绘具体实施细则调研工作完成,职工整体素质提高。

【房地产信息服务】 2016年,临汾市房产局共备案商品房预售合同8215份,备案总面积96.38万平方米,备案率100%;出具个人商品房销售合同网上备案证明855份;接收法院查封文书80宗,解封17宗。房地产统计日报、月报系统同住建部联网,按时完成房地产去库存统计报告工作。

【直管公房管理】 2016年,临汾市房产局经营管理的直管公房共计91处、591套(间)、24525.8平方米。其中,住宅54处、470套(间)、18319.87平方米;营业房39处、120套(间)、6205.93平方米;伙房326.3平方米;地下室28.17平方米。建立完善安全监管、隐患排查制度和应急处置方案等,采取定期排查、日常巡检、集中改造等方式,对危旧公房及时修缮改造,排除安全隐患。

【农村定点帮扶工作】 2016年,房产局的农村定点帮扶对象为翼城县里砦镇神沟村。扶贫工作队采取网格工作法,组织村党员干部分组分批逐户走访,对贫困户进行精准识别,建档立卡,构建贫困人口信息系统,确定需帮扶家庭22户。自筹资金印制扶贫政策年画400余份,确保每户每人知晓党的精准扶贫政策。全年分四次组织党员干部共120余人(次),深入该村实地“一对一”结对调研帮扶,自费送去价值近万元慰问品,购买价值7万余元滞销农产品。协调帮助该村建设的装机总容量为100千瓦的光伏发电站安装完毕,并网增收,预计每年可以为村集体带来约15万元的收入。协调翼城县水利局解决66万元,村自筹17万元,房产局筹资5万元,探建550米深水井1口,解决全村农业灌溉及人畜吃水问题,间接增收约400万元,为本村脱贫打下坚实基础。先后为村里2015年、2016年金榜题名的十名大学生捐款(物)总价值5万余元。六一儿童节,向神沟小学捐赠各类图书、文具用品总价值8000余元。

环境保护

环境保护

【概述】 2016年,临汾市主要考核指标完成情况。(1)环境空气质量。省定约束性指标:PM2.5浓度年下降率4%,优良天数比例达71.4%。1月至11月,PM2.5浓度为61ug/m^3,同比上升13.0%;省定优良天数比例达71.4%。1月至11月,二级以上天数为218天,占有效监测天数比例为69.7%,未完成目标要求。(2)水环境质量。省定约束性指标:全市达到或优于Ⅲ类水体的比例为0,劣Ⅴ类水体的比例低于62.5%。1月至11月,达到或优于Ⅲ类水体的比例为12.5%,劣Ⅴ类水质断面比例为50%,达到考核要求。(3)主要污染物减排。省定约束性指标:二氧化硫减排比例4%、氮氧化物减排比例4%、化学需氧量减排比例3.52%、氨氮减排比例3.6%。1月至11月,全市主要污染物排放量总体保持同比下降趋势,各项指标均按序时进度完成。

【大气污染防治】 煤烟污染治理工程。2016年,临汾市完成建成区40台燃煤锅炉、茶浴炉的淘汰和清洁能源改造任务。出台《临汾市区冬季采暖期煤烟污染专项治理实施方案》,投资约3.1亿元对155平方千米的城市规划区,以及主要交通干线和环境敏感区域进行煤烟污染专项整治。挥发性有机物治理工程。完成10家企业的治理;工业企业污染治理工程。全市25家焦化企业有19家完成对标改造;12家钢铁企业完成对标改造;5家电力企业的12台机组中10台机组完成超低排放改造。机动车污染治理工程。2016年省下达临汾市的黄标车、老旧车淘汰任务合计12798辆。截至12月5日,完成黄标车及老旧车淘汰16043辆,完成率125.36%。

燃煤锅炉淘汰现场

【水污染防治】 2016年,临汾市年度行动计划的出台和水体达标方案的编制。报请市政府印发《临汾市水污染防治2016年行动计划》(临政办发〔2016〕16号),组织编制《临汾市水体达标方案》报送省环保厅进行审核。地表水环境治理与水质监管。报请市政府印发《关于进一步完善全市地表水跨界断面水质考核生态补偿机制的通知》(临环发〔2016〕75号),按要求每月进行一次跨界断面水质监测,核算生态补偿金扣缴奖励情况并通报;建立流域(控制单元)内县(市、区)水污染防治联防联控机制,召开3次联防联控工作会议,形成流域内数据信息共享、上游对下游负责、共同协商推进水质改善的工作格局。饮用水源地环境保护工作。完成上年全市城镇及典型农村饮用水水源地环境状况评估,确定治理保护工程和项目。地下水环境保护工作。确定35个地下水监测考核点位,启动监测工作。工程项目。生活污水处理、工业废水治理、畜禽养殖污染治理、河流生态恢复等水污染防治项目有序推进,11月,对项目推进较慢的4个县(市、区)政府进行约谈;截至11月底,省政府下达的36个农村生活污水防治项目,完成33个。

【土壤污染防治】 2016年,印发《临汾市土壤污染防治试点工作方案》,安排部署尧都区、洪洞县、襄汾县、乡宁县、古县等土壤污染防治试点县污染防治工作。根据"土十条"的要求,起草编制临汾市土壤污染防治工作方案。针对农用地土壤污染,印发《关于进一步开展全市农用地土壤环境保护工作的通知》。确定土壤污染专项资金项目,下达临汾市土壤污染防治专项资金650万元。开展土壤污染重点课题研究,启动研究"临汾市'七一渠'灌溉范围农用地调查评估、临汾市'龙祠、土门'水源地土壤环境质量状况调查评估、全市土壤污染风险管控调查与评估"三个重点项目。

【主要污染物减排】 2016年,临汾市环保局确立实施减排项目78个。推进城镇污水处理厂和燃煤电厂重点减排设施的核查核算管理,对全市48个重点减排项目进行现场检查与指导。实行局领导包联重点减排项目制度,要求各县(市、区)加强对减排项目的监督检查,确保设施运行正常。对17个县(市、区)减排项目档案资料进行预审,整理上报减排项目和减排档案资料。对城镇生活污水处理厂、燃煤电厂、钢铁焦化等重点排污单位进行减排核查核算技术培训。

【环境保护宣传教育】 2016年,临汾市环保局组织媒体跟踪报道、编辑稿件或开辟宣传专栏,及时宣传临汾市环保重点工作、环保动态、阶段成果。全面推进《中国环境报》《环境保护》等环境报刊宣传工作,拓宽各类环境报刊在全市的覆盖面。全年共编辑内部《简报》12期,上报省环保厅简报采用率排名全省第二。举办全市环保系统《新大气法》培训会。在临汾日报刊发新《大气法》专版,推进新法在全市的学习宣传和贯彻实施。在"两会"期间,向人大代表和政协委员赠阅《新法解读手册》,利用"6·5"宣传月期间,在全市环保系统组织举办新《环保法》、新《大气法》等环保法律法规知识竞赛和演讲比赛。开展环保宣传进农村活动,在市、县两级电视台播放国家环保部宣教中心拍摄的《种菜也要讲环保》《农村环境综合整治》《巧用秸秆利环保》《保护绿水青山留住金山银山》《灰霾防治与城市生活》等农村环保科教电影,倡导广大农民在日常生产生活中保护环境。协调临汾市电视台、《临汾日报》,开辟宣传专栏,运用消息、通讯、评论、系列报道、专题、曝光台等多种形式,全方位、高密度宣传市委、市政府应对重污染天气工作部署及具体要求。

【环保信访】 2016年,临汾市环保局设立领导接访日,由一名局级领导负责接访,将接访时间、地点、接访人以及联系方式通过门户网站或当地主要媒体进行公布,全年局领导接访50天。对上级转办访、重复访、群体访、滞留访和涉及水源地、环境敏感区域的环境信访案件,有针对性安排局级领导带案下访和包案处理4件。要求所有举报案件,均要在七个工作日内办结回复,确因问题复杂,难以办结的,要将办理信息及时反馈给举报人,继续催办,直至将办理结果回复举报人。截至11月底,共受理信访举报案件304件,其中,省环保厅转办19件,市长热线转办5件,微信举报117件,网络举报47件,12369环保热线受理116件。办理结案297件,正在办理7件,对已办理结案的按要求回复举报人。

【环境保护督察】 2016年,成立临汾市常设环境保护议事决策机构,明确环境保护"党政同责""一岗双责",全市"党委政府牵头、部门密切配合、全民参与"的大环保工作格局。将全市环境保护大检查自查自纠的8大类176个问题、省环境保护大检查环保巡查反馈的7方面、18个具体问题及环保部综合督查现场指出的和市环保大督查发现的67个问题,进行打包处理、集中整改。成立7个督察组,分别对平川7县(市、区)开展市级环保督察。要求各县(市、区)及时对各自辖区环境监管责任划分内容进行更新完善,确保全市网格化环境监管体系正常运行,发挥实效。

环保执法

【"铁腕斩污"专项行动】 2016年，临汾市环保局开展全市环境保护"铁腕斩污"专项行动，严查重处典型违法案件。截至11月底，全市共立案处罚85起，查处取缔土小企业20起，按日计罚4起，县级环保部门督办约谈1起，市级环保部门督办约谈3起，查处环境典型案例36起。

铁腕治污取缔土小企业

【打击环境污染违法犯罪】 2016年，临汾市环保局加强环境行政执法与刑事司法衔接，打击环境污染违法犯罪。截至11月底，全市共出动执法人员52000余人次，检查工业企业23000余家次，行政拘留16人，刑事拘留3人，查封扣押10起，限产、停产3起。

【环境安全大检查】 2016年，临汾市环保局按照"全覆盖、零容忍、严执法、重实效"总体要求，开展环境安全大检查。对23个集中式饮用水源地、12户跨省界河流沿线企业、22户危险化学品企业、7户尾矿库企业、9户油气输送管道企业、2户重金属企业、23户未完成水环境防控体系建设的企业进行环境安全检查，发现环境安全隐患83处，下达整改通知76份，立案查处55家。

【强化辐射安全监管】 2016年，临汾市环保局对全市8个县(市、区)使用Ⅳ、Ⅴ类放射源单位或Ⅲ类射线装置的使用单位开展例行检查，督导全市11枚放射源和7个废旧射线管及时送贮。

【清理整顿违法违规建设项目】 2016年，临汾市环保局按照省环保厅和市政府要求，排查企业1206个，发现427个项目存在违法行为(不含畜禽养殖项目)。截至10月底，共有321个项目完成清理整改，其中，淘汰关闭8个，整顿规范276个，完成备案37个，完成清理整改任务的75.18%。

【开展秸秆禁烧工作】 2016年，临汾市环保局督查组对全市开展秸秆禁烧工作进行督查，共出动执法人员3200余人次，对发现的火点及时组织人员进行扑灭。

(金翔宇)

财政　税务

财　政

【财政收入情况】　2016 年，全市一般公共预算收入完成 85.99 亿元，下降 2.49%，好于年初计划 82 亿元下降 7%的目标。税收收入完成 50.23 亿元，下降 3.84%。其中，增值税完成 15.93 亿元，增长 69.64%；营业税完成 8.93 亿元，下降 40.37%；企业所得税完成 3.83 亿元，下降 21.91%；个人所得税完成 1.61 亿元，增长5.92%；资源税完成 3.95 亿元，增长 0.08%。非税收入完成35.76亿元，下降 0.53%。其中，专项收入完成 6.72亿元，下降 53.68%；行政事业性收费收入完成 4.85 亿元，下降 45.90%；罚没收入完成 6.07 亿元，下降 4.05%；国有资源（资产）有偿使用收入完成 13.07 亿元，增长 314.55%。

分县（市、区）看，一般公共预算收入 10 亿元以上的县市区有 1 个，为尧都区。收入在 5 亿至 10 亿元之间的有 4 个县，依次是：乡宁县 8.92 亿元、蒲县 7.11 亿元、洪洞县 6.6 亿元、霍州市 5.85 亿元。收入在 1 亿至 5 亿元之间的有 8 个县，依次是：侯马市 4.09 亿元、襄汾县 3.69 亿元、安泽县 3 亿元、翼城县 2.54 亿元、曲沃县 2.5 亿元、古县 2.13亿元、临汾开发区 1.8 亿元、吉县 1.11 亿元。全市一般公共预算收入超亿元的有 13 个县。亿元以下的有 6 个县。

【财政支出情况】　2016 年，全市一般公共预算支出 310.96 亿元，增长 8.15%。其中，教育支出 51.33 亿元，下降 0.39%；医疗卫生与计划生育支出 34.69 亿元，增长 1.48%；社会保障和就业支出 49.78 亿元，增长 3.33%；节能环保支出 13.64 亿元，增长 30.11%；农林水支出 42.05 亿元，增长 10.25%；住房保障支出 14.64 亿元，增长56.95%；城乡社区支出 26.88 亿元，增长 44.77%；一般公共服务支出 24.99 亿元，增长 7.38%。总体来看，教育、医疗卫生、社会保障和就业、住房保障、节能环保等民生支出 260.22 亿元，同口径增长 6.7%，占支出总额的 83.68%。

【经济运行】　2016 年，各县政府和财政部门，主动协调"一财两税"部门催收入、堵漏洞，明确任务，压实责任。帮助企业解决生产经营中遇到的各种困难，创造有利环境，深挖内部潜力，降低运营成本，提高经营效益。市财政争取中央和省级支持，获得财力性转移支付补助 135.4 亿元，比 2015 年增加 18.9 亿元；争取 2016 年新增政府债券 32 亿元，比 2015 年增加 20 亿元，推动全市经济社会和民生事业的持续发展。

【加强征管收入】　2016 年，临汾市财政局建立"一财两税"信息沟通、数据交流、情况通报协调联动工作机制，深入重点企业厂矿开展税源调查，分析研判全市经济走势、重点税源和税收变化趋势，加强收入预测和预算执行分析，及时发现问题，提出应对之策；全面落实结构性减税和普遍性降费政策措施，执行全省煤炭 20 条、17 条，企业减负 60 条措施等清费减负政策，为企业松绑减负，促进企业发展，实现财政与经济良性互动；围绕年初财政收入预期目标，逐月下达分县收入任务，建立财政收入长效督导机制，加大对县级公共财政收入的督导力度；严格税收征管，强化收入稽查，加大清欠力度，确保各项收入应收尽收、足额入库。

【项目建设】　2016 年，临汾市财政局发挥财政资金引领和杠杆作用，加大政府和社会资本合作力度。参与组建注册资本金 5000 万元的临汾市保障性安居工程投资有限公司，用于承接国开行、农发行支持城市建设、安置项目等政策性贷款。推动规划三街、河西新城中心区综合管廊、鼓楼北大街道路改造等八个项目建设，共获得农发行受信投资26.5亿元，到位4.7亿元。通过PPP模式，引导社会资本加大投入，推进第一污水处理厂、第三污水处理厂、龙祠水源净水厂等项目建设。保障重点项目建设，为临汾市争取到67.94亿元置换债券及32亿元新增债券，其中投入11.85亿元新增债券资金，用于鼓楼南北街道路改造、市区畅通工程、城区公共自行车项目、机场复航改造工程、档案馆等18个市区重点工程项目建设，优化发展环境，增强发展动力。

【脱贫工作】 2016年，临汾市持续加大扶贫资金投入，提高扶贫支出占一般公共预算支出比重，年度财政扶贫资金投入总量增加5.8亿元，同比增长84.9%，实现投入总量和增幅“双增长”。市财政组建注册资本金1.1亿元的临汾市扶贫开发投资有限公司，用于承接国开行、农发行提供的长期低息贷款，保障全市易地扶贫搬迁筹资需要。11个易地扶贫搬迁任务县设立共管账户，为全市易地扶贫搬迁工作的顺利启动奠定良好基础。全市安排专项扶贫资金3.23亿元，保障扶贫资金尽快发挥效益。按照低收入农户冬季取暖货币化改革要求，足额兑现补助资金2.29亿元，惠及低收入农户99万余户，确保群众能够温暖过冬。

【支农政策】 2016年，临汾市财政局落实各项财政支农补贴政策，促进农业增效、农村发展、农民增收。推进农业“三项补贴”改革工作，将农作物良种补贴、种粮农民直接补贴、农资综合补贴等三项补贴整合为农业支持保护补贴，支持耕地地力保护和粮食适度规模经营，推动支农政策由价格补贴向收入补贴转型调整，提升支农政策的指向性、精确性和实效性。落实农业支持保护补贴面积达45.174万公顷，兑现补助资金4.61亿元。改善农村人居环境，投入资金4.64亿元用于农村地质灾害治理搬迁、采煤沉陷区治理搬迁安置、农村危房改造等项目建设，投入资金3亿元用于农村公路养护、县乡公路改造、安全生命防护工程、农村旅游公路建设等农村交通项目建设，推动城乡一体化发展。

【文化事业发展】 2016年，临汾市围绕文化强市目标，加快文化基础设施建设，投入资金1.3亿元，用于市级博物馆、图书馆建设；推进公共文化设施免费开放，统筹各类财政资金904.62万元，支持全市博物馆、纪念馆、图书馆、文化馆、文化站等实现免费开放，让群众享受公共文化的普惠性。

【支持教育事业发展】 2016年，临汾市按照学前教育协调发展，义务教育均衡发展，普高教育内涵发展，职业教育发展的思路，在学前教育方面，投入资金5883万元，新改扩建24所农村幼儿园；在义务教育方面，投入资金5.79亿元，改善义务教育薄弱学校和寄宿制学校基本办学条件，支持全市农村中小学公用经费、经济困难家庭困难寄宿生生活费补助和农村义务教育学生营养改造计划；在普高教育方面，实施普高学生资助计划，完善高中阶段教育经费保障机制，安排2665.22万元国家助学金，帮扶普高家庭经济困难学生，投入资金4294.3万元，用于支持普通高中办学条件；在职业教育方面，支持中高等职业教育大力发展，累计投入资金1.09亿元。

【社会保障体系】 2016年，临汾市城乡居民医疗保险财政补助标准由每人每年380元提高到420元，累计投入城乡居民医疗保险基金9.44亿元，惠及全市337万参保参合城乡居民。设立新农合大病保险基金5800万元，减轻农民看病负担。投入资金1.9亿元，确保人均基本公共卫生服务经费从40元提高到45元，促进公民享受免费公共卫生服务，提高居民健康水平。及时兑现城镇低保对象保障标准每人每月提高20元，农村低保对象保障标准每人每月提高40元政策，加大财政兜底线、补短板工作力度。投入资金1070万元，落实全市39684名重度残疾人护理补贴政策。

【就业创业援助工程】 2016年，临汾市全方位落实就业扶持措施，投入资金1.12亿元，鼓励创业人员及小微企业积极创业，吸纳就业。

【城市综合整治工程】 2016年，临汾市筹措资金，支持大气污染防治，投入资金2623万元，用于居民燃煤小锅炉治理、市县两级环境空气自动监测数据联网等项目，推动“生态强市”建设；支持市区纯电动公交车推广，投入资金1.08亿元，新购纯电动公交车200辆，确保市区纯电动公交全覆盖。

【财政管理】 2016年，临汾市实施预算统筹，将水土保持补偿费、政府住房基金2项政府性基金转列一般公共预算,政府性基金预算超出规定比例的结转结余资金也全部调入一般公共预算。推进预决算公开,市本级及19个县(市、区)全部公开2016年公共财政收支预算和“三公”经费预算情况。推进财政结余结转资金管理,市本级累计收回调回总预算结余结转资金4.7亿元,全部用于民生项目建设。开展市级国库集中支付电子化管理试点工作,优化国库支付流程,提高资金运行效率。推进国库集中收付制度改革,市直单位公车燃油、维修、保险等运行费用全部实现公务卡结算。推进煤炭资源税改革,改革后煤炭资源税省级分享65%,市县分享35%,向上级反映临汾市困难,通过努力为临汾市减少6803万元的上解额。全面推进“营改增”,将所有行业企业缴纳的营业税全部纳入增值税范围,明确市与县财政分享比例。加强政府债务管理,推进存量债务置换工作,提前偿还校安工程、机场复航改造项目贷款,制定债务风险化解方案,对12个县(市、区)的地方政府债券使用情况进行专项检查。

【加强干部队伍】 2016年,临汾市财政局配合市委组织部选拔任用1名正县级调研员、5名副县级调研员。加大干部教育培训力度,全年举办各类培训班26期,培训学员6820人次,提高各级各类干部的财政专业化工作能力和综合素质。

临汾市财政局开展法制宣传活动

【财政法治建设】 2016年,临汾市财政局成立法制宣传教育和依法理财工作领导小组,局机关各科室、局属各单位的主要负责人为成员,制定法治规划,明确工作重点。组织开展“依法行政宣传月”和“12·4”法制宣传日活动,制作宣传条幅和宣传面板,印发千余份法制宣传单,重点宣传《采购法》《预算法》《会计法》《道路交通事故社会救助基金》等相关法律法规,取得良好社会效果。

【精神文明建设】 2016年,临汾市财政局、市国库支付局和市非税收入征收局被命名为“市级文明和谐单位”,市国际资金管理局被评为“市直文明和谐单位”。财政宣传力度加大,2016年共编撰《临财信息》43期,被《中国财经报》、财政部、省财政厅、市政府采用达28条,其中,《念好“四字诀”科学组织安排财政预算》《“四个优先”大力支持环境保护工作》《“四个明确”建立预算编制事前调研工作机制》等9篇报道被中国财经报、财政部、省财政厅采纳,多篇报道被临汾政务信息、临汾日报采用。

(陈　晔)

国际资金管理

【概述】 2016年,国际资金管理局实行“三包三联”工作机制,强化在建项目监管,加大还本付息力度,争取申报后续项目,创建文明单位,全方位做好政府外债项目工作。临汾市清洁发展委托贷款项目还本付息工作受到山西省财政厅通报表彰。申报的清洁发展委托贷款2个项目在全省申报的11个项目中名列前茅,获得国家财政部的审核通过,成为全省11个地市中唯一申报成功的地市。

【贷款项目申报】 2016年,国际资金管理局共申报贷款项目3个。具体是:(1)侯马热电联产供热项目,申请利用中国清洁发展机制基金贷款5000万元,获得财政部审核通过;(2)襄汾县浦新发电有限公司2×15MM生物质(秸秆)发电项目,申请利用中国清洁发展机制基金贷款6500万元,获得财政部审核通过;(3)临汾市人民医院利用以色列政府贷款购置医疗设备二期项目,申请利用以色列政府贷款2600万美元,引进医疗设备33台(套)大型医疗设备。项目完成国际招标在市人民医院顺利签署三方协议，设备预计于2017年6月到位，二期设备的引进将推动医院发展驶入快车道，早日实现晋南区域一流中心医院的目标。

【贷款项目监督管理】 2016年，临汾市与世界银行、亚洲开发银行、日本、奥地利、丹麦等外国政府进行合作引进贷款上项目达27个，引进外资14亿元。本着项目资金"引得进、用得好、还得起"原则，加大监督管理力度，做到全方位监管不缺位，保证贷款项目正常运行，促进全市经济和社会的发展。

【贷款项目还贷付息】 2016年，国际资金管理局将到期债务列入当年财政预算，做到及时通知、债务清楚、任务明确、责任到人，保持良好偿债状况。还本付息任务完成3926.22万元，对省做到分文不欠。临汾市的清洁发展委托贷款项目还本付息，做到按时足额还款，获得省财政厅的通报表彰。

【帮扶工作】 2016年，国际资金管理局开展"下基层、改作风、送温暖"活动，全体党员先后多次轮流深入到帮扶点古县岳阳镇段家垣村驻村一个多月，走遍6个自然村的家家户户，两次带医疗队为群众诊病治病，为村里建起文化广场，规划山桃种植工程，实施人畜饮水安全工程和耕地滴灌，争取光伏发电项目早日实现帮扶村集体经济零的突破，对老党员、贫困户进行帮扶慰问。根据全省脱贫攻坚干部帮扶工作要求，新选派三名干部任汾西县农村第一书记，做好精准扶贫工作。

【对外宣传】 2016年，国际资金管理局采取多种宣传方式，多层次、多渠道，广泛宣传利用外债贷款的意义，把贷款项目建设对临汾市经济和社会发展的重要作用向各级领导和社会各界讲清讲透，取得各级领导和社会各界的理解、支持，全市项目顺利实施和达标，提高工作质量，强化服务意识，将贷款项目的管理和服务有机结合在一起。

（段延杰）

非税收入征管

【非税收入工作】 2016年底，临汾市级非税收入累计完成101044万元，其中，纳入非税征缴系统的非税收入完成69043万元，通过非税征收窗口直接征收的非税收入32001万元。

【往来资金管理工作】 2016年，临汾市预算单位凡未通过财政零余额账户和单位零余额账户支付的资金，全部纳入市非税局往来专户统一管理。截至2016年底，往来资金累计增加17032万元，累计拨付243547万元，累计结余21184万元（含上年净结余247699万元）。

【清理非税专户借款】 2016年，对从非税专户借出的资金进行全面清理核实，全年累计清理借款202056万元，借出资金全部收回，提高了财政资金使用率。

【精准扶贫】 2016年，临汾市非税收入征收局选派单位骨干党支部副书记、副局长许金虎为帮扶村"第一书记"，完全脱产驻村工作，抽调4名党员组成扶贫工作队；投资1万元装修党员活动室，建档立卡贫困户181户、529人，贫困发生率28%。结合国家的扶贫政策，总投资约80万元的光伏设施安装完毕，预计合并电网后，能增加村集体收益大约12万元，为村集体经济"破零"打下基础。参与完成50户太阳能安装，让村民一年四季用上热水；完成投资10.3万元的文体广场，安装健身器材；完成投资5万元的村级卫生所，规范医疗环境，让村民小病不出村；完成投资3.41万元盈村被洪水冲毁的80米道路修复工程。通过基础设施项目的实施，全村基础设施得到改善。2016年盈村脱贫34户，共计97人，超过年初的预定目标，单位也被市委下乡办评为"先进帮扶单位"。

【"学雷锋"志愿活动】 2016年，临汾市非税收入征收局开展多次志愿服务活动：看望道德模范刘志东；看望盲人姑娘耿飞燕；到临汾红丝带学校参加志愿服务活动；给道德模范，临汾市唯一一位五星级义工郭振江捐款；到临汾特殊教育中心参加志愿服务活动，和聋哑儿童交流。开展"健康知识讲座"活动。邀请山西省健康教育专业委员会董毅老师给全局干部职工讲了一堂"健康生活 快乐工作"的健康知识讲座，让干部职工在工作注重健康，形成工作、生活的良性循环。

（鹿素芳）

国　税

【概述】　2016 年，临汾市国税局以深化国税、地税征管体制改革为主线，依法组织收入，推进依法行政、税收征管、规范落实、干部教育、国税文化“五大工程”。全年国税系统累计组织税收收入 671012 万元，同比增长 8.28%，增收 51316 万元。其中，地方级完成 255767 万元，同比增长51.19%，增收 86596 万元；市县两级完成 182683 万元，同比增长 54.27%，增收 64262 万元。

【依法组织税收收入】　2016 年，临汾市国税局市县两级把依法组织收入列为首要任务，严格遵循组织收入原则，全力做好挖潜增收、堵漏促收、防欠保收“三篇文章”，完成税收收入任务。强化税收风险应对，全年完成 23 期风险应对任务，共评估入库税款 9433.63 万元。加大税务稽查力度，落实税收黑名单和联合惩戒制度，提高稽查震慑力，全年共检查各类纳税人 132 户，稽查查补收入 8120 万元。强化欠税管理，建全欠税企业台账，实行欠税风险预警，将欠税清理纳入绩效考核，推行清欠问责制，全年累计清理新欠 11807 万元，清理陈欠 478 万元。

【税收分析】　2016 年，临汾市国税局完善分析预测机制，深化国地税联合分析，打造税收分析“拳头产品”。建立税收预测分析联席会议制度，按月编制《临汾国税收入专报》；与财政、地税配合，按季形成《临汾财税收入情况报告》，报市委市政府。与地税局搭建联合税收分析多维平台，推进联合税收分析，提升税收分析质量。利用全市税收深度分析数据库，从税收和经济关联的角度进行收入分析，撰写《营改增对临汾经济发展的影响和对策》《关于“营改增”后增值税分配比例调整对临汾市公共预算收入影响的分析》《从税收视角看新常态下临汾经济发展》，为地方经济发展建言献策。

【依法行政】　2016 年，临汾市国税局把依法治税放在推进税收现代化的高度，立足制度层面和实践维度，制定《2016 年依法治税工作规划》，推动法治国税建设深入开展。创新监督方式，探索实施“执法督察＋纪检监察”工作机制，对发现问题及时整改，促进规范执法，防范执法风险。2016 年执法督察发现的 6 个方面、27 项全部整改到位。开展法治税务示范基地创建工作，临汾市经济技术开发区税务分局获“全省国税系统法治税务示范基地”称号。设立公职律师办公室，开展公职律师参与重大税务案件审理，提高审理能力，防范法律风险。全市 14 名公职律师参与近三年全市国税系统 60 余件重大税务案件审理工作。

【营改增】　2016 年，全市国税系统把营改增列为全年工作的头等大事，全面开启“5＋2”“白＋黑”工作模式，成功打赢“能开票”“会申报”“分析好”“改进好”四场战役。临汾市国地税联合市邮政局，共同向全市上万户营改增纳税人派发政策邮包，第一时间将营改增政策分类打包送给纳税人。全市国税系统干部职工放弃节假日，坚持“5＋2”工作制，挨家挨户上门讲解相关政策，通过多种媒体向社会公告，实现政策宣传全覆盖。营改增管户确认、辅导培训、发票发行等各个环节都实现“一户不漏”。5 月 1 日，临汾首张营改增发票顺利开出，标志着临汾市顺利实现营改增税制转换。

2016 年 5 月 1 日，临汾市国税局开出第一张营改增发票

【税收优惠政策】　2016 年，临汾市国税局高度重视税收优惠政策落实，坚持公开公正、全覆盖、无死角，深入开展定期督导、跟踪反馈、自查自纠工作，确保各类纳税人应知尽知、应享尽享。全年累计为 57381 户小微企业减免增值税 12939.95 万元，为 1214 户小微企业减免企业所得税 220.95 万元，实际受优惠面达 100%；为享受固定资产加速

折旧税收优惠政策 231 户企业，减免税额 769.47 万元；为 18 户出口企业退免税 1.01 亿元。

【优化纳税服务】 2016 年，临汾市国税局创新发票领购模式，推广车购税自助办税终端，实施“一窗通办”、免填单、网上办税等一系列服务举措，投资上百万给全市办税服务厅配置自助办税机、高拍仪、智能叫号系统，提升办税服务效率，全市广大纳税人尽享“便民办税”新体验。紧扣国地协作、税银互动、税企互惠三种模式，与地税局合作举办“纳税人学堂”活动 256 场，让纳税人一次获知两家政策；成立临汾市“银税合作”协调领导组，建立联席会议机制，与 7 家银行签署战略合作框架协议，推进“税银互动”，倾心服务诚信企业健康成长，63 户企业获得信用贷款 7.11 亿元。

【税收征管改革】 2016 年，临汾市国税局研究制定《国地税合作县级示范区、品牌区建设方案》，将尧都区、乡宁县、蒲县、浮山县确定为“2016 年度县级国地税合作示范单位”，通过共建联合办税大厅、共驻政务大厅、互派进驻大厅等形式，优化联合办税服务。在侯马市、侯马经济技术开发区、曲沃县三个行政区域内试行国地税业务通办，通过主动合作，基本实现服务上深度融合、执法上适度整合、信息上高度聚合。尧都区登“全国百佳国税地税合作县级示范区”榜单。全面实行个体工商户自主申报，24245 户进行自主申报，占个体户总数 37300 的 65%，防范执法风险。

【精神文明创建】 2016 年，临汾市国税局深化精神文明创建，市局 7 支志愿者服务队，主动开展结对助学、扶贫帮困等各类公益活动，被市直文明委授予全市“十佳志愿服务队”。开展“传承好家风、带动好税风”系列活动，从全市范围内推举产生 10 个群众公认的“最美家庭”，在全系统广泛宣传，形成学先进、争先进的浓厚氛围。举办全系统“讲奉献、有作为”优秀党员先进事迹宣讲会，用身边人、身边事教育广大党员，倡导敬业奉献风尚。

【精准扶贫】 2016 年，临汾市国税局市县两级组织广大党员干部与当地贫困家庭开展结对帮扶，因户施策，因人施法，帮助困难群众尽快脱贫致富。全系统向扶贫村派驻 5 名“第一书记”，全职开展扶贫攻坚，解决农村发展难题。“第一书记”宋海龙的先进事迹先后被人民网、税务总局网站、《中国税务报》等媒体进行报道。

【税收宣传】 2016 年，临汾市国税局打造的税收公益广告片《税收点亮梦想》，首次参加全国 2016 年税收公益广告大赛，成功入围，获鼓励奖。举办全市国税系统首届税收微电影大赛，各单位自编自导自演一系列税收主旋律微电影，扩大税收宣传的辐射面和影响力。

（冯勋功）

地　税

【概述】 2016 年，临汾市地税局全系统共完成各项收入 57.42 亿元，其中，税收收入完成 51.15 亿元，其他收入完成 6.27 亿元，省以下一般公共预算收入完成 43.95 亿元，完成收入计划，实现“十三五”时期地税工作的良好开局。

【清查检查】 2016 年，临汾市地税局开展营业税清查，入库税款 5.9 亿元；开展所得税汇算清缴督查，督查入库所得税 1756 万元；开展对重点税源企业的纳税评估，评估出各项税费 902 万元；发挥稽查作用，查补入库税款 2.4 亿元。

【法治地税建设】 2016 年，临汾市地税局对 2013 年以来取消和下发的 9 批次 85 项行政审批事项进行整理对接，对 19 个全文失效废止的规范性文件进行依法公告，对 17 个新制定的规范性文件进行严格审核备案。开展稽查案卷评查，推进法治税务示范基地建设和公职律师工作，全系统有 3 名同志通过公职律师认定。各基层单位推进法治建设，创新形式载体，使法治宣传走向街头、走入企业、走进学校，增强法治宣传实效，3 家单位分别获得“省、市法治宣传教育先进单位”。

【税收秩序】 2016 年，临汾市地税局加强评估和稽查力度，市局一分局完成千户集团 413 户企业税款的核实确认，对 27 户市级重点企业开展纳税评估；全市稽查系统共检查企业 248 户，查处百万元以上大案 5 件，通过媒体曝光大案 2 起，黑名单公布重大税收违法案件 1 起。市局稽查局尝试与市国税局开展联合稽查，建立制度机制，协同检查企业19户，查补入库税款260万元。

【督察内审】 2016年，临汾市地税局基金科转变职能后，迅速展开对全市19个征收单位、23个核算单位的全面执法督察和“三公”经费跟踪审计，对发现的问题下发执法督察意见书和审计意见书，提出整改问责要求。接受省局重点督察。

【政务管理】 2016年，临汾市地税局健全各项规章制度，组织培训财务工作相关人员，规范会议、培训、差旅、政府采购等支出流程。开展固定资产大清查，理顺资产管理工作。

【基础管理】 2016年，临汾市地税局征管质量各项指标提升，金税三期优化版顺利上线，运行平稳。“营改增”工作完成，代征代开增值税工作也顺利接轨，累计代征515万元。继续做好“三证合一”和“两证整合”工作，强化登记后信息的补录。风险管理上下联动，有效开展，共推送5类风险点8647户，消除风险入库税款673万元。全市营业用房评估工作全部完成录入系统，降低二手房交易的执法风险。规费征管纳入金税三期实现就地缴库，规费票据停用缴销工作顺利完成。

【税种管理】 2016年，临汾市地税局制定落实印花税管理和个人所得税核定征收管理的两个办法，收效明显。做好企业所得税汇算清缴和年所得12万元以上纳税人自行申报工作，共汇算企业5849户，汇算增加税款7100万元，共有3127人自行完成个人所得税纳税申报；全员全额明细申报率达98.68%；为近20万纳税人邮寄个人所得税完税证明。创新性提出将增值税发票作为资源税扣缴管理证明的思路，得到总局和省局高度重视，省局在临汾进行专题调研。

【国地税合作】 2016年，临汾市地税局与国税局确定的34项基本合作事项全部得到落实。纳税服务得到深度融合，与国税共建办税服务厅，联合开展税收宣传、升级微信平台、举办88期纳税人学堂，进行信用评价和“银税互动”服务，帮助70户企业取得贷款6亿元，被评为“银税合作”优秀团队。在全市首次开展纳税人需求暨满意度调查，处理各类热线电话1000余起，落实税收优惠政策，全年减免税收2.3亿元。在执法上进行适度整合，从核定征收、风险应对、税务稽查等7个方面共同强化管理，协商制定综合治税保障等管理办法。建立国地税涉税数据共享应用小组，共享信息4万余条，实现信息高度聚合。

【干部队伍建设】 2016年，临汾市地税局动态选任干部成效明显。制定《关于干部管理若干决定》，从干部培训、选拔到管理共13条，拓宽干部选任能上能下的通道，增强干部队伍的活力和动力。累计调整科级干部93名，从基层公开遴选公务员11名，树立干部人才合理交流的正确导向，激励干部投身于工作和学习。全系统全年共组织各类培训400余次，参训17000余人次。开展“岗位大练兵”，征集编印业务题库，对近五年新入职的税干进行业务培训，组织系统业务抽考。在“业务大比武”中，20名干部被市局确定为岗位能手，2名干部入选全省业务骨干，被省局推荐纳入总局“115”人才工程。

临汾市地税局开展公务员公开遴选

(郭柱子)

金　融

银　行

·中国人民银行临汾市中心支行·

【概述】 2016年，人民银行临汾市中心支行结合辖区经济发展实际，树立“以人为本、真情互动、履职到位、客户满意”的服务宗旨，以服务百姓、服务经济、服务社会为目标，在打造特色工程、亮点工作中取得实效。截至12月末，全市金融机构本外币各项存款余额为2139.01亿元，新增存款172.56亿元，增长8.78%，同比多增56.69亿元，全市金融机构本外币各项贷款余额为1184.16亿元，较年初增加104.85亿元，增长9.71%。

【金融扶贫】 2016年，人行临汾市中心支行坚持精准扶贫、精准脱贫的基本方略，实施金融精准扶贫“春雨计划”，制定实施《关于开展金融扶贫攻坚“春雨计划”实施方案》，作为全年推动金融扶贫工作的总体纲领，按照“65513”工作思路，通过健全6项机制促联动、疏通5大环节畅渠道、聚焦5个领域建工程、创新1个载体强服务、整合3项政策送资金等措施，衔接货币政策、信贷政策、财政政策、产业政策、扶贫政策，针对脱贫攻坚创新产品、创新机制，吉县、汾西等县域金融机构创新推出“扶果贷”“惠农贷”“惠企贷”“能人宝”等10余种新型产品，大宁联社采取“政银企+建档立卡贫困户”的“3+1”贷款模式，古县政府给予扶贫再贷款2个百分点的财政贴息，协调尧信担保公司沟对具有扶贫带动作用的中小企业的担保费率由原来的3%下调到1%。截至12月末，通过地方法人金融机构向贫困户发放扶贫再贷款为5亿元，惠及9838户建档立卡贫困户，在扶贫再贷款的撬动下，10个贫困县金融机构全年各项贷款余额达170.68亿元，同比增长7%，较年初增加11.08亿元。

人行临汾市中心支行领导在蒲县开展金融扶贫调研

【货币政策】 2016年，人行临汾市中心支行为辖区经济转型发展和供给侧结构性改革提供金融政策支撑，发挥存款准备金、支农支小再贷款、再贴现、利率定价等多项货币政策组合效应，加大支农再贷款投放力度，截至12月底，累计发放16.29亿元，按照上级行要求和《山西省支农再贷款管理办法》，在额度、利率、投向、台账上从严管理，确保支农再贷款全部用于支持涉农领域。扩大使用支小再贷款扶持小微企业发展。累计发放3亿元，引导辖内金融机构扩大小微企业信贷投放，缓解小微企业融资难。加大再贴现支持力度，累计发放17.69亿元，满足企业流动性需求。定向降准增强地方法人金融机构资金实力。按照政策要求，降低全市法人金融机构存款准备金率共2个百分点的基础上，额外降低尧都农商行0.5个百分点，增加可用资金约15亿元。推动跨境人民币业务发展。帮助企业降低财务成本，全年全市金融机构累计办理跨境贸易人民币结算业务105笔，金额4.11亿元，支持企业“走出去”。落实土地承包经营权抵押贷款试点工作。以曲沃县为全国首批试点县为机遇，创新试点产品发放流程，成功发放农村承包土地经营权抵押贷款20万元。

【金融监管】 2016 年,人行临汾市中心支围绕“重监测、强监管,防风险、保稳定”思路,探索开发临汾市法人金融机构风险识别系统,建立全市 23 家法人金融机构基础数据库,对法人金融机构风险等级划分、根据单个法人机构风险概况,绘制法人金融机构风险图;推进存保机构风险评级和人民银行资产处置“两项重点”,顺利收缴存款保险基金 847.5 万,及时跟进浮山、翼城支行完成城市信用社的破产清算、债权确认及审报工作;做好地方法人金融机构的宏观审慎评估与合格审慎评估“两项评估”,细化 7 大类 14 项指标得分,利用评估结果做好窗口指导工作,发展全国利率市场机制基础成员 9 家、观察员 3 家;完成农村信用社风险专项现场评估、山西省金融风险监测系统扩容和存保电子档案系统开发“三项重点”,提升“两综合、两管理”依法行政工作效率,对全市 11 家银行业金融机构、33 家保险公司、5 家证券公司进行综合评价,对交通银行和光大银行开展综合执法检查,涉及 4 类行政处罚问题。

【金融知识普及工作】 2016 年,人行临汾市中心支行以“金融普及从娃娃抓起、诚信教育惠千家万户”为主旨,组织编写《金融与诚信》小学生读本,由中国金融出版社正式出版,与教育部门携手推进正式纳入国民教育体系,走进全市 1056 所小学 5 万名小学生的课堂,受到社会各界的一致好评,《金融时报》头版头条予以专题报道。10 月,全省金融知识普及现场会在临汾中支召开并做专题经验交流,11 月,总行消保局局长余文建到临汾中支进行专题调研,总行副行长郭庆平批示“山西临汾中支将金融知识纳入国民教育体系,取得实质性、阶段性成果。以《反洗钱法》颁布实施十周年为契机,录制宣传片在临汾市电视台等媒体进行广泛宣传,建立反洗钱协作机制、重点线索监测均取得新进展。在“6·14”全国征信宣传日举办全市金融机构参与的“信用临汾”大型文艺演出,社会信用体系建设得以推动。

【农村金融服务站建设】 2016 年,人行临汾市中心支行以金融服务普惠乡亲为目标,金融综合服务站“村村通工程”取得突破,建成服务站 2453 个,其中全市 10 个贫困县全部实现行政村全覆盖,率先完成太原中支下达工作目标。指导辖内隰县、曲沃支行通过与政府有关部门沟通协调,制定《农村“金融综合服务站”+电商融合发展指导意见》,建立与电商交流协作机制,引导各金融机构与“乐村淘”“邮乐购”等电商体验店联合,以站点商户“线上与买(卖)家交易、线下与农户清算”的方式,把电商、物流功能融入农村金融综合服务站。在实现小额取款、转账结算、余额查询和代缴电费、电话费等功能的基础上,大宁支行与政府有关部门洽谈协商,实现新农合、新农保等涉农补贴通过服务站发放,及时开通农村养老保险代收业务,让群众足不出村就享受到政府的惠农服务。除支付结算功能外,辖内吉县支行探索利用金融服务站开展信息采集、维权投诉、残损币及零币兑换等服务,引导各服务站以折页、海报、宣传单等形式,将反假、征信、国债、支付结算等金融知识组成套餐,在农户中宣传,发挥送金融知识进村入户的“中转站”作用。

【人民币流通管理】 2016 年,人行临汾市中心支行紧扣“满足供应、结构合理”目标,科学制订发行基金调拨计划,提高流通现金的可测性和可控性,截至 12 月 31 日,累计投放发行基金 157.4 亿元,同比增加 0.32%;累计回笼 165.3 亿元,同比增长 3.83%;净回笼 7.9 万元,同比增加 243.48%。推进冠字号码实物流与信息流同步流转工程,推进纸硬币“自循环”,加强反假与反宣币工作力度,维护健康的人民币流通环境。

【打造标杆国库】 2016 年,人行临汾市中心支行以落实全面经理国库具体要求为着力点,坚守国库资金安全和国库信息系统运行安全“两条底线”,提升国库监管水平和统计分析水平。截至 12 月份,全辖完成一般公共预算收入 85.99 亿元,同比减少 2.49%,完成一般公共预算支出 309.36 亿元,同比增长 5.91%。

【外汇管理】 2016 年,人行临汾市中心支行指导银行落实展业三原则、提升跨国公司外汇资金集中运营管理水平、防范跨境资金流动风险,改进个人分拆购付汇监管方式,2016 年全市国际收支合计 4.35 亿美元,银行结售汇总额 3.88 亿美元。

(李　霞)

·银监工作·

【概述】 2016 年,临汾银监分局优化监管治理、防范风险隐患、推进银行改革、加强内部管理,确保全市经济金融平稳较快发展。年末,全市银行业总资产总额2721亿元，较年初增加289亿元，增长11.88%，其中，各项贷款余额1216亿元，较年初增加114亿元，增长10.33%；负债总额2589亿元，较年初增加260亿元，增长11.15%，其中，各项存款余额2103亿元，较年初增加162亿元，增长8.33%；所有者权益132亿元，较年初增加29亿元，增长28.51%；本年利润26亿元，比上年增加3亿元。年末，主要法人机构（仅指农商行及农村信用社）资本充足率8.41%，资产利润率1.16%；资本利润率15.24%，成本收入比38.08%。

【化解风险隐患】 2016年，临汾银监分局做好不良贷款监测工作。发挥风险提示、监管谈话等手段，督促银行业机构通过采取核销、打包转让等方式，加大不良贷款处置力度。开展法人机构风险排查工作。建立监管要求落实台账、问题整改台账和暂停开办业务台账，督促法人机构落实整改。召开2016年临汾银行业案防工作推进会，开展“制度执行年”活动，着重从“整章建制”和“严肃问责”两方面推进制度执行。开展案防工作评估。妥善处置案件风险。及时提示案件风险，成功堵截电信诈骗等各类风险事件47起，避免损失107.4万元。开展案防工作检查，处置问题隐患。督促银行业机构以基层负责人、业务经理和一线柜员为重点，开展员工行为排查。落实从业人员处罚信息管理，防范“带病”流动。建立领导包点工作制度，推动高风险农村信用社风险处置和达标升级工作。发挥监管约谈、风险提示等手段，督促银行业机构持续做好房地产、信息科技、流动性等领域的风险防控工作，严守风险底线。开展消费者权益督导，开展非法集资宣传，妥善处置信访投诉事件，防范社会声誉风险。

【经济平稳发展】 2016年，临汾银监分局注重政策引领，指导银行业金融机构准确把握经济发展形势，盘活存量、用好增量，全力支持地方经济建设。组织召开两次政银企对接洽谈会，组织银企签订贷款意向书82份63.1亿元，银行业机构发放贷款51.25亿元。

【“三农”金融服务】 2016年，临汾银监分局强化典型引路，引导银行机构积极履行社会责任，开展金融产品服务创新，满足农业产业化发展、农民增收需求，2016年末，银行业机构涉农贷款余额713.07亿元，较年初增加38.74亿元，增长5.75%。基础金融服务“村村通”建设持续推进，全市2961个行政村中有2952个行政村实现基础金融服务覆盖，覆盖率达到99.7%，农村金融服务的便利性、满意度得到提升。

【小微企业金融服务】 2016年，临汾银监分局推动银税合作，创新推出“税易贷、税银通、税贷通”等服务产品，共为92家企业提供信贷支持8.9亿元。开展金融服务和产品创新，推出“医保贷”“助保贷”等特色产品，化解小微企业融资难问题。截至年末，银行业机构小微企业贷款余额390.04亿元，较年初增加24.79亿元，增长6.79%，小微企业贷款户数较2015年同期增加4535户，小微企业申贷获得率较2015年同期上升0.73个百分点。

【精准扶贫工作质效】 2016年，临汾银监分局召开临汾银行业脱贫攻坚金融服务推进暨扶贫贷款项目签约会，安排部署精准扶贫工作。各银行业机构与扶贫部门沟通对接，获取建档立卡贫困户信息，制定年度扶贫信贷支持计划，有序开展精准扶贫金融服务工作。截至年末，辖内银行业机构扶贫贷款余额21.46亿元，较年初增加9.87亿元，增长85.20%。

【债权人委员会组建工作】 2016年，临汾银监分局解决重点企业融资困难，推动组建10家债权人委员会，形成银行间的共进退机制，稳定企业信贷预期。各债权行先后为10家企业办理续贷转贷295亿元，为企业追加授信0.5亿元，形成不抽贷、不压贷、不断贷良好局面。

【监管工作质效】 2016年，临汾银监分局完善工作机制，修订行政许可及行政处罚实施细则及格式文本，规范行政许可及处罚流程。针对部分银行业机构业务风险，及时下发风险提示，督促银行业机构严格规范操作，防范化解风险。按照上级安排，围绕风险重点、领域，先后组织开展对兴业银行临汾分行全面业务和邮储银行临汾市分行自营机构变更及代理营业机构规范化管理检查，开展农合机构重点业务、重点岗位、重点人员、非传统业务全面风险排查和评估，开展农村中小金融机构票据业务、同业账户风险排查，开展村镇银行全面业务检查和调查，开展“两个加强、两个遏制”回头看等检查工作，查弊纠错，规范银行业机构经营管理行为。

【银行改革发展】 2016年，临汾银监分局继续常态化做好机构网点设立工作，中信银行临汾分行、华夏银行临汾分行入驻，批准设立15家商业银行支行。农村信用社改制改革工作持续推进,2016年,襄汾县农村信用社改制农商银行完成开业,洪洞县农村信用社改制农商银行召开创立大会上报开业资料,曲沃县农村信用社改制农商银行向省局上报筹建资料。支持农村中小金融机构增资扩股,支持尧都农商银行发行二级资本债,增加注册资本11亿元。支持村镇银行设立工作,侯马农商银行在吉县、隰县发起设立村镇银行经省局批复筹建。

(杜晓宾)

附:

·获奖情况·

临汾银监分局工会被临汾市总工会评为2016年度先进基层工会;

临汾银监分局工会被中国金融工会山西工作委员会授予山西金融模范职工之家称号;

临汾银监分局被山西银监局、山西国家税务局,山西地方税务局授予临汾市银税合作优秀团队称号

·中国银行股份有限公司临汾市分行·

【概述】 2016年,中行临汾市分行以"担当社会责任,做最好的银行"为行动指引,按照"稳健经营、创新发展,深化结构调整,严守风险底线,加强党建工作,夯实发展基础"工作思路。2016年末,中行临汾市分行授信资产总余额达109亿元,全省中行系统内率先过百亿,规模扩张取得新进展。实现拨备前利润2.81亿元,完成全年任务的103%;实现净利润1.9亿元,增幅30%。综合绩效考核排名第二,实现经营绩效的持续提升和争先进位。

【主要业务】 2016年末,中行临汾市分行人民币各项存款日均余额达142亿元,净增12亿元,全口径市场份额6.66%。人民币各项贷款余额较年初净增18.8亿元,增幅21%。国际贸易结算、结售汇两项业务市场份额分别为26%和44%,继续保持市场领先地位。

【不良贷款】 2016年末,中行临汾市分行全辖不良贷款余额4672万元,较年初下降2257万元,不良率0.43%,较年初下降0.34%,实现不良"双降",保持资产质量的基本稳定。从制度、流程等方面规范业务操作,营造合规运营的良好氛围。

【营销模式】 2016年,中行临汾市分行创新营销模式。围绕创新产品开展靶向营销,成功叙做首笔福费廷二级市场业务;破冰债券分销业务。持续巩固与同业的合作关系,累计续作理财资金托管业务57.3亿元。围绕传统业务开展精准营销。贯彻落实省分行战略部署,巩固传统业务的优势地位。拓展票据贴现客户,做大贸易融资业务规模,依托社保卡业务打造践行惠民金融,截至2016年末,累计发放社保卡80余万张。围绕智能化和特色网点谋求发展。加快网点智能化建设进程,打造智能化标杆网点,提高网点服务水平,提升客户服务体验。先后在两家支行设立"电子银行示范基地""社保特色网点",明确网点未来发展的定位和重点。

【网点效能】 2016年,中行临汾市分行注重提升网点效能。加快产品下沉,建立产品下沉帮扶机制、跟进机制,提高各经营网点的收益回报率。发挥电子渠道和物理渠道效能,提升线上线下服务能力,提高厅堂服务水平,将客户潜在需求转化为有效需求,缩减业务操作冗余环节,提高业务处理效率,改善客户服务体验。转型提升服务。开展的"双十佳""寻找最美柜员"活动,培养引导柜员做好本职工作,把服务客户工作做实到位。做好智能化销售服务流程的固化、优化工作,通过技术应用引导客户、员工厅堂转变思维,将智能化进程向纵深推进,挖掘客户的多元化金融需求,依靠业务发展和技术进步的"双轮驱动",提升经营网点效能。

【风险管理】 2016年,中行临汾市分行注重风险管理。统一全行风险偏好,强化过程管理,重点对贷前资料的真实性、贷后管理的主动性和押品管理的有效性进行落实。建立全面风险管理体系。风险管理部门与业务发展部门紧密配合,事先沟通,改进完善业务流程,全口径管理风险,有序压缩重点关注行业的授信规模,着重发展低风险融资业务。加强资产质量管控。优化资产质量盘存工作,控制信用风险和集中度风险,做到早发现、早预防、早处置、早化解。做好同业沟通。在监管部门指导下,牵头成立、参与多家债权人委员会,为强化风险管理、同业信息共享提供制度保障和日常机制。

【"智能化服务销售流程情景演练"大赛】 2016年8月18日,中行临汾市分行举办"智能化服务销售流程情景演练"大赛,本次大赛以"系统、设备、流程"为核心,通过产品、服务、流程、设备、系统的衔

接与交互,建立员工与设备、员工与员工、员工与客户、内部与外部之间的无缝协作,实现线上线下无处不在的全方位服务。旨在通过比赛使智能化服务更加深入员工内心,适应当前金融业发展新趋势,为全市民众提供更为高效便捷特色的金融服务。

中行临汾分行智能情景演练

【精准扶贫】　2016年,中行临汾市分行坚持金融服务社会发展,热心参与公益事业,对接帮扶贫困联系点,引导困难群众脱贫致富。将"一对一"精准扶贫列入年度扶贫和落实党建工作的重点任务,确定16户重点帮扶对象,由分行班子成员、尧都区11家网点负责人担任"一对一"帮扶责任人。投入扶贫专项资金35000元,落实对接5户特困群众,以养土鸡为扶贫项目,实现脱贫,跟踪帮扶,预防返贫;投入25000元,新修田间路0.1千米,累计修复田间路115千米;投入10000元,为9名贫困大学生提供资助;投入10000元,定期慰问当地五保户。

【志愿服务】　2016年,中行临汾市分行以传统节日、各类主题纪念日、市政重点工程建设为契机,引导全员开展访贫问寒、助老助残、支持道路改造等系列志愿服务活动。春节期间,组织开展"我为客户写春联活动",发挥员工特长,按照客户需求定制春联,普惠周边群众;3·5学雷锋日,团员青年开展"学习雷锋精神,践行青年使命"志愿服务,广大员工走上街头、走进学校、进入社区、走近群众,为当地居民、学龄儿童、空巢老人送去关爱和祝福,送去金融知识。临汾市鼓楼南北拓宽改造工程建设中,临汾中行青年员工深入鼓楼南北街改造现场,为北城大队交警、施工工地工人送去口罩、手套、矿泉水等必备物品;高考期间,开展"关爱高考生,青年在行动"送温暖活动;重阳节当天,联合当地团组织共同开展"九九重阳,敬老爱老"志愿服务活动,走进老年公寓,送去米面油、水果、牛奶等生活用品,让老年人感受到社会的关怀和温暖。2016年,各类志愿活动累计参与430人次,活动时间200余小时,投入资金10万余元;先后开展公众教育专题活动13次,较上年增加35%,投入金额7.5万元,较上年增加50%;发放宣传资料3.6万份,较上年增加24%;教育受众约8.5万人次,较上年增加23%。

(景耀芳　刘备)

·中国工商银行临汾分行·

【概述】　2016年,中国工商银行临汾分行坚持"稳中求进"总基调,以"争先进位、持续发展"为主线,提升"市场竞争、管理效能"两种能力,推进资产质量风险管控、零售业务落地深植、精准营销市场拓户、信贷结构优化转型、中间业务多元创收、资源配置机制优化、互联网金融发展、党建企业文化建设八项重点工作,开展首季开门红劳动竞赛和加强资产质量管控,落实"三个指导意见",推进"代发工资、对公客户、信用卡业务"精准营销系列活动。全年实现拨备前利润33549万元;实现净利润23297万元;人民币全部存款期末时点余额203.11亿元;各项贷款(剔贴现 人民币)期末时点余额89.15亿元;实现中间业务收入16799万元。

【资产质量】　2016年,中国工商银行临汾分行运用新政策、新规定,推进呆账核销和批量转让工作,提高现金清收水平。开展贷后管理三级联动换手管理工作,实行贷款质量月度滚动风险排查机制,排查潜在风险贷款,做到早发现、早处置。全年共清收处置不良贷款7032万元。其中,法人不良现金清收402万元,批量转让核销5220万元(收回现金452万元,应收华融资产公司账款1710万元,核销3058万元);个人不良贷款清收转化1410万元,现金清收314万元,转化1096万元。不良贷款余额3298.37万元,较年初减少5482.63万元;不良贷款率0.3%,较年初下降0.56个百分点,实现"双下降"。市分行行级领导亲赴支行帮扶督导、上下联动,一户一策,重点突破,先后成功化解临汾坤成投资有限公司8000万元贷款逾期风险、一举清收处置临汾信德汽车修配有限公司贷款本息400

万元、推动完成山西康鑫贸易有限公司和吉县凤多聚鑫果业有限公司不良资产批量转让等典型案例，推动清收处置工作取得实质性进展。

【中间业务】 2016年，中国工商银行临汾分行到12月末，全辖实现中间业务收入16799万元，同比增收430万元，完成省分行全年任务(17920万元)的93.74%，全省排名第3位，增幅2.63%，全省排名第2位。结算、机构、个金专业同比上升，其中，结算专业同比增幅达到59.29%，机构专业同比增幅达到85.42%，为本行中间业务增收做出贡献。法人理财累计销售50.7亿元，实现收入2801万元，同比增长152%；贵金属销售收入216万元；本外币个人理财产品销售69.94亿元，实现收入1954万元；代理个人保险业务销售4.72亿元，实现收入1222万元，同比增加671万元，增幅达到122%。企业年金收入984万元，同比增长97%。

【客户拓展】 2016年，中国工商银行临汾分行开展“首季开门红劳动竞赛”“系列精准营销”等活动。对公客户，强化源头营销，深化与工商局等职能部门的合作，及时掌握新注册客户信息，为精准营销提供信息支持。依托大额资金监控平台，跟踪资金流向，紧盯国税、地税优质缴税企业和本行交易对手，实施“大公司”战略，发挥联动优势，开展核心客户供应链、产业链上下游客户、关联客户的营销，重点对公司有贷户受托支付资金流向的上下游客户进行名单制管理和营销，确保有贷户资金流在系统内封闭运行，实现客户的规模化发展。对个人客户，坚持以客户为中心，从帮助客户厘清自身需求出发，开展“六进”营销活动。利用系统资源，筛选低贡献产品占比大的高资产客户、资产等级在5万～100万元之间且产品配置单一的客户等营销群体，采取面对面营销、95588短信批量营销，扩大客户覆盖率，吸引更多的行外资金归行。组织举办重点客户产品推介会、高端客户沙龙、职场营销会等活动，开展离行式的主题营销活动，维护存量客户，拓展新客户。截至12月末，全辖新增对公结算账户1482户，其中有效对公结算账户1185户，完成全年任务1040户的114%。日均1万元以上机构客户净增75户，日均5万元以上机构客户净增45户；新增养老金签约客户18户(其中新增养老金理财客户15户)，完成省行全年任务17户的106%，新增管理养老金个人账户5100人，完成全年任务1500户的340%，新增管理养老金个人账户规模计划完成率全省名列前茅，成功与临汾高速路管理局签订企业年金正式合同，在全省营销高速公路年金项目中作出表率。个人有效客户净增5.38万户，其中四星级(含)以上客户净增9600户，六星级(含)以上个人客户净增718户，私人银行客户净增20户，存量达到130户。

【存款增长】 2016年，中国工商银行临汾分行到12月末，全辖全部存款时点余额203.11亿元，较年初净增0.31亿，完成省分行全年任务的2.21%，增量全省排名第8。其中，储蓄存款余额达142.39亿元，较年初净增9.50亿元，完成省分行全年任务的103.29%，全省排名第五。在储蓄存款方面，通过分析市场资金结构和流向，抢抓存款市场先机，梳理各类企业、商品交易市场资源情况，在稳固存量储蓄存款的基础上，重点做好新客户的拓展和新储源的挖掘，盯住同业机构，增强竞争敏感性，发现动态，及时应对，提高储蓄存款同业竞争能力，促进储蓄存款稳定增长。在机构存款方面，梳理市场和行业条线，对机构存款进行分类管理，围绕“夯实核心、挖潜传统、推动民生、拓展社团”开展工作。通过“高管管高端”，成功使临汾市城市主干道建设改造最大的工程项目一鼓楼南北街改造工程项目落户本行，当年累计进入资金达22亿元，实现机构日均存款的稳定增长。12月末机构存款日均余额为45.10亿元，日均净增2.13亿元，完成省分行全年任务3亿元的71.1%。

【信贷投放】 2016年，中国工商银行临汾分行分析临汾以煤焦铁为主的经济结构现状，提出“个人贷款、票据业务率先发展”的工作思路，发挥个人住房按揭贷款主体支撑作用，做大票据规模总量，推动两项业务盈利能力的持续增长。截至12月末，个人贷款余额14.9亿元，较年初净增2.33亿元，完成省分行全年任务的61.2%，增量全省排名第二。票据业务围绕“做大总量、提高收益、创新发展、风险把控”四个重点，锁定辖内煤、焦、铁等重点行业和企业，紧抓重点户承兑票源，开展票据营销，尤其对贷款存量客户及新申请贷款客户，把票据贴现作为先入条件，引导企业进行票据贴现，圈住客户承兑票源，实现票据总量和综合收益双提升。12月末，票据直贴41.03亿元，完成省分行计划36亿的114%，省行排名第三，较同期增长11.38亿元；

实现票据业务收入6631万元。面对区域经济中孕育出现的新产业和重点项目，以投行业务引领先行，先后成功启动落地临汾天鹅大酒店租金收益权资管计划5000万元、山西长临高速公路项目分销顾问20亿、山西杭氧乾鼎气体有限公司并购资产1亿元。主动对接市政府城市建设改造PPP项目及重点工程，从中筛选出山西师范大学迁建、河西新城规划三街建设等项目进行合作，探索和培育效益增长点。

【内部管理】 2016年，中国工商银行临汾分行持续深化网点标准化管理，推动网点运营资源配置管理，从规范柜口设置、严格封闭式低柜核准管理，提升开放式低柜利用率等方面入手，推进低柜业务分离。全辖普通区网均低柜业务可分离率由33%压降到10%，控制在省行要求20%以内，高低柜配比偏离值0.2，当班人员日均工作量103笔。开展网点突击整体接管。为加强营业网点内控管理，防范各类风险和案件隐患，扼制和震慑违规行为，促进网点业务操作和服务规范，在事前不告知情况下，对网点的网点负责人、运营主任、柜员、服务支持、大堂经理、客户经理等岗位进行突击检查整体接管。截至12月末，共突击接管6个网点。开展"基础强化年暨制度执行年"活动，深化案件风险排查治理，排查员工异常行为动态。2016年，全辖未发生案件和重大风险事件。

【服务工作】 2016年，中国工商银行临汾分行在全辖推动营业网点文明规范服务达标活动。通过标杆网点的打造，真正选出具有本行服务优势，在本地区同业具有较强服务竞争力，体现工商银行服务品牌价值的优质文明规范服务窗口单位，靓丽品牌，提升价值。银苑、尧都、西城支行被评选为"山西省文明规范服务单位"，将文明规范服务理念及服务标准引入到每一个基层网点，推动服务工作相对落后辖区提升服务水平，实现全辖营业网点文明规范服务水平整体提升。

·中国农业银行临汾分行·

【服务三农】 2016年，中国农业银行临汾分行将"三农"工作放在突出的位置，强化责任担当意识，推进"三农"工作开展。截至年末，全市惠农卡有效客户39.2万户，较年初净增5.1万户，完成全年任务的145.72%；惠农服务点点均交易量55.62笔，较年初增加32.89笔，任务完成率为1448.90%；安装转账电话1594台，有效电话达1001台，有效率为62.8%。组织推广襄汾支行"三农"代收付平台的先进经验，15家支行上线代收付系统，其中4家支行开办新农保业务，累计代缴新农保资金19.16万笔、4219.28万元；8家支行开办新农合业务，累计收缴新农合资金14327笔、204.75万元。全市10家支行上线E农管家核心商户，累计交易笔数达76笔、815万元。开展"百城千镇"和"万社促进"营销活动，全年营销储备山西万盛源天然气有限公司等涉农贷款6户，金额到2.91亿元，新增"万社促进计划"金融服务户数18户。

【支持实体】 2016年，农行临汾分行以支持临汾经济发展为目标，主动对接临汾市重大战略实施和重大工程项目建设，重点支持"百里汾河新型经济带""一轴双核三区四带"城填化、"侯马国际陆港园区"和"山西国际陆港园区"等省、市重点项目，支持同煤集团、潞安集团、国新能源等省级"转型综改试点"企业转型发展，为辖区产业结构调整和优化升级提供信贷支撑和综合优质的金融服务。全行坚持"有保有控、有退有进"，截至年末，各项贷款余额88亿元，较年初净增10亿元。其中，个人贷款余额7.5亿元，较年初净增4.3亿元；公司贷款余额71.6亿元，较年初净增2.5亿元。个人住房贷款余额7.3亿元，较年初增加4.2亿元。全年委托清收1235万元，委托资产整体处置24651万元，自营不良贷款清收1099万元，核销8284万元。不良贷款余额5487万元，较年初减少7878万元，不良贷款率0.63%，较年初下降1.1个百分点，实现"双降"目标。

【精准扶贫】 2016年，农行临汾分行的第三个定点扶贫村是国家级贫困县永和县桑壁镇的一个偏远小村东索基村，下辖三个自然村121户、321口人。农行临汾分行在年初就率先成立工作组进驻该村实施精准扶贫。派驻第一书记驻村，制定"一对一"扶贫方案，与村支书和村长认真研究，挑选出最需要扶贫的17户贫困户作为重点扶贫对象，由市分行机关17个部门经理开展结对子帮扶，逐个摸清贫困户的贫困原因，每月坚持深入贫困户进行实地解决存在的脱贫问题。该村五保户赵海生感动地说："农行同志一趟一趟来我们村，对我们真好啊，农行把我们当自家人了，掏出心窝子的帮助咱们，咱们哪有理由坐等吃闲饭，请各位放心，我们一定好好干，争取早日脱贫”。

【服务客户】 2016年，农行临汾分行借助“金融知识进万家”“征信知识知多少”“消费者权益保障宣传”等各种大中型宣传活动，在各网点张贴海报、制作宣传栏、悬挂宣传条幅等宣传农行的新产品、新业务和新成果，组织宣传小分队走进社区、学校、企业、农村和客户家中现场办理各类业务，与广大客户面对面进行交流，增强客户的价值创造意识，提高农行的社会信誉程度。通过加大对人工网点和离行式自助网点的选址、造价、决算和验收等工作力度，完成侯马市府路分理处、乡宁支行营业室、翼城红旗街、侯马丰盛购物广场自助、翼城中医院自助等10个网点(8个离行自助)的验收。拓宽电子渠道建设，截至2016年底，全行电子自助机具总量达到618台，较年初新增56台，其中，ATM机新增30台、自助服务终端新增26台，自助机具有效率达到100%。强化优质服务督导，对全市51个网点采取滚动式、不间断的视频监控检查，每周下发服务通报，落实整改，在四季度暗访排名中名列全省第二名。市分行从考核主体、内容、指标、方式、力度等五方面进行细化完善，严格按照办法对网点按季进行考核。

【助力员工】 2016年，农行临汾分行关注基层员工的身心健康，累计投入工会经费50余万元，先后对全市各支行、各网点的“职工之家”设施建设进行改善，提升基层员工的生活品位。关注员工职业发展，综合运用职级晋升、选拔培养、薪酬福利、先进评比等手段，对基层员工进行多元化激励，先后有10余名员工走上重要岗位。构建员工终身教育培训体系，推进员工业务知识学习和职业道德教育，及时向员工传达有关法律法规政策，提高广大员工的综合素质，全年举办各类培训班10期，培训员工865人次。制定《中国农业银行临汾分行员工带薪年休假管理暂行办法》，将员工强制休假内容列入集体合同签订条款中，落实带薪休假制度。坚持为员工每年进行健康体检1次，提供健康讲座1次，建立员工健康档案，做到无病早防治、有病早治疗。开展全民健身运动和文体娱乐活动，组建机关“太极拳、书法、科技创新与阅读”等8个兴趣小组，定期开展活动，丰富员工业余文化生活。

(吴云峰)

·中国建设银行临汾分行·

【概述】 2016年，中国建设银行临汾分行以“促转型、强发展、降不良、夯基础”为主线，明确“保优势、控风险、促转型、强管理”的工作思路，提升转型创新、精细化管理和综合协同能力，基本实现年初“综合服务区域最佳、价值创造区域最强、资产质量优于同业”的既定目标。截至2016年末，临汾分行本部设立10个部门，5个经营中心，所辖31个网点，700多名员工。临汾分行一般性存款日均余额227.63亿元，市场占比28.89%，四行排名第一。其中，对公存款日均新增3.53亿元，新增占比60.87%；个人存款日均新增15.05亿元，新增占比33.13%，四行排名均为第一。各项贷款余额125.16亿元，四行占比29.01%，四行排名第一。本年度除贷款新增和资产质量外，核心业务指标基本上均居同业第一位。实现经济增加值2亿元，系统排名第一；净利润5.5亿元，系统排名第二；不良贷款率0.85%，基本控制在预期范围内。

【重点业务转型】 2016年，建行临汾分行在大负债上，抓专业市场、抓银发客户、抓资金承接、抓重点项目、抓财政类资金、抓代缴费项目，开展代发工资和ETC业务攻坚战，年末一般存款日均余额及新增，对公存款日均和个人存款的日均新增以及个人存款网均新增均居同业第一。大资产上，抢抓重点项目机遇，发展票据、个贷等轻资产业务，注重与地方政府和有关职能部门沟通，坚持高层营销，频繁走访、重点攻关，独家承办临汾市公共自行车办卡业务，储备政府采购贷款项目，公司机构大客户取得突破。大同业上，推进与尧都农商行合作，在票据贴现、贵金属交易等方面建立合作关系。

【个贷市场】 2016年，建行临汾分行修订《个贷中心员工百分制考核办法》和《2016年个人信贷业务考核办法》，统一全行个贷考核标准，建立起个人绩效按劳分配的绩效考核体系。加强培训，扩大营销覆盖面。对前端中心人员开展新系统操作培训，提高前端中心的业务自办能力。对全行网点加强快贷操作培训，及时解答疑难，提高快贷办理效率。“走基层、访客户”，提高“两重”贡献度。对现有楼盘进行大梳理，包括尧都区和各县市，仔细了解各地区楼盘销售情况，对于重点楼盘项目，一一走访，召开重点合作楼盘及中介公司座谈会，了解开发商和中介公司的需求。截至2016底，尧都区个贷新增1.8亿元，占到全市新增额的20%。联合开发商，成功举办三期“金秋优惠季”按揭贷款客户抽奖活动，提高服务效率。推进个贷产品覆盖度考核，发挥个贷联动营销的粘合作用。加强“快贷”产品推广，为存量AUM值客户和代工客户提供维护和服务手段。2016年，全行累计授信“快贷”客户4495户，授信金额1.9亿元，贷款余额1.3亿元。

【发展代缴费项目】　2016年，建行临汾分行将电子渠道代缴费项目营销作为全年的一项工作重点。临汾热力代缴费在10月正式上线。与临汾市热力公司合作，开展“电子渠道缴热费，建行送好礼”宣传营销活动。制定详尽的营销方案，通过和营业大厅、外部媒体、合作单位和走进社区等多层次和多维度的宣传临汾分行的热力代缴费。召开专题会议，对大的社区和楼盘进行名单制认领。截至12月底，缴费金额7557元。“跨行付”业务一直是工作的重点，把学校的代缴费作为此项业务的突破口，配合各支行针对目标学校，上门宣讲，积极沟通，协调各类相关事宜。成功上线临汾一中和师大临汾学院学费代缴业务，截至12月底，分别实现在线缴纳学费金额445万元和1350万元。继续打造多样化的支付场景，从完善民生缴费类项目入手，提高客户体验，上线代缴费项目16个，其中，跨行付项目3个，接口直连项目4个，悦易收项目9个。

【离行式自助银行及网点装修】　2016年，建行临汾分行共开通15个新设离行式自助银行专线网络，新设一个机构开发区支行、网点装修三个机构：霍州支行、龙信支行、城建支行，为网点配置UPS等各类计算机设备，把以基层为中心的服务理念落到实处，确保每个网点的装修进度，按时开业。行内项目方面，先后组织完成全行终端企业应用商店的安装注册共计352台次，完成两次全行网点智慧柜员机的升级、配合人力资源部顺利举办2016年岗位上机考试、组织完成全行营业网点“营改增”客户端软件安装、组织完成营业网点生僻字和评价功能软件升级、组织全员参加《员工信息系统使用行为规范》网络课程学习等。外联业务方面，先后上线临汾市维修基金代收费、洪洞维修基金代收费、曲沃维修基金代收费，侯马华翔购物POS收费、临汾热力收费、侯马热力收费、侯马有线电视、洪洞万家福POS收费等项目，多次配合省行进行测试，最终上述项目顺利上线运行。

【成功获得临汾市公共自行车借车卡业务独家承办权】　2016年，临汾市公共自行车项目是临汾市打造节能减排财政政策综合示范城市的重要项目之一，覆盖面广、受惠者众。建行临汾分行成功开立临汾市宏通工交公司公共自行车运行中心基本户，获得全市公共自行车借车卡业务的独家承办权。为方便客户办卡，临汾分行一方面根据临汾市公共自行车项目第一批工程中的70个服务网点的物理地址，安排周边鼓楼支行等8个网点开办借车卡办理业务；另一方面在行内组织开展“我办、我用、我营销”活动，要求全行员工尤其网点一线的员工要积极开办借车卡，熟知借车卡的受理网点、办理流程和所需资料，人人都是借车卡的营销主体，最大限度的为客户办卡提供支持、服务。临汾分行将与临汾市宏通公交总公司公共自行车运营中心合作发行公共自行车联名卡。为搭建金融生态圈，促进转型发展起到推动作用。

建行临汾分行举办网点标准化服务规范培训

【综合服务能力】　2016年，建行临汾分行开展“亮化、美化、标准化”网点环境专项治理活动，强化物理网点硬件建设。大规模组织网点标准化服务规范培训和竞赛活动，强化网点员工对文明规范服务的要求和标准的认识，规范服务行为。起步轻型网点试点建设，深化网点转型。以公司、个金两大条线为轴心，在市分行层面成立12个综合服务团队，建立市分行层面的协调联动组织架构、联动营销考核机制和信息共享机制，推动对公、对私两大板块联动协作，提升综合能力。

【关爱员工十一件实事】　2016年，建行临汾分行在全辖实施朝九晚五工作制;根据本人自愿与岗位适配原则,对5名员工就近调整工作单位;给每个县市支行都配发1张至3张机关食堂就餐卡;给全辖33个一线网点配备微波炉、碎纸机、空气净化器;出台全辖基层机构和职能部门主要负责人通讯费用补贴政策;组织开展困难职工和困难党员的帮扶工作;在广泛征求员工意见的基础上,通过集中采购,精选出员工生日蛋糕供应商、健康体检单位;给员工制作行服;租赁本部大楼停车位,解决县市支行在市分行的存车问题;给市辖网点员工统一发放市分行机关食堂就餐卡,解决员工就餐问题等。

【扶贫帮扶工作】 2016年,建行临汾分行对隰县阳头升乡刁家峪村进行驻村扶贫帮扶。为了摸清村里贫困户基本情况,工作队配合村干部及包村领导走访每一户贫困家庭,把每户详细情况登记在册,建档立卡。将贫困户致困原因依类划分,最终确定贫困户15户、37人,针对每个贫困户的情况制定出相应的扶贫计划。(1)针对有部分劳动能力、初懂养殖技术的贫困户,协调他们在信用社贷款入股县大象养殖集团,从事畜牧养殖,找到致富门路。(2)为两户符合条件的贫困户发放异地搬迁资金,改善居住环境;确定"五保户"两户,"低保户"六户,解除他们的后顾之忧;协调县卫生局对因病致贫的残疾人开展医疗救助。(3)通过招募"护林员""保洁员",帮助贫困户自食其力,实现脱贫目标。(4)帮助村民做好53.333公顷玉露香密植园建设。(5)修葺村委办公基础设施,建立党建阵地。通过向上级行申请15万元扶贫专项资金,将村委会大院做水泥硬化,将院内的土墙用石块加固,建立党员活动阵地。通过抓基层党建工作,抓"两学一做",做到党员干部带头,增强村委凝聚力,提高邻里互助共同富裕积极性。(6)在2017年元旦来临之际,市分行党委对15户贫困村民进行慰问,发放慰问金8300元。截至2016年末,该村贫困人口全部实现脱贫目标。

【企业文化】 2016年,以李红英获得全国岗位学雷锋十佳最美人物为契机,举办以"岗位学雷锋服务无止境"为主题的红梅品牌创建十三周年创新成果展示活动,持续提升品牌形象。树立典型新标杆,挖掘景虎亮先进事迹,在全辖掀起向景虎亮学习、立足岗位做贡献的热潮。持续强化文化长廊、荣誉室(荣誉墙)、警示教育室、道德讲堂和职工之家等五大文化阵地建设,深化"十小文明"创建活动安排,组织青年员工"我在建行这几年"征文活动,成立篮球协会、乒乓球协会、羽毛球协会,经常性组织开展有益于员工身心健康的活动,营造浓厚的家园文化氛围。

· 中国农业发展银行临汾分行 ·

【业务经营情况】 2016年12月末,中国农业发展银行临汾分行各项贷款余额344402万元,较年初增加96398万元,新增农业农村基础设施建设贷款13.8亿元,通过省分行审批项目19个,金额49.7亿元,完成全年营销任务39.5亿元的126%,位列全省第一;全年累计现金清收1525万元,呆账核销1179万元,批量转让29225万元。全行贷款质量显著提高;各项存款余额(不含同业)22亿元,较年初增加19亿元,增幅697%。日均存款余额(不含同业)85054万元,较年初增加56236万元,增幅195%,提前完成全年存款发展目标;全年累计营销同业定期存款2300万元,10个县级支行全部成为当地支农主办行,提前完成3年规划目标。

【营销工作】 2016年,农发行临汾分行采用多种营销方式。领导营销。在申报市级项目上,临汾市政府为配合银行贷款申报审批事项,一周内三次召开专题会和常务会,促进项目及时上报省分行审查、审批。市领导力推本行信贷支持政策,促成在全市推广使用农发行资金样板工程。推出12个样板项目,有4个项目正在申报贷款,下一步在全市进行推广。高端营销。市、县行领导班子加强与市县政府及发改委、扶贫、水利、住建等主管部门的沟通对接。通过出席政府组织召开的常务会、农发行项目专题推进会、政银扶贫项目座谈会等方式,"零距离"向地方党政宣讲农发行信贷政策,重点推介中长期贷款品种。开展培训营销,使农发行的信贷政策在市县政府中基本做到"家喻户晓",为项目营销创造良好氛围。团队协作促营销。提高营销办贷工作效率。完善项目营销工作机制,集中业务骨干,分工负责,在全市开展集中推进活动。全年通过省分行审批项目19个,金额49.7亿元,完成全年营销任务126%,位列全省第一。督导促营销。根据省分行下达的任务,市分行进行分解,对行、组项目营销工作进行督导。除市级重点项目审批外,全市17县市有12个县市有项目通过省分行审批,其余各县也在对接之中。有12个、9亿元项目正在省行审批中，还有10亿元项目正在推进中。

【扶贫工作】 2016年，农发行临汾分行贯彻落实农发行支持扶贫攻坚相关政策，加大贫困县扶贫项目和农村基础设施建设中长期贷款营销力度。根据省分行要求，推进各县扶贫资金共管账户开立工作。截至12月末，全市辖内10个国、省定贫困县均在本行开立扶贫资金共管账户，有2亿多的资金存入。1月至12月，审批贫困县贷款项目6个、金额7.61亿元；审批基金项目1个、金额6000万元。临汾市政府还将国定贫困县吉县作为全市政策性贷款项目样板工程试点，正在推进中。

为强化政策性金融扶贫力度，临汾市委组织部向农业发展银行临汾分行推荐10名副科级以上干部，分别在10个贫困县机构挂职。主要负责政银对接、金融扶贫等工作。挂职干部的到位，发挥农发行在临汾市金融扶贫中的主导和引领作用，促进全市贫困地区经济的发展。

【中国农发重点建设基金情况】 2016年，农发行临汾分行开展农发重点建设基金项目业务。推进中国农发重点建设基金投放工作。截至2016年底，通过审批的基金项目共有4个，金额13800万元。其中：山西春雷铜材有限责任公司棚户区改造项目2000万元、侯马市文体广电新闻出版局新建文体活动中心项目1000万元、临汾市引沁入汾浮山供水工程项目6000万元、侯马公路枢纽货运中心项目4800万元。共支付基金5294万元。

【粮棉收购信贷工作】 2016年，农发行临汾分行确保粮棉收购资金供应。从维护国家粮食安全、保护农民利益的大局出发，把握履行职能与防控风险的关系，支持战略性优质客户和产业化龙头企业开展市场化收购，择优支持国有粮食企业开展收购。累计发放跨省移库贷款15884万元，支持新增国家临时粮食储备6288万公斤。做好夏、秋粮收购工作。审核认定各类收购企业贷款资格，与企业对接，确保粮食收购不留“空白点”。落实信贷政策。按照上级行粮油收购信贷工作要求，抽调相关人员组成14个检查小组，对临汾市辖内所有市县储备贷款及粮油库存进行交叉检查，纠正存在问题，确保信贷资金安全。

【加强存款组织】 2016年，农发行临汾分行通过制定目标、强化管理、积极营销等措施，推进存款组织活动。全年日均存款余额（不含同业）8.5亿元，较年初增加5.6亿元，增幅195%，提前完成全年存款发展目标。各项存款余额突破22亿元。促进存款组织工作。通过对项目资金的管理，合规合理延伸支付链条，贷款企业及其下游、关联企业共拉动日均存款约4亿元。更多政府性项目倾向于和农业发展银行临汾支行合作，有合作意向的政府性承贷公司经农发行营销将基本存款账户开立在农业发展银行临汾支行，将其注册资金存入。深化政银合作力促存款组织工作。经市分行行领导及有关部门与市扶贫局、市财政局多次对接和协调，临汾市扶贫开发投资有限公司开立基本存款账户和三个专户，到位1.1亿注册资金。各贫困县所在支行与县政府对接，开立县级扶贫共管账户。截至2016年底，全市辖内10个国、省定贫困县均开立扶贫资金共管账户，有2亿多元的资金存入，为存款增长奠定基础。财政存款增长力促进存款组织工作。与当地财政部门建立工作协调机制。为支持农业发展银行临汾支行存款组织工作，将全年市级粮食储备费用2431万元提前足额拨付到在农业发展银行临汾支行开立的市粮食风险基金专户，实现财政存款的增长，9月约4亿元中央财政农业支持保护补贴资金的下拨，使农发行行财政存款增长迅速，拉动全年日均存款约5000万元。督促财政欠息取得新进展。三次挂账到位情况。市财政先行垫付全市17个县（市）2016年应补第三次粮食财务挂账利息1388.51万元，于5月12日提前足额到位全年利息。二次挂账到位情况。临汾市第二次政策性粮食财务挂账贷款余额44250万元，每年由中央、省、市三级按照5:3:2比例负担利息。第二次财务挂账2015年过渡期于2013年底到期，中央尚未明确后续的补贴政策。2016年，通过与市政府、市财政的沟通协调，市财政将临汾市第二次政策性粮食财务挂账利息纳入每年财政预算。10个县级支行成为当地财政涉农资金拨付主办行，实现全部成为财政涉农资金拨付主办行的目标，提前完成三年规划。

·中国邮政储蓄银行临汾市分行·

【概述】 2016年，中国邮政储蓄银行临汾市分行以建设一流大型零售商业银行为统领，坚持稳中求进，登陆国际资本市场，成为两年来全球最大和香港联交所第7大IPO项目。临汾市分行全行业务收入实现 2.79 亿元,同比净增 4258 万元,同比增幅 17.96%;利润总额实现 8100 万元,同比净增 1543 万元,同比增幅 23.53%。

【服务支撑】 2016 年,邮储银行临汾市分行结合全市经济和社会发展需要,坚持差异化发展策略,依托覆盖城乡网络优势,承担"普之城乡,惠之于民"的社会责任,加大对"三农"、民生等实体经济领域的支持力度,累计投放贷款 49.77 亿元(含票据贴现融资),其中零售贷款 10.88 亿元,惠及 2600 余户农户、194 户小微企业,票据贴现36.27亿元;精准扶贫、金融扶贫,发放扶贫类贷款 801 笔、3730 万元,直接支持建档立卡贫困户 586 户;坚持普惠金融,制作城乡居民社保卡 181.35 万张,2016 年发放 19.2 万张,累计发放 67.34 万张。

【风险管控】 2016 年,邮储银行临汾市分行严控不良贷款,坚守风险底线,移交各类不良贷款 247 笔、3234.59 万元,计清收移交不良贷款 1326.30 万元。加大内控合规管理力度,推进"两个加强、两个遏制"专项检查回头看工作,开展"内控达标年"活动,加大基础运行设备的日常管理,做好应急演练,抓品牌声誉管理,完善舆情监控机制。

【企业文化】 2016 年,邮储银行临汾市分行弘扬劳模精神,调动员工争先创优意识,开展信贷条线练功比武竞赛活动,表彰奖励优秀信贷员,东关支行获全国邮政金融"优秀支行"称号。开展"送温暖"活动。冬送温暖,为员工发放防雾霾口罩;夏送清凉,为职工发饮料、绿豆、防晒霜等防暑用品;金秋助学,共资助 3 位困难职工子女 9000 元;举办春季踏青健步走活动。建立困难职工电子档案 16 人,开展两节期间的慰问工作,慰问 8 人次;慰问重大病、丧葬职工家属 26 人次。组织各类文体活动,情景剧《诚信之歌》在全市征信宣传晚会演出,下载悦跑圈成立"临汾邮储健步走跑团",开展全行性的、规模较大的综合性职工运动会、3 人制篮球赛等,增进团结协作精神,丰富员工的业余文化生活。

(郭　琦)

· 中国交通银行临汾分行 ·

【概述】 2016 年,中国交通银行临汾分行以经济利润为核心,以绩效考核为指挥棒,开展"党建升华年、提速发展年、模式落地年、内控提升年"活动,坚持"三全办行"方法,依法合规、稳健经营,把控风险。截至年底,临汾分行人民币资产总额为 31.6 亿元。人民币各项贷款余额 23.8 亿元,余额比年初增加 1.3亿元,其中个人贷款余额 7.6 亿元,比年初增加 1.6亿元;公司贷款余额 16.1 亿元。人民币各项存款余额 25.7 亿元,其中储蓄存款余额 14.4 亿元,较年初增加近 2 亿元,公司存款余额 11.3 亿元,外币存款余额 316 万美元;同业存放款项余额 9300 万元。

在省行 17 个条线评价中,营运、个金、零贷、小企业、国际、私银 6 个条线均进入前 3 名。省行 69 项绩效考核指标中,业务发展指标 55 项,其中主体业务类指标共 26 项:9 项指标超额完成全年任务,4 项指标获得双倍得分,3 项指标获得 3 倍得分,1 项指标超额完成全年任务的 300%;战略推进考核指标 29 项:3 项超额完成全年任务,其中个贷客户净增数超额完成全年任务的 300%。内控管理指标 14 项,其中党建工作、流动性管理、社会责任、柜面业务代替率均得分。

【整体推进客户指标】 2016 年,交通银行临汾分行零售方面:开展各项活动,借助厅堂营销、"1+1"等活动,提升客户基础。2016 年,个人客户总量达 10 万余户,净增 1.5 万,金融资产 5 万至 50 万的客户较年初净增 1600 户,辖行增量排名第一;达标沃德客户较年初净增 335 户,辖行增量排名第二;达标私银客户较年初净增 16 户,辖行增量排名第二。公司方面:运用名单制管理,通过"5+1"精准营销、"2+1"专项行动进行分层营销,改变以往以煤焦铁为主的现状,营销水利、医疗卫生、政采招标、农业、教育等优势行业,截至年底,对公账户数量达 1500 户,当年新开 300 余户,剔除销户数,较 2015 年净增 150 户;同业客户数 11 户,较 2015 年新增 5 户;对公有效户、优质新开户两项客户类指标全省增量排名第一。

【资产业务】 2016 年,交通银行临汾分行主要以理财产品为抓手,从产品的丰富性、收益率、供应量等方面提炼个金业务竞争优势,强化学习培训,侧重于实战营销,打造"财富管理"的品牌,在 2016 年,AUM 余额34.34亿元,较年初净增 8.1 亿元,省辖行排名第一;个贷发放 2.29 亿元,年末余额 7.6 亿元,个贷客户净增数指标保持省辖行第一。

【零售中收】 2016 年,交通银行临汾分行零售中收完成 2995 万。总行确定为零售条线四家直营试点之一,将以往条块结合,以块为主的模式,转变为以条为主的运营模式，减少管理半径，由零售部直管客户经理，进行指导，整体销售能力提升，尤其在保险销售方面。2016年实现保险中收510万元；卡中收1450万元。

【培训考核】 2016年，交通银行临汾分行实行按日监控检查、按月现场检查和不定期突击检查、正激励和负激励相结合的考核方式，进行过程化管理，严抓"服务不二错"，将加扣分与网点费用配置挂钩。注重开展各项培训工作：岗前对新员工、转岗客户经理进行服务培训，累计20余人次；岗中对省分行下发的新要求及服务过程中发生的问题"以会代培"进行再次明确和强调，累计培训30余次；日常对客户经理、柜员、大堂经理分三个层次进行常态化培训。

交通银行临汾分行关爱环卫工夏日送水

【开展消费者权益保护宣传】 2016年，交通银行临汾分行围绕消费者权益保护的主题，6至9月进行集中宣传，通过"进社区、进农村、进商圈、进工厂、进学校"等活动做好金融知识万里行、金融知识宣传服务月、金融知识普及月等宣传；对等候区的客户开展消保微沙龙宣讲，将消费者权益保护工作落实到日常；由员工自演自导的2部消保宣传片获省行好评并推送给总行。开展各类社会公益活动：特别群体送温暖10余次、参与环保公益10余次等，全年累计公益活动达30余次，被媒体刊登，树立服务品牌践行社会责任。

【开展文明创建活动】 2016年，交通银行临汾分行以"文明规范服务单位"创建为契机，改进网点服务环境，规范网点服务档案，完善网点服务设施，规范员工服务行为，营造网点服务氛围，提高整体服务水平。东城支行获得山西省文明规范服务示范单位和临汾市银行业文明规范服务示范单位。市银协也对消保服务工作给予认可，组织多个同业单位来进行观摩学习。

【公益活动】 2016年，交通银行临汾分行党委班子成员发挥党员模范带头作用，带头参加无偿献血活动，奉献爱心，共计58人参加；全国扶贫日，党员干部到定点扶贫村汾西县胡峰村，开展"一对一"精准扶贫，参加该村10月党建支部会议，对党建工作进行交流，把金融知识带进农村，提醒村民以免为自己带来信用风险。机关党支部与营业部党支部联合参加辛寺街办事处组织的建党95周年诗朗诵活动，鼓楼广场支行党支部走进敬老院，为老人送去关怀送去温暖，东城支行党支部浮山公益行，走访贫困学生，送去爱心书籍、学习用品等，普惠支行党支部党员带头走进社区，宣传金融知识。各支部发现身边的优秀党员，树立典型，树立榜样，促进党建和业务的协同发展。

【文体活动】 2016年，交通银行临汾分行每月组织全员健步走活动，开展职工运动会，为员工提供羽毛球、网球场地，强化员工身体素质，在2016年省行举办的第七届职工运动会中获团体总分第一名、获晋陕豫黄河金三角城市网球赛组委会颁发的"优秀组织奖"；直销部任宏杰代表省行参加总行组织的篮球赛，取得荣誉。

·晋商银行临汾分行·

【概述】 2016年，晋商银行临汾分行对公存款时点余额42.61亿，较年初增加11.31亿元；对公日均存款34.64亿元，较年初增加10.82亿元。保证金存款7.39亿元，较年初减少2.19亿元。其中：银行承兑汇票保证金6.28亿元，其他保证金1.11亿元。累计贷款投放25笔，合计金额17.97亿元。对公贷款余额14.27亿元。累计签发银行承兑汇票40.96亿元，保证金存款28.41亿元，风险敞口12.55亿元。贴现余额为8.29亿元。票据贴现359笔，其中电票110笔，纸质249笔，累计发生额为15.18亿元，其中：电票2.2亿元，纸票12.98亿元。净增有效户41户，序时任务完成率为103%。投行业务量累计达2.79亿元，完成率为340%；投行业务收益累计新增81.92万元，序时任务完成率达6%。

【存款】 2016年,晋商银行临汾分行推动总行公司部的存款业务,营销结构性存款业务、大额存单质押商票保贴业务和大额存单质押业务,累计业务量达17.11亿元,为存款奠定基础。推动总行公司部的的新产品、新业务,营销各类供应链融资业务。2016年晋商银行临汾分行共为山西焦化集团办理商票保贴业务6705万元。

2016年晋商银行公司业务情况表

表15

客户名称	金额(万元)		
	结构性存款	大额存单	全额商票保贴
古县利达焦化有限公司	9500		
临汾市同鑫诚商贸有限公司	10000		
临汾市泽诚商贸有限公司	10000		
临汾天健英华汽车销售服务有限公司	5000		
山西华翔集团有限公司	2500		
山西通才工贸有限公司	30000		
襄汾县新金山特钢有限公司	8000		
山西华基鸿信商贸有限公司		20000	
新绛县宇丰冶炼有限公司		20000	
山西建邦集团有限公司			20000
山西蒲县蛤蟆沟煤业有限公司洗煤分公司			8100
新绛县中信焦化厂			3000
古县利达焦化有限公司			25000
合　计	75000	40000	56100

【不良资产处理及转化】 2016年,晋商银行临汾分行将企业安吉欣源煤业有限公司以信托产品转化为固定资产贷款,贷款金额2.9亿元,该企业还本付息正常。5月,将临汾宇宁房地产开发有限公司的信托产品转化为固定资产贷款业务,贷款金额为1.47亿元。在9月末化解浮山县玉生选矿有限责任公司不良资产。10月,对临汾多力多房地产开发有限公司进行起诉工作。对龙汇工贸进行资产处置。

【零售业务指标完成情况】 2016年,晋商银行临汾分行储蓄存款时点为12.22亿元,较年初10.18亿净增2.04亿元。储蓄日均余额为11.61亿元,较年初9.11亿元净增2.5亿元,完成总行全年任务的101.06%。其中保本理财转日均7741万元,较年初4297万净增3444万元。个人理财存续余额为13.79亿元,本年净增1.89亿元(基数11.9亿元),完成总行全年任务的29.49%。代销类存续额为1.63亿元,较年初净增1.41亿元,完成全年任务的238.49%。其中,基金存续额为5511万元,净增4606万元,完成全年任务的483.38%。保险存续额为4716万元,较年初净增4662万元,完成全年任务的518% 。信托存续额6119万元,完成全年任务的120.1% 。

个人有效户为5863户,较年初4441户净增1422户,完成总行全年任务的95%。个人贷款余额为6.51亿元,较年初净增2.65亿元,完成总行全年任务的176%,其中卡易贷,余额为6.24亿元,较年初新增3.04亿元。卡易贷本年净增5339户,累计12558户,户均提款4.97万元。个人网银余额为40698户,较年初20975户净增19723户,全年任务的303%。个人手机银行余额为47894户,较年初23513户净增24381户,完成全年任务的244%。

代发工资本年净增8386户,完成全年任务的335%。本年POS机审批通过421台,有效POS新增234台,完成全年任务的156%。特惠商户本年审批通过125户,完成全年任务的250%。

【跨业渠道建设】 2016年,晋商银行临汾分行零售银行部探索跨界合作、异业联盟,锁定“儿童金融”领域,选择儿童客户为切入点,经过市场调研和业务探索,与市区各儿童教育培训机构沟通、合作,7月启动“晋商优学堂”项目,9月“晋商优学堂”手册面世,9月27日,由晋商银行零售部主办,联合两家优质培训机构,深入到乡村小学,进行第一期晋商优学堂公益支教活动。

【小企业业务发展】 2016年，晋商银行临汾分行小企业贷款户数119户，贷款余额（大口径）12.08亿元。其中小企业条线贷款户数84户，贷款余额3.005亿元；公司条线贷款户数5户，贷款余额4.84亿元；个人经营性贷款户数13户，贷款余额0.24亿元；小微型票据贴现户数17户，贴现余额4.0016亿元。小企业贷款余额（小口径）为30313万元，较年初增加692万元，完成全年序时任务的4.6%；新增小微企业贷款户数109户，完成全年序时任务的109%。

【小企业业务开展】 2016年，晋商银行临汾分行成立尧都支行特色支行，根据条块结合的形式，通过“分行小企业中心”+“特色支行”共同开展小企业业务。小企业在岗人员13名，其中部门负责人1名，客户经理9名(2名异地)，评审经理2名，内勤1名，开展尽职调查、申报、贷后管理和风控管理等相关工作。

【批量业务开展】 2016年，晋商银行临汾分行通过担保公司平台、批量业务营销、以及核心企业上下游渠道三个方面开展小企业业务。山西尧信融资再担保有限公司担保小企业业务17笔，余额共计14180万元；侯马经济技术开发区海融中小企业融资担保有限公司担保小企业条线有余额的业务8笔，金额共计990万元。山西焦化批量业务授信1户，授信金额为500万元；临汾市医保中心批重点量业务授信户。

【规范信贷管理】 2016年，晋商银行临汾分行按制度要求审核、装订、保管放款资料，累计发放贷款172笔，金额共计225892.75万元，签发银承22户，金额共计484077.75万元，委托贷款6笔，金额57000万元。

【不良及逾期贷款的清收】 2016年1季度，晋商银行临汾分行不良贷款清收任务是6万元，收回不良贷款14.18万元，完成不良贷款清收任务；2季度，不良清收任务为9万，新增不良贷款2500万元，未完成总行下发任务；3季度，收回不良贷款2500万元，不良贷款余额为0元；4季度，不良贷款110.28万元，均为卡易贷。

针对逾期90天以上的潜在风险贷款，按照“一户一策”的要求，明确清收处置方案，掌握企业贷款情况及进展。对余额3000万元以上的贷款，具体明确单户贷款经营人、经营主责任人，方案要包含清收计划、清收措施、清收责任人、完成时间。对余额5000万元以上的贷款，分行领导班子成员实行专人包干。

（肖 彪）

·兴业银行临汾分行·

【概述】 兴业银行临汾分行于2013年9月28日经山西省银监局批复筹建，于2014年7月对外营业，是山西省兴业银行系统内首家二级分行。分行位于临汾市向阳西路与滨河大道交汇处天鹅大酒店内，临汾市共设立1家营业厅，1家同城支行—鼓楼支行，军分区、鼓楼、水塔、百纺、三和、解放东、新东城、贡院街、东关、科委巷、滨江明珠、北环、锦悦城、信合路14家社区支行，华州路、裕景水城、福利巷、车站街4家自助银行，遍布在尧都区的各大主要街道。覆盖临汾市尧都区各主要街道，是分行立足临汾、服务临汾的重要平台。截止2016年末，临汾分行资产总额为59亿元，其中各项贷款为58.82亿元，负债总额为58.97亿元，其中各项存款余额为33.68亿元。

【银政合作】 2016年，兴业银行临汾分行与市财政局、住建局、烟草公司、房管局等重要政府职能部门建立联系，加深合作关系。落地全省范围内首笔PPP项目——临汾润州园建筑工程项目管理有限公司项目，开创全省政银PPP项目合作的先河。

【推进绿色金融】 2016年，兴业银行临汾分行推进绿色金融业务。为临汾北控水质净化有限公司提供项目贷款，该贷款用于临汾市污水处理厂改扩建工程；与洪洞县政府、北京首创资本投资管理有限公司达成人居环境领域战略合作，共同推进洪洞县改善城市人居环境投资引导基金及各PPP项目落地，利用省投母基金的引导作用和首创资本的专业团队与专业能力，支持洪洞县各PPP项目的实施。

【惠民工程】 2016年，兴业银行临汾分行与燃气、有线、自来水、公交电、热力、教育、医疗、等等公共事业领域建立联系，共同搭建“智慧兴临汾”微信服务平台，致力于提供临汾最全面的信息服务、生活缴费服务。“智慧兴临汾”微信服务平台上线，燃气缴费板块上线，自来水、有线微信平台完成开发试运行阶段，其他相关功能模块在沟通和开发。

【发展普惠金融】 2016年，兴业银行临汾分行推广“信贷工厂”服务模式，打造专业化小微服务团队，构建立体化、全方位的金融服务网络，小微服务专业化程度提升。兴业银行临汾分行针对小微企业规模小，生产周期长，资金周转慢的特点，创新小微企业信贷产品和担保方式。针对不同行业、不同产业、不同发展阶段的小微企业，推出“易速贷”“交易贷”“连连贷”等产品，将便捷的小微企业金融服务融入到小微企业生产、经营、发展的各个环节，让更多的小微企业享受到更专业的金融产品服务。

【零售业务】 2016年，兴业银行临汾分行零售业务依托“营业厅、社区支行”两大平台，以提升核心客户数量和核心资产为目标，围绕“客户、综合金融资产、收益”三条主线，利用公私联动、条线联动，开展团队建设、客户建设、服务提升三项建设工作，通过形式多样、重点突出、产品搭配的营销活动，促进各项业务发展。

【网点营销】 2016年，兴业银行临汾分行立足营业厅和社区支行周边实际，利用物理网点、社区支行、电话营销、公众微信平台、新兴支付等渠道，开展立体式营销的客户发展新模式，开展“金猴献瑞‘兴’福到家”贵宾和安愉回馈小型沙龙、“使命2016熊猫金/银币开门红”、母亲节心经手镯、迪士尼公主收藏册、新春百万零售客户营销大会战营销活动、贵宾客户采摘、Apple pay阶段性专项营销等各类营销活动，提升存款，增加客户数，促进零售业务的发展。

【服务培训】 2016年，兴业银行临汾分行围绕“真诚服务、相伴成长”经营理念，通过完善厅堂制度、组织礼仪培训、服务打分考核、沙漏作业等方式提升分行服务质量，利用CRM系统进行专项数据分配，由专人对客户进行维护，且在全行范围内开展“追随青春的脚步—‘我与客户共成长’经典案例私享会”，相互交流客户营销与维护经验，提升客户服务水平。

【风险控制】 2016年，兴业银行临汾分行零售条线加强风险控制，加强重点业务和重点环节的风险把控。细化个贷业务审核，落实好楼盘和项目审查，建立调查责任制，建立客户信息档案，做好信贷登记，细化风险管理，规范业务操作。规范理财销售，对理财销售进行录音、录像，规范营销术语。深化信用卡审核工作，要求推广人员落实“三亲见”，亲核亲访，严格控制风险。会计条线定期开展金融自助通检查，发现更正客户经理在使用金融自助通的问题，确保会计业务的合规性；为提升会计人员技能，每月组织员工进行会计技能培训，提升柜员的综合能力。

【加强机构建设】 2016年，兴业银行临汾分行辖内的第一家传统支行——鼓楼支行营业；获得临汾银监分局对滨江明珠、信合路等4家社区支行的开业批复。扩大分行的网点覆盖范围，广大客户的业务办理。

【金融知识宣传】 2016年，兴业银行临汾分行开展“金融消费者权益日”宣传教育、普及金融知识万里行、征信知识宣传等活动，累计发放宣传折页200余份，理财宣传折页200余份，受众客户300余人。

【打造企业文化】 2016年，兴业银行临汾分行打造“兴业家园文化”保障员工权益，分行围绕总行、太原分行的企业文化，以“德仁”“诚信”为核心，以“兴业兴家兴三晋”作为企业使命，以“真诚服务，相伴成长”为理念，将“兴邦国唯有德仁是赖，业金融自当诚信为先”作为立行之本，传承“务实、敬业、创业、团队”的兴业精神，提出“敬业、专业、德仁、诚信、奉献”的十字员工标准，坚持依法经营、稳健经营、文明经营，合规经营，与广大客户“发展中共同成长”。

（张甜甜）

·中国光大银行临汾分行·

【概述】 中国光大银行临汾分行2014年9月成立，坚持金融创新，为社会和客户提供优质金融服务，注重团队建设和风险控制，注重专业基础和能力建设。截至2016年底，资产总额85554万元；各项存款余额84370万元，其中：对公存款额36937万元；储蓄存款余额28548万元。各项贷款余额28188万元，其中短期贷款余额18813万元，中长期贷款余额9305万元。

【信用卡业务】 2016年，光大银行临汾分行将信用卡业务定为各项业务发展的突破点，至3月即完成全年3500张的任务，截至10月，高端卡达4568张，金普卡达25412张，完成全年任务的373%，全年在总行每月经营情况通报中保持高端卡新增发卡量全行排名第一的成绩。

【提升服务建设】 2016年，光大银行临汾分行将创立“服务领先”银行作为重要目标提出一系列的要求。强化服务意识，倡导微笑服务。服务从表情开始，要求每个员工必须微笑面对每一个客户。优化业务流程，提高办事效率。为满足客户时间短、质量高的业务办理需求，对业务办理流程提出时间和质量的双向标准，在各级领导与业务骨干的多次研讨下，业务办理流程整合优化，效率有改善。注重服务细节，提倡亲情服务。从客户进入营业厅起便关注客户每一处感受，除正常办理业务外，让客户有回家的感觉，满足客户追求舒适和高品质的业务办理体验。营造高雅环境，创新服务品牌。通过规范办公环境，摆放绿植，展示书画作品，提高客户的视觉感受，赢得口碑。

（郭　娜）

保　　险

·人保财险临汾市分公司·

【概述】 2016年，人保财险临汾市分公司全年实现保费收入6.37亿元，增速11.44％，全省排名第三。临汾市分公司全年经营业绩综合测评为B级，理赔质量、财务管理评级考核全省排名第一，数据质量考核全省第三。

【增强经营管理能力】 2016年，人保财险临汾市分公司坚持市场对标，确立市场信息收集、反馈和应对机制。车险方面。开展一把手工程，执行“一单一策”，细分业务类型，细化任务目标，推进销售费用差异化配置，日通报，周例会，月考核。加强续保率考核，稳定存量业务；深化4S店渠道业务，抢占新车市场；发展电网销业务，提高家自车市场占有率；重点关注和改善续保率、保足保全率等关键指标，提升业务质量；开展客户体验活动，提高客户的满意度。非车险方面。以渠道建设和重点客户为突破，加大资源投入和考核力度，推动非车险业务在新渠道、新领域、新产品等方面取得突破。推进安责险、环责险、自然灾害公众责任险、校责险业务。农险方面推广梨、核桃、葡萄、肉牛等地方特色保险，培育建设三农网点，提升保险发展能力和服务能力，推动国家惠农政策及时落地。

【强化依法合规意识】 2016年，人保财险临汾市分公司从承保到理赔，制定完善业务发展、经营管理等一系列规章制度和管理办法。在承保环节，把好“承保入口”关，加强承保验险，严格资料审核，组织出单技能培训和产品实务培训，提高客户信息真实性；理赔方面，加强岗位履责，完善培训考试、监督考核、执证上岗、末位淘汰等制度。加强现场查勘、核损核赔、人伤处理等关键点和风险点的管控，落实假错案责任追究办法，严明工作纪律，严肃责任追究，提高服务的专业化和标准化；组织党委书记与各支部书记签订《全面从严治党主体责任状》15份，组织纪委书记与各支部纪检委员签订《全面从严治党监督责任状》15份，签订率100％；加强一线销售队伍培训，强化全员的依法合规经营意识。

【队伍建设】 2016年，人保财险临汾市分公司推进学习型组织建设，加大培训供给力度，全市组织培训项目30期，培训覆盖率达100％；倡导“以人为本，严爱相济，快乐工作，健康生活”的价值理念，加大对先进理念、监管规定、公司政策的宣导和内部信息、经营数据等的通报、培育公开、公正、透明的管理文化；开展精神文明单位创建活动，全市省级青年文明号3家；完善员工关爱机制，开展困难员工关爱基金救助帮扶和“两节”送温暖活动，加强幸福职工之家建设，组织开展文体活动，举办出单、理赔、财务等业务技能竞赛，营造良好氛围。

·中国人寿保险股份有限公司临汾分公司·

【概述】 2016年，临汾市系统总保费收入达13.69亿元，同比增长21％。中国人寿保险股份有限公司临汾分公司保费总量第一次站上13亿新平台，首年新单保费达6.21亿，同比增长16.38％，完成年度预算122.22％；其中首年期缴达3.43亿，同比增长65.36％；十年期以上期缴达1.65亿，实现年度预算的110.57％，同比增长36％；短期险保费5006万元，实现年度预算目标的106.91％，同比增长33.91％，首年新单标保实现1.48亿，对标年度预算的128.72％，同比增长26.27％。价值型十年期、五年期寿险业务、短期险、首年标保首年新单保费压缩一年期银保趸交40.20％的调控力度下，依靠首年期缴增长65.36％的强力支撑，实现同比增长17.42％，首年标保增长26.29％。

【个险渠道】 2016年,中国人寿保险股份有限公司临汾分公司个险渠道首年标保实现1.36亿,完成年度预算的128.64%,同比增长26.50%,占公司首年标保的91.89%;首年期交实现2.90亿元,完成对标年度预算2.35亿元的123.50%,同比增长69.32%,占公司首年期交的84.54%;十年期实现1.56亿,对标年度预算1.45亿的107.58%,同比增长34.68%,占比超过公司十年期的95%以上;短期险业务实现1053.81万元,对标年度预算790万元的133.39%,同比增长53.07%,占公司大团险发展总量的四分之一。

【银保渠道】 2016年,人寿保险临汾分公司银保渠道首年期交达5298.28万元,完成年度预算4280万元的123.79%,同比增长179%,首年标保达1207万元,对标年度预算932万元的129.50%,同比增长25.40%。

【团险渠道】 2016年,人寿保险临汾分公司团险渠道实现发展规模突破5000万,同比增长33.97%,对标年度预算4683万的106.91%。特别是扶贫险、城镇职工意外险在全省系统率先突破、首开先河,增强振兴临汾团险的发展自信、市场自信。

【队伍建设】 2016年,人寿保险临汾分公司个险渠道持证人力5435人,同比下降3.8%,全年清理退出僵尸人力7201人,新增人力达6982人,月均增员率达10.15%,同比提升2.75个百分点;月均举绩人力达1484人,同比增长26.51%;全市晋组人力达322人,同比增长128.37%;晋升处经理25人,同比增长316%,主管人数规模达517人,同比增长82.68%,主管队伍占销售人力之比从2015的5%上升为9.65%。银保渠道全年新增人力404人、新增客户经理9人,全市销售人力达694人,晋升组经理48人、部经理4人,育成兼职讲师68人。

【运营管理】 2016年,人寿保险临汾分公司运营条线以管理升级、服务升级为重点,聚集柜面日常管控,强化全员意识对标、执行对标,效果对标。公司处理长期险契约4.6万件,处理各类保全30.6万件,处理各项长短险理赔案件10552件,长期险理赔给付5122万元,短期险理赔1753万元,全年绑定长险客户3.5万人,保全电子化推广达30%,全年清理完成客户信息5.23万条,在颗粒归仓专项活动中,面访及电访失效保单3万件,客户临柜复效办结1.2万件,挽回保费3605万元。全年两级公司接待处理10420位满期客户,给付金额3.6亿元,应对不发生区域性、群体性风险的考验和复杂的舆情风险。

·中国太平洋财产保险股份有限公司临汾中心支公司·

【概述】 中国太平洋财产保险股份有限公司临汾中心支公司成立于2002年9月16日,自开业以来,以“诚信天下、稳健一生、追求卓越”的核心价值观为基础,本着快速发展、稳健经营、规范管理的原则,对客户负责、对员工负责、对股东负责、对社会负责。截至2016年底,实收保费8982.64万元,同比增—3.72%。

【经营管理】 2016年,太平洋财险临汾中心支公司以加快发展为主线,坚持业务结构调整和直销队伍转型为主攻方向,以三大渠道为重点,坚持开创新局面。在管理上,学习太原“后援精神”的理念,“遵章守规,合法经营”;在经营上,倡导推广“得渠道者得天下”,全力整合内部资源,提升发展产能,在车商、专代、个代、交叉、电网销等方面取得全新突破;在业务发展上,车险“CRM”、非车险“码上保”等多项新技术,赢得客户及市场的认可、赞誉;农险发展实现零的突破,2016年共实现保费68万元;在机构设置上,巩固原有的“霍州、洪洞、侯马、襄汾、曲沃、蒲县”6家支公司,完成“古县”新网点的铺设工作,扩大太保财险的市场份额。

【精神文明建设】 2016年,太平洋财险临汾中心支公司倡导建立民主、团结、积极、向上的领导班子队伍,采取由青年员工轮流组织和主持司务会等方式,培养和锻炼青年员工的组织协调能力和联合作战能力,注重人才选拔,打破用人界限,倡导“以事业留人,以感情留人,以待遇留人”,打造优秀的团队。开展各种有益的集体文娱活动,丰富员工的文化生活;多次进驻壶口镇南村坡村开展精准扶贫工作,号召村民加入公司个人代理团队,既提供就业机会又提高村民素质,解决村民的后顾之忧。

商贸与服务业

商　业

【概述】　2016年，临汾市商务局主要指标完成情况由于各种因素影响，主要指标有所下滑。国内贸易方面：全市社会消费品零售总额完成609.4亿元，同比增长6.5%，完成全年增速6.5%的目标任务。对外贸易方面：进出口总额完成12.39亿元人民币，同比减少33.11%，完成全年任务（进出口目标增长持平，18.5亿元人民币）的66.9%；其中：出口完成8.74亿元人民币，同比减少15.18%，完成全年目标任务（出口增长持平，10.3亿元人民币）的84.8%；进口完成3.65亿元人民币，同比减少55.60%，完成全年任务（与2015年持平，8.22万美元）的44.4%。外资外经方面：合同利用外资总额1.9亿美元，比上年同期增长19倍，其中实际利用外资1.66亿美元，同比增长6%。

【消费增长】　2016年，临汾市商务局对全市17个县（市、区）分片、分区包联，包重点县市、包重点行业、包重点企业、包序时进度，特别是加强对尧都、侯马、洪洞等重点县市区和中石化、中石油、锦华丰田、上通汽车等重点企业的调研督导，限额以上零售额增速实现回升；开展促销活动，引导热点消费。在全市开展为期3个月的“2016临汾购物季”活动，举办临汾市首届家电购物节活动，组织指导企业开展春节消费促进活动、大众美食促销活动和山西品牌中华行省内行等活动，宣传地方特色品牌，促进消费增长。组织承办山西品牌中华行省内行临汾站暨首届全市年货大集活动，全省共有200多家企业参展，展出名优品牌商品六大类1000余种，取得效果。

【外贸提质】　2016年，临汾市商务局建立外贸发展联席会议制度，构建商务、海关、出入境检验检疫、外汇、国税、人行“六外合一”的管理体制，加强对外贸进出口工作的协调促进。加强对重点企业的促进，对华翔集团、华德公司进行重点帮扶，使这两个骨干企业出口保持稳定，对全市出口起到拉动作用。组织16家小微外贸企业信保易集中签单活动，实现出口信用保险小微企业全覆盖。

【商贸项目】　2016年，临汾市商务局以尧都区、侯马市为重点，加快沿线、沿边、沿河商贸物流业发展，建设覆盖尧都、侯马、曲沃、襄汾、霍州、洪洞、翼城7个县（市、区）的“2+5”商贸物流圈。引导企业运用互联网技术实现智慧物流配送，培育壮大临汾本土商贸物流企业，抓好一批重大商贸物流转型项目建设，生龙国际、新工贸、安达圣新天地、思麦尔新天地陕西村美食城、居然之家、新百汇商城等正式运营，华门新天地特色小镇即将开业；建设明珠广场、悦达广场、五洲国际广场、上东世纪CBD城市综合体等一批大型商贸项目，这些项目都是集餐饮、购物、娱乐、文化于一体的城市综合体项目，将提升临汾市的商贸流通行业档次和消费水平。

【电子商务发展】　2016年，临汾市商务局推动电子商务发展。创优电商环境，市政府出台《临汾市加快电子商务发展的指导意见》，召开全市电商大会，加强对电商工作的领导和支持，在政策上为电商发展营造宽松环境；加强电商培训，多次组织电商专题培训，10月，组织全市各（县、市）区分管电商的副县（市）长和商务部门负责人赴杭州淘宝大学举办参加电商研修班，学习借鉴先进地区电商发展经验，促进临汾市电商发展；加快电商平台建设。隰县玉露香原产地平台、窝麦良品、黄河金三角工业品交易中心等一批本土电商平台逐步发展壮大，引进阿里巴巴、京东、苏宁、乐视网、积宝网等全国知名电商企业；争取项目促发展。侯马市入选国家级电子商务进农村综合示范县和陕西省阿里巴巴“千县万村”计划首批试点，马上购公司成为阿里巴巴在山西省的首家合作伙伴，隰县电商孵化基地众创空间被省科技厅认定为全市唯一的省级众创空间;启动电商扶贫工作,结合临汾市实际,起草《临汾市电商扶贫行动方案》和《临汾市2016年电商扶贫行动计划》,探索临汾市农村电商发展和精准扶贫的新路子。

【商贸物流】 2015年临汾市商务局通过争取,临汾市被国家商务部等10部门确定为全国66个区域级流通节点城市。临汾市抓住机遇,打造中西部重要的现代商贸物流中心。临汾市政府和中国物流与采购联合会于6月在临汾市举办2016年中国公路货运物流行业发展论坛暨临汾互联网+物流创新发展峰会,为推动全市物流业发展营造良好发展氛围;兴荣物流园区项目累计完成投资1.5亿元,正式投产运营;山西晋润国际农副产品冷链物流项目累计完成投资5亿元,建成精品交易区、冷链交易区、联排物流交易区主体建筑;临汾开发区(洪洞·甘亭)工业园物流园区、临汾城北物流园区、霍州联源现代物流园等一批物流园区推进招商洽谈、对接项目。

兴荣物流仓储配送基地

【外资转型】 2016年,临汾市商务局引进外资。新设立外商投资企业4家,合同利用外资1.9亿美元,其中战略性新兴产业两家,分别是山西华润新能源(古县)有限公司,总投资2032万美元,主营风力发电;东方国大(山西)碳纤维有限公司,总投资9800万美元。优化项目投资结构。抓住国家"一带一路"倡议机遇,加强与东盟、北美洲、欧洲等国家的投资交流合作,出台《临汾市参与"一带一路"建设实施方案》。

【加工贸易】 2016年,临汾市成立以市长刘予强为组长的临汾市承接加工贸易产业转移工作领导小组,多次召开会议专题研究部署,建立发改、财政、商务等部门联席会议制度,强化对此项工作的组织推进;出台《临汾市扶持承接加工贸易产业转移优惠办法》和《临汾市承接加工贸易产业转移目标考评办法》,加大对加工贸易产业转移项目的支持、考核力度;深入调研考察,市领导多次率团到福建泉州、广东广州、中山、顺德、惠州、深圳等地考察加工贸易,在广东期间组织召开临汾市承接加工贸易转移广州企业家座谈会,围绕装备制造、新能源和服装加工等,承接加工贸易产业。侯马开发区与福建宏凯集团签订的电子产品综合产业基地项目,项目投产达效后,预计年进出口额50亿元,解决当地就业3000余个,纳税超1亿元。

【市场监管】 2016年,临汾市商务局加强商务综合执法和市场监管,在全市组织开展成品油市场专项整治行动,严厉打击黑加油站、黑加油点、黑油罐车等违法经营行为,规范成品油市场秩序;组织开展酒类市场专项整治行动,加强拍卖、典当等行业的监管,规范市场秩序。

【餐饮、家政行业转型升级】 2016年,临汾市商务局打造临汾餐饮业新名片。会同市餐饮服务管理中心、市烹饪餐饮饭店行业协会共同组织召开临汾市餐饮业"名菜名吃名厨"评选活动以及新闻发布会暨授牌仪式,评选出临汾十大名菜、十大名吃、十大名厨,营造餐饮消费新特色,培育餐饮消费新热点。组织全市10家特色餐饮名吃企业参加中国(山西)食品餐饮旅游博览会暨首届山西面食文化节活动,展示临汾餐饮特色。支持临汾思麦尔集团引进"陕西村"陕西特色餐饮商业街区,满足临汾市消费者对陕西小吃的消费需求,加强两地餐饮业交流。促进家政服务业发展。会同市妇联、市人社局、市家协组织举办山西省第二届"晋嫂"家政服务技能大赛临汾市选拔赛,推动从业人员加强技能培训,提升行业整体服务水平。指导支持启动临汾市家政服务业便民市场,为入驻的家政企业搭建一个互相学习,为临汾市消费者提供家政服务供需对接场所。

招商引资

【概述】 2016年,招商引资工作实施开放创新双驱动战略，引深招商引资 2.0 模式，开展招商项目摸底调研、“冬季行动”签约项目大起底、招商引资推介会等各项工作，增强内外联动发展能力，全年累计完成签约项目 151 个，总投资 2514.4 亿元，完成省下达全年签约任务 1656 亿元的 151.8%；累计到位资金 636.2 亿元，完成年度目标任务 600 亿元的 106%，招商引资全省综合排名由第三升至第二。签约古县新型功能性变形铝合金材料加工项目、洪洞县基础设施与公共事业合作项目、临汾开发区新能源汽车推广及新能源汽车核心技术产业园项目等百亿元以上项目，其中，签约的新能源汽车项目共计 523 辆电动公交车率先在临汾市交付使用，领跑全省电动车行业。

【开展招商项目摸底征集】 2016 年，临汾市招商局在全市范围内征集调研招商引资项目，根据调研结果重新优化招商引资项目简介标准，按照项目概况、招商需求、资金用途、项目优势、进展情况、市场分析、风险评估、与产业契合度等类别，确定 304 个优质项目，筛选具有发展潜力的 67 个项目对外发布，提升招商引资的针对性和可操作性。

【“冬季行动”签约项目大起底活动】 2016 年，临汾市招商局按照《全省“冬季行动”工作方案》要求，通过走访企业、召开座谈会、听取汇报、查看资料等方式，对临汾市“十二五”期间招商引资 899 个签约项目进行回头看、再摸底、再排查，在调研的基础上，认真梳理、甄选一批 2013 年至 2015 年签约未落地优质项目重点推进，为项目落地奠定坚实基础。特别是促成临开区新能源汽车核心技术产业、侯开区仁修堂医疗器械生产、永和县煤层气液化等项目的落地投产。

【招商引资 2.0 模式】 2016 年，临汾市招商局多次协调上海文创联盟专家，对尧都区非豆科固氮菌、乡宁戎子酒庄、襄汾铁环油漆、浮山神山贡米、古县连翘茶、核桃品牌化发展、隰县玉露香产业链、汾西苦荞产品、蚕丝被等 63 个招商引资 2.0 模式储备项目进行实地考察，拟筛选出近 20 个项目在上海文创资源交易配置中心挂牌，组织专业机构进行专场路演、推介、针对性对接，力争摘牌率达 30%以上。临汾市将承担 2.0 项目的咨询尽调机构数量增加为 4 家，根据每家尽调机构的专业特长按 1∶3 挂牌比例进行项目分配展开调研，与尽调机构签署协议，共同约定以 30%的摘牌率作为结算依据，保障全市项目企业利益。

【城市营销招商】 2016 年，临汾市招商局与上海文创联盟达成合作意向，拟以临汾城市品牌为龙头，通过三年时间系统打造临汾城市营销推介互动新平台。在上海推介活动中，首推城市营销招商模式，与上海文创联盟合作在环球港开展玉露香梨嘉年华活动，帮助本土农产品打开沿海高端市场，带动隰县果农增收 1.6 亿元。

【导入区域经济文创化工作】 2016 年，临汾市招商局发挥招商媒介作用，联合上海文创联盟草拟的《2016 年度临汾市导入区域经济文创化工作建议》为全市起到引领和示范作用；为襄汾县牵线搭桥，促成襄汾县与上海文创联盟合作包装“陶寺品牌”，其中，陶寺展示中心项目 2015 年动工建设，全网创作大赛项目推进。协调促成蒲县、古县与上海文创联盟签署导入文创化合作协议。

【精准招商】 2016 年，临汾市委、市政府领导先后组织有关部门及县（市、区）前往北、上、广、深等地，就承接加工贸易产业转移，对深圳沃特玛集团、深圳市农产品基金公司、惠昌高科技工业城有限公司、山西华翔集团华南分公司顺德翔泰和中山华翔加工基地进行考察；与乐视集团达成战略合作意向；促成侯马开发区与佛山市众康医药有限公司、佛山市碧盈医疗器械有限公司、佛山市南海凤华医疗器械有限公司签约。市招商局多次与北京神雾环境能源科技集团股份有限公司洽谈，双方就在临汾市矿产冶金和煤炭电力等方面投资合作达成共识；与七喜集团达成合作协议，拟由七喜集团投资 6 亿元，在临汾市投资建设肿瘤专科医院；与杭州市杭萧钢构股份有限公司对接，拟在临汾市合作建设国家级钢结构装配式绿色建筑产业基地。协调临汾市瑞亿商贸城有限公司、晋中红杉药业集团、大同磐鼎能源集团等省内企业，推进黄河银行筹备工作，取得成效。

【举办尧文化旅游招商系列活动山西·临汾招商引资项目推介会】 2016 年，临汾市招商局邀请泰国中华总商会、全国台商协会、北京市台商协会、山西台商协会、上海市各地在沪企业联合会、澳门山西商会等 200 余名客商和嘉宾，签约项目 11 个，总投资额 175.06 亿元，涉及新能源、文化旅游、社会公益、农副产品等产业。

【举办 2016 年临汾(北京)招商引资推介会】 2016

年，临汾市招商局邀请北京市密云区、海淀区政府主要负责人，北京城建、北京国贸、万达集团、京能集团、中国惠普等大型企业有关负责人，中国机床工具工业协会和京津冀地区农业、工业、能源、文化旅游等领域的近300位行业、企业代表参加，签约项目14个，总投资416.3亿元，涉及装备制造、农产品加工、新能源新材料、文化旅游、食品医药、商贸物流等领域。

临汾市人民政府与北京神雾环境能源科技集团签约

【平台招商】 2016年，全国工商联十一届八次常委会议暨民营企业助推山西转型创新发展大会在山西太原召开期间，临汾市组织各县(市、区)参加“民企入晋”系列推介对接活动，签约新能源汽车推广及新能源汽车核心技术产业园区项目，在全省率先引进纯电动车项目。在能博会发展论坛上，全省共签约15个项目，其中省直单位签约11个，各地市签约4个，临汾市占1个。

【媒介招商】 2016年，临汾市招商局以赵氏宗亲活动为契机，召开“共叙乡情、携手发展”(招商)座谈会；组织召开异地商会企业联合会招商引资座谈会(民企入晋)，这些活动的举办，为全市招商引资开辟空间和舞台。

【脱贫工作】 2016年，临汾市招商局为隰县汪家沟村派驻第一书记，为村修建一条路，建设一座光伏发电站，引导群众增加玉露香梨种植面积，帮助村民线上线下销售玉露香梨，为村民发展养殖业提供帮扶，为8户贫困户办理低保，为6户贫困户办理移民搬迁手续，3户贫困户办理金融扶贫贷款，该村15户贫困户在全市第一批实现脱贫，截至年底，该村人均年收入均达到3200元以上。

供销合作

【概述】 2016年，临汾市供销社系统实现销售总额19.38亿元，比上年同期增长22.13%；实现利润787万元，同比增长15%；建设惠农服务中心26个，超额完成省社任务13个；新建、改造基层社8个，超额完成4个；规范发展农民专业合作社示范社6个，超额完成1个；电子商务覆盖全市10个贫困县；推进农民专业合作社内部资金互助业务试点1个；碘盐覆盖率达98.3%，合格碘盐食用率达96%，超额完成目标任务3.3%和6%；尧都、安泽、大宁、曲沃4个省级综改试点县工作推进。

【基层社改造】 2016年，临汾市供销社对实力较强的基层社进行改造提升，对基层社空白乡镇，通过多种方式重建，增加网点。尧都、安泽、大宁、乡宁、浮山、翼城等县供销社通过投入资金、土地等多种形式改造基层社，增强服务活力。

【专业合作社的建设和发展】 2016年，临汾市供销社围绕当地的主导产业，实行“两社指导、村社共建”，加快专业合作社发展步伐。曲沃县社参股建设特色景观旅游村，实现旅游收入67万元，带动园区农民增收200余万元，组织5个专业合作社成立蔬菜种植联合社，使蔬菜年销售量由分散前的800余吨达到联合后的1300余吨，形成规模效益；尧都区社以综改试点为切入点，指导新建改建专业合作社12个、建成规范专业合作社示范社1个、专业合作社联合社2个；吉县、襄汾、古县等社在规范发展、创办领办、参办参股、改造升级专业合作社方面都取得成绩；

【打造基层服务平台】 2016年，大宁县供销社针对不同情况，采用不同办法建设综合服务社，依托基层社、行政村和便民连锁店等，改建农村综合服务社12个；曲沃县社借助“农芯乐”“乐村淘”等平台，投资30万元，改造10个综合服务社，强化电子商务功能。安泽县社投资20万元，对唐城综合服务社的基础设施进行提档升级，使综合服务项目增至9个，解决群众困难，拓宽服务内容，既有公益性又有经营性。浮山、翼城等社制定保障措施加快基层社改造。

【为农服务体系建设】 2016年，蒲县供销社采取合作经营订单服务，在承包租赁方面进行服务创新。瑞丰农资公司托管土地333.33公顷，发展香紫苏生产和加工，农业增效、农民增收效果明显。尧都区土门镇社领办的彩虹果蔬专业合作社建成万亩葡萄基地，被全国供销总社授予"中国50佳农民专业合作社"称号。曲沃县社发展"庄稼医院＋合作社＋农户"服务模式，共建成4个惠农服务中心、2个蔬菜专科医院、1个葡萄专科医院、3个庄稼医院，建成土壤检测中心、配肥中心各1个，科技服务覆盖农业种植全过程。蒲县县社兴农核桃专业合作社以山中供销社为依托，形成"供销社＋龙头企业＋专业合作社＋基地＋农户"五位一体的合作局面，组建的正茂核桃加工有限公司，成为全省供销系统龙头企业，其"养益"牌商标被中国农产品流通经纪人协会评为全国"百佳农产品品牌"，通过质量、绿色、有机、无公害等认证和注册商标工作与新型农业经营主体对接，健全农产品产地营销体系、拓展产地直销渠道，促进三产融合发展。汾西、襄汾、隰县、侯马等社在土地托管、惠农服务站方面都取得成绩。

【农村合作金融发展】 2016年，曲沃县社投入10万元启动资金，成立"星海蔬菜专业合作社资金互助站"，发放互助金9万余元、吸收互助金1.6万元；安泽县社依托城关中心供销社组建一个"农村金融互助合作社"，共集资30余万元，开展农资、化肥互助，让利于股民，通过资金互助合作，缓解农民"融资难、融资贵"等问题。

【农村电子商务发展】 2016年，临汾市供销社全系统推进"互联网＋供销社"的新模式，整合系统资源，联合社会电商，对接物流企业，将实体网络与互联网建设结合，构建具有供销社特色、基本覆盖农村各类经营主体和供销社终端网点的农产品电子商务网络平台，加快供销社经营服务网点信息化改造，抢占农村电子商务终端市场。安泽县社作为全国电商示范县起到很好的示范引领作用。全年全市供销社系统发展专业电商公司16个，总营业面积7423平方米，投资总额3065万元，开展电商培训5092人次，对接79个基层社、116个专业合作社，439个便民连锁商店，农副产品上线品种743种，电商交易额2636万元。

【社有企业发展】 2016年，临汾市供销社全系统把社有企业的提质增效作为供销社赖以生存发展和服务"三农"的根本。加强资产监管。尧都、曲沃、大宁、蒲县、隰县、侯马、永和等县级社分别成立资产管理公司，开展社有企业管理人员培训，对社有企业的经营状况进行清产核资，确保社有资产保值增值。永和县社调整经营策略，改革创新，坚持从测土配方、庄稼医院方面入手，寻找突破点，经营质量得到提高，社有资产得以增值。加强资源整合。对亏损、老旧企业进行大跨度整合、改造、盘活。乡宁县社将一部分社有企业进行整合改造，使社有资产由70万升值到900多万元，年收入增加59万元。吉县对社有企业进行升级改造，解决历史遗留问题，针对苹果产业进行加工销售，与农民专业合作社对接，开展电子商务，建成全县的大型农产品销售加工龙头企业。汾西、洪洞、霍州等社对社有企业进行体制机制改革，通过破产重组，盘活企业资产，收到良好效果。

【开展精准扶贫】 2016年，临汾市供销社全系统对接524户"建档立卡"贫困户，建立台账，全市贫困县电子商务覆盖率达100%。市社向安泽县和汾西县派驻4名第一书记，共协调投入资金380余万元，为帮扶村改善道路、吃水等基础设施，整修土地1800余亩，建起光伏发电等扶贫产业项目。市社共筹集爱心捐款7200余元。各级社实施产业拉动扶贫，依靠专业合作社带动农户入社，扩大建档立卡贫困户在社员中的比例，发挥龙头企业的示范作用，帮助农民专业合作社和贫困户发展生产，增加收入。全系统共带动贫困户1700户，增加收入850万元。蒲县县社的兴农核桃专业合作社开展资产收益扶贫试点，利用省社扶贫资金开展核桃收购加工，合作社社员平均分红增加9000元。

（原晋云）

粮食购销

【概述】 2016年，临汾市出台《临汾市粮食局关于多元市场主体参与政策性粮食收储的指导意见》（临市粮调字〔2016〕190号），粮食收购完成6.6145亿公斤，粮食销售完成7.2017亿公斤，粮食调入完成7615万公斤。

【开展粮食产销】 2016年，临汾市粮食局组织全市相关粮食生产、加工企业参加北京国际优质农产品展示交易会、山西(吕梁)小杂粮产销衔接会。

【规范粮食储备管理】 2016年,临汾市粮食局制定《临汾市国有粮油仓储物流设施保护实施细则》(临市粮储字〔2016〕165号),安排指导全市23家仓储单位制定《储备粮管理责任制度》。

【创新管理技术】 2016年,临汾市粮食局在直属三个储备库及洪洞、汾西、翼城、曲沃、乡宁等县推广使用粮情电子测温系统和机械通风设备;临转站和洪洞县使用环流熏蒸设备;侯马储备库采用绿色充氮储粮技术;曲沃国家储备库采用低温储粮技术。

【储备基础】 2016年,临汾市粮食局组织专家、专门人员针对各县(市、区)进行库存安全大检查,重点进行"十查"工作,检查结果表明全市各级储备粮数量真实、质量合格、全部宜存。

【"粮安工程"建设】 2016年,临汾市粮食局推进侯马直属库0.2亿公斤标准化储备仓容项目建设,开展危仓老库维修改造项目建设,推进粮食质量安全检验监测能力建设。

【粮食产业发展】 2016年,临汾市粮食局对全市小杂粮加工拟建项目、主食化拟建项目、物流建设需求情况进行摸底调查。将临汾金盈谷农贸发展有限公司确定为临汾市主食化龙头企业,争取省级财政补助资金80万元对其进行扶持。组织参加全国粮食科技活动周暨首届粮食科技成果转化对接推介活动。临汾市的"绿色—充氮"仓储技术在全国同行业竞技中取得较好名次。

【法治建设】 2016年,临汾市粮食局确定行政处罚4项、行政检查4项,完成"两单、两图"制定工作,在政府网站进行公示。学习新修订的《粮食流通管理条例》,对全市100余名粮食流通管理监督检查人员进行资格审核换发证件。组织开展夏粮收购市场和节日期间市场供应的专项监督检查。

【干部队伍建设】 2016年,局机关新招录3名公务员,选拔任用3名科级领导干部,局直属单位选拔任用2名正科级干部,5名副科级干部。

(王忠华)

石油营销

【概述】 临汾石油分公司是排名世界500强第2位的中国石化销售有限公司在山西临汾唯一的下属机构,下辖17个县区公司(零售公司、16个县(市)公司)、2个高速路服务区,职工人数1500余人,油库2座,容量8.3万立方米,在营加油站189座,上线易捷便利店116座,分布在全市各城镇中心、交通要道和重点乡村,覆盖面达75%以上,年销售成品油50余万吨。

【增强市场应对能力】 2016年,临汾石油分公司根据市场变化,调整经营策略,树立零售、直分销、非油品"一盘棋"的理念,整合各线条营销资源,开展"油非互促""油非双增长""油卡非一体化"等营销活动,油品与非油品并重,零售与直分销互补,主动应对竞争,全力拓市上量。借助省、市政府开展成品油市场整治的契机,配合政府打击"三黑"等违法违规经营行为,专项整治开展以来,共取缔11个县(市)32处黑窝点、6处内部加油窝点、7辆油罐车,罚没油品80余吨,净化市场。

【显现网络增量】 2016年,临汾石油分公司终端网络上,新租站,抓关停站复营,加快提量改造站施工进度,完善优化网络。信息网络上,完成加油站网络专线升级改造、视频监控联网和液位仪安装改造,提升库站信息化管理水平。

【基础管理工作】 2016年,临汾石油分公司开展"从严管理、强化基础"活动,通过压实责任、强化培训、完善制度、严格考核,强化安全、数质量、资金、资产等各项管理工作,夯实管理基础,防范风险,确保安全运营无事故,在集团公司、国家质监总局及省、市工商、质监部门的油品数质量抽检中,抽样合格率100%,彰显中石化的品牌形象。

【获奖情况】 临汾石油分公司被山西省财贸轻纺烟草劳动竞赛委员会授予"五一劳动奖状",公司团委被临汾市团委授予"五四红旗团委"称号,路东加油站、汾滨加油站被集团公司评委"文明服务示范窗口"。

(张晓燕)

烟草专卖

【概述】 2016年,临汾市烟草专卖局(公司)累计销售卷烟150399箱,同比减少25317箱,下降14.41%,其中:二、四、五类烟同比增加1389箱、510箱、2200箱、增幅为14.26%、1.62%、14.12%;一、三类烟同比减少7742箱、21698箱,下降28.05%、23.8%;累计条均价97.88元,同比105.83元减少7.95元,下降7.51%;累计实现销售收入31.45亿元,同比减少8.28亿元,下降20.84%;累计实现毛利9.15万元,同比下降17.02%;累计实现税利9.06亿元,下降15.37%。全市种植烟叶2.26万担、种植面积0.05万公顷,移栽户数342户,完成调拨任务。

【卷烟营销】 2016年,临汾市烟草专卖局按照"精准预测、精准组织、精准投放"工作要求,在需求预测方面,建立"自下而上"的预测模型,提升市场预判水平;在货源组织方面,坚持"勤进、快销、量少、价稳"原则,加强存销比管理,保障货源不断档、不积压、不滞销;在货源投放方面,建立金牌、旗舰店、同盟型和潜质等"四维"客户投放模式,货源供应满意度保持上升趋势。制定《客户经理服务规范》,明确"四维"客户拜访频率、服务项目、评价指标和考核办法;成立营销督查工作小组,建立督查整改制度,促进客户经理服务到位,优化服务质量。

【专卖管理】 2016年,临汾市烟草专卖局共查获涉烟违法案件1032起,其中,真烟案件876起,假烟案件156起,查获重大案件77起;查获违法卷烟660.67件,其中,非渠道真品卷烟514.16件,价值389.56万元,假冒卷烟146.51件,标值106.73万元;捣毁非法卷烟窝点74个,向公安机关移送案件10起。突出打击物流、寄递和货运领域涉烟违法活动,查获违法案件114起,违法卷烟50.88件。破获尧都区"1·31"网络案和洪洞、霍州"12·30"自媒体售假贩私涉烟网络案,逮捕6人,直诉3人,其中"12·30"网络案被列为部级督办案件,在全省系统进行经验交流,受到好评。

【规范管理】 2016年,临汾市烟草专卖局优化完善"三项工作"制度流程,强化落实年度采购项目、"三关三审""应招尽招""真招实招"相关制度,全年共实施公开招标项目28项,核减采购项目14类,招标金额1384.88万元,核减金额1700.47万元;推进精益管理,产生21项QC小组课题成果,创造可计算经济效益超过300万元。推进法治烟草建设,规范合同管理,加强法律风险防控,强化层级和同级执法监督机制体系建设。

(邓义军)

盐业专营

【概述】 2016年,临汾盐业分公司应对盐业改革,创办电子商务公司。全年主要经济指标完成情况:商品购进 。1至12月购进各种盐26951吨,占计划27188吨的99%,同比增加4867吨;商品销售 。1至12月销售各种盐28147吨,占计划27798吨的101.3%。同比增加2347吨;商品库存。库存各种盐4141吨。

【经营管理】 2016年,临汾盐业分公司食盐销售14926吨,同比增加742吨。由于盐行业政策调整及工业盐价格放开给食盐销售供应造成困扰,私盐侵销现象增多,假冒碘盐、食品加工盐屡禁不止。在调控自营销售时,公司主抓县级公司销售进度的实现。通过包挂机制的深入落实,扭转前期下降的局势;工业盐临汾片区减少962吨,侯马片区同比增加3251吨。

【私盐侵销】 2016年,临汾盐业分公司盐改方案出台、工业盐价格放开给市场带来冲击,在尧都区、侯马片区和西山区蔬菜批发市场、调料店发现假冒400克绿色海藻碘盐、400克深井碘盐、食品加工盐。

【调整产品结构】 2016年,临汾分公司从榆林产区、广源华源产区、兴盐公司购进澳洲晶盐、竹盐、沙棘盐、富钾海盐、果蔬洗涤盐等20余品种,更加全面、丰富,填补市场空白,实现盐品高端精品化、中端多样化,让商户和消费者有更多的选择。

【创建食盐专柜】 2016年,临汾分公司在尧都区、侯马自营区、襄汾、安泽、隰县及古县县级公司的大型商超设置食盐专柜,带动其他县级区域的专柜建设,逐步向代批点、各主要街道门店渗透推广,宣传晋盐品牌以及新品种盐。

尧都区大、中型超市有三家共计 15 家分店。设立专柜的有 4 家,1 家正在洽谈中。剩余 10 家中有一家是美特好超市,总部在太原,主管不与地方供应商洽谈新品业务,其余 9 家分店要参考上货销售品种盐超市的销售量进行考虑。

【超市条形码备案情况】 万佳福超市备案 17 种条形码。家福乐超市备案 10 种条形码。美特好超市备案 3 种条形码。

【拓展营销方式】 2016 年,临汾盐业分公司实行全天营业无节假日工作制,应对盐改。门店增加零售业务,销售的品种达 30 余种,品类齐全,适应各类消费群体,丰富日常生活类用盐。在营业大厅设置有多品种盐展示柜,将价签贴于小包装盐品上,使购盐顾客一目了然。公司进行高附加值盐种的零售,销售高端精品盐 18 吨。

【工业盐销售】 2016 年,临汾盐业分公司成立工业盐销售中心,从价格、质量、需求、服务水平等方面做好工业盐的供应工作。经省公司同意调整县公司及自营大户的供应价格;试行市场化销售方案针对用盐企业低价外购的情况,采用"一企一策"。分公司与襄汾星原钢铁、中升钢铁、临汾染料厂等企业重新建立供需关系;按照"微利经营、占领市场"原则,用较低的价格和优质的服务抢占市场。尧都区参与临汾染化集团竞标;侯马运销站与垣曲县公司共同完成中条山有色金属公司的工业盐招标会。

【加强市场管理】 2016 年,临汾盐业分公司对所有食盐经销户、工业盐用盐单位,建立客户档案,加大对重点用户监督管理力度;开展阶段性、专题性的市场宣传活动。加强"3·15""5·15"等宣传活动力度,提高市场影响力,发挥宣传媒介作用;做好同政府部门的沟通、协调。主动与公安、工商、食药局等部门联系,加强市场管理力度。对自营区域的零售网点、便民超市、蔬菜调料批发市场、乡镇零售商店进行日常巡回检查,发现可疑商店重点监控、蹲守做好排查工作;主动联系盐务局,对学校食堂、饭店、食品加工用户、饲料加工厂进行检查、整顿工作。配合参与盐务局、食药局、公安局等执法部门组织的有关食盐安全检查活动。全年共出动人员 338 次,查获私盐、假盐 77 吨多,共查处涉盐案件 3 起,没收非法盐产品约 75.5 吨,打掉制假窝点 2 处。

【食盐安全检查案件】 2016 年 3 月,临汾市盐业分公司在尧都区食盐市场检查时,发现一辆车牌号为晋 L81B95 东风小康面包车从事假冒 400 克小包装食盐和假冒 20 千克食品加工盐贩销线索,移交到临汾市公安局食盐药品犯罪侦察大队。

5 月,在"永恒饲料有限公司"查获氯化钠饲料添加剂 21.5 吨,将天津国家海湖盐检测中心检测,该盐产品各项指标达到食用盐标准,依据"两院一厅"司法解释,以非法经营罪移交至尧都区公安局食品药品犯罪侦察大队,当事人被批捕在押。

8 月,通过长期跟踪、蹲点守候,成功查获盘踞在尧都区某村一出租房内的私盐购进销售加工一体的涉盐违法案件,现场查扣盐产品 53 吨,贩销车辆 2 辆、私盐加工工具一套和仿制食盐外包装袋若干,当晚刑拘 3 人。

配合市公安局、盐务局共同在尧丰市场、馨阳市场追缴涉盐案件盐产品 1.1 吨,查处涉案商户 4 家,此案还在进一步审理中。

在尧都区发现一辆车牌号晋 L68L59 面包车从事贩销私盐活动,在襄汾境内取得该车贩销私盐的证据,该案将移交襄汾县公安食品药品犯罪侦察大队办理。

【新业务工作】 2016 年,临汾盐业分公司开办临汾市盐业轻松益家电子商务有限公司。临汾市盐业轻松益家电商项目是由"山西盐业投资有限公司""山西盐业轻松益家电子商务有限公司"及"成都轻松益家电子商务有限公司"三方共同投资组建而成,注资额 100 万元,营业面积达 3000 平方米。

项目于 2016 年 3 月 28 日开始首日对接,5 月 3 日上线运营,当天日销售额突破 1 万元,上线运营 40 天后,日销售额突破十万元。

截至 2016 年底,累计注册网点 2520 家,占总网点比例 93%;累计激活 2036 家,占注册网点比例 81%,订单总数 24474 张,上线单品 1279 个,其中在售单品 600 个,粮油、休闲产品、白酒、奶制品销售较好。库存商品 37751 件。共销售商品约 26 万 件,销售毛利率 2%左右。

(赵俊卿)

教　育

综　述

【概述】 2016年，临汾市共有各级各类学校1985所，其中小学1012所、普通中学283所、幼儿园631所、中等职业学校53所、特殊教育学校6所。共有在校学生62万余人，教职工6万余 人，其中专任教师5.1万余人。

全年临汾市教育经费总收入达675820万元，国家财政性教育经费596770万元，其中，公共财政预算安排的教育经费595109万元；政府性基金预算安排的教育经费1341万元；企业办学中的企业拨款314万元；校办产业和社会服务收入用于教育的经费6万元。民办学校中举办者投入989万元。捐赠收入78万元。事业收入75520万元(学费收入67431万元)。其他教育经费2464万元。

全市各级各类学校教育经费总支出为683629万元，在事业性经费支出中，人员经费支出472982万元，其中：工资福利支出371152万元，对个人和家庭的补助支出101830万元；公用经费支出202254万元，其中：商品和服务支出116063万元，其他资本性支出86191万元。基本建设支出2264万元。

【惠民政策】 2016年，临汾市实施各项惠民政策，学前教育资助(经济困难学生每人每年1000元)、义务教育“两免一补”(小学生1000元/生·年、初中生1250元/生·年)、普通高中免学杂费(标准为400元/生·学期)、普通高中助学金(家庭经济困难的学生，标准为2000元/生·年)、中等职业学校免学费(职业高中2000元/生.年的标准免除中等职业学校学生学费)、中等职业学校国家助学金(中等职业学校贫困学生全每生每学期享受国家1000元生活补助)及“雨露计划”(对考取二本B类以上的贫困学生资助5000元)落实到位。

(王源辰)

学前教育

【公办园建设】 2016年，临汾市投入各级财政资金共6000余万元建设24所农村幼儿园，建筑面积达2.8万平方米，改扩建幼儿园10所，新建城镇小区配套园2所。改善学前教育资源不足的问题，缓解“入公办园难”的矛盾，学前三年毛入园率达90%。

【规范办园行为】 2016年，临汾市推进普惠性幼儿园认定工作，与财政局制订《临汾市普惠性幼儿园认定及管理办法(暂行)》，对所有登记的公办、民办1000所幼儿园进行年检，对无证园进行清理整顿，取缔无证园30所。

【幼儿教师培训】 2016年，临汾市教育局采取外出学习与本地培训相结合的方式，对园长、教师分类进行培训，其中参加国培，省级培训1000人次，市级、县级培训5000人次，实现全员培训。

(王源辰)

义务教育

【义务教育均衡县认定】 2016年，临汾市乡宁、永和、大宁、隰县、蒲县等五个县均高分通过国家义务教育均衡发展县评估认定。2014年、2015年通过国家评估认定的安泽县、浮山县、霍州市、翼城县、古县、吉县的各项指标均在国家检测范围内。全市有11个县通过评估认定,占全市总数的65%。

【义务教育办学模式改革】 2016年,临汾市推进义务教育办学模式改革,按照"分步走、全覆盖"的工作思路,科学制定方案,在全市推进集团化办学、教育联盟、学区制管理、对口帮扶等改革。翼城、隰县在集团化办学方面做出尝试,霍州市进行《义务教育阶段学校管理标准》省级试点工作,提升义务教育学校管理水平。

【优质高中名额合理分配】 2016年,按照免试就近划片的原则,完成公办义务教育阶段学生入学工作,将优质高中招生指标的65%按比例合理分配到区域初中学校,完成率达到100%。

【区域内教师校长交流】 2016年,交流覆盖17个县(市、区)临汾经济开发区和市属义务教育学校。共交流校长90名,占应交流校长比例34.6%;交流教师人数1264,占应交流教师比例10.6%,其中骨干校长教师交流人数203人,城镇和优质学校校长教师交流人数264人。

(王源辰)

高中教育

【基础教育课程改革】 2016年2月,临汾市教育局召集全市59所高中学校校长在临汾一中召开全市普通高中校长会,动员百日会战高考。3月组织全体高中教研员,分南北两片带东西两山,采用听汇报、看资料、听课及座谈会的方式对全市高中学校高三复习备考工作进行视导。4月15日召开高三复习备考研讨会,会上分析视导中存在的问题,对下阶段高三复习备考进行安排部署。推进高中办学条件标准化建设,改善办学条件,根据验收情况,下发整改意见书,督促相关项目进行整改,完成35所标准化建设任务。

【高考质量】 2016年,临汾市的高考成绩再创新高。全市高考报名39667人,达二批本科B类以上16535人,比2015年增加346人。达线率42.87%,比2015年提升1.2个百分点。除整体成绩提升以外,2016年的高分学生人数增多,600分以上318人,比2015年增加122人。

(王源辰)

职业教育

【概述】 2016年,临汾市共有40所中等职业学校,其中,普通中专7所(含2所民办、2所高职中专部),公办职业高中和职业中专学校19所(含临汾市特殊教育学校),民办学校14所。开设有计算机应用、种植、园林、机电技术应用、数控技术应用、汽车运用与维修、旅游服务与管理、酒店服务与管理、电子电器应用与维修等50多种专业。校内实训基地94个,专业设施总12637.6万元;校外实训基地75个。

【实训基地建设】 2016年,临汾市教育局在全市职业中学探索实施"校企合作、产教融合"的校企合作办学模式,这样既能解决学生实训经费困难,又能缩小与企业岗位的距离,激发学生学习热情,挖掘学生潜能,实现企业与学校的"零"距离对接,实现校企利益共赢。结合实际,在各职业学校实训基地建设规划项目申报的基础上,遴选确定实训基地建设项目15个,重点专业建设项目11个,各项目建设任务书获省教育厅批准,中央、省建设资金下拨,推进各学校建设。

(王源辰)

教师队伍建设

【概述】 2016年,临汾市有教职工6万余人,其中专任教师5.1万余人。中学教师高级职称1974

人、中级职称5832人,小学教师高级职称94人、中级职称6969人,幼儿园教师高级职称16人、中级职称480人。

【中小学教师读书活动】 2016年,临汾市推进书香校园建设,建设学习型的教师群体,各县市学校建立以校长为组长,以教研组为载体进行校本研修读书活动。建立教师读书活动档案管理,将教师读书情况与教师的继续教育和业务考核挂钩,表彰奖励先进,对读书不认真、考核不合格的教师要采取口头警告、诫勉谈话等手段进行鞭策。加大资金投入,加强图书室建设,保障读书活动进行。

【师德师风建设】 2016年,临汾市按照《教育部关于建立健全中小学师德建设长效机制的意见》(临教师〔2013〕10号),印发《临汾市中小学教师职业道德考核办法(试行)》的通知(临教师〔2016〕1号),制定《临汾市中小学(幼儿园)教师职业道德考评参考标准》及《临汾市中小学幼儿园教师职业道德承诺书》,推进全市中小学教师师德师风建设常态化进程。

【国培计划】 2016年,为国培计划实施的第六年,按照教育部和山西省教育厅安排,临汾市国培计划(2016)乡村中小学幼儿园教师培训项目中共有教师团队置换脱产研修项目、送培下乡项目、网络研修项目、乡村教师访名校、校园长培训项目4个大项目,14个子项目,除网络研修项目还未开始实施外,共有1147名中小学幼儿教师上报参训。教育部示范性项目分培训团队专项研修、紧缺领域骨干教师培训、网络研修创新、跨年度递进式培训4个大项目,共计131人参训。

【学科带头人/骨干教师的培养和管理】 2016年2月,临汾市印发《临汾市教育局关于印发〈临汾市中小学学科带头人评审和管理办法〉的通知》(临教师〔2016〕2号)。5月26日,公布2015年省、市级中小学学科带头人骨干教师评审和任期届满考核合格名单,评审出省级学科带头人63名:其中高中22名、初中21名、小学17名、幼儿园3名。省级骨干教师127名:其中高中25名、初中42名、小学54名、幼儿园6名。市级学科带头人207名:其中高中48名、初中52名、小学90名、幼儿园17名。市级骨干教师248名:其中高中55名、初中71名、小学103名、幼儿园19名。续聘考评合格省级学科带头人59名:其中高中7名、初中19名、小学30名、幼儿园3名。省级骨干教师148名:其中高中17名、初中45名、小学86名。市级学科带头人154名:其中高中24名、初中52名、小学77名、幼儿园1名。市级骨干教师377名:其中高中57名、初中116名、小学200名、幼儿园4名。

【"十佳百优"教师评选表彰】 2016年,临汾市"十佳百优教师"评选表彰活动,在评选的基础上,面向全市市民开展微信投票评选活动,与电视台合作通过媒体展示受评教师的事迹及风采,展示广大教师的敬业精神和职业道德,激励广大教师从教积极性,在全社会形成尊师重教的风尚。

2016年十佳百优教师颁奖典礼

【启动实施"三优"工程】 2016年,临汾市教育局在全市教育系统开展为期五年的"三优"活动创评工作。每年评选产生100名优秀班主任、200节优质高效课、60个优秀教研团队。各县均对这项工作非常重视,开展"一师一优课,一课一名师"活动,全市共推选课堂实录42906节,推优946节。

【免费师范生就业】 实施师范生免费教育,是国家加强师范教育,培养造就大批优秀教师,加强教师队伍建设的重大举措,是构建新型教师教育体系,创新教师教育模式的一项重要改革。2016年,临汾市认真履行免费师范生就业协议,根据《山西省教育厅、山西省人力资源和社会保障厅、山西省机构编制委员会办公室、山西省财政厅关于印发山西省免费师范毕业生就业实施办法的通知》(晋教师〔2016〕1号)文件精神,市教育局、市财政局、市人社局、市编办联合下发文件,使本届免费师范生就业工作得以完善落实,于5月7日在山西师范大学举行2016届山西师范大学临汾生源免费师范毕业生就业工作双向见面选择会,为用人单位和毕业生搭建双向见面选择平台,57名直属免费师范生工作岗位落实,签订三方协议。临汾市2016届部属师范院校免费师范毕业生共有21名,根据省厅要求,对未落实签约学校的部属师范院校4名免费师范毕业生,由毕业生生源所在地政府安排到中小学任教。

【特岗招聘】 2016年,临汾市共有大宁、汾西、浮山、永和、乡宁5个县,设特岗计划190名。经网上资格审查后符合参考条件的报名考生5863名,经过笔试、资格审查、面试等环节,最终有186名考生符合应聘岗位的相关要求。

【教师资格认定】 2016年,临汾市教师资格认定工作于4月27日进行,按照网上报名、现场确认、网上认定、证书打印四个程序进行。教师工作科工作人员于5月中旬对山西师范大学、山西师范大学文理学院两所高校申报教师资格证的学生档案进行现场审查,对所报材料不符合要求的学生不予认定。全年共有8926人认定教师资格证,其中幼儿教师1489人、小学教师774人、初中教师1759人、高中4845人、中职50人。

(王源辰)

教育管理

【安全能力建设】 2016年,临汾市教育局把学校安全作为教育工作的重中之重。加强安全隐患排查。全年共排查出各种隐患1252条,隐患平均整改率为98.2%,对隐患整改实行闭环管理,跟踪督办,特别强调要以学生为中心展开排查,重点排查出心智不健全的学生,进行心理教育和疏导,避免不必要的伤亡事故发生。对校园周边环境进行专项整治。完成对全市片区73家学校及周边53个食堂、30余户校内食品加工小作坊、近千家食品经营销售单位和百余户食品摊贩的阶段性整治规范,做到所有生产经营企业监督检查、固定门店抽检和食品摊贩快检覆盖率三个100%。2016年"平安校园"验收完成。2016年创建省级"平安校园"5所,市级"平安校园"51所。

(王源辰)

招生考试

【概述】 2016年,临汾市共组织七类十次国家教育考试,报名参考113357人次。其中:高考39667人(应届毕业生33233人,往届毕业生6434人;文史类12125人,艺术文科4918人,体育文科1220人;理工类18572人,艺术理科1750人,体育理科1082人);中考48719人;自学考试上半年1341人,3763科次,办理毕业人数147人,下半年人数1325人,报考科次4013科,办理毕业人数161人;成人高考4245人;对口升学参考人数2626人,本科共录取601人,(其中一批本科录取393人,二批本科录取208人),专科共录取1315人;专升本1878人,本科录取474人;2015年教师资格面试1934人(幼儿园123人,小学625人,初中365人,高中756人,中职文化课5人,中职专业课60人,138名面试考官),2016年教师资格笔试报名审核后参考人数11622人,27517科次,教师资格面试人数5729人;七类十次考试处理违规违纪考生23人,考风考纪良好,全市未发生集体舞弊、试题失密泄密事件。

【加强考试环境综合治理】 2016年,临汾市高度重视安全保密工作,成立安全保密领导组。考试前,安全保密领导组重新审核制定有关保密考试相关工作制度，完善各类突发事件应急处置预案；在全市开展教育考试安全大检查工作，协同市保密局对全市17个县（市、区）的保密室建设和安全进行自查和检查验收，换发合格证书（不合格的限期整改，直至合格），保证考试期间网上巡查系统互联互通、正常运行；对所有涉考人员进行"三个意识"的专题培训，强化和规范试卷在运送、交接、保管、考试等环节的管理，确保试题、试卷安全保密工作万无一失。

考试期间，成立教育、公安、环保、卫生、无委会等19个成员单位组成的领导组，应对考场可能发生的突发事件；会同公安、无委会组成无线电安全保障组分赴县（市、区）进行无线电信号侦测和可疑信号压制工作，对高科技作弊进行防范。各考点利用监控、屏蔽仪、金属探测器设备预防和打击作弊行为，保证考试公平公正。

【招考"阳光工程"】 2016年，临汾市分别在《临汾晚报》、临汾招考网站刊登播发各类招考信息90余篇；在市教育局门厅和市招考办办公地点设立《招生考试信息栏》，张贴宣传招生政策、招生计划、确认工作流程、补录计划、《国家教育考试违规处理办法》和《刑法修正案九》等70余篇；考区和考点均设立举报信箱、公布举报电话，接待来信来访，接受纪检、新闻媒体和全社会监督，查处弄虚作假和徇私舞弊行为，为考生创设良好的考试氛围。

【规范各类考试信息操作程序】 2016年，七类考试全部实行网上报名、现场确认，共完成七类十次考试报名人数113357人次的基本信息及图像采集，对不符合报名报考条件的考生信息杜绝进入报名数据库，从源头上、制度上防止违纪舞弊事件的发生；对县（市、区）报送的数据进行检查、汇总，根据考试类别、考生类别、科目类别等进行分类统计；根据教育部颁布的招生网上录取信息标准以及建立考生电子档案的技术规范和要求，使用身份证识别仪采集考生基本信息，确保考生电子档案原始资料真实、准确、规范；所有的考试信息都实行专人专管，密码管理，且规定严禁外泄。对信息系统数据进行相关备份，以降低或消除各种意外对招生考试工作的影响；完善中考网上评卷、网上报名、网上填报志愿、网上录取信息系统建设工作；对网上巡查系统、视频会议系统、各类考试信息管理工作的硬件配备进行维修及软件维护升级。

（王源辰）

· 山西师大临汾学院 ·

【概述】 2016年，山西师大临汾学院立足临汾地区教育实际和学院建设发展新情况、新目标、新特点，以培养、培训合格的专科层次中小学教师为业务本职，深化学院教育教学改革，学院围绕年初制定的工作计划和要点，以教学工作为中心，以安全工作为保障，以制度建设为推手，以新校区建设为重点，提升学院发展水平。

【教育教学工作】 2016年，临汾学院立足教育本职，从细节着手，从基础抓起，日常教学、课堂管理、二课活动、校本课程、顶岗国培、实习实训、培训辅导、升学考试等常规工作开展。为拓宽办学覆盖面，完善专业体系设置，提高教育质量和办学效益，经过市场调研和遴选，学院向省教育厅申报对外汉语教学、生物技术与应用、装潢艺术设计、学前教育、老年服务与管理、家政服务等6个新专业，于2016年暑期招生，为学院独立升本奠定专业基础。学院加强师资建设，打造名师队伍，通过以老带新、结对帮带、教学大赛等方式帮助青年教师成长，在第32个教师节期间，学院"教学名师""师德模范""优秀教师""模范班主任""先进工作者"等共计104人进行表彰，根据学院专业建设和人才储备需要，经主管部门批准，通过社会化公开考试选拔人才，拟招录各类教师教辅人员50人。

学院办学质量和办学水平提高，学生综合素质提升，2016年学院专升本录取率创新高，升本率达36%，在全省同类学校中名列前茅，11月3日学院召开奖学金表彰大会，对表现优异的1003名学生进行表彰，各项奖励总额达41.97万元。

【学生管理工作】 2016年，临汾学院面向全省11个地市统一招生，截至年底共有在校学生5018人，分为9个系部25个专业，类型涉及三年大专教育、五年专科教育、三年中专教育三大类,学生年龄构成从14岁到23岁不等。

面对学生情况,学院从严管理,坚持将工作做在日常、做在细处、做在个人,发挥学院、系部、班级"三级管理"模式,以思想引导和习惯养成为主线,以理想和信念教育为核心,通过国旗下的演讲、集体讲评、召开班会、主题活动、班主任谈心、道德讲堂等方式和学生会、团委、学生自律部等组织,培养学生良好行为习惯,引导树立正确的人生观、世界观、价值观。学院根据不同学生特点采取措施:对走读学生,建立走读学生档案和家长反馈制,加强请销假和归宿登记管理,定期组织抽查;对特殊学生,加强心理健康教育,学院选拔优秀心理学老师,建立心理咨询室,建立和完善特殊学生档案资料,做好筛查、干预、跟踪和教育转化工作;对即将毕业的学生,进行就业辅导和创业培训,春季举办大型校园供需见面会,68家用人单位来校选聘毕业生,另有5家用人单位来校单独组织专场招聘会,为毕业生提供1100多个就业岗位。

【校园文化工作】 2016年,临汾学院以创建文明单位为引线,推进校园内涵建设,丰富师生校园生活,营造高校文化氛围,提升文化建设水平,创建"文明校园""平安校园""书香校园"。

学院开展培育和践行社会主义核心价值观活动,制定《关于培育和践行社会主义核心价值观的安排意见》,以"道德讲堂"为主要渠道开展"弘扬传统文化培育核心价值"主题宣讲活动,先后邀请剪纸艺术家贾桂香、作家乔忠延、市委讲师团贾成奎等知名学者专家到校开展专题讲座;开展文明餐桌、文明宿舍、模范班级、优秀学生评比等活动,以评促建,引导广大师生增强文明意识;响应上级号召,发动师生参加山西省旅游发展大会申办、第六届山西省道德模范评选"网络点赞"活动、为道德模范郭振江同志捐款等活动。开展校园文化活动,举办第四届校园文化艺术节、师生书画展、校园读书月、志愿者"志愿云"服务、教职工羽毛球比赛和学生趣味运动会等,开展以纪念建党95周年和纪念长征胜利80周年为主题的师生大合唱、红歌演唱会、征文比赛等活动,并通过校园网站、院报、广播站、黑板报、橱窗、展板、LED屏、微信微博公众平台等媒介进行主题宣传,营造文化氛围。

学院纪念长征胜利80周年

【新校区建设工作】 2016年,临汾学院新校区建设项目于2012年议定,2013年得到省发改委的批复,2015年确定为全市15项重点工程之一。2016年,项目建设前期资金到位,项目建议书、项目可行性研究、项目初步设计、项目规划选址意见、项目环境影响评价、项目节能评估、地勘招标、概念性方案设计招标、项目施工图预算评审招标等手续办理完成;一期38.212公顷建设用地,于11月4日经省政府批复全部完成,二期用地34.174公顷的前期手续(养老、社保、占补等)推进中,新校区建设进入征地阶段;学院必集全院人力、物力、财力把新校区建设作为当前工作的重中之重,加强与政府相关部门的沟通协调,办结项目前期手续,推进新校区建设,为学院长期发展奠定基础。

(刘玉龙 申贤)

· 临汾电大 ·

【概述】 临汾电大是临汾市唯一一所集远程开放学历教育中心、奥鹏公共学习服务中心、继续教育培训中心于一体的综合性成人高等院校。历史沿革大致经历三个时期:1979年根据省革委会150号文件成立临汾行署电大工作站,业务归山西广播电视大学主管;1984年根据晋政办发〔1984〕50号文件更名为山西广播电视大学临汾分校,受临汾行署直接领导;2011年根据临编办发〔2011〕295号更名为临汾广播电视大学,隶属临汾市政府管理,电大党支部接受市教育局党委领导。

学校编制44人,下设7个科室(办公室、教务处、教研处、学生处、继续教育处、总务处、远程教育中心办公室),均设正副科级干部各1人。现有教职工39人(缺编5人),其中,专职教师24人(副高以上职称6人,中级职称13人,初级职称5人),管理工勤人员15人,离退休人员19人。电大党支部共有党员38人,其中,在职党员26人,离退休党员12人。

经过30多年的发展,临汾电大形成以市电大为龙头,县市、行业教学点统筹规划、分级管理、分工协作的现代开放办学系统。陆续开办专科、本科、研究生层次的学历教育,开设理、工、农、医、文、法、经济、管理、教育9大学科65个本专科专业,累计培养大学本、专科毕业生28000余名,2016年,在册学生3200余人。在完成学历教育任务的,先后开展"干部在线教育""司法资格培训""会计在岗培训""保险代理人考试"等非学历教育、培训人数3万余人,为临汾市的经济文化和社会发展做出贡献。

【成人教育招生工作】 2016年,临汾电大学校招生1200余人,在全省继续保持前列。开放教育在做好中央电大考评验收准备的基础上,把系统建设作为突破口,在翼城设立南区中心工作站(覆盖襄汾、侯马、曲沃三县市),中心工作站的创立,在全省尚属首家,通过中心带周边的办法,调动基层站点招生工作积极性。

成人高考借助省电大的自建平台,加大招生宣传和考前辅导力度,与相关成人教育机构对接,保证报考率和录取率居全省前三的位置。

奥鹏学习中心利用资源优势,调整适合临汾当地经济发展的优势专业,加大国家统考科目的服务力度,6月和12月组织两次5000多考次的英语、计算机国家统考,赢得考生和奥鹏中心巡视人员的赞誉,被国家奥鹏中心评为"示范学习中心"。

【教学与科研工作】 2016年,临汾电大迎接山西电大两次教学检查工作,受到省电大领导的好评,学校召开两次教学工作现场会,推进业务和管理的发展;科研方面当今热点问题研究,多篇学术论文在学术期刊发表,其中《凸现独特的"人民性"与英雄主题的有机结合——张平反腐小说创作论》以9个版面的篇幅,对张平反腐小说的"人民性"作了梳理,受到关注。

【"干部在线教育"管理工作】 2016年,临汾电大利用电大的网络优势开展"干部在线教育"。投资100多万元新建教室、购置电脑、架设网络服务器和视频设备,用于临汾市、县、乡三级干部的在线学习和考试。由于临汾所辖县(市、区)多、参加在线学习的人员数量大,尤其在开学动员和考试环节,全省同步实时进行,为确保通畅、准时、无事故,学校抽调精兵强将定点把守,用近三个月的时间搞好服务。2016年,完成科技创新、生态文明建设、司法行政制度及法律服务、促进经济结构调整等四个专业500余人的在线学习服务保障工作。

【扶贫工作】 2016年,临汾电大在隰县龙泉镇乐安村担负包村扶贫任务。支部四次召开专题会议研究扶贫工作,派出校务委员贾玉龙同志担任驻村"第一书记",抽调三名同志组成扶贫工作队,深入田间地头,与贫困群众结对子、拉家常,了解贫困症结,制定脱贫措施。扶贫工作初见成效,《临汾日报》、隰县电视台等新闻媒体报道电大扶贫工作队的做法。

(孙建平)

科学技术

科技管理

【科技创新工作】 2016年，临汾市完成有效发明专利拥有量达408件，完成省定目标任务的113.3%。在乡宁县举行"临汾市2016年知识产权宣传周"活动仪式，由太原专利所专家以"创造优质的专利权"为题，进行专门培训，打击侵权行为。制订《2016年临汾市知识产权执法维权"护航"专项行动方案》，联合工商局、公安局，对万家福超市食品、日化、电器等商品标识进行执法排查；做好专利管理和引导。组织有关人员深入到侯马、洪洞、襄汾等企业和农村合作社，实地指导专利管理、运行和保护工作。临汾市技术合同成交额达3.07亿元，完成任务的99%。将"技术合同成交额"列入市年度科技目标任务，分解到各县(市、区)，组织专题培训，组织县(市、区)有关人员上门登记服务，发放学习资料。

【推进科技计划改革】 2016年，临汾市组织实施年度科技计划项目，对接、申报国家和省级科技项目。新的科技计划体系于2015年启动、2016年过渡、2017年实施。根据临汾市实际，首先在科技计划类别上与省厅对接，将市本级科技计划整合为重点研发计划、科技成果转化和软科学三大类，提高计划申报标准。起草《临汾市科技计划(专项)管理办法》《临汾市科技计划(专项)项目申报指南编制办法》《临汾市科技计划(专项)项目申报和评审管理办法》《临汾市科技成果转化引导专项管理暂行办法》《临汾市科技重点研发计划管理暂行办法》《临汾市科技软科学计划管理暂行办法》等六个草案，征求各单位意见推进。2016年申报省级项目6项，共335万元。2016市本级科技计划项目下达，共42项，经费670万元。

【企业技术创新】 2016年，临汾市以促进企业技术创新为工作重点，强化自主创新意识。组织山西平阳重工机械有限责任公司(复审)、山西光宇半导体照明股份有限公司(复审)、山西模范机械制造有限公司(复审)、汤荣图博可特(山西)石油管道涂层有限公司(重认)、山西长林能源科技有限公司(重认)、山西卓锋钛业有限公司(重认)、山西德邦橡胶制品有限公司、临汾市鑫光建材有限公司、山西华德冶铸有限公司、山西格瑞蔚蓝节能科技有限公司、山西晋南北斗科技有限公司、临汾通泽金属材料科技有限公司、蒲县昕源种业有限公司、山西迈乐肥业有限责任公司、山西塔尔节能科技有限公司等15家企业参加省高新技术企业认定评审会。组织开展政策宣传培训，把企业研发投入和技术创新能力作为政府财政研发经费支持的重要指标，推动企业研发经费加计扣除、固定资产加速折旧等支持企业创新的政策落实。组织召开高新技术企业和市级企业技术中心奖励专项会议，对2015年认定的6家高新技术企业和7家市级企业技术中心奖励性后补助进行兑现落实，共130万元。支持企业与高等院校、科研院所合作共建重点实验室、工程技术研究中心、企业技术中心等研发机构。鼓励企业加大技术创新投入，引导骨干企业牵头科技攻关，开展重大科技研发活动。

【健全农村科技服务体系】 2016年，临汾市科技局对省、市已有农业园区和基地进行调研和指导，明确园区建设的目标要求，发挥示范引导作用。围绕"互联网＋"现代农业，培育隰县玉露香等电商平台，组织人员参加农村电商培训。推进"互联网＋"工作，推进农村科技信息平台建设，将科技信息报送作为考核指标，发布综合信息1000条。组织实施"科技示范工程"和"农村科技进村入户惠民工程"。临汾市实施农村技术承包项目36项，项目扶持资金190万元；各县(市、区)通过各种形式，开展农村科技培训42场次，完成全年任务。

【产学研】 2016年，临汾市科技局围绕主导产业和新兴产业，深入一线了解企业的技术和人才需求，加强与高等院校、科研院所联系，引进适用的技术和人才。支持建设一批以知识产权为纽带的技术战略联盟。引深与中科院北京分院等科研院所的产学研合作，推动产学研项目落地与实施。7月14日赴中关村进行调研活动，学习中关村众创空间经验，为开展临汾市的众创空间工作提供参考和借鉴。草拟市政府与山西师范大学战略合作框架协议，在经过市政府和山西师大批准后签署战略合作协议，实现市校技术、成果、人才的合作。为帮助科技型中小企业解决融资难题，2016年5月5日，科技局和省厅高新技术创业中心联合举办“临汾市2016年科技企业投融资对接洽谈会”，向临汾市的33家高新技术企业、25家民营科技企业和中小微企业解读投融资相关政策，其中一家企业获得投资机构300万元的投资承诺。经过评估筛选，投资机构对有意向的6家企业进行实地考察，6家企业共涉及投资额1.9亿元。

临汾市“千人入企计划”工作组出席

山西盾安隰县98兆瓦风电项目开工仪式

【**发展众创空间**】 2016年，临汾市政府印发《关于发展众创空间推进大众创新创业的实施意见》文件，科技配套制订《关于发展众创空间的认定办法》。2016年，临汾市山西临汾锦悦城大学生创业园、美材汇创客空间、隰县玉露香电商众创空间3家被认定为省级众创空间，启动市级众创空间认定工作，重点培育市级众创空间。

【**人才激励政策**】 2016年，临汾市政府出台《临汾市“市长创新奖”奖励办法》，科技局配套制定《临汾市“市长创新奖”实施方案(试行)》。全年共受理申报41项，进行形式审查中，下一步将提交市专家评奖委员会审定，将起到激励创新、推动转型、引领发展的目的。

【**开展科技宣传**】 2016年，临汾市科技局以提高科技创新意识为目标，组织科技宣传活动。在侯马市风城乡参与市科技卫生文化“三下乡”活动；在大宁县三多乡组织“科技活动周”仪式，邀请省市专家进行现场技术指导，发放宣传资料1500余份；组织企业参加省科普讲解大赛，临汾市获得三等奖2项；完成对全市400个单位的国家科普统计工作。向市相关单位递送“临汾科技”简报，定期发布政策解读、科技观察、科技简讯、大众创新创业、科技人才等方面的科技动态，服务社会大众。

防震减灾

【**监测台站建设及运行管理**】 2016年，临汾市地震局投资15万元启动地震监测分析中心机房标准化改造，12月13日完成投入使用。按照地震前兆台站布局，临汾市管辖的市县级监测仪器共12个台站，1至11月平均月运行率达99.72%；国家级仪器共3个台站9个测项，1至11月平均运行率为99.75%；省级仪器共1个台站3个测项，1至11月平均运行率为98.28%；信息节点1月至11月，运行率达99.697%。地震局进行网络安全专项治理，每周一网络运行管理人员对网络设备及线路进行一次检查，以确保网络安全正常运行。开展信息系统安全等级保护工作，确保网络安全正常。

【**加强震情监视跟踪工作**】 2016年，临汾市地震局 执行周、月会商制度，按时提交会商意见和报告。全年完成周会商51次、月会商11次，印发简报11份、前兆仪器运行及观测环境情况报告51份。撰写山西省2017年度震情趋势报告、山西省2016年年中震情趋势报告、晋陕豫三省七市联防区会震情趋势报告各1份。参加5月17日在省局召开的2016年中震情跟踪会商会、5月19日西安市举办的“晋陕豫三省七市联防区会”、10月16日在省局召开的山西省2017年度地震趋势会商会。

结合《山西省地震局震情会商制度改革实施方案》，按照《山西省地震局会商制度改革方案》要求，结合临汾市实际,制订《临汾市地震局会商制度改革方案》,上报省局,在工作中按照改革后的要求,对每周、月的观测资料进行分析,探索相关地震前兆信息。

按照省局《关于规范宏微观异常零报告报送格式的通知》,重新规范震情值班期间异常零报告报送格式和上报时间,向各县(市、区)地震局进行传达,要求县局每日16:00前报送异常报告,全年临汾市"零报告"报送率达99.64%。全年全市没有发生重大地震宏观异常。

【保护地震监测台站】 2016年,临汾市地震局把18项涉及地震监测设施及观测环境保护的内容列入行政审批及管理事项。

2016年,行政执法队配合监测分析中心,采取定期与不定期相结合的方式,对全市辖区内地震监测台站进行维护、巡查。全年共下台站21次,对台站周边群众加大地震台站保护宣传,保障台站观测环境,全年辖区内未发生破坏地震台站观测环境的事件。

针对侯马观测站通行纠纷问题,地震局和临汾中心地震台联合进行多次执法,在侯马市政府配合下解决问题。

【推进"一县一台"建设】 2016年,临汾市地震局投资近30万元,对霍州观测站新增加地震观测项目和设备升级改造。原有三个测项:水位、气压和浅层水温。对该套设备进行升级改造,新增中层和深层水温观测测项。于12月15日通过验收,投入运行。

2016年6月,侯马地震观测站地温梯度观测设备因雷击造成数据采集模块、显示屏、存储器等配件损坏。设备损坏后,中心向省局上报仪器停测审批表,派人同厂家联系,在十个工作日内完成新配件的测式和安装工作。降低设备以后再次遭受雷击风险,又在台站安装一套太阳能供电设备。

在洪洞井、临汾井和霍州井各配备一套气象三要素观测设备,用于气温、气压和降雨量的观测。

临汾市辖区共有17个县(市、区),现有前兆台站的县(市、区)共有12个,前兆台站覆盖率为70.59%。

【做好辖区内项目实施中的相关工作】 2016年,山西省国家地震烈度速报与预警工程项目建设在全市范围内确定基本站点14个、一般站点125个,占全省约14%。配合省局组织的预警工程项目。2月1日,市地震局印发《关于成立临汾市完成山西省国家地震烈度速报与预警工程项目建设领导组的通知》(临市震发〔2016〕4号)文件,要求全市各县(市、区)地震局配合。市地震局根据省局要求出人出力,帮助省局专家完成勘察、选点等项目实施中的相关工作。

【完善地震应急预案动态管理制度】 2016年5月10日,临汾市人民政府办公厅印发《关于调整临汾市防灾减灾指挥部成员的通知》(临政办函〔2016〕24号)文件,根据人事变动,调整充实市防震减灾指挥部成员,更新应急通讯录。2016年3月31日,临汾市防震减灾指挥部办公室印发《临汾市破坏性地震灾害事件应急处置流程》(临市震指办〔2016〕2号)文件,制定应急处置流程。全市完成市、县两级政府的地震应急预案修订,完成市、县两级地震部门的地震应急预案修订,市抗震救灾指挥部9个牵头部门制定联动方案,68个成员单位和8个大型企业的地震应急预案大部分进行修订和完善。临汾市防震减灾指挥部办公室编制"破坏性地震灾害事件应急处置手册"(临汾市地震应急预案汇编—各应急组联动方案)。

【开展地震应急综合演练】 2016年5月9日,临汾市防震减灾指挥部印发《关于参加市县联动地震应急演练(古县观摩会)的通知》(临市震指〔2016〕1号)文件,古县人民政府于2016年5月17日,在古县第三中学西侧空地,开展古县地震应急(市、县联动)综合实战演练。5月18日,全市地震系统模拟古县5.8级地震,开展启动地震局应急预案市县联动演练。"5·12"期间,市地震局开展"防震减灾"宣传活动,全市各县(市、区)、各单位、各中小学校结合实际组织开展不同层次、不同类型的应急演练;7月26日,全市地震系统按照山西省地震局《关于开展2016年全省地震系统应急演练的通知》(晋震发救〔2016〕38号)文件要求,参加全省地震系统模拟运城市永济市5.9级地震应急演练,模拟临汾市乡宁县5.9级开展地震应急演练。

9月24日10时12分,临汾市尧都区金殿镇发生2.8级有感地震。12月14日2时45分,霍州市发生3.4级地震。霍州市、洪洞县、古县、汾西县、尧都区有不同程度震感。地震发生后,启动V级地震应急响应,开展应对处置工作,霍州市地震局进行应对。12月18日11时8分,太原市清徐县发生4.3级地震，临汾市大部分县市有感。启动Ⅴ级地震应急响应，开展应对处置工作。这几次地震均为有感地震事件，没有造成人员伤亡和财产损失，有效检验地震局预案，锻炼了队伍，为应对地震灾害事件积累经验。

2016年6月3日临汾市防震减灾指挥部办公室印发《关于举办地震紧急救援队培训班的通知》(临市震指办〔2016〕8号)文件，组织市公安消防支队、市武警支队、市矿山救护队共12名队员，6月12—25日在兰州国家陆地搜寻与救护基地参加地震救援专业技能培训。临汾市公安消防支队组织开展抗震救灾器材装备清查测试，维修故障5处、更换器材17件(套)，确保所有器材完整好用。结合2016年9月26日至29日举办的全市防震减灾业务知识培训对市防灾减灾指挥部各成员单位分管领导或科长、各县(市、区)地震局领导及业务人员和市地震局全体人员进行地震应急救援与应急演练、市县地震部门应急处置方面的专题培训。

【补充、更新专业地震应急救援队伍装备】 2016年，按照《临汾市人民政府办公厅关于印发临汾市应对地震灾害应急救援队伍管理办法的通知》(临政办发〔2011〕22号)，强化地震应急救援队伍的建设与管理，补充、更新专业地震应急救援队伍装备。2012年7月，市政府为武警临汾市支队配备201万元的应急救援装备器材，2012年11月，市政府投资15万元，为地震应急工作人员配备野外现场应急、室外应急、室内应急工作包145个，2012年12月，市政府为矿山救护大队配备200万元的应急救援装备器材；2013年7月，市、县政府为武警地震灾情速报员网络投资36万元，配备18部铱星卫星电话；2014年9月，市政府投资90.41万元为市人民医院应急救援队伍配备监护型救护车1辆和救援队服20套。2016年8月22日，市防灾减灾指挥部办公室与临汾职业技术学院联合向市政府提交《关于申请解决临汾市第二人民医院应急医疗救援队装备费用的请示报告》，经市政府研究，决定投资100万元，进入招投标购置阶段。

【地震应急准备工作】 2016年，山西省政府应急检查组由省发改委、省民政厅、省教育厅、省住建厅、省交通运输厅、省安监局、省地震局七厅局组成，由省地震局副局长田勇带队一行11人，5月19至20日对临汾市地震应急准备和抗震设防工作进行检查。省政府应急检查组19日，抽查蒲县的工作，实地对县医院和县中学进行检查；20日对市里的工作进行检查，实地对市公安消防支队、市人民医院、临汾一中、尧都广场应急避难场所进行检查。省政府应急检查组对临汾市地震应急准备和抗震设防工作进行肯定，在全省走在前面，但也存在需要完善的问题，提出相应的整改建议。

【应急避难场所建设及运行管理】 2016年，临汾市共建立应急避难(险)场所110处，占地面积240万平方米，可容纳人数93万，临汾市区25处，占地面积80万平方米，可容纳人数27万。在全省率先建成符合国家标准的尧都广场、古城公园一类和平阳广场二类应急避难场所，三个应急避难场所占地面积45.9万平方米，可容纳人数13.12万，有效面积19.5万平方米，可安置人数5.35万。各县(市、区)都在建设一处符合国家二类标准的应急避难场所。

【城市老旧房屋和基础设施的抗震性能普查和除险加固】 截至2016年11月，临汾市年度计划投资118亿元，累计完成116.26亿元，占年度计划的98.53%。基础设施年度计划投资44.45亿元，完成投资59.00亿元，占年度计划的132.72%。城中村改造年计划投资7亿元，累计完成7.02亿元，占年度计划的100.29%。全年计划开工6500万户，开工7345户。

【农村民居地震安全工程】 2016年，临汾市农村危房改造任务11180户，各县(市、区)农村危房改造任务由市住建局、发改委、国土局和扶贫办联合分解下达。部分新农村建设和移民搬迁工程纳入抗震设防的要求内容。吉县车城乡兰家和村居民福利性住宅项目，解决488户，32548平方米。安泽马壁移民新村372户，66411.6平方米。尧都区枕头乡沉陷区搬迁工程完成284户，26488.77平方米。古县新建文华小区保障性住房15684.01平方米。霍州市白龙镇陈家庄新村60户7200平方米等新建农村民居地震安全工程10处，总计十万多平方米的农村民居地震安全示范工程。累计培训农村建筑工匠2199名。

【推广新技术应用】 2016年，临汾市新建学校、医院都采用减隔震技术。如在临汾市人民医院全科医生临床培养基地、儿科住院楼及专家周转房建设项目，尧都区郭村学校，第三人民医院都应用减隔震技术。市社会福利综合服务中心又增加投资100多万元,引进使用阻尼减震器技术。

【推进活断层探测、地震小区及震害预测等震害防御基础性工作】 2008年,在中国地震局和山西省地震局的支持下,由临汾市财政预算拨款900万元,"临汾市市区活断层和地震危险性评价项目"正式立项开工,2015年4月进行验收,2016年工程院又完成基础数据库和《临汾市市区活断层简明使用指南》。《临汾市市区活断层项目》项目完成,改善临汾市的投资环境,有利于吸引外资,促进临汾的经济发展,为城市发展规划、土地利用、重大工程选址提供科学资料和依据。

由市政府投资583万元的《临汾市主城区震害预测》工作由中国地震局灾害防御中心完成,12月26日验收。

市地震局投资14万元建设临汾市震害预测项目数据专用机房。投入使用。

由于地震发生的不确定性,在主城区震害预测项目的基础上,经市局与中国地震局灾害防御中心协商,开展除市区外的16县(市、区)的震害预测工作,对全市除尧都区外16个县市开展震害预测基础数据调研,对和县市地理地貌,建筑物、生命线工程、次生灾害等数据进行调查,对16个县(市、区)的城区建筑物抽样调研与农村建筑物抽样调研。项目完成后,可以拓展并成功运用临汾市震害预测工作成果,全面惠及和覆盖整个临汾市辖区,实现全区域下地震灾害快速估计,拓展临汾市震害预测工作成果。

【群测群防工作】 2016年,临汾市地震局执法队对"三网一员"在岗情况进行不定期的抽查,除个别人员外,绝大部分"三网一员"都能履行岗位职责。"5·12"、"7·28"期间,市地震局法制宣传科、抗震设防科先后到曲沃、乡宁、洪洞等县(市、区)对"三网一员"队伍进行培训。7月26日,运城、乡宁地震演练中,抽调"三网一员"队伍中102名灾情速报人员参加演练,通过演练,锻炼速报员队伍,提高速报技能。11月25日抗防科对全市灾情速报员通信畅通情况进行随机抽查下发通报,提出整改意见。

【防震减灾宣传活动】 2016年3月8日,临汾市举办"纪念邢台地震50周年"座谈会,回顾中国防震减灾工作发展的历史。5月12日,临汾市在银河超市广场组织市直20余家单位及尧都区各街道办事处共100余人开展以'减少地震风险,建设安全城市'为主题的宣传活动。7月28日,在尧都区屯里镇开展"纪念唐山大地震40周年"宣传活动。12月4日在平阳广场参加"临汾市全国法制宣传日集中宣传"活动。宣传活动共制作版面200余块、条幅200余条、发放书籍5000余册、宣传单10余万份、雨伞2000余顶、围裙500余个。通过宣传活动,唤醒社会各界对防震减灾工作的重视,增强全民的防震减灾意识,在主题宣传活动方面,临汾市地震局和临汾市教育局联合发文《关于在全市中小学开展"地震灾难与城市安全"有奖征文活动的通知》,开展"地震灾难与城市安全"主题活动,通过市气象局天气预报平台,实现全年365天防震减灾宣传不间断。临汾市建立防震减灾宣传长效机制,形成以示范社区、示范学校为阵地,以三网一员队伍和志愿者队伍为宣传骨干的长期宣传队,做到城市农村全覆盖。

【建立新媒体信息发布渠道和新闻发布制度】 2016年,临汾市通过市应急办应急通信平台和气象、联通、移动、电信签订相关震情发布和宣传教育协议。建立新闻发布制度确定分管副局长为新闻发言人,宣教科科长为新闻发言人助理。与市委宣传部新闻中心形成协调联动机制。市县主题活动均邀请省、市新闻媒体参加,在有关媒体多形式宣传报道。9月24日,尧都区发生2.8级地震,通过媒体发布信息,引导舆论,避免地震谣言。

【参与"平安中国千城大行动"活动】 2016年5月12日,在襄汾县开展"平安中国"防灾宣传公益活动,通过发放图书、宣传品,放映电影等系列活动,增强广大群众的防震减灾意识。

【示范创建活动】 2016年,临汾市有3个社区获得国家地震安全示范社区称号,分别是侯马市路东街道办事处新民巷社区和新田路社区和隰县龙泉镇北社区。2016年度省级防震减灾示范县隰县完成省局评审认定。省级示范社区及2个省级科普示范学校工作,也都完成省定任务。

【建设省级防震减灾科普教育基地】 2016年,临汾市级科普教育基地协调落实场地等问题。襄汾县建立省级科普教育基地,通过省局评审认定。乡宁,古县等也在组织实施之中。

【综合业务培训】 2016年,市地震局共举办两次业务培训班，5月30日，组织全市地震系统工作人员举办动参数区划图培训，培训会邀请省地震局曾金艳高级工程师进行专题培训，进行实际操作考试。9月26日至29日，组织市防震减灾指挥部成员单位和市县两级地震局的领导及业务骨干参加的综合业务培训，邀请中国地震局和山西省地震局副局长田勇等相关专家对地震应急救援与应急演练、抗震设防、震害防御和示范创建等相关业务知识进行培训，两次共培训近400人，提高市县两级防震减灾队伍的业务能力。全市共举办较大规模的各类地震业务培训19次。

（李奎彦）

测　　绘

【概述】 2016年，临汾市测绘管理处制定印发《各县国土资源局2016年度测绘地理信息工作目标责任考核指标》，测绘地理信息工作实行单独考核，做到测绘工作与国土资源工作同规划、同部署、同检查、同落实。指导各县（市、区）完成县级基础测绘十三五专项规划的筹备、编制、论证、报批、备案工作。全年共向市局报送测绘工作信息21条，在市局网站刊登署名文章1篇。组织市、县两级18家测绘地理信息管理部门和63家测绘资质单位按时完成2015年及2016年上半年全市测绘地理信息综合统计报表工作。全年共向省测绘地理信息局转报基础测绘成果使用申请12件。投入资金3万元更新《临汾市政区图》，为市委、政府主要领导赠送《领导干部工作用图》，向市委、政府、人大、政协及各县市政府和市直有关单位发放《山西省县域经济地图集（临汾卷）》。

【举办“美丽中国”山西省第三届国家版图知识竞赛】 2016年，临汾市测绘管理处根据山西省测绘地理信息局《关于举办“美丽中国”山西省第三届国家版图知识竞赛和少儿手绘地图大赛的通知》的精神，组织协调，共910人参加全国国家版图知识竞赛常规赛（纸质答题），其中满分人员181人；共组织“美丽中国”第三届少儿手绘地图大赛参赛作品225幅，向省局报送45幅，其中2幅优秀作品向国家局推荐。组队参加山西省第三届国家版图知识竞赛。临汾市代表队的两名参赛选手取得二等奖和三等奖的好成绩，临汾市测绘管理处荣获“美丽中国”山西省第三届国家版图知识竞赛省级赛优秀组织奖。

【参加山西省第六期涉密测绘成果管理人员岗位培训班】 2016年7月，临汾市测绘管理处组织各县市局测绘管理人员和资质单位涉密成果管理人员50余人，参加在太原举办的山西省第六期涉密测绘成果管理人员岗位培训班，通过培训，提高全市测绘成果核心涉密人员的保密意识，确保国家秘密安全。

【不动产测绘技术培训】 2016年11月15至17日，临汾市测绘管理处组织各县（市、区）不动产登记管理中心、不动产测绘资质单位110余人，开展为期三天的不动产测绘技术培训，为临汾市不动产测绘工作的开展奠定基础。

【参加山西省地图审核人员培训班】 2016年7月，临汾市测绘管理处组织人员参加2016年山西省地图审核人员培训班，掌握地图以及互联网地图管理有关政策、国界线勘界与管理知识、国家版图知识、地图编制及内容表示有关规定、地图内容审查有关要求。

测绘法宣传

【“8·29”全国测绘法宣传】 2016年，“8·29”全国测绘法宣传日的宣传主题是：“贯彻地图管理条例　更好服务国计民生”。临汾市测绘管理处在市区繁华地段，采取悬挂宣传横幅，张贴宣传画，利用电子屏幕播放宣传主题、口号，设立宣传点，摆设宣传展板，广播《条例》内容，散发宣传材料，提供咨询服务及群发公益信息、微信等宣传形式，宣传测绘法律法规、地图管理条例、地理国情普查、国家版图意识、地理信息产业、测量标志保护等内容,增强宣传的感染力和吸引力。共设立宣传点4个,宣传展板24块,发放宣传材料30000份,接待咨询群众5000余人,群发测绘公益短信、微信20000余条。订购新版《中国地图》和测绘小扇子3500余份,免费向群众发放,提高群众维护国家版图尊严和国家主权安全的积极性、主动性。市局网刊登局党组书记、局长毕研华题为《贯彻地图管理条例 更好服务国计民生》的署名文章。临汾市电视台对宣传活动进行报道。

【国家版图知识丛书“赠书”活动】 2016年12月8日,临汾市测绘管理处深入临汾同盛小学开展国家版图知识丛书“赠书”活动。向同盛小学赠送《国家版图知识丛书》700本、《国家版图小知识》100本、《国家版图知识读本》100本、《中国竖式地图》100幅以及《临汾市政区图》20幅、《尧都区地图》100幅、《临汾城区图》100幅。开展这次赠书活动,促进中小学生了解国家版图知识、地图知识和测绘地理信息知识,从小培养国家版图意识和热爱祖国、热爱山西、热爱家乡的意识。

【测绘资质年度报告工作】 2016年,临汾市测绘管理处开展测绘资质年度报告工作。指导、督促全市63家资质单位按时对2015年度涉及到的专业技术人员、仪器设备、办公场所、生产管理制度、产品质量和测绘成果保密体系等数据核实提交,达到省局的要求。按照行政审批程序开展测绘资质申请原件审核、考核认定和初审工作,向省局转报。全年共受理办结测绘资质申请2件,受理测绘资质升级申请2件,受理测绘资质信息变更申请19件,受理短期资质换发长期资质申请1件。做好测绘作业证件的审查发放工作,共为19家单位336人核发测绘作业证;全年共对6个测绘项目进行登记备案。

【测绘资质巡查】 2016年8至9月,临汾市测绘管理处对全市67家测绘资质单位开展测绘资质巡查和测绘成果保密检查,其中甲级2家、乙级5家、丙级20家、丁级40家。巡查中多数单位在测绘资质、成果质量和涉密成果管理等方面工作表现突出,检查资料准备充分,涉密测绘成果保密设施齐全,没有发现通过互联网传输地理信息数据行为,达到内网和外网分离、数据传输物理隔绝、涉密U盘单独使用,不存在泄密问题。

临汾市尧都区垚昊丽泰勘测有限公司和临汾市翔宇勘测有限公司2家测绘资质单位未接受测绘资质巡查,建议省局依法注销上述两家单位测绘资质。

10月20日,省局联合检查组对临汾市山西天辅测绘有限公司、临汾晋安勘测有限公司等2家乙级资质单位的测绘成果质量和测绘资质进行抽检,经检查组综合考评,所有检验项目评定合格。

11月4日,国家测绘地理信息局对山西省第二地质工程勘察院进行测绘资质巡查,经过逐项细致检查,国家局对该单位测绘资质条件给予肯定。

【地图市场检查】 2016年6至7月,临汾市测绘管理处开展全市地图市场大检查工作。对尧都区、霍州、洪洞、襄汾、侯马、曲沃、吉县、蒲县、汾西等9个县(市、区)的45处地图市场、文化用品市场、展览(展会)、纪念馆、博物馆、有关互联网地图服务网站等等地图产品销售、展示场所进行检查。对未标注审图号、未送交样本、应送审而未送审、通过互联网上传标注公开地图上不得表示的内容等违法违规行为,根据《地图管理条例》有关规定,依法予以查处,共查没“三无”地图、漏绘南海诸岛等问题地图产品500余份。

【质量监督检验工作】 2016年9月,临汾市测绘管理处结合资质巡查工作,对全市61家测绘单位开展成果质量监督检验工作,对个别单位存在的资料不完整、测量方法、测量登记不足和不完善等问题,进行通报,讲明规范标准,提出整改要求。

通过检查,督促各单位牢固树立靠质量提升实力、靠质量开拓市场、靠质量树立品牌、靠质量塑造形象的科学理念,加强全市测绘地理信息质量的统一监管力度,提高全市测绘地理信息成果质量整体水平。

【测量标志维护】 2016年,临汾市测绘管理处投入测量标志维护经费13万元,对侯马、蒲县、吉县、乡宁等4个县(市)64座测量标志建立护井加装防水盖,保护测绘标志的使用效能。

【测绘执法专项检查】 2016年8月,临汾市测绘管理处开展测绘执法专项检查,对省局《关于对涉嫌无测绘资质从事测绘地理信息活动的单位进行核实的通知》要求核实的临汾市晋源佳业测绘服务有限责任公司进行实地调查,通过走访和对该公司法定负责人进行询问，经核实，该公司不存在无测绘资质从事测绘地理信息活动。

（高鹏举）

科研机构

·地方病防治·

【参与卫生部有关工作】 2016年，临汾市受国家卫生计生委委托，主持或参与国家卫生计生委的有关地方病防治工作。主要参加国家卫生标委会地方病委员会对《尿中砷形态化合物测定方法》等三个标准的会审工作；参与全国五种地方病监测方案的修订工作；参加国家卫生计生委、水利部召开的氟砷改水研讨会，参加国家卫生计生委、国家发改委召开的碘盐改革研讨会。

【项目工作】 2016年2至4月，临汾市对2015年山西省公共卫生服务地方病防治项目相关数据进行汇总分析，形成各病种防治项目报告及全省总报告。于4月25日上报国家地病中心项目办。6月，将2015年项目总结形成资料汇编。8月，组织召开全省2016年地方病防治项目启动培训会、实验室培训会，安排部署项目工作任务；分别召开"全省碘缺乏病监测工作培训会""全省大骨节病和克山病防治项目技术培训会"，对各个项目承担单位详细讲解各个子项目方案，保障项目完成的进度和质量。12月，参加省地病办组织的对6个市的项目督导工作。各个子项目工作按照国家要求实施，将完成上报。

【氟砷中毒"十二五"终期考评数据复核工作】 2016年6月2日，山西省地病办组织省市两级的卫生、水利部门领导和专家召开"全省饮水型地方性氟砷中毒病区改水工程现状研讨会"，就山西省氟砷病区改水工程现状进行重点讨论。7月8日，国家卫生计生委在山西省临汾市召开"全国饮水型氟砷中毒防治工作研讨会"，国家卫生和水利两个部门就"十二五"饮水型氟砷中毒防治规划终期考核评估存在的问题进行讨论，达成共识。根据国家及省级两次会议达成的共识及工作要求，于8月31日召开"全省"十二五"规划饮水型氟砷中毒自查总结暨防治工作培训会"，各市、县卫生水利两部门联合完成以村为单位的改水数据的核实上报工作，完成该项工作。

【地方病防治示范县工作】 2016年12月，地病所参与山西省地病办组织的对左云县等5个综合防治示范县的验收工作，通过听取汇报、现场考评、查阅文件资料、考核评分的方法，完成对5个示范县的验收工作。

【业务培训与交流】 2016年，地病所分派专业人员赴大同、长治等市进行岗位技术培训。省级层面，1月15日召开"全省地方病监测甲状腺B超检查技术培训会议"，4月5日召开"全省大骨节病诊断技术培训会议"，11月7日和11月16日分两批对全省77个地方性氟中毒病区县的防治人员进行氟斑牙诊断技术理论和现场培训。国家级层面，多次参加全国主要业务骨干会议，9月，参加碘与甲状腺疾病国际研讨会。。

【健康教育】 2016年，全国第23届"防治碘缺乏病日"，全省119个县均开展围绕宣传主题"坚持科学补碘，建设健康中国"的宣传活动。利用下乡监测之际，对病区群众进行地方病健康教育宣传工作。与临汾市人民广播电台合作开展20期地方病及甲状腺疾病防治相关知识的专题健康讲座。

【防治工作】 2016年，地病所完成5种地方病的监测工作，通过省、市、县三级业务培训工作，提高全省地方病防治人员的工作素质。组织卫生、盐业及相关人员对6市12县的碘缺乏病防治工作现状、全省碘盐供应现状、进行现场调研，以应对碘缺乏病防治工作出现的挑战。根据国家相关工作安排，完成盐碘、水碘、尿碘、水氟（砷）的省级、市级、县级的实验室外质控考核，考核结果显示，参加考核的省级、市级、县级实验室外质控考核结果合格。

9月，参加由省发改委组织召开的盐业体制改革研讨会，地病所专家就盐业体制改革可能会给碘缺乏病防治带来的挑战提出想法和建议。

【科研工作】 2016年4至5月，地病所完成中国地病中心课题"基因拷贝数变异在甲状腺疾病易感人群筛查中的作用研究"在山西的现场工作及实验室检测工作。申报2项省卫计委科技攻关项目。完成3项课题的结题工作。"氟砷中毒病区儿童智力水平及生长发育的调查评价"等两项科研课题荣获省科技进步三等奖。全年全所共发表论文21篇。

11月2日，邀请中国地病中心及《中华地方病学杂志》的专家就科研课题的申报及论文的撰写等对全省11个市的地方病防治科研人员做专题培训。12月26日,召开山西省医学会地方病学专业委员会换届暨学术交流会。通过科研工作,为山西省地方病防治工作措施的落实和调整提供依据。

·地质勘探·

【地质勘查工作】 2016年,临汾市213地质队实施9个矿业权价款项目:沁水煤田浮山县乔家垣勘查区煤炭详查、霍州市什林—汾西县梁庄一带铝土矿普查、霍西煤田洪洞县蜀村勘查区煤炭普查、霍西煤田洪洞县赵城勘查区煤炭预查、霍西煤田霍州市张望勘查区煤炭预查、乡宁县老君庙一关王庙一带铝土矿预查、绛县郑柴铁矿预查、霍西煤田霍西区煤层气页岩气预查、河东煤田蒲县薛关南煤炭详查,全年累计完成钻探工作量8923.86米 。

【地质市场服务项目】 2016年,临汾市地质队承担国家和省投资项目,承揽新建阳泉北至大寨铁路项目第二标段采空区地基处理工程、吉县吉昌镇崩塌地质灾害治理、尧都区龙祠泉石灰岩开采区矿山地质环境治理、太原市晋源区蒙山矿山地质环境治理项目第8标段治理等项目。全年地质队共签订各类项目合同204份。其中:地质灾害类66份、工程勘察及测量类75份、地质勘查类63份,为临汾市的城乡建设做出贡献。 (刘燕蓉)

·小麦研究所·

【概述】 山西省农业科学院小麦研究所(the Wheat Research Institute of Shan xi Academy of Agriculture Science)始建于1948年,属山西省农业科学院主管。小麦研究所地处晋南粮果带中心区域——临汾市尧都区。其前身是由解放前的“临汾农场”“临汾棉场”和“临汾种畜场”合并而成的“晋绥边区临汾农事试验场”,1950年1月更名为山西省临汾专区农业试验场;1955年3月更名为晋南专区临汾农业试验站;1957年7月更名为山西省临汾农业试验站;1958年12月临汾农业试验站改为晋南农业科学研究所;1962年9月改称为山西省农科院临汾小麦研究所;1970年10月再次改名为山西省临汾地区农业科学研究所;1975年9月小麦所重新更名为山西省小麦研究所;1979年5月,小麦所正式改称为山西省农业科学院的小麦研究所。国家小麦产业技术体系山西综合试验站挂靠本所。

小麦研究所主要从事小麦新品种选育、配套高产栽培技术研究、新成果转化推广应用工作,兼顾玉米、大豆、杂粮、蔬菜等作物研究,以应用研究为主,有重点地开展应用基础研究,着重研究解决全省小麦和晋南地区玉米、豆类和果菜生产中的重大科技问题。组织全省小麦方面重点科技项目的协作,参加全国小麦科技攻关研究,开展国内外学术交流。编辑出版《小麦研究》专业刊物。

全所在职职工218人,其中专业技术人员145人,博士9人,硕士33人。历年来,共有享受政府特殊津贴专家5人,全国优秀农业科技工作者1人,山西省科技功臣1人,山西省劳动模范5人,临汾市拔尖人才1人。科研机构设:综合化验室、水地小麦育种室、旱地小麦育种室、杂优小麦育种室、经杂研究室、栽培研究室、植保研究室、信息室等8个科研科室;行政机构设:所办公室、科研办公室、党委办公室、计财科、人事科、后勤科、退管科、开发管理科、生产科、保卫科等10个管理科室。

实验基地拥有试验田75公顷,办公、实验楼面积8000公顷,大型仪器设备50台(件),其中包括价值260万元的小区播种机和小区收割机;种子检验室200平方米,综合化验室配备有电子粉质仪、淀粉特性粘度仪、降落数值仪、7200近红外仪、质构仪、实验室食品烘烤设备、小型磨粉仪、位伸仪、粉质仪、沉降值仪、白度仪、硬度仪、凝胶成像分析系统和PCR仪等设备齐全的谷物品质测试设备;种子贮藏库1000平方米,种子加工场3000平方米。

【科研项目与获奖成果及专利】 2016年,小麦研究所共承担各级各类科技项目45项,其中国家级项目8项,包括国家自然科学基金面上项目1项、国家重点研发项目1项、国家支撑计划2项、国家科技成果转化资金项目1项、国家重点实验室开放项目1项、农业部重大专项2项;省级项目13项,包括省科技攻关(重点)项目9项、省社会发展项目1项、省基础平台建设项目1项、省财政支农项目2项;院级项目24项。所有项目都按计划完成年度工作任务。新参与申报国家重点研发项目4项、农业部区试站项目1项、农业部国家农业科学实验站项目1项、山西省重点研发项目1项。

2016年度获省农村技术承包二等奖1项,申报省科学技术奖1项。国审小麦品种公示1项。取得发明专利授权6项,实用新型专利授权10项。制定地方标准4项。获植物新品种权1项,申报3项。发表学术论文31篇,其中SCI收录1篇,国家级9篇。

1.获奖成果。晋麦91号高产高效栽培技术。该技术在临汾市小麦主产县推广应用5667公顷,平均亩产293.6公斤,较对照田亩增小麦38.5公斤,增幅17.1%,三年累计增产小麦647.7万公斤,新增产值1554.48万元。2016年获山西省农村技术承包二等奖。

2.申报省科技进步奖。优质专用小麦品种临Y7287的选育及应用,申报山西省科学技术进步奖,通过形式审查。

3.国审小麦品种。品育8161小麦,通过国家农作物品审委三届九次会议初审公示,至2017年1月13日公示期满。

4.获国家发明专利授权6项:

专利名称	设计人	授权公告日	专利号	专利类型
旱地小麦高产高效轻简栽培技术	党建友等	2015 12.09	ZL2014 10346677.0	发明专利
一种玉米复播麦田种子沟秸秆位移装置	亢秀丽等	2015 12.23	ZL02014 10194793.5	发明专利
一种水后简捷定植方法	梁明珠等	2015 12.30	ZL2014 10098451.3	发明专利
旱地麦田伏期耕作增贮蓄墒方法	党建友等	2016 04.20	ZL2014 10113049.8	发明专利
免耕施肥施药穴播机	杨峰等	2016 8.24	ZL2014 10408922.6	发明专利
一种小麦穗粒数测定方法	靖华等	2016 08.31	ZL2014 10207907.5	发明专利

5.获实用新型专利授权10项:

专利名称	设计人	授权公告日	专利号	专利类型
便携式多功能小麦杂交工具	张建华等	2016 01.06	ZL2015 20599933.7	实用新型
一种联栋大棚地暖式节能蔬菜育苗装置	陈永杰等	2016 01.20	ZL2015 20282794.5	实用新型
一种谷子播种量调控装置	马爱平等	2016 01.20	ZL 2015 20681289.8	实用新型
一种玉米种肥一体播种机	鲁晋秀等	2016 02.10	ZL2015 20782200.7	实用新型
一种玉米种植器	杨峰等	2016 02.10	ZL2015 20782197.9	实用新型
一种小麦电动撒播机	杨峰等	2016 02.16	ZL2015 20782105.7	实用新型
一种小麦单株拔株装置	张建华等	2016 02.17	ZL2015 20693450.3	实用新型
一种试验田打点线装置	张建华等	2016 03.30	ZL2015 20846464.4	实用新型
方便式标签取用盒	张建华等	2016 03.30	ZL2015 20846534.6	实用新型
核桃育苗双刃芽接刀	焦连成等	2016 03.30	ZL2015 20831165.6	实用新型

6.发布实施地方标准4个:

标准名称	公布时间	完成人	标准号	标准类型
麦茬复播花生栽培技术规程	2015 12.20	杨秀丽等	DB14/T 1131—2015	省级
晋南夏播大豆栽培技术规程	2015 12.20	卫玲等	DB14/T 1180—2016	省级
冬大麦优质高产栽培技术规程	2016 09.30	周元成等	DB141000/T 063—2016	市级
水地小麦主要病虫草害防治技术规程	2016 09.30	曹勇等	DB141000/T 064—2016	市级

7.获植物新品种保护权1个:

申请号	植物类型	品种名称	授权日	公告类型	授权号
2012 0976.2	普通小麦 Triticum aestivum L.	晋麦91号	2016 05.01	授权公告	CNA2012 0976.2

8.申请植物新品种保护3个：

申请号	植物类型	品种名称	申请日	公告类型	公告号
2016 1684.9	普通小麦 Triticum aestivum L	临旱5115	2016 09.26	申请公告	CNA 016605E
2016 1685.8	普通小麦 Triticum aestivum L	临旱5322	2016 09.26	申请公告	CNA 016606E
2016 0120.3	普通小麦 Triticum aestivum L	晋麦99号	2016 01.26	申请公告	CNA 015501E

【重大项目研究进展】 国家小麦产业技术体系山西综合试验站 主要承担“小麦隐性灾害防控与抗逆稳产综合技术研究”“提升中国小麦育种能力共性技术研究”等工作。收集增补山西省小麦产业基础数据，上报国家小麦产业发展技术数据平台。应急性工作关注山西省小麦生产发生突发灾害性事件，制订应急预案和技术措施，开展技术指导和培训，降低灾害损失。2016年，完成重点任务安排的各项试验6项，示范任务3项；更新增补小麦产业数据25组；应对小麦生产病害、干旱等灾害事件3次。

【重要科技事项】 2016年，小麦研究所的重要科技事项。(1)“洪洞小麦玉米一年两作高产技术示范”项目。采用“生产示范与大面积推广相结合、新品种示范与配套栽培技术相结合、技术创新和技术集成相结合”的农技推广模式，小麦主推鑫麦296、尧麦16；玉米主推大丰30号、龙生16，配套“小麦机械化无垄栽培均匀种植技术”和“以增密为核心的夏玉米增产技术”等核心技术，在尧都区、洪洞县和襄汾县推广，实现项目区增产小麦204.87万公斤、增产玉米287.64万公斤，总增产粮食492.51公斤，增收960.39万元。

(2)“设施蔬菜抗逆高产栽培技术示范推广”项目。建立“科研单位＋农村专业合作社＋种植大户”“项目技术领导组＋项目技术服务团队＋基地技术员(本土技术员)＋基地农户”的农技推广模式。黄瓜主推华美99，番茄主推贝佳品种，配套“黄瓜越冬一大茬抗逆高效栽培技术”“番茄一年二茬抗逆高效栽培技术”等核心技术，在洪洞、浮山、襄汾示范推广，实现33.333公顷中心示范点总产量797万公斤，总效益1679.2万元；333.333公顷辐射区，年产蔬菜1000万公斤，农民增收3200万元。

【扶贫工作】 2016年，小麦研究所帮扶村是襄汾县景毛乡南小张村。帮扶工作队发放《精准扶贫对接卡》，开展小麦、玉米、果树管理培训；引进省财政支农资金，提供优种、化肥等物资补助；协助帮建光伏发电，增强贫困户造血功能；争取农村“电商”项目，实现农产品增销增值。经过实施产业扶贫、物资帮扶、增强自身发展动力、产销联网等精准帮扶，有58户贫困户脱贫，脱贫率53%。被临汾市评为2016年度帮扶先进单位。驻村“第一书记”杨峰被襄汾县考核为优秀。根据农科院的安排，小麦研究所与蔬菜所、综考所共同开展对国家级贫困县吉县脱贫调研工作，完成吉县科技脱贫攻坚规划调研报告，发挥科学技术在脱贫攻坚中的支撑作用。

【学术交流】 2016年，邀请美国爱达荷州小麦首席育种家陈建莉教授、北京百迈客研究院陈桂花、丁保朋来所进行学术报告和学术讲座2次；邀请山东济宁农科院、河北农科院、省院玉米所领导专家来所考察交流3次；选派本所科研人员赴山东、陕西农科院交流学习2次；全所范围内举办学术交流会2次、科研中期检查1次和年终汇报总结1次；科研人员全年参加国际、国内学术会议30人次。

【条件建设和精神文明建设】 2016年，小麦研究所把条件建设和文明创建工作摆在突出的位置。(1)洪堡试验基地建成使用。基地占地20公顷，具备晒场、库房、水电设施、办公用房，满足本所的科学研究、良种繁育、示范推广工作需要。(2)组建所办公区局域网。方便科技人员免费下载知网数据，实现中国科技期刊全文数据库、硕博士论文全文数据库论文免费下载。(3)加强综合治理工作。组织消防知识普及专题讲座、消防知识竞赛和现场操作演练，实现全年无治安消防安全事故。(4)改善基础设施建设。对旧办公楼进行防水处理，对植保楼进行维修装饰，对2、3号住宅楼暖气管道进行分户改造；完成职工周转房改造及城市自来水管道接入工作。(5)对东家属院人员之外全部人员的住房货币化个人信息进行录入与上报工作。(6)开展文明创建工作。参加院团委组织的青年主题知识竞赛，获第一名好成绩。参加省院“第十届”乒乓球比赛，获精神文明奖。参加市直机关第六届运动会，获优秀组织奖。在全院“送温暖、献爱心”活动中捐款8420元。为本所困难职工崔建国捐款7200元。为全所职工(含离退休人员)进行体检。 (张凤琴)

文 化

文化事业

【概述】 临汾市文化局是在2015年政府机构改革中，由原市文化广电新闻出版局和原体育局“两局合一”组建而成。主要职责是繁荣文化事业、发展文化产业、监管文化市场、保障文化安全，涵盖文化艺术、广播影视、新闻出版、体育四个领域，承担临汾市“扫黄打非”领导组办公室日常工作和对17个县（市、区）文体广新局、广电中心的业务指导。局机关行政编制47人，内设办公室、人事教育科、计划财务科、行政审批科、文化产业科、社会文化科、艺术科、公共服务科、传媒机构管理科、科技科、新闻出版科、群众体育科、竞技体育科13个科室和监察室，下辖市艺校、市体校、市蒲剧院、市蒲剧团、市眉户团、市小梅花剧团、市群众艺术馆、市电影公司、市影剧院、市文化市场行政综合执法大队、市非物质文化遗产保护中心、市广播电视安全播出调度中心、市射击射箭运动管理中心、市体育彩票管理中心、市广播电视服务公司15个市直文化企事业单位。

【公共文化设施建设】 2016年，临汾市蒲剧院综合排练大楼投入使用；临汾市体育场改造项目和临汾大礼堂修缮项目高质量完成；市图书馆、市戏剧研究院非物质文化遗产传承培训基地一期工程主体完工。推进县级“四馆一场一院”建设，大宁县全民健身活动中心建成投入使用；乡宁县体育馆和蒲县体育馆获得中央大型体育场馆免费低收费开放补助。洪洞县、浮山县文化馆被评为国家一级馆，市群艺馆和隰县、蒲县文化馆被评为国家二级馆，翼城县、安泽县、吉县、大宁县文化馆和霍州市群艺馆被评为国家三级馆。全市新增城市数字影院10家。广播电视直播卫星户户通工程完成4651户，超额完成目标任务。蒲县和曲沃县被评为第三届“山西省文化强县创建工作先进单位”。

【优秀传统文化】 文艺精品建设。新创和改编移植《琵琶记》《全家福》《樱桃花开》等一批精品剧目；《洪洞好人》《特殊的陪嫁》《红色绝唱》成功入选“国家艺术基金”项目；蒲剧古装戏《洗雪铁丘坟》参加全国梆子声腔优秀剧目展演反响强烈；原创蒲剧《河魂》参加第十一届中国艺术节基层展演；市艺校10岁学生周杰摘取小梅花“金花”奖；全市地方戏曲剧种普查采集著录圆满完成；成功举办“戏曲精品进校园”。临汾市7件作品荣获全省第十七届“群星奖”；临汾民歌首次参加广西柳州三月三“鱼峰歌圩”全国山歌邀请赛，捧回三项大奖。非物质文化遗产活态传承。《临汾市非物质文化遗产名录图典》出版发行；市级非遗项目新增69项，总数达到300项。

【舆论引导】 2016年，临汾市县两级广播电视播出机构通过开设专栏、进行系列报道和深度报道等形式，为全市重点工作和重大活动营造舆论氛围。临汾广播电视台开设的“创业临汾人”专题栏目，推动临汾市“引老乡、回老家、建家乡”活动的深入开展。市文化局开通“临汾文化”微信公众平台，杂志《文化临汾》成为2016年临汾市受到省新闻出版广电局通报表扬的内部期刊。全年在中央台发稿49条、省台发稿296条，79件作品获“山西广播电视奖”“临汾广播电视奖”共评出获奖节目174件。

【文化法治建设】 2016年，临汾市文化局依法决策，完善重大行政决策程序制度。推行权责清单。实行“两清单”动态管理，建立“一单两库”，推进“双随机一公开”工作。规范执法行为。制定印发《临汾市文化系统法治宣传教育第七个五年规划（2016—2020年）》，召开“七五”普法工作动员会，组织开展非遗法宣传、“12·4”法制宣传，推进临汾市文化市场技术监管与服务平台应用。深化政务公开。制定《市文化局2016年政务公开工作要点实施方案》,推进政务公开常态化,公开信息890条。接受监督。接受人大的工作监督、法律监督和政协的民主监督,办理人大代表意见、建议9件,政协委员提案16件。强化文化市场监管力度。以深化平安文化市场创建工作为主线,加大执法督查力度,提高检查频率范围,针对重点部位、重点环节、重点时段和重点单位开展网吧、歌舞娱乐场所、体育经营场所等专项整治行动,全年共受理省级转办案件、市长热线、12318举报案件29件,共出动执法人员2200余人次,检查各类文化经营单位900余家,查处安全隐患问题124处,办理行政案件53件,对35家证照不全的网吧、KTV、台球厅、游泳场馆下达停业整顿通知书。规范纠正文化市场违规经营问题362项,删除禁播曲目135首,收缴盗版音像制品、图书500余册。

【文化产业发展】 2016年,临汾市传统优势产业。扶持印刷企业建立现代企业管理机制,德美印业建成临汾首家高端微喷制作中心,皇锦印务引进数字标签喷墨印刷机,浮山县文博印业有限公司、尧都区瑞尔文化传播有限公司完成数字化转型升级。文化创意产品开发。鼓励引导文化企业开发文化旅游创意新产品,山西尚尧文化艺术有限公司开发的《赵城金藏》、陶寺龙盘系列文创精品,入选"全省文化文物单位文创产品联展",开始带动平阳麻笺、传统木雕、高仿复制、手工装裱、古陶烧制等行业的发展。体育产业。古县"天下第一牡丹"自行车骑游、曲沃县"太子滩环湖自行车大赛"、安泽县"黄花岭健步行"等体育赛事活动,为旅游经济注入新的活力。参加2016年在新疆举办的中国体育文化·体育旅游博览会。临汾冰世界建成投入运营,填补山西省冰上体育项目的空白。体育彩票新增销售网点55个,累计销售2.09亿元,同比增长24.8%,实现新的突破。

【文化安全保障】 2016年,临汾市开展"扫黄打非"工作。组织开展"护苗2016""清源2016""净网2016""秋风2016"等"扫黄打非"专项行动,查缴各类非法出版物4300余册,非法音像制品1500余张,取缔无证经营书店2家、违法经营书店1家,查办各类案件15起。强化文化市场监管力度。全市全年共出动执法人员24955人次,检查各类文化经营单位8361家,查处安全隐患问题124处,办理行政案件322件,对41家证照不全的网吧、KTV、台球厅、游泳场馆下达停业整顿通知书。全市68%的网吧进行转型升级。全年广播电视安全播出无事故。

【完善文化政策体系】 2016年,临汾市文化局编制完成《临汾市文化体育发展"十三五"规划》,牵头起草经市政府批准印发临汾市《临汾市戏曲传承发展实施意见》《临汾市全民健身实施计划(2016—2020年)》和《临汾市足球改革发展实施意见》。

【竞技体育】 2016年,临汾市文化局参加第十五届省运会年度赛,派出427人的代表团参加14个项目的比赛,取得27金41银42铜,总分1200分的好成绩。张雯在2016全国柔道锦标赛63公斤级比赛中力夺冠军;陈晓东、王熙睿分获2016年全国空手道冠军赛青年组+76公斤级冠亚军,被国家体育总局拳跆运动管理中心抽调参加备战2018年阿根廷青奥会集训;2016年全国射击锦标赛临汾市射击运动员成绩优异,有两名运动员获得第十三届全运会的参赛资格;临汾二中啦啦操代表队获全国啦啦操联赛冠军;临汾三中健美操队在全国健美操冠军赛、锦标赛中摘得多项桂冠,有10人达国家健将级标准。

【文化体育活动】 2016年,临汾市重大文化活动。参与"华夏之根·文明之旅"尧文化旅游招商系列活动;《人说山西好风光》电视竞演中,蒲剧《挂画》和洪洞白石村农民威风锣鼓等节目,为临汾市在决赛中取得第二名发挥作用。群众文化活动。春节期间,市县两级"我们的节日·春节"主题系列活动成为弘扬优秀传统文化的有效载体;围绕纪念建党95周年和红军长征胜利80周年开展弘扬红色文化、传承革命精神系列活动;全年"大美临汾"群众文化基层行演出31场;送戏下乡485场;全市农村公益电影放映35532场,农村寄宿制学校爱国主义教育影片放映3852场。全民健身活动。承办围棋、武术、健身秧歌、球类等多项全国、全省赛事。举办2016年西山7县篮球锦标赛、市直机关第六届体育运动会等传统品牌赛事活动;"尧王杯"围棋赛连续举办十届;首届广场舞大赛成功举办。参加山西省"我爱足球"

民间争霸赛总决赛获得社会组“五人制足球”冠军；健身气功获全国联赛山西选拔赛三个项目冠军。“全民阅读”。组织开展“文化山西·书香临汾”系列阅读活动，首次发行“优惠购书卡”“最美读书人”评选等活动。吉县“黄河壶口（临汾）悦读会”以微信群为传播载体成为“互联网＋文化”的创新亮点。吉县朱掌印家庭和曲沃县王丽萍家庭喜获第二届全国“书香之家”。

“文化山西·书香临汾”阅读活动

【山西省青少年冠军赛】 2016年，山西省第十五届运动会年度赛暨山西省青少年冠军赛。临汾市共派出427名领队、教练员、运动员组成的代表团参加柔道、摔跤、田径、游泳、射击、射箭、乒乓球、举重、篮球（男、女篮）、跆拳道、网球、拳击、武术套路、武术散打等14个项目的比赛。共获得金牌22金30银29铜的成绩 。校内项目：田径比赛取得5金、12银、12铜获得团体总分第三名的好成绩；传统强项柔道取得8金8银12铜，238分，分获得男女团体冠军；射箭项目更是实现金牌零的突破，在7支代表队140余人参加的射箭比赛中派出的12名队员共获得22枚金牌的5枚金牌；在11个地市400多名运动员参加角逐18枚金牌的乒乓球比赛中，临汾市乒乓球代表队取得3金2银3铜77分的好成绩；射击、摔跤、举重其他项目都有所突破，特别是举重项目实现金牌零的突破。篮球比赛中女篮和男篮分获第五、第六名。校外项目：临汾市承办山西省第十五届运动会2016年度拳击、散打比赛，市搏击协会和曲沃二中、侯马新奥博共同组队参赛获得2金7银2铜的优异成绩。跆拳道项目是由几家俱乐部和市体校共同组建队伍，2016年的跆拳道比赛中获得1金、3银、1铜，9个第五的好成绩，获得体育道德风尚奖。

【《赵城金藏》复制工程】 2016年，《赵城金藏》复制工程是临汾市“平阳记忆”工程的重要组成部分，《赵城金藏》是中国现存最早最全的大藏经，它是金朝熙宗皇统（1141—1149）初年，由平水雕版高师历时三十年刻印完成的一部汉文大藏经。《赵城金藏》现存国家图书馆，被誉为国家图书馆“四大镇馆之宝”。《赵城金藏》不仅是一部佛教全书，也涉及哲学、历史、语言、文学等领域的古籍，不论在刻经史、版本史，还是校勘学、目录学等方面都具有文化价值。

《赵城金藏》距今已有800多年历史，到1949年收归国家图书馆。受到党和国家领导人重视，国家批拨专款，募集纸张，组织专家能手修复抢救。据记载，《赵城金藏》总数6980卷，经17年整理修复，目前收藏4813卷。

2016年3月，临汾市政府与国家图书馆双方就传承文化遗产、合作实施“平阳记忆”工程等达成合作意向，形成战略合作框架协议，签订首批100卷经藏复制协议。

《赵城金藏》复制项目，将对现存国家图书馆以及分散于全国各处保存相对完整的经卷进行复制，国家图书馆全程监制，采用高清扫描设备逐卷进行扫描，运用数码高仿复制技术在特种宣纸上按1∶1比例复制，力求完整保留金代刻版原貌。首期100卷复制认领工作完成，募资金200余万元，精选100卷复制工作正推进，预计2017年3月完成。

【全市射击射箭运动管理】 临汾市射击射箭运动管理中心于2012年11月成立。中心为科级全额事业单位，核定编制13名，隶属市文化局管理。其主要职责是：研究拟定全市射击射箭项目的发展规划，负责射击射箭运动项目的指导和管理与训练，负责射击射箭运动队的建设及后备人才培养，推动射击射箭运动的普及和产业化发展；指导社会群团和组织积极参与射击射箭运动，开展国防教育培训工作，推动射击射箭运动项目的群众性活动和全民健身运动的开展。

2016年临汾市政府正式启动临汾市射击飞碟靶场建设项目。射击馆拥有10米气枪射击场馆靶位36个;50米口径射击场馆靶位25个;25米口径手枪射击场馆靶位20个,有标准枪弹库一间,靶位为符合国家比赛标准的电子靶,是全省最先进的标准化、现代化的射击场馆,可以满足全省比赛及中型全国比赛、训练、全民健身及市级国防教育培训的射击馆。

(郭秋林)

临汾戏剧研究

【剧目整理】 2016年,临汾戏剧研究院出版《蒲州梆子传统剧目汇编》15卷;挖掘、搜集、整理蒲剧传统孤本40余本,约8万余字,基本整理完成;拟出版《墨遗萍剧作选》4卷,约70万字。

【剧目创排】 2016年,蒲剧现代戏《红色绝唱》和眉户现代戏《洪洞好人》成功申报2016年度国家艺术基金资助的大型舞台剧项目;蒲剧艺术研究中心新创排了古装剧《琵琶记》、现代反腐廉政剧目《全家福》,眉户剧艺术研究中心移植创排了古装剧《五女拜寿》、新创投排现代剧目《洪洞好人,小梅花蒲剧艺术培训中心传承复排了大型蒲剧现代戏《土炕上的女人》、复排古装剧《泪洒相思地》、新排了现代戏《老鹳窝》。

【剧种普查保护】 按照全国及省市关于开展全国地方戏曲剧种普查工作的通知精神和市文化局的安排部署,由临汾市戏剧研究院全面具体实施。从5月开始利用四个月时间对全市进行剧种普查采集著录。全市共有8个戏曲剧种,2个研究机构,2个教育机构,25个艺术表演团体,从业人员1042个,新时期以来上演剧目共598台,新编剧目273台,采集剧照图片信息223张。9月底全部完成地方戏曲数据采集信息,受到文化厅评审组的肯定与表扬。

【戏剧研究】 2016年,由任跟心院长担任主编,组织剧院研究人员编撰国家级非遗课题《<土炕上的女人>对蒲剧的传承与发展》。

《蒲剧艺术》杂志按期出版发行,总第141—144期,对临汾市及晋南重要戏曲活动进行报道宣传,为当年取得优异成绩的戏曲演员、剧团作了专刊,丰富杂志内容。

【戏曲交流展演宣传】 9月,戏剧研究院领导班子主要负责人带领小梅花蒲剧团携新编蒲剧《洗血铁丘坟》赴河北石家庄参加全国梆子声腔优秀剧目展演,获得专家及河北人民的高度赞扬。

11月,蒲剧团、眉户团、小梅花蒲剧团三个演出团体配合市委市政府、文化局主办“临汾戏曲精品进校园”活动。

【戏曲下乡】 2016年,蒲剧团、眉户团、小梅花蒲剧团三个演出团深入农村、厂矿、社区送戏下乡,每团平均演出200余场,丰富和活跃当地文化生活。

(付增芝)

艺术学校

【戏曲进校园】 2016年11月,临汾市艺术学校根据市委宣传部、市文化局、市教育局的安排,学校戏曲科组织优秀教师深入全市各中小学校,为师生讲解戏曲常识,送去戏曲精神食粮。

【加强教师培训】 2016年4月,临汾市艺术学校选派5名教师参加中国职教学会举办的“教学设计、说课与述课”培训班,参训教师对本科教师开展专业授课,开阔教师的眼界,更新教育理念,为教学工作的提高打下基础。

【开展教案展评】 2016年,临汾市艺术学校加大有效备课研究力度,促进教师交流互动,推广好的经验与做法,提高教师钻研教材、研究教法的能力与水平,提高全体教师自身业务素质,6月,教务处组织开展教案展评工作,共评出一等奖一名,二等奖二名,三等奖三名,优秀奖三名。

通过开展教案展评,为全校教师提供互相交流学习的平台,供老师们共同观摩,学习交流。通过教案评比,防止教学缺点,促进教学质量的提高。

【开展音乐专业实训基地建设】 2016年,经省教育厅、财政厅批准,学校的音乐专业实训基地建设项目被列入2016年度建设项目。2016年3月至9月,学校开展音乐专业实训基地项目建设。项目建设按照建设方案进行。该专业实训基地的建成，满足音乐专业及相关专业的实训需求，改善音乐专业的实训实习条件，推进学校的专业建设。

【全国小梅花比赛】 2016 年 10 月，由中国戏剧家协会和浙江省嵊州市人民政府主办的第二十届中国少儿戏曲小梅花荟萃活动在嵊州市落幕，临汾市艺术学校戏曲表演专业的 10 岁学生周杰凭借蒲剧《林冲夜奔》的精彩表演，在 101 位演员中脱颖而出，摘取小梅花“金花”奖。

第二十届戏曲小梅花金奖获得者周杰
在蒲剧《林冲夜奔》中的表演

【全省第八届文明风采竞赛】 2016 年 1 月，临汾市艺术学校组织学生参加山西省第八届中等职业学校“文明风采”竞赛校级初赛，共设演讲、征文、音乐、舞蹈、戏曲、美术六大类项目，将 35 件优秀作品报送参加省级复赛，5 月，全省文明风采竞赛复赛结果出炉，学校荣获优秀组织奖，赵安民获优秀组织工作者称号，王彩云等七名教师获优秀指导教师奖。参赛学生共获一等奖 9 个，二等奖 14 个，三等奖 4 个。获奖成绩在全省中职学校中名列前茅。通过此次竞赛活动，丰富校园文化生活和德育实践活动内容，提高学生人文素养和职业素养，推进文化育人、立德树人，展示学校学生良好精神风貌。

【全国第十二届文明风采竞赛】 2016 年 5 月，全国第十二届文明风采竞赛，临汾艺术学校获优秀组织奖，刘国薇、王彩云、乔琦老师获优秀指导教师奖。学生作品获二等奖 3 个，三等奖 3 个，优秀奖 12 个。

【戏曲专业】 临汾市艺术学校戏曲专业与宜川县蒲剧团共同合作，排出大型蒲剧歌舞剧《河魂》，青年教师李炳淑、常涛担任男女一号演员，部分师生参与演出。本剧由国家艺术基金资助，立意高远，场面宏大，制作精良，演出效果好，受到各界群众的一致好评，为学校学生提供艺术实践的平台，锻炼自己，为走上工作岗位打下基础。

戏曲专业与山西师范大学戏曲影视学院、山西戏剧职业学院、山西艺术职业学院等大专院校开展联合办学，共同培养高层次艺术人才，为学校提高办学质量，扩大办学规模及毕业生的升学、就业等搭建较高的平台，收到效果。

【音乐专业】 临汾市艺术学校音乐专业注重提高学生的舞台表演能力，举办第四届青春旋律系列音乐会，共演出八场。让所有学生人人上台展示，通过开展艺术实践活动，激发学生学习兴趣，对舞台的热爱，对学校的热爱。

【舞蹈专业】 临汾市艺术学校舞蹈专业教学中，把专业实训作为重点，提高学生的舞台实践能力。教学剧目的选材做到既适合民间舞教学要求，又符合时代要求，弘扬主旋律、积极向上的题材。加强青年教师的专业教学工作，期末汇报时全部登台，为学生做好示范，收到效果。

【学前教育专业】 临汾市艺术学校学前教育专业在抓好公共基础课，加大学生专业实训能力的培养和提高。根据学生和家长意愿，学生分为音乐、舞蹈、美术侧重班，加大专业课时量，提高学生的专业实践能力，期末教学汇报展示学生全方位的综合专业素质，得到社会各界和全校师生的好评。

【美术专业】 临汾市艺术学校美术专业注重学生动手能力的培养，带领学生赴河南大峡谷、尧庙、涝洰河公园等地写生，学生的专业素质得到提高，写生作品多次参加各类比赛，获得赞誉。

【扶贫慰问文艺演出】 2016 年，临汾市艺术学校参加市扶贫工作团组织的赴蒲县下刘村扶贫慰问文艺演出，学校音乐科、舞蹈科组织师生加紧排练，共有打击乐、女独、男独、二胡齐奏、萨克斯独奏、舞蹈共十五个节目参演，演出取得成功，得到领导及广大村民的好评。

（赵安民）

文学艺术

【"春到平阳"省美术家协会花鸟画艺委会临汾采风作品展】 2016年4月19日，由山西省美术家协会花鸟画艺委会、市委宣传部、市文联、市文化局、市文物旅游局共同主办的"春到平阳"省美术家协会花鸟画艺委会临汾采风作品展在市群艺馆开幕，展期一周，共展出32位画家的91幅风格迥异、意蕴隽永的作品，为临汾市民送上了一道旖旎的花鸟画盛宴。

【"花语水韵"——刘俊峰、王北锁画展】 2016年4月29日，由山西省美协水彩艺委会、临汾市美术家协会、尧都画会、尧都区文学艺术界联合会、尧都区美术家协会、共青团尧都区委等单位主办，临汾市群众艺术馆承办的"花语水韵"——刘俊峰、王北锁画展在临汾市群艺馆开展，共展出两位青年画家花鸟画、水彩画作品64幅，反映他们多年的探索轨迹和追寻成果，将为观众提供审美视野和心灵体验。展览适逢五一小长假与五四青年节，把视觉艺术与群众文化相结合。

【"华夏之根·中和风韵"书法美术摄影展】 2016年5月19日，"华夏之根·中和风韵"书法美术摄影展在乡宁县云丘山中和广场开展，此项活动是"华夏之根·文明之旅"尧文化旅游招商系列活动之一，5月19日开始，6月8日结束。共展出268幅作品，其中，书法56幅，美术67幅，摄影145幅。作品以帝尧文化和云丘山中和文化为创作主题，组织众多艺术家，深入实地写生和采风，以书画为载体，再现帝尧古都的人文风情、云丘山秀美风光和中和民俗文化。

【"作家进校园"活动】 2016年9月23日，临汾市作家协会和蒲县中学共同举办的"作家进校园"活动，通过作家的引领示范，让孩子爱上阅读，家长参与亲子阅读，教师提高阅读教育能力，更多的人参与到文学创作中来，通过开展活动为载体，以校园为阵地，以师生文学爱好者为抓手，做实做强做好文学进校园活动，让整个校园弥漫着书香之气。

【举办"鼓楼交响曲——南北街拓宽改造工程纪实"摄影展】 2016年9月29日，临汾市举办"鼓楼交响曲——南北街拓宽改造工程纪实"摄影展。以"建设者之歌"为主题，用摄影纪实的艺术手法，对市委市政府为民务实的决心，建设者无私辛勤付出，全社会共同参与支持，鼓楼南北街改造这一民生工程进行全方位的呈现，并向祖国67华诞献上贺礼。

【"翰墨传情，丹青励志"书画展】 2016年10月14日，临汾市文学艺术界联合会、临汾监狱共同举办"翰墨传情，丹青励志"书画展。活跃监区文化，认真开展"一监一品"活动，丰富服刑人员的文化生活，继承和发扬优秀传统文化，弘扬国粹，激发广大服刑人员的改造热情起作用。陶冶民警的情操，提高监狱民警队伍的素质，塑造新时期监狱警察形象。

【《有一个女人》作品研讨会】 2016年10月15日，临汾市文学艺术界联合会主办、临汾市作家协会承办《有一个女人》作品研讨会，发挥文联"文艺工作者之家"的作用，创造良好的文学艺术展示平台，扶持和宣传本土文学艺术家的成长和发展。

图书馆建设与管理

【概述】 2016年，山西新华书店集团临汾有限公司主要经济指标完成情况：营业总收入：完成2.1亿元；利润总额：完成840万元；两教发行码洋：1.73亿元；POS机销售码洋2668.46万元。11月，临汾一中校园书店投入运营，为全校师生办理图书借阅卡。2016年，公司在全市9个公司建成校园书店14个。

【图书展销活动】 2016年，公司加大POS机营销力度，开展多种多样的营销活动。以临汾连锁门店为例，相继开展：书香伴寒假买赠、打折、元宵猜灯谜、"读好书 写心得""小小图书管理员"职业体验、全民阅读万人签名、读书征文比赛、读书心得交流、捐书赠书活动、新华义工、作家专题讲座和签售、在临汾监狱举办"书香狱园"图书展销等诸多营销活动。

在全民阅读月活动期间，临汾连锁门店在市中心平阳广场与市政府携手举办“文化山西 书香临汾”全民阅读活动启动仪式开展图书展销活动。7月，会同临汾市委宣传部、文化局、教育局、电视台、报社等单位共同举办为期一个月的“临汾市第十一届广场文化消夏月”及图书展销活动。

临汾市新华书店为中小学生捐赠图书

【“新华杯”国韵成语大赛】 2016年6月，新华书店同市文明办、文化局、电视台在连锁门店内联合举办“新华杯”国韵成语大赛活动，弘扬传统文化，带动门店销售。

【“眼康世家”项目落户临汾】 2016年9月，集团传媒公司引进的“眼康世家”项目落户临汾连锁门店。11月，项目亦在古县连锁门店运营。

【“去库存”工作】 2016年，公司结合“三去一降一补”工作，制订《供给侧方案》《供给侧清单》《供给侧行动计划》，在去库存方面进行重点安排落实。全市各分公司澄清家底，厘清库存，进行不同处理，做好“三去一降一补”工作。

【大中专教材发行和招投标工作】 2016年，公司中标临汾职业技术学院2016－2017年度大专教材码洋900余万元。在薄改、招标和农家书屋项目上，相继中标古县30万元，隰县29万元，永和县13万元。

大中专教材全年完成销售888万元，较2015年增长158万元。

【中转代发工作】 2016年，物流公司坚持优质中转，快速发货，高效配送的原则，做到物流工作的协调畅通，快捷高效，服务周到，保证供应。全年共中转各类图书80441件，车次316次。春秋两季共代发53个品种，40352件，码洋3628万元。

【“美丽书店”建设】 2016年，临汾市第二批资产改造项目完成。8月，临汾建设路快捷酒店全面完工，开业迎宾；11月，曲沃分公司连锁门店开业，保利院线预计月底即可营业；12月，古县分公司新华快捷酒店开业。翼城、浮山、汾西改造项目完工。

11月，集团美丽书店验收组对公司2016年申报的曲沃、翼城、古县三个分公司进行验收，对公司推进“美丽书店”建设提出指导意见。

（王远盛）

文物旅游

文　物

【文物保护工作】 2016年，临汾市推进山西南部早期木结构建筑维修保护工程和彩塑壁画保护修复工程，14处文物保护维修工程完成，蒲县东岳庙壁画与塑像工程通过验收；申报中央和省级文物保护专项补助资金，到位1785万元。制定《临汾市人民政府关于加强文物工作的实施意见》（草案），推进侯马晋国遗址、曲村——天马遗址、大河口遗址三个考古遗址公园的规划建设工作，文物保护的力度、深度加大。

2016年12月29日市委宣传部领导考察陶寺北墓地

【陶寺遗址保护利用】 2016年，陶寺遗址博物馆项目立项、相关行政许可、选址规划、环评、土地预审、节能、供电、取水许可等手续均办理完毕。襄汾县作为项目实施主体，成立指挥部，组建项目部，项目用地的征收、拆迁、垃圾清运工作完成，陈展大纲的编制成果于2月15日上午通过专家论证，进入主体设计、陈展方案招投标程序。陶寺遗址保护利用综合展示中心项目、大运高速襄汾出入口至陶寺遗址博物馆旅游公路建设项目和陶寺遗址至尧都区道路改建工程动工。

【第一次可移动文物普查全面完成】 2016年，全国第一次可移动文物普查工作历时4年完成，全市登录国有收藏单位46家，登录藏品总量44623条目，417874件（套）。

（闫建文）

旅　游

【概述】 2016年，临汾市文物旅游局启动推进旅游委组建、景区体制机制改革、落实旅游发展扶持资金等一系列重大举措，这些举措的出台，破解的是制约全市文物旅游发展多年的瓶颈问题，体现的是市委、市政府推动旅游业改革创新、开放发展的决心。全年市文物旅游各项工作都取得进展，仅旅游经济指标一项，就实现接待国内外游客4027.89万人次，旅游综合收入375亿元，同比增长27.14%，远远高于全省14%的平均增幅。

【申办全省旅游发展大会】 申办旅游发展大会是山西省委、省政府全面展示文化旅游资源、重塑山西美好形象、推动旅游产业转型升级的重要举措。2016年，临汾市拍摄音乐剧《帝尧之都》，引进VR技术，聘请有较高知名度的临汾旅游代言人，设计推出旅游卡通吉祥物“咚咚”，梳理全市的文物旅游资源，邀请专家团队包装提升，与全省11个地市同台竞争，从5月开始，经过初赛、复赛、半决赛、决赛，临汾闯入决赛，取得全省第二名的好成绩，获“最具人文体验和历史价值旅游城市”的称号。申办活动全市总动员，各级干部走上街头、走进社区、深入农村，宣传发动，书记市长同台推介，景区、饭店、商场打折助力。通过这次申办活动，临汾旅游系统地梳理资源，陶寺遗址、大槐树、壶口瀑布、广胜寺等一大批旅游景区和旅游资源以全新面貌展现在世人面前，文创产业得到发展，新科技、新技术融入到旅游产业发展的方方面面，让全国观众用全新的视角看到临汾的风采。

临汾市委常委、副市长王振宇推介临汾

【市级旅委组建工作】 2016 年，经市政府常务会议、市委常委会议研究，临汾市的旅游委组建方案通过省编办批复上报省政府，1 月 26 日，省政府办公厅下发《关于临汾市文物旅游局更名为临汾市旅游发展委员会的通知》，临汾市相关部门推进，制定《三定方案》。县（市、区）旅游委的设立启动，各县市主动与编制部门沟通，做好筹建工作。

【景区体制创新】 2016 年，临汾市成立由市委常委、常务副市长为组长，其它相关职能部门主要负责人为成员的“临汾市旅游景区（点）改革创新工作领导组”，市政府制定《临汾市推进旅游景区（点）体制机制改革创新实施方案》，召开全市景区体制机制改革创新大会，分类确定重点改革景区，提出要求，预计 2017 年完成。

【旅游发展扶持资金】 2016 年，临汾市每年 3000 万元的旅游产业发展扶持资金正式列入财政预算。与上海文创联盟、北京金烨菲林、北辰集团、乐视集团、中国华夏遗产基金会等大集团实现对接，为临汾市文物旅游发展寻求到战略合作伙伴，与上海文创联盟的合作项目陶寺遗址展示中心破土动工，与中国社科院考古研究所、中国华夏遗产基金会（华夏尧舜专项基金会）的合作项目落地，尧舜文化创意研发中心挂牌成立。这些措施的出台和实施，突破体制机制、资金投入两个制约临汾市文物旅游快速发展的瓶颈，为发展铺平道路。

【项目建设】 2016 年，临汾市云丘山综合型景区和霍州署文化旅游配套区被列为省重点工程，旅游基础设施建设项目完成投资 8 亿元。到位中央、省级文物保护专项补助资金 4733 万元，到位省发改委公共文化设施建设项目中央预算内资金 1900 万元，申请 2016 年新增一般债券资金项目资金 1000 万元。全市 56 个乡村旅游重点村共争取中央预算内资金 913 万元。

【品牌创建工作】 2016 年，临汾市大槐树景区通过国家旅游局 AAAAA 级旅游景观质量专家评审，被列入创建 AAAAA 级旅游景区预备名单。推进人祖山、七里峪、戎子酒庄等景区创建 AAAA 级旅游景区工作。洪洞秦壁创意农业示范园、襄汾燕村荷花园观光农业旅游景区成功创建省级农业旅游示范点。洪洞县、吉县、隰县被国家旅游局列为全国第二批全域旅游示范区。

【开展旅游营销】 2016 年，临汾市在央视、《中国旅游报》等高等级宣传平台制作播放临汾旅游形象宣传片、临汾专版；在热点高铁线路、太原南站等高客流量场所通过播放临汾市重点景区宣传片、设置巨幅旅游广告等形式，对重点景区进行宣传推广。组织重点旅游企业参加沪赣皖、云贵琼、川渝“晋善晋美”旅游专题推介会，北京、天津、宁夏、上海旅游博览会，第三届国际旅行商采购大会，京冀晋陕高铁城市旅游联盟会议等活动。接待青岛、台湾的旅行社联盟，厦门航空、上海航空等大型集团来临汾市踩线考察，全方位延伸拓展旅游客源市场。举办大槐树寻根祭祖节、云丘山文化旅游节、古县牡丹节等节事节庆。完成集图文音视频展示、360 全景、线路导航、在线讲解、网络预订等功能于一体的临汾市文物旅游门户网、手机网、微信平台及手机 APP 等四站同建工作，均上线。

【行业监管】 2016 年，临汾市受理并妥善处理旅游投诉 58 起，开展大型监督检查 24 次，对重大节日及旅行社广告宣传、旅游合同及服务网点等开展安全检查和秩序专项治理，全年无重特大安全事故发生。

【市博物馆推进工作】 2016 年，临汾市博物馆基本完成文物遴选、基础数据编辑及陈展大纲编制工作。建立文物数据库，启动文物清理、修复、借展、征集工作。

【因公出国境管理】 2016年,临汾市狠抓因公出国管理,全年共办理因公出国境团组11批23人次,为大型企业申办APEC商务旅行卡8张,累计办理APEC商务旅行卡28张。

【侨务扶贫工作】 2016年,临汾市加大侨务扶贫工作力度,改善归侨侨眷生活,为60岁以上困难老年归侨发放生活补助7.92万元,为60岁以下贫困归侨侨眷发放生活临时补助、贫困三侨生助学救济5.545万元。

【对外交流】 2016年,临汾市主要开展四项工作。在哈萨克斯坦和吉尔吉斯斯坦举办"中国饮食文化节·山西临汾专场"。邀请德国国际合作北威州中国项目工作组负责人到临汾考察,在国际友城、工业旅游、新能源合作等方面达成共识。与临汾市的国际友好城市——澳大利亚杰尔顿市实现交流互动。邀请25个国家138个华文教育示范机构210余名负责人到临汾市市文化考察,接待来自澳门的37名华裔青少年到临汾市参观交流,对华人华侨的爱国主义教育以及和世界各国优秀文化之间的交流起到作用。

【景区简介】 尧庙—华门　国家AAAA级景区,位于临汾市中心南3千米处。尧庙西晋以前建于汾河西岸,唐代迁于现址,是历代祭尧的圣地,景区内有中华第一井、五凤楼、广运殿、万寿宫、祭祖堂和"天下第一鼓"等景观。华门有"天下第一门"的美誉,华门是中国第一座门文化建筑,高达50米的华门景区展示中华民族上下五千年辉煌灿烂的文明历史。内有华夏一统、源远流长、国门盛开、尧天舜日、连环九鼎等十六大景观。

平阳鼓楼　位于临汾市中心,又称大中楼,始建于北魏。基座呈正方形,周长160米,楼高4376米。楼上存有金明昌七年(1196)铸2500余公斤大铁钟。大中楼基座券砌门洞十字相交,通连四条主街。门洞上方各嵌有依明万历三十一年(1603)原刻复制的石雕匾额,分别为"东临雷霍""西控河汾""南通秦蜀""北达幽并"。鼓楼一层厅顶为天井式彩绘格板,描绘有孔雀开屏、祥龙盘旋图案。二层梁架拱顶,形如八卦藻井,四壁皆为格棂窗。棂窗上部描绘帝尧传说故事60余幅。中层大厅内壁绘有各种花鸟山水及神话传说故事。是中国现存最高的鼓楼。

黄河壶口瀑布风景名胜区　国家级风景名胜区、国家级地质公园、国家AAAA级景区、全国旅游景区40佳。位于临汾市吉县城西北46公里处的晋陕大峡谷内,是世界第一大黄色瀑布和中国第二大瀑布。瀑布宽约30至50米,落差30余米,形成"水底升烟""彩桥通天""群龙戏浪""谷涧起雷"四大景观。

大槐树寻根祭祖园　国家AAAA级景区,位于临汾市洪洞县城内。是集名胜古迹、祭祖活动、风景游览为一体的明代移民文化景区。"问我祖先在何处?山西洪洞大槐树,先祖故居叫什么?大槐树下老鸹窝"的民谣自明流传至今,是海内外移民后裔寻根祭祖的圣地。

黄河乾坤湾　位于永和县打石腰黄家岭村,回首远眺河会里村和隔河相望的陕西延川县伏义河村流经的这段约5千米,黄河蜿蜒曲折,峰回路转,呈巨大的"S"形状,登高眺望,酷似中国传统文化中的"阴阳八卦图 ",在"S"的两个湾里各有一个古老的村落,从总体上看,就像阴阳八卦图中的那两只眼睛。据专家考证,伏羲、女娲画"八卦"时,就源于永和黄河"乾坤湾"。

龙子祠泉　位于临汾西南15千米姑射山支脉平山脚下。其泉以泉群形式涌流,如蜂房蚁穴,喷涌于乱石平沙之间,多年平均流量为5.5立方米/秒,常年水温17度左右,水质良好,清澈见底,汇为渠流,延展而东。

人祖山　位于壶口瀑布东北约20千米,南北蜿蜒80余千米,海拔1742米,总面积9000公顷,属吕梁山脉。山上是一望无际的天然森林,春日百花盛开,夏季林荫蔽日,秋季果实累累,冬日银装素裹。人祖山主峰有人祖庙,周围建有大小庙宇16座。人祖山传为伏羲氏所居,史书亦称庖牺氏,风姓。故北魏郦道元撰《水经注》时谓之风山,也谓"庖山"。

云丘山　国家AAAA级景区,位于临汾市乡宁县境内,总面积35平方千米,海拔1829米。具有"南有武当山、北有云丘山"之称的云丘山,人文景观30余处,自然景观50余处,是集中和文化、道教文化、养生文化、生殖文化和自然景观于一身的文化名山。云丘山山奇险峻、峰高水秀,春有花、夏有冰、秋有红、冬有云,是寻觅传统文化遗踪,领略天然奇韵的旅游境地。

锦屏山　位于吉县县城南端,属吕梁山脉。与县城隔清水河相望，又名挂甲山。因山似一幅锦绣画屏而得名。海拔949米，山上松柏叠翠，山下流水潺潺，环境优美，风光秀丽。有佛阁晴岚、锦屏叠翠、小桥流水等主要景观。占地面积约2万平方米。

三合牡丹园　国家AAAA级旅游景区，三合牡丹园位于临汾市古县石壁乡三合村。具有“天下第一牡丹”的三合牡丹株高1.83米，冠幅4米，丛围15米，每年开花360余朵，是目前全国单株体积最大，开花朵数最多的一株白牡丹。相传此牡丹为唐代所植，距今有千年历史。

陶唐峪自然风景区　陶唐峪景区位于霍州市东南20公里处的“中镇”霍山之中，占地40平方千米。景区内有仙女池、五龙池、观峰峡、一线天、玉泉寺、犀牛石、招魂楼、莲花山、水帘洞、尧帝行宫和瀑布群等景观。陶唐峪涧水潺潺，树木幽幽，是了解陶唐历史文化，领略自然风光的绝佳境地。

历山风景旅游区　国家级自然保护区，位于临汾市翼城县西闫镇，是“华北生物资源宝库”，区内峰峦叠翠、奇峰高耸、峡谷清幽、林密草丰，其主峰是华北地区保存最完整的亚高山草甸，是集避暑、度假、科研、旅游的理想胜地。

姑射仙沟风景名胜区　国家AAA级景区，省级重点文物保护单位，位于临汾市尧都区金殿镇。“华夏第一洞房”、睡女峰、仙境石、梳妆台、会仙台、云雾寺等景观景色秀丽、石洞幽幽、仙迹灿灿。景区初春繁华似锦，仲夏宜人，深秋红叶火火，隆冬冰瀑高悬，自古就有“南逢莱，北姑射”之美誉。

小西天　全国重点文物保护单位，位于山西省临汾市隰县城西凤山巅。小西天千佛庵以泥悬塑艺术精堪而闻名天下。寺中各尊佛像、装饰均以泥为原料，以“沥粉贴金”彩绘而成，造价昂贵，各种彩塑姿态各异，栩栩如生，令人眼花缭乱、目不暇接，实为明代彩塑罕见珍品。

七里峪　国家级森林公园，位于霍州市区东50千米李曹镇的七里峪村。具有“华北天然氧吧”之称的七里峪现建成“三仙泉、正南沟、牛老沟、偷水沟、石人沟、井沟、崖沟、北塄草原、红岩奇松”等十大景观，实为休闲、娱乐、度假为一体的旅游胜地。

霍　山　位于霍州、洪洞、古县、沁源、灵石等县，南北走向约200千米，总面积700余平方千米，属太岳山脉。隋开皇十四年(594)册封为中镇，是中国古代五镇名山之一。最高峰老爷顶，海拔2551米，有双门峰、天竺峰、盘龙峰、天马峰、宝冠峰、青霞峰、笔架峰、玉柱峰、摩天峰、探月峰、连珠峰、钟鼓峰、伏虎岩、灵龟岩、凤凰岩、桃花谷、红岩谷、洗心泉、马跑泉、仙人石、老龙背、朝阳洞、万年坪、万锦坡等自然景观，皆造化神奇，各具佳妙。有136种野生动物资源，800余种植物资源。1992年经国家林业部批准建立国家级森林公园，公园面积约6万公顷。

舜王坪　属中条山脉。是历山主峰，位于翼城县东南的西闫镇境内，距县城70千米，海拔2321米，是山西省南部最高的山。舜王坪由舜王当年驾牛执鞭躬耕历山而得名，坪顶260公顷，景区著名景点有白龙潭、黑龙潭三级瀑布、珍珠帘、紫金沟、娥皇、女英二妃洗面盆、梳妆台、舜帝饮马的将军潭、绊马石、偏食牌楼、闪光峰、奇石沟、哚峰等。

霍州署衙　国家重点文物保护单位，位于霍州市东大街北侧，是国家保存最完整的“四大署衙”之一。署衙三进院落，规模宏伟，完整地体现出地方官衙的文化内涵和元代建筑风格，被中国古建筑研究专家梁思成先生称为“滑稽绝伦的建筑独例”，在中国绝无仅有。

尧　陵　山西省重点文物保护单位，位于临汾市城东北35公里的大阳镇，是五帝之一帝尧的陵墓，墓丘高50米，周长300余米。景区由陵墓区和祭祀区两部分组成，内有牌坊、仪门、献殿、寝殿、碑亭、垛殿和祭祀大殿等景观，是祭尧的场所。

广胜寺　位于洪洞县城东北的17千米处的霍山南麓。始于东汉建和元年(147)创建，唐大历四年(769)重修，代宗李豫御赐“广胜寺”之名延用至今。元大德七年(1303)重建，明、清增修。现存为一组元、明时期的建筑群，分上寺、下寺和水神庙三部分。1961年被国务院公布为国家级重点文物保护单位。

飞虹塔耸立于飞虹塔院中心，俗称琉璃塔，始建于东汉，元大德七年(1303)毁于地震，明正德十年(1515)至嘉靖六年(1527)重修。塔身青砖砌成，各层皆有出檐，全身用黄绿蓝三彩琉璃装饰，塔中空，有踏道攀登可上，设计巧妙，为中国琉璃塔中的代表作，是国内保存最完整的七彩琉璃塔。

洪洞广胜寺水神庙戏剧壁画“尧都见爱大行散乐忠都秀在此作场”，1971年修复时将壁画拿下，现珍藏于广胜寺文物库。水神庙是祭祀霍泉神的风俗性祭祀庙宇，包括山门(元代戏台)、仪门、明应王殿等建筑。在水神明应王殿内四壁绘有近200平方米的元代壁画，尤以南壁东一幅戏剧壁画著称于世，完成于元代泰定元年(1324)。“尧都”即平阳，“大行散乐”即杂剧班子名称，“忠都秀”是头牌演员艺名，“作场”即演戏。画面完整地反映元代舞台演出的真实场面，仿佛把680年前平阳名艺人“忠都秀”的一次生动“作场”，活灵活现地搬到世人面前，成为研究东方戏剧最直观、最古老的形象记录，升华为中国古代戏曲的一个经典性标识。是目前全国唯一保存的大型元代戏剧壁画。1998年，该画与古壁的打球图同时被编入《中国历史》教科书。

丁村旅游景区　国家级重点文物保护单位，位于临汾市襄汾县南5公里处。“一村两国宝”的丁村景区，由丁村遗址和“丁村民居”两部分组成。丁村遗址是旧石器时期“丁村人”的文化遗址，丁村民居是明清时期北方民居建筑风格的典范。

苏三监狱　山西省重点文物保护单位，国家AA级景区，位于临汾市洪洞县县城内。建于明洪武二年(1369)，因北京名妓周玉姐即苏三蒙冤落难后被囚禁于此而得名。内有虎头门、普通牢、死囚牢、“苏三井”、蜡像馆等景观，是国家唯一现存的明代县衙监狱，距今有600多年历史。

铁佛寺　山西省重点文物保护单位，位于临汾市市区内。铁佛寺又称大云寺，始建于唐贞观六年(632)，寺内有寺门、中殿、方塔、藏经阁、罗汉堂等。方塔为六层八角琉璃结构，高30余米。塔内有高6.8米、面宽3.8米、重15吨的唐代铁铸释迦牟尼佛头一尊，堪称唐初艺术精品。

荀子文化园　荀子文化园位于临汾市安泽县城东部的况山之颠，2004年，为纪念战国著名思想家荀子所建。园区内有山门、大殿、荀子塑像、荀子文化广场和动植物标本楼，楼内陈列着荀子著作32篇和野生植物标本400余种，是高等院校科研教学基地和青少年科普教育中心。

红军东征纪念馆　红军东征纪念馆位于临汾市永和县阁底乡东征村。2005年修建，占地2500平方米。馆内设有“英明决策筑辉煌、红军东征在永和、老区人民爱红军”三个展厅。展厅以大量实物、图片、塑刻等真实再现1936年2月至5月，毛泽东、彭德怀东渡黄河，抗日救国的伟大功绩。

永和关黄河渡口　位于县城西北35公里黄河东岸的南庄乡永和关村，自古以来为秦晋交通要道。附近山头上陶片瓦块俯拾皆是，并有数米古城墙遗迹，疑为古县城遗址。不远处有清代长城和兵营遗址，数十间石块垒制的营房清晰可辨，城墙上箭楼、望台等保存完好。与延安隔水相望，是中国共产党早期革命活动的重点地区之一。河面开阔，水流平稳，是自禹门口以上河岸最广阔的渡口。黄河文化生命树位于永和关村北，是生长在黄河岸畔的一棵千年石槐，身高30多米，树身粗约6米，四人伸长两臂难以合抱，与乾坤湾一起属于世界级别的人文景观。

【古遗址】　丁村文化遗址　位于山西襄汾县城4千米的丁村附近汾河河畔，北起史村，南至柴庄，长约11千米，旧石器时代文化遗存，距今约30万年至10万年。1953年发现，1954年作重点发掘。发现人牙三枚，旧石器2005件，哺乳动物化石——梅氏犀、披毛犀、野马、纳玛象、斑鹿、方氏鼢鼠、原始牛等28种。1976年又发现一块小孩的右顶骨化石。1961年被国务院公布为全国重点文物保护单位。丁村文化遗址是建国以来首次发现的、保存较为完好的、规模较大的、国内少有的旧石器时代文化遗址。

吉县柿子滩旧石器时代遗址　位于山西省吉县东城乡西村，旧石器时代文化遗存，距今2万年至1万年。1980年发现，1980年与2000年至2001年两次调查发掘，在15千米的范围内发现25处旧石器和动物化石，出土3000余件石制品、动物化石及制作精美的蚌质穿孔装饰品。发现方圆2公里的古人类活动中心区域，并发现一处距今2万年左右的篝火遗迹。被评为2001年全国十大考古新发现之一。2001年被国务院公布为全国重点文物保护单位。

枣园遗址　位于翼城县隆化镇枣园村与南撖村之间的滑家河、浇底河交汇处台地上，现存面积约60万平方米，新石器时代文化遗存，距今约7000年。1991年5月发现，同时清理灰坑一座，陶器以红陶为主，褐陶次之，也有一些灰、黑色陶。器形有双耳小口广肩深腹罐、直腹或鼓腹罐、敞口深腹或浅腹钵、折腹钵、假圈足钵、折沿深腹盆、直口圆腹釜、三足盂、凹腰器座等，此外还有石磨棒、陶错、石刀等生产工具。1994年定其为“枣园文化”，省级文物保护单位。

陶寺遗址　位于襄汾县东北约7.5千米的陶

寺村南，西临汾河，东靠塔儿山。是中国黄河中游地区以龙山文化陶寺类型为主的遗址，还包括庙底沟二期文化和少量的战国、汉代及金、元时期的遗存。遗址东西约2千米，南北约1.5千米，总面积在300万平方米以上，距今约4600年至4000年。50年代初发现，从1978年春至1984年冬，中国社会科学院考古研究所先后进行发掘。陶寺遗址发现的遗迹有房址、窖穴、水井、陶窑、石灰窑、墓葬、灰坑，及以观天授时为主并兼有祭祀功能的观象台。遗址中出土陶器、石器、玉器、骨器、漆木器、铜器、纺织品及1件铜铃形器等文物，其中陶器数千件，石器逾千件，骨器数百件，玉器、漆木器百余件。通过考证，证实陶寺遗址极可能为4000多年前尧时代的“唐尧帝都”。其年代与尧、舜、禹时代正好相当，是中华民族文化摇篮的佐证。1961年列为省级重点文物保护单位，1988年被国务院公布为全国重点文物保护单位。

下靳遗址　位于尧都区尧庙乡下靳村，临汾市区西南约10千米处，东南距陶寺遗址约25千米，海拔高度450米。新石器时代文化遗存，距今约4600年。1997年，砖厂在村北取土时发现大片墓地。1998年5月对已暴露的墓地进行抢救性发掘，累计清理墓葬533座。墓葬依头向不同可分为A、B两类，A类墓有随葬品，其中以玉器为主，还有少数陶器、骨器等小件饰品；器型主要有陶罐、瓶、玉蝉、玉器、绿松石腕饰品等。B类墓无任何随葬品。2004年被列为省级重点文物保护单位。

曲村—天马遗址　位于曲沃县曲村镇曲村、北赵、三张，及翼城县里砦镇天马村之间，在曲沃和翼城两县交接处，总面积约为10.64平方千米。是以晋文化为主的西周时代遗址，其埋葬时代几乎贯穿整个西周时期，有新石器时代的仰韶文化层、龙山文化层、夏文化层、西周至战国文化层，以及秦汉元明文化层。距今2800年至3000年。1962年发现，1963、1979年至2001年对遗址进行调查和发掘。已发掘出周代墓600多座，出土280余件青铜礼器，大量青铜兵器、车马器、完整陶器1000余件，以及数万件玉、石、骨、贝、蚌、铅器等。M8的陪祀车马坑为全国同时期最大的车马坑，清理出陪祀马100匹。1996年被国务院公布为全国重点文物保护单位。为确认西周时期晋国的始封地以及晋国历史的研究和夏、商、周断代工程，提供实物资料。

侯马晋国遗址　在侯马市汾、浍两河交汇处，面积约33平方千米，年代为公元前6世纪初至公元前40世纪初。该遗址也称侯马晋国都城遗址或新田遗址，为东周时期晋国最后一个都城新田所在。1952年发现，1956年发掘。古城已圮，现仅存宫殿台基残迹。由古城遗址、宗庙建筑遗址、祭祀遗址、手工业作坊遗址、墓地和居址组成。

牛村古城　位于侯马市西北，南北长约1400米，东西宽约1200米。在牛村古城址南有铸造青铜器、陶器、石器、骨器的手工业作坊。

铸铜作坊遗址　面积约3000平方米，出土100多块铜锭、铝锭、铸铜生产工具及3万余件陶范。青铜礼器有鼎、豆、壶、簋、鉴、敦等，兵器有剑、镞等，此外尚有车马饰和虎符。陶范刻有精美的夔龙纹、蟠螭纹、云雷纹、环带纹、垂叶纹、人纹、鱼纹、首纹等。

盟誓遗址　位于牛村古城东南，占地3800多平方米。遗址中发现400多坑，坑内埋葬着牛、马、羊和玉币等殉葬品。其中41个坑内出土约数千件盟书，多数为朱书盟书，少数为墨书诅辞。

上马村墓葬区　位于牛村古城南、浍河南岸，面积约50万平方米，墓葬密集。其中13号墓是一座规模较大的长方形竖穴木郭墓，墓内的随葬品，除铜贝、包金贝1600多枚外，共约360多件。1961年被国务院公布为全国重点文物保护单位。1992年被评为全国考古十大发现之一。

绵山介子推遗址　位于翼城县城西北5千米处的绵山。相传介子推母子均亡命于此。后人为纪念介子推，在火烧绵山处建一座庙，庙内塑有介子推母亲的石像，旁边是介子推跪在母亲身边的石像，以为纪念。

蔺相如墓　位于古县北平镇李子坪村口东山脚，墓高9米，周长80米，墓顶树林葱郁，墓前有一树枝曲干黑，墓堆为圆锥型，土质为陶土。墓前有一小河，名蔺河，因“文化大革命”期间造田，墓土被挖，现仅存原墓一半。墓前有碑三通，一为民国7年(1918)署理安泽知县、清末举人房长奂所立，二为1960年5月1日安泽县人民委员会所立，三为1995年6月20日古县人民政府所立。

【元代戏台】　临汾市有5座元代戏台，是中国罕见的一组古代戏台建筑。

魏村牛王庙戏台　位于临汾市西北25千米处

的魏村镇魏村北的牛王庙内,坐南面北,是现存全国最早的戏台建筑之一。建于元至元二十年(1283),单檐歇山顶亭式建筑,平面正方形,为木构亭式舞台,台面宽7.45米,进深7.55米,台基高1.4米,四角立柱,前檐石2根为方形抹角石雕。元大德七年(1303)因大地震,戏台倾塌,至治元年(1321)重修,1978年落架复原修缮。1996年被国务院公布为国家级重点文物保护单位。

东羊东岳庙戏台　位于魏村牛王庙戏台东南5千米处的土门镇东羊村东岳庙内,现存戏台和后土圣母殿,始建于元至正四年(1344)。戏台坐南向北,正面敞朗,三面封闭,平面方形,占地面积169平方米,台顶高12.6米,单檐歇山顶。台基高1.75米,台宽7.75米,深3.5米。内檐梁架结构巧妙,交迭成八卦形,故亦名八卦亭,在古戏台中堪谓绝无仅有,独领风骚。省级重点文物保护单位。

王曲东岳庙戏台　位于东羊东岳庙戏台东南3公里处的吴村镇王曲村东岳庙内。戏台分前后两部分。前部是悬山卷棚式结构,民国初年重修时增建;后部为十字歇山顶建筑。

乔泽庙戏台　位于翼城县城南5千米处的武池村。庙已毁,唯独戏台完好保存下来。始建于元泰定元年(1324),距今678年,元、明、清各代皆予以扩建和修葺。台基高1.6米,尚袭宋金舞亭建筑规制,长13.3米,面宽进深9.3米,中线之内面积86.49平方米,呈正方形,台上有8根大柱支撑屋架,呈井字形排开,整个屋架为木制结构,藻井厅巧,琉璃脊饰。是国内现存金、元戏台建筑中规模最大的一座。山西省重点文物保护单位。

四圣宫戏台　位于翼城县闫镇曹公村四圣宫内,建于元至正年间(1341—1368),坐南中向北,平面近方形,单檐歇山式建筑,三面封堵,整个舞台用材硕大规整,结构精巧。戏台和大殿相对,无前后台之分,是元代的建筑形制。

【精品线路】　黄河风情游:以壶口—克难坡—管头山—人祖山为主线;

寻根祭祖游:以古槐—尧庙—尧陵—丁村为主线;

休闲生态游:以舜王坪—荀子文化园—三合牡丹园—七里峪为主线。

山西省主推古建宗教游、晋商文化游、寻根祭祖游、太行山水游、黄河风情游、红色经典游等6大旅游精品线路,黄河风情游、寻根祭祖游成为6大精品线路中的其中之二。

【地方特产】　霍州面塑　霍州面塑小巧玲珑,做工精巧,式样繁多,它不仅是一种风味面食、馈赠亲友的佳品,也是可供观赏的艺术珍品,不同节日、不同节气的花馍其花色造型各有讲究。过大年的登高、枣花馍,清明节的蛇盘馍,七月十五的羊羔馍、猪头、麦积、针线笸箩;孩子满月的项圈馍、老人祝寿的寿桃馍;还有人物、动物、果实、经典故事、十二生肖、二龙戏珠、龙凤呈祥、喜鹊登梅等。天上飞禽、地上走兽、水中游鱼、名作名典人物所见所闻,经过巧手加工成一幅幅精美的艺术珍品,成为霍州旅游产品。

壶口杂粮　“壶口牌”杂粮具有独特的保健食疗作用,真空包装便于储存,是家居食用和馈赠亲朋的首选佳品,杂粮系列产品主要有绿豆、红豆、大豆、芸豆、莱豆、小米、高粱米、燕麦、荞麦、玉米片、燕麦片、豆面、荞麦面、玉米面等30余个品种。壶口杂粮以科技为保证、以质量求生存、以市场为先导、以品牌求发展、以诚信为宗旨、以信誉求效益、以绿色食品为目标、以人类健康为目的、产品远销全国各地及香港。

隰县梨　隰县被誉为“中国金梨之乡”,种植梨有1500余年的历史,是全国仅有的两个金梨品种产区之一。该县以其土层深厚、耐干旱、昼夜温差大,得天独厚的自然优势,被国内许多果树专家公认为果树生产最佳区域。据国家专业部门检测,隰县梨果含糖量高于周边果区同类产品。其中晋蜜梨连获山西省首届(1996年)、第二届(1998年)优质果品展评会金奖。2002年,隰县梨以其果面光滑、色泽艳、含糖高的优势,在国家工商局商标总局成功注册“隰州梨”商标。

吉县苹果　果型端正、果面光洁细腻、着色鲜艳浓红、口感香脆甜爽。曾获得山西省首届农博会金奖、山西省第一、二、三届名优水果展评会金奖、1992年首届中国农博会苹果类唯一金奖、第三届中国农博会“名牌产品”、北京国际果品鉴证会金奖、1996、2000、2001年中国国际果品博览会“名牌产品”等大奖。1997年起吉县苹果开始少量出口,2004年出口量大增,远销澳大利亚、加拿大、德国及泰国、老挝、俄罗斯等国家,在海外有较高的声誉。

永和枣　传统品种有条枣、灰枣、小枣、团枣、麻子枣、葡萄枣、圪瘩枣、大叶枣、五星枣、葫芦枣、脆枣、沟坝枣、无核枣等13种，其中条枣和灰枣、小枣、团枣等4种为主栽品种。还利用枣开发出红枣米面粥、蜜枣、玉枣、红枣饴、红枣保健汁、酸枣汁等保健品。

古县核桃　古县核桃栽培有2000多年的历史，作为古县高优农业的拳头产业，经过几十年发展，形成老中新三大核桃区。近年来，古县新引进晋龙1号、辽核1号、辽核3号等11个优良品种，其中晋龙1号获得“山西省名优核桃的称号”，在古县得到推广。现有核桃树105万株，年产核桃125万公斤。

【旅游纪念品】　土圪塔布鞋　土圪塔麻绳手工拉花千层底布鞋一直沿用传统手工制作方式，工艺严格、独特，选料考究、做工精细，工序复杂繁多，每一双千层底布鞋都要经过拧绳、沿边、纳制、鞋底整形、合布、下料、裁断、制帮、绱鞋、排揎、成谢等十余道工序才可完成。每道工序都有严格明确的标准，讲究尺寸、手法、力度，要求干净、利落、准确；其制作工艺采用的是师徒传承、口传心授的传承模式，难度很大。鞋底采用的麻绳手工拉花千层底在全国独一无二，是中华民族传统文化的延续和引申，毛坯是由30多层棉新白布合成，透气、吸汗性强，纳底时要选用上等麻绳，每双鞋要用麻绳、棉索200多米，粗细不能超过0.05毫米，每平方寸纳146针以上，一双鞋至少3000多针，在花型上采用民间广为流传的喜鹊、梅花、石榴、牡丹、如意、福寿等图案，表达吉祥如意、幸福安康的美好祝愿。

泥泥狗泥塑　是伏羲女娲的象形物，是远古生灵群像的高度概括变形的祭祀物，其源远流长。人祖山泥泥狗取材于人祖山特有泥质，用红、黄、绿、白、粉五色黑底，手工捏造，彩绘文化格调，造型古朴、似拙实巧，每个产品有孔可吹，音律浑厚，独具一格，品种繁多，取材广泛，造型生动，精致细腻，栩栩如生，有人面兽身、奇禽怪兽等造型，是祈福、避灾、求子、馈赠亲友颇受欢迎的神圣物。

晋侯鸟尊　仿古青铜器，高39厘米，长30厘米，宽17.5厘米，整个鸟尊以凤鸟回眸为主体造型，头微昂，圆睛凝视，高冠直立。禽体丰满，两翼上卷，在凤鸟的背上，一只小鸟静静相依并成为鸟尊器盖上的捉手，为宗庙礼器。

乡宁紫砂陶器　分日用品及装饰品两种。以茶具为最佳，造型古朴，形态端庄，文雅别致，各成风格。沏茶能保持原有色、香、味不变，隔夜不馊，长期使用不起腻苔，不生异味，久之能使茶味隐蕴，余香暗藏，虽注入清水，犹有茶香，有“此时无茶似有茶”之谓。清代列为贡品。其耐冷热应变性佳，虽在冬日注入沸水亦不能裂，提携不炙不烫，使用愈久，色泽愈美。所制汽锅，用于烹制鸡、鸭、鱼、肉，滋味蕴蓄不散。所制的花盆植入花木不易烂根，以其型色俱佳，赏用兼备，益增花木之美。

侯马皮影　侯马素有“皮影之乡”的美称，其历史可追溯到春秋时代。自唐末始，侯马即有皮影戏，至金代兴盛一时。皮影大师廉振华，生于1922年，侯马市虒祁村人，是全国著名的民间老艺人。曾组建侯马市皮影剧团，创作《采蘑菇》《鹤与龟》《大闹天宫》等皮影剧目。《振华皮影》接待过来自全国各地和美国、法国、日本等国的客人。其作品深受海内外人士的欢迎，曾被中央、省、市领导作为珍贵礼品馈赠国外友人。

平阳木板年画　平阳木板年画是中国最早制作的木板年画之一。平阳木板年画题材广泛，刀工细腻，印刷精细，地方色彩浓厚，别具风韵，为广大帮人所喜闻乐见。宋金时期，平阳木板年画主要产于平阳(今临汾)、浮山、绛州(今绛县)等地，行销于今山西、陕西以及内蒙古、甘肃等地。由于木板年画的地方性及其在家庭中的实用性，如拂尘纸、门画、门楣、室外壁画等，平阳木板年画至今仍在市场上销售。

郑月巴葫芦艺术　采用镂刻、烫烙、浮雕、线刻、沥金、压模等多种工艺，制作形态各异的宝葫芦、酒具葫芦、神符葫芦、仿古葫芦、百寿葫芦、八宝葫芦以及五彩缤纷的脸谱葫芦、奇形葫芦等。特别是根艺葫芦，曾得到彭真同志的赞赏，后又作为山西省珍贵礼品赠给薄一波、任建新等同志，现名震全国，成为最有地方特色的、品位较高的珍贵礼品。

(闫建文)

【旅行社】

2016年临汾市旅行社一览表

表16

临汾中国国际旅行社	临汾中国旅行社	临汾华尧国际旅行社
临汾大地旅行社	临汾京铁旅行社	山西壶口之旅旅行社
临汾大奇旅行社	临汾假日旅游有限公司	临汾海峡旅行社
临汾商务旅行社	临汾途乐旅行社	临汾新世纪旅行社
临汾新闻旅行社	临汾人祖山旅行社有限公司	山西丁村人旅游有限公司
临汾天元旅行社	临汾东方旅行社	临汾新宇旅行社
临汾大成方略旅行社	临汾思麦尔旅行社	临汾百事通旅行社有限公司
临汾市明月天旅行社	临汾春秋国际旅行社有限公司	三晋祥云旅游文化有限公司
临汾五洲旅行社	临汾飞虹旅行社	临汾夏日旅行社
临汾九龙航空旅行社	临汾经之纬旅行社	霍州市鑫源国际旅行社
霍州宏利旅行社	四季风航空假日国际旅行社	侯马三皇旅行社
侯马神州旅行社	侯马四方旅行社	侯马华铁旅游有限公司
侯马万里行旅行社	侯马宏图旅行社	洪洞森源旅行社(红马门市部)
洪洞航天旅行社	洪洞友邦旅行社	山西梦之园旅行社有限公司
洪洞大槐树旅行社	汾西县金凤凰旅行社	翼城凯达旅行社
翼城红海旅行社	翼城舜王平旅行社	山西云丘山新悦旅行社
乡宁亚龙旅行社	乡宁鸿翔旅行社	蒲县安隆旅行社
尧夏旅游有限公司	曲沃伍思旅行社	吉县三河旅行社
永和乾坤湾旅行社有限公司	山西自由行旅行社有限公司	卧牛旅行社有限责任公司
山西鑫洋国际旅行社临汾分公司	山西友谊国际旅行社临汾分社	山西商务国旅临汾分公司
北京中铁联合国旅临汾分公司	山西凯撒临汾分公司	山西东方国旅临汾分公司
大同国旅临汾分公司	北京康祥国旅临汾分公司	山西东方国旅华之都分公司
运城市肆季春旅行社临汾分公司	南京途牛国际旅行社临汾分公司	中国国旅国际旅行社临汾分公司
山西皇城相府旅行社临汾途易分公司	同程国际旅行社临汾分公司	山西红马国旅临汾分公司
北京市中西国际旅行社临汾分公司	山西旅游集散中心临汾分公司	山西鑫泽国际旅行社汾西分公司
山西红马国旅霍州分公司	山西商务国旅洪洞分公司	山西梦之园旅行社洪洞分公司
山西东方国旅襄汾分公司	山西春秋国旅襄汾分公司	太原春秋旅行社侯马分公司
长治市金翼鸟旅行社侯马分公司	山西太平洋国旅侯马飞公司	山西新华国旅侯马分公司
山西天马国际旅行社侯马分公司	山西东方国旅侯马分公司	山西泰歌国际旅行社有限公司
河南路仕达旅行社侯马分公司	山西东方国旅翼城分公司	

【星级饭店】

2016年临汾市星级饭店一览表

表17

四星级	临汾金海湾大酒店	侯马华翔大酒店	临汾思麦尔大酒店
	侯马华强大酒店	襄汾丁陶大酒店	
三星级	临汾五洲大酒店	临汾黄河大酒店	临汾红楼大酒店
	临汾尧都大酒店	临汾育花园大酒店	临汾市家思博尔酒店
	临汾东苑大酒店	古县天上人间度假村	翼城宾馆
	曲沃宾馆	古县宾馆	洪洞赵城宾馆
	洪洞大槐树民俗酒店	乡宁玉鑫源大酒店	吉县壶口瀑布大酒店
二星级	临汾福临大酒店	临汾平阳宾馆	临汾铁道宾馆
	临汾国税宾馆	临汾神农大酒店	临汾书荣大酒店
	曲沃宝丽大酒店	曲沃信合宾馆	襄汾交通大厦
	襄汾大运商务酒店	大宁宾馆	蒲县安隆宾馆

餐饮业服务

【概述】 2016年,临汾市餐饮服务管理中心创建餐饮行业新秩序为主线,开展业务培训工作,强化行业职工技能水平,开展“引进来、走出去”的活动,加强行业职工队伍技术水平的培训,利用现有资源和聘请中国烹饪大师、名师对行业职工开展“面食馅心培训”和“创新晋菜培训”工作,培育学习型技能人才队伍。从5月开始,依托评选出的临汾“十大名菜”“十大名吃”在业内开展系列活动,促进行业职工学习氛围,开展名菜、名吃的资料整理工作,为落实餐饮文化打下基础。

【开展“美食进社区”的活动】 2016年,以普及临汾餐饮特色,让更多老百姓享受尧乡美食;以社区居民看得到、买得起、能做出的美食为基本;以让百姓在家门口尝到临汾餐饮传统特色为主要内容，开启餐饮行业与社区结合的新篇章，探索临汾餐饮业在转型发展道路上的新思路。

【2016 年中国技能大赛—山西省首届饭店业职业技能大赛暨第六届全国饭店业职业技能大赛选拔赛】 2016 年，由山西省商务厅、山西省人力资源社会保障厅、省总工会、团省委、省妇联共同举办的 2016 年中国技能大赛—山西省首届饭店业职业技能大赛暨第六届全国饭店业职业技能大赛选拔赛在 8 月举办。参赛人数全省排名第四，通过本次竞赛，提升临汾市饭店餐饮从业人员信心，在新常态下，面对新情况，做出新作为；提高技术水平，增强核心竞争力；有助于提升服务能力和服务水平，推动饭店餐饮行业结构调整、转型升级和跨越发展。

【2016 中国山西食品餐饮旅游博览会暨首届中国山西面食文化】 2016 年，中国山西食品餐饮旅游博览会暨首届中国山西面食文化 8 月在太原煤炭交易中心开幕，在与餐饮企业进行沟通的基础上，同多家企业达成参赛意向。依托临汾名吃的文化底蕴，印发味道·临汾之临汾十大名吃的宣传手册，促进临汾市餐饮文化的发展。向外宣传临汾市的传统饮食文化，对临汾市餐饮行业地方特色的宣传起到作用。

（郭乡生　李刚）

附：

2016 临汾市餐饮业'名菜名吃名厨'评选活动名单

临汾市餐饮业十大"名菜"

1. 临汾金都花园酒店　　霸王别姬
2. 安泽黄河京都大酒店　　小米羊肚菌
3. 临汾市昱海楼酒店　　锅烧羊肉
4. 吉县壶口大酒店　　红烧黄河大鲤鱼
5. 洪洞县重八席大酒店　　苏三枷鱼
6. 临汾市陶唐会馆　　生焗养生南瓜
7. 临汾市天鹅大酒店　　天鹅脆皮猪手
8. 临汾市古城酒店　　晋南四喜扣碗
9. 临汾市嗨啤鸽味　　黄泥烤乳鸽
10. 临汾市五洲大酒店　　蜜汁长山药

临汾市餐饮业十大"名吃"

1. 临汾市薛老五牛肉丸子面　　牛肉丸子面
2. 临汾市三晋拉面王　　浮山烧麦
3. 乡宁县谢富桦　　乡宁油糕
4. 霍州妞妞饸饹面馆　　霍州饸饹面
5. 洪洞县重八席大酒店　　洪洞饽糕
6. 曲沃县吕保安羊汤店　　曲沃羊汤
7. 临汾市翼城饭店　　翼城生炒面
8. 临汾市李家丸子店　　李家丸子
9. 临汾市古城酒店　　临汾黄米蒸饭
10. 临汾市军民餐厅　　襄汾油粉饭

临汾市餐饮业十佳"名厨"

1. 临汾市古城酒店　　杨德峰
2. 临汾市西关鱼烙馍村　　高新峰
3. 临汾市如意酒店　　高星星
4. 临汾金都花园酒店　　王　柱
5. 临汾金都花园酒店　　李德书（面点）
6. 临汾灶王爷食府　　孙仓杰
7. 临汾市昱海楼酒店　　吴振东
8. 临汾市金海湾大酒店　　郝燕华
9. 吉县壶口大酒店　　周燕青
10. 洪洞县重八席大酒店　　李小华

新闻出版

出版管理

【概述】 2001 年，临汾地改市时设立临汾市文化新闻出版（版权局）管理局，新闻出版方面主要承担制定全市新闻出版业发展规划；依法管理全市报纸、期刊的出版活动和印刷业（复印打字）、内部资料性出版物；负责本市新闻单位记者证的审核工作；负责本市各类媒体驻临汾记者站的监管；做好出版物发行、印刷业人员技能培训、等级评定；负责全市"扫黄打非"办公室日常工作；负责指导相关协会工作；贯彻著作权管理、保护和使用的政策；负责推进软件正版化工作；指导全市著作权行政执法和社会监管；组织查处著作权侵权盗版及非法出版活动案件；协调新闻出版行业的安全生产工作。2016 年以执法办案为抓手，加强文化市场监管，推进全市平安文化市场活动深入开展。强化文化市场监管力度，全市全年共出动执法人员 24955 人次，检查各类文化经营单位 8361 家，查处安全隐患问题 124 处，办理行政案件 322 件，对 41 家证照不全的网吧、KTV、台球厅、游泳场馆下达停业整顿通知书。全市 68% 的网吧进行转型升级。完成全市新闻记者证 2015 年度核验工作，完成省"双打"工作考核组的考核任务。

【创建书香临汾】 2016 年 4 月 23 日是第 21 个世界读书日，也是中国倡导全民阅读 10 周年。临汾市局研究制定下发《2016 年"文化山西·书香临汾"全民阅读系列活动实施方案》，以"文化山西·书香临汾"为主题，以全民阅读系列活动为载体，营造全民读书、崇尚学习的社会氛围。

组织召开 2016 全民阅读暨版权保护宣传日活动。向临汾市第二小学捐赠价值 10000 元的图书，为广大群众发放优惠购书卡 1000 张。

组织市新华书店开展成语大赛和读书征文活动。市新华书店开展"同读书，共成长"读书心得征文活动、优秀图书展销活动等；6 月 8 日，联合市文明办，在新华书店开展"新华杯"国韵成语大赛活动。

开展"我的书屋我的梦"读书征文活动。暑假期间，联合市教育局组织开展"我的书屋我的梦"读书征文活动，经过筛选，向省局推荐优秀作品 6 篇。

开展图书展销进监狱活动。市新华书店和山西省第三监狱共同组织开展以"弘扬和合精神，营造和谐狱园"为主题的图书展销活动。让服刑人员把"刑期"变为"学期"，早日改过自新、重新做人，回归社会。

【行业管理】 2016 年，临汾市完成新闻出版统计年报工作。完成 2015 年度新闻出版统计年报工作。抽检单位共 74 家，其中，出版物印刷企业 8 家，包装装潢类印刷企业 9 家，其他印刷品印刷企业 25 家，打字复印单位 8 家，零售书店 24 家。完成全市印刷企业年检工作。全市现有印刷企业 146 家，其中，出版物印刷企业 8 家，包装装潢类印刷企业 16 家，其他印刷品印刷企业 107 家，数字印刷企业 6 家，内资印刷企业 9 家。引导企业转型升级。浮山县文博印业有限公司、尧都区瑞尔文化传播有限公司完成数字化印刷转型升级。德美印业、尧信印业、虹昂印业等临汾市优秀印刷企业，精心挑选出版物印刷代表作，申报第一届山西出版奖印刷奖评选。申报 2017 年新闻出版改革发展项目。《赵城金藏》复制推广项目、临汾数字出版及网络印刷平台项目、全民阅读黄河壶口悦读会实训基地建设项目、尧都区辅仁教育书店扩大经营规模项目符合条件，推荐上报。

【案件查办】 2016 年，临汾市"扫黄打非"工作动员会召开，市委市政府办公厅联合印发《临汾市 2016 年"扫黄打非"行动方案》，印发《临汾市深入推进"扫黄打非"进基层的实施办法》，制定下发护苗2016、固边2016、清源2016、净网2016、秋风2016等专项行动方案;印发八批政治性有害出版物查堵目录;组织开展春节期间出版物市场和网络文化环境监管工作、打击利用云盘传播淫秽色情信息专项整治行动、春季中小学教辅材料出版发行专项检查行动、开展校园及其周边复印店专项治理行动、暑期文化市场百日综合整治行动、全市印刷复制发行专项检查、开展假冒学术期刊网站专项整治等系列专项行动,全年共开展专项行动7次,市县两级共出动行政执法人员3500余人次,检查印刷复制单位350家次,出版物发行单位280家次,收缴各类非法出版物4300余册,非法音像制品1500余张,取缔无证经营书店2家、违法经营书店1家,查办各类案件15起。净化临汾市出版物市场。

【新闻单位及记者管理】 2016年,临汾市完成全市新闻记者证2015年度核验工作,通过年度核验的新闻记者证持证人员共有407人。组织2016年新闻记者证申领工作。根据《关于开展省内新闻单位分支或派出机构清理整顿工作的通知》《关于省级新闻单位驻地方机构清理整顿结果的公告》精神,在临汾日报对山西省新闻单位驻临汾机构清理整顿结果进行公告。完成全市新闻出版执法证年检工作,共年检新闻出版执法证116个。对全市连续性内部资料性出版物进行年检换证,共换发准印证16个。

(郭秋林)

广播电视台

【概述】 2016年,广播电视台围绕市委、市政府中心工作和阶段性宣传重点,开设20多个专题专栏,播出量达到500余期,播出时政要闻、民生新闻、资讯消息等8600多条,利用新媒体同步刊载推送,进行山西旅游发展大会、市党代会、市"两会"、项目开工"百日攻坚"专项行动、创业临汾人等重大活动的宣传报道,履行主流媒体的职责。

【对上报道】 2016年,广播电视台成立对上报道组,聚焦重点工作,挖掘新闻素材,主攻山西新闻联播。全年在省台、央视发稿196条,比2015年增长53%,其中深度报道占比由21%上升到42%,有22%为头条或者报题播出,跨入全省前三的行列。

【节目创新】 2016年,临汾市的创新栏目。在重新评估的基础上,对全台节目进行改版升级。停办几档样态陈旧、传播乏力的旧栏目,推出符合传播规律的《路上那些事》《创业临汾人》《娱乐新客站》等几档新版节目。创新编排。按照新闻宣传要细分受众、精准传播的思路,从1月25日开始,将《临汾新闻》的首播时间由原来的每晚20时提前到19时35分,做到错峰编排、精准传播。《直播临汾》一周五档横向打通,特别是几档服务类节目在周末形成传播矩阵,得到市领导和广大受众的肯定。创新考核。每月由党组成员带头严格节目评审,根据奖优罚劣的原则发放相应稿酬,促进全台节目质量的提升。日审月评、末位淘汰、双奖双罚等考核模式在实际工作中完善。

《路上那些事》记者采访照

【产业经营】 2016年,临汾电视台的经营创收工作受到冲击。为了应对困境,激发活力,电视台主动转变经营体制,广告中心公开选拔经营责任人,变集体经营为目标责任制经营,广播中心实行分频率经营目标责任制,五大节目部实行服务经营目标责任制。通过创新经营手段、实行经营转型、节目与创收融合、提高服务水平等方式,稳住经营收入的整体下滑势头,2016年广告经营全年收入1430多万元,比2015年增长38%。

【媒体融合】 2016年,广电网站经过改版,适合新媒体传播和传输手段,可以便捷的推送节目。“临汾广播电视台”“FM951 综合广播”“FM889 交通广播”“临汾远大广电传媒”“天道临汾”“临汾有线”等六大微信客户端实现与日常工作的融合,实现微信视频直播。新闻栏目联动、广播电视互动、市县台齐动,广电网站、微信等新媒体精准推送,探索多媒体、多平台、多终端的融合发展。特别是筹划建设的智慧广电跨代通信网,整体方案上报市发改委,完成科研论证报告。 (王昶 王强)

年度热播节目介绍

·电视类·

【临汾新闻】 《临汾新闻》是临汾电视台联播类新闻栏目,集政务平台、百姓平台、服务平台于一体,主要承载全市的主要时政要闻、主题性报道、百姓生活和咨询服务等新闻。播报特点既庄重大方又简洁明快,既体现主流媒体的权威性和公信力,又不失亲和力和服务性,坚持正确的舆论导向,倡导社会正能量。

【尧都新闻】 《尧都新闻》作为以时政报道任务为主的综合新闻类栏目,主要承载尧都区主要时政要闻、主题性报道、百姓生活和咨询服务等新闻。

【直播临汾】 传递最鲜活的新闻资讯,直击最真实的新闻现场,搭建最广阔的新闻平台。民生大看台,生活大百科。

【直通尧都】 《直通尧都》主要是宣传尧都区在经济社会发展中的新思维、新举措、新经验、新成就,集中讲好尧都发展故事,增强尧都区委、区政府媒体传播影响力,展示尧都发展风采、汇聚尧都发展能量的一档新闻类专题节目。

【正在进行】 《正在进行》栏目以“人品加作品就是我们的生命”为座佑铭。“正”字象征着正义正直正道,围绕中心、服务大局进行舆论监督、宏扬主旋律是这档节目的主要特征。

【特别关注】 一档演播室访谈类节目。栏目通过主持人访谈+演播室嘉宾+记者外采的形式,坚持“关注社会发展、贴近百姓生活”的栏目宗旨。致力于真实客观的诠释新闻事件,理性细致的关注点滴生活,以精辟入理的观点指导实践。

【路上那些事】 《路上那些事》是一档全新的交通类栏目,节目用全新视角,针砭时弊,对发生在道路上的不文明交通行为和交通违法行为进行曝光,对一些政策、法律热点进行解读,对交通参与者遇到的困难进行帮助。栏目以普及交通安全法规,抨击交通陋习和交通违法行为为核心,提升市民的文明交通意识,搭建起一座交警与市民相互沟通的桥梁。

【论理说法】 《论理说法》栏目是临汾电视台唯一一档法制节目,通过普法栏目剧的形式讲述发生在老百姓身边的法律故事、社会现象,加之演播室权威法律专家的精彩点评,使观众看故事了解法律,学法用法,共同构建和谐的法制环境。

【魅力临汾】 以旅游为载体,以文化为核心,以故事为基础、以情感为纽带,努力打造美丽临汾对外宣传的窗口,为推介当地经济社会发展、城市形象、文化产业、旅游资源提供一个舞台。

【梨园堂】 生旦净丑锦秀梨园竞争艳,梆声琴韵戏里戏外《梨园堂》。《梨园堂》一档具有浓郁地方特色的文化戏曲谈话类栏目;《梨园堂》一档令广大观众和戏迷朋友喜闻乐见的名牌栏目;《梨园堂》一档夺得全国电视戏曲栏目最高奖“兰花奖”的品牌栏目。

·广播类·

【临汾新闻】 《临汾新闻》节目播出频率:FM95.1,节目旨在围绕临汾市的中心工作,把握正确的舆论导向,彰显广播传播特点,弘扬主旋律,坚持“三贴近”,为人民群众鼓与呼,为建设文明开放、富裕和谐新临汾提供强有力的舆论支持。新闻形式突出记者的现场叙述性报道,新闻部抽调专人与各县市(区)台记者联络,形成广电配合,上下联动的宣传合力。节目形态:录播。

【综广早声音】 《综广早声音》节目播出频率:FM95.1,是一档集新闻资讯+出行导航+便民信息等为一体的生活综合服务类节目。为目标人群提供快捷的生活信息,包括招聘、二手转让、租售、出行等信息。节目形态:主持人直播。节目宗旨:关注民生、服务民生,老百姓需要的就是我们要做的,成为听众生活的“百事通”“包打听”。

【娱乐新客栈】《娱乐新客栈》节目播出频率:FM95.1,是一档都市休闲、娱乐脱口秀、模仿秀节目。节目旨在讲述社会奇闻趣事,搭建平民展示平台,营造轻松生活氛围,娱乐社会服务大众,节目形态:主持人直播,节目风格:轻松、幽默、娱乐、搞笑。

【951车世界】《951车世界》节目播出频率:FM95.1,是一档集评车、修车、养车、玩车、二手车等信息为一体的汽车服务类节目。节目中穿插路况信息,新车资讯、流行音乐,注入流行、时尚元素,整体风格轻松活泼、节奏明快,是临汾市独家专业汽车类广播节目。节目形态:主持人直播。节目版块:新车资讯、二手车评估时间、路况信息。

【最爱乐生活】《最爱乐生活》节目播出频率:FM95.1,是一档轻松温馨、贴心互动型的音乐广播节目。旨在为大家推荐好听的音乐,提供点歌送祝福的平台。节目形态:主持人直播。

【951吃喝玩乐大搜索】《951吃喝玩乐大搜索》节目播出频率:FM95.1,是一档生活服务类节目,旨在传递美食、时尚信息,服务百姓生活。节目形态:主持人直播。

【951总动员】《951总动员》节目播出频率:FM95.1,是一档综艺类节目,旨在最大限度地服务大众,娱乐大众。节目形态:主持人直播。

【阳光早班车】《阳光早班车》节目播出频率:FM 88.9,是交通文艺广播颇受欢迎的一档早间交通资讯类节目,节目宗旨:“贴近、陪伴、娱乐”,节目形态:主持人直播。

【一路好心情】《一路好心情》节目播出频率:FM88.9,是一档包含音乐欣赏、诠释音乐主题的伴随性音乐节目,节目力求将其可听性、欣赏性、休闲性自然的结合在一起,以音乐感触生活,以生活感知音乐,能够使音乐和人的生活情趣紧密相连。节目形态:主持人直播。

【阳光快车】《阳光快车》节目播出频率:FM88.9,是一档集交通服务、宣传、推介、解答为一体的午间民生服务类交通节目,以“服务百姓生活,倡导文明出行”为宗旨。在节目中为市民出行提供便利,宣传道路交通安全法,倡导大家文明出行,营造和谐交通环境。节目形态:主持人直播。

【动感889】《动感889》节目播出频率:FM88.9,是一档伴随性音乐节目,节目以音乐为主线,感悟人生、抒发情怀、启迪心灵,让忙碌的人们拥有一个轻松、舒适的下午,节目形态:主持人直播。

【平安回家】《平安回家》节目播出频率:FM88.9,是一档晚间出行高峰的伴随性交通类节目,旨在缓解堵车所带来的心理压力,疏导人们烦躁的内心,愉悦忙碌一天听众的情绪,节目形态:主持人直播。

【音乐夜阑珊】《音乐夜阑珊》节目播出频率:FM88.9,是一档点播分享类的音乐节目,节目内容以听众点播歌曲、分享音乐为主,引导听众进入一个舒适的收听氛围和心灵空间,节目形态:主持人直播。

新闻中心

【概述】 临汾市新闻中心,为正处级建制,参照公务员法管理事业单位,编制6名,处级领导职数1正1副,有主任1名,副主任1名,内设办公室、新闻科2个科室,正科级建制。2016年,临汾市新闻中心创新方式方法,组织和协调系列新闻宣传活动,在宣传造势、维护稳定、凝心聚力等方面,做大量工作。

【主题宣传】 2016年,临汾市新闻中心围绕习近平总书记系列讲话精神和十八大、十八届三中、四中、五中全会精神,组织协调各级各类主流媒体集中推出专题专栏,报道临汾市各地各部门贯彻落实讲话精神、会议精神的实际行动。围绕市党代会、市两会主题,《临汾日报》、市广播电视台和新闻网站开设专题专栏,解读《市党代会工作报告》和《政府工作报告》,宣传临汾市落实市党代会和两会精神的部署安排和实际行动,引导广大干部群众深刻领会、联系实际、统一思想,真抓实干、攻坚克难、团结奋斗,为实现振兴崛起,建设富裕、文明、绿色、幸福新临汾营造舆论氛围。

【重点宣传】 2016年,临汾市新闻中心围绕市委市政府重大决策部署、重点项目建设,突出“六型转变”“六大发展”“脱贫攻坚”“金融振兴”“科技创新”“民营经济”“城市建设改造十五大工程”“百里汾河生态经济带”建设等系列宣传，临汾日报、临汾广播电视台集中版面、集中专题，开设专栏，驻临记者站在《山西日报》《山西电视台》等主流媒体头版头条、重要时段，重点报道各条战线项目建设的新进展、新业绩、新成效，真实记录全市干部群众共谋发展、干事创业、勇于担当的精神风貌。

【专题宣传】 2016年，临汾市新闻中心围绕“华夏之根 文明之旅”尧文化旅游招商系列活动，集中对“一座都城——陶寺遗址”、尧文化暨德廉思想研讨会进行高规格、全方位、多角度宣传。活动期间，组织协调中央、省、市级53家媒体，共发稿400余篇(条)，转载量达1000余次，在中央级媒体共发稿30篇，山西日报发稿6篇，刊发“华夏之根 文明之旅”活动专版，山西广播电视台播发稿件16条，形成全方位、立体式的宣传格局，为加大招商引资，打造山西帝尧文化旅游品牌，营造舆论氛围。

【推进新闻培训】 2016年，临汾市新闻中心组织各县(市、区)委宣传部长、分管新闻宣传的副部长及市直有关单位新闻发言人参加在大连和西安举办的2次全国新闻发言人培训班。11月，举办全市新闻舆论暨网信工作培训班，围绕党的十八届六中全会精神和省市党代会精神，就新形势下如何做好新闻舆论工作和网络舆情应对处置进行培训。

【加强与媒体的联系】 2016年，临汾市新闻中心多次接待新华社、《人民日报》、中央电视台、《山西日报》、山西广播电视台等中央、省级媒体记者计200余人次，做陪同采访、提供新闻素材等工作。为人民日报山西分社、新华社山西分社等中央级媒体，多次提供临汾市新闻素材，新华网发表“上半年GDP完成逾530亿元 比2016年同期提高5.7%”“振兴崛起 一线行动 临汾扩大‘朋友圈’”“如何变得碧水蓝天、临汾晒出5年环保成绩单”山西日报发表《临汾步入绿色低碳新生活》《临汾乡情招商引发返乡创业潮》等重大稿件。2016年，组织各级各类媒体共刊发稿件5385篇(条)，其中中央级媒体发稿88篇(条)，省级媒体发稿3550篇(条)，头版头条35篇。《山西日报》头版头条发稿8篇，头版显著位置发稿30篇，13个临汾新闻专版。

【规范各项工作】 2016年，临汾市新闻中心编发内部资料《新闻通信》，出3期，主要内容包括，高层声音、阐释解读、宣传要点、业内动态4各板块。完善《临汾市突发公共事件新闻报道应急预案》《接待新闻记者工作流程》、新闻中心工作职责、各科室工作职责及各项管理制度，做到责任明确、有章可循。按照《临汾市新闻宣传作品奖励办法》规定，统计、严格把关，2015年10月至2016年9月临汾市共有320件在中央及省级媒体发表的新闻作品获奖，激发广大新闻工作者深入采访、认真写稿、踊跃投稿的积极性，好稿、大稿、重头稿件的比例创历史新高，为宣传临汾做出贡献。

(王　婧)

临汾日报

【学习教育】 2016年，临汾日报社利用党报媒体的宣传平台，开设相关专栏，营造学习氛围，展示全市贯彻落实中的实践。以“两学一做”专题教育为契机，加强党的思想政治建设，巩固拓展党的群众路线教育实践活动、“三严三实”专题教育和学习讨论落实活动成果，为巩固和壮大主流思想舆论竭尽全力，让党的主张成为时代最强音，为全市各项事业发展提供思想舆论支持。

【“两学一做”的宣传报道】 2016年，临汾日报社在《临汾日报》A1、A2版，临汾新闻网各开辟“两学一做”学习教育专栏，分别刊发动态消息120余篇，通讯30余篇，评论6篇。

【旧城改造整治的宣传报道】 2016年，临汾日报社在要闻版开辟《掀起城建改造高潮 提升临汾城市品位》专栏，晚报版开辟《来自城市建设改造一线报道》专栏。新闻网站及法治社会周刊、财经周刊、科教文化周刊根据自己版面特点编发有关的报道。共计刊发动态消息300余篇，通讯100余篇。尤其是鼓楼南北街拓宽改造工程项目，日报、晚报共派4名记者常驻指挥部，报道鼓楼南北街拓宽改造工程进展，累计刊发稿件213篇，通讯78篇，图片329件。

【文化旅游方面的宣传报道】 2016年，临汾日报社在山西临汾帝尧古都文化旅游节期间，分别在《临汾日报》A版、《临汾日报·晚报版》、临汾新闻网开辟“溯中国源头 寻华人之根”为主题的相关栏目，共刊发帝尧文化旅游节稿件100余篇，其中消息65篇、通讯30余篇、言论2篇及3个讲话。为配合临汾市申办山西旅游发展大会主办城市，在一版显要位置多次刊发支持临汾申办全省旅游发展大会倡议书，动员全市广大干部群众参与投票，共计刊发各类活动稿件60余篇。

【“党代会、两会”、县乡两级党委换届的宣传报道】 2016年，临汾日报社在《临汾日报》开辟“喜迎市第四次党代会特别报道”专栏，刊发系列报道8篇。开辟“党代表风采”专栏，刊发8篇稿件，展示临汾市优秀党员代表楷模与典范。两次“两会”，期间评论部共组织撰写人大、政协开幕闭幕社论各3篇。刊发19个县（市、区、开发区）形象专版，祝贺“两会”召开，营造“两会”氛围。临汾新闻网开办《临汾“党代会”》《临汾“两会”》专栏，刊登有关消息、通讯、评论稿件48篇。网站，微博，微信一网两微推出系列报道，刊登大量照片，特写，每天分5个时段转发两会报道100余篇次，两会报道点击量超过200万次，为“党代会”“两会”营造良好氛围。县乡换届方面。头版开辟《风清气正看换届》专栏，刊发相关评论7篇、稿件60余篇、风清气正看换届漫画9幅。

【“百日攻坚”的宣传报道】 2016年，临汾日报社在一版开设《百日攻坚在行动》栏目，截至2016年底共刊发稿件48篇。

【脱贫攻坚的相关报道】 2016年，临汾日报社制定专门的宣传方案，安排4名记者全程跟踪，以各种形式做好脱贫攻坚工作的报道。在日报刊发相关脱贫攻坚的稿件80余篇，《新农村周刊》刊发有关扶贫稿件280余篇，其中头条刊发扶贫稿件30余次。

【综合改革】 2016年，临汾日报社按照习近平总书记2016年2月19日在党的新闻舆论工作座谈会上的重要讲话精神和市委领导对报社发展提出的新要求。在对全国3个省7家报社进行全面考察，学习借鉴外地经验、结合本日实情实际的基础上，推进报业发展综合改革。确定“主流媒体，服务立报，精品强报”的办报理念和“坚守党的立场，贴近人民生活，讲好临汾故事，弘扬时代精神”的办报方针。坚持以发展为主题，以改革为动力，以创新为重点，办好临汾市委机关报，巩固壮大《临汾日报》党报主流媒体的主阵地；强化理念内容形式机制等方面的创新，构建本报媒体融合发展的新格局；拓宽报业服务和发展新领域，培育新的增长点，增强临汾日报社的报业发展后劲和综合实力。着眼未来媒体发展，建立完善两大机构、4个中心、一个晚报版、4个实体、13个部室的全媒体新格局。针对读者对纸媒阅读兴趣发生变化、党报必须做精报纸进行分众化传播的发展趋势，实施延伸式、精准式的党媒服务，推出《经济周刊》《法治周刊》《文化旅游周刊》《教育健康周刊》《农村周刊》等五个周刊。让重大活动报道、深度报道、人物报道、有价值的精品新闻唱主角。具体做好六抓：抓精品头条；抓精品栏目；抓改进会议报道；抓改进文风；抓改进采编作风；抓精选图片。

【媒体融合】 2016年，临汾日报社适应党媒发展新趋势、搭建媒体新平台、推进媒体深度融合。以临汾新闻网为依托，利用微信、微博、移动客户端等现有资源，建立新媒体中心，融合报社内部资源，综合多种传播手段，实现传统媒体与新兴媒体在内容、渠道、平台、经营、管理等各方面优势互补、共同发展。整合日报、周刊、晚报新闻采访资源，打通媒体融合管道，实现信息共享，建立层级发稿把关机制，使新闻传播逐步由“先采后编、先报后网、各自为阵、全而未融”的局面转变为“先网后报、实时播报、报网联动、梯次推进”的现代化立体传播体系。结合全新改版，培育和壮大更多的新媒体品牌，把握党报媒体在新媒体领域的权威发声，为报社长远发展奠定基础。

【服务群众】 2016年，临汾日报社坚持问题导向，关心群众疾苦，解决事关群众利益的事情。原三招和印刷厂职工从机关事业养老中心向企业养老中心转移工作完成，退休职工领到企业退休金，其他人员的生活补助标准提高。每逢节假日，都要走访慰问离退休干部和困难职工，送去温暖，干部群众非常满意。每年都要组织职工进行常规体检。

经常关心职工食堂工作,为大家提供更好的服务,倡导厉行节约,弘扬传统文化。对考入大学的子弟坚持实行助学奖励制度,截至2016年底给予36多名子弟共计3万元助学奖励。

【法治建设】 2016年,临汾日报社利用定期开展的业务培训平台,提高新闻采编队伍政治素养、业务素质,加大法制教育的力度。注重对宪法法律尤其是与新闻采编有关的法律法规的学习和研讨,在队伍建设上,把广大采编人员的法治教育放在与素质教育同等重要位置上常抓不懈。坚持以能理解、易接受、有成效为标准,突出经常性、规范性、长期性,实行每月一次的综合业务培训班。运用好"道德讲堂",在对全体干部职工进行道德规范、社会公德、职业道德、家庭美德、个人品德系统培训,引入法治讲座,将法制和道德结合。抓好典型示范,领导班子讲法治,以典型引领示范,增强学法、用法、守法的浓厚氛围。开设培训班96期,培训采编人员3456人次。

期　　刊

【《山西师大学报》社会科学版】 《山西师大学报》(社会科学版)是由山西师范大学主办、山西省教育厅主管的综合性学术理论刊物。学报坚持正确的办刊方向,履行办刊宗旨和编辑方针,执行党和国家有关新闻出版的政策和法规,所发文章没有出现任何政治性和原则性错误。在办刊过程中,提倡"百花齐放、百家争鸣",打破多年一贯的内外稿比例限制,坚持学术质量第一的用稿原则,注重论文的学术独创性、现实针对性和理论指导性,吸纳大量校外专家学者的优秀论文,在学术界产生影响。

《山西师大学报》(社会科学版)为双月刊,112页,国内外公开发行,至2016年底共出版43卷200期。2016全年共出版6期,发表学术论文130篇,约135万字。在学术质量上比上年有提高:在作者层次方面,具有高级职称、博士学位作者的比例逐年上升;在计量指标方面,总被引频次达到2263次,影响因子0.432,基金论文比0.63,WEB下载量19.87万次。

创新的办刊理念和日渐形成的栏目特色,使社科版学报在学术界和出版界的影响扩大。2016年有11篇/次文章被《新华文摘》《高等学校文科学术文摘》《中国社会科学文摘》《教育科学文摘》《文摘报》和中国人民大学书报资料中心等文摘类报刊转载或转摘。

【《山西师范大学学报》自然科学版】 《山西师范大学学报》(自然科学版)是由山西省教育厅主管、山西师范大学主办的自然科学类综合性学术期刊,它以繁荣科学文化、促进学术交流、发现和培养人才、为两个文明建设服务为办刊宗旨。主要刊登数学、物理学、化学、地球科学、环境科学、生命科学、计算机科学等基础研究和应用研究方面的学术论文,主要反映山西师范大学理科各学院、系、所、中心的最新科研成果,促进国内外学术交流,为我国现代化建设服务.主要读者对象是国内外科技工作者、高等院校理工科教师和研究生等。1986年创刊,季刊,128页,国内外公开发行,至2016年底共出版30卷113期。

2016年发文100篇,约110余万字,全年受基金或科技计划项目资助论文共69篇,总被引频次为664,影响因子(复合JIF)为0.167,基金论文比为0.69,被引期刊数为339,下载率为17。学术质量提高,影响因子学科排序上升。

办刊多年来,坚持以质量求生存、以特色求发展的办刊理念,办刊质量、转载量和文摘率稳步上升,在全国学术界具有较大影响。成为《中国期刊网》全文入网期刊,《中国学术期刊(光盘版)》全文收录期刊,《中国学术期刊综合评价数据库来源期刊》,《万方数据—数字化期刊群》全文收录期刊,《中国核心期刊(遴选)数据库》收录期刊,《中文科技期刊数据库》(全文版)收录期刊,《中国数学文摘》《中国物理文摘》《中国无机分析化学文摘》《中国生物学文摘》《电子科技文摘》及数据库收录期刊。

【《体育研究与教育》】 《体育研究与教育》创刊于1986年,是山西师范大学主办、山西省教育厅主管的体育类综合性学术期刊。主要栏目有:体育人文社会科学、体育教育研究、民族传统体育研究、运动训练与竞赛、运动人体科学等。读者对象主要为大中小学体育教师、体育工作者、体育科研人员、教练员等。

本刊自创刊以来，坚持以质量求生存、以特色求发展，办刊质量、转载量和文摘率提高，在体育学术界具有较大的影响。现为《中国期刊全文数据库》全文收录期刊、《中国学术期刊综合评价数据库》统计源期刊、中国学术期刊(光盘版)全文收录期刊、《万方数据—数字化期刊群》全文收录期刊、《中国核心期刊(遴选)数据库》收录期刊、《中文科技期刊数据库》(全文版)收录期刊。2006 至 2012 年被山西省委宣传部、山西省新闻出版局、山西省科技厅评为山西省一级(优秀)期刊。

2016 年本刊共发表学术论文 145 篇，共计 152 万字。在计量指标方面，2016 年期刊影响力指数 CI 值 81.101，期刊影响因子(复合 JIF)方面，5 年影响因子 0.461，他引 5 年影响因子 0.454，引用期刊数和被引期刊数分别为 410 和 329，基金论文比达 0.55，WEB 下载量 6.61 万次。多篇刊载文章被《人大书报资料中心・体育》《体育文献科技通报》全文复印、摘录。

【《平阳方志》】 2002 年 3 月 31 日创刊，由临汾市地方志办公室主办，经山西省新闻出版局批准，刊号为山西省内部资料准印证 K－325 号，季刊，大 16 开本，主编尉俊。主要栏目有：大事纪略、特载、学术争鸣、当代临汾、尧乡人物、平阳大地、晋商文化、古都春秋、史海泛舟、往事如烟、民俗风物、民间故事、社会万象、天南地北、修志之窗、信息网站等 16 个栏目。其宗旨是刊登方志领域最新研究成果，积累修志编纂重要资料，推动全社会读志用志，办刊风格独特，讲求指导性、资料性、可读性和趣味性。全年共发表文章 57 篇计 42 万余字。

(郑红升)

【《平阳党史》】 《平阳党史》创刊于 1989 年，原党和国家领导人彭真同志题写刊名。由市委党史研究室主办，经省新闻出版局批准，刊号为第 K—348号，季刊。主要有史料荟萃、峥嵘岁月、历史一页、史海拾贝、学习园地、工作谋划等栏目，集资料性、可读性、权威性于一体，发行于省、市、县以及兄弟省、市有关单位和部门。是党史工作对外宣传交流，对内学习教育的平台，是资政、存史的重要渠道。高标准、高质量地编辑出版 2016 年度 4 期《平阳党史》，其中编撰出版的纪念红军长征暨红军东征胜利 80 周年专刊和庆祝中国共产党成立 95 周年暨“两学一做”学习教育工作专刊，得到社会各界的好评。扩大《平阳党史》杂志的发放范围，由以前的向部分市直单位发放 200 余册扩大到向市直所有部门、部分学校、医院及社会有关方面赠 1200 余册，加大上级党史部门、省内外党史兄弟单位党史工作的社会宣传力度，增强党史宣传教育效果。

(张　艳)

【《尧文化研究》】 《尧文化研究》由临汾市委宣传部主管、临汾市三晋文化研究会、临汾市尧文化研究与开发委员会主办的大型全景式社会科学期刊，印刷刊号为山西省内部资料准印证 K—232 号。其前身系尧文化研究与开发委员会创办于 2007 年的《尧文化》，在出版 13 期后，于 2015 年 1 月与三晋文化研究会主办的《尧风晋韵》合二为一，更名为《尧文化研究》，刊期沿续《尧文化》。编委会主任刘合心，主编王庚星、执行主编石耀辉。

《尧文化研究》办刊宗旨是：树立尧文化品牌，弘扬尧文化精神，传播尧文化信息，打造尧文化实力。主要栏目有：《尧天舜日》《尧海探珠》《尧山论剑》《尧行天下》《尧都揽胜》《文史勾陈》《学术争鸣》《企业文化》等。2016 年共出版 2 期，改刊后的《尧文化研究》主题突出，内容丰富，印刷精美，受到学术界及普通读者的好评。

《尧文化研究》每期印刷 2000 册，发放范围为全国主要高等院校、科研院所、传媒机构，山西省市宣传、文物部门，临汾市四大班子主要领导，临汾 17 个县(市、区)及 2 个开发区主要领导，山西省、市三晋文化研究会及临汾 17 个县级三晋文化研究会。

(石耀辉)

【《平阳花》】 《平阳花》创刊于 2014 年 8 月，由临汾市妇联主办，尧都区农村商业银行协办，开设会议精神，特色工作展示、“平安家庭”创建、巾帼风采、理论探索、金融理财等板块,宣传党的政策法规、落实全国妇联和省妇联工作部署、传达会议精神、全面动态的展示临汾妇女工作、妇女群众丰富多彩的生活以及女性关注的各种热点、焦点问题,为全市各级妇联组织和广大妇女提供宣传、交流、学习的平台,为社会各界架起了解临汾妇女的桥梁。

《平阳花》,杂志为月刊,22 页 44 面,每期向临汾市各级政府机关以及各级妇联组织发送。自 2014 年 8 月创刊以来,截至 2016 年底,出 24 刊期,无论在各级政府机关还是各级妇联组织都产生影响,成为凝聚平阳大地各界妇女的工作法律。

驻临汾记者站

【三晋都市报驻临汾记者站】 三晋都市报驻临汾记者站成立于 2012 年,是三晋都市报经过山西省新闻出版管理局批准,临汾市文化局同意,在临汾境内成立的唯一一家合法机构。

2016 年,三晋都市报驻临汾记者站共采写稿件 87 篇。其中,采写隰县、吉县和洪洞县全域旅游方面深度稿件三篇,在媒体内首先打响宣传全域旅游的报道。发挥都市类报纸的优势,深入到基层一线,采写群众喜闻乐见的教育类稿件,在国际戒毒日到来之际,站记者深入临汾戒毒所,通过和吸毒人员近距离接触采访,连续刊发 4 篇连载,通过吸毒人员的心声,教育读者远离毒品。在习近平总书记提出工匠精神后,站记者走进圣杰齿科医院,采写《 一名口腔医生心中的"工匠精神"》等。

(郭兆宾)

【山西法制报临汾记者站】 《山西法制报》是山西省唯一的法制类报刊,是普法宣传、法律服务的主要平台,是山西省政法综治部门的主要宣传主阵地。山西法制报临汾记者站是山西法制报社派驻临汾的新闻工作机构。2016 年,山西法制报临汾记者站围绕报社及临汾市委的宣传思路,坚持正确的舆论导向,恪守新闻职业道德,践行"走转改"的工作作风,全年共采写刊发出新闻稿件九百余篇,其中,山西法制报正报刊发稿件四百篇,通讯稿件一百余篇,头版头条稿件 18 篇。在山西政法网、法治临汾头条号、法治临汾微信平台等网络媒体发表五百余篇。将临汾市政法综治战线的好经验、好举措向全社会进行推广,为临汾市的法治建设、和谐稳定做出贡献,树立新闻工作者的形象,赢得社会各界的好评!

(刘雅静)

【黄河新闻网临汾频道】 黄河新闻网是由中共山西省委宣传部主管、省委网信办主办的重点新闻网站,综合传播力稳居全省新闻网站首位。临汾频道为其驻临分支机构,具备独立的一类互联网新闻信息服务资质,临汾区域首家"百度新闻源"新闻网站。自 2011 年设立以来,发挥互联网传播专业优势,根植尧乡大地,全方位展示临汾各项事业发展成就。频道与银行业协会、文明办、农信社、健教办、房产等机构深度合作并开设专题页面,与环保、国土、公安、金融、卫计委等机构深度合作开设专题栏目。频道原创日发稿量稳定在 70 篇左右,访问量月稳定在 IP25 万、PV47 万以上。PC 端设有新闻、时评、文化、高清图、视频新闻等栏目,手机端建设有微信、头条号、移动 APP 等全媒架构。2016 年,临汾频道以"用户、大数据、全传媒"为定位,以新闻传媒、服务党政和文化传播三大产品体系为基点,与政府、机构、企业等进行着联系与合作。隰县、霍州、襄汾,临汾工商、税务、交警,中行、热电,东升华府、莱茵半岛等,有越来越多的用户经由临汾频道渠道优化,获得更大影响力,收益性价比更高的服务。

(乔 坤)

【山西新闻网临汾频道】 山西新闻网系经国务院新闻办审核批准、山西日报报业集团主管主办的省级重点新闻网站。山西新闻网成立于 1998 年 5 月 18 日,是山西省内最早成立的新闻网站,山西新闻网临汾频道是由省、市宣传部网信办备案的市级新闻资质记者站,关注时政,发展经济,服务民生。2016 年,山西新闻网临汾频道共发表稿件 9600 余篇,采访撰写稿件 1440 余篇。新闻作品立足当地,全方位、系统性地报道临汾在教育、民生、脱贫攻坚、文化旅游、招商引资等方面取得新进展、新成就。其中，深入“走转改”，与临汾市教育局开展“文化山西临汾教育行”采访报道，历时半年，采访全市15所学校、20个老师，采稿23篇，宣传和报道临汾教育发展成果；开展“村里来了第一书记”专题报道，深入基层采访报道新闻稿件11篇；开展“山西美丽乡村行”大型采访报道活动，采写美丽乡村、旅游景点、旅游产品三大类新闻稿件15篇；按省、市网信办要求，组织开展“网络媒体新春走基层”活动，采写新闻稿件10篇。参与“华夏之根·文明之旅”系列报道等临汾市委、市政府及省、市宣传部组织开展的各种宣传报道活动。此外，运用新媒体语言，创新报道形式，全力报道每年的地市“两会”、市党代会等重大活动。主要发表《美丽乡村——洪洞秦壁》《吉县62名“第一书记”带领贫困村脱贫》《“百日攻坚”集中开工 “五个尧都”奋力推进》《“华夏之根 文明之旅”临汾市举办招商引资项目推介会》《临汾首批2000辆公共自行车启用》等新闻作品，受关注与好评。

（姚　骏）

【山西广播电视台临汾记者站】 2016年，临汾记者站高扬时代主旋律，传递主流价值观。反映临汾大地发生的大事要事，讲述当地人民的思想情感。从2015年10月至2016年9月，共采写消息160多条，专题几十条，参与策划实施大的活动10多次。扶贫报道。6月14日至20日，在永和县和大宁县对县人民医院的精准扶贫进行采访，制作《永和：精准医疗扶贫 助力持续发展 》《新闻特写－－省城专家来义诊》《夯实医院基础 提高医疗水平 大宁县医疗精准扶贫让百姓得实惠》《大宁精准医疗扶贫：关口前移 实施网络化管理制度》《送上门的好村医——贺星龙》等节目。7月5日至11日，在吉县和隰县采访光伏扶贫、电商扶贫、金融扶贫，制作《王明明网上卖杏记》《隰县探索资产收益扶贫模式》《隰县电商平台拓展农民致富路》《阳光照亮扶贫路》等节目。10月18日，在乡宁县枣岭乡吉庄村一户农民的果园里，进行90分钟的《苹果红了》直播活动。以苹果红了为切入点，介绍乡宁的科技扶贫、旅游扶贫、产业扶贫、电商扶贫。

党建报道。2016年是建党95周年，对于优秀共产党员、优秀党务工作者、优秀基层党组织，都非常关注。采写《韩村党总支：坚持“三会三公开”打造创新 服务型基层党组织》《我们乡有个好书记——翼城县王庄乡党委书记翟铭娟》《黄河岸畔百姓健康守护人——贺星龙》《小事见真情——介绍隰县下李乡桑湾村第一书记郭风鸣》等节目在广播电视播出。

文化报道。帮助大型民俗纪录片《晋善晋美晋民俗》节目组对临汾境内大量的民俗文化如对曲沃湛蓝提取与染色技艺、克昌银粉、乾育昶药店等民间工艺进行了解；对侯马皮影、刺绣、布老虎、麒麟采八宝、台神花鼓、晋南古建、新田青铜器进行了解；对襄汾晋作家具技艺、平阳麻笺、尉村跑鼓手、襄汾72呆、丁村棉纺技艺等进行了解；对霍州锣鼓、年馍、用水习俗、门神等进行了解。

7月18日，对在中央电视台星光大道全国大学生专场特别节目中，将艺术作为业余爱好的、临汾女孩南开大学经济系学生靳蕾做了专题采访报道。

民生报道。采写《王明明网上卖杏记》《临汾多地遭遇冰雹灾害农作物不同程度受》《省城专家到贫困县大宁义诊》《大宁精准医疗扶贫：关口前移》《隰县电商平台拓展农民致富路》《 送医上门的好医生贺星龙》《临汾市发布“玉露香”标准》《翼城县再为参加新型农村 合作医疗大病患者减轻医疗负担》《曲沃千吨洋葱出口韩国 启动仪式在曲沃县北董乡举行》《 霍州市举办贫困家庭学生救助暨“爱心助学”大会》等等大量关注百姓生活的报道，成为密切广大人民群众与党和政府血肉联系的纽带。9月9日至11日，隰县玉露香梨的采摘节，采访制作《隰县别样乡村游》上下集在公共频道播出。记者站做好重点报道 、做好与台内频道频率的对接等工作。

（马秀丽）

【山西晚报临汾记者站 】 2016年，山西晚报临汾记者站秉承《山西晚报》“阳光、温暖、梦想”的办报理念，参与和完成省、市多项重大活动的采访报道工作，长期关注当地时政大事、民生动态，坚持在基层采访，奔走在新闻采访一线。记者分别采写的

《临汾公共自行车运营第一天,市长带头骑自行车倡导绿色出行》《国宝传奇,沧桑800年惊心动魄;临汾几经努力促成百卷〈赵城金藏〉回归千年古寺》《你的小脚趾是两瓣吗?你是洪洞大槐树移民后裔吗?》《摩托村医贺星龙,大山里的健康守护者》《临汾红丝带学校校长,郭小平 想为艾滋病防治做更多事》《大雨中跳入深水救人 临汾高建军义举刷爆朋友圈》《凌晨抓捕入室盗窃犯罪嫌疑人,民警不顾伤痛空手夺刃擒贼》《全国文明家庭——郭世玉带领一家子做公益》《“一朵花”18万亩 助力永和脱贫》等200余篇稿件,其中《山西晚报》评选的好新闻奖62篇,整版新闻稿件12个版,头版头条3条,头版图片9条,大量新闻作品被国内主流媒体和门户网站转载,形成社会影响和好评。由于记者站每月超额完成报道任务,做到发稿多、重点稿件多,重大专题报道多,记者多次被单位评为月度优秀记者和“敬业爱岗标兵”。由记者站采写、山西晚报推选的大宁县80后村医贺星龙、临汾红丝带学校校长郭小平获“感动山西”2016年度称号,其中郭小平同志由《山西晚报》推选,荣膺“感动中国”2016年度人物,得到社会关注,感动全省乃至全国人民,为临汾市加强精神文明建设,弘扬主旋律,传播正能量增光添彩。“铁肩担道义,妙手著文章”是伟大的中国共产主义者先驱李大钊掷地有声的名言,也为记者站记者的勉语。记者采写《一家三口睡梦中烧成重伤 家人走投无路卖房筹款》《大学生患重病,全校师生伸援手》《关爱汾西留守儿童》等诸多反映社会民生类的稿件,参加各类公益活动,为农村、困苦、大病等急需救助的人群鼓与呼,尽自己最大的能力扶危救困,为他们募集善款达到百万元以上,在争当“爱心记者”的路上奋力前行。

(刘　江)

【山西工人报驻临汾记者站】 2016年,《山西工人报》驻临汾站按照报社目标和下达的要求,保质保量的完成稿件投稿任务。编写、整理发出稿件209篇,在山西工人报刊登134篇,工人日报、山西工运杂志各刊登1篇。其中:《临汾市总:以艺术联谊会为载体 助力职工素质提升》《劳模交警周宝贵的故事》《临汾市总:推动形成“五小”竞赛常态化格局》《情暖女职工的“温暖之家”》等4篇稿件刊登在头版头条,20篇大篇幅稿件刊登在一版重要位置,在二版、三版重要位置报道县总工会及市直企、事业单位工会工作稿件22篇。报道市总各项动态工作78篇,报道市总组织建设和五小竞赛两项重点工作稿件15篇,报道各县(市、区)及各类企事业单位工会工作稿件105篇。宣传临汾市各行各业、各条战线的工作,突出反映各个基层工会致力于服务经济建设、服务职工群众的具体做法和业绩,集中体现全市60万职工的精神风貌和工作热情,为提升各级工会服务水平,宣传好临汾起到推动作用。11月至12月,完成《山西工人报》的征订任务。

(赵　霞)

卫　生

卫生和计划生育工作

【概述】 2016 年，临汾市卫生和计划生育委员会以巩固县级公立医院综合改革成果为抓手，围绕破除以药补医机制，落实政府办医责任，建立科学补偿机制。确立蒲县为临汾市的公立医院综合改革试点县，改革进程推进顺利。17 个县(市、区)医改工作各项指标全部达到国家、省定标准。提前启动城市公立医院改革准备工作，组织相关部门赴运城市和福建省三明市实地考察城市公立医院改革做法和经验，形成对两地公立医院改革的考察报告。建立覆盖全市所有县级综合医院和妇幼保健院的“四大医联体”。全市共有 37 所县级医院、93 所乡镇卫生院参与建立县乡医联体，帮助乡镇卫生院新增或拓展业务项目 21 项。全市分级诊疗格局逐步形成，曲沃县被确定为高血压、糖尿病等慢性病分级诊疗试点县，县内就诊率达 90.3%，位居全省前茅。

【计划生育工作】 2016 年，临汾市卫计委贯彻落实新修订的《人口与计划生育法》以及相关配套法律文件，市政府下发《临汾市实施全面两孩政策实施方案》和《临汾市实施全面两孩政策相关部门任务分解方案》，使全面两孩相关政策得到衔接和实施。2016 年全市人口自然增长率提高 1.34 个千分点。加强妇女儿童医疗卫生服务体系建设，在临汾市妇幼保健院成立新生儿救治中心，在市人民医院、市第四人民医院成立临汾市危重孕产妇急救中心。开展计生基层基础发展年活动，侯马市、蒲县和乡宁县被评为全国计划生育优质服务先进县，襄汾县和古县受到省政府的表彰。13.6 万计生家庭(人)享受奖扶政策，为计生特殊家庭开通就医“绿色通道”，为全市 5 万多计生家庭投保 165 万元，为 639 个失独家庭成员投保住院护理险，加强流动人口区域协作，流动人口服务均等化以县为单位实现全覆盖。

【医疗卫生服务】 2016 年，临汾市 15 所乡镇卫生院被评为国家级群众满意的医疗机构，18 所乡镇卫生院被评为省级群众满意的基层医疗卫生机构，超额完成省定目标任务。全市三级医院和县二级以上综合医院共向省卫生计生委申报三级重点专科 6 个，县级重点专科 15 个。在所有二级以上医院推行责任制整体护理和临床路径管理，市人民医院耳鼻喉科病区启动“无陪护”试点。新成立心血管内科专科质量控制部、医学影像质量控制部、病理质量控制部、肿瘤质量控制部，改组药事、感染、护理等专科质量控制部。依托市人民医院组建心内科专科质量控制部，依托市四院组建肿瘤、影像、病理、普外、超声等专科质控部。

【疾病预防控制工作】 2016 年，临汾市人均基本公共卫生经费从 40 元提高到 45 元，实现服务数量与质量“双提升”，家庭医生签约服务覆盖面扩大，46.82 万重点慢性病人得到健康服务，43.94 万农村老年人享受到免费健康体检，“两癌”筛查等健康保障项目惠及 7 万妇女。法定传染病发病水平连续两年下降，免疫规划疫苗报告接种率达 99.19%，高于全省平均水平。结核、艾滋、布病、麻疹等重点传染病得到防控，5 种重点地方病达到消除标准或保持稳定控制状态。在全市开展“严重精神疾病患者管理百日行动”活动，管理率、服药率等各项指标均同比大幅提高，扭转这项工作在全省落后的局面。全市未发生重大和特别重大突发公共卫生事件，完成重污染天气应急响应任务。

【医疗资源整合】 2016 年，临汾市人民医院全面完成搬迁，成功托管市中医医院。市第四人民医院接管原市人民医院解放路院区，开展业务，与市肿瘤医院、市十院的整合工作完成。市人民医院托管市中医医院后，加大人员、技术和设备投入，市中医医院的门诊人次、门诊收入、住院收入等均得到提升，扭转市中医医院多年来的发展困局，方便广大群众就医，资源整合的成效显现。

【全民健康·临汾在行动】 2016年，全国卫生与健康大会召开之后，临汾市卫生和计划生育委员会，开展以“科技创新”为主题的“全民健康·临汾在行动”系列活动。中国工程院院士杨胜利、国家卫计委体改司司长梁万年、法制司司长张春生出席活动举行讲座，省政协副主席、省卫计委主任卫小春、市委书记岳普煜、市长刘予强分别致信表示祝贺。活动还邀请百余位国家级、省级专家开展讲座，免费义诊，收到良好社会效益。

【中医药工作】 2016年，市政府出台《临汾市中医药健康服务发展规划(2016—2020年)》。全市1所社区卫生服务中心、28所乡镇卫生院和2所社区卫生服务站通过创建全省基层中医药特色医疗机构工作评审。省市县中医医联体工作实现17个县(市、区)全覆盖，6所县级中医医院成立县乡医疗联合体。加强基层医疗卫生机构中医馆建设，55所乡镇卫生院和社区卫生服务中心建设“中医馆”。扶持贫困县的中医事业发展，为全市贫困县中的9个乡镇卫生院配备45万元的中医诊疗设备，为永和县的11个适宜技术推广基地拨付4.4万元建设经费，对10个贫困县下发70万元中医药适宜技术培训费用。开展名老中医评选，全市共评选出“名老中医”“名中医”和“优秀中医人才”各20名，“中医一技之长人才”10名。洪洞县和隰县人民政府创建2016年全省基层中医药工作先进单位，乡宁县云丘山获“山西省中医药文化宣传教育基地”称号，全市建设4家全国基层名老中医药专家传承工作室，曲沃县被国家中医药管理局授予“全国基层中医药工作先进单位”。

【健康扶贫工作】 2016年，推进健康扶贫工作，完成5.7万贫困人口的建档立卡工作，其中因病致贫、因病返贫的2.05万人，参加新型农村合作医疗。健康扶贫“五个一”活动开展以来，市、县两级医疗机构组成198个工作组，组织义诊373次，义诊3.24万人次，赠送健康手册4.24万本，签订健康协议近两万份。实施中西部地区贫困儿童营养改善项目；贫困地区新生儿疾病筛查和听力筛查项目县扩大到5个县。实施“临汾护工”培训就业计划，组织培训师资对全市各县(市、区)人民医院护理骨干进行分级培训，协助护工完成签约，打造“临汾护工”品牌。

【人才培养工作】 2016年，坚持人才优先战略，派出临汾市人民医院、临汾市第四人民医院和临汾市妇幼保健院3个三甲医院的招聘人才团队，参加省卫计委在北京、上海、广州组织召开的“2016年山西医药卫生招才引智大会”，拓展临汾市招才引智的平台，扩大临汾市医疗卫生事业发展的对外影响。推进百千万卫生人才培养工程，骨干精英培养39人，基层适宜人才培养476人。三级医疗机构全年共推荐上报学科带头人和技术骨干5名、医学检验学科带头人和技术骨干13名。全市通过继续教育、转岗培训、定向培养、医卫双优下基层等措施，在岗培训各类卫生技术人员1.27万人次。

【爱国卫生工作】 2016年，国家级卫生城镇创建得到市委、市政府的空前关注和支持，市政府出台《临汾市创建国家卫生城镇规划(2016—2020年)》，在安泽县召开创建国家卫生城镇动员会，首批创建国家级卫生城市的县(市)全面启动，侯马市被确定为38个国家健康城市建设试点之一，为山西省唯一试点城市。

【行风建设和依法治理工作】 2016年，从严落实两个责任，在全系统开展收受红包、非法行医、挤占、挪用和套取医疗资金等专项治理活动，集中整治各类违法违规医疗行为和非法行医行为，优化医疗服务环境。推进“放管服”工作，取消两项收费项目和6项审批事项。建立完善“双随机”抽查、行政执法全过程记录和行政处罚自由裁量等制度，开展医疗机构依法执业大检查、打击“两非”等专项检查，共出动执法车辆700余辆次，出动执法人员1800余人次，下达卫生和计生监督意见书1095份，维护群众健康权益。宣传卫生计生系统涌现出的先进人物和感人事迹，发挥他们的示范引领作用，红丝带学校校长郭小平获2016年度感动中国十大人物，大宁县“摩托村医”贺星龙当选“中国网事·感动2016”年度人物。

(高　俨)

疾病预防

【概述】 2016年，临汾市疾病预防控制中心开展“十佳志愿服务队”“十佳志愿服务者”和“道德模范”评选活动，以社会公德、职业道德、家庭美德、个人品德的“四德”为重点，倡导助人为乐、见义勇为、诚实守信、敬业奉献、孝老爱亲的文明行为。开展传统教育、历史教育和理想信念教育，引导干部职工树立公德之心，常怀爱国之心，争做文明之人。6月15日结合党日活动，组织志愿服务队，为即将中考的1000余名学生，发放防暑降温用品和《致中考生的一封信》，为他们讲解防病知识，提供心理咨询。两次抽调业务骨干深入蒲县宋家沟村，开展扶贫帮扶，免费进行心电图检查、血压测量和血糖检测，进行防病知识宣传咨询，发放日常用品和宣传资料。1月5日再次入村访贫问寒活动，为贫困户发放面、大衣、棉被等慰问品。丰富职工文化生活，参加市直机关第六届运动会，获得优秀组织奖，举办职工羽毛球比赛，弘扬民族传统文化，在重阳节期间慰问老干部，以文化建设和文明创建工作推动事业健康发展，凝聚职工精气神，传播文明正能量，保持市直机关文明单位称号。

【传染病防控与卫生应急】 2016年，临汾市共报告各类传染病21种15695例，发病率为353.8337/10万，死亡22例，病死率为0.496/10万。开展医疗机构的传染病漏报调查，共调查各级医疗机构171所，漏报率为3.17%，乡镇卫生院漏报率最高为5.38%。举办3期培训班，共培训226人。开展突发事件公共卫生风险评估，处置翼城清华园学校猩红热疫情和尧都区第一小学的腮腺炎暴发疫情等事件。在乡宁等6个县开展白纹伊蚊监测，总布雷指数为5.85，显示临汾市登革热媒介白纹伊蚊分布范围广泛，密度较高。在大宁等4个县开展农村环境卫生监测，显示土壤各项指标都达到国家规定的自然保护区土壤的要求。对28家市辖医疗机构开展消毒效果监测，合格率为95.7%。10月26日，与运城、三门峡和渭南市疾控中心联合举行黄河金三角公共卫生协作应急演练。

【免疫规划】 2016年，临汾市共报告麻疹14例，麻疹报告发病率0.368/10万；报告AFP病例25例，报告发病率为2.18/10万，连续23年保持无脊灰工作状态。报告乙脑病例18例，发病率0.341/10万；全市免疫规划监测系统15岁以下无报告急性乙肝病例。推进儿童预防接种信息系统建设和预防接种异常反应监测工作，全年共报告异常反应117例，其中一般反应116例，异常反应1例。实施冷链设备温湿度自动监测系统管理，一类疫苗和注射器的网络管理和运送工作完成，巩固和加强常规免疫接种工作，全市儿童预防接种率保持在较高水平。根据中国疾控中心《关于印发三价脊灰减毒活疫苗回收销毁指南的通知》精神，5月1日前在全市范围以内对所有糖丸进行回收销毁，完成脊灰疫苗转换工作。

【艾滋病防控】 2016年，临汾市新报告160例艾滋病病毒感染者和病人，男女比例为5.2∶1，农民占47.5%，全部为性传播，其中同性传播73例，占45.6%；异性传播87例，占54.4%。在全市建立监测哨点，对暗娼、孕产妇、青年学生、性病患者和男男性接触者等5类人群5011名人员进行艾滋病哨点监测。全市设立23个监测点，开展艾滋病自愿咨询检测5760人次，对6477名被监管人员进行HIV抗体检测工作，检出HIV抗体阳性6例。HIV抗体检测完成385427人次，筛查HIV抗体阳性256例，最大限度地在高危人群和重点人群中发现艾滋病病毒感染者和病人。全市艾滋病免费抗病毒治疗工作在2016年取得突破性进展，率先在全省实现艾滋病抗病毒治疗“一站式服务”管理模式，全市17个县(市、区)的治疗病人全部转诊到定点医院临汾市第三人民医院。完成中央转移支付项目任务和综治委考核指标以及性病、丙肝及麻风病监测工作。累计编发32期《临汾市艾滋病防治信息》。开展艾滋病知识进校园活动，开展大众人群宣传教育和高危人群行为干预工作，“世界艾滋病日”系列宣传活动取得效果。

【结核病防治】 2016年，临汾市疾控中心推动结核病“三位一体”防治服务模式建设，围绕3·24宣传主题，深入学校、监狱及社区，开展形式多样的宣传活动，在全市寄宿制学校开展结核病防治知识进校园活动。2016年举办3期业务培训班，对各级各类专业人员260余人进行培训。坚持定期督导与重点督导相结合，对定点医疗机构和疾控机构进行全面督导。处置翼城、洪洞两起学校结核病集聚性疫情，控制疫情的蔓延扩散。开展结核病定点医院和非定点医院结核病漏登漏报检查，对结核病防控工作落后县进行“约谈通报”。

【食品安全风险监测】 2016年，临汾市共报告食源性疾病监测病例2087例，哨点医院任务完成率为121%,未报告食源性异常病例/异常监测事件。特定病原体的食源性疾病监测,共报告病例145例,采集标本122份,任务完成率为102%,其中致病菌阳性检出率为9.83%,诺如病毒阳性检出率为4.92%,总阳性检出率为13.93%。共报告食源性疾病暴发事件19起,暴露人数306人,发病人数79人,均进行网报。食品化学污染物和有害因素监测,全市共采集食品样品16大类181种,任务完成率为113%,在鸡蛋中检出违禁药物金刚烷胺。食品微生物及其致病因子监测,2016年全市共采集11类食品230种,任务完成率达到105%,检出致病菌阳性5株。针对临汾市连续出现雾霾天气,制定《环境污染事件应急处置的预案》,开展雾霾天气相关疾病监测,建立周报制度。对山西医科大学等5个单位环境卫生学领域的专家进行技术咨询,为全市防治雾霾天气提供参考依据。

【地方病防控】 2016年,临汾市建成7个地方病防治示范县,对临汾市的地方病防治起到推动作用。在永和等12个县(市、区)开展碘盐监测工作,全市碘盐覆盖率96.89%,合格碘盐食用率93.48%,碘盐合格率96.44%。对大宁等5个县的1400名学生和孕妇进行B超、食用盐和尿样进行碘缺乏病监测。通过大宁等3个县的824名7~12岁儿童进行临床和X线检查,没有新发大骨节病儿童。克山病监测在吉县等3个监测点完成2460人的心电图检查。在洪洞等5个中央转移支付布病监测项目县,完成3400人的监测,阳性率为2.94%。在襄汾等3个县完成3000人的土源性线虫监测工作。

【体检与职业病防控】 2016年,对897名从业服务人员进行预防性健康检查,对体检合格者进行培训,发放健康证明。开展职业病防治宣传活动和职业性尘肺病例诊断,共诊断活动为4次,对382人进行职业病诊断,诊断上期人员21人。召开重点职业病监测推进会。推动重点职业病监测与职业健康风险评估工作,覆盖率达100%。

【慢性病防控】 2016年,临汾市报告死亡个案19602例,报告死亡率441.91/10万,全市基层医疗机构首次实现年度死因报告全覆盖。在全国高血压日、联合国糖尿病日、全民健康生活方式行动日和世界卒中日,开展形式多样的宣传活动,共发放各类宣传资料38080份,提供现场咨询10263人,免费测血压3466人,免费测血糖1295人,提高居民的慢性病防治意识。慢性病健康管理工作趋于规范,2016年全市累计登记老年人379742人,健康管理307261人,健康管理率80.91%;累计健康管理高血压患者420487人,规范管理率89.14%;累计健康管理糖尿病患者85421人,规范管理率85.28%。

【检验检测】 2016年,临汾市完成饮用水水质卫生检测、麻疹风疹检测及质控考核、地方病质控考核、手足口病病原学检测、流感病毒检测、食品安全风险检测、农村环境卫生监测项目土壤卫生检测、突发公共卫生事件检测以及布病、体检、消毒检测等委托送检样品检测。加强实验室质量和安全管理,质量管理体系的运行,实验室检测工作更加规范和科学,为疾控工作开展提供依据。

(范永强)

妇幼保健

【概述】 2016年,临汾市妇幼保健院全年完成门诊124491人次;出院8293人次,同比增长23.8%;住院分娩3954人次,同比增长42.2%;住院手术2415例,同比增长15.8%。临汾市危重新生儿急救中心、临汾市产前诊断中心成立。2016年,临汾市妇幼保健院受到国家卫计委、省卫计委、市政府妇儿工委、市卫计委等上级部门表彰,获国家级爱婴医院、西部地区妇幼卫生能力提升项目“先进受援机构”“十二五”时期实施妇女儿童发展两纲、两规先进集体、“先进基层党组织”等荣誉。

【文化建设】 2016年,临汾市妇幼保健院以“厚德、敬业、奉献、至善”人文精神为引领,开展文化活动。七一举办庆祝建党九十五周年诗歌朗诵大赛。国庆期间,开展迎国庆爱祖国“道德讲堂”活动,全院职工齐唱《公民道德歌》。邀请市道德讲堂指定讲师、《临汾日报》王庚星总编为职工作《汲取传统文化智慧,做有道德的人》专题讲座,重点讲解《弟子规》中的孝道,强调学习传统文化的重要性。以“身边人讲身边事、身边事教身边人”的形式讲述新生儿科主任刘国华爱岗敬业奉献的典型事迹,引导全院职工学习身边先进典型与道德模范。三八妇女节为女职工免费体检、学雷锋纪念日院志愿服务队开展义诊活动、“5·12”护士节护士自愿无偿献血活动、“六一儿童节”等节庆日举办丰富多彩的文化活动。在全院开展学习人民医生徐麟、贺星龙先进事迹活动。在《院报》及岗前培训班宣传文明单位知识，制作廉政文化墙、宣传版面、电脑廉政标语屏保等。激发职工干事创业的热情与积极性。

【精准扶贫】 2016年，临汾市妇幼保健院选派耿玉华、杨成梁分别在汾西县永安镇吴家岭村、蒲县乔家湾乡前进村任驻村第一书记开展精准扶贫工作，他们研究脱贫规划，走访贫困户。扶贫工作队多次深入蒲县乔家湾乡前进村开展帮扶工作，和市残联、省残联、省人民医院联系，为特困户程俊鹏聋哑孩子程怡阳争取免费人工耳蜗项目；开展“推动移风易俗，树立文明乡风”集中宣传活动；为前进村每户村民送去面粉，为特困户送去被褥、大衣等御寒慰问品；争取水利专项资金5万元用于改造该村饮用水；解决村公路旁边村民排水问题；建立前进村精准扶贫党员联户网络，全村56户贫困户全部包联到户；联系临汾职业技术学院农业专家为村民在果树、养殖、中药材种植等方面提供技术指导，拓宽销售渠道；抽调医疗专家团队给全村群众义诊，自筹资金3000元用于提供农民基本医疗设备和药品。

10月24日至28日，医院抽调10余名专家组成健康扶贫医疗队深入浮山县张庄乡、槐埝乡进行健康专项帮扶，共走访40余自然村，为群众义务测量血压、血糖及健康宣教200余人，建立档案150余份，开展为期一周的以“赠送一套健康手册、开展一次疾病筛查、出具一份健康处方、签订一项服务协议、留下一个亲情号码”的健康扶贫“五个一”活动，解决群众看病难、看病贵和缺医少药问题，发挥医疗卫生工作在保障农村困难群众基本生活方面的作用，推动健康扶贫工作的开展。

【基层妇幼保健工作】 2016年，临汾市妇幼保健院召开两次全市妇幼院长例会暨全市妇幼保健业务及信息监测工作总结会议，特别是12月16日在蒲县召开的下半年院长例会，现场观摩，座谈研讨，经验交流，促进基层机构临床与保健相结合工作模式的发展，推动全市妇幼保健工作整体上台阶。举办山西省贫困地区儿童营养改善项目县以及全市预防艾滋病、梅毒、乙肝母婴传播强化培训班，协助国家、省级专家在汾西县对乡镇、村妇幼人员举办中国—联合国儿童基金会贫困地区儿童早期发展试点项目儿童发育预警症和关爱儿童发展培训班。市残联将保健院定为“早期脑瘫儿童的早期干预项目”和“残疾儿童康复无盲点市的康复救助项目”，拨专款15万元对贫困家庭的高危儿进行救助。全年两次对17个县(市、区)妇幼保健院的41项内容进行基本公共卫生督导。10月组织专家对6个县(市、区)，16个县级医院及妇幼保健院，20个乡镇卫生院、66个村卫生所进行三网监测、年报质量控制检查。通过各种培训、实地督导、技术指导，使全市妇幼保健业务管理服务能力得到提升。

【国家基本公共卫生项目和重大公共卫生妇幼项目】 2016年，临汾市妇幼保健院孕产妇健康管理和儿童健康管理达到国家标准要求。住院分娩率99.96%，农村孕产妇住院分娩率99.94%，完成农村孕产妇住院分娩补助27628例，农村增补叶酸预防神经管缺陷新增服用人数33186人，城镇妇女增补叶酸新增服用9604人，农村妇女宫颈癌筛查61909例，乳腺癌筛查8147例，新生儿疾病筛查率较2015年增加4507例，筛查率达到87.6%。5岁以下儿童死亡率为5.04‰，婴儿死亡率为3.88‰，新生儿死亡率2.97‰。“艾梅乙”母婴阻断项目全覆盖，贫困地区儿童营养包发放工作进行，完成临汾市孕产妇及新生儿死亡评审工作。本院产前门诊就诊人数19620人，共建卡6529册，筛查出高危3799人，高危孕产妇管理率100%。儿童保健科完成新生儿体格检查、行为评定3363人，新生儿经皮胆红素监测8342人次，生长发育门诊共检测5912人次，营养门诊营养指导与咨询9158人次，骨密度2361人次，康复训练2816人次，早期教育2091人次。

【健康教育工作】 2016年，临汾市妇幼保健院结合“世界爱耳日”“三八”妇女节、“世界母乳喂养周”“世界无烟日”“世界艾滋病日”等活动开展专题知识讲座、培训、义诊18次，发放健康宣传资料13000余份，受教育人数6000余人。印制母乳喂养、控烟禁烟、防霾防二氧化硫、预防艾滋病以及妇幼保健知识等健康教育宣传版面26块、宣传条幅32幅。在各新闻媒体、刊物上发表健康教育及临汾市妇幼保健院宣传报道稿件40余篇；与黄河新闻网、山西广播电视报等媒体展开合作，加大医院医疗保健宣传力度，在医院微信公众平台发布服务信息23篇，点击率达33917人次。孕妇学校和家长学校授课10次,将新生儿喂养、护理及早期教育知识、疾病防治知识向产妇及家属讲解,并做好回访工作,受教育人数300余人,提高家长科学育儿技能,健康教育工作承担妇幼健康社会责任,受到广大人民群众的好评。

【信息化建设】 2016年,临汾市妇幼保健院推进信息化建设工程,优化医疗服务流程,为患者就医带来方便,检验报告自助打印机的投入使用,帮助医院实现24小时的自助式检验报告打印服务。率先在全省上线使用NISS护理管理系统,对基础护理各项信息进行收集、分析,对各项业务工作做出科学合理的评估,为护理的科学化管理提供支持。

【预约诊疗服务】 2016年,随着门诊多媒体叫号系统的上线,预约诊疗服务的开展,实现实时发布挂号信息、就诊情况,合理安排就诊时间,改善就诊秩序,医疗服务流程明显优化,医疗服务能力提升。

【业务培训工作】 2016年,临汾市妇幼保健院选派基础理论扎实,上进心强的业务骨干到北京儿童医院、北医三院、北大人民医院等国内知名医院分别进修儿内科、妇产、儿童保健科、口腔科、麻醉、检验科、功检科等专业共计14人次;派出各类短期学习班、研讨会、学术交流会及专题培训55人次。

承办"临汾市出生缺陷产前超声筛查规范化培训班",带动全市产前超声筛查技术发展。承办"2016年度儿科质控部年会及儿科诊疗新知识培训会议"以及临汾市"2016年度儿科专业委员会年会暨儿科呼吸系统疾病学术交流会议",提高全市儿科医学专业技术水平,增强学术团体间横向联系与协作。承办全市基层妇女保健适宜技术培训班,推广妇女保健适宜技术,提高各级妇幼保健院、各级助产机构技术水平。全年院内共组织开展业务培训20次,其中市级继续教育项目4项,申报省级继续教育项目2项,参与学习人数达4000余人次。

【基层扶持工作】 2016年,临汾市妇幼保健院作为妇幼保健联合体核心单位,先后派专家84人次对8个县妇幼保健院进行18次培训、现场指导工作,9月,派出5名参加过省级培训的师资,组织妇产科、儿科、儿保科、功检科、检验科专家团队,深入大宁县、永和县、古县进行帮扶,对260余名基层妇幼保健人员进行相关知识的培训指导,为当地200余名妇女儿童进行详细检查和诊治。通过实地指导,手把手带教,学术讲座、项目培训等方法,经过各位专家的劳动,提高基层人员的技术水平、理论水平和业务能力,提升全市妇幼保健服务能力。

【新生儿急救工作】 2016年7月,临汾市妇幼保健院成立临汾市危重新生儿急救中心,使全市危重新生儿得到救治,提高临汾市危重新生儿医疗急救能力和服务水平,医院率先在全省探索建立的市级新生儿急救转运体系,对降低临汾市新生儿死亡率和致残率起到作用。急救转运车作为移动的NICU,为危重新生儿的急救、转运、护理等提供全方位的保障,全年共转运危重新生儿150余人次,覆盖全市各县(市、区)。7月,启动临汾市产前诊断中心申报,经过5个月的筹备,12月27日,通过省卫计委专家评审验收。

【新技术、新项目工作】 2016年,临汾市妇幼保健院全年新技术、新项目共申报19项,发表学术论文23篇。妇产科设立高危门诊与二胎门诊,建立健全孕产妇急救绿色通道,奥林巴斯宫腔镜临床应用效果明显。儿科新开展儿童视频脑电图,提高对小儿神经系统疾病尤其小儿癫痫的诊断水平。儿童哮喘门诊工作开展顺利,登记并定期复诊哮喘患儿增加100余人次。新生儿科成功救治1名出生体重770克极早早产儿,开展极低出生体重儿脐静脉置管4例,解决危重新生儿静脉液路难题,为治疗极低、超低出生体重儿奠定基础。开展经外周动静脉同步换血疗法6例,提高对新生儿重症高胆红素血症的诊疗水平,填补临汾市空白。耳鼻喉科频闪喉镜的使用填补临汾市小婴儿咽喉部疾病的诊治空白。小儿外科开展小儿腹腔镜手术,成功完成腹腔镜下疝手术23例,隐睾手术5例,其微创手术水平达到省内领先。儿保科开展丹佛小儿智能发育筛查以及MK－A型肌兴奋治疗仪用于辅助高危儿童的康复治疗。功检科开展孕早期胎儿NT值及风险评估超声筛查,新生儿心脏病筛查,新生儿颅脑超声检查。检验科开展新生儿溶血病筛查、尿沉渣实验、遗传实验室、25羟维生素D检测。

【推行优质护理】 2016年,完善《护士岗位说明书》,修订各专科《疾病护理常规》,全年护理大查房12次,护理会诊2次,应急演练4次,提升护理人员应急处理及医护配合能力。建立健全三级护理质量控制体系,多维度实施护理服务质量监控。全年组织三基理论考试两次,全院护士合格率100%。5月至8月对全院护士进行十九项技能操作培训与考核，提高护理服务质量，保障医疗安全。开展“5·12”国际护士节系列活动，提高护理服务水平及服务内涵，增强全院护理人员的整体素质。

【规范服务行为】 2016年，临汾市妇幼保健院以全面提高医疗质量为主题，严抓医疗规范化管理和医疗核心制度的落实，通过质控信息管理平台，不定期对运行病历进行监督检查，发现医疗过程中存在的问题及隐患，做到全程监控。针对冬季儿科呼吸道疾病增多的特点，开设儿童呼吸门诊。全年共外请25名专家，组织专家手术、讨论急危重症与典型病例。强化三级查房制度，检查各科医疗质量管理工作。完成年度医院感染现患率调查，产房、新生儿病室重点部位院感和护理的专项检查验收达标，确保医疗安全。

【加大“三合理”检查考核力度】 2016年，临汾市妇幼保健院坚持合理检查，合理治疗，合理用药。规范抗生素的合理使用，优化药物治疗方案。落实处方点评工作，处方点评小组每日对门诊处方及住院处方进行检查，发现纠正医生不合理用药现象。加强对特殊药品使用与管理的日常督导，每季度对临床储备的特殊药品进行监督检查。开设“用药咨询”窗口，构建和谐医患关系。

【社区卫生工作】 2016年，临汾市妇幼保健院建立居民健康电子档案20146份，孕产妇健康管理204人，7岁以下儿童健康管理2544人，固定健康教育专栏更换内容24次，举办健康讲座12次，健康咨询9次，播放影像资料10次、发放各种健康教育宣传资料。开展慢性病管理、老年人管理、精神病人及残疾人管理等工作，改善社区居民的健康观念，提高居民的整体素质。

（张永萍）

血液管理

【概述】 2016年，临汾市中心血站工作人员联系团体单位，共组织团体献血97次，献血2616人次。开展团体献血，弥补街头固定献血的不足，促进献血知识的普及。利用法定节假日和传统节日开展形式多样的无偿献血活动，如情人节、元宵节、学雷锋日、端午节等节日，通过开展各种活动使广大群众加入到献血者队伍中来。各类献血活动18次，献血人数达到10651人。开展无偿献血进乡镇的活动，每月在乡镇逢集时将采血车开到乡镇，号召赶集的村民献血，为广大农民献血提供便利。共在14个乡镇开展无偿献血工作，共有1718人献血，方便农村广大群众献血，开辟新的献血渠道，提升无偿献血抗风险能力。

全年共采集全血24364人次，相比2015年献血人次增加4256人次，同比增长21.2%以上。机采科采集血小板783人次，1495个单位，新增人数62。全市共采集血液9800千克，比2015年的8300千克增加1500千克，同比增加18%，充足的血液保障全市的临床用血，支援兄弟血站，共向武汉、太原、大同、吕梁、长治等地外调血液2100个单位。

【血液安全】 检验科是血站的安全中心，检验结果的准确性关系着每一位用血者的安危，2016年，临汾市中心血站共集中检测血液标本共计31192份。包括洪洞血库2642份，大宁血库1298份，侯马2033份，准确及时发出检测报告，报告准确率为100%，确保中心站及各基层血库正常供血。

在血站核酸实验室未能建设完成的情况下，全年共送往运城血站30830份血液标本进行核酸检测。在质量管理方面，质管科2016年全年共放行合格血液521批，热合分离全血血液检测标本血辫24189份、单采血小板献血者血辫1490份。质管科通过对各业务科室进行记录抽查、质量检查、质量体系文件的评审和修改，组织内审员对血站进行内部评审和管理评审，改进质量体系的运行，保证质量管理体系运行适宜、充分、有效。通过对全血及成分血的检查、采供血过程的控制、关键物料的质量检查、血液放行、质控品储存的管理、关键设备的质量检查来确保发出去的血液安全、高效。

成分科全年制备去白悬红47478 U，比2015年增加7332 U，血浆48822 U，比2015年增加9731U，洗涤红细胞332U，比2015年增加78 U，冷沉淀凝血因子32110 U，比2015年增加956U，去白全血77U，红细胞制备率为99.89%，制备浓缩血小板730U。为满足临床输血的需要，提高输血疗效，成分科开展病毒灭活血浆的制备，自5月9日开展以来，共制备病毒灭活血浆20630U。

【改善基础设施】 2016年，临汾市中心血站完成对业务大楼的全面合理规划布局。一楼大厅新建机采室,完成对血库的改造,监控设备的更新。平阳广场爱心献血屋于2016年12月31日投入使用。献血屋的投入使用方便市民就近参加献血,为广大献血者提供献血环境,提升血站的服务水平,为临汾市的无偿献血工作持续发展起到促进作用。全年完成采购新设备150台,累计金额达480万元,完成采购招标工作19项,全年检定、校准、对比设备95台次,收集处理感染性废物3592袋,损伤性废物1448袋,设备设施、消防器材维护维修200余次,全年入库253次,出库684次,相比2015年增长155%和143%。

【信息工作】 2016年,临汾市中心血站打印献血序列号3万余份,完成电脑及网络维护350次,远程维护15次,更新电子屏宣传31次,服务器数据备份,信息科常常到各个科检查隐患,及时发现及时维修,完成全年工作任务。

【宣传工作】 2016年,临汾市中心血站通过建立微信平台,利用新闻媒体、短信平台、报刊、墙体广告、宣传板面、户外LED屏广告、发放宣传资料、志愿者宣传等方式探索无偿献血长效机制,全年共制作宣传版面488块,印刷宣传册68000份,张贴海报2400张,临汾献血公众号发布宣传信息83条,临汾电视台《直播临汾》策划拍摄宣传广告2个,无偿献血人物专访4个,团体献血、宣传活动跟踪报道100余次,祝福、通知短信发布22万余条,利用节日为契机,全年组织宣传活动44次,特别是在平阳广场举办大规模的“6·14世界无偿献血者日”宣传活动,市人大、市政府、市政协、市卫计委及相关单位的领导出席启动仪式,得到与会各届的认可。举办各用血单位的业务沟通会,稀有血型献血者联谊会,同驻临部队进行联谊,慰问煤矿矿工、驻临武警官兵,向红丝带学校捐赠生活物资等。

中心血站向红丝带学校捐赠生活物资

社会生活

住房公积金管理

【概述】 2016年，临汾市住房公积金管理中心结合临汾实际，加大提取和贷款发放力度，严格规范管理，稳健运营资金。全市当年归集住房公积金19.64亿元，办理提取业务2.3万笔，提取6.56亿元，个人住房贷款发放0.66万笔20.22亿元，个贷率达86.65％。市住房公积金管理中心被山西省住建厅授予全省住房公积金工作先进单位。

【推进归集扩面】 2016年，住房公积金管理中心全年新增缴存单位329个，新增缴存职工1.43万人，覆盖率达到84.23％，比年初提高3.35个百分点，扩大覆盖面，使住房公积金惠及更多职工。

【调整缴存比例】 2016年，临汾市共有3个县市住房公积金财政补贴比例进行调整。其中：侯马由8％调整到12％，吉县、汾西由9％调整到10％。全市财政补贴比例达到12％有市本级和临汾经济开发区、侯马、侯马经济开发区、洪洞、霍州、蒲县、安泽、大宁、古县、永和等10个县(市、区)。

【及时调整政策】 2016年，临汾市住房公积金管理中心根据上级要求和临汾市实际，年初下发《关于延续和调整我市住房公积金有关政策的通知》(临市房金〔2016〕1号)，取消职工单位审核环节和非销户性提取流程中的复核环节，延续执行直系亲属间互提、租房提取、先提后贷等政策；购房贷款仍执行最高额度60万元，装修贷款最高额度40万元；直系亲属购房，缴存职工可贷款；贷款结清，且贷款期间信誉良好，可再次申请贷款等等。明确临汾市住房公积金月缴存额上下限，对缓缴、降低比例审批业务操作进行规范，发挥住房公积金作用，减轻企业负担，保证职工住房消费资金需求。

【夯实基础数据】 2016年3月对临汾市自住房公积金制度建立以来到2015年底住房公积金缴存单位和职工基本信息进行整理，涉及缴存职工基本信息和缴存、提取、贷款、担保等各类有关住房公积金数据。多次召开会议安排部署，解决问题，深入各县市进行督导，动员各受托银行、缴存单位专管员参与核对。全市共整理缴存单位信息42项5.6万条，职工个人信息14项26.4万条，解决职工个人信息不完整、身份证升级、手机号码变更等问题，为全市住房公积金信息化建设打下基础。

【加强风险防控】 2016年，临汾市住房公积金管理中心根据国家住房公积金廉政风险防控检查工作安排，按照《住房公积金廉政风险防控指引》，逐项逐条进行自查，全面排查缴存、提取、个贷业务、财务管理、会计档案管理中潜在的风险隐患，制定防控措施，将责任落实到具体岗位和工作人员。结合市财政局有关要求，完成单位内部控制基础性评价工作，使各类财务制度更加严密。下发《关于加强贷款审批后业务管理的通知》《关于变更贷款数据导入工作权限的通知》《关于调整住房公积金贷款担保业务的通知》《住房公积金贷后管理实施细则》等文件，就规范贷款业务流程开展一系列培训，提高贷款质量，确保资金安全。

【精神文明建设】 2016年，临汾市住房公积金管理中心开展精神文明建设，以践行社会主义核心价值观为主线，以创建文明单位为重点，组织开展“我们的节日”、唱响正气歌、道德模范、最美基层干部评选、“高举团旗跟党走，我为团旗添光彩”演讲比赛、践行社会主义核心价值观作品征集、“送温暖、献爱心”社会捐助活动，举办庆祝建党95周年系列活动，观看爱国主义影片，进行爱国主义和党性教育。年内建立党员活动室，完善图书室，举办读书交流活动，将读书心得汇编成书。前往浮山县寨圪塔乡八路军总部旧址、寨圪塔乡供销社“扁担精神”纪念馆和隰县“晋西革命纪念馆”开展爱国主义教育实践活动，接受革命传统教育，发扬扁担精神、抗战精神和长征精神。多次组织机关党员深入大宁县定点扶贫村，对贫困户进行走访调查，帮助贫困户争取脱贫致富。

(贾启真)

市住房公积金党员干部慰问大宁三多村贫困户

医疗保险

【概述】 2016年，临汾市医保中心完善市级统筹服务管理和服务质量、完善付费支付方式改革、加强医保基金运行监控、加快异地就医结算、整合城乡居民基本医疗保险制度等方面，取得成效。截至2016年11月底，全市基本医疗保险参保达105.2万人，完成省目标任务105.19万人的100%，其中职工58.7万人，居民46.5万人。共征收医保基金11.43亿元，完成省目标任务10.26亿元的111%。全市医疗保险基金支出10.68亿元。实现基金的收支平衡，略有节余。全年共办理职工住院医疗149162人次(其中在职住院40696人次、退休住院59014人次、居民住院人次49452人次)，有效解决参保患者高额医疗费用带来的因病致贫、因病返贫问题，为全市社会和谐稳定发挥作用。

【参保范围扩大】 2016年，临汾市医保中心全民参保登记实施，实现参保数据动态更新。城镇居民医保的各级财政补助提高到420元，五年间提高260元，个人缴费提高到人均不低于120元。截至2016年11月底，全市参保人数达105.2万人，比十一五期间，提高13%，医保参保率稳定在98%以上。

【医疗待遇水平提升】 2016年，临汾市职工基本医保，政策范围内住院费用支付比例平均达88%，比“十一五”期间提高5个百分点；基本医保加大病保险，最高支付限额平均达60万元，比“十一五”期间提高54%。全市城镇居民基本医保，政策范围内住院费用支付比例平均达75%以上，比“十一五”期间提高10个百分点，基本医保加大病保险最高支付限额平均达46万元，比“十一五”期间提高4倍。全市门诊大额疾病病种达29种，支付比例平均达70%以上。针对腹膜透析患者普遍反映医疗费用过高的问题，提高这类患者的支付待遇。参保患者就医负担进减轻，医保制度的保障效应放大。

【城镇大病保险实现全覆盖】 2016年，临汾市17个县(市、区)全部启动城镇居民大病保险，实现国务院要求的城镇居民大病保险全覆盖目标。在全市范围内实现即时结算，缓解参保患者“看病贵”的问题。

【医保支付制度改革】 2016年，临汾市医保中心发挥基本医保的基础性作用，强化医保基金收支预算。实施医保付费总额控制，开展以按病种付费、按人头付费、按床日付费和次均定额相结合的复合付费方式。临汾市医保中心与市多家医院进行总额控制谈判，开展按病种付费试点工作。各县(市、区)医保中心也按照中心的安排部署均启动此项工作。

【省内异地就医直接结算工作】 省内异地就医直接结算工作是临汾市医保亮点工作之一，从2014年部署到实现联通临汾市仅用了不到一年的时间。市内长期异地居住的退休人员、常驻市内异地工作(学习)人员、转诊住院人员和急诊急救人员，在省内跨市异地就医、购药，可以持社会保障卡与定点医疗机构、零售药店直接结算。省内异地就医双向结算，方便群众，提高医保基金使用效率，为全市大数据应用提供技术平台。2016年，临汾市医保中心与海南省签订跨省异地就医结算新模式，6月，在海南省居住人员住院享受这一惠民新政策。标志着临汾市跨省就医结算开辟新路径。

【基金监管】 2016年，临汾市完善全民医保体系，将工作重心由参保扩面向基金监管方面转变，社保基金预算编制和执行更加科学规范，强化医药服务机构协议管理，取消定点准入行政审批权限，细化协议内容，坚持依法经办。探索定点医院医保管理标准化建设，强化医保基金监管。

【医保监管】 2016年，临汾市医保中心研制并开发安装医疗监控软件，重点加强对“两定”单位监督与管理。加强对部分民营医院弄虚作假情况的查处，找准切入点，把药品的进出库作为监管源头，重点查处骗保、串换药品、挂床住院等违规行为。开展市区内定点医院的检查活动，查处违规骗保行为，加强对定点医疗机构费用的审核，严把基金支出关。全年对市辖区定点医院监督检查269次、定点药店检查342次，外伤调查103起，暂停履行服务协议10家。

【长期护理保险试点工作】 2016年，临汾市被确定为长期护理保险试点城市，医疗中心落实相关配套政策，配合市局起草《关于建立长期医疗护理保险制度的意见(试行)》，筹备长期护理保险试点的前期准备工作，为开展长期护理保险试点工作打好基础。

【新农合整体移交的接收工作】 2016年，临汾市医保中心根据山西省政府《关于全省新型农村合作医疗机构整体移交人力资源社会保障部门的通知》和市编办《关于整合市城乡居民基本医疗保险职责及有关机构编制事项的通知》的文件精神，与市新农合进行各项工作的对接。经办人员、资产、档案和办公场所等接收工作完成。

【档案管理工作】 2016年，临汾市医保中心完善《档案保管制度》《档案材料归档制度》等，明确档案工作职责和任务，以及归档范围及整理要求，在市档案局工作人员的指导下，对历年来的文书档案、业务档案进行重新整理，经市档案局验收，中心的档案管理取得山西省档案局省三级目标证书。

养老保险

【概述】 2016年，临汾市企业养老保险参保人数达27万人，完成省下达全年任务的102.02%，其中非公经济单位、农民工、灵活就业人员13.6万人，占全部参保人员的50.3%。实际缴费人数达到24.6万人，占参保人数的90.95%。

【企业养老保险基金征缴】 2016年，山西省下达临汾市基金征缴任务为16亿元，全市企业基本养老保险征缴收入17.7亿元，基金收入完成年度目标任务的110.69%。

【企业养老保险待遇发放】 2016年，临汾市共为12.9万名企业离退休人员和遗属发放养老金和遗属补助38.3亿元，养老金按时足额发放率保持在100%。按照省厅有关文件精神，全市企业退休人员的基本养老金调整后月人均养老金达到2423元，完成退休人员基本养老保险待遇调整工作任务。

【规范养老保险申报缴纳】 2016年，临汾市各级经办机构贯彻落实《社会保险法》和《社会保险费申报缴纳管理规定》，执行社会保险登记和缴费申报审核制度，规范缴费基数管理，加大稽核清欠工作力度，提高参保缴费率；严肃查处各种拒缴、瞒报和少缴养老保险费的行为，推进五险统征工作，防止企业选择性参保，在全市推行规范“六统一”工作方式，统一登记、统一申报、统一基数、统一征缴、统一分账和统一稽核。

【基金稽核和养老保险待遇资格认证工作】 2016年，临汾市企保中心本级投入资金20余万元，率先开发安装人脸识别认证系统及待遇状态比对查询服务系统。通过开展资格认证和疑点信息比对，从源头上查处、堵塞冒领养老金及重复领取待遇行为。2016年以来，全市实地稽核人数18.3万人，清理企业欠费1.7亿元；通过待遇资格认证，查处欺诈冒领养老金32人，冒领金额40.07万元，全部追回。

失业保险

【概述】 2016年,临汾市失业保险参保人数为34.66万人,完成全年任务的101%,征缴失业保险费1.77亿元,完成全年任务指标的126.4%,两项省定任务指标均超额完成。全年共计拨付各类资金9270.17万元。其中:失业保险待遇3984.33万元;职业技能培训补贴99.77万元;职业技能鉴定补贴13.37万元;一次性求职创业补贴73.6万元;稳岗政策补贴4863.2万元;在岗培训补贴235.9万元。

【扩面征缴】 扩面征缴是失业保险工作的重中之重。2016年,临汾市中心制定印发《2016年全市失业保险主要任务指标考核办法》,明确市、县经办机构工作任务指标;市中心班子成员,深入霍州煤电、山西焦化厂、山西三维集团、霍州电厂、临钢、等部分参保单位,以及17个县(市、区)进行调研稽核,了解困难企业的情况,宣传失业保险优惠帮扶政策,开展征缴稽核;安排相关人员深入县(市、区)协调解决;通过宣传,提高非公经济单位的社保意识,变被动缴费为主动缴费。联合劳动保障监察部门,对拒参拒缴的单位进行行政处罚,推进非公经济的参保缴费工作。全年全市征缴失业保险费1.77亿元,完成全年任务指标的126.4%,超额完成省定任务指标。

【加强待遇发放】 2016年,全市共计新增登记接收管理失业人员2867名,共计为5738名失业人员按时足额发放失业保险金2818.4万元,缴纳医疗保险费328.45万元,发放生育补助金、农民工一次性生活补助、取暖费等各类补助金共计837.48万元。2016年10月1日起,临汾市失业保险金标准提高至每人每月1060元,市、县经办机构认真测算,补发到位。在接收登记方面,对符合条件的失业人员随到随办,对缺少的资料一次性告知,对不符合条件的讲清政策规定。在待遇发放方面,由原先统一制作银行卡通知失业人员领取,改为由失业人员本人提供指定行业卡号,信息核对无误后,中心按月予以发放各项待遇。在待遇领取监督方面,对享受待遇的失业人员实行按月指纹签到,对未按时签到的失业人员先行停发待遇,失业人员说明实际情况后,再予发放,确保应发尽发,杜绝违规享受。为给失业人员提供方便,通过与市局协调,安装办理就业失业登记证软件系统,对享受失业保险待遇的失业人员统一办理就业失业登记证,为失业人员提供服务。

【加强政策扶持】 2016年,国家出台帮扶困难企业转型发展、稳定岗位、保障职工基本生活的一系列优惠政策。再降失业保险费率。5月,临汾市按照降低后新的费率标准征收失业保险费,单位部分为1%,个人部分为0.5%,通过参保年检对费率和基数进行重新核定,对业务软件系统进行相应调整,有效的减轻参保单位负担,全年共为参保单位减负5000余万元;落实稳岗和在岗补贴政策。对申报稳岗补贴单位的材料进行审核后,进行上报审批,成熟一批,上报一批,拨付一批,提高政策执行的效率。全年共计分四个批次,向全市符合条件的245家参保企业的84852名职工拨付稳岗补贴金额为4863.2万元,向186家参保单位拨付在岗培训补贴235.9万元,两项补贴资金年底前全部拨付到位。两项政策的实施缓解企业在经济下行时期的经营压力,稳定就业岗位,发挥失业保险在特殊时期的重要职能作用。

【技能培训工作】 2016年,临汾市失业保险中心结合临汾市失业人员再就业培训工作实际,下发《临汾市失业人员享受失业保险相关补贴实施细则》,规范职业培训补贴、职业介绍补贴、职业技能鉴定补贴和求职创业补贴的申领程序,扩大失业保险促进就业的职能作用。新的政策提高职业技能培训的补贴标准,新增职业技能鉴定补贴和1000元的求职创业补贴,让失业人员在失业保险待遇提高后再次享受到更多的优惠政策。全市经办机构根据就业市场需求和失业人员意向,与定点培训机构科学设定开展培训的相关专业,从师资力量到组织实施,再到结业考试和技能鉴定,严格程序,严格管理,强化监督,完善措施,全年共计组织15期失业人员再就业技能培训班,培训专业包括计算机操作、中式烹饪、电子商务等十余个专业,培训失业人员2051名。拨付职业技能培训补贴99.77万元,拨付职业技能鉴定补贴13.37万元，向736名失业人员拨付一次性求职创业补贴73.6万元。

【脱贫攻坚】 2016年，临汾市失业保险中心扶贫帮扶村为永和县交口乡鹿角村。中心为鹿角村委会党建活动室配置电脑、打印机各一台，制作一系列的党建宣传版面，购买党建学习系列丛书和农业科普书籍130本，促进村党支部工作。制作党员结对帮扶明白卡，把党员的基本信息、贫困户的基本信息和脱贫措施全部登记清楚，张贴在贫困户家中，方便贫困村民与党员干部加强联系。帮助贫困村民销售农产品。直接购买贫困户出产的苹果、土鸡蛋、南瓜、枣等农产品500余公斤。向19个贫困户捐赠衣服和相关生活用品，联系山西宁乐药业有限公司，共同上门向贫困户免费赠送治疗关节疼痛的药品100余盒。针对贫困户靳贵生的孩子大学毕业找不到工作的实情，中心主任李柏山将其推荐至山西宁乐药业公司就业，向所有贫困户宣传相关就业政策，通过开展不同形式的劳务输出，促进村民就业脱贫。“两节”期间。中心工作队根据鹿角村遭受自然灾害情况，通过协调市民政局救灾部门，向鹿角村19户贫困户申请5000元救灾扶贫补助款；中心党员每人捐款200元，共捐3800元，工作队员捐款700元，合计4500元。两笔款项共计9500元，在“两节”期间向19户贫困户发放每户500元的慰问金。同永和扶贫工作团、交口乡党委签订目标责任书，制定帮扶计划，推进扶贫攻坚工作。

工伤保险

【概述】 2016年，临汾市工伤保险各级经办机构实施《社会保险法》《工伤保险条例》，实施“同舟计划”，做好工伤预防和康复试点工作，规范劳动能力鉴定，提高伤残待遇，推进市工伤保险经办工作。截至2016年底，全市工伤保险参保用人单位7498户，参保508350人，完成省定任务50.3万人的101%；全市工伤保险基金征缴14890.7万元，完成省定任务13950万元的106.7%，超额完成省定目标任务。全市支付各项工伤保险待遇15817.5万元，基金滚动结余44122.5万元。受理劳动能力鉴定申请1161人，出具劳动能力鉴定结论987人，其中：1～4级62人；5～6级68人；7～10级857人，无级别43人。

【基金运行】 2016年，临汾市工伤保险中心及各县市业务骨干组成的五个检查组，4月6日至15日对各县市工伤经办机构2013—2015年度的工伤基金管理、业务运行、政策执行等情况进行检查。通过检查，发现各经办机构在基金运行、经办流程、综合管理等方面存在的问题。

5月13日、30日临汾市工伤保险中心邀请省医保中心、省康复医院专家，对部分参保单位及全市工伤经办机构在基金安全、综合管理等方面存在的问题，进行两期的授课培训。通过培训，各参保单位工伤保险科学化、规范化及市级统筹“六统一”水平得到提升。

【工伤职业病健康体检】 2016年，临汾市工伤保险中心为9个县市，40多家参保企业，共计9400余名职工进行职业健康体检。发现疑似职业病60余人，确认职业病的有十余人。通过政府招标形式，购买职业体检服务，让接触职业病危害的职工获得早期的健康保障；通过体检发现治疗或采取调换工作岗位的办法使患职业病的职工病情得以控制。

【工伤康复试点工作】 2016年，临汾市工伤康复协议机构仍旧是市第一人民医院、市博大手足微创外科医院，各经办机构落实“先康复、后评残”的机制，建议在临床治疗终结后有康复价值的工伤职工早介入、早住院康复。与协议康复机构的合作，加强工伤康复综合管理，完善康复服务举措，与省、国家康复标准看齐，让工伤职工感受到工伤康复的效果。

【宣传建设】 2016年，临汾市工伤保险中心编印《工伤保险业务经办须知汇编》《工伤保险经办规程》、政策宣传笔记本。须知汇编中包含单位、职工从参保登记到工伤后的认定、鉴定、待遇支付等各项工作流程及所需材料；笔记本首页罗列参保单位的参保缴费及待遇核发标准，要求窗口经办过程中利用将其发放到办事人员手中，将业务经办与政策宣传融为一体。这样既在日常业务中达到宣传的作用，又提高前来办事人员的经办效率。

【劳动能力鉴定】 劳动能力鉴定是工伤保险制度的重要一环,是给予工伤职工待遇的前提条件。2016年,临汾市工伤保险中心规范和简化劳动能力鉴定程序,缩短鉴定办理时限,改良服务方式,方便职工和用人单位申请劳动能力鉴定。加强劳动能力鉴定标准的培训,提高鉴定人员的专业化水平,使劳动能力鉴定标准科学规范地指导鉴定机构的实际工作。

【年审年检工作】 2016年,临汾市工伤保险中心3至5月,对参保单位的缴费基数、人数、费率、伤残津贴、护理费,1～4级工伤人员及供养亲属生存状况进行年审年检。对市直参保单位共年审800余户计98024人;对895名供养亲属,373名1～6级伤残人员进行指纹年检,发现供养亲属死亡未及时审报11人,追回抚恤金790元。日常调查中发现的其他多领取的待遇正采取措施追回中。

民族宗教

【概述】 2016年,临汾市民族宗教事务局在职人员21人,其中:公务员10人,工勤2人,公益性岗位9人。机关内设2室3科:办公室、监察室、民族科、宗教科、政策法规科。

临汾市有回族、满族、土家族、蒙古族、苗族、壮族、朝鲜族、彝族、布依族、白族、维吾尔族、仫佬族、畲族、藏族、黎族、侗族、瑶族、塔吉克族、仡佬族、达斡尔族、拉祜族、佤族、哈尼族、土族、锡伯族、傈僳族、羌族、景颇族28个少数民族,约1万余人(可统计数字)。临汾市有道教、佛教、天主教、伊斯兰教、基督教五大宗教齐全,信教群众25万余人(可统计数字),市级宗教团体5个:临汾市佛教协会、临汾市伊斯兰教协会、临汾市基督教"三自"爱国运动委员会、临汾市基督教协会、临汾市道教协会。

2016年,临汾市民族宗教事务局被省宗教局表彰为全省民族宗教信息报送先进单位。

【民族工作】 2016年,临汾市民族宗教事务局开展民族团结进步创建活动。按照"尊重、团结、发展"的工作理念,深化活动主题,打造示范点工程,推进民族团结进步创建活动进机关、进学校、进社区、进企业、进聚居村"五进"活动。侯马市金沙村被国家民委命名为"第四批全国民族团结进步创建活动示范单位";探索城市民族工作服务管理模式。以推动建立相互嵌入的社会结构和社会环境为抓手,开展少数民族流动人口登记备案工作,更新少数民族流动人口数据,推动民族工作重点县(市、区)设立少数民族服务中心。协调相关部门为60余名少数民族群众解决近40万元的无烟环保型烧烤炉专项补贴;服务支持少数民族聚居村的经济发展。指导少数民族聚居村制定"十三五"发展规划,更新少数民族经济发展扶持项目库,加大扶持资金管理使用督查。争取落地142万元扶持资金,与侯马出入境检验检疫局对接,签订合作备忘录,为加快少数民族经济发展助力。

【规范宗教工作】 2016年,临汾市民族宗教事务局开展"规范年"主题和谐寺观教堂创建活动。鼓励支持宗教界开展慈善公益活动。召开慈善研讨会,发放倡议书,开展社会公益活动。截至10月底,全市宗教界累计捐款近81万元,义诊施药活动2次,受到社会各界好评;推进宗教专项工作常态化。完成佛教、道教、天主教教职人员证书颁发工作和佛道教活动场所挂牌工作。指导佛道教开展"文明敬香""合理放生";开展宗教团体"建设年"专项工作。开展教职人员培训和基本情况摸底,指导宗教团体换届和年检登记工作,协助市佛教协会、市伊斯兰教协会完成换届工作。在宗教界开展"双学一跟"学习教育活动。全面动员部署,发放学习资料,举办研讨会、座谈会和外出参观学习,接受爱党爱国实地教育,引导宗教界人士同党共同奋进。

【维护安全稳定】 2016年,临汾市民族宗教事务局开展宗教活动场所安全整治专项活动。建立五项清真食品安全监管制度,充实清真食品安全网格监管平台,完成全市清真食品生产经营单位重新摸底初审工作,加大节假日、敏感节点及随机性清真食品安全规范管理检查;依法调处矛盾纠纷。建立风险隐患排查落实台账,加大社会综治风险隐患排查整治力度,调处尧都区、侯马市、翼城县等涉及外来少数民族务工人员矛盾纠纷和翼城县、曲沃县基督教内部矛盾问题,襄汾县、侯马市依法制止3

起非法宗教活动和假冒僧人借机敛财违法行为。

【法治化建设】 2016年，临汾市民族宗教事务局开展“政策法规学习月”活动。多层次、多角度、多形式宣传和普及民族宗教政策法规，编印宣传资料11类3万余份（册），举办培训班、座谈会、研讨会、讲经交流活动40余场次，制定宣传板面120余块，悬挂宣传标语百余幅，掀起学法用法、爱国爱教、跟党奋进的学习热潮；提高依法行政水平。按照“六权治本”工作要求，依法规范行政权力清单，完善行政审批事中、事后配套制度，开展“双随机一公开”工作，建立“一单两库一细则”，促进民族宗教工作阳光依法运行。

【重点难点问题】 2016年，临汾市民族宗教事务局应对和治理基督教非法势力反弹。按照“依法治理、分类处置”的原则，实行“一点一策”逐点治理。集中整治违反宗教法规的突出问题。结合安全整治工作，对售卖高香、假僧假道、违规设立功德箱等借教敛财问题的场所和违反宗教法规问题的旅游景区进行集中治理。更新佛教道教活动场所基本信息，完成佛道教活动场所挂牌工作，指导佛道教开展“文明敬香”“合理放生”等活动，完成伊斯兰教朝觐工作，开展网络宗教和民间信仰工作调研。

（杨金金）

老龄保障

【老龄志愿服务】 2016年，临汾老龄志愿服务队的服务分队发展到307支，队员达到31000余名，义工服务站30余个；全市老龄志愿者发展到13万人，占全市老年人口的20%以上，全年累计志愿服务时间达到200万小时以上。日常活动主要涉及包括老年文艺、体育、医疗保健、法律咨询、民事调解、青少年教育、环境卫生、社会治安等12个方面。在全市范围内开展“老龄志愿者与雷锋精神同行”“陪孤寡老人过中秋”“陪孤寡老人过重阳”等主题服务活动。市老龄志愿服务队的307支分队每队至少帮扶一位困难老人，形成社会影响。

老龄志愿者们定期深入城乡基层社区开展“银龄义诊”活动。全市以市老龄志愿公益协会等为代表的为老服务志愿者队伍发挥人员、专业优势，开展“银龄义务救助”“银龄文化体育进社区”“爱心公益红娘联谊会”“‘孝’文化进校园”等项活动。

2月26日召开的全国学雷锋志愿服务工作推进会上，临汾市老龄志愿公益协会入选全国志愿服务“四个100”先进典型名单，获“最佳志愿服务组织”称号（全省2个）。

【维护老年人合法权益】 2016年，临汾市施行高龄津贴的县（市、区）达到11个；翼城县设立农村特困老人救助基金（一期基金规模50万元）将老年人护理补贴纳入财政预算（25万元/年）；汾西县等建立特困老人救助制度。市区和9个县（市、区）70周岁以上老年人凭优待证可以免费乘坐市（城）区公交车，其中，乡宁县全民免费乘坐公交车，侯马市、霍州市、曲沃县、汾西县、吉县、浮山县将免费乘坐公交车优待政策下延至60周岁，洪洞县下延至65周岁。各地基层社区医疗卫生机构，普遍免费为65岁以上老年人进行健康检查，其中，吉县、大宁县、蒲县等将免费体检年龄下延至60周岁。全市60周岁及以上老年人凭优待证可以免费游览政府投资的公园、旅游景点等。自2013年以来，全市共建设农村社区老年人日间照料中心297个，其中，运营183个，建成44个，正在建设70个，共有床位3105张。17个县（市、区）中除蒲县、大宁县、古县运营补贴没有到位、永和县仅到位10000元外，其余全部按照20000元到位。有2/3以上县（市、区）举办老年维权咨询日活动，现场发放宣传材料，为维护老年人合法权益释疑解惑。在5月4日公布的“全国老年法律维权工作先进集体”评选表彰单位名单中，襄汾县人民法院汾城法庭入选“全国老年法律维权工作先进集体”（全省8个）。

【“敬老文明号”创建活动】 2016年8月，临汾市老龄办、市文明办在全市开展以“敬老、助老”为主题的教育评选活动，涌现出一批社会责任强、奉献意识强的敬老、助老先进集体和个人。命名表彰市级“敬老文明号”达50个、“敬老助老模范单位”200个、“敬老助老模范个人”200名。临汾市老龄志愿公益协会等4家单位获全国“敬老文明号”称号，郭艳香等6人被评为全国“敬老爱老助老模范人物”。在山西省第二届“敬老文明号”评选活动中,临汾市国网临汾供电分公司等15家单位荣获“全省敬老文明号”称号;临汾老龄志愿服务队被命名为“山西省敬老文化教育基地”。国网临汾供电分公司离休干部解黎明被授予“全国老有所为先进典型人物”称号(山西2人)。丁会萍等16人获“全国孝亲敬老之星”称号。

【“敬老月”活动】 2016年“敬老月”期间,临汾市各级、各单位开展各类活动6540余次,参与人数达50多万人(次)。市级举办临汾市2016“敬老月”全市敬老助老模范颁奖仪式暨社区老年文化活动优秀节目会演,市政府副市长、市老龄工作委员会主任王兵出席仪式并讲话。全市各级参与走访慰问的领导达2500多人(次),走访养老机构160个,走访老年人家庭10000多个,送慰问品和慰问金合计2000余万元。

【基层老年组织建设】 2016年,临汾市规范化老年协会达493个,全市城市社区老年协会覆盖率达90%、农村老年协会覆盖率达80%,老年组织的作用得到发挥。

【老龄宣传工作】 2016年,临汾市老龄办依托“微孝临汾”微信公众平台,宣传老龄政策、关注老龄热点、服务老龄事业。在5月6日公布的2015年度全国“老龄新闻宣传好作品”中,临汾市选送的两件新闻作品获优秀奖,分别是《山西农民报》宋榜娟的《史文英40年不离不弃呵护瘫痪丈夫》和《临汾晚报》刊登的《重阳节主题调查(4篇):陪伴,是最长情的告白;谦让,是尊老爱老的升华;敬老,最传统的美德;爱老,就给他们多点温暖》。

【搭建老年文体活动平台】 2016年,临汾市老龄办组织老龄志愿服务队各个服务分队深入市区45个基层社区,演出群众喜闻乐见的文艺节目。举办临汾市首届“百汇杯”广场舞大赛,参赛队伍达48支。以纪念中国共产党成立95周年和红军长征胜利80周年为契机,在临汾市区和洪洞县、浮山县、曲沃县等地开展敬老志愿服务、义诊服务、文艺会演等,共29场,开办老年道德讲堂7次。出动义诊大夫30余人次,为1000余名群众进行义诊服务,免费发放4000余元的非处方常备药品。举办2016年全市第四届社区老年文化艺术节暨敬老月(重阳节)社区公益行活动。组织全市160余支老年文艺团队5000余名老龄志愿者精选出优秀节目,深入到市区和周边48个社区、乡镇进行文艺大会演,开展义诊、法律宣传,出动义诊大夫110余人次,发放《老年法》和《山西省实施<老年法>办法》100000份,参加演出的节目386个,演员6000余人。形成制度,深入各基层社区、敬老院、光荣院以及驻军部队、军休所等进行巡回宣传演出,形成社会效益。

(李　娟)

第二届广场舞展示赛

人　物

逝世人物

樊圣成

樊圣成(1922—2016)，男，山西洪洞县双昌村人，1922 年 3 月出生，1937 年 11 月参加革命工作，1941 年 8 月加入中国共产党。

参加工作后，历任晋绥军 66 师 402 团学生队战士、民大学员、二战区政治部政工大队队员。1940 年奔赴延安，先后在延安陕北公学、新干校、延大社科院学习，参加延安整风及南泥湾开荒运动，之后在延大学疗、鲁艺留守处任管理员，晋绥后方兴县监狱任教育干事。期间，他宣传党的抗日方针和各项主张，发动群众，发展党的组织，参加党的活动，为抗日战争的胜利做出贡献。

解放战争期间，他服从组织分配，1947 年到蒲县工作，历任蒲县政府事务管理员、秘书、区长、科长、县委宣传部长、副书记、县长、县委书记；1966 年 7 月远赴内蒙古扎赉特旗任旗委书记；1972 年 5 月后，调任蒲县县委书记；1975 年任浮山县委书记。他先后在山区工作几十年，为振兴山区经济、改善人民生活，奉献自己的才智和精力。1983 年樊圣成光荣离休。他经历中国革命、建设和改革开放多个历史阶段，扛过枪杆、斗过顽匪、除过恶霸、打过游击、搞过土改、挨过批斗、获过平反，革命工作生涯峥嵘多彩、波澜壮阔。

离休后，仍然心系党和国家发展建设，坚持天天读书看报，关心国家大事，关爱群众生活，关注宣传工作，参加党组织活动，为贫困地区和灾区捐款捐物，发挥余热，病重期间，还嘱咐家人向组织交纳党费。

2016 年 7 月 22 日，樊圣成因病逝世，享年 95 岁。

先进人物

李向阳

李向阳，男，现任农行临汾分行副行长、三农事业部副总经理。2016 年，获“全国五一劳动奖章”称号。

李向阳从拓宽三农服务渠道着手，在全市构建物理网点、自助银行、金穗惠农通工程和互联网金融“四位一体”的新型渠道体系，2016 年，全市惠农卡有效客户当年净增 5.1 万户，惠农服务点点均交易量当年净增 32.89 笔，分别完成上级行下达计划的 145.72% 和 148.90%；全市共安装转账电话 1594 台，建立农村金融综合服务站 528 个；率先在全市推广上线“三农通用代收代付平台系统”，所辖 18 个支行累计收缴新农保资金 1219.16 万笔、8219.28 万元，累计收缴新农合资金 14327 笔、6204.75 万元，省分行对该系统的典型做法进行全省推广。落实党的扶贫政策，对永和、大宁、隰县、汾西、吉县等国定贫困县实施精准扶贫战略，制定“一对一”扶贫方案，与 10 余个自然村 500 余户贫困村民进行贫困帮扶“建档立卡”，派驻第一书记驻村，与各村支书和村长认真研究，密切交谈，挑选出最需要扶贫的 50 户贫困户作为重点扶贫对象，开展结对子帮扶，80% 的贫困户达到脱贫，实现贫困户尽快脱贫目标。先后制定出台贫困县支行《信贷投放考核激励办法》，2016 年末全行 5 个国定贫困县和 5 个省定贫困支行贷款分别较年初增加 4.1 亿元、6.4 亿元，重点支持吉县澳坤、隰县金土地粮油和山西好乐家等涉农项目，赢得政府和群众的好评。协助各支行大力发放“农民安家贷”贷款，为 1169 户农民发放 27487 万元的“农民安家贷”贷款，帮助农民实现进城购房梦。

刘法军

刘法军，男，汉族，49岁，中共党员，1986年参加工作，铜冶炼高级技师。现任侯马北铜业有限公司熔炼车间工段长。2016年，获“山西省五一劳动奖章”称号。

刘法军从事铜火法冶炼工作30年，积累丰富的铜冶炼经验。在他的带领下2016年完成铜精矿处理量19万余吨、理论粗铜5万余吨、阳极铜10万余吨。他牵头的《降低吹炼炉喷枪小车故障率》QC项目获得中国有色行业优秀发表奖；开展“阳极炉处理高杂质冷料”技术攻关，使两台阳极炉单炉加入量由40～50吨增加到65～70吨，炉时由原来的30小时，稳定到现在的24小时；通过技术攻关，使弃渣含铜年平均比考核指标降低0.02%，每年约减少90吨左右铜金属量的损失，增加经济效益450多万元；开展技术攻关降低沉降炉电量消耗，每年降低电耗成本约67万多元；创新提出50吨阳极炉炉盖砌筑方法，将拱形顶炉盖改为吊挂顶炉盖，炉寿由原来5个月延长至现在的8.5个月，全年创效达1100多万元；创新工作方法稳定阳极铜质量，提高阴极铜在上海交易所的交割率，产生经济效益450多万元；总结创新天然气使用方法，每年降低天然气成本290多万元；他提出将50吨阳极炉放铜溜槽材质更换为刚玉料，每月节约镁粉成本3.19万元；改进还原罐结构，利用增加动力风源压力和流速的原理，年节约还原剂成本190多万元。

焦琛珀

焦琛珀，男，36岁，临汾市洪洞县人，本科学历，共产党员，2002年参加工作，现任洪洞大槐树寻根祭祖园有限公司旅商开发部负责人。2016年，获“山西省五一劳动奖章”称号。

参加工作10余年来，焦琛珀从办公室后勤到文化演艺团、到安全保卫部、到旅商开发部，他兢兢业业，开拓创新，在学习和实践中锻炼自己，在平凡的岗位上，干出了不平凡的成绩。文化演艺团成立以来，他深入研究、提炼大槐树移民历史，多次与文化、表演方面的专家探讨、研究，功夫不负有心人，将大槐树移民历史与文化内涵用表演的形式展现出来，打造出一款深受游客喜爱的大型实景节目《大槐树移民情景再现》，让广大移民后裔及游客身临其境，较为直观的感受到移民先祖不畏艰难，背景离乡之情，为大槐树文化发展做出应有的贡献。负责安全保卫部工作期间，更是围绕“安全重于泰山”的核心管理理念，完善规章制度、制定各类应急预案、组织各类消防演练、提高全员安全认识，制定三级管理模式，开创公司安全工作新局面，使企业和谐稳定的大好局面得以保持和拓展。特别是现在所负责的旅商开发部，不断研制、开发旅游纪念品，他更是深入旅游市场，以工作为事业，以单位为家，穿梭在景区第一线，了解、掌握游客需求。具有“根祖文化”特色的旅游纪念品从原来的50余种增加至200余种，旅游商品收入连续五年超额完成，各项考核指标均为优秀。

2016年4月焦琛珀被临汾市劳动竞赛委员会授予临汾市“五一劳动奖章”。被县精神文明建设指导委员会评为“洪洞县精神文明建设先进工作者”。

刘振基

刘振基，男，44岁，1997年毕业于山西医科大学，副主任医师。现任浮山县人民医院工作儿科副主任。2016年，获“山西省五一劳动奖章”称号。

在工作中，刘振基兢兢业业，任劳任怨。把患者的利益放在第一位。时刻警醒自己，要恪守医德。严格执行法律法规，合理用药，合理收费，科学治疗。他从患者利益出发，不开大出方，不过度医疗。儿科工作比较繁琐，要求要细心，耐心。儿科的工作量，工作压力增大。小孩的病，来势快，病情急，加上小孩不能表述病情，以哭闹为表现。得以百倍的细心详查病情，认真分析，及时处理。还得给焦躁的家长做好解释和安慰工作，缓解他们的紧张情绪。在值班时，他勤查病房，发现患儿有异常，及时处理。他患高血压病多年，一直吃着药，一边坚持工作，他把救死扶伤的这份责任作为他生命的一部分。儿科人员少，工作项目多。他承担科内的大部分工作，时常加班加点。他多次参加市内组织的学术会议，参加院方组织的学术讲座。扩展知识面，总结经验，总结教训。撰写论文三篇，新生儿惊厥36例原因分析，新生儿疾病161例临床分析与1016例发热病例临床分析分别发表于《山西职工医学院学报》和《基层医学论坛》上。在工作中学习，把握前沿的学术动态，为患者提供优质医疗服务。

他被评为医院先进工作者，多次被评为科室模范。2016年被临汾市劳动竞赛委员会授予“五一劳动奖章”。

刘　辉

刘辉，男，研究生学历，医学硕士学位，毕业于中国人民解放军第四军医大学，现任临汾市第四人民医院心脏外科主任。2016年，获“山西省五一劳动奖章”称号。

刘辉独立完成临汾地区乃至山西省诸多开创性的手术，为临汾的卫生事业发展做出划时代的贡献，也让老百姓在家门口即可享受到一流的医疗技术服务，免除患者外出就医所面临的诸多困扰，最大程度地减轻病人的痛苦。2015年，刘辉独立完成的冠脉搭桥术例数位居山西省第一，为广大冠心病患者提供成功率高、远期疗效可靠的外科治疗方法。在医院及相关政府部门的支持下，2015年8月，为临汾市14周岁以下先天性心脏病患儿提供免费治疗，共完成手术20余人次，为经济困难的家庭带来福音，改善先心病儿童的远期生活质量，改变先心病儿童的命运。2015年9月，开展急诊冠脉搭桥术，填补省内空白，在国内同行中产生很大影响。2015年10月，急诊手术抢救心脏破裂患者，在挽救患者生命的同时也挽救两个家庭。2015年共完成主动脉夹层及动脉瘤手术15例。主动脉夹层的患者死亡率高，此病发病急，病情进展快。在他开展此项手术之前，许多主动脉夹层患者因转院，延误最佳手术时机，导致死亡，此项手术开展之后，为主动脉夹层的患者在第一时间行手术治疗，无需转往上级医院，降低主动脉夹层患者的死亡率。2016年3月，开展冠脉搭桥＋瓣膜置换手术，达到国内一流水平。

2015年，刘辉被评为“山西省百名临床高端领军人才”；2016年5月，“山西省青年五四奖章”；2016年，被聘为“国家心血管病专家委员会”委员。

李迎敏

李迎敏，男，57岁，中共党员，大专学历，1975年参加工作，现任山西焦化股份有限公司甲醇厂生产技术科科长。2016年，获“山西省五一劳动奖章”称号。

参加工作42年来，李迎敏由一名普通的操作工，逐步锻炼成长为一名基层优秀管理人员。立足本职，精益求精，通过修订、完善工艺考核管理办法对全厂工艺管理工作进行全面、统一管理。坚持每天带领科室技术人员对各车间进行全方位的检查，深层次剖析车间存在的问题，制定对策，督促整改，坚持每月开展小单元应急演练，提高全体职工的应急实战能力；强化生产过程管控，确保系统安全平稳运行。加强对标工作，每月对甲醇产量，原料、动力消耗、综合能耗等7项指标进行对比，坚持开展横大班劳动竞赛，将产量指标和消耗指标分解到班组，以班产保日产、以日产保月产，从而提高产量降低生产成本；针对现场暴露出的工艺问题，积极组织技改和攻关。组织完成净化车间预热炉及氧气管道改造技术研究、增设一系统SIS紧急停车系统、1#联合压缩机增设气液分离器、2#联合压缩机检修、油回收扩容改造、二系统污水管线改造等等，彻底消除设计缺陷，解决原始遗留问题，为系统长周期满负荷安全稳定运行奠定基础；注重技术人员素质提升，先后培养3名技术员成长为工艺工程师、4名调度员成长为所在班组的调度长。

2010年、2015年获山西焦化“劳动模范”称号；2011年，获临汾市“五一劳动奖章”、临汾市“安全生产标兵”称号；2015年，参与的《甲醇厂催化剂再生系统工艺流程技术研究》荣获山西焦煤科学技术一等奖、参与的《固定床造气炉原料技术研究》获山西焦煤科学技术三等奖。

张泽锋

张泽锋,男,44岁,中共党员,现为山西煤矿安全监察局临汾监察分局综合信息室主任。2016年,获“山西省五一劳动奖章”称号。

作为综合信息室主任,张泽锋不辜负党组织的信任与重托,尽心尽责,勤奋工作,带领综合信息室全体人员完成各项工作任务。他亲自起草的各类请示、报告、讲话、汇报材料等300余份,修订完善内部管理学习等制度136项,发布简报1800余条。修订完善后勤管理制度,使后勤管理科学、规范、有章可循。强化人员管理。进行教育和引导,使大家树立敬业爱岗的精神,树立荣誉感,克服“配角”的自卑感,使大家感到能在综合信息室工作是领导、同志们的信任,是一种荣誉。坚持各项制度的落实,如请销假制度、值班制度等,要求综合信息室同志要带头执行,率先垂范。强化监察执法工作。他参与监察执法500余矿次,查出2000余条安全隐患和违法行为,对37矿次共计罚款2685万元。

张泽锋在工作中严格要求自己,正确认识、对待和使用手中的权力。受到上级党组织和领导的表扬嘉奖。2003年至2005年连续三年被山西煤矿安全监察局评为安全培训先进工作者;2007年被临汾市政府评为安全生产先进个人;2009年至2013年连续五年被山西煤矿安全监察局党组评为优秀党员;2015、2016连续两年被山西煤矿安全监察局评为优秀公务员;2015年被临汾市政府办公厅评为办公室工作先进个人;2016年荣获临汾市五一劳动奖章。

武小建

武小建,男,44岁,高中学历,中共党员,现为霍州市辛置镇辛置村支部书记。2016年,获“山西省五一劳动奖章”称号。

2016年,在武小建的带领下,两委班子精诚团结,为老百姓办实事,解难事,没有出现过上访事件,不存在基层组织“三不问题”。投资10万元为村民机收小麦26.667余公顷,伏耕耕地,解决群众关心的实际问题。解决阳光小区冬季供暖问题;解决老百姓浇地问题,硬化、改造全部农灌区;鼎和小区全部完工;完善阳光小区天然气60余户;投资10万元阳光小区主干道全部铺油,使小区道路干净整洁。推动教育事业,每年对二本以上学生助学1000元,对优秀教师实行绩效激励机制,激活深挖教育资源。建立卫生长效机制,每年投资6.5万元,组建20人的环卫队,配备洒水车、垃圾车,确保村容村貌干净整洁。完善文化活动场所,开设农家书屋,成立阳光舞蹈队,使群众的业余文化生活丰富多彩。

2010年4月,他获临汾市劳动模范;2014年5月被霍州市共青团、农业委员会授予十佳农村青年致富带头人;2016年6月获霍州市优秀共产党员。

王　萍

王萍,男,汉族,53岁,中共党员,翼城县隆化镇隆化村农民。2016年,获“山西省五一劳动奖章”称号。

王萍通过发展谷子种植、加工和产品销售,走上致富之路。他把有种植技术的村民、种植大户、营销能手等组织起来,规范种植、生产、加工和市场营销,通过合作实现大家的共同发展。三年来引进晋谷35、40等十余个谷子新品种,20多项种植、加工新技术,通过自己的实验示范种植和取得的实际效果,为群众科学种植谷子提供技术支持。筹资200余万元,更新10余套先进设备,发展谷子产品精深加工,产品质量得到提升,产品检验检测合格率为100%,投诉率为0,用产品质量赢得市场和消费者。他自己发展的同时对一些家庭困难的群众积极伸出援助之手,为他们免费提供谷种、化肥、农药以及在加工和销售等方面给以大力的帮助,解决他们的实际困难,几年来为5户合作社成员提供价值近两万元的谷种、化肥、农药,帮助他们走出困境。

2013年他被市劳动竞赛委员会授予“五一劳动奖章”称号;2017年被临汾市科学技术协会授予“科普先进工作者”称号。

尉昌华

尉昌华，男，51 岁，汉族，安泽县冀氏镇冀氏村人，现为安泽天乐农业综合服务专业合作社带头人。2016 年，获“山西省五一劳动奖章”称号。

尉昌华带头成立安泽县首家农民专业合作社，被国家农业部等九部委命名为“国家级示范社”，带动全县 6 个乡（镇）61 户的农民运用新技术，发展新产业，争做新农民，共圆小康梦，成为“三农”战线的先锋和楷模。

实施 100 公顷玉米丰产方项目，推广无公害标准化生产规程，实现玉米每亩增产 200 公斤、增收 400 元。建成 20 公顷无公害优质苹果基地，产品获得国家无公害农产品认证、产地认证，注册“荀瑞”牌商标，统一包装销售，2016 年收入 130 余万元，人均纯收入超万元。

参加中组部、农业部组织的全国农村实用人才带头人武汉星光村基地培训等国家级教育培训。通过家门口培训和走出去的方式，提升社员素质，开阔发展视野，组织规模培训 13 期，培训农民 590 人次。赴原平市双惠种业有限公司种籽新品种基地、山西申纪兰贸易有限公司全保果业分公司果树基地、湖北鄂中化工有限公司、吉县苹果种植基地等地进行观摩学习。

2016 年，尉昌华得“临汾市五一劳动奖章”称号、临汾市农业系统“爱树建”活动“三百”先进人物、安泽县优秀科技人才、农业调产致富带头人获得者。

冯爱文

冯爱文，永和县阁底乡辛角村农民，两届的人大代表。2016 年，获“山西省五一劳动奖章”称号。

他对甜瓜、西瓜的研发性种植，已有九年的种植史。在育大苗，高垅大阳窝，土拱子定植，蚜虫三步防，氮素控秧，病毒早防疫，简捷压蔓，辩证施肥，科学坐瓜等诸方面，摸索一套实用的技术。

他对西瓜的研究种植，终极目标是把在沙地种植经验推广应用在旱垣节灌的生产实践中。为旱垣农民的脱贫找到捷径。这一方案实施好可使阁西垣实际以地为生的纯体力型农民当年脱贫或直奔小康。

为解决红枣裂果给农民带来的损失。他在研究甜瓜裂瓜的基础上，开展对雨季红枣裂果的专业研究。他的研究决不局限简易的搭棚，套袋，防雨伞等物理性方法，而是从生物的生理机能方面和细胞生理微观效应方面去着手研究的。已有自己的论文写成，可以进入理论验证期，需专门的基地和设施配套完成。

他是一个农村科技的领军人物，是一个自觉的农村科技工作者。利用生产技术可以带动许多人受益。他的研究理论和方法是科学的、理论的，有针对性的。用于具体实践中是可操作、简易、便捷、省工，适于推广和普及的。在冯爱文的技术支持和引领下，阁西垣的农村将会发生一次翻天覆地的变化，枣区的农民的生产会有改观和提高。

在 2014 年获临汾市劳动模范荣誉称号。曾多次获由中共永和县委、永和县人民政府颁发的“致富能手”证书。在全县新型农民科技知识竞赛中获一等奖。

贺星龙

贺星龙，男，36 岁，汉族，中共党员，大专文化。现为大宁县徐家垛乡乐堂村乡村医生。2016 年，获“山西省五一劳动奖章”称号。

2000 年，贺星龙运城卫校毕业在大宁县医院实习，实习结束后，毅然放弃留院机会返回其家乡乐堂村当了一名乡村医生。一开始，村民不认可他，他就发宣传页，设定手机彩铃为：“贺星龙医生，24 小时上门服务”，这一干就是 17 年，17 年间，他足迹跨越陕西、山西两省，永和、大宁、延长三县，方圆 28 个村庄，7 天烧了一桶油（25 公斤），骑坏 6 辆摩托，背破 12 个药包，行程 40 余万公里，24 小时随叫随到，只要患者一打电话，立即出诊，不论是白天还是深夜，不避严寒还是酷暑，毫不推辞，从未耽误过一位患者的病情，累计出诊次数 165000 人次，免收出诊费 350000 余元。从 2000 年起，贺星龙主动承担起本村及邻村 13 户五保户的医疗费用，过年给他们送米送面,大年初一把他们叫到家里吃顿团圆饭,每人买一件新衣服。这些年来,光为13户五保户支付药费和其他费用就达4万5千余元,患者赊账、死账近6万元。他对于自己身上的伤痛从来都是简单处理,却对患者注入十二分的用心,从不敷衍。对于行医范围内28个村庄的留守儿童,他主动承担儿童接种疫苗这项工作。28个自然村,1028名儿童疫苗他都能按时接种,200多个儿童按时发放营养包,给乐堂村民建立500多份健康档案。并给予这些孩子特别照顾,积极、慎重的完善合作医疗制度。展示一个医生的医容医德医貌。贺星龙在使用西医治病的同时,他努力学习中医、针灸,多次登门有经验的老中医家,向他们学习,用中医为患者治疗疾病,用偏方治疗常年患者,减轻他们的负担。他还兼职着徐家垛乡的防疫、妇幼、保健工作,他所在的村里住院分娩率100%,卡介苗、乙肝首针接种率达100%,基础免疫接种率达95%以上,二类免疫接种率达85%以上,为关心下一代儿童身体健康的社会公益性事业做出贡献。

贺星龙2016年4月被临汾市劳动竞赛委员会授予"五一劳动奖章",2016年6月被中共临汾市委和中共山西省委评为"优秀共产党员",2016年12月被临汾市精神文明建设指导委员会评为"临汾市第四届道德楷模"。

席乐斌

席乐斌,女,31岁,汉族,2015年11月参加工作。现为临汾市第二人民医院护士。2016年,获"山西五一劳动奖章"称号。

在工作中她以严谨、热情的态度迎接每一个新生命的降临,刻苦学习,练就过硬的基本技能,多次为医院相关科室进行新生儿复苏技术培训,让更多的同志熟练掌握这门技术,提高医院新生儿窒息的抢救成功率。特别是2015年7月在巡视病房的过程中她发现一位产妇情况异常,报告主任后立即进行剖宫术,五分钟后孩子出生,给予新生儿复苏,在三秒之内准确插入气管导管,通过紧张的抢救,使孩子转危为安,转入儿科进一步治疗后,情况好转。儿科医生表示,及时的气管插管为之后的抢救治疗工作起到关键作用。

从事护理工作12年里,她多次被科室评选为优秀护士和先进工作者,2011年代表临汾市参加"山西省第三届女职工职业技能大赛——新生儿复苏技术"比赛,获优秀奖。2013年由国家卫生计生委颁发新生儿复苏技术合格证书。2016年获临汾市五一劳动奖章。

白金莉

白金莉,女,50岁,汉族,临汾市古县人,中共党员,大学专科学历。现任古县城镇幼儿园园长。2016年,获"山西省五一劳动奖章"称号。

白金莉把优化育人环境作为提升办园水平的首要保障,2008年,县财政一次性投资600万元新建现代化幼儿园,从迈进幼儿园大门到教学楼走廊、教室,每一个幼儿活动场所都展示着幼儿艺术作品,弥漫着浓厚的幼儿教育成长氛围,促进幼儿健康快乐成长。这些润物细无声的工作渗透她许多的心血和汗水。

她带领幼儿园一班人自强不息,开拓进取,以"规范管理创特色,发展育特长"为指导,修改完善一系列管理制度,制定出台《教师绩效考核管理办法》,突出多劳多得、奖优罚劣的考核原则,用科学的评价机制评估考核每一位教师,激发全体教师的自律行为,使优秀者有成就感,平庸者有紧迫感,不称职者有压力感,提高工作效率。她以身作则、率先垂范,模范遵守各项管理制度;以校为家、废寝忘食,时刻心系幼儿园的管理与发展;精准发力、久久为功,解决制约幼教发展的一个个问题。

为保证保育质量,她从教师队伍抓起,每周组织教师学习政治理论、教育理念、教学技能,抽调骨干教师参加国培,参加省、市组织的幼儿教师业务培训。搞好园本培训,让教师们在教研活动中互相学习,取长补短。定期开展家园联谊活动,促进幼儿园、家长、社会的融合,拓展教师的实践性和社会责任感。在她的引领下,形成一支师德高尚、业务精湛、结构合理的幼教队伍。

通过近十年的努力,幼儿园被评为省级"示范园"和"市级一类幼儿园"。她于2013年获"临汾市五一劳动奖章”。

许聪信

许聪信，男，中共党员，现为临汾开发区招商局局长。2016 年，获“山西省五一劳动奖章”称号。

许聪信从事招商引资工作近 20 年来，坚持认真负责，身先士卒，狠抓招商引资工作落实，并推进工业新型化、改造提升传统产业、培育壮大新型产业，加快发展现代化服务业方面做出了突出贡献，受到省市区的多次表单彰奖励。

2016 年，为引进总投资额达 112 亿元的沃特玛新能源汽车核心技术产业园项目，立下汉马功劳。通过大量卓有成效、艰苦细致的工作，成功引进美国 JDH 海底管阀项目，珠海格力凌达高性能双缸清洁节能压缩机项目，土耳其新型清洁节能压缩机项目，法国法雷奥压盘双质量飞轮项目，德国萨克斯压盘（汽车件升级）项目，威灵控股铝压铸（轻量化有色金属）项目等 16 个工业转型升级项目。成功举办“2016 冬储行动”招商大会。会上，签约项目 10 个，投资金额达 103 亿元。2016 年外出招商 23 次，赴深圳、杭州、北京、太原等地参加省、市组织的多场推介对接会，全年完成招商引资合同资金总额突破 200 亿元。

他获得 2001 年临汾市劳动模范。在许聪信的带领下，临汾开发区招商局业绩突出，多次获省、市颁发的“招商引资先进单位”称号。

耿世文

耿世文，男，64 岁，汉族，乡宁县人，大专文化程度。现为人祖山文化旅游开发有限公司董事长。2016 年，获“山西省五一劳动奖章”称号。

耿世文曾任小学、中学语文教师，获“优秀语文教师”称号。2003 年创办洪洞常康煤炭有限公司，任董事长兼矿长；2005 年创办舜风煤业有限责任公司；2006 年创办舜风物流公司；2009 年与中铝山西分公司合作创办交口县牛槽沟铝矿。耿世文先生是一个遵纪守法、富而不骄、仗义行侠、乐善好施的企业家。数年间，他除了依法完税外，多次为当地捐资 1000 余万元兴办公益事业，修路打井，扶危济困，颇受领导和群众的赞誉。2010 年，他决心为“重光中华人祖文明第一山，构建全球华人祭祖朝圣地”付出全部心血和财力。2011 年 5 月他在山西省工商局注册成立人祖山文化旅游开发有限公司，任董事长兼总经理，与吉县人民政府签订协议，斥资 10 亿元人民币开发建设人祖山文化旅游景区，真正实现由煤炭向旅游开发的转型发展。他深知开发景区的艰难，做好投资短期内难以收回的思想准备。他在与吉县政府签约时，提出在协议中写入“吉县人世世代代游景区均予免费”的条款，使领导大为感动。景区的开发和运营给当地的无业人员提供就业机会，为吉县的财政收入的增长，以及吉县经济和社会的发展，做出重大贡献。

2011 年、2012 年、2013 年吉县县委、政府均授予人祖山文化旅游开发公司为“支持县域经济特别贡献企业”，授予耿世文“支持县域经济发展特别贡献奖”；2012 年耿世文被授予“临汾市文化产业带头人”称号；2013 年人祖山文化旅游开发项目被授予“临汾市转型综合实验区建设市级标杆项目”；2013 年在临汾市首届经济人物网络评选中，耿世文高票登选为“转型跨越新锐”人物；2015 年吉县县委、政府授予耿世文“服务旅游产业发展先进个人”称号；2016 年 9 月，在世界儒商大会上获得“孔子儒商奖”；2016 年获“临汾市五一劳动奖章”称号。

李保龙

李保龙，男，48 岁，汉族，中共党员，中共党校法律本科学历，1987 年 8 月参加工作。现为临汾市水利机械工程局党支部书记、局长。2016 年，获“山西省五一劳动奖章”称号。

李保龙具有灵活的经营头脑和较强的管理才能，敢想敢干，有魄力，工作创新能力强。主持完成多项工程的施工与管理，能够密切联系群众，为领导出谋划策，为群众排忧解难，具有较高的领导素质。

2016 年在他的带领下市水工局完成的经济效益：合同签订 14954 万元，实际完成 16865 万元；新增固定资产 162 万元，其中：设备投入 56 万元，创收 24 万元，当年回收投资达到 43%；安全生产专项经费支出172万元;教育培训投入40万元;发放高温津贴5万元;发放精神文明奖50万元;为在职在岗员工新增缴纳绩效部分住房公积金40多万元,共计缴纳社保基金345万元。

2016年新建单位大门门楼,修整单位前院;创办内部刊物《水工通讯》;建立商品供应信用平台;2016年12月30日,通过市直精神文明办复查,继续被评为市直文明单位;被市直工委评委"优秀基层党支部";下属单位奇晟发工程质量检测有限公司发展取得突破;扶贫工作继续推进;继续组织职工培训,全年共派出355人(次)参加各类专题培训学习。

李保龙连续多年被市水利局评为"优秀党员""先进工作者";2016年被临汾市劳动竞赛委员会评为"市五一劳动奖章";他的论文《体制改革给我省水利施工企业带来的新挑战、新机遇及应采取的新对策》获得山西省第九届青年水利科技论文二等奖。

李　逸

李逸,46岁,山西运城人,中共党员,博士学历,现为山西中条山新型建材有限公司董事长。2016年,获"山西省五一劳动奖章"称号。

李逸坚持技术工作的老本行,他本人作为国家《镁渣水泥技术标准》的参与起草人,对于工业废渣的循环利用的践行在建材业界引起关注。现在新型建材公司每年消化利用当地废渣60余万吨,有效解决环境污染和土地占用问题,促进当地经济可持续发展;在李逸的带领下,公司先后进行镁渣代替石灰石、废砂代替砂岩、煤矸石代替黄土、铜矿渣代替铁粉实验,利用各种废弃物料进行配料烧制硅酸盐水泥熟料,取得效果。公司在水泥生料配料中镁渣掺量达到20%以上,在全国水泥行业中,居于前列,熟料热耗为2877kJ/kg.c(688kcal/kg.c),折合标准煤耗为98kg/kg.c,处于国内同类窑型的上等水平。中条山新型建材有限公司已成为了晋南地区最大的水泥、熟料生产基地之一。

在李逸的引领下,公司产学研战略部署在合作中跳跃式推进,技术研发路子越走越广。先后与山西省职业技术学院等院校合作,探索校企联合,大大提升企业技术水平和生存能力。2016年,公司又与中北大学达成合作关系,成立本科生实践基地、研究生联合培养基地。企业研发能力增强,知名度提高。从镁渣、废砂、煤矸石、铜矿渣等废渣的利用研发,到利用废渣开发硅酸盐水泥熟料,从油井水泥的研发、生产,到研发中热、低热水泥提上议事日程,通过李逸的努力,公司产学研路子越走越宽。

2012年4月李逸获临汾市"五一劳动奖章"称号。

王乾峰

王乾峰,男,40岁,汉族,侯马市人,大学本科学历,硕士,中共党员,1999年12月参加工作,现为临汾市地方税务局党办主任。2016年,获"山西省五一劳动奖章"称号。

王乾峰踏实工作,履职尽责。他推动古县地税局税收管理信息化,为古阳地税所开出第一张机打税票。他撰写多份对工作有重大影响的调研报告,为领导和上级决策提供重要参考。他从规范制度管理着手,对固定资产、接待、车辆管理、办公用品采购等方面制定20多项制度,提升操作性和应用性,增强内部监督,明确职责。全市地税系统全部20个市县局都获得市级以上文明单位称号,其中市局机关获得"全国文明单位",另有2个单位被授予"省级文明单位标兵",13个单位被授予"省级文明单位"。他以"两学一做"学习教育为抓手,党的基层组织的战斗力、凝聚力和党员的先锋模范作用得到发挥,2016年,有1名同志受到国家税务总局嘉奖并被省局评为"优秀党员",1名同志被市直工委评为"优秀党员",市局稽查局支部被市委授予"先进基层党支部"。

王乾峰多次被评为税务系统先进工作者、优秀党员和优秀公务员,2012年被临汾市劳动竞赛委员会授予"临汾市五一劳动奖章"。

县(市、区)简介

尧都区

【概述】 尧都区位于山西省南部,地处临汾盆地中央。汾河由北向南穿境而过。南同蒲铁路、108国道、309国道、京昆高速公路、大西高铁贯通南北,是临汾市政治、经济、文化中心。全区总面积1304平方千米。辖10镇6乡372个村民委员会,10个城市街道(其中,滨河路办事处共11个社区居民委员会,由临汾经济技术开发区代管)共54个居民委员会;全区总人口97万人,其中,城镇人口58.5万人,农村人口38.5万人。

2016年,地区生产总值达261.2亿元,年均增长4.5%;规模以上工业增加值完成20.3亿元,下降3.9%,降幅收窄24.3个百分点:社会固定资产投资252.1亿元,下降1%,降幅收窄3.9个百分点:;社会消费品零售总额239.5亿元,年均增长6%;一般公共预算收入11.9亿元,年均增长2.7%;城镇居民人均可支配收入30371元,年均增长6.8%;农村居民人均可支配收入12956元,年均增长6.9%。

【产业转型】 2016年,尧都区推进农业供给侧结构性改革,建设2万公顷核桃、1万公顷优质水果、0.667万公顷设施蔬菜等优质农产品基地,新增核桃种植面积113.33公顷、设施蔬菜面积300公顷、优质苹果面积433.33公顷;粮食总产量25.3万吨;9个基础设施项目完成投资2亿元,改善农业生产条件。工业方面,成立山西经纬达铸造集团,全区铸造产业走上联合发展之路。第三产业,总建筑面积23万多平方米的生龙国际商业综合体、位于临汾市区西南部、滨河南路与迎宾大道交汇处、总占地面积约40公顷、总建筑面积60万平方米的新百汇商业广场等投入营运,环城商业圈建设推进。

【项目建设】 2016年,尧都区开展项目“百日攻坚”活动,81个重点项目完成投资190亿元。成立招商机构,开展“尧商返尧”活动,举办临汾(杭州)招商引资推介会,全年签约资金167亿元。创新融资引资新模式,设立创投引导基金,争取全省“双创示范县”、老工业区搬迁改造等政策性资金4亿多元,争取国开行、农发行政策性资金支持21.6亿元,经济发展的活力和后劲增强。

【大学生创业孵化园区】 2016年,尧都区大学生创业孵化园区位于临汾市尧都区政府东100米,由尧都区美豪企业管理有限公司投资建设,一期占地4公顷,总建筑面积12万平方米,于5月15日挂牌成立,可容纳1万余户小微企业及个体商户,吸纳3万余人创业就业,为高校毕业生创业进行优质孵化及项目推介。尧都区出台一系列优惠政策,鼓励大学生自主创业。在创客集市创业者,可享受国家“七补一贷”政策,即税补、三年社保补贴、5000元创业实战补贴、三年租金补贴、就业补贴、星火项目资金扶持、创建单位建设补贴及两年国家财政贴息贷款。

【城市建设】 2016年,尧都区尧贤街北沿跨涝河大桥项目、涝洰河生态建设润州园项目、临纺路南段建设工程推进;临汾机场快速通道尧都区段工程,总投资7.3亿元,完成投资3.5亿元;2月28日至9月14日,尧都区担负南起尧庙三岔口、北至向阳路、全长5011米的鼓楼南北街征收拆迁工作,道路红线宽50米至60米,征收拆迁总面积约10万平方米,完成任务。韩家庄村城中村改造项目:总建筑面积21.34万平方米,其中包括安置用房6.824万平方米,开发商住用地建设14.52万平方米,安置房主体完工,实施内装工程;郭村城中村改造还迁房交付入住1247套。9月21日,“百日攻坚”重点项目开工。其中:枣林路拓宽改造工程,北起解放东路,南至段店街,全长1268米,红线宽度50米,工程概算投资5896万元;临纺路道路工程,北起华康街,南至段店街,全长1644米,红线宽度50米,总投资6415万元;西王棚户区改造项目,改造面积8万平方米,总投资3.3亿元;东盛华庭C区(四季花都)住宅项目,总建筑面积54.76万平方米,总投资16.3亿元;阳光小区公租房项目,建筑面积10.43万平方米,住宅1613套,总投资3.3亿元;五一东路还迁小区建设项目,总建筑面积23.12万平方米,总投资5.74亿元。

【生态治理】 2016年1至4月,在尧都区范围内开展环境卫生综合整治行动,清理积存垃圾120万吨,粉刷墙壁650万平方米,新建垃圾收集点881个,硬化街巷45万平方米,植树造林0.127万公顷,"垃圾围城"问题得以解决。6至7月,开展禁止焚烧秸秆工作,防止大气污染。9月至年底,全区多部门联合联动,围绕环境卫生整治、环境质量提升、环卫基础设施建设,淘汰10吨以下燃煤锅炉30台、土小锅炉900台;推广使用洁净焦,全区每户配送限额为5吨,差价由市、区两级政府补贴,用户每吨只需负担275元,配发洁净焦等18.2万吨;入冬以后,全区区、乡、村三级联动,防止大气污染:取缔临街商店生产生活用煤、家用小锅炉;对临街饭店排烟设备加装减排净化系统;启动《尧都区城市重污染天气应急实施方案》,区环保局、各街道、乡镇组织力量登门入户,查看和了解企业环保设施运行和环保措施等情况。推进集中供热设施建设,新增供热面积95万平方米,调配电暖气800余台;检查督促落实临汾热电、大唐国际发电机组超低排放改造工作;开展建筑工地扬尘污染整治工作;清理散煤销售点37处,收缴散煤近6万吨,实施煤改气工程8处;进行黄标车治理,推动全区空气质量改善。

【扶贫济困】 2016年,尧都区巩固核桃基地建设、光伏发电项目等精准扶贫工程成果,全区下达脱贫任务3100人,3789人脱贫。开展爱心助学捐款活动,全年为贫困学生捐款228万元。

【社会事务】 2016年,尧都区发放城市低保金3130.6万元;农村低保金2742.3万元。年末,有城市低保3991户7383人,农村低保8182户11548人;发放供养金526.44万元,供养农村五保对象793人。发放救助金1837.35万元,资助参合、参保分别12315人、5803人,大病救助2415人。为97名孤儿发放基本生活费95.76万元。全年开展创业培训、烹饪技术培训、中药制剂工培训、家政服务培训共820人。

全年发放社会保障卡347586张。机关事业养老保险参保人数15211人,基金征缴完成8771万元,发放退休费1785万元。企业养老保险参保人数35665人,基金征缴完成19869万元,发放退休费38000万元。城乡居民养老保险参保人数277164人,基金征缴完成3233.91万元,为72379名到龄人员发放养老金7088.27万元。医保险疗参保人数200665人,基金征缴完成15628.09万元,支付医疗保险费10641.16万元。新农合实际参合416239人,参合率98.2%,个人部分筹资6243.58万元,补偿支出17783.33万元。

(张洪亮)

【区领导班子成员】

中共尧都区委

书　记　赵志坚(7月免)　陈　纲(7月任)

副书记　杨保春　王　润(7月任)

常　委　李建国(7月免)　栗俊昌(7月任)
乔飞鸿(7月免)　牛少白(7月免)
鲁立波(7月免)　李青彦(7月任)
乔永生(7月任)　郭云平
张青山(7月任)　郭忠义(8月任)
丁国刚　薛向阳(8月任)
尹诚民(8月任)

尧都区人大常委会

主　任　杨午生

副主任　杨福元(8月免)　叶树臣(8月免)
马跟云(8月免)　邓力儒
张李平(8月任)　史大胜(8月任)
杨胜明(8月任)

尧都区人民政府

区　长　杨保春(8月任)

副区长、代区长　杨保春(7月任)

副区长　牛少白(主持区政府工作,7月免)
董新平(8月免)　郭云平(8月免)
张李平(8月免)　郭忠义
马跟云(8月任)　范志军(7月任)
任伟民(8月任)　孔令泽(8月任)
汤晓燕(8月任)

政协临汾市尧都区委员会
主　席　许百龙
副主席　李小平(8月免)　张玉锁
　　　　王翠苹　　　　贾国杰(8月任)
　　　　朱云龙(8月任)

侯马市

【概述】 侯马市位于山西省南部，临汾盆地南端，古称“新田”，东与曲沃县毗连，西与新绛县接壤，南依紫金山与闻喜县、绛县为邻，北隔汾河与襄汾县、新绛县相望，地处秦、晋、豫大三角的中心，自古为“燕、赵、秦、蜀之通衢大道”。辖新田乡、凤城乡、高村乡3个乡人民政府和张村、上马、路东、路西、浍滨5个街道办事处，总面积220.1平方千米，总人口243552。

2016年，全市地区生产总值完成94.7亿元，同比增长5.8%；一般公共预算收入完成4.09亿元，同比下降12.2%；规模以上工业增加值完成12.4亿元，同比增长3.9%；固定资产投资完成95.9亿元，增长15.7%；社会消费品零售总额完成81.49亿元，同比增长6.5%；城镇居民可支配收入完成25725元，同比增长5%；农村居民人均可支配收入完成13177元，同比增长5.1%。编制完成“十三五”规划纲要，制定转型综改五年实施方案。侯马市被确定为全国健康城市试点、第三批新型城镇化综合试点、服务业综合改革试点、返乡农民工创业试点、政务服务标准化试点、全省“多规合一”试点和首家不动产统一登记试点、中小微企业创业创新基地示范县。

【经济建设】 2016年，侯马市引导企业适应供给侧结构性改革，加快企业技术改造创新步伐，汤荣、东鑫等企业市场份额扩大。海龙钻具、誉通混凝土实现“小升规”，晋烽机械被认定为省级技术中心，工业新兴产业投资比重达84.4%。金融支持企业发展力度加大，新增投放信贷资金16.48亿元。抢抓加工贸易产业梯度转移机遇，梦之丽服饰、乐视·乐生活等项目落户。洋货码头完成7个展馆主体工程建设，大运公路货运枢纽项目部分仓库主体完工，圆通快递入驻振通电商产业园投入试运营。电子商务马上购、窝麦良品等本土电商企业扩张，全市“村淘”服务站总数50个，“双十一”期间，“村淘”覆盖率、成交额、销售量均居全省第一。城郊型经济繁荣发展，农业规模化、集约化经营水平提升，新认定家庭农场22个，发展农民合作社31个，农业产业化龙头企业实现销售收入5.33亿元。粮食总产9.27万吨，确定基本农田保护面积0.567万公顷。完成总投资8016万元的小农水重点县项目。

【文化旅游】 2016年，首届侯马、曲沃、翼城三县市晋文化协同发展县际联席会议在侯马市召开。《侯马晋国古城国家考古遗址公园规划》初稿编制完成。为群众送戏下乡、送电影下乡1284场。“芳草香”“鸿满”“普罗旺斯”等现代农业示范园开园迎客。完成旅游收入29.09亿元，同比增长21%，文化产业增加值达1.59亿元，增幅12.1%。

【社会事业】 2016年，侯马市总投资343亿元的89个重点项目中，双慧玻璃、东鑫铸造、梦之丽服饰等18个新扩建项目竣工投产，怡之福老年医养中心、汤荣双金属复合制动鼓、文体活动中心综合场馆等28个项目开工，投资累计完成30多亿元。浍河生态修复综合治理、紫金山旅游开发等14项重点工程推进，北铜铜业精矿回收、东城路网道路等项目前期工作开展。主城区控制性详细规划实现全覆盖。新医院东侧新建道路及凤城一南杨、下平一东高一西高改造道路竣工通车。新建雨污管网13.8千米，改造雨污分流管网6.5千米，铺设供气管网30千米、供热管网12千米，新增天然气用户1800户、供热面积10万平方米。加快推进美丽乡村建设，提升农村基础设施和公共服务水平，创建一批具有示范带动作用的美丽宜居乡村，单家营村率先实现集中供热。加快“一山一河”开发，紫金山开发完成整体勘察调研，浍河治理开发完成规划初稿编制。新增城市绿化面积20.1万平方米，农田林网建设0.067万公顷。淘汰黄标车及老旧车640辆，新购137台纯电动公交车。应对雾霾等恶劣天气，开展八项大气环境专项整治行动，PM2.5、PM10浓度同比分别下降14.7%、4.5%，全年空气质量二级以上天数263天，其中一级天数86天。新农合完成整体移交，为推进城乡居民医保统一管理奠定基础。教育均衡发展，高考二本达线853人，达线率突破50%。医药卫生体制改革深入推进，分级诊疗工作全面启动。落实就业创业优惠政策,新增就业 6120 人。新建农村老年人日间照料中心 18 个,棚户区改造累计建成 514 套,农村危房改造 321 户。推进脱贫攻坚工作,207 户、573 人实现脱贫,超额完成年度目标任务。筹措资金 7186 万元,确保各项政策性增资兑现。

【文体活动中心奠基开工】 2016 年 5 月 30 日,侯马市文体活动中心奠基开工,工期两年。中心位于市城东新区北环路南侧,占地面积 11.1 公顷,其中综合场馆占地 1.85 公顷,广场占地 9.25 公顷。综合场馆建筑面积 38718.5 平方米,投资概算1.95 亿元,项目建设内容包括体育馆(16405 平方米)、文化馆(2968 平方米)、图书馆(3593 平方米)、科技馆(1434 平方米)、档案馆(2831 平方米)、多功能活动中心(2931 平方米)。开工的还有中心公园,占地面积 17.5 公顷,采用中国古典园林艺术造型手法,模拟自然山水,利用地形、水系、叠石、植物、建筑等元素,营造可观、可游的生态环境,总体布局按照中国传统建筑朝向布局形式,座北朝南。公园中心区域规划有明珠湖,湖中三座小岛,寓意"一池三山",东、西、北三面,利用地形、树林和配套商业建筑空间围合,视觉封闭,与外界喧嚣隔离,打造一处优雅山水园林景致,园中所有建筑包括门户、楼阁、亭廊等,吸收春秋、秦汉时代建筑文化元素,浑厚大气,以彰显侯马历史文化名城底蕴。

【侯马入围 2015 年中国大众网购消费最活跃的 50 个县】 2016 年,侯马市委、市政府重视电子商务发展,把振兴商贸经济作为全市发展战略重要内容。制定出台《电子商务万人培训计划》,邀请国内外知名电商专家,为四大班子成员和科级干部、农村干部及青年、市场经营户进行电商普及和电商知识培训。2015 年 5 月,成为全省首批 5 个阿里巴巴村淘项目试点县市之一,被国家商务部确定为"电子商务进农村示范市",9 月 15 日,启动侯马阿里巴巴村淘项目,建成村淘市级服务中心 1 个,仓储配送中心 1 个,完成合伙人招募,千人以上 51 个村级服务站全部建成开业。"双十一"节,侯马 10 多万农民加入网上购物,包揽山西省"村淘"成交额前 10 名,是山西省唯一进入"全国县域电子商务指数百强县"的县市。2016 年 5 月 29 日,在阿里研究院发布的"2015 年中国大众网购消费最活跃的 50 个县"排行榜中,侯马市排名第 34 位。

【侯马金钻国际商贸批发城开业】 2016 年,侯马金钻国际商贸批发城是临汾市重点商贸项目,处于侯马市火车站商圈重要位置,位于晋都路与埕上街交汇处,与侯马新港服装批发城隔街相望,占地 0.8 公顷,建筑面积 3 万平方米,投资 1.5 亿元。2013 年 11 月开工建设;2014 年 12 月主体工程封顶;2015 年装修完毕;2016 年 1 月试营业。2016 年 1 月 9 日,山西欣富商贸有限公司主办的"2016 · 侯马金钻国际商贸批发城服装展销会"举行,来自浙江、江苏、江西、河南、东北、山西等地 200 余商家前来参展,参展服装有美特斯邦威、培罗蒙等 200 多种品牌。4 月 16 日 10:28 正式开业,16 至 18 日开展系列活动,有精彩文艺演出、多种奖项抽奖活动、精美礼品相送。侯马金钻精品服装批发城采用框架结构、地下停车、中央空调、电梯上下,布局合理,是现代化商场式市场。全城共分 4 层,一层外围门面房规划为品牌服装、金融网点、特色餐饮,一层内街为精品专卖;二层和三层为精品男女装批零;四层为童装、针织批零等。

【侯马市被确定为全国健康城市试点市】 2016 年,侯马市委和市政府通过完善城市的规划、建设和管理,改进自然环境、社会环境和健康服务,普及健康生活方式,满足居民的健康需求,实现城市建设与人的健康协调发展,健康城市建设取得显著成绩。2014 年,创建国家卫生城市,将创建全国健康城市纳入政府"十三五"规划,坚持以打造山西最宜居城市为目标,推进城乡环境卫生和市容市貌整治,巩固提升国家卫生城市创建成果。2016 年 11 月 6 日,在杭州召开的全国健康城市健康村镇建设座谈会暨健康城市试点启动会上,侯马市被确定为首批 38 个全国健康城市试点市,成为山西省唯一入选城市。全国爱卫办将侯马市确定为首批"健康城市"建设试点城市,是对侯马前期国家卫生城市建设工作的认可。

(赵香琴)

【市领导班子成员】

中共侯马市委

书　记	李朝旗(7 月免)	王煦杰(7 月任)
副书记	王煦杰(7 月免)	马兴民(8 月免)
	段慧刚(7 月任)	秦海玉(8 月任)
常　委	田怀宇(2 月免)	郑育敏(7 月免)
	韩　睿(7 月免)	刘俊贤(7 月任)
	李俊胜	郝爱民(7 月任)

张清江(8月任)　李睿煜(7月任)
李会平　　　　卢正中(8月任)

侯马市人大常委会
主　任　尉合怀(8月免)　马兴民(8月任)
副主任　文转社(8月免)　王阿家(8月免)
崔凯毅(8月免)　秦朝旭(8月免)
郭天红(8月免)　郭旭东(8月任)
卫希荣(8月任)　白爱华(8月任)

侯马市人民政府
市　长　王煦杰(7月免)　段慧刚(8月任)
副市长　郑育敏(7月免)　张清江(8月免)
高剑云(7月免)　吉守斌(2月免)
阿里木江·阿不都逊(2月免)
李俊胜(8月任)　师安平(7月任)
张红玉(7月任)　梁明军(8月任)
郭建伟(8月任)　王　勇(8月任)

政协侯马市委员会
主　席　陈毅林(2月免)　田怀宇(2月任)
副主席　邱建屏(8月免)　续文碧(8月免)
马淑焕　　　　卫玉贵
朱冬梅(8月任)　高雪玲(8月任)

霍州市

【概述】　霍州市位于山西省中南部，临汾盆地北端，地理坐标为北纬36°26′～36°42′，东经111°38′～112°03′，东倚太岳山与古县、长治市的沁源县毗邻，西望吕梁山与汾西县相连，南有汾河一脉相通和洪洞县接壤，北靠韩信岭和晋中市的灵石县交界。境域东西宽36千米，南北长30千米，周长112千米，总面积765.39平方千米，素有中州重镇、河东屏障之称。辖3乡4镇5个街道，199个行政村(居民)委员会，308个自然村，24个社区。年末全市常住人口为291568人，其中男:148313人，女:143255人，全年全市出生人口2959人，人口出生率为10.17‰。

2016年，地区生产总值完成70.84亿元，比2015年下降4.8%。其中，第一产业增加值3.66亿元，增长5.7%，第二产业增加值43.22亿元，下降10.2%，第三产业增加值23.96亿元，增长5.1%。全市固定资产投资完成139.6亿元，下降15.3%，公共财政预算收入58547万元，下降12.6%，社会消费品零售总额332954万元，增长6.6%，城镇常住居民人均可支配收入26998元，比2015年增长6.1%，农村常住居民人均可支配收入12143元，增长5.7%。

【农业】　2016年，霍州市推进无公害蔬菜、特色经济林、规模养殖“三大产业”，全市无公害蔬菜种植面积达0.24万公顷，设施蔬菜面积达0.08万公顷，优质干鲜果面积累计达0.433万公顷，规模养殖累计达290个，扶持壮大同兴禽业、绿源乳业、聚盛牧业等规模养殖企业，特别是由国新能源投资2.6亿元，打造国新能源现代农业示范园区中药村种植基地，培育发展文冠果茶、太岳核桃、三教小杂粮等特色农产品龙头企业。农作物种植面积19921.4公顷，比2015年增加2.867公顷，粮食产量84979吨，比2015年增产26.9%，猪牛羊养总产量9668吨，比2015年增长6.5%，农业经济总收入达到7055万元，比2015年下降2%。

【工业转型】　2016年底，霍州市有规模以上工业企业18家，增加值比2015年下降12.3%。霍东新产业聚集区基础设施完善，霍煤机电设备制造一期6个公司投产，推进华润10万千瓦风能发电项目，液化天然气调峰储气项目试运营，亿能电器新能源汽车制造项目即将安装生产线，一批新的经济增长点加速形成。规模以上工业企业原煤产量810万吨，比2015年下降11.7%。发电量111.5亿千瓦，比2015年下降7.5%。规模以上工业企业实现主营业务收入117.8亿元，比2015年下降2.8%，规模以上工业实现利税5.3亿元，比2015年下降48.1%，实现利润3852万元，同比减亏80.5%。

【三产提档】　2016年，霍州市突出三产提档，七里峪景区旅客服务中心、景区停车场完工，滑雪场二期启动实施。陶唐峪开发项目开工建设，霍州署AAAA级景区申报工作进入关键阶段，许村传统古村落保护修缮工程启动实施，全域旅游示范区创建推开。南街农贸市场建成完工，州里商业文化街、鼓楼地下商业街等商贸市场运行良好，引进乐村淘网络科技、赶集网、苏宁易购、固德网络等4家电商平台,发展圆通、顺丰、中通等 20 余家物流公司,商贸服务业繁荣。参加中博会、能博会等招商活动,招商引资共达成投资意向 12 项,投资总额 169 亿元。

【环境整治】 2016 年,霍州市实施植树造林和绿化工程,完成营造林面积 0.119 万公顷,新增城市绿化面积 20 万平方米。落实节能减排目标责任制,完成总投资 11.1 亿元的电力行业燃煤发电机组超低排放改造工程,辛置污水处理厂建成试运行,淘汰黄标车、老旧车 456 辆,落实企业限产限排,建筑施工管理、大货车城区禁行、市区街道单双号限行等措施,开展环保突出问题大整治、铁腕治污、控硫治污专项行动,全年二级以上天数 204 天,其中一级天数 80 天。

【城市建设】 2016 年,霍州修订编制《霍州市“十三五”近期建设规划》《霍州市综合交通体系规划》等城市规划。东关、赵家庄城中村改造,霍煤集团开元小区建设,橡胶厂棚户区改造等一批保障性住房项目完工;中镇楼、赵家庄人行天桥、东门桥改造等一批市政工程竣工;纬五路、新建南路、经三路北段等一批城市道路建成通车。城市集中供热面积达 460 万平方米,新建换热站 11 座,新增供热面积 55 万平方米,天然气扩户 4000 余户,达到 38000 户。新建和改造城市道路 10.51 千米,城市供水管网 7.93 千米、供气管网 17.7 千米、雨污管网 27.22 千米,城市功能日益完善。年底绿化面积 407 公顷,绿化覆盖面积 459.11 公顷,引申农村人居环境改善,推进完善提质、农民安居、环境整治、宜居示范四大工程,完成 4 所农村老年人日间照料中心、3 所农村公办幼儿园建设,推进采煤深陷治理。完成涉及 7 个乡镇的可研报告,签订搬迁协议 245 户,拆迁 49 户,完成投资 2959 万元。改善农村群众出行条件,完成 9 条村通水泥(油)路共30.7 千米。推进农村地质灾害搬迁、农村危房改造等工作,农村人居环境得到改善。

【社会事业发展】 2016 年,霍州市被确定为《义务教育学校管理标准(试行)》临汾市唯一的省级试点县。全市各学校完善《学校发展规划》《学校章程》及系列管理制度,确定研究课题,逐条落实《管理标准》92 项指标。完成职教中心、劳动技校教学楼、退沙街道许村、白龙镇寺庄、陶唐峪乡义旺幼儿园等工程。8 月 26 日,在霍州市中镇文化广场举办霍州市四类困难家庭学生救助暨爱心助学大会,市四套班子领导、全市科级干部、企业家、社会各界爱心人士等,慷慨解囊,奉献爱心,现场共募集捐款 1060161 元,救助学生 458 人,受到社会各界高度赞誉。霍州市高考二本以上达线 1088 人,连续四年大幅增长,位居临汾 17 个县(市、区)第三名,高考中考同创历史新高。举办 3 场大型人才招聘活动,启动事业单位招考工作,高度重视创业就业工作。全年新增就业岗位 6000 余个,新增就业人员 4680 人。推进城乡居民医保制度整合,完成新农合移交工作,推进公立医院改革,落实财政补贴药品差价政策,缓解群众“看病难、看病贵”问题。完善社会救助制度,推行“救急难”制度,全年共救助 4395 人次,发放救助金 320 万元。建成各类保障性住房 523 套。推进脱贫攻坚,全市各部门、各单位共派出驻村帮扶工作队 105 支,315 人,实现贫困户精准帮扶全覆盖,全年共实现 1404 人脱贫。

(郭秀东)

【市领导班子成员】

中共霍州市委

书　记　陈　纲(3 月免)　崔山原(8 月任)
副书记　崔山原(8 月免)
　　　　黄晓君(女)(8 月任)
　　　　高雅铭 (8 月任)
常　委　周文伟(7 月免)　陈占平 (2 月免)
　　　　郑效锋(7 月免)　刘国平(8 月免)
　　　　郭宏生(8 月任)　田晋川(8 月任)
　　　　程　军(7 月任)　刘国平(8 月任)
　　　　李　峰　牛福生(7 月任)
　　　　郭丽华(女)(8 月任)
　　　　田　辉 (挂职,9 月任)

霍州市人大常委会

主　任　陈占平 (2 月任职)
副主任　安志勇　朱源洪 (8 月任)
　　　　成海民(8 月免)　董文平(8 月免)
　　　　张根生　孟援斌

霍州市人民政府

市　长　崔山原(8 月免)　黄晓君(女)(8 月任)
副市长　陈占平(2 月免)　刘国平(8 月任)

朱源洪(8月免)　薛泽会(2月免)
郭宏生(8月免)　田晋川(8月免)
张伟兴(8月任)　张发宁(7月任)
晋学斌(8月任)　刘元建(8月任)
吕文博(8月任)
张　谦(挂职,9月任)

政协霍州市委员会
主　席　薛泽惠(2月任)
副主席　薛有生　沈晓静　薛云彪
　　　　张伟兴(8月免)　王英才(8月任)

曲沃县

【概述】 曲沃县位于山西省中南部,临汾盆地南端。北依塔儿山(崇山)、乔山、垆顶山和襄汾县为界,南靠紫金山(绛山)同绛县为邻,东与翼城县接壤,西北隔汾河和襄汾县相望,西南与侯马市毗连。县境南北长29.5千米,东西宽15.4千米,总面积437.9平方千米,辖7个乡镇,158个行政村。

2016年,地区生产总值完成83.6亿元,同比增长4.7%;规模以上工业增加值完成30亿元,同比增长3.5%;固定资产投资完成80.5亿元;一般公共预算收入完成2.5亿元;城镇居民人均可支配收入达28654元,同比增长7.4%;农村居民人均可支配收入达13288元,同比增长7.5%。

【工业】 2016年,曲沃县致力于工业经济转型升级,以工业园区为主战场,开展干部入企服务活动,加大协调帮扶力度。在千万吨级钢铁工业园区建设上,为相关企业联系使用临汾市"过桥资金"3亿余元,争取上级扶持资金2000余万元,落实直供电10.5亿千瓦时;推广"互联网+钢铁"营销模式,全年为企业增加效益3亿元以上;引导企业走改造升级之路,通才公司研发生产优特品种钢,园区优特钢占比达20%以上。立恒公司40兆瓦高温超高压再热发电、正信公司20兆瓦光伏发电、通才公司2×18兆瓦煤气发电和20万吨高强钢筋等一批节能技改项目投产达效。在三星新型工业园区建设上,新建标准化厂房2座,壳型铸造和消失模铸造生产线投产;引进浙江靖恒、杭州均添2家水晶工艺品加工企业落户曲沃县,部分设备进厂。在紫金山黄金产业开发园区建设上,前期手续办理取得进展,仟亿达生物质发电、协鑫风力发电等一批新兴产业项目落地建设,工业经济朝着提档升级、多元发展的方向迈进。

【农业】 2016年,曲沃县实施"晋之源"八大系列农业园区扩容提质工程,各园区产业规模日益壮大,全县新增蔬菜面积633.33公顷,新发展水果面积200公顷,改造老果园面积400公顷。启动新建正蓝奶牛、常和肉牛、乾坤肉鸡等23个规模养殖场,新发展规模养殖户298个,全县畜牧业总产值达到12亿元,成为农民增收的重要支撑。完成151个村的土地确权工作;培育新型职业农民600人,省级以上农业专业合作示范社达到22家;供销社产销对接项目投入运营;"互联网+"模式线上交易额达5000余万元;推进农业标准化生产,建成13.33公顷部级标准园1个。认证无公害产地0.073万公顷、无公害农产品5个、地理标志产品2个。改良大蒜合作社千吨洋葱和富农合作社香菇菌棒出口,实现临汾市新鲜蔬菜出口零突破。高效节水重点县、现代农业园区试点等农业基础设施项目完成年度建设任务。2016年,曲沃县被确定为"国家级农产品质量安全创建县",被评为"最具影响力的中国黄瓜之乡"和"全省蔬菜出口质量安全示范区"。

【文化旅游】 2016年,曲沃县晋国博物馆旅游区曲村——天马国家考古遗址公园规划获国家文物局批准立项,曲村仿古街完成部分风貌整治;磨盘岭现代农业观光区西海村晋国民居民俗区二期工程建设效果明显;浍河水岸风光旅游区晋都民俗风情园水岸仿古街正加紧建设;景明诗经山水旅游区山体绿化、道路硬化和诗经故里特色生态景观打造进展迅速、成效显著;桥山黄帝文化旅游区旅游路全线通车,乔芦黄帝部落和石桥堡红色旅游项目一期完工;太子滩温泉度假区实施太子湖水镇河道建设和御汤庭院二期工程。全县六大景区功能设施完备、文化内涵丰富、主题特色鲜明。2016年,举办太子滩文化旅游节、磨盘岭农业观光旅游节和太子湖国际梦幻灯光节;高标准、高质量编排7个以"晋文化""诗经文化""红色文化"为主题的情景剧目;参与策划指导的大型电视连续剧《重耳传》加紧后期制作;总投资达100亿元的黄河·中华主题文化产业园项目签约;"国家文化名城""千年古县"等国字号名片申报争取工作开展,中国民协为曲沃县授牌"中国成语典故之乡"和"中国成语典故传承基地"。曲沃县被评为"全国休闲农业和乡村旅游示范县"。

【城建】 2016年,曲沃县围绕构架"一城三区、一体两翼"城市建设格局,东城新区移动、广电等单位便民服务场所的室内外装修和大型商住小区建设加快推进;吉祥南路绿化美化工程全面完工;集中供热工程完成1号水井建设和东西大街管网铺设;晋都文化中心竣工验收;奥体中心、顾园具备开工条件。中心城区内绛园项目完成规划设计;对府东府西街进行全方位、立体式改造,实施路硬化、强电弱电入地、管网铺设、人行道铺装、沿街建筑立面整治等工程,成为中心城区的标杆路、示范路。在镇村建设上,连村路、窄路面拓宽改造完成年度任务;农网升级改造进展顺利;钢铁工业园区还迁房开工建设;重点打造的西海、曲村、景明、南林交、乔芦、石桥堡等美丽乡村呈现出全新风貌。"五城联创"工作启动,城乡环境卫生大整治取得阶段性成效,县域环境大为改善。

【民生】 教育。2016年,曲沃县投资2000余万元的中小学基础设施改善项目和职业中学实训基地建设项目竣工,投资1137万元的北属寺、南下郇、杨谈3所农村幼儿园完成主体;拨付670余万元,解决曲沃中学、乐昌中学等学校部分债务和取暖问题。卫生。妇幼保健站业务用房、中医院住院楼加紧建设;曲沃县被评为"全国基层中医药工作先进单位"。社保。养老、医疗、工伤、生育、失业五大保险健康运行,覆盖面扩大;新招聘30名教师和28名医护人员,全年城镇新增就业3476人;300套公租房开工建设,428户农村困难家庭危房改造任务全部完成;精准扶贫工程,1310人实现脱贫。生态治理。完成重点工业企业提标改造,控制各类废气、烟尘等污染物超标排放。浍河河道综合治理暨城郊湿地公园建设工程完成截污导流,河道清淤工作正在推进;实施桥山通道绿化、丘陵区绿化和村庄绿化工程,栽植各类树木80余万株,全县林木覆盖率提高。安全稳定。开展安全生产隐患风险大排查大整治活动,重视信访工作,打击违法犯罪活动,维护全县社会和谐稳定。工青妇、民族宗教、人民武装等工作取得发展和进步。 (张淑霞)

【县领导班子成员】

中共曲沃县委

书　记　朱晓东(7月免)　郭惠勇(7月任)
副书记　郭惠勇(7月免)　吴　滨(7月任)
　　　　尚　彬(7月任)
常　委　成　功(7月免)　程世杰(7月免)
　　　　武兰萍(7月免)　牛春平(7月免)
　　　　费向前(7月免)　王学斌(7月免)
　　　　焦宏文(7月任)　高剑云(7月任)
　　　　石前进(8月任)　李晓龙(7月任)
　　　　王克勤(8月任)　朱志方(7月任)
　　　　杜　斌(8月任)

曲沃县人民政府

县　长　郭惠勇(7月免)　吴　滨(7月任)
副县长　程世杰(8月免)　秦英俊(8月免)
　　　　畅红娟(8月免)　石前进
　　　　孙惠生(8月任)　崔权利
　　　　魏　波(8月任)　崔永慧(8月任)
　　　　刘　泳(8月任)

曲沃县人大常委会

主　任　刘　伟
副主任　秦朝斌(8月免)　李建华(8月免)
　　　　付孟喜　赵常见　祁文学
　　　　王利军(8月任)

政协曲沃县委员会

主　席　薛经纬(8月免)　费向前(8月任)
副主席　沈玉民(8月免)　王克勤(8月免)
　　　　李继红(8月任)　张夙兰　王希武
　　　　孟海河(8月任)

翼城县

【概述】 翼城县位于山西省南部,临汾市的东南隅。地处临汾、运城、晋城"小三角"和太原、西安、郑州三个省会城市"大三角"中心地带,区位优势明显。境内平川、丘陵、山区大体各占三分之一,县域总面积1170平方公里,下辖4乡6镇、212个行政村,总人口32万。

2016年,地区生产总值完成72.8亿元,同比增长2.8%;规模以上工业增加值完成14.5亿元,增速与上年持平;固定资产投资完成88.4亿元,同比增长6.8%;社会消费品零售总额完成40.7亿元,同比增长7.4%;公共财政预算收入完成2.5亿元;城镇常住居民人均可支配收入达到26852元,同比增长6.5%;农村常住居民人均可支配收入达到10274元,同比增长5.5%。

【产业结构升级】 2016年,翼城县按照“做精一产、做强二产、做活三产”的思路,实现产业结构优化升级。农业生产稳中调优,粮食总产达2.38亿公斤,苹果总产量16万吨、产值4.7亿元,完成533.33公顷核桃经济林提质增效工程,新发展设施蔬菜333.33公顷,新建标准化规模养殖场15家,栽植连翘666.67公顷。推进工业增效升级,煤炭产量达280万吨,行业整体扭亏为盈,翼钢二轧线、晟泰青洼煤矿技改项目完成建设,推进舜达锻造项目整合重组。实施春雷铜合金带、环球铸造机加工等产业链延伸项目,重点培育的4家小微企业升规入统。启动全域旅游规划编制,完善11条农村旅游公路规划,舜王坪旅游路开工建设,实施翔山古塔、四圣宫、泰岱庙等文保单位修缮工程,古桃园村、曹公村被列入中国传统村落名录,西闫镇、隆化镇及辖区内6个村入选省级历史文化名镇名村。全县规模电商企业达到17家,线上交易额达5000余万元。

【城乡环境改善】 2016年,翼城县完成农村人居环境“四大工程”年度任务,创建省级美丽宜居示范村1个、市级4个。净水厂项目开工建设,城西防洪排水二期工程竣工并与污水管网完成对接。改造扩容集中供热面积6万平方米,县城供水、供气管网等市政基础设施建设推进。提升城乡通达能力,重点实施岳北线天马—曲村段、临么线东梁壁—冯史段、上吴东—刘王沟和三个革命老区道路改造工程。开展环境保护综合整治和铁腕治污、控硫治污专项行动,淘汰城区小型燃煤锅炉14台,淘汰黄标车及老旧车434辆,新增30辆电动公交车,改善大气环境质量。

【深化体制改革】 2016年,翼城县整合盘活资产、资源、资金,发挥县投资集团平台作用,设立政府产业引导股权投资基金,“医疗卫生、城乡建设、文化旅游、教育科技、交通建设、园区发展”等6家行业投融资子公司投入运营,拓宽融资渠道,实现财政资金与金融信贷、社会资本的互动。执行“清费立税”、营改增政策,为企业减负近亿元。建立1个市级创业基地和10个乡镇小微企业服务站。深化商事制度改革,“五证合一”全面实施,释放市场活力,全县新设立各类市场主体1524户。开展对外交流合作,承接发达地区产业转移,一批招商项目达成投资意向。

【社会事业】 2016年,翼城县各项民生支出11.2亿元,占财政总支出的72%。精准扶贫脱贫工作,产业扶贫、光伏扶贫、电商扶贫成效明显,教育扶贫和健康扶贫应助尽助,全年减贫2331人,7个贫困村摘帽;高考二本以上达线率达50.8%。县乡医疗联合体建设、县级医院与上级医院的对口联系得到加强,乡镇卫生院、村级卫生室硬件条件得到改善,居民健康档案建档率达95.7%,成功创建省级计生基层群众自治示范县;加强就业和社会保障工作,全县新增城镇就业3312人,完成城镇居民医保和新农合并轨,落实乡镇补贴、职务与职级并行制度,提高城乡低保标准。完成城镇棚户区改造302套、农村危房改造244套。

(乔　君)

【县领导班子成员】

中共翼城县委

书　记　郭行杰(7月免)
　　　　杨春权(7月任)
副书记　杨春权(7月免)
　　　　高永贤(7月任)
　　　　张志宏(8月免)
　　　　解　湧(7月任)
常　委　卫　勇(8月免)
　　　　杨建军(7月任)
　　　　董跃明(8月免)
　　　　任吉龙(7月任)
　　　　许拥军
　　　　孙晋辉(6月免)
　　　　师香丽(7月免)
　　　　董　玲(8月任)
　　　　熊伟星(7月任)
　　　　牛永福(7月任)
　　　　郑　磊(7月任)

赖兴国(7月任)

翼城县人大常委会
主　任　李殿梁(6月任)
副主任　丁　勇(8月免)
史长立
李兴智
翟明星
王存良(8月任)

翼城县人民政府
县　长　杨春权(7月免)
高永贤(8月任)
副县长　杨建军(7月免)
董　玲(8月任)
范钦国
李放明
杨文明
许拥军(8月任)
于　乐(8月任)
胡国华(8月任)

政协翼城县委员会
主　席　李　伦
副主席　郭生财(8月免)
李文元
王存良(8月免)
聂　华
张新民(8月任)

浮山县

【概述】 浮山县地处临汾盆地东缘,属山区半丘陵区,地势东高西低,是典型的农业生产县之一。2016年,全县下辖2镇7乡,185个村民委员会,总人口130780人,其中男67122人,女63658人。

2016年,地区生产总值完成44.6亿元,增长5.2%;规模以上工业增加值完成8.4亿元,增长15%;固定资产投资完成45.6亿元,与上年持平;公共财政预算收入完成9051万元,完成市定目标;社会消费品零售总额完成8.6亿元,增长6.7%;城镇居民人均可支配收入完成26674元,增长6.4%;农村居民人均可支配收入完成8031元,增长7.4%。

【"三农"工作】 农业基础。2016年,浮山县引沁入汾浮山供水工程累计完成投资2.2亿元,一期工程结束;投资4722万元,实施中央财政小型农田水利工程,新增和改善灌溉面积0.215万公顷;完成水土保持综合治理面积0.195万公顷。农村土地承包经营确权登记颁证工作完成调查和公示阶段任务。现代农业发展。有机农业、循环农业、休闲农业快速发展,完成现代农业投资项目14个;新增设施蔬菜100公顷,带动户均增收1.4万元;完善"印象田园"三大板块的基础设施和服务功能,园区接待能力提升。农村人居环境。投资2560万元,完成张庄乡梁村、小郭村两个省级美丽宜居示范村建设项目;实施农村饮水安全提质攻坚项目和集中供水改建工程,解决31个自然村、5624口人的饮水安全问题。脱贫攻坚工作。通过领导包联、单位帮扶,产业扶贫、生态扶贫,光伏扶贫、易地搬迁等措施,实现13个贫困村脱贫摘帽,1437户、4255口人稳定脱贫,完成年度目标任务,通过省第三方评估、省综合督查组督查和市专项巡查组验收。

【工业转型】 铁矿采选产业。2016年,浮山县通过加快办证推动传统产业升级改造,全面提升铁矿、选矿企业的生产效率和规模效益。全县26家铁矿企业中,13家达到开工基建条件,复工复产的铁矿企业达11家。新型材料产业。广和年产50万支定影膜改扩建项目竣工投产;威盛达通综合建设项目完成厂房、办公楼建设及主要设备订货;富达锆制陶瓷微珠加工项目一期工程完工;晋盛50万立方米无机发泡多功能建筑材料项目基建完成。新能源产业。华润风力发电项目,完成投资8.3亿元,66台机组并网发电;投资1120万元,建设14座100千瓦的光伏发电站,新能源产业成为县域经济转型发展新的增长点。

【项目建设】 2016年,浮山县委、县政府制定重点项目建设,完成投资23亿元,为年度计划的107.5%;项目建设"六位一体"指标任务均超额完成,"百日攻坚"行动涉及的8个项目,全部实现开工。特别是关系浮山长远发展的战略项目取得重大突破。临浮一级路完成项目前期手续和用地规划调整,立项批复;臣南河生态综合治理工程的两大核心工程——丞相河大桥和臣南河水库开工建设;西气东输浮山段改线工程即将完工,为建设气化浮山提供支撑。

2016年12月26日天坛镇柏村丞相河大桥和臣南河水库开工仪式

【城乡建设】 基础设施建设。2016年,浮山县投资2000万元,完成西关街、广电巷、新安坪巷等街巷改造工程;新增供热面积19.6万平方米,集中供热面积达到105.9万平方米;投资500万元,完成农贸市场建设并投入使用;投资3930万元,完成96套廉租房、100套限价商品房建设;投资299.6万元,完成农村危房改造214户。交通设施建设。浮山县在全市率先申请农发行、国开行贷款,为交通设施建设破解资金难题。总投资1673万元的米家垣至史演河、北韩乡至浮山火车站公路改造工程竣工通车;尧山森林公园太和桥工程完成桥墩施工;旅游公路、村道窄路拓宽及完善提质工程进展顺利,交通设施得到改善。城市管理。开展违法占地和违规建设整治行动,清查违法占地11.893公顷,处罚违规建设445处,罚款605万元,非法违法建设行为得到遏制。开展市容市貌和环境卫生大整治活动,城乡环境卫生改善。环境治理。完成柏村、聚粮污水管网建设工程及6家乡镇卫生院燃煤锅炉脱硫除尘器的安装;关停5家不达标的选矿厂;淘汰黄标车245辆、老旧车214辆。各项约束性指标完成,二级以上天数达到282天。实施退耕还林、"天保"管护、通道绿化等工程,改善生态环境。

【社会事业】 教育事业。2016年,浮山县投资700余万元更新教育教学设备;投资1670万元,改造3所中学塑胶操场,新建响水河中心幼儿园,启动3所小学教师周转宿舍建设,完善教育基础设施。医疗卫生。推进公立医院改革;县疾控中心、急救中心建设项目竣工;东张乡卫生院改扩建项目完工;820座农村改厕任务完成。文化事业。县文化中心多功能数字影厅投入运营;标准田径场和足球场开工建设;17项传统文化形式列入市级非物质文化遗产名录。就业社保。实现城镇新增就业704人,各类保险累计参保13.2万人次;为2264户城乡低保户发放低保金1901.8万元;为2741位重度残疾人发放护理补贴157.3万元;投资85万元,实现60岁以上老年人免费公交出行。

【安全生产】 2016年,浮山县县、乡、村三级以及重点企业制定安全生产党政同责实施方案,签订"一岗双责"责任书,实现党政同责"五个全覆盖"。对全县845家企业、3943家个体户和30个重点项目明确监管部门、领导和责任人,建立完善全县安全生产监管责任落实台账。开展安全生产大检查、安全隐患风险排查整治、打非治违等活动,排查各类安全隐患1811条,整改1780条,整改率达98%。开展三级干部大接访活动,全年共办理、接待来信来访118批1236人次,全县信访形势总体稳定;投资240万元,完成"天眼工程"年度视频监控设备安装;打击各类犯罪活动,社会治安好转。

(李彤新　陈聪聪)

【县领导班子成员】

中共浮山县委

书　记　史全喜(7月任)

副书记　梁秀娟(6月离职)　廉海平(7月任)
　　　　任吉龙(7月任)

常　委　尚　彬(7月离职)　尹明星(7月任)
　　　　赵顺兆　李学良(7月任)
　　　　张晓晖(7月离职)　高学忠(8月任)
　　　　戴石高(6月离职)　单维启(6月任)
　　　　刘云生(8月任)

浮山县人大常委会

主　任　李　凡

副主任　马　康(1月离职)　王生泉(7月离职)
　　　　柏云奎　段文明　刘永生
　　　　梁生强(8月任)

浮山县人民政府

县　长　梁秀娟(6月离职)　廉海平(8月任)

副县长　李青萍(7月离职)　周晓东(7月离职)

吴晓芳(7月离职)　刘云生(8月任)

常庆宇(7月任)　王建斌(8月任)

李秋生(8月任)　李　晶(8月任)

周　兴(8月任)

政协浮山县委员会

主　席　段玉明

副主席　贾文朴(1月离职)　张新春(7月离职)

王奠邑　高洪波(8月任)

李英杰(8月任)　李千均(8月任)

洪洞县

【概述】 洪洞县位于山西省南部,临汾盆地北端,东隔霍山与古县为邻,西靠吕梁与蒲县交界,北与霍州、汾西相连,南与尧都区接壤。东西最宽处55千米,南北最长处47.5千米,总面积1493.8平方千米。地处山西南北交通要冲,战略地位十分重要,历来为兵家必争之地。1958年12月,洪赵县与霍汾县合并,称洪洞县,县治在洪洞城。辖9镇7乡,463个村委会。

2016年,地区生产总值完成165亿元,同比增长2.1%;一般公共预算收入完成6.6亿元,同比增长1%;规模以上工业增加值完成39.1亿元;固定资产投资完成168亿元,同比增长2.6%;社会消费品零售总额完成56.3亿元,同比增长6.2%;城镇居民人均可支配收入达24605元,同比增长5.4%;农村居民人均可支配收入达10467元,同比增长5.5%。

【农业】 2016年,洪洞县农业稳中调优,粮食再获丰收,总产达9.3亿斤,其中,旱地小麦单产创2016年全省最高。农业产业化进程加快,推进天泽农业示范园、大槐树农业生态园、历山农业观光园建设,全县新增设施蔬菜106.667公顷、药材400公顷、果树193.33公顷、核桃333.33公顷;启动实施大槐树秦壁创意农业园区建设,秦壁村荣获2016年"中国十大最美乡村"称号。完成500公顷高标准农田建设,新增灌溉面积0.093万公顷。重点发展元利肉鸡、佳慧肉牛、万年柏肉羊及众诚肉羊等养殖项目,全年存栏牛1.7万头,猪24万头,羊15万只,禽类300万只。培育农业合作社和家庭农场,利用土地合理流转,发展规模经营,各类规模种植、养殖户达360余个。发展互联网+现代农业,农村电商取得发展,石磨面粉、洪洞莲藕等地方特色农副产品实现线上销售。

【工业】 2016年,洪洞县以煤为基、多元发展,推进甘亭、赵城、秦壁、辛村四大园区建设,抓传统产业改造提升和新兴产业培育壮大,提升工业经济竞争力。沃特玛动力电池一期投产、二期手续完成;华翔集团实现35万吨铸件及1亿件机加工能力,与美国JDH合资项目落地,与格力凌达、沈阳中航等企业合作项目有9个签约;国新能源天然气储备集散中心、和泰弘业中小企业创业基地项目进展顺利。山焦烯烃、甲醇和太化重苯加氢项目推进。完善园区设施,甘亭园区第一大道竣工通车。招商引资成效明显,全年签约项目7个,总投资200亿元。

洪洞大槐树全景

【第三产业】 2016年,洪洞县大槐树创建AAAAA级景区通过国家初审,进入最后冲刺阶段;明代县衙修复工程进展顺利;广胜寺景区开发问题得到解决。第26届大槐树文化节、三月十八传统庙会和三月三走亲等民间节庆活动举行,天下赵姓第一祠——造父纪念堂在兴唐寺落成,来自世界各地的赵氏宗亲举办祭祖活动,旅游品牌带动效应显现,全年接待游客690万人次。商贸金融蓬勃发展,投资4亿元的莲花广场文化商业街建成营业;网络电商、物流快递行业快速壮大;城乡居民储蓄存款余额达161亿元,贷款余额达78.4亿元。

【城乡面貌】 2016年,洪洞县完善城镇功能,优化居住环境,打造美丽宜居槐乡。巩固深化“六城同创”成果,对城区所有街道路面、人行道、公厕等基础设施进行修缮管护,通过国家卫生县城复审验收。河西新区主干道、涧河南岸景观道路、涧河生态修复治理、城市饮水改扩建等工程完成征地拆迁、地表清理等前期工作。完成9个乡镇45个村的农村饮水提质工程,改造农村危房535户、乡村道路10千米,新增改造供热、供气管网20千米,城市垃圾无害化处理率达100%。开展乡村环境卫生整治,农村“脏、乱、差”现象好转。狠抓生态环境治理,践行“绿水青山就是金山银山”理念,开展“铁腕治污”行动,落实国家、省、市治污降霾各项措施;推进绿化造林,全年植树300余万株,造林0.1万公顷。

【社会事业】 2016年,洪洞县实施3所农村幼儿园的新建、改扩建工程;完成1所学校省级示范性图书馆达标认定;全县高考二本达线人数1962人,实现6年连增。推进公立医院改革,完善分级诊疗和居民健康制度,群众健康服务水平提升;强化中医药服务建设,洪洞县获“全省基层中医药先进单位”称号。公共图书馆、文化馆、美术馆免费向市民开放,举办第十四届广场消夏文化艺术节、“迎国庆·创平安”文艺汇演和以“亲情洪洞·美丽槐乡”为主题的春节、元宵节文化活动,丰富群众的精神文化生活。落实各类人员养老金待遇,实行乡镇补贴、职务与职级并行制度,完成参保登记工作,发放低保金6400余万元,分配保障性住房516套。推进脱贫攻坚,投资240万元,完成苏堡镇后山头、南铁沟村的光伏扶贫项目,实现并网发电;由1100余名干部组成的237个驻村工作队,帮扶村和贫困户开展精准帮扶,全县脱贫2509户、5465人。开展安全生产隐患大排查、大整治行动,对全县煤矿、非煤矿山、危险化学品、道路交通、民爆物品、森林防火、食品药品、地质灾害、校车安全等行业和领域进行排查整治。落实县级领导信访接待日制度,化解各类矛盾纠纷。

(张甜甜)

【县领导班子成员】

中共洪洞县委

十三届县委

书　记　王黎明(6月免)　郑步电(7月任)

副书记　郑步电(6月负责县委全面工作)

解高民(7月任)　赵双宝

张海涛(挂职4月到期)

常　委　任俊杰　张玉龙(1月免)

李　竟(7月免)　乔永生(7月免)

樊如荣(女)　刘春林　程永伦

张晓晖(7月任)　高　涛(女)(7月任)

十四届县委(2016年8月换届)

书　记　郑步电

副书记　解高民　赵双宝

常　委　任俊杰　樊如荣(女)　张晓晖

周希斌　高　涛(女)　刘春林

程永伦　王　欣

洪洞县人大常委会

十五届人大常委会

主　任　李世杰(1月辞)

代理主任　陈建华(1月29日—2月4日)

张玉龙(2月任)

副主任　陈建华(8月辞)　狐东锁

邢广勤　王甲荣(2月任)

十六届人大常委会(2016年8月换届)

主　任　张玉龙

副主任　王甲荣　文林红(女)

狐东锁　邢广勤

洪洞县人民政府

县政府(2016年8月换届前)

县　长　郑步电(7月辞)

解高民(7月任副县长、代县长)

常务副县长　张玉龙(1月免)

县委常委、党组成员　樊如荣(女)

刘春林(7月任副县长)

副县长　文林红(女)(8月免)

周希斌(8月免)　牛永福(7月免)

师香丽(女)(7月任)

县政府(2016 年 8 月换届)
县　　长　解高民
县委常委、党组成员　樊如荣(女)
副 县 长　刘春林(9 月任常务副县长)
　　　　　师香丽(女)　邱　波　敬三平
　　　　　徐　玉　张志君

政协洪洞县委员会
政协第十四届洪洞县委员会
主　席　魏金顺(2 月退)　程延平(2 月任)
副主席　张松山(2 月退)　宋高社
　　　　程延平(至 2 月)　马春丽(女)
秘书长　姚建明
政协第十五届洪洞县委员会
主　席　程延平
副主席　史学著　宋高社　马春丽(女)
　　　　张峰山
秘书长　姚建明

襄汾县

【概述】 襄汾县地处临汾市南部,东临浮山、翼城,西傍乡宁,南接曲沃、侯马、新绛,北连尧都区。地理坐标为为北纬 35°40′05″至 36°03′20″,东经 111°06′38″至 111°40′55″。总面积 1034 平方千米。最高海拔 1495 米,最低海拔 391 米,平地占总面积的 70%以上,是临汾市的平川大县之一。辖 13 个乡镇、348 个行政村。

2016 年,地区生产总值完成 117.17 亿元,同比增长 2.6%;社会消费品零售总额完成 43.54 亿元,同比增长 6.6%;城镇居民人均可支配收入完成 27397 元,同比增长 5.6%;农民人均可支配收入完成 11752 元,同比增长 6.3%;公共财政预算收入完成 3.69 亿元,同比下降 7.7%;规模以上工业增加值完成 29.82 亿元,同比下降 1.4%;固定资产投资完成 118.77 亿元,下降幅度从 16.9%收窄到 5.9%,实现下半年好于上半年目标。

【农业】 2016 年,襄汾县全年粮食总产保持在 4.9 亿公斤以上。中药材总产 2.23 万吨,产值 2.8 亿元,种植户人均中药材收入 2500 元。新改扩建标准化养殖场(区)20 个,各类规模养殖场达 340 个。引导碧云天投资 2000 万元,建设全省最大规模的育肥基地,全县年生猪存栏达 32 万头、出栏 47 万头。

【工业】 2016 年,襄汾县实施转型升级,投资 5 亿元的华基新型建材项目完成主体建设,投资 1.5 亿元的浦新生物质发电一期项目竣工试运行,投资 2500 万元的晋能焦炉煤气精脱硫、投资 4200 万元的星原烧结余热发电等一批节能减排利废项目建成投产。开展干部入企服务,帮助宏源 3 万吨合成氨、新金山 40 兆瓦煤气发电等项目,解决前期手续办理问题,培育九龙煤业、昌祥建材、泰源煤焦 3 家企业完成“小升规”,引进上海映智 3 万吨抛光液、振发能源 20 兆瓦光伏发电等项目,工业经济发展落实去产能政策要求,关停淘汰荣世达 128 立方米炼铁高炉。

襄汾东岭滑雪场

【文化旅游】 2016 年,襄汾县肩负陶寺遗址保护利用项目的主体责任,陶寺遗址博物馆立项、征地、拆迁等工作完成,综合展示中心动工建设,陶寺旅游公路推进。编制汾城修建性详规,实施晋南民俗体验基地、东岭滑雪场水上乐园等项目建设。全年共接待旅游人员 181.9 万人次,实现旅游收入 19.3 亿元,同比增长 20%。

【城乡建设】 2016 年,襄汾县完成“十三五”近期建设规划、县域乡村建设规划和县城北片区控制性详细规划以及城乡建设 10 个专项规划。重点实施原政府机关、审计局、棉麻公司等家属区改造项目,全年棚户区改造开工264套、货币化安置33套。推进滨河路湖李村20户房屋征收拆迁,完成原科委家属楼25户1694平方米危楼拆除,消除重大安全隐患。豁都峪综合治理完成初步设计,河东文体广场、北大街翻修改造完成规划设计,丁陶风情街建成投入运营。新增绿地面积11.69万平方米、新增供热面积60万平方米。投资8000余万元,统筹推进"完善提质、农村安居、环境整治、美丽宜居"四大工程,邓庄镇贾庄村跻身省级美丽宜居示范村行列,汾城镇孝村、陶寺乡中梁村被推荐为市级美丽宜居示范村,北李村被评为国家级传统村落。

【项目建设】 2016年,襄汾县开展"以商招商""乡情招商""资源招商",全年参加专题招商引资活动10余场,签约项目39个,签约投资额197.86亿元,超额完成市定150亿元任务。做好"各类项目受理大起底",备案项目2个,上报项目5个,对2013年以来受理的280个项目进行起底自查,全部在规定时限内办结。开展项目开工"百日攻坚",涉及襄汾县的6个项目开工。2014—2016年财政未支出的6.32亿元中,完成支出6.03亿元,支出率95.41%。推进"六位一体"项目建设,储备2310.7亿元、落地158.76亿元、开工150.33亿元、建设117.27亿元、投产127.72亿元,均超额完成全年任务。

【环保整治】 2016年,襄汾县加强对环保工作的领导,建立健全、完善工作体制机制,在全县实施环境保护网格化监管,明确全县13个乡镇、42个县直部门的环保工作责任。推进企业环保设施提标改造,5家焦化企业、9套焦炉的烟气脱硫设备完成升级。开展"冬季严查"和"铁腕治污"行动,在邓庄、襄陵2个乡镇17个村实施洁净焦替代散煤,在景毛乡吉村试点推进煤改气工作。取缔66户无照经营的散煤场,200家财政供养单位全部采用清洁能源取暖,主干道路沿线27家餐饮单位和32家汽车维修企业改用清洁能源。根据市大气污染防治指挥部统一调度,落实各个预警级别的响应措施。

【安全稳定】 2016年,襄汾县制定出台《关于进一步细化分解安全生产监管职责的通知》,明确各乡镇、各部门的安全生产工作职责,全县工商登记的15674家生产经营单位实现安全生产全覆盖。加强培训教育,对全县危化、冶金行业656500名从业人只进行全员培训,提高从业人员的安全意识和操作技能。开展安全生产隐患排查整治,排查整改各类安全隐患2057条。全县安全事故起数和死亡人数严格控制在下达指标之内。建立法律援助工作站27个,法律援助联络点348个,提供法律咨询1320余人次;受理治安案件1530起,查处违法人员311人,行政拘留140人;破获各类刑事案件312起,抓获犯罪嫌疑人300人,社会治安综合治理。接待群众来信来访425批1577人次,同期相比,批数下降33%,人数下降37%,创造近年来信访工作最好成绩,维护社会和谐稳定。

【社会事业】 2016年,襄汾县坚持精准扶贫、精准脱贫,1633人实现稳定脱贫。累计投资近8000万元,新改扩建校舍3万平方米,撤并"空壳学校"23所,普通高考二本达线1856人。创建全国计划生育优质服务先进单位、省级妇幼健康优质服务示范工程和省级卫生县城。城镇新增就业6106人,创业就业1015人,转移农村劳动力5821人。五大保险参保人数44.23万人次,征缴社会保险基金4.1亿元。

【"最早中国"在陶寺"认证"】 2016年11月20日,由山西省社会科学界联合会、中国先秦史学会、山西师范大学联合主办的"山西与古中国"学术研讨会在山西师范大学召开。来自北京、天津、河北、内蒙古、河南、山东、辽宁、湖北、山西等地的社会科学、历史文化研究领域及高校的专家学者参会,探讨"古中国"演变发展的历史文化脉络及其灿烂文化。中国先秦史学会顾问、洛阳文物考古研究院蔡运章研究员作《"中国"观念的形成及其文化特质》报告。他认为,"中国"观念蕴含的文化特质,主要有共同的先祖认知、共同的语言文字、共同的文化信仰、共同的图腾标识。中国社会科学院考古研究所曹定云认为,晋南炎黄部落是'古中国'之源",据史学典籍与考古材料相结合得出古代黄帝部落早进入晋南,为古代中国的形成奠定基础。通过对"古中国"时空范围的推定,他强调,晋南在中国历史文明中有着重要的地位,在此基础上论证"古中国"与"古中华"的关系。中国社会科学院考古研究所研究员李健民首次展示陶寺遗址发掘过程中的珍贵考古实物图片。中国社会科学院考古研究所副研究员、陶寺考古队副队长高江涛表示:陶寺就是最初的中国。首先,陶寺文化在政治形态上进入"国家"时期,就是说它是一种国家形态;其次,陶寺文化遗址位于“地中之国。”临汾市三晋文化研究会的会长刘合心作《最早的“中国”探析》演讲，认为最早的中国在陶寺，而中国的源头也在陶寺，对进一步探讨提出期望。研讨会期间，与会专家们参观陶寺文化遗址，对“最早的中国”的历史遗存及现状进行实地考察研究。专家们围绕“山西与古中国”这一议题进行交流和探讨，对陶寺与“最早中国、最初中国”的关系各抒己见，所有专家都将“最早中国”指向陶寺。

(王建刚)

【县领导班子成员】

中共襄汾县委

书　记　王国平(7月免)　刘　浩(7月任)
副书记　刘　浩(7月免)　张瑜庆(7月免)
　　　　乔飞鸿(7月任)　李青雁(7月任)
常　委　王国平(月7免)　刘　浩
　　　　张瑜庆(7月免)　李青雁(7月任)
　　　　亢大勇(7月任)　贾安民(7月免)
　　　　曹　佩(7月任)　苏嘉邦(7月免)
　　　　杨建廷　杜许堂(7月任)
　　　　范志军(7月免)　傅德明(1月任)
　　　　穆书涛(6月免)　张连昌(6月任)
　　　　曹丽娟(7月任)

襄汾县人大常委会

主　任　张拽牛(2月免)　贾安民(2月任)
副主任　廉振东(8月免)　宓和平(8月免)
　　　　毛婉英　王福勇(8月免)
　　　　陈津龙　贾景山　乔德才(8月任)

襄汾县人民政府

县　长　刘　浩(7月免)　乔飞鸿(7月任)
副县长　苏嘉邦(7月免)　王红星(7月免)
　　　　张青云(7月免)　曹　佩(7月免)
　　　　杜许堂　李胜(7月任)
　　　　张淑玲(7月任)　李明星(7月任)
　　　　李文耀(7月任)　鹿剑英(7月任)

政协襄汾县委员会

主　席　王建中(8月免)　张全管(8月任)
副主席　乔德才(8月免)　冯富荣(8月免)
　　　　张淑玲(8月免)　赵楼生(8月任)
　　　　张青云(8月任)　赵子龙(8月任)
　　　　何爱琴(8月任)

安泽县

【概述】　安泽县位于山西省东南部，太岳山东南麓，是临汾市的东大门。东与长治市屯留县毗邻，西与临汾市古县、浮山县交界，南与晋城市沁水县接壤，北与长治市沁源县相连；位于临汾、长治、晋城三市交界，临汾与长治两个开放城市的中心地带。南北长91千米，东西宽43千米，国土面积1967.3平方千米，现辖4镇3乡103个行政村，513个自然村，总人口8.3万。因北魏置冀氏、义宁二县，于西部安吉、泽泉之间置县，取两地首字，定名安泽。

2016年，地区生产总值增长5.5%；规模以上工业增加值增长3%；社会消费品零售总额增长7%；城镇居民人均可支配收入增长6%；农村居民人均可支配收入增长6.5%；一般公共预算收入完成3亿元，与上年持平。

【三农工作】　2016年，安泽县推进绿色发展，狠抓植树造林，全年造林0.037万公顷；加快建设一个国家级森林公园和一个国家级湿地公园，打造三晋“绿心”；发展林下经济，加大油用牡丹等经济林种植力度，落实种植0.073万公顷；推进有机农业发展，发展壮大主导产业，巩固有机玉米种植0.067万公顷，全县黄牛、猪、羊、家禽存栏分别达到1.3万头、3.1万头、10.4万只、61万只，肉类总产量达1.83万吨，禽蛋产量达0.55万吨，奶产量达0.82万吨。加快以连翘为主的中药材产业发展，新增中药材人工种植300公顷，新建野生连翘抚育基地260公顷，加大招商引资力度，打造国家级连翘加工基地和山西省中药材集散中心。全面贯彻落实新《环保法》，开展大气、水、土壤污染防治“三大战役”，2016年二级以上天数达322天，其中一级天数达到43天。

【工业建设】　2016年，安泽县做大做强传统煤焦产业，累计取消10项收费项目，为企业减免税费共计4962万元，开展干部“入企服务”活动，千方百计为企业破解发展困难,全年生产原煤445万吨,焦炭240万吨,洗精煤160万吨,煤炭和焦化企业实现满负荷生产。打造国家级循环经济示范园区和低碳生态园区,推进唐城循环经济园区建设,永鑫千吨甲醇制丙烯分子筛催化剂项目建设完成可研,省发改委备案。培育新兴产业,构建煤层气、光伏能源等清洁能源新体系。总投资1亿元的耀阳光电200兆瓦/年光伏组件生产线项目投产,预计年销售额8亿元,利税5000余万元。在北京举办的大型招商引资推介会上,与河北建投集团签署了总投资18亿元的风力发电项目,工业项目转型升级迈出步伐。

【生态旅游】 2016年,安泽县将旅游作为三产提质升级的重要突破,挖掘安泽丰富的旅游资源,启动制定全县旅游发展规划,做好"黄花、红叶、荀子"三篇文章,推进全域旅游。以绿色生态游、红色文化游、休闲娱乐游等为主攻方向,国庆节期间,4个乡镇38个村举办多个乡村旅游节,接待游客32万余人次,旅游总收入达4800余万元,带动村集体经济和贫困户增收70余万元,实现乡村旅游向全区域、全要素、全产业链的发展,三次产业结构趋合理。

【城乡建设】 2016年,安泽县推进沁河治理、旅游公路、309国道安泽县城段改线、县城集中供气供热工程等项目建设。旧城改造提升工程"一纵"基本完成,"一横"推进;安福路、希望街、新星巷等6条街巷改造工程完成;中南铁路安泽站站前广场、通站道路,工程量均完成90%以上,城市基础功能完善。与山西建筑工程(集团)总公司、北京首创资本投资管理有限公司签订战略合作协议,破解"谁来建设""谁来投资"等建设难题,为开工打下基础。

【"创卫"工作】 2016年,安泽县创建国家卫生县城和国家卫生乡镇,县级领导带队开展环境整治2000余人次,实施城市净化、蓝天碧水、绿色魅力、街道畅通、亮化提升、市容美化、花园机关、健康教育"八大工程",全县城乡环境卫生面貌改善,做到从时间上提前、在范围上全覆盖。

【脱贫攻坚】 2016年,安泽县面对全县3470户、8514口人的脱贫任务,坚持以脱贫攻坚统揽全县发展大局,开展"决战77天,奋力脱贫攻坚"行动,各级干部坚持扶贫先扶心,与贫困户照全家福、为贫困户过生日,发送祝福短信399条,为264个贫困户过生日,让群众心情更愉悦,密切党群干群关系;探索"党建+产业+扶贫"新模式,实施乡村旅游、光伏发电、油用牡丹种植等举措,169户(贫困户96户278人)安装分布式光伏板,户均年收益可达5000~10000元;3个集中光伏电站建设全部完成,将带动40个贫困村年增加村集体收入500万元以上。推进易地搬迁,集中安置91户160人,分散安置8户25人,竣工6户19人。推进教育扶贫,落实贫困生补助,精准推进"雨露计划",帮扶914人,资助在校大学生30名;实施"五类困难家庭学生"资助等十项"免补"政策,推进"十二年教育全免费",帮助贫困家庭"减负"。推进健康扶贫,投入13.61万元,为全县贫困户投保大病医疗补充保险;县乡两级卫生医疗机构结成医联体,采取"组团+菜单"式服务,定期到贫困村开展"义诊",为1900余名贫困群众进行健康体检。推进民政扶贫,加大因病致贫返贫救助力度,全年发放困难群众临时救助金31.92万元、农村低保金194.5万元;为202名贫困患者发放救助资金62.2万元,为1124名重度残疾人发放护理补贴65.03万元。1678户4400人实现稳定脱贫。

【民生改善】 2016年,安泽县从解决人民最关心最直接最现实的利益问题入手。教育。重点实施和川、杜村、良马中心幼儿园建设、安泽一中标准化建设和教育信息化提升工程,全方位、多渠道开展教师培训,全县教育教学质量提升。卫生。完成杜村乡卫生院业务用房、县人民医院医技门诊综合大楼和县中医医院住院楼建设项目主体楼建设;实施"四免一降"惠民措施。"新农合"参合率稳定在99%以上,累计支付4.4万人次,支付基金1686万元;分层开展"对口援医",省市下派专家20余人,县乡医生基层坐诊52人次,培训乡村医务人员150余人次,全县医疗水平提升。文化。实施文化惠民育民工程,开展乐在周五、春行在安泽、创国卫运动会等文体活动,开展"感动安泽"人物评选宣传,聚合发展正能量。社会保障。全县养老、医疗、工伤、失业等保险应保尽保,城乡低保、社会福利、救灾救济等工作推进;新增就业岗位878人,转移农村劳动力1581人,群众幸福指数提升。

【安全稳定】 2016年,安泽县对辖区内4580家生产经营单位、124家行业领域单位和62项在建工程项目从严压实监管责任,实现县、乡、村、企党政同责"四级五覆盖",开展安全大检查和隐患大排查大整治,按照“五落实”要求立整立改,共排查整治各类安全隐患1422条,完善建立长效机制,确保安全生产。推进法治建设,安泽县荣获全国法治宣传教育先进集体。推进平安建设,开展打黑除恶、“六六创安”专项行动,强化社会治安防控,全县群众安全感和满意度名列省市前列。

(尚晓玲)

【县领导班子成员】

中共安泽县委

书　记　任秀红(7月离职)
　　　　李　强(7月任)
副书记　毛跟云(7月离职)
　　　　牛庆国(7月任)
　　　　郭婷慧(7月任)
常　委　陈鹏飞(7月离职)
　　　　高成锁(7月离职)
　　　　杨玉果(7月离职)
　　　　安海清(7月离职)
　　　　连忠武
　　　　张红山
　　　　李峻石(7月任)
　　　　魏书亮(7月任)
　　　　晋红峰(7月任)
　　　　张曙光(7月任)

安泽县人大常委会

主　任　韩建辉
副主任　孙玉成(7月退休)　刘春成(7月退休)
　　　　尹淑兰(女)　高文生(7月退休)
　　　　景豫晋(7月退休)　崔斗庆(7月任)
　　　　张俊宏(2月任)　苏国珍(2月任)

安泽县人民政府

县　长　毛跟云(7月离职)
　　　　牛庆国(7月任)
副县长　高成锁(7月离职)　崔斗庆(7月离职)
　　　　吴　勇(7月离职)　李峻石
　　　　魏书亮(7月离职)　张可新(7月任)
　　　　刘合生(7月任)　盖　勇(7月任)
　　　　张　建(7月任)　刘　剑(7月任)

政协安泽县委员会

主　席　王孝恩(7月离职)　高成锁(7月任)
副主席　李树清　宋晓琴(女)　党爱珍(女)
　　　　娄和玮(7月任)

古　县

【概述】 古县位于太岳山东南,临汾市东北,面积1206平方千米,下辖4镇3乡,人口9.3万。

2016年,地区生产总值完成44.3亿,同比增长4%,高于全市0.6个百分点,社会消费品零售总额完成9.9亿元,同比增长8.3%,全市排名第一;对外贸易出口总额达7.8万美元,完成市定任务的156%,外贸增速全市第一。农业生产保持平稳,粮食再获丰收,总产量达7200万公斤。农村居民人均可支配收入完成9065元,城镇居民人均可支配收入完成27888元,居民生活水平显著提高。本县承担的48项省市主要考核指标总体完成。

【供给侧结构性改革】 2016年,古县实施兴煤12条措施,全年新增2座生产矿井,煤炭经济实现较快发展。利达焦化1亿标方液化天然气项目开工建设。正泰煤气化120万对6米顶装焦炉技改、利达焦化90吨干熄焦及余热发电等一批煤化工项目取得紧张。新疆众和古县新型功能性变性合金材料循环经济产业项目完成备案,安吉至大南坪高铝黏土合作开发项目完成储量核查,古鑫铝矿低品位矿综合利用项目前期手续办结。顺杰耐材公司建立全县首家省级研发中心,与俄罗斯签订100万美元出口合同,生产的不定型耐火材料出口俄罗斯、印度等国家和地区。佳盛能源60兆瓦光伏发电二期工程并网发电,华润新能源古县19兆瓦发电项目开工建设。现代物流、电子商务、信息技术等第三产业发展。开展精准招商引资,经济发展后劲增强。汇集优势抓“修路”,把破解交通制约瓶颈作为最大的民生实事、发展大事,实施“连接高速公路、提升主要干线、改造乡村道路”三项工程。长临高速古县连接线、古阳至交里乡公路改造工程开工建设,县域主要干道工程铺开。10.36千米店西线改造工程、76里农村公路完善提质工24.3千米农村公路安全防护工程完工,全县道路交通出行环境改善。铁腕行动抓“治污”,国家卫生乡镇全覆盖工程启动。持续推进生态环境治理工程,开展铁腕治污行动,重点对路域环境、工业企业进行专项治理,生态环境改善。推进涧河工业园区生态移民搬迁工程,对涉及搬迁的1551户6471口人进行摸底,先期完成搬迁138户。节能减排等约束性指标、空气质量二级以上天数完成年初既定目标任务。完成国营林场改革,举办中法国有林管理现场交流活动。推进造林绿化,提升森林覆盖率。

【精准扶贫】 2016年,古县统筹使用扶贫资金7784万元,实施“光伏+产业”扶贫项目,在15个贫困村建设100千瓦分布式光伏扶贫电站,“千村破零行动”推进;实施核桃、油用牡丹产业发展项目,可实现1170余户贫困户脱贫;实施生猪养殖项目,与新大象集团签订生猪养殖农业产业化扶贫项目战略合作协议;实施大病医疗救助保险项目,为全县建档立卡贫困人口每人购买70元大病医疗救助补助保险;实施金融扶贫工程,注入金融风险补偿金800万元,给予扶贫载贷款2个百分点的财政贴息,为贫困户搭建融资平台。人行、邮政储蓄银行、信用联社为贫困户发放贷款近7000万元。实施易地扶贫搬迁工程,全县28个易地扶贫搬迁集中点开工,竣工率70%,入住率50%.加强农业农村基础设施建设,强农惠农政策落实。全年实现7个贫困村摘帽、5156口人稳定脱贫。工作中围绕“四件大事,”以百项工程为为抓手,按照项目化的思路、项目化的管理推动工作落实,开展“各类项目受理大起底”、项目开工“百日攻坚”和干部入企服务活动,为办好“四件大事”、推动县域经济发展奠定基础。

【民生事业】 2016年,古县市政基础设施建设完成投资2.3亿元,实施城市道路提质改造工程,向阳西街、龙泉街续建工程建成通车,涧河北路拓宽改造工程完成拆迁,岳阳路、朝阳路、延平路改造工程进入扫尾阶段,配套实施供水、供气、污水、雨水管网建设改造工程,尤其是城市集中供热改造工程解决民生老大难问题。实施采煤沉陷区治理搬迁安置、农村危房改造和城中村改造工程,完成保障性住房建设306套,城乡人居环境改善,石壁乡五马岭村被住建部评为“绿色村庄”。

【文化教育事业】 2016年,古县推进全国县级文明城市创建工作。第九届“天下第一牡丹”文化旅游节举办,电影《牡丹仙子》在全国公映,文化旅游融合发展迈出新步伐。完成古县一中标准化建设,北平、旧县、郭店3个幼儿园建设工程竣工。启动“三优”评选活动,教育教学水平提升。开展爱心助学捐资活动,为357名贫困学生发放爱心助学捐款45.34万元,做到不让一个贫困学生输在起跑线上。

【社会保障工作】 2016年,古县推进“健康古县”建设,三级医疗卫生服务体系完善,国家基本药物制度实现全覆盖。妇幼保健院、卫生监督所整体搬迁。全民参保登记工作进展顺利,城乡居民基本医疗保险完成整合,残疾人两项补贴制度全面实施,为1328户2440口人发放低保金486万元。保障困难特殊群体基本生活。推进就业政策,城镇人口失业率控制在4.2%以内。树立和贯彻落实国家总体安全观,落实安全生产责任制,安全生产形势总体稳定。强化社会治安治理,依法有效化解社会矛盾纠纷,推进“平安古县”“法制古县”建设。县地震局是全市唯一一家被国家地震局授予2016年度全国县级防震减灾业务工作考核先进单位,县人民防空办公室被省政省军区记为“十二五”期间人民防空指挥能力建设“二等功”。

【县领导班子成员】

中共古县县委

书　记　郝献民

副书记　李　强(7月免)　刘舒华(女)(7月任)
　　　　常立智(7月任)

常　委　张朝阳　李荣强(8月任)
　　　　吴晓芳(女)(7月任)　元福明
　　　　韩东军　任　臻(8月任)
　　　　田卫东(8月免)　姜红光(8月免)
　　　　黄海华(7月免)　白建成(7月免)

古县人大常委会

主　任　辛普选(2月免)　张金虎(2月任)

副主任　李清秀(2月免)　李跃红
　　　　李　秀　赵安平　柴保林(2月任)

古县人民政府

县　长　刘舒华(女)(7月任)

副县长　元福明(2月任)　吉文奎
　　　　赵贤慧(2月任)　杨晋栋(2月任)

崔　艳(2月任)　史　澎(2月任)

政协古县委员会
主　席　李朱锁(8月免)　阴和平(8月任)
副主席　许建平(8月免)　王朝才(8月免)
　　　　李红专　阴锁云(8月任)
　　　　杜　琦(8月任)　陈　卓(8月免)

大宁县

【概述】 大宁县地处临汾市西部,吕梁山南麓,黄河东岸,东与隰县、蒲县为邻,北与永和接壤,南同吉县毗连,西与陕西省延长县隔黄河相望。下辖2个镇、4个乡,1个城区办,84个村委,5个社区,297个村民小组,309个自然村。总面积967平方千米。总人口6.6万人,其中,男性3.4万人,女性3.2万人(大宁县统计局提供)。

2016年,地区生产总值完成5.17亿元,同比增长12.9%。固定资产投资完成18.37亿元,同比增长51.9%。一般公共预算收入完成3101万元,好于年初计划。社会消费品零售总额完成3.17亿元,同比增长7.7%。工业增加值完成1373万元,同比增长4.8%。居民人均可支配收入为8789元,同比增长7.4%。其中,城镇居民可支配收入为17484元,同比增长5.7%;农村居民可支配收入为2905元,同比增长8.0%。

【农业】 2016年,大宁县按照国家级水果出口质量安全示范区的要求,高标准打造6个苹果出口基地示范点;依托沿川100公顷设施蔬菜大棚基地,逐步推广香菇、双孢菇、草莓等新品种,提升大棚蔬菜的经济效益;新建标准化养殖场3个,生猪饲养量达4万头,生产有机肥料8.37万吨。

【工业经济】 2016年,大宁县把煤层气、光伏发电等绿色新能源产业作为全县新的经济增长点和工业发展的重中之重。推进煤层气勘探工作及产能建设,全年新建钻井10口,钻井累计达50口,年产气量达2亿立方米;山西宁扬能源公司30万立方米煤层气液化调峰项目启动;正午日电20兆瓦光伏地面站进展顺利。

【财政金融】 2016年,大宁县推进简政放权,放管结合,县本级行政审批项目精简至102项;加大预算统筹力度,扩大预算公开范围,提高预算透明度;加强耕地保护,坚守耕地红线,建立农村产权交易市场,完成28个村委的财务审计;深化商事制度改革,全面实施“五证合一”,简化登记手续;推行PPP模式,开展政银企对接,为政拓、辰康等企业协调融资贷款4438万元。加快构建开放型经济新体制,承接发达地区产业转移,签约项目3个,签约资金76亿元。

大宁县移民新村

【社会事业】 2016年,大宁县着眼公平普惠、成果共享,做好群众最关心、最急需的民生实事。脱贫攻坚首战首胜。贯彻落实中央、省、市关于脱贫攻坚工作的战略部署和工作要求,发挥包村领导、驻村工作队、第一书记和乡村干部的作用,精准识别、精准发力,针对有劳动能力的贫困人口,重点实施产业扶贫、生态扶贫、金融扶贫、光伏扶贫、易地扶贫搬迁、园区产业扶贫、教育扶贫等工程。针对无劳动能力的贫困人口,通过农村低保、城乡居民基本医疗保险、医疗救助、贫困户大病医疗保险和意外伤害保险等社会保障制度来兜底脱贫。全年共计17个贫困村摘帽,1777户4402人脱贫,贫困发生率由35.9%下降至24.9%。加快发展文化教育事业。举办西山七县篮球赛,开展文化消夏月和“美丽大宁乡村行”送文化下乡活动,完成3D影院改造任务。通过“全国义务教育发展基本均衡县”评估认定;实行从学前教育到高中阶段教育十五年全免费,为全县中小学校学生免费订制运动服;推进义务教育阶段学生营养改善计划,县财政为农村学生每人每天补助 8 元,实现全县农村学校学生食宿全免费;昕水中学改扩建一期工程主体完工,开展教师校长交流工作,招聘特岗教师 24 名,高考达二本 B 类以上 29 人。提升卫计水平。实施国家药物制度,县中两院全部实行药物零差价销售;实施卫生计生系统业务用房建设项目;开展卫生计生人才综合培养试点工作,启动"施慧达"全科医生培养计划;全县新农合参合率 96.18%。加强社会保障。实施就业优先战略,新增就业人数 557 人,创业带动就业 352 人,城镇登记失业率控制在3.68%以内;企业和机关事业单位退休人员养老金待遇提高,落实职务与职级并行制度,提高城乡低保标准;建成各类保障性住房 502 套,改造农村危房 166 户;完成城乡居民医疗保险整合工作,为全县所有公民缴纳自然灾害公众责任险,实行城乡居民有线电视收视全免费。

【生态建设】 2016 年,大宁县实施三北防护林、天然林保护等重点工程,全年完成营造林 0.388 万公顷;实施而吉西沟生态综合治理工程,治理水土流失面积 6200 公顷。集中推进大气、水体、土壤污染防治三大战役,全县空气质量二级以上天数达到 313 天,饮用水水源地水质达标率 100%;加大节能减排工作力度,完成集中供热煤改气工作,报废淘汰黄标车和老旧车 50 辆。

【安全生产和民主法治】 2016 年,大宁县强化安全责任,加强安全监管,开展安全风险大排查大整治,安全生产形势稳定;加强食品药品安全监管,确保群众"舌尖上"的安全;推进"平安大宁""法治大宁"建设,启动"七五"普法;落实信访工作责任制和重点案件领导包案制度,推动社会治理创新,强化社区矫正,突出人民调解;开展打黑除恶专项行动,打掉一伙 23 人的黑恶势力团伙,确保社会和谐稳定。

【城乡人居环境】 2016 年,大宁县开展"打非拆违"专项整治活动,实现新增违建"零增量"、存量违建"负增长",维护城市规划的严肃性。推进城市人居环境改善,完成全民健身广场工程,实施全民健身广场至南山公园天桥工程,完成小冯新区道路二期工程和二级客运站改扩建工程,新建改造供水管网 2 千米,新建供气管网 10 千米。改善农村人居环境,完成道路改造 26.85 千米,硬化农村道路 13 千米,加宽路面 5.5 千米;新建农村饮水安全工程 11 处;绿化村庄 3 个;改造农网 40.97 千米;改扩建农村幼儿园 1 所;新建农村老年人日间照料中心 1 个;完成农村污水处理工程 2 处。推进美丽宜居示范村"三级联创"工作。

【王儒林在大宁视察】 2016 年 5 月 5 日至 8 日,山西省委书记王儒林深入临汾市汾西、隰县、永和、大宁、蒲县等县,就沿黄地区脱贫攻坚与生态建设相结合进行专题调研。在大宁县昕水镇榆岭村,王儒林来到农户王文华家中,与老两口细算收入账,与有关同志研究解决稳定收入、脱贫致富的措施和办法。他强调,要重视退耕户面临的实际困难,确保群众稳定脱贫。

调研中,王儒林强调,要坚持以脱贫攻坚统揽全局,因地制宜,强化措施,调动方方面面的积极性,在治山治水中使群众增加收入,把建设绿水青山的过程变成群众脱贫致富的过程。

(李宏伟)

【县领导班子成员】

中共大宁县委

书　记　刘奎生(1 月免)　王金龙(8 月任)
副书记　樊　宇　吴　滨(8 月免)
　　　　李永升(8 月任)
常　委　焦宏文(8 月免)　郝爱民(8 月免)
　　　　冯小宁(8 月免)　陈东楷(8 月免)
　　　　张新平(8 月免)　马新生(6 月免)
　　　　赵晨伟(8 月任)　武艳娟(8 月任)
　　　　刘照舫(6 月任)　贺晓东(8 月任)
　　　　任鹏伟(8 月任)　张振荣(8 月任)

大宁县人大常委会

主　任　贺寅生(8 月免)　张新平(8 月任)
副主任　贺建新(8 月免)　王蛇英(女)(8 月免)
　　　　任县宁(8 月免)　李太平
　　　　贺荣青　房隰平　冯曹宁(8 月任)

大宁县人民政府

县　长　樊　宇
副县长　冯小宁(8 月免)　田　云(女)(8 月免)
　　　　杨对明(8 月免)　赵晨伟
　　　　白慧星(8 月免)
　　　　李天舒(6 月免,挂职)
　　　　李　光(6 月免,挂职)

解东方(6月任,挂职)
葛 毅(8月任) 许华伟(8月任)
樊霍平(8月任) 张 浩(8月任)
乔 前(8月任)

政协大宁县委员会
主 席 姚如意(8月免) 杨对明(8月任)
副主席 房蒲建(8月免) 尉金平(8月免)
张志荣(8月免) 任福平(8月任)
王蛇英(8月任) 冯永生(8月任)

汾西县

【概述】 汾西县位于北纬36°27′～36°48′,东经111°13′～111°40′,总面积880平方千米,下辖5镇3乡,126个行政村(居委会)。总人口14.97万人,农业人口8.5万人。

2016年,地区生产总值完成209154万元,增长5.9%;规模以上工业增加值完成45633万元,增长6%;社会消费品零售总额完成117716.3万元,增长7.8%;固定资产投资完成419279万元,增长28%;财政总收入完成9043万元,增长9.64%;一般预算收入完成6593万元,增长18.49%;城镇居民人均可支配收入23582元,增长7.2%;农民人均纯收入3374元,增长7.6%。一般公共预算收入6593万元,同比增长18.5%。

【农业生产】 2016年,汾西县农作物总播种面积25625.9公顷,比上年增长143.9公顷,增长0.56%。其中:粮食播种24190公顷,油料种植面积371.7公顷,棉花种植面积3公顷。在粮食播种面积24174.6公顷中,其中秋粮播种面积12808公顷,夏粮播种面积11366.6公顷。全年粮食产量77684.9吨。完成造林面积1484公顷,全县猪牛羊禽兔肉总产量11203.19吨,比上年增长15.63%。其中:猪肉产量2529.96吨,下降1.2%;牛肉产量306.02吨,羊肉产量730.93吨,增长20.22%。禽肉产量7620.68吨,增长25.08%。年末生猪存栏24066头,生猪出栏29740头。禽蛋产量3768.89吨,增长13.38%。农业机械总动力6.47万千瓦,增长4%。机械耕地面积1667公顷,机械播种面积22.6万亩。农机化经营总收入2155万元,利润总额756万元,全县综合机械化水平达55.06%。

【城乡建设】 2016年,汾西县按照"改造旧城,开发新城,南连西扩,拉大框架"的思路,总投资6.3亿元,实施城市集中供热二期工程、汾西县北街城市棚户区二期工程、古郡新区生活广场绿化、马沟河流域城市污水治理二期、北外环至桃荣连接线等10余项城市建设项目。完成僧念至小河、细上叉至和平县乡公路35千米,实施公路安全防护工程33千米,农村公路养护195千米。

【环境建设】 2016年,汾西县加大工业项目节能技改力度,实施汾西县宝地缘专业合作社年产6万吨微生物有机肥节能技改项目,完成玉匣铸业有限公司淘汰落后产能目标任务和省千家企业电机能效提升计划。强化公共机构、交通运输、住房建设等领域的节能举措,推广风能、沼气等可再生资源。全年万元GDP能耗下降4.5%,超额完成市定目标任务。开展环境污染专项整治活动,加大工业企业污染、煤烟污染、建筑施工工地扬尘、道路扬尘等方面治理力度;新增城市集中供热面积15万平方米,替代燃煤锅炉22座、家用土暖锅炉3842个;淘汰黄标车80辆、老旧车130辆,全县二氧化硫下降0.6%,氮氧化物下降6.05%,烟尘粉尘下降6.3%,全年二级以上天数达247天。

【交通邮电】 2016年,汾西县境内省、市、乡、村公路总里程733.5千米,其中高速公路一条40千米,省道一条46千米,县道6条164.4千米。乡(镇)道34条238千米,村道69条245.1千米。邮政业务总量651万元,下降35%;联通业务总量1945万元,下降1.47%;移动业务总量4384万元,增长11.16%,电信业务总量207万元,增长38%,年末固定电话3292部,减少438部,下降11.7%;移动电话达到95897户,移动电话普及率64部/百人。全县宽带接入用户15405户,增长30.87%。

【医疗卫生】 2016年,汾西县现有医疗卫生机构179个。民营康复医院1个,妇幼保健站1个,疾病预防控制中心1个,精神病院1个,中医院1个,乡镇卫生院8个,城镇卫生服务中心1个,村卫生所147个,个体诊所18个,卫生机构共有床位428张,其中县医院床位150张,卫生院床位143张。卫生技术人员408人,新型农村医疗参合人数达106014人,参合率达99.06%。

【教育事业】 2016年,汾西县职教中心1所,教师进修校1所,单办高中1所,在校学生2448人。初中5所,在校学生4302人;小学17所,在校学生9692人;教职工1547人。适龄儿童入学率100%,小学六年攻固率达99.8%,初中三年保留率达98.5%。

【文化事业】 2016年,汾西县举办2016年"美丽汾西"社火节文化会演;开展送电影、送戏下乡1500余场,送图书下乡50次;文化下乡36场次。举办消夏文艺晚会12场;组织开展"欢乐送基层"文化下乡100场,满足广大干部群众的精神文化生活需求。县电视新闻作品《汾西核桃:绿了荒山富了民》荣获2016年"临汾新闻奖"二等奖;《汾西:"1133"战略奏响经济发展最强音》获2016年"临汾新闻奖"三等奖。县文化馆组队参加临汾市第四节"梨花奖"广场舞大赛获"二等奖",县政府组队参加临汾市西山七县男子篮球锦标赛获"优秀组织奖"。中老年组队参加临汾市老体协举办的广场舞选拔赛,所表演的广场舞《最弦民族风》《微笑》获"二等奖"。

【社会保障】 2016年,汾西县参加企业职工养老保险参保人数为5716人,基本养老保险收入2410万元;参加机关事业养老保险参保人数为3890人,完成基金征缴11851万元;参加基本医疗保险的人数为23052人,完成基金征缴1735万元;参加失业保险人数为5103人,征缴失业基金195万元;参加工伤保险人数为9691人,征缴工伤保险基金96.3万元,参加生育保险人数为5510人,基金征缴60.6万元;全县城乡居民参保54286人,保费征缴588万元;发放城镇最低生活保障金983.55万元,农村最低生活保障金781.49万元;五保供养金272.22万元。全县全社会从业人员69366人,其中:城镇从业人员6116人,农村从业人员63250人。城镇新增就业岗位人员1042人;创业培训4期120人;培训农村劳动力523人,劳务输出2357人,城镇登记失业率控制在4.2%的目标范围之内。

(牛记明 赵鸿虎)

【县领导班子成员】

中共汾西县委

书　记　任天顺

副书记　张安文　杨晓舟

常　委　梁秋菊(女)　赵志红

武耀忠　丁春明　周勇军　宋大鹏

汾西县人大常委会

主　任　樊国俊(2月免)

贾文魁(2月任)

副主任　乔旭兵

张三保(8月免)

张双花(女)

张生惠(8月免)

郭　大(8月任)

薛荣华(2月任)

汾西县人民政府

县　长　张安文

副县长　杜浩强　王博君(公安局局长)

李国锋　王红林　郭　凯　郭建功

政协汾西县委员会

主　席　郭炎林(2月免)

乔建平(2月任)

副主席　王锁兰(8月免)

郭建华(8月免)

赵铁锁(8月免)

赵建中　侯建忠　鱼晶明

蒲　县

【概述】 蒲县位于山西省西南部,东环姑射,西襟壶口,南列梅洞,北枕五鹿。壤连六县,依汾西,衔吉县,拱临、洪、邻隰、宁,素有"晋西锁钥"之称。全县总面积1510.6平方千米。设4镇5乡,93个村民委员会,456个村民小组,526个自然村,总人口110810人,增长3.8‰,人口自然增长率3.84‰。

2016年,地区生产总值(GDP)55.68亿元,比上年增长3.8%。人均地区生产总值48888元,比上年增长2.14%。全部工业增加值40.57亿元,比上年增长2.9%;固定资产投资完成70.15亿元,比上年增长15.9%;社会消费品零售总额7.80亿元,比上年增长7.3%;财政总收入12.86亿元,比上年减少0.82%;城镇居民人均可支配收入

24252元,比上年增长5.1%;农村居民人均可支配收入7871元,比上年增长6.0%。获"新一轮全国计生优质服务先进县""全国国土资源节约集约模范县""全国农民工返乡创业试点县""全国残疾人工作先进单位"和"全省文化先进县""全省人防先进县",省级"卫生县城"实现五年联创。

【特色农业】 2016年,蒲县农业升级成效明显,新注册农业合作社60个、达580个,全年实现产值22848万元,同比增长28%。核桃标准化示范基地达到3000公顷,正茂核桃有限公司被列为全省核桃加工实训基地,核桃产业被列为"省级核桃栽培标准化示范县";马铃薯种薯繁育体系建设荣获"市长创新奖";构树种苗研发基地建成投用,基地繁育种苗900万株、推广种植253.33公顷,构树产业被列为"全省构树扶贫试点县"。全年农作物播种面积15808.1公顷,比上年增长4.1%,其中粮食作物播种面积14525.0公顷,比上年增长3.7%;油料种植面积378.6公顷,比上年增长4.9%。全年粮食总产量82506.7吨,比上年增长107%。其中:玉米74029.3吨,比上年增长115.0%;小麦58.7吨,比上年减少43.6%。夏粮产量58.7吨,比上年减少43.55%;秋粮82448吨,比上年增长107.42%;薯类21865.6吨,比上年增长82.62%;油料433.0吨,比上年增长32.01%;蔬菜14321.4吨,比上年减少12.25%;烤烟1199.1吨,比上年增长94.34%。蒲县与天津宝迪签约百万头生猪养殖基地建设,投资12亿元。宝迪太林如意沟千头猪仔基地建成运行;薛关常家湾3000头生猪养殖场开工建设。全县猪牛羊肉总产量2591吨,比上年减少16.5%。其中,猪肉产量1673吨,比上年减少27.2%;牛肉产量472吨,比上年减少30.8%;羊肉产量446吨,比上年增长265.6%。年末生猪存栏15988头,生猪出栏20997头;牛奶产量32吨;禽蛋产量1077吨;水果产品产量1644.7吨。

全年完成造林面积4500公顷,植树20万株,全县森林覆盖率达39.96%,林木覆盖率达到52.1%。打造西河沟万亩造林精品工程,临汾市造林绿化现场会在蒲县召开。

【工业转型】 2016年,蒲县产业转型实现新突破,现代化矿井建成投产15座,联合试运转1座,化解过剩产能关闭1座,全县形成煤炭产能1635万吨。年产原煤1100万吨,山煤300万吨重介选煤二期竣工投产,全县煤炭洗选率达95%以上。煤电铝一体化、江苏润晶光伏发电、远景能源风电等转型项目推进。年末全县规模以上工业企业达到29家,规模以上工业增加值占全部工业的比重达到93.2%。2016年全县全部工业增加值40.57亿元,增长2.9%。工业对GDP贡献率为55.9%,拉动GDP增长2.12个百分点。工业经济效益改善,全年规模以上工业实现销售产值88.57亿元,增长12.8%;规模以上工业主营业务收入实现62.85亿元;实现利税4.87亿元;实现利润2.65亿元。

建筑业持续增长,全县资质以上建筑企业4家,建筑业总产值1.28亿元,下降18.1%,建筑业增加值1.42亿元,与上年持平。房屋建筑施工面积61351万平方米,增长17.2%。

全县全社会用电总量小幅上涨。全县全社会用电总量42859.4万千瓦时,增长4.7%。其中,第一产业用电556.8万千瓦时,增长19.8%,占全部用电量的1.3%;第二产业用电36177.3万千瓦时,增长4.5%,占全部用电量的84.4%,其中工业用电35893.6万千瓦时;第三产业用电2700.1万千瓦时,增长6.2%,占全部用电量的14.3%;城乡居民用电3425.2万千瓦时,增长3.4%,占全部用电量的8.0%。

【固定资产】 2016年,蒲县全年全县固定资产投资完成70.15亿元,增长15.9%。其中更新改造和技术改造投资28.12亿元,增长42.8%。工程施工项目达164个,增长5.1%;其中本年新开工项目154个,增长83.3%;本年投产项目个数138个,下降4.2%。全县工业固定资产投资额9.93亿元,占全县固定资产投资的比重为14.16%;交通运输、仓储和邮政业固定资产投资额14.20亿元,占全县固定资产投资的比重为20.2%;水利、环境和公共设施管理业固定资产投资额21.39亿元,占全县固定资产投资的比重为30.5%。

【交通邮电】 2016年,蒲县全年全县交通运输和邮政业增加值1.39亿元,比上年增长5.5%。公路线路年末里程988.383千米,其中按行政等级分省道68.509千米,县道137.715千米,乡道366.681千米,村道415.478千米。按技术等级分一级34.230千米,二级193.036千米,三级117.846千米,四级581.155千米,等外62.116千米。全县街道、巷道硬化380平方米;霍永高速连接线加紧建设,井山线、蒲红线拓宽改造完成路基。

全年全县完成邮政业务总量951.9万元,比上年增长68.3%,电信业务总收入2697.6万元。

【财政金融】 2016年,蒲县全年财政总收入12.86亿元,比上年下降0.82%。其中,地方财政收入7.11亿元,同比减少6.57%。年末全县金融机构各项存款余额56.10亿元,增长7.4%。金融机构各项贷款余额25.58亿元,增长19.2%。

【城建环保】 2016年,蒲县城市扩容和功能完善并重,全县城镇化率达到46.2%,提高个1.23百分点。锦绣小区和鹿城山水小区一期工程竣工,鹿城山水小区二期完成主体工程;保障性住房二期分配到户287套,保障性住房三期3栋竣工、3栋完成主体;综合档案馆工程开工建设;蒲伊北街公园主体竣工;段云书艺馆改扩建工程竣工投用。

全年全县空气质量好于二级以上天数315天,达标率为86%。全县化学需氧量(COD)降幅3.7%,氨氮排放量降幅3.8%,二氧化硫排放量降幅5%,氮氧化物排放量降幅5%,烟尘排放量降幅5%,工业粉尘排放量降幅5%。

【贸易和服务业】 2016年,蒲县全年全县实现社会消费品零售总额7.80亿元,比上年增长7.3%。城镇消费品零售额6.83亿元,增长8.23%;乡村消费品零售额9664万元,增长0.81%。

服务业快速增长。2016年,全县服务业增加值115202万元,增长5.2%,其中重点服务业企业主营业务收入达到3171万元。

全年接待国内外游客25万余人次,实现旅游收入240余万元。

【教育科技】 2016年,蒲县全年共申请专利7项,专利授权7人,其中实用型专利2项,发明专利5项,财政科技投入801万元,增长76.43%。科技创新推进,连续获“全国科普示范县”称号。

教育事业启动第二轮教育振兴“三年行动计划”,义务教育均衡发展通过国家级验收,高考二本B类以上达线264人,达线率43%,首次名列全市山区10县第一。基础教育继续得到巩固,小学在校学生7361人,小学适龄儿童入学率100%;初中在校学生3101人,适龄人口入学率100%;中等职业教育在校学生180人;普通高中在校学生1537人。

【文化卫生】 2016年,蒲县拥有各类艺术表演团体1个,文化馆1个,公共图书馆1个,档案馆1个。全县有广播电台1座,中、短波广播发射台和转播台1个,广播综合人口覆盖率100%,电视台1个,电视综合人口覆盖率99.5%,有线电视用户3万余户。放映农村公益电影1314场。

全县拥有各类卫生机构24个,其中医院2个,乡镇卫生院9个,妇幼保健院1个,疾病预防控制中心1个。医院、卫生院床位520张。

【社会保障】 2016年,蒲县全年城镇新增就业1355人,转移农村劳动力就业1437人,失业就业人员296人,就业困难人员就业99人,城镇登记失业率控制在4%以内。

全年各项社会保险基金累计结余突破4亿元。年末各项社会保险基金征缴2.10亿元,发放养老、医疗、失业、工伤保险等待遇1.76亿元。其中,参加企业养老保险的人数为7102人;参加机关事业养老保险人数为9379人;参加城乡居民养老保险人数为46898人;为10458名农村老人,发放基础养老金1168万元;参加城镇医疗保险人数为23190人,医疗费用支出1967万元;参加生育保险人数为11524人;参加新型农村合作医疗人数为69170人;参加失业保险人数为7600人,发放失业金64.78万元;参加工伤保险人数为35200人。全县建立县乡两级农村居民生活保障制度,全县城市最低生活保障的居民1769户4377人,累计发放城市低保资金1541.6万元;农村居民得到政府最低生活保障的居民5166户5510人,城乡医疗救助1298人,发放资金498万元。社会保障工作较快发展,各项社会公益事业、社区综合服务事业推进。

【蒲县鹿城山水小区工程】 2016年,蒲县鹿城山水小区工程即昕水湾棚户区改造工程,是蒲县县委、县政府提升居民生活水平的重要民生工程。位于旧城区五十孔窑,共涉及拆迁200余户,拆迁面积3.5万平方米。由重庆何方城市设计有限公司和临汾规划设计院设计,总投资2.16亿元,其中,中央、省棚户区改造配套资金2200万元。占地3.67公顷,建设9栋住宅楼,其中高层6栋(5栋20层,1栋22层);多层3栋(6层),建筑面积92821平方米,其中地上建筑面积79340平方米,地下建筑面积13481平方米,总户数640户。

一期工程:建设5栋住宅楼,3栋高层,2栋多层,建筑面积43900平方米,投资1.02亿元,于2014年6月开工建设,2016年9月工程竣工;二期工程：建设4栋住宅楼，3栋高层，1栋多层，建筑面积29500平方米，投资1.14亿元，于2015年12月开工建设，2016年12月主体工程竣工。新建成的鹿城山水小区，提高居民生活质量，为棚改工作奠定基础。

【《文化蒲县》创刊发行】 2016年，为弘扬蒲县文化，留住人文印迹，展现蒲县深厚文化内涵和凝聚着蒲县浓郁的人文精神。由文化局主办的《文化蒲县》创刊发行。栏目有特别关注、工作动态、社会文化、名作赏析、蒲民文苑、博闻雅趣等，站在统观蒲县文化的高度和视角，深入挖掘地方自然风貌、人文呈现，工艺美术，民风民俗等经典文化，缉录蒲县文化事业，文化活动，文化产业，文化市场发展历程。鼓励乡土文艺创作，支持民间文化传承创新，丰富群众文化活动，提升群众文化欣赏水平，传递蒲县文化，展现蒲县文化风采。

【蒲县首届“万步有约”健走大赛】 2016年5月20日，蒲县首届职业人群健走激励大赛蒲县赛区在蒲子文化广场举行启动仪式，县领导、相关单位领导及参赛队员参加启动仪式。8月5日，在蒲县柏山脚下，全省6个示范区和山西省疾控中心共7支代表队、万步网工作人员及蒲县5个小分队全体队员300余人，参加由山西省疾控预防控制中心、蒲县人民政府在蒲县联合举办的“疾控有约”实地健走活动。在全国首届“万步有约”职业人群健走激励大奖赛活动中，蒲县定期组织赛促活动，参赛队员参加摄影比赛、征文比赛和发现健走场地三项比赛，蒲县疾控中心获山西赛区“万里征程奖”。万步率达82%以上，获首届全国“万步有约”健走大赛山西赛区第一名，促进蒲县全民健身运动。

【蒲县四沟水库工程】 2016年，蒲县四沟水库工程是山西省百座小水库更新建设首批开建的8座水库之一。位于蒲县薛关镇西河沟，距县城10千米。是一座以城市及工业供水、农业灌溉为主，兼有防洪等综合利用的小(1)型水库。水库总库容262.70万立方米，最大坝高41米，坝顶高程939.0米，大坝全长133.5米，坝顶宽8.0米。工程总投资7635万元，其中省级投资5000万元，县级配套资金2635万元。工程主要工程量：开挖土方6.14万立方米，开挖石方6.97万立方米，夯填土石方5.56万立方米，砼及钢筋砼9.14万立方米，钢筋制安798.3吨，固结灌浆3853米，帷幕灌浆3674米，模板3.02万立方米。于2014年8月1日开工建设，2016年12月主体工程竣工。建成后可调蓄中部引黄总水量380万立方米/年，可向工业供水量160万立方米/年；可向城市提供后备水源65万立方米/年，供水人口3.5万人；农业供水量226万立方米/年，农业灌溉面积1000公顷。解决蒲县西部3.5万人的农业生产、生活及工业用水。

(曹立华)

蒲县四沟水库工程

【县领导班子成员】

中共蒲县县委

书　记　闫建国(7月免)　薛凤奎(7月任)
副书记　赵志慧　郭迎明(7月免)
　　　　吴吉红(7月任)
常　委　陈振华(7月免)　李有红(8月任)
　　　　陈金庄(7月免)　宋蒲刚(9月任)
　　　　席建国(1月免)　高永贤(7月免)
　　　　崔文学(7月任)　余作明(7月免)
　　　　张宁红(7月任)　黄生宁
　　　　刘俊绒(8月任)

蒲县人大常委会

主　任　王安保(7月免)　陈金庄(7月任)
副主任　曹海棠(1月免)　吉宝忠(4月免)
　　　　刘向平(2月任)　弓兰凤
　　　　范维胜(2月任)

蒲县人民政府

县　长　赵志慧

副县长　陈振华(7月免)　李有红
　　　　席菊玲　董　斌(6月任)
　　　　宋蒲刚(7月免)　张　鹏
　　　　席江红(8月任)　刘亚敬(8月任)
　　　　赵立曦(12月任)

政协蒲县委员会

主　席　史虎喜(1月免)　席建国(2月任)

副主席　郑蒲生(7月免)　张金龙(2月任)
　　　　亢鹏飞(8月任)　贺振英(8月任)

乡宁县

【概述】 乡宁县位于黄河中游，吕梁山南端，山西省西南，临汾市西部。坐落在姑射山与龙门山上。东与尧都区、襄汾接壤，西枕黄河与陕西韩城、宜川相望；南以河津、稷山、新绛三县为界，北与吉县毗邻。全县地质构造单元的主体是山西地台，全县总面积2029平方千米，辖10个乡镇、182个村委、1113个自然村，总人口240705人。

2016年，地区生产总值完成83.7亿元，增长4.5%；规模以上工业增加值40.8亿元，增长4.8%；固定资产投资84.7亿元，增长17.6%；财政总收入20.4亿元，增长0.4%；公共财政预算收入8.9亿元，增长5.5%；社会消费品零售总额20.2亿元，增长7%；城镇居民人均可支配收入26251元，增长6.7%；农民人均可支配收入8744元，增长6.4%。参加招商引资活动，举办“引老乡、回故乡、建家乡”暨在晋异地商会合作恳谈会，签约远景能源、中电投风力发电、大象集团百万头生猪养殖、通用机场建设等12个重大项目，签约金额179亿元。推进重点工程建设，项目建设“六位一体”指标超额完成。

【农业】 2016年，乡宁县开发整理土地0.08万公顷，水保治理0.26万公顷，实施农村饮用水安全工程19处，粮食产量达8万余吨。培训农民1.4万余人次。出台经济林秋冬季管护办法，建立高标准经济林示范园269个，以核桃为主的2万公顷经济林提质增效。发展畜牧规模养殖511户，建成果畜循环示范场2个、农业科技试验基地4个，培育科技示范户810户。农产品加工销售收入突破3亿元。

【工业】 2016年，乡宁县推进煤炭供给侧改革，淘汰关闭煤矿2座，化解产能90万吨。矿井建设完成投资18.2亿元，3座投产达效，6座达到先进产能标准，生产原煤1053万吨。

【服务业】 2016年，乡宁县重点旅游项目完成投资3.1亿元，云丘山景区收入达7300多万元。金融保险、信息咨询、快递物流、家政服务、健康休闲等现代服务业壮大。为18家中小微企业发放“惠商贷”1840万元，培育“小升规”企业2家，民营企业完成总产值19.9亿元，同比增长3%。

【城乡建设】 2016年，乡宁县编制完成“十三五”城镇住房发展、城市地下综合管线建设、海绵城市发展等12个规划。启动劳动保障服务大厅和政务服务中心建设项目，实施东城健康公园、粮食棚户区改造等工程，完成吉河高速引线绿化亮化及辅道建设、城市天然气置换煤气、樊家坪公交总站建设等工程。拓宽改造窄路基道路30.6千米，实施道路生命防护工程17.9千米。220千伏输变电工程进展顺利，改造升级农村电网141.7千米。推进完善提质、农民安居、环境整治、宜居示范“四大工程”，农村生产生活条件改善。开展铁腕治污、环境卫生等专项整治行动，3家焦化企业完成烟气脱硫提标改造，1家焦化企业停产整顿，2家砖厂配套安装脱硫除尘设施，新建垃圾厂渗滤液处理站1座、污水处理站2座，完成农村清洁工程达标村70个，淘汰黄标车、老旧车400辆，新增供热面积10万平方米。强化生态环境综合治理，实施166户、548口人的采煤沉陷区治理工程，地质灾害治理搬迁35户、140口人，植树造林0.32万公顷。全年二级以上天数达300天，优良比例达82%。

【安全生产】 2016年，乡宁县推进重点行业和领域安全隐患大排查、大整治，整改隐患5043条，关闭企业13家。开展“五一零点”“秋季”“利剑”等专项行动，打击非法盗采行为，炸封填埋私开矿点110处，治理明煤窝点35处，拘留36人，批捕4人。开展“食品安全规范年”活动，规范不安全经营行为100多处，查处违法案件10余起。落实信访工作责任制，实施重点案件领导包案制，推进“平安乡宁”“法治乡宁”建设。

【社会事业】 2016年，乡宁县统筹资金1亿元，改造薄弱学校68所；补充教师105人，表彰奖励优秀教师260人，表彰资金达455.3万元；普通高考二本上线人数708人，职业对口高考达本科线290人；国家义务教育发展基本均衡，县高标准通过督导评估认定。新医院装修工程加快推进；轮训乡村医生364人次；对1.8万名60岁以上老年人进行免费体检；药品零差率销售额达2532万元；新农合参保17.1万人，参保率98.5%；国家新一轮计划生育优质服务县通过验收。乡宁油糕、空心月饼制作技艺等11项非物质文化遗产列入市级名录。举办广场消夏月等文体活动80余场次，文化产业增加值达4213万元。设立县长创新奖，完成专利申报151件，引进推广新技术、新品种30余种，实施各类科技项目10余项。广电安全播出设施进完善，“乡宁广播电视台微信公众号”“智慧乡宁”手机台上线运营。城镇新增就业1605人，转移农村劳动力1304人，城镇登记失业率控制在4.2%以内；发放各类低保、社保救助金5198.4万元。开工建设公租房110套，完成棚户区改造和公共租赁住房721套。推进农村危房改造，1268户居民住房条件得到改善。

【脱贫攻坚】 2016年，乡宁县组建96个驻村工作队、2500余名干部驻村帮扶到户，12项帮扶措施落实到户。开工建设移民集中安置点16个，搬迁674户、2500口人。贫困户发展特色产业享受补贴131.5万元。落实教育扶贫补助资金659.5万元，扶贫培训2000余人次，实现就业300余人。471人参加造林合作专业社，588人通过退耕还林每亩受益1500元。实施村级光伏扶贫项目6处。新建贫困村网络电商平台6个。全年发放“强农贷”“富民贷”2481.5万元，“股加贷”人均受益390余元。开展“访贫问寒送温暖”活动，捐资75万多元，慰问贫困户5000余户。投资159万元，为所有建档立卡贫困户购买大病补充保险和意外伤害保险，全年4694户、15778口人实现脱贫。

【政府建设】 2016年，乡宁县接受人大工作监督、法律监督和政协民主监督，办理人大代表建议146件、政协委员提案82件。践行“两学一做”，落实党风廉政建设责任制，加强“一岗双责”，加大监察和审计工作力度，整治懒政、怠政、庸政等问题。开展百名干部入企服务，梳理企业诉求和问题69项，解决62项。开展采煤沉陷区、农村危房改造、打击非法盗采、易地扶贫搬迁、城乡环境卫生整治等专项督查。贯彻实施“13710”工作制度，建立乡镇长和县直单位一把手工作周报制度，建立马上就办、真抓实干的运转机制。

(陈宁平)

【县领导班子成员】

中共乡宁县委会

书　记　杨安虎(7月免)
　　　　樊洪平(7月任)
副书记　樊洪平(7月免)
　　　　冯小宁(7月任)
常　委　栗俊昌(7月免)
　　　　刘建平(7月任)
　　　　解高民(7月免)
　　　　周晓文(7月任)
　　　　张建山(7月免)
　　　　高国荣(7月任)
　　　　陈海平(7月免)
　　　　郭玉龙
　　　　郭　举(7月免)
　　　　任国栋
　　　　张红玉(7月免)
　　　　闫　鹏(8月任)
　　　　安　娜(8月任)

乡宁县人大常委会

主　任　张春龙
副主任　王天仓(8月免)
　　　　王建华(8月免)
　　　　贺申发　卫建平　杜吕科
　　　　赵继宁(8月任)

乡宁县人民政府

县　长　樊洪平(7月免)
　　　　杨建军(7月任)
副县长　陈海平(7月免)
　　　　卢　冬(8月任)
　　　　李云岗(7月免)
　　　　张保平(8月任)
　　　　刘建平
　　　　李军杰(8月任)
　　　　李睿煜

王向辉(8月任)
马　平
县长助理　柴红星(11月免)

政协乡宁县委员会
主　席　张欢虎
副主席　王仁虎　薛　峰　高军峰
蔡志强(7月免)

吉　县

【概述】 吉县位于黄河中游,山西省吕梁山南麓,属黄土高原残垣沟壑区。东以石头山、金岗岭、姑射山为界与蒲县、尧都区、乡宁接壤;西濒黄河与陕西宜川相望;南以下张尖为界与乡宁昌宁镇相连,北处鹤沟为界与大宁毗邻。东西最长跨度62千米,南北宽度48千米,总面积1777.26平方千米,占全市总面积的8.8%。下辖3镇(吉昌、屯里、壶口)、5乡(中垛、文城、柏山寺、东城、车城)、79个村民委员会、567个自然村,属国家扶贫重点开发县。

2016年,地区生产总值完成19.89亿元,同比增长4.6%;规模以上工业增加值完成5亿元,同比增长12.6%;固定资产投资完成36.5亿元,同比增长4.5%;社会消费品零售总额完成7.36亿元,同比增长8.2%;公共财政预算收入完成1.1亿元,同比增长5.64%;城镇居民人均可支配收入完成18478元,同比增长7.4%;农村居民人均可支配收入完成4661元,同比增长8.1%。主要经济指标在全市排名均位于前列。

【脱贫攻坚】 2016年,吉县易地扶贫搬迁,开工建设1162户;光伏扶贫,建成村级电站20个;产业扶贫,争取上级项目资金,盘活结转结余财政专项扶贫资金,扶持全县贫困村、贫困群众发展苹果、旅游产业;金融扶贫,撬动"富民贷"8276万元,"强农贷"8739万元;生态扶贫,确定建档立卡贫困户护林员400人,成立脱贫攻坚造林专业合作社11个;教育扶贫,投资450余万元,资助贫困大学生278人,贫困高中生343人,中职、高职学生1917人;社会保障"三项政策"精准到村、到户、到人,为建档立卡贫困人口办理大病医疗补充保险。全年实际脱贫13898人,超出任务39%,贫困人口降幅81%。吉县脱贫攻坚指挥平台建设和挂图作战经验在全市推广。国务院、省、市对吉县的脱贫攻坚工作进行8次督查,均给予肯定。

【主导产业】 2016年,吉县抓苹果、抓旅游、抓工业,使吉县的主导产业更突出、更有效。苹果产业方面,建成有机果园1666.67公顷,完成高架微喷、引水进园260公顷,新栽果树473.33公顷,减密间伐666.67公顷,黑膜覆盖533.33公顷,培育"三新"带头人420名;成立吉县果业协会,规范全县苹果生产、管理和营销;赴北京、深圳、昆明、成都举办宣传推介活动,打开上海市场,出口美国、澳大利亚等国家,提升吉县苹果的知名度,扩大吉县苹果的销路。2015年全县苹果遭受两次大范围严重雹灾,在争取上级民政部门的救灾资金的基础上,制定财政资金补助、鼓励搭建防雹网等措施,开展生产自救,苹果产量仍然达18万吨,产值突破7亿元,果农人均果品收入7500元。旅游产业方面,壶口景区全面加强管理,整治环境,提升服务,游客量、门票收入再创新高,全年接待游客120万人,门票收入8600万元。人祖山景区完善基础设施,举办一系列文化旅游活动,游客量大幅增长。吉县被国家确定为"全域旅游示范县"。"苹果采摘节""厚川味道"等乡村旅游活动有声有色,上东村、社堤村苹果园区被确定为省级农业旅游示范点。县政府牵头举办西山七县文化旅游发展研讨会,推动西山七县文化旅游循环圈的打造。吉县旅游的知名度和影响力扩大,旅游产业的综合效益提高,全年接待游客同比增长30%以上;旅游综合收入39.3亿元,同比增长超过30%。工业经济方面,30兆瓦大型光伏电站并网发电,生物质发电项目投入运营,上海远景集团风力发电项目正在开展前期工作。中石油、中石化煤层气产量大幅增加。九洲能源废油再生利用项目投产。阳煤顶吉、达明一派农产品深加工企业有新产品上市。

【城乡建设】 2016年,吉县坚持新城、老城并重,完善功能、提升品质,城乡面貌发生变化。实施新城路网、府前广场、污水处理厂、供水、热源点、锦屏山公园等重点建设项目。完成乡村公路改造和旅游公路建设150千米。农村建成饮水工程15处,完成危房改造2140户,群众生产生活条件改善。推进"一带一环一区"造林绿化工程,新增林地面积0.254万公顷,打造临吉高速入城引线绿色长廊。小流域水保治理面积0.3万公顷。综合施策防治大气污染,新增集中供热面积2.56万平方米,改造燃煤锅炉15台,投入运营纯电动公交车20辆,淘汰黄标车老旧车88辆,全年二级以上天数达331天。

【安全稳定】 2016年,吉县落实安全生产“党政同责、一岗双责、企业主责、失责追责”等制度。加强对煤矿、危险化学品、道路交通、防汛、地质灾害、食品药品、果库等重点行业和重点领域的安全隐患排查整治,发现问题、消除隐患。特别是在地质灾害防治上,因地制宜、综合施策,实施一批地质灾害治理项目工程,全省在吉县召开现场会。打击“两抢一盗”和“黄赌毒”违法犯罪行为,“平安吉县”创建工作和信访维稳工作成效明显,全年没有发生大的安全生产事故和突发事件,全县安全生产和社会稳定形势平稳。

【民生事业】 2016年,吉县着眼统筹、公平、共享,做好群众最关心、最急需的民生实事。实施校园危房改造、薄弱学校改造、农村中小学标准化建设等项目工程,实现义务教育、高中教育、职业教育学费、住宿费、教材费免费全覆盖。县乡医疗远程会诊系统投入使用。新增城镇就业岗位865个,为吉县籍居民办理人身意外伤害保险。建设数字电影厅,拍摄微电影8部,建设村德村史馆16个,开展广场消夏月文艺会演活动和“村动吉州”乡村文体活动。10件惠民实事完成。

【自身建设】 2016年,吉县坚持依法行政,出台《权责清单动态管理办法》《行政职权运行监督管理办法》,依法规范政府43个部门和各乡镇政府的行政职权,承接落实上级取消下放的行政审批事项52项,推动政府工作在法治轨道上健康运行;自觉接受人大工作监督、法律监督和政协民主监督,全年办理人大代表建议59件,政协委员提案52件。开展“两学一做”学习教育,落实从严管党治党主体责任,营造树正气、讲团结、聚合力、促发展的氛围。落实“13710”工作制度,行政效能进提升。

(强培家)

【县领导班子成员】

中共吉县县委

书　记　郝忠祥

副书记　崔绍民　韩　睿(7月任)
　　　　李灵芝(女)(1月免)

常　委　王志宏(7月任)　樊宜群(7月任)
　　　　陈东楷(7月任)　王小华(7月任)
　　　　高启巍(1月任)　李桂萍(女)(7月任)
　　　　李晓民(1月免)　赵新喜(7月免)
　　　　熊伟星(7月免)　吴吉红(7月免)
　　　　李永芳(7月免)　王家亮(1月免)

吉县人大常委会

主　任　李晓民(2月任)

副主任　冯吉平　陈晓爱(女)
　　　　李吉廷(2月任)　贺　赓(2月任)
　　　　郭仓森(1月免)　苏吉云(8月免)
　　　　陈榜立(1月免)

吉县人民政府

县　长　崔绍民(2月任)

副县长　樊宜群

政府党组成员　李永芳(7月免)

副县长　刘晓军(8月任)　白占奎(8月免)
　　　　周晓文(8月免)　郝　巍(8月免)
　　　　汪朝林(挂职,8月免)
　　　　邱肖宾(7月任)
　　　　任云智(8月任)　王吉荣(8月任)
　　　　强晓辉(8月任)　李　燎(挂职3月任)
　　　　李晓民(1月免)

政协吉县委员会

主　席　李永芳(8月任)　吴忠民(8月免)

副主席　秦志富　杨建新　杨启亮
　　　　郭东舟(8月任)　梁荣森(8月免)

永和县

【概述】 永和县地处吕梁山脉南端,黄河中游大峡谷东岸,临汾市西北边缘,东邻隰县,南连大宁县,北与石楼县接壤,西与陕西省延川县隔河相望,自古就为秦晋交通要地,也是连接华北与西北地区物流的重要门户。全县总面积1212.89平方千米,总人口6.5万,其中农业人口5.3万,辖5乡2镇,79个行政村,306个自然村。

2016年,地区生产总值完成7.95亿元,同比增长10.1%;社会消费品零售总额完成4.55亿元,同比增长7.2%;固定资产投资完成16.95亿元,同比增长33.2%;工业增加值完成5765万元,同比增长13.5%;财政收入完成1.58亿元,同比增长57.64%,其中,一般公共预算收入完成7629万元,同比增长41.30%;城镇居民人均可支配收入达19366元,同比增长7%;农村居民人均可支配收入达到3221元,同比增长8.3%。主要经济指标增幅均高于临汾市平均水平,特别是固定资产投资、工业增加值、财政收入、公共财政收入、农村居民人均可支配收入增幅临汾市排名第一。

【脱贫攻坚】 2016年,永和县完善包村联户、奖惩考核等工作机制,实施产业扶贫、生态扶贫、光伏扶贫、健康扶贫等十大脱贫工程,完成15个贫困村摘帽、1047户3083口人的脱贫任务。381户贫困户享受"千人脱贫项目"补助,户均增收5000元;172名贫困人口被选聘为护林员,人均增收7000元;433户1643口贫困人口购买住房;404名普通高考达二本以上大学生、中等职业教育贫困生和学前入园贫困儿童享受教育资助共计58万元;建成村级光伏电站25个;改造"农家乐"78个;成立网店、电商公司55个,交易总额达到2200余万元;为连续4个月以上外出务工的贫困人口人均奖补2000元;发放"强农贷""富农贷"2587万元。探索"公司+贫困村+贫困户"资产收益扶贫新模式,开辟新的扶贫途径。

【优势农业】 2016年,永和县围绕"林果富民、生态立县"战略,深化"院县合作",推动经济林提质增效。全年新发展核桃579.07公顷,完成科技管护0.133万公顷,红枣、核桃、苹果产量分别比2015年增长20%、30%、15%;完善芝河源头、阁西垣、桑壁垣三大农业园区建设;完成坡耕地改造553.33公顷,生态防护林376.67公顷,新增耕地108.47公顷,改造中低产田93.33公顷,完成5级提水泵站主体工程建设,为发展高效现代农业奠定基础,列入国家农业综合开发项目示范县。

【能源工业】 2016年,永和县围绕"转型发展、工业强县"战略,立足天然气资源优势,加大勘探开发力度。全年投资6.8亿元,完成19口水平井钻探、24口井压裂试气和集气站三期工程建设,年产能达到10亿立方米,上缴税费4954万元,占到财政收入的31.65%。投资1亿元,完成官庄110千伏变电站建设,保障进驻工业园区下游企业的用电需求。加大招商引资力度,与河北昆仑等5家公司达成合作意向,天然气加工转化利用取得进展。

永和县煤层气3号井试气

【旅游产业】 2016年,永和县围绕"文化引领、旅游兴县"战略,突出"设施完善、景点建设、宣传推介"三个重点,推进旅游产业提档升级。高质量实施旅游公路建设项目,完善景区公路网络;实施乾坤湾景区基础设施建设,服务功能提升;高标准完成红军泉二期工程及景区亮化工程,增添了新亮点。加大宣传推介力度,整理编印《永和旅游推介指南》,出版发行《红军东征永和纪念馆志》《乾坤湾志》;开展"红枣采摘节""苹果采摘节"系列活动,举办"印象中国携手行摄影大展""全国首届航拍摄影大赛"等活动;央视《文明密码》《食尚大转盘》《道德观察》等12个栏目以及山西电视台、黄河电视台、临汾电视台,走进永和,对永和多角度、度的宣传推介。2016年,永和游客人数比2015年增长8万多人次,达到12.3万人次。

【城市建设】 2016年,永和县以创建国家卫生县城为抓手,投资3500万元,重点实施永红大桥及南端拓宽改造、城东路南端排水管网改造、芝河河道配套污水管网建设、城区巷道和县城至交口段公路亮化、城区公厕无害化改造,城市服务功能完善。组建城市综合执法大队,出台"创卫"相关制度,开展环境大整治,城市管理愈加规范,县容县貌改观。

【新农村建设】 2016年,永和县实施完善提质、农民安居、乡村清洁、宜居示范"四大工程",解决4000余口人的饮水安全问题;完成36千米的农村公路改造、21.7千米芝河源头精品农业园区道路硬化;完成116户地质灾害治理搬迁、963户农村危房改造;巩固美丽宜居示范村创建成果。

【生态环境建设】 2016年,永和县高标准实施荒山造林、天然林保护和城区绿化工程,完成0.153万公顷三北防护林建设和533.33公顷林地补植补造,营林面积0.378万公顷,全县森林覆盖率达28.3%,林木绿化率达37%。开展"铁腕治污"、环境保护、保障空气质量冬季严查等环保行动,更换环保型燃煤锅炉127台,完成桑壁村、东征村、马家湾村的污水管网建设,全县生态环境优化。

【社会事业】 2016年,永和县教育事业方面,实施义务教育"全面改薄"、教育信息化工程,教育教学条件完善;招聘特岗教师和公益性幼儿教师49名,解决教师短缺问题;开展"三优"培养工程,6名教师被评为市级百优教师;通过国家义务教育均衡县达标验收工作。医疗卫生事业方面,县医院创建综合性二级甲等医院,投资1亿元的新医院综合大楼,完成门诊楼地下基础建设。启动"健康永和"建设,为3601名因病致贫的贫困人口建立"健康档案",提供全方位、全周期的健康服务。文化事业方面,举办孔子诞辰读书教育活动、纪念红军东征胜利80周年红歌会、毛主席诞辰123年周年纪念活动;创作歌曲《我在奇奇里》;影印民国十九年版《永和县志》;组织参加临汾市"梨花奖"广场舞大赛和西山篮球赛,分别荣获二等奖和第四名的好成绩;开展元宵节社火系列活动和全民健身、消夏文艺晚会等群众性文体活动。民生保障方面,提高社会保障救助标准,健全完善临时救助制度,全年共发放各类救助资金1913万元,新农合参合率达99.6%以上。实施四大"暖心"工程,为全县80岁以上老人发放生活补助74万元;高考达二本线以上考生资助9.5万元;免除高中教育阶段学费和住宿费92万元,为全县群众参加的小额人身意外险、自然灾害人身意外伤害险、见义勇为人身意外伤害险三份保险,共理赔227万元,37个困难家庭得到救助。

【安全稳定】 2016年,永和县开展"打非治违"专项行动和重点行业、重点领域安全隐患大排查、大整治,全年累计排查各类隐患980条,整改率达到100%,全县道路交通事故起数和死亡人数实现"双下降"。严格落实领导包案制度,开展领导接访、积案攻坚、源头预防等活动,矛盾纠纷和信访积案化解率达到95%以上。开展"法治下乡""七五"普法等活动,全民守法意识增强。2016年度群众安全感满意度测评,永和县在全省排第10名、全市位列第3名。

(李保成)

【县领导班子成员】

中共永和县委

书　记　加天山

副书记　范洋平　马连青(2月调离)

　　　　郝　魏(7月任职)

常　委　苏文龙(7月免)

　　　　崔文学(7月免)

　　　　廉海平(7月免)

　　　　李永升(7月免)

　　　　弓记平(7月免)

　　　　代建华(6月免)

　　　　程万军(10月免)

　　　　樊俊鹏(8月任,11月免)

　　　　王卫成(7月任)

　　　　刘元福(11月任)

　　　　马　健(7月任)

　　　　边广恩(6月任)

　　　　白永明(7月任)

　　　　张淑明(7月任)

永和县人大常委会

主　任　韩忠秀(2月退休)

　　　　马连青(2月任)

副主任　韩凤莲(女)

　　　　吕发群(8月退休)

　　　　连永梅(女)　刘双龙

　　　　药虎奎(2月任)

永和县人民政府

县　长　范洋平

副县长　苏文龙(常务　7月免)

　　　　程万军(10月免)

　　　　解建国(7月免)

　　　　宋新亮(7月免)

　　　　毛伶秀(7月免)

　　　　马　健(7月任)

　　　　王润贵

周　宏(7月任)
靳亚伟(7月任)
李占军(7月任)
王丽霞(7月任)

政协永和县委员会
主　席　郭永平(7月离任)
宋新亮(7月任)
副主席　冯月富(2月退休)
冯书霞(女)
冯德英(2月退休)
樊蒲霖
师　卿(7月任)
马　进(7月任)

隰　县

【概述】 隰县位于临汾市西北部,东临汾西县,西接永和县,南与蒲县、大宁县接壤,北与吕梁市交口、石楼两县相邻。总面积1415.3平方千米。下辖3镇(龙泉、午城、黄土)、5乡(城南、阳头升、寨子、陡坡、下李),97个村民委员会,409个村民小组,364个自然村。全县常住人口为107236人。全年全县出生人口1269人,人口出生率为11.86‰;死亡人口777人,死亡率为7.26‰;自然增长率为4.6‰。出生人口性别为110.47。

2016年,地区生产总值146627万元,比上年增长9.4%。人均地区生产总值13710元,全县城镇居民人均可支配收入21063元。全年社会消费品零售总额97006.1万元,比上年增长7.95%。

【城乡建设】 2016年,隰县投资1.32亿元,配套完善水、暖、气、路等市政基础设施,县城生活垃圾无害化处理率、供水普及率均达100%,污水处理率达90%,集中供热、燃气普及率达70%。实施洪永线、太和路、均岭线、回古线等公路改造工程,6个乡镇通电动公交。新增城市绿化面积8.1万平方米,造林0.533万公顷,水保综合治理0.227万公顷,淘汰黄标车152辆,全县森林覆盖率29.68%,二级以上天数达333天。开展城乡爱国卫生运动,实施乡村清洁工程,强化环境卫生整治。

【教育】 2016年,隰县坚持教育优先发展战略,以办好人民满意的教育为目标,加大教育事业投入,优化教育资源配置,改善办学条件,强化教师队伍。通过国家义务教育均衡县验收。培训教师500余人次。新建三中、四中教学楼和两所幼儿园,完成龙泉小学、北城中学续建项目。公开招聘一中校长。

【医疗卫生】 2016年,隰县通过创建全省农村中医药工作先进单位验收。2014年9月,隰县启动创建全省农村中医药工作先进单位活动以来,按照《山西省农村中医药工作先进县(市、区)建设标准与评审细则》的要求,在巩固全县农村中医工作成果的基础上,开展创建全省农村中医药工作先进单位工作,促进全县中医药事业的科学发展。新建33个村卫生室。新农合参合率稳定在98%以上,人均筹资标准提高到530元。

【文化】 2016年,隰县打鼓书入选临汾市第三批省级非物质遗产项目。投资10万元完成隰县乒乓球馆建设,为县城4个小区安装健身器材。文化馆、图书馆免费开放,强化对地方文献和非遗的保护传承,办起地方文献、非遗展室。收集整理碑刻拓片和老照片。突出“两馆”数字化建设,建起网站,开通手机微信平台,实现手机阅读和微信推荐图书。临汾市“数字时代 全民阅读”现场会在隰县召开,省图书馆授予隰县“全民阅读与科普活动”“图书宣传活动周”先进集体。图书馆评定为三级馆,文化馆经省级评估评定为县级二级馆。举办隰县首届“我要上春晚”群众文化活动,全县报名人数1600多人。举办“4·23”世界读书日阅读推广活动,参与读者达800多人次;打造“甜甜姐姐讲故事”特色阅读推广品牌,利用每周末时间,开展少儿阅读体验活动,授42课时,参与读者2100余人次,开展“甜甜姐姐讲故事”进农村学校活动,参与读者200余人次;2016年全国助残日,举办“我给盲人讲电影”活动,观众80余人;图书馆每周固定时间在县残人康复中心为残疾小朋友开办音乐、美术基础技能训练。编纂出版《德耀梨乡》《梨乡新歌》,崔春祥长篇小说《活窨》《雨打浮萍》出版发行。农民画家王改莲举办个人画展。全民健身活动开展。举办农村广场舞培训,给 20 个村下发价值 1.2 万元的音响设备。

【精准扶贫】 2016 年,隰县共投入各类扶贫资金 5000 余万元,实施一批惠民生、利长远、重实效的扶贫工程。启动新大象百万头生猪养殖和晋龙公司百万只蛋鸡养殖项目,因户施策扶持发展玉露香、大棚瓜菜、中药材等产业。举办农村电商大讲堂和 8 期培训班,培训 1800 余人次,电商扶贫销售额达到 1771 万元。建成 34 个村级光伏电站。聘用护林员 255 人,乡村保洁员 217 人,造林合作社吸收贫困户 545 户。帮扶贫困学生 3275 人,资助减免各类费用 1066 万元。完成 1231 人搬迁任务。金融机构风险补偿金由 500 万元提升到 1635 万元,发放扶贫小额货款 1.28 亿元。全县 2294 户、5478 贫困人口纳入低保范围,856 户贫困户进行危房改造。6598 人脱贫。

【电商扶贫开发孵化基地】 2016 年,隰县电商扶贫开发孵化基地位于隰县北城新区电商一条街,占地面积 980 平方米,设有“隰县众创园”“特色隰县馆”“电商运营中心”“特产体验馆”“综合服务区”,提供 100 个工位。有创业导师 13 人,运营管理人员 139 人,创业人员 1 万余人。2016 年有 1140 个电商创业团队,其中农村电商服务站 158 个,合作社 88 个,公司 39 个,个体 842 个,分布各省市的电商服务站 13 个。现有一个运营 12 年、位居全国 50 强的门户网站“隰县在线”,一个“玉露香原产地电商平台”,两个认证的“玉露香”“隰县在线”微信公众平台。基地研发创建隰县玉露香梨二维码追溯系统、隰县玉露香原产地电商平台网站、微站和隰县电商众创园、电商体验园,形成“一码两站两园”电商扶贫模式。2016 年,隰县电商扶贫开发孵化基地通过线上线下融合发力,销售额高达 1.13亿元。实现首次电商销售超亿元,电商扶贫销售超千万元。获临汾市“市长创新奖”、山西省科技厅认定的“省级众创空间”、国家科技部首批备案的“星创天地”等称号。国务院扶贫办国际合作和社会扶贫司巡视员曲天军对隰县“一码两站两园”电商扶贫模式给予“路子是对头的,潜力是巨大的”的肯定。

【旅游】 2016 年,隰县入选国家旅游局公布的全国 238 家第二批“国家全域旅游示范区”创建名单。隰县小西天庙会、面塑、山桃核工艺、民间文学四个项目入选市级非遗项目,其中小西天庙会、面塑这两个项目申报省级非物质文化遗产保护项目。收集整理全县宗教、红色、民俗、文化、生态等资料,挖掘整理文化旅游资源,完善旅游解说词、景区导游词,建立旅游资料库。申请开通隰县旅游网站和红色旅游晋西革命纪念馆网站,印制《隰县旅游》宣传册,发挥佛教文化旅游和红色文化旅游在隰县旅游资源中的作用。

玉露香梨高新技术应用研讨会

【玉露香梨采摘节】 2016 年 9 月 10 日至 16 日,隰县举办以梨为媒、以节会友、以诚招商的首届玉露香梨采摘节。吸引游客 3 万人次,现场扫二维码 1.2 万人次,开展梨果订货、宣传、吃梨大赛、梨王擂台赛等多项活动,拉动全县住宿、餐饮、运输、物流、包装及 60 家农家乐的发展,促进社会效益和经济效益。

【招商引资】 2016 年,隰县县政府与新大象养殖公司百万头生猪养殖产业化项目战略合作签约。百万头生猪养殖产业化项目总投资 11.35 亿元,建设包括存栏规模 12000 头的种猪场 2 个,产能 60 万吨的饲料厂 1 个,能力 5000 吨以上的畜禽无害化处理厂 1 个,新成立合作社 25 个及粪肥处理设施等。

山西盾安隰县 9.8 万千瓦风电项目启动。隰县风电场建设总规模为 20 万千瓦,被列入全省“十三五”风电规划,一期开发 9.8 万千瓦,总投资 7.6 亿元,预计 2017 年全部并网发电。

隰县政府与山西西子文化旅游公司签订协议,开发紫荆山综合旅游项目。预计投资 6.7 亿元。

【荣誉】 2016年,隰县秦慧珍获全国五一劳动奖章,冯莉清荣获山西省首届“最美孝心少年”称号,任红祥入选“山西好人”“临汾市十大道德模范”,王文萍获山西省“感动百姓·乡村十大爱心大使”,王秀玲等3人获临汾市“敬老助老模范个人”。隰县跳绳代表队在“龙花杯”2015—2016年全国跳绳联赛中获得多项荣誉,获山西省跳绳团队第一名。

(张克强)

【县领导班子成员】

中共隰县县委

书　记　李亚丽(女)

副书记　王晓斌　赵松强

隰县人大常委会

主　任　贺崇伟(8月免)
　　　　任　静(女)(8月任)

副主任　贾计元(8月免)　马百旺(8月免)
　　　　田春明　李云峰　王玉武
　　　　史红平(8月任)

隰县人民政府

县　长　王晓斌

副县长　薛小平(2月免)　景生龙(8月免)
　　　　马健民(8月免)　马兰明(8月免)
　　　　李　亮(8月免)　王志华(8月任)
　　　　李　伟(8月任)　金红峰(挂职)
　　　　秦慧明(8月任)　苏大立(8月任)
　　　　周建民(8月任)　韩继锋(8月任)

政协隰县委员会

主　席　张瑞燕(2月免)　薛小平(2月任)

副主席　肖会荣(2月免)　张世平(8月免)
　　　　苏执生(8月免)　史红平(8月免)
　　　　卢天蓉(2月任)　景生龙(8月任)
　　　　刘俊平(8月任)　孙志萍(女)(8月任)

开发区和壶口风景区

临汾经济开发区

【概述】 2016年，临汾经济开发区贯彻中央、省、市工作要求和部署，狠抓招商引资、项目建设、城市改造、园区开发、民生改善和体制机制创新工作。全年生产总值完成78.5亿元，同比增长9%；工业总产值完成29亿元，同比增长24%；企业主营业务收入完成350亿元，同比增长8%；固定资产投资完成53亿元，同比增长11%；招商引资合同资金完成263.4亿元；进出口总额完成6100万美元；财政总收入完成4.47亿元(其中，土地出让金4000万元)，同比增长12%。

沃特玛签约仪式

【招商引资】 2016年，临汾开发区共签订入区合同和协议20多项，总资金达263.4亿元。重点引进投资112亿元的沃特玛新能源汽车核心技术产业园项目、投资30亿元的华翔新型产业升级园项目(含16个产业链项目)、投资30亿元的智能电池管理系统项目、投资4亿元的临汾液化调峰储备集散中心项目和中国云谷电子商务产业园项目等。成功举办“冬储行动”招商大会，一次签约103.5亿元，创造开发区历史最好水平。

【项目建设】 2016年，临汾开发区完成项目储备63项，资金超过2000亿元；完成签约263亿元，比年度目标翻了一番多；完成落地项目资金74.21亿元，占当年目标的134.93%；完成开工资金71.95亿元，占当年目标的184.49%；完成项目投资额34.71亿元，占当年目标的108.47%；完成投产资金29.41亿元，占当年目标的101.41%。各类实施项目报建率、招投标率、图纸审查率、监理率和质量安全监督覆盖率保持100%。

【城建环保】 2016年，临汾开发区“城中村”改造推进，多个社区同步和谐改造。全年共实施6条道路工程建设，完成投资7.4亿元。1234套保障性住房的年度任务落实到位。水、电、暖、气、通讯、绿化等城建配套任务均完成预定目标。集中开展环境建设月、露天烧烤专项整治、环境卫生集中整治等多项整治行动，特别是采暖期控硫治污行动果断、措施得力，得到市委、市政府评价。

【推进扩区工作】 2016年，临汾开发区按照省委、省政府关于推进开发区改革创新发展的决策部署，坚持“整合、改制、扩区、调规”总方针，以转型综改为契机，以扩区提质为突破口，成立扩区工作领导组，调整上报综改扩区思路和初步方案，各项准备工作进展顺利，新的方案上报省政府，争取2017年上半年完成扩区。

【安全生产】 2016年，临汾开发区强化红线意识，完善责任体系，开展安全生产隐患风险大排查大整治、安全生产专项整治、打非治违、“反三违”和涉危化学品、烟花爆竹、建筑工地、消防安全、食品药品、特种设备及学校安全等专项整治活动，加大隐患排查、处罚、整改力度，全年出动检查8681人次，检查企业2326家/次，排查一般隐患2373条，行政处罚22.85万元，各项指标均达到上级安全生产考核要求。

【社会稳定】 2016年，临汾开发区推行社会网格化管理和三级联动建设，发挥公安、综治、信访等部门骨干作用，开展矛盾排查摸底和“打黑除恶”专项整治活动，强化各类重点人员稳控措施，妥善处置各类治安问题和矛盾纠纷，全年排除治安隐患231处，破获各类刑事案件167起，抓获犯罪嫌疑人98人，查处行政案件307起，处理违法人员236人，收缴赌博游戏机321台，有效巩固辖区安全和谐良好局面。

【社区民生事业】 2016年，临汾开发区改善居民的居住和生活环境。兑现失地农民补偿、“两免一奖”、各种补贴和养老、医保、低保、优抚补助、冬季采暖补贴，推进劳动监察、教科文卫体，民政、保密、统计、计生、综治、工青妇、人武和残联工作，社区精神文明建设发展，让广大居民享受到开发区发展的红利。

（段云龙）

侯马经济开发区

【概述】 侯马经济开发区(简称侯马开发区)是经国务院审核通过的省级开发区，位于侯马市区东部，面积8.16平方千米。截至2016年底，累计入区企业1316家，其中，工业企业65家，建筑行业企业111家，商贸物流、电子商务、医疗器械、现代金融类等企业1140家。

2015年，启动扩区工作。按照临汾市政府第66次常务会议精神，2016年完成可研编制、市级论证和省级评审，上报省政府待批。2016年12月1日，全省开发区改革创新发展大会后，侯马开发区对扩区升级工作思路进行修订完善，明确国家级开发区、临汾综保区、临汾自贸区示范区、科技创新成果转化区和中西部加工贸易产业重要承接区“五区发展定位”，确定智能制造、电子商务、医疗健康、国际会展与国际贸易、现代服务业“五大主导产业”和推进落实措施。

2016年，侯马开发区被评为“2016中国产业园区创新力百强”，区内的智汇互联公司被临汾市妇联授予“巾帼双创基地”，晋南电商物流园被中物联授予“全国优秀物流园区”，青狮科技公司被阿里巴巴授予“泛行业先锋全国十强”。

12月9日，临汾市首家“巾帼双创示范基地”落户侯马经济开发区

【经济发展】 2016年，侯马开发区完成生产总值53.16亿元，同比增长4.8%；工业总产值完成33.19亿元，同比增长4.9%；公共财政预算收入完成8127万元，完成全年任务的81.27%；固定资产投资完成36.6亿元，完成全年任务的89.3%。

【项目建设】 2016年，侯马开发区项目储备完成729.8亿元，完成全年任务的132.6%；项目签约完成111亿元，完成全年任务的111%；项目落地完成48.06亿元，完成全年任务的106.8%；项目开工完成34.16亿元，完成全年任务的103.5%；重点工程建设完成投资26.02亿元，完成全年任务的100.1%；项目投产完成25.71亿元，完成全年任务的102.8%。

【基础设施建设】 2016年，侯马开发区加强城市基础设施建设和管理，园区项目承载力提升。完成城市道路雨污管网改造工程、城市园林绿化工程和城市道路改造工程，新建城市热力管网铺设1.6千米；完成区内12条道路路灯LED节能改造，0.12万平方米人行道改造；新增绿化面积2.5万平方米；新建城市道路2.3千米，改造城市道路1.3千米。加强城市管理，对城市设施管理标准和考核办法进行修订完善，形成考核成果与资金支付挂钩的考核管理机制,通过政府采购,实行向社会购买服务方式,加强对道路、路灯、绿化、供排水等市政设施的日常维护管理,提高城市管理水平。

【招商引资】 2016年,侯马开发区制定出台《侯马开发区招商引资工作方案》,结合省、市《支持承接加工贸易转移的若干政策》《承接产业转移工作实施方案》和开发区产业特点,在“四大平台”基础上,搭建中小微企业创业孵化平台、电商产业发展平台、金融支持平台和医疗器械产业发展公共平台,健全产业配套服务平台。成立5个专业招商小组,编制区域性招商地图,确定重点招商区域,明确目标项目,采取互联网媒体招商、以商招商、产业链招商、委托招商、资本招商、平台招商及展会招商等多种不同方式,开展招商工作。招商小组先后前往北京、上海、福建、广州、深圳等地,组织专题推介会,开展精准招商活动,承接沿海产业转移。全年共引进各类项目130余个,其中引进宏凯集团加工贸易电子产品、浙澳光伏太阳能组件、三棵树新型建材、卫泰医疗器械工业项目10个,引进电子商务、总部金融、公共服务平台、商贸物流等现代服务业类项目90余个,医疗健康类项目28个。

【主导产业】 2016年,侯马开发区围绕“大机电”“大电商”“大健康”三个产业集群发展现代物流、电子商务、电子信息、装备制造、医疗器械等产业。侯马开发区较具代表性的企业:以山西好利阀机械制造有限公司、山西德迅电梯有限公司、浙奥光伏有限公司为代表的大机电产业;以山西天美优品科技有限公司、山西亚欧有色金属交易中心有限公司、山西黄河金三角工业品交易中心、山西晋淘天下科技有限公司为代表的大电商产业;以旺旺食品、伟涛食品、金葵花医疗器械为代表的大健康产业。

2016年10月,侯马开发区在“大机电、大电商、大健康”三大产业群基础上加快扶持以互联网大数据工业云平台为依托的智能制造、电子商务、医疗健康、国际会展和国际贸易、现代服务等五大主导产业,规划打造五个特色小镇。

智能制造小镇。规划5平方千米,总投资18亿元,通过实施万物互联协同信息工程、“一云三中心”智能制造创新示范工程、建设智能协同制造国家实验室等,推进信息化与工业化深度融合,发展智能电子、智能家居、智能阀门、智能电梯等智能制造行业。

电子商务小镇。规划2平方千米,总投资20亿元,按照“领军企业为核心、平台为依托、市场为主导、优质企业为链条”的思路,重点扩展孵化创业、电商物流、线下体验三大片区,做强大宗商品电商板块,发展跨境电商、零售网商、电商物流、配套支撑等业态。

医疗健康小镇。规划3平方千米,总投资90亿元,按照“引领健康需求、确立示范效应”的思路,突出医药健康制造和医药健康服务两大发展主线,重点发展现代医药、医疗器械、医药商贸物流和健康服务等行业板块。

金融贸易小镇。规划1.5平方千米,总投资10亿元,设立民间借贷登记服务中心、黄河金三角金融资产交易中心、民营银行,打造全牌照金融集团;总投资20亿元,发展国际会展、跨境电子商务、平行进口汽车、新型租赁业、市场采购贸易等新型贸易,推动加工贸易转型升级。

智慧文化小镇。规划1.5平方千米,投资8亿元,打造以晋南民俗文化为主题,集创意、策划、制作、营销为一体的智慧文化小镇,使临汾的文化品牌、文化创意集聚在小镇发展。在北京、天津等城市投资建设晋南民俗文化馆、晋南民俗文化产品以及特色有机农副产品体验店,拓宽晋南地区文化产业发展窗口。

【对外开放】 2016年山西方略保税物流中心全年累计办理报关报检业务387票,与2015年同期相比,同比上升51%,监管进出口货物总值1323万美元,监管货物总量4202吨(方)。全年共实现散货吞吐量280万吨,集装箱吞吐量12.76万标箱,同比上升27.3%。依托保税物流中心,承接加工贸易产业转移,引进8家具有进出口经营权的外经贸公司,实现出口贸易额300余万美元。

【安全稳定】 2016年,侯马开发区抓好安全生产、环境保护和综合治理工作,为开发区发展营造良好社会环境。安全生产工作方面,落实“党政同责、一岗双责、失职追责”安全生产责任体系,重点围绕食品药品、人员密集场所、建筑施工、消防、危化品、仓储等重点行业和领域,开展安全生产大检查大排查，共排查各类生产经营单位167家，排查安全隐患263处，整改完毕251项，隐患整改率为95%，全年没有发生一起大的生产安全责任事故。环境保护方面，制定《开展改善空气环境质量5个专项整治行动实施方案》《环境保护大检查实施方案》等一系列文件，明确责任单位、目标任务和时限要求，落实中央和省、市环保工作的各项政策规定，全年共开展环保执法检查96次，发现问题10处，整改完毕10项，整改率为100%。信访稳定方面，对20余起上访事件进行处理化解，化解率100%。受理临汾市转来市长热线投诉问题46余件，全部办结。结合"平安开发区"创建工作，加快社会治安防控体系建设，强化基层防范组织体系。

【党建工作】 2016年，侯马开发区贯彻落实全面从严治党主体责任，坚持从严治党管党，推进基层党组织建设。"两学一做"学习教育方面，结合开发区实际，制定《实施方案》《"两学一做"学习教育工作要点图解》，两委班子带头学习，召开专题讨论会，撰写心得体会，讲授党课，深入联系点走访，现场排疑解难，激发党员干部的工作活力。在机关党建工作方面，通过在全区开展"定查评"工作，各部门结合自身实际，科学的制定工作目标任务。在非公经济组织党建工作方面，落实"三级联动"党建包联工作机制，推进"两个覆盖"，选派26名党建工作指导员，开展"十赠十有"活动，对全区255个非公企业进行摸排和集中组建，共组建党组织20个，其中单独组建10个，联合组建10个，党组织覆盖率90.2%。党风廉政建设和反腐败工作方面。完善一系列党风廉政建设制度、重大决策社会稳定风险评估登记备案制度、督促提醒制度、责任追究制度等，完善权力运行机制。通过中心组学习、微信平台、发放宣传册等方式，组织学习宣传党纪党规。建立科级干部廉政档案，党工委、管委会主要领导对班子成员和各部门负责人进行4次集体廉政谈话，推进开发区的党风廉政建设。

（林广源）

壶口风景区管委会

【概述】 2016年，壶口风景区管委会推进总体规划的修编工作，总体规划文本上报至省政府审查，规划启动修编；创AAAAA工作与陕西壶口景区进行洽谈，两景区合作共同推进壶口景区AAAAA级的创建；启动职工的接送车，解决职工的上班难问题；完成维护连至壶口大酒店的道路建设和克难坡的修缮建设项目的审计验收工作；完成总投资437万元的停车场扩建、进入口改造工程；投资85万元新建两座（桥头广场、停车场）水冲厕所；完成新建售票中心的设计工作；机关软硬环境大大改善。投资30余万元对机关环境进行维修改造；投资10余万元购置新的办公设备，改善办公环境。全年壶口风景区共接待游客人数达到120余万人次，总收入突破8000余万元，"十一"黄金周更是再创历史新高，景区共接待游客15.8万人次，接待人数同比增长2.7%；停车费收入12.3万元，门票收入1139.97万元，观光车票收入215.08万元，总收入1367.38万元，收入增加174.18万元，同比增长18%。实现经济效益和社会效益双丰收的目标任务。

【环境卫生整治】 2016年，壶口风景区管委会配合林业中心对景区公路两侧和克难坡景点进行绿化美化，共栽植各类树木10000余棵。联合壶口镇在景区开展环境卫生大整治，重点整治瀑布游览区、壶口镇至马王庙沿路两侧不易清除的死角、沿街门店及个体摊位、公共厕所，整治标准是游客目之所及之处必须干净整洁，不能有杂物垃圾存放。组织人员对景区河床，住户（大桥以前至望河楼）环境卫生进行彻底清理。投入整治资金60余万元，出动整治人员660余人次，出动机具50余辆，清理垃圾200余吨，新购垃圾箱200个，拆除违章建筑10处，取缔占道经营30余处，规范流动摊点50余个，涂白旅游道路两侧的树木10000余棵，整理树坑树带20000余米。

【市场整治】 2016年，壶口风景区管委会与壶口镇协调配合，对售票大厅门前（南垣村）的摊位进行规划、规范，聘请专业设计师对景区拉毛驴、照相人员的服装进行设计、制作,落实到位;市场管理科联合工商、物价、卫生等相关部门对景区门店经营环境和经营秩序进行联合检查,所有酒店饭店的房价、菜价全部执行物价部门制定的标准,明码标价,价格上墙,严禁欺客、宰客行为发生;市场管理科和酒店饭店经营户全部签订管理目标责任书,严禁街道酒店饭店人员上街招手揽客,规范经营行为;开展"诚信经营户"评选活动,引导经营户文明经营、诚信经营、守法经营。

【旅游宣传】 网络宣传。在壶口景区微信平台、官方网站发布投票信息,在景区内悬挂宣传标语、制作微信二维码标识,推出"你投一票、我打五折"活动,在此次活动中动员景区游客投票7万余张。外出推介。5月22日,在北京参加为期三天的北京国际旅游博览会;7月1日,在唐山参加中国北方旅游交易会。通过参加旅交会和旅游博览会,有效推广旅游资源、提升景区的新形象,为景区旅游企业品牌形象和洽谈业务提供重要平台,巩固客源市场,吸引河北、北京、内蒙、等多家旅行社进行体验式踩线活动。和多家旅行社签订意向协议。在太原市高铁站设立广告灯箱两块,聘请专业团队制作壶口的宣传片;配合央视新闻频道,在黄金周假期和桃花汛期间对壶口瀑布进行现场直播,以图文并茂的形式生动形象展示壶口的风采;配合湖北卫视拍摄爱游旅游真人秀节目,重新设计制作折页、画册等系列宣传资料,向游客发放宣传资料10000余份。通过参加平遥国际摄影展,用照片向世界展示壶口的春秋,推广临汾市"中国根·黄河魂"旅游文化品牌,提高壶口知名度和影响力。

吉县壶口瀑布

附　录

五一国际劳动节
劳动模范表彰名单

·全国工人先锋·

大唐国际临汾热电公司发电部

·山西省五一劳动奖状获得单位·

临汾市中级人民法院
山西东方恒略精密铸造有限公司
山西经贸集团实业有限公司
襄汾审计局
中国铁塔临汾市分公司

·山西省工人先锋号获得单位·

国网临汾供电公司调控中心监控班
侯马车务段临当西站
霍州煤电集团有限责任公司辛置矿综采一队
蒲县宏源集团凤凰台煤业综掘一队黎清文班
山西国新润泽农业开发有限责任公司
山西焦化股份有限公司焦油加工厂焦油茶蒸馏车间
山西通才工贸有限公司炼铁厂高炉二车间
山西乡宁焦煤集团台头前湾煤业有限公司机修车间

2016年全国五一劳动奖章

李向阳　中国农业银行股份有限公司临汾分行副行长

2016年山西省五一劳动奖章

刘法军　侯马北方铜业精炼班班长
焦琛珀　洪洞大槐树寻根祭祖园旅商开发部部长
崔小民　山西光大焦化气源有限公司生产班长(农民工)
刘振基　浮山县人民医院儿科副主任
张国红　汾西县和平镇和平村农民工
刘　辉　临汾市第四人民医院心脏外科主任
李迎敏　山西焦化股份有限公司甲醇厂生产技术科科长
刘福山　安泽公路管理段劳井山道班班长
张泽锋　山西煤矿安全监察局临汾监察分局综合信息室主任
武小建　霍州市辛置镇辛置村支部书记
王　萍　翼城县隆化镇隆化村农民
尉昌华　安泽天乐农业综合服务专业合作社带头人
冯三绪　吉县东城乡太和村农民
冯爱文　永和县阁底乡辛角村农民
贺星龙　大宁县徐家垛乡乐堂村乡村医生
席乐斌　临汾市第二人民医院护士(女)
白金莉　古县城镇幼儿园园长(女)
许聪信　临开招商局局长
耿世文　人祖山文化旅游开发有限公司董事长
李保龙　临汾市水利机械工程局局长
李　逸　山西中条山新型建材有限公司董事长
王乾峰　临汾市地税局党办主任

十大新闻人物

赵艳:异地扶老助孤情

31岁的赵艳是山西霍州人,2007年起在贵州凤冈县从事书刊营销生意,同时兼职于一家汽修厂。2011年9月的一天,路遇一老人倒地,无人理会,她义无反顾地扶起老人,并送其回家。得知这个时年已85岁的老人是位抗战老兵,且无儿无女一人独居,她便义务承担起照顾老人的责任。随后的几年里,她一有空就来老人家,帮老人洗衣、做饭、收拾家……她还热心公益,几年来先后救助学生和留守儿童200余名。她的事迹相继被中央电视台、山西卫视、《山西日报》《临汾日报》等十余家媒体报道,她的善行义举在千里之遥的贵州乃至全国,树立起道德标杆。为此,她被选为2015"感动山西"十大人物。

周宝贵:三尺岗台成永恒

周宝贵是侯马市一名公安交警,2016年4月,被诊断为肺癌晚期,经抢救医治无效逝世,享年53岁。

从警24年来他只请过11天事假,就连儿子结婚他都是当天回家当天返队,这让儿子至今都不能理解。他每天都要提前半小时到岗,为孩子们提供交通安全保障。20多年来,他拒收各类交通违法行为驾驶人的钱、物不计其数,他搀扶过多少老人、盲人、学生甚至拾荒者已无法统计;他资助过多名无助的外地人回到家乡已无法查实。他还多次将上级奖励的钱财捐赠给"希望工程"和光荣院。有人好奇地问,"帮助别人时心里是怎么想的?"他笑笑说,"我没多想过什么,只想一句话,'有困难找警察不能落空'。"24年来,他获得的各种荣誉80余项,2015年入围"中国好人榜"候选人。

郑云萍:钛业领域创辉煌

郑云萍,山西卓锋钛业有限公司生产技术部副部长。自2008年应聘至该公司起,就带领公司技术小组展开技术创新和攻关。通过积极探索和不断尝试,她的团队接连攻克一个又一个工艺技术难题,荣获国家专利局审批授权21项具有独立知识产权的实用新型专利、1项发明专利。其中有7项专利的第一发明人都是郑云萍,两项获2015年全省"五小"成果二等奖。如今,这22项专利已全部实现成果转化,运用于海绵钛低成本生产技术,卓锋公司的海绵钛产品质量亦达到国内行业领先水平。由此产生的经济效益每年高达1000多万元。她先后荣获山西省劳模、山西省"五一巾帼标兵"称号、山西省"五一劳动奖章"、山西省十大杰出女职工称号、全国"五一劳动奖章"等荣誉。

秦慧珍:大爱无私铸师魂

秦慧珍是隰县第一中学数学教师、科研室主任,从教23年,连续19年代高三毕业班,工作一丝不苟、兢兢业业,用大爱和责任诠释着教师这个骄阳下最光辉的职业。20余年来,秦慧珍始终心系家乡教育事业,多次放弃高薪外聘的机会,甘当一名默默无闻的教师,甘愿为家乡的教育事业奉献自己的一切。2012年被省教育厅评为"省学科带头人";2013年被市妇联授予"三八红旗手";2014年被授予市"五一劳动模范";2015年被授予省"五一劳动奖章";2016年被授予全国"五一劳动奖章"。

郭朋朋:身残志坚勇创业

郭朋朋,又名"郭大拿",古县五马岭村人。2003年,14岁的郭朋朋因发高烧导致进行性肌营养不良病,致使双耳失聪、手脚变形、行动迟缓,成了一名残障人士。但这个瘦弱的年轻人并没有屈服命运的不公,坚持自主创业,无数次失败之后,终于在互联网上发现了商机,实现了创业梦想,销售核桃、蜂蜜、小米等当地土特产,年营业额30余万元。"医生说我这种病很少活过20岁,哪能不害怕!但我从没退缩过,我告诉自己,每一天都要过得精彩。"他说,"核桃卖出去了,乡亲们乐了,我也高兴了,客户尝到了天然无公害的土特产,他们也高兴,这就是我的价值。我未来的目标就是希望把网店做成品牌,让古县核桃走向全国。"

冯莉清:稚嫩双肩挑重担

冯莉清是隰县第一小学六年级学生,全家4口人有3人身患残障,父亲因患强直性脊柱炎而丧失部分劳动能力,母亲因患小脑扁桃体下疝而瘫痪,叔叔先天性弱智并患有癫痫病,生活不能自理。在这样一个特殊家庭里,冯莉清过早地担起了家务劳作的担子,坚强而又乐观地面对,用她的孝心温暖着亲人,用她的稚嫩肩膀支撑着家庭生活信念,用她的品德感动着社会。2016年,在山西首届“最美孝心少年”颁奖仪式上,冯莉清荣获“最美孝心少年”荣誉。此外,她还被选为山西省首届感动百姓“乡村十大爱心大使”、山西美德少年、临汾市十大道德楷模等荣誉。

贺星龙:摩托村医书大爱

贺星龙,男,1980年生,中共党员,大宁县徐家垛乡乐堂村人,徐家垛乡镇医院医生。16年的行医生涯中,他骑坏6辆摩托车,服务晋、陕两省28个村子、4600名村民。贺星龙深知父老乡亲们生活的艰辛、经济拮据,所以,除了对病人免收出诊费、注射费以外,还对特困户、五保户和烈士家属免去药费,对一时掏不起药费的群众,他总是说“先治病吧!药钱啥时有了再说。”村民欠账最长的超过10年,多年下来,已有三十几万元的欠账。除了看病,他还主动照顾村里的孤寡老人,送米送面;饮水、修路、栽果树,村里人样样都离不开他。他先后获得“山西省优秀共产党员”“临汾市五一劳动奖章”,并入围“中国网事感动2016”候选人。他的事迹相继被新华社、《人民日报》《山西日报》等主要媒体报道。

冯福贵:冰窟勇救双胞胎

48岁的冯福贵是永和县阁底乡西庄村人,经营一家粉条加工小作坊。2016年11月27日,正在芝河镇西峪沟村收土豆的冯福贵,突然听到一对双胞胎兄弟掉入西峪沟河冰窟窿的消息。他立即向事发地奔去。到了河边,二话不说,一个箭步跃入两米多深、零下5摄氏度的冰冷水中,由于水性一般,很快被呛了两口水,但他无暇顾及,一头扎进冰冷刺骨的水里,仔细地在水中摸索,终于摸到一个孩子,迅速抱起孩子向岸边游去,将孩子交给了岸边的路人。随后,他再次扎进河中,拼尽全身力气把几乎冻僵的另一位男孩拖上岸来,并为已经暂停呼吸的第二个被救孩子进行人工呼吸,为其赢得了宝贵的抢救时间,双胞胎均保住了性命。据熟悉他的人说,冯福贵舍身救人并非偶然,多年来他先后4次把6人从“鬼门关”救回。在乡亲们心中,冯福贵就是临危不惧、舍己救人的英雄。

郭世玉:传承礼仪获殊荣

今年69岁的郭世玉是洪洞县公安局的退休干警,从小的梦想就是当兵,长大后又嫁了军人;儿子大学毕业后,她又让儿子去当兵锻炼,因为在她的心里,哪里有困难、哪里有危险,哪里就有子弟兵。2003年,当她了解到洪洞一个消防中队想提升军营文化生活的意愿时,毅然挑起了这副担子,为消防官兵表演节目,丰富军营的文化生活。2004年腊月,郭世玉把一起跳舞的爱心舞伴们组织起来,成立了“爱心妈妈团”。12年来,每逢“八一”建军节、中秋节、春节等节日,她们都会到军营为消防官兵包饺子、拉家常,上百次慰问的所有费用,都是“爱心妈妈”自己负担。2016年12月12日,在北京召开的首届全国文明家庭表彰大会上,郭世玉一家被授予全国文明家庭荣誉称号,并受到习近平总书记和其他党和国家领导人的亲切接见。据了解,此次获奖家庭全省共有8家,而郭世玉一家是我市唯一一户获此殊荣的家庭。

傅庆华:俯身实干赢民赞

傅庆华,1958年出生,在市农业综合开发办工作。2015年10月,他来到安泽县和川镇车道村担任“第一书记”。一年来,他带领村民修建了总长10余里、宽3米多的3条田间路,使瘫痪的村卫生所正常运营,让车道村首次开通了公交班车,为全村家家户户安上了一套净水设备,使村民喝上了放心水。确定了“抓好‘233’,脱贫奔小康”的精准扶贫基本思路。所谓“233”就是“每户养两头猪,垣地3亩谷,川里3亩稻”。如今,这位59岁的“第一书记”正带领车道村村民按他的脱贫致富思路稳步前进。

十大新闻事件

临汾民航机场正式通航

2016年1月25日下午,天津航空EMB190执飞的临汾——海口GS6532航班在临汾民航机场平稳起飞,标志着经过8年的筹备建设,临汾民航机场正式通航,从此架起了临汾对外交流的“空中走廊”,开辟临汾市扩大开放的“通天之路”,临汾441万人民圆了“蓝天梦”。临汾机场正式通航后,将进一步完善临汾市综合交通体系,开启临汾融入世界、世界走进临汾的空中通道,构筑临汾市公路、铁路、航空“三位一体”的立体交通网络。

“中国成语典故之乡”扎根曲沃

2016年2月,中国民间文艺家协会决定命名曲沃县为“中国成语典故之乡”,成立“中国成语典故传承基地”。曲沃县是晋国都城所在地,春秋战国时期,在广阔的晋国疆域内产生了众多的成语典故,单是《三晋典故》一书中就收录235条晋国成语典故。根据现有资料统计,《汉语成语大辞典》中收录的5500多条成语,出自曲沃的有300多条,与曲沃有关联的多达1500条以上。曲沃县是全国县一级行政区划中唯一获此称号的县。

临汾市打响脱贫攻坚开局仗启动证券行业“一司一县”结对帮扶行动

2016年是“十三五”开局之年,也是脱贫攻坚首战之年。为此,临汾市提出今后五年要重点实施产业扶贫、光伏扶贫、易地扶贫搬迁、生态扶贫、金融扶贫、旅游扶贫、电商扶贫、健康扶贫、教育扶贫、消费扶贫十大扶贫工程的目标任务。为了有效推动脱贫攻坚工作,2016年12月9日上午,临汾市证券行业“一司一县”结对帮扶启动仪式在隰县举行。“一司一县”结对帮扶行动由中国证券业协会倡议开展,通过证券公司结对帮扶国家级贫困县这一形式,增强贫困地区产业造血功能,推动贫困地区产业转型升级。这一创新之举,开启金融扶贫的新篇章,对于推进临汾市贫困人口脱贫、贫困县摘帽,决胜全面小康、实现振兴崛起,具有十分重要的意义。这项工作在全省走在前列。

沃特玛新能源汽车推广及核心技术产业园落户临汾

2016年4月7日上午,临汾经济开发区管委会、洪洞县政府同沃特玛新能源产业创新联盟举行沃特玛新能源汽车推广及核心技术产业园项目签约仪式。该项目总投资约112亿元,在临汾经济开发区(洪洞甘亭)工业园区建设占地133.333公顷的新能源汽车产业园。预计2017年所有入园项目全部投产后,可实现产值200亿元以上,利税26亿元,吸纳劳动力3500余人。“十三五”期间有望达成千亿元产值。

临汾市荣膺“全国法治宣传教育先进城市”

2016年5月26日,第八次全国法治宣传教育工作会议上,临汾市荣膺“2011年—2015年全国法治宣传教育先进城市”,跻身本次受表彰的全国78个、全省两个法治宣传教育先进城市行列,这标志着我市法治宣传教育工作走在了全省乃至全国前列。

临汾市当选“最具人文体验和历史价值旅游城市”

2016年6月17日,《人说山西好风光》2016山西省旅游发展大会主办城市评选活动举行颁奖晚会,临汾市当选“最具人文体验和历史价值旅游城市”。在“人说山西好风光”这个舞台上,临汾展示独特的风采,展示“中国根?黄河魂”独有的特质,展示临汾旅游产业发展的潜力和前景,也展示临汾奋力转型、挖掘传统文化资源、发展旅游产业的信心和决心。此次竞演比赛让世界更加了解临汾厚重的历史文化，让临汾旅游产业更快地走向世界，奠定良好的基础。

临汾市第四次党代会、市两会胜利召开

2016年9月26日至28日、10月10日至14日，中共临汾市第四次代表大会、市四届人大一次会议、市政协四届一次会议相继召开。市第四次党代会提出的“345”战略(即：三个强市、四大攻坚、五条路径)和市两会上《政府工作报告》中提出的“12345”(即：围绕一条主线、强化两个保障、突出三个重点、抓住四个关键、做好五篇文章)工作任务，明确今后五年我市经济社会发展的总体思路和要求，吹响“决胜全面小康，实现振兴崛起，努力建设富裕、文明、绿色、幸福新临汾”的前进号角，描绘临汾市今后五年的美好蓝图。

鼓楼南北街竣工通车

2016年9月29日上午11时，历经7个月的施工建设，市区鼓楼南北街提前竣工通车。鼓楼南北街拓宽改造工程全长7300米，实际工期7个月，动用各类机械设备5万台(次)，人力28万人(次)，铺设各类管道总长26万米，地下设施全面更新，首次实现雨污分流，城市保障能力全面提升。全面整修鼓楼，新建游园广场7个，文化景观18处，可供1万市民沿街同时休闲。它的通车对于改善市区交通状况、提升城市形象、促进经济社会发展都具有十分重要的意义。

市区公共自行车项目、纯电动公交车大力推进临汾市公共基础交通建设

2016年11月16日，备受关注的临汾市区公共自行车项目正式启动，第一批工程中70个服务网点共计2000余辆公共自行车整装集结，可随时为市民们提供优质的骑行服务。市区公共自行车终于投入运营，标志着临汾市在公共基础交通建设方面又迈进了一步。

2016年12月20日上午，伴随着新购的第二批200辆纯电动公交车的投放运营，临汾市城区将实现纯电动公交车全覆盖，这标志着临汾市彻底告别传统天然气公交车时代，成为全省首个实现纯电动公交的城市。临汾市投资2.6亿元新购200辆快充式纯电动公交车，使临汾市市区纯电动公交车保有量达到423辆，城市公交万人拥有量达11标台，公交分担率达到20%。纯电动公交车投放运营后，将改善市区空气污染和交通拥堵状况，最大限度地满足市民出行需求。

临汾市名老中医、名中医人员名单

名老中医名单(以姓氏笔画为序)

王明正　曲沃县中医医院
王学诗　永和县中医院
王德福　隰县中医医院
冯栓萍(女)　尧都区中医院
李东芳(女)　尧都区中医院
刘惠芸(女)　尧都区中医院
许建敏(女)　临汾市中医医院
宋京英(女)　尧都区宋京英中医诊所
吴寅保　临汾市人民医院
杨小秀(女)　临汾市人民医院
杨振业　临汾市中医心脑血管病专科医院
张　让　曲沃县中医医院
张伯刚　翼城县中医医院
房林生　临汾华北医院
侯位虎　翼城县中医医医院
赵志升　临汾癫痫病医院
高允旺　临汾市人民医院
贾凤兰(女)　临汾市人民医院
秦宁泰　襄汾县人民医院
谢锡亮　襄汾县人民医院

名中医名单(以姓氏笔画为序)

王　进　临汾市第四人民医院
王文红(女)　临汾市人民医院
王建峰　隰县中医医院
王银花(女)　尧都区中医院
付新玲(女)　临汾市中医医院
孙红心(女)　临汾市中医医院
孙建红　襄汾县赵曲精神病医院
田剑锋　洪洞县中医医院
台海宝　曲沃县中医医院
李宁波　隰县龙泉镇卫生院
李海龙　曲沃县中医医院
李婷爱(女)　洪洞县中医医院
任洪胜　安泽县中医医院
张玲红(女)　翼城县中医医院
郭　丽(女)　临汾市人民医院
郭慧丽(女)　临汾市人民医院
贾高锁　临汾市第二人民医院
焦　孟　临汾市荣军康复医院
樊新珍(女)　洪洞县中医医院
魏丹峰(女)　洪洞县中医医院

临汾市优秀中医人才和中医一技之长人才人员名单

优秀中医人才名单(以姓氏笔画为序)

王志芳(女)　襄汾县中医医院
王敏东　古县中医医院
王清泉　安泽县中医医院
王楼珍(女)　临汾市中医医院
李全香(女)　襄汾县中医医院
李红萍(女)　洪洞县中医医院
李俊平(女)　曲沃县中医医院
李淑文(女)　翼城县中医医院
刘原平　山西焦化集团有限公司职工医院
张红旗　古县南垣乡卫生院
张福焕　临汾尧都仁和中西医结合医院
庞耀记　汾西县中医医院
陕贤平(女)　临汾市中医医院
郭芝萍(女)　汾西县中医协会中医诊所
姚存荣(女)　翼城县中医医院
赵建民　襄汾县人民医院
贾成文　临汾市人民医院
曹景云　曲沃县中医医院
蔺寿民　洪洞县中医医院
樊莹丽(女)　洪洞县中医医院

中医一技之长人才(以姓氏笔画为序)

刘建忠　永和县阁底乡乌华村卫生室
李绍斌　襄汾县西贾乡东南李村卫生室
祁建刚　尧都区金殿镇卫生院
朱志刚　襄汾县南贾镇下鲁村卫生室
张　杰　洪洞县兴唐寺乡卫生院
李金仓　曲沃县高显中心卫生院
周玺堂　乡宁县双鹤乡卫生院
贾孝和　襄汾县陶寺乡贾沙向村卫生室
贾耀旺　洪洞县赵城镇北街村卫生室
戚建光　隰县下李乡卫生院

统计资料

2016 年临汾市行政区划

表 18

	单位	指标值
市　辖　区	个	1
县	个	14
县　级　市	个	2
街道办事处	个	20
镇	个	75
乡	个	76
村民委员会	个	2962
社区居民委员会	个	165

2016 年临汾市土地面积、自然资源

表 19

	单位	指标值
土地面积	平方公里	20275
水资源总量(2015)	亿立方米	11.17
地表水资源量(2015)	亿立方米	7.18
煤炭保有资源储量(2015)	亿吨	437
铁矿石资源保有储量(2015)	亿吨	0.996
石膏保有储量(2015)	万吨	41714
水泥灰岩保有储量(2015)	万吨	10611

2016 年临汾市人口

表 20

	单位	2016 年	2015 年
总人口	人	4458048	4435653
男	人	2285317	2259920
女	人	2172731	2175733
性别比	%	105.18	103.87
出生率	‰	10.31	10.15
死亡率	‰	5.28	5.39
自然增长率	‰	5.03	4.76
城镇人口	人	2230485	2156597
比　重	%	50.03	48.62
乡村人口	人	2227563	2279056
比 重	%	49.97	51.38

2016 年临汾市国民经济主要指标(一)

表 21

	单位	2016 年	2015 年	2016 年为 2015 年%
社会从业人员	万人	223.2	220.7	101.1
地区生产总值	亿元	1205.2	1161.1	103.4
第一产业	亿元	96.0	91.0	103.9
第二产业	亿元	561.1	563.4	100.5
第三产业	亿元	548.1	506.7	106.6
农林牧渔业总产值	亿元	183.0	173.5	103.9
规模以上工业增加值	亿元	309.7	334.4	99.6
公路通车里程	公里	18541	18231	101.7
固定资产投资	亿元	1394.3	1401.2	99.5
财政总收入	亿元	149.1	156.5	95.2
＃公共财政预算收入	亿元	86.0	88.2	97.5
公共财政预算支出	亿元	312.6	287.0	108.9
社会消费品零售总额	亿元	609.4	572.0	106.5
居民消费价格指数	%	100.5	102.5	—

注:地区生产总值、农林牧渔业总产值、规模以上工业增加值发展速度按可比价格计算。

2016年临汾市国民经济主要指标(二)

表22

	单位	2016年	2015年	2016年为2015年%
海关进出口总额	万元	123956	187139	66.9
城乡居民储蓄存款余额	亿元	1508.1	1373.4	109.8
城镇常住居民人均可支配收入	元/人	27085	25498	106.2
农村常住居民人均可支配收入	元/人	10005	9376	106.7
在岗职工平均工资	元/人	50410	48051	104.9
粮食总产量	万吨	267.9	236.2	113.4
#小麦产量	万吨	102.9	107.2	96.0
水果产量	万吨	83.2	77.8	106.9
肉类总产量	万吨	14.1	13.7	102.9
原煤产量	万吨	5435.3	5858.2	92.8
发电量	亿千瓦时	195.0	211.2	92.3
焦炭产量	万吨	1688.2	1754.1	96.2
钢产量	万吨	931.9	998.3	93.3
成品钢材产量	万吨	1199.7	1261.6	95.1
洗精煤产量	万吨	4374.9	4117.9	106.2

2016年临汾市国民经济主要指标占全省比重(一)

表23

	单位	山西省	临汾市	占山西省 %
常住人口	万人	3681.64	445.8	12.11
年末社会从业人员	万人	1908.2	223.2	11.69
地区生产总值	亿元	12928.3	1205.2	9.32
人均地区生产总值	元	35199	27102	—
规模以上工业增加值	亿元	3912.6	309.7	7.92
公路通车里程	公里	142066	18541	13.05
固定资产投资	亿元	14285.0	1394.3	9.76
公共财政预算收入	亿元	1557.0	86.0	5.52
公共财政预算支出	亿元	3441.7	312.6	9.08
社会消费品零售总额	亿元	6480.5	609.4	9.40
海关进出口总额	亿元	1099.0	12.4	1.13
城乡居民储蓄存款余额	亿元	16309	1508.1	9.25
居民消费价格指数	%	101.1	100.5	—

2016年临汾市国民经济主要指标占全省比重(二)

表24

	单位	山西省	临汾市	占山西省%
城镇常住居民人均可支配收入	元/人	27352	27085	—
农村常住居民人均可支配收入	元/人	10082	10005	—
粮食总产量	万吨	1318.5	267.9	20.32
小麦产量	万吨	273.4	102.9	37.62
玉米产量	万吨	888.9	155.1	17.45
棉花产量	万吨	7.05	0.02	0.22
油料产量	万吨	15.4	1.1	7.02
水果产量	万吨	840.8	83.2	9.89
原煤产量	万吨	81642	5435	6.66
焦炭产量	万吨	8186	1688	20.62
生铁产量	万吨	3641	947	26.01
钢产量	万吨	3936	932	23.67
成品钢材产量	万吨	4279	1200	28.04
发电量	亿千瓦时	2499	195	7.81

2016年临汾市生产总值

表25　　(按当年价格计算)　单位:万元、%

	2016年	2015年	2016年为2015年 %
全市生产总值	12051761	11611090	103.4
第一产业	959506	909828	103.9
第二产业	5611125	5634449	100.5
第三产业	5481130	5066813	106.6
农、林、牧、渔服务业	18685	17862	103.8
交通运输、仓储及邮电通信业	845261	811342	102.8
批发和零售业	750923	728437	101.9
住宿和餐饮业	254496	234665	106.7
金融保险业	794527	721478	106.8
房地产业	590125	537629	108.8
其他服务业	2227113	2015399	109.2
营利性服务业	895208	767372	115.0
非营利性服务业	1331905	1248027	105.6

注:2016年为季报数据,发展速度按可比价计算。

2016 年临汾市生产总值构成

表 26　　　　单位:%

	2016 年	2015 年	2016 年比 2015 年增减
全市生产总值	100.0	100.0	—
第一产业	8.0	7.8	0.2
第二产业	46.5	48.6	−2.1
第三产业	45.5	43.6	1.9
农、林、牧、渔服务业	0.2	0.1	0.1
交通运输、仓储及邮电通信业	7.0	7.0	0.0
批发和零售业	6.2	6.3	−0.1
住宿和餐饮业	2.1	2.0	0.1
金融保险业	6.6	6.2	0.4
房地产业	4.9	4.6	0.3
其他服务业	18.5	17.4	1.1
营利性服务业	7.4	6.6	0.8
非营利性服务业	11.1	10.8	0.3

注:2016 年为季报数据。

2016 年临汾市农林牧渔业总产值

表 27　　（当年价格）　　单位:万元

	2016 年	2015 年	2016 年为 2015 年 %
农林牧渔业总产值	1830059	1735045	103.89
农　业	1231678	1184787	104.23
林　业	88482	89971	101.32
牧　业	457212	409198	103.59
渔　业	14341	14501	99.80
农林牧渔服务业	38347	36588	103.97

2016 年临汾市农林牧渔业总产值构成

表 28　　　　单位:%

	2016 年	2015 年
农林牧渔业总产值	100	100
农　业	67.31	68.28
林　业	4.83	5.19
牧　业	24.98	23.58
渔　业	0.78	0.84
农林牧渔服务业	2.10	2.11

2016 年临汾市农林牧渔业增加值

表 29　　（当年价格）　　单位:万元

	2016 年	2015 年	2016 年为 2015 年 %
农林牧渔业增加值	978191	927690	103.86
农　业	664603	639900	104.13
林　业	44375	44984	101.63
牧　业	242969	217283	103.67
渔　业	7559	7661	99.58
农林牧渔服务业	18685	17862	103.77

2016年临汾市农林牧渔业增加值构成

表30　　单位:%

	2016年	2015年
农林牧渔业增加值	100	100
农　业	67.94	68.98
林　业	4.54	4.85
牧　业	24.84	23.42
渔　业	0.77	0.82
农林牧渔服务业	1.91	1.93

2016年临汾市主要农作物播种面积

表31　　单位:千公顷

	2016年	2015年	2016年为2015年　%
总播种面积	553.15	559.37	98.9
#粮食作物	512.53	517.02	99.1
谷　物	488.23	492.22	99.2
#小　麦	209.84	219.49	95.6
玉　米	258.34	253.36	102.0
谷　子	14.09	13.51	104.3
高　粱	0.64	0.48	133.3
豆　类	14.17	14.58	97.2
薯　类	10.13	10.21	99.2
油　料	6.48	6.62	97.9
棉　花	0.20	0.25	80.8
烟　叶	0.82	0.83	98.8
药　材	6.02	5.75	104.7
蔬　菜	21.29	22.32	95.4
瓜　类	3.08	3.03	101.7
其他作物	2.74	3.56	77.0

2016年临汾市主要农产品产量

表32　　单位:吨

	2016年	2015年	2016年为2015年　%
粮　食	2679013	2361708	113.4
谷　物	2624714	2322537	113.0
#小　麦	1028510	1071812	96.0
玉　米	1550837	1222465	126.9
谷　子	35974	22347	161.0
高　粱	1982	957	207.1
豆　类	20909	14953	139.8
薯　类	33390	24218	137.9
油　料	10818	9285	116.5
棉　花	155	153	101.3
烟　叶	2195	2191	100.2
药　材	55702	61807	90.1
蔬　菜	1103940	1216020	90.8
瓜　类	96819	90209	107.3

2016年临汾市林业生产情况

表33　　单位:千公顷

	2016年	2015年	2016年为2015年　%
当年造林面积	37.41	32.19	116.22
#用材林			
经济林	5.84	8.32	70.19
防护林	29.32	21.7	135.12
零星植树(万株)	1204.0	1200.0	100.33
育苗面积	7.40	7.46	99.20
森林抚育面积	10.19	10.52	96.86
木材产量(立方米)	27611	27434	100.65
核　桃(吨)	40087	34456	116.34
花　椒(吨)	1440	1274	113.03

注:本表数据由林业局提供。

2016年临汾市水果生产情况

表34

	单位	2016年	2015年	2016年为2015年 %
水果总产量	吨	831693	777852	106.9
#苹 果	吨	658291	622578	105.7
梨	吨	45844	36554	125.4
葡 萄	吨	49045	42260	116.1
红 枣	吨	35895	34923	102.8
柿 子	吨	5364	5615	95.5
桃	吨	28343	25006	113.3
杏	吨	1955	1600	122.2
果园面积	公顷	54282	55294	98.2
#苹果园	公顷	35335	36257	97.5
梨 园	公顷	4236	4134	102.5
葡萄园	公顷	2453	2342	104.7
其他园	公顷	12258	12561	97.6

2016年临汾市主要牲畜年末存栏情况

表35 单位:头、只

	2016年	2015年	2016年为2015年 %
一、大牲畜年末头数	77105	82146	93.9
牛	72102	74921	96.2
二、年末猪存栏头数	858257	862644	99.5
#能繁殖母猪	102849	104951	98.0
三、年末羊存栏只数	1044209	977522	106.8
#山羊	560321	531474	105.4
绵羊	483888	446048	108.5
四、家禽	12395672	11984814	103.4
五、养兔	581100	835300	69.6

2016年临汾市畜牧业主要产品产量

表36 单位:头、只、吨

	2016年	2015年	2016年为2015年 %
当年出栏的肉猪	1246382	1241460	100.4
猪肉产量	103131	102335	100.8
当年出栏的肉用牛	38038	42806	88.9
牛肉产量	5398	5977	90.3
当年出栏的肉用羊	606594	555060	109.3
羊肉产量	8908	8096	110.0
当年出栏的家禽	13597693	11865946	114.6
禽肉产量	21291	18018	118.2
肉类总产量	141004	137017	102.9
奶类产量	44444	45761	97.1
#牛奶产量	38704	39573	97.8
山羊毛产量	204	202	101.0
绵羊毛产量	517	484	106.8
羊绒产量	51	50	102.0
蜂蜜产量	463	475	97.5
禽蛋产量	125234	114616	109.3
蚕茧产量	8	8	100.0

2016年临汾市农业现代化水平

表37

	单位	2016年	2015年
农村用电量	万千瓦时	92397	87315
化肥施用量(实物量)	吨	528059	545294
氮 肥	吨	206583	225616
磷 肥	吨	138889	155789
钾 肥	吨	20895	21336
复合肥	吨	161692	142554
农用塑料薄膜使用量	吨	5639	5588
农用柴油使用量	吨	56869	58305
农药使用量	吨	4963	5149
农业机械总动力	万千瓦	248.37	240.06
大中型拖拉机	混合台	18929	17961
小型拖拉机	台	46899	46213
农用排灌动力机械	台	20868	20825

2016年临汾市乡镇企业发展情况

表38

	单位	2016年	2015年
乡镇企业单位数	个	12187	11350
乡镇企业职工人数	人	372288	337400
乡镇企业工业总产值	万元	6967502	7121785
乡镇企业营业收入	万元	10658460	10609922
农业企业	万元	217948	188950
工业企业	万元	6602477	6678225
建筑业企业	万元	412306	396829
交通运输企业	万元	621638	587877
批发零售贸易业	万元	1772471	1857991
上缴税金	万元	520951	536724
本年新增固定资产	万元	321463	435404
出口产品交货值	万元	34882	33322

注:本表由中小企业局提供。

2016年临汾市工业企业单位数

表39 单位:个

	2016年	2015年
规模以上工业企业	355	357
#国有及国有控股	80	72
按轻重工业分		
轻工业	36	39
重工业	319	318
按隶属关系分		
中央企业	8	9
省属企业	53	50
市属企业	7	7
县及县以下企业	287	291
按登记注册类型分		
国有经济	5	6
集体经济	8	8
其他经济	342	343
按企业规模分		
大型企业	24	24
中型企业	93	97
小微型企业	238	236

注:数据均为月报口径,2012年企业规模分类标准变化。

2016年临汾市工业总产值

表40 (当年价格) 单位:万元

	2016年	2015年
规模以上工业企业	12995481	13082486
#国有及国有控股	3599209	3606783
按轻重工业分		
轻工业	412983	381714
重工业	12582498	12700772
按隶属关系分		
中央企业	679155	628030
省属企业	2472869	2583535
市属企业	115400	100254
县及县以下企业	9728057	9770667
按登记注册类型分		
国有经济	196429	248636
集体经济	176274	242927
其他经济	12622778	12590923
按企业规模分		
大型企业	5167006	5190801
中型企业	3882351	4097631
小微型企业	3946124	3794054

注:数据均为月报口径,2012年企业规模分类标准变化。

2016年临汾市工业增加值

表41 (按生产法计算) 单位:万元

	2016年	2015年
规模以上工业企业	3096787	3343933
#国有及国有控股	1022719	1065864
按轻重工业分		
轻工业	126915	124434
重工业	2969872	3219499
按隶属关系分		
中央企业	253675	224620
省属企业	644958	705732
市属企业	35368	33935
县及县以下企业	2162786	2379646
按登记注册类型分		
国有经济	79226	86205
集体经济	63476	90589
其他经济	2954085	3167139
按企业规模分		
大中型企业	1910177	2071663
小微型企业	1186610	1272270

注:数据均为月报口径

2016年临汾市工业企业利税总额

表42 单位:万元

指标名称	2016年	2015年	2016年为2015年 %
规模以上工业企业	525919	228819	229.84
#国有及国有控股企业	73106	40731	179.49
按轻重工业分			
轻工业	19319	11296	171.02
重工业	506600	217523	232.89
按隶属关系分			
中央企业	81593	95211	85.70
省属企业	-4857	-94937	5.12
市属企业	934	-7763	-12.03
县及县以下企业	448248	236308	189.69
按登记注册类型分			
国有经济	15006	50764	29.56
集体经济	23099	27888	82.83
其他经济	487814	150168	324.85
按企业规模分			
大型企业	86543	-120767	-71.66
中型企业	176548	131899	133.85
小微型企业	262828	217687	120.74

注:数据均为月报口径,2012年企业规模分类标准变化。

2016年临汾市规模以上主要工业产品产量(一)

表43

	单位	2016年	同比增长%
轻工产品			
纱	吨	1526.3	15.2
布	万米	740.9	4.1
塑料制品	吨	7303.0	-22.4
软饮料	吨	14336.0	62.9
饲　料	吨	140764.3	2.8
中成药	吨	521.1	27.1
重工产品			
原煤	万吨	5435.3	-7.2
洗精煤	万吨	4374.9	6.2
焦炭	万吨	1688.2	-3.8
发电量	亿千瓦时	195.0	-7.7
铁矿石原矿	万吨	317.5	19.6

2016年临汾市规模以上主要工业产品产量(二)

表44

	单位	2016年	同比增长%
生铁	万吨	946.9	-9.0
钢	万吨	931.9	-6.7
成品钢材	万吨	1199.7	-4.9
铸铁件	万吨	50.0	-21.0
铁合金	万吨	3.4	38.5
精炼铜	万吨	6.8	4.8
水泥	万吨	281.7	13.5
精甲醇	万吨	83.9	-6.1
粗苯	万吨	17.7	-5.4
纯苯	万吨	6.1	-18.6
甲醛	万吨	4.7	-62.8
硫酸	万吨	12.2	-14.0
1-4丁二醇	万吨	2.2	-65.4
合成氨	万吨	11.4	-22.8
化肥	万吨	9.3	-18.1

2016年临汾市煤焦产销存情况

表45 单位:万吨

	年初库存	生产量	销售量	年末库存
原　煤	227.79	5435.34	3977.51	260.62
无烟煤	8.31	209.67	212.06	5.90
炼焦烟煤	164.22	4627.38	3246.14	206.57
一般烟煤	55.25	598.29	519.30	48.16
洗精煤	67.88	4374.89	4306.95	150.14
其他洗煤	150.36	1455.06	1350.18	154.1
焦　炭	117.93	1688.18	1614.93	128.03

注:统计口径为规模以上工业企业。

2016 年临汾市运输、邮电情况

表 46

	单位	2016 年	2015 年	2016 年为 2015 年 %
公路通车里程	公里	18541	18245	101.6
高速公路	公里	518	475	109.0
一级公路	公里	412	412	100.0
二级公路	公里	1919	1898	101.1
三级公路	公里	3016	2984	101.1
四级公路	公里	12165	11930	102.0
民用汽车	辆	512353	467030	109.7
载重汽车	辆	58293	57457	101.5
载客汽车	辆	448072	402572	111.3
邮电业务总量	亿元	79.86	49.87	160.1
固定电话	万部	20.80	34.05	61.1
固定电话普及率	部/百人	4.68	7.70	60.8
移动电话	万部	411.21	396.08	103.8
移动电话普及率	部/百人	92.47	89.51	103.3

2016 年临汾市固定资产投资完成情况

表 47 单位:万元、个

	2016 年	2015 年	2016 年为 2015 年 %
一、固定资产投资完成额	13942534	14012204	99.5
按建设性质分:			
新　建	3741971	3857219	97.0
扩　建	5022840	3931202	127.8
改建和技术改造	3264130	3465478	94.2
单纯建造生活设施	769568	1503729	51.2
按构成分 :			
建筑工程	10348596	10209052	101.4
安装工程	738383	738030	100.0
设备、工具、器具购置	1891964	2056868	92.0
其他费用	963591	1008254	95.6
按产业分 :			
第一产业	1290190	1667970	77.4
第二产业	5024231	4944955	101.6
采矿业	905884	1301576	69.6
制造业	3206865	2690958	119.2
电力、燃气及水的生产和供应	974819	949171	102.7
第三产业	7628113	7399279	103.1
二、施工项目个数	3293	2719	121.1
本年投产项目个数	3003	2388	125.8
三、新增固定资产	12660990	13399021	94.5

2016 年临汾市财政预算收支

表 48 单位:万元

	2016 年	2015 年
财政总收入	1490784	1565491
公共财政预算收入	859858	881811
＃税收收入	502254	492912
公共财政预算支出	3125562	2870315
＃一般公共服务	253995	236008
教育	514033	514527
科学技术	10086	8179
文化体育与传媒	80525	59343
社会保障和就业	498913	482384
医疗卫生	345682	334736
节能环保	131756	105463
城乡社区事务	277719	186317
农林水事务	420326	383837

2016 年临汾市金融机构信贷

表 49 单位:亿元

	2016 年	2015 年
银行各项存款余额	2139.01	1966.49
住户存款	1508.14	1373.41
＃活期存款	460.00	406.80
定期及其他存款	1048.14	966.61
非金融企业存款	357.32	326.03
广义政府存款	273.12	263.63
银行各项贷款余额	1184.16	1082.87
住户贷款	322.94	303.19
＃短期贷款	149.43	153.94
中长期贷款	173.51	149.25
非金融企业及机关团体贷款	861.22	776.12
短期贷款	401.01	384.96
中长期贷款	305.51	242.40
票据融资	149.69	146.73

2016年临汾市社会消费品零售总额

表50　　单位:万元

	2016年	2015年	2016年为2015年 %
社会消费品零售总额	6094418	5719814	106.5
1.城镇	4851247	4555922	106.5
其中:城区	2641304	2456527	107.5
2.乡村	1243172	1163892	106.8
一、批发业	824333	744478	110.7
1、限额以上	43456	41199	105.5
2、限额以下	780878	703279	111.0
二、零售业	4777737	4534670	105.4
1、限额以上	1525901	1579033	96.6
2、限额以下	3251836	2955637	110.0
三、住宿业	42239	37802	111.7
1、限额以上	11068	11841	93.5
2、限额以下	31170	25961	120.1
四、餐饮业	450110	402863	111.7
1、限额以上	23573	24208	97.4
2、限额以下	426537	378655	112.6

2016年临汾市限上企业(单位)商品零售类值表

表51　　单位:万元

指标名称	2016年	2015年	2016年为2015年 %
限额以上单位分类合计	1574033	1625293	96.8
粮油、食品类	76570	67056	114.2
饮料类	7674	8261	92.9
烟酒类	45997	46056	99.9
服装、鞋帽、针纺织品类	92290	79568	116.0
化妆品类	6026	5417	111.3
金银珠宝类	18852	16676	113.0
日用品类	22204	20694	107.3
五金、电料类	2175	1980	109.9
体育、娱乐用品类	473	557	84.9
书报杂志类	28558	25031	114.1
电子出版物及音像制品类	585	3224	18.1
家用电器和音像器材类	64816	67582	95.9
中西药品类	52652	50596	104.1
文化办公用品类	4806	7076	67.9
家具类	59361	60830	97.6
通讯器材类	6486	6106	106.2
煤炭及制品类	37651	32990	114.1
石油及制品类	386582	431557	89.6
建筑及装潢材料类	90331	88520	102.0
汽车类	564197	600170	94.0
棉麻类	1306	1166	112.0
其他类	4442	4183	106.2

2016年临汾市价格总指数

表52　　(以上年价格为100)　　单位:%

	2016年	2015年
居民消费价格指数	100.5	102.5
食　品	101.9	100.5
烟　酒	98.7	102.1
衣　着	99.9	101.5
住房保养维修及管理	100.2	101.0
医疗保健	100.6	102.5
交通和通信	99.1	98.2
教育文化和娱乐	100.2	102.2
居　住	99.9	109.1
工业生产者出厂价格指数	98.9	87.3
#轻工业	104.2	96.7
重工业	98.8	86.9
#生产资料	98.8	87.1
工业生产者购进价格指数	102.0	90.3

2016年临汾市对外贸易和旅游

表53

	单位	2016年	2015年
海关进出口总额	万美元	123956	187139
出口	万美元	87446	103096
一般贸易	万美元	87300	102220
加工贸易	万美元	127	170
进口	万美元	36510	84043
新批三资企业协议资金	万美元	18112	806.5
新批三资企业项目	个	4	1
接待旅游者人数	万人次	4027.9	3179.1
接待海外旅游者人数	人次	38196	36148
接待国内旅游者人数	万人次	4024.1	3175.5
旅游总收入	亿元	375	294.9
旅游外汇收入	万美元	1588.3	1502.9
国内旅游收入	亿元	374.1	294.0

2016 年临汾市社会从业人员

表 54　　　　单位:人

	2016 年	2015 年
总　计	2231616	2207221
按城乡分		
乡村	1610432	1606094
城镇	621184	601127
城镇国有单位	199560	201126
城镇集体单位	10491	11185
城镇其他单位	136533	139438
城镇私营单位	123580	114940
城镇个体	151020	134438
按三次产业分		
第一产业	888004	883770
第二产业	494001	498214
工业	331404	335144
建筑业	162597	163070
第三产业	849611	825237
#交通运输、仓储和邮电业	124073	127574
批零贸易、住宿餐饮业	356940	339159

2016 年临汾市城镇非私营单位在岗职工平均工资

表 55　　　　单位:元

	2016 年	2015 年
全市在岗职工平均工资	50410	48051
按企业事业机关分组		
企业	47881	46375
事业	52708	50444
机关	52929	48200
按国民经济行业分组		
农、林、牧、渔业	39840	34869
采矿业	50307	50131
制造业	33709	32976
电力、燃气及水的生产和供应业	72214	72512
建筑业	34175	29047
批发和零售业	42318	40925
交通运输、仓储和邮政业	35325	31107
住宿和餐饮业	21120	19524
信息传输、计算机服务和软件业	72213	65691
金融业	84216	84720
房地产业	36853	33916
租赁和商务服务业	47352	42077
科学研究、技术服务和地质勘查业	46656	48124
水利、环境和公共设施管理业	25029	23756
居民服务和其他服务业	17919	18601
教育	62131	59837
卫生、社会保障和社会福利业	50703	48154
文化、体育和娱乐业	41163	38310
公共管理和社会组织	51341	47115

2016 年临汾市教育、文化、卫生统计表

表 56

	单位	2016 年	2015 年
高等学校数	个	5	5
高等学校专任教师数	人	3009	3001
高等学校在校学生数	人	47585	47933
中等职业学校数	个	53	52
中等职业学校在校学生数	人	25272	27246
中等职业学校专任教师数	人	2488	2435
普通中学数	个	283	285
普通中学在校学生数	人	223655	229052
普通中学专任教师数	人	21330	21623
小学校数	个	1012	1012
小学校在校学生数	人	272412	276141
小学校专任教师数	人	21404	21966
电视人口覆盖率	%	99.2	98.87
文化产业增加值	亿元	19.00	17.46
文化产业增加值占 GDP 比重	%	1.64	1.44
规模以上工业企业 R&D 经费支出	万元	38514	45660
规模以上工业企业 R&D 经费支出占 GDP 比重	%	0.3	0.4
医院数	个	192	176
医院床位数	张	15079	14289
执业医师和执业助理医师	人	10587	10518

说明:文化产业增加值及占 GDP 比重和规模以上工业企业 R&D 经费支出及占 GDP 比重四项指标为 2014 年和 2015 年数据。

2016 年临汾市环保统计表

表 57

	单位	2016 年	2015 年
工业废水排放总量	万吨	4662.45	5080.83
工业废气排放总量	万标 m^3	34184070	31901438
二氧化硫	万吨	6.2	7.64
烟　尘	万吨	5.15	5.25
工业固体废物产生量	万吨	2615	2643
工业固体废物综合利用量	万吨	1259	1911
综合利用率	%	48.15	72.55
当年完成环保验收项目环保投资基金	万元	30494.6	20278.4
生态影响类项目	万元	4103.3	456.4
城市基础设施项目	万元	277.6	4499.3
工业企业类项目	万元	26113.7	15322.7
其他类项目	万元	0	0
新增处理废水能力	万吨/日	53395.32	42329.3
新增处理废气能力	万标 m3/时	230.27	24.2

注:本表为环保局提供的上报省厅数据,仅供参考。不作为对外公布数据。

2016年临汾市县市区行政区划及国土面积

表58　　　　单位：个、平方公里

国土面积		办事处	镇	乡	村民委员会	社区居民委员会
全　市	20	75	76	2962	165	20275
尧都区	10	10	6	372	69	1316
曲沃县		5	2	158	0	437
翼城县		6	4	212	6	1149
襄汾县		7	6	348	6	1028
洪洞县		9	7	463	4	1494
古　县		4	3	111	4	1191
安泽县		4	3	104	4	1959
浮山县		2	7	185	2	938
吉　县		3	5	79	0	1780
乡宁县		5	5	182	7	2025
大宁县		2	4	84	0	963
隰　县		3	5	97	3	1413
永和县		2	5	79	4	1213
蒲　县		4	5	93	4	1509
汾西县		5	3	120	0	875
侯马市	5		3	76	28	221
霍州市	5	4	3	199	24	764

2016年临汾市县市区生产总值

表59　　　　单位：万元、%

	2016年	2015年	2016年为2015年　%
临汾市	12051761	11611090	103.4
尧都区	2612024	2492097	104.5
曲沃县	906899	866467	104.7
翼城县	728099	707161	102.8
襄汾县	1171709	1147338	102.6
洪洞县	1910530	1871041	102.1
古　县	442554	430320	104.0
安泽县	428065	421257	102.9
浮山县	446009	425659	105.2
吉　县	198909	190304	104.6
乡宁县	836927	803725	104.5
大宁县	51739	45059	112.9
隰　县	146627	132023	109.4
永和县	79455	70292	110.1
蒲　县	556843	538537	103.8
汾西县	209154	192890	105.9
侯马市	947049	888906	105.8
霍州市	708396	745602	95.2

注：2016年为季报数据，发展速度按可比价计算。

2016年临汾市县市区交通邮电情况

表60

	公路通车里程（公里）	邮政电信业务总量（万元）	固定电话用户（户）	移动电话用户（户）
全　市	18541	798635	208052	4112057
尧都区	1665	261894	72128	1311183
曲沃县	611	36870	9042	210287
翼城县	1384	50587	12694	269695
襄汾县	1405	69935	12018	378350
洪洞县	2125	101456	21255	533275
古　县	927	15074	3369	76686
安泽县	885	13575	3373	64081
浮山县	867	17749	2531	101974
吉　县	1492	14504	2366	76604
乡宁县	1271	38651	5479	202633
大宁县	855	7401	1986	37418
隰　县	907	17033	1896	87853
永和县	902	8467	860	40556
蒲　县	988	18674	3182	96262
汾西县	733	18377	2480	96913
侯马市	421	55024	26825	252429
霍州市	1103	53365	26568	275858

2016年临汾市县市区财贸经济指标

表61　　　　单位：万元

	财政总收入	公共财政预算收入	公共财政预算支出	社会消费品零售总额
全　市	1490784	859858	3125562	6094418
尧都区	320919	119266	350913	2394536
曲沃县	46213	25000	134784	224679
翼城县	44534	25368	156182	407389
襄汾县	72210	36919	219645	435418
洪洞县	122416	65981	305103	563436
古　县	46102	21286	89313	99366
安泽县	67720	30005	97872	90480
浮山县	13778	9051	97872	86017
吉　县	20958	11087	113282	73630
乡宁县	204393	89176	158617	201734
大宁县	5871	3101	86492	31711
隰　县	12972	7361	123926	97006
永和县	15777	7629	79058	45468
蒲　县	128655	71106	156225	77963
汾西县	9043	6593	104618	117716
侯马市	81699	40858	133291	814916
霍州市	118324	58547	165031	332954

2016年临汾市县市区海关进出口总额

表62　　单位:万美元

	海关进出口总额	进口额	出口额
全　市	123956	36510	87446
尧都区	31152	11	31053
曲沃县	3716	40	3676
翼城县	3596		3596
襄汾县	2493		2493
洪洞县	41722	220	41502
古　县	54		54
安泽县			
浮山县	51		51
吉　县	237		237
乡宁县	360	360	
大宁县	10		10
隰　县			
永和县			
蒲　县			
汾西县			
侯马市	40236	32781	4454
霍州市			

2016年临汾市县市区固定资产投资情况

表63

	2016年	2015年	2016年为2015年%
全　市	13942534	14012204	99.5
跨县市	32534	174629	18.6
尧都区	2521124	2546938	99.0
曲沃县	791040	874090	90.5
翼城县	883687	827247	106.8
襄汾县	1187698	1262726	94.1
洪洞县	1680217	1638015	102.6
古　县	563304	603867	93.3
安泽县	558759	633538	88.2
浮山县	456428	456759	99.9
吉　县	365075	349437	104.5
乡宁县	847611	720658	117.6
大宁县	183689	120888	151.9
隰　县	225736	265816	84.9
永和县	169516	127310	133.2
蒲　县	701545	605088	115.9
汾西县	419279	327461	128.0
侯马市	959163	829151	115.7
霍州市	1396129	1648586	84.7

2016年临汾市县市区城镇居民收入

表64　　单位:元

	人均可支配收入	增长(%)
全　市	27085	6.2
尧都区	30371	6.8
曲沃县	28431	7.2
翼城县	26852	6.5
襄汾县	27397	5.6
洪洞县	24605	5.4
古　县	27888	6.2
安泽县	25195	5.7
浮山县	26674	6.4
吉　县	18478	7.4
乡宁县	26251	6.7
大宁县	17484	5.7
隰　县	21063	5.3
永和县	19366	7.0
蒲　县	24252	5.1
汾西县	23582	7.2
侯马市	25725	5.0
霍州市	26998	6.1

2016年临汾市县市区农村居民收入

表65

	人均可支配收入(元)	增长(%)
全　市	10005	6.7
尧都区	12956	6.9
曲沃县	13135	6.9
翼城县	10274	5.5
襄汾县	11752	6.3
洪洞县	10467	5.5
古　县	9065	5.4
安泽县	8335	6.7
浮山县	8031	7.4
吉　县	4661	8.1
乡宁县	8744	6.4
大宁县	2905	8.0
隰　县	5129	7.7
永和县	3221	8.3
蒲　县	7871	6.0
汾西县	3374	7.6
侯马市	13177	5.1
霍州市	12143	5.7

2016年临汾市规模以上工业总产值及工业增加值行业构成(一)

表66　　　　单位:万元、%

行业名称	单位个数	现价工业总产值	产值占比	工业增加值	增加值占比
总　　计	355	12995481	100.00	3096787	100.00
煤炭开采和洗选业	156	4545664	34.98	1636893	52.86
黑色金属矿采选业	26	591567	4.55	101335	3.27
有色金属矿采选业	1	10592	0.08	6908	0.22
非金属矿采选业	1	2405	0.02	575	0.02
农副食品加工业	9	124947	0.96	38028	1.23
食品制造业	4	26246	0.20	7953	0.26
酒、饮料和精制茶制造业	1	12522	0.10	1997	0.06
纺织业	3	7181	0.06	1844	0.06
皮革、毛皮、羽毛及其制品和制鞋业	1	1886	0.01	481	0.02
文教、工美、体育和娱乐用品制造业	1	2224	0.02	494	0.02
石油加工、炼焦和核燃料加工业	29	1762498	13.56	198588	6.41
化学原料和化学制品制造业	13	553006	4.26	114002	3.68
医药制造业	8	57911	0.45	12266	0.40

注:本表数据均为生产月报口径。

2016年临汾市规模以上工业总产值及工业增加值行业构成(二)

表67　　　　单位:万元、%

行业名称	单位个数	现价工业总产值	产值占比	工业增加值	增加值占比
橡胶和塑料制品业	6	32837	0.25	6541	0.21
非金属矿物制品业	19	98111	0.75	18881	0.61
黑色金属冶炼和压延加工业	35	3938067	30.30	578841	18.69
有色金属冶炼和压延加工业	4	241809	1.86	7377	0.24
金属制品业	3	115432	0.89	46457	1.50
专用设备制造业	6	85367	0.66	18440	0.60
汽车制造业	5	69623	0.54	22760	0.73
电气机械和器材制造业	6	117477	0.90	34275	1.11
其他制造业	1	30659	0.24	15136	0.49
金属制品、机械和设备修理业	2	8565	0.07	2943	0.10
电力、热力生产和供应业	9	471335	3.63	205827	6.65
燃气生产和供应业	5	79393	0.61	13902	0.45
水的生产和供应业	1	8159	0.06	4041	0.13

2016年临汾市规模以上工业企业主要经济指标

表68 单位:千元、人

	资产合计	流动资产平均余额	负债合计	主营业务收入	利润总额	从事工业生产活动的从业人员平均人数
规模以上工业企业	265424369	104081953	217032945	12447818	−305305	154620
#国有及国有控股企业	167249531	57882478	143885308	41364276	−2140626	91423
按轻重工业分						
轻工业	4945279	3529706	3530921	3481177	98506	6621
重工业	260479090	100552247	213502024	120966641	−403811	147999
按隶属关系分						
中央企业	15251848	2704288	10422826	4012331	346959	5997
省属企业	128661353	45380899	113823128	32557100	−1957203	71369
市属企业	5018325	2409428	4277387	1053788	−77415	3686
县及县以下企业	116492843	53587338	88509604	86824599	1382354	73568
按登记注册类型分						
国有经济	5151354	1091654	3280223	1706177	66050	2946
集体经济	263339	206461	191155	1815650	60648	662
其他经济	260009676	102783838	213561567	120925991	−432003	151012
按企业规模分						
大型企业	127234405	62077050	99679715	56069779	−565644	78012
中型企业	90568546	25678877	76822517	30264829	−345039	48734
小微型企业	47621418	16326026	40530713	38113210	605378	27874

2016年临汾市主营业务收入上亿元工业企业主要经济指标(一)

表69 单位:千元、人

企业名称	企业类型	工业总产值	资产总计	负债合计	主营业务收入	从事工业生产活动的从业人员平均人数
霍州煤电集团有限责任公司	大型	6666008	52506720	44087702	20097817	53990
山西立恒钢铁股份有限公司	大型	14195964	12985465	7921133	12775453	4360
山西焦化集团有限公司	大型	4235777	16950031	13273212	6325597	7006
襄汾县星原钢铁集团有限公司	大型	3973271	2046278	657682	3913647	3490
山西三维集团股份有限公司	大型	2194419	6165039	5537726	3864299	2498
山西通才工贸有限公司	大型	5635739	7852615	6988827	3605284	2100
襄汾县新金山特钢有限公司	大型	2622451	1305858	1053476	2657181	2139
侯马北铜铜业有限公司	中型	2332825	586144	462314	2520017	905
山西永鑫煤焦化有限责任公司	大型	1760243	3542036	2308699	1896368	1666
临汾万鑫达焦化有限责任公司	大型	1967994	5357071	3418732	1866147	1558
山西省翼城城东钢铁有限责任公司	中型	2221196	413729	352915	2221196	695
蒲县宏源煤业集团有限公司	中型	3200503	7206707	5045679	1768782	560
山西东方恒略精密铸造有限公司	大型	1720079	1747445	2140039	1713069	1227
山西光大焦化气源有限公司	大型	1822883	1807527	795813	1673179	1299
太钢集团临汾钢铁有限公司	大型	1392205	2467060	3985270	1580650	4651
山西兆光发电有限责任公司	中型	1507458	5107906	3604077	1396420	536
山西中升钢铁有限公司	大型	1716500	2711408	1598893	1376806	1042
山西华翔集团有限公司	大型	1298046	1772306	1132610	1347211	3200
山西省翼城城东钢铁有限责任公司	中型	1306039	412524	588102	1306039	680

注:1、按主营业务收入排序;2、霍州煤电集团为集团数据,包括汾河焦煤等二级法人;3、2012年企业规模分类标准变化;4、数据均为月报口径。

2016年临汾市主营业务收入上亿元工业企业主要经济指标(二)

表70

单位:千元、人

企业名称	企业类型	工业总产值	资产总计	负债合计	主营业务收入	从事工业生产活动的从业人员平均人数
山西三维瑞德焦化有限公司	中型	807768	727568	1391423	1167882	140
中国国电集团公司霍州发电厂	中型	1090797	3780356	2651675	1090797	906
山西省襄汾县宏源煤焦化工有限公司	中型	1251283	967519	573440	1002802	551
山西汾河焦煤股份有限公司	大型	995324	10560692	8528324	994013	7667
山西华宁焦煤有限责任公司	大型	952232	2510648	1393447	951708	1063
翼城县宏信冶金技术有限公3司	小型	902784	58476	46803	941265	220
山西寰达实业有限责任公司	小型	920128	175336	354024	902889	194
山西建邦集团铸造有限公司	中型	949238	1852691	1425890	845628	780
曲沃县闽光焦化有限责任公司	中型	738015	567888	419226	824780	685
古县利达焦化有限公司	中型	578748	1835378	1988884	796669	718
临汾市沃特玛电池有限公司	小型	825996	1216509	1184798	771986	287
安徽省皖北煤电集团临汾天煜能源发展有限公司	微型	554089	1965795	1075552	746204	959
霍州煤电集团辛置实业有限公司	中型	123665	64298	7493	722113	633
山西大唐国际临汾热电有限责任公司	小型	625945	2249748	1743012	626374	255
临汾晋能焦化有限公司	中型	654762	465743	395882	602121	420
山西太岳焦化有限公司	中型	562746	468436	248283	583607	618
古县正泰煤气化有限公司	中型	602409	463832	524062	575948	431
山西临汾热电有限公司	中型	575766	3415094	3447571	575766	431

2016年临汾市主营业务收入上亿元工业企业主要经济指标(三)

表71

单位:千元、人

单位详细名称	企业规模	工业总产值	资产总计	负债合计	主营业务收入	从事工业生产活动的从业人员平均人数
山西翼城首旺煤业有限责任公司	大型	651314	706847	225615	573919	1027
古县华东煤化有限公司	小型	624869	353412	332006	560732	90
翼城县飞翔铸管有限公司	中型	821631	215568	119508	557906	600
山西陆合集团远中焦化有限公司	中型	494441	258998	275987	554745	528
古县宇安煤业有限责任公司	小型	591840	193183	110116	537447	51
山西华强钢铁有限公司	小型	571473	303025	250738	534449	411
山西安泽玉华煤业有限公司	中型	667323	904692	134163	533419	586
山西同世达煤化工集团有限公司	大型	474641	2278248	3309917	521636	1468
山西煤炭运销集团蒲县昊兴塬煤业有限公司	中型	408109	1654666	1456724	510539	355
山西漳泽电力股份有限公司侯马热电分公司	中型	524310	2783070	2463010	506870	890
古县金翔龙煤业有限责任公司	小型	481037	183330	239610	481037	80
古县安安煤化有限公司	小型	465073	273794	249853	465073	76
古县锦华焦化有限公司	中型	451077	234377	414079	462839	299
阳泉煤业集团安泽登茂通煤业有限公司	中型	463047	1055735	808558	456981	634
晋源实业有限公司	中型	671667	212066	171528	455834	750
洪洞县铭瑞煤化有限公司	小型	422580	13092	6662	422580	98
洪洞县赵城昭阳洗煤厂	小型	417927	16565	16885	417927	95
洪洞县双益洗煤厂	小型	417531	59281	5617	417531	89

2016年临汾市主营业务收入上亿元工业企业主要经济指标(四)

表72 单位:千元、人

单位详细名称	企业规模	工业总产值	资产总计	负债合计	主营业务收入	从事工业生产活动的从业人员平均人数
洪洞县赵城镇明达洗煤厂	小型	416345	26761	1857	416345	98
洪洞县腾跃煤化有限公司	小型	415474	33407	24414	415474	95
山西安鑫煤业有限公司	中型	534122	1574749	411112	415300	980
洪洞县运旺煤化有限公司	小型	412221	36212	2909	412221	91
洪洞县龙泽选煤厂	小型	411325	27037	9597	411325	119
洪洞县康老洗煤有限公司	小型	410976	187324	182239	410976	69
山西华晋吉宁煤业有限责任公司	小型	312460	2972864	2770004	410925	768
洪洞县诚信洗煤厂	小型	410001	52608	6486	410001	97
洪洞县佳源洗煤有限公司	小型	409906	30190	27448	409906	97
洪洞县永丰洗煤厂	小型	409817	27870	9973	409817	97
洪洞县泽宇洗煤厂	小型	407034	17439	5161	407034	96
洪洞县好义宏业洗煤厂	小型	402427	75794	35339	402427	103
洪洞县茂延洗煤有限公司	小型	400595	36300	4200	400595	136
洪洞县远泰福利洗煤厂	小型	399797	18714	9955	399797	101
洪洞县慧鹏煤化有限公司	小型	398489	30128	20892	398489	92
洪洞县赵城孙堡振兴煤化厂	小型	396222	18514	12329	396222	120
洪洞县赵城镇常鑫洗煤厂	小型	395130	38410	10600	395130	66
洪洞县鸿淇煤化有限责任公司	小型	392016	23036	6021	392016	102

2016年临汾市主营业务收入上亿元工业企业主要经济指标(五)

表73 单位:千元、人

单位详细名称	企业规模	工业总产值	资产总计	负债合计	主营业务收入	从事工业生产活动的从业人员平均人数
汾西县朝阳食品有限责任公司	中型	678641	31452	849	391539	473
洪洞县富晟园洗煤有限公司	小型	389073	60634	36018	389073	97
洪洞县陆合煜明洗煤有限公司	小型	388912	65284	55275	388912	93
山西玉和泰煤业有限公司	大型	626845	661932	388757	375484	1040
山西乡宁焦煤集团台头煤焦有限责任公司	大型	391897	1661866	1055390	372600	1564
山西永昌源煤气焦化集团有限公司	中型	383423	510166	703801	365799	408
山西临汾染化(集团)有限责任公司	中型	368000	309264	242605	365259	825
山西宏强煤焦集团有限公司	中型	341637	766667	821087	362885	965
山西保利裕丰煤业有限公	小型	344789	1848689	1684151	362595	968
洪洞县堤村乡飞跃煤焦厂	小型	347650	19585	1842	347650	93
霍州市泓源煤业有限公司	小型	337609	54698	5023	337609	30
山西华晋韩咀煤业有限责任公司	中型	349380	2880488	1451284	333469	396
洪洞县舜风煤业有限责任公司	小型	330522	22507	16709	330522	50
洪洞县万森源煤化有限公司	小型	330300	29133	2496	330300	109
山西风雷钻具有限公司	大型	398819	789885	990073	328010	902
山西建滔万鑫达化工有限责任公司	中型	409664	460124	309166	327799	440
洪洞县虎头山洗煤厂	小型	322837	25454	5024	322837	94
山西蒲县宏源集团富家凹煤业有限公司	中型	630202	1223129	880792	322431	677

2016年临汾市主营业务收入上亿元工业企业主要经济指标(六)

表74

单位:千元、人

单位详细名称	企业规模	工业总产值	资产总计	负债合计	主营业务收入	从事工业生产活动的从业人员平均人数
山西天润煤化集团德通煤业有限公司	小型	225263	1754811	2059018	321127	503
洪洞县蕾盛精煤厂	小型	316509	20118	9108	316509	82
古县晋豫焦化有限责任公司	中型	432035	559631	786087	314378	380
临汾市地豪煤业有限公司	小型	84027	74782	70980	310717	30
浮山鸿飞矿业有限公司	小型	334301	90115	78924	307369	209
山西霍宝干河煤矿有限公司	大型	354958	1945762	775872	306959	2285
洪洞县海宏煤业有限公司	小型	304737	12524	1409	304737	59
洪洞县云安选煤有限责任公司	小型	303944	31945	25196	303944	58
翼城县宝腾煤业有限公司	小型	302000	17241	14329	302000	60
山西鸿丰达铸业有限公司	小型	324340	46224	15699	299123	291
安泽县风山选煤厂	小型	427069	221538	119123	298240	51
山西云鹏制药有限公司	中型	312966	192228	106829	297596	292
山西蒲县宏源集团官庄河煤业有限公司	中型	536539	1047164	547805	292631	624
山西华德冶铸有限公司	中型	286578	175902	142133	292541	402
古县昌盛煤业有限公司	小型	289943	95752	44029	289943	50
洪洞县康德煤业有限公司	小型	285311	79692	61472	285311	58
襄汾县强盛铁合金厂	小型	347350	154487	49178	284255	260
山西乡宁焦煤集团台头前湾煤业有限公司	大型	270914	1541387	739694	283879	1613

2016年临汾市主营业务收入上亿元工业企业主要经济指标(七)

表75

单位:千元、人

单位详细名称	企业规模	工业总产值	资产总计	负债合计	主营业务收入	从事工业生产活动的从业人员平均人数
山西蒲县华胜煤业有限公司	中型	207303	2030134	2747948	280177	741
洪洞县华顺洗煤有限公司	小型	279101	25339	28267	279101	50
浮山县南畔东沟铁矿有限公司	小型	287329	50424	28123	277444	118
山西乡宁焦煤集团神角煤业有限公司	中型	229772	540691	111391	270804	746
洪洞县海源煤化有限责任公司	小型	269253	16822	12413	269253	60
翼城县茂翔精煤有限责任公司	小型	259385	31879	11260	259385	30
山西古县老母坡煤业有限公司	中型	252792	734741	290566	258201	517
古县东方洗煤厂	小型	490161	264944	235800	257784	95
浮山县天顺地宝铁矿有限公司	小型	267810	44421	2414	254531	110
霍州市宝峰煤业有限公司	小型	248490	43268	4011	248490	70
浮山县玉生选矿有限责任公司	小型	268452	46441	14431	248266	80
霍州市贝源煤业有限公司	小型	244775	43262	4762	244775	30
浮山县城南选矿厂	小型	268226	39018	3613	243877	45
浮山县新通选矿有限公司	小型	263123	82888	27990	241524	70
襄汾县鸿达钢铁集团有限公司	小型	259930	430984	247817	241270	430
山西汤荣机械制造股份有限公司	中型	276205	383674	225728	237140	728
蒲县飞龙洗煤有限公司	小型	132556	34936	30700	235575	71
浮山县国明选矿厂	小型	257085	66294	15321	234582	79

2016年临汾市主营业务收入上亿元工业企业主要经济指标(八)

表76　　单位:千元、人

单位详细名称	企业规模	工业总产值	资产总计	负债合计	主营业务收入	从事工业生产活动的从业人员平均人数
山西乡宁焦煤集团毛则渠煤炭有限公司	中型	234550	2899239	836906	234550	810
蒲县龙信洗煤有限公司	小型	231882	33341	29878	231882	35
翼城县海涛贸易有限公司	小型	231210	32245	20546	231210	65
霍州煤电集团李雅庄工贸有限公司	中型	96965	41373	10248	227509	530
浮山县鼎圣选矿厂	小型	248680	209864	35979	226100	72
浮山县新华选矿厂	小型	242505	96204	92186	225874	80
浮西县朝阳农牧有限责任公司	小型	352682	18277	15400	225742	80
浮山县地方国营圪塔岭金矿	小型	245845	8007	6207	225447	91
霍州市锦兴煤业有限公司	小型	224091	47956	5687	224091	100
山西锦城铁业有限公司	小型	245578	10465	9917	223694	152
侯马市特种机械厂	中型	306586	885287	232361	223244	824
古县飞龙煤化有限公司	小型	416438	382403	855749	223099	251
洪洞县天宝煤化有限公司	小型	223031	23922	22167	223031	46
浮山县烜通选矿有限公司	小型	233810	72740	54630	222482	92
山西蒲县蛤蟆沟煤业有限公司	中型	272760	553536	398482	220943	399
古县安吉璞源煤化有限公司	小型	373506	83559	64830	220823	76
浮山县北峰选矿厂有限责任公司	小型	232606	53233	24025	218858	90
山西中强福山煤业有限公司	小型	199111	1276422	1370785	215631	780

2016年临汾市主营业务收入上亿元工业企业主要经济指标(九)

表77　　单位:千元、人

单位详细名称	企业类型	工业总产值	资产总计	负债合计	主营业务收入	从事工业生产活动的从业人员平均人数
蒲县昊锦煤业有限责任公司	小型	309013	57140	29828	214865	34
浮山县尧浮选矿厂	小型	217209	23293	1110	212401	85
蒲县众鑫煤焦铁有限公司	小型	225641	65999	56159	209911	48
山西华晋明珠煤业有限责任公司	中型	274706	616956	108526	208966	667
山西乡宁焦煤集团申南凹焦煤有限公司	大型	233077	1974592	1362917	201682	1318
蒲县金浩轩洗煤有限责任公司	小型	241404	57543	51667	200895	65
山西省汾西县智博能源有限公司	小型	244701	34068	9425	197570	40
山西蒲县宏源集团凤凰台煤业有限公司	中型	241143	1259887	912694	196311	530
阳泉煤业集团翼城华泓煤业有限公司	中型	234047	692436	821341	195554	413
乡宁县平兴精煤有限公司	小型	198103	113635	61829	194361	71
山西海姿焦化有限公司	中型	202686	557339	1124750	192222	491
山西古县兰花宝欣煤业有限公司	中型	173209	1107537	831701	191257	762
山西省霍州市化学工业有限责任公司	中型	350688	353709	655111	183749	594
山西临汾西山生辉煤业有限公司	中型	150615	568446	548202	174433	485
侯马普天光通信有限公司	小型	175758	164976	157488	173545	168
山西陆合集团基安达煤业有限公司	微型	216994	2570773	2332839	168866	692
蒲县远中煤化有限责任公司	小型	164892	52860	48652	166330	40
翼城县创新冶炼有限责任公司	中型	164547	75010	41499	163793	252

2016年临汾市主营业务收入上亿元工业企业主要经济指标(十)

表78

单位:千元、人

单位详细名称	企业类型	工业总产值	资产总计	负债合计	主营业务收入	从事工业生产活动的从业人员平均人数
襄汾县大邓永吉选矿厂	小型	202850	78233	48691	162280	20
浮山县郭家庄铁矿有限公司	小型	177924	76821	15687	156897	60
浮山县宏龙矿业有限公司	小型	172952	115261	35009	152095	80
山西新天能源股份有限公司	小型	301801	849847	789453	145976	60
山西光宇半导体照明股份有限公司	中型	107355	419926	189127	145515	394
霍州煤电集团曹村工贸有限公司	中型	144612	58778	38783	144612	389
山西九成焦化有限责任公司	小型	132114	320177	364276	143619	120
山西中条山新型建材有限公司	小型	204419	390352	346573	141674	302
乡宁县福星洗煤厂有限公司	小型	140577	51708	41365	140577	83
安泽县通祥洗煤厂	微型	308923	49662	40256	138572	44
侯马市东鑫机械铸造有限公司	中型	206115	129855	55566	137782	463
山西蒲县宏源集团郭家山煤业商贸有限公司	小型	186353	805000	639757	137027	226
山西潞安集团蒲县后堡煤业有限公司	中型	115476	586508	875583	136974	455
山西煤炭运销集团吉县盛平煤业有限公司	中型	393022	440552	275478	131829	695
翼城飞翔管业有限公司	小型	151302	65897	75947	129145	210
山西潞安集团蒲县常兴煤业有限公司	中型	102866	1384373	1657418	128540	495
山西贾罕世纪洗煤有限公司	小型	127433	93444	40110	125613	55
液化空气(临汾)有限公司	小型	127974	198615	76207	124555	23

2015年临汾市主营业务收入上亿元工业企业主要经济指标(十一)

表79

单位:千元、人

单位详细名称	企业类型	工业总产值	资产总计	负债合计	主营业务收入	从事工业生产活动的从业人员平均人数
临汾四通焦化有限公司	中型	227570	2975999	2640620	123815	544
山西巨龙焦化有限公司	中型	150915	131000	65250	121860	420
蒲县鑫永鑫精密铸造有限公司	小型	121748	29046	5800	121748	128
乡宁县优质主焦煤开发洗煤厂	小型	74073	76960	64311	120963	175
浮山县康达冶炼有限公司	小型	142238	199307	24528	119425	151
蒲县长益晟发电有限公司	小型	115572	130873	40577	119264	303
安泽县永康洗煤有限责任公司	小型	121108	72172	58648	118542	59
洪洞华润恒富燃气有限公司	小型	94065	123403	70631	113673	184
临汾市彦畅春养殖有限责任公司	小型	105912	30111	18017	113644	52
山西潞安集团蒲县开拓煤业有限公司	中型	106665	471113	373071	109216	474
襄汾县大邓亨欣选矿厂	小型	125000	18779	2163	108614	28
霍州煤电集团白龙工贸有限公司	中型	101251	20281	−518	107627	570
乡宁县台头镇后店洗煤厂	小型	108260	17992	13592	106707	33
山西太子湖食品有限公司	小型	125221	45894	35402	106669	185
洪洞县昕海煤化有限公司	小型	106574	61059	25650	106574	92
古县古鑫矿业贸易有限责任公司	小型	105924	42441	19679	105924	130
山西国新正泰新能源有限公司	小型	103682	419192	365331	103682	160
临汾恒昌泰煤业有限公司	小型	68765	116016	129399	103260	23
太原煤炭气化(集团)临汾燃气有限公司	中型	159043	1474600	1202987	101174	507

2016 年临汾市县市区人口

表 80

县市区名称	总　人　口　(人)					城镇人口比重(%)	人口自然增长率(‰)
	合　计	男	女	城　镇人　口	乡　村人　口		
全　市	4458048	2285317	2172731	2230485	2227563	50.03	5.03
尧都区	976259	499312	476947	676548	299711	69.30	4.95
曲沃县	245397	125564	119833	98850	146547	40.28	5.27
翼城县	321017	163619	157398	124144	196873	38.67	5.83
襄汾县	458179	234746	223433	186595	271584	40.73	4.91
洪洞县	756682	385382	371300	318629	438053	42.11	6.19
古　县	95039	48824	46215	39451	55588	41.51	4.00
安泽县	84869	43875	40994	35020	49849	41.26	5.49
浮山县	130780	67122	63658	51184	79596	39.14	4.09
吉　县	109586	55904	53682	39988	69598	36.49	2.15
乡宁县	240705	126392	114313	90358	150347	37.54	2.70
大宁县	66737	35539	31198	29663	37074	44.45	5.50
隰　县	107236	56285	50951	47139	60097	43.96	4.60
永和县	65682	33957	31725	27515	38167	41.89	4.96
蒲　县	110810	56550	54260	51192	59618	46.20	3.84
汾西县	149746	78130	71616	66303	83443	44.28	7.56
侯马市	247756	125803	121953	161998	85758	65.39	4.80
霍州市	291568	148313	143255	185908	105660	63.76	4.53

2016 年临汾市县市区农村主要经济指标(一)

表 81

	禽蛋产量(吨)	奶类产量(吨)	肉类总产量(吨)	大牲畜年末存栏(头)	猪存栏(头)	羊存栏(只)	禽存栏(只)	棉花产量(吨)	水果产量(吨)
全　市	125234	44444	141004	77105	858257	1044209	12395672	155	831693
尧都区	18310	7568	12426	4836	108455	78942	1832129	8	70289
曲沃县	12269	4942	12636	3590	90123	74741	1484530	4	71281
翼城县	9642	14505	27055	9445	140916	107357	765425		122239
襄汾县	22420	1141	20427	5066	160119	98764	2028062	20	124891
洪洞县	25562	8795	17676	8533	110282	128838	2119820	3	13685
古　县	1519	121	1522	3439	8998	35831	160638		1410
安泽县	2965		1829	3791	9409	62082	328472		2368
浮山县	3866	608	4935	3759	29253	68320	220499	25	14098
吉　县	1679	6	3450	3137	29314	10987	112434		248396
乡宁县	9407	1079	5389	7018	35160	98532	840303		21938
大宁县	630	24	846	1506	3599	13191	82045	24	5052
隰　县	3530	326	2390	1947	16957	27092	261512		82189
永和县	1750	68	2355	3342	11275	90580	154204	55	21294
蒲　县	1077	32	3245	8446	15988	5863	299599		1645
汾西县	3800	79	11203	3898	24066	81655	892650	1	5672
侯马市	3002	2374	3890	1664	18720	26708	264750		8463
霍州市	3807	2777	9728	3688	45623	34726	548600	14	16785

2016年临汾市县市区农村主要经济指标(二)

表82　　　　单位:吨

	粮食总产量(吨)	小麦产量	秋粮产量	油料产量(吨)
全　市	2679013	1028510	1650503	10818
尧都区	253323	123195	130128	240
曲沃县	209575	96280	113295	317
翼城县	236451	113950	122501	326
襄汾县	497258	247222	250036	1294
洪洞县	468841	226562	242279	448
古　县	72006	4834	67172	519
安泽县	154258		154258	653
浮山县	101051	50019	51032	1215
吉　县	29627	181	29446	948
乡宁县	81507	38665	42842	1586
大宁县	43960	61	43899	529
隰　县	111084	363	110721	575
永和县	82243	257	81986	1131
蒲　县	82507	59	82448	430
汾西县	77685	36237	41448	370
侯马市	92657	48629	44028	33
霍州市	84980	41996	42984	204

2016年临汾市县市区规模以上工业企业主要经济指标(一)

表83

	单位数(个)	现价工业总产值	资产合计	利税总额	利润总额	应收帐款
全　市	355	129954814	265424369	5259186	-305305	14201872
尧都区	45	8822372	31871361	-498933	-950330	1560025
曲沃县	24	21638188	23149076	680386	586453	694528
翼城县	22	7123923	5692355	-2986	-154258	397839
襄汾县	28	16280669	16928770	332748	99755	821000
洪洞县	58	24114196	49997703	502803	-960212	2539410
古　县	24	6788422	13606626	320826	-16292	1706063
安泽县	10	5787607	8568127	801406	320689	235680
浮山县	22	4728178	2717553	580861	521413	17792
吉　县	5	1018537	1484868	141672	57918	9699
乡宁县	32	8317907	29059705	1212276	389707	830662
大宁县	1	49686	66055	551	-1870	1508
隰　县	0		0	0	0	0
永和县	2	320657	861228	1576	1514	7284
蒲　县	29	8782456	25534684	486713	-264990	336807
汾西县	9	1621491	207933	17250	13759	68907
侯马市	26	7242240	9526305	154299	12920	890492
霍州市	18	7318284	46152020	527738	38519	4084176

注:1、本表数据均为月报口径;2、隰县无规模以上工业企业。

2016年临汾市县市区规模以上工业企业主要经济指标(二)

表84

	产成品	负债合计	主营业务收入	流动资产合计	从事工业生产活动的从业人员平均人数
全市	5773219	217032945	124447818	104081953	154620
尧都区	625817	31168663	9114814	9463174	18203
曲沃县	775151	16546988	18166391	9856764	8841
翼城县	232063	5055714	5623519	2071724	7719
襄汾县	546211	9857271	15028824	7808491	13872
洪洞县	1437977	41275778	28183358	21217272	29407
古县	342493	13347902	5945590	5146434	6541
安泽县	282278	4530367	4865818	2437998	5722
浮山县	7749	1874020	4396772	835385	2966
吉县	20307	712150	685508	601371	1518
乡宁县	458637	21936031	6063397	9570430	14417
大宁县	1782	11445	46863	8682	60
隰县					
永和县	10178	795734	162610	653990	131
蒲县	171324	23919182	6284535	6242358	8994
汾西县	23743	125512	1098037	155365	723
侯马市	327922	7496485	6997911	5019202	7889
霍州市	509587	38379703	11783871	22993313	27617

2015年全省分市主要经济指标排序(一)

表85

	行政区划面积(平方公里)		常住人口(万人)	
	指标值	位次	指标值	位次
全国	9596960		138271	
山西省	156270		3681.64	
太原市	6988	10	434.44	3
大同市	14127	5	342.19	6
阳泉市	4570	11	140.36	11
长治市	13896	7	343.54	5
晋城市	9490	9	232.09	9
朔州市	10623	8	176.81	10
晋中市	16404	4	334.87	7
运城市	13964	6	530.52	1
忻州市	25000	1	315.53	8
临汾市	20275	3	445.80	2
吕梁市	21095	2	385.49	4

2016 全省分市主要经济指标排序(二)

表 86

	城镇人口(万人)	乡村人口(万人)	城镇人口比重(%)	生产总值(亿元)		规模以上工业增加值(亿元)	
	指标值	指标值		指标值	位次	指标值	位次
全 国	79298	58973	57.35	744127.0			
山西省	2069.63	1612.01	56.21	12928.3		3912.6	
太原市	367.32	67.12	84.55	2955.6	1	548.7	2
大同市	212.18	130.01	62.01	1025.3	7	254.6	7
阳泉市	93.59	46.77	66.68	622.9	11	184.4	11
长治市	177.03	166.51	51.53	1269.2	2	583.1	1
晋城市	135.41	96.68	58.34	1049.3	6	353.9	5
朔州市	95.84	80.97	54.20	918.1	9	213.1	10
晋中市	177.24	157.63	52.93	1091.1	5	374.3	4
运城市	252.78	277.74	47.65	1222.3	3	226.3	8
忻州市	151.14	164.39	47.90	716.1	10	217.2	9
临汾市	223.04	222.76	50.03	1205.2	4	309.7	6
吕梁市	184.06	201.43	47.75	995.3	8	546.7	3

2015 年全省分市主要经济指标排序(三)

表 87

	三次产业结构比(%)			固定资产投资(亿元)		公共财政预算收入(亿元)	
	第一产业	第二产业	第三产业	指标值	位次	指标值	位次
全 国	8.6	39.8	51.6	596501		87195	
山西省	6.1	38.1	55.8	13859.4		1557.0	
太原市	1.3	36.1	62.6	2027.7	1	282.7	1
大同市	5.8	36.5	57.7	1212.8	6	88.9	6
阳泉市	1.6	48.0	50.3	617.1	11	41.3	11
长治市	4.7	51.0	44.3	1514.4	2	98.5	3
晋城市	4.8	52.9	42.4	1150.4	8	89.3	5
朔州市	6.1	43.0	50.8	637.7	10	49.1	10
晋中市	10.0	42.9	47.1	1375.8	5	100.8	2
运城市	16.5	36.3	47.2	1483.7	3	59.1	9
忻州市	8.8	44.1	47.0	1167.7	7	69.2	8
临汾市	8.0	46.6	45.5	1394.3	4	86.0	7
吕梁市	5.4	55.8	38.8	1118.5	9	89.6	4

2016 年全省分市主要经济指标排序(四)

表 88

	社会消费品零售总额(亿元)		进出口总额(万元)		城镇常住居民人均可支配收入(元)		农村常住居民人均可支配收入(元)	
	指标值	位次	指标值	位次	指标值	位次	指标值	位次
全　国	332316		243344(亿元)		33616		12363	
山西省	6480.5		10989659		27352		10082	
太原市	1666.2	1	8793832	1	29632	1	14591	1
大同市	609.0	4	236305	4	26273	8	8217	9
阳泉市	306.3	10	85892	9	27801	6	12172	2
长治市	566.6	6	51211	11	28094	5	11863	3
晋城市	386.2	8	395071	3	28223	4	11635	4
朔州市	291.1	11	52736	10	28989	3	11478	6
晋中市	569.2	5	138825	6	29149	2	11525	5
运城市	704.7	2	800872	2	25636	9	9365	8
忻州市	338.0	9	120434	8	24987	10	7025	11
临汾市	609.4	3	123956	7	27085	7	10005	7
吕梁市	433.7	7	190524	5	24180	11	7644	10

2016 年全省分市主要经济指标排序(五)

表 89

	粮食总产量(万吨)		原煤产量(万吨)		焦炭产量(万吨)		发电量(亿千瓦时)		粗钢产量(万吨)		钢材产量(万吨)		生铁产量(万吨)	
	指标值	位次	指标值	位次	指标值	位次	指标值	位次	指标值	位次	指标值	位次	指标值	位次
全　国	61624				44911		59111		80837		113801		70074	
山西省	1319		81642		8186		2499		3936		4279		3641	
太原市	31.3	10	2858.2	10	1069.2	5	279.2	3	1106.2	1	1048.8	2	771.7	2
大同市	112.7	7	9560.0	4	11.4	10	361.0	1	15.3	9			16.9	9
阳泉市	25.9	11	5110.3	9	69.3	8	98.3	11						
长治市	161.7	5	10854.3	2	1378.2	3	271.6	4	523.1	3	495.3	4	339.3	6
晋城市	90.1	9	8749.1	5	33.2	9	226.3	6	357.8	5	354.2	5	416.9	4
朔州市	127.0	6	15201.1	1			267.5	5						
晋中市	184.4	3	7503.6	6	1108.6	4	200.2	7	165.8	7	257.6	7	174.0	7
运城市	321.5	1	380.2	11	880.4	6	158.8	9	500.0	4	608.2	3	517.4	3
忻州市	176.7	4	5175.0	8	205.0	7	283.6	2	52.8	8	45.0	8	59.8	8
临汾市	267.9	2	5435.3	7	1688.2	2	195.0	8	931.9	2	1199.7	1	946.9	1
吕梁市	111.6	8	10453.9	3	1741.9	1	155.2	10	283.3	6	270.1	6	398.2	5

索　　引

说明：

1. 本索引采取主题分析方法，按汉语拼音字母顺序排列。

2. 索引名称后的数字表示内容所在的页码、数字后的拉丁字母（a b）表示该页自左至右的栏别。

3. 特载、文献、大事记、附录、图、表不作索引。